Pierre Chaunu
Europäische Kultur
im Zeitalter des Barock

Aus dem Französischen von
Alfred P. Zeller

Fischer Taschenbuch Verlag

FISCHER WISSENSCHAFT

Veröffentlicht im Fischer Taschenbuch Verlag GmbH,
Frankfurt am Main, Dezember 1989

Titel der französischen Originalausgabe:
›La Civilisation de l'Europe classique‹
© B. Arthaud, Paris 1966
Für die deutsche Ausgabe:
© Droemersche Verlagsanstalt Th. Knaur Nachf.,
München / Zürich 1968
Lizenzausgabe mit freundlicher Genehmigung der
Droemerschen Verlagsanstalt Th. Knaur Nachf., München / Zürich
Text und Abb. sind reproduziert von der Buchausgabe
›Europäische Kultur im Zeitalter des Barock‹ von P. Chaunu
(= Knaurs Große Kulturgeschichte Bd. III)
Umschlaggestaltung: Buchholz / Hinsch / Hensinger
Druck und Bindung: Clausen & Bosse, Leck
Printed in Germany
ISBN 3-596-27421-4

INHALT

DER VERFASSER DANKT

Es ist schon beinahe üblich geworden, Büchern dieser Art Vorworte voranzustellen, in denen man sich für die Mängel seiner Arbeit entschuldigt. Auf Entschuldigungen möchte ich verzichten, nicht aber auf ein paar erläuternde Worte und auf den Dank an alle jene, die mir bei meiner Arbeit behilflich waren.

Eine solche Gesamtdarstellung einer Kulturepoche in einem einzigen Band ist ohne Verzichte unmöglich. Verzichten mußte ich auf alle Quellenangaben, da in den Bänden der vorliegenden Sammlung dafür einfach der Platz nicht ausreicht; verzichten mußte ich auch auf eine ausführliche Würdigung von Hypothesen, die auf Grund neuer Entdeckungen und Erkentnisse aufgestellt wurden. Ich bedaure dies; nicht dagegen bedaure ich, daß es sich als notwendig erwies, aus der Fülle von Fakten und Namen eine Auswahl zu treffen.

Dieses Buch ist eng mit meiner Lehrtätigkeit verknüpft. Ich danke den Studenten der Universität Caen und meinem Kollegen Pierre Gouhier sowie allen, die von mir auf die Abschlußprüfungen in moderner Geschichte vorbereitet wurden und mit denen ich gesucht, geirrt und manchmal auch gefunden habe. Vor allem aber danke ich meinen Lehrern von einst und von heute, deren Namen oft im Text wiederkehren: Ernest Labrousse, Victor L. Tapié, dem verstorbenen Alexandre Koyré und Pierre Goubert, dessen Arbeiten mir eine große Hilfe waren.

Ohne den Herausgeber dieser Sammlung wären die vorliegenden Zeilen sicherlich niemals geschrieben worden. Ich bin deshalb Raymond Bloch, Guy Beaujouan und dem ganzen Verlag Arthaud zu sehr großem Dank verpflichtet.

In freundschaftlicher Dankbarkeit fühle ich mich allen verbunden, die mich bei meiner Arbeit so tatkräftig unterstützt haben. Ein so großangelegtes Unterfangen, wie es jeder Band dieser kulturgeschichtlichen Reihe darstellt, kann nur durch das Zusammenwirken mehrerer verwirklicht werden. Zu nennen sind Sylvain Contou, dem die schwierige Aufgabe zukam, darauf zu achten, daß meine Arbeit die von ihm für diese Serie entwickelte wohldurchdachte Form erhielt, sowie Josette Champinot, der die Illustration dieses Bandes zu verdanken ist. Dominique Raoul-Duval hat die ganze Arbeit vom ersten Entwurf bis zum fertigen Buch tatkräftig und sachkundig betreut.

Für alle Mängel und Unzulänglichkeiten des Buches bin jedoch ich allein verantwortlich. Meine Darstellung will keineswegs eine »objektive«, lückenlose Aneinanderreihung von Fakten sein, sondern schildert die Epoche so, wie ich sie auf Grund langjähriger Vertrautheit mit dem Thema sehe.

Zum Schluß danke ich besonders herzlich allen, die mir am nächsten stehen – meiner Frau Huguette, die alle Leiden und Freuden mit mir teilt, den Kindern, die bei mir sind, und meinem Sohn in der Ewigkeit.

Caen, Februar 1966

VORBEMERKUNG DES VERLEGERS

Der vorliegende Band ist der dritte in der kulturhistorischen Reihe des Verlages. Diese Reihe entspricht einem neuen Bedürfnis. Flüssig geschriebene Texte, die einen zusammenfassenden Gesamtüberblick vermitteln, genügen heute nicht mehr. Man wünscht eine vertieftere, präzise Darstellung, einen unmittelbareren Kontakt zu den Zeugnissen der Vergangenheit, eine Anleitung zur analytischen Beschäftigung mit der Materie, die dem Leser die Möglichkeit gibt, den ihn besonders stark interessierenden Einzelfragen auf eigene Faust nachzugehen. Um diesen Bedürfnissen zu genügen, haben wir Fachleute herangezogen, deren schriftstellerische Begabung, umfassende Bildung und ausgedehnte Lehrtätigkeit die Gewähr dafür bieten, daß sie ein so vielschichtiges Problem zu meistern wissen. Unsere Absicht war es, in den Bänden dieser Reihe all das zu vereinigen, was gewöhnlich in einer Vielzahl von Büchern verschiedenster Art verstreut ist: in wissenschaftlichen Abhandlungen, Biographien, Geschichtsatlanten, Bildbänden, historischen Abrissen, Lexiken usw. Was wir erstrebten, war natürlich nicht lediglich eine simple Aneinanderreihung aller dieser Elemente; vielmehr wollten wir dem Leser eine wohldurchdachte Auswahl vermitteln, die es ihm erlaubt, sich seinerseits mit den Quellen vertraut zu machen, aus denen der Verfasser geschöpft hat, um ein lebendiges, farbiges Bild der betreffenden Kulturepoche zu zeichnen.

Die Illustrationen – 264 Schwarzweißbilder und 8 Farbtafeln – sind entsprechend den Hauptthemen des Textes zu Gruppen zusammengefaßt und von Erläuterungen begleitet. Siebenunddreißig Karten und graphische Darstellungen, die unmittelbar in den Text eingefügt sind, ermöglichen eine rasche Orientierung und verdeutlichen das im Text Gesagte.

Der Haupttext ist in drei große Abschnitte gegliedert:

1. Die vier ersten Kapitel geben einen Überblick über die historische Gesamtentwicklung.

2. Elf Kapitel sind dem kulturellen Geschehen gewidmet, wobei das 17. Jahrhundert im Vordergrund steht.

3. Ein lexikographischer Anhang gibt zusätzliche Auskünfte über viele der im Text oder in der Zeittafel erwähnten Ereignisse, Personen, Begriffe, Einrichtungen und Orte; außerdem dient dieser Anhang als Register, das ein rasches Auffinden der betreffenden Abschnitte im Text ermöglicht. (Hochgestellte Sternchen [*] im Hauptteil verweisen auf die Artikel im Anhang.)

Eine ausführliche synoptische Zeittafel zeigt das politische, militärische, wirtschaftliche und kulturelle Geschehen in Europa und der übrigen Welt vom ausgehenden 16. Jahrhundert bis zur zweiten Hälfte des 18. Jahrhunderts auf und fügt die im Mittelpunkt unseres Buches stehende Kulturepoche in die historische Gesamtentwicklung ein.

Abgerundet wird der Band durch eine nach Sachgebieten gegliederte Bibliographie, die es dem Leser gestattet, sich über einzelne Fragen noch genauer zu informieren.

VORWORT

Mit diesem dritten Band fügen wir einen weiteren Stein zum Gebäude unserer kulturgeschichtlichen Reihe hinzu, mit der wir die Absicht verfolgen, das Wesen der großen Kulturen zu erhellen und die großen Entwicklungslinien der Menschheitsgeschichte herauszuarbeiten. Für das moderne Europa ist es schwieriger als für die bisher behandelten Kulturkreise, chronologische Zäsuren festzulegen, da die Entwicklungen keineswegs an allen Orten und auf allen Gebieten einheitlich verlaufen sind. Dennoch lassen sich fundamentale Gemeinsamkeiten erkennen, die eine Aufteilung der europäischen Geschichte in einzelne Kulturepochen ermöglichen.

In dem vorliegenden Band stellt Pierre Chaunu die kulturellen Strömungen im Europa des Barock dar, als dessen ungefähre zeitliche Grenzen er die Jahre 1620 und 1760 gewählt hat. Angesichts der gerade in diesem Zeitraum zu beobachtenden wachsenden politischen Zersplitterung und der Weite des Themas war dies gewiß keine einfache Aufgabe. Aber eben diese Schwierigkeit war für ihn Ansporn und

Verpflichtung. Innige Vertrautheit mit der Materie und echtes Einfühlungsvermögen sprechen aus jeder Zeile seiner Arbeit. Er nimmt offenkundig inneren Anteil an dem Geschehen, das er schildert, hat sich buchstäblich hineinvertieft, um es ganz erfassen und anschaulich wiedergeben zu können.

Freilich weicht das Bild, das er vom Europa jener Zeit zeichnet, in manchem von den herkömmlichen Anschauungen und Klischees ab. Ihm geht es vor allem darum, die untergründigen Strukturen aufzuzeigen, die Strömungen deutlich zu machen, die durch die Entdeckungen von Wissenschaft und Technik unserem Kontinent neue Möglichkeiten eröffnet haben. Vor diesem weitgreifenden Panorama müssen die wohlvertrauten Gestalten der Herrscher, Politiker und Feldherren notgedrungen ein wenig verblassen. Ich glaube jedoch nicht, daß man sich darüber verwundern oder gar beklagen sollte.

Eine so umfangreiche und vielfältige Materie zu ordnen und zu gestalten, war nicht einfach. Eine wesentliche Hilfe waren die zahlreichen Illustrationen, die gleichzeitig den Text erläutern und durch ihn erläutert werden, sowie der lexikographische Anhang, in dem viele Namen, Begriffe und Fakten behandelt werden, die im Hauptteil nur kurz gestreift werden konnten. Die innere Geschlossenheit des Hauptteiles läßt die dem bunten Mosaik der Ereignisse zugrunde liegende Eigenständigkeit und Einheit der hier behandelten Kulturepoche deutlich werden. Das ganze Buch ist auf den fundamentalen Gegensatz zwischen dem tiefverwurzelten Konservatismus einer erstaunlich stabilen materiellen Kultur und der revolutionären, revolutionierenden Entfaltung des Geisteslebens hin ausgerichtet. Durch übersichtliche Gliederung des Stoffes und eine bewußt harte Ausleuchtung wird dieser Gegensatz scharf herausgearbeitet.

Zunächst einmal wird die politische Entwicklung dargestellt, wird gezeigt, wie sich die Staaten entfaltet und wie sie versucht haben, zu einem dauerhaften Gleichgewicht zu finden – trotz fortwährend wechselnder Bündnisse und zahlreicher Kriege. Die gesamte materielle Kultur erscheint sehr stabil; die wirtschaftlichen und gesellschaftlichen Strukturen sind zwar nicht völlig erstarrt, doch gibt es weder einen tiefgreifenden Wandel noch entscheidende neue Ansätze. Ausführlich und mit großer Präzision geht der Verfasser auf demographische Fakten und die Lebensgewohnheiten der damaligen Menschen ein; er stützt sich dabei auf die wertvollen Arbeiten einiger unermüdlicher Historiker. Seine Darlegungen zeigen, daß es zwar wohl einen relativen Fortschritt gab, der sich zeitlich und regional verschieden manifestierte, daß sich aber nirgendwo und nie ein fundamentaler Neubeginn, eine Art von zweiter Renaissance nachweisen läßt. Dazu kam es erst in der darauffolgenden Kulturepoche.

Diesem statischen Element wird das gegenübergestellt, was man als das Abenteuer des Geistes bezeichnet hat. In der Tat vollzog sich in dieser Zeit die große Revolution des philosophischen und wissenschaftlichen Denkens: in Stille und Abgeschiedenheit arbeitete eine Handvoll genialer Menschen die Prinzipien heraus, die es ermöglichten, endlich das enge, abgekapselte Universum des Aristoteles zu sprengen und zu überwinden, ehrfürchtig erschauernd in die endlosen Räume des Weltalls vorzustoßen. Einen Bruch mit uralten Gewohnheiten bedeutete das Unterfangen, die mathematischen Gesetzmäßigkeiten dieser Welt zu erfassen und die Natur in den Griff zu bekommen. Alles gerät ins Schwanken, doch gleichzeitig wird eine neue, schwindelerregende Einheitlichkeit und Einheit sichtbar. Wie so oft, geht der technische Fortschritt mit der Entwicklung der Wissenschaft Hand in Hand, eilt ihr voraus oder folgt ihr auf dem Fuße; enge Wechselwirkungen bestehen zwischen dem voranschreitenden Denken und den technischen Hilfsmitteln, die die Überwindung von bis dahin unlösbaren Schwierigkeiten ermöglichen. Zahlreiche Meßinstrumente werden entdeckt oder vervollkommnet, man entwickelt Geräte, die die Reichweite der menschlichen Sinne erweitern, so die Brille, das Mikroskop, das Fernrohr. Viele dieser Erfindungen liegen in der Luft und werden unabhängig voneinander gleichzeitig an verschiedenen Orten verwirklicht. Diese Tatsachen erklären die erstaunlichen Fortschritte, die die Astronomie in dieser Zeit macht. Geistige und technische Revolution sind eng miteinander verwoben. Damit begann, wie der Verfasser mit aller Deutlichkeit herausstellt, der Aufbau unserer modernen Welt.

Mit gleicher Klarheit und Eindringlichkeit werden die übrigen Probleme des Buches behandelt, so etwa die künstlerische und religiöse Entwicklung. Zwar bezeichnet man diese Epoche in der Kunst und Literatur als Barock, aber für kurze Zeit kommt, besonders in der französischen Literatur, ein klassischer Geist zum Durchbruch. Mit besonderem Einfühlungsvermögen arbeitet Pierre Chaunu die tragische Spannung heraus, die sich aus dem Gegensatz zwischen einem neuen Denken und einer in traditionellen Formen erstarrten Gesellschaft ergab.

Anschaulich und lebendig hat der Verfasser in dem vorliegenden Band einen wichtigen Abschnitt der Menschheitsgeschichte dargestellt; er hat es verstanden, den Leser in jene Zeit hineinzuführen und ihm das vielfältige Geschehen nahezubringen. Seine innige Vertrautheit mit der Materie läßt auch uns mit dem Europa des Barock vertraut werden.

Raymond Bloch

EINLEITUNG

In der Kulturgeschichte gibt es keine scharfen Zäsuren durch auf Tag und Stunde genau fixierbare Ereignisse, wie sie in der politischen Geschichte der Sturm auf die Bastille oder ein Königsmord darstellen. Vielmehr finden sich gewisse Höhepunkte, wie sie etwa das Jahr 1915 wegen Einsteins allgemeiner Relativitätstheorie oder das Jahr 1637 wegen Descartes' *Discours de la méthode* darstellen. In den meisten Fällen ist es wenig sinnvoll, wichtige kulturhistorische Geschehnisse auf ein bestimmtes Jahr festlegen zu wollen. Statt 1637 wählt man lieber die Zeitspanne von 1620 bis 1640, in der sich die »kritische Masse« ansammelte, die die ganze Geisteswelt in Fluß brachte. Und nachdem dieser lange innere Prozeß zu einer Formel, einer Hypothese, einem Plan geführt hatte, bedurfte es einer weiteren Generation, bis sich das neue Gedankengut allmählich der geistigen Elite jener Zeit mitgeteilt hatte. Die hundertzwanzig oder hundertdreißig Jahre des barocken Europa haben nicht überall zur gleichen Stunde begonnen oder aufgehört.

Die Geschichte der Kulturen hat es auch mit Quantitäten zu tun. Zur Zeit des Barock lebten auf der Erde etwa 600 Millionen Menschen (550 Millionen um 1630, 670 bis 680 Millionen um 1750); in einem Zeitraum von vier Generationen ergibt dies 3 Milliarden Einzelschicksale. Europa selber und seine überseeischen Besitzungen zählten 70 bis 100 Millionen Seelen, also in 130 Jahren rund eine halbe Milliarde Menschen. Die Hälfte davon erreichte nicht das Erwachsenenalter; die Erwachsenen wurden im Durchschnitt nur 45 bis 50 Jahre alt. Von nicht minderer Bedeutung ist jedoch die Qualität. Die Quantität ist eine zwar notwendige, für sich allein aber nicht ausreichende Vorbedingung für den Erfolg. Und das barocke Europa, diese junge Welt mit ihrer breitbasigen Bevölkerungspyramide, war ein Erfolg, entwickelte sich allmählich zur beherrschenden Weltmacht. Vor allem war es, wie einst Griechenland, Mittel- und Ausgangspunkt einer weltumspannenden Kultur, eben wegen der scheinbaren Starrheit seiner sozialen Strukturen der revolutionärste aller Kontinente. Das barocke Europa war nicht das Europa der Massen, sondern das Europa einer von materiellen Sorgen und politischen Lasten befreiten Elite, die, abgesichert durch herrschaftliche Renten und geschützt durch die absolute Monarchie, frei dafür war, die kommenden Umwälzungen vorzubereiten. Hinter der majestätisch ruhigen Fassade dieses Europa brodelte die einzige Revolution, die wirklich zählt – die Revolution des Geistes, die allein auf die

Dauer die Materie umzugestalten vermag. Nur die geistigen Kräfte bestimmen das Geschick der Welt.

Starke Spannungen bestanden zwischen den vom christlichen Feudalismus übernommenen sozialen Strukturen und der sich wandelnden Geisteswelt einer winzig kleinen Elite, zwischen dem christlichen Abendland und der übrigen Welt. Die anderen Kulturkreise, Afrika, Asien, der größte Teil Amerikas, führten weiterhin ihr eigenes Leben; das Tun der Europäer berührte sie zuerst nur ganz oberflächlich.

Aber was ist dieses barocke Europa? Das Wort »Europa« war zunächst nur in Gelehrtenkreisen üblich und setzte sich erst im Verlauf des 17. Jahrhunderts, von West nach Ost fortschreitend, in der Umgangssprache durch. Zeitgenössische Zeugnisse lassen diesen Vorgang gut verfolgen. Was man heute unter Europa versteht, wurde damals als »Christenheit« bezeichnet. Gegen diesen seit einem Jahrtausend gebräuchlichen und durch die seit sechs Jahrhunderten geführten Kreuzzüge untermauerten Begriff hatte der Humanistenausdruck »Europa« anfänglich einen schweren Stand. Es ist recht interessant, zu beobachten, in welcher zeitlichen und geographischen Abfolge die »Christenheit« von »Europa« verdrängt wurde. Um 1620 sprach noch kaum jemand von »Europa«. Um 1750 war »Christenheit« im Sinne von Abendland bereits ein Archaismus; mit »Europa« deckte sich der Begriff nicht mehr, sondern bezeichnete nunmehr die Gesamtheit der Anhänger des Christentums, hatte also seine geographisch abgrenzende Bedeutung verloren. In Frankreich, den Niederlanden und in England vollzog sich dieser Wandel sehr früh, nämlich zwischen 1630 und 1660. Um 1660 hat sich dort der Ausdruck »Europa« durchgesetzt. Anders in Spanien, Süditalien, Österreich, Ungarn und Polen, wo angesichts der türkischen Bedrohung noch der alte Kreuzfahrergeist lebendig war: dort sprach man noch allgemein von der »Christenheit«. Um 1750 folgten allerdings auch Süd- und Osteuropa dem Beispiel von Paris und London.

In der Umgangssprache ist Europa also im 17. Jahrhundert geboren worden. Im 18. Jahrhundert ist der Ausdruck bereits klassisch. Im 1751 in Berlin erschienenen *Siècle de Louis* XIV und im *Essai sur les mœurs* (1756) benutzt ihn Voltaire häufig in der adjektivischen Form. Das »klassische« Europa ist also um 1750 geboren, im Zeitalter der Aufklärung: es ist das Ergebnis einer zwiefachen Bewußtwerdung. Zwischen dem 18. Jahrhundert und der französischen Geisteswelt um 1660, dem »richtigen Maß« der großen geistigen Revolution der Jahre 1620 bis 1640 besteht eine tiefe Übereinstimmung – auf ästhetischem, philosophischem und politischem Gebiet. Was die Politik angeht, so finden die kühnen Neuerungen der

Enzyklopädisten zunächst in Wort und Schrift ihren Niederschlag. Das philosophische Europa hat Pombal Beifall gezollt und Friedrich von Preußen und die große Katharina angebetet. Boucher, Boulanger, Damiélaville, Diderot und Jaucourt kritisieren nicht nur einzelne Details, sondern verlangen unter Berufung auf Heinrich IV. von Frankreich grundsätzliche Änderungen. Damit ist die Revolution eigentlich schon in vollem Gange. Sie hat bereits im Kampf gegen die Liga und mit der Fronde begonnen. Die Mannschaft der Enzyklopädisten fordert nichts anderes als das Ende der Monarchie, die ihnen im großen und ganzen wohlgesinnt war.

Das Europa der Aufklärung hat sich im Gefolge von Voltaire zum französischen Klassizismus unter Ludwig XIV. bekannt; die Elite dieses Europa war in den hundertdreißig Jahren von 1630 bis 1760 durch eine tiefempfundene Solidarität geeint. Dieser Zeitabschnitt bildet das Thema unseres Buches.

Die liberale und marxistische Geschichtsschreibung des 19. und 20. Jahrhunderts ist sich im Gegensatz zum 18. Jahrhundert der engen Verbindung der Jahre 1620 bis 1630 und 1750–1760 nicht mehr bewußt. Die Französische Revolution einerseits und die unbestreitbare Realität der industriellen Revolution anderseits haben dazu beigetragen, jenes Europa zu verfremden und schließlich aufzulösen. So gesehen, ist die ganze Moderne zu einem Ancien régime geworden. Schon dieser Ausdruck bedeutet eine Verfälschung, wird doch dadurch eine vollkommen reale Gegenwart durch einen aus der Perspektive der Zukunft geprägten Begriff gekennzeichnet. Jeder Geschichtsschreiber, der den Begriff übernimmt, begeht damit einen Anachronismus. Ein von vier Generationen gelebtes und empfundenes Kontinuum ist zerbrochen worden. Man hat das 18. Jahrhundert künstlich vom 17. getrennt und aus diesem lediglich ein Vorspiel oder, wie ein Buchtitel es ausdrückt, den »geistigen Ursprung der Französischen Revolution« von 1715 bis 1787 gemacht. Wenn man so will, liegen die geistigen Wurzeln der Französischen Revolution auf der Ebene des *Tractatus theologico-politicus* des Spinoza oder besser noch bei Descartes, auf den diese 1670 erschienene Arbeit letztlich zurückgeht. So würde schließlich die von der handelnden und denkenden Elite der lesenden Europäer (15 000–20 000 von 50 Millionen Erwachsenen) tiefempfundene fundamentale Einheit zwischen dem 17. und dem 18. Jahrhundert wiederhergestellt.

Das zweite, was man den modernen Historikern vorzuwerfen hat, sind Unterlassungssünden. Die wahren Revolutionen vollziehen sich zuerst in der Welt des Geistes; sie brauchen keineswegs unmittelbar die Ordnung der Dinge zu verändern. Die Tatsache, daß von 1492 bis 1540 der Westen des christlichen Abendlandes (vor allem Spanien und Portugal) in den Vordergrund der Weltbühne trat und daß um

1550 sich erstmals ein weltweites Handels- und Wirtschaftsnetz abzuzeichnen begann, scheint die Behauptung zu rechtfertigen, daß zu Beginn des 16. Jahrhunderts ein tiefer Bruch erfolgte. Dabei wird nur allzu leicht übersehen, daß durch die räumliche und zahlenmäßige Ausdehnung in den ersten Jahrzehnten des 16. Jahrhunderts im Grundsätzlichen nichts verändert wurde, daß hier lediglich eine Umwälzung ihren Abschluß fand, die um die Mitte des 12. Jahrhunderts begonnen und bis 1600 gedauert hat.

Die Einheit jenes Europa wird mehr oder weniger durch die Schatten der großen Revolutionen verdeckt, die die herkömmliche Geschichtsschreibung in den Beginn des 16. und ins 18. Jahrhundert stellt; in Wirklichkeit aber hat sich die wichtigste aller qualitativen Umwälzungen in der Mitte des 17. Jahrhunderts vollzogen. Vor diesem Zeitpunkt war Europa eine archaische Welt; danach setzten die quantitativen Veränderungen ein. Im Europa des Barock entwickelten sich innerhalb eines von jahrhundertealten Traditionen geprägten wirtschaftlichen, sozialen und politischen Rahmens die geistigen Strukturen einer weltweiten Zivilisation, wie sie in den darauffolgenden Jahrhunderten verwirklicht wurde.

Der Ausdruck »Barock« umfaßt allerdings nicht alle Strömungen, die sich in Europa zwischen 1630 und 1760 manifestierten. Besonders in Frankreich entstand als dialektisches Gegenstück ein Klassizismus, der jedoch weniger die bildenden Künste als den sprachlichen Ausdruck erfaßte, so daß dort, vor allem im Zeitalter Ludwigs XIV., paradoxerweise barocke Kunst und klassische Dichtung nebeneinander bestanden. Wir wollen nun versuchen, dieses Europa zeitlich noch genauer abzugrenzen.

Die so trostlose Zeit von 1620 bis 1640 bedeutet für Europa einen Wendepunkt; viele folgenreiche Entwicklungen bahnten sich an.

Die Grenzen des christlichen Abendlandes liegen fest. Niemals erschienen die Türken mächtiger und bedrohlicher, doch die Flut ist zum Stillstand gekommen, die Grenzen im Südosten haben sich für sechzig Jahre stabilisiert.

Die Zeitspanne von 1620 bis 1640 ist vor allem ein wirtschaftshistorisch bedeutsames Datum. Zwischen 1600 und 1650 verändert sich das wirtschaftliche Klima auf der ganzen Welt. Allenthalben, auch auf der Iberischen Halbinsel und in Amerika, kommt es zu wirtschaftlichen Rückschlägen, zu tiefgreifenden Veränderungen. Auf eine lange relative Prosperität mit steigenden volkswirtschaftlichen Zuwachsraten folgen zunehmende Schwierigkeiten, deutliche Zeichen einer Abschwächung. Generell wird diese Krise im Fernhandel früher sichtbar als in der Landwirtschaft und Industrie. Zuerst betroffen werden jene Erwerbszweige, deren

Erzeugnisse die größte Diskrepanz zwischen Wert und Volumen aufweisen (in erster Linie die Edelmetallproduktion). Einen Augenblick lang sieht es so aus, als ob die im 16. Jahrhundert verwirklichte, wenngleich noch rudimentäre Weltwirtschaft zusammenbrechen müßte. Die Konjunkturphase zwischen den zyklischen Krisen von 1620 und 1640 ist ein idealer Ausgangspunkt für das barocke Europa – ein Europa, das in wirtschaftlicher Hinsicht ein wenig erfreuliches Bild bietet, aber doch auch bedeutsame Neuansätze aufweist.

Noch wichtiger ist dieses Datum für die europäische Geistesgeschichte. Es gibt im Geistesleben keine vergleichbare Epoche; sogar das ruhmreiche 4. Jahrhundert des klassischen Griechenland wird überschattet. Durch die Verknüpfung von Analytik, Algebra und Geometrie wird von Viète, Descartes und Fermat ein neues mathematisches Hilfsmittel geschaffen; gleichzeitig gelingt es Denkern von Galilei bis Descartes, die Natur mathematisch in den Griff zu bekommen. Vor allem mit dem *Discours de la méthode* (1637) wird eine geistige Umwälzung ohnegleichen eingeleitet, die in Newtons *Philosophiae Principia* 1687 ihren Höhepunkt erreicht. Mit diesem zwiefachen Geniestreich wird einerseits die Materie mittels der euklidischen Geometrie erfaßt, anderseits der aus der Antike und dem Mittelalter überkommene Syllogismus durch die intuitive Induktion des Mathematikers ersetzt. Es gibt in der Geistesgeschichte nur noch einen Zeitabschnitt, der sich mit den Jahren zwischen dem *Discours* und den *Principia* vergleichen läßt: die Zeit zwischen Plancks Quantentheorie (1898) und Einsteins allgemeiner Relativitätstheorie (1915).

Nicht weniger bedeutsam ist die Zeit von 1620 bis 1640 auf religiösem Gebiet. Der *Traité de l'amour de Dieu* von Franz von Sales wird 1616 veröffentlicht. Die Dordrechter Synode (1618–1619) ist die theologische Summa des protestantischen Europa. Saint-Cyran veröffentlicht 1633 unter dem durchsichtigen Pseudonym Petrus Aurelius seine große Abhandlung; 1637 kommen die ersten Jansenisten nach Port-Royal, und der *Augustinus* schließlich erscheint 1640.

Aber nicht alles ist positiv, was sich in dieser Zeit vollzieht. Der siegreiche Optimismus des 16. Jahrhunderts wird fast überall stark gedämpft. Was den technischen Fortschritt angeht, so bedeutet das Barock einen langsamen Aufstieg von den so ungemein fruchtbaren hundert Jahren zwischen 1450 und 1550 hin zur großen technischen Revolution des 18. Jahrhunderts.

Kaum weniger augenfällig ist das Ende des Barockzeitalters in Europa. Es mündet in eine langsame allgemeine quantitative Verwandlung. Die Revolution tritt aus der Welt des Geistes in die Ordnung der Dinge ein und erfaßt immer mehr Menschen. Gleichzeitig wandeln sich die wirtschaftlichen Gegebenheiten.

Vor allem die englische Wirtschaft gerät zwischen 1740 und 1763 in Fluß. Vielleicht ist dies noch nicht der *take off* der industriellen Revolution, aber der sich zunehmend beschleunigende Rhythmus des Wirtschaftslebens schafft die Voraussetzungen dafür.

Es vervielfältigen sich die Möglichkeiten, es vervielfältigen sich die Gedanken. Symptomatisch dafür ist die große französische Enzyklopädie, eine Sammlung kritischer Gedanken, die der christlichen Tradition gegenübergestellt werden und durch ein großes verlegerisches Unternehmen eine ungeahnte Breitenwirkung erzielen. Sie erreichen das Gros des städtischen Bürgertums, und um 1770/80 gelangen sie auch in die obersten Schichten der Landbevölkerung, während sich in den Städten, wenn nicht nach außen hin, so doch in den Herzen der Menschen eine zunehmende »Entchristlichung« abzuzeichnen beginnt. So vollzieht sich die Entwicklung zumindest in Frankreich; in anderen europäischen Ländern liegen die Dinge zum Teil anders.

Seit der europäischen Auseinandersetzung der Jahre 1680–1690 blieb der Süden immer mehr hinter dem Norden zurück, aber anderseits war man im Prinzipiellen im Norden weniger radikal. Die Anpassungsfähigkeit, Flexibilität und Absonderung waren gleichzeitig die Stärke und Schwäche der reformierten Kirchen.

Das Jahr 1770 ist also paradoxerweise gleichzeitig der Ausgangspunkt einer Rationalisierung der Massen und einer religiösen Neubesinnung der Elite, einer Glaubenskrise im Süden und einer religiösen Wiederbelebung im Norden.

In der Mitte des 18. Jahrhunderts fand das barocke Europa sein Ende, um einem neuen Europa Platz zu machen.

Aber ein viel älteres Europa, das in einer Zeit weit vor dem 17. Jahrhundert wurzelt, konnte sich mancherorts noch bis ins ausgehende 19. Jahrhundert hinein halten, ganz zu schweigen von den Gebirgsregionen des Mittelmeers, wo noch um 1930 Christus nach Eboli kommen konnte.

Die zeitliche Abgrenzung, durch die wir im vielfältigen Strom der europäischen Geschichte einen Zeitabschnitt fixiert haben, hilft uns auch, den Begriff »barockes Europa« zu definieren. Dieses Europa ist in einem Gleichgewichtszustand, aber gleichzeitig auch ein Kompromiß.

Das barocke Europa wird von Menschen getragen, deren Zahl noch nicht einmal doppelt so groß ist wie die der Christenheit des 13. Jahrhunderts. Die Güter, über die dieses Europa insgesamt verfügt, übersteigen die im 13. Jahrhundert vorhandenen Güter kaum. Die durchschnittlichen Jahreseinkünfte aller Europäer (das Bruttosozialprodukt) sind im ausgehenden 17. Jahrhundert knapp doppelt so hoch

wie die durchschnittlichen Jahreseinkünfte der Bewohner des christlichen Abendlandes im 13. Jahrhundert. Die gesamte materielle Kultur des 17. Jahrhunderts
– von der Bevölkerungszahl über die Gesamtheit der verfügbaren Güter und
Hilfsmittel, den Verkehrsmöglichkeiten zu Land und zu Wasser bis zu den Pro-
duktionstechniken, den Formen des Handels und der Ernährung – ist trotz einer in
ihrer Aneinanderreihung eindrucksvollen Zahl von kleinen Veränderungen, die
der Anpassung an neue Gegebenheiten und der Verbesserung bestehender Zustände
dienten, aus der großen Umwälzung des 12. Jahrhunderts hervorgegangen. Diese
materielle Kultur ist mit den vorangegangenen Jahrhunderten enger verknüpft
als mit der Kultur des darauffolgenden Jahrhunderts. Hinsichtlich der materiellen
Lebensbedingungen gibt es also keine Zäsur, die uns bei unserer Begriffsbestim-
mung weiterhelfen könnte.

Nicht viel anders verhält es sich mit den sozialen Zuständen, die aufs engste mit
der Wirtschaftsform verknüpft sind. Auch im barocken Europa leben noch rund
85 Prozent der Menschen im starren Rahmen der ländlichen Gemeinschaft, die
durch das Feudalwesen geprägt ist. Die zwischenmenschlichen Beziehungen sind
noch immer streng geordnet. Die Spitze der Hierarchie gerät in Bewegung, aber die
breite Basis ist fest verwurzelt. Die sehr begrenzten sozialen Verschiebungen sind
auf den Gipfel beschränkt. Das barocke Europa ist also in seinen tieferen Schichten
ein sehr altes Europa. Da der Anstoß von oben kommt, da der Geist befiehlt, da
der ordnungschaffende – philosophische, religiöse, wissenschaftliche – und der dem
»primitiven« Denken so nahestehende werkzeugschaffende Gedanke auf die Dauer
die Materie formt, mußte die geistige Revolution des 17. Jahrhunderts nach 1750
auf die breiten Massen übergreifen und die Welt der Dinge grundlegend verändern.

Das barocke Europa ist seinem Wesen nach revolutionär, weil es konservativ ist.
Die völlige Erstarrung der Infrastrukturen und die Unbeweglichkeit des gesellschaftlichen und wirtschaftlichen Rahmens sind die notwendige, wenn auch für
sich allein nicht ausreichende Voraussetzung für eine Revolutionierung des Denkens. Oberflächlich betrachtet ist alles in dieser Welt geordnet, geregelt, begrenzt.
Das barocke Europa vergrößert die Parameter, um freier mit den Veränderlichen
operieren zu können: eine bestehende Ordnung, die aristotelische Welt, bricht zusammen. Ein paar Dutzend Menschen haben dies bewirkt; ein paar Hundert
ermessen die Tragweite dieses Zusammenbruchs. Das 18. Jahrhundert ist weitgehend ein allmähliches Bewußtwerden eines Bruches. Diese Ausführungen zeigen,
wie schwer jene Zeit für den Geschichtsschreiber zu fassen ist. Je nach dem Blickwinkel ist sie revolutionär oder konservativ. Historiker der Philosophie, der Naturwissenschaften, der Literatur, der Ökologie und die im trügerischen Rahmen

des Ancien régime gefangenen historisierenden Historiker sehen das 17. Jahrhundert jeweils mit anderen Augen; die Geschichte ist ein ungemein vielschichtiges Phänomen.

Man kann sich an das Ereignis halten. Eine Geschichte des Geschehens ist zu bewegt, als daß sie bedeutsam sein könnte, aber sie ist in Menschenleben geschrieben – in Jahren, Monaten, Augenblicken, genauso wie ein Menschenleben.

Diese dramatische Geschichte ist vor allem die Geschichte des Staates und der Staaten. Sie steht an erster Stelle, weil sie am besten bekannt ist. Lange hat man geglaubt, daß sie die ganze Geschichte darstelle. Sie liefert feste Daten und Rahmen. Sie hilft, das Wesentliche durch den Bezug auf das Zufällige zu fixieren. Sie liefert den traditionellen Rahmen für eine Kultur, für die Kultur des barocken Europa, die eine Kultur des Staates war. Im 17. Jahrhundert bildet sich der moderne Staat heraus. Er ist das große Unterfangen, ein einzigartiger Ordnungsfaktor. Viète und Fermat gehörten dem Offiziersstand an, Descartes hatte gedient. Der Staat sichert den Männern, die die moderne Welt schaffen, die notwendige Muße.

Die Kulturgeschichte des barocken Europa ist auf zwei verschiedenen Ebenen abzuhandeln. Was die materielle Kultur angeht, so ist sie keine Eigenschöpfung dieser Zeit, sondern wurde lediglich übernommen. Auf dieser Ebene ist das barocke Europa nichts anderes als eine Fortsetzung des Mittelalters, die erst mit dem Beginn der industriellen Revolution ihr Ende findet. Anders verhält es sich mit der Geisteskultur: in einem alten Rahmen entfaltet sich ein neues Denken. Die große Revolution des 17. Jahrhunderts umfaßt eine Zeitspanne von drei Generationen (1630–1685) und drei Etappen: Kartesianische Revolution, Mathematisierung der Welt, katholische Gegenreformation. Das Barock tritt in den Hintergrund, es beginnt sich in großen Linien die klassizistische Ästhetik abzuzeichnen. 1685–1715: die europäische Gewissenskrise. Die ontologische Unruhe ist zur ethischen Ebene vorgestoßen. Während die Geister in Verwirrung gestürzt werden, setzt sich, vom Erfolg der ersten Generation getragen, eine konservative Ästhetik durch. 1715 bis 1750: Beginn der Aufklärung. Der Zweifel greift von der ontologischen und ethischen Ebene auf die politische, noch nicht aber auf die soziale Ebene über. Die Kunst bleibt konservativ, aber der Klassizismus wird von einem neuen Barock abgelöst: auf das großartige, tiefempfundene Barock des Jahrhunderts der Heiligen folgt das anmutigere, leichtere Rokoko.

Das Europa von 1630 bis 1760 ist je nach der Ebene, die wir in Betracht ziehen, starr oder im Fluß – erstarrt in seiner materiellen Kultur, aber gleichzeitig im Tiefsten bewegt durch das große menschliche Abenteuer, das Abenteuer des Geistes.

1 DAS BAROCKE EUROPA IM KAMPF GEGEN DAS
MEER: EIN POLDER Dieser Polder im Nordwesten Hollands ist noch geometrischer angelegt als der Park von Versailles. Er wurde
im 17. Jahrhundert unter Leeghwater trok-
kengelegt. Auf diesem fruchtbaren Boden,
von dem jeder Quadratfuß Tausende von
Arbeitsstunden kostete, bedurfte es keiner
Brache; jeder Quadratzoll lieferte jährlich
eine oder mehrere Ernten. Auch in anderen
europäischen Küstengebieten wurde unter
der Leitung holländischer Fachleute dem
Meer Land entrissen. Neues Ackerland und
eine intensivere Nutzung des Bodens be-
reiteten die landwirtschaftliche Revolution
und die Entwicklungen im 18. und 19. Jahrhundert vor.

2 AMSTERDAM ALS REFUGIUM – IM MITTEL-
PUNKT DIE REFORMIERTE ENGLISCHE KIRCHE
Die Vereinigten Niederlande führten in verschiedener Hinsicht die gesamteuropäische
Entwicklung an. Holland war das erste Land
der Welt, in dem um 1750 erstmals die Stadtbevölkerung zahlreicher war als die Landbevölkerung. Das Beginjhof-Viertel in
Amsterdam stammt aus dem 17. Jahrhundert. Raupengleich ziehen sich die Häuser
längs der konzentrischen Kanäle und der
schützenden Deiche dahin. Die reformierte
englische Kirche wurde 1607 erbaut. Sie erinnert noch heute daran, daß Holland damals für alle Nonkonformisten ein Refugium war: die Kirche wurde von englischen
Protestanten erstellt, die sich gegen die anglikanische Kirche stellten. Das Stadtviertel
hat sein altes Aussehen bewahrt.

3 NEUBREISACH IM ELSASS: DAS MEISTERWERK
VAUBANS Mars, der Kriegsgott, und die

Geometrie haben das Antlitz dieser elsässischen Stadt geprägt. Am linken Rheinufer,
Altbreisach gegenüber, an der Stelle, wo das
Unter- und das Oberelsaß zusammentreffen,
liegt diese exemplarische, erstaunlich gut er-
haltene Festung Vaubans. Die Stadt war
nach dem Frieden von Ryswijk 1698 völlig
neu aufgebaut worden. Der Grundriß ist
ein vollkommenes Achteck. Man verzichtete
auf die traditionelle radiale Anordnung.
Den Mittelpunkt bildet ein genau vier Häuserinseln großer Platz. Alle Straßen sind
geradlinig, um ein rasches Eingreifen der
Festungstruppen an bedrohten Stellen zu ermöglichen. Auch der alte Festungsgraben mit
den Vorwerken ist noch deutlich zu erkennen.

4 NACH DEM VORBILD VON VERSAILLES:
NYMPHENBURG Das in der Nähe von München gelegene Nymphenburg hat manches
mit Versailles gemeinsam: es ist fast ebenso
weit von der Stadt (hier München, dort Paris) entfernt, weist eine ähnliche Anlage von
Gebäudegruppen und Parkanlagen auf, und
auch die Fassade erinnert an Versailles, wenn
auch das Dach des zentralen Traktes Schönbrunn nachgebildet ist. Mit der Planung und
der Leitung der Bauarbeiten waren zunächst
zwei Italiener betraut, Barelli und Viscardi.
Die endgültige Gestalt geht auf Joseph
Effner zurück, der 1715 Hofbaumeister
wurde, die Ausschmückung im wesentlichen
auf den Franzosen Jean-François Cuvilliés
(ab 1725). Die 400 Meter lange Fassade bezeugt, daß Süddeutschland fünfundsiebzig
Jahre nach dem katastrophalen Niedergang
im Gefolge des Dreißigjährigen Krieges
wieder zu seinem früheren Wohlstand zu-
rückgefunden hatte.

4

ERSTER TEIL

STAAT UND STAATEN

Die großen Veränderungen kündigen sich zunächst durch eine untergründige Unruhe an. Dennoch müssen wir uns als erstes dem faktischen Geschehen und den dadurch sichtbar werdenden Strukturen zuwenden. Zwar war Geschichte bisher allzu lange ausschließlich politische Geschichte, die Geschichte der Staaten, aber deshalb können wir doch nicht ins andere Extrem verfallen und den Staat ganz aus unserer Darstellung ausschließen. Dies mag für andere Epochen möglich sein, nicht aber für das Europa von 1630 bis 1760. Zwar hat sich der Staat nicht erst im 17. Jahrhundert herausgebildet, doch fand er in diesem Jahrhundert in vielen Teilen Europas seine deutlichste Ausprägung. Er wird absolutistisch, duldet nichts mehr über sich, weder Christenheit noch Reich. Nach außen hin ist Europa nur eine Vereinigung von Monopolgesellschaften, die im Namen eines Staates tätig sind, ein Stand oder eine Gemeinschaft von Ständen. Der Staat ist der kleine Kreis von Privilegierten, die die ganze Pyramide der tieferstehenden Gruppen kontrollieren. Der Territorialstaat ist eine der großen Errungenschaften des Europa von 1630 bis 1760. Während im Osten und Süden die verworrenen alten Zustände weiterbestehen, werden die Territorialstaaten im Norden und Westen reich und übernehmen bald die dominierende Rolle. Die Staaten sind vielleicht die privilegierten Orte des Geschehens, sind aber darüber hinaus imstande, dem Geschehen Sinn und Richtung zu geben. Es ist deshalb logisch, daß das Wachsen des Staates innerhalb seiner Grenzen und die Entwicklung des stets labilen Gleichgewichts zwischenstaatlicher Beziehungen sich entsprechend den Strömungen der Dinge, Menschen und Gedanken vollziehen, dem materiellen und geistigen Sein und Werden konform sind.

DAS SCHICKSAL DES STAATES

Unmerklich verschiebt sich der Schwerpunkt Europas auf einer leicht nach Westen geneigten Nordsüdachse.

Das Europa, das im 16. Jahrhundert zählt, liegt am Mittelmeer – Spanien und Italien. Hauptsächlich von dort aus hat Europa begonnen, die Welt zu erobern: zu diesem Zweck haben sich die Menschen und Staaten der Iberischen Halbinsel mit den Ideen, dem Reichtum und dem Können Italiens verbündet.

Im 13. Jahrhundert lag der geistige und künstlerische Mittelpunkt Europas zwischen Somme und Loire; im Westen schloß sich das England des Duns Scotus an, im Osten bildeten die Städte des deutschen Rheinlands die Grenze. Dann wurde durch die Renaissance Italien erneut zum Schwerpunkt Europas.

Ganz anders verläuft die Entwicklung im Zeitalter des Barock. Sie läßt sich an den demographischen Gegebenheiten ablesen. Im ausgehenden 16. und zu Anfang des 17. Jahrhunderts beginnt der Mittelmeerraum an Bedeutung zu verlieren. Dies wird zuerst durch die Bevölkerungszahlen deutlich. Das geistige Übergewicht der Italiener endet zwischen der Mitte des 16. und dem Beginn des 17. Jahrhunderts, während das spanische Übergewicht ganz plötzlich im Verlauf des Jahres 1640 (zwischen Mai und Dezember) verlorengeht. Während dieser Zeit spielt England nach außen hin keine große Rolle; von der Thronbesteigung der Stuarts (1603) bis zur *Glorious Revolution** (1688–1689) zieht sich dieses Land gleichsam in sich selbst zurück und schafft einige der Voraussetzungen, die das explosive Wachstum des 18. Jahrhunderts ermöglichen sollten. Deutschland hingegen wird durch die katastrophalen Folgen des Dreißigjährigen Krieges* für fast anderthalb Jahrhunderte weitgehend ausgeschaltet.

Das Zurücktreten des Mittelmeergebiets, der Niedergang Deutschlands und die Abkapselung Englands sichern für ein halbes Jahrhundert dem Kerngebiet Europas das Übergewicht, worunter Frankreich und die Niederlande zu verstehen sind: Frankreich auf geistigem und politischem, die Niederlande auf wirtschaftlichem Gebiet. Von nun an wird der Kolonialhandel von der Nordsee aus kontrolliert. Die Ausschaltung Antwerpens, die Bedeutungslosigkeit Londons, die Blockierung des Sunds durch die überhöhten dänischen Zölle und die sich von Süden nach Norden verschiebende wirtschaftliche Hochkonjunktur lassen Amsterdam aufsteigen, das von 1630 bis 1680 zum wichtigsten europäischen Handelszentrum wird.

Die Auswirkungen der Ereignisse, die Frankreich und Holland in den Vordergrund treten lassen, schwächen sich nach 1680 stark ab. England findet wieder sein Gleichgewicht, Deutschland beginnt sich von den Folgen des Dreißigjährigen Krieges zu erholen, die Türken werden zurückgedrängt, Österreich und Rußland vergrößern Europa in Richtung auf den Balkan und die Ukraine hin, während im Gefolge von Leibniz und Newton die wissenschaftliche und geistige Revolution einen zweiten Höhepunkt erlebt. 1713/14 findet mit den Friedensschlüssen von Utrecht und Rastatt eine erste dreißigjährige Phase des zweiten Hundertjährigen Krieges zwischen Frankreich und England ihr Ende. Die Verträge von 1713 legen in großen Zügen für 75 Jahre die politische Landkarte des europäischen Gleichgewichtes fest. Das Kräftegleichgewicht auf dem Kontinent sichert die englische Seeherrschaft, die eine Voraussetzung für die spätere industrielle Revolution bildet. Das geschwächte Spanien verliert Italien und muß dem englischen Handel weitgehend die wirtschaftliche Ausbeutung von Nord- und Südamerika überlassen; das Übergreifen Österreichs auf die Apenninenhalbinsel symbolisiert den Niedergang des Mittelmeergebiets und den Aufstieg des Nordens. In den nächsten zwei Jahrhunderten zählt nur mehr das Europa nördlich der Alpen. Im ausgehenden 19. Jahrhundert sollte Max Weber in der protestantischen Ethik das Geheimnis eines Erfolges suchen, der auf wirtschaftlichem, politischem, geistigem und wissenschaftlichem Gebiet zu einem neuen »griechischen Wunder« an den Gestaden der Nordsee führte. Die wirre Konjunktur der Jahre 1710–1720, die nicht nur noch einmal die Pest nach Europa bringt, sondern auch eine Zeit des wirtschaftlichen Niedergangs eröffnet, läßt weniger England als vielmehr allgemein den Norden zur Vorherrschaft gelangen: für mindestens zwei Jahrhunderte wendet sich das Glück von den Mittelmeerländern ab.

Eine Phase, drei Krisen (1640, 1685, 1715), drei Abschnitte (1640–1685, 1685–1715, 1715–1750); zwei große Revolutionen (1630/40 und 1680/90), die das ganze politische und geistige Leben erfassen. Der Schwerpunkt verlagert sich vom Binnenmeer zu den kalten Meeren des Nordens. Das Europa der Jahre 1630 bis 1760 ist auch das Europa der Kälte unter dem strengen Auge des zürnenden Gottes der Puritaner und des verborgenen Gottes der Jansenisten – ein Europa, das vom Mittelmeer abrückt.

Der Territorialstaat hat im christlichen Mittelmeergebiet des 16. Jahrhunderts seine Form gesucht, ohne sie zu finden. Noch hat die Stunde der Mittelstaaten nicht geschlagen, jener in sich abgeschlossenen, zwischen 200 000 und 500 000 Quadratkilometer großen Staatsgebilde, die später drei Jahrhunderte lang die Geschicke Europas bestimmen sollten.

Das 16. Jahrhundert war das Jahrhundert der großen, weit auseinandergezogenen Reiche. Als Prototypen können das Spanien Philipps II. und – außerhalb des christlichen Abendlandes – die alte Türkei gelten. Das Reich Philipps II. kontrollierte 1598 direkt 19 Millionen Menschen, indirekt in Europa 30 Millionen und in der ganzen Welt 40 Millionen Menschen, in Spanien, im übrigen Europa, in Indien (Goa), auf den Philippinen, in Veracruz, Mexiko und Lima. Aber dieses Reich war alles andere als eine Einheit. Zwischen der Regierung und der breiten Masse des Volkes standen die mächtigen Granden. Der Kampf gegen die riesigen Entfernungen war mit den damaligen Mitteln schier aussichtslos: eine Seereise vom Escorial nach den Philippinen und zurück dauerte im günstigsten Fall volle vier Jahre! Dieses unmögliche Riesenreich mit seinen 4 Millionen Quadratkilometern und 40 Millionen über drei Kontinente verstreuten Seelen wurde nur durch die jährlich aus Amerika nach Sevilla gebrachten 300 Tonnen Silber, die im Wert etwa gleich hohen Abgaben der drei Millionen Bauern der *Meseta* der beiden Kastilien, die Genialität eines großen Herrschers oder notfalls eines tüchtigen Ministers (Olivarez war von 1621 bis 1643 der eigentliche Nachfolger des 1598 gestorbenen Philipp II.) und die militärische Überlegenheit der aus dem kastilischen Adel und Landvolk rekrutierten *tercios** am Leben erhalten. Damit vergleichbar ist das Türkenreich, das ebenfalls auf drei Kontinenten rund 4 Millionen Quadratkilometer umfaßt, allerdings in seinen Grenzen nicht festliegt und über die 22 Millionen Bewohner nur zum Teil wirklich herrscht. Einen anderen alten Staatstypus stellt Polen dar. Die Lubliner Union (1569) vereinigt das Königreich Polen* mit dem Großherzogtum Litauen zu einem Staatskörper, der von einem gemeinsamen Reichstag* und einem gemeinsam gewählten Herrscher regiert wird, in dem aber die beiden Bestandteile ihre eigene Gesetzgebung, Verwaltung und Armee behalten. Dieses Großpolen umfaßt mehr als 900 000 Quadratkilometer und hat rund 2 Millionen Bewohner. Kann man aber Polen wirklich als Staat bezeichnen? Die südliche Ukraine wird von halbnomadischen Kosaken* bevölkert, die nicht Untertanen, sondern Bundesgenossen sind. Polen besteht in Wirklichkeit aus etwa zehntausend großen Domänen. Der Reichstag ist durch das *liberum veto**, die unmögliche Einstimmigkeit, gelähmt. Die territoriale Zerstückelung, die 1629 und 1660 im Norden beginnt und 1667 und 1699 im Osten fortgesetzt wird, verrät die Ohnmacht dieses Staates. Polen ist gegen Ende seines »Goldenen Jahrhunderts« nur noch ein lockerer Verband von großen Adelsgütern, der schließlich mit den drei Teilungen von 1772, 1793 und 1795 ganz von der politischen Bühne abtritt.

Im 17. Jahrhundert gibt es für den Staat eine optimale Größe. Mit einer Ausnahme – es handelt sich dabei um Rußland, aber als Grenzgebiet bildet es einen

Sonderfall – werden in diesem Jahrhundert die Reiche von den Staaten verdrängt, und zwar handelt es sich dabei um Staaten von mittlerer Größe. Der Staat des 17. Jahrhunderts gewinnt an Tiefe, was er an Breite einbüßt. Er legt wenig Wert darauf, zu seinen sowieso schon schwer kontrollierbaren Ländereien neue hinzuzuerwerben, nominelle Untertanen zu zählen, die ihm nur Lasten auferlegen, ohne einen wirklichen Machtzuwachs zu bringen. Zwar verzichtet er nicht auf den Versuch, seinen Herrschaftsbereich zu erweitern, aber er verleibt sich nicht andere Staaten ein, sondern strebt nach einer Hegemonie über Vasallenstaaten oder bemüht sich um ein Gleichgewicht der Kräfte. Das erste taten die Franzosen zwischen 1660 und 1690, das zweite die Engländer nach 1715.

Der Übergang vom Reich zum modernen Staat erforderte Zwischenlösungen. Einen Grenzfall stellt in Osteuropa Polen dar. Ein noch besseres Beispiel bietet Spanien, das insofern eine Ausnahme bildet, als im ganzen 17. Jahrhundert der Staat an Bedeutung verlor. Gestützt auf einen kleinen Kreis getreuer Diener, die aus dem Mittelstand hervorgegangenen, juristisch hervorragend geschulten *letrados**, vermochte Philipp II. zumindest die nächstliegenden Teile seines Reiches wirkungsvoll zu regieren, nämlich die Länder der kastilischen Krone, etwa 6,9 Millionen Seelen auf 378 000 Quadratkilometern (auf einen Quadratkilometer kamen 1594 18,2 Menschen). Daß wir heute über das Spanien jener Zeit so viel wissen, verdanken wir einer Reihe von systematischen Verwaltungsmaßnahmen, die bezeugen, wie gründlich damals regiert wurde. Eine Fülle von Dokumenten gibt uns über den spanischen Staat des 16. Jahrhunderts Aufschluß. Mit großer Gewissenhaftigkeit wurden in ganz Kastilien die großen Volkszählungen von 1575 und 1578 durchgeführt. Der Fragebogen des Jahres 1575, mit dem die Volkszähler von Haus zu Haus zogen, enthält nicht weniger als 57 Spalten und der von 1578 immerhin noch deren 45. Die im spanischen Staatsarchiv zu Simancas aufbewahrten Unterlagen der Volkszählung von 1594 umfassen das gesamte Reich. Die Vertreibung der Morisken* wurde durch präzise Zählungen vorbereitet, die es in jüngster Zeit Henri Lapeyre ermöglicht haben, die Verteilung der mohammedanischen Bevölkerung im Spanien jener Zeit genau zu rekonstruieren. Umfassende Untersuchungen und Volkszählungen sind Merkmale des modernen Staates. So zeichnete sich im allzu aufgeblähten spanischen Reich im ausgehenden 16. Jahrhundert in Kastilien ein moderner Staat ab. Seine Verwirklichung wurde jedoch im 17. Jahrhundert durch den Zusammenbruch des Reiches verhindert. Durch die Zerschlagung des Mittelstandes kamen wieder die Granden mit den Cortes zur Macht; die *letrados* wurden allmählich ausgeschaltet. Das sollte sich verhängnisvoll auswir-

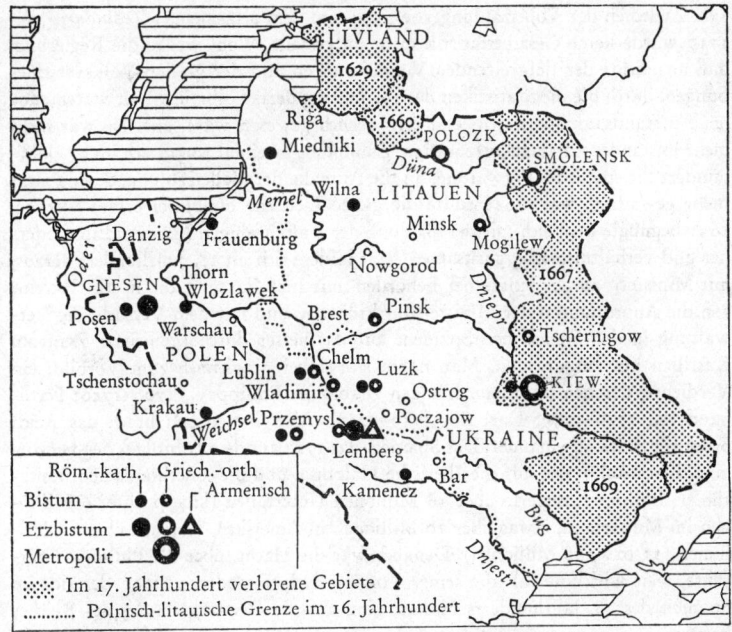

LIVLAND
1629
Riga 1660
Miedniki POLOZK SMOLENSK
Düna
Memel Wilna LITAUEN
Minsk
Danzig Frauenburg Mogilew
Oder Thorn Nowgorod 1667
GNESEN Wlozlawek
Posen Warschau Brest Pinsk
POLEN Chelm Dnjepr Tschernigow
Tschenstochau Lublin Luzk
Krakau Wladimir Ostrog KIEW
Weichsel Przemysl Poczajow
Lemberg UKRAINE
Bar
Kamenez 1669
Bug
1669
Dnjestr

Röm.-kath. Griech.-orth.
Bistum
Armenisch
Erzbistum
Metropolit
Im 17. Jahrhundert verlorene Gebiete
Polnisch-litauische Grenze im 16. Jahrhundert

1 POLEN IM 17. JAHRHUNDERT (nach R. Portal: *Les Slaves*). Das 17. Jahrhundert kann als das Goldene Zeitalter Polens bezeichnet werden; allerdings begann auch in diesem Jahrhundert der Abstieg. Ein besonderes Problem des Großreichs war seine religiöse Zerrissenheit, die aus der obigen Karte deutlich wird. Im Westen herrschte ein intoleranter, militanter Katholizismus vor, im Osten gab es seit der zwangsweisen Angliederung der orthodoxen Kirche an Rom (1596) ständige Spannungen, während in Litauen und Weißrußland starke jüdische Gemeinden bestanden. Das Kerngebiet Polens lag im Westen und Nordwesten: auf 20 Prozent des Territoriums lebten hier 55 Prozent der Gesamtbevölkerung. Die im Osten während der Zeit der Wirren besetzten Gebiete wurden ab 1629 nach und nach von den Russen zurückerobert. Wenig zuverlässige »Untertanen« waren die Kosaken in der Ukraine, die dem Meistbietenden ihre Unterstützung gewährten. Auch nachdem das Staatsgebiet reduziert war, gelang den Polen nicht der Aufbau eines in sich gefestigten Staatswesens.

ken. Zwischen der Volkszählung von 1594 und dem allgemeinen *Vezindario* von 1717 wurde keine Gesamtstatistik mehr aufgestellt. Wohl wußte die Regierung, daß angesichts der tiefgreifenden Veränderungen und der großen Volksverschiebungen, durch die die Statistiken des 16. Jahrhunderts völlig überholt waren, eine neue Bestandsaufnahme dringend erforderlich gewesen wäre, aber sie war nicht mehr imstande, sich dazu aufzuraffen. Zumindest zweimal wagte sich im 17. Jahrhundert die spanische Verwaltung an die Aufgabe der Volkszählung, der sie nicht mehr gewachsen war: 1646 sollte die ganze Iberische Halbinsel erfaßt werden, 1691 begnügte man sich mit der Zählung der waffenfähigen Männer. Ein moderner und verhältnismäßig wirksamer Staat bildete sich im 18. Jahrhundert heraus, mit Ministern an der Spitze der Behörden, mit Intendanten*, die in den Provinzen die Anordnungen der Minister durchführten, und mit dem Versuch, die Verwaltung in den Randzonen Spaniens auf das besser durchorganisierte Zentrum Kastilien hin auszurichten. Man nahm sich dabei Frankreich zum Vorbild, ein Verdienst, das den Bourbonenkönigen zukommt (Philipp v., 1700–1746; Ferdinand vi., 1746–1759; Karl iii., 1759–1788). Aber inzwischen brach das Reich Stück für Stück auseinander. Das Spanien, das 1714 aus dem Erbfolgekrieg hervorging, beschränkte sich auf die Iberische Halbinsel und die amerikanischen Besitztümer, Philipp v. regierte über 16 Millionen Untertanen (knapp unter 6 Millionen im Mutterland, etwas über 10 Millionen in Amerika), Karl iii. über 29 Millionen (11 bzw. 18 Millionen). Dennoch war die Macht, über die Philipp v. verfügte, weit wirklicher als die seiner Vorgänger. Der moderne Staat, der sich im Spanien des 18. Jahrhunderts bildete, ging aus der Zertrümmerung des Reiches hervor.

Einen anderen Weg nimmt Schweden von Gustav Adolf* (1611–1632) bis zu Karl xii.* (1697–1718). Ein Jahrhundert lang bemüht man sich, aus dem *mare balticum* ein *mare nostrum* zu machen. Dieses der allgemeinen Entwicklung zuwiderlaufende Bemühen muß Schweden teuer bezahlen. Im ausgehenden 17. Jahrhundert ist Schweden der vollkommenste aller nordischen Staaten: eine Million Untertanen, ein der Königsgewalt unterworfener Adel und starke Herrscher. Aber was es sich durch seine imperialistischen Bestrebungen eingehandelt hat, ist höchst gefährlich: die Verantwortung für ein baltisches Reich, das außer Schweden und Finnland Karelien, Ingermanland, Estland, Livland, Vorpommern und Bremen-Verden an der Nordseeküste umfaßt. Zwar sichert dieses Reich die Kontrolle über den Getreidehandel, aber gleichzeitig versperrt es den aufstrebenden Kolossen Brandenburg-Preußen und Rußland den Weg zum Meer. Dieser Sieg muß mit einer Schwächung des Staates im Inneren bezahlt werden. Der Adel schiebt sich

2 DIE POLITISCHE ORDNUNG EUROPAS UM 1620

Die Grenzen Europas waren zu dieser Zeit im Osten und Südosten noch fließend, aber auch innerhalb dieser Grenzen gab es noch leere oder dünn besiedelte Räume, die durch den sich ausbreitenden Dreißigjährigen Krieg bald vergrößert werden sollten. Vorherrschend war damals noch Spanien, das jedoch zwanzig Jahre später seiner Vormachtstellung verlustig ging und von da an nur noch eine zweitrangige Rolle spielte. Im Aufstieg begriffen war der nördliche Nachbar, Frankreich, während das Heilige Römische Reich Deutscher Nation, von blutigen Kämpfen zerrissen, keinerlei Bedeutung mehr besaß. Das Schwergewicht Europas verlagerte sich langsam, aber unaufhaltsam nach Norden, nach England und Holland, den beiden Seemächten, die Spanien ablösten. Italien war nichts mehr als ein geographischer Begriff. Im Dreißigjährigen Krieg schoben sich erstmals die skandinavischen Länder in den Vordergrund. Durch diesen Krieg wurde ein neues europäisches Kräftegleichgewicht geschaffen.

DIE POLITISCHE ORDNUNG EUROPAS UM 1620

—————— Grenze des Heiligen Römischen Reiches

Habsburgische Lande

Territorialstaaten und Freie Reichsstädte

⊙ Städte mit über 200 000 Einwohnern
◉ Städte mit 100 000 bis 150 000 Einwohnern
○ Städte mit weniger als 100 000 Einwohnern

200   400   600   800   1000 km

ZARTUM RUSSLAND

KALMÜCKEN

ESTLAND

LIVLAND

LITAUEN

POLEN

DONKOSAKEN

Don

Wolga

Dnjepr

Don

SAPÖROGER KOSAKEN

KASPISCHES MEER

KRIMCHANAT

MOLDAU

SIEBENBÜRGEN

SCHWARZES

WALACHEI

MEER

PREUSSEN

POLEN

Donau

Lübeck

Hamburg

MECKLENBG.

Berlin

BULGARIEN

MANISCHES REICH

USA

Magdeburg

BRANDENBURG

Köln

HESSEN

SACHSEN

SCHLESIEN

Trier

Prag

BÖHMEN

Nürnberg

ANATOLIEN

WÜRTTEMBG.

BAYERN

München

Wien

UNGARN

Bevölkerungsschwund
in Deutschland infolge des
Dreißigjährigen Kriegs

%	%
0–15	33–66
15–33	über 66

KRETA

wieder in den Vordergrund, im gleichen Maße wird das freie Bauerntum zurückgedrängt. Es wird verkauft, enteignet, zerschlagen. Der Grundbesitz der Krone
schwindet, der alte Feudalstaat taucht erneut aus der Versenkung empor. »Um
die Mitte des 17. Jahrhunderts gehören der Krone und den freien Bauern nur noch
30 Prozent des Landes, alles übrige ist im Besitz des Adels. Hundert Jahre früher
gehörten den Bauern rund 50, der Krone 28 und dem Adel 32 Prozent.«

Nach der Auflösung dieses unseligen Reiches im 18. Jahrhundert geht es mit
Schweden rasch aufwärts: in sechzig Jahren verdoppelt sich seine Bevölkerung,
und endlich kann sich der moderne Staat herausbilden, dessen Verwirklichung
durch den imperialistischen Absteeher um ein Jahrhundert verschoben worden war.

Allen alten Reichen wird das 17. Jahrhundert zum Verhängnis. Das eindrucks-
vollste Beispiel ist das altehrwürdige Heilige Römische Reich Deutscher Nation,
das im Verlauf des Dreißigjährigen Krieges endgültig zerschlagen wird. Der Westfälische Frieden zieht unter eine Katastrophe ohnegleichen den Schlußstrich. In
zwanzig Jahren (1625–1645) hat sich die Bevölkerung eines 900 000 Quadratkilometer großen Gebietes von 20 Millionen auf 7 Millionen Seelen verringert. Mit
einem zentralistisch universalen Kaisertum ist es endgültig vorbei; die 350 Territorien des Reiches erhalten volle Landeshoheit. Nur langsam beginnt der Wiederaufstieg aus den Ruinen. Rascher geht es in dem durch den Krieg weniger unmittelbar betroffenen Österreich voran. Als Folge der Politik Ferdinands II. (1619
bis 1637), der von einem Großreich träumte, sieht es so aus, als ob unter dem
glanzlosen Ferdinand III. (1637–1658) die Erblande der Habsburger in Österreich
in das Unglück des Reiches hineingezogen würden. Leopold I.* (1658–1705) ist
jedoch klug genug, auf jeden Versuch, dem Kaisertitel wieder einen Inhalt geben
zu wollen, zu verzichten. Dies ist der Preis, den das Überleben des österreichischen
Staates fordert. Von Polen gewinnt Leopold Oppeln und Ratibor, von der steiri-
schen Nebenlinie seines Hauses Tirol. Mit dem Zusammenbruch der türkischen
Macht in den Schlachten am Kahlenberg (1683), bei Mohács (1687) und bei Zenta
(1697) wendet sich Österreich immer mehr von Deutschland ab und verwandelt
sich im 18. Jahrhundert in ein Land der »Reconquista«, das seine Grenzen im Donauraum ständig weiter nach Süden vorschiebt. In Italien übernimmt es 1713 das
Erbe der Spanier. Italien ist seine Schwäche, und nach der brillanten Regierung
Josephs I.* (1705–1711) geht es mit Österreich trotz oder vielleicht wegen des in
den Friedensschlüssen von Rastatt (6. März 1714) und Baden (7. September 1714)
über Frankreich und Spanien errungenen Erfolgs unter Karl IV.* (1711–1740) wieder bergab, weil es erneut den Reichstraum aufgreift und sich zu sehr verzettelt,
während sich seine Streitmacht von 170 000 auf 80 000 Mann verringert. Maria

3 DIE POLITISCHE ORDNUNG EUROPAS UM 1760

Die alte »Christenheit« existiert nicht mehr. Die Türken sind auf dem Balkan zurückgedrängt worden; Rußland, das anderthalb Jahrhunderte früher noch kaum zu Europa zählte, schiebt die Grenze Europas nach Osten vor. Drei Mächte beherrschen die europäische Bühne: Frankreich, England und die Vereinigten Niederlande. Doch inzwischen hat sich das Reich von den Folgen des Dreißigjährigen Krieges erholt; Brandenburg-Preußen leitet eine neue Entwicklung ein. Spanien ist bedeutungslos geworden, Italien ohnmächtiger denn je.

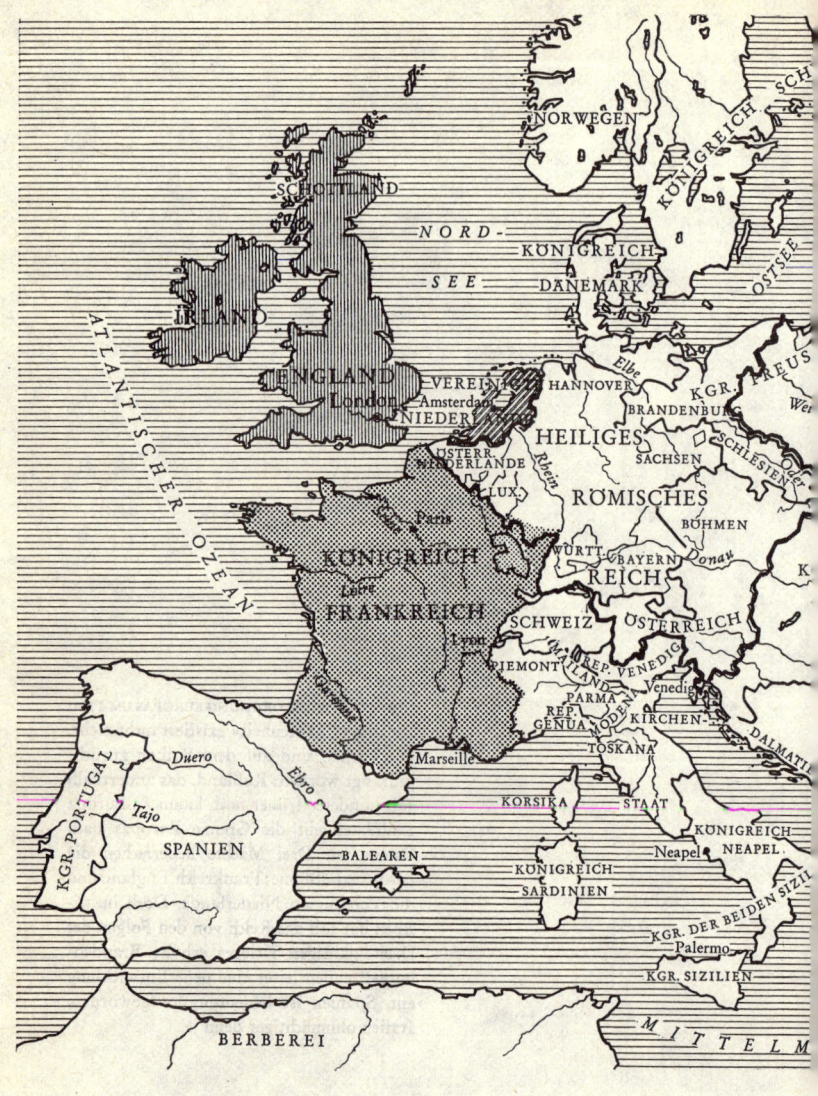

Sankt Petersburg

Wolga

 STLAND
LIVLAND
AND

Moskau

KAISERREICH RUSSLAND

Ural

Dnjepr

POLEN

Don

Wolga

KASPISCHES
MEER

EICH
N
SIEBENBÜRGEN

MOLDAU

KRIM

K A U K A S U S

IEN

WALACHEI

Donau

S C H W A R Z E S   M E E R

OSMANISCHES REICH

R

KRETA

DIE POLITISCHE ORDNUNG EUROPAS UM 1760

⊗ London Stadt mit mehr als 500 000 Einwohner
● Paris Stadt mit 250 000 bis 500 000 Einwohner
● Venedig Stadt mit 100 000 bis 250 000 Einwohner
○ Marseille Stadt mit weniger als 100 000 Einwohner
Grenze des Heiligen Römischen Reiches

0   200   400   600   800   1000 km

Theresia (1740–1780) und vor allem Joseph II. (Mitregent 1765–1780, Kaiser 1780–1790) errichten im Donauraum einen großen modernen und verhältnismäßig in sich geschlossenen Staat.

Der erste moderne Staat im protestantischen Deutschland wird das Kurfürstentum Brandenburg*. Durch die Erwerbung großer Gebiete in Mitteldeutschland, den Wiederaufbau der verwüsteten Landstriche und die Erhebung zum Königtum (1700), dank der rastlosen Bemühungen des Großen Kurfürsten (1640–1680), der Tüchtigkeit Friedrich Wilhelms I. (1713–1740) und der großen Staatskunst Friedrichs des Großen (1740–1786) wird dieses Land zu einer Militärmacht, die sich mit Österreich messen kann. Daß um 1760 Brandenburg-Preußen mit seinen knapp 5 Millionen Einwohnern fast ebenso mächtig ist wie das sechsmal volksreichere, allerdings bunt zusammengewürfelte Österreich, läßt die Überlegenheit des Mittelstaates in der damaligen Zeit deutlich werden.

Die beherrschende Stellung nimmt im Europa des 17. und der ersten Hälfte des 18. Jahrhunderts Frankreich ein. Sein Gebiet vergrößert sich in dieser Zeit von 450 000 auf 520 000 Quadratkilometer, die Bevölkerung wächst von 15 Millionen Menschen um 1610 auf 17 Millionen im Jahre 1640 und 19 Millionen 1680, sinkt um 1715 erneut auf 17 Millionen ab, um bis 1750 auf 22 Millionen und bis 1770 auf 24 Millionen zu steigen. Verschiedene Faktoren haben die Vormachtstellung Frankreichs begründet. Man verzichtet darauf, sich durch leichte Beute in Versuchung führen zu lassen, von der möglichen Herrschaft über das Deutsche Reich (1658) bis zur Aufspaltung des spanischen Königreichs im Zusammenhang mit dem Testament Karls II. von Spanien (1700). Frankreich, der mächtigste Staat dieser Zeit, lehnt bewußt die imperiale Verlockung ab, um sich mit ganzer Kraft dem inneren Aufbau und Ausbau zu widmen.

Der Staat des 17. Jahrhunderts entscheidet sich für das Wesentliche, für die Eingliederung seiner Untertanen, die Verwurzelung mit dem Boden. Das gilt für Preußen und für Österreich, das gilt für ganz Europa mit Ausnahme des Mittelmeergebiets, wo in Spanien und Italien der Staat fortwährend geschwächt wurde; vor allem aber gilt es für Frankreich.

Dort vollzieht sich von 1624 bis 1690 – mit einer Unterbrechung in der Zeit von 1648 bis 1652 – ein noch nie dagewesener, einzigartiger Wandel. Nach den Religionskriegen, beim Tod Heinrichs IV. (1610), herrschen zwischen den einzelnen Provinzen des Landes große Ungleichheiten.

Königliche Beamte vertreten die Krone; sie haben Landbesitz, und bald sind auch ihre Ämter erblich. Die Treue der Beamten hat den Staat während der Hugenottenkriege gerettet. Aber für die Krone setzen sie sich nur insofern ein, als ihre Interessen mit denen des Königs übereinstimmen. Zudem stehen die königlichen Beamten nicht in direktem Kontakt mit der Landbevölkerung: dazwischen bildet der Adel eine trennende Schicht. Auch der Adel hat seine Beamten. Zu Beginn des 17. Jahrhunderts bestehen noch scharfe Gegensätze zwischen den königlichen Beamten und den Beamten des Hochadels. Der König hat wohl mehr, aber nicht alle Trümpfe in der Hand. Da es kein stehendes Heer und keine Polizei gibt, bleibt die Exekutive dem niederen Adel überlassen. Diese Tatsache erklärt die paradoxe Machtstellung der Protestanten: noch zu Beginn des 17. Jahrhunderts sind kaum 8–10 Prozent der Gesamtbevölkerung, aber 45–50 Prozent des kleinen Landadels protestantisch. Sie erklärt auch die anfänglichen Erfolge der großen Erhebungen während der Regierungszeit Richelieus, besonders des Aufstands der »Barfüßer« in der Normandie (1639), da sie sich der Unterstützung oder zumindest der wohlwollenden Neutralität des Landadels erfreuen.

Unterschiedlich ist auch die tatsächliche Macht der Krone über die einzelnen Provinzen. Dem Zentrum, dem Pariser Becken, der ältesten Domäne der Krone, steht ein fast 200 000 Quadratkilometer großes Randgebiet gegenüber. Wir wollen bei unserer Betrachtung die Grenzgebiete ausklammern: die beiden Bistümer Toul und Verdun, die Stadt Metz, zu der 1632 das Bistum Metz kommt, Reichsgebiet, das auf Widerruf von 1552 bis 1648 besetzt wird – hier handelt es sich offensichtlich um Sonderfälle. Aber sogar im Inneren des Königreiches gibt es genügend Beispiele, so etwa das Charolais in Burgund. Sein Schicksal ist eigenartig mit dem der Grafschaft Burgund verknüpft, der bis 1678 »spanischen« Franche-Comté. Der spanische König ist Lehnsherr, der französische König Souverän des 1477 erworbenen, 1493 wieder abgetretenen Charolais. 1561 wird ein königlicher Landeshauptmann eingesetzt, von 1561 bis 1678 wird allmählich parallel zur lehnsherrschaftlichen eine königliche Verwaltung aufgebaut. Durch den Frieden von Nimwegen werden hinsichtlich des Charolais keine neuen Zustände geschaffen, sondern nur bestehende Zustände staatsrechtlich sanktioniert. Juristisch genau entgegengesetzt liegen die Dinge bei den Dombes auf dem Ostufer der Saône. Wegen dieses 1523 konfiszierten Teilstückes der Domäne des Konnetabels von Bourbon zerbrechen sich die Juristen den Kopf. Sie betrachten es als fragloses Allodium, als ein souveränes Fürstentum, dessen Fürst der König von Frankreich ist. Die oberste Gerichtsbarkeit der Dombes liegt in den Händen des lokalen Parlaments und des souveränen Rates. Wenig erstaunlich ist der Partikularismus der Bretagne, die erst 1689 endgültig dem Land eingegliedert wird: in diesem Jahr, ein halbes Jahrhundert später als im übrigen Königreich, wird in Rennes ein königlicher Intendant eingesetzt, was nur dank der durch den Krieg der Augsburger Allianz geweckten Englandfeindlichkeit möglich ist. Verständlich sind auch die partikularistischen Tendenzen in der Dauphiné und in der Provence, liegen doch beide Gebiete außerhalb der Grenzen des mittelalterlichen Frankreich, die Sonderbestrebungen in der Languedoc, die durch das ligistische Parlament in Toulouse, die Stände, die Sprachunterschiede, altüberlieferte Rechtstraditionen und eine einflußreiche protestantische Minderheit gefördert werden. Man begreift, welche Leidenschaften aufgewühlt und welche Gefahren heraufbeschworen werden, als 1632 der Störenfried Gaston d'Orléans den von Montmorency*, dem Patenkind Heinrichs IV., angezettelten Aufstand bis an die Grenzen Spaniens trägt; Montmorency ist erster königlicher Baron und Gouverneur dieser schwierigen Provinz, die bereits seit dem 13. Jahrhundert im Besitz der Krone ist.

Überreste des mittelalterlichen Feudalwesens halten sich bis ins 17. Jahrhundert hinein. Zwar fallen 1607 die Lehen in der Vendôme (Vendômois, Condé und Enghien) an die Krone zurück, ebenso das Albret, aber Béarn-Navarre ist bis 1620 nur durch eine Personalunion mit Frankreich verbunden, seine Sonderstellung findet noch bis 1791 in der königlichen Titulatur ihren Ausdruck. Bis 1620 gehören im Béarn, dessen Bevölkerung zu 95 Prozent katholisch, dessen Adel jedoch durchwegs protestantisch ist, die eingezogenen alten Kirchengüter der protestantischen Kirche. Ein Krieg ist nötig, um diesen anormalen Zustand zu beenden, der durch den Übertritt der Familie Albret zum reformierten Glauben im 16. Jahrhundert entstanden ist. Die Grafschaft Auvergne – nicht zu verwechseln mit dem Herzogtum Auvergne, dessen Hauptstadt Riom ist – bleibt bis 1589 Leibgedinge von Katharina von Medici. Alle diese Tatsachen machen deutlich, wie schwierig es für Ludwig XIV. ist, in den ersten Jahren nach der Übernahme der Regierung unter der klugen Verwaltung von Colbert die Auvergne fest mit der Krone zu verbinden.

Zu den kleineren Gebieten, die sich noch im 17. Jahrhundert einer Eingliederung widersetzen, gehören Sedan und Bouillon an der Nordgrenze, fast genau gegenüber den wichtigsten Versorgungsbasen der spanischen Heeresmacht in den Niederlanden; im Zentralmassiv die Grafschaft Beaujolais im Besitz der Familie Montpensier und die große Vicomteschaft Turenne, die sich aus Quercy und dem Limousin zusammensetzt und deren Herrscher, der bedeutendste französische Feldherr des 17. Jahrhunderts, sich fast bis zu seinem Tod zum Protestantismus bekennt und sich für kurze Zeit auch der Fronde anschließt; vor allem aber ist das Nivernais zu nennen, dessen Grafen und spätere Herzöge bis ins 17. Jahrhundert hinein über große Macht verfügen. Der Herzog von Nevers erläßt unabhängig von der Krone Verordnungen, ist oberster Gerichtsherr, ernennt alle Beamten, erhebt Steuern, befehligt im Krieg neben dem französischen Heer sein eigenes Truppenkontingent und führt den Vorsitz in den Landständen.

Gegen Ende des 17. Jahrhunderts sind diese Überreste der gefährlichen feudalen Zersplitterung des Staates praktisch verschwunden. Zwar stehen den 18 Steuerbezirken (sie umfassen zwei Drittel des Königreiches; der jüngste, Alençon, wird 1634 auf Kosten von Rouen und Caen geschaffen) immer noch die in der Regel periphär gelegenen Provinzen mit Landständen gegenüber: die Bretagne, Flandern, das Artois, Lothringen, das Elsaß, Burgund, die Franche-Comté, die Languedoc, die Dauphiné, die Provence, das ganze Pyrenäengebiet, Béarn und später Korsika, aber dieser Gegensatz ist weitgehend sinnleer geworden. Im großen und ganzen sind die Provinzen mit Ständevertretungen – die allerdings keineswegs mehr überall den alten, fast im ganzen übrigen Europa noch sehr aktiven Provinzständen entsprechen – steuerlich günstiger gestellt. Aber es gibt Ausnahmen. Die Normandie etwa wird zweifelsohne übermäßig besteuert, was zur Folge hat, daß dieses im 16. Jahrhundert noch wohlhabende Land im 18. Jahrhundert wirtschaftlich ausgelaugt ist. Weniger Steuern als im Durchschnitt werden tatsächlich nur im Elsaß, in Lothringen und in Flandern erhoben. Diese Tatsache trägt erheblich dazu bei, daß sich die Bevölkerung des Elsaß im 18. Jahrhundert verdreifacht und daß diese im Grund deutsche Provinz sich eng an Frankreich anschließt. Dagegen ist das geringere Steueraufkommen in der Betragne und in der Languedoc dadurch bedingt, daß in diesen Gebieten große Armut herrscht. Die Ständeprovinz Burgund teilt sich mit dem Steuergerichtsbezirk Normandie in den wenig erfreulichen Vorzug, zu den am höchsten besteuerten Gebieten Frankreichs zu gehören.

Durch die Einsetzung von Intendanten wird eine gewisse Vereinheitlichung erreicht. Schon unter Richelieu werden Bevollmächtigte und Polizei-, Justiz- und Finanzintendanten in die Provinzen gesandt; der Abschluß wird 1689 gemacht, als in Rennes ein Intendant für die Bretagne eintrifft. Der Posten entwickelte sich aus dem des »maître de requêtes« (Berichterstatter über die an die Krone gerichteten Bittschriften); die Intendanten unterstehen direkt dem König. Anfänglich haben sie die Aufgabe, über die Tätigkeit der Verwaltungsbeamten zu berichten, sie zu kontrollieren und eine wirksame Administration zu sichern. Im 18. Jahrhundert wird die Verwaltungsmaschinerie schwerfälliger. Von Versailles aus wird ganz Frankreich mit seinen 42 000 Pfarrgemeinden mit Hilfe eines Beamtenheeres verwaltet, besteuert, gezählt – mit einem Wort: regiert. Der Sieg des Staates ist der großen industriellen Revolution des 19. Jahrhunderts vorausgegangen.

Diese Einordnung von Gebieten und Menschen in den Staat des 17. Jahrhunderts vollzieht sich nicht ohne Schwierigkeiten. In der ersten Hälfte dieses Jahrhunderts kommt es überall zu Volksaufständen und Bürgerkriegen. Durch den Bürgerkrieg, den Widerstand der Provinzen gegen die Zentralgewalt, den Widerstand der unteren Gesellschaftsschichten gegen den Druck von oben werden stets die Auswirkungen auswärtiger Kriege vervielfacht. Zwischen 1623 und 1647 herrscht in Frankreich nicht ein einziges Jahr lang wirklich Ruhe, und in den darauffolgenden vier Jahren (1648–1652) versetzt die Fronde das ganze Land in Aufruhr. Am unruhigsten sind der Westen und Süden Frankreichs, jene Gebiete, die zunehmend verarmen. Die unmittelbaren Gründe sind wirtschaftlicher Natur, die eigentlichen Ursachen jedoch die durch das rasche Anwachsen der Bevölkerung in den vorangegangenen anderthalb Jahrhunderten bedingte Übervölkerung und vor allem die übermäßige steuerliche Belastung. Deshalb sind diese Aufstände gegen die Staatsgewalt aus der Not heraus geboren. Am gefährlichsten sind die von dem niederen Adel, gelegentlich auch vom Hochadel und den Beamten unterstützten Bauernaufstände.

Dieser Art ist auch der blutige Bürgerkrieg, der England von 1641 bis 1649 erschüttert. Im Grunde handelt es sich hier um einen Aufstand des niederen Adels, der alten *gentry,* gegen die fiskalischen Forderungen einer mit dem kaufmännischen Großbürgertum liierten Dynastie (diese Auffassung vertritt Trevor Roper gegenüber den traditionellen, aber offenkundig falschen Deutungsversuchen). In England hat wie in Frankreich die Zentralgewalt das letzte Wort: der Staat bleibt Sieger. Doch nicht überall verläuft alles so glatt. Der von Ferdinand II. (1619–1632) unternommene Versuch einer Zentralisierung führt nur teilweise zum Erfolg. Es gelingt ihm in den habsburgischen Erblanden, zum Teil auch noch im Alpengebiet und schließlich auch in Böhmen und Mähren (dort allerdings nur auf Kosten einer Halbierung der Bevölkerung und des wirtschaftlichen Reichtums dieser Länder), aber das Bemühen, im Norden auf Kosten des Reiches die österreichische Staatsgewalt zu stärken, beschleunigt die Katastrophe des Dreißigjährigen Krieges. Scheitern im Reich, Scheitern in Spanien. Der Staat, der in Frankreich und England im 17. Jahrhundert verwirklicht wird, kommt übrigens erst im 18. Jahrhundert zur vollen Ausbildung. Aber wenn dies auch in anderen Formen und mit anderem Rhythmus geschieht, ist doch die Entwicklungslinie die gleiche.

Rußland verdient es vielleicht, daß man sich ausführlicher mit ihm befaßt. Mit seiner riesigen Ausdehnung scheint dieses Land der Regel zu widersprechen, daß sich im 17. Jahrhundert die Mittelstaaten auf Kosten der Großreiche durchsetzen. Als 1462 Iwan III. den Thron besteigt, umfaßt das Fürstentum Moskau eine

4 DIE AUSBREITUNG DES RUSSISCHEN HERRSCHAFTSGEBIETS IM 17. JAHRHUNDERT (nach R. Portal, *Les Slaves*). Diese Karte zeigt, wie sich das Großfürstentum (ab 1547 Zarenreich) Moskau im 16. und 17. Jahrhundert ausbreitete. Es sollte allerdings lange dauern, bis die unterworfenen Nomadenstämme dem Reich wirklich eingegliedert waren; als man im 18. Jahrhundert die reichen Bodenschätze des Ural auszubeuten begann, mußten die Bergwerke und die neugegründeten Städte immer noch durch Truppenkontingente und Befestigungen gegen Überfälle der Nomaden geschützt werden.

Fläche von 460 000 Quadratkilometern. Bei der Thronbesteigung Iwans IV., des Schrecklichen, umfaßt Rußland bereits 2 800 000 Quadratkilometer, um sich in den folgenden 65 Jahren, bis 1598, beinahe zu verdoppeln (5 400 000 Quadratkilometer). Im ausgehenden 17. Jahrhundert wird kurzerhand Sibirien einverleibt, 15 Millionen Quadratkilometer, von denen 10 Millionen praktisch unbewohnbar sind. In Wirklichkeit steht hier einem etwa 2 Millionen Quadratkilometer großen russischen Kernland ein Kolonialreich gegenüber, das sich mit Amerika vergleichen läßt und in dem russische Kolonisatoren in ein von einem bunten Gemisch von

Nomadenvölkern bewohntes Gebiet vorstoßen: finnotatarische Völker an de
mittleren Wolga (Tschuwaschen, Tscheremissen und Wolgatataren), Wogulen
Baschkiren im Ural und südlich des Gebirges. Noch im 17. Jahrhundert ist man in
Nischni-Nowgorod über die Mordwinen-Überfälle auf die Dörfer im »Grenzge
biet« beunruhigt. In Sibirien* (wo 1649 von Kosaken an der Pazifikküste di
Stadt Ochotsk gegründet wird) zählt man um die Mitte des 17. Jahrhundert
250 000 eingeborene Nomaden, die nur zu einem Teil tributpflichtig sind (sie müs
sen den Tribut in Form von Pelzen entrichten).

Der russische Staat verfolgt im 17. und 18. Jahrhundert andere Ziele als de
Staat im »klassischen« Europa. Die territoriale Anomalie (von den Kolonialgebie
ten am Ural, der den Chans wieder abgenommenen Ukraine und Sibirien abge
sehen) ist möglich, weil der russische Staat darauf verzichtet, die Masse seiner bäu
erlichen Untertanen direkt zu regieren. Von Alexej Michailowitsch (1645–1676)
über Peter I.* (1682–1725) bis zu Katharina II. (1762–1796) verläuft die so
ziale Entwicklung der Entwicklung im Westen genau entgegengesetzt. Durch di
Gesetze von 1649 werden die Bauern endgültig aller Freizügigkeit beraubt – ei
Prozeß, der bereits 1570 eingesetzt hat. Die Einrichtung der Leibeigenschaft, di

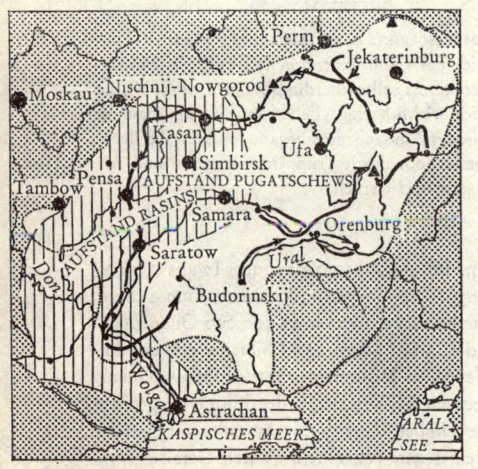

5 DIE BEIDEN GROSSEN RUSSISCHEN AUF
STÄNDE IM BAROCKZEITALTER: RASIN UN
PUGATSCHEW (nach P. Seignobos, Ch. Seigno
bos und L. Eisenmann: *Histoire de Russie*
Im ganzen 17. und 18. Jahrhundert kam (
in Rußland immer wieder zu Unruhen un
Aufständen. Am bedeutungsvollsten ware
die Aufstände unter Stenka Rasin (1670 b.
1671) und Pugatschew (1773–1774). Inter
essant ist, daß beide Aufstände die gleiche
Gebiete erfaßten (hauptsächlich das nu
dünn besiedelte Wolgagebiet, unter Puga
tschew jedoch auch das Gebiet um den süc
lichen Ural); die Anführer waren in beide
Fällen Kosaken, die sich gegen die wach
sende Unterdrückung durch die erstarkend
Zentralgewalt wandten. Getragen wurde
beide Aufstände von den Bauern, die i
zunehmendem Maße entrechtet wurden.

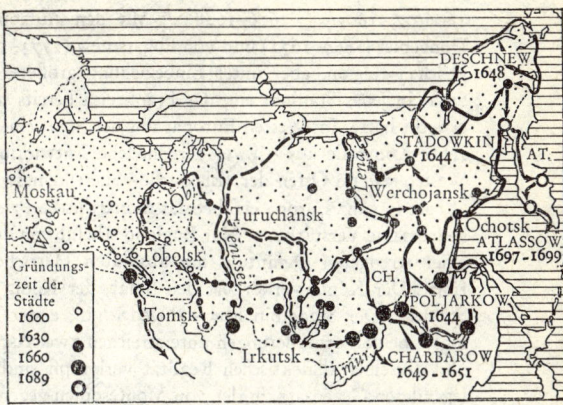

DIE EROBERUNG SIBIRIENS IM 17. JAHRHUNDERT (nach R. Portal, *es Slaves*). Sibirien wurde zwichen 1587 (Gründung von Toolsk) und der Mitte des 17. Jahrunderts dem russischen Reich ngegliedert; auf einem schmalen ndwirtschaftlich nutzbaren Streien zwischen der Taiga im Norden nd der Steppe im Süden schoen sich russische Kolonisten nosten vor. Dennoch war Sibirien n 17. Jahrhundert ebensowenig ussisch, wie Amerika im 16. Jahrundert spanisch gewesen war. uf einem etwa 12 Millionen Quadratkilometer großen Gebiet bten damals rund 250000 Nomaden; azu kamen im 17. Jahrhundert knapp 5000 bis 40000 russische Siedler, von enen bestenfalls 80000 Quadratkilometer Besitz genommen wurden. Einen ent-

scheidenden Fortschritt brachte erst das 19. Jahrhundert; wie in Amerika wird die endgültige Inbesitznahme durch den Bau einer transkontinentalen Eisenbahnlinie symbolisiert.

m die Mitte der Regierungszeit Katharinas II. rund 80 Prozent der Bevölkerung uf dem Land festhält, wird durch die Gesetzgebende Kommission des Jahres 767 noch verschärft. Beim Tod Katharinas leben in Rußland 36 Millionen Menschen, während das russische Reich um 1725 nur 15 Millionen Einwohner ählte, aber für 30 Millionen Russen sind um 1790 die großen Güter die einzige wirtschaftliche und politische Wirklichkeit, die sie kennen – der Staatsgedanke beagt ihnen gar nichts. Erst nach der Abschaffung der Leibeigenschaft im Jahre 861 wird Rußland zu einem wirklichen Staat. Gleichzeitig wird verständlich, warum das aufgeklärte Europa die Maßnahmen der Kommission von 1767 so sehr ewundert hat. Katharina ist die liberale Herrscherin einer Adelsrepublik. In Rußland deckt sich der Staat nicht mit dem russischen Reich. Das, was man als igentliches Staatsgebiet bezeichnen kann, wird von knapp zwei Millionen Menhen bewohnt (in Preußen leben etwas über zwei Millionen). Oft hilft dieser Staat en zehntausend Zwergstaaten, die von Volksaufständen erschüttert werden:

1606/07, 1607/08, 1616–1648 ... Mit den Aufständen von Stenka Rasin im Dongebiet (1669–1671) und von Pugatschew (1773–1774, eigenartigerweise in der gleichen Region, aber unter Einbeziehung größerer Gebiete) tritt der russische Staat in jenes Stadium ein, das Frankreich bereits unter Richelieu und Mazarin erreicht hatte. Im Westen Europas übt der Staat eine direkte, im Osten eine indirekte Kontrolle aus – zwei verschiedene Entwicklungsstadien. Dennoch ist im Westen wie im Osten der »klassische« Staat keineswegs immer ein Staat aller.

Fast in ganz Europa erfährt das monarchische Prinzip im 17. Jahrhundert eine bedeutsame Verstärkung. Nur England scheint von dem Weg abzuweichen, der zu einer strengeren Definition des absoluten Herrschertums von Gottes Gnaden führt. Der König verkörpert den Staat, der König ermöglicht die Existenz des Staates. »Der Staat bin ich« – »Friedrich II., erster Diener des preußischen Königs«: beide Formulierungen unterstreichen zwei Aspekte, die untrennbar mit ein und derselben dialektischen Realität verknüpft sind. Nichts bildet einen grundlegenderen Gegensatz zu der von Montesquieu gegen Ende des hier besprochenen Zeitabschnittes definierten despotischen Willkürherrschaft als die absolute Monarchie von Gottes Gnaden, die administrative Monarchie in einer sozial straff gegliederten Gesellschaft, wie sie sich in Frankreich zwischen 1660 und 1740–50 zur Vollkommenheit herausbildet. Der König als Quelle des Rechts, aber dem Recht unterworfen, dessen letzte und höchste Instanz er selber ist, ist von einer komplizierten Hierarchie von Staatsräten, Körperschaften und Ämtern umgeben, deren Unbeweglichkeit eine Sicherung gegen jede Willkür darstellt. Bedroht werden System und Ordnung weniger von Willkür und Unberechenbarkeit als von eben dieser Unbeweglichkeit. Unter rein politischem Gesichtspunkt gesehen, ging der Zusammenbruch der Monarchie des Ancien régime in Frankreich zwischen 1789 und 1792 letzten Endes nicht darauf zurück, daß der König zu viel Macht besaß, sondern im Gegenteil auf seine erschreckende Schwäche nach dem dramatischen Scheitern des großen Reformversuchs der Jahre 1771 bis 1774, den man nachträglich als »Maupeous Staatsstreich« bezeichnet hat.

Untrennbar ist der Staat von der Gesellschaft, deren Wille sich in ihm manifestiert. Überall ist im 17. Jahrhundert die Gesellschaft ständisch geordnet: die gesellschaftliche Hierarchie beruht nicht unmittelbar auf der Position der einzelnen Bevölkerungsgruppen innerhalb des Prozesses von Produktion und Güterzirkulation, sondern auf Rangordnungen, die sich nach Wert, Ehre und Funktion richten. Sobald die Stände – in England und Holland früher als in Frankreich, in Frankreich früher als im übrigen Europa – den Klassen weichen müssen, sieht sich der Staat gezwungen, sich auf diesen grundlegenden Wandel umzustellen.

Der eine ständisch gegliederte, sich allmählich in eine Klassengesellschaft umwandelnde Bevölkerung umfassende Staat des 17. und 18. Jahrhunderts übt seine Macht zugunsten einer Gruppe aus, die den Staat darstellt. Wenn man weiß, wer der Staat ist, dann weiß man auch, zu wessen Gunsten er arbeitet. Hat man es nur mit einem einzigen Land zu tun, dann ist die Antwort zwar nicht offensichtlich, läßt sich aber unschwer finden. Schwieriger ist die Antwort, wenn man ganz Europa im Auge hat, da die verschiedensten Entwicklungsstadien nebeneinander bestehen. Als generelle Regel kann gelten, daß sich der »klassische« Staat überall im Kampf gegen die Oberschicht eines Landadels herausgebildet hat, der nicht nur den Grund und Boden besaß, sondern als Inhaber der Gerichtsbarkeit und vieler anderer Gewalten, die im alten Rechtsbegriff »Banngewalt« zusammengefaßt sind, die Menschen beherrschte. Der zentralistische Verwaltungsstaat setzt sich gegen einen verschwommenen, vielschichtigen Staat durch: gegen Barone, Lords, Großgrundbesitzer, Bojaren, die in Abwesenheit des Staates die Staatsgewalt repräsentieren. Dabei stützt er sich auf eine Gruppe von Dienern, die ursprünglich dem gehobenen Mittelstand entstammen. Deshalb ist der Staat in seinem Frühstadium fast immer revolutionär: das England der Tudors, das Frankreich Franz' I. Eines der bedeutsamsten Ereignisse im 16. Jahrhundert ist in Frankreich die Entstehung des Beamtentums durch die Aufnahme der Elite des Bauern- und städtischen Kaufmannsstandes in den Staat und in die Dienste des Staates. Dies geht so weit, daß durch den Ämterverkauf der Beamte mit noch mehr Berechtigung als Ludwig XIV. von sich sagen kann: »Der Staat bin ich!«

Die Ämterkäuflichkeit in Frankreich hat zum Verschwinden der Generalstände (sie traten ein letztes Mal 1614/15 zusammen) und zur wachsenden Bedeutungslosigkeit der Provinzialstände beigetragen, da zumindest bis zur Mitte des 17. Jahrhunderts dadurch der Staat der zahlungskräftigen Elite des Dritten Standes offensteht und diese Elite mit Hilfe ihres Geldes langsam, aber sicher den Zweiten Stand, den Adel, in die Hand bekommt. In England ist die Ausgangsposition aus zwei Gründen weniger günstig: der Adel steht auf festeren Beinen, und der durch die Insellage geschützte Staat braucht weniger Geld und ist infolgedessen nicht gezwungen, seine Ämter zu verkaufen. Deshalb übersteht auch das englische Parlament* – das den zur Bedeutungslosigkeit absinkenden französischen Generalständen entspricht – das lange, problematische 16. Jahrhundert der Tudors. Das Parlament und – nach der Glorreichen Revolution von 1688/89 – das Kabinettsystem ermöglichen es der *upper middle class,* allmählich die Kontrolle über den Staat zu erlangen. Diese gehobene Mittelschicht besteht in England aus der *gentry,* dem niederen Landadel, und den bürgerlichen Großkaufleuten in den Städten und

Häfen. Oberflächlich betrachtet scheint die Erste Revolution des 17. Jahrhunderts (1640–1649) eine Auseinandersetzung zwischen dem König und der im Parlament vertretenen Mittelschicht zu sein; in Wirklichkeit handelt es sich um einen Konflikt zwischen den beiden Elementen der *upper middle class*. Die ersten Stuarts zogen das Großbürgertum dem Landadel vor (1603–1640). Nun will sich der Landadel unter dem Commonwealth und Cromwell rächen, wagt einen hohen Einsatz und verliert – das Großbürgertum triumphiert. Im 17. Jahrhundert verschmilzt die vom Schwung des Kapitalismus mitgerissene *gentry* mit dem Großbürgertum und bildet unter der Bezeichnung »parlamentarisches Regime« den ersten Klassenstaat, der je mit solcher Vollkommenheit verwirklicht wurde. Wenn sich der Staat in England anfänglich auch langsamer entwickelt als in Frankreich, verläuft seine Entwicklung doch viel harmonischer und führt zu einem vollkommeneren Abschluß.

Daß die Gruppe, die die Staatsgewalt in Händen hält, das allgemeine Interesse dem eigenen Interesse gleichsetzt, ist ebenso unvermeidlich wie letztlich ungefährlich. Im Grenzfall stimmt das vorherrschende Gruppeninteresse tatsächlich mit dem allgemeinen Interesse überein. Die Gefahr liegt anderswo. Jede gehobene Mittelschicht, die den Aufstieg geschafft hat, neigt dazu, von unten her niemanden mehr hochkommen zu lassen. Das parlamentarische System in England ist dem französischen System der Beamtenmonarchie deshalb überlegen, weil es nach unten hin weniger abgeschlossen ist. Eine wesentliche Ursache für den Untergang der französischen Monarchie des Ancien régime sind die im 18. Jahrhundert begangenen Sünden eines Adels, der sich zu einem wesentlichen Teil aus geadelten Nachfahren von Bauern und Bürgern des 16. Jahrhunderts zusammensetzt, also in erheblichem Umfang ein Amtsadel ist. In England hingegen ist der soziale Aufstieg im 18. Jahrhundert zwar schwieriger als im 16. Jahrhundert; dennoch genügen die Aufstiegsmöglichkeiten, um unnötige Spannungen zu verhindern. Der englische Staat und die englische Gesellschaft sind so beweglich, daß sie sich den tiefgreifenden Veränderungen in der Zeit nach 1770 anzupassen vermögen.

All dies gilt für Westeuropa. Wie aber sieht es anderswo aus?

Im Süden ist die Entwicklung zum Stillstand gekommen. Die Beamten im Spanien Philipps II., die *letrados*, lassen im 17. Jahrhundert den Staat ihren Händen entgleiten. In diesem Jahrhundert siegt auf der ganzen Linie der reaktionäre spanische Adel. Erst das 18. Jahrhundert knüpft wieder an das 16. Jahrhundert an.

Wie stehen die Dinge im Osten? Da ist in erster Linie Rußland. Abgesehen von der zeitlichen Verschiebung und den grundlegenden Milieuunterschieden ent-

spricht die russische Entwicklung ziemlich genau der im Westen. Gegen den Widerstand der Bojaren*, adliger, politisch einflußreicher Großgrundbesitzer, bildet
sich im 16. Jahrhundert ein Staat heraus. Iwan IV. (1533–1584) kann mit Hilfe
einer gehobenen Mittelschicht die Bojaren teilweise entmachten. Eine rückläufige
Entwicklung setzt in der »Zeit der Wirren« (1598–1613) ein, aber unter Alexej
Michailowitsch (1645–1676) wird die Staatsbildung fortgeführt und unter Peter I.
(1682–1725) nahezu abgeschlossen: an die Stelle der Bojaren ist ein Amtsadel getreten. Die gewaltigen Entfernungen in Rußland und die wirtschaftliche Rückständigkeit veranlassen, daß dieser neue Adel durch Grundbesitz entlohnt wird – und
so entsteht ein »zweistöckiger« Staat. Es kommt zur paradoxen Einführung der
Leibeigenschaft im 16. und 17. Jahrhundert und zur Förderung des Großgrundbesitzes, der sich nunmehr in den Händen des Amtsadels befindet. Im 18. Jahrhundert übt der russische Staat eine direkte Herrschaft nur über etwa 2 Millionen
Menschen aus. Die 20 bis 30 Millionen Menschen auf den großen Gütern leben
gleichsam im »Untergeschoß« dieses zweistöckigen Staates. Durch die Vertreibung
der Bauern aus den Städten gelangt das Rußland Peters des Großen zu jener oberflächlichen Verwestlichung, die das aufgeklärte Europa des 18. Jahrhunderts mit
so großem Staunen verfolgt. Man kann sich fragen, ob durch diese Entwicklung
tatsächlich, wie oft behauptet wurde und wird, das slawische Europa an das westliche Europa herangeführt worden ist oder ob sie nicht vielmehr eine Kluft aufgerissen hat, die bis ins 20. Jahrhundert hinein deutlich wahrzunehmen war.

Wie dem auch sei, nirgendwo in Europa stand der Staat so bedingungslos im
Dienste jener Gruppe, die sich mit ihm gleichsetzte, wie im Rußland von Anna
Iwanowna (1730–1740), Elisabeth (1741–1762) und Katharina II. (1762–1796).
Das schmälerte nicht die Macht dieses Staates.

ZU DEN ABBILDUNGEN 6–27

6 DER GRAF VON OLIVAREZ: DER WILLE ZUR
MACHT Unser Bild zeigt den Grafen auf
dem Höhepunkt seiner Macht, ehe die
Syphilis diesen großen Politiker zerfraß und
seinen brillanten Geist zerstörte. 1624, drei
Jahre, nachdem er die Macht in Spanien
übernommen hatte, war Olivarez 37 Jahre
alt. Der Schlüssel im Gürtel ist das Symbol
des Geheimnisses, der Macht. Auf einem
kurzen, in der Halskrause verschwindenden
Hals sitzt ein energischer, von fast animali-
scher Kraft zeugender Kopf. Die ganze Pose
verrät weniger Stolz als Eitelkeit. Der große
spanische Staatsmann war ein Genie, das
allzu früh von der Krankheit vernichtet
wurde. (Museum São Paolo)

7 PHILIPP IV., MIT DEN AUGEN VON VELÁZ-
QUEZ GESEHEN: MACHT UND LANGEWEILE
Hier sehen wir, zehn Jahre später gemalt,
nach dem wahren Herrn Spaniens den nominellen Herrscher: Philipp IV. Das Land,
über das er zu regieren glaubte, sollte noch
einige Jahrzehnte lang das mächtigste Reich
der Welt sein. Velázquez stellt den 1605 geborenen und am 31. März 1621 auf den
Thron gekommenen Philipp als Achtund-
zwanzigjährigen (im Winter 1632/33) auf
der Jagd dar. Typisch sind das stark ausgebildete Kinn, die sinnlichen Lippen und
der traurige, starre Blick – ein von Langeweile zerfressener Greis, den ein von Olivarez mit heimtückischer Berechnung gesteuer-
tes ausschweifendes Leben auslaugte. Und
doch war Philipp im Grund ein kluger,
charaktervoller Mensch. (Castres, Goya-
Museum)

8 KARL I. VON ENGLAND: DER GLEICHGÜL-
TIGE Van Dyck hat den englischen König
1635 gemalt, auf dem Höhepunkt seiner
Macht. Künstlerisch ist dieses Bildnis hervor-
vorragend: ausgewogene Komposition, klare
Zeichnung, meisterhaftes Kolorit. Der Ge-
sichtsausdruck des Herrschers verrät mehr
Selbstgefälligkeit und Hartnäckigkeit als
echte Entschlußkraft und Intelligenz. (Paris,
Louvre)

9 OLIVER CROMWELL: DER EHRGEIZIGE SOL-
DAT UND STAATSMANN Unser Bild zeigt
einen noch jungen Cromwell auf einer 1708
von Richter gefertigten Kopie einer Miniatur von Samuel Cooper. Diese ist weniger
bekannt als die Miniatur von 1657, doch
zeigen beide die gleichen Elemente: die berühmte Rüstung und den typischen Kragen

der Puritaner. Auch das Gesicht hat auf beiden Bildnissen denselben Ausdruck von
kühner Entschlossenheit und nüchterner
Strenge. (London, Sammlung Wallace)

10 ROBERT WALPOLE: DAS MITTELMASS AN
DER MACHT Man hat Walpole als den ersten
Pitt bezeichnet. Nur zwanzig Jahre trennten die beiden Männer – und doch gehörten
sie ganz anderen Welten an. Unser Bildnis
aus der Werkstatt van Loos verrät die selbst-
gefällige Mittelmäßigkeit dieses Ersten Ministers zweier George. Unter ihm benutzte
England seine insuläre Abgeschiedenheit
dazu, im Inneren Ordnung zu schaffen und
durch geschicktes Schüren der Gegensätze
auf dem Kontinent seine Machtposition auszubauen. (London, National Portrait Gallery)

11 WILLIAM PITT D. J., BEGRÜNDER DER ENG-
LISCHEN VORMACHTSTELLUNG Unter Pitt
trat England auf den Vordergrund der
Weltbühne: zwischen 1757 und 1761 wurde
es in Europa zur beherrschenden Macht. Das
Bildnis stammt aus der Werkstatt von
Hoare. Die ganze Haltung, vor allem aber
das Gesicht mit den ausdrucksvollen Augen
verraten Entschlußkraft, Zurückhaltung,
Selbstsicherheit und kühle Zielstrebigkeit.
Der Sieg Englands war ein Sieg nicht der
Quantität, sondern der Qualität – der Qua-
lität seiner Menschen und Ideen. (London,
National Portrait Gallery)

12 WILHELM VON ORANIEN, NACHFAHR DES
SCHWEIGERS UND DER COLIGNY Dieses Bildnis von Gaspar Hetscher aus dem Jahre 1689
zeigt Wilhelm von Oranien, den großen
Gegenspieler Ludwigs XIV. Der Statthalter

6

7

9

10

11

12

13

14

15

16

17

18

19

20

21

22

23

24

25

26

27

wurde von den Engländern ins Land geholt und nach der »Glorreichen Revolution« des Jahres 1688 zum König gekrönt. Er war ein überzeugter Protestant und ein kluger Herrscher. (Amsterdam, Rijksmuseum)

13 JAN DE WITT: AN DER SPITZE DER REGEN-TENPARTEI VERTEIDIGTE ER DIE HOLLÄNDI-SCHE VORHERRSCHAFT Dieses Bildnis Jan de Witts (1625–1672) ist eine anonyme Kopie eines Porträts von Gaspar Hetscher; es verrät ein beträchtliches psychologisches Einfühlungsvermögen und hohe malerische Qualität. Aus dem schmalen Gesicht sticht eine scharfgeschnittene Nase hervor; ein nur angedeutetes Lächeln umspielt die Lippen. Illusionslos, fast ein wenig spöttisch blicken die Augen. Ein aufgebrachter Pöbel bereitete dem großen Staatsmann einen schrecklichen Tod. (Amsterdam, Rijksmuseum)

14 PETER I. VON RUSSLAND, DER GROSSE GE-NANNT Der Deutsche Kneller, Hofmaler in England, hat den Zaren 1698 anläßlich seines Besuches in London gemalt. Damals war Peter 26 Jahre alt. Die Augen in dem jugendlichen Gesicht zeugen vom Machtwillen und der Unerschrockenheit des jungen Herrschers, der die Zerstörung des alten Rußland einleiten sollte. Man ahnt, daß dieser lebensfrohe Kraftmensch für geistige Probleme nicht viel übrig hatte. (London, Kensington-Palast)

15 FRIEDRICH WILHELM I., BEGRÜNDER DER PREUSSISCHEN MILITÄRMACHT Friedrich Wilhelm I. (1688–1740) ging als der »Soldatenkönig« in die Geschichte ein. Unser 1733 entstandenes Bildnis des Franzosen Antoine Pesne (1683–1757), Hofmaler des Preußen-

königs, zeigt den Herrscher als Fünfundvierzigjährigen. Zwar ist im Gesichtsausdruck eine gewisse Eitelkeit unverkennbar, aber mehr noch stechen kluge Vorsicht und Entschlußkraft hervor. (Berlin, ehem. Staatliche Schlösser und Gärten)

16 FRIEDRICH II. VON PREUSSEN, DER »GROSSE FRITZ« Friedrich II. war es, der die von seinem Vater geschaffene schlagkräftige Armee dazu einsetzte, Preußen zur Großmacht zu erheben. Er war wohl der genialste Politiker und Feldherr des ganzen 18. Jahrhunderts. 1712 geboren, regierte er von 1740 bis 1786. Dieses Jugendbildnis stammt von Johann Gottlieb Glume, eine typisch barocke Darstellung. Gut ist der tiefe Blick der großen, faszinierenden Augen wiedergegeben. Friedrich der Große war ein kultivierter, kluger, berechnender Mensch, der präzis kalkulierte Risiken liebte. (Berlin, ehem. Staatliche Schlösser und Museen)

17 KARL XII. VON SCHWEDEN: GENIE UND WAHNSINN Karl XII. (1682–1718) war ein politischer Romantiker, ein hochbegabter Mensch mit gelegentlichen Anzeichen von Wahnsinn. Er setzte alles auf eine Karte, gewann zunächst und verlor dann – ein Spiel, das auf Kosten Schwedens ging, ihn selber aber nicht sonderlich berührte. Das nicht datierte, vermutlich um 1705 entstandene Bildnis atmet den archaischen Geist Skandinaviens in dieser Zeit, als noch die Erinnerung an Gustav Adolf sehr lebendig war. (Paris, Nationalbibliothek, Kupferstichkabinett)

18 MARIA THERESIA: GRÖSSE, ADEL UND WÜRDE Maria Theresia (1717–1780) im Al-

ter von dreiundzwanzig Jahren, gemalt zu der Zeit, da der Österreichische Erbfolgekrieg ausbrach. Ein herrliches Bildnis einer großartigen Frau. Sie war ebenso lebhaft und lebensfroh wie klug und tüchtig, eine liebevolle Gattin, mustergültige Mutter von sechzehn Kindern, eine große Kaiserin, die von allen ihren Untertanen geehrt und geliebt und auch im Ausland von Freund und Feind geachtet wurde. (Versailles, Musée National)

19 RICHELIEU, DER GROSSE KARDINAL Diese Studien des genialen Bildnismalers Philippe de Champaigne (1602–1674) entstanden zwischen 1635 und 1640. Der Kardinal (1585–1642) war damals schon über fünfzig Jahre alt. Er stand auf dem Höhepunkt seiner Macht – Schöpfer und Symbol des klassischen Staates. Die mittlere Studie ist ganz auf die eindringlichen, ausdrucksstarken Augen angelegt, die den Blick des Betrachters sofort in ihren Bann schlagen. Das hagere Gesicht verrät die ungeheure geistige Spannung und physische Anspannung, in der dieser große Staatsmann stets lebte. (London, Nationalgalerie)

20 MAZARIN, BEZWINGER DES FRANZÖSISCHEN HOCHADELS Dieses Bildnis von Philippe de Champaigne zeigt den Kardinal Mazarin, den Nachfolger Richelieus, acht Jahre nach seiner Ernennung zum Ersten Minister. Mit ihm traf Ludwig XIII. eine gute Wahl. Trotz seiner bescheidenen Herkunft war dieser Milchbruder eines Colonna ein geborener Staatsmann und Edelmann. Ihm verdankte es die französische Monarchie, daß die Macht des aufsässigen Hochadels endgültig gebrochen, die Fronde zerschlagen und

der zentralistische Staat gesichert wurde. (Chantilly, Musée Condé)

21 COLBERT IM VORZIMMER DER MACHT: SCHLAUHEIT UND UNEHRLICHKEIT Der sechsunddreißigjährige Colbert auf diesem Bildnis von Philippe de Champaigne (1655) hat nichts von einem Edelmann an sich: ein geborener Hasser, bereitet er schon zu dieser Zeit hinterhältig den Sturz von Fouquet vor. Er ist ein arrivierter Bürger, der es geschickt versteht, sich unentbehrlich zu machen, aber stets nur seine eigenen Interessen verfolgt, auf Machtgewinn und rücksichtslose Ausbeutung dieser Macht bedacht ist. (New York, Metropolitan Museum)

22 DER KANZLER SÉGUIER IM JAHRE 1660 Als Le Brun 1660 dieses Porträt malte, hatte Séguier durch seine Unentschlossenheit in den Wirren der Fronde bereits seine politische Macht verspielt; als oberster Leiter der königlichen Verwaltung war er von 1635 bis 1644 nach dem Kardinal Richelieu der zweite Mann im Staat gewesen. Diese Zeit klingt noch in dem würdevollen Ausdruck des Bildnisses nach. (Paris, Louvre)

23 LOUVOIS MACHT FRANKREICH ZUR ERSTEN MILITÄRMACHT Mignard (1612–1695) hat den Charakter des großen Kriegsministers, aber kleinen Menschen Louvois (1641 bis 1691) gut wiedergegeben. Als Sohn von Michel Le Tellier kam er schon 1662 als »Teilhaber« seines Vaters in das hohe Staatsamt, das er 1677 ganz übernahm. Aus der Zeit des »Kondominiums« stammt unser Bildnis. Die große Zeit des Kriegsministers kam erst viel später, nach dem Tod Colberts (1683). (Reims, Musée des Beaux-Arts)

24 LUDWIG XIII. VON PHILIPPE DE CHAM-
PAIGNE Dieses Porträt des Königs gehört zu
den konventionellen Staatsbildnissen: Herr-
scherpose, prunkvolle Rüstung, Siegesgöt-
tin mit Lorbeerkranz. Das Bild ist mit der
schweren Gestalt im Vordergrund und dem
farblich gedämpften Hintergrund hervorragend durchkomponiert, doch verrät das
Antlitz nur wenig über den Charakter des
Königs, dem der große Richelieu und ab
1642 Mazarin dienten. (Paris, Louvre)

25 LUDWIG XIV., DER SONNENKÖNIG Dieses
1701 von Rigaud (1659–1743) geschaffene
Bildnis des Sonnenkönigs ist in verschiedener Hinsicht ein Meisterwerk. Kostüm und
Aufmachung spiegeln getreulich den Geist
des Versailler Hofes, das Gesicht unter der
schweren Perücke ist mit einem fast grausamen Realismus gemalt. Zu dieser Zeit
war Ludwig XIV. dreiundsechzig Jahre alt.
Seit vierzig Jahren regierte er den mächtigsten Staat Europas, war für alle Fürsten zum
Inbegriff der absoluten Monarchie geworden, dem nachzueifern ihr ganzes Bemühen
galt. Das Leben hat das Antlitz schwer gezeichnet, aber immer noch blitzt aus den
Augen Klugheit, Willenskraft und Mut,
wenngleich sich hinter dem hochfahrenden
Stolz eine gewisse Resignation abzuzeichnen beginnt. (Paris, Louvre)

26 PHILIPP VON ORLÉANS, DER REGENT Welten trennen Rigaud von Santerre, dem Maler
dieses Bildnisses – Welten trennen aber auch
Ludwig XIV. von seinem Neffen Philipp
von Orléans (1674–1723), dem Sieger von
Spanien, dem kühnen Prinzen und König
der Lebemänner, den uns hier Minerva prä-
sentiert. Auffallend ist das fast weiblich
anmutige Gesicht des Regenten, das viel
über seinen Charakter verrät. (Versailles,
Musée National)

27 LUDWIG XV., EINE TRAGISCHE GESTALT
Daß sich van Loo (1684–1745) für dieses
Bildnis Ludwigs XV. das von Rigaud geschaffene Porträt Ludwigs XIV. zum Vorbild
genommen hat, ist nur allzu deutlich: dieselbe Haltung, die gleichen Accessoirs. Der
prächtige Mantel wird von dem jungen
Herrscher nicht getragen; er wäre für ihn
viel zu schwer. Ludwig XV. war das Produkt
einer unglücklichen Erziehung, die ihm nicht
nur eine pathologische Angst vor Krankheit
und Tod einimpfte, sondern ihn auch zu
einem gelangweilten Lüstling werden ließ.
Erst 1770, vier Jahre vor seinem Tod, erwies er sich als großer Staatsmann, als er
die Reformen in Angriff nahm, die, wenn
sie geglückt wären, Europa das unnötige
Gemetzel der Großen Revolution erspart
hätten. (Versailles, Musée National)

Ihm stehen gewaltige Mittel zu Diensten. Es ist schwierig, das Wirtschaftswachstum vom Anfang des 17. bis zur Mitte des 18. Jahrhunderts statistisch
einigermaßen genau zu erfassen. Ein Teil der wachsenden Erträge wird durch das
Bevölkerungswachstum aufgezehrt. Dennoch ist das durchschnittliche Prokopfeinkommen um 1750–1760 um 10 bis 20 Prozent höher als zu Beginn des 17. Jahrhunderts. Von 1600 bis 1760 vermehren sich die dem Staat zur Verfügung stehenden
Mittel auf das Doppelte, das Fünf- oder auch Zehnfache. Die Behauptung liegt
nahe, daß der Staat der Motor dieses wirtschaftlichen Aufschwungs ist, aber ganz
so einfach liegen die Dinge wiederum nicht.

Das Wachstum ist wahrhaft erstaunlich. Es vermehren sich die finanziellen
Mittel – allerdings nicht überall und nicht überall in gleichem Maße. In Spanien
geht es abwärts, in Frankreich dagegen steil aufwärts, vor allem in der ersten
Hälfte des 17. Jahrhunderts unter Richelieu. Dieser Aufschwung ist einer der
Gründe für die Spannungen, die mit der Fronde ihren Höhepunkt erreichen. Noch
steiler verläuft die Wachstumskurve weiter östlich, wo in Österreich und Brandenburg-Preußen moderne Staaten entstehen. Friedrich Wilhelm* (1640–1686), der
Große Kurfürst genannt, versteht es mit Klugheit und Ausdauer, sein Brandenburg nach den Verwüstungen des Dreißigjährigen und des Nordischen Krieges von
Grund auf zu modernisieren. In einem Zeitraum von zwanzig Jahren, von 1660
bis 1680, steigen die Einkünfte dieses Herrschers durch eine bessere Bewirtschaftung seiner Domänen, durch die wohldurchdachte Erhebung indirekter Steuern
und die planvolle Wiedernutzbarmachung des verheerten Landes von 500 000
auf 2 Millionen Taler, also auf das Vierfache. Friedrich Wilhelm verfügt über
wenige, aber gut bezahlte Beamte und über ein in Anbetracht der Größe seines
Landes gewaltiges stehendes Heer von 27 000 Mann.

Von 1600 bis 1760 verfünffachen die europäischen Heere ihre Kopfstärke,
während sich ihre Feuerkraft verhundertfacht. Gleichzeitig wandeln sich Strategie
und Taktik von Grund auf. Alles in allem kostet der Unterhalt der Heere in der
zweiten Hälfte des 18. Jahrhunderts etwa fünfmal soviel wie zu Beginn des
17. Jahrhunderts. Es wäre jedoch falsch, diese Entwicklung als ganz und gar negativ zu betrachten. Die Heere tragen dazu bei, daß das Bandenwesen verschwindet;
sie helfen bei der Verbreitung einer wenn auch recht rudimentären Kultur; sie
stärken den staatlichen Zusammenhalt und tragen entscheidend zum technischen
Fortschritt bei.

Die Rekrutierungsmethoden und die zahlenmäßige Stärke verändern sich von
Grund auf. Während in Frankreich vom Beginn des 17. bis zum 18. Jahrhundert

die Bevölkerung nur um 10 bis 15 Prozent wächst, nimmt das französische Heer von 10 000 auf 200 000 Mann zu. Die mittelalterlichen Söldnerheere sind nicht mehr, der Heerbann der Feudalzeit gehört der Vergangenheit an. Nun gibt es stehende Heere aus Berufssoldaten und seit dem ausgehenden 17. Jahrhundert als Ergänzung eine Miliz.

Anfänglich übersteigen die Rekrutierung solcher Menschenmassen, ihre Ausrüstung und ihr Unterhalt die Möglichkeiten des Staates; daher nimmt man während des Dreißigjährigen Krieges zu Leuten Zuflucht, die eigene Truppen aufstellen und an interessierte Parteien »vermieten«. Dazu gehören die Tilly ebenso wie Wallenstein. Durch die Finanzierung der Armee des Heerführers Sachsen-Weimar kann Frankreich im Elsaß Fuß fassen. Nach seinem Tod übernimmt Frankreich kurzerhand die ganze Armee und festigt somit seine Position im Osten. Noch zwischen 1660 und 1670 gibt es Obristen und Hauptleute dieses Typs. Die Übernahme der Heere durch den Staat vollzieht sich in Frankreich unter Le Tellier und Louvois zwischen 1670 und 1680, bald darauf auch in Brandenburg und wenig später in Österreich. Dies ist ein bedeutungsvoller Fortschritt. Außer in Frankreich, wo Colbert auch die Besatzungen der Kriegsschiffe ausheben läßt, bleiben selbst in England und den Niederlanden die Matrosen der Kriegsmarine freiwillige Söldner, wie es zu Beginn des 17. Jahrhunderts allgemein bei den Landheeren üblich war.

Daß die Truppenstärken zunehmen, ist zunächst durch den Dreißigjährigen Krieg bedingt. Rekrutiert wird vor allem in den Alpen und im mitteldeutschen Bergland. Mit Einschränkungen kann man sagen, daß sich im Dreißigjährigen Krieg eine Bevölkerungsverschiebung aus den armen Gebirgs- und Niederungsgebieten in die reichen Ebenen vollzieht – eine Binnenwanderung, eine innerstaatliche Invasion. Mit diesen gewaltigen, aber rasch zusammengestellten und daher schlecht organisierten Heeren läßt sich trotz einer grausam harten Disziplin nicht viel erreichen.

Zu Lande werden nur begrenzte Ziele verfolgt. Die schwerfälligen Armeen rücken in ihrer Gesamtheit vor, um möglichst wenig Angriffspunkte zu bieten. Sie bleiben stets mit befestigten Versorgungsbasen in Verbindung – der flandrische oder lombardische *tercio** –, sie marschieren in parallelen Kolonnen, die sich jederzeit zur Schlachtordnung formieren können. Tarnung ist überflüssig. Kleine berittene Abteilungen und vor allem Spione besorgen die Aufklärung. Die Dirnen, die von einem Lager ins andere ziehen, bieten Unterhaltung. Bis zur Mitte des 17. Jahrhunderts gibt es auf jedem Kriegsschauplatz eine selbständige Armee. Eine Koordinierung der Operationen und die Überführung einer Truppeneinheit

7 DIE VERFEINERUNG DER KRIEGSKUNST
(nach E. Muraise: *Introduction à l'histoire
militaire*).

1. Schlacht bei Rocroi (1643) – 2. Schlacht
bei Fontenoy (1745) – 3. Die Strategie Berwicks (1709)

»Übrig blieb noch jene schreckliche Infanterie des Königs von Spanien.« Hundertdreißig Jahre lang war Spanien allen anderen
europäischen Mächten militärisch überlegen.
Doch am 19. Mai 1643 wurde der spanische
tercio mitsamt den verbündeten wallonischen Freischärlern von den Franzosen bei
Rocroi vernichtend geschlagen. Dadurch
wurde die spanische Vorherrschaft endgültig
gebrochen. Aber auch in der Geschichte der
Taktik nimmt diese Schlacht eine bedeutsame Rolle ein. Zwei Faktoren gaben den
Ausschlag zugunsten Frankreichs: die Überlegenheit der französischen Kavallerie und
die stärkere Feuerkraft. Die dichte spanische
Schlachtordnung stammte noch aus der Zeit,
in der die Pikeniere die Hauptlast des
Kampfes zu tragen hatten, war also durch
Feuerwaffen leicht verwundbar. Éric Muraise schreibt: »Bei Rocroi wurde offenbar,
daß die spanische Schlachtordnung überholt
war. Zwar wurde die dritte Linie der Spanier durch den Überraschungsangriff der
Kavallerie hinweggefegt, aber die beiden
vorderen Linien mußten dem verheerenden
Geschützfeuer weichen. Die massierte Aufstellung war ebenso verhängnisvoll wie die
schwache Feuerkraft und die ungenügende
Flankendeckung. Man muß, wie Gustav
Adolf, das Fußvolk in Linie ausschwärmen
lassen, um die Feuerwaffen zum vollen Einsatz zu bringen. Von nun an bestand das
Problem darin, diese dünnen Linien vorrücken zu lassen, ohne daß sie aufgerissen

wurden, und dem feindlichen Feuer auszuweichen. Wie dies zu bewerkstelligen war,
sollte Turenne bei Türkheim (1675) zeigen.«
Das bedeutete große Umstellungen. Von
nun an gab die Feuerkraft, also die wirtschaftliche und technische Überlegenheit,
den Ausschlag. Die aufgelockerte Schlachtordnung bedingte eine bessere Ausbildung
der Soldaten. Dadurch wurde der Soldat
»kostbarer«. Kriege wurden teurer und
technisierter. Die verfeinerte Kriegskunst
führte zu einer gewissen »Humanisierung«.
Das wurde in der Schlacht bei Fontenoy im
Jahre 1745 deutlich. Die massiven Angriffe
der Engländer durchbrachen die dünnen
französischen Linien, kamen aber vor den
Schanzen im Wald von Barry zum Stehen.
In diesem Augenblick unternahm Moritz
von Sachsen einen höchst gewagten Flan-
kenangriff und konnte durch sein kaltblü-
tiges Manöver die Engländer schlagen.

Im ausgehenden 17. und beginnenden 18.
Jahrhundert waren die Truppenverbände
viel beweglicher: die Strategie wurde bald
wichtiger als die Taktik. Durch geschickte
strategische Manöver gelang es Berwick im
Spanischen Erbfolgekrieg, mit einer Handvoll Soldaten die Alpengrenze zu verteidigen. Man erkannte den strategischen Vorteil
des Operierens längs der inneren Linien.
Berwick selber sagte dazu: »Ich überlegte,
wie ich mich mit der Hauptmacht postieren
sollte, damit ich überall rechtzeitig mit aus-
reichenden Kräften eingreifen konnte, um
den Feind am Vorrücken zu hindern. Die
Front mußte also einen Bogen bilden, wobei
der Gegner die äußeren und ich die inneren
Positionen einnahm. Notwendig war nur
noch, daß ich über die Bewegungen des
Feindes genau Bescheid wußte und recht-

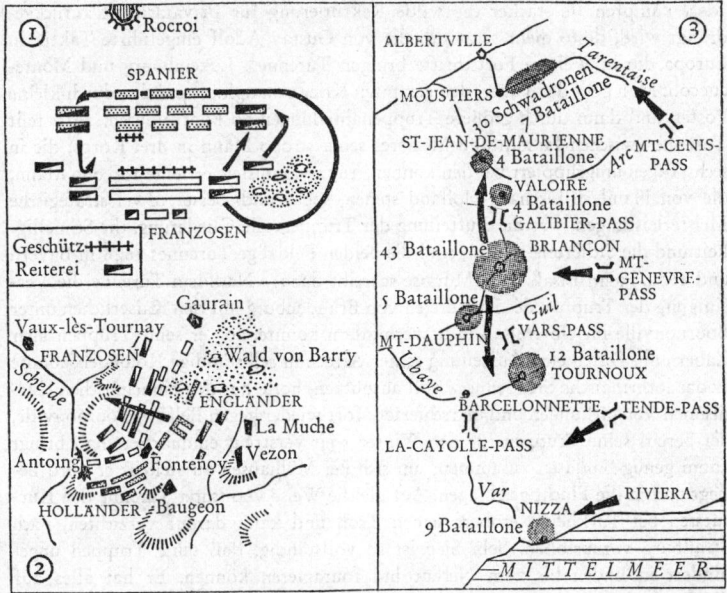

zeitig Gegenmaßnahmen ergriff, aber beides war nicht schwierig, da ich aus meiner Position den Feind schon von weitem sehen und auf jede Bewegung sofort reagieren konnte.«

Dieses Verfahren wurde von da an für Verteidigungskriege klassisch. Wichtig war, daß man den Aktionsradius der Truppen richtig einschätzte, was besonders Friedrich der Große meisterlich verstand.

von einem Kriegsschauplatz zu einem anderen gibt es erst seit etwa 1650. Es braucht wohl nicht betont zu werden, daß es in Europa erst seit der Mitte des 17. Jahrhunderts eine regelrechte Strategie gibt, die bald zu einer hohen, von manchen Heerführern meisterlich gehandhabten Kunst wurde.

Allmählich zeichnet sich jedoch eine Auflockerung dieser Heermassen ab. In diesem Zusammenhang ist vor allem Gustav Adolf* zu nennen. Allerdings verfügt er über eine ziemlich einheitliche Armee aus zuverlässigen Soldaten, die für ein

Ideal kämpfen. Je stärker die wilde Rekrutierung für Privatarmeen zurückgedrängt wird, desto mehr setzt sich die von Gustav Adolf eingeführte Taktik in Europa durch. Weitere Fortschritte bringen Turenne*, Luxembourg und Montecuccoli. Man geht dazu über, den gesamten Kriegsschauplatz zunächst durch kleine Posten und dann durch größere Truppenabteilungen zu kontrollieren. 1657 teilt Turenne zwischen Hesdin und Mézières seine 50 000 Mann in drei Korps, die in sechs Tagen umgruppiert werden können. 1672 organisiert er seine 120 000 Mann, die von Flandern bis nach Holland stehen, sogar noch besser. Zwei strategische Meisterleistungen, was die Aufteilung der Truppen, die Gliederung, die Schnelligkeit und die Sicherung angeht, sind die beiden Feldzüge Turennes 1646 in Bayern und 1674/75 im Elsaß. Eric Muraise schreibt dazu: »Nachdem Turenne die Vereinigung der Truppen des Kurfürsten von Brandenburg mit den Kaiserlichen unter Bournonville im Unterelsaß nicht verhindern konnte, zog er seine Truppen über Zabern ab. Durch eine Aufteilung seiner Armee in selbständige Kolonnen konnte er das lothringische Straßennetz voll ausnützen, holte aus den einheimischen Garnisonen Verstärkungen und marschierte sofort wieder gegen Belfort. Bournonville, der bereits seine Truppen für den Winter weit verstreut einquartiert hat, bringt kaum genug Soldaten zusammen, um sich bei Mülhausen zu stellen; er wird besiegt und in die Flucht geschlagen. Auf gleiche Weise vernichtet Turenne den Kurfürsten bei Türkheim, erobert seinen Troß und kann darauf verzichten, nach Straßburg vorzustoßen. Sein Sieg ist so vollständig, daß seine Truppen ungehindert in Baden bis zum Neckar hin fouragieren können. Er hat alles auf die Geschwindigkeit gesetzt und die Verbindung zu den Versorgungsbasen abgebrochen, um sich statt dessen der Vorräte des Gegners zu bemächtigen.«

Diese Entwicklung der Strategie wird von einer ähnlichen Ausbildung der Taktik begleitet. Von Marignan (1515) bis Rocroi (1643), wo eine Epoche ihren Abschluß findet, spielt bei taktischen Erwägungen stets die schwere Reiterei die Hauptrolle. Das Fußvolk wird nach der Methode von Gonsalvez meist in zwei bis drei Reihen tiefer Schlachtordnung aufgestellt.

Die Schlacht bei Rocroi macht offenbar, daß diese Methode angesichts der waffentechnischen Entwicklung überholt ist. Weniger bedeutsam ist die Tatsache, daß der berühmte Überraschungsangriff der Reiterei die dritte Reihe der Infanterie ins Wanken bringt. Ausschlaggebend ist das Geschütz: die französische Artillerie ist der spanischen technisch und leistungsmäßig überlegen. Die vorderste Front der Schlachtordnung wird niedergemäht. Die Karrees des Gonsalvez waren für die Zeit der Piken gedacht. Die Feuerwaffen bedingen eine stärker aufgelockerte Schlachtordnung.

Die militärische Wissenschaft erreicht im 18. Jahrhundert ihre Vollkommenheit. Sie setzt die zu Automaten gedrillten Soldaten des Preußenkönigs voraus. Ein solcher Soldat ist teuer, muß geschont werden. Je subtiler die Kriegskunst wird, desto mehr verliert sie an Grausamkeit. Hirn und Nerven werden wichtiger als Muskeln. Die großen Koalitionskriege machen es notwendig, daß die Operationen auf verschiedenen Kriegsschauplätzen aufeinander abgestimmt werden. Gleichzeitig werden die selbständig operierenden Truppenverbände kleiner.

Das Manövrieren längs der Innenlinien begünstigt die zentral gelegenen Staaten. Davon profitiert Frankreich immer wieder, und Friedrich der Große, der Meister solcher Manöver, verdankt dieser Tatsache seinen Sieg im Siebenjährigen Krieg (1757–1763).

Die Öffnung der Disposition erlaubt es nicht mehr, der Schlacht auszuweichen. Wer eine Schlacht vermeidet, um die Auguren zu befragen und auf bessere Tage zu warten, setzt sich von nun an der Gefahr aus, eingekreist zu werden. Die von Turenne eingeführte vollständige Ausnutzung aller Anmarschwege wird zur üblichen Taktik des Preußenkönigs. Die Kunst besteht darin, die Truppen möglichst rasch zu entfalten und sie ebenso rasch zu konzentrieren, um kräftig zuschlagen zu können. Zur Zeit des Österreichischen Erbfolgekrieges und des Siebenjährigen Krieges, also von 1741 bis 1763, »war die maximale Reichweite für durch Fußsoldaten auszuführende Operationen 200 Kilometer. Es hat lange gedauert, bis man das erkannt hat.« Vielleicht birgt diese Erkenntnis das Geheimnis der militärischen Erfolge des Preußenkönigs.

Da man besser aufzuklären gelernt hat, kann der Gegner kaum mehr durch direkte Angriffe überrascht werden. Eine Meisterleistung in dieser Hinsicht vollbringt Denain am 24. Juli 1712. Villars' Verdienst ist um so höher einzuschätzen, als der Besiegte kein anderer als Prinz Eugen* ist. Frankreich befand sich allerdings in einer Lage, in der man alles auf eine Karte setzen mußte. Aber wenn auch direkte Überraschungsangriffe kaum mehr gelingen, werden Hinterhalte zu einer alltäglichen Sache.

Deshalb verstärkt und vermehrt man die Vorausabteilungen. Wichtigste Schauplätze sind Bayern und Böhmen in den Jahren 1741 bis 1749. Hier gibt es keine Festungsnetze wie in der Lombardei, in Flandern und auf Vaubans »Eisernem Gürtel« an der französischen Grenze. Außerdem versteht sich die österreichische Armee mit ihrer 30 000 Mann starken leichten ungarischen Kavallerie besonders gut auf Hinterhalte.

Durch sein Manövrieren längs der Innenlinien wird Marlboroughs* Name von Bayern bis in die Niederlande bekannt. Ebenso berühmt sind Berwicks Ausweichmanöver an der von ihm verteidigten Alpenfront in den Jahren 1709 bis 1712. Der Krieg ist im 18. Jahrhundert zu einer der verfeinertsten Künste in Europa geworden.

Zur Sicherung seiner Grenzen errichtet das dicht bevölkerte Frankreich unter Ludwig XIV. einen einzigartigen Festungsgürtel.

Die Festungsbaukunst macht im 17. Jahrhundert eine tiefgreifende Veränderung durch. Diese ist bedingt durch die verstärkte Feuerkraft und die mathematischen und technischen Fortschritte. Die Festungswerke erheben sich nur noch wenig über den Erdboden. Den Anfang macht die Festung von Pacciotto (1567). Im Prinzip ist es zunächst nichts anderes als eine niedrig gehaltene mittelalterliche Burg, deren Mauern entsprechend verdickt sind, um der gesteigerten Durchschlagskraft der Geschosse Rechnung zu tragen. Bald kommt man auf den Gedanken, die Mauern durch massive Erdwerke zu verstärken, die die Kugeln auffangen.

Die taktischen Bauelemente werden differenzierter. Die Gerade hat ausgespielt. Man versucht von nun an, den Gegner unter möglichst konzentriertes Feuer zu nehmen. An die Stelle sägeförmig gebrochener Festungslinien treten Fleschen und Vorsprünge. Der nächste Schritt ist die flache oder völlig ins Erdreich eingelassene Befestigung. Das erste Beispiel findet sich schon vor Vauban, aber diesem kommt das Verdienst zu, die Idee folgerichtig fortgeführt und mit allen früheren Errungenschaften des Festungsbaus verschmolzen zu haben. Er hat die Schräge der Wallbrüstung mit der des Glacis verbunden; die Kanonenkugeln treffen nur auf Erdwälle, die man des Nachts mit der Schaufel ausbessern kann. Dadurch ist das Mauerwerk geschützt. Von außen nach innen folgen aufeinander: das Glacis, der Gegenwall mit seinem gedeckten Weg, der Graben und dessen Abzugsgraben; die innere Grabenböschung mit dem Wall dahinter, dem Laufgang, der Brustwehr, dem Bankett für die Schützen. Die erste Festung dieser Art baut 1628 der Chevalier de Villée. Vauban* schöpft alle Möglichkeiten des neuen Festungstyps aus. Das von ihm geschaffene komplizierte System stellt im Aufriß einen dem Gelände angepaßten Stern mit gebrochenen Seitenlinien dar. »Diese Linienführung verbindet die fleschenförmigen Außenlinien mit den durch die Bastionen bestimmten Innenlinien, zwischen denen sich zahlreiche gestaffelte Festungswerke befinden. Der alte gedeckte Weg erhält Geschützstellungen mit Kernwerken; Halbmonde und Zangenwerk sind zwischen Geschützstellungen und Mittelwall gestaffelt, während Kontergarden die Bastionen krönen . . .« Durch eine entschlossene Garnison verteidigt, ist eine von Vauban befestigte Stadt uneinnehmbar. Für ein ganzes Jahrhundert sind die französischen Grenzen gesichert.

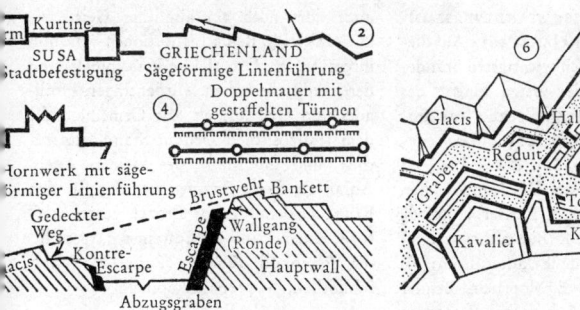

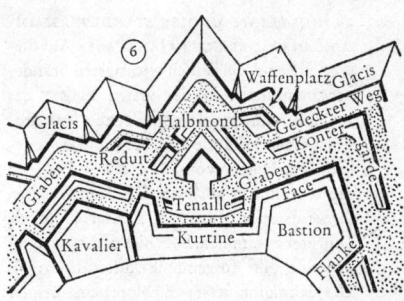

8 WICHTIGE FORTSCHRITTE IM FESTUNGSBAU
(nach E. Muraise: *Introduction à l'histoire
militaire*).
1. Stadtmauer von Susa – 2. Sägeförmig gebrochene Mauerführung in Griechenland –
3. Hornwerk mit sägeförmigem Grundriß –
4. Doppelwall mit gestaffelten Türmen –
5. Festung mit Erdwerken – 6. Französisches Festungssystem nach Vauban

Der Festungsbau erfuhr im 17. Jahrhundert
eine tiefgreifende Verwandlung. Durch die
Entwicklung der Feuerwaffen waren die
traditionellen Festungsmauern und -türme
überholt. Früh schon vermied man bei der
Anlage von Befestigungen tote Winkel und
sorgte dafür, daß die Verteidiger imstande
waren, die äußere Mauerfläche in ihrer
ganzen Länge zu bestreichen, um den Feind
am Ersteigen der Mauern zu hindern. Unter
diesem Gesichtspunkt wurde im 6. vorchristlichen Jahrhundert die Stadtmauer von
Susa in Persien angelegt: vorspringende
Türme deckten die Kurtinen. In Griechenland sparte man 403 v.Chr. die Türme durch
eine sägeförmige Mauerführung ein. Besseren Schutz noch bot eine doppelte Umwal-

lung mit gestaffelten Türmen. Die Entwicklung führte über das sägeförmige Hornwerk
(3) zu dem komplizierten, wohldurchdachten System von Vauban (6). Er verzichtete
auf geometrische Regelmäßigkeit, um sich
den Gegebenheiten des Geländes anzupassen. Zwischen die sägeförmige Außenfront
und die Bastionen legte er gestaffelte Ver-
teidigungswerke: Halbmonde und Zangenwerke vor den Kurtinen, Kontergarden vor
den Bastionen, die teilweise von Kavalieren
gekrönt waren. Mächtige Erdaufschüttun-
gen schützten das Mauerwerk vor der ver-
stärkten Feuerkraft der Geschütze. Entwickelt wurde Vaubans System aus der
»Neuitalienischen Front« (Pacciotto, 1567).
Die erste unter den Bauhorizont versenkte
französische Festung errichtete der Chevalier
de Villée (1628).
Vaubans Festungen machten den Verteidiger dem Angreifer überlegen. Der Festungsgürtel, mit dem er die Grenzen Frankreichs sicherte, rettete Frankreich 1709 ebenso
wie noch 1793. Er versagte erst 1814 und
1815, jedoch nur, weil die Festungen nicht
ausreichend bestückt und bemannt waren.

28 DIE LETZTE GROSSE STÄNDEVERSAMM-
LUNG IN FRANKREICH IM JAHRE 1614 Auf dieser Seite sind die beiden wichtigsten Stände-
versammlungen in der ersten Hälfte des
17. Jahrhunderts dargestellt: die französischen Generalstände von 1614 und das englische Parlament von 1641, das in England
die Revolution auslöste. Die französischen
Generalstände traten im Pariser Hôtel de
Bourbon zusammen. Die (hier nicht gezeigte)
Legende gibt folgende Erläuterungen: »B
Die Königinmutter; E Monsieur, Bruder
des Königs; M Der Herzog von Frontenac
als Großmeister; NN. Macier kniend; D
Die Königin; O Der Kanzler; G Die Her-
zöge und Pairs; I Die Prinzen von Geblüt;
H Die Kardinäle; K Die Herzöge, Pairs
und Marschälle von Frankreich; P Die
Staatssekretäre; V Der Erzbischof von
Lyon, Sprecher der Geistlichkeit; Y Herr
von Pont Saint Pierre, Sprecher des Adels;
Aa Präsident Miron, Sprecher des Dritten
Standes; Bb Herr von Rhodes, Zeremonien-
Großmeister; T Die Abgeordneten der
Geistlichkeit; Z Die Abgeordneten des Drit-
ten Standes; X Die Abgeordneten des
Adels.« Der Hof, die höchsten Würdenträ-
ger der Krone, die Regierung (Kanzler,
Staatssekretäre), die sorgfältig getrennten
Vertreter der Stände – dies war die schwer-
fällige Staatsmaschinerie, die im 16. Jahr-
hundert die administrative Monarchie aufbaute. (Paris, Nationalbibliothek, Kupfer-
stichkabinett)

29 DIE GROSSE STÄNDEVERSAMMLUNG IN
ENGLAND: PARLAMENT DER LORDS UND GE-
MEINEN, 1641 Dieser Stich von Hollar zeigt
die denkwürdige Sitzung des englischen
Parlaments im Jahre 1641. Damals herrschte

auch dort noch ein ähnlicher Geist wie
in Frankreich. Beide Institutionen waren in
ihrem Wesen fast gleich. Versammelt sind
der König, die hohen Würdenträger, Hochadel und Geistlichkeit, die Gemeinen, die
dem französischen Dritten Stand entsprachen, und die Masse des kleinen Adels.
Anlaß zu dieser Sitzung war der für den
König so demütigende Prozeß gegen Stafford. Kniend sind die Schreiber dargestellt,
die Protokoll führen. (Paris, Nationalbibliothek, Kupferstichkabinett)

30 ZUSAMMENTRITT DER GENERALSTAATEN
DER VEREINIGTEN NIEDERLANDE IN AMSTER-
DAM (1651) Die Darstellung von A. Pala-
medesz und van Deelen zeigt eine Sitzung
der niederländischen Generalstaaten, die die
sieben Provinzen vertreten. Sie verkörper-
ten die Souveränität des Staates, hatten
aber in Wirklichkeit nicht mehr Macht als
ein konstitutioneller Monarch. Der einzelne
Abgeordnete war nur ein Bürger seiner
Heimatstadt, doch als Gesamtheit gebühr-
ten der Versammlung die Privilegien und
Ehren, die einem Fürsten zukamen. Diese
Tatsache erklärt den Prunk der von der
Decke herabhängenden Fahnen und Stan-
darten, während die Abgeordneten selber
betont einfache Kleidung tragen; auch der
Sitzungssaal ist ungewöhnlich schlicht. (Den
Haag, Mauritshuis)

31 HOGARTH ALS POLITISCHER SATIRIKER:
DIE WAHLVERSAMMLUNG Die Wahlen, durch
die die Vertreter des Volkes bestimmt wurden, waren oft mehr oder weniger eine
Farce. In seinen berühmten satirischen Bildern hat Hogarth die Mißstände seiner Zeit
aufgezeigt. Vor einer Schenke werden un-

28

29

31

32

Zusätzlichen Schutz bietet die mächtige Armee, die innerhalb der Landesgrenzen wacht. Das französische Heer, über das man dank der Untersuchungen von André Corvisier sehr gut Bescheid weiß, nimmt in der Vielzahl der Streitkräfte, die in jener Zeit im Dienste der europäischen Staaten stehen, eine Mittelstellung ein, ist also ein repräsentativer Durchschnitt. Von 1700 bis 1763 dienen in diesem Heer etwa zwei Millionen Mann, von den Offizieren abgesehen. Im Jahre 1710 stehen, wie uns die Stammrollen verraten, in Frankreich rund 360 000 Mann unter den Fahnen. 360 00 Mann, die seit 1670 Uniformen tragen. Sie setzen sich aus 60 000 Ausländern und 300 000 Franzosen zusammen, unter denen es allerdings zahlreiche Nonkombattanten gibt, darunter die berühmten Invalidenkompanien. Immerhin sind unter ihnen mindestens 200 000 Mann Linientruppen. Nach dem Spanischen Erbfolgekrieg kommt die große Reform. Überflüssiger Ballast wird abgeworfen, und so besteht das Heer der Régence nur noch aus 110 000 Mann, zu denen 30 000 bis 40 000 Ausländer kommen. Unter Einschluß der Offiziere sind es ungefähr 160 000 Mann. Diese Zahlen von 1717 sind die niedrigsten des ganzen 18. Jahrhunderts. 110 000 französische Soldaten sind es 1717, 115 000 im Jahre 1738, 130 000 Mann 1751, 135 000 Mann 1763. Entsprechend schwankt die Gesamtstärke der französischen Armee zwischen 160 000 und 200 000 Mannschaften und Offizieren. Dazu kommt in Kriegszeiten die sehr starke Reservemiliz, eine Verstärkung um etwa 50 Prozent. Wenn auch diese Truppen weniger gut ausgebildet sind, dürfen sie doch nicht unterschätzt werden.

Die während des Spanischen Erbfolgekriegs geschaffene und 1715 wieder aufgelöste Miliz* wird 1719 vorläufig und 1726 endgültig neu gegründet. Die Rekrutierung erfolgt durch Auslosung, es kann aber auch ein Ersatzmann gestellt werden; ab 1742 werden in den Städten Freiwillige geworben.

ter den Augen wütender Trinker ganz offen Wählerstimmen gehandelt und andere zweifelhafte Geschäfte getätigt. (London, Sir John Soane's Museum)

32 WIE MAN, NACH HOGARTH, ABGEORDNETER WIRD Hier sehen wir ein Wahllokal unter offenem Himmel, zu dem die Wähler kommen, um ihre Stimmen abzugeben. Bis zum letzten Augenblick sind sie einem starken Druck ausgesetzt: Drohungen, Versprechungen, brutaler Gewalt. Und auch der Stimmenhandel blüht. Daß es infolgedessen nicht selten zu Wahlanfechtungen kam, nimmt nicht wunder. (London, Sir John Soane's Museum)

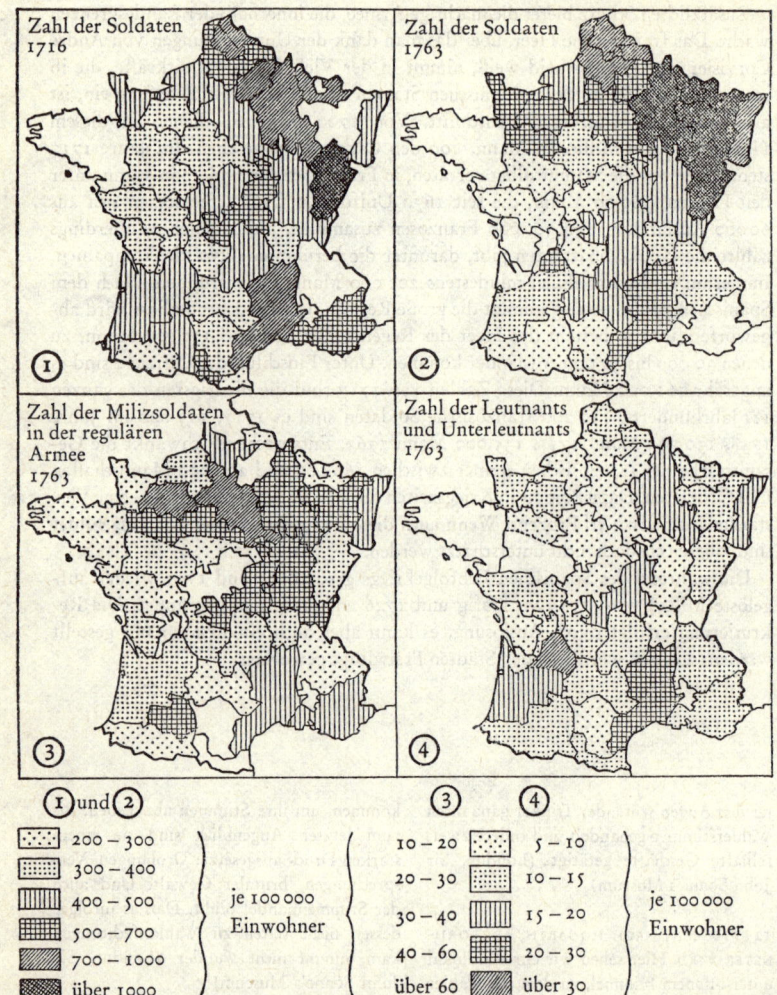

Zahl der Soldaten 1716 ①

Zahl der Soldaten 1763 ②

Zahl der Milizsoldaten in der regulären Armee 1763 ③

Zahl der Leutnants und Unterleutnants 1763 ④

① und ②

::::	200 – 300
::::	300 – 400
‖‖	400 – 500
▦	500 – 700
▨	700 – 1000
▩	über 1000

} je 100 000 Einwohner

③

	10 – 20
	20 – 30
	30 – 40
	40 – 60
	über 60

④

::::	5 – 10
::::	10 – 15
‖‖	15 – 20
▦	20 – 30
▨	über 30

} je 100 000 Einwohner

Die Linientruppen lassen sich um so leichter rekrutieren, je schlechter die Wirtschaftslage ist: Nordostfrankreich stellt die meisten Soldaten. Diese Armee ist bereits der Nation tief verbunden. »Gerade die zuletzt erworbenen Provinzen stellen die meisten Soldaten.« »Sehr unterschiedliche Dialekte und Lebensweisen treffen aufeinander und verschmelzen miteinander.«

Dieses schlagkräftige Instrument der Staatsgewalt hat fast überall dazu beigetragen, die Nationen zu formen. Erst nach der Ausbildung der Staaten sind sich diese Nationen ihrer selbst bewußt geworden.

9 AUSHEBUNGEN FÜR DIE FRANZÖSISCHEN ARMEEN (nach A. Corvisier: *L'Armée française*). Diese Karten zeigen, daß im 18. Jahrhundert vor allem der Norden und Osten Frankreichs Soldaten stellte – eine Entwicklung, die im Laufe des Jahrhunderts immer stärker hervortritt (1789 war in dieser Hinsicht der Gegensatz zwischen dem Norden und dem Süden noch ausgeprägter). Anzumerken ist, daß auf der Karte von 1763 die Artilleristen nicht berücksichtigt sind. Anders sah es bei den Offizieren aus: einen erheblichen Teil der Offizierskader stellte der südfranzösische Adel, der durch die wirtschaftliche Entwicklung in Not geraten war und sich deshalb dem Kriegshandwerk zuwandte. Die Karte der Miliz hingegen deckt sich weitgehend mit der Karte (2). Interessant ist übrigens die Tatsache, daß es die reichsten Provinzen waren, die die meisten Soldaten stellten, die Provinzen im Nordosten. Die Armee war im 18. Jahrhundert ein bedeutsames Instrument des gesellschaftlichen Aufstiegs.

2

DAS ENDE DES SPANISCHEN ÜBERGEWICHTS

Leider muß man im Europa des 17. und der ersten Hälfte des 18. Jahrhunderts noch mehr von den Staaten als vom Staat sprechen. Einen Teil der ihm innewohnenden, an sich wohltätigen Macht hat er gegen sich selbst gewandt. Dennoch sind diese langen Auseinandersetzungen nicht ganz nutzlos, denn dabei vervollkommnet sich der Staat, die Nationen bilden sich schärfer heraus. Und was wäre Europa ohne seine Nationen?

Am 31. März 1621 stirbt Philipp III. Als Philipp IV. mit sechzehn Jahren den Thron besteigt, muß der Graf von Lerma mitsamt seinen ebenso mittelmäßigen wie raubgierigen Kreaturen der Regierungsmannschaft des Grafen von Olivarez weichen. Das mächtige spanische Reich, das sich immer noch auf seinen in Sevilla gelagerten amerikanischen Silberschatz stützen kann, scheint eine zweite Jugend zu erleben, um so mehr, als der von den Protestanten im Reich überstürzt vom Zaun gebrochene Dreißigjährige Krieg Olivarez die Möglichkeit bietet, die protestantisch gewordenen Teile Europas zurückzugewinnen. Vom Mittelmeer aus wird ein neuer Angriff auf die Länder des europäischen Nordens vorbereitet.

Wir wollen kurz sehen, wie es auf dem spanischen Schachbrett ausgesehen hat, als der Konflikt ausbrach, der schließlich dazu führte, daß an die Stelle des großen Mittelmeerreiches ein Europa der Nationen tritt. Wir wollen uns dabei von einem ausgezeichneten Sachkenner namens Anthony Sherley führen lassen. Dieser englische Edelmann und Abenteurer, venezianischer Gesandter am Hofe des Schahs, dann im Auftrag des Schahs auf der Suche nach Verbündeten gegen die Türken, ist der Verfasser des wertvollsten und ältesten Berichtes über Persien; er wurde 1613 in London veröffentlicht. Sherley tritt in spanische Dienste ein und wendet sich im Herbst 1622 mit seiner berühmten Schrift *El peso politico de todo el mundo* an den Grafen von Olivarez. Dieser englische Zeuge eines barocken Südeuropa – er schreibt sechs Jahre nach Shakespeares Tod auf spanisch – schlägt einen gigantischen Aktionsplan vor, der nicht nur ganz Europa, sondern die ganze Welt umfaßt. Dieser Plan verrät auch, welche Illusionen man sich über die Macht und Ausstrahlung Spaniens machte und welche mediterranen Wolkenschlösser man baute.

Der Osten ist verdunkelt vom Schatten des Sultans, des »Großen Herren«. *El turco con mucho derecho se llama gran señor.* Immer wieder bekommt man es mit dem Türken zu tun. Die Karte zeigt, daß seit dem ausgehenden 16. Jahrhundert die Türkenmacht fest verankert ist: seit dieser Zeit beherrscht der Türke den Balkan, seit Mohács (1526) steht er an den Grenzen von Österreich. Zwar ist das Türkenreich seit der Niederlage in der Seeschlacht vor Lepanto (7. Oktober 1571) keine Seemacht mehr, kann aber die Überreste des alten, inzwischen nutzlos gewordenen Venezianerreiches im Osten völlig isolieren. Zwischen 1571 und 1683 halten sich das mohammedanische Türkenreich und das christliche Abendland die Waage. Dennoch sieht es so aus, als ob die Zeit für die Türken arbeite.

Fast vier Millionen Quadratkilometer werden von einer einzigen absolutistischen Macht beherrscht, in deren Dienst ein Beamtentum steht, das hinter der bestentwickelten christlichen Administration der zweiten Hälfte des 16. Jahrhunderts, der spanischen, in nichts zurücksteht. Aber dieses Riesenreich hat die Regierung nicht richtig im Griff, denn es ist verhältnismäßig dünn besiedelt: 22 Millionen Menschen leben dort, 5 auf den Quadratkilometer, davon 10 bis 11 Millionen orthodoxe Christen, Monophysiten, Katholiken, Reformierte, in bestimmten Gebieten zusammengedrängt. Seit dem ausgehenden 16. Jahrhundert wächst diese Bevölkerung nicht mehr, sondern nimmt eher ab.

Das Gesetz der Zahl wirkt sich zweifellos zugunsten Europas aus. Das Türkenreich ist demographisch ebenso krank wie das spanische Reich. Das ahnt allerdings zu Beginn des 17. Jahrhunderts noch niemand; die besetzten Gebiete, die Erinnerung an vergangene Siege und der Ruf der Janitscharen* (la infanteria mas estimada tiene unibersal nombre de jenizaros) bewirken, daß am Rande Europas die Atmosphäre des 16. Jahrhunderts erhalten bleibt.

Schließlich hat auch der Islam seine Ketzer: das schiitische Persien belastet die Ottomanen im Osten, obwohl die Zahl der Schiiten* verhältnismäßig klein ist – höchstens 2 Millionen. Wenngleich Europa oft versucht hat, Persien für Ablenkungsmanöver einzusetzen, vertritt man dort die harte Richtung des Islam, die den gemischten, toleranten, skeptischen Islam des Sultans entschieden ablehnt. Das hat Sherley sehr gut gesehen. Im 16. Jahrhundert hatte Spanien immer wieder Persien gegen den »Großen Herrn« ausgespielt. Der »allerchristlichste König« trägt die Verantwortung für die teuflische Übereinkunft mit den Türken – eine Übereinkunft, die sich nur schwer mit seiner Freundschaft mit lutherischen Fürsten vereinbaren läßt. Anthony Sherley schlägt dem Grafen von Olivarez die paradoxeste Umkehrung der Bündnisse im Mittelmeerraum vor: die Verständigung mit dem so nahegerückten Türken. Der zwischen Katholiken und Protestanten wieder aufflammende Zwist und – noch vordringlicher – die konkrete Verständigung der beiden großen protestantischen Seemächte, Englands und der Niederlande, die dazu führt, daß Ormuz, der westliche Knotenpunkt des portugiesischen Verteidigungssystems im Indischen Ozean, verlorengeht, zwingen zu einer Entscheidung. Eine europäische Konfessionskarte zeigt, daß Spanien kaum gleichzeitig an einer christlichen und einer katholischen Grenze kämpfen kann. Philipp II. hatte dies versucht und war daran gescheitert. Der Herzog von Lerma hat daraus für ein durch die Pest und die Vertreibung der Morisken* geschwächtes Spanien die Konsequenzen gezogen: partieller Friede, relative Zurücksetzung der Ziele. Die Politik Lermas: Rückwendung des Nordens auf die alten Ziele im Mittelmeerraum. Sie setzt das Frankreich von Concini und Luynes voraus, das den politischen Ratschlägen von Bérulle folgt. Was Sherley vorschlägt und Olivarez vorbereitet, ist nicht die Zweifrontenpolitik Philipps II. und noch weniger die Politik Lermas, sondern eine antiprotestantische Politik, die eine Übereinkunft mit den Türken voraussetzt. »Der Friede mit den Türken würde den spanischen König zum Schiedsrichter in allen Streitigkeiten zwischen den christlichen Ländern und dem Osmanischen Reich machen; Venedig würde gezwungen, seine Rüstung zu verstärken und größere Geldmittel aufzubringen, wodurch seine tatsächliche Macht stark verringert würde. Frankreich könnte nicht mehr auf seine Freundschaft mit den Türken spekulieren, England und die flämischen Staaten würden, was die Befriedigung ihrer Bedürfnisse angeht, von der Gnade des spanischen Königs abhängig sein. Um aber diesen Plan zu verwirklichen, müssen die Friedensvorschläge vom Türken ausgehen und muß der König sie unter Bedingungen akzeptieren, die dem angestrebten Ziel förderlich sind.« Das Angebot geht ein.

Wie Madrid entscheidet sich auch Wien. Während des Dreißigjährigen Krieges halten die Türken still. Etwa von 1610 bis 1660, in der ganzen ersten Hälfte des 17. Jahrhunderts, die eine so tiefgreifende Umkehr der wirtschaftlichen und demographischen Tendenzen in Mitteleuropa mit sich bringt, herrscht an den Ostgrenzen Europas Ruhe. Fünfzig Jahre lang ist die katholische Grenze wichtiger als die christliche Grenze. Der innereuropäische Religionskrieg spielt sich vor den Toren der Türkei ab, die ihre aus Menschenmangel geborene Schwäche hinter dem Mantel wohlwollender Neutralität verbirgt.

Die Befriedung der Türken begünstigt auch die Veränderungen, die sich im Osten und Nordosten Europas vorbereiten. Im 16. Jahrhundert endet die »Christenheit« im Osten und Norden mit Polen und Skandinavien. Seit dem ausgehenden 16. Jahrhundert schiebt sich langsam, fast unmerklich Moskau ins Spiel.

Das mächtige Polen schließt weiterhin das Deutsche Reich im Osten ab – rund eine Million Quadratkilometer umfaßt das Land während der vorübergehenden Besetzung Moskowiens. Zu Beginn des 17. Jahrhunderts drängen Schweden und Polen die durch die lange »Zeit der Wirren« geschwächten Russen nach Osten zurück. 1610 kontrolliert eine polnische Garnison Moskau und versucht, einen in polnischem Sold stehenden Zar auf den Thron zu erheben. Die russisch-orthodoxe Kirche, verbittert über den Versuch einer Zwangsvereinigung von 1596, trägt viel zur Ablehnung des Jahres 1611 bei, wie sie schon 1439 den Versuch einer Vereinigung der römischen mit der griechischen Kirche verhindert hatte. Moskau muß von den Polen geräumt werden, aber Smolensk bleibt in ihrem Besitz. Der Vertrag von Stolbowo (1617) und der Friede von Deulino (1618) besiegeln die Abtrennung des Baltikums, das die Schweden erhalten, und der Westgebiete, die sich Polen und Litauen einverleiben. Polen steht fest; von den Schweden und Türken 1632–1634 in die Zange genommen, vermag es sich zu halten. Die Türken wollen durch ihr Vorgehen die Chanate nördlich des Schwarzen Meeres abschirmen, die durch die Vorstöße der Don- und Dnjepr-Kosaken gefährdet sind. Durch den Waffenstillstand von Smolensk (1667) erhält Rußland lediglich 200 000 Quadratkilometer der weiten Gebiete zurück, die in der Zeit der Wirren verlorengegangen sind.

Zu Beginn des 17. Jahrhunderts tragen Schweden und Polen dadurch zur Einengung des europäischen Raumes bei, daß sie für ein Jahrhundert das geschwächte Rußland aus dem Kreis der europäischen Mächte ausschließen.

Anthony Sherley schließt: »Diese Monarchie [Spanien] legt wenig Wert darauf, Moskowien kennenzulernen . . . Sie haben die griechische Religion, wenngleich in sehr korrumpierter Form, und obwohl sie keine Neigung fühlen außer zu ihrer eigenen Sekte, verstehen sie sich nicht schlecht mit den Ketzern.« Von Madrid aus zieht man die Grenze Europas so, daß Rußland außerhalb liegt, Polen jedoch einbezogen ist.

»Polen ist ein großer, reicher und gut bevölkerter Staat.« In wirtschaftlicher Hinsicht steht das Land auf einer Ebene mit dem übrigen Europa. Gesellschaftlich beginnt es, ihm den Rücken zu wenden. Der Staat ist in voller Auflösung. *El rey es mas de ornamento que de poder,* meint Sherley. Geistig und religiös bleibt es ein christliches Land. Wie im mittelalterlichen Spanien gibt es sehr viele Juden. Wie Spanien im 15. Jahrhundert wird Polen zu Beginn des 17. Jahrhunderts zunehmend intoleranter.

Das unter Sigismund reformierte Polen wird wie Spanien zu einem starken, unerbittlichen Bollwerk des Katholizismus. Zunächst geht es gegen die Ketzer, die sich der Lehre von der Dreifaltigkeit widersetzen; ihr Zentrum ist Rakow bei Krakau. Um 1620–1625 schaffen die vertriebenen Sozinianer* in den reformierten Kirchen in den Niederlanden und in Frankreich Unruhe. Dann wendet sich der Katholizismus gegen die Russisch-Orthodoxen, die in der polnischen, von Kosaken bewohnten Ukraine sich heroisch bemühen, ihre Kirche wieder aufzubauen. Um ihren Gläubigen eine Verfolgung zu ersparen, hatten die meisten Bischöfe im polnischen Rußland in die Union von Brest (1596) eingewilligt, durch die die Orthodoxen unter Beibehaltung ihrer Lehre und Riten dem Papst unterstellt wurden, während die Mehrzahl des niederen Klerus und das einfache Volk sich der Union widersetzte. Das Polen des 17. Jahrhunderts beteiligt sich an den »Kreuzzügen im Inneren«, die im Gefolge von Ferdinand von Steiermark das Reich in den Krieg stürzen.

Die Lage in Skandinavien erinnert an die Zustände in Polen. Schweden hilft mit, Rußland in der ersten Hälfte des 17. Jahrhunderts nach Osten zurückzudrängen, wodurch es sich russisches Gebiet aneignen kann; die alte Adelsherrschaft lebt wieder auf. In religiöser Hinsicht übernimmt es im lutherischen Lager eine Führerrolle, vom gegenreformatorischen Katholizismus ebenso weit entfernt wie von der calvinistischen Orthodoxie, die in Dordrecht* siegt.

Skandinavien umfaßt 1 150 000 Quadratkilometer mit etwas mehr als 2 Millionen Bewohnern; die eine Hälfte gehört zu Schweden-Finnland, die andere zu Dänemark-Norwegen. Auf einem Sechstel dieses Gebietes südlich der Linie Kristiania–Viborg, die von Südwesten nach Nordosten verläuft und den 60. Breitengrad schneidet, leben zwei Millionen Menschen, nördlich dieser Linie nur 200 000. Europa endet also am 60. Breitengrad.

Das unter dänischer Herrschaft stehende Norwegen ist das nördliche *finis terrae* von Europa. Nördlich von Trondhjem dient es lediglich den englischen, holländischen und hanseatischen Schiffen, die Archangelsk anlaufen, zur Orientierung. Die skandinavische Union zerbricht 1520. *Suecia era en tiempos pasados de los reyes de Dinamarca con Finlandia y Lapia.* Vom Mittelmeer aus gesehen, zählt in Skandinavien nur das Dänemark von Helsingör. Dieses Dänemark kontrolliert die Ostseeausgänge. Die stark erhöhten Durchfahrtszölle zu Beginn des 17. Jahrhunderts bilden die Haupteinkünfte des dänischen Staates.

Schweden ist fern und seit dem Scheitern der Gegenreformation unter Johann III. (1568–1592) fast vergessen; Johann versuchte, durch eine neue Liturgie (das *Rotbuch* von 1576) die schwedische Kirche dem reformierten Katholizismus zuzuführen. Was zählt, ist die Eroberung des Baltikums. Karl IX. (1595–1611) »stürzt sich sogar in ein Abenteuer, das zum Ziel hat, die russischen Zugänge zum Meer in der Arktis und im Baltikum unter Kontrolle zu bekommen«. In dem Vakuum, das durch die Zurückdrängung der Russen im baltischen Raum entstanden ist, streiten sich Dänen, Polen und Schweden um die Kontrolle über Häfen, von denen aus russisches Getreide in die getreidearmen Mittelmeerländer transportiert wird.

Durch den Frieden von Stolbowo verliert Rußland 1617 Estland und Ingermanland, Riga wird von den Polen 1621 besetzt. In den zwanziger Jahren wird
Schweden modernisiert und militärisch verstärkt. Gustav Adolf* bemüht sich,
durch schwedische Kultur und Sprache den Nordrand der Ostsee zu einen, nachdem er zuvor im schwedischen Herrschaftsbereich eine leistungsfähige Verwaltung
aufgebaut hat, die sich hauptsächlich aus dem gebildeten Adel rekrutiert. Diese
Bildung wird durch Schulen vermittelt, die erstmals einen modernen Unterricht
eingeführt haben, sowie durch die Universität Dorpat im angegliederten Baltikum. Die finnische Kirche wird lutherisch und durch die Errichtung eines zweiten
Bischofssitzes in Viborg gestärkt. Die Kehrseite der Medaille sieht allerdings so
aus, daß in ganz Skandinavien und vor allem in Schweden die Belastung durch
Administration, Aufrüstung und Steuern zu einer Landkonzentration in den Händen des Adels führt. Um 1550 gehörte der Boden in Schweden zu 50 Prozent den
Bauern, zu 18 Prozent der Krone und zu 32 Prozent dem Adel. Um 1650 besitzen der Adel 70 Prozent und Krone samt Bauern zusammen 30 Prozent des Bodens.

Zwischen 1620 und 1630 zeichnen sich die Grenzen Europas deutlicher ab. Der
Druck der Türken hat nachgelassen, Rußland ist für den Augenblick nach Osten
zurückgedrängt, Skandinavien konsolidiert sich südlich des 60. Breitengrades.

In Übersee hat Europa den Verlust des östlichen Mittelmeergebiets wieder wettgemacht. Europäische Niederlassungen und Kolonien sind an den Küsten Asiens,
auf Insulinde sowie an den Küsten und im Inneren Amerikas entstanden. Europa
kontrolliert die Meere, aber noch nicht die Kontinente. Dies sollte erst nach den
großen Umwälzungen des 19. Jahrhunderts erreicht werden.

Seit einem halben Jahrhundert tritt das europäische Riesenreich in Übersee auf
der Stelle. Auf das explosive Wachstum, das ein ganzes Jahrhundert lang gedauert
hat (von der Mitte des 15. Jahrhunderts bis um 1560/70), folgt ein Jahrhundert
des Stillstands; mancherorts gibt es Rückschläge, während es anderswo nur noch
ganz langsam aufwärts geht. Auch die Auseinandersetzungen zwischen den Niederlanden und Portugal, die von 1596 bis 1598 an den afrikanischen Küsten und
im Indischen Ozean ausgetragen werden, können darüber nicht hinwegtäuschen:
es bedeutet kein Wachstum, wenn nur eine Kolonialmacht durch eine andere abgelöst wird. Zwar werden die Kolonialverwaltungen besser ausgebaut, und der
Handel wächst langsam, aber die tatsächlich kontrollierten Gebiete und die Zahl
der in Südostasien tätigen Europäer nehmen kaum noch zu. Ab- und Zunahme
halten sich die Waage, so daß sich insgesamt praktisch nichts verändert.

Im Fernen Osten geht es für die Europäer in den zwanziger Jahren des 17. Jahrhunderts sogar bergab. Auf den Philippinen haben die Spanier Mühe, sich gegen die von Süden andrängenden Muselmanen zu halten. Der Rückgang des Handels mit Indien, China und Japan setzt ein. Seit der Schogun Jejasu am 20. Oktober 1600 die christenfreundlichen Daimio im Süden besiegt hat, beginnt sich Japan* nach außen hin abzuschließen. Von 1607 bis 1611 dürfen die aus Macao kommenden Schiffe keine japanischen Häfen anlaufen. Endgültig isoliert sich Japan 1637.

In China erzielen die missionierenden Jesuiten unter Pater Ricci zwischen 1601 und 1610 erstaunliche Erfolge, die sie allerdings durch Konzessionen an die alteingesessenen Religionen erkaufen; sie werden deswegen von den Dominikanern angegriffen, wodurch der verhängnisvolle Ritenstreit ausgelöst wird. Dadurch wird das Ansehen des Christentums und auch das der Europäer ganz allgemein schwer geschädigt. Die von Innozenz x.* 1645 erlassene Bulle leitet eine ganze Reihe von päpstlichen Verordnungen ein, die mit der endgültigen Verwerfung der jesuitischen Zugeständnisse durch die Bulle *Ex quo singulari* im Jahre 1742 ihren Höhepunkt finden. In Tongking sieht es zunächst für die Europäer günstig aus; Antonio Marquez und Alexandre de Rhodes, der geniale Erfinder des *quoc-ngu,* der vietnamesischen Buchstabenschrift, treffen 1627 im Land ein. Aber schon 1630 beginnen die Schwierigkeiten. Um 1640 bricht die Mingdynastie in China zusammen, weniger unter dem Ansturm der Mandschu als infolge ihrer Mißwirtschaft. Der Rückgang des europäischen Einflusses ist das greifbare Zeichen eines die ganze Erde betreffenden Rückgangs, der im Fernen Osten um die gleiche Zeit einsetzt wie in Europa. Schon 1621 haben die Mandschu in Mukden ein Kaiserreich gegründet. Die von den Jesuiten gegossenen Kanonen können sie für kurze Zeit an der Chinesischen Mauer aufhalten, aber 1644 fällt Peking kampflos.

In Indien hat die Zeit der Wirren noch früher eingesetzt als in China. Das Mogulkaisertum hatte seine schützende Hand über die Ebene von Indus und Ganges und über einen Teil des Dekkan ausgestreckt. Mit dem Tod Akbars (1605) beginnt eine schwierige Zeit; die Schwäche der Dynastie und die Verfolgung der großen hinduistischen Mehrheit auf dem Subkontinent ermöglichen es den Sikhs und den Mahratten, den grausamen Unterdrückungsmaßnahmen erfolgreichen Widerstand entgegenzusetzen. Der »Großmagor« (Selim Djahangir, 1605–1627) kann sich nur auf seine persische Miliz stützen. Die kaschierte Anarchie, die vom Tod Akbars bis zur Thronbesteigung Aureng Zebs (1659–1707) dauert, ist den europäischen Expansionsbestrebungen nicht günstig, leitet jedoch die Bildung selbständiger indischer Staaten nach dem Tod Aureng Zebs ein. In Indien wie in China beginnt in den zwanziger und dreißiger Jahren des 17. Jahrhunderts eine schwere

Zeit. Die Rückschläge für Europa werden durch die langsamen Fortschritte der Holländer auf Java nicht sofort wieder wettgemacht.

Wie sieht es 120 Jahre nach Vasco da Gamas Indienfahrt mit der europäischen Stellung im Indischen und Pazifischen Ozean, also längs der ostafrikanischen Küste und in Asien, aus? Als einziges größeres zusammenhängendes Gebiet besitzen die Europäer die Philippinen (Jolo und drei Viertel von Mindanao ausgenommen); an der ostafrikanischen Küste Sofala, Mozambique und Mombasa; ferner Goa, Kotschin und Malakka, das im Januar 1641 in holländische Hand übergeht. Insgesamt also 220 000 bis 230 000 Quadratkilometer (einschließlich der Molukken und Insulinde), von denen die spanischen Philippinen neun Zehntel ausmachen. Es leben dort 25 000 bis 30 000 Europäer. Und wie läßt sich der Einfluß ermessen, den Europa außerhalb dieser Gebiete ausübt? An der Zahl der Kirchen? Von 610 000 unter spanischer Kontrolle stehenden Filipinos rechnet man 1620 500 000 als Christen. Im ausgehenden 16. Jahrhundert hatte es in Südjapan bereits mehr als eine halbe Million Christen gegeben. Davon ist um 1620 nur noch wenig und 1640 überhaupt nichts mehr übrig. Seit 1580 beeinflußt Europa im Fernen Osten auf religiöser Ebene etwa 700 000 bis 800 000 Menschen. Das ist gleichzeitig viel und wenig.

Amerika, die große außereuropäische Chance für Europa, macht seit dem 16. Jahrhundert keine Ausnahme von der Regel: der europäische Einflußbereich steht im großen und ganzen seit der Mitte des 16. Jahrhunderts fest. 1620 deckt sich Amerika noch praktisch mit dem spanischen Amerika. Um diese Zeit sind rund 2 Millionen Quadratkilometer mit gut 10 Millionen Menschen (etwa 15 Prozent der Bevölkerung Europas) mehr oder weniger fest in europäischer Hand. Zu 95 Prozent handelt es sich bei diesem Amerika um das Amerika der zerschla-

1 ZWEI WELTEN BEGEGNEN SICH IN VELÁZ-QUEZ' »DIE ÜBERGABE VON BREDA« ODER »DIE LANZEN« Breda in Nordbrabant mußte nach langer Belagerung durch spanische Truppen kapitulieren. Am 2. Juni 1625 übergab der Befehlshaber der Stadt, General Justin von Nassau, dem spanischen General Ambrosio Spínola die Schlüssel der Stadt. Velázquez hat zehn Jahre später dieses Geschehen für den »Salón de reinos« des Madrider Palastes Buen Retiro gemalt. Vielleicht geht die Darstellung der beiden Heerführer in der Bildmitte auf einen Stich von Pieter de Iode zurück. Mit ritterlicher Geste hindert Spínola seinen geschlagenen Gegner daran, gemäß der Tradition vor ihm niederzuknien. Spanische Grandezza ehrt holländische Tapferkeit. (Diego Velázquez, *Die Übergabe von Breda* oder *Die Lanzen*, 1635. Madrid, Prado)

genen Hochkulturen der tropischen Hochebenen. Dies sind Maiskulturen, also Kulturen der Muße.

Die Eingeborenen, die kaum eine Sorge um das tägliche Brot kennen, sind für ein Kolonialsystem ein einzigartiges Kräftereservoir, das nun nicht mehr zum Bau von *teocali*, sondern in den Silberbergwerken von Zacatecas und Potosí eingesetzt wird. Man braucht mit diesen Kräften nicht hauszuhalten, da Nachschub aus den umliegenden Gebieten herangeschafft werden kann. Während sich das spanische Amerika von 1550 bis 1750 von anderthalb auf dreieinhalb Millionen Quadratkilometer vergrößert, bleibt die Zahl der Eingeborenen mit rund 10 Millionen ziemlich konstant; als Wirtschaftsfaktor wiegen sie 20 Millionen Menschen anderswo auf. Diese für Europa zusätzliche Wirtschaftskraft trägt – um einen modernen Ausdruck zu gebrauchen – dazu bei, daß jene kritische Masse erreicht wird, die im ausgehenden 18. Jahrhundert die Kettenreaktion eines völlig neuen Wachstumsrhythmus auslöst.

Der Wert des spanischen Amerika für Europa wird durch die Reichtümer bestimmt, die zu Beginn des 17. Jahrhunderts von Amerika nach Europa verbracht werden. Hamilton hat anhand der Rechnungsbücher der *Casa de la Contratación* die offiziellen Beträge errechnet: von 1611 bis 1620 2192 Tonnen Silber und 8,9 Tonnen Gold, von 1621 bis 1630 2145 Tonnen Silber und 3,9 Tonnen Gold. Trotz zahlloser Unterschlagungen, Verlusten (so entführt Piet Heyn auf einen Schlag 80 Tonnen Silber von Mantanzas nach Amsterdam) und der Piraterie durch Schiffe anderer Nationen, die vor den amerikanischen Küsten lauern, führt Amerika Jahr für Jahr fast 400 Tonnen Silber (und in Silberwert umgerechnetes Gold) der europäischen Wirtschaft zu, zu denen noch 40 bis 50 Tonnen kommen, die direkt nach den Philippinen verbracht werden, um den europäischen Einfluß im Fernen Osten zu stärken. Zur Gewinnung dieser riesigen Silbermengen sind jährlich nahezu 450 Tonnen Quecksilber nötig. Die Eingeborenen, die inzwischen kaum gegen die von den Europäern eingeschleppten Mikroben resistent geworden sind, werden von den giftigen Quecksilberdämpfen in Scharen dahingerafft.

Um die Mitte des 17. Jahrhunderts kann Amerika deshalb nur noch knapp die Hälfte dessen liefern, was es fünfzig Jahre früher an Europa geliefert hat. Das außereuropäische Europa kommt zum Stillstand und steigt ab, ehe es im ausgehenden 17. Jahrhundert erneut aufwärts geht.

Brasilien zählt Ende des 16. Jahrhunderts kaum 58 000 Bewohner, darunter allerdings 25 000 Weiße, und das ist viel: fast ein Viertel der 120 000 Weißen, die vermutlich um diese Zeit im spanischen Amerika leben. Dazu kommen 19 000 unterworfene Indianer und 14 000 Schwarze. 1610 gibt es in Brasilien 230 Zuckerfabriken, neunzehn Jahre später bereits 346 (70 im Süden, 84 in Mittelbrasilien, 192 im Norden). Um 1630 ist die Zahl der Einwohner auf 120 000 gestiegen.

Ein französisches Amerika gibt es 1620 noch nicht; das englische Amerika umfaßt erst ein paar hundert Quadratkilometer. 1612 wird Jamestown, 1620 Plymouth gegründet. Auf dem 37. Breitengrad zeichnen sich die Anfänge von Virginia ab, im kalten Norden auf dem 42. Breitengrad die Anfänge von Neu-England. 1620 leben noch keine 20 000 Engländer in Amerika.

Um 1630 sind die unter europäischer Kontrolle stehenden 2 Millionen Quadratkilometer von Amerika mit 10 Millionen Eingeborenen und 500 000 Weißen immer noch der große, wenn auch bedrohte Trumpf Spaniens.

Noch zwanzig Jahre lang kann das durch den Versuch einer Rückeroberung des protestantischen Nordens zu einer ungeheuren Kräfteanspannung gezwungene Spanien den Anschein seiner Macht aufrechterhalten.

10 DIE HOLLÄNDISCHE POSITION IN SÜDOST- UND OSTASIEN IM 17. JAHRHUNDERT (nach P. Geyl: *The Netherlands in the XVII*th *Century*). Diese Karte zeigt schraffiert die von den Portugiesen und schwarz die von den Holländern im 17. Jahrhundert kontrollierten Gebiete in Südost- und Ostasien sowie die wichtigsten Schiffahrtsrouten des holländischen Asienhandels. Wenn man den ganzen Einfluß Europas zeigen wollte, müßte man noch die weniger bedeutsamen englischen und französischen Handelsrouten einzeichnen; dazu kommt der spanische Einflußbereich auf den Philippinen. In der Mitte des 17. Jahrhunderts spielten im Osten eindeutig die Holländer die erste Rolle. Natürlich kann nicht die Rede davon sein, daß Europa je den Fernen Osten wirklich beherrscht hätte. Hier sahen sich die Europäer Völkern gegenüber, die mehr als die Hälfte der Erdbewohner stellten. Dies zeigt die Graphik links unten. In China setzte im 18. Jahrhundert eine Bevölkerungsexplosion ohne Beispiel ein, während sich die anfänglich fast ebenso zahlreiche Bevölkerung Indiens langsamer entwickelte. Japans Einwohnerzahl blieb hingegen fast konstant. Da der europäische Einfluß in Asien weit geringer war als in Amerika, spielte dieses Gebiet sowohl wirtschaftlich als auch politisch für Europa eine weit weniger bedeutsame Rolle als die Neue Welt.

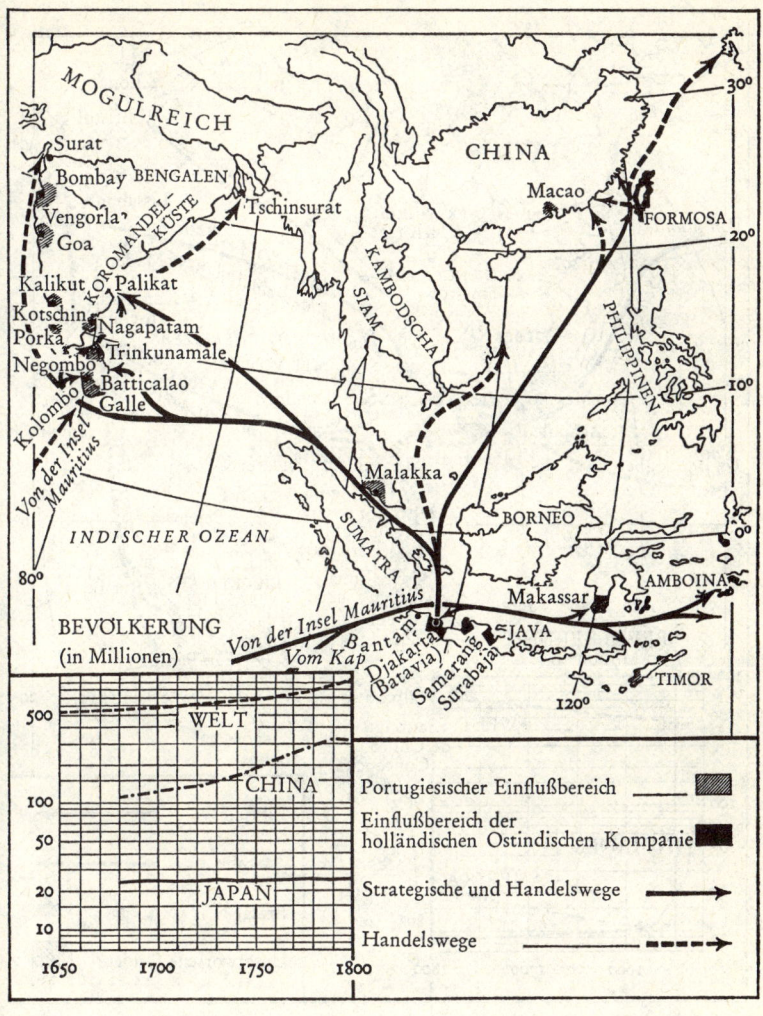

MOGULREICH

CHINA

Surat
Bombay BENGALEN
Vengorla
Goa
Kalikut Palikat
Kotschin
Porka Nagapatam
Negombo Trinkunamale
Kolombo Batticalao
Galle

Tschinsurat

SIAM

KAMBODSCHA

Macao

FORMOSA

PHILIPPINEN

30°

20°

10°

Von der Insel Mauritius

INDISCHER OZEAN

SUMATRA

Malakka

BORNEO

AMBOINA
Makassar

80°

BEVÖLKERUNG
(in Millionen)

Von der Insel Mauritius
Vom Kap
Bantam
Djakarta
(Batavia)
Samarang
Surabaja

JAVA

TIMOR

120°

500	WELT			
100		CHINA		
50				
20	JAPAN			
10				
	1650	1700	1750	1800

Portugiesischer Einflußbereich

Einflußbereich der
holländischen Ostindischen Kompanie

Strategische und Handelswege

Handelswege

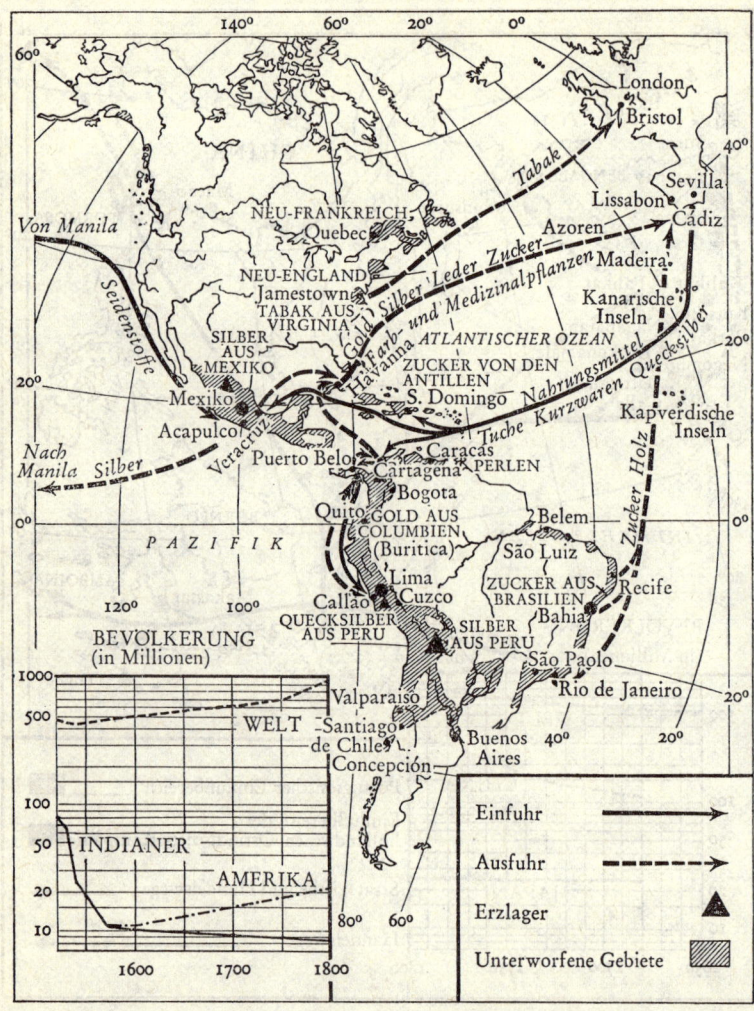

BEVÖLKERUNG
(in Millionen)

WELT

INDIANER

AMERIKA

Einfuhr

Ausfuhr

Erzlager

Unterworfene Gebiete

11 AMERIKAS WIRTSCHAFTLICHE BEDEUTUNG UM 1620 (nach P. Chaunu: *L'Amérique et les Amériques*). Diese Karte zeigt den europäischen Einflußbereich in Amerika um 1620. Die kontrollierten Gebiete sind verhältnismäßig klein: 95 Prozent des Doppelkontinents entziehen sich jedem europäischen Einfluß. Aber in den 5 Prozent, die die Europäer in Besitz genommen haben, leben neun Zehntel der gesamten Bevölkerung. Die dadurch gebotene Chance wurde jedoch teilweise durch die von den Europäern eingeschleppten Seuchen zerstört, denen viele Eingeborene zum Opfer fielen. Rücksichtslose Unterdrückung und schwere Sklavenarbeit trugen weiter dazu bei, die eingeborene Bevölkerung zu dezimieren. Dies macht das Schaubild links unten deutlich, auf dem die Entwicklung der Erdbevölkerung, der amerikanischen Eingeborenenbevölkerung und der amerikanischen Gesamtbevölkerung gezeigt wird. Während durch Einwanderung die Gesamtbevölkerung Amerikas ab der Mitte des 16. Jahrhunderts stetig wuchs, verringerte sich die Zahl der Eingeborenen noch bis ins 19. Jahrhundert hinein konstant. Für Europa war Amerika um 1620 hauptsächlich in wirtschaftlicher Hinsicht interessant, in erster Linie als Lieferant von Edelmetallen. Das zur Gewinnung von Gold und Silber notwendige Quecksilber stammte zu einem Drittel aus Europa und zu zwei Dritteln aus Peru. Später lieferte Amerika auch in wachsendem Umfang Perlen und Zucker. Im Zeitalter der Segelschiffe mußte man entsprechend den Windverhältnissen für Hin- und Rückfahrt unterschiedliche Routen benutzen. Am bequemsten war die Fahrt nach und von Brasilien; problematischer waren die Verbindungen nach Mittelamerika, und am schwersten war Peru zu erreichen. In Nordamerika steckte die europäische Kolonisation noch in ihren Anfängen und beschränkte sich auf verhältnismäßig kleine Gebiete an der Atlantikküste. Die rücksichtslose Ausbeutung von Menschen und Bodenschätzen sollte sich für Europa verhängnisvoll auswirken. Der Rückgang in Amerika stürzte die europäische Wirtschaft in eine gefährliche Krise und besiegelte vor allem den Niedergang der Iberischen Halbinsel. Das aufstrebende Brasilien und das angelsächsische Nordamerika waren noch zu schwach, als daß sie die Wirtschaftskatastrophe des spanischen Amerika hätten ausgleichen können.

Der Herzog von Olivarez*, spanischer Grande jungen Datums, seit dem 16. März 1621 Herr des riesigen spanischen Reiches, hat teilweise (an der katholischen, nicht aber an der christlichen Front gegenüber den Türken) wieder an die Politik Philipps II. angeknüpft. Direkt oder indirekt kontrolliert er das westliche Mittelmeergebiet, einen Teil des Indischen Ozeans, des Fernen Ostens und Amerikas. Deshalb gehen auch weiterhin und noch für einige Zeit deutliche politische und differenziertere kulturelle Impulse von der Iberischen Halbinsel aus.

Das westliche Mittelmeergebiet hat um 1600 einen Höhepunkt erreicht. Italien weist im ausgehenden 16. Jahrhundert eine Bevölkerungsdichte von 44 Einwohnern pro Quadratkilometer auf (Frankreich 34 E/qkm, die Iberische Halbinsel 15,6 E/qkm). Dies ist für die damalige Zeit außergewöhnlich. Nach K.J. Beloch ist die Einwohnerzahl Italiens von 11 591 000 im Jahre 1550 auf 13 272 000 im Jahre 1600 gestiegen, um bis 1650 wieder auf unter 11 543 000 abzusinken. Erst 1700 wird der Stand von 1600 wieder erreicht (13 373 000 Einwohner).

Dieses Italien, dessen Reichtum sich erschöpft (Sizilien war um 1550 für Spanien noch eine reiche Einnahmequelle, während es 1600 mit spanischen Geldern unterstützt werden muß), steht zur Hälfte unter unmittelbarer spanischer Herrschaft. In diesem Gebiet wohnen 1600 rund 6,023 Millionen Menschen (in Neapel 3 320 000, auf Sizilien 1 130 000, in Mailand 1 240 000, auf Sardinien 330 000). Venedig mit seinen 1 820 000 Menschen steht völlig außerhalb des spanischen Einflußbereiches. Zwischen Venedig *(en su natural disposicion enemiga de todas monarquias y reynos y mas mortal de Su Magestad...)* und dem spanisch beherrschten Italien stehen 3 bis 4 Millionen Menschen.

Im großen spanischen Reich hat Italien ein ebensolches Gewicht wie die Iberische Halbinsel. Die Bankhäuser des befreundeten Genua führen die Schätze Amerikas in den Wirtschaftskreislauf des Nordens ein; Mailand ist hinter den Niederlanden der zweitwichtigste Militärstützpunkt der Spanier. Venedig wird in Schach gehalten; Flandern kann über die Alpentäler und die Freigrafschaft Burgund von Italien aus erreicht werden; Italien unterstützt Wien und das katholische Deutschland im Bemühen, die zum Protestantismus übergegangenen Teile des Reiches zurückzuerobern.

Im 16. Jahrhundert noch eine Quelle der Macht, läßt sich Italien nur schwer halten.

Seit dem ausgehenden 16. Jahrhundert kriselt es in Italien. Der Wohlstand nimmt zwar weniger rasch, aber ebenso unerbittlich ab wie auf der Iberischen Halbinsel. Das macht sich zuerst und am folgenschwersten in Venedig bemerkbar.

Seit den letzten Jahrzehnten des 16. Jahrhunderts geht es auf der ganzen Linie bergab. 1567 besteht die venezianische Flotte aus 60 großen Schiffen, zwischen 1595 und 1600 sind es nur noch zwanzig. Auf den aus Privatinitiative prosperierenden Schiffbau folgt ein künstlich durch Staatsaufträge am Leben erhaltener Schiffbau. Um die Jahrhundertwende zieht man es in Venedig vor, fremde Schiffe zu befrachten. Es geht weiter bergab; Venedig kauft nicht mehr, sondern begnügt sich damit, sich Schiffe auszuleihen. In den dreißiger Jahren des 17. Jahrhunderts wird die venezianische Schiffahrt im östlichen Mittelmeer in die Zwangsjacke der Geleitzugfahrt gepreßt. Man achtet innerhalb und außerhalb des Golfes die venezianische Flagge nicht mehr. Der Handel mit Samt läßt nach, ebenso der Handel mit Glas und Spiegeln; im 17. Jahrhundert kommt die venezianische Technik nicht mehr mit.

Der Abstieg von Venedig, das von allen italienischen Staaten am ärgsten mitgenommen wird (wie der Bevölkerungsschwund zeigt; in einem Jahrhundert sinkt der Anteil der Bevölkerung Venedigs an der italienischen Gesamtbevölkerung von 15 auf 12 Prozent), geht Hand in Hand mit einem Abstieg des muselmanischen Mittelmeergebiets.

Das übrige Italien folgt dem Beispiel Venedigs und kommt in den dreißiger Jahren des 17. Jahrhunderts völlig aus dem Gleichgewicht. Ruggiero Romano hat aufgezeigt, wie folgenschwer die Wirtschaftskrise der Jahre 1619 bis 1622 für Italien gewesen ist. Die Krise der zwanziger Jahre bereitet die biologische Katastrophe von 1630 vor: mit der Pest beginnt der unerbittliche Abstieg Italiens. Sie schlägt im Norden härter zu als im Süden. Norditalien wird am schwersten betroffen, jenes Italien, das im Welthandel und in der großen Politik eine so bedeutsame Rolle spielte. Der zurückgebliebene Süden und die Inseln bleiben paradoxerweise weitgehend verschont. Nach Belochs Berechnungen verminderte sich die norditalienische Bevölkerung von 5 412 000 Seelen um 1600 auf 4 254 000 Seelen im Jahre 1650, also um 21,5 Prozent. Der Rückgang beträgt in der venezianischen *Terra firma* 420 000 Menschen, in Mailand 340 000, in Montferrat und Piemont je 100 000, auf genuesischem Gebiet fast 90 000. Weniger ausgeprägt ist der Bevölkerungsschwund im Süden: von 6 235 000 Seelen sinkt die Bevölkerung auf 5 588 000 Seelen (im Kirchenstaat, in San Martin und dem Königreich Neapel), also um nur 10,5 Prozent statt 21,5 Prozent im Norden. Die von der Pest nicht heimgesuchten Inselbewohner nehmen sogar zu. Ihre Zahl beträgt um 1550 1,25 Millionen, um 1600 schon 1,625 und um 1650 schließlich 1,7 Millionen.

Das direkt unter spanischer Herrschaft stehende Italien gehört zu ungefähr gleichen Teilen allen diesen drei Zonen mit unterschiedlicher Bevölkerungsentwick-

lung an: Mailand dem Norden, das Königreich Neapel dem Süden und Sizilien
und Sardinen der verschont bleibenden Inselwelt. Infolgedessen entspricht seine
Bevölkerungsbewegung ziemlich genau dem gesamtitalienischen Durchschnitt. 1600
sind es 6,023, fünfzig Jahre später noch 5,275 Millionen Menschen, eine Abnahme
um 12 Prozent; für ganz Italien lauten die entsprechenden Zahlen 13,272 bzw.
11,54 Millionen Menschen und 13 Prozent.

Ihre letzten schönen Tage für lange Zeit erlebt die Apenninenhalbinsel in den
Jahren von 1600 bis 1620. Am schwersten betroffen werden der Osten (Venedig
mit einem Bevölkerungsschwund von 23 Prozent) und der Westen (das mit seinen
im Dienst des Reiches stehenden Banken vom spanischen Wohlstand stark abhängige Genua, Bevölkerungsschwund 20,5 Prozent).

Auch die Iberische Halbinsel ist im tiefsten Mark getroffen. Die Wirtschaftskrise
und der Bevölkerungsschwund setzen durchschnittlich zwanzig Jahre früher ein als
in Italien. Dasselbe gilt für die Preisentwicklung. Das Spanien von 1601 bis 1603
entspricht dem Italien von 1617 bis 1622. Die Einkünfte der Kolonialverwaltung
und die Gewinne aus dem Amerikahandel bleiben seit dem ausgehenden 16. Jahrhundert in etwa auf dem gleichen Stand. Deutlicher läßt sich die spanische Krise an
der Zahl und Verteilung der Menschen ablesen. In Italien wie in Frankreich setzt
die Bevölkerungskrise 1630 ein. Die Pest bricht den Elan einer vergreisenden Bevölkerung. Mit der Seuche beginnt der anomale Zustand einer weit übersteigerten
Arbeitsentlöhnung, an dem die spanische Wirtschaft nach 1600 zugrunde geht. In
einem einzigen Jahr, zwischen 1600 und 1602, steigen die Löhne um durchschnittlich
15,6 Prozent. Durch die Auswanderung von 275 000 Morisken in den Jahren 1609
bis 1614 wird der Abstand zwischen niederen Preisen und hohen Löhnen noch
größer. Die Pest, die eine halbe Million Tote fordert, versetzt der Iberischen Halbinsel einen Schlag, von dem sie sich erst in der zweiten Hälfte des 18. Jahrhunderts
wieder erholen sollte. In den ersten Jahrzehnten des 17. Jahrhunderts beginnt
nicht nur ein langer Abstieg, der die spanische Bevölkerung von 8 235 000 Seelen
(um 1600) auf knapp 6 Millionen Seelen (Ende des 17. Jahrhunderts; mit Portugal
lauten die Zahlen 9 483 000 bzw. 7 Millionen) verringert, sondern sie bringen
auch, was viel wichtiger ist, das Ende eines jahrhundertealten Gleichgewichts.

Im 16. Jahrhundert bilden die kastilischen Hochebenen den Mittelpunkt der
Iberischen Halbinsel. Dort wohnt auf einem Drittel der Landesfläche (188 000
Quadratkilometer) die Hälfte der Bevölkerung (4,1 Millionen Menschen), eine
Dichte von 22 pro Quadratkilometer. Durch die Vertreibung der Morisken in den

ASTURIEN
GALICIEN
LEÓN
BASKENLAND
S. Sebastian
NAVARRA
Burgos
Huesca
ALTKASTILIEN
Ebro
Zamora
Valladolid
Soria
Lérida
Duero
KATALONIEN
Segovia
ARAGON
Avila
Teruel
KGR.
VALENCIA
Madrid
Cuenca
Castellón
de la Plana
Toledo
Valencia
Tajo
ESTREMADURA
NEUKASTILIEN
Ciudad Real
Albacete
Jucar
Badajoz
KGR. MURCIA
Alicante
Córdoba
ANDALUSIEN
Sevilla
KGR. GRANADA
Granada
Huelva
Málaga
Almeria
Cádiz

• Orte, in denen Morisken leben

12 DIE MORISKEN IN SPANIEN (nach H. Lapeyre: *Géographie de l'Espagne morisque*). Henri Lapeyre hat eine präzise Karte des moriskischen Spanien am Vorabend der Vertreibung im Jahre 1609 aufgestellt. 76 bis 77 Prozent der Mohammedaner lebten südlich der Linie Castellón-Cuenca, 65 Prozent östlich der Linie San Sebastian–Malaga. Während im Südosten etwa 60 Prozent der Morisken lebten, waren es in den alten christlichen Gebieten des Nordwestens nur 2 bis 3 Prozent. 40 Prozent der 300 000 Morisken, die durch die Volkszählung erfaßt wurden, waren in dem nur 20 000 Quadratkilometer großen Königreich Valencia konzentriert: auf 4 Prozent spanischen Bodens lebten 40 Prozent der mohammedanischen Bevölkerung. Durch die Vertreibung der Morisken wurde das Land wirtschaftlich schwer geschädigt. Deshalb zeigt unsere Karte auch, welche Gebiete im 17. Jahrhundert besonders stark absanken.

Jahren 1609 bis 1614 werden die einzigen spanischen Randgebiete, die wirtschaftlich von einiger Bedeutung sind, entscheidend geschwächt (das Königreich Valencia verliert etwa 160 000 seiner 485 000 Bewohner), wodurch der spanische Zentralismus weiter verstärkt wird. Bis zum großen Bruch im 17. Jahrhundert liegt der wirtschaftliche Schwerpunkt Spaniens im Norden und im Zentrum. Das Spanien der Hochebenen, das das Wachstum des 16. Jahrhunderts einleitete, ist ein ländliches Spanien.

Anders steht es mit den Städten. Hier liegt der Wachstumspol im Süden, in Sevilla. Um 1530 überholt es mit 45 000 bis 46 000 Einwohnern Valladolid; die Differenz beträgt knapp 18 Prozent. 1594 steht Sevilla eindeutig in ganz Spanien an erster Stelle. Es hat mehr als 90 000 Einwohner, während das in seinem Sog stehende Toledo noch nicht einmal 55 000 hat. Das Anwachsen der Stadtbevölkerung auf der Iberischen Halbinsel ist zu einem großen Teil Sevilla zugute gekommen.

Das Spanien des ausgehenden 16. Jahrhunderts steht an der Spitze eines Riesenreiches zu beiden Seiten des Atlantik, eines Reiches allerdings, das dem Meer den Rücken zukehrt. Das Ende der spanischen Vorherrschaft fällt mit dem Ende der kastilischen Vorherrschaft zusammen. Zerstört hat die Pest, die das Kranke ausmerzt, das ländliche Kastilien, während die Randgebiete und die Städte verschont bleiben. Genauer gesagt: Auch die Städte wurden betroffen, haben jedoch die Verluste durch Zuzug vom Land fast augenblicklich wieder wettgemacht. Wie die alten Bevölkerungsstatistiken zeigen, gibt es in den Städten jener Zeit keinen Geburtenüberschuß. Das dem allgemeinen Trend zuwiderlaufende Anwachsen der spanischen Stadtbevölkerung im 17. Jahrhundert ist also letztlich ein negativer Faktor.

Durch die Vertreibung der Morisken schließlich werden die Küstengebiete am Mittelmeer schwer geschädigt, die zwar seit dem 14. Jahrhundert stagnierten, doch im ausgehenden 16. Jahrhundert im Begriff waren, das dominierende, aber unter den Lasten der Herrschaft zusammenbrechende Zentralspanien zu überflügeln. Die Vertreibung der Morisken (in den Ländern der Krone von Aragon werden von 275 000 Morisken 200 000 zur Auswanderung gezwungen) betrifft in erster Linie jene spanischen Randgebiete, die wie vor allem Valencia im Begriff sind, zu privilegierten Zonen zu werden. Fünfzig Jahre lang hat das menschenhungrige Valencia die Küstengebiete der Iberischen Halbinsel entvölkert. Durch die Vertreibung wird der Beginn eines unaufhaltsamen Prozesses zwar hinausgeschoben, aber nicht verhindert: während die Bevölkerung Kataloniens von 1610 bis 1640 ständig zunimmt, während die Wunden Valencias verheilen, geht die Entvölkerung Kastiliens weiter. Nur in den Städten merkt man das noch nicht.

Obwohl schwer angeschlagen, vermag Spanien noch eine eindrucksvolle Fassade aufrechtzuerhalten. Valladolid und später Madrid bleiben an der Spitze eines 26 bis 27 Millionen Menschen umfassenden Staatenbundes (10 in Amerika, 9 zumindest noch in der ersten Zeit auf der Iberischen Halbinsel, 6 in Italien, 2 in den Niederlanden, das sich langsam von dem verheerenden 35jährigen Krieg erholt, und in der Freigrafschaft Burgund). Eine bis Mantanzas (1628) unbesiegte Flotte; die bald wiedergutgemachte Niederlage der *Unbesiegbaren* (1588) war ein Einzelfall; eine bis 1643 unbesiegte Armee (»Übrig blieb jene furchtbare Infanterie des spanischen Königs ...«); der Ruhm spanischer Literatur und Kunst hält in ganz Europa eine gewisse Hispanomanie wach. Das kastilische Spanisch steht noch überall über dem Französischen, Italienischen, Englischen.

Und seit dem Tod Philipps III. (31. März 1621) wird Spanien von dem Grafen von Olivarez, diesem ein wenig verrückten Genie, mit starker Faust wieder regiert.

1621 konzentriert sich die Aufmerksamkeit auf Spanien. Frankreich spielt seit dem 14. Mai 1610 in der Weltpolitik keine Rolle mehr. England ist unter Jakob I. mit sich selbst beschäftigt.

Frankreich, England und Deutschland, drei verhältnismäßig dicht bevölkerte Länder (je 16, 4 und 20 Millionen Einwohner, zusammen also 40 Millionen), haben auf verschiedenen Ebenen unter der großen religiösen Spaltung des 16. Jahrhunderts zu leiden.

Spanien hat sich für eine einzige Religion entschieden; für dieses Land gehört der Pluralismus der Vergangenheit an. Zumindest bleiben ihm die Spaltungen erspart, die die teils geglückte, teils mißlungene Reform der Kirche zur Folge hat. Aber was Spanien kurzfristig gewinnt, muß es später vielfach bezahlen. Von 1621 bis 1629 stehen die Dinge immerhin günstig; es hat nichts mit dem schrecklichen Religionskrieg zu tun, der seit dem Beginn des 17. Jahrhunderts fast im ganzen übrigen Europa wütet. Auch dem hundertprozentig protestantischen Skandinavien bleiben innere religiöse Wirren erspart. Diese beiden Gebiete bleiben im Jahrhundert des aufsteigenden Europa noch »Christenheit«, wenn auch auf unterschiedliche Weise.

Die britischen Inseln hingegen werden durch religiöse Spaltung und den Zweifrontenkrieg der anglikanischen Kirche geschwächt. Noch ärger ergeht es Frankreich, das bis zum Gnadenfrieden von Alais (1629) und dem endgültigen Sieg des Staates vom Bürgerkrieg heimgesucht ist.

Als das Edikt von Nantes unterzeichnet wird (13. April 1598), verfügen die Hugenotten über 694 öffentliche Kirchen, 257 Lehnskirchen, zählen 800 Geistliche, 400 Predigtamtskandidaten und 274 000 Familien, also insgesamt etwa 1 250 000

Seelen. Am Ende der Regierungszeit Heinrichs IV. haben sie 84 Sicherheitsplätze und 18 Städte mit eigener Miliz, darunter Montauban, Foix, Nîmes, Uzès ... und natürlich La Rochelle. Von 15 bis 16 Millionen Franzosen sind 1 250 000 Hugenotten. Aber die Minderheit wächst rascher, und so kommt es zu einer ähnlichen Reaktion, wie sie 1609 seitens der spanischen Altchristen gegen die Morisken einsetzt. Der zweite Höhepunkt des französischen Protestantismus (nach einem ersten in den sechziger Jahren des 16. Jahrhunderts) fällt in das Jahr 1624: von einer Gesamtbevölkerung von 16 bis 17 Millionen sind etwa 1,6 Millionen Hugenotten.

Die Stärke der Protestanten liegt darin, daß ein Großteil des Adels zu ihnen gehört. In der Diözese La Rochelle beträgt der Anteil der Hugenotten 9 Prozent, entspricht also fast dem Landesdurchschnitt, aber 80 Prozent des Adels ist protestantisch. Zu Beginn des 17. Jahrhunderts herrscht die Religion des niederen Adels, die R.P.E. (»religion prétendue réformée« = angeblich reformierte Religion), im Südwesten und im Zentrum Frankreichs. Die Grenze zwischen einem im Norden – mit Ausnahme der unteren Normandie – von einem vorwiegend katholischen Adel kontrollierten Frankreich und einem im Süden von einem vorwiegend protestantischen Adel kontrollierten Frankreich verläuft etwa auf der Höhe des Poitou. Loudun, Vendôme, Saumur und später Châtellerault säumen die Grenze eines Frankreich, das man durch Zwang ohne weiteres protestantisch machen könnte und das die Hugenotten gern so regieren würden, wie sie bis 1620 das katholische Béarn regiert haben; davon handeln die Sitzungen der Kirchenversammlung während der Verhandlungen, die dem Edikt von Nantes 1597 vorangehen.

Diese Grenze spielt in den Scharmützeln zu Beginn der Regierung Ludwigs XIII. wieder eine Rolle. Sie wird durch die Belagerung und Einnahme von La Rochelle (September 1627 bis 29. Oktober 1628) eingedrückt. Das eines Teiles seiner maritimen und finanziellen Möglichkeiten beraubte Frankreich findet nach dem Gnadenfrieden von Alais (Juni 1629) wieder zu innerer Einheit und Freiheit zurück. Frankreich steht wie England auf einer gefährlichen religiösen Wasserscheide.

Noch offener sind die Gegensätze in Deutschland, das die ältesten und tiefsten Wunden der Reformation trägt. Der Augsburger Religions- und Landfriede (25. September 1555) hatte einen Zustand geschaffen, der eine Folge der religiösen Auseinandersetzungen in der ersten Hälfte des 16. Jahrhunderts war. Die Augsburgische Konfession (die auf dem Augsburger Reichstag am 25. Juni 1530 vor dem Kaiser verlesen worden war) wird reichseinheitlich als gleichberechtigt neben der katholischen anerkannt. Die religiöse Teilung erfolgt auf der Ebene der Territorialstaaten: *Cujus regio, ejus religio.* Bis 1576 wächst das Luthertum unaufhaltsam, trotz aller Vorsichtsmaßnahmen der Katholiken und besonders des »geistlichen Vorbehalts« des Augsburger Friedens, nach dem geistliche Reichsstände, die protestantisch werden, Amt, Gebiet und Einkünfte verlieren. Danach kommt es für dreißig Jahre zu einem Stillstand. Aber schon im ausgehenden 16. Jahrhundert wird die katholische Gegenoffensive vorbereitet. Seit 1608/09 hängt der Friede nur noch an einem Faden.

Spanien kann also 1620 in einen Religionskrieg eingreifen, der das eigene Land verschont. Philipp IV., der am 31. März 1621 seinem Vater auf den Thron folgt, wurde am 8. April 1605 in Valladolid geboren. Inzucht und Syphilis bedrohen das biologische Erbgut der letzten Habsburger. Der zarte Kronprinz wird von seinen Erziehern völlig eingeschüchtert. Diese Erziehung macht aus ihm einen Finsterling und Angsthasen, einen Sklaven seiner Sinne. Ein hemmungsloser Lüstling, ein methodischer Wüstling, geizig und fleißig, gegen Ende seines Lebens von der Hoffnung beseelt, durch die asketischen Übungen von Sor Maria de Agreda seinen Lebenswandel wettmachen zu können, ist Philipp IV. zeitlebens ein Spielball in den Händen seiner Umgebung.

Am 31. März 1621 tritt ein bemerkenswerter Wandel ein, zwar keine Revolution, aber doch eine folgenschwere Veränderung in der Regierung und in der Ausrichtung der Politik. Die eigentliche Revolution hat in Spanien schon vorher stattgefunden: wie alle Reaktionen des Barockzeitalters bedeutet sie letztlich einen Rückschritt.

Nach dem Tod Philipps II. hat der Adel, *capa y espada,* unangefochten die Zügel in Spanien wieder an sich gerissen; die *letrados,* die aus dem Mittelstand hervorgegangenen Beamten, werden aus allen verantwortlichen Posten entfernt.

Die Mannschaft, die der Herzog von Olivarez um sich schart, gehört derselben Gesellschaftsschicht an wie die Regierungsmannschaft des Herzogs von Lerma, die unter Philipp III. an der Macht war. Und doch verändert sich viel.

Don Gaspar Guzmán y Pimentel Ribera y Velasco y de Tovar, von Geburt Herzog von Olivarez, von Königs Gnaden Graf von San Lucar la Mayor, wurde 1587 in Rom geboren, wo sein Vater Botschafter beim Heiligen Stuhl war. Er war das dritte Kind. Als Student in Salamanca verfügt der für den geistlichen Stand bestimmte Vierzehnjährige bereits über ein eigenes Haus und einen Haushalt, der einen Hofmeister und einundzwanzig Dienstboten umfaßt. Mit 17 wird er Rektor der Universität von Salamanca. Aber trotz dieses ostentativen Reichtums gehören die Olivarez' noch nicht zur Creme des Adels. Die Familie ist *agraviada;* es bedarf zehnjähriger Bemühungen und der Heirat mit einer Monterrey, um zu den höchsten Spitzen des Hochadels aufzusteigen.

Bald beteiligt sich dieser andalusische Adlige stark am Amerikahandel. Kann man ihn als fortschrittlichen Vertreter einer sterilen Gesellschaftsschicht bezeichnen? In gewisser Hinsicht bestimmt. Aber anderseits darf man nicht voreilig die Olivarez' mit den *Heeren XVII* gleichsetzen – mit dem siebzehnköpfigen Vorstand der Ostindischen Gesellschaft – oder mit den *Heeren XIX*, dem neunzehnköpfigen Vorstand der Westindischen Gesellschaft. Für Olivarez ist der Handel kein schöpferisches, produktives Unternehmen, sondern eine Zerstreuung neben der Politik. Zehn Jahre braucht er, um zum Hochadel aufzusteigen, sechs Jahre, um durch gewissenlose Machenschaften den Kronprinzen in die Hand zu bekommen. Von da an braucht Philipp IV. den Grafen im Privatleben und als Herrscher. Selbst nachdem Olivarez am 17. Januar 1643 in Ungnade fällt, ja sogar noch nach seinem Tod (22. Juli 1645) wirkt sein Einfluß fort: sein Nachfolger wird sein Neffe, Don Luis de Haro. Die Palastrevolution vom 31. März 1621 geht nicht ohne Gewaltanwendung ab: es fließt Blut.

Aber auch im Frankreich Richelieus, im England Cromwells und in den Niederlanden ist man nicht gerade zimperlich. Die unerbittliche Härte, mit der in Frankreich vor der Fronde alle Volkserhebungen unterdrückt werden (Boris Porchnev deutet sie als Manifestation des Klassenhasses), wird überall in Europa von dem an der Macht befindlichen Adel auch gegen Standesgenossen angewandt, wenn es zu Zusammenstößen zwischen Adelsparteien kommt.

Zwischen Frankreich und Spanien besteht nur ein gradueller, nicht aber ein prinzipieller Unterschied. Es gibt in Spanien keinerlei Amtsadel, der sich so weit mit dem Staat identifiziert, daß er bereit wäre, die Erblichkeit der Titel zu erkaufen. Ohne den Amtsadel hätte die Monarchie in Frankreich die Probleme einer langen Regentschaft (vom Oktober 1610 bis zum März 1615) nicht so glatt bewältigen können. Man kann Olivarez als einen Richelieu bezeichnen, dem die Dienste eines solchen Amtsadels fehlten.

Sobald Olivarez an der Macht ist, geht er unverzüglich an verschiedenen Fronten zum Angriff über. Dazu bedient er sich spektakulärer Mittel. Die aus den Cortes von 1621 hervorgegangene Staatsversammlung, die berühmte *Junta*, die Kommission zur »Sittenreform«, tritt im Januar 1623 zusammen. Die üblichen Maßnahmen werden beschlossen, Sparmaßnahmen, Gesetze zur Hebung der Sittlichkeit. Daneben findet sich ein eigenartig moderner Vorschlag: bei Amtsantritt und Amtsniederlegung eines jeden Inhabers eines öffentlichen Amtes sollen dessen Vermögensverhältnisse geprüft werden. Nicht nur Ränke und Demagogie stecken hinter diesem Vorschlag, sondern die Erkenntnis, daß man rechtschaffene, unbestechliche Beamte braucht. Die Forderung kommt allerdings im Mittelmeergebiet der Quadratur des Kreises gleich. Was die Finanzen angeht, so nimmt man ganz offen zur Inflation Zuflucht. Nachdem zwanzig Jahre lang die Silberpreise gefallen sind, ist das zunächst noch unbedenklich. 1625 erreichen die Nominalpreise wieder die Höhe der Jahre 1601–1603. Die erste Auswirkung besteht darin, daß von 1624 bis 1627 die überhöhten Löhne abgebaut werden. Die meinungsbildenden Schichten erkennen diese günstige Auswirkung an. Das Problem besteht jedoch darin, die Inflation rechtzeitig wieder zu stoppen. Noch zehn Jahre lang setzt der Graf seine bedenkliche Wirtschaftspolitik fort.

In zwei wichtigen Fragen strebt er eine endgültige Lösung an, ohne daß ihm dies gelingt. Am 10. Februar 1623 will er die *estatudos de limpieza de sangre*, durch die den Nachkommen der *conversos*, der zum Christentum übergetretenen Juden und Mohammedaner, der Zugang zu öffentlichen Ämtern und zur Geistlichkeit fast völlig versperrt ist, erheblich abmildern, um dem im Land wütenden Antisemitismus Grenzen zu setzen. Dieser Antisemitismus mit seinem grassierenden Denunziantentum verhindert die Ausbildung eines Mittelstandes, wodurch die Wirtschaft schweren Schaden erleidet. Das einzige, was der Graf mit seinem Änderungsvorschlag erreicht, sollte sich zeigen, als er in Ungnade fällt: er zieht sich den allgemeinen Haß zu, der in *La Hora de todos* von Quevedo einen brillanten literarischen Niederschlag gefunden hat.

Andalusier durch seinen Vater, Kastilianer durch seine Mutter, durch seine Geschäfte ausgezeichnet über die Zustände in Amerika informiert, weiß Olivarez genau, wo der Schwerpunkt des Reiches liegt. Die Entvölkerung der kastilischen Landgebiete, auf die die Cortes immer wieder warnend hinweisen, entgeht nicht seiner Aufmerksamkeit. Auch die daraus resultierende übermäßige Steuerbelastung dieser Gebiete ist ihm wohlbekannt. Also beschließt er, das Steuerprivileg der spanischen Randzonen (Portugal und Aragon, zusammen 190 000 Quadratkilometer mit 2 430 000 Einwohnern zu Beginn des 17. Jahrhunderts) kurzerhand abzuschaffen. Ein schwieriges Problem, denn dieses Privileg hat seine guten Gründe: es verbürgt, daß diese dem Reich nicht so eng verbundenen Provinzen stillhalten; außerdem werden dadurch die Auswirkungen des wirtschaftlichen Rückgangs wenigstens zum Teil gemildert.

Um den protestantisch gewordenen Norden Europas zurückzugewinnen, müssen neue Anstrengungen unternommen werden. Der Preis für die Treue Portugals und Aragons ist ein ganz erheblicher Steuerausfall. Wenn man jedoch in Kastilien die Steuern erhöht, vernichtet man das Zentrum des Reiches.

Diese Überlegungen bestimmen die Entscheidung des Grafen von Olivarez: in den zwanziger Jahren soll Aragon mehr bezahlen, in den dreißiger Jahren ist dann

Portugal an der Reihe. Der Plan wird 1624 mit der Einberufung der Cortes von Aragon in Barbastro, von Katalonien in Lerida und von Valencia in Monzón verwirklicht. Aber nicht im vorgesehenen Umfang, denn allzu heftig ist der Widerstand.

Man will also Portugal zahlen lassen. Der Gedanke ist nicht unvernünftig, aber seine Verwirklichung ist gefährlich. Zwar geht es mit Portugal seit dem Umschwung in den neunziger Jahren des 16. Jahrhunderts wieder bergauf: die Verluste im Osten, in Amerika und in Brasilien sind wettgemacht. Aber das Jahr 1630 ist unglücklich gewählt, das folgende Jahrzehnt ist schlecht: auf den Fall von Ormuz und den gescheiterten Angriff der Holländer auf Bahia (9.–10. Mai 1624, Ostern 1625) folgen der geglückte Angriff auf Pernambuco (1630) und der Verlust der nördlichen Hälfte Brasiliens (1630 bis 1640). Der Fall von Recife dient als Vorwand für eine Steuererhöhung, die darauf abzielt, Portugal einen größeren Anteil an den finanziellen Lasten Spaniens aufzubürden.

Anderseits wirkt sich der Rückgang der Silberproduktion im spanischen Amerika seit 1630 in zunehmendem Maße auf Portugal aus. Eben dieses Silber ist der bedeutsamste Faktor, der Portugal an Spanien bindet, denn es braucht das Edelmetall unbedingt für seinen Osthandel. 1631 bricht eine Woge von Steuerforderungen über das Land herein. Seit 1634 wird ihnen wachsender Widerstand entgegengesetzt, da ein bedenklicher wirtschaftlicher Rückgang eingesetzt hat. 1637 kommt es zu Unruhen in Evora: das Haus eines allzu eifrigen Steuereinnehmers wird niedergebrannt. Bald greifen die Unruhen auf Alentejo und Algarve über.

Der Graf von Olivarez jedoch kann 1630 nicht mehr zurück. Auf dem Höhepunkt des Dreißigjährigen Krieges bildet sich ein neues Gleichgewicht in Europa heraus: das Mittelmeergebiet verliert endgültig seine Bedeutung, während der Norden aufsteigt.

Die Ursachen des Dreißigjährigen Krieges* liegen in Geschehnissen, die zunächst regional eng begrenzt sind. Da sich jedoch nach dem Zerbrechen der »Christenheit« in Europa katholische und protestantische Machtgruppen gebildet haben, werden bald aus den regionalen Problemen gesamteuropäische Probleme. Die in Mitteleuropa herrschende Atmosphäre begünstigt diese Ausweitung.

Der Dreißigjährige Krieg ist nur der letzte Abschnitt eines Religionskrieges, der hundertzwanzig Jahre lang dauert. In diesem Krieg wechseln Perioden relativer Ruhe mit Perioden der Gewalttätigkeit ab. Die Zeit der Reformversuche der Kirche und der religiösen Leidenschaften dauert bis um 1670/80. Die katholische Kirche geht mit der Gegenreformation zum Angriff über, das protestantische

Europa wehrt sich. Der religiöse Eifer erlahmt im Norden rascher als im Süden; katholisch ist er im 17. Jahrhundert, protestantisch war er im 16. und wird er wieder im 18. Jahrhundert sein. Aber wenn auch die Leidenschaften im Süden heftiger sind, gehen doch Erfolg und Macht auf den Norden über. Da der Süden weitgehend ausfällt, kann das katholische Europa territorial die Früchte seiner Gegenoffensive nicht in vollem Umfang einheimsen.

Eine Erklärung erfordert in diesem Zusammenhang weniger der Krieg als der Frieden. Paradox ist weniger das fortschreitende Umsichgreifen des Krieges in den Jahren 1619 bis 1622 als die Tatsache, daß in den zwanzig davorliegenden Jahren Friede herrschte. Der Friede in der Zeit von 1598 bis 1609 ist durch ein Zusammentreffen verschiedener Umstände bedingt, nicht zuletzt durch die allgemeine Erschöpfung, die ganz Europa ergriffen hat. Dieser Friede im ersten Jahrzehnt des 17. Jahrhunderts ist ebenso paradox wie zerbrechlich. Schwieriger zu erklären als die Wiederaufnahme des Krieges um 1620 sind die zehn davorliegenden Friedensjahre, deren sich Europa dank der Vakanz des französischen Thrones während der Minderjährigkeit Ludwigs XIII. erfreuen kann. Eine wesentliche Rolle spielt dabei die Wirtschaftslage. Philipp II. sind dadurch die Hände gebunden, daß die Lieferungen aus Amerika seit 1590 stagnieren. Der wirtschaftliche Rückgang im ganzen spanischen Reich und die Pest, die das dichtbevölkerte Kastilien heimsucht, erlegen Philipp III. Fesseln auf. Die zwanzig Jahre von 1600 bis 1620 sind deshalb verhältnismäßig friedlich, weil das europäische Epizentrum auf der Iberischen Halbinsel geschwächt ist. Dadurch wird der politische und wirtschaftliche Motor Europas gebremst, muß Spanien Konzessionen machen. Die Abtretung des Indischen Ozeans an die Holländer befriedigt fürs erste die Expansionsgelüste des Nordens. Der erste wirtschaftliche Umschwung um 1600 fördert den Frieden, weil er vor allem das mediterrane Kerngebiet Europas betrifft, dem Norden aber noch nicht so viele Vorteile bringt, daß von dort aus die alten Einflußgrenzen in Frage gestellt werden.

Der wirtschaftliche Umschwung um 1620 hingegen facht den Krieg an, weil der in seinem Gefolge auftretende ungleichmäßige Wiederaufstieg Illusionen weckt. So ist der Wohlstand Sevillas in den Jahren 1622 bis 1624 nur scheinbar; echt hingegen ist die Prosperität in Brasilien durch die expandierende Zuckerindustrie. Dieser Aufstieg kommt allerdings nicht Spanien, sondern Portugal zugute. Als man 1625 den Holländern Bahia wieder abnehmen kann, glaubt man in den alten Machtzentren des Südens, daß man erneut den Anschluß an die ruhmreiche Vergangenheit gefunden habe. Die Kraft des Nordens steigt bis zur europäischen Katastrophe der Frondezeit. Das europäische Mittelmeergebiet verliert immer stärker an Bedeutung und Einfluß, während der Norden, in erster Linie Frankreich, allmählich zum neuen Mittelpunkt Europas wird.

In Deutschland, in dem seit der Gründung der Protestantischen Union* (1608) und der Katholischen Liga* (1609) eine gespannte Atmosphäre herrscht, entzündet sich der Krieg an einem Funken, der von Böhmen ausgeht.

Böhmen, wie Ungarn eine Wahlmonarchie, hat sich 1526 angesichts der Türkengefahr den »Erblanden« der österreichischen Habsburger angeschlossen. Der religiöse Nonkonformismus hat in Böhmen schon eine zweihundertjährige Tradition. Die Utraquisten, die gemäßigten Hussiten, waren durch die Augsburger Konfession anerkannt worden. Im ausgehenden 16. Jahrhundert neigt in Böhmen und Umgebung der deutsche Adel in zunehmendem Maße zu einem calvinistisch inspirierten radikalen Protestantismus. Zum religiösen Konflikt kommt ein politischer Konflikt hinzu.

Der katholische Gegenangriff hat schon früher begonnen. Die seit 1560 eingeleitete katholische Restauration bremst das Vordringen des Luthertums in Deutschland. Zu Beginn des 17. Jahrhunderts sind die Katholiken in Böhmen eine – allerdings sehr aktive – Minderheit, die nach dem Prinzip »Staat gegen Stände« die katholische Königsmacht gegen die Stände ausspielt, jene alte politische Einrichtung, auf die sich die protestantische Mehrheit stützt. Die Königsmacht befindet sich in einer Krise, und diese Krise verstärkt den protestantischen Widerstand. 1609 erhalten die böhmischen Stände durch den »Majestätsbrief«* die Zusicherung voller Religionsfreiheit. Bis zum Tod des Kaisers Rudolf (1612) macht der Protestantismus in Böhmen beträchtliche Fortschritte.

Doch nun setzt die Gegenoffensive ernsthaft ein. Matthias geht noch mit Mäßigung vor, aber Ferdinand strebt eine radikale Lösung an. Dies ist der Anfang des

13 DEUTSCHLAND IM DREISSIGJÄHRIGEN KRIEG (nach P. Serryn und R. Blasselle: *Nouvel Atlas historique*). Wie zerrissen das Reich innerlich war, kommt auf dieser Karte nur unvollkommen zum Ausdruck. Lediglich die Habsburger Lande bildeten einen zusammenhängenden, verhältnismäßig kompakten Schirm gegen die Türkengefahr. Ansonsten war das Reich in eine Fülle von Klein- und Mittelstaaten zersplittert, die praktisch selbständig waren. Aber noch verhängnisvoller als diese politische Zersplitterung war die religiöse Zerrissenheit: es gab ein lutherisches, ein reformiertes und ein katholisches Deutschland, damals noch mit ständig wechselnden Grenzen.

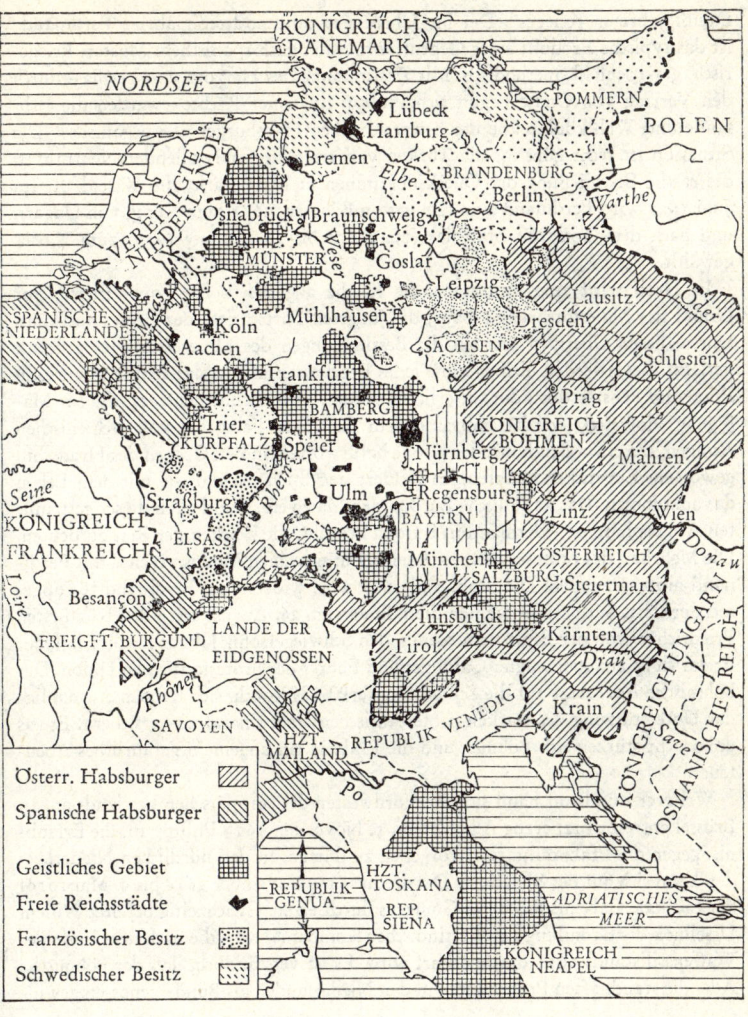

NORDSEE

KÖNIGREICH DÄNEMARK

POMMERN

POLEN

Lübeck
Hamburg
Bremen
BRANDENBURG
Berlin

Elbe
Warthe

VEREINIGTE NIEDERLANDE

Osnabrück Braunschweig
MÜNSTER
Weser
Goslar
Leipzig
Lausitz
Oder

SPANISCHE NIEDERLANDE
Aachen
Köln
Mühlhausen
SACHSEN
Dresden
Schlesien

Frankfurt
Prag

Trier
BAMBERG
KÖNIGREICH BÖHMEN
Mähren

KURPFALZ Speier
Nürnberg

Seine

Straßburg
Ulm
Regensburg
Linz
Wien

KÖNIGREICH FRANKREICH
ELSASS
Rhein
BAYERN
Donau

Loire
München
ÖSTERREICH
SALZBURG
Steiermark

Besançon
Innsbruck
Kärnten

FREIGFT. BURGUND
LANDE DER EIDGENOSSEN
Tirol
Drau
Krain

Rhône
SAVOYEN
HZT. MAILAND
REPUBLIK VENEDIG

KÖNIGREICH UNGARN
OSMANISCHES REICH
Save

REPUBLIK GENUA
HZT. TOSKANA
REP. SIENA
ADRIATISCHES MEER

Po

KÖNIGREICH NEAPEL

Österr. Habsburger
Spanische Habsburger
Geistliches Gebiet
Freie Reichsstädte
Französischer Besitz
Schwedischer Besitz

Dreißigjährigen Krieges*. Der im Jahre 1617 achtunddreißigjährige Ferdinand*
ist das typische Produkt einer Gegenreformation nach spanischem Muster: kriege-
risch, gewissenhaft, methodisch. Mit Zustimmung des Herzogs von Lerma – durch
den Vertrag von Onate begibt sich Philipp III. seiner Rechte – werden die Erblande und Wahlkönigreiche der österreichischen Habsburger neu organisiert. Die
Situation ist recht günstig: die Türken verharren in wohlwollender Neutralität,
die rasche Erschließung der Quecksilberminen in Idria stärkt die Wirtschaft. Im
Juni 1617 wird Ferdinand zum König von Böhmen, 1618 zum König von Ungarn
und nach dem Tod von Matthias (20. März bis 28. August 1619) zum Kaiser
gewählt.

In Hrob wird eine protestantische Kirche abgerissen. Sie symbolisierte, auf
Grund des Majestätsbriefs erbaut, die jüngsten Fortschritte des Protestantismus.
Durch diesen Übergriff werden die Bestimmungen des Majestätsbriefes gröblich
verletzt. Beschwerden bleiben ohne jedes Ergebnis. Am 23. Mai 1618 kommt es in
Prag zum Fenstersturz: die kaiserlichen Räte Martinitz und Slawata, die für Mäßigung eintreten, werden mitsamt dem Schreiber Fabricius von tschechischen
Adligen, die einen Bruch mit der Krone befürworten, in den Graben des Hradschin
geworfen. Ein dicker Laubteppich mildert den Sturz, so daß sie mit dem Leben
davonkommen. Das katholische Europa sieht darin ein Wunder. In dieser gespannten Atmosphäre ist jedermann in Europa bemüht, die Zeichen der Zeit zu deuten.
Die Mehrheit des protestantischen Adels kann sich einen Modus vivendi mit Ferdinand nicht vorstellen. Die Wahl von 1617 wird widerrufen, Ferdinand für abgesetzt erklärt. Statt seiner wählen die Böhmen am 26. August 1619 den Kurfürsten
Friedrich V. von der Pfalz zum König, den Schwiegersohn Jakobs I. von England.
Friedrich ist ein überzeugter Calvinist und Führer der protestantischen Union. Der
böhmische Adel setzt auf die Zukunft, unterläßt es jedoch, sich für den Augenblick
der Unterstützung des starken protestantischen Deutschland zu versichern. Etwas
unbedacht stürzen sich Böhmen und die Pfalz in ein ungemein gefährliches Abenteuer.

Weiterer Zündstoff häuft sich im Nordwesten des europäischen Festlands an. In
Brüssel entreißt Erzherzog Albrecht am 5. November 1619 Philipp III. die Erlaub-
nis, gegen die Pfalz militärisch vorgehen zu dürfen. In den nördlichen Niederlan-
den kann sich auf der Synode zu Dordrecht* (13. November 1618 bis 9. Mai 1619)
der radikale Calvinismus unter Gomarus durchsetzen. Gleichzeitig bereitet Willem
Usselincx die Gründung der Westindischen Kompanie* vor, die nach dem Ende des
Waffenstillstands 1621 durchgeführt wird. Es ist verständlich, daß der böhmische
Adel die standhaften Protestanten in den Niederlanden als Bundesgenossen gewin-

nen will, verständlich aber auch, daß der Brüsseler Hof in der Meinung, daß eine Auseinandersetzung unvermeidlich ist, dem Gegner möglichst zuvorkommen möchte. Albrecht will vermutlich das allzusehr auf seine Mittelmeerinteressen konzentrierte Spanien zu einer Wiederaufnahme des Krieges in den Niederlanden zwingen, um durch die spanischen Landheere Antwerpen freien Zugang zum Meer verschaffen und Amsterdam in die Knie zwingen zu können. Das würde eine allgemeine Ausweitung des böhmischen Konflikts zur Folge haben.

Frankreich jedoch sucht zu vermitteln, da es vorläufig mit seinen eigenen Protestanten noch mehr als genug zu tun hat. Um seinen internen Religionskrieg gewinnen zu können, will das katholische Frankreich Ludwigs XIII. den Religionskrieg des Reiches auf Böhmen beschränken. Diese Politik verfolgt Puysieux, diesem Ziel dient die Gesandtschaft des Grafen von Angoulême, deren Hintergründe V. L. Tapié erhellt hat. Eine solche Beschränkung des Krieges, auf die sowohl das katholische Frankreich als auch das stark protestantische Sachsen hinarbeiten, bedeutet jedoch einerseits die Niederlage der Böhmen und anderseits eine Verlängerung des Krieges, weil durch die in wenigen Stunden vollzogene Vernichtung der böhmischen Armee in der Schlacht am Weißen Berg (8. November 1620) von Anfang an das bis dahin vorhandene Gleichgewicht gestört wird. Fast seines ganzen Adels beraubt, ist Böhmen nach der Schlacht nur noch ein Spielball in den Händen seiner Feinde. Nun wird das Land durch methodische, brutale Maßnahmen wieder katholisch gemacht. Mehr als die Hälfte des adligen Grundbesitzes wird enteignet, sämtliche protestantischen Pfarrer werden ausgewiesen, das Volk hat nur die Wahl, entweder seinem Glauben abzuschwören oder auszuwandern. Die sorgfältig geführten Kirchenbücher lassen erkennen, wie stark Böhmen in diesen Jahren entvölkert wird: im eigentlichen Böhmen vermindert sich die Bevölkerung um 55 bis 60 Prozent, in Mähren um 33 Prozent. Selbstverständlich geht das Land sämtlicher politischen Vorrechte verlustig; der Majestätsbrief wird widerrufen, die alte Ständeverfassung im absolutistischen Sinn völlig umgestaltet. Für zwei Jahrhunderte treten die Tschechen von der europäischen Bühne ab.

Auch nach der Schlacht am Weißen Berg ist ein gesamteuropäischer Krieg immer noch nicht ganz und gar unvermeidlich, wenn Spanien sich mit aller Kraft dafür einsetzt, daß auf katholischer Seite Vernunft und Besonnenheit die Oberhand behalten. Das durch den überraschenden Verrat Sachsens geschwächte und entmutigte protestantische Europa wäre bereit, Böhmen aufzugeben, wenn ihm dafür die Pfalz wieder zurückgegeben wird. Es zeichnet sich eine Teilung ab: die Küstenländer den Protestanten, die Binnenländer den Katholiken. Läßt sich ein allgemeiner Krieg noch verhindern? Olivarez versucht es zumindest.

Ihm hat der Herzog von Lerma ein schweres Erbe hinterlassen; die Verhandlungen über eine Heirat zwischen dem englischen Thronfolger und einer spanischen Infantin ziehen sich endlos hin, die Besetzung der Pfalz schafft gefährliche Spannungen. Die englische Krone erstrebt eine Verbindung mit Spanien um 1610/12, in der Zeit des Günstlings George Villiers-Buckingham und des allmächtigen spanischen Gesandten Gondomar. Während die parlamentarische Kontrolle fast völlig ausgeschaltet wird (1614–1621), versucht man die Engländer für eine Annäherung an Spanien dadurch zu gewinnen, daß man den Vereinigten Niederlanden gegenüber die englischen Interessen auf den Weltmeeren um so energischer vertritt. Aber zu groß ist die Kluft zwischen dem König und einer *gentry*, die dem europäischen Protestantismus die Treue hält.

London kann dem König nicht verzeihen, daß er Friedrich v.*, seinen Schwiegersohn, im Stich gelassen hat. Durch die Haltung Jakobs I. in der Pfalzfrage wird der Friede verspielt, finden die Protestanten schließlich zu ihrer früheren Geschlossenheit zurück, ja, auf lange Sicht gehen dadurch vielleicht die besten Möglichkeiten der katholischen Gegenreformation verloren. Jakob erklärt sich sogar bereit, militärische Hilfe zur Teilung der (protestantischen) Vereinigten Niederlande zu leisten, wenn dafür die Pfalz von den Katholiken freigegeben wird. Am ärgsten aber ist in den Augen der Engländer, daß er 1618, um den Spaniern einen weiteren Freundschaftsbeweis zu liefern, abscheulicherweise anordnet, den großen Walter Raleigh hinrichten zu lassen, der das englische Reich in Amerika gegründet hat. (Raleigh ist 1603 zum Tode verurteilt worden und seither im Tower eingekerkert; 1617 hat man ihn sogar vorübergehend freigelassen, damit er den siegreichen Feldzug in Guayana führen kann. 1618, also 15 Jahre nach der Verurteilung, wird die Hinrichtung vollzogen.) Wie tief die Spaltung ist, wie nahe England einem Bürgerkrieg steht, wird sichtbar, als 1621 das Parlament einberufen wird. Noch weniger als 1620 ist Jakob I. 1622 in der Lage, in der Pfalzfrage einen Vergleich zu schließen.

Die Ausweitung des Krieges beginnt im Winter 1622/23. Das Ende des zwölfjährigen Waffenstillstands, der von 1609 bis 1621 einen, wenn auch gespannten, Frieden zwischen Spanien und den Generalstaaten gesichert hat, schwächt die Position der Spanier. Zwar erfolgt die Einnahme von Ormuz durch eine Flotte, die sich aus holländischen, englischen und persischen Schiffen zusammensetzt, ohne das Wissen und die Billigung Jakobs (1622), aber die englisch-holländischen Seeoperationen, die im Februar 1625 die Portugiesen daran hindern, den Ort den Persern wieder abzunehmen, sind sowohl von den Generalstaaten als auch vom englischen Hof geplant. Ende 1622 beruft Ferdinand einen Reichstag nach Regensburg ein. Am 25. Februar 1623 wird trotz des Einspruchs Sachsens, Brandenburgs und Spaniens die pfälzische Kurwürde Maximilian von Bayern auf Lebenszeit übertragen. Spanien hätte dies nur durch Gewaltandrohung verhindern können. Aber dazu ist das Land nicht mehr stark genug. Es muß sich dem Beschluß beugen.

Die Hartnäckigkeit Ferdinands und der Bayern bewirkt, daß sich Olivarez nunmehr außerstande sieht, dem protestantischen Europa ein geeintes katholisches Europa gegenüberzustellen. Der Gang der Dinge ist nicht mehr aufzuhalten. Aber durch ein merkwürdiges Zusammentreffen von Umständen wird das Unabänderliche dadurch eingeleitet, daß entgegen aller Logik mit einem Schlag die protestantische Mehrheit des Reiches außer Gefecht gesetzt wird.

Im Reich gelingt es dem Kaiser, Böhmen ganz und gar in seine Gewalt zu bekommen und zu knechten. Die Pfalz ist besetzt, die protestantische Union löst sich auf, das verbitterte, uneinige Lager der Protestanten kann sich zunächst zu keinem Gegenschlag aufraffen.

Inzwischen hat man in den Generalstaaten im Bemühen, im Atlantik durch die Gründung der Westindischen Kompanie* dasselbe zu erreichen, was die Ostindische Kompanie* im Indischen Ozean erreicht hat, und im Vertrauen auf die Stärke des protestantischen Deutschland die Sicherung der Landesgrenzen vernachlässigt. Da sich Frankreich neutral verhält, das England der Stuarts durch innenpolitische Auseinandersetzungen entscheidend geschwächt ist und das protestantische Deutschland praktisch handlungsunfähig ist, kann die in Flandern stationierte spanische Armee, gestärkt durch die günstige Wirtschaftslage im Mutterland in den Jahren 1623/24 und 1626, ungehindert zu einem entscheidenden Schlag gegen die Generalstaaten ausholen. Es entbrennt ein blutiger Krieg, der im Mai 1625 in der von Velázquez in seinem berühmten Gemälde *Die Lanzen* verewigten Übergabe von Breda gipfelt. Der Sieg wird ohne großes Aufsehen errungen; es folgt eine Zeit des Atemholens und darauf ein letzter Schlag, den Amsterdam nicht überstehen könnte, wenn nicht Piet Heyn im Oktober 1628 durch seinen Handstreich bei Mantanzas das für Spanien bestimmte amerikanische Silber für Holland erbeuten würde. Achtzig Tonnen Silber fehlen Spanien, um den Sieg erringen und ganz Deutschland durch seine Soldateska dem Katholizismus zurückerobern zu können.

Zur See dauert es sieben Jahre, bis die erste Entscheidung fällt. Die Holländer haben sich auf dem Land überrumpeln lassen; die Engländer lassen sich auf dem Meer überraschen. Jakob I. und sein Parlament verfolgen allzu unterschiedliche Ziele, die Unzufriedenheit wurzelt zu tief, nach Elisabeths Tod hat man zu gründlich demobilisiert, als daß der englischerseits schon vor Jakobs Tod durch den Thronfolger Karl und seinen Günstling George Villiers beschlossene Krieg eine ernsthafte Bedrohung darstellen könnte. Den neunzig Schiffen des Admirals Wim-

33 EINHEBUNG DER KOPFSTEUER 1709: OF-
FIZIELLE PROPAGANDA Im Spanischen Erbfolgekrieg wurden die Kriegslasten in
Frankreich so drückend, daß sich der Staat
genötigt sah, neue Steuerquellen zu erschließen. Nun wurde die 1695 beschlossene
Kopfsteuer gewissenhaft eingezogen. Dieser
Stich aus dem Jahre 1709 ist nichts als ein
offizielles Propagandablatt für die Steuer:
in Scharen eilen die braven Staatsbürger
herbei, um den freundlichen Steuereinneh-
mern ihren Obulus zu entrichten. Es ist
wohl kaum anzunehmen, daß man sich je
mit solcher Begeisterung in die Steuerbüros
gedrängt hat. Auch läßt sich schwer ermessen, wie wirksam eine solche Propaganda
war. (Paris, Nationalbibliothek, Kupferstichkabinett)

34 SAMUEL BERNARD NACH EINEM GEMÄLDE
VON VIVIEN. EIN PROTESTANTISCHER BANKIER
IM DIENST EINES KATHOLISCHEN STAATES
Daß Frankreich den Spanischen Erbfolge-
krieg zu überstehen vermochte, verdankte
es nicht zuletzt dem protestantischen Groß-
bankier Samuel Bernard, der aus ganz
Europa Gelder herbeizuschaffen verstand.
Auffallend ist, daß Bernard hier fast wie
ein Fürst dargestellt ist: die im Dienst des
Staates stehende Hochfinanz war arriviert
und maß sich bereits mit dem Zweiten Stand.
(Rouen, Musée des Beaux-Arts)

35 DER BANKIER JABACH VON RIGAUD: DAS
ALLMÄCHTIGE KAPITAL Rigaud hat nicht nur
Ludwig XIV., sondern auch den Bankier
Everard Jabach gemalt – ein weiterer Be-
weis für das Ansehen, dessen sich die Hoch-
finanz damals erfreute. (Köln, Wallraf-
Richartz-Museum)

36 RUE QUINCAMPOIX: SPEKULIEREN ODER
INVESTIEREN Dieser Stich wurde von A.
Humblot 1720 gefertigt. Er ist ein Dokument der Finanzkrise, die damals Frankreich erschütterte. Nach den mißglückten
Experimenten von Law kam es zur Katastrophe. Hier haben sich die Menschenmassen vor Laws Bank versammelt, nachdem diese im Juli 1720 ihre Zahlungen
einstellte. Aufgeregte Diskussionen drohen
in Tätlichkeiten auszuarten. Ein interessantes Detail: die Straßenbeleuchtung. An Sei-
len konnte man die Laternen zum Anzün-
den herablassen und wieder hochziehen.
Die ersten Straßenlaternen in Paris wurden
1667 angebracht (Paris, Musée Carnavalet)

37 FRÜHES PAPIERGELD: SCHULDVERSCHREI-
BUNGEN VON LAW Eine im April 1719 von
der Königlichen Bank auf Vorschlag von
Law ausgegebene Schuldverschreibung, die
an sämtlichen Staatskassen eingelöst werden konnte. Es handelt sich um die erste
Ausgabe von Papiergeld in großem Stil.
Siegel und Unterschriften sollten Fälschun-
gen erschweren; ansonsten sind diese Banknoten noch recht primitiv. (Paris, Nationalbibliothek, Kupferstichkabinett)

38 AKTIE DER COMPAGNIE DES INDES Ein
Dividendenkupon einer Aktie der Compagnie des Indes. Die Seriennummer ist
noch von Hand eingetragen, während der
übrige Text gedruckt ist. Auch dieses auf Betreiben von John Law gegründete große Unternehmen erwies sich als Schwindel und
trug dazu bei, daß der Kapitalismus in
Frankreich für lange Zeit in Verruf kam.
(Paris, Nationalbibliothek, Kupferstichkabinett)

34

35

36

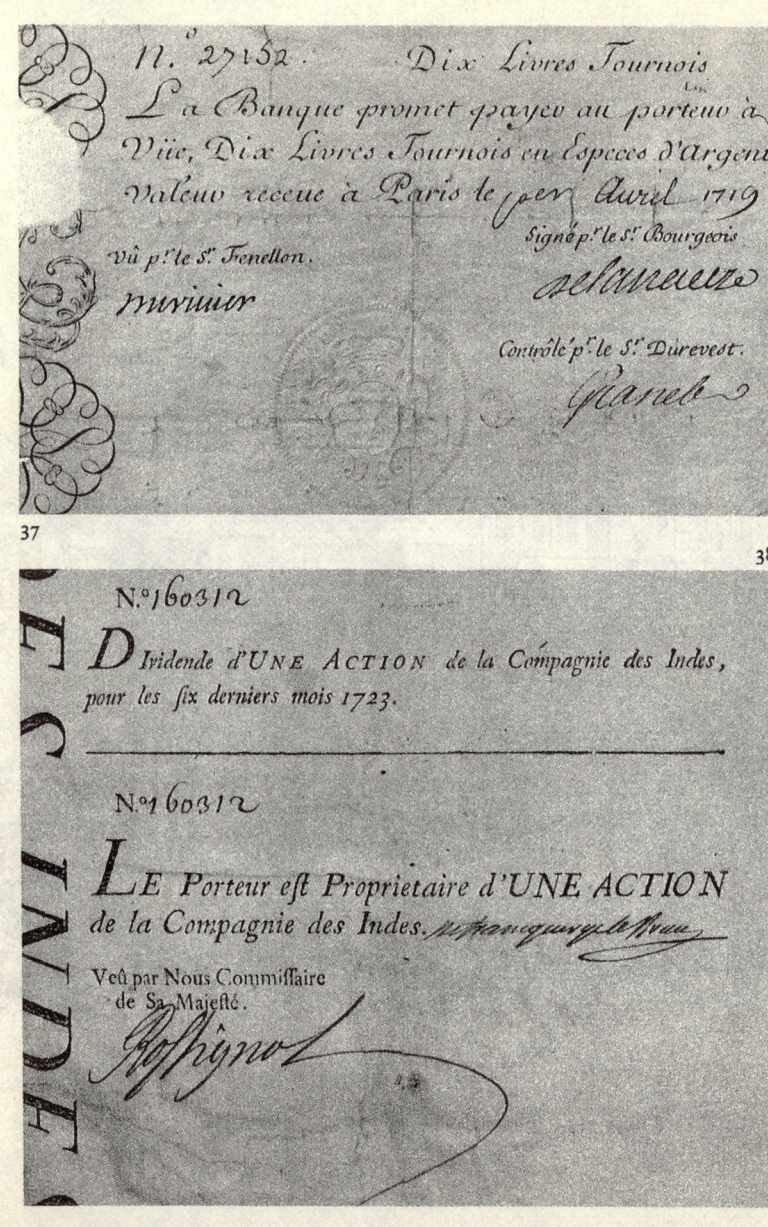

N.º 27152.   Dix Livres Tournois

La Banque promet payer au porteur à
Vûe, Dix Livres Tournois en Especes d'Argent,
Valeur receüe à Paris le 1.er Avril 1719

vû p.r le S.r Fenellon.

Signé p.r le S.r Bourgeois

Controlé p.r le S.r Durevest.

37

38

N.º 160312

Dividende d'UNE ACTION de la Compagnie des Indes,
pour les six derniers mois 1723.

N.º 160312

LE Porteur est Proprietaire d'UNE ACTION
de la Compagnie des Indes.

Veû par Nous Commissaire
de Sa Majesté.

bledon gelingt es mangels ausreichender Direktiven 1625 nicht, Lissabon wirksam zu blockieren, und die Landung von zehntausend Mann bei Puntal de Cadiz endet mit einem vollkommenen Fehlschlag. Zwar haben die Engländer und Holländer im Februar 1625 mit ihrer kombinierten Flotte im Persischen Golf Glück, aber die holländische Bahia-Expedition ist zum Scheitern verurteilt. Bis 1628 ist das spanische und portugiesische Amerika durch die Nordseemächte nicht gefährdet.

Ausgerechnet im Süden, in Italien, hat das Spanien des Grafen Olivarez die größten Schwierigkeiten. Um nicht zu erlahmen, braucht die katholische Gegenoffensive in Deutschland den Mailänder *tercio* und das spanische Silber, das durch die Genueser Banken nach dem Norden transferiert wird. Aber in Italien wird die Lage durch die Wirtschaftskrise und bald auch durch die Pest immer problematischer, und schließlich sieht sich Olivarez dort auch noch den Franzosen gegenüber.

Der Umschwung der französischen Außenpolitik erfolgt nicht erst am 29. April 1624, als Richelieu* zum zweitenmal und endgültig in den Rat eintritt. Er liegt früher, nämlich zwischen dem Oktober 1622 und dem Februar 1624; ein zweiter Anstoß kommt im August 1624. Im Oktober 1622 wird der innerfranzösische Krieg gegen die Protestanten durch den Vertrag von Montpellier beendet. Die Einäscherung protestantischer Kirchen im Jahre 1621, die Abschlachtung der Bevölkerung von Bégrepelisse durch die königliche Armee unter Condé sind französische Gegenstücke zu den Vorgängen in Böhmen. Im Staatsrat agieren Brûlart und der wortgewaltige La Vieuville. Der Aufstieg des Kardinals Richelieu wird in Madrid zunächst begrüßt. Am 9. September 1585 geboren, ist der neununddreißigjährige Richelieu zwei Jahre älter als Olivarez. Mit 22 Jahren (am 16. April 1607) zum Bischof geweiht, Vertreter des Klerus bei der Ständeversammlung des Jahres 1615, vorübergehend Mitglied der Mannschaft des *valido* Concini (vom 25. November 1616 bis zum 24. April 1617), eifriger Verfechter der Interessen der Königinmutter, was ihm am 5. September 1622 den Kardinalshut einbringt, gibt sich Richelieu in der ersten Zeit als Mann der spanisch-italienischen Partei, ein Schützling von Bérulle und der Katharina von Medici.

Der Kardinal überläßt La Vieuville die unpopuläre Rückkehr zu den protestantischen Bündnissen – ein gewagter Schritt angesichts der wachsenden Ansprüche der Gegenreformation und der Spannungen zwischen einem katholischen Nordfrankreich und einem von protestantischem Adel beherrschten Südfrankreich: Henriette wird anstelle der spanischen Infantin nach London geschickt, mit den Vereinigten Niederlanden wird der Vertrag von Compiègne geschlossen. Psychologisch vorbereitet werden die Maßnahmen durch die Pamphlete von Fancan, des Kanonikers von Saint-Germain-l'Auxerrois, des berühmtesten Pamphletisten seiner Zeit, den Richelieu für seine Zwecke einzuspannen weiß. Diese Vorstufe der Presse ist ein einfaches, aber wirkungsvolles Propagandamittel. Frankreich und Richelieu selber müssen sich zwischen zwei Möglichkeiten entscheiden: entweder folgt man dem Rat Bérulles und hilft den Spaniern, ganz Deutschland für den Katholizismus zurückzuerobern, was einen ersten Schritt zur Isolierung und vielleicht zur Vernichtung des protestantischen Europa darstellen würde; oder man hilft den Protestanten, sich gegen die Habsburger zu behaupten. Richelieu gibt vor, sich der Entscheidung für protestantische Bündnisse beugen zu müssen. Wie einst die Spanier, tritt er mit Erfolg für die Belange der Katholiken in den Niederlanden und in England ein. Für Olivarez ist der Umschwung der französischen Außenpolitik weit gefährlicher als die offene Feindschaft Englands und Hollands.

Aber solange in Frankreich eine starke protestantische Partei besteht, kann sich Richelieu nicht entscheiden. Erst 1629 wird der Punkt erreicht, an dem es kein Umkehren mehr gibt.

Zunächst geht es um das Veltlin. Das Tal des oberen Inn in Graubünden ist einerseits eine wichtige Verbindungsstrecke zwischen Mailand und Tirol und anderseits der kürzeste Landweg zwischen Frankreich und Venetien. Solange die katholischen Bewohner an der Macht sind, bildet das Veltlin eine Brücke zwischen dem Reich und den militärischen und wirtschaftlichen Nachschubbasen der Spanier in Italien. Unter der Herrschaft der protestantischen Grauen Bünde ist der Weg zwischen Frankreich und Venetien offen, das der stärkste Gegenspieler Spaniens in Italien ist.

Eine erste Partie gewinnt Olivarez knapp durch den Vertrag von Monzón im Januar 1626; er muß allerdings seine ganzen militärischen und finanziellen Kräfte zusammenraffen, um Genua, Lucca, Parma, Modena und die Toskana der durch die Franzosen im spanischen Italien geschlagenen Bresche entgegenzustellen. Mehr als hunderttausend Mann bringt Spanien auf die Beine, seine Galeeren fahren auf. Man weiß, was auf dem Spiel steht. Die Nordsüdachse muß gehalten werden, das Quecksilber von Idria, das die Silberbergwerke brauchen, muß gesichert werden. Weit mehr Schwierigkeiten hat Olivarez mit der zweiten Partie von 1628 bis 1631, bei der es um die Thronfolge in Mantua geht.

Am 3. September 1637 endlich werden die Verhältnisse durch den Vertrag von Mailand umgekehrt: das Veltlin wird den Grauen Bünden zurückgegeben, kommt also in die Hände einer Macht, die Frankreich und Venetien freundlich gesinnt ist.

1637 hat Spanien in Italien ausgespielt. Zwischen den Verträgen von Monzón und von Mailand haben sich drei Ereignisse gegen Olivarez ausgewirkt:

Mantanzas (Oktober 1628) bedeutet das Ende der iberischen Vorherrschaft in den amerikanischen Gewässern. Die amerikanische Silberproduktion sinkt ab, die Überfahrt über den Atlantik wird für die spanischen Schiffe immer riskanter.

Durch die Einnahme von La Rochelle (29. Oktober 1628), die Eroberung von Montauban (20. August 1629) und vor allem durch den klugen Gnadenfrieden von Alais (27. Juni 1629) hat der große Kardinal den Krieg gegen die Protestanten gewonnen. Nun steht er vor der Wahl: soll er dem Kaiser helfen, seinen Krieg zu beenden (das möchten Marillac und dessen Anhänger), oder soll er die Reste des protestantischen Deutschland retten und den Kaiser zum Scheitern verurteilen? Darum geht es nach außen hin bei der »Journée des Dupes«* am 10. November 1630. Von 1631 bis zu seinem Abgang im Januar 1634 findet Olivarez immer wieder seinen Weg durch das mächtige Frankreich versperrt.

Seit 1625 ruiniert sich Spanien finanziell, um dem Kaiser die Rückeroberung Deutschlands für den Katholizismus zu ermöglichen. Mindestens dreimal fallen der Kaiser und Olivarez ihren eigenen Erfolgen zum Opfer. 1624 trägt die maßlose Ausnützung des Sieges zur Wende der französischen Außenpolitik bei und hat als unmittelbares Ergebnis das Eingreifen Dänemarks zur Folge. Das lutherische Dänemark ist im deutschen Küstengebiet an Nord- und Ostsee stark engagiert. Dänemark kontrolliert nicht nur wie seit jeher den Sund, sondern auch die Elbe- und Wesermündung; zum Zollhaus Helsingör ist die Zollstation Glückstadt getreten, die den Hamburger Handel ruiniert. Doch nun geht die katholische Seite zum Angriff über. Tilly, wallonischer Heerführer der großenteils von Spanien finanzierten kaiserlichen Armee, treibt die glücklosen Anführer der Truppen des protestantischen Deutschland, Ernst von Mansfeld und den Herzog von Braunschweig, vor sich her und bedroht die Dänen.

Daraufhin stellt sich der auf den Schwedenkönig Gustav Adolf eifersüchtige Christian IV.* von Dänemark, der als Herzog von Holstein auch Oberst des niedersächsischen Kreises ist, dem Vordringen Österreichs an die Nordseeküste entgegen. Gegen ihn bieten die Spanier ihr Silber und einen großen Kriegsmann auf – Albrecht Wallenstein*. Olivarez, der über den Augenblick hinaussieht, setzt auf Wallenstein. Wenn dieser ihm die Kontrolle über die Ostsee verschafft, ist die Quelle des niederländischen Reichtums verstopft. In dem Augenblick, da durch die Überfälle von Piet Heyn (1626–1629) die spanische Vorherrschaft in den Gewässern vor Amerika bedroht ist, ist der Gedanke verführerisch, durch eine Kontinentalsperre die Kontrolle über die Nordsee an sich zu reißen. Dem Kaiser wird Wallenstein allerdings allmählich unheimlich. Die Rivalität der beiden großen Verbündeten kostet die Koalition ihren besten Heerführer. Indessen wird Christian IV. in Jütland gesperrt und muß 1629 seine Niederlage eingestehen.

Der zweite Sieg der Katholiken ist noch vollständiger als der erste. Wie dieser, hat er eine unnachgiebige Haltung zur Folge. Das Restitutionsedikt*, das auf den Buchstaben des Augsburger Friedens zurückgeht, verfügt die Rückgabe aller seit 1552 von den Protestanten eingezogenen geistlichen Güter, darunter zweier Erzbistümer, zwölf Bistümer und zahlloser Klöster aller Größen. Das geht nun doch zu weit. Sogar Wallenstein sieht das ein und empfiehlt Mäßigung, um so mehr, als Frankreich nach der Einnahme von La Rochelle die Hände nicht mehr gebunden sind. Richelieu und sein Vertreter auf dem Augsburger Reichstag, der Pater Joseph, verstehen es geschickt, sich die Uneinigkeit im Lager des katholischen Deutschland zunutze zu machen. Zuerst wollen sie erreichen, daß Wallenstein in Ungnade fällt; dann wollen sie den siegreichen Schweden unter Gustav Adolf die notwendige finanzielle Unterstützung zukommen lassen, damit es Dänemark als Vorkämpfer der protestantischen Sache ablösen kann, während Mantanzas und die Krise des spanischen Amerikahandels in den Jahren 1629 bis 1631 Spanien in eine gefährliche Lage bringen. Die allzu große Hast, mit der das Restitutionsedikt aufgestellt und durchgeführt wird, und die Unbescheidenheit der Sieger haben zur Folge, daß der große Kreuzzug zum zweitenmal um die Früchte seines prekären, weil zu spektakulären Sieges gebracht wird.

Auf den zweiten Sieg folgt der dritte Angriff: diesmal ist Schweden am Zug. Ein kraftvolles Volk, eine starke Armee, ein großartiger König, eine neue Taktik. Wirtschaftlich und religiös beweglich, diplomatisch sehr geschickt, verbünden sich die Schweden mit den Russen gegen Polen: der alte Traum von einem *mare balticum, mare nostrum* lebt wieder auf.

Eine ausgezeichnete Metallurgie (schwedisches Erz und deutsche Technik), eine sehr gute Artillerie, große Manövrierfähigkeit und die Überzeugung, für eine gute Sache zu kämpfen, machen aus der schwedischen Armee ein unvergleichliches Kriegsinstrument. Ohne eine Hand zu rühren, gewinnen die Schweden Stettin als Ausgangsbasis (1630), von wo aus sie 1631 ihren Blitzfeldzug führen. Der wieder zurückgerufene Tilly* wird am 16. September 1631 bei Breitenfeld geschlagen, nachdem die Eroberung Magdeburgs das ganze protestantische Deutschland um Gustav Adolf geschart hat. Daß die Armeen im Rheingebiet Winterquartier beziehen, beunruhigt Frankreich. Der glänzende Feldzug des Jahres 1632 endet mit dem schwedischen Sieg bei Lützen (16. September 1632) über Wallenstein, doch er kostet dem Schwedenkönig das Leben. Wenig später folgen Wallensteins Verrat und Tod; er wird am 24. Februar 1634 auf Befehl des Kaisers in Eger ermordet.

Gegen jede Hoffnung endet der dritte Angriff mit einem dritten Sieg der katholischen Seite. Dieser Sieg ist mehr noch als die vorangegangenen ein Sieg der Spanier. Ein letztes Mal tritt das spanische Silber in Aktion, das den Mailänder *tercio* unter dem Befehl des Kardinalinfanten durch das Veltlin in Marsch gesetzt hat. 1634, ein Jahr vor Frankreich, geht Spanien im Reich vom heimlichen Krieg zum offenen Krieg über. Der in die Enge getriebene Kaiser versucht auch gar nicht mehr, den Schein zu wahren. Der Feldzug, der am 6. September 1634 in der Schlacht bei Nördlingen gipfelt, fegt endgültig die protestantischen und schwedischen Kräfte aus dem Reich. Der Friede zu Prag bezeichnet den Höhepunkt der katholischen Rückeroberung. Wie sehr man sich seiner Sache sicher ist, erkennt man an der ungewohnten Zurückhaltung der katholischen Seite. Olivarez hält diesmal die Zügel fest in der Hand; der kluge *distinguo* zielt auf ein *divide ut imperes*. Während man mit den Lutheranern mild verfährt (die Durchführung des Restitutionsedikts wird für vierzig Jahre aufgeschoben), geht man gegen die Calvinisten mit aller Härte vor. Das kommt den Absichten mancher Lutheraner durchaus entgegen. Für das protestantische Lager ist dies allerdings auf die Dauer höchst gefährlich.

Ein dritter Sieg ist errungen worden, aber was hat er gekostet? Ist die Unterwerfung des riesigen, entvölkerten Deutschland (10 Millionen Menschen gegen 20 Millionen zu Beginn des Krieges; bald werden es nur mehr 7 Millionen sein) und ein von der Pest verwüstetes Italien für Spanien wirklich ein Machtzuwachs? In dieser Situation tritt Frankreich auf den Plan, das siebzehnmal mehr Menschen aufzubieten hat als Schweden.

Spät und brutal kommt die Stunde der Wahrheit. Während Spanien sich auf die gigantische *Reconquista* des protestantischen Deutschland konzentriert, schiebt Richelieu an der ungedeckten Flanke des Reiches seine Fühler vor. 1633 wird ohne großes Aufheben Lothringen konfisziert; die Bistümer, die seit 1552 unter französischem Schutz stehen, werden kurzerhand annektiert. Das Herzogtum Lothringen wird in zwei Etappen besetzt: zuerst werden als Stützpunkte Marsal, Clermonten-Argonne, Stenay und Jametz okkupiert und dann das ganze Land. In Metz wird ein Parlament geschaffen, in Nancy ein Intendant eingesetzt (1634), wodurch Lothringen allmählich, aber unwiderruflich vom Reich losgelöst wird. Im Elsaß wird das französische Vordringen ebenfalls deutlich. 1633 und 1634 rufen die protestantischen Städte Buchsweiler, Neuweiler, Ingweiler die Franzosen gegen die Kaiserlichen, Zabern und Hagenau gegen die Schweden zu Hilfe. Am 1. November 1634 gehen die von den Schweden besetzten Städte in französische Hände über, Colmar folgt einige Tage später. Zunächst handelt es sich um eine Art von Kondominium zwischen Frankreich und Bernhard von Sachsen-Weimar; nach dessen Tod (1639) bleibt den Franzosen der Alleinbesitz.

Nachdem so die direkte Verbindung zwischen der Freigrafschaft Burgund und den Niederlanden unterbrochen ist, versucht Spanien, seinerseits längs des Rheins vorzustoßen. Für die Franzosen ist dies ein Kriegsgrund: ». . . Da Sie Ihrer Exzellenz dem Erzbischof von Trier, Kurfürsten des Heiligen Römischen Reiches Deutscher Nation, der sich unter seinen [des Königs von Frankreich] Schutz gestellt hatte, nachdem er solchen Schutz vom Kaiser nicht hatte erlangen können, nicht die Freiheit zu geben beliebten . . ., erklärt Ihnen Seine Majestät, daß Sie entschlossen ist, diese Beleidigung, die alle Fürsten der Christenheit betrifft, mit den Waffen zu sühnen.«

Diese Kriegserklärung verliest Gratiollet, ein Edelmann aus der Gascogne, das Barett auf dem Haupt, einen Stab in der Hand, am 19. Mai 1635 unter den Fenstern des Kardinalinfanten in Brüssel. In zweierlei Hinsicht ist dieser Akt symbolisch: er findet in Brüssel statt, und nach elfjähriger Vorbereitung wird Spanien der Krieg erklärt. Spanien und nicht dem Kaiser. *De minimis non curat praetor.*

Der Zeitabschnitt von 1636 bis 1640 beginnt mit Überraschungen. Das Spanien des Grafen von Olivarez hat durch den Sieg in Deutschland freie Hand und läßt seine Truppen ebenso rasch wie unaufhaltsam gegen Frankreich aufmarschieren. Schon 1635 wird die militärische Überlegenheit der Spanier in Lothringen und den Niederlanden offenbar. »Obgleich Cäsar von den Franken (sic!) gesagt hat, sie verstünden sich auf zweierlei, auf die Kriegskunst und die Kunst der feinen Rede, muß ich gestehen«, schreibt Richelieu in seinem *Testament,* »daß ich nie verstehen konnte, mit welcher Begründung er ihnen die erste dieser Fähigkeiten beilegt, da sich Ausdauer in der Arbeit und Geduld im Leiden, zwei für den Krieg unerläßliche Eigenschaften, bei ihnen nur selten finden.« Das ist natürlich etwas übertrieben. Jedenfalls gelingt es im Winter 1635/36 dem riesigen Frankreich nicht, genügend Steuergelder für den Krieg aufzutreiben, während das amerikanische Silber, wenn es auch nur noch spärlich nach Spanien gelangt, sofort von der Genueser Bank übernommen wird und unverzüglich eingesetzt werden kann. Das führt zur Niederlage der Franzosen bei Corbie; nach dem Zusammenbruch der Front in der Pikardie wäre 1636 beinahe Paris in Gefahr geraten. Corbie ist nicht nur die Folge militärischer Schwäche, sondern auch das Resultat einer Fehleinschätzung der politischen Lage. 1634 und 1635 nimmt man in Frankreich als absolut sicher an, daß sich die Niederlande gegen Spanien erheben werden. Durch die Bedingungen des französisch-holländischen Vertrags vom 8. Februar 1635 verändert sich die Lage vollständig. Man wünscht alles andere als eine Verbindung, die aus dem Norden der katholischen Niederlande ein großes Generalstaaten-Gebiet machen würde. Zum *tercio* treten wallonische Freischärler. Corbie ist ein letztes Aufbäumen spani-

scher Macht sieben Jahre vor Rocroi; es handelt sich um mehr als um ein Aufein-
anderprallen zweier Armeen. 1636 siegen die Spanier, 1638 und 1639 sind dafür
die Franzosen am Zug. Wesentlich an diesem Geschehen ist die gigantische Anstrengung zweier Mächte, die ihre Kräfte messen. Jeder wartet auf einen entscheidenden
Aufstand im gegnerischen Lager, hofft darauf, daß die Untertanen des Gegners
sich weigern werden, für ihr Land zu zahlen, zu leiden und zu sterben.

Corbie hat viele Ursachen. Am bedeutendsten ist die überraschende Weigerung
der Niederlande, sich zu erheben, doch nicht weniger folgenschwer ist der Bauernaufstand, der den ganzen Südwesten Frankreichs erfaßt und bewirkt, daß an den
Fronten weder ausreichend Truppen noch Gelder zur Verfügung stehen. Noch
1637 wütet die Rebellion der »Croquants« im Südwesten des Landes und an der
Mittelmeerküste. Wir wissen heute, welches Elend im Frankreich Ludwigs XIII. die
Gemüter in Wallung brachte. Schamlos erpreßt der Adel, dessen Einkünfte durch
die vom König erhobenen Steuern geschmälert werden, einen Staat, der von der
Beamtenschaft repräsentiert wird – doch steht diese Beamtenschaft in der Regel im
Sold der Adligen. Dies erklärt die geschickt gelenkte Anarchie dieser Fronde vor
der eigentlichen Fronde, deren sich die Aristokratie als Druckmittel bedient.

Am kritischsten ist das Jahr 1639: Kaum ist der Süden befriedet, bricht im
Westen in einem von Rouen bis Poitiers reichenden Gebiet ein neuer Bauernauf-
stand auf, der Aufstand der *Va-nu-pieds* (Barfüßer). Vom Juli bis Oktober breiten
sich die Unruhen in großen Teilen der Normandie, der Bretagne, der Languedoc,
der Provence und des Poitou aus; es rebellieren Avranches, Saint-Léonard, Vains,
Caen, Rouen, Barentin, Bayeux, Coutances, Domfront, Falaise, Gavray, Lisieux,
Mortain, Poitiers, Pontorson, Saint-James, Saint-Lô, Vire, Dol, Fougères, Rennes,
Mainneville, Maintilly und Châtellerault.

Durch diesen Aufstand wird unversehens offenbar, wie es in Wirklichkeit um die
angeblich so reiche Normandie steht. Inzwischen haben sich nämlich die wirtschaftlichen Verhältnisse in den französischen Provinzen grundlegend verändert; einst
wohlhabende Provinzen sind im Abstieg begriffen, während andere aufsteigen.
Die Pest hat diese Entwicklung entscheidend angebahnt. Man kann sie als Ursache
oder als Auswirkung des wirtschaftlichen Zusammenbruchs betrachten. In den
dreißiger Jahren des 17. Jahrhunderts gibt es in der Normandie Unruheherde, den
Pestbeulen auf einem erkrankten Leib vergleichbar. Vor dem Bauernaufstand
konnte man sie noch übersehen, doch jetzt sind sie aller Welt offenbar geworden.

Der schwerwiegendste Volksaufstand, den Frankreich vor der Fronde erlebt, geht
auf drei Ursachen zurück: 1) auf das Erstarken der zentralen Staatsgewalt und
deren wachsende Ansprüche auf dem Höhepunkt des großen europäischen Krieges;

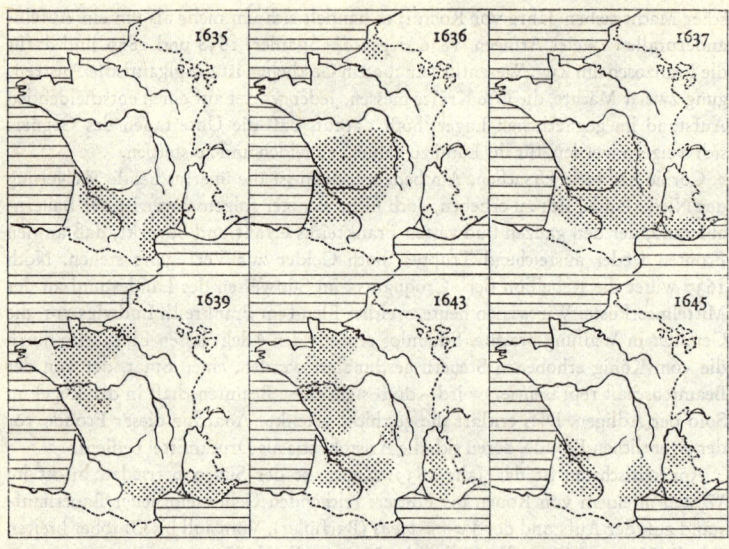

14 VOLKSAUFSTÄNDE IN FRANKREICH VOR DER FRONDE (nach B. Porchnev: *Les Soulèvements populaires en France de 1623 à 1648*). In keinem der fünfundzwanzig Jahre, die der Fronde vorausgingen, herrschte in Frankreich wirklich Ruhe. 1623 kam es in acht Städten zu Aufständen, 1624 erhoben sich sechs Städte und die Bauern im Quercy, 1625, 1626 und 1627 gab es in je drei Städten Unruhen, 1628 in sechs, 1629 in vier, 1630 in zehn, ebenso 1631. 1632 rebellierten nur drei Städte, aber dafür kam es südlich der Loire zu drei Bauernaufständen; 1633 hatte man drei und 1634 zwei Erhebungen zu verzeichnen. Die durch den Krieg und den Ausbau des zentralistischen Staates verstärkte Steuerlast verschärfte die Spannungen. Unsere sechs Karten zeigen die Erhebungen der kritischsten Jahre. 1635 rebellierte der Süden, ein Jahr später wurden auch Aquitanien, das Zentralmassiv und ein Teil der Picardie erfaßt, und auch 1637 kam der Süden nicht zur Ruhe. 1639 waren neben der Mittelmeerküste die Normandie und die angrenzenden Gebiete an der Reihe, und auch 1643 und 1645 kam es wieder zu verbreiteten Aufständen.

Diese Gebiete waren im 16. Jahrhundert das reiche Frankreich gewesen, verarmten aber zusehends. Im Norden und Osten hingegen, in den aufstrebenden Provinzen, die sich wirtschaftlich in einer günstigeren Lage befanden, blieb es im ganzen 17. Jahrhundert weitgehend ruhig.

2) auf eine weltweite Verschlechterung der Wirtschaftslage und 3) auf tiefgreifende Umwälzungen in Frankreich, die das bis dahin bestehende innere Gleichgewicht in sozialer und ökonomischer Hinsicht zerstören. Das Frankreich der Barfüßeraufstände ist das reiche Frankreich des 16. Jahrhunderts, das im 17. Jahrhundert seinen wirtschaftlichen Abstieg beginnt, ein Frankreich, das westlich und südlich einer von Abbeville nach Marseille reichenden Linie protestantisch ist. Der Landadel ist verbittert, weil der Fiskus durch die Steuerbelastung der Landbevölkerung seine Einkünfte schmälert. Zu Beginn des Aufstandes streben die aufsässigen Gebiete danach, sich dem Zugriff der Zentralgewalt zu entziehen. Der Aufstand bricht zusammen, als mit Ausnahme der aus dem Adel rekrutierten Offizierskader der Rebellenarmee, der »Armee des Leidens«, die Notabeln sich der Gefahr bewußt werden. Handelt es sich um einen Klassenkampf? Zu Beginn gewiß nicht, wohl aber vielleicht gegen Ende. Gassion, der glänzende Schüler Gustav Adolfs und wie dieser Protestant, zerschlägt an der Spitze der Armee des Artois die »Armee des Leidens«, während es dem Kanzler Séguier in Rouen gelingt, im Winter 1639/40 sich der Treue des Amtsadels zu versichern.

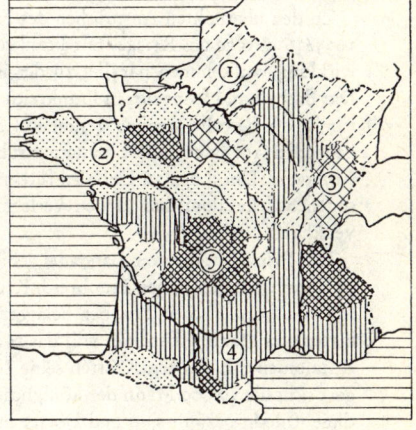

15 DIE GEOGRAPHISCHE VERTEILUNG DER REICHEN UND ARMEN REGIONEN FRANKREICHS IM JAHRE 1745 (nach F. de Dainville in *Population* Nr. 1, 1952).
1. Wohlhabend – 2. Ausreichend – 3. Gemischt – 4. Arm – 5. Bittere Not
Nachdem 1664 die Einrichtung der Steuerbezirke abgeschlossen war, wurden in regelmäßigen Abständen Erhebungen angestellt, die Aufschluß über die wirtschaftliche Lage der einzelnen Gebiete gaben. Die Ergebnisse des Jahres 1745 (die Erhebung wurde auf Veranlassung des Generalkontrolleurs Orry vorgenommen) sind auf dieser Karte von F. de Dainville graphisch dargestellt. Im Gegensatz zum 16. Jahrhundert waren nun der Norden und Osten Frankreichs reich, der Süden und Westen arm.

Dies sind die Gründe, warum sich der Aufstand der Barfüßer von ähnlichen Aufständen in Katalonien und Portugal grundlegend unterscheidet, obwohl sie alle Folgen einer ähnlichen Verschlechterung der wirtschaftlichen Lage sind. Unter Olivarez beginnt das spanische Reich infolge des tragischen Auseinanderklaffens von Bedürfnissen und Möglichkeiten auseinanderzubrechen, das durch einen Bevölkerungsschwund und eine schwierige Wirtschaftslage bedingt ist. In der Normandie steht man zwar vor ähnlichen Schwierigkeiten, doch geht das Übel noch nicht so tief. Die französischen Siege von 1648 und 1659 beruhen auf diesem graduellen Unterschied. 1639 ist die Normandie das Katalonien Frankreichs, ein Katalonien allerdings, das nicht das ganze Land in eine Katastrophe hineinziehen kann, weil das, was als ein ungemein gefährlicher Aufstand einer ganzen Landschaft begonnen hat, als eine Rebellion der untersten Gesellschaftsschicht endet, als ein Protest der Armen ohne Ziel, Ordnung und Hoffnung.

Der Aufstand in Katalonien ist einer von vielen Volksaufständen, die in zahlreichen Teilen Europas infolge der Verschlechterung der Wirtschaftslage ausbrechen. Er ist zehnmal ernster als die Rebellion in der Normandie. Zwar lehnt man sich auch hier gegen die zunehmende Verarmung auf, aber die Umstände sind anders. In West- und Südfrankreich geht es darum, daß einst reiche Provinzen des Landes ruiniert werden. Katalonien hingegen, wo sich die Landbevölkerung einen wenn bescheidenen, so doch stabilen Wohlstand erarbeitet hat, lehnt sich gegen die Ausplünderung durch den kaiserlichen Fiskus auf.

Zu den überhöhten Ansprüchen des Fiskus kommt es in Spanien in den Jahren 1635/36 infolge des Krieges mit Frankreich. Auf den ersten Blick scheint die Entwicklung vollkommen parallel zu der im nördlichen Nachbarland zu verlaufen. Das flache Land lehnt sich in Frankreich auf, zwar rascher als in Spanien, aber dafür ist die Revolte weniger gefährlich. In Katalonien gibt es schon seit dem ausgehenden 16. Jahrhundert Bauernunruhen und eine »Armee des Leidens«, die *bandolers*. Um ihnen zu Leibe zu rücken, werden ab 1626 erste kastilische Garnisonen auf katalonischen Boden verlegt. Dadurch werden die Spannungen noch verschärft.

Das Prinzipat, die vom Landadel gebildete traditionelle Regierung der Provinz, ist durchaus bereit, gegen Frankreich Krieg zu führen. Als 1639 Salces im Roussillon von französischen Truppen belagert wird, stellt die Provinzregierung 25 000 bis 30 000 Mann. Allerdings will das trotz der kastilischen Übergriffe noch loyale Katalonien mit eigenen Kräften seine Nordgrenze verteidigen; die Provinz weigert sich, die 10 000 Mann der königlichen Armee in ihren Grenzen zu dulden, da diese schlecht bezahlt sind und Dörfer und Einzelgehöfte überfallen und ausplündern. Die Aristokratie (Adel und Großbürgertum) hat das Spiel des Grafen von Olivarez durchschaut: unter dem Vorwand, Katalonien zu verteidigen, will der Graf im Rücken der katalonischen Truppen, die die Grenze sichern, das Land unter seine Kontrolle bekommen, um höhere Kontributionen für das Gesamtreich erpressen zu können. Katalonien glaubt, für seine Loyalität schlecht belohnt zu werden, leidet unter einem Einkreisungskomplex. Wegen der Einquartierung der kastilischen Okkupationstruppen in einem Land, dessen eigene Armee an der Grenze steht, kommt es zwischen dem übereifrigen Vizekönig und dem katalonischen Prinzipat zu einer Reihe von Zusammenstößen. Diebstähle, Plünderungen, Vergewaltigungen sind an der Tagesordnung. Die Nationalhymne der *Segadors* (Schnitter) hat noch die Erinnerung an diese Zeit bewahrt. Drei Vertreter des Steuerbezirks werden eingekerkert; am 22. Mai wird ein erster Versuch unternommen, sie zu befreien. Der Anstoß kommt von der Landbevölkerung. Am 6. Juni 1640, am Fronleichnamstag, schließt sich die Stadt den Bauern an:

> Visca la terra
> Muira lo mal govern
> Muiran los traydors.

Die kastilische Verwaltung wird hinweggefegt, der Vizekönig getötet, während die *Audiencia* flieht. Das Prinzipat ist zwar überrascht und beunruhigt über diese Machtdemonstration, die nicht unter ihrer Kontrolle steht, benützt aber die dadurch geschaffene Lage, um aus einer Position der Stärke heraus mit Madrid zu verhandeln. Wenn die aufständischen Bauern in Frankreich, wie es manchmal der Fall ist, die Vertreter des Königs hinwegfegen, entsteht ein Vakuum. Wenn die *Segadors* zusammen mit dem Volk aus den Vorstädten von Barcelona den Vizekönig umbringen, tritt wieder die alte Regierung mit Legislative (dem Hunderterrat) und Exekutive in ihre Rechte ein.

Nach Madrid gelangt die Nachricht von den Geschehnissen am 12. Juni. Zwei Wege stehen offen: man kann dem Prinzipat das Feld überlassen in der Hoffnung, daß der katalanische Adel den Krieg gegen Frankreich fortsetzen und die Kontrolle über die Provinz zurückgewinnen wird; oder man behandelt die Provinz kurzerhand als feindliches Gebiet, was allerdings die Gefahr in sich birgt, daß Katalonien zu den Franzosen übergeht. Der katalanische Klerus steht fast geschlossen im Lager der unnachgiebigen Separatisten; die französische Armee ist an der Grenze aufmarschiert. Einen Augenblick lang sieht es so aus, als ob Olivarez sich für Mäßigung und Verhandlungen entscheiden würde, doch dann wählt er überraschend die Gewalt, also den Krieg. Er glaubt, daß ihm ein Nachgeben letzten Endes eine Niederlage einbringen muß. Zwar ist es äußerst riskant, dem katalanischen Prinzipat den Garaus machen zu wollen, aber zumindest gewinnt er durch sein Vorgehen etwas Zeit.

Am 7. Dezember 1640 erobern die kastilischen Truppen Tortosa im Handstreich. Damit ist die erste Etappe der Operation gelungen. Aber am 26. Januar 1641 erleiden sie vor Barcelona durch die katalanische Armee und französische Verstärkungen eine vernichtende Niederlage.

Vierzehn Jahre lang (von 1640 bis 1654) zieht sich der Krieg hin. Er endet damit, daß das völlig ausgeblutete Katalonien ins spanische Reich zurückkehrt, nachdem ihm seine Privilegien garantiert werden. Bei Barcelona hat Olivarez alles auf eine Karte gesetzt – und verloren. Mit dem Volksaufstand, der am Fronleichnamstag des Jahres 1640 ausbricht, hat ein großes Reich sein Ende gefunden.

Zwischen der Einnahme von Tortosa und der Niederlage bei Barcelona tritt ein für Spanien folgenschweres Ereignis ein. Am 7. Dezember weiß man noch nicht, was am 26. Januar nur allzu offenbar ist: Portugal hat sich gegen Spanien erhoben.

Der Aufstand in Barcelona erfolgt völlig spontan. Der Aufstand in Portugal hingegen ist das Ergebnis eines seit langem wohldurchdachten, sorgfältig vorbereiteten Komplotts, das am 1. Dezember 1640 zur Rebellion führt.

Bis zum Jahre 1600 hatte man in Portugal gegen die seit 1580 bestehende Personalunion mit Spanien nichts einzuwenden. Auch noch von 1600 bis 1620 bringt diese Verbindung mehr Vorteile als Nachteile; was Portugal im Osten verliert, wird durch die Erfolge im Atlantik und durch die Gebietsgewinne in Brasilien mehr als wettgemacht. Allerdings ist der Landadel verärgert, weil die Steuern des Reiches auf seine Einkünfte drücken, und das Bürgertum von Lissabon bekommt den Rückgang der Silberlieferungen aus Amerika zu spüren. Diesen Schichten gelingt es, die Unzufriedenheit des Volkes gegen Spanien zu lenken. Das diffuse Unbehagen nimmt die Form religiösen Schwärmertums an, des Sebastianismus*. Diese portugiesische Spielart eines Messianismus, der mit dem Wiedertäufertum in Verbindung steht, geht mindestens in die Zeit von 1530 zurück und hat durch Dom Sebastian (1554–1578) und die in seiner Nachfolge auftretenden Pseudosebastiane neuen Auftrieb erhalten. Nach 1620 entwickelt sich die Bewegung zu einem gezielten Protest gegen Spanien.

Wie in Katalonien und Frankreich geraten die Dinge in Bewegung, als man vom heimlichen zum offenen Krieg übergeht. 1637 wird in Evora das Haus eines übereifrigen Steuereinnehmers niedergebrannt. Rasch breiten sich die Unruhen über zwei Provinzen aus, Alentejo und Algarve. Ein geheimes Führungskomitee (zweifellos einige Geistliche) verfaßt Proklamationen im Namen eines in Evora allbekannten Schwachsinnigen. Spanische Truppen greifen ein, unterdrücken grausam den Aufstand und richten bis zu der am 20. Januar 1638 erlassenen Begnadigung zahlreiche Verdächtige hin.

Herzog Johann von Bragança, größter Grundbesitzer und erster Lehnsmann des Königreiches, der 80 000 Vasallen aufbieten kann, wird vom portugiesischen Adel und den Franzosen (durch die Gesandtschaft Saint-Pé) bestürmt, etwas zu unternehmen. Zunächst schraubt er in Madrid seine Forderungen höher. 1639 benutzt Olivarez die geplante Rückeroberung des von den Holländern besetzten Teiles Brasiliens dazu, von den Portugiesen gewaltige militärische Anstrengungen zu verlangen. Dafür verspricht er ihnen Reformen, doch diese Versprechungen sind von recht zweifelhaftem Wert. Man verdächtigt den Herzog, den portugiesischen Staat zerschlagen zu wollen. Gleichzeitig setzt Olivarez alles auf eine Karte: in dem Augenblick, da durch das gemeinsame Vorgehen in Brasilien die Loyalität Portugals gesichert zu sein scheint, überträgt er dem Herzog von Bragança den Oberbefehl über sämtliche portugiesische Truppen. Das ist gewagt. Dadurch soll Bragança, den viele Portugiesen bereits als ihren Herrscher ansehen, vor aller Welt als spanischer Vasall hingestellt werden. In dieser gespannten Lage kommt es im Juni 1640 zum Aufstand in Katalonien. Die Spanier stellen an die Portugiesen neue fiskalische und militärische Anforderungen, um die Katalanen niederringen zu können. Die Herzogin von Bragança, eine geborene Guzmán und Kusine von Olivarez, ermutigt den noch zögernden Herzog zur Tat. Am Morgen des 1. Dezember 1640 wird gleichsam ein wohlgeöltes Uhrwerk in Gang gesetzt. Von Lissabon aus breitet sich der Aufstand im ganzen Land aus. Nur vier Festungen leisten Widerstand. Am 15. Dezember wird der Herzog von Bragança als Johann IV. zum König von Portugal gekrönt.

Im Gegensatz zu den Vorgängen im uneinigen Katalonien vollzieht sich die Trennung Portugals von Spanien in aller Ordnung und fast ohne Gewaltanwendung, weil der portugiesische Staat gefestigter und realer ist als das schon weitgehend entmachtete katalanische Prinzipat. Durch Verordnung vom 10. Januar 1641 wird die Kontinuität dadurch gewahrt, daß »alle Beschlüsse und Gunstbezeugungen aus der Zeit der Philippe« en bloc anerkannt werden. Diese der Situation in Katalonien diametral entgegengesetzte Lage bezeugt einerseits die Geschlossenheit im portugiesischen Lager und anderseits die Tatsache, daß die spanische »Unterdrückung« in Portugal im großen und ganzen durchaus erträglich war. Es dauert mehrere Monate, bis eine Gegenreaktion eintritt: es bildet sich eine kleine Gruppe von Spanienfreunden (einige wenige Adlige, der Erzbischof von Braga und der Großinquisitor; die Jesuiten jedoch erweisen sich als portugiesische Patrioten). 1641 werden einige dieser Männer hingerichtet, ein paar andere eingekerkert.

An der Grenze zwischen Portugal und Kastilien beginnt ein endloser Krieg, besser gesagt, eine Reihe von wenig blutigen Scharmützeln und Gefechten, die auf beiden Seiten ohne großen Eifer geführt werden.

Für Portugal geht es eigentlich nicht mehr darum, eine Rückeroberung durch die Spanier zu verhindern (dazu ist Spanien im Augenblick nicht fähig), sondern man will Brasilien und den Atlantik vor dem Zugriff der Niederländer retten.

Die Generalstaaten will das von Spanien getrennte Portugal durch Entgegenkommen für sich gewinnen. Am 21. Januar 1641 werden die portugiesischen Häfen offiziell wieder für den holländischen Handel geöffnet; offiziös war allerdings der Handel sowieso nie ganz unterbunden worden. Am 27. Februar kommt aus den Generalstaaten eine freundliche, wenn auch zweideutige Antwort: man wolle von nun an den Krieg gegen die portugiesischen Untertanen und Schiffe einstellen. Aber durch einen geschickten Schachzug wird die Westindische Kompanie vom Waffenstillstand ausgeschlossen; diese betrachtet die portugiesischen Besitzungen in Amerika weiterhin als spanische Kolonien, während Moritz von Nassau in Recife in aller Eile seinen Vorteil wahrzunehmen versucht. Portugal gibt sich damit nicht zufrieden. Durch vorsichtige Verhandlungen erreicht es, daß am 17. Mai ein allgemeiner Waffenstillstand beschlossen und am 12. Juni 1641 Frieden geschlossen wird. In Brasilien und Afrika soll der *Status quo* gewahrt bleiben.

Dies ist ein gewaltiger Sieg für Portugal, das zumindest scheinbar dem tragischen Schicksal Spaniens entronnen ist. Zehn Jahre später bricht unter dem Druck der portugiesischen Kolonisten das vergängliche Reich der *Heeren XIX* zusammen.

3

DIE FRANZÖSISCHE VORHERRSCHAFT

Im Jahre 1641 bricht das spanische Reich zusammen. An seine Stelle treten die Staaten, die noch nach ihrem Gleichgewicht suchen, vor allem Frankreich. Verallgemeinernd kann man sagen, daß die iberische Vormachtstellung durch die Vorherrschaft Frankreichs zu Land und Englands zur See abgelöst wird. Zu Land tritt Frankreich bald nach dem Tod Richelieus (7. Dezember 1642) die Nachfolge Spaniens an. Militärisch bestätigt wird diese Tatsache durch den Sieg bei Rocroi (19. Mai 1643), diplomatisch durch den Westfälischen Frieden (24. Oktober 1648) und den Pyrenäenfrieden (7. November 1659). Diesen Sieg hat Frankreich weniger auf dem Schlachtfeld oder am Konferenztisch als durch einen nicht mehr zu kontrollierenden Preisanstieg in Spanien errungen. Er nimmt 1639 katastrophale Formen an, und ein Jahr später zerbricht Spanien daran. Langsam verlagert sich der Schwerpunkt Europas vom Süden nach dem Norden. Das kontinentale Frankreich tritt das kontinentale Erbe des kontinentalen Kastilien an.

Die spanische Seeherrschaft hingegen wird von den nördlichen Nachbarn Frankreichs übernommen. Fünfzig Jahre früher hat auch Frankreich zur See eine nicht unwichtige Rolle gespielt, aber inzwischen ist der wichtigste Atlantikhafen, La Rochelle, durch die Belagerung und Zerstörung in den Religionskriegen weitgehend ausgeschaltet worden. Das spanische Erbe zur See fällt zuerst den Niederlanden und dann England zu. Daß das kleine Holland für kurze Zeit zur beherrschenden Seemacht werden kann, hängt damit zusammen, daß die Engländer lange Jahre mit ihren inneren Schwierigkeiten zu sehr beschäftigt sind, um nach außen hin sehr aktiv werden zu können. Die außenpolitische Bedeutungslosigkeit Englands nach dem brillanten, aber nur oberflächlichen Start in der elisabethanischen Zeit ist einer der wesentlichsten Faktoren der politischen Geschichte des 17. Jahrhunderts.

Vom ausgehenden 16. bis in die zwanziger Jahre des 17. Jahrhunderts hinein dauert in Westeuropa eine lange Zeit der Entspannung und der Konzessionen, die der Entwicklung von Wirtschaft und Handel entspricht. Vervins (1598) beendet den französisch-spanischen Konflikt, Madrid (1604) macht dem mehr als dreißig Jahre währenden englisch-spanischen Konflikt ein Ende, 1606 treffen die österreichischen Habsburger mit den Türken eine Übereinkunft, die sich als recht dauerhaft erweisen sollte, 1609 kommt es in den Niederlanden zum allerdings stets problematischen Waffenstillstand zwischen den Spaniern und dem aufsässigen Norden. In diesen Jahren gibt es eine ganze Reihe von Spannungen und Zwischenfällen, die in anderen Zeiten unweigerlich zum Krieg geführt hätten, aber die vorangegangenen endlosen Auseinandersetzungen und die sich verschlechternde Wirtschaftslage haben alle Parteien so geschwächt, daß kriegerische Anwandlungen nicht zum Ausbruch kommen. Innenpolitisch sieht es ähnlich aus. Gewiß wächst in England unter der Regierung des ersten Stuart die Unzufriedenheit, über den Generalstaaten ziehen sich die düsteren Gewitterwolken von Dordrecht zusammen, in Frankreich prallen immer wieder die geschwächte königliche Macht, der Landadel und die Protestanten aufeinander, aber doch unterscheiden sich diese dreißig Jahre grundlegend von den dreißig Jahren, die folgen sollten... Wirtschaftlich sieht es zwischen 1590 und 1620 nicht sonderlich gut aus: der im Rückgang begriffene frühere Wohlstand ist noch in Frankreich nördlich der Loire, in England, in den Vereinigten Niederlanden, in Deutschland, Skandinavien und den spanischen Randgebieten anzutreffen, aber in Italien und Kastilien geht es deutlich bergab.

Zu Beginn der zwanziger Jahre kann man sich in Spanien und – mit Ausnahme Italiens – auch fast im ganzen übrigen Europa für kurze Zeit noch einmal der Illusion hingeben, daß eine Wende zum Besseren eintritt. Aber auf den kurzen Aufstieg folgt ein katastrophaler Absturz, der in Spanien sehr steil und rasch, weiter nördlich langsamer, aber dafür anhaltender und tiefgreifender vor sich geht. Dieser Abstieg ist die tiefste Ursache des endgültigen Auseinanderbrechens des spanischen Reiches und erklärt, warum sich der Schwerpunkt Europas nach dem Norden hin verlagert. Spanien wird zuerst von den Katastrophen heimgesucht; es folgen Italien, Deutschland und Frankreich. Verschont bleiben zunächst England und die Generalstaaten. Während dieser fast ganz Europa erschütternden Krise erlebt Holland sein kurzes goldenes Zeitalter.

Die Vereinigten Niederlande, die nach ihrer mächtigsten Provinz bald auch Holland genannt werden, kommen deshalb zum Zuge, weil zu dieser Zeit England auf der gesamteuropäischen Bühne kaum mehr in Erscheinung tritt. Sobald jedoch Cromwell und nach ihm Karl II. die Geschicke des Landes in die Hände nehmen, weht über Amsterdam und Westindien der Eiswind des ersten (1652–54) und zweiten (1664–67) englisch-holländischen Seekriegs.

Um die Geschehnisse dieser Zeit verstehen zu können, muß man zunächst die Entwicklung in England kennen. Von 1603 bis 1689 interessiert sich England – von etwa fünf Jahren abgesehen – überhaupt nicht für den Kontinent. Was sind die Ursachen hierfür? Zunächst ist England mit seinem nördlichen Nachbarn Schottland beschäftigt. 1603 wird dieses Land dynastisch, 1707 auch politisch mit England vereinigt; dazu kommt noch der von England kontrollierte Teil Irlands. Damit finden die jahrhundertelangen Auseinandersetzungen auf der Insel ein Ende; Großbritannien und Irland sind zu einer politischen Einheit zusammengewachsen.

Diese Zeit, in der England außenpolitisch nur wenig in Erscheinung tritt, ist für das Land ungemein fruchtbar. Zwar bleiben auch ihm, wie wir noch sehen werden, die gesamteuropäischen Wirtschaftsschwierigkeiten des 17. Jahrhunderts nicht erspart, die als Ursache der ersten Revolution bezeichnet werden können. Aber England und vielleicht auch Schottland (nicht allerdings Irland) überstehen diese schwierige Zeit weit besser als jedes Land auf dem Kontinent, besser sogar als Holland. Das beweist schon das Wachstum der Bevölkerung: Um 1600 zählt sie 4 bis 4,5 Millionen, um 1750 6,5 Millionen Seelen. Zum Teil geht dieses Wachstum auf die Befriedung Irlands und den Anschluß Schottlands zurück. Immerhin macht es in anderthalb Jahrhunderten anderthalb Millionen Menschen aus, wobei noch die wachsende Auswanderung nach Amerika zu berücksichtigen ist, die mindestens ein Viertel des Bevölkerungszuwachses beträgt. Eine solche Entwicklung gibt es zu dieser Zeit in keinem anderen europäischen Land.

Das Gepräge des 17. Jahrhunderts in England wird durch die Regierung Jakobs I.* bestimmt. Im Inneren unternimmt das Haus Stuart in der Nachfolge des Hauses Tudor gewaltige Anstrengungen, um den Staat zu modernisieren und der Zentralgewalt ebensolche Vollmachten zu verschaffen, wie sie im Frankreich Heinrichs IV. gegeben sind. Eine neue Gesellschaftsschicht, das Londoner Großbürgertum und der englische und schottische Hochadel, deren Interessen mit denen des Staates unweigerlich engstens verquickt sind, drängt sich in den Vordergrund und baut die Privilegien des niederen Landadels ab:

»Im Norden von Wales«, schreibt Hugh Trevor Roper, »mußten alle Angehörigen der *gentry* ihren Bankrott erklären. In Staffordshire ging das Gerücht um, daß zwischen 1600 und 1660 die Hälfte der Ländereien verkauft worden seien. Mit den Ländereien des verarmten niederen Adels des Nordens statteten die Gräfin von Shrewsbury und Lord William Howard die Adelshäuser aus, die sie gegründet hatten ... Der Niedergang war nicht auf bestimmte Gegenden begrenzt, sondern in ganz England allgemein. Wer waren diese Fremden, die den Besitz der verarmten *gentry* aufkauften? Der Graf von Cork, die Gräfin von Shrewsbury, ihr Sohn, der Graf von Devonshire, Lord William Howard, Offiziere und hohe Beamte des Hofes; der Schreiber Soame, der Schöffe Craven, der Schöffe Cokrane, Sir Thomas Middleton, Sir Arthur Ingram, Sir Baptist Hicks, reiche Kaufleute und

Geldgeber der Regierung aus der Stadt London. Es ist eine Oligarchie von haupt-
städtischen Plutokraten, Londoner Schöffen, Höflingen aus Whitehall, wahrer
Blutegel des einfachen Adels und der kleinen Dörfer in den ruinierten Provinzen ...«

Der latente Konflikt, der vor den offenen Zusammenstößen mit dem Parlament
besteht, ist größtenteils die Folge dieser Zustände. Das Parlament ist im 17. Jahrhundert entsprechend seiner traditionellen Zusammensetzung das Sprachrohr der
gentry, deren Position durch das Großbürgertum und den zentralistischen Hofadel
allmählich untergraben wird. Die Regierung Jakobs I. ist zunächst nichts als eine
Fortsetzung der Regierung Elisabeths, wenn dies auch nach außen hin nicht allzu
deutlich ist. Cecil (Salisbury), Elisabeths alter Ratgeber, behält seine Position von
1603 bis 1612 bei. Ein wichtiges Ereignis fällt in das Jahr 1610: nach langen Verhandlungen kommen Hof und Parlament überein, daß gegen eine Steuer von
200 000 Pfund Sterling, mit der der Außenhandel belegt wird, die Feudalrechte
des Königs abgelöst werden. Dies ist deshalb bedeutsam, weil dadurch ein Überbleibsel aus dem Mittelalter in diesem modernen Staat verschwindet.

Von 1614 bis 1621 steigt George Villiers auf, der spätere Herzog von Buckingham.

Im Inneren Englands verläuft die Entwicklung also ziemlich kontinuierlich,
auch in religiöser Hinsicht. Trotz ihrer Bündnisse mit protestantischen Mächten
und ihrer vorsichtigen Erklärungen war Elisabeth stets darauf bedacht gewesen,
die englische Reformation auf einem Mittelweg zu steuern, durch die Beibehaltung
der kirchlichen Hierarchie und des Episkopalismus den Zusammenhang mit der
Vergangenheit zu wahren, ohne auf die wesentlichen Neuerungen der Reformzeit
zu verzichten. Trotz ihrer Neigung zum Episkopalismus konnte die Tochter von
Anna Boleyn nicht des Papismus bezichtigt werden. Der Sohn von Maria Stuart
hat es in dieser Hinsicht schwerer. Die Stuarts können sich niemals von der doppelten »Erbsünde« ihrer Geburt freimachen. Der Verfasser des *Basilicon Doron* und
einer Schrift über Dämonologie, Schüler von George Buchanan, dieser gelehrte
Laientheologe, ein Duplessis-Mornay der *via media*, der den Leitspruch *No bishop,
no King* verkündet, steht auf seine Art der Gegenreformation ebenso fern wie die
Puritaner. Die Lage der Anglikanischen Kirche ist schwierig, weil im 17. Jahrhundert in England wie allenthalben die religiösen Leidenschaften hochgehen.

In England bringt dieses unruhige Jahrhundert allerdings verhältnismäßig
wenig Blutvergießen mit sich. Unter Jakob I. sind die Gegensätze zwischen der
Church of England und den Puritanern disziplinarischer, nicht doktrinärer Natur.
Übrigens sind es nicht die Puritaner, sondern die Vertreter der Hochkirche, die sich

auf den von Calvin festgelegten orthodoxen Kurs begeben. Die religiösen Werke, die in dieser Zeit entstehen, sind sehr bedeutsam: das *Prayer Book* und die *King-James-Version* der Bibel sind würdige Zeitgenossen von Shakespeares *Othello* (1603), *König Lear* (1605) und *Macbeth* (1606).

Wenn es auch »lediglich« um disziplinarische und dann auch um ethische Fragen geht, sind die Gegensätze doch nicht weniger ernst. Den Puritanern* werden die erbetenen kirchlichen Freiheiten verweigert, aber ihre Forderungen werden später dennoch durchgesetzt. Der Verzicht auf das Kreuzeszeichen beim Taufritus, auf den Ring bei der kirchlichen Trauung, wahlweiser Verzicht auf das Chorhemd, das noch nicht zur »Livree der Dummheit« geworden ist – das sind die wesentlichen Forderungen, die die Orthodoxie der durch Gesetz geschaffenen englischen Hochkirche* nicht gefährden. Allerdings sind es unangenehme Nadelstiche, bis mit dem *Book of Sports* (1624) der Streit von der rituellen auf die ethische Ebene verlegt wird. Das *Book of Sports* ist eine ungeschickte Erwiderung auf das *Book on the Sabbath* von Bound. Erbost über die gegenreformatorischen Ausdrucksformen, die eigentlich lediglich an die mediterrane christliche Frömmigkeit anknüpfen, entdecken die Puritaner zu Beginn des 17. Jahrhunderts wieder den Ritualismus der Pharisäer, wie er zu Lebzeiten von Jesus gebräuchlich war. Die merkwürdigste Übernahme ist das alte mosaische Ruhegebot für den siebten Tag der Woche, die Ersetzung der körperlichen Askese des Mittelalters durch die moralische Askese der Langeweile. Die Lehre von den unschuldigen Vergnügungen war ein psychologischer Fehler. Nunmehr beginnt die große puritanische Askese. Ihr nachhaltigster Sieg ist der trost- und freudlose Sonntag, wie er noch im zwanzigsten Jahrhundert vielerorts anzutreffen ist. Die Pilgerväter* und Koloniengründer, die in den zwanziger Jahren des 17. Jahrhunderts nach Amerika kommen, werden weniger durch die reichlich laxen Verfolgungsmaßnahmen der englischen Hochkirche als durch die Wirtschaftskrise aus ihrer Heimat vertrieben.

Hingegen bricht Jakob I. mit der elisabethanischen Politik auf außenpolitischer Ebene: er widerruft die Solidarität mit dem protestantischen Europa. Es ist üblich, Jakob I. wenn nicht den Frieden mit Spanien, so doch die überstürzt geführten Verhandlungen vorzuwerfen, die allerdings in Wirklichkeit die Sache von Cecil (Salisbury) waren. Dieser Frieden, der den Katholiken etliche Zugeständnisse einbringt, erregt die Gemüter. Schaden erleiden jedoch die Katholiken selber, die in England wie in den spanischen Niederlanden die Lage völlig falsch einschätzen. Ihre Unvorsichtigkeiten im Jahre 1604 führen ein Jahr später zu Gegenmaßnahmen und diese wiederum zu einem tollkühnen Terrorakt, zur Pulververschwörung* des Jahres 1605, mit der eine katholische Terroristengruppe die Absicht verfolgt, gleichzeitig den König, die königliche Familie und das Parlament zu beseitigen. In den beiden Lagern herrschen unterschiedliche Auffassungen über die sozialen Werte. Der protestantische Respekt vor der bürgerlichen Gesellschaft verbietet es, zum Tyrannenmord oder erst recht zum ungezielten Attentat Zuflucht zu nehmen. Die Pulververschwörung verzögert für kurze Zeit eine Annäherung zwischen dem protestantischen England und dem katholischen Europa.

Der tiefe Eindruck, den das verbrecherische Attentat gemacht hat, wird erst um 1609 durch die Wirtschaftskrise überdeckt, die zu gespannten Beziehungen zwischen England und Holland führt. Wieder ist man in der Außenpolitik versucht, sich mit den katholischen Mächten zu verständigen. Als Botschafter Spaniens kommt Diego Sarmiento de Acuña, Graf von Gondomar, nach London und eröffnet endlose Verhandlungen, die auf eine Vermählung des englischen Thronfolgers mit einer spanischen Infantin abzielen. Man hat jedoch unterschätzt, welche Konzessionen auf beiden Seiten eine solche Verbindung erfordert. Es geht bei den Verhandlungen um die Stellung der englischen Katholiken. Gondomar erliegt allerdings derselben Täuschung wie die Katholiken in den katholischen, spanisch besetzten Niederlanden: für ihn sind alle Engländer Katholiken, die lediglich aus Angst davor zurückgehalten werden, sich zum Katholizismus zu bekennen. Er glaubt, daß legislative Änderungen ausreichen würden, um zu gewährleisten, daß England wieder ein katholisches Land wird. Durch das, was Gondomar nach Madrid zu melden weiß, wird man dort in derselben irrigen Ansicht bestärkt. Im England des 16. Jahrhunderts hatte es tatsächlich noch einen ziemlich starken, aber rein traditionellen, undogmatischen »Katholizismus« gegeben, der hauptsächlich auf der Verhaftung an alte Gewohnheiten beruhte; dem dogmatisch stark durchstrukturierten Katholizismus der Gegenreformation stand er ebenso fern wie der anglikanischen oder protestantischen Reformation. Die Krise des niederen Landadels trug dazu bei, daß er sich rasch auflöste. Im England des 17. Jahrhunderts gibt es einen gegenreformatorischen Katholizismus, dem allerdings nur eine winzige Minderheit anhängt: er fordert von seinen Gläubigen eine persönliche Entscheidung und ist daher echt und tief verwurzelt. Die Illusion der Spanier beruht darin, daß sie dieselben Eigenschaften dem »katholischen« Traditionalismus in den ländlichen Gebieten des Westens und Nordens zuschreiben, der seiner Auflösung entgegengeht. Bis zur Schlacht am Weißen Berg bemühen sich die Engländer, den immer höher geschraubten spanischen Forderungen zugunsten der englischen Katholiken entgegenzukommen. Die Erinnerung an die Zeit der Pulververschwörung veranlaßt Jakob I. zur Vorsicht; seine bedeutsamste Konzession ist der 1618 erteilte Befehl, den seit fünfzehn Jahren verurteilten Sir Walter Raleigh hinzurichten. Doch dann geht es mit den Konzessionen rasch voran. Vor allem 1623 will Jakob, der in diesem Jahr George Villiers und den Thronfolger Karl an den spanischen Hof gesandt hat, wo Karl wie ein einfacher Student einer Infantin den Hof machen soll, um jeden Preis einen ideologischen Krieg vermeiden. Dazu veranlaßt ihn nicht nur die schlechte Wirtschaftslage, sondern auch das unmittelbare Interesse seines Landes, das sich zur See den beiden großen holländischen Kompanien gegenübersieht: er ist bereit, durch eine Art von Edikt von Nantes für die englischen Katholiken dem Pfalzgrafen sein an den Bayern Maximilian verlorenes Land zurückzukaufen.

An einer solchen »Politik des gesunden Menschenverstandes« ist Olivarez ebensoviel gelegen wie Jakob I., aber ebensowenig wie Jakob ist er imstande, den Preis dafür zu bezahlen. »Die Maxime unseres Staates lautet, daß der König von Spanien niemals mit dem Kaiser Krieg führt.« »I like not to marry my son with a portion of my daughter's tears.« Damit ist auf beiden Seiten das letzte Wort gesprochen. Ein Traum ist ausgeträumt, eine Epoche zu Ende. Die zwanzig Jahre der Konzessionen sind vorbei, die letzte Möglichkeit, wenigstens oberflächlich die alte Einheit des christlichen Abendlandes wiederherzustellen, ist ungenutzt verstrichen. Daß diese auf Krieg zielende Politik den Wünschen des Volkes entspricht, steht zweifellos fest; bezeugt wird dies durch den begeisterten Empfang, den man in London Karl und seinem Günstling bereitet. Laud, der spätere Erzbischof von Canterbury, schreibt darüber: Man empfing die beiden »with the greatest expression of joy by all sorts of people, that ever I saw«. Ein Seekrieg ist den Engländern lieber als eine Rückkehr zu den schrecklichen Zeiten Marias der Blutigen.

Damit beginnt die lange Zeit, in der England auf der europäischen Bühne nur noch eine untergeordnete Rolle spielt. Im Verlauf des fünfjährigen, ergebnislosen Krieges gegen Spanien müssen die Engländer von den aus Dünkirchen auslaufenden Kaperschiffen mehr Schläge einstecken, als sie ihrerseits auszuteilen vermögen; unabsichtlich trägt Spanien zum Sieg des holländischen Rivalen bei. Noch sinnloser ist der Krieg gegen Frankreich, wird doch dadurch alles zunichte gemacht, was die englische Krone durch die Heirat mit einer französischen Prinzessin zu erreichen hoffte, und mit den Hugenotten in La Rochelle wird auch England geschlagen. 1629 schließt England kurzerhand mit Frankreich Frieden. Schwieriger ist der am 5. November 1630 in Madrid unterzeichnete Friedensschluß.

Mit dieser feierlichen, nach Meinung der Protestanten unverzeihlichen Kapitulation beginnt in England das lange Jahrzehnt der persönlichen Regierung Karls I.* Wie ganz Europa, wenn auch weniger schwer, wird England von der Wirtschaftskrise heimgesucht. Dadurch, daß England aus dem Krieg auf dem

Kontinent herausgehalten wird, sind große Veränderungen im Inneren möglich. Um diese durchführen zu können, schaltet der König zunächst einmal das Parlament aus. Damit läßt auch der Steuerdruck nach. Trotz des »Schiffsgeldes«, einer in Friedenszeiten ungesetzlichen, vom Parlament nicht bewilligten Sondersteuer, ist die steuerliche Belastung unter der »Tyrannenherrschaft« Karls I. verschwindend gering, wenn man sie mit Frankreich und Spanien vergleicht. (Dieser Aspekt wird von den Historikern, die lediglich den Niedergang demokratischer Institutionen in dieser Zeit im Auge haben, oft übersehen oder verschwiegen.) Unter dem klugen Absolutismus Karls I. kann die englische Wirtschaft ebenso viele Reichtümer anhäufen, wie die französische Wirtschaft unter der kriegerischen Herrschaft Richelieus vergeudet hat, und selbst durch den Bürgerkrieg, das republikanische Zwischenspiel und Cromwell kann dieser Reichtum nicht mehr zerstört oder verschleudert werden.

England weiß, was es hat, aber noch besser weiß es, worauf es verzichtet. Es verzichtet darauf, sich zu Meer und zu Land die Schwäche und den späteren Zusammenbruch Spaniens zunutze zu machen. Im Madrider Frieden nehmen die Engländer davon Abstand, sich weiterhin für den Pfalzgrafen zu verwenden, legen der Rückeroberung Deutschlands durch die Katholiken nichts mehr in den Weg. Sie überlassen es anderen, der Gefahr für den Protestantismus zu begegnen: den Schweden und paradoxerweise den Franzosen. Die schwierige Wirtschaftslage der dreißiger Jahre und die außenpolitische Entwicklung bringen die »Tyrannei« Karls ins Schwanken. Solange die spanischen Armeen die Szene beherrschen, also bis 1637, kann die Entscheidung Karls I., England aus dem Krieg herauszuhalten, als kleineres Übel gerechtfertigt werden. Aber sobald sich das Blatt wendet, beginnt man in England den entgangenen Gelegenheiten nachzutrauern, wächst die Unzufriedenheit, ändert sich die Lage grundlegend. Den entgangenen Gelegenheiten trauert das dem Absolutismus freundlich gesinnte Großbürgertum, die Londoner Geschäftswelt, nach, die Unzufriedenheit herrscht in den Kreisen der verarmten *gentry,* des Landadels. 1637 scheitert der Versuch, in Schottland englische kirchliche Einrichtungen und Gebräuche einzuführen. Der Widerstand geht von den Randgebieten aus. In Schottland verbünden sich die »Highlands« mit den »Lowlands«; es kommt zu einer Mischung von Bauernaufstand und Religionskrieg, der dem paradoxen Frieden am Rande eines in Flammen stehenden Europas ein Ende bereitet. Das Parlament verweigert die für den Krieg gegen Schottland notwendigen Geldmittel, ehe seine Rechte wiederhergestellt und die Mißstände beseitigt sind. Unaufhaltsam treibt England dem Chaos des Bürgerkriegs entgegen.

Die wichtigsten Träger des verurteilten Regimes werden vor Gericht gebracht:

am 12. Mai 1641 muß Stafford, der bedeutendste Staatsmann Karls 1., seinen einstigen Verrat am Parlamentarismus mit dem Leben bezahlen. Laud, der Führer des Anglikanismus katholischer Richtung, strebt eine Rückkehr zu den Zuständen des 16. Jahrhunderts an, eine Rückkehr zu Erasmus, dem Zeitgenossen von John Colet und Thomas More. Dieser Anachronismus ist ein Verbrechen. Die aufgeklärte Tyrannei des Königs und seiner Freunde führte zum Aufstand des alten Schottlands der Clans; die blinde Tyrannei des rückständigen Landadels, der das Parlament beherrscht, trägt zusammen mit der katastrophalen Wirtschaftkrise der Jahre 1640/41 zum Aufstand in Irland bei (1641). In der »Großen Remonstranz« vom November 1641 beschuldigt man den König, den Aufstand in Irland angestiftet zu haben; man bringt mehr als 200 Beschwerden gegen ihn und seine Regierung vor und verlangt eine völlige Umgestaltung der Verfassung. Ein am 4. Januar 1642 unternommener Versuch des Königs, sich der Führer der Opposition zu bemächtigen, scheitert; am 10. Januar hat Karl in London ausgespielt. Der Hof verläßt die Hauptstadt. Im Parlament stehen die »Rundköpfe«* gegen die »Kavaliere«*, die Spaltung geht mitten durch das Land. Zwanzig Jahre später als auf dem Kontinent bricht in England der Bürgerkrieg aus.

ZU DEN ABBILDUNGEN 39–58

39 DIE ARMEE AUF DEM FELDZUG IN DER NÄHE VON VALENCIENNES 1710, MIT DEN AUGEN WATTEAUS GESEHEN Eine Szene aus dem Spanischen Erbfolgekrieg, einem Krieg, den der mächtige klassische Staat organisierte; es ging weit »geregelter« zu als bei früheren Kriegen. Diese Szene hat der damals sechsundzwanzigjährige Watteau 1710 gemalt; bei Valenciennes, wo sich die feindlichen Heere gegenüberstanden, hat er zahlreiche Skizzen gefertigt, die er später zu Gemälden ausarbeitete. Mit den »heldischen« Schlachtendarstellungen anderer Maler hat dieses Bild nichts gemeinsam; dennoch (oder deshalb?) erfreuten sich seine Darstellungen großer Beliebtheit, wie zahlreiche Kopien beweisen. (Paris, ehem. Sammlung K.)

40 DIE ENTLASSUNG VON SÖLDNERN IN UTRECHT 1618 Hier zeigt uns, hundert Jahre früher, der Krieg ein anderes Gesicht. Während Watteau eine französische Truppenabteilung zeigt, die schon vieles mit den späteren stehenden Heeren gemeinsam hat, wurde vor und im Dreißigjährigen Krieg der Kampf fast ausschließlich von Söldnerheeren geführt. Dieses Gemälde von P. van Hillegaert stellt dar, wie am 31. Juli 1618 in Utrecht Söldner entlassen werden: während eine Kompanie die Waffen abgibt, ist rechts davon eine zweite zum letztenmal angetreten. Im Vordergrund die beiden Söhne des »Schweigers«, der Statthalter Moritz († 1625) und sein jüngerer Bruder Friedrich Heinrich († 1647). Utrecht war eine altehrwürdige Bischofsstadt; typisch

sind die schönen giebelgeschmückten Bürgerhäuser rings um den Platz. 1618 waren neun Jahre vergangen, seit Holland mit Spanien den Waffenstillstand geschlossen hatte, der dem Land eine Atempause gönnte. Und doch liefen die Söldner, die im Sommer 1618 entlassen wurden, nicht Gefahr, lange arbeitslos zu bleiben: am 23. Mai 1618 hatte in Prag der Fenstersturz stattgefunden, der den Dreißigjährigen Krieg auslösen sollte. Bald warben die kämpfenden Parteien in allen Ländern Söldner an. (Amsterdam, Rijksmuseum)

41 DIE KOMPANIE DES HAUPTMANNS ROELOF BICKER: EINE BÜRGERARMEE Als B. van der Halst die Kompanie des Hauptmanns Roelof Bicker im Jahre 1639 malte, war Spanien, der »Erbfeind« der Holländer, dem Zusammenbruch nahe. Die Uniformen besonders der Offiziere zeugen von der Prunkliebe und dem Reichtum der Holländer jener Zeit; die Bewaffnung ist traditionell: Piken spielen noch eine größere Rolle als Musketen. Zumindest der Offizierskader setzte sich aus wohlhabenden Bürgern zusammen. 1639 war die »heldische« Zeit der Vereinigten Niederlande bereits vorbei, der Sieg war so gut wie sicher. Die juristische Anerkennung als selbständige Republik sollte der Westfälische Frieden neun Jahre später bringen. (Amsterdam, Rijksmuseum)

42 WALLENSTEIN NACH DEM GEMÄLDE VAN DYCKS: DER GRÖSSTE ALLER CONDOTTIERI Van Dyck war zur der Zeit, als er den großen Heerführer malte, etwa dreiunddreißig Jahre alt und das Haupt der Antwerpener Schule; wenig später übersiedelte er nach

London, wo er 1641 starb. Wallenstein seinerseits hatte den Höhepunkt seiner Macht erreicht: bald erwartete ihn ein tragischer Tod. Rücksichtslos verfolgte er das Ziel, auf den Ruinen des verwüsteten Deutschland ein eigenes Reich aufzubauen. Nachdem Gustav Adolf in der Schlacht bei Lützen gefallen war, konnte Ferdinand III. es wagen, seinen besten Heerführer in Eger ermorden zu lassen. Wallenstein wurde 1583 in Böhmen geboren, war also fünfzig Jahre alt, als dieses Bildnis entstand. Der Gesichtsausdruck verrät seine wichtigsten Charaktereigenschaften: er war ebenso klug wie zielbewußt, herrisch und hart. Er war der letzte und größte der Condottieri, der, wenn er nicht ein so schmähliches Ende gefunden hätte, vielleicht auch ein großer Staatsmann geworden wäre. Symbolisch ist der Hintergrund des Bildes: nackte Felsen und ein sturmbewölkter Himmel. (München, Alte Pinakothek)

43 GUSTAV ADOLF: DER KOPERNIKUS DER KRIEGSKUNST Hier ist der Mann, der Wallenstein besiegt hat, aber seinen Sieg am 16. November 1632 bei Lützen mit dem Leben bezahlen mußte. Die beiden Bildnisse van Dycks liegen zeitlich nur wenig auseinander. In Haltung und Kleidung ähneln sich die beiden Heerführer stark. Gustav Adolf, der große protestantische König mit fast puritanisch strengen Anschauungen, hat nicht nur das schwedische Großreich geschaffen und aus der Ostsee ein *mare nostrum* gemacht, sondern war auch der Kopernikus der Kriegskunst. Als Stratege hatte er allerdings nur wenig Glück; bis Lützen war ihm Wallenstein in dieser Hinsicht stets überlegen. Auf Gustav Adolf geht auch das

39

40

41

42

43

44

45

46

49

7

48

50

Feu a la Grenade

Planche.

Jettés la Grenade

a   *b*

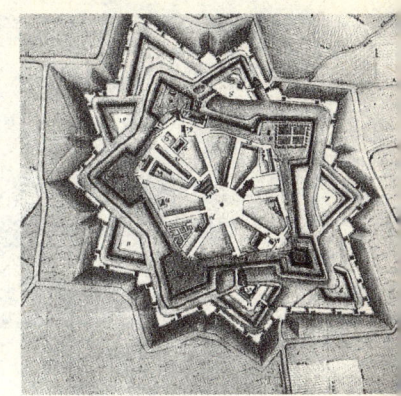

53

PLAN D'UN EXAGONE REGULIER REVESTU
Couvert de Differens Dehors   Selon Mˡᵉ Marechal de Vauban

54

55

56

Israel ex. Cum Privil. Reg.

57

vorzügliche schwedische Geschützwesen zurück, das bald von allen europäischen Ländern übernommen oder nachgeahmt wurde und die Kriegführung revolutionieren sollte: nicht mehr die zahlenmäßige Truppenstärke, sondern die Feuerkraft gab von nun an den Ausschlag. (München, Alte Pinakothek)

44 TURENNE: DER MEISTER DER NEUEN KRIEGFÜHRUNG Ein wenig bekanntes Bildnis von Philippe de Champaigne. Nach Gustav Adolf war Turenne wohl der bedeutendste Heerführer des 17. Jahrhunderts; nach Napoleon ist er der bedeutendste französische Feldherr aller Zeiten. Er war mehr Stratege als Taktiker; seine Art der Kriegführung wurde für das 18. Jahrhundert beispielgebend. Sein »Meisterstück« war die Schlacht bei Türkheim am 5. Januar 1675, bei der er die kaiserlichen Truppen völlig überrumpelte und zum überstürzten Rückzug über den Rhein zwang. 1611 in Sedan als Sohn eines protestantischen Adligen geboren, wurde Henri de La Tour d'Auvergne, Vicomte von Turenne, mit 15 Jahren Soldat, mit 32 Jahren Marschall von Frankreich und mit 49 Jahren Generalfeldmarschall. Scharf und nachdenklich ist der Blick der etwas kurzsichtigen Augen unter den dichten Brauen. Die sprichwörtliche Güte des großen Feldherrn sicherte ihm die bedingungslose Anhänglichkeit seiner Soldaten. (Chartres, Museum)

45 EIN PIKENIER: DIE ARCHAISCHE ARMEE Dieser Stich aus dem *Maréchal de bataille* (1647) zeigt einen Pikenier in voller Rüstung. Bei den in dichter Schlachtordnung ausgefochtenen Kämpfen des 16. und des beginnenden 17. Jahrhunderts spielte der Pikenier die Hauptrolle. Drei Viertel und später zwei Drittel der Heere bestanden aus Pikenieren. Das sollte sich jedoch im 17. Jahrhundert bald ändern: durch die Feuerwaffen wurde die Kriegführung revolutioniert, und die Schlacht bei Rocroi zeigte endgültig, daß die Zeit der Pikeniere vorbei war. (Marseille, Sammlung Raoul und Jean Brunon)

46 DIE MUSKETE – EINE RECHT UNHANDLICHE FEUERWAFFE Vierzig Jahre früher entstand diese Darstellung eines sehr barock gekleideten Arkebusiers. Er ist schwer beladen mit Muskete, Gabel, Degen, Pulverhorn und Kugelbeuteln; eine lange Zündschnur wird von ihm kunstgerecht gehandhabt. Wenn die Lunte glimmt, muß gezielt werden. Anfänglich waren diese unhandlichen Handfeuerwaffen den traditionellen Waffen kaum überlegen; die Treffsicherheit war gering, die Schußfolge langsam. Stich aus Jakob van Gheyn, *Maniement d'armes, arquebuses, mousquets et piques,* Amsterdam 1608. (Paris, Nationalbibliothek)

47 GARDE-FRANÇAISE UM 1750: EINE NEUE, FEUERSTARKE ARMEE Ein Soldat des Pariser Elite-Regiments Garde-Française, Stich von de Fehrt nach einer Darstellung von Eisen (um 1750). Wenn man diese Darstellung mit den Abbildungen in Manessons *L'Art militaire français* (1696) vergleicht, stellt man, von Einzelheiten abgesehen, kaum Veränderungen fest. Inzwischen ist die Feuerwaffe wesentlich leichter und handlicher geworden; neue Zündschlösser erhöhten die Schußgeschwindigkeit. Schon im ausgehenden 17. Jahrhundert wurde das Heerwesen mit der Einführung stehender, einheitlich uniformierter Heere grundlegend verändert; die Feuerkraft der Armeen wurde erheblich verstärkt. Schwere Rüstungen boten nun keinen wirksamen Schutz mehr und kamen außer Gebrauch. (Marseille, Sammlung Raoul und Jean Brunon)

48 NEUE REITERHEERE FÜR NEUE AUFGABEN Dieser Stich von Boucher nach La Rüe zeigt einen »Fischer-Jäger«, einen Angehörigen eines gemäß königlichem Befehl vom 1. November 1743 aufgestellten Reiterkorps. Statt der schwergepanzerten Reiterheere, die oft die Hauptlast des Kampfes zu tragen gehabt hatten, setzte man nunmehr leichte Kavallerie zur Aufklärung ein. Eine bedeutsame Rolle spielte sie in den Kriegen gegen die Türken. Besonders gefürchtet war die ungarische Kavallerie, die dem österreichischen Heer als Hilfstruppe angeschlossen war. Bald führten auch andere Länder die leichte Kavallerie ein. (Marseille, Sammlung Raoul und Jean Brunon)

49 BAROCKES GESCHÜTZ VON HANS FÜSSLI III: ULTIMA RATIO REGIS Die allgemeine Verbreitung der Feuerwaffen revolutionierte im 17. Jahrhundert die Kriegskunst. Eine typische Kanone aus dieser Zeit ist das aus Bronze gegossene Geschütz von Hans Füßli III (1616–1684). Obwohl Bronze teurer war als Eisen, verwandte man im 17. wie schon im 16. Jahrhundert hauptsächlich Bronzegeschütze, weil das Eisen noch nicht den Anforderungen genügte; das änderte sich erst, als die Metallurgie im 18. und 19. Jahrhundert entscheidende Fortschritte machte. Zu dieser Zeit sicherte die Gribeauval-Kanone den Franzosen in ganz Europa einen waffentechnischen Vor-

sprung, der erst 1815 eingeholt wurde. (Zürich, Schweizerisches Landesmuseum)

50 HANDGRANATEN IM 18. JAHRHUNDERT: EIN NEUER VERWENDUNGSZWECK FÜR DAS SCHIESSPULVER Die Handgranate wurde zur Feuerwaffe für den Nahkampf. Die beiden Abbildungen sind dem *Traité des armes* des Sieur Pierre Girard entnommen, der 1737 in Paris veröffentlicht wurde. Dem Grenadier fiel die Aufgabe zu, die Flanken zu schützen; besonders bei Belagerungen spielte die Handgranate eine wichtige Rolle. (Marseille, Sammlung Raoul und Jean Brunon)

51 DIE SCHLACHT AM KAHLENBERG (12. SEPTEMBER 1683) – DIE WICHTIGSTE SCHLACHT DES JAHRHUNDERTS Dieses große Schlachtgemälde von P. de Martin zeigt das wohl wichtigste militärische Ereignis des barocken Europa: die Schlacht am Kahlenberg bei Wien, in der Johann Sobieski die Türken vernichtend schlug. Dadurch wurde die Rückeroberung des Donauraums und des Balkans eingeleitet. In kriegstechnischer Hinsicht war es allerdings noch eine Schlacht des 16. Jahrhunderts.

52 VAUBAN SCHÜTZT IN MONT-LOUIS DIE OSTFLANKE DER PYRENÄEN Durch den Pyrenäenfrieden von 1659 konnte Frankreich seine Grenze gegenüber Spanien nach Süden vorschieben. Um diese Grenze zu schützen, errichtete Vauban in Mont-Louis ein starkes Festungssystem, das noch heute weitgehend erhalten ist: mit seinen Bastionen, Kurtinen, Halbmonden und gedeckten Wegen war Mont-Louis mit den Waffen jener Zeit uneinnehmbar.

53 PLAN VON ROCROI, EINER ALTEN, VON VAU-
BAN UMGESTALTETEN FESTUNG Im 17. Jahrhundert schützte Rocroi die Nordflanke der
Champagne und war ein wichtiger Bestandteil des französischen Festungsgürtels an der
Nordgrenze, ehe diese nach den Niederlanden zu verschoben wurde. Angesichts der
spanischen Bedrohung beschloß man, die
alte Festung Rocroi zu modernisieren. Vauban konnte allerdings – im Gegensatz zu seiner Arbeit in Neubreisach – nicht alles von
Grund auf neu gestalten, sondern mußte die
bestehenden Anlagen in seinen Plan einbe-
ziehen. Dadurch erklärt sich die Überlagerung von Altem und Neuem. Der fünfeckige
Festungskern mit seiner radialen Anlage
stammt aus dem 15. Jahrhundert. Vauban
verstand es sehr geschickt, ihn als Ausgangspunkt seiner modernen Planung zu verwenden. (Paris, Musée des Plans en Relief)

54 DIE FESTUNGSBAUKUNST IN THEORETI-
SCHER PERFEKTION In diesem Idealplan einer
Festung sind alle Ideen Vaubans zusammengefaßt: der Kern bildet einen regelmäßigen
sechsstrahligen Stern, links ist ein Hornwerk, oben eine Kontergarde, rechts ein
Kronwerk, Lünetten, Zangenwerke usw.
Realisierbar war ein solcher Plan wohl
kaum, denn hier wurden keine Rücksichten
auf die Gegebenheiten des Geländes genommen. Diese farbig angelegte Darstellung
stammt aus einem Handbuch, das 1729 veröffentlicht wurde und den Titel trägt: *Traité
de fortifications, de l'art de fortifier les pla-
ces où l'on explique les différenz sistèmes qui
ont été mis en usage jusqu'à ce jour, expli-
qué par le Sr. d'Armencourt, Maître de
Mathématiques* (Paris, Nationalbibliothek,
Kupferstichkabinett)

55 PLAN VON NEUBREISACH: VERZICHT AUF
DIE RADIALE ANLAGE, RÜCKKEHR ZUM OR-
THOGONALEN GRUNDRISS Dieser Plan ist hingegen verwirklicht worden: es handelt sich
um das »Meisterwerk« Vaubans, die Festung
Neubreisach am linken Rheinufer. Noch
heute ist die Anlage sehr gut erhalten; die
Luftaufnahme, die wir als Abbildung 3 wiedergeben, zeigt den jetzigen Zustand. Lediglich ein Teil der Außenanlagen, die im
18. Jahrhundert entsprechend der vergrößerten Reichweite der Geschütze erweitert wurden, ist verfallen oder von dichtem Pflan-
zenwuchs bedeckt, so daß sie nicht mehr
erkennbar sind. Der Kern der Festung jedoch
ist praktisch unverändert geblieben. Die
Stadt bildet ein regelmäßiges Achteck mit
einem quadratischen Platz im Zentrum; die
Fläche ist in 45 x 60 m große rechteckige
Häuserinseln unterteilt. Um den Platz sind
die wichtigsten öffentlichen Gebäude angeordnet: Rathaus, Kommandantur, Verwal-
tungsgebäude usw. (Paris, Musée des Plans
en Relief)

56–57 DIE BRUTALE KRIEGFÜHRUNG DER ZÜ-
GELLOSEN SÖLDNERHEERE: PLÜNDERUNG DES
GUTSHOFES; RACHE DER BAUERN Zwischen
der ersten Hälfte und dem Ende des 17. Jahrhunderts veränderte sich die Kriegführung
grundlegend. Gewiß, die Verwüstung der
Pfalz im Jahre 1688 erinnert noch an die
alten Methoden, aber es handelte sich hier
um eine geplante, ganz bewußte Maßnahme
zum Schutz der französischen Nordflanke,
die nicht gegen die Menschen, sondern gegen
die Dinge gerichtet war. Ansonsten waren
die westeuropäischen Armeen im ausgehenden 17. Jahrhundert weit disziplinierter als
früher, wurden sie nunmehr doch durch das

mächtige Ordnungsprinzip, den zentralistischen Staat, bezahlt und gelenkt. Erst die schlecht besoldeten Riesenheere des Direktoriums und der französischen Kaiserzeit ließen sich wieder, besonders in Spanien, zu den Greueln früherer Jahrhunderte hinreißen. Wie es damals zuging, hat Callot (1592–1635) in seinen realistischen Stichen anschaulich geschildert. Der aus Lothringen stammende geniale Künstler zeigt die Grausamkeit einer entfesselten Soldateska ohne jegliche Beschönigung. Auf dem ersten Bild wird ein großer Gutshof geplündert, die Bewohner werden gefoltert, ermordet, geschändet. Doch die gequälten Bauern nehmen blutige Rache, lauern den Soldaten auf und machen sie nieder. Solche Szenen waren in Lothringen und im Elsaß sicherlich keine Seltenheit; sie trugen dazu bei, daß sich die Bewohner dieser Gebiete hilfesuchend an die französische Regierung wandten und um die Entsendung von regulären Truppen baten, die weit disziplinierter waren als die Söldnerscharen, die sich an der Grenze des Reiches gegenüberstanden. (Paris, Nationalbibliothek, Kupferstichkabinett)

58 VERGEBENS SUCHT MAN DURCH HARTE MASSNAHMEN DIE SÖLDNERHEERE ZU ZÜGELN: EXEKUTIONEN IM LAGER Um die bunt zusammengewürfelten Söldnerheere wenigstens oberflächlich in der Hand zu behalten, griff man zu ebenso scharfen wie wirkungslosen Maßnahmen, von denen uns ebenfalls Jacques Callot berichtet. Hier werden als disziplinarische Bestrafung Exekutionen vorgenommen. Eben wird ein an einem Pfahl angebundener Missetäter erschossen; vier Leichen liegen bereits zu seiner Rechten, weitere Opfer warten auf die Hinrichtung. Im Dreißigjährigen Krieg war ein Menschenleben nicht viel wert; die unausgebildeten Söldner waren leicht zu ersetzen. Erst die durch die Feuerwaffen bewirkte Revolution des Kriegswesens änderte die Sachlage: man brauchte für die neue Kriegskunst gut gedrillte Soldaten. Drill aber kostete Geld, und so war man von nun an darauf bedacht, die Soldaten nicht unnötig zu opfern. Durch die Aufwertung der Kriegskunst wurde auch der Soldat aufgewertet. (Paris, Nationalbibliothek, Kupferstichkabinett)

Seine Ursachen liegen in religiösen Spannungen, die am offensichtlichsten sind, in sozialen Spannungen, über die man am meisten spricht, und in regionalen Spannungen. Insgesamt erfreuen sich die »Kavaliere« des größeren sozialen Ansehens und sind zahlenmäßig den »Rundköpfen« überlegen. Dies erklärt die Erfolge des Königs in den ersten Monaten des Bürgerkriegs, bis Cromwells * Armee auf der Bühne erscheint. Eine ruinierte Gesellschaftsschicht, nämlich der niedere Landadel, will den sozialen Abstieg dadurch wettmachen, daß sie sich dem puritanischen Radikalismus anschließt. Es sind Leute, die nichts zu verlieren haben, nicht etwa, wie die traditionelle Geschichtsschreibung behauptet, Menschen, die alles zu gewinnen haben. Die Independenten sind in der ersten Zeit weltfremde Idealisten, in deren Augen die heilige Arbeit in den amerikanischen Kolonien der jansenistischen Abgeschiedenheit entspricht. Dies ändert sich jedoch an dem Tag, an dem ein wahrhaft außergewöhnliches Zusammentreffen von Zufällen der winzigen Minderheit der Independenten (etwa 1,5 bis 2 Prozent der Bevölkerung) die Macht im Staat verschafft. Die radikalen Independenten verbünden sich mit dem traditionellen calvinistischen Puritanismus, der sich im Krieg, in der Welt, in der Politik engagiert hat, und übernehmen die Kontrolle. Die moralische und waffentechnische Überlegenheit von Cromwells Reiterheer (»Eisenseiten« genannt) wendet das Blatt zugunsten der Minderheitspartei, der »Rundköpfe«, durch die Siege bei Marston Moor (2. Juli 1644) und Naseby (14. Juni 1645). Karl I. flieht ins Lager der Schotten, wird aber von diesen am 30. Januar 1647 gegen Zahlung von 400 000 Pfund Sterling an das englische Parlament ausgeliefert. Mit der Zerschlagung der »Kavaliere« beginnt die unerbittliche Dialektik jeder Revolution: die siegreiche Partei spaltet sich. Das Heer marschiert gegen das Parlament, die independentistische Minderheit siegt, der König wird am 30. Januar 1649 hingerichtet, die Independenten richten hinter der Fassade des Rumpfparlaments*, aus dem die Presbyterianer ausgeschlossen sind, eine Diktatur auf. Nach der Eroberung von Drogheda (1649) wird der Aufstand des katholischen Irland niedergeschlagen. Für das Gemetzel unter den Protestanten in Ulster (1641) rächt man sich durch noch weit blutigere Vergeltungsmaßnahmen. Vom 13. April 1653 bis zum 13. September 1658 ist Cromwell als Lordprotektor unumschränkter Diktator. Als Commonwealth und Protektorat betritt England wieder vorübergehend die internationale Bühne.

Ein erster Schritt ist die Navigationsakte* vom 9. Oktober 1651, nach der Importgüter nur durch englische Schiffe oder Schiffe des Ursprungslands in englischen Häfen gelandet werden dürfen. Das Gesetz richtet sich in erster Linie gegen die holländische Frachtschiffahrt. Wenn man es tatsächlich konsequent angewendet hätte, wäre der englische Außenhandel ruiniert worden. Immerhin knüpfen Cromwell und die Armee an die protestantische Politik der Königin Elisabeth an. Das englische Eingreifen in Flandern ist zwar entscheidend, aber nur begrenzt und letztlich auch verspätet. Es folgt auf die große, im Dezember 1654 eingeleitete Operation gegen die amerikanischen Kolonien Spaniens, die ihr Ziel, die Besetzung Mittelamerikas, zwar nicht erreicht, den Engländern aber immerhin Jamaika einbringt. Im Winter 1656/57 führt Blake einen wirkungsvollen, ausgezeichnet geplanten Seekrieg gegen Spanien, verheert die spanischen Küsten und stört die

Seeverbindungen. Im Bunde mit Frankreich wird den Spaniern Dünkirchen entrissen. Die Außenpolitik Cromwells ist irgendwie anachronistisch; man wird an
Drake und den Hundertjährigen Krieg erinnert. Auch im ersten englisch-holländischen Seekrieg (1652–54) steht das unmittelbare Interesse völlig im Vordergrund;
ideologische Fragen spielen praktisch keine Rolle.

In den Vereinigten Niederlanden herrscht das mit den radikalen Calvinisten
verbundene Haus Oranien, das eine spanienfeindliche Außenpolitik betreibt und
dem protestantischen Bündnissystem angehört. Gefühlsmäßig und aus dynastischen
Erwägungen ist man für die Stuarts und mißtraut dem independentistischen Puritanismus. Ausgerechnet dem friedlichen, skeptischen, republikanischen Holland
fällt die vergiftete Frucht des englischen Bürgerkriegs zu. Aus dem blutigen Seekrieg mit England zieht vor allem das katholische Portugal Nutzen. Indirekt versetzt Cromwell der holländischen Herrschaft in Brasilien den Todesstoß; sie endet
am 26. Januar 1654. Man kann wohl kaum behaupten, daß England damit den
protestantischen Mächten in Europa einen Dienst erwiesen hätte.

Die Politik Cromwells ist zwar aktiver als die des »Tyrannen« Karl, aber gewiß nicht zielvoller als die der Stuarts. Sein einziges wirklich bedeutsames Verdienst ist die Eroberung und Sicherung Irlands. Dem europäischen Festland kommt
England unter Cromwell nicht näher.

Die außenpolitische Bedeutungslosigkeit Englands erklärt allerdings nicht, warum Holland in dieser Zeit eine so große Rolle spielen kann. Durch die Verlagerung
der Seewege eines inzwischen weltweit gewordenen Handels vom Mittelmeer zum
Atlantik hat sich auch der Schwerpunkt Europas allmählich von Süden nach Norden verschoben, hin zu den an der Nordsee gelegenen Mündungsgebieten großer
Flüsse. Zwischen Südostengland einerseits und Ostende-Antwerpen sowie Seeland-
Holland anderseits spielt sich vom ausgehenden 15. bis zur Mitte des 18. Jahrhunderts eine Art von Gleichgewicht ein. Der Schwerpunkt wandert von Brügge nach
Antwerpen, von Antwerpen nach London, von London nach Amsterdam und von
dort wieder zurück nach London. Die beiden ersten Etappen liegen vor der in unserem Buch behandelten Zeit; uns interessieren nur die beiden letzten. Das holländische Paradoxon beruht auf der Tatsache, daß ein verhältnismäßig kleines Gebiet
in vieler Hinsicht zum Mittelpunkt Europas wird. Achtzig Jahre lang beherrscht
die Flotte der nur lose miteinander verbundenen Provinzen Seeland, Friesland und
Holland die Weltmeere; zwei Giganten, die Ostindische Kompanie* (1602) und
die Westindische Kompanie* (1621), schaffen ein großes Kolonialreich; die Generalstaaten werden zum Refugium großer Geister; in religiöser Hinsicht existieren

radikalster Calvinismus und unerbittlichster antichristlicher Rationalismus praktisch nebeneinander; großes Ansehen genießen in aller Welt die Repräsentanten eines kaum existenten Staates, den man eher als lockeres Konglomerat von Städten, Dörfern und rivalisierenden Ständen bezeichnen kann. Von der Bevölkerungszahl her gesehen haben die Generalstaaten kaum Gewicht. Sie profitierten ganz und gar von der »für Mittelstaaten günstigen Stunde«, wie Fernand Braudel es ausgedrückt hat.

Entstanden sind die Vereinigten Niederlande aus dem Aufstand von 1572 und mehr noch aus den Gegenmaßnahmen des Herzogs von Parma in den Jahren 1578 bis 1589 und der erfolgreichen Kriegführung durch den ältesten Sohn des »Schweigers«, den großen Stathouder Moritz von Nassau, in der Zeit von 1590 bis 1606, wobei den Holländern die Kriege Spaniens mit England und Frankreich sowie der wirtschaftliche Niedergang in Spanien zugute kamen. Nachdem sich die Front 1606 stabilisiert hat, führen Verhandlungen 1609 zum Waffenstillstand und zur Teilung längs der Ostwestachse der großen Flüsse.

Kulturell und sprachlich lassen sich die siebzehn Provinzen in drei Gruppen unterteilen. Die Dialekte im Norden gehören zur germanischen, die im Süden zur romanischen Sprachenfamilie. Außer Flämisch und Holländisch spricht man im Norden (in Groningen, Drente, dem größten Teil von Overijssel und einem Teil von Geldern) sächsische Dialekte. Der Dialekt des Eifelgebiets wird im Osten der großen Provinz Luxemburg gesprochen. Auch in religiöser Hinsicht sind die Provinzen geteilt. Nach einigen lutherischen und anabaptistischen Versuchen dringt von Süden her die Reformation vor, und zwar zunächst unter französischem Einfluß in die wallonischen Provinzen, dann in die Städte Südflanderns, das im 16. Jahrhundert am dichtesten besiedelt und am reichsten ist. Daß der Aufstand von 1572 von Seeland und Holland aus seinen Anfang nimmt, geht auf rein strategische Gründe zurück: die Deiche und Kanäle lassen sich gut verteidigen, und um zur See gegen die Spanier kämpfen zu können, braucht man Häfen. Dem reformierten Süden steht nördlich der Linie Maastricht-Utrecht-Groningen ein in der Mehrzahl katholischer Norden gegenüber, doch dieser Katholizismus ist nicht der kämpferische gegenreformatorische Katholizismus des 17. Jahrhunderts, sondern ein archaischer, sich auf archaische Gesellschaftsstrukturen stützender Katholizismus, der der Vergangenheit verhaftet ist. Ebensowenig wie die sprachlichen Verschiedenheiten erklären die religiösen Gegensätze das Auseinanderbrechen der siebzehn Provinzen. Letztlich ist die Teilungslinie zwischen Nord und Süd, wie sie 1609 gezogen wird, mehr oder weniger zufällig. Aus der Seefront von 1572 wird 1606 eine Landfront.

Von besonderer Bedeutung für die Niederlande sind im 17. Jahrhundert vier Krisen (1609, 1619–21, 1648–50 und 1672) sowie ein großes Problem, der Gegensatz zwischen Arminianern und Gomaristen, Remonstranten und Gegenremonstranten, die niederländische Variante eines im 17. Jahrhundert zentralen Problems. Die religiösen und theologischen Aspekte dieses Gegensatzes werden an anderer Stelle behandelt. Wichtig ist, daß er praktisch das gesamte Leben beeinflußt.

Wilhelm von Oranien*, »der Schweiger« genannt, ein erasmischer Humanist und Edelmann, der nacheinander drei religiösen Richtungen anhing, sah die Niederlande ausschließlich unter politischen Aspekten. Aber die Politik spielt im 16. und 17. Jahrhundert nicht die Hauptrolle. Das Refugium von 1572 ist aus religiösen Gründen entstanden. Die sieben aufständischen Provinzen sind durch eine calvinistische, aus dem Süden gekommene Minderheit neu organisiert worden, durch französisch sprechende wallonische Adlige, Hugenotten, die der Bartholomäusnacht entronnen sind, Bürger aus Südflandern und Antwerpen. Ebenso sind die Spanien loyalen Südprovinzen, aus denen später Belgien hervorgeht, eine Art von katholischem Refugium, in dem religiös Gleichgültige und traditionelle Katholiken vom gegenreformatorischen Katholizismus erfaßt werden. Jansen*, ein aus Utrecht stammender Katholik, ist das gegenreformatorische Gegenstück des Gomarus.

Der Bruch zwischen dem protestantischen Norden und dem katholischen Süden ist weniger tief, als es den Anschein hat. Im Süden gibt es auch noch zu Beginn des 17. Jahrhunderts protestantische Minderheiten. Im Norden gehört 1672 nur ein knappes Drittel der Bevölkerung der mächtigsten aller reformierten Kirchen Europas an, der *Hervoormde Kerk*, die Genf als Zentrum des Calvinismus abgelöst hat. Dennoch beschließt 1651 die Große Versammlung, eine außerordentliche Zusammenkunft der Deputierten der Provinzen, diese Kirche zur Staatskirche zu machen. Ein weiteres Drittel der Bewohner der Nordprovinzen hat sich verschiedenen protestantischen Sekten angeschlossen, den Anabaptisten, Mennoniten, Remonstranten (Arminianern). Letztere sind zwar wenig zahlreich, gehören aber den führenden Gesellschaftsschichten an und haben deshalb großen Einfluß. Ferner gibt es etwa 20 000 Juden, in der Mehrzahl Sephardim (Spaniolen). Das letzte Drittel der Bevölkerung ist katholisch, vor allem im Süden und Osten. Es sind geduldete Parias, die aber fast auf allen Gebieten eine gewisse Rolle spielen (1650 sind sechs Prozent der Amsterdamer Verlage und Buchhandlungen in den Händen von Katholiken). Die nördlichen Niederlande sind also zu zwei Dritteln protestantisch, zu einem Drittel katholisch. Die maßgebenden Schichten jedoch sind durchweg protestantisch, und sogar der Katholizismus ist protestantisch gefärbt. Trotz ihres lauen Patriotismus beweisen die Katholiken des Nordens, wenn ihr Land in Gefahr ist (so während des Einfalls der Armee Van der Berghs 1629 und während der französischen Invasion von 1672), daß ihnen der etwas geringschätzige Liberalismus ihrer Regierung lieber ist als etwa ein inquisitorisches Staatskirchentum nach spanischem Muster. Deshalb ist der große Streit innerhalb der *Hervoormde Kerk* nicht nur eine innerkirchliche Angelegenheit, sondern er bewegt das ganze Volk.

Das Remonstrantentum ist im 17. Jahrhundert der liberale, rationalistische Ausdruck eines Protestantismus, der vor den übrigens nicht eben glücklich formulierten Konsequenzen des Evangeliums der unverdienten Gnade zurückschreckt, vor den Forderungen einer restaurierten Kirche mit ihrer aus dem Mittelstand rekrutierten Geistlichkeit, ihrem aufgezwungenen Puritanismus, ihrer starr umrissenen Orthodoxie. Die Remonstranten, die als »Urprotestanten« der neuen Kirche gegenübertreten und die man gewöhnlich als fortschrittlich bezeichnet, sind in Wirklichkeit Repräsentanten einer Vergangenheit. Sie knüpfen an die ersten humanistischen Strömungen aus den Anfängen der Reformation an. Diese lauen Protestanten sind auch alte Protestanten, die proselytische Unerbittlichkeit schlecht ertragen. Der strenge Calvinismus wird vertreten durch Gomarus und seine Anhänger. Arminianisch ist die Regentenpartei* in Holland, während der Landadel in den östlichen Provinzen, die Mittelschicht und eine Minderheit des eben erst hochgekommenen Großbürgertums Anhänger des Gomarus sind. Verallgemeinernd kann man sagen, daß außer Holland alle sechs Provinzen der Partei des Gomarus anhängen, während Holland – mit der bemerkenswerten Ausnahme von Amsterdam, dessen Protestantismus jüngeren Datums ist als der Protestantismus der Provinz hinter den Dünen – das Lager der Arminianer repräsentiert. Der Knoten des Dramas schürzt sich zwischen 1600 und 1609. Arminius ist zunächst ein eifriger Verfechter der Prädestination, schließt sich jedoch später den Synergisten* an, die die Ansicht vertreten, daß der Mensch zu seinem Heil von sich aus beizutragen habe. In Leiden, wo er lehrt, erregt er als »Überläufer« großen Anstoß.

Die calvinistische Orthodoxie wird durch ihre eigene Dialektik radikalisiert. Um die Größe Gottes gegenüber der Nichtigkeit des Menschen zu betonen, gelangt sie zur Lehre von der absoluten Prädestination, die dem Menschen keinerlei Möglichkeit gibt, zum Heil seiner Seele tätig zu werden, sich irgendwie das ewige Heil zu verdienen. Was der Mensch auch tut, er ist von vornherein entweder zum Heil bestimmt oder aber von vornherein der ewigen Verdammnis preisgegeben. Der Mensch ist nichts als ein willenloses Werkzeug; von göttlicher Gerechtigkeit und

Liebe kann bei dieser Anschauung kaum mehr die Rede sein. Dagegen wendet sich Arminius mit seiner Verwerfung der unbedingten Prädestination. Der Gegensatz kommt bei der südholländischen Synode von 1605 zum Ausbruch; vier Jahre vor dem Waffenstillstand mit Spanien verhärten sich die Fronten. Das wirkt sich auch auf die Politik aus. Der Frieden von 1609 ist auch ein Religionsfrieden, und mit dem Wiederbeginn der militärischen Feindseligkeiten zwölf Jahre später leben auch die religiösen Gegensätze mit aller Schärfe wieder auf.

Der Kompromißfrieden wird in den Binnenprovinzen als Verrat angesehen. In diesen Provinzen mit ihren starken katholischen Minderheiten lebt noch das Feuer des Proselytentums. In Holland hingegen sind die Arminianer in der Überzahl, die Reformierten, die sich gegen die neue Orthodoxie wenden; dieser hängen dort nur die unteren und mittleren Bevölkerungsschichten an, die nichts zu verlieren haben. Amsterdam steht bis 1627 im Lager der Gegenremonstranten; erst dann schließt sich die wirtschaftliche Hauptstadt Hollands und der Niederlande den Arminianern an.

Die ersten Vorverhandlungen für den Frieden beginnen 1606. Holland, dessen Sprecher der den Arminianern zuneigende Johan van Oldenbarneveldt* ist, will den Frieden. Gleichzeitig arbeitet dieser Führer der Regentenpartei entsprechend den Wünschen einer arminianischen Theologengruppe auf die Einberufung einer gesamtniederländischen Synode hin. Friedensbestrebungen und theologische Ziele vermischen sich. Ein Friedensschluß bedeutet, daß der Stathouder um die Früchte seines Sieges gebracht wird; dadurch kann eine allerdings schwache Zentralmacht, eine lockere Konföderation entstehen, die von den Regenten der alten arminianischen Städte des Refugiums beherrscht wird. Was haben sie zu befürchten? Was haben anderseits die holländischen Großkaufleute durch einen Zusammenschluß der siebzehn Provinzen, durch den die Blockade von Antwerpen aufgehoben würde, zu gewinnen? Die Arminianer treten für einen Kompromißfrieden mit Spanien ein. Nach siebenundzwanzig Kriegsjahren herrscht allgemeine Kriegsmüdigkeit. Aus Erschöpfung willigen viele in einen Frieden ein, den ihr Gewissen verurteilt, den sie aber innerlich herbeisehnen. Dies ist das Geheimnis des paradoxen Erfolges der arminianischen Minderheit. Im April 1607 einigt man sich auf einen Waffenstillstand in den zu diesem Zeitpunkt erreichten Positionen; gleichzeitig wird die Souveränität der sieben nördlichen Provinzen anerkannt. Zu regeln sind noch die Frage der Grenzen, das Problem der freien Glaubensausübung der Katholiken, die Entscheidung über die portugiesischen Besitzungen, die die Nordprovinzen im ausgehenden 16. Jahrhundert den Portugiesen entrissen haben. Gegen den Willen des Grafen Moritz von Nassau* wird im März 1609 ein zwölfjähriger

Waffenstillstand abgeschlossen. Eine erste Wirtschaftskrise bewirkt, daß die von Oldenbarneveldt geführte arminianische Regentenpartei Hollands an die Spitze der Vereinigten Niederlande kommt: sie hat den Frieden herbeigeführt und die Interessen der Ostindischen Kompanie gewahrt. Durch diesen Erfolg ermutigt, schiebt sich die arminianische Minderheit weiter in den Vordergrund. Schon 1610 vertritt Johannes Utenbogaert den Standpunkt, daß der Staat über der Kirche stehen müsse. Auf lange Sicht ist diese Einstellung gefährlich, aber im Augenblick, da in Holland der Staat arminianisch, die überwiegende Mehrzahl der Geistlichkeit jedoch gomaristisch ist, ist dies ein geschickter Schachzug. Ebenfalls im Jahre 1610 erfolgt ein weiterer Vorstoß: 46 Pastoren der Minderheit veröffentlichen die *Remonstrantia*, die, in gemäßigten Tönen abgefaßt, der Partei des Arminius den Namen gibt (Remonstranten). Die Schrift wird fast allenthalben verbreitet. Auf die Remonstranz folgt die Gegenremonstranz. Die Mehrzahl der Gläubigen, die durch die Mehrheit der Geistlichkeit in der volkreichen Provinz Holland ermutigt wird (in dieser Provinz lebt fast die Hälfte der Gesamtbevölkerung der Vereinigten Niederlande), fühlt sich geprellt. Dazu kommt die Angst, verraten zu werden. Gerüchte und Ängste, die nicht immer jeder Grundlage entbehren, breiten über dem Land eine erstickende Atmosphäre aus. Im Frieden wird offenbar, wie locker die Verbindung zwischen den Provinzen ist.

Es naht die Krise der Jahre 1618–1621, eine religiöse, politische, innere und äußere Krise. Ausgelöst wird sie in den Niederlanden durch die separatistischen Tendenzen der Provinz Holland. Am 5. August 1617 entzieht Oldenbarneveldt der Armee die Verteidigung der Städte. Das bedeutet, daß im Falle eines Krieges das Land wehrlos dem Feind ausgeliefert ist. Die Randprovinzen, die Minderheit der holländischen Regentenpartei, die älteren und jüngeren Zweige des Hauses Oranien und das im Lager des Gomarus stehende niedere Volk lehnen die arminianische Tyrannei ab. 1618 werden die Häupter der holländischen Regenten verhaftet, die Streitmacht der Separatisten entwaffnet. Gleichzeitig wird eine große Landessynode nach Dordrecht einberufen (13. November 1618 bis 9. Mai 1619). Es herrscht in den Niederlanden eine ähnliche Atmosphäre wie im Reich nach dem Prager Fenstersturz (23. Mai 1618). Oldenbarneveldt wird am 12. Mai 1619 zum Tod verurteilt und schon einen Tag später hingerichtet. Die arminianischen Theologen, Utenbogaert und Grotius, werden vom katholischen Frankreich als Märtyrer aufgenommen und verbreiten in ganz Europa die agnostische Auflösung. In Amsterdam macht sich gegen die alten Familien, die durch den Direktionsrat der *Heeren XVII* die Ostindische Kompanie in ihren Händen haben, neue Unzufriedenheit breit. Imperialisten, Verfechter des totalen Seekriegs, einer nicht mehr nur kommerziellen Kolonisierung, die politisch wie religiös durch die leidenschaftlichen Pamphlete von Usselincx beeinflußt sind, leiten 1619 eine Entwicklung ein, die 1621 zur Gründung der Westindischen Kompanie* führt. Diese mit enormen Geldmitteln ausgestattete, vom Ausschuß der *Heeren XIX* geleitete Kompanie ist ebenso gomaristisch, wie ihr älteres Gegenstück arminianisch ist. Das Gehirn dieser neuen niederländischen Herrscherschicht ist Willem Usselincx* (1567–1647), ein Flüchtling aus Antwerpen, Erzcalvinist, unerbittlicher Gegenremonstrant und Verfechter einer Kolonisierung Amerikas durch niederländische Siedler und des totalen See- und Landkriegs gegen Spanien.

Auf diesen Krieg, den die Gegenremonstranten ohne Bedenken vom Zaun brechen, sind die Niederlande schlecht vorbereitet. Die Spanier fordern das Recht der freien Religionsausübung für die Katholiken, die Öffnung der Schelde, d.h. die Aufhebung der Blockade Antwerpens, und den Rückzug der West- und Ostindischen Kompanien. Die beiden Blöcke der seit dem Waffenstillstand getrennten siebzehn Provinzen hängen noch durch zahlreiche Kontakte zusammen. Die auf den Tod des Erzherzogs Albrecht folgende lange, nachsichtige Regierung Isabellas, die sich die Liebe und den Respekt ihrer Untertanen zu erwerben verstand, hatte nicht verhindern können, daß der Süden die 1598 versprochene, allerdings nur formelle Selbständigkeit allmählich verlor. Eine Kluft zwischen den nördlichen und den südlichen Niederlanden tut sich jedoch erst in den Kriegsjahren zwischen 1621 und 1629 auf.

1622 kommt Bergen-op-Zoom knapp davon. Im Seekrieg gelingt es der Westindischen Kompanie nicht, sich in Bahia zu halten (1625), und im gleichen Jahr erobert Spinola Breda zurück. Nur das 1624 geschlossene Bündnis mit Frankreich vermag das Schlimmste zu verhüten.

Nach acht Jahren Krieg wendet sich 1629/30 das Blatt. Während der neue Statthalter Friedrich Heinrich (Moritz von Nassau ist 1625 gestorben) Bergen-op-Zoom belagert, durchbricht Henrik van den Bergh die Grenze in der Mitte, besetzt die Veluwe in Gelderland, wo die katholische Minderheit fast sofort mit den neuen Herren zusammenarbeitet. Friedrich Heinrich und die Generalstaaten verlieren nicht die Nerven. Am 14. September 1629 kapituliert 's-Hertogenbosch. Aber dafür bringt Piet Heyn 80 Tonnen Silber, die er vor Mantanzas gekapert hat. Der Seekrieg rettet den Krieg zu Land. Gleichzeitig mit Mantanzas tritt Gustav Adolf auf den Plan. Die Westindische Kompanie schafft von 1630 bis 1636 ein holländisches Brasilien. Maastricht fällt 1632. Nach den Waffen reden die Diplomaten. Die südlichen Niederlande sind im Kern krank, durch den Krieg verheert, durch die vom Mittelmeergebiet nach dem Norden vorrückende Wirtschaftskrise ruiniert. Von 1632 bis 1634 führen die zur Verhinderung von Unruhen einberufenen Generalstaaten Verhandlungen, die Madrid duldet, da es sie nicht verhindern kann, bis aus dem Süden der Kardinalinfant einrückt; dessen Heerzug von Mailand über Nördlingen nach Brüssel erinnert an den »glorreichen Heerzug« des Herzogs von Alba vor 67 Jahren. Zumindest eines beweisen die aus Erschöpfung und Kriegsmüdigkeit geführten Verhandlungen: nunmehr ist die Kluft zwischen den südlichen und den nördlichen Niederlanden unüberbrückbar geworden. Die Verhandlungen mit den Südprovinzen werden abgebrochen, die Vereinigten Niederlande und Frankreich schließen am 8. Mai 1635 einen Bündnisvertrag. Auf den Traum von einer Wiedervereinigung folgt die schmerzhafte Wirklichkeit einer vertraglichen Spaltung. Im Süden erreicht das Elend einen Höhepunkt; der Staat ist bankrott (so daß der 1633 gestorbenen Erzherzogin Isabella nicht einmal ein würdiges Begräbnis zuteil wird). Für den Landadel, der im Süden die Herrschaft in den Händen hält, sind die Teilungspläne ein Skandal. Ebensosehr wie die Ankunft der vom Kardinalinfanten herbeigeführten Verstärkungen und die durch eine letzte spanische Wohlstandsperiode ins Land kommenden Geldmittel erklären sie, warum sich der Süden so entschlossen der französischen Invasion entgegenstellt und warum bei Rocroi wallonische Freischärler Seite an Seite mit dem spanischen *tercio* kämpfen. Die Entscheidungen der Gomaristen haben ihre Früchte getragen. Unter der Verwaltung von Johann Moritz von Nassau-Siegen liefert das niederländische Brasilien etwa ein Drittel der Weltzuckerernte; während England außenpolitisch immer weniger in Erscheinung tritt, erreichen die Niederlande in den Jahren 1637 bis 1650 einen ersten Höhepunkt ihrer Macht und Blüte.

Es erweist sich allerdings als schwierig, diesen Wohlstand zu halten. Die Politik der Gegenremonstranten setzt den Stachel einer Gefahr von außen voraus. Nachdem die Vereinigten Niederlande gewonnen haben, mit einem Frankreich verbündet sind, dessen Truppen vor Barcelona stehen und das die gefürchtete spanische Armee bei Rocroi geschlagen hat, während das der Verbindung mit Spanien überdrüssige, aufsässige Portugal eine auf Versöhnung eingestellte Gesandtschaft nach Den Haag schickt, nachdem schließlich die Abspaltung des Südens vollzogen ist, ist dieser Stachel, der die sieben Provinzen während der Zeiten der Gefahr zusammengehalten hat, nicht mehr vorhanden. Der Krieg kommt dem Land teuer zu stehen. Zwischen 1637 und 1643 sinkt der jährliche Durchschnittspreis für raffinierten Zucker aus Brasilien von 0,85 auf 0,44 Gulden. Die amerikanischen Kolonien werfen immer weniger Profit ab. Das Konjunkturklima, das es den Vereinigten Niederlanden erlaubte, ohne große Mühe die Geldmittel für den Krieg aufzubringen, verändert sich rasch. Holland wird von dem Konjunkturumschwung in Mitleidenschaft gezogen. Je weiter Frankreich im Artois, in Flandern und im Hennegau vordringt, desto mehr Interesse gewinnt man im Norden daran, den schützenden Puffer der spanischen Niederlande nicht noch weiter zu schwächen. Während die Gewinne in den durch den gegenremonstrantischen Imperialismus geschaffenen amerikanischen Kolonien schwinden, bleiben die Einnahmen der in den Händen der arminianischen Partei befindlichen Ostindischen Kompanie relativ konstant; zwar sinken die Gewürzpreise, aber das wird zumindest teilweise durch die gleichbleibenden Preise für Pfeffer kompensiert. Nun kommen die Republikaner, die friedliebenden Regenten, die Remonstranten wieder an die Macht; zwischen Friedrich Heinrich und den Generalstaaten entstehen Spannungen. 1644 wird das Bündnis mit Frankreich aufgekündigt. Die Kriegsmüdigkeit führt zum Frieden.

Der große atlantische Konjunkturumschwung des Jahres 1644 geht dem Westfälischen Frieden von 1648 voraus und macht ihn zu einer Notwendigkeit. Einen Augenblick lang zögert man ängstlich, will sich ganz auf Ostindien zurückziehen, das sich als stabiler Wert erwiesen hat. Aber dann erkennt man in Holland rasch die Gunst des Augenblicks: England ist mit seinem Bürgerkrieg vollauf beschäftigt, Spanien und das Reich sind vernichtet, Frankreich ist trotz des Sieges bei Rocroi geschwächt. Nach dreieinhalbjährigen verbissenen Verhandlungen erhalten die Vereinigten Niederlande durch den Frieden von Münster* (beschlossen am 30. Januar, ratifiziert am 15. Mai 1648) den territorialen Zuwachs, den sie sich gewünscht haben: die Provinz Limburg um Maastricht und die Generalitätslande*. Damit ist es ihnen weiterhin möglich, Antwerpen in Schach zu halten und Holland zu schützen, ohne daß die katholische Minderheit durch die Neuerwerbungen gefährlich verstärkt würde (ab 1648 macht sie ein Drittel der Gesamtbevölkerung aus; es ist ein harter, gegenreformatorischer Katholizismus, der mit dem traditionellen Katholizismus in den Ostprovinzen nicht zu vergleichen ist). Ferner erhalten die Niederlande auf den Meeren völlig freie Hand und werden zudem endlich de jure als unabhängige Republik anerkannt.

Der durch die arminianische Partei der wieder zur Macht gekommenen republikanischen Regenten herbeigeführte Frieden ruft erneut alte Gegensätze wach. Das theologisch dem humanistischen Anglikanismus nahestehende arminianische Holland begrüßt den Sieg der englischen Puritaner bereitwilliger als die gomaristische Partei der Oranier. Die Hinrichtung Karls I. am 30. Januar 1649 wird in den ganzen Niederlanden einhellig verurteilt. Zum Haus Stuart bestehen Familienbindungen – Wilhelm II. von Oranien* ist der Schwiegersohn Karls I. –, die radikalen Calvinisten fürchten, daß die puritanischen Maßlosigkeiten ihrer Sache schaden könnten. Die Revolution in England führt in den Vereinigten Niederlanden zu einer neuen Spaltung. Holland verhindert im letzten Augenblick die Entsendung eines Hilfskorps nach Schottland und Irland, die von den sechs Oranier-Provinzen beschlossen wurde. Nachdem die Oranier-Partei um ihren Krieg gegen England gebracht wird, verhandelt sie mit Mazarin wegen eines Wiedereintritts der sieben Provinzen in den Krieg um die südlichen Niederlande. Die schlechte Wirtschaftslage, die in Frankreich die Fronde auslöst, bleibt auch den Niederlanden nicht erspart. Ein Jahr lang ist alles in der Schwebe. Schließlich kann Wilhelm II. im Juni und Juli 1650 auch das widerspenstige Holland seinem Willen beugen. In dem Augenblick, da die niederländische Fronde mit dem Sieg der fünf gomaristischen Binnenprovinzen, der Provinz Seeland und der ultracalvinistischen Mittelschicht in Holland ihr Ende gefunden zu haben scheint, stirbt Wilhelm II. (November 1650). Dieser unerwartete Schicksalsschlag (Wilhelm wird von den Blattern dahingerafft) verändert den Gang der Geschichte, gibt den geistigen Erben von Oldenbarneveldt für zweiundzwanzig Jahre die ungeteilte Macht in die Hand.

ZU DEN ABBILDUNGEN 59–67

59 LAND- UND SEESTREITKRÄFTE IN KOMBINIERTEM EINSATZ: DIE BELAGERUNG VON LA ROCHELLE Auch auf dem Wasser wurde Krieg geführt. Die Belagerung von La Rochelle war die größte von Land- und Seestreitkräften gemeinsam unternommene Operation des Jahrhunderts. Dieser zeitgenössische Stich ist sehr aufschlußreich. Er stammt von dem Lothringer Callot. Wir sehen deutlich, wie die französische Flotte durch die englischen Schiffe in den Hafen zurückgedrängt wird, während auf dem Land die Truppen aufmarschiert sind. Die »falsche« Perspektive ist zur Verdeutlichung des Geschehens beabsichtigt. (Paris, Nationalbibliothek, Kupferstichkabinett)

60 DIE VIER-TAGE-SCHLACHT DES JAHRES 1666. DIE BEIDEN SEEMÄCHTE HOLLAND UND ENGLAND PRALLEN AUFEINANDER Auf diesem schönen Marinebild zeigt uns P. van Soest eine Szene aus der härtesten Seeschlacht des Jahrhunderts, in der sich vom 11. bis 14. Juni 1666 die beiden großen europäischen Seemächte, England und Holland, gegenüberstanden; sie fand im Ärmelkanal statt. Es war gleichzeitig die blutigste Seeschlacht jener Zeit. Die Engländer mußten eine Niederlage hinnehmen, weil sie zahlenmäßig den Holländern unterlegen waren (Prinz Rupert hatte zwanzig Schiffe als Flankendeckung gegen einen möglichen französischen Ablenkungsangriff abgezogen, doch

fand dieser Angriff nicht statt). Schon zwei
Monate später hatte England den Schock
der Niederlage überwunden und beherrschte
erneut die Weltmeere. Hier sehen wir, wie
die Linien durchbrochen werden und ein
blutiges Gemetzel Schiff gegen Schiff entbrennt. Ein Schiff ist im Sinken begriffen.
Bei dieser Schlacht wurden auch wieder
Brander eingesetzt (vorn rechts), wie sie
1588 der Armada zum Verhängnis geworden waren. Eine wirkliche Kontrolle der
Weltmeere war erst möglich, nachdem sich
die großen Seemächte verständigt hatten. So
konnte sich zwischen 1628 und 1690 kein
Staat rühmen, die Alleinherrschaft über die
Meere auszuüben. (Antwerpen, Nationaal
Scheepvaartmuseum)

61 PIRATERIE IN KRIEGSZEITEN: VERNON
ÜBERFÄLLT 1739 PORTO BELLO Der Überfall
Vernons auf Porto Bello am 21. November
1739 war neben dem Unternehmen von Piet
Heyn in Mantanzas der schwerste Schlag,
den die spanischen Silberflotten zu erleiden
hatten, die die Schätze Amerikas nach Cadiz
brachten. Dem englischen Admiral gelang
es, unter den Mauern der alten, nur schwach
bestückten Festung Porto Bello auf der atlantischen Seite der Landenge von Panama
sechs spanische Schiffe zu kapern, die Gold
und Silber aus Mittelamerika und Peru nach
Spanien befördern sollten. Im Vordergrund
der Mast eines versenkten spanischen Schiffes. Der Überfall kam so überraschend, daß
die überrumpelten Spanier keine wirkungs-
volle Verteidigung mehr zu organisieren
vermochten. Dieses Gemälde wurde von
George Chambers nach einer Zeichnung von
Samuel Scott geschaffen. (Greenwich, Staat-
liches Marinemuseum)

62 DAS PRUNKSTÜCK DER FRANZÖSISCHEN
MARINE: MODELL DER »SOLEIL ROYAL« Die
»Soleil Royal« war das größte Schiff der
französischen Marine im 17. Jahrhundert;
die gegen Frankreich gerichtete Koalition
von 1690 und die Störung des Kräftegleichgewichts in Europa nach der Schlacht am
Kahlenberg zwangen Frankreich zu ver-
stärkten Anstrengungen, sein um 1680 ge-
wonnenes Übergewicht zur See zu halten
und auszubauen. Dieses Modell des Schiffs-
rumpfes wurde 1839 im Maßstab 1:40 von
dem Bildhauer und Modelleur Tanneron geschaffen. Den Dekor für das Original, ungemein reiches Schnitzwerk, hatte der bedeutendste Bildhauer jener Zeit, Coysevox,
entworfen. Die Feuerkraft der »Soleil
Royal« war für die damalige Zeit beträchtlich: einhundertvier Geschütze konnten je
Breitseite 630 Kilo Eisen auf einmal ab-
feuern. Dieses erstklassig gebaute Schiff hätte noch mit modernisiertem Geschütz auch
in den Seeschlachten des Ersten Kaiserreiches
ein gewichtiges Wort mitreden können. Das
Schicksal der »Soleil Royal« spiegelt das
Schicksal der französischen Seemacht: unter
Tourville nahm es an den Seeschlachten von
Bèveziers (16. Juni 1690) und Barfleur
(29. Mai 1692) teil, die das Ende der französischen Vorherrschaft auf den Weltmeeren
bedeuteten. Angesichts der überwältigenden
Übermacht der Engländer durchbrach das
Schiff die englische Linie und gelangte bis
nach Cherbourg, wo es auf Grund lief. Dennoch blieb die Besatzung an Bord, um sich
den Verfolgern zum letzten Kampf zu stellen. Von der gesamten englischen Flotte angegriffen, wehrte es sich tapfer, bis ein Brander es in Flammen aufgehen ließ. (Paris,
Marinemuseum)

60

62

I

63

64

65

66

67

63 MICHIEL ADRIAANSZOON DE RUYTER, DER BÜRGERLICHE ADMIRAL Michiel Adriaanszoon de Ruyter (1607–1676) war ein würdiger Nachfolger des großen Seehelden Maarten Harpertszoon Tromp (1598–1653). Der große Rivale Ruyters, des republikanischen Admirals der Regentenpartei, war Cornelisz van Tromp (1629–1691), der Admiral der Oranier-Partei. Auf diesem Bildnis zeigt Guillaume du Bois Ruyter auf dem Gipfel seiner Karriere. Das männlich schöne Gesicht strahlt Willenskraft und Selbstsicherheit aus. Obwohl er zu den faktisch mächtigsten Menschen seiner Zeit gehörte, führte er ein spartanisch einfaches Leben. Als er starb, war er fast völlig verarmt; er war ganz im Dienst am Vaterland aufgegangen und hatte nie den eigenen Nutzen gesucht. (Den Haag, Mauritshuis)

64 TOURVILLE, DER ADLIGE ADMIRAL Anne Hilarium de Cotentin, Graf von Tourville, Marschall und Vizeadmiral von Frankreich (1642–1701), ein normannischer Edelmann, entstammte einem ganz anderen Milieu, war ein ganz anderer Mensch, zeigte aber dieselben soldatischen Tugenden wie de Ruyter. Wenn auch dieses Porträt mit seinem unklaren Hintergrund, der konventionellen Haltung und der ungeschickten Komposition künstlerisch nicht sonderlich wertvoll sein mag, läßt es doch ein wenig von der Bedeutung dieses für Frankreich so wichtigen Seehelden erahnen. Ohne ihn hätte Frankreich niemals den mehr als ehrenvollen Frieden des Jahres 1697 schließen können. (Paris, Marinemuseum)

65 JEAN BART, EIN PIRAT IM DIENSTE DES KÖNIGS Jean Bart (1650–1702) ist eine legendäre Gestalt. Aus einfachsten Verhältnissen stammend, war dieser Dünkirchener kaum des Französischen und nicht im mindesten verfeinerter Sitten mächtig. Er diente unter de Ruyter, ehe er zum berüchtigtsten Piraten seiner Zeit wurde. Daß er von Ludwig XIV. geadelt und zum Geschwaderkommodore der französischen Marine ernannt wurde, zeigt die Bedrängnis, in der sich Frankreich damals befand: dadurch wurde die Seeräuberei offiziell als ein Mittel der Kriegführung anerkannt. Dieses Bildnis eines unbekannten Meisters läßt das Wesen des einfachen, ja ungebildeten und unkultivierten, aber tapferen Mannes sehr deutlich werden. (Paris, Marinemuseum)

66 ADMIRALSGALEERE ZU BEGINN DES 17. JAHRHUNDERTS: DER ARCHAISMUS DES MITTELMEERGEBIETS Diese Abbildung stammt aus der 1629 in Ulm veröffentlichten *Architectura navalis* und zeigt eine venezianische Admiralsgaleere von Joseph Furttenbach. Beim Anblick dieses Ungetüms glaubt man sich in frühere Jahrhunderte zurückversetzt, und doch konnten sich die Galeeren im Mittelmeer noch bis zur Mitte des 18. Jahrhunderts halten; erst dann wurden sie durch Segelschiffe moderneren Stils verdrängt. Auch im spanischen Amerika gab es noch zu Beginn des 18. Jahrhunderts zahlreiche Galeeren, die dem Schnellverkehr dienten (sie waren nur wenig auf den Wind angewiesen). Dieser *Stolo*, diese Admiralsgaleere, ist eine der größten Galeeren, die je gebaut wurden. Zwei parallel gestellte Lateinersegel können bei günstigem Wind gesetzt werden. Ansonsten sorgen zweihundertsiebzig Galeerensträflinge für den Antrieb; dicht gedrängt füllen sie den größten

Die holländischen Regenten, in deren Dienste bald die genialen Brüder de Witt* treten sollten (Jan de Witt wird 1654 Ratspensionarius *), verfolgen geschickt eine wenig glanzvolle, nur auf kurze Sicht geplante Politik. Sie lehnen den Eintritt der Konföderation in die Generalstaaten ab, während das Mißtrauen der Reformierten dadurch besänftigt wird, daß 1651 die *Hervoormde Kerk* zur Staatskirche erklärt wird. Und doch sind diese ausgesprochenen Pazifisten gezwungen, Krieg zu führen. Schon 1652 gewinnen die Regenten die Überzeugung, daß der Krieg gegen Portugal ohne große Gefahr wiederaufgenommen werden könne. Aber sie sollen sich getäuscht haben. Bei Taborda geht am 26. Januar 1654 endgültig Brasilien verloren; allerdings wird dadurch in erster Linie die in den Händen der Gomaristen befindliche Westindische Kompanie betroffen. Mit England kommt es 1652–1654 zum ersten englisch-holländischen Krieg, weil sich die Holländer die vom englischen Parlament beschlossene Navigationsakte* nicht gefallen lassen wollen. Als die Regenten aber merken, daß ihnen der Krieg teurer zu stehen kommt als der Friede, beeilen sie sich, ihn zu beenden.

Dies ist ein reichlich schlechter Start, aber Jan de Witt macht die Schlappe wieder wett. Eine bedeutsame Rolle spielt die Tatsache, daß das kleine Holland von der allgemeineuropäischen Wirtschaftsmisere verschont bleibt. Jan de Witt weiß, was für sein Land wesentlich ist. Als Schweden und Dänemark ihren Krieg been-

Teil des Schiffes. Zwei *comiti* überwachten mit Peitsche und Pfeife die Sträflinge und lenkten die Rudermanöver. Im Heck sitzt erhöht der *capitano*. Neben ihm nehmen die *cavalieri* seine Befehle entgegen; der Rudergänger (G) legt die Pinne. Ein Zeltdach schützt das Heck vor der stechenden Sonne des Mittelmeers (die Galeerensträflinge sind völlig ungeschützt). Die Bewaffnung ist archaisch: vor dem Bug ein Rammsporn wie zur Zeit der *Odyssee* und der Seeschlacht von Salamis, dahinter Enterhaken (5, 6). Ansonsten ist das Schiff lediglich mit fünf Kanonen bestückt, seine Feuerkraft ist also unverhältnismäßig gering. Solche Galeeren

waren wenig wirksam und zudem sehr kostspielig. (Paris, Nationalbibliothek)

67 ENGLISCHES KRIEGSSCHIFF UM 1750: ZWECKMÄSSIGE VOLLKOMMENHEIT Dieses englische Linienschiff (aus dem *Universal Magazine* von 1750) ist ein Dreimaster. Es ist überaus zweckmäßig gebaut und verfügt über eine beträchtliche Feuerkraft. Die noch im 16. und 17. Jahrhundert üblichen prunkvollen Aufbauten sind verschwunden. Nur zwanzig Jahre später, um 1770, erreichten die Segelschiffe mit den neuenglischen Klippern ihre höchste Vollkommenheit. (Paris, Nationalbibliothek)

den, sorgen die Schiffe de Ruyters* dafür, daß die Interessen Hollands gewahrt bleiben. Dadurch, daß Schonen an Schweden kommt, ist der Sund, den die Dänen mit ihren übertrieben hohen Zöllen bisher praktisch versperrt hatten, wieder offen.

Holland erfreut sich einer privilegierten Stellung trotz des Katzenjammers, der auf den zweiten englisch-holländischen Seekrieg folgt und für den die Provinz Holland – als Anleihe – mehr als die Hälfte der Kosten aufbringen muß. Durch diesen Krieg, der mit dem Verlust von Neu-Amsterdam endet, wird das amerikanische Reich der Westindischen Kompanie endgültig vernichtet. Aber was die Niederlande im Westen verlieren, gewinnen sie im Osten wieder. Das Netz der Handelsplätze wird dichter. Jan van Riebeeck setzt sich am Kap der Guten Hoffnung in der Tafelbai fest, so daß die Niederlande den Zugang zum Indischen Ozean unter Kontrolle haben.

Der Ausgang des zweiten englisch-holländischen Kriegs beweist, auf welch schwachen Beinen das Weltreich einer einzigen, von ganzen 670 000 Menschen bevölkerten Provinz steht. Eine zweite Warnung ist der Devolutionskrieg*, durch den Frankreich ein weiteres Stück aus dem schützenden Puffer der Südprovinzen herausreißt. Anstelle von Alessandro Farnese ist nun Castel Rodrigo Gouverneur in Brüssel. Und was früher der Herzog von Alba war, ist jetzt Turenne oder Condé – ein Franzose. Die französische Bedrohung zwingt Holland, einen Krieg zu verlieren, den es bereits gewonnen hat. Der Friede zu Aachen* (Mai 1668) krönt die in aller Eile geschlossene Tripelallianz zwischen England, Schweden und den Niederlanden nur mit einem scheinbaren Erfolg. Zum erstenmal hat sich eine geschlossene protestantische Front im Norden dem französischen Vordringen entgegengestellt. Die Medaille, die man siegesstolz in den Niederlanden anläßlich des Friedensschlusses prägt, trägt die Aufschrift: »Nachdem sie Könige versöhnt, die Freiheit der Meere bewahrt, den Frieden durch Waffengewalt erzwungen und die Ordnung in Europa wiederhergestellt haben, haben die Generalstaaten der Vereinigten Provinzen der Niederlande diese Medaille prägen lassen.« Aber wer die Augen offenhält, muß an den Vorgängen in Frankreich erkennen, daß ein Kampf auf Leben und Tod bevorsteht. 1672 sehen sich die Niederlande allein der schrecklichsten Gefahr gegenüber, die ihnen seit Alessandro Farnese je gedroht hat. Wenn auch der den Republikanern eng verbundene Spinoza Jan de Witt als Genie feiert, beweist doch die Verblendung des Ratspensionärs im Jahre 1671, daß er letztlich dem Mittelmaß zuzuordnen ist und seinen Aufstieg und Erfolg dem Glück verdankt. Eine gigantische Militärwalze, 150 000 Mann, rollt über Lüttich, Köln und Münster, um die Niederlande von Osten her zu überfahren. Das überfallene Land

ist fast ohne Waffen, uneins, außenpolitisch weitgehend isoliert, von inneren Streitigkeiten zerrissen. Die Regierung, die sich nicht durchzusetzen vermag, bleibt ta-
tenlos. Unerbittlich rücken die Franzosen im Osten vor. Mit Hilfe der seit je unsicheren katholischen Minderheiten fallen Geldern, Utrecht und Overijssel ohne
Kampf den Armeen von Turenne und Condé in die Hände. Die an der Macht befindlichen Regenten haben zunächst nur einen Gedanken: durch eine Kapitulation
wollen sie den Krieg möglichst rasch beenden. Am 15. Juni bieten die Generalstaaten die Generalitätslande den Franzosen als Kriegsbeute an. Ludwig XIV. verlangt
aber außerdem noch einen Teil von Geldern und, was die größte Demütigung darstellt, die volle Freiheit des katholischen Glaubens – eine Forderung, die einst
schon Philipp IV. erhoben hatte.

Auf die unerbittliche Haltung Ludwigs hin versteift sich der Widerstand: die
härtesten, »calvinistischsten« Teile des Landes, vor allem Seeland, lehnen sich ge-
gen die Forderungen auf. Am 2. Juli wird der junge Wilhelm III. von Oranien *
als Statthalter eingesetzt, vier Tage später als oberster Befehlshaber der Land- und
Seestreitkräfte. Auf Jan de Witt wird am 21. Juni ein Attentat verübt. Am 20.
August wird er vom aufgebrachten Pöbel ermordet. Zu diesem Zeitpunkt sind fünf
Provinzen ganz oder teilweise von den Franzosen besetzt. Die am Meer gelegenen
Landesteile öffnen die Deiche und suchen hinter den Fluten Schutz.

Dank des Mutes der Bevölkerung, des klugen Taktierens der Flotte unter dem
großen Admiral de Ruyter *, der Klugheit des neuen Statthalters kann sich das
ganz auf sich gestellte Holland der Urenkel der Seegeusen halten, allen Schlägen
trotzen und schließlich gewinnen. 1673 wird die französische Invasion zurückge-
schlagen. Während in England, das sich mit Frankreich verbündet hat, in diesem
modernen Wirtschaftskrieg, der gleichzeitig der letzte Religionskrieg ist, die protestantischen Interessen in den Vordergrund treten, steht zu befürchten, daß
ein siegreiches Frankreich seine protestantische Minderheit erneut unterdrücken
wird. Im Februar 1674 schließt England mit Holland Frieden. Während die Niederlande bei Kriegsausbruch völlig allein gegen ein mit fast ganz Europa verbün-
detes Frankreich standen, beenden sie den Krieg an der Spitze einer gegen Frankreich gerichteten europäischen Koalition – der ersten ihrer Art.

Holland ist über seine Niederlage hinweggekommen – aber seinen Sieg sollte es
niemals überwinden. 1677 heiratet Wilhelm von Oranien Mary, die Nichte Karls I.
und Tochter Jakobs, des katholischen Thronerben. Damit beginnt eine Entwicklung, die zwölf Jahre später den Statthalter auf den englischen Thron führen
soll. In der Gesamtheit der maritimen Provinzen tritt Holland allmählich zurück. Daß die siegreichen Niederlande an Bedeutung verlieren, hat verschiedene

Ursachen: die gewaltigen Verluste in Übersee, die Verwüstung des Landes durch die Kriege, die stark zurückgehenden Gewinne des Handels mit dem Fernen Osten. Das Volksvermögen wird in Form von Schmuck und Silbergeschirr gehortet, so daß ein immer größerer Prozentsatz der Gewinne dem Wirtschaftsprozeß entzogen wird. Dadurch können diese Gewinne keine Zinsen mehr abwerfen, werden zu »totem« Kapital.

Nur langsam kehrt England auf die europäische Bühne zurück. Nach einem Jahr der Ungewißheit, dem Eingreifen einander bekämpfender Parteien der Armee und dem Erfolg von Monk *, dem Heerführer der Schotten, die sich für die Stuarts einsetzen, zieht Karl II.* am 29. Mai 1660 in London ein. Die in England ersehnte Restauration wird durch die freundschaftliche Einstellung der kleinen Niederlande begünstigt. Die Haltung, die das republikanische Holland gegenüber den Vorgängen in England einnimmt, ist ein ausgezeichnetes Beispiel für den monarchistischen *consensus* im Europa des 17. Jahrhunderts. Die Entscheidungen Karls II., die mehr den Kontinent als die Insel im Auge haben, decken sich nicht mit den Interessen der herrschenden Schicht der *gentry*. Nachdem der ruinierte kleine Landadel, der früher so viele Schwierigkeiten gemacht hat, ausgeschaltet ist, bleiben nur noch die Großgrundbesitzer und Großkaufleute übrig, die durchaus imstande sind, die lange Wirtschaftskrise des 17. Jahrhunderts zu überstehen. Die später »Whigs« genannten »Rundköpfe«, die eifersüchtig über die Rechte des Parlaments wachen, und die »Kavaliere«, die späteren »Tories«, die für die königlichen Rechte eintreten, sind sich zumindest in zwei Fragen einig. Beide bejahen die von der englischen Staatskirche eingeschlagene *via media* (auch wenn sie hinsichtlich der Kirchenorganisation und der Dogmatik unterschiedliche Vorstellungen haben), und beide halten es für unerläßlich, daß die alten Stände, d.h. das konservative Parlament, das die Privilegien der herrschenden Schicht sichert, an der Ausarbeitung der Gesetze und der Finanzkontrolle beteiligt werden. Karl II. hingegen möchte diese englischen Eigenheiten abschaffen und die Zustände nach den Entwicklungen auf dem Kontinent ausrichten. Weit weniger religiös als sein Vater und sein Großvater, neigt Karl II. zum Katholizismus, zu dem er auf dem Sterbebett übertritt. Diese Neigung beruht weniger auf einer wirklichen Übereinstimmung mit der religiösen Dynamik der Gegenreformation als auf sozialen und politischen Erwägungen, auf dem kaum bewußten Wunsch, England näher an den Kontinent heranzuführen, mit dem sich Karl in einen Gegensatz zur großen Mehrheit der herrschenden Klassen seines Landes bringt. Aber im Gegensatz zu seinem Vater ist Karl ein geschickter, kluger Taktiker. Deshalb führen die latenten Konflikte, die

die letzten zwanzig Jahre seiner Regierungszeit erfüllen, zu keinen blutigen Auseinandersetzungen. Zu Beginn der sechziger Jahre bremst Karl den Eifer des Parlaments, das sich gegen die der Staatskirche und dem König feindlich gesinnten Puritaner richtet. Die Puritaner wenden sich mit den Anglikanern der »höchsten« *High church* gegen die Toleranzmaßnahmen, bei denen sie zusammen mit den Katholiken gleichsam in einen Topf geworfen werden. Die protestantische Front, die zur Revolution von 1688 führen sollte, bildet sich bereits zu Beginn der siebziger Jahre mitten im dritten englisch-holländischen Seekrieg. Vieles trägt dazu bei. 1670 verkauft Karl ii. in Dover gegen französische Subsidien, die ihn von den Launen des Parlaments unabhängig machen, an Ludwig xiv. das Versprechen, mit den Franzosen gegen die Holländer zu kämpfen. Der zweite englisch-holländische Seekrieg (1664–1667) ist nicht sonderlich populär gewesen, unpopulärer noch der Friede von Breda, durch den England zwar das ferne und im Augenblick nicht sonderlich interessante Neu-Amsterdam gewinnt, aber die Holländer dafür den unmittelbaren Vorteil einer Abänderung der Navigationsakte einhandeln. Vollends unbeliebt im Volk ist nun der dritte englisch-holländische Krieg, dem 1671 der Übertritt des Thronerben Jakob zum Katholizismus vorangeht – ein vielsagendes Symbol. Auf die Toleranzerklärung des Jahres 1672, die die Aufmerksamkeit der Puritaner vom Krieg ablenken soll, antwortet das Parlament ein Jahr später mit der Testakte*, dem *Bill of Test:* wer ein bürgerliches oder militärisches Amt bekleiden will, muß das Abendmahl nach dem Ritus der Hochkirche einnehmen und den König als Oberhaupt der Kirche anerkennen; durch Eid muß er der katholischen Abendmahlslehre abschwören. Dieses gegen die Katholiken und besonders gegen den Thronfolger gerichtete Gesetz hat zur Folge, daß der Herzog von York, der beste Kommandant der englischen Flotte, abdanken muß. Auch die puritanischen Nonkonformisten werden von allen Ämtern ausgeschlossen. Dennoch sind diese aus Haß gegen die Katholiken bereit, die Testakte zu akzeptieren. Von da an ist man in England streng auf die Erhaltung der protestantischen Grundlagen bedacht und äußerst mißtrauisch; weder der im Februar 1674 geschlossene Frieden mit den Niederlanden noch die Heirat der ältesten Tochter des Herzogs von York mit dem sehr calvinistischen Statthouder Wilhelm kann die Gemüter besänftigen. In dem Augenblick, in dem in Frankreich die offene Protestantenverfolgung beginnt, macht man sich in England trotz der Beschwichtigungsversuche des Königs daran, in zunehmendem Maß die Katholiken zu schikanieren. Es ist die Atmosphäre vor der Widerrufung des Edikts von Nantes. Ab 1681 regiert Karl ii. wieder ohne Parlament, finanziell unterstützt durch Ludwig xiv. Die von Monmouth angezettelte Verschwörung und die Hinrichtung einiger in das Komplott verstrickten Whigs zeigen, welche Spannungen erreicht sind, als das protestantische England nach dem Tod Karls II. mit Jakob II.* in die Hände eines katholischen Herrschers kommt.

In drei Jahren bringt Jakob, der katholische König, England an den Rand der Revolution: es kommt zu einem Aufstand in Schottland; Jakob versucht, durch eine gesetzwidrige Indulgenzerklärung den Katholiken und Dissidenten wieder den Zugang zu öffentlichen Ämtern zu öffnen; der Bischofsprozeß (1687) endet mit deren aufsehenerregendem Freispruch. An dem Tag, an dem dem König ein Thronerbe geboren wird (21. Juni 1688), ist es mit einem Schlag mit der Nachsicht der Protestanten vorbei. Die Whigs und die Mehrheit der Tories sehen nur einen Ausweg: man ruft Wilhelm von Oranien und Mary ins Land, hinter denen das durch hugenottische Flüchtlinge verstärkte Holland steht. Am 5. November 1688 landet Wilhelm in Torbay. Im Dezember 1688 flieht Jakob nach Saint-Germain. Dies ist die »Glorious Revolution«*, die »Glorreiche Revolution«, bei der kein einziger Schwertstreich fällt. Sie bezeichnet einen Wendepunkt in der englischen Geschichte. Die *Bill of Rights** vom 13. Februar 1689 bildet die Grundlage für eine konstitutionelle Regierung, das Fundament des englischen Parlamentarismus. Durch die Toleranzakte aus demselben Jahr, die den protestantischen Nonkonformisten das Recht auf eigenen Gottesdienst zugesteht, aber die Katholiken nicht berücksichtigt, wird eine breite protestantische Front geschaffen. Die Gründung der Bank von England im Jahre 1694 gibt dem englischen Staat die Möglichkeit in die Hand, auf dem Kontinent und in Übersee wirkungsvoll einzugreifen. Damit beginnt ein bedeutsamer neuer Abschnitt englischer Geschichte. Für Frankreich bedeutet dies, daß die Zeit seiner mühelos behaupteten europäischen Vorherrschaft zu Ende ist.

Die Glorreiche Revolution bezeichnet das Ende einer Entwicklung, aber mehr noch den Anfang einer neuen Entwicklung, die sich nicht mehr aufhalten läßt. Allerdings sollte die englische Vorherrschaft, die sie ankündigt, erst nach dem großen Aufschwung der englischen Wirtschaft volle Wirklichkeit werden, also erst im ausgehenden 18. Jahrhundert. Es dauert bis 1815, ehe Europa erkennt, wie mächtig England inzwischen geworden ist. Als das spanische Reich zusammenbricht, übernimmt zunächst Frankreich das Erbe. Zuerst muß es mit den Niederlanden teilen, wobei Frankreich das bessere Teil erhält, dann mit England, was sich für Frankreich als schwieriger erweist. Die Zurückdrängung der Türken im Donauraum, die Auswanderung der Hugenotten und die englische Revolution bereichern Europa, schwächen jedoch Frankreich. Die französische Vorherrschaft durchläuft drei Etappen: von 1630 bis 1685 ist sie verhältnismäßig unproblematisch, von 1685 bis 1713 wird sie verschiedentlich angefochten, von 1713 bis 1763 muß sie geteilt werden.

Die Entwicklung beginnt mit der Zerschlagung der beiden Parteien, die sich einer straff durchorganisierten, zentralistischen monarchischen Staatsgewalt widersetzen: der Hugenotten im Jahre 1629 und der Devotenpartei 1630, Repräsentanten der Reformation und der katholischen Gegenreformation.

Die Entscheidungen der Jahre 1628 bis 1631 sind ebenso weitreichend wie tragisch. Die Bevölkerung Frankreichs wächst in der Richtung weiter, die sich schon im 16. Jahrhundert abgezeichnet hat. Aber im 17. Jahrhundert kann man nicht mehr ohne besonders großen Aufwand neues Land urbar machen; um Neuland zu gewinnen, muß man die Sümpfe im Poitou trockenlegen. Schon zu Beginn des 17. Jahrhunderts häufen sich die Schwierigkeiten. Mit der wachsenden Bevölkerung wird das Land knapper; an den neuen Adel, der in der zweiten Hälfte des 16. Jahrhunderts durch den neu aufgenommenen Geld- und Amtsadel vermehrt wurde, was einer Verstärkung der Staatsgewalt gleichkommt, werden höhere Anforderungen gestellt. Die Lage ist äußerst gespannt; Höhepunkte bilden in den dreißiger Jahren die Pest und in den fünfziger Jahren die Fronde. Verglichen mit der Ruhe der Jahre 1660 bis 1690 sind die Spannungen der Jahre 1620 bis 1650 fast ein Zeichen der Gesundheit. Von 1623 bis 1647 vergeht kein Jahr, ohne daß es irgendwo zu Unruhen kommt, vor allem im Südwesten Frankreichs, im einst reichen Frankreich, jenen volkreichen Gebieten, in denen die Reformation zahlreiche Anhänger hat; auf zu engem Raum ist die Bevölkerung zusammengedrängt. Vor allem die Städte werden aufsässig, aber in den fünfundzwanzig unruhigen Jahren rebellieren fünfzehn Jahre lang auch die Bauern. Diese lange Zeit der Wirren in der problematischen, aber doch sehr fruchtbaren ersten Hälfte des 17. Jahrhunderts ist letztlich durch den Aufstieg einer starken, anspruchsvollen Staatsgewalt bedingt, der in einer wirtschaftlich sehr angespannten Zeit erfolgt. Der Preis für die Errichtung der administrativen Monarchie ist hoch, aber nicht allzu hoch, wenn man bedenkt, welche Vorteile diese neue Entwicklung mit sich bringt. Das Gewicht des Staates beruht zum Teil auf der vollzogenen territorialen Einigung, auf der Schaffung eines relativ geschlossenen Frankreichs im Herzen Westeuropas.

Richelieu * tritt 1624 in den Staatsrat ein, aber erst 1630 ist seine Position so weit gefestigt, daß er seine Vorstellungen vom Staat innen- und außenpolitisch verwirklichen kann. Er muß dafür bezahlen. Um die protestantische Partei zu zerschlagen, der noch fast die Hälfte des französischen Adels angehört, braucht Richelieu die zumindest teilweise Neutralität der Habsburger und die bedingungslose Unterstützung durch den katholischen Adel. Der Sieg Heinrichs IV. war der Sieg einer gemeinsamen protestantisch-politischen Front, der Sieg Richelieus in den Jahren 1628–29 ist der Sieg der Politiker und des Hochadels über die Protestanten. Zur Belohnung wird Marillac 1629 zum Marschall ernannt. Aber der Friede ist nur scheinbar. Die Kreise, die sich aus taktischen Erwägungen mit dem Kardinal verbünden, glauben 1627, daß dieser wieder in ihre Mitte zurückgekehrt sei. Durch den Krieg in der Languedoc identifizieren sie sich Anfang 1629 mit der gegen Habsburg gerichteten Italienpolitik des Kardinals. Der Gnadenfrieden von Alais (23. Juni 1629) bestürzt sie, mit der 1630 betriebenen Italienpolitik sind sie ganz und gar nicht mehr einverstanden. Durch den Tod Bérulles (am 2. Oktober 1629) werden sie ihres geistigen Führers beraubt. Als der König im September 1630 erkrankt, schlagen sie zu. Am 10. November 1630 setzen sie alles auf eine Karte – und verlieren. Nach der Zerschlagung des partikularistischen Adels und der politischen Ausschaltung der Hugenotten kann Richelieu ungestört die habsburgfeindliche Außenpolitik fortsetzen, die von den »guten Franzosen« und den Protestanten gewünscht wird.

In kürzester Zeit wird der Widerstand der Granden vollkommen gebrochen. Am 11. November 1630 enthebt Châteauneuf den Siegelbewahrer Marillac seines Amtes. Am 12. des Monats wird der Haftbefehl erlassen, am 21. wird Marillac eingekerkert. Am 13. Mai 1631 wird eine Sonderkommission gebildet, aber bald wieder aufgelöst, weil der König auf einem Todesurteil besteht. Die Hinrichtung auf der Place de Grève findet am 10. Mai 1632 statt. Am 28. Februar 1633 wird Pierre Séguier Siegelbewahrer, ein Amt, das er bis zu seinem Tod am 28. Januar 1672 behält. Séguier und seine Gefolgschaft sorgen dafür, daß die Staatsgewalt weiter ausgebaut und jeder Widerstand im Inneren gebrochen wird; die politisch aktiven Vertreter der Gegenreformation werden nach und nach ausgeschaltet.

Die Gegenreformation* ist eine geistliche und geistige Bewegung innerhalb der katholischen Kirche und des Christentums. Sie schadet sich selbst, indem sie sich mit einer Partei und mit einem Staat identifiziert – mit der Partei Marillacs in Frankreich und mit Spanien. Dagegen kämpft zum Wohle Frankreichs und der Gegenreformation selber Kardinal Richelieu an, der als Theologe nur mittelmäßige Qualitäten aufzuweisen hat. Immerhin hat die Partei Marillacs viel, das zu ihren Gunsten spricht. Sie erkennt früh, daß die Not des Volkes, die verzweifelte Lage der Armen in Stadt und Land für die christliche Gesellschaftsordnung eine äußerst große Gefahr darstellen. Außenpolitisch sieht sie, daß die spanischen Erfolge für die katholische Sache unmittelbare konkrete Vorteile bringen. Sie weiß genau, wie stark das protestantische Lager ist, und glaubt nicht, daß die Siege der Katholiken über die Hugenotten von Dauer sind. Dennoch erweist sich schließlich, daß nicht sie, sondern Richelieu recht hat. Für den Augenblick haben die Entscheidungen von 1630 zur Folge, daß ab 1640 die spanische Vorherrschaft durch die französische Vorherrschaft abgelöst wird. Von 1630 bis 1635 mischt sich Frankreich praktisch täglich tiefer in die europäischen Auseinandersetzungen ein. Von 1635 bis 1640 stehen sich Frankreich und Spanien unmittelbar im Krieg gegenüber. Zweimal, 1636 und 1639, kann Frankreich mit Mühe eine Katastrophe abwenden. 1640 ist die spanische Macht gebrochen.

Von 1640 bis 1648 beginnt Frankreich seinen Vorteil wahrzunehmen. Doch nun, da vollendete Tatsachen geschaffen sind, regt sich der Widerstand, der paradoxerweise bis 1659 anhält. Jetzt ist die Krise allgemein; kein Gebiet bleibt davor verschont. Dadurch wird Frankreich daran gehindert, die Früchte seines außenpolitischen Eingreifens zu ernten; gleichzeitig beginnt in England ein Jahrzehnt der Wirren. Zwischen 1641 und 1643 bleibt Frankreich mit knapper Not ein allgemeiner Aufstand erspart. Unter diesen Umständen kommt der Sieg bei Rocroi (am 19. Mai 1643) genau im richtigen Augenblick. Der Konflikt zieht sich bis zum Westfälischen Frieden* (1648) hin, durch den Spanien isoliert, die Rückeroberung Deutschlands für den Katholizismus endgültig vereitelt und die politische Zerstückelung des Reiches besiegelt wird. Noch wichtiger als die politische Zerstückelung, die eine Voraussetzung für die französische Vormachtstellung ist, ist die katastrophale Entvölkerung des Reiches durch den langen, blutigen Krieg. Frankreich hat 1648 rund 15 Millionen Einwohner; das im Osten angrenzende Reich ist zwar doppelt so groß, wird aber nur noch von 7 Millionen Menschen bewohnt (um 1600 waren es noch 20 Millionen). Für ein Jahrhundert hat Frankreich im Osten nichts mehr zu fürchten. Dadurch ist es ihm möglich, die schwer zu verteidigenden Grenzen auf Kosten der burgundischen Lande, des spanischen »Korridors« zwischen Italien und den Niederlanden, zu begradigen, die Grenze weiter nach Osten vorzuschieben. Dies gelingt in Lothringen und paradoxerweise auch im Elsaß. Die Annexion Lothringens hat schon 1552 begonnen, ist aber erst 1766 abgeschlossen.

Zunächst werden in Lothringen* einige Keile vorgetrieben. 1632 wird das Clermontois (das Gebiet um Clermont-en-Argonne) annektiert, 1641 das Bistum Metz, Stenay und Dun-sur-Meuse besetzt; durch den Westfälischen Frieden (1648) wird den Franzosen endgültig der Besitz von Metz, Toul und Verdun bestätigt. Die Bistümer Verdun und Toul sowie die Stadt Metz hatte Frankreich schon 1552

5 LOTHRINGEN (nach G. Cabourdin und A. Lesourd: *La Lorraine*). Diese Karte veranschaulicht, wie Lothringen in Etappen von Frankreich absorbiert wurde, nachdem die betreffenden Gebiete mehr oder weniger vollständig besetzt waren. Die wichtigsten Jahre dieser Inbesitznahme sind 1552, 1632, 1641, 1642, 1648, 1659 und 1661. Gleichzeitig wird deutlich, wie verschachtelt die Besitzverhältnisse an der Grenze zwischen Frankreich und dem Heiligen Römischen Reich Deutscher Nation waren. Die Annexion Lothringens erbrachte eine gewisse Grenzbegradigung.

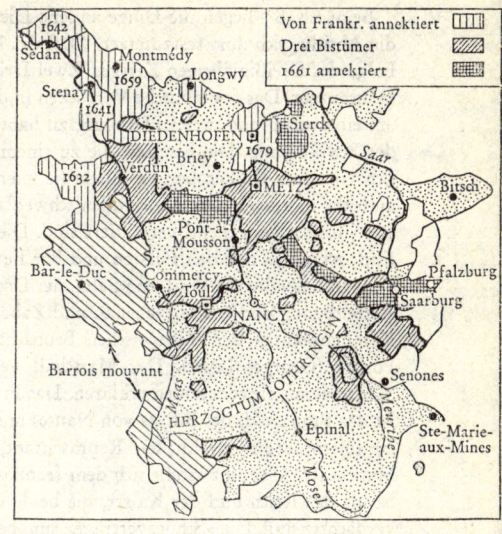

esetzt. Das Bistum Metz, ein weltliches Fürstentum mit der Hauptstadt Vic-sur-Seille, gehört juristisch bis 1632 zum Heiligen Römischen Reich. Durch den Pyrenäenfrieden* vom 7. November 1659 erhält Frankreich Gebiete nördlich der Maas mit Montmédy und ein Gebiet an der Mosel mit der Stadt Diedenhofen. 1661 wird die Enklave Diedenhofen durch Sierck vergrößert; durch schmale Gebietsstreifen, die aus dem Reichsgebiet herausgetrennt werden, werden Verbindungen zwischen Verdun und Metz sowie zwischen Metz und dem Elsaß geschaffen. Die Politik der Réunionskammern* schließlich – es handelt sich dabei um widerrechtliche Annexionen mitten im Frieden – bringt nach dem Frieden von Nimwegen weiteren Gebietszuwachs. Das Herzogtum Lothringen wird für längere Zeit systematisch besetzt, nämlich von 1633 bis 1661 und wieder von 1670 bis 1698. Die endgültige Einverleibung Lothringens erfolgt in den Jahren 1737 bis 1766 unter der klugen Verwaltung von Antoine Martin de Chaumont de la Galaizière, der vom französischen König zum Kanzler des nominell unter der Herrschaft von Stanislaus Leszczynski stehenden Herzogtums ernannt wird.

Beim Elsaß * liegen die Dinge anders. Die Franzosen haben zunächst gar nicht die Absicht, sich dort festzusetzen. Daß das Land schließlich besetzt wird, ist eine Folge des Dreißigjährigen Krieges. Zwei Drittel des Elsaß ist in den Händen der Habsburger. Das französische Vorrücken in den Jahren von 1634 bis 1648 erfolgt, um ein Faustpfand gegen Habsburg zu haben, gleichzeitig aber auch zum Schutz der Bevölkerung. Die Elsässer, die zu einem Drittel protestantisch sind, fürchten sich vor einer Rückeroberung durch die unerbittlichen Habsburger, fürchten aber auch die mordenden und sengenden schwedischen Truppen, die seit dem Tod Gustav Adolfs weitgehend verwildert sind. Die Franzosen rücken als Beschützer im Einverständnis mit den Fürsten und der Bevölkerung im Elsaß ein. »Im Januar 1634 unterstellte der Graf von Salm, der Dechant des Bistums Straßburg, dem die Verteidigung der Städte Hagenau und Zabern übertragen war, diese Städte dem Kommandanten der französischen Beobachtungstruppen, dem Marschall de La Force« (Georges Livet). Der Marschall verlangt, daß sich die Bewohner der Städte damit einverstanden erklären. Das Frankreich, das im Elsaß einmarschiert, ist das Frankreich des Edikts von Nantes und des Gnadenfriedens von Alais, also ein tolerantes Frankreich; sein Repräsentant, der Marschall de La Force, ist selber Hugenotte. Man unterstellt sich dem französischen Schutz, weil Frankreich näher ist als das Reich und der Kaiser, die beide den elsässischen Protestanten sowieso verdächtig sind. Die »Schutzverträge« sind bereits symptomatisch für die politische Auflösung des Reiches. Allerdings dringt die französische Herrschaft im Norden und Süden des Elsaß mit unterschiedlicher Geschwindigkeit vor. Im Oberelsaß und im Sundgau herrscht administrativ ein vollkommenes Vakuum: die alten Autoritäten sind verschwunden, es gibt nur noch subalterne Behörden. Justiz- und Finanzwesen gehen in die Hände der Besatzungsmacht über, die es übernimmt, die äußere Sicherheit und die Ordnung im Inneren zu gewährleisten. In den von ihnen besetzten Gebieten richten die Schweden einen Verwaltungsapparat ein, dessen Mittelpunkt Straßburg ist. Als die schwedischen Truppen abziehen, bricht auch die Verwaltung zusammen. Trotz des österreichischen Widerstands stoßen nun die Franzosen in dieses Gebiet vor.

Zumindest in einer Hinsicht ist die Lage im Elsaß und in Lothringen gleich: beide Gebiete werden von dem im Reich allgemeinen Bevölkerungsrückgang erfaßt, werden mit der Krankheit des Reiches angesteckt. Der Anschluß an Frankreich wirkt sich sofort segensreich aus. Lothringen verliert durch Krieg, Invasionen, Hungersnöte und Seuchen (die Pestjahre 1633 und 1636 fordern hier besonders viele Opfer) zwischen 1625 und 1660 etwa die Hälfte seiner Bevölkerung, was dem Bevölkerungsschwund in den vom Krieg weniger stark heimgesuchten Gebieten des Reiches entspricht. Im Elsaß, wo die Franzosen rascher und gründlicher eingreifen, scheinen die Verluste geringer gewesen zu sein. Im 18. Jahrhundert erlebt das Elsaß – mehr noch als Lothringen – ein außergewöhnliches Bevölkerungswachstum. Wie in Katalonien, Valencia und den besonders begünstigten Teilen Englands verdoppelt sich die Bevölkerung, ja, sie verdreifacht sich beinahe. Ende des 17. Jahrhunderts leben im Elsaß 250 000 Menschen; neunzig Jahre später sind es mehr als 600 000.

Der Sieg der Franzosen über die Spanier bei Lens (am 20. August 1648), der die schon bei Rocroi bewiesene Überlegenheit bestätigt, kann nicht den Ausbruch der Fronde* (1648–1652) verhindern. Für kurze Zeit befindet sich Frankreich in derselben Lage wie Spanien zehn Jahre früher. Spanische Truppen stehen bei Bordeaux und Nantes. Die Treuesten der Treuen werden wankelmütig, ein Séguier*, ein Sully*, ein Turenne*. Diese Fronde, die Tallemant des Réaux einen »kleinen Krieg« genannt hat, ist für Frankreich die schwerste Prüfung, die größte Gefahr. Sie endet mit der völligen Unterwerfung des Adels und des Parlaments.

Danach geht der französische Vormarsch weiter. Von 1652 bis 1668 werden weitere Teile aus Flandern herausgebrochen, wird die Freigrafschaft Burgund* systematisch eingekreist. Nach zweijährigen Verhandlungen, die man als die größten diplomatischen Manöver des 17. Jahrhunderts bezeichnen kann, wird von August bis November 1659 auf der Fasaneninsel im Grenzfluß Bidassoa in den Pyrenäen der Pyrenäenfrieden* geschlossen; Unterzeichner sind Luis de Haro und Mazarin. Frankreich gewinnt das Roussillon und einen Teil der Cerdagne. Ferner muß Spanien Avesnes, Philippeville und Marienbourg abtreten, wodurch die spanischen Besitzungen in den Niederlanden weiter verringert werden. Fast das ganze Artois, Graveline und Bourbourg vor den Toren Dünkirchens gehen an England, werden aber Karl II. 1662 von Frankreich abgekauft. Schließlich erhält Frankreich einige Plätze im Hennegau, andere östlich und südlich von Luxemburg, vor allem Diedenhofen, wodurch die Einkreisung Lothringens abgeschlossen wird. In einem Ehevertrag wird die Vermählung des 22jährigen Ludwig mit der ältesten Tochter Philipps IV. von Spanien, der Infantin Maria Theresia, vereinbart; da zu diesem Zeitpunkt in Spanien das salische Recht nicht gilt, der Infant Prospero bereits tot ist und kein männlicher Erbe zu erwarten steht, weil Ferdinand mit dem Tod ringt – der spätere Karl II. ist noch nicht geboren –, sieht es so aus, als ob die Infantin das Reich erben würde. Doch sie muß auf ihre Erbansprüche verzichten. In einem Vertrag vom 7. November 1659 wird der Erbverzicht von der Zahlung der Mitgift abhängig gemacht. Der für eine Infantin durchaus angemessene Betrag lautet auf 500 000 Goldécus.

Lange zögert Ludwig XIV., ehe er den Devolutionskrieg* vom Zaun bricht, der ihm allerdings nur mäßige Erfolge einbringt. Ihm zugute kommen der englisch-holländische Konflikt und die Pest, die den Osten und Süden Englands heimsucht. Es geht um die Erbansprüche Maria Theresias. Zunächst wird ein Meisterwerk böswilliger Unredlichkeit verfaßt, die »Abhandlung über die Rechte der allerchristlichsten Königin auf verschiedene Staaten der spanischen Monarchie«. Im Mai 1667 leitet die französische Armee Operationen ein, die man eher als großangelegte Manöver denn als Krieg bezeichnen kann. Dennoch bringen sie einigen Erfolg ein, da die französischen Kräfte überlegen sind und den ersten Schlag führen können. Im Frieden von Aachen*, der am 2. Mai 1668 geschlossen wird, entscheidet sich Ludwig XIV. für den Verzicht auf die Freigrafschaft Burgund, deren wichtigste Plätze ohnehin in seinem Besitz sind, obwohl ihm Mittelmächte und Feinde das Land geradezu aufdrängen. Dafür gewinnt Frankreich Bergues, Furnes, Armentières, Kortrijk, Menin, Lille, Douai, Tournai, Oudenaade, Ath, Binche, Charleroi mit den dazugehörigen Gebieten. Das bedeutet, daß die spanischen Niederlande zu einem beträchtlichen Teil nunmehr in französischer Hand sind.

Im Jahre 1668 wird ganz Europa offenbar, daß jetzt Frankreich an Spaniens Stelle getreten ist. Daß der Frieden von Aachen den Franzosen nicht mehr einbringt, geht darauf zurück, daß die protestantischen Mächte des Nordens dem französischen Vordringen Einhalt gebieten wollen: England, Schweden und in erster Linie Holland, das sich durch Frankreich besonders bedroht fühlt.

Noch deutlicher wird die französische Vormachtstellung durch den Eroberungskrieg, den Frankreich gegen Holland führt (1672–1678).

Gestern noch an der Spitze des protestantischen Europa, sieht sich jetzt Frankreich demselben protestantischen Europa als Feind gegenüber, der im Namen des europäischen Gleichgewichts die geschwächten Habsburger Länder zu schützen gedenkt. Im zweiten französisch-holländischen Krieg bildet sich erstmals eine jener antifranzösischen Koalitionen heraus, die bis zu Waterloo immer wieder entstehen sollten. Trotz der Isolierung beendet Frankreich den Krieg als Sieger. Ohne die waffentechnische Überlegenheit der französischen Armee hätte er mit einer Katastrophe geendet. Die von den beiden Telliers aufgestellte und kurze Zeit wieder von Turenne und Condé geführte Heermacht wird von der Heimat nicht im Stich gelassen. Daraus erwächst die gefährliche Illusion, der absurde Gedanke, daß sich Frankreich ganz auf sich gestellt behaupten und siegen könne.

Frankreich triumphiert tatsächlich in Nimwegen*, Saint-Germain und Fontainebleau (August 1678, Februar 1679 und September 1679). Gebietsveränderungen gibt es nur zwischen dem auseinanderfallenden Spanien und dem siegreichen

Frankreich. Diesmal wird die Freigrafschaft Burgund einverleibt, die Grenze im Norden wird begradigt: Frankreich erhält das Cambrésis, einen Teil des Hennegaus (Valenciennes, Bouchain, Condé und Maubeuge), einen Teil von Westflandern (Ypern, Poperinghe, Bailleul, Cassel) und den Rest des Artois (Aire und Saint-Omer).

Man hätte in Frankreich erkennen müssen, daß dieser Sieg auf zwei außergewöhnlichen Voraussetzungen beruhte: auf der Zweideutigkeit der englischen Politik (der englische König zwang jene zum Frieden, denen er nicht verzeihen konnte, daß sie ihm den Krieg aufgezwungen hatten; er hatte gegen Holland Krieg führen wollen, das protestantische England hatte es erreicht, daß gegen Frankreich Krieg geführt wurde) und auf der letztmals im Osten des Reiches auflodernden Türkengefahr.

Ludwig XIV. läßt sich durch seine Juristen zum Abenteuer der »Wiedervereinigungen« verleiten. Der Streich mit der »Abhandlung über die Rechte der allerchristlichsten Königin«, auf den der Devolutionskrieg folgt, bringt nicht sehr viel ein. Anders im Elsaß. Dort werden auf Beschlüsse der Réunionskammern * (ab 1680) kurzerhand mitten im Frieden Teile des Landes besetzt. Durch den »Zehnstädteeid« gehen zehn Städte, die seit 1354 zusammengeschlossen sind, nämlich Hagenau, Schlettstadt, Weißenburg, Landau, Colmar, Oberehnheim, Kaysersberg, Rosheim, Türkheim und Münster, in französische Hände über. Straßburg wird im September 1681 besetzt. Eine Gedenkmünze trägt die Inschrift: *Clausa Germanis Gallia.* Und in anderen Gebieten? Außer im Elsaß werden die rechtswidrigen Beschlüsse der Réunionskammern 1697 durch den Frieden von Ryswijk * rückgängig gemacht. Auf Einzelheiten brauchen wir hier nicht einzugehen. Wesentlich sind der Geist, der die Agenten dieses juristischen Imperialismus beseelt, und die Tatsache, daß hier ein Haß gesät wurde, der 1707 und 1709 höchst unerfreuliche Früchte tragen sollte.

ZU DEN ABBILDUNGEN 68–72

68–69 DIE FOLTER IM DIENST DES STAATES: GEWALT GEGEN GEWALT IM FRANKREICH DES BEGINNENDEN 17. JAHRHUNDERTS Um sich in einer Welt der Gewalt durchsetzen zu können, mußte der Staat ebenfalls systematisch zu Gewaltmaßnahmen greifen. Nur die Angst vor Leiden und Tod vermochte zunächst die Gesetzlosigkeit einzudämmen. In einer ersten »Schockphase« (im Westen der Beginn des 17. Jahrhunderts, im Osten, besonders in Rußland, um die Wende vom 17. zum 18. Jahrhundert) war die Skala der Foltern und Todesarten am breitesten. Nachdem sich der Staat – im Westen im

18. Jahrhundert – durchgesetzt und in einer
gut organisierten Polizei ein wirksames
Ordnungsinstrument geschaffen hatte, konnte man es sich erlauben, eine humanere
Justiz einzuführen. Aber genau betrachtet
war dieser Fortschritt nur relativ. Ver-
brechen gegen das im 18. und 19. Jahrhun-
dert weniger gefährdete menschliche Leben
wurden nachsichtiger geahndet, aber bei
Vermögensdelikten blieb man unerbittlich.
Die Justiz des 17. Jahrhunderts war eine
Justiz des öffentlichen Wohls, die Justiz des
18. und 19. Jahrhunderts eine Klassenjustiz.
Die hier gezeigte Gesamtdarstellung des
Supplicium Sceleri Froenum stammt von
Callot. Da das Leiden das raffinierteste aller
Schauspiele ist, hat sich eine zahlreiche
Menschenmenge versammelt. Nicht nur der
Staat bestraft; auch in der Familie geht es
reichlich unsanft zu. Rechts peitscht ein Herr
seinen Diener aus, eine Frau ihre Dienerin;
dahinter verdrischt eine Mutter das nackte
Hinterteil ihres Kindes, während andere
kleine Übeltäter auf ihre Bestrafung warten. Links vorn wird ein Ketzer, den die
Kirche der weltlichen Gerichtsbarkeit übergeben hat, vor einer Schulklasse verbrannt,
die zu diesem erbaulichen Schauspiel geführt
wurde. Die Enthauptung auf der Tribüne ist
eine edle Todesart, das Rad bedeutet einen
schmählichen Tod. Am Galgen rechts werden Übeltäter gehenkt. Im Hintergrund
Mitte findet eine Vierteilung statt, eine nicht
sonderlich erfreuliche Todesart. Ferner
schickt man sich an, den Schlund eines Geld-
fälschers mit heißem flüssigem Blei auszu-
gießen. Nichts hat Callot vergessen. Welche
Bestrafung oder Todesart einem Übeltäter
zukommt, ist durch alten Brauch festgelegt;
allerdings erwischt die machtlose Polizei

nur wenige Verbrecher. Trotz der grausamen
Strafen ist diese Justiz zunächst wenig wirksam. (Paris, Nationalbibliothek, Kupferstichkabinett)

70 AM PRANGER 1716: WOZU SÜNDENBÖCKE
GUT SIND Diese Szene spielte sich Ende 1716
ab, nachdem das Justizministerium am
7. Dezember 1716 einen Erlaß herausgegeben hatte, nach dem Betrüger, Münzfälscher
und Zechpreller an den Pranger zu stellen
waren. Gewalt bekämpfte man mit Gewalt,
»Intelligenzverbrechen« dadurch, daß man
die Verbrecher dem öffentlichen Hohn und
Spott preisgab, sie demütigte. Diese Strafe
war nicht sonderlich gefährlich für Leib und
Leben (man wurde gewöhnlich für drei
Tage an den Pranger gestellt, und die Zu-
schauer wurden in sicherem Abstand gehalten, damit sie den Übeltäter nicht durch
Steinwürfe gefährden konnten). Viele der be-
straften Betrüger waren der Steuerhinter-
ziehung angeklagt, die damals weit verbreitet war, denn gegen Ende der Regierungszeit Ludwigs XIV. waren die Steuerlasten
fast unerträglich hoch. Das war noch eine
verhältnismäßig humane Bestrafung; später
schickte man die Verbrecher auf Lebenszeit
auf die Galeeren. (Paris, Nationalbibliothek, Kupferstichkabinett)

71–72 ARCHAISCH-SLAWISCHE GRAUSAMKEIT
IN RUSSLAND Diese beiden Abbildungen führen uns in eine ganz andere Welt, in der die
raffinierte Grausamkeit des Ostens herrscht.
Dabei stammen die Bilder aus dem Jahr
1769, aus einer Zeit also, in der man im
Westen immer mehr auf grausame Unterdrückungsmaßnahmen und Strafen verzichtete. Die Stiche stammen aus der *Voyage*

68

69

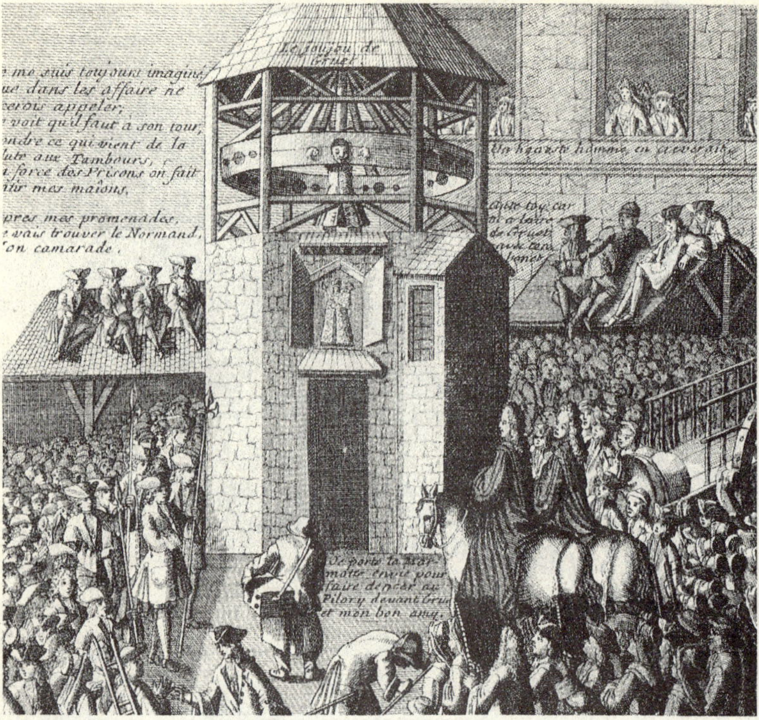
me suis toujours imaginé
ue dans les affaire ne
cerois appeler;
voit quil faut à son tour,
ndre ce qui vient de la
lute aux Tambours,
force des Prisons on fait
tir mes maisons,
pres mes promenades,
vais trouver le Normand,
on camarade.
faire dencer au
Pilory devant
et mon bon amy.

70

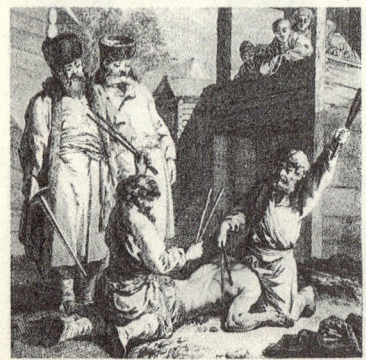

71

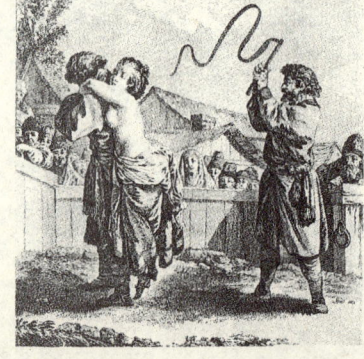

72

Die Männer, die geduldig die französische Expansion fördern, sind dieselben, die im Inneren eine straff zentralisierte Monarchie errichten. Einer der Glücksfälle Frankreichs sind im 17. Jahrhundert seine Beamten, die sich aus der Elite des Bürgertums und des Adels rekrutieren. Die Creme dieser Elite bilden die »maîtres de requête« *, die Beamten, die im Staatsrat als Berichterstatter fungieren. Aus

en Sibérie von Chappe d'Auteroche, einem Reisebericht, der 1769 in Paris veröffentlicht wurde. »Seit der Thronbesteigung der Zarin Elisabeth«, schreibt der Verfasser (also seit 1741; Elisabeth regierte von 1741 bis 1762), »sind die körperlichen Strafen auf die Batocken und die Knute beschränkt... Die Batocken sind eine einfache Disziplinarstrafe, die von Offizieren gegenüber Soldaten, von Adligen gegenüber Dienern und von jedem gegenüber denen ausgeübt werden, die seinem Befehl unterstehen. Schon das geringfügigste Vergehen kann durch die Batocken bestraft werden.« Der mit nacktem Rücken auf dem Boden liegende Übeltäter wird von zwei kräftigen Männern festgehalten, die seinen Rücken mit acht Stöcken bearbeiten, wodurch rasch die Haut platzt und das blutende Fleisch zum Vorschein kommt. Diese Strafe war noch im 18. Jahrhundert in deutschen Armeen üblich. Sie ist übrigens uralt: schon im alten Ägypten läßt sie sich nachweisen. Weit schrecklicher ist die Bestrafung durch die Knute. Es gab zwei Grade: die »große Knute« bedeutete praktisch den Tod, die »gewöhnliche Knute« drei bis vier Wochen fast unerträglicher Schmerzen. »Die Bestrafung mit der gewöhnlichen Knute« – sie wird hier einer jungen Frau zuteil, die, nach ihrer Kleidung zu schließen, den besseren Ständen angehört – »wird von

zwei Männern vollzogen: der eine trägt das bis zum Gürtel entkleidete Opfer auf dem Rücken, der andere nimmt mit der aus Leder geflochtenen Knute die Auspeitschung vor. Er entfernt sich um einige Schritte, wobei er mit sicherem Auge den erforderlichen Abstand mißt, macht einen Sprung rückwärts und versetzt dem Opfer mit der Peitschenspitze einen Hieb, der einen Hautstreifen vom Hals bis zum Gesäß herausreißt. Dann nimmt er wieder Maß, um einen zweiten, parallelen Hieb zu versetzen, und so wird in kurzer Zeit die ganze Rückenhaut in Streifen zerfetzt, die großenteils über das Hemd herabhängen.« Diese Strafe wurde für zahlreiche kleinere Vergehen in aller Öffentlichkeit sowohl an Männern als auch an Frauen vollzogen. »Die Auspeitschung ist nicht entehrend«, erläutert Chappe d'Auteroche, merklich schockiert darüber, daß »unter dieser Regierung ein jeder den gleichen Strafen ausgesetzt ist, die oft nur die Folgen einfacher Hofintrigen sind«. Der Verfasser deutet an, daß sich die Zarinnen Anna Iwanowna und Elisabeth mit besonderer Vorliebe Opfer des eigenen Geschlechts aussuchten. Die »große Knute«, die Auteroche ebenfalls zeigt, entsprach dem Rad in den westlichen Ländern, brachte also einen schmerzhaften Tod. (Paris, Nationalbibliothek, Kupferstichkabinett)

ihrer Mitte holt der König seine Intendanten * für die Armeen und die Provinzen. Diese hohen Beamten, gebildete Juristen, die jeden Augenblick von ihren Posten bei der Armee, in den besetzten Gebieten, in den neuen, sich ausdehnenden Provinzen, aus dem Parlament von Metz und den Réunionskammern abberufen werden können, der Zentrale voll verantwortlich und Häupter von Polizei, Verwaltung und Steuerwesen sind, runden das Frankreich, das in Europa die Vormachtstellung übernimmt, territorial ab. Sie bleiben meist im Hintergrund, wenn von jener Zeit die Rede ist; vor kurzem hat Roland Mousnier eine ausgezeichnete Studie über einen Vertreter dieser mehrere hundert Männer umfassenden, so bedeutungsvollen Gruppe verfaßt, eine Biographie von Nicolas de Corberon. Dieser Corberon, Verfasser einer 1693 durch einen interessierten Schwiegersohn veröffentlichten Abhandlung, ist der älteste Sohn eines bescheidenen Magistratsbeamten von Troyes. Das Vorrücken der französischen Grenze auf Lothringen und das Elsaß zu bietet dem jungen Nicolas eine Gelegenheit, die er geschickt zu nutzen weiß. Der König braucht verläßliche Männer, um aus der vorübergehenden Besetzung eine endgültige Besitzergreifung zu machen. Die Familie Corberon hat in der Champagne während der Zeit der Liga, 1589 und 1590, ihre Treue zur Monarchie unter Beweis gestellt. Diese Tatsache trägt Nicolas die Berufung in den souveränen Rat von Nancy ein, ohne daß er für diesen Posten zu bezahlen hätte – ein ungewöhnlicher Vorgang: in den Grenzgebieten sind einzigartige soziale Aufstiegsmöglichkeiten geboten. 1634 wandelt Ludwig XIII. die souveräne Kammer in das Parlament von Metz um. Und wieder, ohne daß er dafür zu zahlen hätte, »verleiht ihm der König am 6. Dezember 1636 das Patent eines Staatsrats«. Corberon ist eifrig darauf bedacht, seinen Landbesitz zu vergrößern. Und während er am 4. März 1648 einen Galgen in einer neu erworbenen Seigneurie errichten läßt, ist er mit gleichem Eifer bemüht, in dem besetzten, auseinanderfallenden Lothringen das Territorium des Königs, also Frankreich, zu vergrößern. Wie geht er dabei vor? Aufschluß geben die Plädoyers, die er 1637 und 1640 vor dem Parlament von Metz hält und die Sainte-Marthe 1693 veröffentlicht. Eine kurze Zusammenfassung findet sich in der Arbeit von Roland Mousnier, der wir folgen wollen. Für Corberon ist sein König »der größte König der Welt«. Die Fürsten, so die Herzöge Karl und Franz von Lothringen, sind seine Lehnsmänner (diese Behauptung ist nicht richtig, denn Lothringen gehört damals noch zum Reich). »Hinsichtlich dieses Landes kann der König eine Politik der Besetzung und des Schutzes verfolgen. In diesem Fall muß er die örtlichen Sitten und Gebräuche achten, selbst wenn sie nicht mit denen im Königreich übereinstimmen, denn Kraft und Autorität des Üblichen sind so absolut, daß es nach der Meinung aller Gesetzgeber einem mächtigen Gesetz gleichkommt. Die Lage ist jedoch ganz anders, wenn sich der König entschließt, das Gebiet zu annektieren.«

Corberon ist aus staatspolitischen Gründen ein überzeugter Anhänger der Annexion – die Eroberung ist für ihn Rechtsquelle. Obgleich der König über dem Gesetz steht, muß er sich ihm unterwerfen. Um die Unabhängigkeit des Königreiches zu wahren, ist der König gezwungen, »Edikte zu erlassen und zu widerrufen oder sie abzuändern«. Corberon, der so eifrig für den Abbau aller Privilegien der besetzten Grenzgebiete im Osten eintritt, hat viel dazu beigetragen, daß Frankreich hier festen Fuß fassen konnte und die Ostprovinzen ab der Mitte des 18. Jahrhunderts für ganz Frankreich eine bedeutsame Rolle spielten.

Ehe der Staat nach außen hin gefestigt werden kann, muß er im Inneren gefestigt sein. Auch hierbei wirken die »maîtres de requête« entscheidend mit. Damit seine Anordnungen von den Verwaltungsbeamten durchgeführt werden, die zwar, da sie ihre Ämter kaufen müssen, loyal, aber doch infolge der Entfernung vom Hof ziemlich unabhängig sind, bedient sich der König ab der zweiten Hälfte des 16. Jahrhunderts der »maîtres de requête« als Sendboten. Um die durch die Liga geschlagenen Wunden zu verheilen, braucht Heinrich IV. Vertreter, die länger in den betreffenden Gebieten bleiben. Richelieu baut aus dieser Einrichtung sein Verwaltungsnetz auf. Die »maîtres de requête«, die ohne finanzielle Gegenleistung mit einem Amt und einer Aufgabe betraut und vom König ernannt werden, vereinigen in ihrer Person zwei scheinbar entgegengesetzte, in Wirklichkeit sich ergänzende Systeme. Aus diesen Beamten, die niemandem verpflichtet sind, niemandem etwas schulden als dem König, macht Richelieu Werkzeuge einer effektiven Staatsgewalt. Den Armeen gibt er Finanzintendanten bei, die die Aufgabe haben, für die Verpflegung der Truppen zu sorgen und sie vor der Habgier ziviler Lieferanten zu schützen; aber diese Intendanten haben auch Polizei- und Gerichtsgewalt. Im Inneren sorgt Richelieu dafür, daß die »maîtres de requête« öfter durch ihre Bezirke reiten. Diese »Sendboten des Königs« mit festem Standort, die zu Beginn des Ministeriums Mazarin an der Spitze eines jeden Steuerbezirks stehen, vereinigen alle Gewalt in ihrer Hand, befehlen und ordnen. Sie schaffen Frankreich.

Ganz oben im komplizierten und wohlgeölten Räderwerk der administrativen Monarchie steht die Elite eines Großbürgertums, die soeben in den Adelsstand getreten ist – die Besten der Besten aus dem Kreis der »maîtres de requête«. Ein halbes Jahrhundert lang sind drei Gruppen maßgebend: die Séguiers, die Colberts und die Le Tellier-Louvois. Roland Mousnier schreibt: »Pierre Séguier gehörte zur gleichen Gesellschaftsschicht wie die Staatsräte, die maîtres de requête und die Intendanten.« Aus der Familie Séguier* sind ein Kanzler, fünf Parlamentspräsidenten, dreizehn Staatsräte, zwei Generalstaatsanwälte am Pariser Parlament und sieben »maîtres de requête« hervorgegangen. Von 1633 bis 1646 ist Pierre hinter dem Kardinal der zweite Mann im Staat. »Von den Deputierten des Pariser Parlaments und in den Erlassen des Staatsrats wird er wie die Fürsten von Geblüt als *monsieur* betitelt. Der König nennt ihn in seinen Erlassen, Erklärungen und Patentbriefen seinen *très cher et féal chancelier de France*, die Provinzparlamente und alle anderen Körperschaften, Gesellschaften und Menschen reden ihn mit *Monseigneur* an. Er wird Baron, Herzog von Villemor und Graf von Gien.« Ihm hat es Richelieu zu verdanken, daß der Aufstand der Barfüßer niedergeschlagen wird, der die Normandie in ein trostloses Katalonien zu verwandeln droht. Sein Vermögen kann auf rund 4 Millionen tourische Livres geschätzt werden, das ist das Vier- bis Fünffache dessen, was im Durchschnitt die Präsidenten des Pariser Parlaments besaßen.

Die Séguiers beteiligen sich an der Fronde. Nach seinem Sieg 1652 stützt sich Mazarin auf eine neue Generation des Amtsadels; zu dieser gehören Michel de Tellier*, der die Armee neu organisiert, Hugues de Lionne*, ein durchtriebener Diplomat, Nicolas Fouquet*, der geniale Finanzmann und »surintendant« der Inflationszeit, der das Schiff der Staatsfinanzen geschickt durch alle Fährnisse zu steuern versteht. Aber der in Stürmen bewährte Steuermann ist nicht notwendigerweise ein guter Kapitän für lange Fahrten. Vom ganzen Verwaltungsapparat, den Mazarin bei seinem Tod (am 9. März 1661) dem jungen König hinterläßt, muß nur Fouquet gehen. Ludwig XIV. zieht ihm einen Mann seines Vertrauens vor, der aus dem kleinen Kaufmannsstand entstammt, Jean-Baptiste Colbert*. Dieser Sohn eines Tuchhändlers aus Reims hat unter Mazarin seine Lehre durchgemacht. Nach dem Sturz von Fouquet, zu dem er nach Kräften beigetragen hat, ist Colbert zweiundzwanzig Jahre lang (von 1661 bis 1683) der erste Minister Ludwigs XIV., ohne je diesen Titel offiziell zu erhalten: ihm ist die große administrative Umwandlung der französischen Monarchie zu verdanken.

Auf Colbert geht der »Colbertismus« zurück, eine industrielle, planwirtschaftliche Spielart des Merkantilismus*: die französische Antwort auf die Wirtschaftskrise der Jahre 1660 bis 1680. Die Systematik und Bedeutung dieser staatlichen Planwirtschaft ist oft übertrieben worden. Wichtiger ist die endgültige Errichtung jenes riesigen Verwaltungsapparates, der für lange Zeit die französische Monarchie zur bestorganisierten aller Monarchien vor 1800 macht. Colbert ist weniger ein Wirtschaftspolitiker als ein Verwaltungsfachmann, der sich an alles wagt, sogar an die Wirtschaft. Ende der sechziger Jahre wird durch eine Reihe von Gesetzen die wirtschaftliche und fiskalische Einigung des Landes vollzogen. Damit wird etwas vollendet, das mit den großen Verordnungen des 16. Jahrhunderts seinen Anfang genommen hat. Entscheidend ist die Vervollkommnung der Personenstandsregister durch den Übergang von der einfachen Aufzeichnung zu der durch Gesetz von 1667 geforderten doppelten Buchung. Eine große Volksbefragung im Jahre 1664 wird zur Grundlage einer systematischen beschreibenden Statistik des ganzen Landes. Die diesbezügliche Verordnung von 1664 ist von höchstem Interesse. Darin werden für die Intendanten gute Karten gefordert, in denen die administrative Einteilung des Landes eingetragen ist: die kirchlichen, militärischen, richterlichen und fiskalischen Verwaltungsbezirke. Aber auch die Belange der Krone werden festgehalten: die wichtigsten Einnahmequellen, die Berufsgliederung der Landesbewohner, Landwirtschaft, Seehandel, Industrie, zu verteilende Privilegien; schiffbare oder schiffbar zu machende Flüsse samt Schätzung des notwendigen Arbeitsaufwands; Gestüte; Falschgeld. All das wird innerhalb von vier bis fünf Monaten aufgezeichnet.

Weit mehr als alle Denkschriften über wirtschaftliche Fragen und die französischen Finanzangelegenheiten macht das Rundschreiben des Jahres 1664 deutlich, daß zu dieser Zeit in Frankreich die mächtigste und wirksamste Verwaltungsmaschinerie in ganz Europa aufgebaut wird, die sich in der Folgezeit weiter vervollkommnet. Bei der Volksbefragung des Jahres 1697 wird das statistische System von 1664 erweitert, den neuen Gegebenheiten angepaßt. Weitere Verbesserungen bringt das 18. Jahrhundert: Dodun (1724), Orry (1730 und 1745), Bertin (1760), l'Averdy (1764), Necker (1780) erarbeiten statistische Verfahrensweisen, die im ausgehenden 18. Jahrhundert Frankreich dem so gut durchorganisierten England ebenbürtig werden lassen.

Nicht nur Colbert, sondern seine ganze Familie ist im Dienst der Krone tätig. Neben ihm wirkt sein Bruder Colbert de Croissy als Außenpolitischer Staatssekretär, später tritt an dessen Stelle Colbert de Torcy. Sein Sohn Colbert de Seignelay leitet bis 1690 das Marineministerium, M. Desmaretz, Colberts Neffe, ist Generalkontrolleur der Finanzen, hat also eine Schlüsselstellung im Staat inne.

Neben der Dynastie der Colberts und als deren Rivalen tritt die Familie Tellier* auf. Sie organisieren die schlagkräftigste stehende Armee im Europa jener Zeit. Der Kanzler Le Tellier ist zusammen mit Mazarin, Fouquet und Lionne eine der vier Säulen des Staatsrats von 1661. Der Marquis von Louvois, Michel Le Tellier, ist der große Mann der zweiten Generation, während dessen Sohn, der Marquis von Barbezieux, trotz seiner Begabungen bereits ein sinkender Stern ist.

Wenn auch die Colberts und die Le Telliers derselben Gesellschaftsschicht angehören – die Colberts stehen anfänglich dem Kaufmannsstand näher –, besteht doch
zwischen ihnen ein Gegensatz. Colbert ist ein »guter Franzose«, ein glühender
Patriot. Er haßt Holland, vielleicht zum Teil deshalb, weil ihm dieses Land in
verschiedener Hinsicht Vorbild ist; wenn er auch 1670 zur Umkehrung der Bündnisse beiträgt, bleibt er doch der Mann der protestantischen Allianzen. Er ist im
System Mazarins groß geworden, ist darauf bedacht, den religiösen Frieden zu
wahren. Den Protestanten gegenüber wendet er das Edikt von Nantes zwar strikt,
aber mit Einsicht an. Die Le Telliers hingegen sind im Grunde ihres Herzens noch
Ligisten. Der Höhepunkt in der Laufbahn des Marquis von Louvois ist die Aufhebung des Edikts von Nantes, die am 18. Oktober 1685 erfolgt.

Aus der Kraftprobe von 1626 bis 1629 geht die »Partei« zerschlagen hervor. 1630
ist die Gegenreformation im Begriff, Form und Inhalt des traditionellen Katholizismus zu verwandeln, die Kirche zu verjüngen und sie durch eine Zurückführung
auf das Wort Gottes für die Gläubigen attraktiver zu machen. Von 1630 bis 1680
tritt der protestantische Adel wieder zum Katholizismus über. Die »angeblich reformierte Religion«, die bis dahin die Religion des niederen Adels ist, wird als
»angebliche Religion« zur Religion der Kaufleute und Händler. Den Wendepunkt
bezeichnet der am 23. Oktober 1668 vollzogene Übertritt Turennes zum Katholizismus. Im hinsichtlich der Frage der Gnade augustinischen, hinsichtlich der
Moral jansenistischen, in den Beziehungen zu Rom gallikanischen, gegenrefor-
mierten französischen Katholizismus findet der protestantische französische Adel
die dialektische Überschreitung seiner Gegensätze. Durch das Sektierertum der
englischen Revolution verliert der französische Protestantismus die Verbindung
mit der mächtigen, schützenden, freundlich gesinnten *Church of England*. Seine
letzte fruchtbare Zeit erlebt er in der zweiten Hälfte der Regierungszeit Mazarins*, als seine beispielhafte Treue zur Monarchie während der Zeit der Fronde
belohnt wird. Indessen wird der französische Katholizismus durch den Streit um
den Jansenismus* erschüttert. Der Protestantismus kann sich in dieser Zeit erholen. »Ich bitte Sie zu glauben«, schreibt Mazarin 1659 an die Synode der Reformierten Kirchen, »daß ich große Achtung für Sie hege, da Sie so gute und treue
Diener des Königs sind.« Deshalb sieht es zunächst so aus, als ob die 1661 auf Er-
suchen der Kirchenversammlungen eingesetzten Kommissare mit ihrer Politik zur
strikten, klaren Position der letzten vierzehn Jahre der Regierung Ludwigs XIII.
zurückkehren. Maître Bernard, Rat am Oberlandesgericht von Béziers, fordert
jedoch in seiner Schrift *Explications de l'édit de Nantes par les autres édits de
pacification et arrêts de règlement,* daß das Edikt mit aller Schärfe zur Anwen-

dung gebracht wird; als der Krieg mit Holland ausbricht, wird diese Politik in zunehmendem Maße verfolgt. Nun beginnt die lange Zeit der Unterdrückung des französischen Protestantismus, dessen Position durch die Gleichgültigkeit des protestantischen Adels untergraben wird; früher hatte dieser Adel seine Religion durch eine Vorwärtspolitik verteidigt, aber davon kann jetzt keine Rede mehr sein. Wir wollen kurz die wichtigsten Etappen des Niedergangs verfolgen.

Die protestantische Kirche wird zerschlagen, die Synodalstruktur zerstört, so daß die einzelnen Gemeinden immer mehr auf sich gestellt sind. Die »Bekehrungskasse« von Pellisson (geboren 1624, in Verzweiflung gestorben 1693), die vom König finanziert wird, zeitigt nur wenig Erfolg; sie soll zum Armendiakonat der Reformierten ein Gegengewicht bilden. »Die Listen, die dem König in regelmäßigen Abständen vorgelegt wurden, enthielten Ende 1682 insgesamt 58 130 Namen, für die verhältnismäßig kleine Geldsummen aufgewendet wurden: in der Dauphiné betrug der Durchschnitt 7 Franken 60 pro Kopf, im Aunis 12 Franken 60.«

Man versucht, die Familien zu entzweien, die Kinder gegen die Eltern aufzuhetzen. Aber ehe Frankreich 1679 mit dem protestantischen Europa bricht, unternimmt man nichts Entscheidendes. Durch die schlechte, aber nicht katastrophale Wirtschaftslage der Jahre 1660 bis 1680 ergeben sich Spannungen zwischen einer protestantischen Minderheit, die sich um eine von den Ämtern ferngehaltene finanzkräftige Elite gruppiert, und der katholischen Mehrheit. Das Schicksal der lange privilegierten Minderheit in den Jahren 1672 bis 1679 entspricht dem Geschehen im übrigen Europa. Von Provinz zu Provinz, ja von Seigneurie zu Seigneurie sind die Bedingungen verschieden. Sie hängen von der Persönlichkeit des Intendanten, des Seigneurs, von der Stärke der Protestanten und der regionalen Tradition ab.

Entscheidende Maßnahmen werden auf lokaler Ebene getroffen. Sie wurzeln in regionalen, durch die schlechte Wirtschaftslage verschärften Spannungen oder entspringen dem Eifer eines bekehrungsfreudigen Intendanten. Alte Gegensätze brechen im 17. Jahrhundert wieder auf. Der Erfinder der »Dragonaden«*, der Schikanierung der Protestanten durch die Einquartierung von Dragonern, ist ein Marillac; ausprobiert wird die Methode im Poitou im Jahre 1680. Als Versailles von den Maßnahmen unterrichtet wird, billigt man die Resultate, nicht aber die Methode, besonders als man erfährt, zu welchen Ausschreitungen es dabei kommt. Danach tritt eine Atempause ein, in der man versucht, für das Problem eine gallikanische Lösung zu finden (dieser Versuch steht in engem Zusammenhang mit dem damaligen Konflikt mit dem Papst). Die große, unerbittliche Prüfung beginnt 1682; bestimmend für das Klima dieser Zeit sind der Entsatz des von den Türken belagerten Wien (am 12. September 1683) und die Krönung Jakobs II. (23. April 1685).

In der Atmosphäre, die im Sommer und Herbst 1685 herrscht, mag das Edikt von Fontainebleau* (18. Oktober 1685) beinahe liberal erscheinen: »Überdies können die Anhänger der sogenannten reformierten Kirche in der Erwartung, daß es Gott gefallen möge, sie wie die anderen zu erleuchten, in den Städten und Orten Unseres Reiches bleiben ... und dort weiterhin ihren Geschäften nachgehen und sich ihrer Güter erfreuen, ohne gestört oder behindert werden zu dürfen, unter der Bedingung, daß sie nicht den Kult der genannten Religion ausüben.«

Hat der König, als er das Edikt von Nantes widerruft, doch noch Gewissensbisse? Ist es Heuchelei? Ist es eine Falle? Eine Konzession an die Liberalen? Hat der König Bedenken wegen der internationalen Meinung, will er verhindern, daß die hartnäckigen Hugenotten auswandern? Tatsächlich ist das Widerrufungsedikt für die französischen Protestanten eine Falle, denn der letzte Abschnitt, den wir oben zitiert haben, gibt nicht den wahren Geist des Edikts wieder. Der spanische König hatte 1492 seinen jüdischen Untertanen die Wahl gelassen, sich entweder taufen zu lassen oder auszuwandern. Als Philipp III. 1609 die Morisken aus Spanien verjagt hatte, war ihnen – zumindest theoretisch – zugestanden worden, daß sie den Geldwert der Hälfte ihrer Besitztümer aus dem Land nehmen dürften. Im Artikel X des Revokationsedikts von Fontainebleau jedoch heißt es: es wird den Protestanten verboten, das Königreich zu verlassen; wenn gegen diese Anordnung verstoßen wird, ist »die Strafe für die Männer die Galeere, für die Frauen die Einkerkerung und die Einziehung des gesamten Vermögens«.

Nun erst beginnen die Unterdrückungsmaßnahmen mit voller Rücksichtslosigkeit. Wieder bedient man sich hauptsächlich der gefürchteten Dragonaden, um die Hugenotten zum Verzicht auf ihren Glauben zu zwingen. Trotz des im Revokationsedikt* ausgesprochenen strengen Verbots wandern viele aus. Allein in den beiden grausamsten Verfolgungsjahren verlassen schätzungsweise hunderttausend Hugenotten* das Land. Insgesamt beträgt die Zahl der protestantischen Flüchtlinge (»Réfugiés«) in der Zeit von 1679 bis 1700 mindestens zweihunderttausend. Und diese Abwanderung geht auch noch im 18. Jahrhundert weiter, bis ihr das Toleranzedikt* von 1787 endlich Einhalt gebietet. Wenn auch die Flüchtlinge nur 1,2 bis 1,3 Prozent der französischen Bevölkerung ausmachen, so sind sie doch die Elite einer Elite, repräsentieren ein Fünftel oder vielleicht sogar ein Viertel des kommerziellen und industriellen Potentials Frankreichs. Die Hugenotten tragen nicht unwesentlich zu dem wirtschaftlichen Aufschwung der Länder bei, von denen sie aufgenommen werden. Zu nennen sind vor allem England, das östliche Deutschland, die Niederlande und Skandinavien; aber auch im Süden finden die Flüchtlinge eine neue Heimat, so in Italien und sogar in dem ansonsten so intoleranten Spanien. Eine zweite Wirkung geht von den protestantischen Flüchtlingen aus: sie verbreiten in ganz Europa und in erster Linie in den Niederlanden die neuen Ideen der Aufklärung, den französischen Universalismus – aber auch einen erbitterten Widerstand gegen die Politik Ludwigs XIV.

Europa ist im 17. Jahrhundert aus einer auseinanderbrechenden Christenheit entstanden. Die Isolierung Westeuropas und seine Hinwendung zum Meer hat schon im 13. Jahrhundert begonnen. Vollendet wird sie durch Mohács (1529). Dem Meer zugewandt ist ein Gebiet von 3 Millionen Quadratkilometern, von Venedig, Florenz und Genua über Sevilla, Lissabon und Westfrankreich bis zu denNiederlanden und zu England. Dieses auf einen Küstenstreifen des eurasischen Kontinents beschränkte Europa hält in Amerika ein 2,5 Millionen Quadratkilometer großes Gebiet besetzt, beginnt sich an den afrikanischen Küsten festzusetzen und steht mit fast 200 Millionen Menschen an den Küsten Asiens in Verbindung.

Diese Gegebenheiten haben sich im 16. Jahrhundert herausgebildet. Im 17. Jahrhundert suchen die Seemächte Westeuropas nach einem neuen Gleichgewicht: Frankreich und England treten an die Stelle der Iberischen Halbinsel, der Gütertransport und Güteraustausch nimmt ein wenig zu, die Grenzen der überseeischen Reiche verschieben sich geringfügig. Von 1620 bis 1690 gibt es keine grundlegenden Veränderungen. Heißt das: »Im Westen nichts Neues?« Das kann man natürlich nicht sagen. Vielmehr schreitet der Westen zwar langsam, aber sicher in einem fast abgeschlossenen Raum und hinter einer nur vorsichtig vorangeschobenen »Grenze« fort.

Eine ganze Generation lang spielen sich die aufsehenerregenden Ereignisse im Osten ab. Nach Aufhebung der Belagerung Wiens (12. September 1683) kommt Mitteleuropa in Bewegung. Die Türken, die die Schwarzmeerküsten und das Asowsche Meer beherrschen, haben durch ihr Vordringen in Südosteuropa einen Keil zwischen das lateinische Christentum und eine slawische Welt getrieben, die die Nomaden der Steppe besiegt hatte. Auch weiter nördlich ist die slawische Welt im Vormarsch, vor allem in der Ukraine. Nach einem halben Jahrhundert unerbittlicher Kämpfe müssen die polnischen Okkupationstruppen trotz heldenhaftem Widerstand den anstürmenden Kosaken * weichen. Von 1648 bis 1696 betreten die Ukraine und Weißrußland die Bühne der russischen Geschichte. Rußland selber dringt ab der zweiten Hälfte des 17. Jahrhunderts nach dem Osten vor. Der Vorstoß in den Jahren 1650 bis 1750 erfolgt im wesentlichen längs einer Achse, die von

Nordnordosten nach Südsüdwesten verläuft. Der westlich orientierte, auf eine starke Seemacht bedachte, nach der Küste des Pazifiks strebende Peter der Große* verkörpert diese auf eine Kolonisation des russischen Riesenreiches gerichtete Politik. Während Österreich nach Südosten und Osten marschiert, drängt Rußland nach Süden. In ganz Mittel- und Osteuropa werden die gerodeten Flächen größer, die Wälder, Sümpfe und Steppen kleiner. An die Stelle der vereinzelten Ansiedlungen im Niemandsland, um das man sich endlos gestritten hat, tritt eine zusammenhängende, systematische Besiedlung. Die Bevölkerungsdichte Westeuropas wird natürlich noch bei weitem nicht erreicht.

Mit dem Entsatz Wiens durch den Sieg am Kahlenberg beginnt ein Krieg, der von 1683 bis 1699 dauert und den Türken 300 000 Quadratkilometer ungarischen Bodens entreißt. Man wird an die Verwandlung des christlichen Spaniens nach Las Navas de Tolosa (1212) erinnert.

1686 befreit Herzog Karl von Lothringen* die wichtige Stadt Buda von den Türken. Morosini zieht im Namen Venedigs aus, um die Türken in Südgriechenland anzugreifen. 1689 wird Peter, den man später den Großen nennt, mit Hilfe der europäisch gekleideten Männer von Brandt und Timmerman Herr eines Rußlands, das auf dem Marsch nach Süden und Westen begriffen ist, also mit einer Zangenbewegung auf ein Mitteleuropa vorstößt, das mit der Abwehr der Türkengefahr vollauf beschäftigt ist.

Am 11. September 1697 siegt Prinz Eugen* an der Brücke von Zenta und sichert somit den Habsburgern das Königreich Ungarn*. 1696 macht Peter der Große seine Niederlage von 1695 wieder wett, nimmt den Türken Asow weg, das ihm 1700 im Frieden mit der Pforte endgültig zugesprochen wird, und stößt im Ostseegebiet nach Ingermanland vor, das die Schweden für sich beanspruchen, ohne eine wirksame Kontrolle ausüben zu können. Der Friede von Karlowitz* (1699) bedeutet den Aufstieg Österreichs zur Großmacht und den beginnenden Niedergang des Osmanischen Reiches.

Allmählich erhält Europa kontinentale Dimensionen. Zunächst sorgt dafür das gegen Ende des 17. Jahrhunderts machtvoll aufstrebende Österreich. Unter der Herrschaft Leopolds I.* (1658–1705) vergrößert sich Österreich um fünfzig Prozent. 1718 erhält Österreich durch den Frieden von Passarowitz* das Banat, Nordserbien mit Belgrad, einen Teil der Walachei und Teile Bosniens. Die tiefsten Ursachen für diesen bedeutsamen Landgewinn liegen in der Schwäche der Türkei (das östliche Mittelmeergebiet kann mit der wirtschaftlichen Entwicklung Westeuropas bei weitem nicht Schritt halten) und im Wiedererstarken des Reiches. Unter dem Dreißigjährigen Krieg haben vor allem Mittel- und Norddeutschland gelitten. Die deutsche Bevölkerung des Alpen- und Voralpengebiets hat, nachdem der Druck aus dem Norden aufhörte, durch die Besetzung des geschwächten Böhmens die österreichischen Besitztümer zu einem verhältnismäßig geschlossenen, einheitlichen Block zusammengeschweißt. Leopold I. hat darin seine große Aufgabe gesehen, hat den Polen Oppeln und Ratibor abgekauft, durch Erbschaft Tirol dazugewonnen, die Magnaten in dem von Österreich besetzten Ungarn gezüchtigt, eine stehende Armee für sein Reich geschaffen und die Staatsfinanzen durch die Einführung drückender indirekter Steuern gestärkt. Auch Österreich hat seine Louvois' und Colberts gehabt. Die Erstarkung Österreichs hat mit zum Verzweiflungsangriff der Türken beigetragen, der am Kahlenberg so schmählich scheitert. Alle diese konvergenten Entwicklungen wirken zusammen, um Europa zu einer Einheit werden zu lassen. Es genügt nicht zu erobern; man muß auch umgestalten und einigen. Das von den Türken besetzte Ungarn* war nicht muselmanisch, sondern ein mittelalterlicher Feudalstaat, in dem die Magnaten* herrschten. Im Türkenreich bleiben mittelalterliche Zustände weitgehend erhalten. Das Österreich von 1690, dessen staatliche Organisation der Frankreichs im 16. Jahrhundert entspricht, stößt in ein Ungarn vor, das in dieser Hinsicht sich auf dem westeuropäischen Stand des 12. Jahrhunderts befindet. Daraus resultieren Aufstände und grausame Unterdrückungsmaßnahmen. Die schwierige Einverleibung und Angleichung des von den Türken befreiten Ungarn macht den Österreichern so viel zu schaffen, daß sie in das Geschehen im übrigen Europa nur wenig einzugreifen vermag; diese Tatsache trägt nicht unwesentlich dazu bei, daß Frankreich im Spanischen Erbfolgekrieg eine vernichtende Niederlage erspart bleibt. Im Karpatengebiet, in der Slowakei und in Ruthenien kommt es ab 1703 zu Bauernunruhen, die vermutlich durch die schlechte Wirtschaftslage ausgelöst werden. Leopold muß erleben, daß der Adel mit den aufständischen Bauern gemeinsame Sache macht; die Lage ist der vergleichbar, der sich Philipp IV. in Katalonien gegenübersah, nicht aber dem Aufstand der Barfüßer von 1639, den Ludwig XIII. niederzuschlagen hatte. Joseph I. braucht mehrere Jahre (1705–1711), um den Aufstand der von Rakoczi geführten Magnaten zu ersticken.

Obwohl im Süden und Osten beschäftigt, verliert Österreich Westeuropa nicht völlig aus den Augen. Es hat in Norditalien Fuß gefaßt und strebt nach dem Besitz Spaniens.

Der Reichsgedanke allerdings tritt immer mehr zurück. Das ermöglicht in dem durch den Dreißigjährigen Krieg verwüsteten protestantischen Deutschland den Aufstieg einer Macht, die als »Grenzmark« die Menschen anzuziehen versteht und die Wälder, Sümpfe und brachliegenden Felder durch eine systematische Besiedlung neu erschließt. Diese Macht ist Brandenburg*, das seit 1415 von den Hohenzollern regiert wird. Friedrich Wilhelm*, der Große Kurfürst (1640–1688), ist ein überzeugter, aber toleranter Protestant; sein Hauptinteresse gilt der Schaffung einer schlagkräftigen Armee, die ihre Feuerprobe in der Schlacht bei Fehrbellin gegen die Schweden besteht (1675). Friedrich I.* (1688–1713) gewinnt durch sein Eingreifen in den Spanischen Erbfolgekrieg auf seiten der Österreicher den Titel »König in Preußen«. Die Krönung des ersten Preußenkönigs, die am 18. Januar 1701 in Königsberg erfolgt, ist ein historisch bedeutsames Ereignis. Das Werk des Großen Kurfürsten wird von Friedrich Wilhelm I.* (1713–1740) weitergeführt, dem »Soldatenkönig«; dabei kommt ihm zugute, daß sich das protestantische Deutschland inzwischen wieder weitgehend erholt hat und die Bevölkerung stark anwächst. Im Königreich Preußen* leben um 1740 etwa zwei Millionen Menschen; dem Soldatenkönig gelingt es, ein Heer von 83 000 Mann aufzustellen. Das Heer des Kaisers, der von Ungarn bis Sizilien über 24 Millionen Menschen und viele Länder herrscht, ist nur wenig größer. Dadurch wird verständlich, daß es Friedrich II.* (1740–1788) durch die Vertreibung Maria Theresias* aus Schlesien (Dezember 1740 bis April 1741) gelingen konnte, Österreich immer mehr aus Deutschland abzudrängen. Für Europa als Ganzes war diese Entwicklung günstig, weil Österreich dadurch auf seine eigentliche Aufgabe verwiesen wurde, auf die Wiedereingliederung des Balkans, der unter den Türken in seiner Entwicklung völlig zum Stillstand gekommen war, in die großen Strömungen der europäischen Geschichte.

Entscheidendes für Europa ereignet sich in Rußland. Die große Wende tritt mit der Machtergreifung Peters des Großen* (1689) ein. Über Archangelsk und Sankt Petersburg, dessen Bauten sklavisch westlichen Vorbildern nachgeahmt sind, dringen westeuropäische Einflüsse in das Riesenland der Wälder und Steppen ein. Dieses wird zu Beginn des 18. Jahrhunderts von elf bis zwölf Millionen Menschen bewohnt, aber in dieser offenen Welt, in der es keinen Landmangel, keinen Landhunger gibt, in dem die Menschen in großer Armut weit verstreut leben, nimmt die Bevölkerung rasch zu. Immerhin hat in dieser Hinsicht das so europaferne Rußland zu Beginn des 17. Jahrhunderts bereits fast dasselbe Gewicht wie ganz Italien (13 Millionen Seelen um 1700). Die Öffnung von Zugängen zum Meer, die zwangsweise Einführung westlicher Sitten und Gebräuche, die Ablösung des alten Landadels durch einen neuen Dienstadel – all das geht nicht ohne zahlreiche Reibereien und viel Blutvergießen ab. Deshalb ist die Regierungszeit Peters des Großen hinter der so eindrucksvollen Fassade in Wirklichkeit eine chaotische, grausame, aber fruchtbare »Zeit der Wirren«. Die früheren Wirren waren eine Folge der Isolie rung des Landes gewesen; diese Wirren resultieren aus dem Bemühen, an die Entwicklung in Westeuropa Anschluß zu finden.

Der erste Aufstand in der Regierungszeit Peters wird durch die von ihm überstürzt vorangetriebenen Veränderungen ausgelöst: die Strelitzenregimenter, die traditionsreichsten Truppen der Armee, rebellieren. Hinter dem Aufstand stehen Sofja, die Stiefschwester Peters, ferner der Zarewitsch und die durch die Neuerungen bedrohten Bojaren* – alle, denen die ausländischen Freunde und Berater des Zaren verhaßt sind. Die Rebellion bricht während der ersten Auslandsreise des Zaren (1697–98) los. Sie wird wie alle späteren Aufstände grausam niedergeschlagen; nach der Niederwerfung werden Hunderte von Strelitzen abgeschlachtet. 1699 wendet sich Peter gegen das traditionelle Antlitz Rußlands, gegen die Kleidung, gegen den Bart. Der Kalender wird teilweise reformiert; die Bevölkerung hat sich nach deutscher oder ungarischer Mode zu kleiden; das Tabakrauchen wird eingeführt – die ganze alte Ordnung gerät ins Wanken. Es kommt zu schweren Zwisten innerhalb der russisch-orthodoxen Kirche*, die bereits seit 1653 durch die Abspaltung (Raskol) der Altgläubigen geschwächt ist. Das Patriarchat wird nach dem Tod des Patriarchen Hadrian (1700) nicht mehr besetzt; an seine Stelle tritt ein geistliches Kollegium mit staatlichem Behördencharakter, der Heilige Synod, der sich allen Anordnungen Peters fügt. Sekten bilden sich, Ausdruck der religiösen Gewissenskonflikte und der Ablehnung dieser brutalen Veränderungen, die der Zar von oben her ohne Systematik einem ganzen Volk aufzwingt. Die Altgläubigen sehen in Peter den Antichrist und beschwören apokalyptische Visionen herauf.

Nach 36 Jahren wird ein erster dauerhafter Erfolg errungen. Durch den Sieg Peters über Karl XII.* von Schweden bei Poltawa (8. Juli 1709) wird das »Fenster zur Ostsee« endgültig gesichert; vertraglich anerkannt wird das 1721 im Frieden von Nystad*. Aber Rußland muß einen hohen Preis dafür bezahlen. Von 1700 bis 1709 werden zweihunderttausend Erwachsene »für den Militärdienst ausgehoben und viele mehr für verschiedene andere Aufgaben«. Man schätzt die militärischen Verluste der Russen auf hunderttausend Mann. Fast ebenso viele Menschen kamen vermutlich beim Bau der neuen Hauptstadt Sankt Petersburg um. Die französischen Verluste sind zwar ungefähr ebenso hoch, doch Frankreich verfügt über erheblich mehr Menschen.

Aber diese überstürzte »Verwestlichung« fordert noch andere Opfer: Um den Landadel für den Bruch mit der althergebrachten Überlieferung zu entschädigen, wird die Leibeigenschaft verschärft. Peter sieht sich dazu veranlaßt, um eine Massenabwanderung der zentralrussischen Bauern in die ukrainische »Grenzmark« zu verhindern (erst im 19. Jahrhundert wird Sibirien zur neuen »Grenzmark«);

daß seine Maßnahme der sozialen Entwicklung im Westen, den er so leidenschaftlich nachzuahmen bestrebt ist, völlig zuwiderläuft, ist ihm gleichgültig; vielleicht, weil auf sozialem Gebiet das Aufholen eines Rückstandes schwieriger ist als auf politischem und wirtschaftlichem Gebiet.

Wichtig für Europa ist das stete, unaufhaltsame Vorrücken Rußlands in der Ukraine. Der Augenblick ist nicht mehr fern, da dieses russische Vordringen auf die nach Osten gerichtete Bewegung des zu einer Donaumacht gewordenen Österreich trifft. Jedenfalls ist Rußland nunmehr endgültig auf die Bühne der europäischen Geschichte getreten.

Nach Peters Tod folgt ein entsetzliches Chaos, in dem die Garderegimenter eine große Rolle spielen und Einfluß auf die Besetzung des Thrones nehmen. Auf Katharina I., Peters Gemahlin, die mit seinem Jugendfreund Menschikow regiert, folgt unter Peter II. (1727–1730) eine kurze traditionalistische Restauration, während Anna Iwanowna (1730–1740), die Blutige genannt, ungeschickt wieder an Peter anzuknüpfen versucht. Nach zwei Staatsstreichen kommt die aufgeklärte Elisabeth (1741–1762) auf den Thron; ihre Nachfolgerin ist die wieder ausgeprägt westlich orientierte Katharina II. (1762–1796).

Die tragischen Geschehnisse sind eine Folge des ungleichen Wachstums und des überstürzten Versuchs, den Anschluß zu finden.

Das politische Geschehen ist im Osten noch massiv und brutal – ein Zeichen der archaischen Struktur des Landes.

Natürlich wirken sich diese Kräfteverschiebungen im Osten auch auf Westeuropa aus – der Aufstieg Österreichs, der ungarische Aufstand, der Eintritt Preußens und Rußlands in die europäische Geschichte.

Das französische Übergewicht im Europa jener Zeit hat mehrere Gründe. Zunächst einmal ist Frankreich durch seinen Bevölkerungsreichtum und seine technische und geistige Fortschrittlichkeit allen anderen europäischen Ländern überlegen, und dies trotz der Schwächung durch die Auswanderung der Hugenotten, die Katastrophen von 1693/94 und 1709 und eine schon früh einsetzende Überalterung der Bevölkerung. Von 1685 bis 1715 spielt Frankreich in Europa die erste Geige. Aber die Zeit der Hegemonie einer einzigen Macht geht in Europa ihrem Ende entgegen. Zwei neue Mächte sind inzwischen emporgestiegen, Österreich und England. Nachdem der Druck der Türken von Österreich gewichen ist und die Absicherung des Donauraumes begonnen hat, muß Frankreich mit Österreich das Erbe der spanischen Habsburger teilen. Es ist schwierig, ein Gleichgewicht zu finden. Ein Vierteljahrhundert fast ununterbrochener Kriege ist dazu nötig. Die Teilung wird im Frieden von Utrecht* (1713) vorgenommen; was dort festgelegt wird, bleibt in großen Zügen bis zur Französischen Revolution bestehen. Das Engagement Frankreichs zur See verhindert, daß es die spanischen Niederlande und Italien bekommt; schuld daran ist der Wiedereintritt Englands in das europäische Geschehen nach der »Glorreichen Revolution«. Anderseits wird dadurch auch Österreich daran gehindert, nach seinem Sieg in Ungarn 1710-1711 sich Spanien und vielleicht sogar das spanische Amerika einzuverleiben. Die beiden wichtigsten politischen Ereignisse des 17. Jahrhunderts fallen in die Jahre 1683 und 1689, liegen keine sechs Jahre auseinander. Die Aufhebung des Edikts von Nantes verspricht auf internationaler Ebene etwas einzubringen, als im Februar 1685 der katholische Jakob II. seinem Bruder Karl auf den englischen Thron folgt, wird aber nach der Thronbesteigung Wilhelms von Oranien zu einer schweren Belastung. Dadurch verliert Frankreich seine Handlungsfreiheit, ohne die Unterstützung des katholischen Europa zu gewinnen.

Die Politik der Réunionskammern führt zur Bildung der Augsburger Alllianz* (1686). Als sich Ludwig XIV. 1688 in die Kölner Bischofswahl einmischt, um Einfluß auf das wichtigste Kurfürstentum zu bekommen, verschärfen sich die Gegensätze. England verbündet sich mit den Niederlanden und zwingt Frankreich zu einem problematischen Zweifrontenkrieg. Zum erstenmal sieht sich Frankreich allein einer Allianz ganz Europas gegenüber.

Dennoch vermag es sich geschickt aus dieser schwierigen Lage zu ziehen. Die durch Miliztruppen verstärkte französische Armee ist allen Gegnern überlegen. Frankreich hat den Vorteil der kürzeren Nachschubwege; dazu kommt, daß sich die Gegner nicht einig sind und durch Aufstände in Irland und Ungarn abgelenkt werden. Hinter den von Vauban errichteten Grenzbefestigungen und der in eine Wüste verwandelten Pfalz ist Frankreich unangreifbar. Von Fleurus (1690) über Steinkerke (1692) und Neerwinden (1693), von Staffarde (1690) bis La Marsaille (1693) behaupten sich die französischen Armeen und tragen den Krieg ins Feindesland.

Dafür verschwindet Frankreich von den Weltmeeren, die es 1689 und 1690 kontrolliert hat. Nach der Niederlage der französischen Seestreitkräfte in der Schlacht bei La Hougue (1692) kann auch der geniale Tourville nicht mehr verhindern, daß die Seeherrschaft auf die Engländer und Holländer übergeht. Frankreich nimmt Zuflucht zur Piraterie, der Waffe der Schwachen, und fügt den Seemächten Verluste zu, die deren Kriegsmüdigkeit beschleunigen. Es ist zu Land so sehr beschäftigt, daß es ihm niemals mehr gelingen sollte, die Meere zu beherrschen; für lange Zeit ist seinem Kolonialhandel ein Riegel vorgeschoben. Für das Ende der spanischen Vorherrschaft war Mantanzas bezeichnender als Rocroi; das Ende der französischen Vorherrschaft kommt, als trotz Fleurus, Neerwinden und La Marsaille ein Duguay-Trouin und ein Jean Bart an die Stelle Tourvilles treten.

Der Friede von Ryswijk* bringt keine grundsätzliche Entscheidung. Ludwig XIV., der auf sich gestellt das gegen ihn verbündete Europa kriegsmüde gemacht hat, verzichtet auf einen Teil der durch die Réunionskammern annektierten Gebiete, behält jedoch das Elsaß samt Straßburg und setzt durch, daß die von den Franzosen geräumten Orte katholisch bleiben. Dann wendet er sich der Frage der spanischen Erbfolge zu.

Von 1697 bis 1700, während der letzte spanische Habsburger mit dem Tode ringt, werden mehrere Projekte und Verträge für eine Teilung Spaniens ausgearbeitet, zuletzt der Londoner Vertrag vom März 1700. Spanien hat 15 Millionen Untertanen in Europa und zwölf Millionen in Amerika; im spanischen Amerika werden immer noch vier Fünftel der jährlichen Weltsilberproduktion gefördert. Wer sich der Reste des Reiches von Olivarez bemächtigen kann, dem winkt die Weltherrschaft. Die Seemächte suchen einen Erben, wünschen aber weder den Kaiser noch den französischen König; im ersten Teilungsvertrag einigt man sich auf den Enkel Leopolds I., den sechsjährigen Kurprinzen Joseph Ferdinand von Bayern, aber als dieser 1699 stirbt, gibt es für sie nur noch eine Lösung: Spanien muß geteilt werden. Ludwig XIV. schließt sich dieser Meinung an. Aber weder der Kaiser noch der spanische Hof ist damit einverstanden.

II DIE KÜNSTLERISCHE EINHEIT EUROPAS: REMBRANDTS »SASKIA IN ARKADISCHEM KOSTÜM« Als dieses Bildnis entstand, war Rembrandt jung und glücklich. Noch hatte er nicht jene Größe erlangt, die ihm aus schmerzlichen Erfahrungen und bitteren Enttäuschungen erwachsen sollte. Die *Saskia in arkadischem Kostüm* entstand kurz nach Rembrandts Heirat mit seiner ersten Frau, Saskia van Uylenburgh, der Nichte eines reichen Kunstliebhabers. In den Jahren 1634 bis 1636 war sein Schaffen ein einziger Hymnus auf Saskia. Der barocke Stil, den er in dieser Zeit pflegte, beweist die tiefe künstlerische Einheit Europas; in den Niederlanden hatte die calvinistische Reformation nicht jede Sinnenfreude ertötet. In manchem erinnert diese Darstellung an die Werke des Katholiken Rubens. Erst nach schweren Schicksalsschlägen fand Rembrandt zu jener zeitlos klassischen Ausdrucksweise, die ihn unsterblich machen sollte. (Rembrandt, *Saskia in arkadischem Kostüm*, London, Nationalgalerie)

In Spanien will man das Erbe ungeteilt erhalten, und so wird dem sterbenden König im Oktober 1700 (er stirbt am 1. November) ein Testament abgenötigt, das Philipp von Anjou*, den Enkel seiner mit Ludwig XIV. vermählten Stiefschwester, als Erben der spanischen Gesamtmonarchie einsetzt.

Das Testament wird Ludwig XIV. am 7. November 1700 überbracht. Ludwig nimmt die Erbschaft für seinen Enkel an, der als Philipp V. in Madrid einzieht. In Paris kommt es zu heftigen Debatten; gespannt wartet man auf die Reaktion der anderen europäischen Mächte. Für den Staatsrat steht allerdings fest, daß ein Krieg unvermeidlich ist, denn der Kaiser hat alle Teilungsverträge abgelehnt und kann sich erst recht nicht bereitfinden, Spanien den Franzosen zu überlassen; er erhebt als Gemahl der jüngeren Schwester Karls II. Ansprüche für seinen zweiten Sohn, den Erzherzog Karl.

Wenn Ludwig XIV. Fehler begangen hat, dann nicht vor Übernahme der Erbschaft, sondern hinterher. Getrieben wird er dazu durch jene Kreise, die ein stärkeres Engagement Frankreichs in Amerika erstreben. Nachteilig wirken sich die Aktionen der französischen Handelskolonien in Cadiz und in ganz Spanien aus; durch Ungeschicklichkeiten entsteht der Anschein, als ob Philipp V. weiterhin ein Anrecht auf die französische Krone habe. Durch die überstürzte Anerkennung des Thronprätendenten aus dem Hause Stuart (September 1701) wird das protestantische England vor den Kopf gestoßen. Daraufhin bringt Wilhelm von Oranien die Große Allianz* der Seemächte mit dem Kaiser zustande, der Preußen und später auch Portugal und Savoyen beitreten. Auf seiten Ludwigs stehen Kurfürst Max Emanuel von Bayern und dessen Bruder Joseph Clemens von Köln.

Die spanische *Carrera* auf dem Atlantik ist zerschlagen. Das offene Meer gehört den Engländern, der Silbertransport wird vor Vigo versenkt, 1704 erobern die Engländer mit deutschen Soldtruppen in einem Handstreich Gibraltar; die spanischen Randgebiete unterstützen den österreichischen Anspruch ebenso leidenschaftlich, wie Kastilien für Philipp V. eintritt. Feindliche Expeditionskorps nehmen Spanien von Portugal und Katalonien aus in die Zange. Italien geht rasch verloren; die französischen Kräfte werden durch den endlosen Krieg und die Verteidigung des allseits belagerten Spaniens aufgebracht. Aber die französische Armee wird durch die Miliz verstärkt, die Festungen Vaubans werden zwar von den Gegnern eingenommen, fordern ihnen aber einen hohen Blutzoll ab; Kastilien schart sich um Philipp und erringt mit französischer Hilfe bei Villaviciosa 1710 einen Sieg, der die Herrschaft Philipps endgültig sichert. Durch den Tod Josephs I. (1711) wird Erzherzog Karl Kaiser und König und damit als spanischer Gegenkönig für die Seemächte gefährlicher als das geschwächte Frankreich, das zu einer Verwirklichung seiner weitreichenden Pläne in Amerika nicht mehr fähig ist. Ein politischer Umschwung in England hat zur Folge, daß der erfolgreiche Marlborough* abberufen wird; man beginnt heimlich Friedensverhandlungen mit Frankreich, das nach den Niederlagen des Jahres 1709 beinahe zur Kapitulation reif ist; lediglich die Forderung der Niederlande, Ludwig solle gegen Philipp v. Krieg führen, verhindert, daß in diesem Jahr der Krieg zu Ende geht. Der Spanische Erbfolgekrieg* scheint ein dynastischer Krieg gewesen zu sein; in Wirklichkeit war er der erste Nationalkrieg in Europa.

Nachdem Marlborough, der starke Arm der frankreichfeindlichen Whigs, in Ungnade gefallen ist und sich die Engländer aus dem Krieg zurückziehen, kann Villars bei Denain 1712 die Armee des Prinzen Eugen entscheidend schlagen.

Durch die Friedensschlüsse von Utrecht (Juli 1713) und Rastatt und Baden (1714) wird die territoriale Ordnung für das Europa des 18. Jahrhunderts festgelegt.

4

DIE GETEILTE VORHERRSCHAFT

Von den Londoner Vorverhandlungen (8. Oktober 1711) bis zum Barrierevertrag *
(15. November 1715), der für Frankreich bereits vom Regenten * (dem Herzog
Philipp von Orleans) unterzeichnet wird, schließen die europäischen Mächte vierzehn wichtige Übereinkünfte ab. Das sich daraus ergebende Gleichgewicht ist fast
für das ganze 18. Jahrhundert von entscheidender Bedeutung. Man hat behauptet,
daß durch den Frieden von Utrecht die europäische Vormachtstellung von Frankreich auf England übergegangen sei. Das ist jedoch eine allzu grobe Vereinfachung
des tatsächlichen Geschehens. Frankreich hat um 1730 20 Millionen Einwohner,
während um dieselbe Zeit auf den britischen Inseln nur etwa 6 Millionen Menschen
leben. Frankreich kann in den ersten Jahrzehnten des 18. Jahrhunderts in Übersee
mehr erreichen als England; allerdings verliert es das Gewonnene in den fünfziger
Jahren wieder. Das englische Prokopfeinkommen beträgt nur etwa 15 bis 20 Prozent des Prokopfeinkommens in der wirtschaftlich begünstigten Nation auf dem
Kontinent, nämlich in Frankreich. Man kann also keineswegs von einem raschen
Absinken Frankreichs sprechen. Das von den Whigs * regierte England Georgs I.
kann nicht alles halten, was es 1711 gewonnen hat, wie Frankreich unter Ludwig XIV. einen Teil der durch die Réunionskammern angegliederten Gebiete hat
aufgeben müssen. Die erste Hälfte des 18. Jahrhunderts ist also strenggenommen
nicht eine Zeit englischer Vorherrschaft, sondern vielmehr teilten sich in diesen
fünfzig Jahren zwei Mächte in die Vorherrschaft: Frankreich auf dem Kontinent,
England zur See. Nach einem langen unentschiedenen Kampf bemächtigt sich England des unglaublich gewinnbringenden Überseehandels und baut seine Position
in Nordamerika aus. Anders gesagt: England gehört die Zukunft, aber Frankreich
erfreut sich immerhin noch der letzten Tage einer schönen Gegenwart.

Zunächst einmal garantieren sich die Mächte gegenseitig die Erbfolge. Frankreich erkennt die protestantische Thronfolge in England an; mit Spanien wird
feierlich vereinbart, daß die Kronen Frankreichs und Spaniens niemals unter einem
Herrscher vereint werden sollen. Der Regent legt darauf ebensoviel Wert wie der
englische König aus dem Hause Hannover und das Whig-Parlament. Das hindert
allerdings nicht, daß Philipp V. zahlreiche Franzosen als Ratgeber ins Land holt.

Philipp V. behält die um Gibraltar und Minorka verkleinerte Iberische Halbinsel (das eng mit England verbundene Portugal natürlich ausgenommen) sowie

seine Überseegebiete; Frankreich behält die in Ryswijk festgelegten Grenzen. Dem Kaiser fallen die meisten spanischen Nebenländer zu, nämlich die Niederlande, Mailand und Neapel; der Herzog von Savoyen erhält Sizilien als Königreich. Verstärkt wird die Stellung der Wiener Habsburger in den spanischen Niederlanden durch den Barrierevertrag*, der Holland das Besatzungsrecht in einer Zahl von Grenzfestungen an der belgisch-französischen Grenze garantiert. Diese »Barriere« trennt die beiden kontinentalen Großmächte, Frankreich und das Reich, das von drei Millionen Menschen mehr bewohnt wird als Frankreich, dafür aber nicht dessen Reichtum und innere Geschlossenheit aufzuweisen hat. Der von den Holländern konzipierte und auf Betreiben der Engländer erweiterte Sperrgürtel erstreckt sich von der Kanalküste über das Rheinland bis zu den Apenninen. »Die Kontrolle über diese Barriere wurde zweitrangigen Mächten anvertraut, die zu schwach waren, um ohne die Hilfe Englands etwas ausrichten zu können.«

In Nordamerika gibt es keine großen Veränderungen: England bekommt von Frankreich die Hudsonbailänder, Neufundland und Neuschottland – ein alter Streit wird nach den englischen Wünschen geschlichtet. Das dichter bevölkerte Mittel- und Südamerika bleibt in spanischem Besitz, verliert aber seine wirtschaftliche Bedeutung für Spanien durch die von den Engländern erzwungenen Handelsprivilegien. England gewinnt in Amerika jenen Vorrang, den Frankreich unter Ludwig XIV. von 1701 bis 1712 besessen hat. Politisch gehören die spanischen Indien noch zu Spanien, aber wirtschaftlich sind sie dem Wirtschaftskondominium der europäischen Seemächte eingegliedert. An der Spitze dieses Kondominiums steht die englische Kaufmannschaft, die sich allerdings dem Widerstand der spanischen Kolonialverwaltung gegenübersieht. Ab 1770 versucht Spanien, wieder auf eigene Faust seine Überseegebiete neu zu kolonisieren – ein Unterfangen, das mit der Unabhängigkeit der betreffenden Gebiete endet. Von 1715 bis 1770 wird die wirtschaftliche Ausbeutung Amerikas hauptsächlich durch drei europäische Mächte betrieben: durch England, Frankreich und die Niederlande. Eine weit geringere Rolle spielen Spanien, Portugal, Genua, Norddeutschland und die Skandinavier. Eine solche Rangordnung ist zwar nicht in den Verträgen festgelegt, aber sie ergibt sich aus der praktischen Verwirklichung dieser Verträge. England muß also auf den Meeren und in Übersee genauso mit Frankreich rechnen, wie Frankreich auf dem Kontinent England in Rechnung zu stellen hat.

Man kann keineswegs sagen, daß das ganze 18. Jahrhundert von einer englisch-französischen Rivalität beherrscht wird. Vielmehr führt der Utrechter Frieden zu einer merkwürdigen Interessengemeinschaft zwischen England und Frankreich, die dynastische Gründe hat. Der Regent fürchtet Philipp v., weil dieser ihm im Falle eines durchaus möglichen vorzeitigen Ablebens des jungen Ludwig xv.* die Krone streitig machen könnte. Georg i. und die Whig-Mehrheit im Parlament befürchten 1715 und 1716 eine Landung der Jakobiter, der Stuart-Anhänger, die sich die Unruhe im schottischen Hochland und in Irland zunutze machen könnten. Philipps Agenten sind dem Regenten ein Dorn im Auge. Er ist an einer Aufrechterhaltung des Status quo interessiert, weil durch den Vertrag von Utrecht der ehemalige Herzog von Anjou von der französischen Thronfolge ausgeschlossen ist.

Auf Betreiben seiner zweiten Frau, Elisabeth Farnese von Parma, und des Emporkömmlings Giulio Alberoni verfolgt Philipp v. das ehrgeizige Ziel, Italien wieder in den Besitz der spanischen Krone zu bringen – ein anachronistischer Traum, mit dem der König seinem Land eine Vormachtstellung zumindest im Mittelmeer sichern will. Dubois in Frankreich, Stanhope in England und Alberoni in Spanien führen einen paradoxen, wenn auch nur kurze Zeit dauernden Frontwechsel herbei.

Das französisch-englische Bündnis vom Juli 1716 wird durch die Einbeziehung Hollands im Januar 1717 zu einer noch paradoxeren Tripelallianz erweitert, die das Ziel verfolgt, über die Beibehaltung des Status quo zu wachen. Als Spanien Sardinien und Sizilien besetzt, wird nicht nur die unter großen Opfern wiederaufgebaute spanische Flotte durch Admiral Byng am 11. August 1718 bei Kap Passaro völlig vernichtet, sondern aus der Tripelallianz wird durch den Beitritt des Kaisers eine Quadrupelallianz, die entschlossen ist, Spanien in die Knie zu zwingen. Nach der Aufdeckung der Verschwörung gegen den Regenten (durch die Verhaftung des Geistlichen Porto Carrero in Poitiers am 5. Dezember 1718) marschieren französische Truppen zu einer Strafexpedition in Spanien ein und besetzen San Sebastian (19. August 1719) und Urgel (23. Oktober 1719). Das Jahr 1720 beweist die Stabilität des durch den Frieden von Utrecht geschaffenen Gleichgewichts. Österreich erhält Sizilien; dafür wird der Herzog von Savoyen durch Sardinien und den Königstitel entschädigt. In Parma und der Toskana beginnt sich unter Don Carlos ein bourbonisches Italien abzuzeichnen.

Durch den Kongreß von Cambrai ist Europa befriedet worden; Frankreich hält an der Verständigung mit England fest und verstärkt die dynastischen Bande zu Spanien: Die Infantin Anna Maria, Tochter Philipps v. und Elisabeths, wird in Versailles erzogen und bildet das allerdings schwache Bindeglied der bourbonischen Familientraktate. Durch den Tod des Regenten und das Ministerium des Herzogs von Bourbon stürzt das Gebäude zusammen. Aus innenpolitischen Gründen schickt Bourbon in beleidigender Weise die Infantin nach Spanien zurück und sorgt dafür, daß Ludwig xv. Maria Leszczynska heiratet, die nicht mehr eben junge Tochter des früheren Königs von Polen. Zumindest wird dadurch sichergestellt, daß der noch junge König auf baldigen Nachwuchs zählen kann.

Vier lange Jahre braucht der Kardinal Fleury*, der leitende Minister Ludwigs xv., um die französisch-spanische Freundschaft wiederherzustellen (1729). Der wegen der polnischen Thronfolge ausbrechende Krieg erlaubt es Frankreich, sich Lothringen anzueignen, ohne daß sich England zu einem Einschreiten veranlaßt sieht.

Aber damit ist die Zeit der guten englisch-französischen Beziehungen vorbei. Von nun an wird die Politik beider Länder durch die wachsende wirtschaftliche Rivalität bestimmt. Die Verständigungspolitik, die der Regent, Stanhope, Dubois, Fleury und Walpole mit mehr oder weniger Glück verfolgt haben, wird nicht durch die französische Besitzergreifung des noch unabhängigen Restes von Lothringen und auch nicht durch die französische Haltung gegenüber der österreichischen Erbfolge zerstört, sondern durch die kommerzielle und maritime Rivalität zwischen England und Frankreich. Seit 1730 ist England wegen des raschen Wachstums der atlantischen Provinzen Frankreichs beunruhigt. Der lange Zeit sehr zögernde Wirtschaftsaufschwung in den französischen Binnenprovinzen beschleunigt sich plötzlich und trägt zur Erstarkung des Landes bei. Die durch den Spanischen Erbfolgekrieg stark in Mitleidenschaft gezogene Wirtschaft in den Randprovinzen hat sich wieder erholt. Aber der eigentliche Kern der Gegensätze ist die englische Forderung, ganz allein das spanische Amerika ausbeuten zu dürfen. Die gegen Philipp v. gerichtete Südseekompanie, die Maßnahmen Walpoles*, die zyklische Wirtschaftskrise der englischen Wirtschaft (1739–40) – und schon sieht sich England nicht mehr nur Spanien, sondern auch Frankreich gegenüber, das sich verpflichtet fühlt, dem Nachbar im Süden beizustehen.

Niemals hat sich England in einer ungünstigeren Position befunden. Den katholischen Seemächten des Kontinents winkt die Gelegenheit, entscheidende Erfolge zu erringen, wenn sie sich von ihrem Ziel nicht ablenken lassen. Aber der Österreichische Erbfolgekrieg* macht ihnen einen Strich durch die Rechnung. In einem Abstand von vierzig Jahren gefährden zwei Erbfolgestreitigkeiten den Frieden und das Gleichgewicht Europas. Joseph i. (1705–1711) hatte nur Töchter, ebenso sein jüngerer Bruder und Nachfolger Karl vi.* (1711–1740), als Karl iii. 1703–1711 König von Spanien. Leopold (1668–1705) hatte die Schwierigkeiten vorausgesehen und in einem geheimen Familienvertrag festgelegt, daß die weibliche Erbfolge dem Recht der Erstgeburt folgen, also nach dem Aussterben des Mannesstammes die Töchter Josephs erbberechtigt sein sollten. 1713 gründete Karl auf diesem Familienvertag sein Hausgesetz, die Pragmatische Sanktion*, wonach das Reich unteilbar sein und, wenn männliche Thronfolger nicht vorhanden wären, zuerst seine eigene Tochter und dann die Töchter Josephs folgen sollten. Diese Bestimmung steht in klarem Gegensatz zu den Wünschen Leopolds. Zeit seines Lebens ist Karl bemüht, innerhalb und außerhalb des Reiches eine Anerkennung der Pragmatischen Sanktion zu erreichen. Er ist bereit, dafür Opfer zu bringen: er überläßt Neapel und Sizilien den spanischen Bourbonen gegen Parma und Piacenza (1738) und verzichtet auf einen Teil der Walachei und Serbiens (1739). Der Tausch des Jahres 1738 ist, obwohl die eingehandelten Länder viel kleiner sind, für Österreich ein Gewinn, da das Reich dadurch weniger zersplittert wird; das Scheitern gegenüber den Türken wiegt schwerer, da dadurch ein Teil der Gewinne nach der Schlacht am Kahlenberg gefährdet erscheint. Als schließlich 1740 der Österreichische Erbfolgekrieg ausbricht, mit dem der Pragmatischen Sanktion Geltung verschafft werden soll, sind die österreichischen Staatsfinanzen zerrüttet, die Armeen desorganisiert – Zustände, die keineswegs verheißungsvoll sind.

Frankreich hat schon lange mit wachsendem Mißtrauen die Entstehung einer großen Kontinentalmacht im Donauraum verfolgt. Jetzt kann es der Versuchung nicht widerstehen, die Aussichten auf den Weltmeeren und in Übersee für eine Schwächung Österreichs zu opfern.

Der Krieg vollzieht sich in drei Abschnitten. Nach dem Überraschungsangriff Friedrichs II.* auf Schlesien (Dezember 1740) und dem Einmarsch der von Chevert und Moritz von Sachsen geführten Truppen in Prag (November 1741) siegt zunächst die antiösterreichische Allianz.

Daraufhin verläßt Friedrich seine Bundesgenossen, Österreich schlägt zurück und gelangt bis zum Elsaß (1743). Das beinahe auf sich gestellte Frankreich wiederum siegt bei Fontenoy (1745) und Bergen-op-Zoom (16. September 1747) und belagert Maastricht (1748).

Im Frühjahr 1748 wird Frankreich durch die Friedensangebote Maria Theresias* und die Siege Moritz' von Sachsen in die Lage versetzt, in Europa den Frieden zu diktieren. Zunächst einmal entscheidet sich Frankreich für eine direkte Verständigung mit England, wodurch die Vormachtstellung der beiden Staaten betont wird. Als zweites entschließt sich Ludwig XV. zur Mäßigung: er will Frankreich eine starke Position auf dem Kontinent sichern und überläßt dafür England die Meere und die überseeischen Gebiete.

»Der Friede von Aachen ist zumindest nach außen hin ein Frieden ohne Sieger und Besiegte. England überläßt Frankreich die Insel Cap-Breton und erhält dafür Madras. Frankreich gibt die besetzten Gebiete auf: die Niederlande, Savoyen,

Nizza; Spaniens Forderungen von 1739 werden erfüllt. In Italien erleidet Österreich kaum Verluste: es verliert einen Teil von Mailand und Parma, aber dafür wird der habsburgische Besitzstand mit Ausnahme von Schlesien garantiert ...«

Man hat diesen Frieden als Waffenstillstand bezeichnet, weil er praktisch alles in der Schwebe läßt und zur See einen Zustand wiederherstellt, der schon 1739 unhaltbar war. Die Suche nach einem neuen Gleichgewicht auf dem Kontinent hat vom Wesentlichen abgelenkt, von der Suche nach einem neuen Gleichgewicht auf den Meeren und in den überseeischen Gebieten. Das französisch-spanische Bündnis hat sich gelockert; man sucht auf dem Kontinent nach neuen Bündnissystemen. Die Spannungen der Jahre 1739/40 dauern noch in den fünfziger Jahren an. Die Auseinandersetzung zwischen England und Frankreich in den Überseegebieten geht ihrem Höhepunkt entgegen.

Im Ohio-Tal kommt es zu Reibereien zwischen den angelsächsischen Pionieren und den Franzosen, für die das Tal die Verbindung zwischen Kanada und ihren Besitzungen am Golf von Mexiko sichert. Das sind zunächst noch Nadelstiche, aber der Konflikt verschärft sich, als Dupleix in Ostindien als Generalgouverneur der Indischen Kompanie verschiedene Gebiete besetzt oder unter den Schutz der Kompanie stellt. England erkennt, daß es Gefahr läuft, den Frieden zu verlieren, und beschließt zuzuschlagen. Es greift gleichzeitig bei Boscawen in Neufundland und bei Braddock (vor dem Fort Dusquesne an der Monangahela) an (1755). Innerhalb weniger Wochen (im November 1755) werden fast zweihundert französische Handelsschiffe aufgebracht, gehen dreißig Millionen Livres, sechstausend Matrosen und fünfzehnhundert Soldaten verloren. Am 21. Dezember 1755 stellt der französische Gouverneur ein Ultimatum, in dem er die Wiederherstellung des früheren Zustands und Entschädigung verlangt. Am 10. Januar 1756 wird der faktische Kriegszustand durch die englische Ablehnung legalisiert.

Nach sieben Jahren endet der Krieg mit der uneingeschränkten Herrschaft Englands auf den Meeren. Dennoch bot zu Beginn des Krieges der Bruch zwischen Österreich und England den Franzosen eine gute Möglichkeit, sich ganz auf den Seekrieg und die Auseinandersetzung in Übersee zu konzentrieren. Durch eine aktive Unterstützung Maria Theresias hätte sich vielleicht eine Wiederherstellung der gefährlichen Machtkonstellation von 1743 verhindern lassen. Daß sich Frankreich allzusehr auf dem Kontinent engagierte, war eine der wichtigsten Vorbedingungen für den Sieg Englands in Übersee. Viele Faktoren trugen dazu bei: die Stärke der preußischen Armee, die geniale Kriegführung Friedrichs des Großen, die unerbittliche Härte Pitts, die Wirksamkeit der englischen Subsidien, das unberechenbare Eingreifen des jungen Riesen Rußland. Im übrigen ist der englische Sieg durchaus gerechtfertigt, da dieses Land inzwischen in wesentlichen Punkten allen Konkurrenten voraus ist.

Voraus ist England in wirtschaftlicher und technischer Hinsicht und durch die außergewöhnliche Beweglichkeit seiner sozialen Strukturen, obwohl die politischen Gegebenheiten anfänglich nicht sonderlich günstig sind.

Der geniale Kompromiß des Jahres 1689 hatte zu einer dialektischen Überschreitung geführt, zu einer Synthese von dynastischer Kontinuität, der alten Treue zum Fürsten, die die Grundlage des modernen Staates darstellt, einerseits und der Theorie des »Vertrags« zwischen Herrscher und Volksvertretung, die Locke* nachträglich (1690) in Worte gefaßt hat. Der Bruch kommt erst später mit den gefährlichen Spannungen der Jahre 1714–1716, als man sich nach dem Tod der Königin Anna (1. August 1714) für einen König aus dem Haus Hannover entscheidet.

Nach Meinung der Protestanten sind Bolingbrokes Tories* in den Jahren 1711 bis 1714 zu weit gegangen; ihre Ideen führen zu einer Annäherung zwischen England und Frankreich, die vielen Protestanten nicht wünschenswert erscheint. In einem Augenblick, in dem zyklische Wirtschaftsschwierigkeiten und die Auswirkungen des Krieges zusammenkommen, wird der Handelsvertrag nicht akzeptiert. Dies erklärt die Umkehr nach dem Tod der zweiten Tochter Jakobs II. Das Regentschaftskomitee ruft entsprechend dem *Act of Settlement* von 1701 den Kurfürsten Georg von Hannover zum König aus; am 20. September 1714 zieht Georg I.* in London ein. Das 18. Jahrhundert ist in England fast ganz ein Jahrhundert der Whigs. Das englische Volk ist in seiner Mehrheit mit der fremden Dynastie nicht recht zufrieden. Die politischen Institutionen in England entwickeln sich nur um so rascher in Richtung auf ein Kabinettsystem hin, das man zu Unrecht als parlamentarisch bezeichnet. Die Erhebung der Jahre 1715/16 zeigt, wie weit verbreitet das Unbehagen ist, auch wenn sich die Unruhen auf die Grafschaften in den Highlands, auf Strathmore und auf einige nordenglische Bezirke beschränken. Der hannoveranischen Dynastie ist anzukreiden, daß sie die Eingliederung von Schottland und Irland in das Inselreich verzögert hat. Das Territorialstatut der britischen Inseln beruht auf dem *Convenant* von 1707 für Schottland und dem Vertrag von Limerick von 1691 für Irland, aber während des ganzen Jahrhunderts bleibt die Kluft zwischen den Highlands und den vier Fünfteln des katholischen Irland, das zu fünf Sechsteln von protestantischen, nicht im Land ansässigen Großgrundbesitzern ausgebeutet, durch Steuern und Zölle erdrückt wird. Diese Schwäche des hannoveranischen England ist für den Gegner auf dem Kontinent, für Frankreich, an sich eine günstige Gelegenheit. Eine Herausforderung hätte die Frage der britischen Seemacht zu einer Sache auf Leben und Tod gemacht. Anderseits besteht die Verpflichtung zu einer aktiven Politik auf dem Kontinent und zu einem manchmal recht kostspieligen Engagement, um das europäische Gleichgewicht aufrechtzuerhalten.

Schon in den ersten Regierungsjahren wird Georg I. (1714–1727) politisch ausgeschaltet. Die Tories, die die königlichen Prärogativen verteidigen, auf die Kontinuität der Staatskirche bedacht sind, ein europäisches, dem Kontinent angeglichenes England schaffen wollen, werden teils zu Recht, teils zu Unrecht jakobitischer Sympathien verdächtigt und aus der Macht verdrängt. Für ein halbes Jahrhundert ist England ununterbrochen in den Händen der Whigs*, der »national-englischen« Partei. Diese zum Sektierertum neigenden Protestanten, Freunde des Dissent, selbst wenn sie Anglikaner oder religiös indifferent sind, setzen sich aus der Minderheit der ländlichen gentry und aus fast dem gesamten moneyed interest zusammen, den reichen Kaufleuten und den Finanziers. Zwar scharen sie sich aus Haß gegen die Stuarts um den Hannoveraner, aber die königliche Prärogative erkennen sie nicht an. Sie folgen Georg nur unter der Bedingung, daß er darauf verzichtet, sich in englische Regierungsangelegenheiten einzumischen. Unter Stanhope wird die Ausschaltung des Königs vollendet. Georg erhält zur Vergrößerung seiner Hausmacht Bremen und Verden und willigt dafür ein, von der politischen Bühne abzutreten. Er präsidiert nicht mehr dem Staatsrat, erhält vom Staat die für seinen Unterhalt notwendigen Gelder, während das Kabinett ohne ihn, aber in seinem Namen regiert. Georg I. versteht kein Wort Englisch; sein Nachfolger Georg II. (1727–1760) spricht ebenfalls nicht englisch.

Während und nach dieser lautlosen Revolution beherrschen zwei Männer die politische Bühne in England. Der erste ist Robert Walpole*, ein Tory, der vom Oktober 1715 bis zum April 1717 und noch einmal von 1721 bis 1742 entscheidenden Einfluß ausübt. Dieser Landedelmann verkörpert die Einstellung eines England, das sich auf eine wirtschaftliche Revolution vorbereitet, deren Ausmaße und Auswirkungen zu diesem Zeitpunkt noch kein Mensch ahnen kann: das Wirtschaftswachstum hat vor allem anderen den Vorrang, Politik und Kultur müssen demgegenüber in den Hintergrund treten. Die Regierung Walpole bedeutet die systematische Rückkehr zur Korruption als eines Instruments der Regierung, bedeutet den Primat des Kabinetts über das Parlament, die Beibehaltung eines den Gegebenheiten längst nicht mehr entsprechenden Wahlsystems, die Bedeutungslosigkeit eines Parlaments, das fast nur noch die Interessen der allmählich in die landwirtschaftliche Revolution und die Geschäfte des moneyed interest hineingezogenen *gentry* vertritt. Der Landadel ist damit beschäftigt, die offenen Felder einzuzäunen, die unabhängigen Kleinbauern zu enteignen und zu vernichten. Durch gewaltige Kredite kann das *moneyed interest* im Westen im spanischen Amerika und im Osten in Indien und vor allem in China Fuß fassen, während die Besetzung und Kolonisierung Nordamerikas in der im 17. Jahrhundert vorgezeichneten Richtung weitergeht. Gegen die Gefahren gewagter Finanzmanöver ist England nicht gefeit. Der Zusammenbruch der Südseekompanie, die die überseeische Ausbeutung auf Aktien versucht hat, erschüttert die finanzielle Grundlage der englischen Politik (1720). Einen ähnlichen Finanzkrach erlebt um die gleiche Zeit Frankreich nach dem Scheitern der Finanzpolitik des in französische Dienste getretenen schottischen Wirtschaftstheoretikers Law*. Allerdings sind die Auswirkungen in England nicht ganz so schlimm wie in Frankreich, weil das englische Finanz- und Börsenwesen auf festeren Beinen steht. Die Regierung Walpoles bedeutet nicht nur die Ausschaltung des Hannoveraners, sondern auch eine Politik der Verständigung gegenüber Frankreich, die Anerkennung der geteilten Vormacht.

Die zweite große Gestalt der englischen Politik im 18. Jahrhundert ist William Pitt d. Ä.* (1708–1778), ein entschlossener Imperialist, der dem hannoveranischen König ebenso feindlich gesinnt ist wie Frankreich. Er sollte Frankreich im Siebenjährigen Krieg besiegen. Der Übergang von Walpole zu Pitt geht praktisch reibungslos vor sich. Beide Männer, die aus derselben Gesellschaftsschicht hervorgegangen sind, vertreten die gleichen Interessen, wenn auch in einer ganz anderen Atmosphäre, denn um die Mitte des 18. Jahrhunderts beschleunigt sich der Wachstumsrhythmus Englands gegenüber dem des Kontinents ganz erheblich.

Die Zeit der Regentschaft bringt in Frankreich eine gefährliche Krise der großen administrativen Monarchie, beweist aber auch, wie sehr diese bereits gefestigt ist. Was der Sonnenkönig geschaffen hat, kann weder durch die jansenistische Gegenoffensive noch durch die Verschwörung von Cellamare oder den auf Betreiben der Freunde von Saint-Simon* unternommenen anachronistischen Versuch einer Polysynodie ernsthaft gefährdet werden, weil der Regent, Philipp von Orléans, die Entwicklung in den Griff bekommt, weil er in Dubois einen getreuen, fähigen Diener hat, vor allem aber, weil der junge König Ludwig xv. dadurch, daß er entgegen allen Erwartungen und Befürchtungen nicht stirbt, dem Land und Europa einen weiteren Erbfolgekrieg erspart.

Unter der Regentschaft beteiligt sich Frankreich an den neuen kolonialen Bestrebungen der Jahre 1717–1720. Es ist allerdings nur ein Strohfeuer, das durch die kluge, aber riskante Finanzpolitik des Schotten John Law* genährt wird. Auf die Westindische Kompanie folgt die Ostindische Kompanie, auf die Kolonisie-

rung Louisianas eine gigantische Kreditoperation, durch die Frankreich früher noch
als England mit Papiergeld überschwemmt wird (drei Milliarden in Papiergeld
gegenüber einer halben Milliarde in Münzen), ohne daß das Land psychologisch
darauf vorbereitet wäre. All das führt zu einer hektischen Konjunktur. Nirgendwo in Europa kommt es zu einer so umfassenden und schwerwiegenden Katastrophe wie in Frankreich (Februar bis Juli 1720). Nach einigen Jahren, in denen
das Wirtschaftsleben völlig durcheinandergerät, sichern die Stabilisierungsmaß-
nahmen des Herzogs von Bourbon im Jahre 1726 dem Land für zwei Jahrhunderte eine stabile Währung (eine kurze Unterbrechung sollten lediglich die in der
Französischen Revolution ausgegebenen Assignaten bringen). Nach der langen,
friedlichen Regierung des Kardinals Fleury* (1726–1743) wird die administrative Monarchie durch ihren eigenen Schwung weitergetragen.

Aber unter Orry, Machault d'Arnouville und d'Argenson wird Frankreich
besser verwaltet als regiert. Die Denkschriften und Berichte der Intendanten, der
weitere Ausbau der Verwaltung, das große Bemühen um exakte statistische Information der Contrôle central beweisen, daß Frankreich trotz der Schwächen Ludwigs xv., seiner Unentschlossenheit und seiner Mätressen eine tüchtige Regierung
hat, die sich um das öffentliche Wohl kümmert und die noch nicht durch die Hals-
starrigkeit des Parlaments und die latente Revolte der privilegierten Schichten gelähmt wird.

Zu Beginn der sechziger Jahre sind die Türken endgültig abgeschlagen. Europa
hat sich um das große neue Reich der österreichischen Habsburger vergrößert.
Durch die Sicherung der Ukraine hat sich Rußland zur See und zu Lande dem
Westen zugewandt, ist nach dem Atlantik hin orientiert. In Amerika ist zu den in
europäischem Besitz befindlichen Gebieten das mittlere Brasilien gekommen, während die englischen Kolonisten die Appalachen erreicht haben. Indien und China
werden immer stärker in den europäischen Überseehandel hineingezogen, der jetzt
hauptsächlich in den Händen der Engländer liegt. Um 1760 hat sich England endgültig der Welt geöffnet.

Europa schickt sich an, aus seinen geographischen Grenzen herauszutreten. Es
bereitet sich auf das Abenteuer einer weltweiten Zivilisation vor, die eine im
wesentlichen europäische Zivilisation sein sollte. Der schwierige Übergang von der
Vielheit zur Einheit nimmt seinen Anfang.

ZWEITER TEIL

DIE STABILITÄT
DER MATERIELLEN KULTUR

Der hier behandelte Zeitraum umfaßt drei Generationen, eine halbe Milliarde Einzelschicksale, über die wir unterschiedlich gut unterrichtet sind; im wesentlichen wissen wir allerdings fast nichts. Eine erschöpfende Gesamtdarstellung verbietet schon der Umfang des Themas. Wir haben uns deshalb entschlossen, repräsentative Einzelbeipiele anzuführen, die die Entwicklung in ihren großen Zügen deutlich machen. Während die politische Geschichte dieses Zeitraums, in dem sich die Staaten bilden und nach einem problematischen europäischen Gleichgewicht suchen, voller Bewegung, sprunghafter Veränderungen und radikaler Brüche erscheint, bietet die materielle Kultur ein anderes Bild. Der Rahmen, die Bedingungen, unter denen der Durchschnittsmensch lebt, verändern sich in der Zeit von 1620 bis 1760 nur wenig. Wohl verschieben sich die Grenzen Europas nach außen, so daß man annehmen möchte, daß ein entsprechendes Bevölkerungswachstum die Ursache dafür war; wohl erhalten die Säle der Paläste, die Bürgerhäuser und die höfischen Gewohnheiten ein anderes Gesicht; aber die Bauern werden um 1760 noch genauso geboren, essen, leiden, heiraten, schuften, zeugen Kinder und sterben um die Mitte des 18. Jahrhunderts noch weitgehend so, wie sie es 1620 getan haben. Bestenfalls sind sie – in Westeuropa – etwas weniger arm, ein wenig besser geschützt, leben im Durchschnitt einige Jahre länger. Die europäische Kultur dieser Zeit fügt sich in den weitgehend starren Rahmen einer sehr alten materiellen Kultur ein. Diese verdankt im wesentlichen ihre Gestalt den revolutionären Jahrhunderten des Mittelalters, dem 12. und dem 13. Jahrhundert. Die im Zeitalter des Barock in Europa vorhandene materielle Kultur wurzelt in den großen Rodungen und der Bevölkerungsexplosion des 11. bis 13. Jahrhunderts und endet erst mit den landwirtschaftlichen und industriellen Revolutionen des ausgehenden 18. und des beginnenden 19. Jahrhunderts.

Den materiellen Rahmen seiner Kultur hat das barocke Europa zwar verändert, aber es hat ihn nicht geschaffen. Er ist das Vermächtnis einer langen Geschichte.

DER RAUM UND DIE MENSCHEN

Der Raum, den das barocke Europa einnimmt, ist kein in sich geschlossener Raum. Fast überall gewinnt man Neuland, so in Westfrankreich zu Beginn des Ministeriums Colberts und in noch größerem Umfang nach 1750. Andere Beispiele sind die holländischen Polder, in Frankreich die Sümpfe des Poitou, in Spanien die *despoblados* im Ebro-Tal und in der Sierra Morena. Dennoch kann man im großen eine Trennlinie ziehen, die von Lübeck bis Fiume reicht und Europa in zwei Teile zerschneidet. Sie folgt ungefähr der Elbe und den Sudeten, schließt Böhmen ein, aber die bis zum ausgehenden 17. Jahrhundert türkische Slowakei aus; westlich der Linie liegen Österreich und bis 1683 das christliche Ungarn, das aber nach Kahlenberg wieder östlich der Linie liegt. Das im Westen liegende Europa ist eine weitgehend abgeschlossene Welt; was man hier und da an Neuland gewinnt, unterliegt dem erbarmungslosen Gesetz des verminderten Ertrags, der verhältnismäßig raschen Erschöpfung des Bodens – ein Gesetz, das Ricardo nach den im England des 18. Jahrhunderts herrschenden Zuständen formuliert hat, das aber auf ganz Europa anzuwenden ist. Das Europa östlich der Trennlinie hingegen ist in dieser Hinsicht verhältnismäßig offen, hat »Grenzen« im Sinn der amerikanischen Geschichte (die »frontiers« der Siedler), die ständig weiter hinausgeschoben werden. In der zweiten Hälfte des 18. Jahrhunderts sind manche Gebiete in der Ukraine Entsprechungen des amerikanischen »Wilden Westens« vor Verlegung der Eisenbahnlinien. Zu dieser Welt der beweglichen, nicht fest umrissenen Grenzen gehören Ostdeutschland, Polen, die Waldgebiete Rußlands. Mehr oder weniger isolierte Siedlungen existieren in den grenzenlosen Wäldern auf Lichtungen, die man noch für längere oder kürzere Zeit nach Belieben vergrößern kann. Gegenüber der geographisch fast völlig abgeschlossenen westeuropäischen Welt ist dies eine geographisch geöffnete, nach Osten hin weit offene Welt. Zwar steht zweifelsohne fest, daß die geographische Abgrenzung ein konstruktives, positives Element darstellt, aber diese positiven Auswirkungen wurden erst nach 1750 spürbar. Vielleicht erklärt dieser Gegensatz die unterschiedliche Bevölkerungsbewegung im Europa jener Zeit: im Osten steigt die Bevölkerungskurve steil, im Westen nur sehr flach an. Aus vereinzelten Untersuchungsergebnissen, besonders in Frankreich, hat man vorschnell auf einen Bevölkerungsstillstand oder gar -rückgang im barocken West- und Mitteleuropa geschlossen, aber heute weiß man, daß dies nicht zutrifft; es ist ein wenn auch langsames Wachstum zu verzeichnen. Die Kultur des barocken Europa stellte einen so bedeutsamen Fortschritt in der Menschheitsgeschichte dar, daß sie fast zwangsläufig von einer Zunahme der Bevölkerung begleitet war. Die demographische Gesamtentwicklung ist die algebraische Summe der Einstellung zahlloser einzelner zum Leben, spiegelt diese getreulich wider. Ein Volk, das nicht imstande oder willens ist, seinen Bestand durch das Nachwachsen einer neuen Generation zu sichern, ist auch nicht imstande und willens, schöpferisch tätig zu sein.

Die algebraische Summe des Willens der einzelnen läßt sich für das 17. und die erste Hälfte des 18. Jahrhunderts leichter errechnen als für vorangegangene Zeiten, denn in dieser Periode nahm nicht nur das streng wissenschaftliche Denken seinen Anfang, sondern es vollzog sich auch der allmähliche Übergang vom vorstatistischen zum urstatistischen und statistischen Zeitalter. Die Geschichte als mittelbare Wissenschaft stützt sich bei ihren Schlüssen im wesentlichen auf schriftlich hinterlassene Zeugnisse, die gewissenhaft auf ihre Glaubwürdigkeit und ihren Tatsachengehalt hin untersucht werden. Zwar erlauben seit einigen Jahrzehnten die archäologische Untersuchung der Überreste längst verschwundener Siedlungen und die Luftfotografie, die die Umrisse von Dörfern und Bauten erkennen läßt, die Spuren einer Welt aufzufinden, deren schriftliche Zeugnisse vernichtet sind oder überhaupt nie existiert haben; man kann aus der Zahl und Größe verschwundener Ansiedlungen Schlüsse ziehen, wie stark bestimmte Gebiete einst besiedelt waren. Von besonderem Wert ist dieses Verfahren für das mittelalterliche Osteuropa (wobei die russischen Historiker völlig zu Recht dieses Mittelalter erst mit Peter dem Großen enden lassen, einem Zeitgenossen des europäischen Barock), aber wenn es nicht durch schriftliche Zeugnisse der Menschen, die die Vergangenheit mitgestaltet und miterlebt haben, gestützt werden kann, bleibt es recht ungenau.

Die Bevölkerungsstatistik beginnt damit, daß der Mensch seine Fähigkeit, zu zählen, auf sozialer Ebene anwendet. Volkszählungen gibt es, seit es eine Geschichte gibt. Im 2. Buch Samuel wird dieses Unterfangen noch als Sünde betrachtet, die Gott bestraft, indem er den Menschen die Pest sendet. Eine Volkszählung steht am Anfang der christlichen Heilsgeschichte (Lukas 2, 1); um 1500 werden die mexikanischen *lienzos* auf dem Hochplateau von Anahuac gezählt, um 1530 finden wir die Quipu der Ketschuas in Peru, eine statistische Methode, die älter ist als die Schrift. Drei wichtige Zeitabschnitte für die Bevölkerungsgeschichte sind das 14. Jahrhundert, das ausgehende 16. und das beginnende 17. Jahrhundert und die Wende vom 18. zum 19. Jahrhundert. Für eine wissenschaftliche Erfassung oder Berechnung der Bevölkerungszahlen stehen zwei Quellen zur Verfügung: die Volkszählungen, die allerdings erst ab dem ausgehenden 18. Jahrhundert wirklich zuverlässige Angaben liefern (in Spanien ab 1787, in Frankreich ab 1801), und die Bürgerlisten bzw. die Kirchenbücher, in denen Geburten, Eheschließungen und Todesfälle verzeichnet sind – also eine Art Buchführung mit Zu- und Abgängen. Die erste dieser Quellen ist meist nicht sonderlich exakt, die zweite ist wegen der Vielzahl von Einzelunterlagen, die zu Rate gezogen werden müssen, sehr schwierig auszuschöpfen.

Über Bevölkerungsstand und Bevölkerungsbewegung des barocken Westeuropa sind wir durch eine ganze Reihe von Volkszählungen und Detailstatistiken ziemlich gut unterrichtet.

Die ältesten und genauesten Statistiken wurden ab 1380 in Italien aufgestellt, was dem damaligen kulturellen Vorrang des Mittelmeerlandes entspricht. In Deutschland fanden erste Zählungen, die aber nur bestimmte Gebiete und Bevölkerungsschichten erfaßten, zwischen 1350 und 1500 statt. In Brandenburg-Preußen geschah in dieser Hinsicht vor der Regierungszeit Friedrichs des Großen nichts Entscheidendes, aber dann folgten mehrere Zählungen in verhältnismäßig kurzen Zeitabständen: 1740, 1747, 1751 und vor allem die Zählung von 1774, bei der erstmals eine statistische Rückschau versucht wurde: man stellte die Bevölkerungszahlen des Landes von 1617, 1688, 1740 und 1774 nebeneinander. In Nord-, West- und Süddeutschland wurden Volkszählungen schon früher veranstaltet, aber die demographischen Fortschritte blieben im 18. Jahrhundert hinter denen in Preußen zurück. Die Schweiz ist in dieser Hinsicht dem Reich zuzurechnen; lediglich Genf nimmt eine Sonderstellung ein. In Österreich entwickelte man schon früh gut durchdachte Methoden. In England sowie den spanischen und holländischen Niederlanden brachte das 18. Jahrhundert nicht unerhebliche Fortschritte. Auf der Iberischen Halbinsel erreichte Katalonien fast den hohen Stand Italiens, während Portugal auf diesem Sektor rückständig war. Die kastilischen Bevölkerungsstatistiken lassen den Aufschwung des Goldenen Zeitalters, die Auflösung des Verwaltungsapparates im 17. Jahrhundert und die administrative Reorganisation des 18. Jahrhunderts erkennen. Die erste moderne Zählung der spanischen Gesamtbevölkerung im Jahre 1787 ist der aufgeklärten Verwaltung Floridablancas zu verdanken.

Für das Frankreich des Ancien régime sind die Quellen wenig ergiebig. Dies geht allerdings nicht in erster Linie darauf zurück, daß damals die Administration unzureichend arbeitete, sondern ist vielmehr durch den schlechten Erhaltungszustand der französischen Archive und die gewaltigen Zerstörungen der Französischen Revolution bedingt. Während des 17. Jahrhunderts fanden in Frankreich wiederholt Zählungen der Haushalte und der Bewohner statt, aber diese erfaßten niemals das ganze Königreich und wurden bis heute auch noch nicht in eine Gesamtdarstellung umgerechnet. Die ersten systematischen Bemühungen, eine Kopfzählung einzuführen, gehen auf Vauban zurück, aber er konnte die von ihm ausgearbeitete Methode noch nicht verwirklichen, da ihm die Beamtenschaft die Unterstützung verweigerte. Was im ausgehenden 17. Jahrhundert in dieser Hinsicht erreicht wurde, mutet sehr bescheiden an. 1694 führte man eine allgemeine Volkszählung durch. Drei Jahre später fand eine Volksbefragung statt, die nach Steuerbezirken gegliedert und im Prinzip eine Wiederholung der Befragung von 1664 war. Es handelte sich dabei nicht um eine einfache Volkszählung, sondern man erarbeitete eine regelrechte Bevölkerungsstatistik, die zahlreiche Detailangaben enthielt. Das Verfahren der Fragebogen wurde im Laufe des 18. Jahrhunderts

17 DIE BEVÖLKERUNGSENTWICKLUNG IN DEN WICHTIGSTEN EUROPÄISCHEN GEBIETEN UND IN CHINA Diese Karte zeigt, wie die Bevölkerungsentwicklung in den wichtigsten europäischen Gebieten vom 16. bis zum ausgehenden 18. Jahrhundert verlief. Von wenigen Ausnahmen abgesehen, ist bis in die erste Hälfte des 17. Jahrhunderts ein Ansteigen der Kurven zu beobachten; danach kam es zu einem durch Krieg und Wirtschaftskrisen bedingten mehr oder weniger starken Absinken, auf das ein langsamerer Wiederaufstieg folgte. Zum Vergleich wird die Entwicklung in China und Amerika dargestellt. Wirklich zuverlässige Unterlagen sind allerdings nur für Süd- und Westeuropa vorhanden, doch reichen auch für die übrigen Gebiete die Daten aus, um die allgemeine Entwicklung aufzuzeigen. In den Ländern, in denen es in der ersten Hälfte des 17. Jahrhunderts nicht zu einem Bevölkerungsschwund kam, wurde zumindest die Aufwärtsentwicklung stark abgebremst (Schweden, England, italienische Inseln). Lediglich für die privilegierten Vereinigten Niederlande ist die Kurve in beinahe konstantem Ansteigen begriffen. Besonders deutlich wird der Niedergang Deutschlands, Italiens und Spaniens, aber auch Rußland hatte zunächst einen starken Bevölkerungsrückgang zu verzeichnen. Nach der Katastrophe des Dreißigjährigen Krieges steigt die Kurve in Deutschland steiler an als in jedem anderen Land. Recht ungleichmäßig verlief die Entwicklung in Frankreich. Das langsame Ansteigen der amerikanischen Kurve erklärt sich ausschließlich durch den starken Zustrom europäischer Kolonisten.

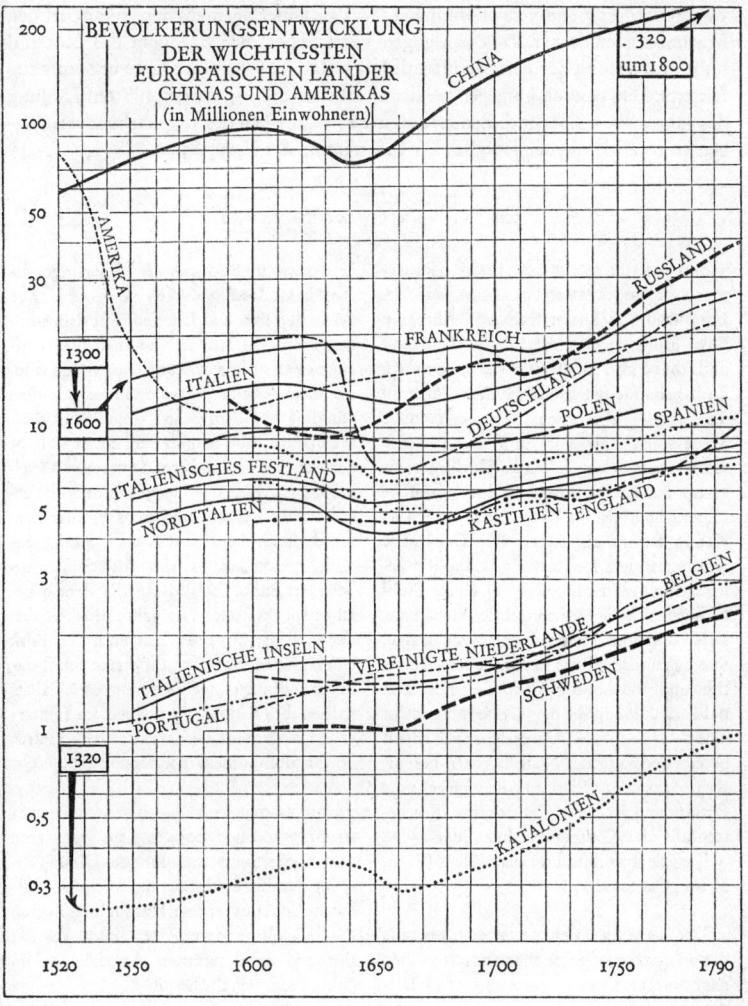

BEVÖLKERUNGSENTWICKLUNG
DER WICHTIGSTEN
EUROPÄISCHEN LÄNDER
CHINAS UND AMERIKAS
(in Millionen Einwohnern)

CHINA

320
um 1800

AMERIKA

1300

1600

1320

RUSSLAND

FRANKREICH

ITALIEN

DEUTSCHLAND

POLEN

SPANIEN

ITALIENISCHES FESTLAND

NORDITALIEN

KASTILIEN

ENGLAND

BELGIEN

ITALIENISCHE INSELN

VEREINIGTE NIEDERLANDE

SCHWEDEN

PORTUGAL

KATALONIEN

200
100
50
30
10
5
3
1
0,5
0,3

1520 1550 1600 1650 1700 1750 1790

weiterentwickelt und vervollkommnet. Was an Unterlagen zusammenkam, ist den Ergebnissen moderner Volkszählungen vergleichbar, nur daß man das Material nicht im Hinblick auf eine Veröffentlichung abschließend bearbeitete und zurechtfrisierte. Dies geschah hingegen bei der ziemlich nachlässig durchgeführten Zählung des Jahres 1801. Die amtlichen französischen Statistiken des 18. Jahrhunderts blieben vertraulich, dienten lediglich zur Information der Verwaltung.

ZU DEN ABBILDUNGEN 73–82

73 AN DER SCHWELLE DES LEBENS: ENTBINDUNG IN FRANKREICH ZU BEGINN DES 17. JAHRHUNDERTS Dieser Stich von Abraham Bosse (1602–1676) entstand zwischen 1635 und 1640, also zu Beginn des in unserem Buch behandelten Zeitabschnitts. Sogar in den »besseren Kreisen«, in denen diese Szene spielt, war eine Entbindung ebenso schmerzhaft wie gefährlich. Das Interieur verrät den Reichtum des Haushalts; fromme Bilder schmücken die Wand. Im prunkvollen Kamin brennt ein Feuer. Die Gebärende wurde aus dem Bett auf ein Klappbett gelegt. In einem Holzkoffer auf einem Stuhl befinden sich die Hilfsmittel der Hebamme. Diese und ihre Helferinnen wissen genau, was zu tun ist. Etwas ratlos, nervös, ängstlich und ungeduldig steht der Ehemann dabei. Zu Häupten der Gebärenden steht eine betende Nonne. Unter dem Tuch schaut bereits der Kopf des Neugeborenen hervor. Kein Arzt oder Geistlicher ist zugegen: die Entbindung ist reine Frauensache, der bestenfalls der Gatte beiwohnen darf – so will es die Tradition und die Scham. (Paris, Musée Carnavalet)

74 AN DER SCHWELLE DES LEBENS: DIE PFLEGE DES NEUGEBORENEN IN FRANKREICH IN DER ERSTEN HÄLFTE DES 17. JAHRHUNDERTS Dies

ist der zweite Stich aus der Bilderfolge, die Abraham Bosse zwischen 1635 und 1640 geschaffen hat. Das Interieur mit dem schönen Louis-XIII-Mobiliar ist in den Grundzügen das gleiche wie auf dem ersten Bild. Vor dem Kamin sitzt die Amme mit dem Säugling auf dem Schoß – eine Vorsichtsmaßnahme, weil damals die Häuser schlecht geheizt waren und man darauf achten mußte, daß sich das Neugeborene nicht erkältete. Es ist, wie es damals in allen Gesellschaftsschichten üblich war, streng gewickelt, so daß es sich praktisch nicht bewegen kann. Zärtlich an die Amme gelehnt ein drei oder vier Jahre alter Knabe, der nach der Sitte der Zeit noch den Rock trägt. Die Mutter sitzt auf einem Stuhl daneben; Frauen der besseren Gesellschaft stillten ihre Kinder nicht selber. Im Hintergrund macht eine Dienerin das Bett. (Paris, Nationalbibliothek, Kupferstichkabinett)

75 DIE FAMILIE EINES WOHLHABENDEN FLÄMISCHEN MALERS: CORNELIS DE VOS, SEINE FRAU UND SEINE BEIDEN KINDER Dieses rührende Familienbild führt uns in einen wohlhabenden Antwerpener Haushalt zu Beginn des 17. Jahrhunderts. Cornelis de Vos hat sich und seine nächsten Angehörigen im Jahre 1621 gemalt. Das in Abb. 77 gezeigte

73

74

76

77

78

79

80

81

82

Töchterchen ist größer geworden. Seidige Locken quellen unter der Haube hervor. Dahinter sitzt, an den Vater geschmiegt, das Söhnchen im Kleid, wie es damals üblich war. Schwere, kostbare Stoffe und kunstvolle Wandbehänge zeugen für den Wohlstand des Hauses. Die Gemahlin trägt ein Staatsgewand mit breiter Halskrause; sie blickt stolz und selbstbewußt, macht aber einen etwas kränklichen Eindruck. (Cornelis de Vos, *Bildnis des Künstlers und seiner Familie*, Brüssel, Musées Royaux des Beaux-Arts)

76 AMME UND KIND: EINE GANZ UND GAR NICHT KINDERGEMÄSSE KLEIDUNG Dieses Bild stammt einwandfrei von Frans Hals, ist allerdings weder signiert noch datiert. Die Datierung ist nicht einfach, lebte doch der große Haarlemer Porträtist von 1580 bis 1666. Manche Kunsthistoriker glauben, daß es zwischen 1615 und 1620 entstanden ist, während Experten wie Hofstede de Groot und Bode die Jahre zwischen 1630 und 1635 für wahrscheinlicher halten. Auf Grund des modischen Accessoirs ist das frühere Datum glaubhafter. Die sorgfältig gekleidete Amme entstammt dem einfachen Volk – eine gesunde, robuste junge Frau. Sehr zierlich, ja zerbrechlich wirkt im Gegensatz dazu das Kind. Die prunkvolle Kleidung aus kostbarem Stoff mit reichem Spitzenbesatz ist alles andere als »kindgemäß«. Zwei Bänder, die am Rücken herabhängen, dienen als Hilfe bei den ersten Gehversuchen. (Frans Hals, *Amme mit Kind*, Berlin, Staatliche Museen)

77 DAS TÖCHTERCHEN VON DE VOS IN SEINEM KINDERSTÜHLCHEN Dieses entzückende Kinderbildnis entstand um 1620. Es zeigt ein Töchterchen des Malers Cornelis de Vos (1584–1651), eines Vertreters der Antwerpener Schule und Mitarbeiters von Rubens. Das Kind – es handelt sich, wie das Häubchen verrät, um ein Mädchen; Röcke wurden auch von Knaben bis zum siebten oder achten Lebensjahr getragen – ist warm angezogen, die Kleidung spricht für wohlhabende Eltern. Man mußte damals die Kinder warm anziehen, weil in allen Gesellschaftsschichten die Beheizung der Häuser sehr zu wünschen übrig ließ. Auf dem Tischchen des stabilen Kindersitzes zerbröselt das Mädchen seinen Kuchen. Für uns ungewohnt bei einem so jungen Kind sind die Armbänder und die Halskette mit dem Kreuz. Es ist ein mit viel Liebe gemaltes Bild; schließlich handelt es sich um die Tochter des Malers, und in den Niederlanden war man sehr kinderfreudig. (Cornelis de Vos, *Kinderbildnis*, Frankfurt/Main, Kunstmuseum)

78 GRAUSAMKEIT GEGENÜBER KINDERN: GUTE UND BÖSE KINDER AM NIKOLAUSTAG Dieses gleichzeitig fröhliche und grausame Bild hat Jan Steen (1625/26–1679) gemalt. Die Szene spielt offenbar in einem wohlhabenden Haus. Zehn Menschen – drei Generationen – feiern das Nikolausfest. Das Interieur ist typisch für die reichen Bürgerfamilien des Nordens: bleigefaßte Fenster (man verstand es noch nicht, große Fensterscheiben herzustellen), schöne Fliesen auf dem Fußboden, reiche Behänge, an der Wand ein Gemälde. Der Nikolaustag ist in ganz Nordeuropa ein Familienfest, bei dem die Kinder beschenkt werden. Im Vordergrund ein Korb mit Obst, Kuchen und ver-

schiedenem Gebäck. Im Mittelpunkt steht ein kleines Mädchen mit einer Nikolausstatue und einem Eimer mit Spielzeug. Liebevoll blicken die Mutter im Vordergrund und der Vater im Hintergrund zu ihm hin. Aber diese Welt braucht auch ihre Sündenböcke, um das Verdienst der Braven ins rechte Licht zu rücken. Dafür müssen ältere Kinder herhalten, in diesem Fall ein etwa elfjähriger Knabe. Die Großmutter, die ältere Schwester und ein etwa sechs- bis siebenjähriger Knabe amüsieren sich alle auf Kosten des Knaben. Drei weitere Kinder, ein älterer Knabe mit dem Jüngsten auf dem Arm und ein kleiner Bursche, der offenen Mundes etwas bestaunt, nehmen an dem Geschehen keinen Anteil. Interessant ist die Kleidung des »Sündenbocks«: von den Röcken der Kindheit geht man direkt zur Erwachsenenkleidung über. Die Kindheit dauert also bis zum siebten Lebensjahr; danach erwartet man von den Kindern, daß sie sich nach den Maßstäben der Erwachsenen richten – die Jahre der Grausamkeit beginnen. Diese Einstellung lebte noch im 19. Jahrhundert in den unteren Volksschichten fort, wie Charles Dickens in seinen Romanen so eindringlich schildert. (Jan Steen, *Das Nikolausfest*, Amsterdam, Rijksmuseum)

79 DIE BESCHEIDENEN ANFÄNGE EINER SCHULISCHEN AUSBILDUNG DER MASSEN Dieses signierte Bild von Adriaen van Ostade trägt die Jahreszahl 1662. Das Bild bezeugt gleichzeitig einen vielversprechenden Reichtum und eine erschreckende Armut. Der Reichtum war die schulische Ausbildung der Massen, die im barocken Europa in den protestantischen Ländern, vor allem im Norden,

ihren Anfang nahm; in Holland gab es im ausgehenden 17. Jahrhundert weniger Analphabeten als heute in der »Dritten Welt«, in den unterentwickelten Ländern des 20. Jahrhunderts. Die Armut springt in die Augen. In einem unordentlichen, schmutzigen Raum sind siebzehn Kinder aller Altersstufen versammelt; die einen sitzen an Aufgaben, die anderen spielen, aber nur ein einziges, das vom Lehrer mit einer Lupe in der Hand befragt wird, ist wirklich bei der Sache. Der Lehrer ist alt, schmutzig und zweifellos grausam. Im 17. Jahrhundert war eine Erziehung ohne Schläge, ohne bewußt zugefügte Leiden noch undenkbar. Solche Schulen waren gewiß alles andere als erfreulich – aber sie standen den untersten Volksschichten zur Verfügung, und das war ein großer Fortschritt. (Adriaen van Ostade, *Der Schulmeister*, Paris, Louvre)

80 EIN SCHRITT ZUR VERWELTLICHUNG DER HOCHZEIT: DIE VERLOBUNG Der aus Lyon stammende Maler Jacques Stella (1596 bis 1657), ein Schüler Poussins, stellte nicht nur religiöse Szenen dar, sondern schuf auch eine Reihe von Genrebildern. Dieser nach einem seiner Gemälde von C. Stella gefertigte Stich zeigte eine Verlobung in Südfrankreich oder Italien. Manches erinnert an Poussin, so die im Profil dargestellten Gesichter, die Anklänge an griechische Statuen aufweisen. Die Einwilligung des Vaters in das Verlöbnis wird notariell festgehalten. Die beiden Verlobten reichen sich, von Angehörigen und Freunden umgeben, die Hände. Inzwischen wird in der Küche das Festmahl bereitet. Die allzu strengen Forderungen der Kirche führten dazu, daß man immer mehr von dem bindenden kirchlichen Ver-

löbnis abkam, die Verlobung zu einer sinn-
leeren Formalität wurde, die kurz vor der
Hochzeit, oft sogar am Hochzeitstag, stattfand. Die Einwilligung der beiden Familien
wird notariell festgehalten – ein erster
Schritt zur standesamtlichen Trauung im
Gegensatz zur kirchlichen. Später wurde
die Verlobung noch formloser gefeiert, wie
die Darstellungen von Greuze veranschaulichen: man verlobte sich ohne Notar im
Freundeskreis. (Paris, Nationalbibliothek,
Kupferstichkabinett)

81 DIE VERLOGENE MORAL DER »BESSEREN
GESELLSCHAFT«: DER GUTE EHEMANN MAR-
MONTELS Dieser Stich von Gravelot ist eine
Illustration zu den *Contes moraux* von
Marmontel (1765). Text und Bilder machen
deutlich, wie es damals um die Moral der
»besseren Gesellschaft« bestellt war. Die
junge Witwe empfängt den Besucher, der
um ihre Hand anhält, im Bett mit entblöß-
ten Brüsten. Der Freier ist nach Marmontel
ein guter Ehemann, weil er die junge, reichlich mondäne Witwe heiratet und ihr klar-
zumachen versteht, daß das wahre Glück
nur in der ehelichen Gemeinschaft, im klein-
sten Kreis von Ehegatten und Kindern, zu
finden ist. (Paris, Nationalbibliothek)

82 PHILOSOPHISCHE RÜHRSELIGKEIT: DIE
GLÜCKLICHE TRENNUNG MARMONTELS Lucile, die Gattin Lisères, leidet unter der of-
fensichtlichen Gleichgültigkeit ihres Mannes.
Nachdem sie alles mögliche versucht hat,
um seine Leidenschaft zu entzünden, beschließt sie, sich von ihm zu trennen. Aber
sie findet nirgendwo die leidenschaftliche
Liebe, von der sie träumt. »Ach, wie hasse
ich diese Romanschreiber, die mich mit ihren
Fabeln getäuscht haben... Mir war mein
Gatte fad erschienen, aber er ist besser als
alles, das ich gesehen habe... Wie töricht
war ich doch! Ich bin Illusionen nachgejagt
und vor dem Glück geflohen: dieses liegt
im Schweigen der Leidenschaften, in der
Ausgewogenheit und dem Seelenfrieden.«
Also verzichtet Lucile auf das mondäne Leben, schließt sich zu Hause ein und ist tief
betrübt beim Gedanken, daß sie das Vertrauen ihres Mannes verspielt hat; aber als
dieser von ihrer Trauer erfährt, eilt er zu
ihr, sieht sie zärtlich an und sinkt auf die
Knie. »Seit diesem Tag ist die zärtliche Verbindung dieser Gatten ein Beispiel für alle
ihre Altersgenossen. Durch ihre Trennung
kamen sie zur Einsicht, daß es nichts in der
Welt gibt, was den anderen ersetzen könnte,
und deshalb bezeichne ich diese Trennung
als glücklich.« Das Interieur ist für die
zweite Hälfte des 17. Jahrhunderts typisch:
ungelüftete, verstaubte Räume. Die Kleidung
engt den Körper weniger ein. (Paris, Nationalbibliothek)

83 DER ADERLASS, EINE ALLGEMEIN VERBREI-
TETE THERAPIE »Clysterium donare, postea
purgare, ensuita saignare.« Dies war die
Grundregel der Medizin dieses Zeitalters:
purgieren und zur Ader lassen. Hier sehen
wir, wie in einem niederländischen Interieur
eine junge Frau von einer älteren zur Ader
gelassen wird. Der Papagei in seinem Bauer
erinnert an die weltweiten Handelsverbin-
dungen der Niederlande. Das Mobiliar ist
einfach und massiv. Eine Kerze spendet
Licht für die Operation. Bezeichnend ist
auch die Brille, die die Alte trägt – ein in
Holland weitverbreiteter Luxus. (Quiringh
van Brekelenkam, *Der Aderlaß*, Den Haag,
Mauritshuis)

84 ERSTE VERSUCHE VON BLUTTRANSFUSIO-
NEN Die Arbeiten des großen William Harvey (1578–1657) über den Blutkreislauf,
aber auch ein Überrest magischer Vorstellungen führten dazu, daß man Versuche
anstellte, um Kranken fremdes Blut zu
übermitteln. Hier bedient man sich eines
Lammes, dessen Blut durch eine Kanüle
in den Kreislauf des Patienten eingeführt
wird – ein tollkühnes Experiment, das mit
Sicherheit den Tod des Patienten zur Folge
hatte. Gerade die Medizin bewegte sich damals noch in den Randzonen der Wissenschaft, stand noch der Alchimie und Magie
näher als dem Erkenntnisstreben eines Galilei, eines Newton und anderer großer Geister der Zeit. Einen Sinn hatte das Experiment kaum; Mensch und Tier fanden dabei
den Tod; nützliche Schlußfolgerungen für
weitere Experimente konnte man angesichts
der dürftigen Kenntnisse über die Lebens-
vorgänge damals nicht ziehen. Der hier gezeigte Versuch wurde 1671 von dem deut-

schen Chirurgen Johann Scultet beschrieben.
Die Chirurgen wurden damals nicht zu den
Ärzten gezählt. (Johann Scultet, *Appen-
dix… ad Armamentarium chirurgicum*,
Amsterdam 1671, Paris, Bibliothek der Me-
dizinischen Fakultät)

85 PRIMITIVER APPARAT ZUM EINRICHTEN
VON BRÜCHEN UND VERRENKUNGEN Dieser
Stich ist in der 1666 erschienenen ersten
Ausgabe des *Armamentarium chirurgicum*
von Scultet enthalten; hier finden sich dreizehn Tafeln mehr als in der Amsterdamer
Ausgabe. Auf einigen der Tafeln sind Geräte zum Einrichten von Brüchen und Verrenkungen dargestellt. Solche »Maschinen«
waren sehr beliebt, obwohl sie weit weniger
ausrichten konnten als die Hände eines er-
fahrenen Arztes. Einen echten Fortschritt
hingegen stellten die chirurgischen Zangen,
besonders die Geburtszange, dar, eine Erfindung, die man der Familie Chamberlin
zuschreibt: sie setzte sich in England und
Holland, nicht aber in Frankreich durch.
Die Chirurgie hatte es damals schwer, da
man noch keine wirksamen Anästhetika
kannte. Maschinen konnten die Geschicklichkeit eines guten Arztes noch lange nicht
ersetzen. (Paris, Bibliothek der Medizinischen Fakultät)

86 ADERNETZ, HERZ UND NIEREN NACH GOD-
FRIED BIDLOO UND GÉRARD DE LAIRESSE
(1685) In der Geschichte der anatomischen
Bildwerke besteht eine Verbindung zwischen
der 1685 herausgegebenen *Anatomia humani corporis* des holländischen Gelehrten
Godfried Bidloo und des Malers Gérard de
Lairesse, dem hundertdreißig Jahre früher
herausgekommenen Werk des Vesalius (1514

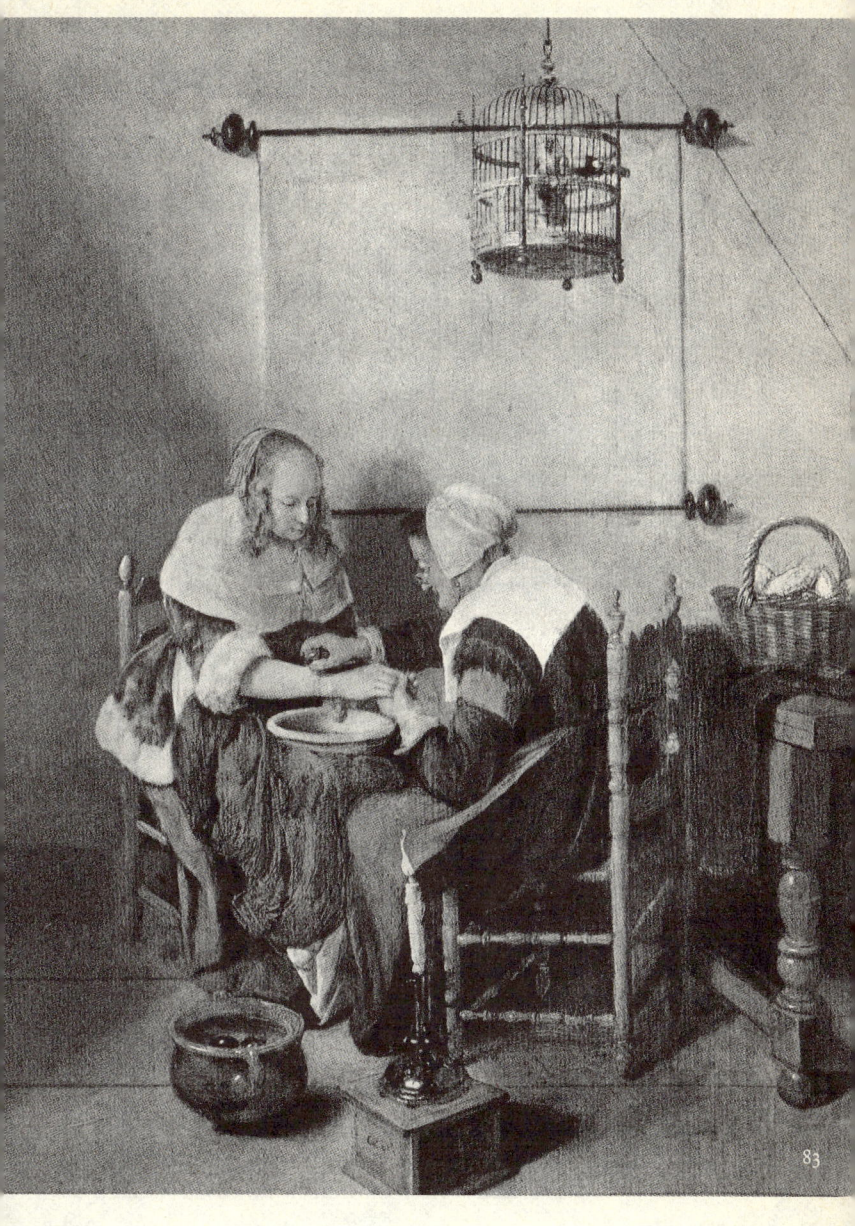

83

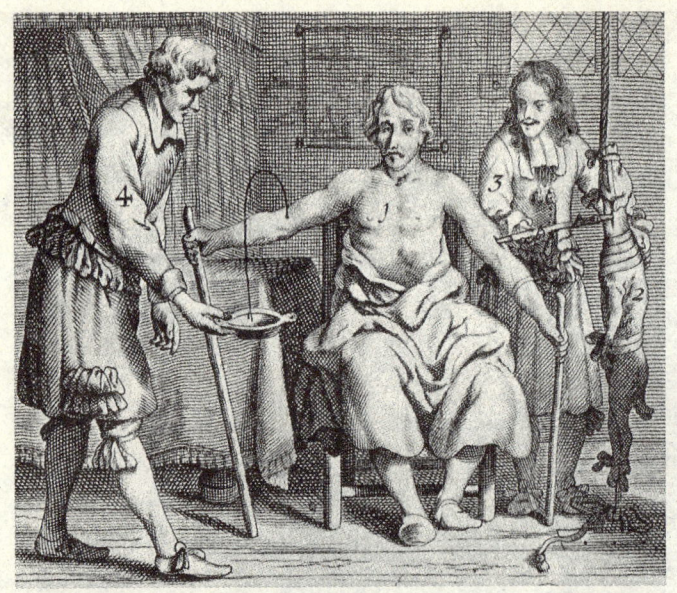

84

85

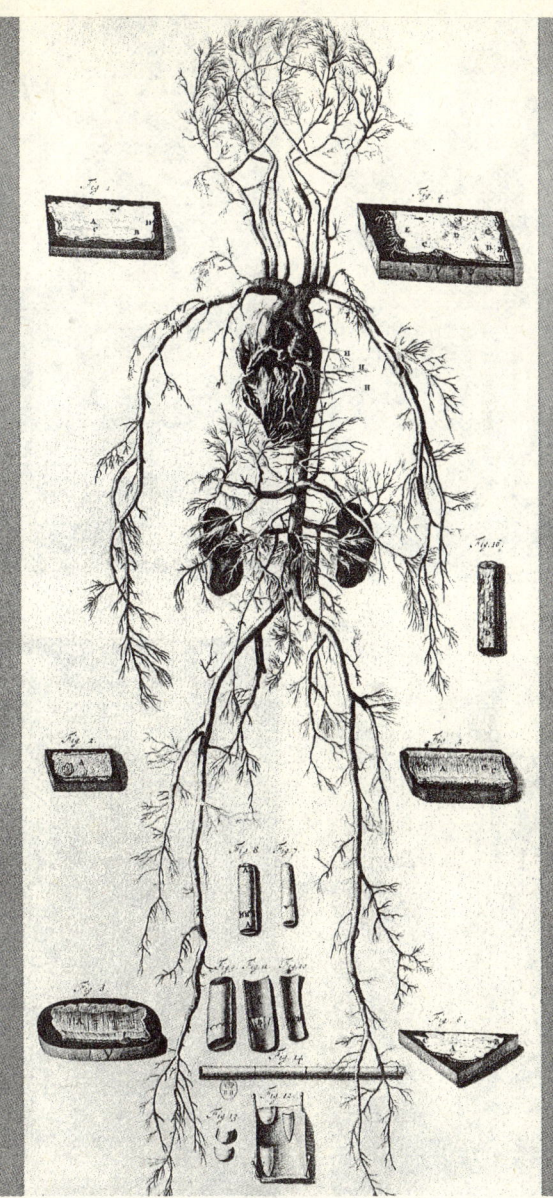

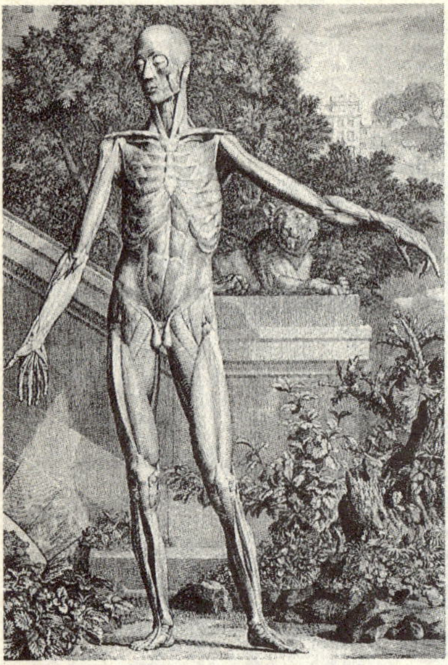

87

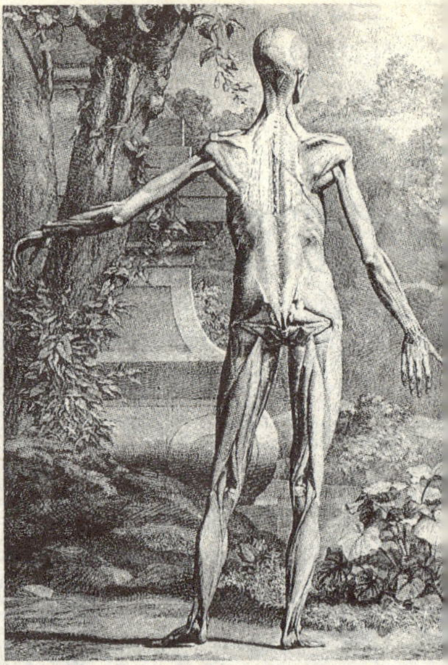

88

89

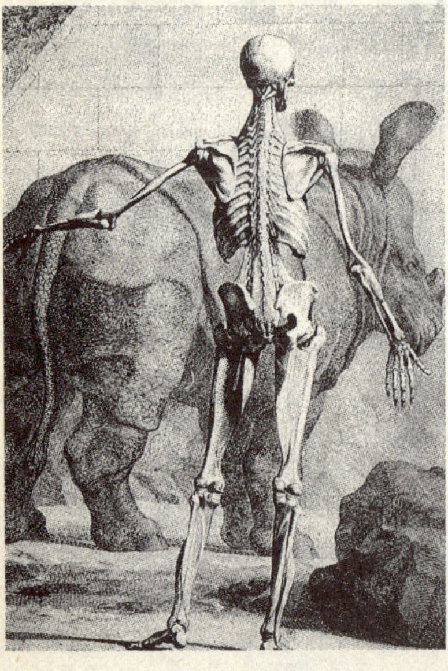

9

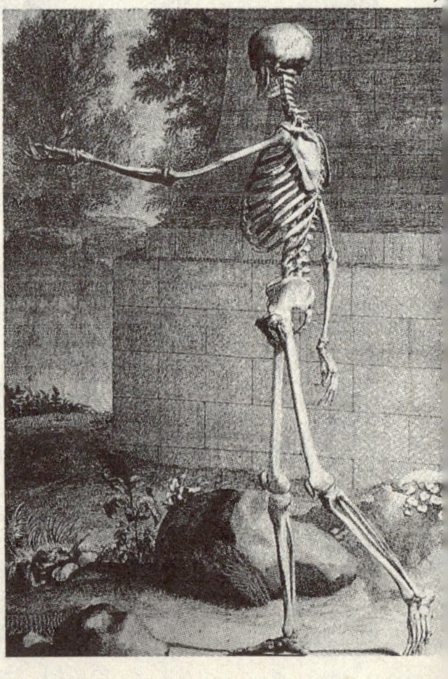

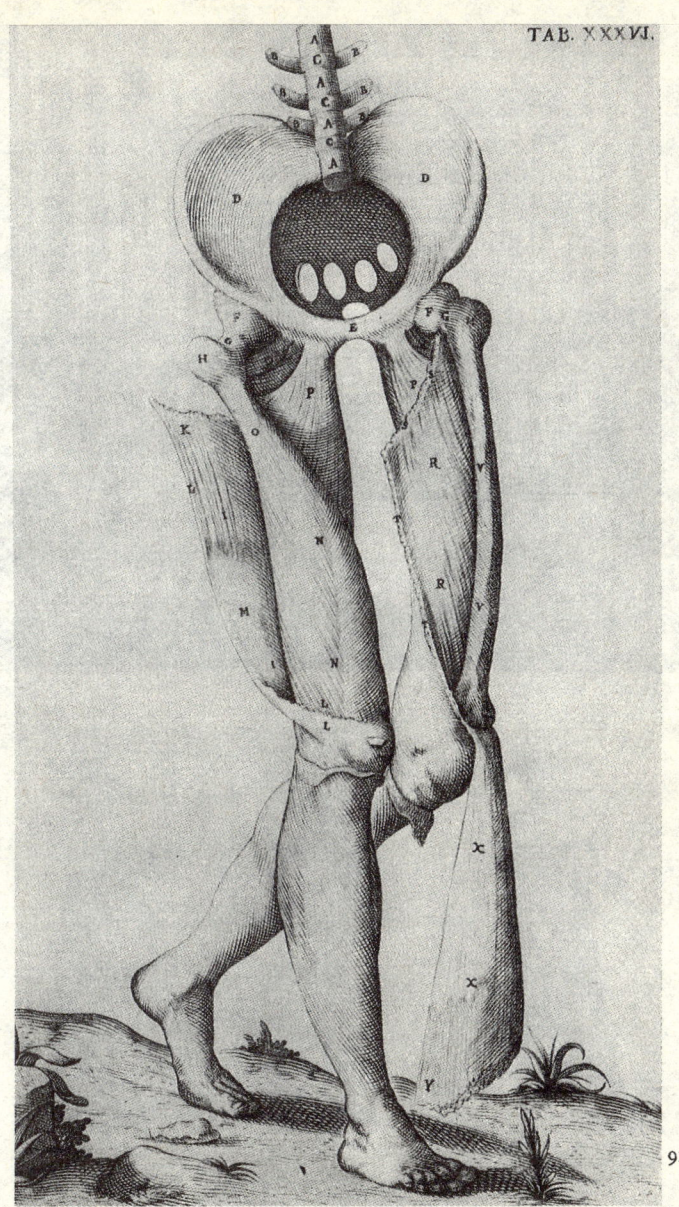

TAB. XXXVI.

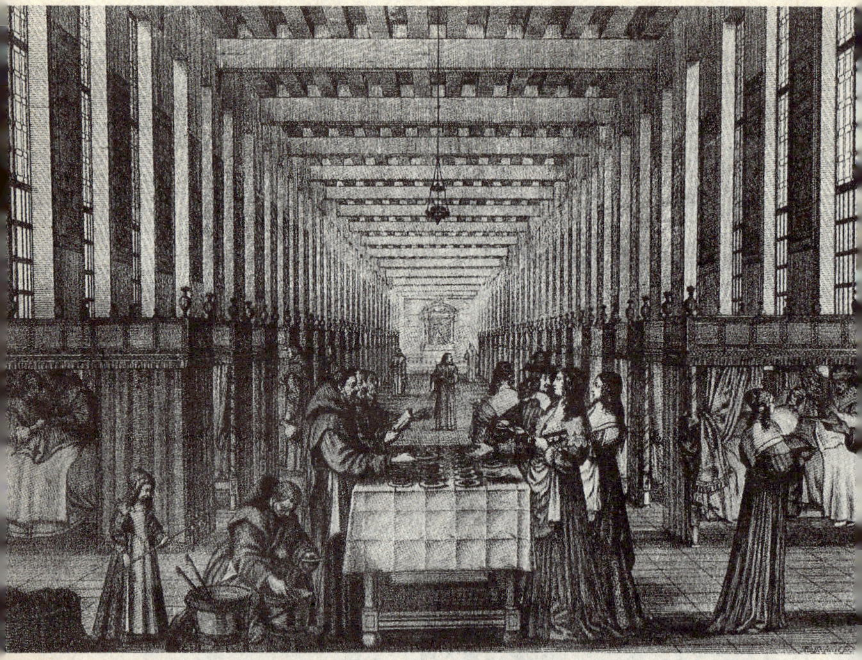

92

93

94

bis 1564) und der Arbeit des Albinus, die sechzig Jahre später folgen sollte. Seit William Harvey standen englische und holländische Anatomen an der Spitze der Entwicklung. Da das Sezieren von Leichen wieder erlaubt war, stellte es kein Problem dar, sich über Skelett und Muskeln zu informieren; anders stand es mit dem Blutgefäß- und dem Nervensystem. Die Fortschritte der holländischen Mikroskopie ermöglichten Godfried Bidloo bereits eine erstaunlich genaue Wiedergabe. Gut sind auch die Darstellungen des Vaskulargewebes. (Godfried Bidloo, *Anatomia humani corporis*, Amsterdam 1685, Paris, Nationalbibliothek)

87 DIE GEHÄUTETEN DES ALBINUS (1747): FRONTALANSICHT Auch diese Darstellungen zeigen den Vorsprung der holländischen Anatomie. Die Abbildung ist eine von vierzig großformatigen Bildtafeln, ein Werk des Bernhard Siegfried Albinus (1697–1770), Professor der Anatomie und Chirurgie an der Universität Leiden. Die Klarheit der Darstellung und die Genauigkeit im Detail machen die *Tabulae sceleti et musculorum corporis humani* zum schönsten anatomischen Atlas des Jahrhunderts. Eine Konzession an den Zeitgeschmack sind die Hintergründe mit Flüssen, Felsen, Quellen und Architekturelementen. Diese Tafel wurde 1740 gestochen. Sie verrät, daß man über die Muskulatur schon damals praktisch ebensoviel wußte wie heute. Sie stellte für den Anatomen keine besondere Schwierigkeit dar: es genügte, viel zu sezieren, um sich genaue Kenntnisse zu verschaffen, und das tat man schon seit Vesalius. Wie die Tafeln des Vesalius wurden auch die Darstellungen des Albinus häufig kopiert. (Bern-

hard Siegfried Albinus, *Tabulae sceleti et musculorum corporis humani*, Leiden 1747, Paris, Bibliothek der Medizinischen Fakultät)

88 DIE GEHÄUTETEN DES ALBINUS (1747): RÜCKENANSICHT Dieser Stich entstand im Jahre 1741. Er weist denselben konventionellen Hintergrund auf und zeigt die gleiche Darstellungsweise. Nicht sehr gut sind die Gesäßmuskeln wiedergegeben, die zweidimensional nicht einfach darzustellen sind. (Ebenda, Paris, Bibliothek der Medizinischen Fakultät)

89 DIE GEHÄUTETEN DES ALBINUS (1747): DIE INNEREN RÜCKENMUSKELN Der Stich ist 1742 datiert. Er zeigt ein Skelett mit einigen wenigen tiefliegenden Muskeln. Der Stecher dieses Blattes hatte den originellen Einfall, ein Nashorn als Bildhintergrund zu wählen; seine Darstellung ist ein Meisterwerk der Tierbildnerei. Falsch sind lediglich die übertrieben großen Ohren. Der für uns so überraschende und nach unserem Geschmack deplacierte Hintergrund diente nach Albinus dazu, das anatomische Relief besser zur Geltung kommen zu lassen. Übrigens haben eben diese für uns geradezu schockierenden Hintergründe mit zum Erfolg dieses anatomischen Atlasses beigetragen. (Ebenda, Paris, Bibliothek der Medizinischen Fakultät)

90 DIE GEHÄUTETEN DES ALBINUS (1747): GEHENDES SKELETT IM PROFIL Die Tafel entstand im Jahr 1740. Das Skelett ist sehr präzis wiedergegeben. Hinsichtlich der Exaktheit konnte man die Tafeln des Albinus später nicht mehr übertreffen. Ungewöhn-

lich für uns ist die »lebendige« Haltung des Skeletts; diese Art der Darstellung findet sich schon bei Vesalius (16. Jahrhundert) und Casserius (Anfang des 17. Jahrhunderts). Und noch älter ist der Totentanz in der Kunst, die Darstellung bewegter Skelette, die den Tod symbolisieren. (Ebenda, Paris, Bibliothek der Medizinischen Fakultät)

91 »ANIMISTISCHE« ANATOMISCHE DARSTELLUNG DES CASSERIUS (1627) Wenden wir uns nunmehr um anderthalb Jahrhunderte zurück. Julius Casserius (1545–1616) war ein Mann des 16. Jahrhunderts. Er war Professor der Anatomie an der Universität Padua und zählte zu den bedeutendsten und bekanntesten Gelehrten seiner Zeit. Seine *Tabulae anatomicae* wurden von ihm sehr sorgfältig vorbereitet, doch erlebte er ihre Veröffentlichung nicht mehr. Die Herausgabe besorgte der deutsche Arzt Daniel Bucretius; er gab die Bildtafeln dem ebenfalls postum veröffentlichten Werk *De humani Corporis fabrica* von Adriaan van der Spieghel bei. Die Tafeln des Casserius stehen Vesalius näher als Albinus; als sie entstanden, war das Mikroskop als wissenschaftliches Hilfsmittel noch nicht im Gebrauch. Von der an sich völlig überflüssigen Außenansicht von Füßen und Unterschenkeln abgesehen, ist die Darstellung auf unserem Bild nicht sonderlich exakt. Rückgrat und Becken sind falsch wiedergegeben; die Muskulatur tritt nicht klar hervor. Mit diesen Bildern steht Casserius noch dem Mittelalter nahe, während man Albinus als durchaus modernen Anatomen bezeichnen kann. In drucktechnischer Hinsicht hingegen ist der Abstand zwischen Vesalius und Casserius gewaltig: Vesalius illustrierte seine Arbeiten mit Holzstichen, Casserius verfügte bereits über den Kupferstich, der eine viel präzisere Darstellung ermöglichte. (Julius Casserius, *Tabulae Anatomicae*, Venedig 1627, Paris, Nationalbibliothek)

92 EIN HOSPITAL DER KATHOLISCHEN GEGENREFORMATION: DIE CHARITÉ IN PARIS 1635 Diese fotografisch präzise Darstellung verdanken wir wieder Abraham Bosse. Es ist jedoch kein »Schnappschuß«, sondern eine sorgfältig durchkomponierte »offizielle« Repräsentation. Wir sehen den Hauptsaal im Krankenhaus La Charité in Paris. Jeder Kranke liegt in einem eigenen überdachten Bett. Offensichtlich herrschte zu dieser Zeit keine Epidemie, denn in Seuchenzeiten ging es viel enger zu. Die Damen der Pariser Gesellschaft wetteifern mit den Franziskanern im Dienst an den Kranken. Deutlich spürt man den Geist der Nächstenliebe, mit dem Vinzenz von Paul die französische Gegenreformation erfüllt hat. Im 17. Jahrhundert verfügte man, was die Krankenpflege anging, über mehr Möglichkeiten, als uns heute bewußt ist. In normalen Zeiten genügten die in allen Städten anzutreffenden Hospitäler der Orden, in denen in zunehmendem Umfang auch Laien wirkten. In Krisenzeiten hingegen waren die Krankenhäuser oft hoffnungslos überfüllt, weil vom flachen Land die Kranken in die Städte strömten. Wie alle Stiche von Bosse, ist auch dieser von einem Vierzeiler begleitet.

Ihr seht, mit welchem Eifer
Ihre Tugend sie veranlaßt,
Allzeit denen zu helfen,
Die von Krankheit heimgesucht sind.
(Abraham Bosse, *Das Hospital La Charité*, 1635, Paris, Musée Carnavalet)

93 TRACHT·EINES ARZTES IN PESTZEITEN
Diese Darstellung verrät, daß die Ärzte des
Barockzeitalters ebenso tüchtig wie vorsichtig und klug waren. In ihrem Kampf gegen
die Pest, den sie zu Beginn des 18. Jahrhunderts praktisch gewonnen hatten, trugen
sie eine Schutztracht, die sie vor Ansteckung
bewahren sollte. Unsere Abbildung zeigt
einen Arzt während der Pestepidemie des
Jahres 1720 in Marseille, doch war diese
Tracht schon seit dem 14. Jahrhundert oder
noch früher üblich. Der »Schnabel« des Ge-
sichtsschutzes war mit aromatischen Kräu-
tern gefüllt, die die vom Arzt eingeatmete
Luft reinigten. Die Kleidung selber bestand
aus Wachstuch; überdies trug der Arzt stets
Handschuhe aus dem gleichen Material.
Wenn auch die Medizin im 17. und 18. Jahrhundert nur über eine begrenzte Skala von
Heilmitteln verfügte, waren die Ärzte doch
in der Regel sehr gute Diagnostiker. In
ihrem Kampf gegen die Krankheit wurden
sie durch den Staat unterstützt, besonders
durch öffentliche Quarantänemaßnahmen
und hygienische Bestimmungen (Paris, Nationalbibliothek, Kupferstichkabinett)

94 »NACH DEM TOD KOMMT DER ARZT«
Woran ist er gestorben? Dies war keine
müßige Frage, sondern der Arzt wollte die
Todesursache erkunden, um zum allgemeinen Fortschritt der Medizin beizutragen.
Der einzelne interessierte sich jedoch mehr
für sein eigenes Wohl als für das Gemein-
wohl. Deshalb wurden die Ärzte des Barockzeitalters immer wieder angegriffen und
verspottet. Die *Sprichwörter* Lagniets sind
im Geiste Molières verfaßt; deutlich kommt
der Groll über die Ohnmacht des Menschen
dem Leiden und dem Tod gegenüber zum
Ausdruck. Auch ein wenig Antimilitarismus
ist den *Sprichwörtern* beigemischt: »Ärzte
und Marschälle bringen oft Menschen und
Pferde zum Tod.« Die großen Fortschritte
wurden meistens nicht zur Kenntnis genommen: das barocke Europa war seinen Ärzten
gegenüber ungerecht. Die von ihnen erzielten zahlreichen kleinen Verbesserungen, die
die große Revolution der Medizin im 19.
Jahrhundert vorbereiteten, fanden keine
Beachtung, so etwa die Geburtszange von
Chamberlin, die im ausgehenden 17. Jahrhundert in England und Holland Zehntausende von Menschenleben rettete und
dazu beitrug, die Gefahren der Entbindung
zu verringern – in Frankreich konnte sie sich
nicht durchsetzen. Natürlich gab es auch
schlechte Ärzte, Kurpfuscher, aber sie waren
die Ausnahme, nicht die Regel. (Paris, Nationalbibliothek, Kupferstichkabinett)

Gelegentlich haben die Europäer in den von ihnen eroberten außereuropäischen Gebieten Volkszählungen veranstaltet. Dies war beispielsweise in Amerika der Fall. Man zählte die 10 Millionen Bewohner des spanischen Amerika genauso wie die Untertanen Ludwigs XIV. oder die Spanier Philipps IV.

Was die Bevölkerungsstatistiken angeht, so nahm Europa keineswegs eine Sonderstellung ein. Für bestimmte Zeitabschnitte ist die Einwohnerzahl Japans ebensogut, die Chinas sogar noch besser bekannt als der Bevölkerungsstand der europäischen Länder.

Zu Beginn des 13. Jahrhunderts wurde die Bevölkerung Japans auf etwa 6 Millionen Menschen geschätzt. Zwischen dem ausgehenden 17. Jahrhundert und der Meiji-Ära (1868) schwankte sie zwischen 25 und 27 Millionen. Obwohl das Inselreich nicht von Kriegen heimgesucht wurde, hielt sich die Bevölkerung fast auf dem gleichen Stand. Die Erklärung hierfür liegt in den Hungersnöten sowie der in Japan praktizierten Abtreibung und Kindestötung.

Die erste chinesische Volkszählung war ein Teil der großen Verwaltungsreform, die der Ming-Kaiser T'ai-tsung (1360–1398) durchführte. Gezählt wurden etwa 60 Millionen Menschen. Die Bevölkerungsbewegung im Reich der Ming-Kaiser entsprach im ausgehenden 14. Jahrhundert ungefähr der in Venedig und Sizilien: sie stagnierte, der Bevölkerungszuwachs bis zur Mitte des 17. Jahrhunderts war prozentual nicht sehr groß. Moderne demographische Methoden wurden 1776 im Zuge einer durch die Hungersnöte der siebziger Jahre bedingten administrativen Neuordnung eingeführt. Von 1680 bis 1790 wuchs die chinesische Bevölkerung von 120 auf 301 Millionen Seelen an. Prozentual entspricht diese Steigerung dem Wachstum in den spanischen Küstengebieten (Valencia und Katalonien), in Ostdeutschland und in England. In mancher Hinsicht steigt die Kurve in China sogar noch steiler an.

Eine Einrichtung gab es allerdings nur in der christlichen Welt – das Kirchenbuch, in dem in jeder Pfarrei gewissenhaft die Zu- und Abgänge in der Schar der Gläubigen aufgezeichnet wurden. Früh schon wurden vereinzelt in Listen die Taufen, Begräbnisse und Trauungen festgehalten; für die Gebiete der Territorialstaaten zur Pflicht wurden solche Aufzeichnungen allerdings erst im 16. Jahrhundert, teils noch später (durch die Beschlüsse des Tridentiner Konzils, Anordnungen von Cromwell, Villers-Cotterêts, Blois u.a.). Da es einige Zeit dauerte, bis diese Anordnungen überall befolgt wurden, da man anfänglich mancherorts nicht sonderlich gewissenhaft vorging und da zudem viele der alten Dokumente zerstört wurden oder nur zum Teil erhalten sind, gibt es vollständige Aufzeichnungen erst vom Beginn des 17. Jahrhunderts an, und eine weitgehend lückenlose Zusammenstellung dieser Verzeichnisse für ganze Länder ist erst ab dem ausgehenden 17. oder dem beginnenden 18. Jahrhundert möglich.

Frankreich nimmt hierbei in Europa eine Mittelstellung ein, kann also als repräsentativ für die gesamteuropäischen Gegebenheiten betrachtet werden, so daß wir uns bei unserer Darstellung auf das französische Beispiel beschränken können. Die ältesten Kirchenbücher in Südfrankreich stammen aus dem 16., in Einzelfällen sogar aus dem 15. Jahrhundert. Darin zeichneten die Geistlichen zunächst nur auf, welche Geschenke und Gebühren sie bei Taufen, Begräbnissen und Eheschließungen erhielten. Ab dem 16. Jahrhundert wurde das Verfahren durch die königliche Administration geregelt, und zwar durch vier Erlasse: durch die Verordnung von Villers-Cotterêts vom August 1539, durch die Verordnung von Blois vom Mai 1579, durch die Verordnung vom April 1667 und durch den königlichen Erlaß vom 9. April 1736. Die Praxis war allerdings diesen vereinheitlichenden Maßnahmen stets voraus. Das ist für das 16. Jahrhundert offensichtlich. Villers-Cotterêts beschränkte die Aufzeichnungspflicht auf Taufen und auf die Todesfälle von Titulargeistlichen, die Pfründen hatten. Colbert verlangte 1667, daß von den Kirchenbüchern eine Kopie vorhanden sein müsse, der Erlaß des Jahres 1736 setzte fest, daß die Kirchenregister in zwei Originalen geführt werden müßten. Die modernen Personenstandsregister, die im ganzen Königreich einheitlich geführt werden mußten, gingen wie so viele andere Neuerungen auf das Ministerium Colbert zurück.

Vor etwa zehn Jahren haben Pierre Goubert und wenig später auch Michel Fleury und Louis Henry eine Methode zur Auswertung dieser Dokumente entwickelt, die von Hunderten von Historikern in ganz Europa übernommen wurde. Die Kirchenbücher sind nicht mehr »tote Masse« in den alten Archiven. Sie sind die wunderbare und einzigartige Dokumentation der Geschichte des einfachen Volkes. Zweihundert Millionen Menschen des barocken Europa haben keine anderen Spuren ihres aus ein wenig Freude, viel Leid und vielleicht ein wenig Hoffnung gewobenen Lebens hinterlassen als drei Eintragungen, die an die wichtigsten Ereignisse in ihrem Leben erinnern: ihre Geburt, ihre Hochzeit und ihren Tod. Die Kirchenbücher sind nicht nur bevölkerungsgeschichtliche Quellen, sondern geben auch wertvolle Aufschlüsse über die Gesamtgeschichte, wenn man sie richtig zu lesen versteht, wenn man die darin enthaltenen Angaben mit Hilfe der analytischen Serienstatistik und verschiedener Umrechnungsschlüssel auswertet. Das legislative Dokument, die Verordnung, der Erlaß sagen aus, was der Fürst will, was die Staaten wünschen; aus ihnen läßt sich gleichsam die Kurve des Solls ableiten. Der Bericht, den der Intendant dem Hof zuleitete, war eine manchmal durchaus zuverlässige Zusammenstellung von Gegebenheiten. Dennoch ist kein Dokument dieser Art so zuverlässig wie das Kirchenbuch, das gewissenhaft die Einzelschicksale erfaßte. Von der Mitte des 17. Jahrhunderts an hat sich praktisch jeder Westeuropäer mehrmals in die Kirchenbücher eingetragen: als Trauzeuge, als Elternteil oder Zeuge bei Geburten und Begräbnissen. Man brauchte dazu keineswegs des Lesens und Schreibens kundig sein; im Notfall genügten drei Kreuze. Aber es finden sich in zunehmendem Maße richtige Unterschriften, gekritzelt, gemalt, mit vom Geistlichen gelenkter Hand ungeschickt eingetragen. So können wir anhand der Kirchenbücher in ganz Europa verfolgen, wie im Zeitalter des Barock der vielleicht bedeutsamste Sieg Europas seinen Anfang nahm, der Sieg der Alphabetisierung. Den Anfang machten damit die calvinistischen Länder; erst ungefähr ein Jahrhundert später folgten die von der französischen Spielart der Gegenreformation erfaßten katholischen Länder. Die Alphabetisierung beginnt in den reformierten Ländern im ausgehenden 16., in Frankreich um die Mitte des 17. Jahrhunderts. Zu Beginn des 17. Jahrhunderts in den protestantischen Ländern und gegen Ende des 18. Jahrhunderts in Frankreich waren 70 bis 80 Prozent der männlichen und 20 bis 30 Prozent der weiblichen Erwachsenen mehr oder weniger des Lesens und Schreibens kundig. Diese bedeutsame Errungenschaft wird oft vergessen, da die Wirren der Französischen Revolution und der dadurch bedingte Zerfall des Primärunterrichts die Erinnerung daran zumindest in Frankreich weitgehend getilgt haben.

Das Kirchenbuch ist eine der wichtigsten Grundlagen der Bevölkerungsgeschichte und der Bevölkerungsstatistik, jener Wissenschaft, die sich mit der Zahl der Menschen und der Fortpflanzung des menschlichen Lebens befaßt. Wir sind heute in der Lage, auch aus unvollständigen Unterlagen mit Hilfe verschiedenster Methoden zuverlässige Resultate zu gewinnen. Durch die ältesten Verordnungen wurde zwar eine Aufzeichnung der Sterbefälle nicht gefordert, aber selbst wo solche Angaben nicht vorhanden sind, läßt sich die Sterblichkeit indirekt errechnen. Dies gilt besonders für die Kindersterblichkeit, die ja in jener Zeit noch verhältnismäßig hoch war. Die im Kindesalter Gestorbenen erhöhten zwar die Geburtenziffer, nicht aber jene andere Ziffer, die allein aussagt, ob ein Volk zunimmt, stagniert oder abnimmt: die Nettoreproduktionsziffer. Um alle diese Vorgänge wirklich genau analysieren zu können, reicht eine simple Auszählung selbst umfangreicher Unterlagen nicht aus. Vielmehr muß man sich auf vereinzelte, gut belegte Beispiele beschränken, die es erlauben, die Struktur der Familien zu rekonstruieren. Einen Erfolg kann dieses Unternehmen nur dort zeitigen, wo sehr stabile Familiengruppen anzutreffen sind. Das bedeutet also, daß die Städte kaum in Frage kommen. Anders sieht es – von wenigen Ausnahmen abgesehen – in den Landgebieten aus. Was die privilegierten Gruppen betrifft, den französischen Hochadel, das Genfer Großbürgertum usw., so kann sich die Demographie auf Dokumente wie die Adels- und Steuerlisten, die Genealogie usw. stützen. Was die Masse der Landbevölkerung angeht (die Bauern machen im barocken Europa 85 bis 90 Prozent der Gesamtbevölkerung aus, ein Prozentsatz, der sich erst ab der Mitte des 18. Jahrhunderts in bestimmten Gebieten, etwa in England und den Niederlanden, verändert), so läßt sich, wenn auch mit großen Schwierigkeiten und nur dort, wo die Bevölkerung sehr stabil war (die Mobilität, die die Aufgabe sehr kompliziert, setzte erst um 1730/40 ein), für ein Viertel bis ein Drittel der Familien die seinerzeitige Struktur recht genau rekonstruieren. Das Hauptproblem beruht darin, daß man ganz genau wissen muß, wann die Ehen – meist durch den Tod eines Partners – ihr Ende fanden. Eine Gruppe junger normannischer Wissenschaftler hat in jüngster Zeit die klassischen Methoden dadurch verbessert, daß sie außer den Kirchenbüchern noch andere Unterlagen heranzogen: Heuerlisten für die Küstengebiete, Steuerlisten für die Landbevölkerung.

Wenn man über eine dokumentarisch abgesicherte Grundlage verfügt, kann man kühne Schlüsse ziehen. Dies hat man auch in reichem Maße getan. Arbeitshypothesen nutzen sich rasch ab. In neuer Zeit hat man in dieser Hinsicht einen recht großen Verschleiß gehabt. Da sich die Demographie mit dem Wesentlichen befaßt, da sie es mit den intimsten Momenten des Lebens zu tun hat, da sie eine globale Einstellung zum Leben voraussetzt, gibt jede allgemeine bevölkerungsgeschichtliche Theorie Aufschluß über den, der sie aufgestellt hat, aber auch über jene, die sich ihrer als Arbeitsmethode bedienen.

Noch heute findet man in den guten Büchern von gestern und in den weniger guten Büchern unserer Tage das mechanistische Schema der früheren Demographie. Ihm verdanken wir noch etwa 60 bis 70 Prozent dessen, was wir auf diesem Gebiet wissen. Wir werden dieses Schema als historischen Ausgangspunkt nehmen, aber es nach den neuesten Erkenntnissen weiterentwickeln.

Es wird behauptet, daß die Menschen das Ancien régime die biologischen Gesetze nicht kannten und dem Leben ebenso hilflos gegenüberstanden wie dem Tod. Unter diesen Bedingungen habe jeder Geschlechtsverkehr normalerweise zur Zeugung und zu einer Geburt geführt; die Frauen hätten fast ebenso viele Kinder zur Welt gebracht, wie die Natur zugelassen habe. Als Beispiele führte man Familien wie die Arnaulds mit zehn, fünfzehn, ja sogar zwanzig Kindern an, die von Frauen des Pariser Amtsadels geboren wurden, bezeichnete die Familie von Johann Sebastian Bach als repräsentativen Durchschnitt. Fünfzehn Kinder, von denen zwölf in frühen Jahren starben. So verschwenderisch soll die Natur mit dem Leben umgegangen sein, um den Reproduktionskoeffizienten zu sichern. Diese ungeheure Fruchtbarkeit soll nur durch Hungersnöte, Kriege und das Zölibat gebremst worden sein. Aber alle diese Behauptungen sind absurd.

Eine solche Darstellung ist unhaltbar, denn sie entspricht nicht den Gegebenheiten jener Zeit, sondern entspringt einer Reihe von – unbewußten – Werturteilen. Zunächst einmal richtet sie sich nach einer Wirklichkeit, die zwar unbestreitbar ist, aber einem späteren Zeitraum angehört: nach der demographischen Revolution in Europa des 19. Jahrhunderts, die bedingt war durch die Eindämmung der Sterblichkeit durch die Fortschritte der Medizin und die damit zusammenhängende Steigerung der mittleren Lebenserwartung; da mehr der geborenen Kinder am Leben blieben und die Erwachsenen länger lebten, mußte zwangsläufig die Bevölkerungszahl wachsen. Bald darauf begann die Geburtenziffer zu sinken, in manchen Fällen und in bestimmten Gebieten sogar schon vor dem Absinken der Sterblichkeitsziffer. Das war besonders in einigen Teilen Frankreichs der Fall, so daß es dort nicht zu dem in anderen Ländern Europas zu beobachtenden steilen Bevölkerungsanstieg kam. Die Bevölkerungspyramide war sehr unausgeglichen, hatte die für überalterte Bevölkerungen typische Glocken- oder Urnenform.

Es wäre falsch zu behaupten, daß vor dem 19. Jahrhundert eine gewisse Geburtenkontrolle und Familienplanung nicht existiert habe. Das allzu stark vereinfachende positivistische, mechanistische Schema der alten Demographie unterdrückt fast ebenso viele Wahrheiten, wie es enthüllt. Es setzt voraus, daß die Menschen des 17. und 18. Jahrhunderts ebenso gedacht, die gleiche Einstellung besessen hätten wie die Menschen des 19. und 20. Jahrhunderts, aber nicht die Mittel und Möglichkeiten gehabt hätten, die einer späteren Zeit zur Geburtenregelung zur Verfügung standen. Dieses Schema läßt einen großen demographischen Zyklus völlig außer acht. Die freiwillige Weigerung, Leben weiterzugeben, die bewußte Geburtenkontrolle ist ja keineswegs eine europäische Erfindung des 19. Jahrhunderts. Schon die primitivsten Gesellschaften sind hinter die verhältnismäßig einfachen Gesetzmäßigkeiten der Fruchtbarkeit gekommen. Die malthusische Revolution ist nur ganz am Rand eine Revolution der Mittel, denn diese haben genaugenommen niemals gefehlt, sondern vielmehr eine Revolution der Einstellung, der geistigen und ethischen Haltung. Demographisch gesehen fehlte es im Ancien régime nicht an den Mitteln, sondern an den Motiven.

Wenn man die uns erhaltenen Unterlagen genau studiert sowie die Wandlungen des 19. Jahrhunderts ins rechte Licht rückt und ihren wahren Charakter erkennt, kann man eine überzeugendere Theorie für die Bevölkerungsgeschichte des 17. und 18. Jahrhunderts aufstellen.

Zunächst einmal ist zu betonen, daß von einem einheitlichen Verhalten sämtlicher Bevölkerungsschichten nicht die Rede sein kann. Man muß unterscheiden zwischen der Bevölkerungsgeschichte der herrschenden Klassen und der Bevölkerungsgeschichte der beherrschten Masse. Diese Tatsache ist in den europäischen Überseebesitzungen im vielrassigen Amerika offensichtlich, und zwar für das 16., 17. und 18. Jahrhundert. Die Geburtenziffer ist in den Kreisen der Reichen und Mächtigen erheblich höher als bei den Armen. Dies ist auch die Grundregel für das Frankreich des Ancien régime. Familien mit zwanzig Kindern sind Ausnahmen, die sich auf der Ebene der Arnaulds finden, auf der Ebene des Adels und der Reichen, nicht aber beim einfachen Volk. Die ersten Vorzeichen der malthusischen Revolution stellten sich in Frankreich und Genf um die Wende vom 17. zum 18. Jahrhundert ein, als die Familien des französischen Hochadels (durchschnittlich 8 Kinder im 17. Jahrhundert) und des Genfer Großbürgertums im allgemeinen zahlenmäßig nicht mehr stärker waren als die Familien der Bauern. Ab 1740/50 gab es in diesen Familien sogar weniger Kinder als beim einfachen Volk. Eine gegenläufige Entwicklung zeigte sich in Europa dann erst wieder im 20. Jahrhundert: Um die Jahrhundertmitte hatten die Vertreter der gehobenen Schichten wieder mehr Kinder als die unteren Schichten, waren die Intellektuellen produktiver als die Arbeiter und kleinen Angestellten. Diese Tatsache zeigt deutlich, daß das Problem nicht auf der Ebene der Mittel, sondern auf der Ebene der Motive liegt. Der Geburtenrückgang im Frankreich des 18. Jahrhunderts war dadurch bedingt, daß ab 1750 die Bauern der Normandie und des Berry die Einstellung der herrschenden Schichten allmählich übernahmen. Die hohe Geburtenziffer in diesen Kreisen im 17. Jahrhundert erklärt sich aus dem sehr niedrigen Heiratsalter der Frauen (18 Jahre) und der Tatsache, daß diese Frauen ihre Kinder nicht selber stillten, sondern dies den Ammen aus dem Volk überließen. Es ist bekannt, daß das Stillen in zahlreichen Fällen eine vorübergehende Unfruchtbarkeit der Stillenden mit sich bringt. Da ihre gesellschaftliche Stellung sie von dieser Pflicht entband, waren die Frauen der Adligen fruchtbarer als die Frauen aus dem Volk. Sie brachten in kürzeren Abständen eine größere Zahl von Kindern zur Welt. Eine Erscheinung dieser Kulturstufe war der »Milchbruder«. Es kam zu Bindungen zwischen Menschen verschiedener Gesellschaftsschichten, zwischen dem von der Amme gestillten Sproß der Adelsfamilie und ihrem eigenen Kind, das den Reichtum der Mutterbrust teilen mußte. Nicht selten wurde der sozial Tieferstehende durch seinen Milchbruder in eine höhere Klasse gehoben, so daß die soziale Mobilität dadurch gefördert wurde.

Der hohe Geburtenüberschuß der herrschenden Kreise wurde lange Zeit dadurch ausgeglichen, daß viele Töchter ins Kloster gingen und ein Teil der Söhne in einem Krieg das Leben verlor. In England gab es zwar nach Einführung der Reformation kein Zölibat mehr, und auch die Kriegsverluste an Menschenleben waren verhältnismäßig gering, aber dafür widmeten sich die jüngeren Söhne dem Überseehandel und verließen oft ihre Heimat, so daß auch dort ein Ausgleich gegeben war. Gestört wurde das Gleichgewicht in Frankreich im ausgehenden 17. Jahrhundert. Als um 1670/90 die Begeisterung der Gegenreformation abebbte, traten weniger Frauen in die Klöster ein; nachdem Louvois das Heer umorganisiert hatte, sank die Zahl der in den Kriegen getöteten Adligen. Nun entschlossen sich bestimmte – noch sehr kleine – Kreise des französischen Hochadels zur bewußten Geburtenkontrolle, die nach etwa anderthalb Jahrhunderten in allen Schichten der französischen Bevölkerung zahlreiche Anhänger finden sollte.

Allerdings begann dies erst um die Mitte des 18. Jahrhunderts spürbar zu werden. Wenn wir uns also mit der Bevölkerungsgeschichte des barocken Europa befassen wollen, müssen wir sehr genau zwischen den herrschenden und den beherrschten Schichten unterscheiden. Wir wollen uns zunächst dem Verhalten des einfachen Volkes zuwenden, das zahlreicher, aber weniger gut bekannt und dokumentiert ist als die oberen Gesellschaftsschichten.

Zu diesem Zweck wollen wir das Schema übernehmen, das Pierre Goubert für die ländlichen Gebiete des Beauvaisis aufgestellt hat, es aber um einige regionale Nuancen erweitern.

Die Ehe steht hoch im Kurs: der Prozentsatz der unehelichen Geburten ist im barocken Europa verhältnismäßig niedrig. Im Beauvaisis beträgt er ungefähr 0,5 Prozent, in Anjou 0,3 bis 0,4 Prozent, und in der ganzen Languedoc überschreitet er im Verlauf des ganzen 18. Jahrhunderts niemals 0,5 Prozent. In Crulai im Perche beträgt er 1,4 Prozent, im Hafen Port-au-Bessin 2,5 Prozent, in dem in der Ebene von Caen 4 Kilometer von der Küste entfernten Douvres-la-Délivrance wieder 1,4 Prozent, in Troarn hingegen, einer Ortschaft am Rand der Kalksteinebene von Auge, steigt er auf 3 Prozent. Dort, wo der Prozentsatz der unehelichen Geburten höher ist als der Durchschnitt, vergehen auch häufiger weniger als acht Monate zwischen Eheschließung und Geburt des ersten Kindes. Extrem hohe Werte gibt es auf dem Land allerdings nicht. Uneheliche Kinder werden in erster Linie in den Städten geboren. Die im 19. Jahrhundert (1823) vor der Zerstörung der alten Stadtarchive durch die Kommune zusammengestellten *Recherches statistiques sur la ville de Paris* geben ab 1680 die Zahl der Findelkinder an. Deren Anteil wächst rasch von 7 Prozent auf 10 Prozent und gegen Ende des 18. Jahrhunderts sogar auf 30 Prozent, was bedeutet, daß der Prozentsatz der unehelichen Geburten noch höher gewesen sein muß. Die Ursachen? Flüchtige Begegnungen, dauerhafte Konkubinate (besonders nach 1750, wie sich den Wohnungslisten entnehmen läßt), vor allem aber der Zustrom lediger Mütter, die durch die strengen Moralauffassungen auf dem Land in die Großstädte getrieben werden. Bei diesen Mädchen handelt es sich um »gefallene« Bauernmädchen und um in die Stadt zurückkehrende »Kinder der Sünde«, die man aufs Land gebracht hatte, um die »Schande« zu vertuschen. Wie ein Studium der Statistiken des ausgehenden 18. Jahrhunderts zeigt, erreichen weniger als 10 Prozent der unehelich Geborenen das Erwachsenenalter. Ihr Anteil an der »reproduktiven« Bevölkerung ist also insgesamt verschwindend klein.

Zumindest in Westeuropa sind 98 Prozent der Kinder und 99,5 Prozent der ins zeugungsfähige Alter gelangenden Menschen ehelich geboren. Um aber die Haltungen der Menschen jener Zeit zu erforschen, sind die Schwankungen des Prozentsatzes der unehelich Geborenen sehr aufschlußreich. Auf dem Land zeichnet sich ein gewisser Gegensatz zwischen dem *openfield* mit moralisch strengeren Ansichten und den laxeren Waldgebieten ab. Hier steht man auch den ledigen Müttern nachsichtiger gegenüber, was dazu führt, daß die Kirchenbücher zuverlässiger sind, nichts zu vertuschen suchen, wodurch die scheinbare Kluft zwischen den beiden Zonen noch vergrößert wird. Allerdings muß man auch bei den unehelichen Geburten in ländlichen Gegenden zwischen zwei Gruppen unterscheiden: die einen resultieren aus intimen Begegnungen zwischen jungen Menschen der gleichen Altersklasse (sie sind bei weitem in der Mehrzahl); die anderen aus den Rechten der Herren auf die Mädchen der unteren Gesellschaftsschichten. Gegen geschlechtliche Freiheiten junger Menschen führt die Kirche im 17. Jahrhundert einen erbitterten Kampf; gegenüber dieser Sünde kennt man wenig Nachsicht. Anders verhält es sich mit den alten Herrenrechten, gegen die man duldsamer ist; im 17. Jahrhundert wird das Recht von den Adligen immer weniger in Anspruch genommen, aber im 18. Jahrhundert kehrt man zunehmend zu der früheren Praxis zurück. Alle diese Faktoren zusammen tragen zur Untermauerung unserer hypothetischen Erklärung des Nachlassens der Bevölkerungszunahme im Frankreich jener Zeit bei. Die Gegenreformation, die um 1630 die Elite erfaßte und durch den aus den reformierten Seminaren hervorgegangenen Klerus um 1680 ins Volk getragen wurde, wo sie sich bis um 1730 auswirkte, trug viel dazu bei, daß man seine Libido besser im Zaum zu halten verstand. Diese relative sittliche Strenge zwischen der sinnenfroheren Zeit der Renaissance und der laxen Haltung in der zweiten Hälfte des 18. Jahrhunderts galt nicht nur für die Elite, sondern bezeichnenderweise für die Masse des ganzen Volkes. Selbst als sich der Geist der Gegenreformation allgemein abschwächte, blieb die Sittenstrenge, die sich inzwischen allgemein eingebürgert hatte, noch eine Zeitlang bestehen.

Die Gegenreformation hinterließ eine asketische Strenge im Alltagsleben, die sich lange Zeit halten sollte. Wie die calvinistische Reformation zerstörte die Gegenreformation einen Teil der traditionellen Sinnenfreude und der unbefangenen Betonung des Geschlechtlichen. Dadurch kam es im 18. Jahrhundert zu einer grundlegenden Veränderung der Motivationen: die asketische Einstellung förderte den Verzicht auf die Freude, Leben zu schenken, zugunsten illusorischer materieller Vorteile. Die übermäßige Unterdrückung des Geschlechtlichen wirkte sich auf die Geburtenziffern aus; durch die Verdammung der Lust, die untrennbar mit dem Zeugungsakt verbunden ist, wurde das natürliche Bevölkerungswachstum gehemmt. Die allzu ausschließlich gegen das Geschlechtliche gerichtete Askese trug dazu bei, die alten Motivationen zu verdrängen und den neuen Motivationen ein Mittel in die Hand zu geben. Die Methode der Geburtenkontrolle durch den *coitus interruptus* ist letztlich eine Folge der asketischen Übertreibungen der laizisierten Kirchenreformen, der protestantischen wie der katholischen.

Der größte Teil der Frauen heiratete, allerdings erst verhältnismäßig spät. Im Gegensatz zu den höheren Gesellschaftsschichten traten aus dem Volk nur wenige Frauen in Klöster ein, legten also das Gelübde der Keuschheit ab. Den Frauen aus dem Volk war der Eintritt ins Kloster praktisch verwehrt. Das lag an den materiellen Schwierigkeiten, aber anderseits besaß das Klosterleben für sie auch nur eine geringe Anziehungskraft. »Alte Jungfern« gab es wenige; sogar Witwen unter dreißig Jahren fanden rasch neue Freier. In der Altersklasse zwischen 25 und 30 Jahren herrschte ein leichter Männerüberschuß, bedingt einerseits durch das Überwiegen der Knabengeburten, das meist auch noch an der Schwelle zum Erwachsenenalter nicht durch eine höhere Knabensterblichkeit völlig ausgeglichen war, anderseits durch die hohe Sterblichkeit der Frauen im ersten Kindbett.

Die Fruchtbarkeit der Familien dieser Zeit, als kaum gezielte Geburtenkontrolle betrieben wurde, hing ab vom Heiratsalter, der Dauer der Gebärfähigkeit, dem Abstand zwischen Heirat und erster Geburt und zwischen den einzelnen Folgegeburten sowie schließlich von der Dauer der Ehe. Diese Fruchtbarkeit war erheblich geringer, als man angenommen hat, geringer im Volk als in den oberen Gesellschaftschichten. Im ausgehenden 17. und im 18. Jahrhundert entsprangen in Frankreich jeder Ehe im Durchschnitt 4 bis 5, regional sogar weniger Kinder. Genaue Untersuchungen, die vollständig rekonstruierte mittelfranzösische Familien in den Jahren von 1680 bis 1750 betreffen, ergaben etwas weniger als sechs Kinder pro Familie. Bei etwas mehr als sechs Kindern wächst eine Bevölkerung rasch an, bei etwas weniger als fünf stagniert sie oder nimmt sogar leicht ab. Ein starkes Bevölkerungswachstum war im 18. Jahrhundert in Deutschland, England, den Randgebieten Spaniens und in Teilen von Südfrankreich zu verzeichnen. Im 16. Jahrhundert hatte die französische Bevölkerung prozentual stärker zugenommen als im 17. Jahrhundert. Die Entwicklung stagnierte in Frankreich im Gebiet zwischen Somme und Loire unter der Regierung Ludwigs XIV., in der Normandie nach 1750. Die Fruchtbarkeit der Bauernfamilien im barocken Europa war keineswegs konstant, sondern unterlag leichten Schwankungen. Weit kinderreicher waren die Ehen der Oberschicht, aber auch der Pioniere, die in Übersee die explosive Ausdehnung des europäischen Einflusses über den ganzen Erdball bewirkten: Untersuchungen repräsentativer Querschnitte der europäischen Bewohner Kanadas zeigten, daß zu Beginn des 18. Jahrhunderts auf jede Familie im Durchschnitt 8,39 Kinder kamen. Die niedrigsten Geburtenziffern fanden sich in Frankreich im Gebiet zwischen Somme und Loire sowie in der Normandie, in Kastilien und den Niederlanden. Insgesamt lag der westeuropäische Durchschnitt anderthalb Jahrhunderte lang etwas unter sechs Kindern je Familie.

Die Schwankungen der Fruchtbarkeit waren zwar gering und wenig spektakulär, aber sie beeinflußten die Bevölkerungsbewegung weit tiefer als etwa die Sterblichkeitsschwankungen. Allerdings lassen sie sich nur sehr schwer nachweisen, und dies ist wohl der Grund, warum man sie bisher selten in demographische Untersuchungen einbezogen hat.

Von den vier Faktoren, die die Fruchtbarkeit des barocken Europa beeinflußten, war zumindest einer von erstaunlicher Konstanz, wie neueste Forschungen erkennen lassen. In den durch uns untersuchten Familien hörte die Gebärfähigkeit der Frauen kurz nach dem vierzigsten Lebensjahr auf. Erstaunlicherweise wurden von den über 40 Jahre alten Frauen jener Zeit, von der man etwas vorschnell angenommen hatte, daß sie keinerlei Geburtenkontrolle kannte, prozentual weniger Mutter als von den Frauen der gleichen Altersklasse im Europa der Mitte des 20. Jahrhunderts, in dem empfängnisverhütende Praktiken und Mittel so weit verbreitet sind: »Von den 152 Frauen von Anneuil, die vollständig rekonstruierten Familien angehörten, gebaren mehr als 85 Prozent ihr letztes Kind im Alter zwischen 37 und 46 Jahren; der Durchschnitt entspricht gleichzeitig der durchschnittlichen Lebenserwartung dieser Frauen, nämlich 41 Jahre«, schreibt Pierre Goubert.

Zehn Jahre lang durchgeführte Arbeiten, die das Schicksal von Hunderten von Familien erhellten, haben die Richtigkeit dieser Aussage bestätigt.

Für die Zeit von 1650 bis 1750 kann man diese Zahl als für verheiratete Mütter im barocken Europa verbindlich betrachten. Leider wurden bislang keine entsprechend umfangreichen Untersuchungen von Adels- und Bürgerfamilien angestellt. Die vorliegenden Ergebnisse lassen den Schluß zu, daß in diesen Kreisen die Frauen im Alter von etwa 40 Jahren ihr letztes Kind gebaren – eine Verschiebung nach unten um ein Jahr. In Genf lag dieser Durchschnitt sogar schon vor 1700 unter 40 Jahren, aber dort ließen sich auch bereits vor 1700 die ersten Anzeichen eines latenten Malthusianismus nachweisen. Diese Zahlen erschließen uns eine grundlegende Realität jener Menschen, die uns gleichzeitig fern und nahe stehen: sie waren schon sehr früh körperlich verbraucht. Die Folge war ein früher Eintritt der Menopause, ein relativ frühes Ende der Gebärfähigkeit. Zu dieser körperlichen Abnutzung kam eine Ermüdung der Sinne, ein vorzeitiges Ersterben des Geschlechtstriebes. Pierre Goubert schreibt in dieser Hinsicht: »Das Alter, in dem die Frauen ihr letztes Kind gebaren, lag sicherlich unter dem Alter, in dem ihre Gebärfähigkeit endgültig erlosch.« Nach dem vierzigsten Lebensjahr kam es ziemlich häufig zu unbeabsichtigten Fehlgeburten, die ehelichen Beziehungen schliefen ein, was in den oberen Gesellschaftsschichten durch eine die Keuschheit verherrlichende Religiosität gefördert wurde. Alles in allem war dies ein erster Schritt zur Empfängnisverhütung nach der Methode des *coitus interruptus* hin.

Der zweite Faktor ist eine weniger starre Konstante: die Dauer der Ehe. Viele Ehen fanden ein Ende, noch ehe die Gebärfähigkeit der Frauen erloschen war. Dies wirkte sich deshalb so stark aus, weil Witwen, die Kinder hatten und älter als dreißig Jahre waren, oft nicht mehr heiraten konnten. Zwischen der mittleren Dauer der Ehen und der Sterblichkeitsziffer der Erwachsenen bestand ein enger Zusammenhang. In den beiden ersten Ehejahren starben mehr Frauen als Männer, in den folgenden Jahren mehr Männer als Frauen. Dies galt für das Binnenland. An der Küste lagen die Dinge anders: In Port-en-Bessin starben in allen Ehejahren stets mehr Männer als Frauen, auch in den ersten fünf Ehejahren, in denen normalerweise durch den Tod im Kindbett die Frauensterblichkeit überwog. Ebenfalls in Port-en-Bessin, wo die Männer besonders stark den Gefahren der See ausgesetzt waren, endeten die Ehen nach durchschnittlich zwölf Jahren durch den Tod des Ehemanns (in zwei Drittel der Fälle) oder der Ehefrau (in einem Drittel der Fälle). Dieses Schema gilt bis zu den Jahren 1730–40. Für die folgende Zeit ergaben die Untersuchungen eine etwas längere Ehedauer zumindest an bevorzugten Orten, was zum Teil die Auswirkungen der Empfängnisverhütung ausglich.

Wenig variabel ist der dritte Faktor, der Zeitabstand zwischen Heirat und erster Niederkunft und zwischen den folgenden Geburten. Vor der Mitte des 18. Jahrhunderts vergingen im Durchschnitt zwischen Heirat und erster Geburt 12 bis 16 Monate; die Abstände zwischen den folgenden Geburten betrugen 24 bis 26 Monate, ohne daß sie sich gegen Ende der Ehe merklich verlängerten. Als diese damals revolutionäre Tatsache vor etwas mehr als zehn Jahren ans Licht gebracht wurde, rief sie beträchtliches Erstaunen hervor. Man mußte zugeben, daß sie auf eine weise Einrichtung der Natur zurückging; wenn man sie einem latenten Malthusianismus zuschreiben würde, ließe sich die plötzliche demographische Revolution an der Wende vom 18. zum 19. Jahrhundert nur schlecht erklären. Es ist bekannt, daß Frauen, die ein Kind stillen, in dieser Zeit relativ unfruchtbar sind. Allerdings ist die noch vor wenigen Jahren vertretene Auffassung, daß allein diese physiologische Tatsache zur ausschließlichen Erklärung des Geburtenabstands von durchschnittlich 26 Monaten ausreiche, heute in Frage gestellt.

Dies sind die im barocken Europa vorherrschenden Gegebenheiten. Sie sind ab der Mitte des 18. Jahrhunderts starken Schwankungen unterworfen. Vor diesem Zeitpunkt variierten die zwischengeburtlichen Zeitabstände weniger zeitlich als regional. An ein und demselben Ort blieben die Zeitabstände von 1650 bis 1750 im

18 DIE FRUCHTBARKEIT (nach M. Bouvet, P. Gouhier und P. Goubert). Diese Schaubilder sind sehr aufschlußreich. Die Zahlen für Troarn können als ziemlich repräsentative Mittelwerte gelten. Die Zahl der vorehelich gezeugten ehelichen Kinder bleibt in etwa konstant. Auffallend ist das Absinken der unehelichen Geburten Ende des 17. und zu Beginn des 18. Jahrhunderts; nach 1750 erfolgt ein starker Anstieg. Die Abstände zwischen den einzelnen Geburten weisen drei »Spitzen« auf: 17, 20 und 24 Monate. Das Schaubild 3 B läßt den Zusammenhang zwischen Fruchtbarkeit und Stillen erkennen: wenn das Neugeborene in den ersten Wochen oder Monaten stirbt, die Mutter also nicht mehr stillt, ist der Abstand zur nächsten Geburt kleiner. 3 B zeigt, daß er zwischen den ersten Geburten geringer ist als zwischen dem 4., 5. und 6. Kind, das aus der Ehe hervorgeht.

Interessant ist das Heiratsalter: In der Regel waren die Männer bei der Hochzeit jünger als die Frauen. Zudem lag das Heiratsalter verhältnismäßig hoch, nämlich bei 26 1/2 Jahren (unter Einschluß der Wiederverheiratungen bei 27 1/2 Jahren). Die Fruchtbarkeit nimmt mit steigendem Alter ziemlich rasch ab. Beendet wurden die Ehen häufiger durch den Tod des Mannes als durch den Tod der Frau (das ist auch heute noch so). Nach fünfzehn Ehejahren hatte bereits die Hälfte aller Ehen durch den Tod eines der Gatten ihr Ende gefunden.

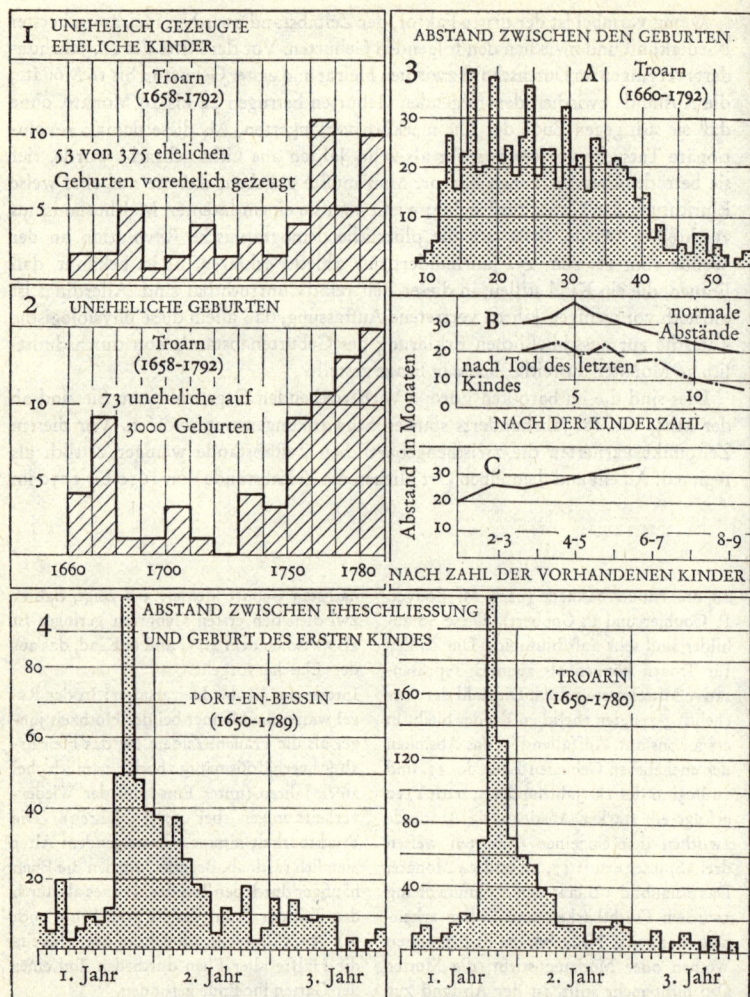

I UNEHELICH GEZEUGTE EHELICHE KINDER

Troarn (1658-1792)

53 von 375 ehelichen Geburten vorehelich gezeugt

2 UNEHELICHE GEBURTEN

Troarn (1658-1792)

73 uneheliche auf 3000 Geburten

1660   1700   1750   1780

3 ABSTAND ZWISCHEN DEN GEBURTEN

A   Troarn (1660-1792)

B   normale Abstände

nach Tod des letzten Kindes

NACH DER KINDERZAHL

Abstand in Monaten

C

2-3   4-5   6-7   8-9

NACH ZAHL DER VORHANDENEN KINDER

4 ABSTAND ZWISCHEN EHESCHLIESSUNG UND GEBURT DES ERSTEN KINDES

PORT-EN-BESSIN (1650-1789)

TROARN (1650-1780)

1. Jahr   2. Jahr   3. Jahr   1. Jahr   2. Jahr   3. Jahr

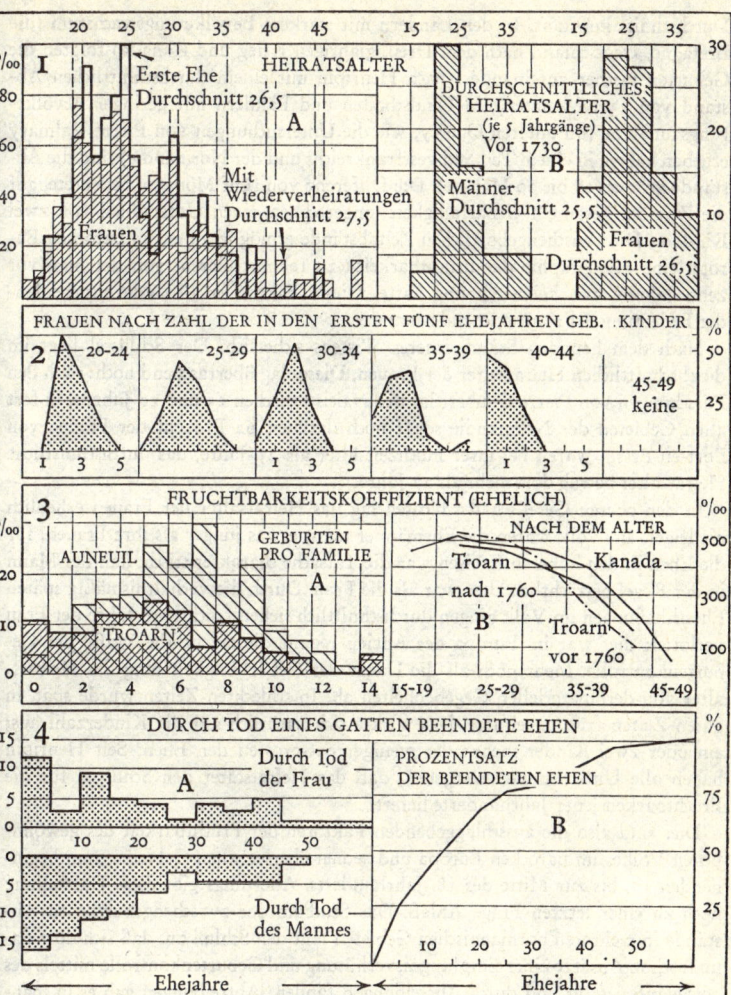

Durchschnitt konstant. In den Ländern mit starkem Bevölkerungswachstum (die Bretagne, Deutschland nach dem Dreißigjährigen Krieg und Kanada) folgten die Geburten rascher aufeinander (nach Henripin mit einem durchschnittlichen Abstand von 23,3 Monaten), in Landschaften und Ländern mit geringer Bevölkerungszunahme (im unteren Quercy, wie die Untersuchungen von Pierre Valmary ergeben haben, in einem Teil Südwestfrankreichs und der Normandie) sind die Abstände größer (28 bis 30 Monate). Die Differenz von fünf Monaten bedeutete, auf die Zeit der gesamten Gebärfähigkeit umgerechnet, einen Unterschied von zwei Kindern. Die zwischengeburtlichen Zeitabstände ermöglichen es, im barocken Europa eine »Geographie der Fruchtbarkeit« zu rekonstruieren, von der man vor zehn Jahren noch keine Ahnung hatte. Dieser Faktor ist also von entscheidender Bedeutung. Ist er ausreichend bekannt?

Nach dem heutigen Stand unseres Wissens sicherlich. Der Schlüssel liegt im durchschnittlichen Heiratsalter der Frauen. Dieses lag überraschend hoch: nach den Forschungen von Pierre Goubert im Beauvaisis zwischen 23 und 26 Jahren, in fast allen Gebieten der Normandie sogar noch darüber. 62 Prozent der Frauen von Port-en-Bessin waren bei ihrer Hochzeit älter als 25 Jahre, das durchschnittliche Heiratsalter betrug dort mehr als 27 Jahre.

In den oberen Gesellschaftsschichten lag das Heiratsalter der Frauen erheblich niedriger. Im Volk waren die Ehemänner meist etwas jünger als ihre Frauen, für die Ehen in den höheren Kreisen war die Tatsache charakteristisch, daß der Mann in der Regel beträchtlich älter war als die Frau. Durch die verhältnismäßig späten Eheschließungen im Volk gingen durchschnittlich sieben fruchtbare Jahre der Frau verloren: dies war im Europa des Ancien régime die eigentliche Waffe der Geburtenkontrolle. Mehr noch als die Dauer der Gebärfähigkeit hing das Heiratsalter von den materiellen Gegebenheiten ab. In schlechten Zeiten wurde spät, in guten Zeiten früh geheiratet. Das wirkte sich natürlich auf die Kinderzahl aus; ein oder zwei Kinder mehr oder weniger entsprossen den Ehen. Seit Henripin haben alle Untersuchungen ergeben, daß das Heiratsalter den Schlüssel für die Fruchtbarkeit jener Jahrhunderte liefert.

Dies sind also die ausschlaggebenden Faktoren der Fruchtbarkeit des gewöhnlichen Volkes im barocken Europa und seinen überseeischen Gebieten vom beginnenden 17. bis zur Mitte des 18. Jahrhunderts. Allerdings gibt diese Darstellung noch zu einer letzten Frage Anlaß. Das Studium der zwischengeburtlichen Abstände in mehreren normannischen Gebieten läßt den Schluß zu, daß sich dort damals schon Ansätze einer Empfängnisverhütung und Geburtenkontrolle mittels des *coitus interruptus* und durch Abtreibungen fanden; Abtreibungen gab es in manchen Gegenden Europas schon seit undenklichen Zeiten. Das grundlegend Neue besteht darin, daß diese einstigen Ausnahmen später zur Regel wurden. Seit einigen Jahren haben wir durch die Auswertung der demographischen Unterlagen ganz neue Erkenntnisse gewonnen und können heute die Fruchtbarkeit nicht mehr als eine Konstante der Demographie des barocken Europa betrachten. Aber wenn schon die Fruchtbarkeit zur Variablen geworden ist, dann mit noch viel mehr Ursache die Sterblichkeit.

Noch vor verhältnismäßig kurzer Zeit spielte bei der Darstellung der Bevölkerungsbewegungen in früheren Jahrhunderten die Sterblichkeitsziffer eine zu große Rolle. Pierre Goubert, der mehr als jeder andere dazu beigetragen hat, die Dinge ins rechte Licht zu rücken, konnte nicht ohne Berechtigung von seinen Bauern im Beauvaisis des 17. Jahrhunderts schreiben: »Man möchte annehmen, daß fünf Kinder pro Familie weit mehr waren, als nötig war, um die Eltern, die 3 bis 4 Prozent unfruchtbarer Paare und auch die Unverheirateten zu ersetzen . . . Das eigentliche Problem bestand nicht darin, viele Kinder in die Welt zu setzen, sondern sie am Leben zu erhalten, sie das Erwachsenenalter erreichen zu lassen, sie so lange zu erhalten, bis sie ihrerseits heiraten und Kinder zeugen konnten. Die so ernste Frage der Kinder- und Jugendsterblichkeit ermöglicht es endlich, das Problem des Generationenaustausches anzupacken, das viele zuverlässige Schlüssel und das Geheimnis der alten demographischen Strukturen uns in die Hand geben könnte.« Dieses Geheimnis wird also weniger im Leben als im Tod gesucht. Allerdings sind die von Goubert angeführten Beispiele recht eindrucksvoll.

In Auneuil starben von 1665 bis 1735 volle 28,8 Prozent der Kinder bereits im ersten Lebensjahr; die Kindersterblichkeit betrug in der Altersklasse 1–4 Jahre 14,5 Prozent, in der Klasse 5–9 Jahre 3,8 Prozent, in der Klasse 10–19 Jahre 4 Prozent. Das bedeutet, daß nach einem Jahr von den Neugeborenen nur noch 71,2 Prozent übrig waren und nicht einmal die Hälfte (48,9 Prozent) das zwanzigste Lebensjahr erreichte. Noch ärger war es in der zur Sologne gehörenden Pfarrei Saint-Laurent-des-Eaux: in der ersten Hälfte des 18. Jahrhunderts wurden nur 67,4 Prozent der Kinder älter als ein Jahr und nur 36,6 Prozent älter als zwanzig Jahre. Günstigere Werte liefern die Tabellen von Duvillard, die für das Frankreich des ausgehenden 18. Jahrhunderts (1770–1800) gelten: 76,75 Prozent der Kinder vollenden das erste, 50,23 Prozent das zwanzigste Lebensjahr. Die Resultate unserer eigenen Forschungen entsprechen eher den Werten, die sich aus den Tabellen von Duvillard ergeben, als den Zahlen, zu denen Pierre Goubert gelangt ist. Sicherlich sind die von Pierre Goubert genannten Zahlen für die von ihm un-

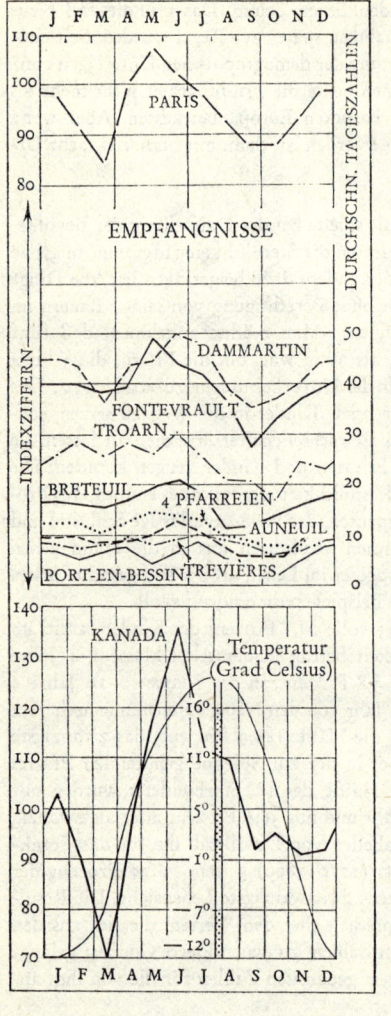

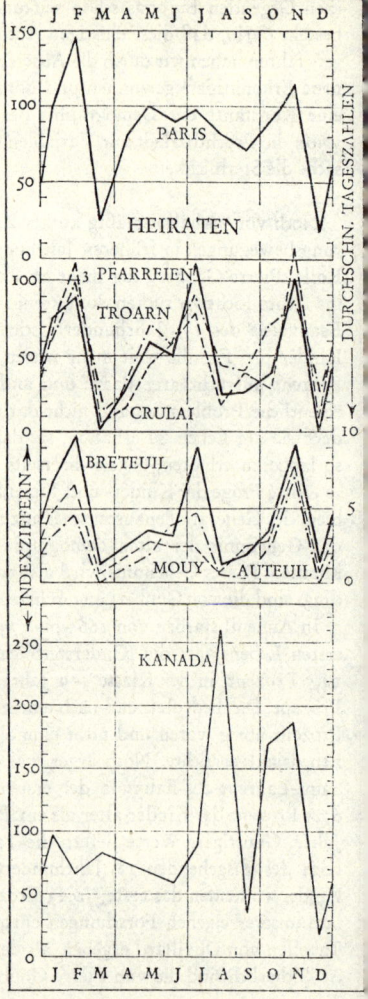

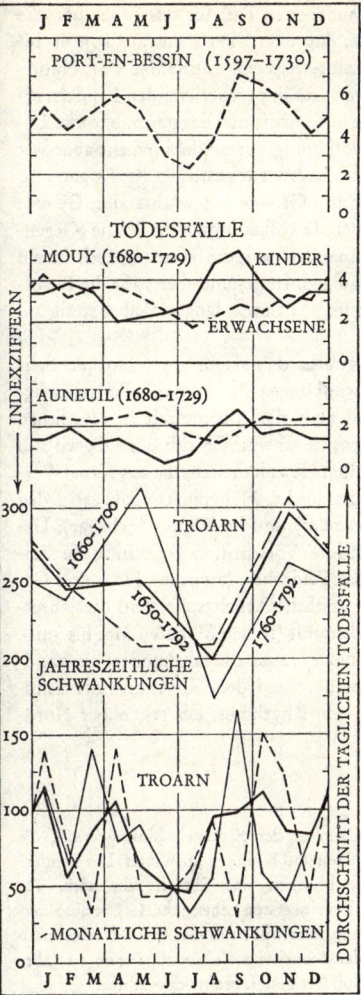

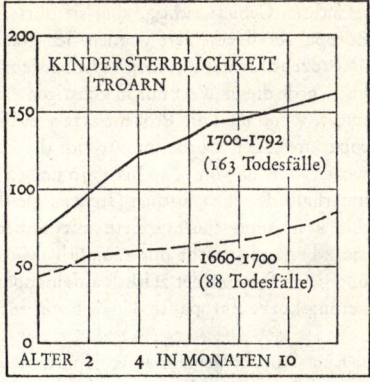

19 EINFLUSS DER JAHRESZEITEN (nach J. Ganiage: *Trois villages d'Ile-de-France;* J.
Henripin, P. Gouhier, P. Goubert und
M. Bouvet). Die Geburten- und Sterblichkeitskurven wurden im 17. und 18. Jahrhundert weit stärker durch die Jahreszeiten
beeinflußt als heute. Die meisten Empfängnisse fielen – verständlicherweise – in das
Frühjahr. In Port-en-Bessin, einem Fischer-
ort, ist der Höhepunkt der Kurve nach dem
Herbst hin verschoben, was sich aus der Tatsache erklärt, daß im Frühjahr ein Großteil
der Männer zum Fischfang auf See war. Am
stärksten ausgeprägt ist die Empfängniskurve in Kanada, wo ein enger Zusammenhang mit der Temperatur nachzuweisen
ist. Die Heiratskurve wurde durch das Kir-

tersuchten Gebiete richtig, aber sie dürfen auf keinen Fall für das ganze barocke Europa verallgemeinert werden. Ich glaube, daß eine Überlebensrate von 60 bis 65 Prozent für das zwanzigste Lebensjahr keineswegs eine Ausnahme war. Natürlich wurde dieser Wert nur in günstigen Zeiten und in prosperierenden Ländern erreicht. Wenn man die Prozentsätze von Pierre Goubert auf das ganze barocke Europa anwenden würde, müßte sich die Bevölkerung vermindert haben, aber wir wissen, daß sie von 1620 bis 1750 um 30 bis 40 Prozent gestiegen ist. Es gab also innerhalb der europäischen Grenzen gleichzeitig Gebiete mit wachsender, Gebiete mit konstanter und Gebiete mit sinkender Bevölkerungszahl. Solche Gegensätze bestanden nicht nur räumlich nebeneinander, sondern konnten auch in ein und demselben Gebiet zeitlich aufeinander folgen. Insgesamt aber stieg die Bevölkerungskurve Europas in der Zeit von 1600 bis 1750 zwar langsam, aber stetig an.

Eine Anzahl gemeinsamer Konstanten gab es damals in ganz Europa. Sehr ausgeprägt waren die jahreszeitlichen Schwankungen der Eheschließungshäufigkeit. Tiefpunkte waren die Fastenzeit und auch die Adventszeit in sämtlichen katholischen und in den orthodoxen Ländern; sie schwächten sich dort ab, wo sich die Reformation durchsetzte, aber die sehr alten Gewohnheiten, die aus ferner Vergangenheit stammen, wurden nie völlig ausgelöscht. Höhepunkte gab es in den Monaten Mai bis Juli, im Spätherbst (November) und im Winter (Februar). Ursachen für die Schwankungen waren kirchliche Vorschriften (»geschlossene Zeiten«), die Pausen zwischen Höhepunkten der Feldarbeit (zwischen Heu- und Getreideernte, die Zeit nach der Ernte, die winterliche Arbeitsruhe) und die jahreszeitlich bedingte Steigerung der sexuellen Aktivität (in den Monaten Mai bis Juli). Henripin hat für das Kanada der Wende vom 17. zum 18. Jahrhundert einwandfrei nachgewiesen, daß zwischen der Temperatur und dem Rhythmus der Empfängnisse eine deutliche Beziehung besteht – ein Rhythmus, der gegenüber Nord-

chenjahr in der Stadt und durch Kirchenjahr plus Rhythmus der landwirtschaftlichen Arbeiten auf dem Land bestimmt. Die in Frankreich zu beobachtende »Frühjahrsspitze« fehlt in Kanada.

Auch die Sterblichkeitskurve ist deutlich saisonal geprägt. Die Kinder wurden vor allem in der Erntezeit hinweggerafft, die Alten und Kranken im Winter. Die Kindersterblichkeit war überall sehr hoch, vor allem im ersten Lebensjahr. Gegen die Säuglingssterblichkeit in den ersten Wochen nach der Geburt war die Medizin bis ins 19. Jahrhundert hinein praktisch machtlos.

frankreich entsprechend der Verschiebung der Feldarbeiten um einen guten Monat versetzt ist. Einen Höhepunkt erreichte die Empfängniskurve kurz vor der Ernte im Monat August, einen Tiefpunkt im September, weil in diesem Monat die Ernte in vollem Gang war.

Zu Beginn des 17. Jahrhunderts erfuhr die Heirat im barocken Europa eine Vereinfachung, die bis jetzt den Historikern entgangen zu sein scheint: man verzichtete auf die vorherige Verlobung. Verlobungen wurden immer seltener, bis sie im 18. Jahrhundert fast völlig außer Mode kamen. Sie wurden nicht mehr in den Kirchenbüchern gesondert eingetragen, sondern bestenfalls im Zusammenhang mit der Trauung kurz erwähnt. Im Amfréville, einer kleinen Gemeinde in der Normandie zwischen Orne und Dives, wurden zwischen 1739 und 1748 89,4 Prozent der Verlobungen erst drei Tage vor der Hochzeit gefeiert. Zwischen 1757 und 1767 fanden 64,2 Prozent der Verlobungen einen und 25,2 Prozent zwei Tage vor der Hochzeit statt. Die Verlobungen »nach der Kirchenordnung« mit feierlichem Eheversprechen, im Futur gehaltener Trauungsformel, kirchlichem Segen und Eintrag ins Kirchenbuch war damals im Aussterben begriffen. Im 18. Jahrhundert verlor sie laufend an Bedeutung, war nur noch eine sinnleere Formalität. Im 17. Jahrhundert wurden in die Kirchenbücher noch häufig richtige Verlobungen eingetragen, die einen, zwei oder drei Monate vor der Hochzeit gefeiert wurden. Die durch einen Glücksfall erhalten gebliebenen Dokumente von Troarn an der Grenze zwischen der Ebene von Caen und der Auge geben präzisen Aufschluß darüber, wie von der Mitte des 17. bis zur Mitte des 18. Jahrhunderts die kirchlichen Verlobungen immer seltener wurden.

Was bedeutet dies? Eine Antwort kann nur in Form einer Hypothese gegeben werden.

Es bedeutet einen ersten Schritt hin zur Verweltlichung der Familiengründung, eine Reaktion auf die vom 16. bis zum Beginn des 18. Jahrhunderts wachsenden Forderungen einer asketischen Sexualmoral. Die kirchliche Verlobung kam aus der Mode, nicht aber das private Eheversprechen, die der Ehe vorausgehende Verständigung zwischen den Familien und dem Paar. Diese kirchlich nicht sanktionierten Versprechen, die ohne große Schwierigkeiten zurückgenommen werden konnten, ließen den Verlobten die Möglichkeit, sich über ihre Gefühle und Interessen klarzuwerden. Der Ehe ging also eine Zeit des näheren Sichkennenlernens voraus, die man dem allzu kritischen Blick der Kirche entzog. Das geschah natürlich zunächst aus Bequemlichkeit. Je mehr eine strenge Heiratspraxis der Kirche das kirchliche Recht in dieser Hinsicht gestaltete, desto mehr wurde aus einem Versprechen für die Zukunft ein Versprechen für die Gegenwart. Um das zukünftige Versprechen

der Verlobung abzusichern, errichtete das kanonische Recht durch Ritual und Geld-
strafen um die Verlobung eine Mauer, die fast ebenso hoch war wie jene Mauer,
die die Ehe schützte.

Aber wie sah es in der Praxis aus? Vor allem in Ost-, vielleicht auch in Nordeuropa, sicher aber in Kastilien entsprach sie nicht den kirchlichen Vorstellungen; im
18. Jahrhundert wetterte der Klerus in Kastilien gegen sündhafte heidnische Überbleibsel, anders gesagt, gegen die weitverbreitete Praxis des vorehelichen Ge-
schlechtsverkehrs. In dieser Hinsicht hatte jede Landschaft, jede Gesellschaftsschicht ihre eigenen ungeschriebenen Gesetze und Gebräuche. Die mittelalterliche
Gastfreundschaft verlangte von den Burgfräulein weitgehende Großzügigkeit gegenüber den durchreisenden Gästen. Noch im 18. Jahrhundert hatten die adligen
Herren ihren Vasallen und Leibeigenen gegenüber zahlreiche in einer langen Tradition wurzelnde Rechte, darunter das *ius primae noctis*, doch wurde von diesen Rechten immer seltener Gebrauch gemacht. Das neue Sittengesetz zerstörte allmählich die Überbleibsel einer sehr alten Kultur, die den menschlichen Trieben
nachsichtiger gegenüberstand. Durch diese Entwicklung verlor die Verlobungszeit
ihren alten Inhalt. Ziemlich plötzlich ging der Hochzeit nur mehr eine private Verlobung voraus. Man war im 17. Jahrhundert bereit, den Instinkt dem Gesetz, die
alte Naturordnung der Ethik zu unterwerfen, und schoß dabei in mancher Hinsicht vielleicht über das Ziel hinaus. Jedenfalls war das 17. Jahrhundert auf mora-
lischem Gebiet das große, vielleicht das einzige revolutionäre Jahrhundert, in dem
viel Altes aufgegeben wurde. Paradoxerweise wurde dadurch eine der Voraussetzungen für den Malthusianismus geschaffen, der später zur Auswirkung kommen
sollte.

Die Empfängniskurve wies weit ausgeprägtere jahreszeitliche Schwankungen
auf als heutzutage. Die Abflachung der Kurve war eine Folge der Einführung
empfängnisverhütender Praktiken und Mittel, eines weniger harten Lebens und
wachsender Annehmlichkeiten in den Ländern mit kalten Wintern. Der Höhepunkt im Juni und Juli lag etwa um das Doppelte oder Dreifache über dem Tiefpunkt im Herbst (Oktober, eine Folge des Temperaturrückgangs und der Erschöpfung nach der anstrengenden Erntearbeit) im Binnenland; an der Küste, wo der
Rhythmus des Meeres sich dem der Jahreszeiten überlagerte, konnte die Differenz
sogar das Vierfache betragen (heute betragen die saisonalen Schwankungen bestenfalls 10 Prozent).

Wenn schon das Leben vom Rhythmus der Jahreszeiten geprägt wurde, dann
galt dies in noch weit stärkerem Maße für das Sterben. Die Abflachung der jahres-

zeitlichen Sterblichkeitskurve im industriellen, großstädtischen Europa des 20. Jahrhunderts geht vor allem auf den Rückgang der exogen (durch äußere Ursachen) bedingten Sterblichkeit zurück. Die exogen bedingte Sterblichkeit beträgt heute in den Vereinigten Staaten und in Schweden noch etwa 20 Prozent; im 17. Jahrhundert starben 97 bis 98 Prozent aller Menschen an äußeren Ursachen. In Wirklichkeit hat die moderne Medizin das menschliche Leben um kein Jahr verlängert; auch im 18. Jahrhundert konnte man auf dem Land 90 Jahre alt werden, und daß in der Oberschicht manche Leute uralt wurden, beweisen Fontenelle, Las Casas und nicht wenige andere. Descartes jedoch hätte als Vierundfünfzigjähriger durch drei Penicillininjektionen gerettet werden können. Die ausgemergelten Menschen aus dem einfachen Volk hatten in jener Zeit nur eine winzig kleine Chance, an Altersschwäche zu sterben; die sehr junge Welt des 17. und 18. Jahrhunderts konnte gefahrlos das Alter achten, war dieses doch nur ein glücklicher Zufall, eine seltene Ausnahme. Nicht nur lag damals die Sterblichkeit viel höher als heute, sondern auch die saisonale Sterblichkeitskurve war weit stärkeren Schwankungen unterworfen und sah ganz anders aus.

Es gab zwei Höhepunkte: einen im Winter (er hat sich bis in unsere Zeit gehalten), bedingt durch die hohe Sterblichkeit der Alten und der Erwachsenen, und einen zweiten im Herbst, eine Folge der hohen Kindersterblichkeit in den Monaten Juli bis September. Ursachen dafür waren Darmentzündungen, Nachlassen der Stillfähigkeit während den anstrengenden Erntemonaten, hohe Säuglingszahl infolge des Geburtenmaximums von Februar bis April. Die meisten Kinder, vor allem Säuglinge im ersten Lebensjahr, starben im August. In Port-en-Bessin erreichte die Sterblichkeitskurve im September und Oktober ihren Höhepunkt, weil dort zu den Kindern die durch die Herbststürme dahingerafften Fischer und Matrosen kamen. Im Winter wurden in den schlecht geheizten Häusern die Erwachsenen vom Tod ereilt, vor allem die Alten. Sie starben in der Regel an der gewöhnlichen Lungenentzündung. Anhand dieser Höhepunkte der Sterblichkeitskurve kann man regionale und zeitliche Einteilungen vornehmen: je flacher die Kurve ist, desto höher der Lebensstandard des betreffenden Gebietes.

Zwar waren diese Todesfälle in der Hauptsache exogen bedingt – besonders die Todesfälle im Herbst –, aber das war der übliche Tod, an den man sich längst gewöhnt hatte. Anders verhielt es sich mit den großen Seuchen *. *A peste, fame et bello, libera nos, Domine.* In den Kirchenbüchern wurde nicht selten jede beliebige Epidemie als Pest bezeichnet. In Wirklichkeit gab es damals eine ganze Reihe von epidemischen Krankheiten. Die Blattern, die verstümmelten (Danton, Mirabeau, die Mme. de Merteuil der *Liaisons dangereuses*) oder Blindheit und Tod

brachten (noch 1774 fiel Ludwig xv. der Schmutzigkeit seiner Umgebung zum
Opfer), waren teils epidemisch, teils endemisch. Im 18. Jahrhundert wurde man
ihrer allmählich Herr. Seit dem Beginn des 18. Jahrhunderts schützten sich die
Mächtigen und Reichen an den Höfen und in den Städten durch die aus China
eingeführte Impfung*, jene gefährliche, zweischneidige Waffe. Eine vollkommene Lösung des Problems wurde erst durch den englischen Landarzt Jenner gefunden. Eine andere, noch mehr endemische als epidemische Krankheit forderte
unter der Land- und Stadtbevölkerung zahlreiche Opfer: Typhus* und Paratyphus. Sie verbreiteten sich über mehrere hundert Quadratkilometer große Gebiete und hielten sich zehn oder fünfzehn Jahre lang. Da die verseuchten Abwässer weder als Gefahrenherd erkannt noch richtig abgeleitet wurden, konnten ganze
Landschaften durch Verseuchung auf lange Zeit wirtschaftlich stark geschwächt
werden. Typhus und Paratyphus haben dazu beigetragen, daß nach 1760 manche
Regionen in Westfrankreich ihren einstigen Reichtum einbüßten. Eine Rolle spielten dabei klimatische und mikroklimatische Anomalien, vor allem überreichliche
Niederschläge in diesen sowieso schon niederschlagsreichen Gebieten. Hier griff
zum erstenmal die noch im Aufbau begriffene Staatsorganisation ein: Versailles
schickte Ärzte und Medikamente in die bedrohten Gebiete, so einen Bouffey in den
Steuerbezirk Alençon, dem man denkwürdige Berichte aus den letzten Jahren der
siebziger Jahre des 18. Jahrhunderts verdankt. Diese Typhusepidemien des
18. Jahrhunderts, über die wir wegen der Verbesserung der ärztlichen Versorgung wesentlich besser Bescheid wissen als über die Epidemien* des 17. Jahrhunderts, standen in engem Zusammenhang mit dem allgemeinen Gesundheitszustand
der Bevölkerung. Die schlechte Ernährung des einfachen Volkes hatte zur Folge,
daß die Darmflora krankhaft verändert war und zahlreiche Menschen unter Ein-
geweideparasiten litten. Dies ging so weit, daß sich sogar ein Mitglied der Ärztlichen Akademie über die wahren Ursachen der Epidemien täuschte; durch die
falschen Ansichten seiner Patienten und die im Verdauungstrakt nachweisbaren
Parasiten irregeleitet, schrieb er die außergewöhnlich hohe Sterblichkeit in einem
ganzen Steuerbezirk den Eingeweidewürmern zu (»eine Wurmepidemie«); auf
Grund der geschilderten Krankheitssymptome wissen wir jedoch heute, daß es
sich damals um nichts anderes als um Paratyphus gehandelt hat.

Dazu kamen noch das besonders im Sommer auftretende Fleckfieber mit einer
ganzen Anzahl von Varianten, das Frieselfieber, der Scharlach – Erkrankungen,
die in manchen Fällen mit Typhus und Paratyphus verwechselt wurden. Die Malaria* war die große Geißel der sumpfigen Regionen. Zu ihr gehören die Drei- und
Viertagefieber, von denen ein großer Teil der europäischen Bevölkerung befallen

wurde. Sie war in Frankreich in weiten Gebieten die Hauptursache des Sterblichkeitsüberschusses: so in der Sologne (wo, wie wir bereits gesehen haben, die Nettoreproduktionsziffer unter dem Landesdurchschnitt lag) und in den *Landes* von
Gascogne; sie verheerte mindestens ein Drittel von Italien, vor allem Latium und
die Po-Ebene; seit besonders in Valencia der Reisanbau an Boden gewann,
suchte sie auch die Küstengebiete Spaniens heim. Im 18. Jahrhundert wogen nach
der Meinung aufgeklärter Minister die Vorteile des Reisanbaus in großem Maßstab die dadurch verursachte hohe Sterblichkeit auf. Auch Norddeutschland und
die östlichen Regionen von Polen und Litauen litten schwer unter der Malaria.

Vor den Fiebern hatte man keine Angst, denn sie schwächten, ehe sie töteten.
Die beiden großen Schrecken des Abendlandes waren die Pest (Beulen- und Lungenpest) und der Aussatz. Auch das barocke Europa fürchtete noch die Pest, obwohl es, ohne dies zu ahnen, bereits im Begriff war, eine der großen Schlachten
der Menschheitsgeschichte zu gewinnen.

Der Aussatz*, jene uralte Krankheit, die im südlichen und östlichen Mittelmeergebiet seit langem heimisch war, hatte sich im 12. und 13. Jahrhundert in
erschreckender Weise ausgebreitet; damals bedeckte sich das christliche Abendland
nicht nur, wie der Mönch Glaber berichtet, mit »einem weißen Mantel von Kirchen«, sondern auch mit zahllosen Aussätzigenhospitälern. Michelet nimmt an,
daß die Ausbreitung des Aussatzes im 12. und 13. Jahrhundert in enger Verbindung mit den Kreuzzügen steht; dieser Ansicht haben sich zahlreiche Historiker
angeschlossen. Der mittelalterlichen Medizin war die schreckliche Krankheit genau
bekannt. Vincent de Beauvois, der im 13. Jahrhundert lebte und dessen *Speculum
majus* zu Beginn des hier behandelten Zeitabschnitts, nämlich im Jahr 1624, der
Ehre einer prächtigen vierbändigen Großausgabe für würdig erachtet wurde, hat
eine klinische Beschreibung des Aussatzes gegeben, an der ein Arzt unserer Zeit
nicht eine einzige Zeile zu ändern braucht. Bis 1624 hatte die Medizin hinsichtlich
des Aussatzes kaum einen Fortschritt gemacht. Allerdings hatte diese Wissenschaft
schon mit Vincent de Beauvois einen solchen Höhepunkt erreicht, daß vor der
mikroskopischen Entdeckung des Krankheitserregers praktisch nichts mehr getan
werden konnte.

Das medizinische Wissen über den Aussatz stagnierte im 17. Jahrhundert deshalb, weil diese Krankheit – wie später die Pest – praktisch von selber erlosch.
Wohl gab es noch im ausgehenden 16. Jahrhundert vereinzelte Fälle, doch bis zum
Beginn des 17. Jahrhunderts war sie verschwunden. Zwar machte das Wort allein
weiterhin Angst, aber die tatsächlichen Erkrankungen waren zu so außergewöhn-

lichen Ausnahmen geworden, daß es zu einem grundlegenden kollektivpsychologi-
schen Wandel gegenüber der Krankheit allgemein kam. Während des ganzen Mittelalters und noch im 16. Jahrhundert pflegten die Kranken zu simulieren, um
nicht als Aussätzige der Hölle eines Aussätzigenhospitals ausgesetzt und von der
Welt abgeschlossen zu werden. Die Ärzte standen also vor einer doppelten Aufgabe: zunächst einmal mußten sie imstande sein, den Aussatz von anderen chronischen Hautkrankheiten zu unterscheiden (was ein Vincent de Beauvois ohne
weiteres vermochte); aber sie mußten auch den Kranken aufspüren, der sich versteckte und simulierte, um die wahre Natur seiner Krankheit zu vertuschen; da er
die Symptome kannte, versuchte er den Ärzten einzureden, daß bei ihm die ver-
räterischen Anzeichen nicht vorhanden seien.

An der Wende vom 16. zum 17. Jahrhundert hatte sich die Atmosphäre verändert. Nun suchten in den Hospitälern die Bettler Zuflucht, die immer wieder neuen
Zuzug findende Armee der Vagabunden, der vom Hunger Vertriebenen, der von
einer grausamen Justiz Verfolgten. Jetzt mußten die Ärzte die falschen Aussätzigen aussondern, die Simulanten, die sich gerne den Ausgestoßenen anschlossen,
wenn sie nur durchgefüttert wurden, ohne dafür etwas tun zu müssen.

Von der Welt abgeschnitten, ein lebendiger Toter, war der Aussätzige eine Art
unfreiwilliger Mönch. Ein Aussätzigenhospital war eine regelrechte klösterliche
Einrichtung. Vielleicht kann man sagen, daß im 17. Jahrhundert bereits eine teilweise Einziehung von Kirchengütern eines bestimmten Typs begonnen hat. Das
Problem bestand darin, die Aussätzigenhospitäler von den falschen Aussätzigen
zu befreien und diese beträchtlichen Güter, an denen sich die Armen gütlich getan
hatten, zugunsten der Reichen allmählich zu konfiszieren.

Dieser Prozeß begann in Frankreich und in ganz Westeuropa bald nach 1550,
im Osten wenig später. In Frankreich wurden zwischen 1543 und 1612 sieben
diesbezügliche Verordnungen erlassen. Am 26. Mai 1626 erhielten die beiden
Ärzte David und Just Laigneau den Auftrag, die Simulanten endgültig aus den
Leprahospitälern zu verjagen. Bald traten zahlreiche Ärztekommissionen in Aktion – ein Unternehmen, das bereits die gewaltige Arbeit der Pestärzte ankündigte.
Viele falsche Aussätzige wurden aufgespürt und aus den Hospitälern verwiesen;
die Zurückgebliebenen wurden vielleicht etwas besser gepflegt. Um diese Zeit
kann man sagen, daß in ganz Westeuropa der Aussatz praktisch verschwunden
war. Die Leprahospitäler waren nun leer. Aber erst von Colbert wurde das unter
Richelieu begonnene Unternehmen zu Ende geführt. Die Aussätzigenhospitäler
wurden aufgelöst, Gebäude und Einrichtungen den allgemeinen Krankenhäusern,
den Kirchen übereignet. Fünf Edikte begleiteten in Frankreich diese Restitution:

die Edikte vom Dezember 1672, vom März 1674, vom April 1676, vom September 1682 und vom März 1693. In Lyon erlosch der Aussatz 1696 – damit war ein weiteres Stück Mittelalter an der Schwelle zum 18. Jahrhundert verschwunden.

Immer noch weiß man nicht genau, warum der Aussatz von selber ein Ende fand. Bestenfalls lassen sich darüber Vermutungen anstellen.

Vielleicht hatten in den fünf Jahrhunderten seit den Kreuzzügen die Krankheitserreger ihre Virulenz verloren; die Menschen wurden widerstandsfähiger gegen eine Ansteckung, aber auch die bessere Ernährung und der erstaunliche Wandel der Kleidungsgewohnheiten (Leibwäsche) spielten eine erhebliche Rolle. Die Ernährung besserte sich prinzipiell, obgleich natürlich die wirtschaftlichen Rückschläge sich immer wieder auswirkten. Vor allem aber scheinen die Leprabazillen durch andere Krankheiten zurückgedrängt worden zu sein, so durch die Syphilis im 16. Jahrhundert, der man sofort mit Quecksilberpräparaten zu Leibe rückte. Die im Mittelalter verbreitete Hauttuberkulose trat zurück; die niedrigen Temperaturen des 17. Jahrhunderts bewirkten, daß die Tuberkulose immer mehr das Lungengewebe erfaßte, zur Lungentuberkulose wurde. Aus den von uns durchgeführten Untersuchungen über die Krankheiten in der Normandie geht hervor, daß im 18. Jahrhundert die Lungentuberkulose weiter um sich griff und die Sterblichkeitsziffer nicht unwesentlich beeinflußte. Natürlich haben auch die Ärzte zur Ausrottung des Aussatzes beigetragen, obwohl es damals noch keine Sulfonamide gab. Schließlich darf man die gefürchtete und verhaßte völlige Abschließung der Aussätzigen von der Umwelt nicht vergessen. Vielleicht noch radikaler wurde die Krankheit durch das kriegsbedingte Massensterben des 17. Jahrhunderts ausgemerzt. Noch ehe die großen, mächtigen Territorialstaaten aufgerichtet waren, war es der Christenheit gelungen, eine unerbittliche Krankheit zu besiegen. Im 17. Jahrhundert machte eine bessere Prophylaxe der aussterbenden Krankheit vollends den Garaus.

Während man sagen kann, daß um 1630 der Aussatz für Europa keinerlei Gefahr mehr darstellte, beobachtet man für die Jahre 1624 bis 1639 ein ungewöhnliches Wiederaufleben der Beulenpest in West- und Mitteleuropa, das in engem Zusammenhang mit den Wirren des Dreißigjährigen Krieges steht. Nach 1640 trat die Beulenpest nur mehr sporadisch auf; nach 1670 war die Krankheit eng lokalisiert. 1720 wütete die Pest* noch einmal in Marseille und beschränkte sich von da an auf die Provence.

Nach dem 17. Jahrhundert blieben Frankreich, England und Holland fast völlig von der Pest verschont.

Diese Krankheit, deren Symptome wohlbekannt sind, wurde für die Zeit von 1625 bis 1640 in fast allen Gebieten Frankreichs bezeugt. Dokumente aus dem Beauvaisis sprechen häufig von 1200, 1300, ja 2000 Pesttoten in einer Stadt mit 12 000 bis 15 000 Einwohnern. Diese Zahlen sind zweifellos übertrieben. »Durch die Plötzlichkeit der Krankheit in Schrecken versetzt, nannte man in Amiens völlig unglaubwürdige Zahlen: für 1632 verzeichnet man 25 000 Tote, für 1668 gar 30 000 Tote; das sind mehr Tote, als die große Stadt in der Picardie vermutlich Einwohner hatte... In Villiers-Saint-Barthélemy, einem Dorf von etwa 700 Seelen, forderte die Pest, die als Todesursache ausdrücklich genannt wird, in den drei Sommermonaten des Jahres 1625 fünfzig Opfer, also acht- bis zehnmal soviel Tote wie ansonsten im Vierteljahresdurchschnitt; im Herbst machte sie sich kaum mehr bemerkbar, und fast niemand mehr starb in den folgenden Monaten daran...«

In Frankreich und in den nordeuropäischen Ländern mit ihrem kalten Klima schlug die Pest besonders im Sommer zu; »nach den ersten Frösten verschwand sie praktisch; den Ärzten des 17. Jahrhunderts ist übrigens dieser saisonale Charakter aufgefallen: im Winter verschwunden, kann die Krankheit doch wieder zu neuem Leben erwachen und im darauffolgenden Sommer erneut ausbrechen. Sie schlägt mit schrecklicher Schnelligkeit zu und fordert viele Opfer, darunter vor allem Kinder.« In den Kirchenbüchern erkennt man Pestepidemien daran, daß für einen Zeitraum von vier bis sechs Monaten die Zahl der Todesfälle bis zu zehnmal höher war als gewöhnlich. Im Frankreich des 17. Jahrhunderts wurde die Gefährlichkeit der Pest dadurch in etwa ausgeglichen, daß die Epidemien sehr rasch vorbei waren. In den Kirchenbüchern läßt sich verfolgen, wie die Sterblichkeitsziffer in den auf eine Epidemie folgenden Jahren unter den langjährigen Durchschnitt absinkt. Pierre Goubert kommentiert diese Tatsache folgendermaßen: »Nachdem die Pest vorüber ist, macht der Tod sozusagen Ferien, da die anfälligsten Elemente der Bevölkerung jäh ausgelöscht worden sind.« Auf lange Sicht gesehen, wurden also die Sterblichkeitskurven durch die Pestepidemien nicht sehr stark beeinflußt.

Dieselbe Beobachtung machte René Baehrel für das Südfrankreich des 18. Jahrhunderts: »Der Marquis von Chastellux bemerkte 1775 in bezug auf Expilly: ›Die in der Provence durch die berüchtigte Pest von 1720 verursachten Verluste sind bereits wieder wettgemacht‹, was Voltaire zu der ironischen Bemerkung veranlaßte: ›Ja, durch die Nachbarn.‹ Sollten vielleicht nach Aufhebung des Reiseverbots junge Männer und Mädchen aus den umliegenden Gebieten unverzüglich nach Auriol, Aix und Marseille geeilt sein, um dort zu heiraten? Wahrscheinlicher ist, daß die Wunde rasch vernarbte, weil sie trotz allem, was man darüber geschrieben hat, nicht sehr tief war. Und wären nicht jene, die 1720 durch die Pest starben, 1722 eines natürlichen Todes gestorben?«

In Frankreich verlor die Pest seit dem 17. Jahrhundert immer mehr an Boden. Im übrigen Europa lagen die Dinge allerdings teilweise anders. England, Holland und Frankreich bildeten eine verhältnismäßig geschützte Zone. Daran schloß sich jedoch im Osten und Süden ein noch stark von der Pest heimgesuchtes, also archaisches Europa an. Von 1620 bis 1650 stand die Pest im Reich in engem Zusammenhang mit dem Dreißigjährigen Krieg; im Donauraum trat sie nach 1690 im Zusammenhang mit der Rückeroberung des Balkans in den Türkenkriegen auf. In Südeuropa war die Pest im 17. Jahrhundert (wie zuvor im 14. und 15. Jahrhundert in ganz Europa) ein historisches Phänomen von größter Bedeutung.

In Italien sind die Epidemien der zwanziger und dreißiger Jahre, die durch die Abschwächung der Wirtschaftskonjunktur und durch die Bevölkerungsverschiebungen im Gefolge des Dreißigjährigen Krieges bedingt waren, als Hauptursache für den ausgeprägten Bevölkerungsrückgang anzusprechen. Nach Julius Beloch betrug dieser Rückgang 14 Prozent, in absoluter Zahl 1 729 000 Menschen: während die Apenninenhalbinsel 1600 von 13 272 000 Menschen bevölkert war, sank diese Zahl bis 1650 auf 11 543 000, also noch unter den Stand von 1550 (11 591 000). Allerdings wurden nicht alle Gebiete Italiens gleichermaßen betroffen. Während sich auf den Inseln (Sizilien, Sardinien und Korsika), die durch ihre Lage geschützt waren und von den Wirren des Dreißigjährigen Krieges nicht erfaßt wurden, nur ein Rückgang des Geburtenüberschusses festzustellen war (1550: 1 253 000 Einwohner, 1600: 1 625 000; 1650: 1 701 000) und Süd- sowie Mittelitalien (ebenfalls nach Beloch) einen Bevölkerungsrückgang von 10 Prozent (1600: 6 235 000 Einwohner, 1650 noch 5 567 000) zu verzeichnen hatten, wirkte sich die Katastrophe in Norditalien verheerend aus. Die Poebene stand nicht nur in engem Zusammenhang mit dem Deutschen Reich, weshalb sich der Dreißigjährige Krieg dort relativ stark auswirkte, sondern hier trafen auch die beiden großen »Peststraßen« zusammen: die eine kam aus Indien über das Mittelmeer, die andere aus den großen Ebenen des Ostens, die von ungezählten Pestkranken zu Fuß und zu Pferd durchzogen wurden. Besonders schwer betroffen wurden Venedig und Mailand. Insgesamt betrug der Bevölkerungsrückgang in Norditalien 22 Prozent: von 5 412 000 Seelen im Jahre 1600 auf 4 225 000 im Jahre 1650; 1650 lebten in Norditalien 10 Prozent Menschen weniger als hundert Jahre früher (1550 waren es 4 746 000 Menschen gewesen). Verursacht wurde dieser Rückgang, diese Anpassung der Bevölkerungszahl an die durch den Wirtschaftsrückgang verminderten Subsistenzmittel, durch die Pest.

Die Lücken, die durch die Pestepidemien der Jahre 1599 und 1602 in die Bevölkerung Spaniens gerissen wurden, waren nicht vor 1750 oder 1770 wieder geschlossen. Auf der Iberischen Halbinsel war die Pest niemals völlig erloschen. Vor allem in den Hafenstädten schlug sie immer wieder zu. Erst nach der grausamen Epidemie in Andalusien zu Beginn des 16. Jahrhunderts trat eine Ruhepause ein; das Anwachsen der Bevölkerung des Landes im 16. Jahrhundert war zumindest teilweise durch die Tatsache bedingt, daß nach dieser Zeit für Jahrzehnte Ruhe war. Das bedeutet natürlich nicht, daß es nicht vereinzelt Pestfälle gegeben hätte.

Katastrophale Epidemien gab es dann wieder im ausgehenden 16. Jahrhundert: 1580 und 1589–92. Am ärgsten waren die Jahre von 1596 bis 1602, die eine deutliche Zäsur in der spanischen Geschichte bilden. Sechs Jahre lang ließ die Pest nur nach, um an einer anderen Stelle der Iberischen Halbinsel zuzuschlagen, schwächte sich nur ab, um kein halbes Jahr später desto stärker in Erscheinung zu treten. Man schätzt, daß die Bevölkerung Spaniens im Verlauf von sechzig Jahren (von 1590 bis 1650) von 8,5 auf 6,5 Millionen Menschen abgesunken ist, nach anderen Schätzungen sogar von 9 auf 6 Millionen. Die Epidemie, die das Land von 1596 bis 1602 verheerte, war eine der gefürchteten Seuchen des Mittelalters; ihr Umfang und ihre entsetzlichen Folgen lassen ermessen, welch ein Abstand zwischen den Seuchen des Mittelalters und den »modernen« Pestepidemien im Frankreich des 17. Jahrhunderts liegt.

Spanien wurde als »archaisches« Gebiet besonders schwer heimgesucht; die Tragweite des spanischen Beispiels für das ganze 17. Jahrhundert darf nicht unterschätzt werden.

Aber kehren wir zur Pest der Jahre 1596 bis 1602 zurück. Sie hatte, was für Spanien einzigartig war, da dieses Land damals völlig dem Mittelmeer zugewandt war, ihren Ursprung im Norden. Sie ging von Kantabrien aus. Interessant ist, daß um die gleiche Zeit auch die Küsten der Normandie von einer schweren Pest heimgesucht wurden. Dies ergaben die Untersuchungen Pierre Gouberts über die Todesfälle in Port-en-Bessin: im Jahre 1597 starben dort 79 Menschen, das ist das Vierfache des langjährigen Durchschnitts und der zweithöchste Prozentsatz im Verlauf von zweihundert Jahren.

Diese Tatsache erlaubt die Mutmaßung, daß die außerordentliche Heftigkeit und die Lokalisierung der Pest auf das spanische Binnenland in den Jahren 1596 bis 1602 nicht nur durch die katastrophale Wirtschaftslage, sondern auch die ungewöhnliche Tatsache bedingt war, daß diese Pest aus dem Norden kam. Gegen eine solche Pest war das an die aus dem Süden herangetragenen Bazillen gewöhnte und dagegen gleichsam abgehärtete Spanien nicht immun. Von Kantabrien aus – ein

Zentrum war Santander, während Biscaya, Navarra und Galicien erstaunlicherweise verschont blieben – wanderte die Seuche nach dem Süden, direkt in die Ner-
venzentren der Iberischen Halbinsel, auf die immer noch reichen Hochebenen Alt-
Kastiliens.

Im Februar 1599 wurde Segovia erreicht. Von einem Tag auf den anderen
hörte jedes gesellschaftliche Leben auf. Die Pest aus dem Norden wurde im Gegensatz zur Pest des Südens durch Kälte nicht eingedämmt, war es doch hier bedeutend wärmer und trockener als in ihrem Ursprungsgebiet. Nach einer allerdings
nicht unbedingt zuverlässigen Quelle sollen, hauptsächlich im Juli und August, bis
zu 12 000 Menschen an der Pest gestorben sein.

Im Laufe des Jahres 1599 wurde ganz Kastilien heimgesucht. Auch Andalusien
wurde 1599 von der Seuche erfaßt, aber erst gegen Ende des Jahres und von offenbar weniger virulenten Krankheitskeimen. Die 8000 Toten in Sevilla, einer
Stadt mit mehr als 100 000 Einwohnern, beweisen, daß die Seuche hier nicht so
heftig wütete, jedenfalls weit weniger heftig als in Kastilien. Nach 1605 erholte
sich der Handel von Sevilla rasch wieder, aber die Blüte dauerte nur kurze Zeit,
da das kastilische Hinterland verheert und entvölkert war. Man darf annehmen,
daß von den 6,5 Millionen Menschen, die damals in Kastilien lebten, innerhalb von
sechs Jahren mehr als eine halbe Million allein durch die Pest dahingerafft wurden.

Nach dieser Katastrophe ging die Pest rasch zurück. Zwischen 1629 und 1631
tauchte sie nochmals an verschiedenen Orten in Frankreich und Italien auf. Aber
obwohl in Italien große Truppenverschiebungen stattfanden, blieben die Seuchen
regional begrenzt. Diese Pest war eine Pest der Häfen. Die französischen Konsuln in den südspanischen Hafenstädten, auf den Kanarischen Inseln und Madeira
berichteten in der zweiten Hälfte des 17. Jahrhunderts durchschnittlich alle fünf
Jahre, daß die Gefahr einer Pest bestehe, aber diese Gefahr war gewöhnlich verschwindend gering, eher eingebildet als wirklich. Eine strenge Quarantäne, notfalls Isolierung der Erkrankten, die Verbrennung verdächtiger Waren – und man
konnte mit einigen hundert Toten davonkommen. Schlimmer war die Pest 1637
in Malaga, doch wurde man auch ihrer bald Herr.

Völlig anders war die Lage in den Jahren 1647 bis 1652. Hinsichtlich ihrer
Reichweite und Dauer läßt sich die Seuche von 1647 mit der Pestepidemie von
1596 vergleichen. Aber es war nicht mehr dasselbe Spanien, das heimgesucht wurde, und die Pest kam diesmal nicht aus dem Norden. 1596 wurden Nord- und
das volkreiche Mittelspanien verwüstet und entvölkert. 1647 waren die mediterrane »Levante« und der andalusische Süden an der Reihe, die im ausgehenden

16. Jahrhundert nur ganz schwach gestreift worden waren. Ihren Ursprung hatte diese Pest im östlichen Mittelmeergebiet, was erklärt, warum sie vor allem in den südlichen Küstengebieten wütete und kaum ins Landesinnere vordrang.

In den zehn Monaten vom Juni 1647 bis zum April 1648 zählte man allein in der Stadt Valencia 16 789 Tote. Durch energische Maßnahmen gelang es, die Seuche einzukreisen: insgesamt gab es im Königreich Valencia kaum mehr als 30 000 Pesttote zu beklagen. Aber wenn man auch zu Land der Seuche den Weg versperren konnte, vermochte sie sich doch auf dem Seeweg weiter auszubreiten. Sie erreichte Ende 1647 Alicante im äußersten Süden von Valencia und wütete dort ein ganzes Jahr lang. In dem verarmten Murcia konnte sich die Seuche in einer Weise verbreiten, die der des 14. Jahrhunderts entsprach; allein in der kleinen Diözese Murcia starben 40 000 Menschen, darunter der Bischof und fast der gesamte Klerus, eine Folge der aufopfernden Pflege der Pestkranken durch die Geistlichkeit, die es ablehnte, auf ihr eigenes Leben Rücksicht zu nehmen. Dann erst drang die Pest ins Binnenland vor. Granada war durch den mächtigen Wall der Sierra Nevada geschützt, Kastilien durch die Wachsamkeit einer verbesserten Verwaltung, die genau wußte, was es kostete, wenn man sich unversehens überraschen ließ, und durch die menschenleeren *despoblados* der Sierra Morena, jene Wüstenei, die erst durch die Kolonisation des 18. Jahrhunderts erschlossen wurde. Dadurch blieb die Seuche auf Andalusien begrenzt.

Diesmal mußte Andalusien der Pest einen hohen Zoll an Menschenleben entrichten, nicht nur die Küstenstreifen, sondern auch das Hinterland. In welch panischen Schrecken man geriet, zeigt die unmögliche Zahl von 40 000 Toten, die man allein für Malaga nannte. Vielleicht die Widerspiegelung einer grausamen Wirklichkeit ist die Erwähnung in einer alten Chronik, daß in Jerez de la Frontera auf dem Marktplatz Gras wuchs. Sevilla erlebte ab März 1649 die schrecklichste Katastrophe seiner Geschichte. Durch eine Nachlässigkeit, die man nur vor dem Hintergrund der schrecklichen Wirtschaftslage verstehen kann, hatte sich Sevilla vom Hinterland abgeschnitten, ohne es zu wagen, sich nach dem Auftreten der Pest in anderen Gebieten Spaniens auch vom Meer abzuschneiden. Dadurch konnten Pestkranke und bazillenverseuchte Waren in den Hafen der damals noch größten Stadt der Iberischen Halbinsel gelangen.

Die Jahre 1649 und 1650 waren ein Wendepunkt in der Geschichte Sevillas*: Von 110 000 bis 120 000 Einwohnern wurden 60 000 durch die Pest dahingerafft. Zwar strömten nach Erlöschen der Pest bald aus dem Hinterland wieder Menschen in die Stadt, so daß sie wieder eine Bevölkerungszahl von 80 00 bis 90 000 erreichte; aber der alte Stand wurde nicht mehr erreicht, und die Einwohnerzahl stagnierte bis zum ausgehenden 19. Jahrhundert. Zudem waren die Neubürger von einem anderen Menschenschlag, waren andalusische Emigranten und vor allem Zuzügler aus dem 1649–1650 verschonten Kantabrien. Nach 1650 war Sevilla nicht mehr das alte Sevilla, sondern eine neue Stadt mit dem alten Namen. Diese Stadt vermochte das Erbe der einstigen wirtschaftlichen Hauptstadt der Welt nicht zu übernehmen; rasch verlor sie an Bedeutung und wurde, was den Amerikahandel angeht, bald von Cadiz* abgelöst, während Madrid im Inneren der Halbinsel zum neuen Zentrum des Geisteslebens wurde. Nach der großen Katastrophe war Sevilla nichts anderes mehr als eine wenn auch durchaus solide und aktive Provinzhauptstadt.

Von Sevilla aus verbreitete sich die Pest über ganz Niederandalusien. Ebenso heimgesucht wie Sevilla wurden Córdoba und Umgebung. Nicht viel besser erging es dem alten Kronland Aragon. 1651 rückte die Pest nach Norden bis zur Mauer der Pyrenäen vor. Saragossa, Huesca, Laspuna und Ceresa am Fuß der Alpen verloren bis zur Hälfte ihrer Bevölkerungen. Danach verschwand die Pest, flakkerte aber in eng begrenzten Gebieten 1656 und 1658 noch einmal auf.

Daß die Pest in Katalonien und im aragonesischen Hinterland so große Verheerungen anrichten konnte, erklärt sich durch die Schwächung infolge des Krieges. Die Pest des Jahres 1651 trug dazu bei, den Widerstand Kataloniens zu brechen: dadurch, daß der Prinzipat von Frankreich aus Angst vor einer Ansteckung nicht mehr mit Truppen unterstützt wurde, konnte Philipp IV. siegen. In Sevilla war die Pest ein entscheidender Faktor in der Wirtschaftsgeschichte; in Barcelona spielte sie in der politischen Geschichte eine gewichtige Rolle.

ZU DEN ABBILDUNGEN 95–110

95 IM ENGEN KREIS DES GROSSEN KÖNIGS: BILLARD BEI HOFE Ein Raum im Versailler Schloß. In den schlecht geheizten Zimmern ist es offensichtlich kalt, denn der Herzog von Toulouse, der aus einem zwiefachen Ehebruchs hervorgegangene außereheliche Sohn Ludwigs XIV. und der Montespan, steckt fröstelnd die Hände in die Ärmel. Für den fünfundvierzigjährigen König bringt dieses Spiel ein wenig Entspannung. Allerdings hat er Sorgen genug. Wohl haben die französischen Truppen die Heere der Koalition zurückgeworfen, aber die spanische Thronfolge ist ein schwieriges Problem, die französische Flotte beherrscht nicht mehr die Meere, sondern muß zur Piraterie Zuflucht nehmen, und infolge von Mißernten sind anderthalb Millionen Menschen (vor allem Alte und Kinder) vom Hungertod bedroht. Zwölf Kerzen erleuchten den Raum. Das Billard war damals ein neues Spiel für die bessere Gesellschaft; es wurde noch nicht so

gespielt, wie wir es heute kennen. Dem Kreis der Fürsten hat sich der Minister Chamillart angeschlossen. (Stich von A. Trouvain, 1694. Paris, Nationalbibliothek, Kupferstichkabinett)

96 BAROCKE MODE AM HOF VON VERSAILLES Hier sehen wir den Dauphin in seinem ganzen Glanz: Federhut, schwere Perücke, spitzenbesetzte Kleidung, spitze Schuhe mit hohen Absätzen und Schleifen. Für unsere Augen ist diese Kleidung ein Zeugnis schlechten Geschmacks und maßloser Übertreibung, doch schließlich hat, was die Mode angeht, jede Zeit ihren eigenen Geschmack. Das volle Gesicht zeugt für die Qualität der französischen Küche des 17. Jahrhunderts. Erstaunlich ist übrigens die Ähnlichkeit des Dauphins mit seinem Urenkel, dem unglücklichen Ludwig XVI. (Paris, Musée du Costume)

97 EINE KOKETTE VORNEHME DAME Schon immer neigte man dazu, des Guten zuviel zu tun. Die Gräfin von Albret liebte die Schönheitspflästerchen, »mouches« genannt, die ihren weißen Teint, ihre wohlgeformte Nase und die vollen, etwas sinnlichen Lippen zu besserer Geltung brachten – aber fünf solcher Pflästerchen sind doch reichlich viel. Ein anderes Charakteristikum der Mode jener Zeit waren die kunstvollen Haartrachten der Damen, oft wahre Berge aus falschen Haaren, Bändern und verschiedenem Schmuck. Die Gräfin trägt auf dieser Darstellung die »fontange«, einen haubenartigen Kopfputz mit durch Eisendraht emporgehaltenen Bandschleifen. Diese Frisur soll Mademoiselle de Fontange, eine Geliebte Ludwigs XIV., eines Abends auf der Jagd

erfunden haben. Bussy-Rabutin berichtet darüber: »Ein Windstoß ... zwang Mademoiselle de Fontange, ihre Kapuze abzulegen. Sie ließ sich ihre Frisur mit Hilfe des Bandes hochbinden ... Dieser Kopfputz gefiel dem König so, daß er die Herzogin bat, die Haare während des ganzen Abends so zu belassen. Am nächsten Morgen hatten alle Damen des Hofes ihre Haare auf die gleiche Weise hochgesteckt. Auf diesen Vorfall gehen die hohen Frisuren zurück, die man noch heute trägt und die vom französischen Hof auf fast alle europäischen Höfe übergegangen sind.« 1696 stand Ludwig XIV. unter der Fuchtel von Madame de Maintenon und predigte ein tugendsames Verhalten, aber die kunstvoll verfeinerte »fontange« konnte sich halten. Noch 1709 begegnete man ihr, zumindest in der Hauptstadt. Die Mode veränderte sich damals noch nicht so rasch wie heute. Madame de Albret liest in einer französischen Ausgabe von Ovids *Liebeskunst*. Auf diesem Gebiet verfügte sie über eine reiche Erfahrung. (Französischer Stich aus dem Jahr 1696. Paris, Nationalbibliothek, Kupferstichkabinett)

98 SITTENSTRENGE IN DEN NIEDERLANDEN Der Statthalter Friedrich Heinrich war der jüngere Sohn des 1589 auf Befehl Philipps II. ermordeten »Schweigers«. Als sein Bruder Moritz 1625 ohne Nachkommen starb, wurde Friedrich Heinrich Statthalter, also militärischer Oberbefehlshaber, der Vereinigten Niederlande – ein Amt, das er bis 1647 innehatte. Der Statthalter, der durch seine Mutter, eine Coligny, französisches Blut in den Adern hatte, wird hier als Oberkommandierender dargestellt (darauf weisen der

95

96

97

99

100

101

102

103

107

108

109

Hintergrund mit dem Lager, die antiquierte Ritterrüstung und der Befehlsstab hin); ungewöhnlich ist, daß auf einem solchen offiziellen Bildnis neben ihm seine Gattin erscheint, die bewundernswerte Prinzessin Amalie. In Holland erfreute sich die Frau damals als Gattin, Mutter und Herrin des Hauses eines großen Ansehens; sie war die gleichwertige Gefährtin des Mannes. Hier findet sich nichts von der Leichtlebigkeit und Koketterie des Versailler Hofs: diese Menschen sind ernst, würdig, ruhig. Wenige Herrscherpaare jener Zeit führten ein so harmonisches, glückliches Eheleben. (Gerard van Honthorst, *Friedrich Heinrich, Fürst von Oranien, und seine Gemahlin Amalie*, Den Haag, Mauritshuis)

99 SITTENVERFALL IN ENGLAND Vom calvinistischen Holland des 17. Jahrhunderts kommen wir nun zum vornehmen England aus der Zeit um 1745, wie es uns Hogarth dargestellt hat. Welten trennen diese beiden Bilder. Der hier gezeigte Stich ist das dritte Blatt der Folge »The marriage à la mode« (Heirat nach der Mode). Die Szene spielt in einem vornehmen Haus, in dem es allerdings sehr unordentlich zugeht. Der Herr des Hauses, gichtisch und dümmlich anmaßend (zu seiner Linken sehen wir den Stammbaum der Familie, der aus dem Leib eines Vorfahren herauswächst), verhandelt mit zwei reichlich bornierten Juristen: der Ehevertrag wird aufgesetzt. Eine geöffnete Geldbörse liegt auf dem Tisch neben einer angezündeten Kerze. Das Brautpaar wendet sich den Rücken zu. Er nimmt gleichgültig eine Prise; sie lauscht gelangweilt den Ausführungen eines Intendanten, dessen Gesicht seine wenig sauberen Absichten widerspiegelt. Ein solcher Anfang verspricht wenig Gutes. (Hogarth, *Der Ehevertrag*, London, Nationalgalerie)

100 VERSCHWENDUNG UND AUSSCHWEIFUNG Der junge Herr hat sich einen ganzen Schwarm leichter Mädchen geholt, die sich mit Schönheitspflästerchen und sonstigem Putz für die Orgie zurechtgemacht haben. Auch eine Negerin ist darunter. Der Alkohol fließt in Strömen; eines der Mädchen trinkt gleich aus der Bowle. Ein anderes Mädchen versucht, mit Hilfe einer Kerze ein Bild anzuzünden. Alle sind mehr oder weniger entkleidet, doch ist der junge Mann schon zu betrunken, um noch großes Interesse zu zeigen. Das Mädchen, das sich seiner angenommen hat, beginnt ihm die Taschen zu leeren – auf diese Weise ist wenigstens die Bezahlung gesichert. (Hogarth, *Die Orgie*, London, Sir John Soane's Museum)

101 BLICK AUF VERSAILLES VOM PARK HER: DAS MEISTERWERK DER KLASSISCHEN ARCHITEKTUR Mit seiner 550 Meter langen Fassade ohne Dach, der Harmonie der Massen und Linien, dem Zusammenspiel von künstlich gestalteter Parklandschaft und klassischer Architektur ist Versailles das Meisterwerk der Baukunst jener Zeit. Den Mitteltrakt erstellte Le Vau von 1668 bis 1678, den Königinnenflügel rechts Jules Hardouin-Mansart, sein Neffe, von 1678 bis 1682; von ihm stammt auch der Nordflügel links, der von 1684 bis 1689 erbaut wurde. In einundzwanzig Jahren war dieser riesige Palast fertiggestellt.

102 DAS PRÄCHTIG GESCHMÜCKTE INNERE EINES PARISER HOTELS Als »hôtel« bezeich-

net man die Paläste und vornehmen Privathäuser in der Stadt. Das Hôtel de Lauzun wurde von Le Vau von 1650 bis 1658 für Charles Gruyn erbaut, den Generalkommissar für die Verproviantierung der königlichen Reiterei. 1681 wurde der Palast von Lauzun erworben, dem Günstling Ludwigs XIV., der 1670 in aller Heimlichkeit die Enkelin Heinrichs IV., Mademoiselle de Montpensier, geheiratet hatte. Er ließ das Innere prächtig ausschmücken. Gänge und Korridore waren damals nicht üblich; die Räume waren alle durch Türen miteinander verbunden. Die berühmten intimen »Boudoirs« kamen erst um die Mitte des 18. Jahrhunderts auf.

103 DIE GROSSEN PARISER STADTPALÄSTE DES 18. JAHRHUNDERTS Ein Blick auf das heutige Carnavalet-Museum in Paris. Der Palast wurde im 18. Jahrhundert im Park des Hôtel Carnavalet erbaut und hieß früher Hôtel des Marets oder Hôtel de Choiseul. Die Durchfahrt durch den erhöhten Mitteltrakt wies einst mächtige Torflügel auf; gestützt wird die Durchfahrt durch dorische Säulen. Das große Fenster im ersten Stock ist von Reliefdarstellungen flankiert, die die Attribute der Seefahrt und der Musik zeigen. Paris war im 18. Jahrhundert eine wohlhabende Stadt; die herrlichen Paläste konnten durchaus mit Versailles verglichen werden, was den Reichtum von innerem und äußerem Dekor angeht, wenngleich sie natürlich niemals so gigantische Ausmaße hatten.

104 SCHÖNE LANDSITZE IM WESTEN FRANKREICHS Schloß Balleroy im Calvados an der Grenze von Bessin und Bocage. Planung und Bauleitung des ab 1626 errichteten Landschlosses hatte der damals achtundzwanzigjährige François Mansart (1598 bis 1666), dessen große Laufbahn eben begonnen hatte. Sein Auftraggeber war Jean de Choisy. Der am rechten Ufer der Dromme gelegene Herrensitz ist ein schönes Beispiel für den Louis-XIII-Stil in der Architektur. Den gleichen Stil zeigen Mansarts Schöpfungen in Blois und Maisons-Laffitte; alle diese Paläste sind in schöne Parklandschaften eingebettet. Solche Schlösser wurden allein in der Normandie zu Dutzenden erstellt, ehe diese Provinz zu einer der ärmsten Frankreichs wurde. Vor der zweiten Hälfte des 18. Jahrhunderts wurde nichts Vergleichbares mehr geschaffen.

105 EIN KÖNIGLICHER PALAST FÜR EINEN HERZOG Dieser sich aus einer prächtigen Rasenfläche majestätisch erhebende Palast, Blenheim Castle, wurde 1705 nach den Plänen von Sir John Vanbrugh begonnen. Erstellt wurde er zur Erinnerung an die erste Niederlage der Armeen Ludwigs XIV. 1705 in Bayern, die ihnen durch die kombinierten Aktionen des Prinzen Eugen und Marlboroughs zugefügt wurden: Tallard wurde gefangengenommen, die Hälfte der französischen Armee aufgerieben, die andere Hälfte in wilde Flucht geschlagen, praktisch die gesamte französische Artillerie erbeutet. John Churchill, Herzog von Marlborough (1650–1722), in der Kriegskunst ein Schüler Turennes, stand mitten in einer glanzvollen Karriere. Er war der Sprecher der stuartfeindlichen Whig-Mehrheit und übte durch seine Frau auf Königin Anna einen sehr starken Einfluß aus. Auf eine Stärkung der englischen Position bedacht, war er ein ent-

schiedener Gegner der Franzosen. Der Baumeister dieses Palastes, John Vanbrugh (1664–1726), war ein vielseitiges Talent; er war nicht nur Architekt, sondern auch Roman- und Komödienautor. Mit Sir Christopher Wren (1632–1723), dem größten Architekten jener Zeit, konnte er sich allerdings nicht messen. Das wird sehr deutlich, wenn man Blenheim mit dem Osttrakt von Hampton House vergleicht. Blenheim weist barocke Züge auf; vielleicht ließ sich Vanbrugh durch Schöpfungen von Fischer von Erlach (1656–1723) und Johann Lukas von Hildebrandt inspirieren.

106 DAS MEISTERWERK VON JOHANN LUKAS VON HILDEBRANDT: DAS BELVEDERE IN WIEN Dieses Schloß wurde 1693–1724 für den Prinzen Eugen (1663–1736) von Lukas von Hildebrandt erbaut. Es gibt gewisse Ähnlichkeiten mit Blenheim, so die unruhige Dachpartie, während die Gestaltung des Parks mit großen Wasserflächen entfernt an Versailles erinnert. Die aufgesetzten Dächer sind mit Kupfer gedeckt. Achteckige kuppelgekrönte Vorbauten flankieren den Palast an den vier Ecken. Trotz ihrer strengen Gliederung wirkt die Fassade sehr unruhig, ist typisch barock. Im Innern ist das Schloß prächtig ausgeschmückt; die Skulpturen und Dekors gehören zum Schönsten, das uns aus dieser Zeit erhalten ist.

107 DIE GROSSE TREPPE DER WÜRZBURGER RESIDENZ Die von Johann Balthasar Neumann (1687–1753) gebaute Treppe stammt aus dem Jahr 1734, der Plafond wurde von Tiepolo 1753 ausgemalt. Die Statuen, die die Balustraden schmücken, wurden zwischen 1756 und 1766 geschaffen. Auftraggeber der

prunkvollen Residenz war der Fürstbischof Johann Philipp Franz von Schönborn; beraten wurde Neumann von Johann Dientzenhofer und Maximilian von Welsch. Obwohl zutiefst barock, tendiert das Treppenhaus durch die erst 1775 vollendete Ausstattung bereits zum Klassizismus hin. Würzburg lag an der Grenze des barocken Süddeutschland, dessen Zentrum München war.

108 SPANISCHES HOCHBAROCK: DER PALAST DOS AGUAS Neben dem katholischen Deutschland und dem Donauraum war Spanien ein Zentrum des Hochbarock, das sich im 18. Jahrhundert herausbildete. Und in Spanien wiederum war Valencia der Mittelpunkt, jenes Valencia, das im 18. Jahrhundert seine Bevölkerung verdreifachte und eine neue Blütezeit erlebte. Die zahlreichen gotischen Kirchen wurden im Geist des Barock umgestaltet, leider nur allzuoft nicht zu ihrem Vorteil. Gelegentlich verstieg man sich zu wenig geschmackvollen Übertreibungen. Ein Musterbeispiel ist der um die Mitte des 18. Jahrhunderts errichtete Palast des Marquis Dos Aguas mit seinem Alabasterportal, das Ignacio Vergara (1715–1776) nach Entwürfen von M. Rovira Brocantel geschaffen hat. Rovira Brocantel war ein sehr begabter Dekorationsmaler, der später wahnsinnig wurde; ein bißchen von diesem Wahnsinn klingt bereits in dem hier gezeigten Portal an.

109 DIE MÄCHTIGEN KARYATIDEN DES BELVEDERE Diese mächtigen Karyatiden in der Sala Terrena tragen ein schweres Gewölbe, das reich mit Stukkaturen verziert ist. Trotz aller Kunst, die sich hier entfaltet, wirkt

Dadurch, daß die sowieso geringe Bevölkerung des Rousillon (etwa 35 000 Menschen) fast völlig von der Pest dahingerafft wurde, fiel es Frankreich verhältnismäßig leicht, dieses Gebiet zu annektieren; es wurde durch Siedler aus dem Zentralmassiv und der Languedoc neu bevölkert. In Ampurdán wurde die Nachhut des französischen Expeditionskorps durch die Pest abgeschnitten. Danach wandte sich die Seuche wieder nach Osten, befiel die Balearen, Sardinien und Neapel. Obgleich die Pest der Jahre 1647 bis 1652 sich nur auf einem verhältnismäßig kleinen und dünner besiedelten Gebiet auswirkte als die Pest zu Beginn des 17. Jahrhunderts, fanden ungefähr ebenso viele Menschen (über 500 000) den Tod. Da die Bevölkerung sowieso schon zurückgegangen war, macht das einen erheblich höheren Prozentsatz aus: 9 Prozent gegenüber 6 Prozent in den Jahren 1596 bis 1602.

Die letzte große Pestzeit der spanischen Geschichte fiel in die zehn Jahre von 1676 bis 1685, in jene zehn Jahre, die in vieler Hinsicht höchst bedeutungsvoll waren. Vielleicht begann auf eben diesem Höhepunkt des Unglücks mit der radikalen Währungsreform des Jahres 1680 der langsame Wiederaufstieg der Iberischen Halbinsel, dessen erste deutliche Zeichen allerdings erst um die Mitte des 18. Jahrhunderts sichtbar wurden. Diese Pest war zwar weniger grausam als die vorhergehenden, dauerte aber dafür länger; sie gehörte dem klassischen, mediterranen Typ an. Als erste Stadt wurde im Juni 1676 der Hafen Cartagena betroffen. Trotz aller Vorsichtsmaßnahmen wurden bald auch Murcia und Elche von der Seuche erfaßt. Mit etwas mehr Disziplin hätte man schon damals der Pest Herr werden können. Das behaupteten zumindest die französischen Konsuln – dieselben Herren, die sich in Versailles beschwerten, wenn zur Verhinderung einer Ansteckung Waren verbrannt wurden, die französischen Staatsbürgern gehörten. Im Juli 1677 beklagte sich Valencia, weil man dem Handel Beschränkungen auferlegte.

dieser Saal nicht sonderlich harmonisch. Man fühlt sich beengt, bedrückt unter dem Netz der Gurtbogen; fast scheinen die Gewölbeträger unter ihrer Last zusammenzubrechen.

110 ROKOKO IN HÖCHSTER VOLLENDUNG: DIE AMALIENBURG Dieses Schlößchen im Park von Nymphenburg wurde für die Kurfürstin von Bayern zwischen 1734 und 1739 von François Cuvilliés gebaut. Der runde Spiegelsaal, von dem wir hier einen Ausschnitt zeigen, nimmt die Mitte des Bauwerks ein. Der unglaublich prunkvolle Dekor wurde von J. B. Zimmermann und J. Dietrich geschaffen. Obwohl für unseren Geschmack reichlich überladen, wirkt der Raum als Ganzes doch harmonisch und ausgewogen.

Wieder wurde das obere Andalusien besonders schwer betroffen. Das 1649–1650 verschont gebliebene Granada mußte einen sehr hohen Tribut bezahlen. Niederandalusien hingegen kam verhältnismäßig gut weg. Waren die Menschen dort noch von der vorangegangenen Epidemie her immun? Das mag in begrenztem Umfang der Fall gewesen sein; wichtiger war wohl, daß diese durch die Katastrophe der Jahrhundertmitte vorsichtiger geworden waren.

1680 und 1681 klang die Epidemie ab, um sich dann mit verstärkter Wucht in einer neuen Richtung auszubreiten. Ab 1682 und 1683 wurde erneut die Ostküste, aber auch ein Teil des Binnenlands betroffen, ein Teil der Mancha und von Estremadura. Diese Ausweitung nach Norden und ins Innere der Halbinsel stand in Zusammenhang mit den Mißernten der Jahre 1682 und 1683 und mit der daraus resultierenden Unterernährung eines Teils der Bevölkerung.

Die länger dauernde, aber weniger grausame Epidemie der Jahre 1676–1685 forderte nach den gründlichen Schätzungen von Antonio Dominguez Ortiz rund 250 000 Opfer. Insgesamt brachten also die drei großen spanischen Pestepidemien des 17. Jahrhunderts mindestens 1 250 000 Menschen den Tod.

Wann die Geschichte der Seuchen im modernen Europa ihr Ende gefunden hat, ist schwer zu bestimmen, da die Dinge regional recht unterschiedlich lagen. Jedenfalls kam die Wende nach 1685, spätestens aber 1720. In dem verhältnismäßig geschützten Frankreich waren die Epidemien von 1624 und 1638 weit enger lokalisiert und weniger gefährlich als die Katastrophen der Jahre 1600–1650 in Spanien und der Jahre 1615–1630 in Norditalien. Ab 1665 wurden die kirchlichen karitativen Einrichtungen und Orden, die besonders mit dem Namen des heiligen Vinzenz von Paul* verknüpft sind, durch Maßnahmen des französischen Königs unterstützt: durch die von ihm eingesetzten Pestärzte, durch die unerbittliche, aber segensreiche Herrschaft der Intendanten. Dadurch gelang es, der Seuche wirksam zu Leibe zu rücken. Die Einkreisung und Zurückdämmung der Pest war einer der größten Siege des barocken Europa.

Im exponierten, archaischen Spanien gab es nach 1685 keine große Pestepidemie mehr; zwar flammte die Krankheit in den Hafenstädten immer wieder auf, konnte aber durch strenge Quarantänemaßnahmen lokalisiert werden. 1709 war für Spanien wie für Frankreich nochmals ein schreckliches Jahr, allerdings weniger wegen der Pest als wegen der verheerenden Hungersnot. Danach herrschte fast im ganzen 18. Jahrhundert Ruhe. Aus Marokko eingeschleppt, forderte die Seuche 1800 bis 1802 in Cadiz 7000, in der Provinz Sevilla 30 000 Opfer. Trotz ihrer Gefährlichkeit, die an die Pest in Marseille im Jahre 1720 erinnert, konnte die Epidemie von 1800 auf ein kleines Gebiet in Andalusien begrenzt werden. Dafür

wurde Spanien im 18. Jahrhundert infolge der Ausbreitung der Reiskulturen von
einer anderen Geißel heimgesucht: von den schrecklichen Malariaepidemien der
Jahre 1784–87 und 1790–92. Manche Historiker schreiben ihnen für einen Zeitraum von sieben Jahren 500 000 Opfer zu, was in der Größenordnung der Pest
Mitte des 17. Jahrhunderts entsprechen würde, aber dafür betrug die Gesamtbevölkerung des Landes jetzt 10 Millionen. Was die Pest angeht, so hat das Mittelalter im Jahre 1685 endgültig aufgehört.

Dies bewies das Jahr 1720, als es gelang, die Pest in Marseille zu besiegen, obwohl damals alle Voraussetzungen für eine große Gebiete erfassende Katastrophe
gegeben waren: Die Seuche tauchte ganz plötzlich und in sehr virulenter Form
auf, die Bevölkerung befand sich infolge einer langen wirtschaftlichen Rezession
in einem schlechten Zustand. Aber man erkannte die Gefahr, reagierte sofort und
war bereit, sich einer strengen Disziplin zu beugen, um des Übels Herr zu werden.

Ein aufschlußreiches Licht auf diese Geschehnisse werfen Vorgänge in Cadiz,
über die wir durch einen Brief des dortigen französischen Konsuls Partyet informiert sind. Der Inhalt des am 15. September 1720 verfaßten Schreibens wurde,
wie eine Randnotiz zeigt, für so wichtig erachtet, daß man es dem Regenten vor-
legte, was mit den Briefen gewöhnlicher Konsuln sonst nicht geschah. Im Jahre
1720 waren die Beziehungen zwischen Philipp von Orléans und Philipp V.
sehr gespannt. Dennoch ergriff man unter dem Vorwand der in Marseille ausge-
brochenen Pest in Cadiz Maßnahmen, die noch fünfunddreißig Jahre früher unweigerlich zum Krieg geführt und unter anderen Umständen im 18. Jahrhundert
zumindest zu einem regen Austausch diplomatischer Noten geführt hätten. Partyet
übermittelt den Text eines Erlasses des spanischen Königs vom 29. August, der am
5. September in Cadiz veröffentlicht wurde. Cadiz war damals das europäische
Zentrum des Amerikahandels, in dem zu dieser Zeit Frankreich vor Spanien und
sogar noch vor England und den Niederlanden die erste Rolle spielte. Durch diesen Erlaß legte »Seine Katholische Majestät die Maßnahmen fest, die in den Häfen
Seiner Länder zu treffen waren, um ein Übergreifen der Pest zu verhindern, die
in Marseille ausgebrochen sein soll. Zu diesem Zweck werden alle Waren versiegelt
und registriert, von denen man annimmt, daß sie vor Eintreffen dieser ärgerlichen
Nachricht aus Marseille oder anderen Mittelmeerhäfen eingegangen sind, und die
sich in den Magazinen und Häusern der Kaufleute und Händler dieses Bezirks befinden, damit, falls auf dem Seeweg oder anders neue Ware eingeführt wird, man
diese nicht mit der ersten verwechselt.« Auf Grund dieses Erlasses wurden in
Puerto de Santa Maria sämtliche französischen Schiffe durchsucht. Das war eine

unerhörte Maßnahme, die einer zweihundert Jahre alten Tradition sowohl dem Geist als auch dem Buchstaben nach widersprach. Überdies hatte die französische Regierung unter dem vorherigen Herrscher angesichts einer viel aktuelleren Gefahr ähnlich extreme Maßnahmen vermieden. Was aber geschah im September 1720? Natürlich beschwerte sich Partyet, wie nicht anders zu erwarten war, bei dem spanischen Gouverneur Idiaquez, »Aber er hat mir zu verstehen gegeben, daß diese Visitationen im Interesse des öffentlichen Wohls lagen, weil er zuverlässige Nachricht habe, daß einige der französischen Küstenschiffe auf hoher See Waren von Schiffen übernahmen, die aus südfranzösischen Häfen kamen und die man nicht in den Hafen einlaufen lasse, so daß zu befürchten sei, daß durch sie Waren zur Einfuhr in diese Stadt gebracht würden.«

Diese Vorgänge sind in dreierlei Hinsicht völlig neu: Es wurden umfangreiche und sehr wirksame Maßnahmen getroffen (wobei vielleicht allerdings eine gewisse Feindschaft gegenüber Frankreich mitgewirkt hat). Zweitens kam Partyet zu einem Schluß, den keiner seiner Vorgänger gezogen hätte: »Also scheint mir, daß man Geduld haben muß.« Etwas Neues ist schließlich die zweifache Randnotiz, die uns über den Beschluß der höchsten französischen Instanzen informiert: »Dem Herrn Regenten vorzulegen. Es hat nicht den Anschein, daß man darauf bestehen müsse. Billigt die Meinung des Staatsrats.« Im Laufe der folgenden Monate führte die Marseiller Pest in Spanien, in dem damals eine politische und wirtschaftliche Krisenstimmung herrschte, zu einer ganzen Reihe von Maßnahmen, die offene Feindschaft gegenüber Frankreich ausdrückten. Soweit man sich dabei auf die Pest in Marseille berief, reagierten die Franzosen mit ungewohnter Höflichkeit und Nachsicht. Man könnte sagen, daß damit 140 Jahre vor Gründung des Roten Kreuzes bereits einige Richtlinien dieser internationalen Organisation vorweggenommen wurden.

In einer ersten Phase wurde man sich im 17. Jahrhundert im Rahmen des Staates, in Frankreich und England und später auch in den mehr am Rand liegenden Gebieten Europas, der Tatsache bewußt, daß die Volksgesundheit über allen Privatinteressen stehen müsse. 1720 setzte sich diese Erkenntnis auch auf internationaler Ebene durch, so daß demgegenüber die Klauseln des Pyrenäenvertrags in den Hintergrund traten. Diese Tatsache ist eine jener echten Revolutionen, die sich ohne viel Aufhebens im Bewußtsein der Völker vollziehen.

Die Bevölkerungsgeschichte des 17. Jahrhunderts tritt aus unserer Darstellung vielleicht allzusehr als eine hauptsächlich von negativen Faktoren bestimmte Bewegung hervor, als eine nur mäßig aufsteigende Kurve, die in regelmäßigen Abständen – etwa alle fünfundzwanzig Jahre – stark absinkt, bewirkt durch erhöhte epidemische und zyklische Sterblichkeit und entsprechende Geburtenausfälle. (Solche Einbuchtungen zeigen auch die Bevölkerungspyramiden des 20. Jahrhunderts für fast alle europäischen Länder, wo die beiden Weltkriege große Lücken gerissen haben.)

Das durch erhöhte Sterblichkeit verursachte Absinken der Bevölkerungskurve läßt sich auf verschiedene Faktoren zurückführen. Welche Rolle dabei die Wirtschaftslage gespielt hat, geht aus den Untersuchungen von Jean Meuvret und Pierre Goubert hervor. Die europäische Wirtschaft stand in dem hier behandelten Zeitraum noch vorwiegend auf agrarischer Grundlage. 85 bis 90 Prozent der Menschen waren in der Landwirtschaft tätig, die zu 80 Prozent Nahrungsmittel lieferte. Leichter, als man oft behauptet hat, konnten diese Menschen die Ernährung der 15 oder 10 Prozent jener sichern, die nicht in der landwirtschaftlichen Produktion tätig waren. Allerdings verhinderte diese Struktur in vielen Ländern ein echtes Wirtschaftswachstum; die Lage war zu allen Zeiten gespannt. Mit den Problemen der Überproduktion brauchte man sich nicht herumzuschlagen. Krisen gab es nur, wenn auf dem Ernährungssektor – auf dem der Getreideanbau die wichtigste Rolle spielte – nicht genügend produziert wurde. Da man kaum über Reserven verfügte, wurde durch solche Krisen das biologische Gleichgewicht der Bevölkerung beinahe unverzüglich gestört. Man könnte für das barocke Europa geradezu eine Geographie des Hungers ausarbeiten. Es gab ein verhältnismäßig gut genährtes Europa mit epidemischen Hungersnöten und ein Europa, in dem endemisch Hunger herrschte, wozu von Zeit zu Zeit noch verheerende Hungersnöte kamen. Anders gesagt: einem Europa, dessen Mägen praktisch ständig leer waren, stand ein Europa gegenüber, dessen Mägen mit schlechter Nahrung gefüllt waren. Die unter der Leitung von Fernand Braudel angestellten Untersuchungen haben ergeben, daß nicht das ganze Europa jener Zeit unter unzureichender Ernährung oder ausgesprochenem Hunger litt: In England und Holland waren die Menschen bemerkenswert gut ernährt, und auch in Frankreich war die Bevölkerung zu etwa 80 Prozent nicht dem Hunger ausgesetzt. Wieder waren es vornehmlich die Randgebiete im Süden und Osten, nicht zuletzt Spanien, die den endemischen Hunger kannten, der unendlich gefährlicher war als der epidemische Hunger, der in Abständen von einem halben, einem ganzen Jahr oder zwei Jahren eine ausreichend ernährte Bevölkerung heimsuchte.

Diese Vorbemerkung erlaubt es uns, einen der Widersprüche zu lösen, an dem Generationen von Historikern gescheitert sind. Die klimatisch bedingte zyklische Krise alten Typs hat einen Rhythmus von sieben bis acht Jahren: in diesen Zeitabständen gab es hauptsächlich beim Brotgetreide, der damaligen Hauptnahrung, große Ernteausfälle. Unabhängig von der Hungersnot, die die zyklische Krise vor allem in den armen Bevölkerungsschichten verursachte, gab es die Epidemien, die auch die wohlgenährten Bevölkerungsteile heimsuchten. Ungefähr alle fünfundzwanzig bis dreißig Jahre trafen die zyklische Hungersnot und die Epidemie zusammen und verursachten eine Katastrophe. Zu diesen Katastrophen gehören die Pestzeiten von 1597 bis 1603 und von 1647 bis 1652 in Spanien. Die 1676 ausgebrochene Pest erhielt ab dem Winter 1682/83 auf der kastilischen Hochebene durch die zyklische Krise neuen Auftrieb.

Die wirtschaftlich-demographischen Zusammenhänge der Krise alten Typs verdienen eine nähere Betrachtung. Zunächst einmal ist festzustellen, daß die rein epidemischen Krisen seit dem 17. Jahrhundert im Rückzug begriffen waren. Zwar konnten sie sich immer noch verheerend auswirken, aber seitdem es in Frankreich und in den begünstigten Regionen Europas in der ersten Hälfte des 17. Jahrhunderts, in Spanien und den übrigen Gebieten ab 1685 gelungen war, die Pest einzukreisen, sie auf bestimmte Regionen zu begrenzen, erfaßten sie nie mehr das ganze Gebiet eines Territorialstaats, sondern nur noch kleinere Zonen, bestenfalls eine Provinz.

Zum zweiten ist zu bemerken, daß nicht jede zyklische Krise automatisch jene Katastrophe zur Folge hatte, die von den Historikern der Vergangenheit als unerläßlich angesehen wurde. In den Notierungen des Pariser Getreidemarkts fanden die Krisen von 1626–27, 1643, 1677 und 1684 nicht den geringsten Niederschlag.

Zum dritten nahmen die Katastrophen nur dann nationale Ausmaße an, wenn mehrere Faktoren zusammentrafen. Das hat besonders Pierre Goubert gut erkannt. Seine Theorien gelten für drei Viertel von Frankreich mit Ausnahme der Mittelmeerküste und darüber hinaus mit einigen Modifikationen auch für das ganze übrige Europa des Barockzeitalters.

»Die ansteckenden Krankheiten allein«, schreibt Pierre Goubert, »können nicht die hohe Sterblichkeit erklären, die für die demographische Struktur vor 1745 charakteristisch ist. Die großen, vielschichtigen demographischen Krisen alten Typs gehen nicht einzig und allein auf die großen Epidemien zurück, sondern ebenso auf die Hungersnöte, auf die Wirtschaftskrisen alten Typs in ihrem ernstesten und entscheidendsten Aspekt: die sozialen Krisen der Subsistenzmittel … In Frankreich gab es diese gewaltigen Bevölkerungskrisen um 1630, zwischen 1648 und 1653, 1661/62, 1693/94, 1709/10 und 1741/42. Diese Daten entsprechen genau denen, in denen durch eine beträchtliche zyklische Steigerung der Getreidepreise große Wirtschaftskrisen ausgelöst wurden.«

Hierfür gibt er uns ein »reales Beispiel«: »In Beauvais, in der Pfarrei Saint-Etienne, lebt 1693 eine Familie: der Weber Jean Cocu mit seiner Frau und seinen drei Töchtern, die alle vier als Spinnerinnen ihren Lebensunterhalt verdienen, da die jüngste schon neun Jahre alt ist. Die Familie verdient in der Woche 108 Sols, verzehrt aber mindestens 70 Pfund Brot. Bei einem Schwarzbrotpreis von 5 Deniers pro Pfund ist der Lebensunterhalt gesichert. Wenn aber das Pfund Brot 2 Sols, dann 30, 32 und 34 Deniers kostet, wie dies in den Jahren 1649, 1654, 1662, 1694 und 1710 der Fall war, muß die Familie hungern. Zur Krise in der Landwirtschaft kommt fast immer (so mit Bestimmtheit 1693) eine Krise des Handwerks: es gibt keine Arbeit, also auch keinen Lohn. Man schränkt sich ein; vielleicht hat man für schlechte Tage ein paar Ecus zurückgelegt; man versucht Geld zu leihen; man beginnt, ungeeignete Nahrung zu sich zu nehmen, um den Hunger zu stillen: Kleiebrot, Brennesselgemüse, auf den Feldern ausgegrabene Getreidekörner, vor den Schlächtereien aufgelesene Abfälle, vor allem Innereien; unter verschiedenen Formen breiten sich ansteckende Krankheiten aus, Entbehrung und Hunger erzeugen gefährliche und todbringende Fieber. Im Dezember 1693 wird die Familie beim Armenbüro eingeschrieben. Im März 1694 stirbt die jüngste Tochter, im Mai die älteste und der Vater. Von einer Familie, die besonders glücklich war, weil jeder Familienangehörige arbeitete, blieben eine Witwe und eine Waise übrig. Schuld hatte der hohe Brotpreis.«

Dies ist ein ausgezeichneter historischer Bericht. Allerdings muß man sich hüten, seine Urteilskraft durch Gefühle beeinträchtigen zu lassen. Das Drama der Familie Cocu aus Beauvais ist weder so einfach noch so allgemein. In eben diesem Beauvais wurden an Notleidende Lebensmittel verteilt, deren Mengen Pierre Goubert berechnet hat: sie waren bedeutend höher als die Rationen, die in wenig begünstigten Gebieten während des Jahres 1944 (im Zweiten Weltkrieg) ausgegeben wurden. Und die Angehörigen der Familie Cocu starben nicht infolge von Unterernährung, sondern an einer Seuche. Man muß also diesen Aspekt stärker berücksichtigen. Schließlich lebte der Weber Jean Cocu in der Stadt Beauvais, die außergewöhnlich ungesund war, weil die verseuchten Abwässer nicht richtig abgeleitet werden konnten.

Man darf also nicht annehmen, daß der Fall des Webers aus Beauvais für die gesamte französische Landbevölkerung repräsentativ sei. Die Kleinbauern und die landwirtschaftlichen Arbeiter starben nicht so leicht an Hunger. Niemand verhungerte in den Küstengebieten, weil man dort aus dem Meer zusätzliche Nahrung holen konnte. Man verhungerte auch nicht in den Waldgebieten der Normandie oder in anderen französischen Waldgebieten. Die französische Wirtschafts- und

Gesellschaftsstruktur bewirkte, daß mindestens 50 bis 60 Prozent der Bevölkerung nie in Gefahr waren, vom Hungertod ereilt zu werden. In Spanien hingegen waren trotz der mittelalterlichen Großzügigkeit des Klerus nur 20 bis 30 Prozent der Bevölkerung in derselben glücklichen Lage, während 70 bis 80 Prozent dem Hunger ausgeliefert waren. In England und Holland lagen die Dinge noch günstiger als in Frankreich: mindestens 75 bis 80 Prozent der Menschen waren vor Hunger sicher. Auf Grund sorgfältiger Studien wäre es möglich, eine Karte des sozialen Risikos des Hungertods aufzustellen, von dem in den südlichen und vielleicht auch in den östlichen Randgebieten Europas bis zu 80 Prozent der Bevölkerung bedroht war, während dieser Prozentsatz nach Westen und Norden zu abfällt, um in den begünstigten Regionen 20 Prozent nicht zu überschreiten. Daß davon besonders die Armen betroffen wurden, geht aus der Untersuchung von Pierre Goubert über die Stadt Beauvais hervor. Zwischen wohlhabenden und armen Pfarreien, zwischen den Wohnvierteln der Beamten und denen der Weber bestand ein ausgeprägter Unterschied: »1693 starben in Beauvais 3000 Menschen . . ., in erster Linie die Armen, die Hunger und Not entkräftet hatten und die auf den Straßen und Plätzen tot umfielen.« Aber wenn die Reichen auch dem Hungertod entgingen, blieben sie doch nicht von den Krankheiten verschont, mit denen die Armen sie ansteckten. Im Juni 1694 starben in Beauvais »viele Arme auf den Straßen . . ., aber auch, wie ausdrücklich gesagt wird, sogar Reiche«. Der Hungertod wütete in bestimmten Gesellschaftsschichten, aber die Krankheit kannte keine sozialen Schranken. Allerdings wirkte sie sich nur dann verheerend aus, wenn zur gleichen Zeit eine Wirtschaftskrise herrschte. Diese Ausführungen sollen nicht besagen, daß dem Hunger nicht eine sehr wesentliche Rolle in der Bevölkerungsentwicklung zukam. Das bezeugen schon die Texte über die schrecklichen epidemischen Hungersnöte, die noch zu Beginn des 17. Jahrhunderts in Mitteleuropa Fälle von Menschenfresserei ermöglichten. Aber es ist angebracht, solche Zeugnisse mit Vorbehalt zu übernehmen und vor allem auf die Datierung zu achten. Von 1620 bis 1760 wurde die Gefahr des Hungertods regional begrenzt und trat immer mehr zurück. Um 1760 war ihr in Europa nur noch eine kleine Minderheit ausgesetzt. Schon im ausgehenden 17. Jahrhundert hatte das barocke Europa auf dem Ernährungssektor einen Stand erreicht, der über dem Stand lag, der 1965 in einem beträchtlichen Teil der sogenannten unterentwickelten Länder, der Dritten Welt, gegeben war. Um Hungerkatastrophen vorzubeugen, richtete man in den großen Städten Vorratslager ein. Zur Überbrückung von Notzeiten diente der Zehnte, die Naturalabgabe des zehnten Teils der Ernte. In Beauvais wurde diese antizyklische Einrichtung von einem großen augustinischen, d.h. jansenistischen Bischof geschaffen, von

Choart de Buzenval. Allerdings hatte die Sache eine sehr bedenkliche Kehrseite: Wenn es eine Mißernte gab, zogen die Hungernden in großen Scharen in die Städte, in denen es Vorräte gab, und zwar nicht nur aus der näheren Umgebung, was gerechtfertigt gewesen wäre, sondern auch aus anderen Gebieten. Mindestens 10 Prozent gehörten zu den Ärmsten der Armen, die ohne festes Zuhause ständig umherzogen und nicht nur hungrig, sondern meist auch krank waren. Dadurch wurden Krankheiten und Seuchen im ganzen Land umhergeschleppt; eine wirksame Abschirmung war nicht mehr möglich. Nicht der Hunger tötete in diesen Zeiten die Menschen, sondern der plötzliche Zustrom Kranker, der die Ansteckungsgefahr vervielfachte. Jede Hungersnot schuf *mutatis mutandis*, wenn auch in kleinerem Maßstab, die Bedingungen, wie sie durch die *Conquista* in Amerika geschaffen worden waren. Zur Zeit des Ancien régime bestand die einzige Prophylaxe in der Abschirmung und Isolierung; alles, das diese Isolierung durchbrach, ließ die Sterblichkeit ansteigen.

Wir können also insgesamt für die Zeiten eines großen Sterblichkeitsüberschusses drei hauptsächliche Todesarten unterscheiden: den Hungertod, den Tod durch Krankheiten, die der Hunger bedingte oder förderte, und den Tod durch Krankheiten, die durch die durch Hungersnöte ausgelösten Wanderungen verbreitet wurden. Wenn wir auf Grund der Kirchenbücher von Pfarreien in ganz Europa die Geburten- und Sterblichkeitsbewegung graphisch aufzeichnen, erhalten wir fast überall zwischen 1621 und 1760 mindestens vier oder fünf jener pfeilartigen Kurven (vgl. Schaubild 20), die durch ein starkes Auseinanderscheren der Geburten-

20 DIE BEVÖLKERUNGSKRISE (nach P. Goubert und P. Gouhier). Immer wieder kam es im 17. Jahrhundert infolge von Wirtschaftskrisen und Seuchen zu einem oft erheblichen Sterblichkeitsüberschuß: einerseits stieg die Zahl der Todesfälle stark an, anderseits sank die Geburtenkurve – gleichzeitig oder mit einer geringen zeitlichen Verschiebung – ab. Im 18. Jahrhundert verliefen in den meisten Gegenden die Bevölkerungskurven bedeutend gleichmäßiger.

21 FORTSCHRITTE DER VOLKSBILDUNG (nach M. Bouvet). Wenig bekannt ist die Tatsache, daß schon um die Mitte des 18. Jahrhunderts in vielen Gegenden mehr als die Hälfte der Erwachsenen lesen und schreiben konnte; in der Regel war der Bildungsstand der Frauen niedriger als der der Männer. Am Vorabend der Französischen Revolution war etwa die Hälfte der gesamten französischen Landbevölkerung zumindest rudimentär des Lesens und Schreibens mächtig.

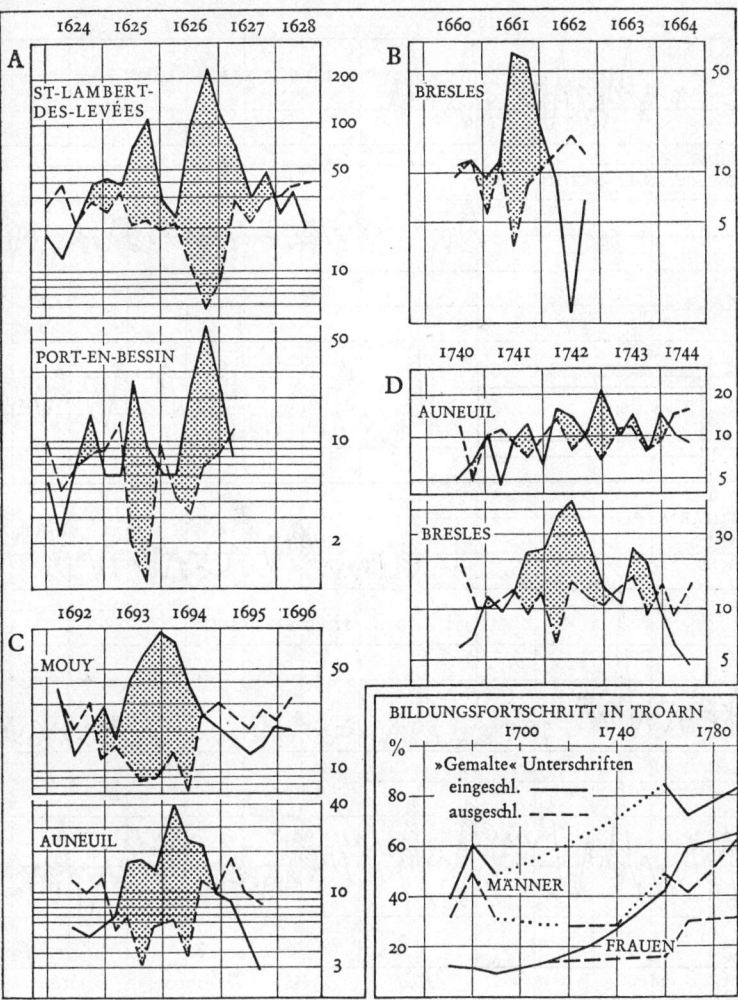

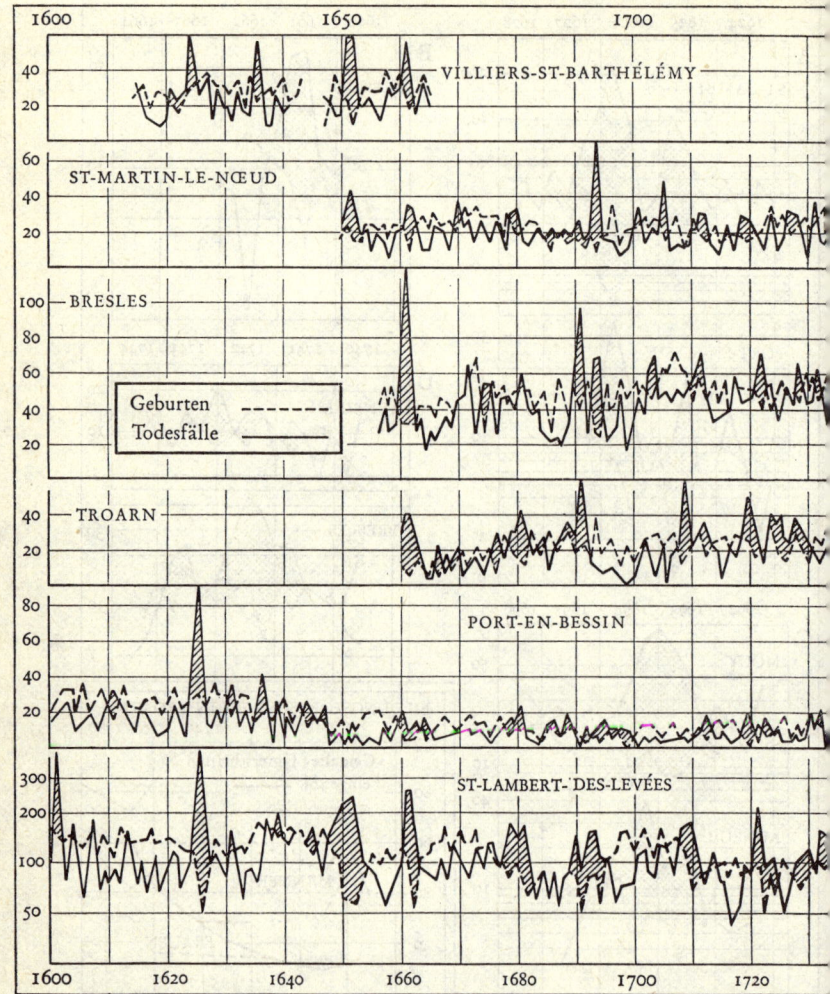

VILLIERS-ST-BARTHÉLÉMY

ST-MARTIN-LE-NŒUD

BRESLES

Geburten ----------
Todesfälle ————

TROARN

PORT-EN-BESSIN

ST-LAMBERT-DES-LEVÉES

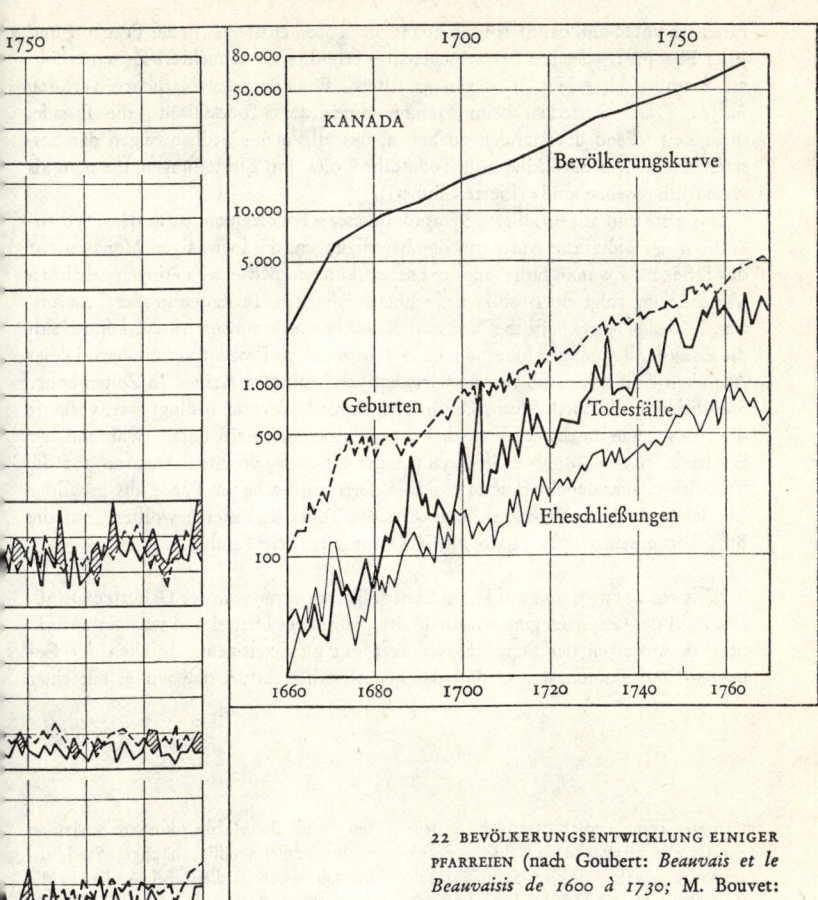

22 BEVÖLKERUNGSENTWICKLUNG EINIGER
PFARREIEN (nach Goubert: *Beauvais et le
Beauvaisis de 1600 à 1730;* M. Bouvet:
Cahier des Annales de Normandie; P. Gou-
hier: *Cahier des Annales de Normandie*
Nr. 1; J. Henripin: *I.N.E.D.* Nr. 22, 1952).
Diese Schaubilder entstanden durch syste-
matische Auswertung der Kirchenbücher

rate nach unten und der Sterblichkeitsrate nach oben entstehen. Jeder Franzose und jeder Europäer, »der das Erwachsenenalter erreichte, hatte mehrere Zeiten erhöhter Sterblichkeit erlebt, in denen er Eltern, Freunde oder Nachbarn verloren hatte ... Der Schrecken beim Herankommen der ›Todessaison‹, die Freude, diese Zeit lebend überstanden zu haben, das allgemeine Stillschweigen der besseren Kreise über zurückliegende Todesfälle – dies sind Einstellungen, die man als wesentlich ansehen muß« (Pierre Goubert).

Das erste und augenfälligste Symptom dieser »Todeszeiten« ist in den Kirchenbüchern das plötzliche Ansteigen der Beerdigungen, die in wenigen Monaten auf das Drei- bis Zwanzigfache emporschnellen können. Mit einer geringen zeitlichen Verschiebung folgt ein Absinken der Eheschließungen. In Zeiten großer Teuerungen, in denen wirtschaftliche Not und Krankheit zusammenwirkten, konnte sich die Zahl der Trauungen innerhalb eines Jahres auf 50 Prozent vermindern. Dieses Absinken ist bezeichnend für die wirtschaftlich bedingten Krisen. In Zeiten hoher Sterblichkeit, die durch Seuchen, nicht aber durch Mißernten bedingt war, verläuft die Kurve, wie unschwer einzusehen ist, weniger steil nach unten. Während der Epidemie von 1649 gab es in Sevilla sogar einen regelrechten Ansturm auf die Traualtäre, aber dabei handelte es sich in der Hauptsache um Paare, die in wilder Ehe lebten und ihr Verhältnis angesichts des Todes legalisieren wollten. Auf die Bevölkerungsentwicklung hatte dieser Ansturm keinerlei Einfluß.

Weit eigenartiger und auf kurze Sicht folgenschwerer war der Geburtenausfall. Die Zahl der Geburten ging auf die Hälfte, ja auf ein Drittel und weniger zurück. Starkes Ansteigen der Sterblichkeitskurve mit gleichzeitigem Absinken der Geburten- und Trauungskurve sind das Hauptzeichen dafür, daß wir es mit einer

mehrerer französischer Pfarreien. Es wurden Orte in verschiedenen Gebieten Frankreichs ausgewählt: Villiers-Saint-Barthélemy, Saint-Martin-le-Noeud und Bresles liegen im Beauvaisis, Troarn liegt am Rand der Ebene von Caen, Port-en-Bessin ist ein Hafenort in der Normandie, Saint-Lambert-des-Levées liegt in Anjou. Die Geburten- und Sterblichkeitskurven verlaufen höchst ungleichmäßig; häufiger Sterblichkeitsüberschuß ist die Regel. Anders ist die Entwicklung in Kanada (rechtes Schaubild): die Geburtenkurve steigt verhältnismäßig konstant an und liegt stets über der Sterblichkeitskurve. Infolgedessen nahm die Bevölkerung rasch zu.

»kombinierten«, d.h. wirtschaftlich und durch Seuchen bedingten Krise zu tun haben zum Unterschied zu den ausschließlich durch Seuchen herbeigeführten Krisen, die sich in erster Linie auf die Sterblichkeitskurve auswirkten, und den Wirtschaftskrisen, die ein Zurückgehen der Anzahl der Trauungen zur Folge hatten.

Deshalb hatten auch die kombinierten Krisen, die die Richtungen aller drei Kurven stark veränderten, die schwersten und nachhaltigsten Auswirkungen. Nur solche Krisen hatten einen lange andauernden Sterblichkeitsüberschuß zur Folge. Ein Absinken der Geburtenziffer auf 50 Prozent innerhalb eines Jahres ließ sich in den folgenden Jahren nicht mehr ausgleichen, auch wenn in dem auf die Krise folgenden Jahr ein leichtes Ansteigen der Geburtenkurve zu beobachten ist. Wie Pierre Goubert gesagt hat, war unter den damaligen Umständen ein solcher Geburtenausfall endgültig; die Geburten wurden von den Frauen nicht etwa zu einem späteren Zeitpunkt »nachgeholt«, sondern waren endgültig »verloren«. Das plötzliche starke Absinken der Geburtenkurve, das sich alle fünfundzwanzig bis dreißig Jahre wiederholte, stellt den Historiker vor ein schwieriges Problem. Die Behauptung früherer Demographen, daß es damals keinerlei Geburtenbeschränkung, keine bewußte Geburtenregelung gegeben habe, läßt sich angesichts dieser Tatsache wohl kaum mehr halten. Die Zahl der in den Krisenzeiten durch den Tod eines der Gatten beendeten Ehen überstieg in der Regel nicht fünf Prozent; etwas stärker wirkte sich der Ausfall an Trauungen aus. Beide Faktoren zusammen dürften die Geburtenziffer um nicht mehr als 10 Prozent gesenkt haben. Die alten demographischen Vorstellungen werden weiter durch die Tatsache in Frage gestellt, daß der Sterblichkeitsüberschuß vor allem durch die hohe Kindersterblichkeit bedingt wurde. Das bedeutet, daß viele Mütter nicht mehr stillten, was wiederum ihre Fruchtbarkeit erhöhte, d.h. die Wahrscheinlichkeit einer Empfängnis steigerte. Diese Steigerung müßte eigentlich die Ausfälle durch vorzeitige Beendigung von Ehen infolge des seuchenbedingten Todes eines Ehegatten und durch das Absinken der Trauungsziffer ausgeglichen oder sogar überkompensiert haben.

Aber könnten nicht die physiologischen Auswirkungen des Hungers den Geburtenausfall erklären? Dem ist entgegenzuhalten, daß im 17. Jahrhundert bestenfalls die Hälfte der europäischen Bevölkerung direkt durch Hungersnot bedroht war. Zudem bedeutet Hunger noch nicht notwendigerweise Sterilität oder Fehlgeburten infolge einer Unfähigkeit der Mütter, die Kinder auszutragen ... Alles, was wir über die Physiologie der Fortpflanzung wissen, trägt dazu bei, dieses Argument zu entkräften. Man kommt kaum um die Annahme herum, daß das Absinken der Geburtenkurve einer übereinstimmenden psychologischen Einstellung eines Groß-

teils der Menschen jener Zeit zuzuschreiben ist, einer elementaren gezielten Empfängnisverhütung und Geburtenkontrolle, die es auf dem Land zu allen Zeiten
gegeben hat. Ich muß wiederholen: was damals fehlte, war das Motiv, nicht das
Mittel. Wenn Pierre Goubert schreibt: »Wahrlich, je mehr man die Bauern von
Beauvais und andere kennenlernt, desto weniger hält man sie für fähig, häufig,
und sei es in sehr schweren Krisenzeiten, die elementarste Geburtenkontrolle auszuüben«, so habe ich den Eindruck, daß er die Möglichkeiten der Bauern des barok-
ken Europa unterschätzt (dann wären sie noch primitiver und unbeholfener
gewesen als die meisten Eingeborenenvölker des präkolumbischen Amerika), daß
er aber vor allem die Wirksamkeit einer Technik unterschätzt, zu der die primitivsten Prostituierten seit alters Zuflucht nehmen. Schließlich würde, wenn man seine
Annahme gelten ließe, einer der wichtigsten Aspekte der demographischen Revolution des 18. Jahrhunderts unerklärlich. Läßt sich die Tatsache, daß man in Frankreich ab 1750 zur Geburtenkontrolle überging, vielleicht dadurch erklären, daß die
französischen Bauern unvermittelt irgendeiner philosophischen Gnade teilhaftig
wurden und dadurch psychisch plötzlich einer Bevölkerungsregulierung eher fähig
wurden als die englischen Industriekapitäne mit ihren zahlreichen Familien, die ihr
Stolz waren? Vollends unverständlich würde, warum der Geburtenrückgang im
18. Jahrhundert ausgerechnet zuerst in den ärmsten Provinzen nachzuweisen ist,
in jenen Regionen, deren wirtschaftliches Wachstum jäh gebremst wurde. Die einzige Erklärung liegt darin, daß diese Menschen ein neues Motiv hatten, die seit
alters bekannten Methoden der Geburtenregelung anzuwenden, weil sie in den
Krisenzeiten das Vertrauen in die Zukunft verloren hatten.

Für das plötzliche Absinken der Geburtenkurve mögen in gewissem Umfang
physische Erschöpfung und eine vorübergehende Sterilität sowie eine Zunahme der
Fehlgeburten infolge des schlechten Gesundheitszustands der Frauen verantwortlich sein (obwohl die durch die Kindersterblichkeit bewirkte Verkürzung der Still-
perioden und die dadurch gesteigerte Fruchtbarkeit diesem Trend entgegenwirk-
ten), aber die Hauptursachen waren wohl die sich verbreitende Praxis des *coitus
interruptus* und die Abtreibungen, die in Frankreich seit der Regierungszeit Heinrichs II. in den Städten gesetzlich geahndet wurden (auf dem Land war eine gesetzliche Verfolgung kaum möglich). »Um die Mitte des 16. Jahrhunderts«, schreibt
R. Mandrou, »war man in Paris über die hohe Zahl der Abtreibungen beunruhigt,
die trotz strengster Maßnahmen vorgenommen wurden: die Frauen und Mädchen,
die überführt waren, eine Schwangerschaft verheimlicht und die Leibesfrucht
getötet zu haben, wurden gewöhnlich zum Tod verurteilt.« Daß es sich nicht um
eine vorübergehende Erscheinung handelte, beweist eine Äußerung von Bayle im

ausgehenden 17. Jahrhundert, daß es seit 1557 mit diesem Übel nur noch ärger geworden sei; Henri Estienne »stellte fest, daß auf Grund dieses Gesetzes nur Frauen der dienenden Schichten hingerichtet wurden«. Daß in den flämischen Städten des 14 und 15. Jahrhunderts die Abtreibung durchaus üblich war, hat die Untersuchung von Jean Toussaert eindeutig ergeben.

Man könnte es mit diesen Ausführungen bewenden lassen, da vor 1740/50, dem Ende des hier behandelten Zeitraums, keine wesentlichen Veränderungen eintraten. Und doch sind noch einige Erläuterungen angebracht, da um 1740 schon alle Voraussetzungen für den in der zweiten Hälfte des Jahrhunderts einsetzenden Umschwung gegeben waren; anderseits können die alten Strukturen nur dann ganz verstanden werden, wenn man sie zu dem, was später folgte, in Beziehung setzt.

Die wichtigsten Veränderungen wurden schon im Vorangehenden gestreift. Die Seuchen, die früher nicht selten den ganzen Kontinent erfaßten, waren nun lokalisiert, auf kleine Gebiete begrenzt; der französische Adel wandte sich in zunehmendem Maße der Praxis der Empfängnisverhütung zu ... Aber alle diese Veränderungen sind nur einzelne Aspekte eines großen Ganzen.

Demographisch ist das Europa jener Zeit in drei Zonen zu gliedern.

Im Osten – in Polen und Rußland – sowie im Süden Italiens haben wir es noch mit einem archaischen Europa zu tun, einem archaischen Europa, das im Osten insofern jung war, als die Eingliederung Rußlands in die Grenzen Europas erst kurz zuvor erfolgt war. Eine wesentliche Veränderung der Bevölkerungsentwicklung trat hier erst im ausgehenden 18. Jahrhundert, ja sogar erst zu Beginn des 19. Jahrhunderts ein. Als zweites haben wir ein dynamisches Europa, das geographisch einen großen Raum einnimmt: Norditalien, die Britischen Inseln, Deutschland, die Niederlande, einige ost- und südfranzösische Gebiete, der größte Teil der Iberischen Halbinsel. Das dritte Europa ist die Zone mit sinkenden Geburtenraten: das westliche und südwestliche Frankreich, ein Stück der romanischen Schweiz, einige Gebiete in Katalonien und vielleicht auch in Wallonien. Die demographische Revolution zeigt sich in erster Linie im Absinken der Sterblichkeitskurve, bedingt durch die Abschwächung der Krisen und die längeren Zwischenräume zwischen ihnen. Von der regionalen Begrenzung und Verminderung der Seuchen war bereits die Rede. In den acht Zehnteln Europas, die man als das glückliche Europa bezeichnen kann, zeigen alle auf Grund der Kirchenbücher gezeichneten Kurven der Bevölkerungsbewegung nach 1730–1740 in Krisenzeiten ein weniger starkes Auseinanderklaffen der Geburten- und der Sterblichkeitskurve. Der Sterblichkeitsüberschuß ist im allgemeinen sogar während der Krisen nur klein. Die Krisen erfassen nur noch kleinere Gebiete, und vor allem werden die Abstände zwischen ihnen länger. Einen ernsthaften Rückfall erlebten allerdings im ausgehenden 18. Jahrhundert viele Gebiete in West- und Südwestfrankreich, in Spanien und Portugal. Dennoch war der dortige Bevölkerungsrückgang, der durch die Revolutionskriege und die Napoleonischen Kriege verstärkt wurde, nur eine kurze Episode ohne schwerwiegende Folgen. Seit der Mitte des 18. Jahrhunderts wurde der zyklische Sterblichkeitsüberschuß fortwährend kleiner – eine Entwicklung, die nicht mehr unterbrochen wurde. Die demographische Revolution hing eng mit der wirtschaftlichen Revolution zusammen. Insofern die zyklischen Mißernten eine Hauptursache der großen Sterblichkeitsüberschüsse des 17. Jahrhunderts waren, wurde die Bevölkerungsentwicklung durch die langsamen wirtschaftlichen Veränderungen des 18. Jahrhunderts positiv beeinflußt. Im ausgehenden 17. Jahrhundert führten schwere Mißernten zu einer Verdreifachung, ja zu einer Vervierfachung und in Ausnahmefällen zu einer Verfünffachung der Getreidepreise. In der zweiten Hälfte des 18. Jahrhunderts wurden die Preise schlimmstenfalls verdoppelt, und die schwere Krise des Winters 1788/89 führte in Paris nur zu einer Preissteigerung von 80 Prozent. Man hat dies so kommentiert, daß der Hungertod der allgemeinen Not weichen mußte. Die Sterblichkeit war nicht mehr so ausgeprägt zyklisch wie zuvor. Im 16. und 17. Jahrhundert schienen die großen Seuchen als Hauptursache des starken Sterblichkeitsüberschusses in den Hintergrund zu treten, aber nun spielten Krankheiten als Ursache wieder eine größere Rolle als die Wirtschaftskrisen. Worauf ist diese geheimnisvolle Veränderung zurückzuführen? Zweifellos auf eine ganze Reihe von kleineren Verwandlungen auf dem Sektor der Produktion, des Güteraustausches, der Lagerhaltung und der Konservierung von Nahrungsmitteln. Die automatische Verknüpfung von Mißernten und hoher Sterblichkeit war jetzt nicht mehr gegeben. Damit begann der Bevölkerungsaufschwung in Europa.

Eine entsprechende Revolution gab es in China*; allerdings wissen wir über deren Ursachen und Ablauf nicht so gut Bescheid. Die im 16. Jahrhundert stagnierende und im 17. Jahrhundert zurückgehende Einwohnerzahl Chinas hat sich von 1700 bis 1800 fast verdreifacht, ohne daß dieser Zuwachs von einem ins Auge fallenden technischen Wandel begleitet gewesen wäre. Innerhalb eines scheinbar geschlossenen, in Wirklichkeit aber im Inneren offenen Raumes hatte die Bevölkerung die Möglichkeit, sich auszudehnen, was sich in der Anlage neuer Reisfelder zeigte. Auch der Bevölkerungszuwachs im Europa des 18. Jahrhunderts hing, wenn auch in geringerem Maße, mit der Öffnung der inneren Grenzen zusammen, mit der Gewinnung von neuem Ackerland, mit einer Ausweitung der bebauten Ge-

samtfläche. Jedenfalls ist der grundlegende Wandel im 18. Jahrhundert in Europa
wie in China durch das steile Ansteigen der Bevölkerungskurve bedingt. Das
sprunghafte Ansteigen des materiellen Reichtums im 18. Jahrhundert hatte seine
Ursache in erster Linie im Anwachsen des einzigen Reichtums, der wirklich zählt
(und dieser einzige Reichtum ist der Mensch) – in einem Emporschnellen der
Bevölkerungszahlen.

Aber ein solches Emporschnellen – in besonders begünstigten Gebieten der »dynamischen« Zone Europas verdreifachte sich die Bevölkerung zwischen 1700 und
1800 – konnte nicht allein durch das Absinken der Sterblichkeitskurve bewirkt
werden: fast überall, vor allem in England, Deutschland, Skandinavien und Spanien, stieg gleichzeitig die Geburtenziffer deutlich an. Man heiratete früher, die
Zeit sexueller Aktivität war nun länger, die Zwischenräume zwischen den einzelnen Geburten verringerten sich. Die Verfechter der Hypothese, daß unter dem
Ancien régime die Fortpflanzung ausschließlich nach den Naturgesetzen erfolgt
sei und man keinerlei Geburtenkontrolle gekannt und ausgeübt habe, bezeichnen
den Geburtenanstieg als eine Folge der besseren Lebensbedingungen, besonders der
besseren Ernährung*, aber dafür gibt es keinerlei Beweise. Nach unserer Hypothese, daß es zu allen Zeiten eine gewisse Geburtenkontrolle gegeben hat, erklärt
sich der Anstieg der Geburtenziffer außerhalb Frankreichs einleuchtend durch
einen Wandel der Motivation bei der Mehrzahl der Europäer. Die Gegebenheiten
in Europa stimmen mit denen in China überein. Auch dort setzt die gewaltige
Bevölkerungszunahme im 18. Jahrhundert eine neue Einstellung der Menschen
zum Leben voraus, was nicht nur ein Absinken der Sterblichkeitskurve, sondern
ein steiles Ansteigen der Geburtenkurve zur Folge hatte, also ein ausgeprägtes
Auseinanderscheren der beiden Kurven.

Aber nicht überall bedeutete die demographische Revolution des 18. Jahrhunderts eine deutliche zahlenmäßige Veränderung, wie das Beispiel Frankreichs
beweist. In Frankreich sank mit der Sterblichkeitskurve fast in gleichem Umfang
auch die Geburtenkurve, ja, manchmal ging deren Absinken dem Absinken der
Sterblichkeitskurve sogar voraus. Während sich im 18. Jahrhundert in China und
in den dynamischsten Regionen Europas die Bevölkerung verdreifachte und im
europäischen Durchschnitt verdoppelte, wuchs die Einwohnerzahl Frankreichs nur
um 6 Millionen, also um etwa 30 Prozent. Im Gegensatz zur gesamteuropäischen
Entwicklung stieg, besonders in Südwestfrankreich, das Heiratsalter; die Geburten
folgten in größerem zeitlichen Abstand aufeinander, was ganz deutlich in Ehen
ausgeprägt war, die schon mehrere Jahre bestanden. Je länger eine Ehe dauerte,
desto seltener wurden die Geburten. Zweifellos spielten hierbei empfängnisverhü-

tende Techniken und Mittel eine große Rolle. Sie fanden Eingang vor allem in die höheren Gesellschaftsschichten der Städte und – von wenigen Ausnahmen abgesehen – mindestens in gleichem Umfang in die ärmsten, elendesten, am weitesten zurückgebliebenen Landgebiete. Die gezielte Geburtenkontrolle, die man als einen Sieg des Menschen über den Menschen bezeichnet hat, war im 18. Jahrhundert viel eher ein Stigma des Scheiterns und der Rückständigkeit einer Bevölkerungsgruppe, war nicht das Vorrecht oder die Errungenschaft einer Elite, sondern der Notbehelf der Armen, die an der Zukunft verzweifelten.

Um 1770–1780 folgte die Bevölkerungsentwicklung nur noch in den stagnierenden Randgebieten Europas dem alten Schema, das für das Europa der Barockzeit gültig gewesen war.

6

DER EUROPÄISCHE RAUM

DIE INBESITZNAHME DES BODENS

Aber kehren wir von diesem Ausblick in die Zukunft wieder in den Zeitraum zurück, der das eigentliche Thema unseres Buches bildet. Wohl waren bereits um 1750 alle Voraussetzungen für die bald darauf einsetzende Bevölkerungsrevolution gegeben, die das Ende der Bevölkerungsstruktur des barocken Europa herbeiführte, aber der Übergang war keineswegs so plötzlich, wie man gelegentlich behauptet hat. Die noch fast unversehrten alten Strukturen bestanden im nördlichen Portugal und in Galicien noch um 1860–1880, waren noch für das Irland der Kartoffelkrise vor Abschaffung der *Corn laws* maßgebend (obgleich die Krisen dort weniger zu einer Steigerung der Sterblichkeit als zu einer Ankurbelung der Auswanderung nach Amerika führten), bestimmten um 1860 die Wirklichkeit in den ländlichen Gebieten Polens und Rußlands und vor allem auf dem archaischen Balkan, in Süd-italien und im Andalusien der Latifundien. Wichtiger noch ist, daß sich die Bevöl-kerungsrevolution zwar schon um 1750 vorbereitete, aber dadurch bis zu diesem Zeitpunkt noch nichts verändert worden war, weder die Landschaft oder die Wirt-schaft noch die Landwirtschaft, das Gewerbe, kaum das Verkehrsnetz und nur in geringem Umfang die Grenze zwischen kultiviertem und unbebautem Land, die seit alters in ständiger Bewegung war. Fast überall hatte sich zwischen 1600 oder 1620–30 und 1650–85 bzw. 1700–1710 die Bevölkerung verringert. Von 1700 bis 1750 läßt sich zwar allenthalben ein Bevölkerungszuwachs feststellen, aber dieses Wachstum war lediglich ein Auffüllen der zuvor entstandenen Lücken, kein echter Zuwachs. Die Verdoppelung der Einwohnerzahl Europas zwischen 1700 und 1800 verdankte praktisch nichts dem Zeitabschnitt, der unser Thema ist. Bis 1750 wur-den nur alte Wunden verheilt; die Grundlagen für eine andere Welt wurden erst durch die Bevölkerungszunahme nach 1750 geschaffen. Erst dann setzte die eigent-liche Revolution ein, ein Bevölkerungsanstieg, der bis in unsere Gegenwart hinein anhält. Interessant ist in dieser Hinsicht übrigens die rätselhafte Übereinstimmung zwischen Europa und dem Fernen Osten, jenen beiden Gebieten, in denen sich damals ein Großteil der Erdbevölkerung konzentrierte. Wie uns die »Gelben Bü-cher« verraten, gab es im 16. Jahrhundert in China etwas mehr als 60 Millionen Menschen, um 1650 nur noch 45 Millionen und um 1700 über 70 Millionen. Die

Bevölkerungsentwicklung verlief in China der in Europa ungefähr parallel, doch fiel die Bevölkerungskurve noch steiler ab, um danach ebenso steil wiederanzusteigen. In China waren um 1700 die durch die vorangegangenen Krisen gerissenen Lücken wieder geschlossen; in Europa war dies erst um 1750 erreicht. Aber es finden sich noch mehr Übereinstimmungen zwischen China und Europa. In beiden Fällen ging der plötzliche Bevölkerungsanstieg der technischen Revolution voraus. In China waren die beiden Veränderungen noch weniger voneinander abhängig als in Europa. Der zahlenmäßige Zuwachs des 18. Jahrhunderts bedeutete in erster Linie einen räumlichen Zuwachs: Ein Raum, von dem man angenommen hatte, daß er fest begrenzt und hinsichtlich der Nutzungsmöglichkeiten endgültig fixiert sei, offenbarte innere Grenzen, die man öffnen und zurückschieben konnte. Zwischen 1650 und 1700 in China und zwischen 1700 und 1750 in manchen Teilen Europas gewann man neues Ackerland, eine Entwicklung, die rasch und gefährlich weit vorangetrieben wurde – gefährlich, weil in der alten Wirtschaft ein tiefes Gleichgewicht zwischen bebautem und unbebautem Land, zwischen Kulturflächen und Wildnis, bestanden hatte. Durch die Zurückdrängung der Wildnis gefährdete die europäische Bevölkerungsexplosion das landwirtschaftlich genutzte Land. Es bestand die Gefahr, daß dadurch ein mehrere Jahrhunderte umfassender Besiedlungszyklus ausgelöst wurde, wie es ihn einst im präkolumbischen Amerika gegeben hatte. Jedenfalls ist die Bevölkerungszunahme ab 1750 anders zu werten als das Wachstum des vorangegangenen halben Jahrhunderts: während von 1700 bis 1750 lediglich der Schwund der Vergangenheit wettgemacht wurde, handelte es sich ab 1750 um eine echte Bevölkerungsexplosion. Ob man den Beginn der demographischen Revolution in die Zeit zwischen 1680 und 1720 oder in die Jahrhundertmitte setzen soll, ist allerdings strittig.

Eines jedoch ist sicher: Der Europäer hatte um 1750 zum europäischen Raum noch die gleiche Beziehung wie der Europäer des ausgehenden 16. Jahrhunderts. Ein wesentlicher Wandel trat zwischen 1580 und 1760 nicht ein, bestenfalls lassen sich allmähliche Verschiebungen, kleinere Änderungen nachweisen. Dazu gehört eine fast unmerkliche Verschiebung des europäischen Bevölkerungsschwerpunktes nach Norden und Osten hin, und auch das große Gleichgewicht pendelte sich zu unterschiedlichen Zeiten auf verschiedenen Ebenen ein; diese lag zwischen 1580 und 1630 in der Regel höher als in den darauffolgenden fünfzig Jahren, also zwischen 1630 und 1680, um von 1680 bis 1720 erneut anzusteigen. Zwischen 1720 und 1760 wurde das alte Niveau entweder wieder erreicht oder sogar mehr oder weniger stark überschritten. Der Beginn der Bevölkerungsexplosion darf die grundsätzliche Einheit des Barockzeitalters nicht vergessen lassen.

23 BEVÖLKERUNGSDICHTE EUROPAS UM 1620

Die Besiedlungsdichte ist ein historischer Faktor von entscheidender Bedeutung. Deshalb kann eine solche Karte sehr aufschlußreich sein. Allerdings vermag sie für diese Zeit die Verhältnisse nur summarisch wiederzugeben, da die Quellen, auf Grund derer sich eine solche Karte erstellen läßt, für das 17. Jahrhundert noch recht spärlich sind. Aber trotz möglicher Fehler im Detail zeigt sie, was auch durch andere Fakten bestätigt wird: das dichtbesiedelte Kerngebiet Europas zog sich zu Beginn des 17. Jahrhunderts über England, Frankreich, das Rheinland, Süddeutschland und Italien hin. Der Dreißigjährige Krieg hatte allerdings zur Folge, daß Deutschland stark entvölkert wurde; das Schwergewicht verlagerte sich weiter nach Westen.

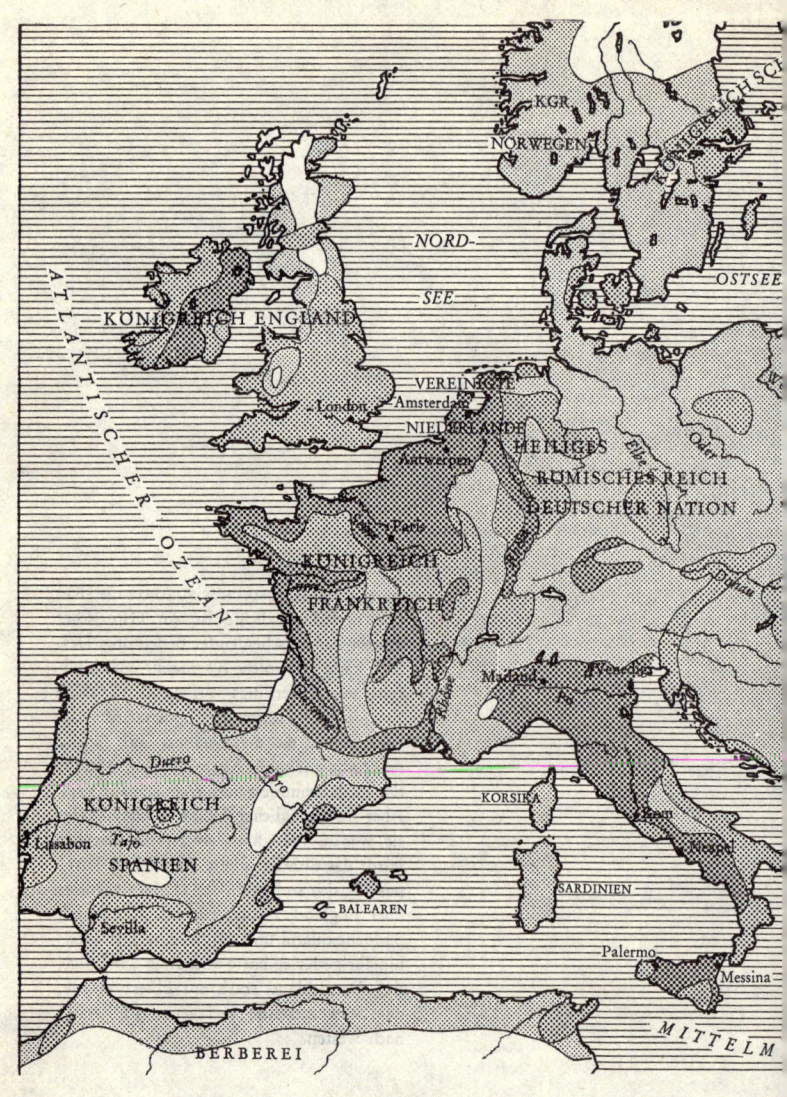

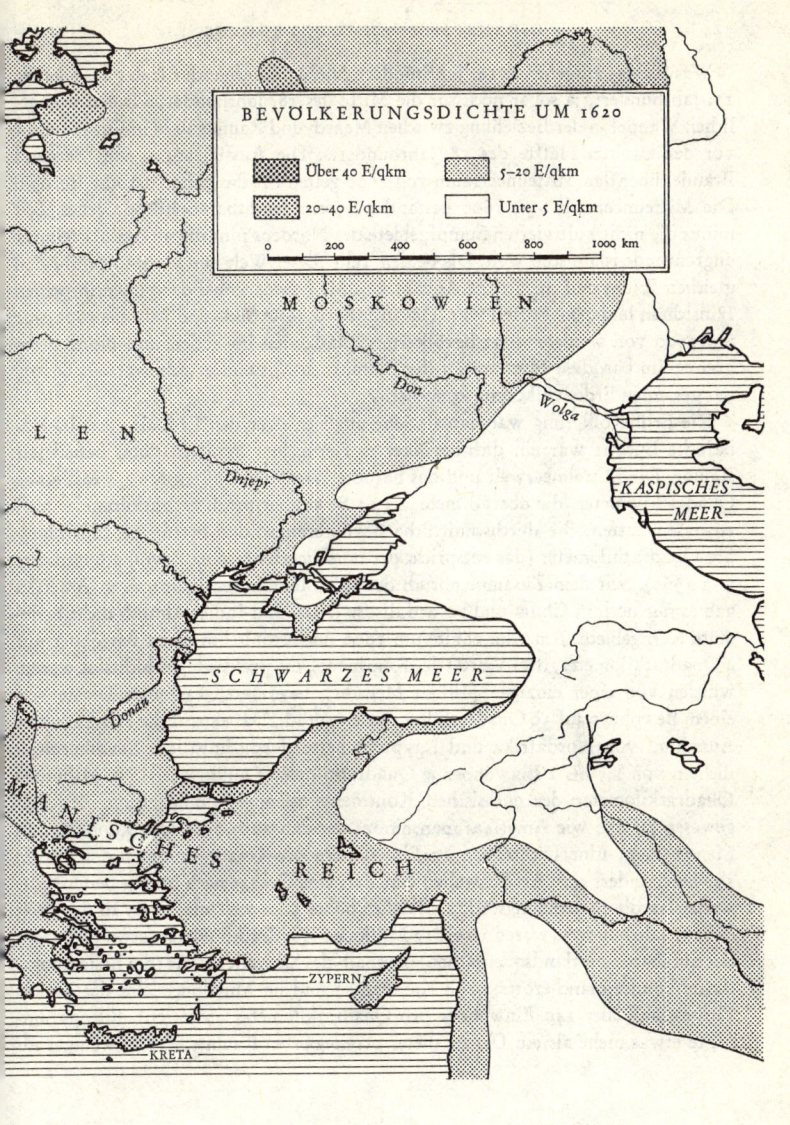

BEVÖLKERUNGSDICHTE UM 1620

Über 40 E/qkm   5–20 E/qkm

20–40 E/qkm   Unter 5 E/qkm

0 200 400 600 800 1000 km

M O S K O W I E N

L E N

Dnjepr

Don

Wolga

KASPISCHES
MEER

SCHWARZES MEER

Donau

KRETA

MANISCHES

R E I C H

ZYPERN

Was für das ausgehende 16. Jahrhundert galt, galt auch noch für das ausgehende
17. Jahrhundert, ja sogar noch für die Mitte des 18. Jahrhunderts. Einen wesentlichen Wandel in der Beziehung zwischen Mensch und Raum gab es in Europa nicht
vor der zweiten Hälfte des 18. Jahrhunderts. Die Ausführungen von Fernand
Braudel über den Mittelmeerraum von 1600 gelten für das ganze barocke Europa.
Die Mittelmeerwelt von 1600 bestand aus dem fruchtbaren Europa jener Zeit
minus die nicht kultivierten Sumpfgebiete des Nordens plus die an das Mittelmeer
angrenzende islamische Welt. Die beiden Teile dieser Welt umfaßten ungefähr den
gleichen Raum und die gleiche Anzahl von Menschen, wobei der Süden in beiden
Hinsichten leicht im Vorteil war. Das dichtbevölkerte Süd- und Mitteleuropa war
um 1600 von weniger dicht bevölkerten Randzonen im Süden und Norden begrenzt. Im barocken Europa und der islamischen Mittelmeerwelt war ein Drittel
der gesamten Erdbevölkerung konzentriert.

Die Erdbevölkerung war damals sehr ungleich über den Erdball verteilt. Das
barocke Europa war ein dichtbevölkertes Kerngebiet inmitten dünn besiedelter
Räume. Die Mittelmeerwelt und das barocke Europa umfaßten etwa 4 Millionen
Quadratkilometer, die überall mehr als 15 Bewohner pro Quadratkilometer aufzuweisen hatten; die durchschnittliche Bevölkerungsdichte betrug 20 Einwohner
pro Quadratkilometer (das entspricht der nordamerikanischen Bevölkerungsdichte
von 1960). Seit dem Zusammenbruch der präkolumbischen Kulturen in Amerika
gab es nur noch in China und bestenfalls in Japan und Indien ähnlich dicht besiedelte Kerngebiete. Amerika zählte um 1600 durchschnittlich einen Bewohner auf
4 Quadratkilometer; drei Viertel des Kontinents, die praktisch geschichtslos waren,
wurden von einer einzigen Million Menschen bevölkert, was einer Dichte von
einem Bewohner auf 30 Quadratkilometer entsprach. Das eigentliche Afrika (unter
Ausschluß von Nordafrika und Ägypten) hatte durchschnittliche Bevölkerungsdichten von 1,5 bis 2 Einwohner je Quadratkilometer aufzuweisen. 30 Millionen
Quadratkilometer des eurasischen Kontinents scheinen ähnlich dünn besiedelt
gewesen zu sein wie Amerika: man nimmt an, daß auf 10 Quadratkilometer ein
Mensch kam. Eine Dichte von 10 Einwohnern pro Quadratkilometer stellte im
17. Jahrhundert eine Art Schwellenwert dar, eine Grenze nach beiden Seiten: entweder lag die Besiedelungsdichte erheblich höher oder weit niedriger. In der Welt
des 17. Jahrhunderts waren 10 bis 12 Millionen Quadratkilometer (etwa 8 Prozent
der nutzbaren Festlandsoberflächen) oberhalb des Schwellenwerts (die Besiedlungsdichte konnte mancherorts, so in Kampanien und im Mündungsdelta des Blauen
Flusses, auf über 150 Einwohner pro Quadratkilometer ansteigen). Europa umfaßte etwas mehr als ein Drittel dieses privilegierten Raumes. Etwas weniger als

24 BEVÖLKERUNGSDICHTE EUROPAS UM 1760

Um diese Zeit ist die Bevölkerung gegenüber dem Beginn des 17. Jahrhunderts nicht sehr stark gewachsen, denn ehe ein neuer Aufschwung einsetzen konnte, mußten erst die Lücken gefüllt werden, die der Dreißigjährige Krieg und die Wirtschaftskatastrophen gerissen hatten. Dies gilt besonders für Deutschland und Spanien. Italien ist zwar verhältnismäßig dicht besiedelt, doch liegt es wirtschaftlich am Boden. Anders ist die Lage in England, das an der Schwelle der industriellen Revolution steht. Weiter zugenommen hat die Bevölkerungsdichte besonders in den Niederlanden und in Frankreich. Der Osten ist zwar immer noch dünn besiedelt, hat jedoch nicht unerheblich an Bedeutung gewonnen.

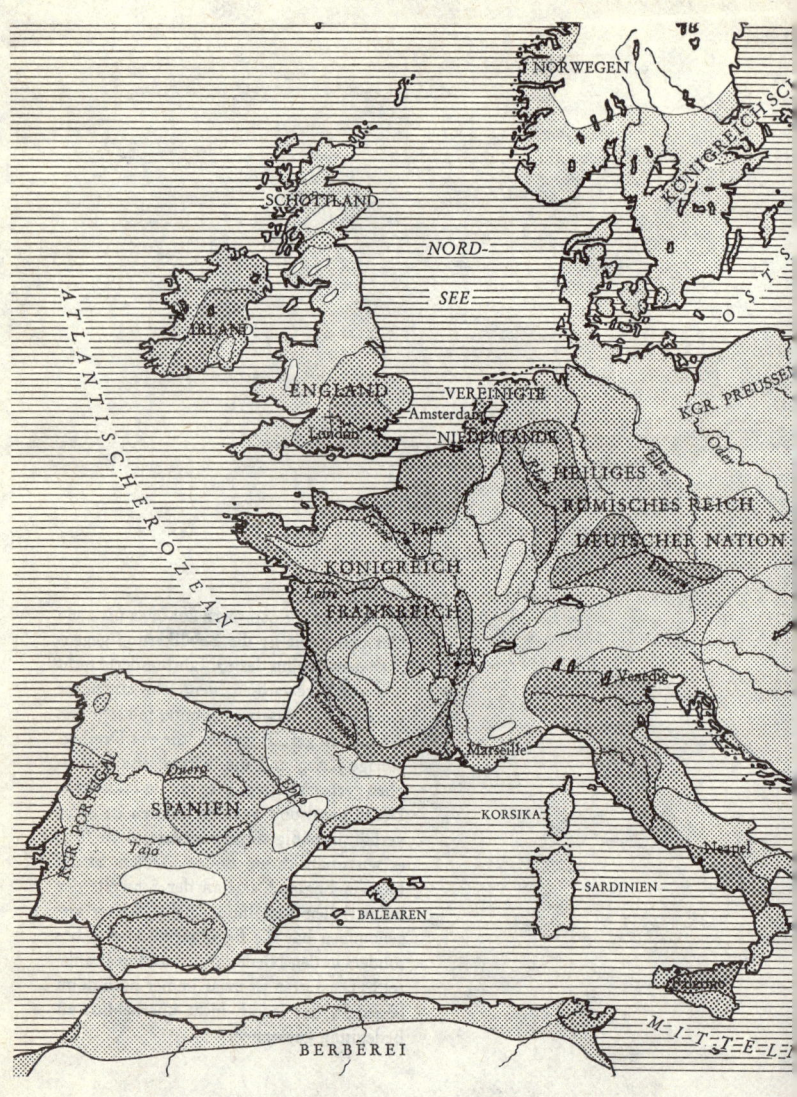

BEVÖLKERUNGSDICHTE UM 1760

Über 40 E/qkm   5–20 E/qkm

20–40 E/qkm   Unter 5 E/qkm

0   200   400   600   800   1000 km

Sankt Petersburg

POLEN

KAISERREICH RUSSLAND

Dnjepr   Don   Wolga

ICH

N

KASPISCHES MEER

SCHWARZES MEER

Donau

OSMANISCHES REICH

KRETA

ein Drittel lag auf dem indischen Subkontinent (einschließlich des Dekkan), wo 25 Menschen auf den Quadratkilometer kamen; wenig mehr als ein Drittel schließlich nahm das in rascher Expansion befindliche China ein. Auf einem Gebiet von knapp 4 Millionen Quadratkilometern schwankte die Bevölkerungszahl Chinas zwischen 1500 und 1700 (nach offiziellen berichtigten Zahlen) zwischen 100 (1500), 80 (1650) und 120 (1700) Millionen Menschen, was der europäischen Bevölkerungsdichte entspricht, aber diese Menschen waren innerhalb ihres Lebensraumes anders verteilt. Zwischen 1700 und 1800 wuchs der Lebensraum der chinesischen Bevölkerung um fast 1 Million Quadratkilometer; gleichzeitig stieg die Einwohnerzahl von 120 Millionen auf 300 Millionen Seelen an. Mit dieser Entwicklung konnte Europa nicht mehr Schritt halten: im ausgehenden 18. Jahrhundert war China (mit 80 E/qkm) fast doppelt so dicht besiedelt wie Europa. In Japan blieben die Verhältnisse zwischen 1500 und 1800 weitgehend stabil; die Bevölkerung war ungleich auf das Inselreich verteilt, die Besiedlungsdichten lagen zwischen 50 und 80 Einwohnern pro Quadratkilometer. Mit den Augen des Historikers unseres Jahrhunderts gesehen, war Europa im 17. Jahrhundert noch mehr als heute ein Kerngebiet. Darin lag zweifellos seine Chance.

Wir gewinnen also das Bild eines verhältnismäßig dicht bevölkerten Raumes von zentraler Bedeutung. Aber ist dieses Bild auch tatsächlich richtig? Die relativ dichte Besiedlung des barocken Europa darf nicht die noch wichtigere Kehrseite der europäischen Wirklichkeit des 18. Jahrhunderts überdecken: Für die Menschen jener Zeit war dieser Raum sehr groß, weit größer als heute, und zudem hatte der Mensch von ihm nur wenig Besitz ergriffen. Darin liegt das Geheimnis des quantitativen Umschwungs des 18. Jahrhunderts, eines quantitativen Umschwungs fast ohne technischen Wandel, der erst die Voraussetzungen für die technische Revolution des neuen Zeitalters geschaffen hat.

Wenn der Europäer des 20. Jahrhunderts sich im Geist an Hand der Texte und historischen Zeugnisse der materiellen Kultur in die Entwicklung des barocken Europa zurückversetzt, erhält er einen ganz anderen Eindruck. Was Fernand Braudel über die Mittelmeerwelt der Zeit um 1600 geschrieben hat, können wir kühn auf das Europa der Jahre 1650 bis 1700 projizieren. Was für das Mittelmeergebiet des 16. Jahrhunderts galt, gilt für ganz Europa am entscheidenden Wendepunkt in der Mitte des 18. Jahrhunderts.

»Das Mittelmeergebiet des 16. Jahrhunderts ist... eine sehr große Welt, die von den Menschen, den Kulturen, der Wirtschaft de facto nur wenig in Besitz genommen ist. Sie ist um so größer und um so weniger in Besitz genommen, je weniger dicht sie besiedelt ist.« Die Größenordnungen sind bekannt: es handelte sich um eine »Welt von 60 Millionen Menschen«, die folgendermaßen verteilt waren: 38 Millionen im christlichen Europa, 22 Millionen im islamischen Herrschaftsbereich rings um das Mittelmeer (von den 8 Millionen Menschen, die 1600 im türkisch beherrschten Europa lebten, waren 7 Millionen Christen); 45 Millionen waren Christen, 15 Millionen Mohammedaner. »In einer Welt von 60 Millionen Menschen ergibt sich eine Bevölkerungsdichte von 17 Einwohnern pro Quadratkilometer, wenn man die Wüstengebiete nicht zur Mittelmeerwelt zählt.« Um 1700 war das barocke Europa etwas größer und hatte eine Bevölkerungsdichte von wenig mehr als 20 Einwohnern pro Quadratkilometer. Die Gegebenheiten dieser Welt waren also ziemlich stabil und sehr ähnlich. Skandinavien, Ostdeutschland, Polen-Litauen und Moskowien nahmen gegenüber dem dichtbesiedelten europäischen Kerngebiet etwa die gleiche Stellung ein wie der islamische Süden. Siebzehn Einwohner pro Quadratkilometer sind erstaunlich wenig. Wie Fernand Braudel festgestellt hat, war das Land sogar noch weniger dicht besiedelt, als diese Zahl annehmen läßt, denn infolge der ganz anderen Gegebenheiten war der europäische Raum für die Menschen jener Zeit größer als heute, infolge der dürftigen Verkehrsverhältnisse und der kaum existenten Kommunikationsmöglichkeiten waren die Entfernungen um ein Vielfaches größer. Wenn man sich von den europäischen Zuständen des barocken Zeitalters eine Vorstellung machen will, muß man dies ebenso berücksichtigen wie die Tatsache, daß die Besiedlungsdichte nur ein Drittel bis ein Viertel der heutigen betrug.

»Es gab in diesem Raum regelrechte menschenleere Zonen. Dazu trug auch die abnorme Bevölkerungskonzentration in den Städten bei« (was allerdings nicht für den Norden galt), »so daß die Besiedlung oasengleich erfolgte, was noch heute für einen Teil des Mittelmeergebiets gilt. In den Mittelmeerländern erstrecken sich ungastliche, feindselige menschenleere Seen, Meere, manchmal ganze riesige Wüsten über die Landgebiete ... So entfaltet unweit des Ebro mit seinen bewässerten, kultivierten Uferstreifen, seinen Baumreihen und seinen fleißigen Bauern die kärgliche Steppe, die den größten Teil Aragoniens einnimmt, ihre monotone, von Heidekraut und Büschen bestandene Fläche bis hin zum Horizont ... In Aragonien in der Nähe der Pyrenäen, so berichtet ein französisches Buch aus dem Jahre 1617, kann man tagelang gehen, ohne auf einen einzigen Menschen zu stoßen.« Auf Grund der Zeugnisse von Brunel, François Bertaut und Mme. de Aulnoy schreibt Marcelin Défourneaux: »Die Berge, die Spanien in allen Richtungen durchziehen, sind im Gegensatz zu den französischen Gebirgen weder landwirtschaftlich genutzt noch mit Dörfern geschmückt, sondern bestehen aus hohen, nackten und kahlen Felsen, die sie *sierras* und *peñas* nennen ... Dazwischen liegen sehr einheitliche Ebenen wie die Ebenen der beiden Kastilien, aber auch sie sind größtenteils nur rings um die Städte und eine halbe oder eine ganze Meile rings um die Dörfer bebaut.« Fernand Braudel schreibt dazu: »Es ist kein Zufall, daß Don Quichote und Sancho Pansa die meiste Zeit auf einsamen Straßen wandern... Auch in Frankreich gibt es solche verlassenen Gebiete.«

Das gilt besonders für Südfrankreich, für die Provence. In den alten Katastern, den Flurbüchern, finden sich zahlreiche Ausdrücke für das landwirtschaftlich nicht nutzbare oder nicht genutzte Gebiet, vom *incult pinède*, dem fichtenbestandenen Ödland, bis zum *incult rocher*, dem nackten Felsland, das keinerlei Nutzung zuließ. Die Bauern selber sprachen nur von der *colline*, vom Berg, wie auch die kastilischen Bauern das Ödland als *el monte* bezeichneten. Noch im Jahre 1772, als die Neulandgewinnung des 18. Jahrhunderts längst im Gange war, »machte die landwirtschaftlich nicht genutzte Fläche in Jouques und Fuveau 30 Prozent des Gesamtgebiets aus, 1770 in Nans sogar 53 Prozent. In den Baux war 1744 erst die Hälfte der Gesamtfläche landwirtschaftlich genutzt.«

Aber wie sah es weiter nördlich aus? Begeben wir uns mit Pierre de Saint-Jacob in das Hochburgund des ausgehenden 17. Jahrhunderts: »Nach Möglichkeit haben wir die Menschen jener Zeit über das Land berichten lassen, das sie bewohnten... Das Morvangebirge ragt über Ebenen und Hochebenen empor... Im umliegenden Flachland bezeichnet man als *morvange* die von dichten, dunklen Wäldern bestandenen Berghänge... Auch Landstriche werden als *morvan* bezeichnet... Das größte Problem in diesen verwilderten Gebieten ist die Feuchtigkeit... Es gibt zahlreiche Sümpfe und Moraste. Die ein wenig trockeneren Gebiete sind von Heidekraut und Hutpilzen überwuchert.« Landwirtschaftlich nutzbar war also das Gebiet des Morvangebirges nur in sehr geringem Ausmaß. Begeben wir uns zur Abwechslung ins Auxois. »Auf der einen Seite dichter Wald, auf der anderen baumloses Land.« Hier war das Unkraut der ärgste Feind, der die übliche Dreifelderwirtschaft fast völlig unmöglich machte: sobald man das Ackerland brach liegen ließ, siedelte sich darauf massenweise Unkraut an, so daß sich der Boden nicht erholen konnte. Der fruchtbarste Teil des Auxois war nur schlecht entwässert und wurde alljährlich im April vom Saint-Martin überschwemmt. »Das Vieh wird kaum mehr zur Tränke hinausgetrieben, da die Wege in dieser Zeit sehr schlecht sind«, klagt ein Text des 18. Jahrhunderts. Und wie sah es in den hochgelegenen Teilen des Auxois aus? Hier mußte man im Zuge des Fruchtwechsels die Felder länger brach liegenlassen: »Wenn dieser Boden fünf oder sechs Jahre lang Frucht getragen hat, muß man ihn mindestens die gleiche Zeitspanne lang ruhen lassen, damit er wieder neue Frucht hervorbringen kann.« Im Osten schloß sich ein breiter

Waldgürtel an, in dem »seit langem landwirtschaftlich genutzte Flächen in Lichtungen angelegt sind ... Viel Wald, aber wenig Wiesen und wenig Äcker ...« In
diesem ungastlichen Land mit seinen dichten Wäldern, öden Sümpfen und wenigen,
ziemlich unsicheren Straßen lebte nur eine kleine Bevölkerung in weit verstreuten
Ansiedlungen. Zusammenfassend schreibt Saint-Jacob: »In allen diesen Gebieten
stellen die landwirtschaftlich genutzten Flächen lediglich kleine Löcher im Wald-
mantel dar.« Die Karte von Michel Devèze in *La Vie de la forêt française au*
XVIᵉ *siècle* zeigt, welch große Gebiete in Nordfrankreich um die Mitte des 16. Jahrhunderts von Wald bedeckt waren. Wenn man noch das Brachland berücksichtigt,
müßte diese Fläche mindestens verdreifacht werden, von den Sümpfen gar nicht zu
sprechen. Eines der größten Probleme nördlich der Olivenbaumgrenze, ein Problem, das sich immer mehr zuspitzte, je weiter nach Norden man kam, war die
Entwässerung. In vielen Zonen war sie völlig unzureichend, so daß sich große,
malariaverseuchte Sümpfe bildeten, vor allem im Nordwesten Englands, in Schottland, Irland, in den sechs Provinzen der Vereinigten Niederlande (mit Ausnahme
von Holland), in Norddeutschland, in den skandinavischen Randgebieten und im
Grenzgebiet zwischen Litauen und Moskowien. Diese Moraste waren drei- bis
viermal größer als heute. Noch gefährlicher waren sie vielleicht dort, wo man sie
eigentlich zu dieser Zeit nicht mehr erwarten würde. Ein Beispiel unter fünfzig
möglichen ist das Gebiet von Bray an der Grenze zwischen der Normandie und der
Picardie, das heute mit seinen Modellmeiereien wie ein englischer Park wirkt: im
17. Jahrhundert sah es dort, wie Pierre Goubert zu berichten weiß, ganz anders
aus: »Erschütternd waren die Sumpfgebiete mit ihrem torfigen, schwankenden
Boden, ihren eigenartigen Pflanzen, ihrer schwer zu fassenden Fauna, den stagnierenden ungesunden Ausdünstungen: die kleinen Sümpfe von Bray, die großen
Sümpfe des Bas-Thérain, von Bresles, von Clermont. Schrecklicher noch waren die
von Wölfen wimmelnden Waldzonen an den Rändern und Ecken und auf den
Anhöhen ...« *Mutatis mutandis* bildeten die Sümpfe in den nichtmittelmeerischen
Regionen Europas das Gegenstück zum *incult,* dem Ödland der Provence. Die
Waldzonen waren nur dünn besiedelt, ja, können als beinahe menschenleere Räume
im Herzen des barocken Europa bezeichnet werden.

Die sehr unterschiedliche Besiedelungsdichte wird durch einige Zahlen offenbar,
wobei allerdings von vornherein gesagt werden muß, daß es für diese Zeit natürlich keinerlei gesamteuropäische Statistiken gibt, ja nicht einmal exakte Unterlagen
für einzelne Länder, denn mit Ausnahme von Frankreich und England gab es noch
keine wirklich national abgegrenzten Staaten. Einigermaßen zuverlässige Angaben

haben wir nur für kleinere Gebiete und für einzelne Pfarreien. Dementsprechend läßt sich keine exakte Karte der Bevölkerungsdichte des damaligen Europa zeichnen. Immerhin besitzen wir aus fast allen europäischen Gebieten repräsentative Einzelbeispiele, die Rückschlüsse auf das Ganze zulassen. Im folgenden machen wir auf Grund solcher Rückschlüsse Angaben für die einzelnen Länder Europas, wobei naturgemäß viele interessante Details unerwähnt bleiben müssen.

Italien* war auch noch im 17. Jahrhundert das am dichtesten besiedelte Land Europas; aus dieser Stellung wurde es erst um 1830 durch England verdrängt. Nach Julius Beloch betrug die Bevölkerungsdichte im ausgehenden 16. Jahrhundert 44 Menschen pro Quadratkilometer. In Italien lebte ein größerer Prozentsatz der Gesamtbevölkerung in Städten als im übrigen Europa oder sonstwo auf der Erde, weshalb auf dem flachen Land die Besiedlungsdichte erheblich unter dem Landesdurchschnitt lag und die Gebirgsgegenden fast menschenleer waren. Nach der starken Verminderung der Einwohnerzahl um 1 700 000 Menschen betrug um 1650 die Bevölkerungsdichte in Italien noch 38 pro Quadratkilometer. Gegen Ende des 17. Jahrhunderts war sie wieder auf 45 angewachsen, lag also ein wenig über der Bevölkerungsdichte des ausgehenden 16. Jahrhunderts. Im 18. Jahrhundert stieg sie nur noch wenig, kaum mehr als in Frankreich und weniger als im gesamteuropäischen Durchschnitt. Nach Beloch hatte Italien um die Mitte des 18. Jahrhunderts 15 484 000 Einwohner, also 51 pro Quadratkilomter, um 1800 hingegen 18 091 000, d.h. 60 je Quadratkilometer. Natürlich war diese Bevölkerung sehr ungleich über die Apenninenhalbinsel verteilt. Auch in Italien gab es fast menschenleere Zonen (die Pontinischen Sümpfe, die Abruzzen), doch waren sie kleiner als in Spanien. Dafür gab es Gebiete mit höherer Bevölkerungskonzentration als sonstwo in Europa. Bei einer durchschnittlichen Bevölkerungsdichte von 44 Einwohnern pro Quadratkilometer »betrug diese im Königreich Neapel 57 und erreichte in Kampanien im Gebiet rings um den Vesuv sogar 160«. Noch um 1600 gehörte das Herzogtum Mailand mit den Niederlanden zu den am dichtesten besiedelten Territorien Europas: auf 16 650 qkm lebten 1 328 000 Menschen, also 80 auf dem Quadratkilometer. Sizilien lag mit 60 Einwohnern pro Quadratkilometer ein wenig hinter Neapel zurück (1 250 000 Menschen auf 25 730 qkm). In Venetien kamen auf den Quadratkilometer 52 Menschen (1 800 000 Einwohner, 31 400 qkm). Die Außenbesitzungen Venedigs in dem bedrohten, gefährlichen östlichen Mittelmeer, das mehr und mehr durch die in türkischen Diensten stehende griechische Flotte kontrolliert wurde (Istrien, Dalmatien, die Ionischen Inseln, Kreta, zusammen 420 000 Einwohner auf 20 000 qkm), bildeten einen krassen Gegensatz dazu; sie waren weit spärlicher besiedelt: 20 Einwohner auf den Quadratkilometer, was dem gesamteuropäischen Durchschnitt entsprach. Die zu den Randzonen zu rechnenden Inseln Sardinien und Korsika wiesen nur noch 12 bzw. 15 Einwohner pro Quadratkilometer auf. Diese Besiedelungsdichte entsprach jener der Iberischen Halbinsel. Der gebirgs- und sumpfreiche Kirchenstaat hatte trotz seiner volkreichen Hauptstadt Rom eine Besiedlungsdichte, die lediglich an den gesamtitalienischen Durchschnitt herankam: ohne Ferrara und Urbino 43, mit diesen beiden Gebieten 44 Einwohner pro Quadratkilometer. Auch Piemont kam (ohne Savoyen) nicht über 40–41 Einwohner pro Quadratkilometer, erreichte also nur die durchschnittliche Bevölkerungsdichte Frankreichs. Unter Einschluß Savoyens lag diese Zahl sogar noch niedriger: bei 36–37 E/qkm. Florenz und Siena, deren große Zeit längst vergangen war, kamen noch auf 47 bzw. 17 E/qkm, das gesamte Herzogtum Toskana auf 38 E/qkm, was eher dem französischen als dem italienischen Durchschnittswert entsprach. In Ligurien betrug die Bevölkerungsdichte 80 E/qkm, was aber lediglich der hohen Einwohnerzahl Genuas zuzuschreiben war.

Gleich auf Italien folgte Frankreich*. Im ausgehenden 16. Jahrhundert betrug die dortige Besiedlungsdichte 34 Einwohner pro Quadratkilometer. Während des ganzen 17. Jahrhunderts vergrößerte sich das französische Staatsgebiet, aber mit Ausnahme von Flandern waren alle annektierten Gebiete (die Freigrafschaft Burgund, das Elsaß, ein Teil Lothringens, das Roussillon mit nur 7 E/qkm) weniger dicht besiedelt. Dazu kam, daß die Einwohnerzahl Frankreichs ab 1630–1640 bis etwa 1720 meistens stagnierte, nur während kurzer Zeitabschnitte leicht anstieg, häufiger aber absank; dies war besonders in den Jahrzehnten 1690–1700 und 1701 bis 1710 der Fall, in die die beiden katastrophalen Krisen von 1693 bis 1694 und 1709 bis 1710 fielen: die Besiedlungsdichte stieg nicht an, sondern blieb ungefähr gleich, ja, sank sogar von 34 auf 32 E/qkm, um erst um die Mitte des 18. Jahrhunderts auf 35 E/qkm anzusteigen.

Die nördlich angrenzenden Niederlande (die spanischen Niederlande, Lüttich und die Vereinigten Niederlande) waren von etwa 2,5 bis 3 Millionen Menschen bewohnt, angesichts der verhältnismäßig kleinen Landfläche eine beträchtliche Zahl. Die Bevölkerungsdichte betrug 50 E/qkm, doch waren auch hier die Menschen sehr ungleich verteilt. Überdurchschnittlich dicht besiedelt waren Brabant und Holland, während die Randgebiete weit spärlicher bevölkert waren: Overijssel, Gelderland, das wallonische Ardennengebiet. 50 Einwohner auf den Quadratkilometer in den Niederlanden, 34 in Frankreich, 44 in Italien, 30–35 in den geistlichen Kurfürstentümern am Rhein – diese Gebiete bildeten also gleichsam das Rückgrat des barocken Europa. Auf einem Streifen von rund 900 000 qkm, der sich von Sizilien bis zur Nordsee erstreckte, lebten im Durchschnitt 40 Menschen auf dem Quadratkilometer. Daran schloß sich im Nordosten, Norden und Südwesten ein weit spärlicher besiedeltes Europa an. Die Iberische Halbinsel hatte im ausgehenden 16. Jahrhundert lediglich eine Bevölkerungsdichte von 17 E/qkm aufzuweisen. Dennoch konnte dieses Gebiet im damaligen Europa eine beherrschende Rolle spielen. Wie, werden wir noch ausführen. Aber der Bevölkerungsschwund in der Zeit von 1640 bis 1670, der diese Zahl auf 10 bis 12 E/qkm senkte, machte Spanien den Garaus. Was im 16. Jahrhundert noch mit 20 E/qkm möglich gewesen war, erforderte im 17. und 18. Jahrhundert mindestens 30 E/qkm. Eine bestimmte Besiedlungsdichte war die notwendige Voraussetzung für die Erfolge der Kultur des barocken Europa. Das barocke Europa brauchte mehr Menschen als das Italien der Renaissance.

Eines ist jedenfalls sicher: ab 1630–1690 organisierte sich ganz Europa um diese dichtbevölkerte Achse, jenem von Amsterdam nach Messina reichenden, 900 000 Quadratkilometer großen Streifen, auf dem 35 Millionen Menschen lebten, also im Durchschnitt 30 bis 40 pro Quadratkilometer. Diese Kernzone behielt ihre Bedeutung vom ausgehenden 15. bis zum ausgehenden 18. Jahrhundert.

Dabei darf nicht übersehen werden, daß vor dem Dreißigjährigen Krieg der Streifen dichter Besiedelung sogar noch größer gewesen war. Im Reich, in dem auf 900 000 qkm rund 20 Millionen Menschen lebten, gehörte dazu außer dem Rheinland noch das nördliche Voralpengebiet, das reiche, dicht bevölkerte Süddeutschland mit seinen vielen Städten, das wohlhabende Deutschland der Fugger, in dem auf etwas mehr als 100 000 Quadratkilometer etwa 4 Millionen Menschen angesiedelt waren. Das »Rückgrat« Europas umfaßte um 1600 also eine Million Quadratkilometer und 40 Millionen Menschen. Fernand Braudel hat für dieses blühende Süddeutschland vor der Katastrophe des Dreißigjährigen Krieges eine glückliche Bezeichnung gefunden: »Jenseits der Alpen bildete Oberdeutschland ein zweites Italien.« Dieses »italienische« Deutschland war den Wechselfällen der italienischen Prosperität ausgesetzt. Sein Zusammenbruch zu Beginn des 17. Jahrhunderts entsprach weitgehend dem Zusammenbruch Norditaliens. »Natürlich handelt es sich«, schreibt Fernand Braudel, »nicht um eine strikte Wechselwirkung. Das Land südlich der Alpen war der Lehrer gewesen, Süddeutschland der Schüler. Dieses ist im Schatten der Größe und oft auch der wirtschaftlichen Rückschläge Norditaliens aufgewachsen. Es hat für die gemeinsame Aufgabe nur zweitrangige Arbeiten auszuführen gehabt... Ohne die Stütze Süddeutschlands wäre weder der Handel Genuas noch der Venedigs denkbar gewesen; daraus ergab sich eine enge Verbindung, eine Symbiose zwischen den beiden Regionen. So fand sich Süddeutschland mit den Krisen, mit den Rückschlägen, mit den politischen und wirtschaftlichen Wechselfällen Italiens verknüpft.« Das galt sicherlich für den Beginn des 17. Jahrhunderts. Die wirtschaftliche, politische und vor allem demographische Krise, die zwischen 1620 und 1630 Norditalien schwächte, vernichtete Süddeutschland für ein volles halbes Jahrhundert. Nördlich der Alpen fand Italien für seinen Handel nur noch ein verwüstetes Randgebiet. Von den vier Millionen Menschen, die dort bis 1620 in relativem Wohlstand gelebt hatten, waren um 1650 nur noch 2,5 Millionen übrig. Dieser Bevölkerungsschwund spiegelt die demographische Katastrophe auf der Iberischen Halbinsel, die dadurch zwischen 1598 und 1640 ihren Vorrang in Europa – politisch und wirtschaftlich – einbüßte.

So entstand mitten in Europa eine Art von Vakuum. Das »Rückgrat« des Kontinents wurde erst nach 1700 wieder dadurch ergänzt, daß England jene Bevölkerungsdichte erreichte, die eine Voraussetzung dafür ist, daß ein Gebiet Bedeutung erlangt.

Über die Bevölkerungsdichte und Bevölkerungsverteilung im England* des 17. Jahrhunderts sind sich die Historiker nicht ganz einig. Auf Streitfragen wollen wir an dieser Stelle nicht eingehen. »Zählte England im Jahre 1603 3,8 oder 4,8 Millionen Seelen? Waren es 1690 insgesamt 4,08 oder 5,5 Millionen?« (M. Reinhard und A. Armengaud.) Wir wollen uns für unsere Ausführungen an Mittelwerte halten; das England des 17. Jahrhunderts (also nur das eigentliche England ohne Schottland und Irland, wo weniger als 10 Menschen auf den Quadratkilometer kamen) hatte eine Einwohnerzahl, die in diesem Jahrhundert von etwa 4 auf 5 Millionen stieg. Dieser Bevölkerungszuwachs (zu dem allerdings noch die rund 200 000 Menschen zu zählen sind, die nach Amerika auswanderten) entspricht prozentual etwa dem gesamteuropäischen Zuwachs. Von 1600 bis 1700 stieg also die Bevölkerungsdichte von 27 auf 33 E/qkm. Im 18. Jahrhundert aber stieg die Einwohnerzahl Englands von 5 auf 9 Millionen, hat sich also fast verdoppelt. 1750 waren es 6 Millionen, 1770 7 Millionen, 1788 8 Millionen und um 1797/98 9 Millionen Menschen, 1800 bereits 9,2 Millionen. Zwischen 1700 und 1720 (von 1720 bis 1740 stagnierte die Einwohnerzahl Englands infolge eines Geburtenrückgangs und eines plötzlichen Ansteigens der Sterblichkeit) holte England die Bevölkerungsdichte Frankreichs ein, um sie dann rasch zu übertreffen. Um 1720 zählte man bei 5,8 Millionen Einwohnern etwa 39 E/qkm. Bis 1740 blieben die beiden Zahlen fast unverändert. 1750 stieg die Besiedlungsdichte auf 40 E/qkm, 1780 waren es 50 E/qkm. Oft wurde darauf hingewiesen, daß die Einwohnerzahl Englands zu Beginn der industriellen Revolution weit geringer war als die Frankreichs (sie betrug ungefähr ein Drittel), aber dabei läßt man völlig das Wichtigste außer acht, daß nämlich das Land weit dichter besiedelt war und daß vor allem nach 1780 die Bevölkerung sehr rasch anstieg, was für die industrielle Revolution zwei unabdingbare Voraussetzungen waren. Eine stagnierende, vergreisende Bevölkerung ermangelt notwendigerweise des Erfindergeistes. Um 1750 reichte also die europäische Kernzone dichter Besiedlung vom Tweed bis nach Sizilien, umfaßte etwas mehr als eine Million Quadratkilometer (England, die Niederlande, das Rheingebiet, Frankreich und Italien) und zählte 44 Millionen Menschen auf 1 050 000 qkm, was einer durchschnittlichen Dichte von 42 E/qkm entsprach. Innerhalb dieser Zone gab es bestimmte Konzentrationsgebiete, so London und Umgebung, die Meerprovinzen der nördlichen und südlichen Niederlande, das Pariser Becken, die Po-Ebene, Kampanien mit dem Zentrum Neapel. Weniger dicht besiedelt als der Durchschnitt waren der Norden und Westen Englands, der Süden und Osten Frankreichs (zwei Drittel des Staatsgebietes) und Mittelitalien. Heute, um die Mitte des 20. Jahrhunderts, hat sich das Rückgrat dichter Besiedelung ein wenig nach Osten verschoben. Ausgeschlossen ist jetzt Frankreich südlich der Linie Le Havre – Lyon, dafür ist Westdeutschland hinzugekommen. In diesen Grenzen hat das heutige »Rückgrat« Europas nicht mehr ganz die alte Ausdehnung von einer Million Quadratkilometer, aber dafür ist die Bevölkerungsdichte in unserem Jahrhundert auf 260 bis 270 E/qkm gestiegen. Bei der Kernzone dichtester Besiedlung handelt es sich also um eine historische Konstante, die mehrere Jahrhunderte umfaßt und auch durch die industrielle Revolution nur unwesentlich verschoben worden ist.

III ADEL DES BACKSTEINS: »DAS STRÄSSCHEN« VON JAN VERMEER Ruhe, Sauberkeit und Harmonie herrschen auf diesem Bild, das uns das frühere Frauenaltersheim in der Voldersgracht zu Delft zeigt. Solche spätgotischen Backsteinhäuser waren damals in den ganzen östlichen Niederlanden und in den angrenzenden deutschen Gebieten, aber auch in den Provinzen Holland und Utrecht zu finden. Eine Insassin des Altersheims sitzt hinter der offenen Tür und näht; eine Dienerin ist im Hof beschäftigt, während vor dem Haus zwei kleine Kinder spielen. Die gelb gepflasterte Straße ist sauber gekehrt. Nur der untere Teil der Mauern ist geweißt, während darüber die Strukturelemente der Backsteinmauer, vor allem die Entlastungsbogen über den Fenstern, deutlich sichtbar sind. Die Fenster sind, wie damals üblich, aus kleinteiligen bleigefaßten Stücken zusammengesetzt. (Jan Vermeer, *Das Sträßchen*, um 1658. Amsterdam, Rijksmuseum)

Diese Kernzone, die auf wirtschaftlichem und geistigem Gebiet die Hauptrolle spielte, wurde auf beiden Seiten von weniger dicht besiedelten, also auch weniger prosperierenden, weniger chancenreichen Regionen flankiert. Am schlimmsten erging es der Iberischen Halbinsel: gerade in dem Augenblick, da die größte Kraftanspannung vonnöten gewesen wäre, begann ihr Abstieg, setzte der Bevölkerungsschwund ein, der in wenigen Jahrzehnten den Zusammenbruch des spanischen Weltreichs zur Folge haben sollte.

Um 1600, als Spanien noch innerhalb und außerhalb Europas unbestritten die Führerrolle innehatte, war das Kerngebiet des spanischen Weltreichs, die Iberische Halbinsel, erstaunlich dünn besiedelt. Nach den in jüngster Zeit angestellten, eher übertreibenden Berechnungen von Juan Reglá lebten damals auf 580 000 qkm 9 485 000 Menschen, was eine mittlere Bevölkerungsdichte von 14,05 E/qkm ergibt. Dieser Wert liegt weit unter dem der Apenninenhalbinsel (44 E/qkm), dem französischen (37 E/qkm) und dem der europäischen Kernzone (37 bis 38 E/qkm). Aber kein Gebiet Europas war ungleichmäßiger besiedelt als die Iberische Halbinsel. Von den 580 000 qkm waren zu Beginn des 17. Jahrhunderts mindestens 200 000 qkm praktisch menschenleer. Der »nationale« Durchschnittswert der Bevölkerungsdichte ist also für das Spanien des beginnenden 17. Jahrhunderts noch irreführender und sinnloser als sonstwo.

In Wirklichkeit gab es vor dem Zusammenbruch der spanischen Herrschaft zwei Spanien, von denen das eine eine Besiedlungsdichte aufzuweisen hatte, die zwar unter der des europäischen Kerngebiets lag, aber sich doch in der Größenordnung damit vergleichen ließ. Nur dieses Spanien zählte. Die ringsum gelagerten Randgebiete waren unverhältnismäßig schwächer besiedelt, waren gleichsam Kolonien des anderen Spaniens. Der Gegensatz wird zunächst in der politischen Einteilung deutlich, die allerdings die großen geographischen Wirklichkeiten nicht ausreichend in Erscheinung treten läßt.

Die 378 000 qkm des Königreichs Kastilien wurden trotz der zahlreichen großen Wüsten und Gebirge (das Kastilische Scheidegebirge und vor allem die Wüsten im Vorfeld der Sierra Morena, die Kastilien von Andalusien trennt) von 6 910 000 Menschen bevölkert; die Besiedlungsdichte betrug 18,2 E/qkm. Für Navarra (12 000 qkm, 145 000 Einwohner) betrug sie 12,1 E/qkm, für Portugal (90 000 qkm, 1 125 000 Einwohner) 14 E/qkm, für das komplexe, heterogene Gebiet der Krone von Aragonien (100 000 qkm, 1 180 000 Einwohner) 11,8 E/qkm. 18 E/qkm auf der einen, 11,8 E/qkm auf der anderen Seite – damit haben wir bereits den ersten Gegensatz. Aber es gab deren noch weitere. Dicht bevölkert und verhältnismäßig isoliert waren der östliche Küstenstreifen am Mittelmeer, das

Gebiet um Valencia mit 25 E/qkm (vor der Vertreibung der Morisken), die Balearen mit 30 E/qkm und das katalanische Küstengebiet mit 30 E/qkm (der gesamtkatalanische Durchschnitt betrug 12 E/qkm). Diesen Gebieten stand die menschenleere wüstenähnliche Zone von Aragonien gegenüber: auf fast 50 000 qkm lebten 332 000 Einwohner – eine Dichte von ganzen 7 E/qkm! Zwischen dem lebendigen spanischen Küstengebiet am Mittelmeer – es wurde zwischen 1609 und 1614 durch die Vertreibung von 250 000 Morisken in seinem Aufstieg jäh gehemmt – und dem volkreichen Kastilien im Nordwesten erstreckte sich praktisch eine mächtige Wüstenei.

Das wichtigste dieser Gebiete war zweifelsohne in jeder Hinsicht Kastilien. Juan Reglá teilt in seiner Untersuchung das spanische Königreich in vier streifenförmige Zonen, vom kantabrischen Norden (baskische Provinzen, *Montaña* von Santander, Asturien, Galicien) bis zum Süden (Andalusien und Murcia); dazwischen liegen eine zentrale Zone, die die beiden Kastilien und León umfaßt, und eine gebirgige Zwischenzone (die Mancha und Estremadura). Im Norden betrugen die Bevölkerungsdichten 22,2 und 21,6 E/qkm, im Süden nur 13,2 und 15,9 E/qkm. Wenn man die Besiedlungsdichte regional noch weiter aufgliedert, die Wüsten und Gebirge ausklammert, erhält man auf den von Gebirgen umschlossenen kastilischen Hochebenen ein Kerngebiet von 80 000 qkm, das von 2 300 000 Menschen bewohnt wurde, die zu 85 Prozent Bauern, zu 15 Prozent Städter waren. Im eigentlichen Zentrum des spanischen Reiches herrschte also eine Besiedlungsdichte von 30 E/qkm, was ungefähr dem Pariser Becken entsprach und nur um ein Drittel unter dem in der Po-Ebene festgestellten Wert lag. In dem 30 000 bis 35 000 qkm umfassenden Unter-Andalusien betrug die Bevölkerungsdichte 25 bis 30 E/qkm. Vor 1600 war also jenes Drittel Kastiliens, das einzig und allein in jener Zeit zählte, mit 30 E/qkm ebenso dicht besiedelt wie viele prosperierende Zonen im übrigen Europa. Das Ende der spanischen Vorherrschaft kam, als diese Kerngebiete durch Bevölkerungsschwund zerschlagen wurden und jene Schwelle unterschritten, mit der der Abstieg in die Bedeutungslosigkeit begann. Vor 1600 gab es also südlich der Pyrenäen etwa 120 000 bis 130 000 qkm mit einer mittleren Bevölkerungsdichte von 30 E/qkm. Der Schwerpunkt Europas rückte nach Norden, als dieses spanische Kerngebiet entvölkert wurde; vor 1750 wurde die alte Besiedlungsdichte in Spanien nicht mehr erreicht.

Diese Auflösung der Besiedlungszentren war weit wichtiger als das Absinken der durchschnittlichen Bevölkerungsdichte auf der Iberischen Halbinsel: um 1600 betrug sie 14 E/qkm, zwischen 1650 und 1700 nur noch 10 E/qkm (einschließlich Portugal). Der Wert von 14 E/qkm wurde erst wieder 1770–1780 erreicht. Aber selbst damals, gegen Ende der Regierungszeit Karls III., waren die kastilischen Landgebiete immer noch nicht so dicht besiedelt wie um 1600. Nun konzentrierte sich die spanische Bevölkerung vor allem in den Städten (hauptsächlich in Madrid) und in den Randgebieten, so im katalonischen Küstengebiet (50 E/qkm), in Valencia, in Mittel- und Nordportugal. Portugal mit seinen fast 3 Millionen Einwohnern im ausgehenden 18. Jahrhundert (35 E/qkm) hatte an dem wirtschaftlichen Aufschwung der spanischen Randgebiete Anteil.

Nördlich und östlich des dichtbesiedelten europäischen Kerngebiets erstreckte sich eine Welt, die zu erobern oder zurückzugewinnen war. Dies geschah im 18. Jahrhundert, in größerem Maßstab erst nach 1750–1760, fällt also nicht mehr in die Zeitspanne, die in unserem Buch behandelt wird. »Je weiter man nach Süden oder Osten geht, desto beunruhigend größer werden diese menschenleeren Räume. In Kleinasien wanderte Busbec durch wahre Wüsten«, schreibt Fernand Braudel. Hier gelten noch die Ausführungen über die Mittelmeerwelt des 16. Jahrhunderts, vor allem nach der Katastrophe des Dreißigjährigen Krieges. Die Zahl der innerhalb der Reichsgrenzen lebenden Menschen sank von 1620 bis 1650 von 20 Millionen auf 7 Millionen. Die Bevölkerungsdichte sank von 22 E/qkm (was der Altkastiliens entsprach) auf 8,8 E/qkm (entsprechend der Aragoniens), aber die Verteilung war ungleichmäßig: durch den Dreißigjährigen Krieg wurde der Unterschied in der Besiedlungsdichte zwischen West- und Ostdeutschland noch vergrößert. Um 1650 lassen sich zwei Zonen unterscheiden: das Gebiet westlich der Linie Hamburg – Triest war dreimal so dicht besiedelt wie das Gebiet östlich dieser Linie; in Westdeutschland kamen 15 bis 20 Menschen auf den Quadratkilometer (in kleineren Gebieten längs des Rheins und im Voralpengebiet sogar bis zu 30), im Osten hingegen fast überall nur 5. Es dauerte ein volles Jahrhundert, bis das Reich (um 1750) wieder so dicht bevölkert war wie im ausgehenden 16. Jahrhundert. Daß Deutschland in der zweiten Hälfte des 17. Jahrhunderts auf der europäischen Bühne praktisch keine Rolle spielte, hatte in erster Linie eine biologische Ursache – seinen Menschenmangel. Ein Johann Sebastian Bach und ein Mozart sind dem Wiederaufstieg des 18. Jahrhunderts zuzuschreiben.

Das Deutschland* nach dem Dreißigjährigen Krieg, in dem die Grundlagen für diesen Wiederaufstieg gelegt wurden, unterschied sich sehr deutlich von dem Deutschland vor der großen Katastrophe. Das im letzten Drittel des 17. Jahrhunderts einsetzende und im 18. Jahrhundert sich stetig verstärkende Wachstum diente in erster Linie dazu, die durch den Dreißigjährigen Krieg gerissenen Lücken wieder aufzufüllen. Dies ist wohl auch der Grund, warum die Bevölkerungszunahme im

Osten und Norden weit stärker war als im Westen und Süden. Aber nachdem der alte Stand wieder erreicht war, setzte sich das ungleiche Wachstum im selben Rhythmus fort. Dadurch wurde die alte geographische Wirklichkeit Deutschlands verändert. Das Wachstumsgefälle zwischen den östlichen Randgebieten und dem Zentrum des Reiches erinnert an die ungleiche Entwicklung auf der Iberischen Halbinsel. Auf Kosten des alten karolingischen und lotharingischen Deutschland wuchsen die »kolonialen« Randgebiete im Osten.

In großen Teilen Deutschlands verdoppelte sich im 18. Jahrhundert die Bevölkerung (wuchs also rascher als Europa im Durchschnitt), in einigen Regionen verdreifachte sie sich sogar. Die Einwohnerzahl Württembergs stieg zwischen 1700 und 1800 von 340 000 auf 660 000 (94 Prozent), die Schlesiens von 1 Million auf 2 Millionen (100 Prozent). Noch steiler war die Aufwärtsentwicklung in Ostpreußen (von 400 000 auf 931 000, also 132,5 Prozent) und in Pommern (von 120 000 auf 500 000, 316 Prozent). Pommern war, darin Kanada vergleichbar, ein Kolonisationszentrum, das Siedler aus ganz Deutschland, Holland, Frankreich usw. anzog. Schlesien, Pommern und Preußen waren Provinzen des brandenburgisch-preußischen Staates, also Provinzen des peripheren Nordostdeutschlands, das die höchste Wachstumsrate aufzuweisen hatte.

Doch wenden wir uns nun Österreich* zu. Durch den Kreuzzug gegen die Türken, die *Reconquista* des Donauraums, verdoppelte es im ausgehenden 17. Jahrhundert ein erstes Mal sein Territorium. Das territoriale Wachstum setzte sich im 18. Jahrhundert mit der Teilung Polens und der weiteren Zurückdrängung der Türken fort. Bis um 1750 ging es nur verhältnismäßig langsam voran, doch danach verlief die Entwicklung geradezu explosiv. In einem konstanten Gebiet, dem alten Österreich-Ungarn (Österreich, Steiermark, Kärnten, Krain, Tirol, Böhmen, Mähren, Schlesien, Ungarn) lebten 1725 7 300 000 Menschen, 1754 8 900 000 Menschen; ihre Zahl stieg bis 1772 auf 12 300 000 und bis 1789 auf 16 900 000.

Ganz Skandinavien gehörte zum dünnbesiedelten europäischen Norden. Diese Region des Kontinents war zwar dünn besiedelt, aber ein »Grenzland«, das sich durch rasches Wachstum auszeichnete. Sogar durch die Krise des 17. Jahrhunderts (Dreißigjähriger Krieg) wurde die Wachstumskurve nicht unterbrochen, sondern verlief nur etwas weniger steil.

Um 1620, in dem Augenblick, da Gustav Adolf sich anschickte, sein Land tiefer denn je in das komplexe Spiel der europäischen Politik zu verwickeln, zählte Schweden* (zu dem auch Finnland gehörte) noch nicht einmal eine Million Einwohner. Dänemark und Norwegen wurden zusammen von etwas mehr als 1 Million Menschen bevölkert. Insgesamt lebten also in Skandinavien auf 1 120 000 qkm rund 2 Millionen Menschen, was einer Besiedlungsdichte von 2 E/qkm entspricht. So dünn war kein anderes Gebiet Europas besiedelt: das europäische Kerngebiet zählte 37 bis 38 E/qkm, die Iberische Halbinsel 14 E/qkm, England 25 E/qkm, Deutschland 22 E/qkm. Aber was bedeutete für Skandinavien 2 E/qkm? Überhaupt nichts. Wenn man die Gesamtfläche der einzelnen skandinavischen Länder in Betracht zieht, dann entsprach die Bevölkerungsdichte der Größenordnung nach nur in Dänemark den Werten im übrigen Europa: mit 600 000 Einwohnern (mit Schonen 750 000) auf 60 000 qkm (einschließlich der deutschen Herzogtümer; ohne diese 43 000 qkm) betrug die Dichte 12 E/qkm, entsprach also ungefähr dem Durchschnitt auf der Iberischen Halbinsel. Wie in Deutschland war die Bevölkerung ungleich verteilt; wie eine neuere Untersuchung von Aksel Lassen ergeben hat, lebten im eigentlichen Dänemark (1645: 580 000 Seelen; 1660: 460 000; 1769: 810 000; 1801: 926 000) in Seeland 20 bis 25 E/qkm, im westlichen Jütland hingegen nur 4 bis 5 E/qkm.

Jener Teil Skandinaviens, der landwirtschaftlich genutzt, also wirklich besiedelt war, umfaßte von 1 120 000 qkm lediglich 200 000 qkm, von denen rund 40 Prozent auf Dänemark und Schonen fielen. In einem fast 1 Million Quadratkilometer großen Gebiet in Norwegen, Schweden und Finnland lebten zu Beginn des 17. Jahrhunderts keine 50 000 Menschen. Neun Zehntel der 400 000 Bewohner Norwegens waren auf einem nur 15 000 qkm großen Gebiet konzentriert. Die Bevölkerungsdichte entsprach ungefähr jener in Deutschland, wenn man berücksichtigt, daß wegen der geringen Fruchtbarkeit des Bodens die Siedlungen in Norwegen dünner verteilt waren. Das »nutzbare« Schweden südlich des 60. Breitengrades hatte wie Dänemark eine Bevölkerungsdichte von 15 bis 20 E/qkm. Neunzig Prozent seiner 800 000 Einwohner lebten hier, weitab vom Polarkreis. In dem von skandinavisierten Finnen und schwedischen Siedlern bevölkerten Finnland lebten weniger als 200 000 Menschen, und zwar fast ausschließlich in dem Küstenstreifen von Turku über Helsinki bis Viborg.

Im 17. Jahrhundert blieb Skandinavien weitgehend verschont. Die Kriege, die dort ausgefochten wurden, spielten sich hauptsächlich auf hoher See, in Form von Belagerungen eng begrenzter Küstengebiete und meist außerhalb des »nutzbaren« Skandinaviens ab. Außerdem dienten die großen Waldgebiete als Refugien. Insgesamt war es ein glückliches 17. Jahrhundert, das allerdings weniger gut endete, als es begonnen hatte. Die Krise des Jahres 1709 wirkte sich besonders stark auf Norwegen und Schweden aus (sie ergriff auch ganz Norddeutschland). Nachdem in Schweden die Bevölkerungskurve entgegen dem gesamteuropäischen Trend von 1620 bis 1690 steil angestiegen war, gebot ihr das Jahr 1693 jäh Einhalt; ab diesem

Zeitpunkt sank sie ab, eine Entwicklung, die durch die Pest der Jahre 1710 bis 1712 (sie steht im Zusammenhang mit der europäischen Krise von 1709 bis 1710) beschleunigt wurde. Um 1690–1700 wurde Skandinavien von etwas mehr als drei Millionen Menschen bevölkert (Schweden 1 450 000, Dänemark 700 000, Norwegen 600 000, Finnland 300 000). Die Einwohnerzahl hatte sich also in rund 75 Jahren um 50 Prozent gesteigert. Vergeblich sucht man im 17. Jahrhundert im übrigen Europa eine so günstige Entwicklung auf so großem Raum. Das Wachstum der englischen Bevölkerung, das sich allenfalls noch damit vergleichen läßt, betrug lediglich 25 Prozent, und das innerhalb eines vollen Jahrhunderts. Es handelte sich in Skandinavien um das Wachstum eines »offenen« Gebietes, dem hinsichtlich einer Ausweitung der landwirtschaftlichen Nutzflächen keine anderen praktischen Grenzen gesetzt waren als die Zahl der verfügbaren Arme. Ein Pioniergebiet war Finnland, dessen Einwohnerzahl sich in anderthalb Jahrhunderten vervierfachte, nicht zuletzt durch schwedische Einwanderung. 1620 lebten in Finnland nur ein Viertel soviel Menschen wie in Dänemark, ein Drittel soviel wie in Norwegen. Bis 1800 hatte Finnland (mit 800 000 Einwohnern) mit beiden Ländern fast gleichgezogen.

Diesen Glücksfall des 17. Jahrhunderts mußte Skandinavien im 18. Jahrhundert durch eine erhebliche Abschwächung des Wachstums bezahlen. Zwei Faktoren spielten dabei eine Rolle: einmal waren die technischen Veränderungen für eine solche Wachstumsrate nicht ausreichend, und zum zweiten machten sich bald die kumulierten Auswirkungen einer längeren Kälteperiode bemerkbar: im ausgehenden 17. Jahrhundert und in der ersten Hälfte des 18. Jahrhunderts gab es in diesem Gebiet einige katastrophale Winter, die der traditionell betriebenen Landwirtschaft schwer zusetzten. Über die schwedische Bevölkerungsentwicklung im 18. Jahrhundert sind wir außergewöhnlich gut informiert. Das starke Absinken der Bevölkerungskurve in den Jahren 1743 und vor allem 1772 und 1773 erinnert an die Entwicklung in Frankreich in den Jahren 1693 und 1709 und an das Spanien der Pestjahre 1596–1602 und 1646–1652. Man darf in diesen Katastrophen wohl eine Auswirkung der strengen Winter sehen, die einerseits zu argen Mißernten führten und andererseits die durch den Kampf gegen die erbitterte Kälte erschöpften Menschen für Krankheiten anfälliger machten. Auf den engen Zusammenhang zwischen den strengen Wintern und diesen beiden Höhepunkten der Sterblichkeit hat der schwedische Historiker Utterstrom hingewiesen. Von da an wuchs die Bevölkerungszahl weit langsamer, vergleichbar etwa dem Rhythmus in Italien. Durch die ungünstigen klimatischen Bedingungen in Skandinavien wurde im 18. Jahrhundert die wachstumsfördernde »Grenzposition« aufgehoben. 1720 zählte man in Skandinavien 1 450 000 Menschen, 1736 1 700 000, 1749 nur 40 000 mehr (eine Auswirkung der Krise von 1743), 1800 schließlich 2 347 000 nach einem starken Rückgang in der Zeit von 1770 bis 1775: eine Gesamtzunahme von 66,6 Prozent in einem Jahrhundert. Im 17. Jahrhundert war die Einwohnerzahl Skandinaviens doppelt so rasch gewachsen wie jene Englands, im 18. Jahrhundert hingegen wurde die englische Zuwachsrate nicht erreicht. Mit einer Zunahme von 2 Millionen auf 3 Millionen von 1600 bis 1700 und von 3 Millionen auf 4,5 Millionen von 1700 bis 1800 war der Wachstumsrhythmus in Skandinavien im 17. und 18. Jahrhundert völlig gleich. Auf dieser paradoxen Tatsache beruht die Eigenart der skandinavischen Bevölkerungsentwicklung gegenüber der gesamteuropäischen. Das war allerdings nicht das Wesentliche; wichtiger war das Wachstum der Bevölkerung Skandinaviens auf das Zweieinhalbfache innerhalb von 200 Jahren. Und doch wurde durch dieses erstaunliche Wachstum kaum etwas verändert. Bis 1750 vermehrte sich die Nutzfläche in Skandinavien nur wenig (von 200 000 qkm auf höchstens 250 000 qkm), aber innerhalb des genutzten Gebietes wurden die Wälder und Ödflächen verringert. Dennoch blieb die Bevölkerungsdichte unter der in den südlicher gelegenen Ländern Europas. Noch um 1750 waren die Verkehrsverhältnisse in Skandinavien weit ungünstiger als in Frankreich, England, Italien oder Deutschland; ein bedeutsames Wirtschaftswachstum wurde erst durch die Einführung neuer Verkehrstechniken möglich, die für die Menschen die Entfernungen verkürzten und die Räume verkleinerten.

Im 18. Jahrhundert übertaf das prozentuale Wachstum der englischen Bevölkerung jenes der skandinavischen, aber wenn man die beiden Jahrhunderte von 1600 bis 1800 ins Auge faßt, liegt Skandinavien an der Spitze (in England nahm die Bevölkerung von 4 Millionen auf 9 Millionen, in Skandinavien von 2 Millionen auf 4,5 Millionen Menschen zu) und liegt auch weit über dem gesamteuropäischen Durchschnitt. Wie Rußland, gehörte es zum europäischen Randgebiet, zu einem Europa der offenen Grenzen.

111 PRAG NACH DER SCHLACHT AM WEISSEN BERG Die Häuser an dieser Gasse, die wir aus der Vogelperspektive zeigen, wurden nach der Schlacht am Weißen Berg errichtet, in einer Zeit, in der Österreich nach Zerschlagung des Adels das Königreich Böhmen mehr denn je in der Hand hatte. Prag hatte im ausgehenden 17. Jahrhundert 40000 Einwohner; im 18. Jahrhundert verdoppelte sich die Bevölkerung. Die Gasse ist noch mittelalterlich eng, aber die Häuser sind sehr stabil gebaut und mit starken Ziegeln ge-

deckt. Die giebelgekrönten Dachfenster verraten eindeutig den österreichischen (und in gewissem Umfang auch italienischen) Einfluß. In dieser Zeit wurde Prag weitgehend zu einer barocken Stadt, und in ganz Böhmen entfaltete die barocke Baukunst ihren Glanz.

112 ALLTAGSSZENE IM HOF EINES HOLLÄNDISCHEN HAUSES Diese Szene versetzt uns in das Holland der sechziger Jahre des 17. Jahrhunderts. Hinter den so städtisch wirkenden Häuserfassaden entfaltet sich ein ländliches Leben: jedes Haus hat seinen Garten mit einem Hinterausgang, von dem sich auf unserem Bild vermutlich der Hausherr der Szene im Vordergrund nähert. Die Kleidung der Hausfrau ist zwar einfach im Schnitt, aber kostbar im Material (man beachte den Pelzbesatz!); sie gibt einer Dienerin Anweisungen, die eine Flunder zubereitet. Jedes Haus hat seinen eigenen Brunnen – ein wichtiger hygienischer Fortschritt und eine große Annehmlichkeit. Unmittelbar hinter dem Haus ist der Hof mit Ziegelsteinen ausgelegt; alles ist peinlich sauber. Der Reisigbesen steht griffbereit. Interessant ist, daß an den Gartenmauern Spalierobst gezogen wird: Wasser gibt es in Holland genug, aber es fehlt an Sonnenschein, so daß bei frei stehenden Bäumen das Obst nicht richtig reift. In keinem europäischen Land herrschten im 17. Jahrhundert so hygienische Verhältnisse wie in Holland. (Pieter de Hoogh, *Herrin und Dienerin in einem Hof*, London, Nationalgalerie)

113 DAS ENTLAUSEN Wenn auch die Holländer ein erstaunlich sauberes Volk waren, hatte doch die Hygiene Grenzen, wie uns

dieses Bild von Pieter de Hoogh (1629 bis 1684) verrät. Wir sehen darauf eine Mutter, die sorgfältig die Haare ihres Kindes nach Läusen durchsucht – eine Szene, die man eher unter den kleinen Gassenjungen Murillos in Sevilla erwarten würde. Die Holländer hatten vor allem unter der Ungunst des Klimas zu leiden: im feuchtkalten Norden waren die Häuser mit den damaligen begrenzten Möglichkeiten nicht richtig zu heizen. Diese Tatsache erklärt die hinter schweren Vorhängen verborgene Bettnische, in die nur wenig Licht und Luft gelangte. Die Kohlenpfanne aus blitzendem Kupfer, in der man im Winter Holzkohle verbrannte, konnte gegen die oft beißende Kälte nur wenig ausrichten. Die Fenster waren zur Hälfte durch schwere hölzerne Fensterläden verschlossen. Aus der Anwesenheit der Katze auf dem Bild dürfen wir schließen, daß Ratten und Mäuse vorhanden waren. Ein interessantes Detail ist der massive Kinderstuhl rechts. Daß es sich hier um einen wohlhabenden Haushalt handelte, beweisen die vielen Bilder an den Wänden. (Pieter de Hoogh, *Mütterliche Aufgabe*, Amsterdam, Rijksmuseum)

114 DER STOLZ DER HAUSFRAU: DIE WÄSCHE Verlassen wir nunmehr die bürgerliche Welt und wenden wir uns der Klasse der Regenten zu. Mit diesem Gemälde führt uns Pieter de Hoogh in das Amsterdam des Jahres 1663. Marmorplatten bedecken den Boden, die schweren Möbel sind durch einfache, geschmackvolle Intarsien verziert. Fenster und Türen sind kunstvoll eingerahmt. Alles ist sauber, nüchtern, ausgewogen. Obwohl es sich hier ganz zweifellos um einen sehr wohlhabenden Haushalt handelt, findet sich

III

113

114

115

116

117

118

119

120

121

122

123

nirgendwo überladener Prunk. Zwei Frauen, eine ältere und eine jüngere, ordnen Wäsche in den Schrank ein. Die jüngere ist sicher keine Dienerin, denn sie trägt kostbare Kleidung und Schmuck. Vermutlich handelt es sich um Mutter und Tochter oder Schwiegertochter. Die Wäsche war neben dem Silbergeschirr kostbarer Familienbesitz; anderseits wurde durch diese Art von Vermögensbildung viel Kapital der Wirtschaft entzogen, wurde zu »totem« Kapital, das keine Zinsen mehr brachte. Das erwies sich auf die Dauer als Nachteil, führte zu einer Lähmung der Wirtschaft. Volkswirtschaftlich gesehen wäre es sinnvoller gewesen, die Gewinne nicht in dieser Form zu horten, sondern sie wieder in der Wirtschaft zu investieren. Die kunst- und schmucklose, reichlich enge Treppe rechts erklärt sich aus der Enge der Häuser: sie waren tief, hoch und schmal. Das Mädchen unter der Tür, das mit einem Billardstock spielt, ist wie eine erwachsene Frau angezogen: richtige Kinderkleidung gab es damals nicht. (Pieter de Hoogh, *Der Wäscheschrank*, 1663. Amsterdam, Rijksmuseum)

115 DIE STAALMEESTERS (TUCHWARDEINE) Das Gruppenbildnis ist 1662 von Rembrandt van Rijn (1616–1669) für den Saal der Tuchwardeine im Amsterdamer Staalhof (dem städtischen Amt für die Überwachung von Maßen und Gewichten) gemalt worden. Die Tuchmacher und Tuchhändler bildeten eine der mächtigsten und reichsten aller Zünfte. Solche Gruppenbildnisse waren in Holland schon seit 1559 üblich und schmückten die Sitzungsräume der Zünfte. Wir wissen genau, wer die fünf Herren mit den breitkrempigen Hüten sind (Hüte wurden

von Männern von Stand damals auch in den Räumen getragen, da diese in der Regel ungenügend geheizt waren; der Diener im Hintergrund hingegen hatte nicht das Recht, in geschlossenen Räumen einen Hut zu tragen). Interessant ist, daß die fünf Staalmeesters verschiedenen Konfessionen angehörten: ein Calvinist, ein Remonstrant, ein Wiedertäufer und zwei Katholiken. In der freien Republik spielten religiöse Unterschiede damals keine sehr große Rolle mehr. Offensichtlich sind die Herren im Begriff, das Hauptbuch der Zunft zu prüfen. Das Bild gehört zu Rembrandts Meisterwerken. Das ganze Licht ist auf die ausdrucksvollen Gesichter konzentriert; die Farbskala ist begrenzt, aber die farblichen Gegensätze sind sehr wirkungsvoll. Hervorragend ist die Komposition: obwohl auf den ersten Blick sehr ruhig, ist das Bild von einer spannungsvollen Dynamik erfüllt. (Rembrandt, *Die Staalmeesters*, 1661, Amsterdam, Rijksmuseum)

116 DIE VORSTEHERINNEN DES AMSTERDAMER AUSSÄTZIGENHOSPITALS Wir befinden uns im Jahr 1624. Vier alte Frauen, die Vorsteherinnen des Aussätzigenhospitals, sind um einen Tisch versammelt, um die Rechnungsbücher des Hospitals zu prüfen und den Jahresabschluß zu machen. Wir können sicher sein, daß die finanzielle Lage des Hospitals ausgezeichnet war, denn der Aussatz war um diese Zeit in den nördlichen Ländern Europas fast verschwunden. Als diese Frauen geboren wurden (die beiden alten Damen links haben sicher die siebzig bereits überschritten), war die Lage allerdings anders. Zu Beginn des 17. Jahrhunderts wurden in Frankreich die Aussätzi-

genhospitale aufgelöst oder in allgemeine Krankenhäuser umgewandelt, ein Zeichen dafür, daß diese im Mittelalter schreckliche Geißel der Menschheit besiegt war. Doch damit war die Zeit der großen Seuchen noch nicht vorbei: Pest, Tuberkulose und Malaria wüteten weiterhin und forderten Millionen Opfer. (Werner van der Walckert, *Die Vorsteherinnen des Amsterdamer Aussätzigenhospitals*, Amsterdam, Rijksmuseum)

117 DAS HOLLÄNDISCHE VOLK VERGNÜGT SICH Auf diesem 1660 entstandenen Bild zeigt uns Jan Steen (1626–1679), einer der bedeutendsten Vertreter der Leidener Schule und Schüler van Goyens, wie sich das einfache Volk, das am Reichtum des Landes teilhat, seines Lebens erfreut. Die ganze Familie begibt sich ins Dorfgasthaus, um im schattigen Garten eine einfache, kräftige Mahlzeit einzunehmen. Eine Mutter gibt ihrem vier oder fünf Jahre alten Söhnchen zu trinken. Im Hintergrund unterhält ein Flötenspieler die Gäste. Es herrscht eine fröhliche, sorglose Atmosphäre, wie sie in anderen europäischen Ländern um diese Zeit dem kleinen Mann kaum je beschert war. Tausende solcher Bilder erinnern daran, wie glücklich dieses Land damals war. (Jan Steen, *Im Dorfgasthaus*, Berlin, Staatliche Museen)

118 DER PFERDEMARKT VON VALKENBURG Diese Szene stammt aus einer Zeit, in der Holland noch um seine Existenz kämpfen mußte. In einem Sechsspänner besucht Prinz Moritz (1584–1625), der Sohn des »Schweigers«, den Pferdemarkt von Valkenburg. In Holland gab es sehr viele Pferde, was sich im Krieg als wertvoll erwies, war doch

dadurch der Aufbau einer sehr beweglichen, schlagkräftigen Reitertruppe möglich. Der Statthalter Moritz von Nassau verstand es im vierundzwanzigjährigen Krieg um die Unabhängigkeit, diese Truppen wirkungsvoll einzusetzen. (Adriaen Pietersz van de Venne, *Prinz Moritz auf dem Pferdemarkt von Valkenburg*, Amsterdam, Rijksmuseum)

119 DIE LAGE DER BAUERN WAR ÜBERALL WENIG ERFREULICH So sah es im Hause eines holländischen Bauern in der zweiten Hälfte des 17. Jahrhunderts aus. Nach den so ordentlichen bürgerlichen Haushalten dieses Landes, die wir kennengelernt haben, mag dieses Bild schockieren. Daß es in dem schrecklichen Jahr 1673 entstand, in dem die Deiche brachen und feindliche Heere das Land überschwemmten, erklärt keineswegs alles. Die Bauern standen auch in Holland auf der untersten Stufe der sozialen Rangordnung. Und doch erging es ihnen besser als ihren Standesgenossen in anderen europäischen Ländern. Sie konnten sich den Luxus kunstvoll verglaster Fenster leisten, und wenn man genau hinschaut, erkennt man, daß ihre Kleidung und ihr Schuhwerk keineswegs von Not sprechen. Materiell waren sie gar nicht so schlecht gestellt, wie es auf den ersten Blick den Anschein haben könnte. (Adriaen van Ostade, *Bäuerliches Interieur*, 1673. Den Haag, Samml. F. Lugt)

120 DIE BAUERN VON LE NAIN: ADEL UND ARMUT Eine ganz andere Atmosphäre herrscht in diesem bäuerlichen Haushalt, in den uns Louis Le Nain (1593–1648) führt. Diese französischen Bauern sind weit ärmer als ihre holländischen Brüder; Schuhe sind ein Luxus, den sich nur der Gast (links) leistet,

den man mit Brot und Wein bewirtet. Der Bauer sitzt in der Mitte, die Bäuerin steht ganz links. Aus der Bildmitte blickt ein rührendes Kindergesicht den Betrachter an. Ein tragischer Ernst zeichnet sich auf den Gesichtern der Erwachsenen ab. Diese Menschen sind sich ihrer Lage offenbar voll bewußt, erkennen die Hoffnungslosigkeit ihres Daseins in einer Welt, die sie nicht zu ändern vermögen. Das großartige Gemälde ist ein sprechendes, erschütterndes Zeitdokument. (Louis Le Nain, *Bauernmahlzeit*, 1642, Paris, Louvre)

121 DER FÜNFTE STAND: DIE BETTLER UND LANDSTREICHER Seuchen, Kriege und Unterernährung ließen im barocken Europa die Zahl der mißgebildeten und verkrüppelten Menschen oft erschreckend anwachsen. Diese Menschen standen am Rand oder sogar völlig außerhalb der Gesellschaft; allein oder in Scharen zogen sie durchs Land, um sich von Bettelei, Gaunereien und gelegentlich auch von Raub und Mord zu ernähren. Um diese Welt der Ausgestoßenen und Elendesten der Elenden kennenzulernen, hätten wir Darstellungen von Velázquez oder Murillo wählen können, deren Bettler unter dem heiteren Himmel Spaniens allerdings stets irgendwie romantisch und heiter wirken. Wir haben uns für die realistischeren, grausameren Bilder des Italieners Giacomo Ceruti entschieden, Il Pittochetto genannt. Er lebte in der ersten Hälfte des 18. Jahrhunderts in Brescia. Hier zeigt er uns in einem Wald einen zerlumpten Landstreicher und ein kleines Mädchen, das zwei-

fellos von Bettelei lebt. (Ceruti, *Die Begegnung*, um 1720–1750, Brescia, Museum)

122 EINE FREUDLOSE KINDHEIT Die Kinder der unteren Stände mußten schon in frühen Jahren zum Unterhalt der Familie beitragen. Das melancholische Gesicht dieses zarten Knaben, der einen schweren Korb zu schleppen hat, spricht für sich: Seine Kindheit besteht aus Arbeit, Hunger und sicherlich auch Schlägen. Die Kinder wurden meist lediglich als billige Arbeitskräfte betrachtet und möglichst früh in den Arbeitsprozeß eingegliedert. (Ceruti, *Der Korbträger*, um 1720–1750, Brescia, Museum)

123 EIN BETTLER Dieser von Ceruti dargestellte Bettler ist eine tragische Gestalt. Vermutlich von Geburt an mißgebildet, schleppt sich dieser Unglückliche als Bettler durchs Leben. Körperlich ist er ein Zwerg, doch das männlich schöne Antlitz verrät, daß in dieser Mißgestalt ein wacher Geist steckt, der sich seiner Lage voll bewußt ist. Wer Glück hatte, konnte als Zwerg Hofnarr werden (Velázquez hat solche Hofzwerge dargestellt), aber in der Mehrzahl wurden die bestenfalls als Kuriositäten angesehenen Krüppel von der Gesellschaft ausgeschlossen und fristeten ein erbärmliches Dasein. Wohl versuchten kirchliche und später auch staatliche Institutionen, das Elend ein wenig zu mildern, aber angesichts der Bettlerheere, die Europa durchzogen, konnten sie nur wenig ausrichten. (Ceruti, *Der Bettler*, um 1720–1750, Brescia, Museum)

Was Rußland* angeht, so liegt die Hauptschwierigkeit für den Historiker in der Unzuverlässigkeit der Dokumente und Quellen – eine Tatsache, die auf die allgemeine Rückständigkeit des Zarenreiches zurückgeht. »Über die russische Bevölkerung«, schreibt M. Reinhard, »sind wir durch die Steuerlisten unterrichtet. Es gibt deren viele, aber sie sind von mäßiger Qualität: infolge der mangelhaften Verwaltung und betrügerischer Machenschaften aller Art wurden bei weitem nicht alle Menschen erfaßt. Aber wenn auch ihre Zuverlässigkeit stark anzuzweifeln ist, lassen sie doch in großen Zügen die Größenordnungen und die Entwicklungstendenzen sichtbar werden.« Die russische Bevölkerung wuchs im 18. Jahrhundert rasch an. Noch stärker war das Wachstum im 19. Jahrhundert; es entsprach prozentual dem in den begünstigten westeuropäischen Regionen des 18. Jahrhunderts. Eine solche zeitliche Verschiebung zwischen Rußland und Westeuropa ist auf vielen Gebieten anzutreffen. Im Gegensatz zu Skandinavien scheint Rußland von den außergewöhnlich niedrigen Temperaturen der »kleinen Eiszeit« des ausgehenden 17. und der ersten Hälfte des 18. Jahrhunderts nicht betroffen worden sein.

Ein zweiter großer Unterschied zwischen den beiden Grenzgebieten Europas besteht darin, daß Skandinavien im 17. Jahrhundert eine Zeit relativer Ruhe erlebte, während Rußland von allen möglichen Katastrophen heimgesucht wurde; hier verbündeten sich wie in Deutschland die Menschen mit den Naturkatastrophen, wurden vielleicht von ihnen mitgerissen; die angestaute Spannung entlud sich in einer Zeit der Wirren. Marcel Reinhard hat erkannt, wie eng die wirtschaftlichen und epidemiologischen Faktoren durch die bewährten Modelle der alten Bevölkerungstheorie miteinander verknüpft sind: »Rußland wurde von denselben Plagen heimgesucht wie das übrige Europa: Hungersnot und Pest im Jahre 1602, Pest im Jahre 1654, dann wieder Hungersnot und Pest 1709 und 1710.« Von 1678 bis um 1715 mußte Rußland mit einer Stagnation seiner Einwohnerzahl für die Revolutionen Peters des Großen bezahlen: rund 40 Jahre lang veränderte sich der Bevölkerungsstand (11 bis 12 Millionen) kaum. Die Bevölkerungsdichte betrug 5,5 bis 6 E/qkm, die Gesamtfläche 2 Millionen Quadratkilometer (80 Prozent Wälder, 10 Prozent Ackerland und Wiesen, 10 Prozent Steppen und Sümpfe). Wie aber sah es vor diesem Zeitpunkt aus? Gab es in Rußland nicht, wie in Deutschland und China, an der Wende des 16. zum 17. Jahrhundert irgendeine große Katastrophe? Dieser Meinung ist Pierre Pascal. Die Umwälzung, die den gewaltigen Veränderungen im Osten im 13. Jahrhundert und in Westeuropa im 14. Jahrhundert vergleichbar sind, schreibt Pierre Pascal mehr den Menschen selber als den Naturumständen zu:

»Seit dem Mongoleneinfall hatte Rußland keine Erschütterung mehr erlebt, die sich mit der Zeit der Wirren vergleichen läßt ... Die Krise, die am 7. Januar 1598 mit dem Tod des Zaren Feodor begann, setzte sich noch lange nach der Wahl Mikhail Romanows (1613) fort. Von Anfang an wirkten die Ereignisse auf einen allgemeinen Zusammenbruch des Staates, der Kirche, der Sitten und Traditionen hin, wozu noch die furchtbaren materiellen Verwüstungen kamen. Daß die Katastrophe so allumfassend war, erstaunte die Menschen, stellte den nachdenklichen Geistern Probleme und schuf für empfindsame Gewissen Verpflichtungen. Man kann sich heute kaum mehr eine Vorstellung davon machen, in welchem Umfang der größte Teil Rußlands verheert wurde. Der Westen und das Zentralgebiet, die schon unter der Politik Iwans des Schrecklichen im letzten Drittel des 16. Jahrhunderts unsäglich zu leiden gehabt hatten, wurden regelrecht entvölkert. Danach wurde die in vollem Aufschwung befindliche Pomorie (am Weißen Meer) betroffen ... Lange noch sollten die Grundbücher bis zur Monotonie die Eintragung wiederholen: ›Ödland, auf dem einst der Weiler x stand.‹«

Hier gelangen wir zu einem der Hauptelemente jener Dialektik zwischen Mensch und Boden, die gleichzeitig östlich (man denkt an China) und kontinental ist (wir denken wieder an China, aber auch an das Deutschland der ersten Hälfte des 17. Jahrhunderts). Das Land war nur verhältnismäßig dünn besiedelt, die Menschen fühlten sich ihm nicht sonderlich stark verbunden (was allerdings nicht für China galt), sie konnten sich jederzeit wieder zurückziehen. Der Westeuropäer hingegen war seit der Katastrophe des 14. Jahrhunderts dem Boden stärker verhaftet, hatte gleichsam endgültig Wurzeln geschlagen. In dieser Hinsicht war Rußland im 17. und 18. Jahrhundert noch ein mittelalterliches Land.

»Nach dem Durchzug der Polen und Kosaken«, führt Pierre Pascal weiter aus (die Kosaken marschierten ins Kerngebiet Rußlands, ein Vorgang, der an die Plünderung Roms durch seine großenteils aus den Barbarenvölkern rekrutierten Legionen denken läßt), »blieb oft nicht mehr als ein Viertel der Häuser übrig, wurde nur noch ein Viertel des Bodens bestellt. Das mächtige Troizko-Sergiewsche Kloster (Troizko-Sergijewskaja Lawra), dessen Grundbesitz 196 000 Hektar in sechzig Distrikten der verschiedensten Regionen umfaßte und das mehr als sonstwer die Möglichkeit hatte, seinen Besitz in gutem Zustand zu erhalten, zählte statt 37,3 Prozent landwirtschaftlich genutztem Anteil seines Bodens in den Jahren 1592–1594 nur noch 1,8 Prozent in der Zeit von 1614 bis 1616 ... Während der Hungersnot der Jahre 1601–1603 brachte man in die drei Moskauer Beinhäuser 127 000 Leichen, vor allem Flüchtlinge aus den ländlichen Gebieten ...« Verwüstungen, Abschlachtungen, Diebstähle, Raub und Plünderung, Vergewaltigungen ... eine endlose Litanei.

Angesichts eines rein endogenen Bevölkerungsschwundes im China des 17. Jahrhunderts (27,56 Prozent in 130 Jahren, 29,55 Prozent von 1562 bis 1650 und 20,83 Prozent von 1600 bis 1650) und im Gegensatz zum Schwund der eingeborenen Bevölkerung in Amerika, der durch die Weißen verursacht wurde, stellt Louis Dermigny die Frage: »Gibt es anderswo ein ebenso spektakuläres Absinken? Wir müssen den Blick auf Rußland richten, das zwischen etwa 1580 und 1620 eine Zeit der Wirren erlebt hat, vergleichbar jener, die China zwanzig bis dreißig Jahre später erschütterte ... Und vielleicht kommt man auf Grund dieser Untersuchung zu dem Schluß, daß derart gewaltige Schwankungen den großen Kontinentalreichen zu eigen sind, die in jeder Hinsicht, demographisch wie klimatisch, Extreme kennen. Extreme nach beiden Richtungen, denn die chinesische Bevölkerung erlebte in der zweiten Hälfte des Jahrhunderts ein Wachstum, das noch steiler war, als zuvor der Bevölkerungsschwund gewesen war ...« Dennoch darf man den Vergleich zwischen China und Rußland nicht zu weit treiben. Die Bevölkerungsdichten beider Länder weisen ganz andere Größenordnungen auf (40 E/qkm in China, 5 E/qkm in Rußland), desgleichen die Einwohnerzahlen (10 zu 100 zugunsten Chinas). Rußland war nur ein Grenzgebiet, das an Europa angeschlossen wurde, während China für sich allein mehr darstellte als ganz Europa. Aber nach dem katastrophenreichen 17. Jahrhundert verlief das Wachstum im Osten wie im Westen in gleichen Bahnen: die Einwohnerzahl vervielfältigte sich ohne große Steigerung der Bevölkerungsdichte, weil neue Siedlungsräume erschlossen wurden.

In Zentralrußland, der nördlichen Ukraine und den Territorien im Norden und Osten lebten auf etwa 2 Millionen Quadratkilometern im Jahre 1724 rund 12 bis 12,5 Millionen Menschen (6 bis 6,25 E/qkm); 1796 waren es auf dem gleichen Gebiet 21 Millionen. Aber inzwischen hatte, noch ehe Amerika im Gefolge seiner Pioniere die Appalachen überschritten hatte, Rußland auf breiter Front jenseits des Urals von Sibirien Besitz genommen. Meilensteine dieses Vormarsches waren Kronstadt, Jekaterinburg, Ufa und Tobolsk. Auf diesen besiedlungsfähigen 4 bis 5 Millionen Quadratkilometern lebten 36 Millionen Menschen (8 bis 9 E/qkm). Das bedeutete eine Verdreifachung der Bevölkerung wie in China. Die Besiedlungsdichte veränderte sich nur wenig, aber der mehr oder weniger unter russischer Kontrolle stehende Raum erweiterte sich nach amerikanischem Muster.

Mehr noch als an China wird man durch Rußland an das »überseeische Europa« in Amerika erinnert, wenn man die Dinge nur oberflächlich betrachtet, die Wechselwirkung zwischen Mensch und Raum nur äußerlich sieht. Zu Beginn des hier behandelten Zeitraums hatte der Prozeß einer Ausweitung Europas über den ganzen Erdball bereits begonnen, aber nach 1550 trat ein gewisser Stillstand ein. Das »weltweite« Europa jener Zeit läßt sich grob gesprochen in ein Handelsreich, ein politisches Reich und eine Besiedlungszone einteilen, die sich mehr oder weniger überschneiden.

Im riesigen Fernen Osten hatten die Europäer erst wenig Fuß gefaßt. Die politische und wirtschaftliche Durchdringung des indischen Subkontinents begann erst ab der Mitte des 18. Jahrhunderts, obwohl schon im ausgehenden 17. Jahrhundert die ersten Ansätze dazu gemacht wurden. Die wachsende Aktivität dieser Zeit spiegelt ebensosehr die Dynamik Ostasiens (die Bevölkerung Chinas wuchs, wie schon berichtet, zwischen 1700 und 1800 auf das Dreifache) wie die Dynamik des europäischen Handels. Dieser gewaltige Verkehr, der wesentlich dazu beigetragen hat, die Voraussetzungen für die industrielle Revolution in Europa zu schaffen, wurde von den »Indienfahrern« aller beteiligten Länder bewältigt und kontrolliert; man errichtete überseeische Handelsniederlassungen und Stützpunkte. Auf der europäischen Seite waren weniger als hunderttausend Menschen am Überseehandel mit dem Fernen Osten beteiligt, hauptsächlich die Holländer, aber auch die jungen Kolonialmächte Frankreich und England. Nur eine unbedeutende Rolle spielten die Dänen in Trankebar (Indien) und die »Belgier« aus den habsburgischen Niederlanden (Ostende und Antwerpen) an der Koromandelküste, in Bengalen und China (Kanton). Dennoch lastete dieses winzige »Randeuropa«, das nach dem Ende des Siebenjährigen Krieges einen großen Aufschwung nahm, schwer auf Europa und Asien. Aus einer einzigen indischen Provinz (allerdings der am dichtesten bevölkerten dieses Landes, nämlich Bengalen) holten »die Engländer eine Summe von 38 Millionen Pfund heraus ... und transferierten sie nach England«. Aber das geschah zwischen 1757 und 1780, hatte also »nichts mit dem Indienhandel in einem nicht kolonisierten Indien zu tun, den die Portugiesen und Holländer im 17. Jahrhundert praktiziert hatten« (F. Mauro).

Das politische Reich umfaßte in erster Linie das spanische Amerika, das Amerika der *Conquista,* und in gewissem Umfang auch Brasilien. Um 1700 lebten in dem unter europäischer Herrschaft stehenden Mittel- und Südamerika rund 11 Millionen Menschen. Die Zahl der Weißen betrug noch nicht ein Zehntel (700 000). Um diese Zeit setzte das Wachstum Brasiliens ein; auf der Suche nach Gold drang man von der Küste her ins Landesinnere vor. Um 1700 umfaßte das spanisch-portugiesische Amerika insgesamt 3 Millionen Quadratkilometer mit 11 500 000 Menschen; um 1750 waren es 5 Millionen Quadratkilometer und 12 000 000 Menschen, um 1800 8 Millionen Quadratkilometer und 19 000 000 Menschen. Das Wachstum setzte um 1700 ein, beschleunigte sich aber in wesentlichem Maß erst ab 1750: hier wie anderswo war die zweite Hälfte des 18. Jahrhunderts die Zeit eines revolutionären Aufschwungs. Der Wandel betraf in erster Linie den Raum, nicht die Einwohnerzahl. Nach der teilweisen Ausrottung der Indianerbevölkerung in Ibero-Amerika in der ersten Hälfte des 16. Jahrhunderts blieb die Bevölkerungsdichte lange bei 4 E/qkm fast konstant. Von 1600 bis 1800 sank die Besiedlungsdichte in den mehr oder weniger von den Europäern kontrollierten Gebieten ab: die Gebietserweiterungen entsprangen in erster Linie der Notwendigkeit, durch die Unterwerfung anderer Eingeborenenstämme einen Ausgleich für den Rückgang der Indianerbevölkerung in den alten Gebieten zu finden. Das hatte zur Folge, daß die Besiedlungsdichte in den kontrollierten Gebieten Ibero-Amerikas von 1600 bis 1800 von 5 auf 2 E/qkm absank. Was dieses Amerika an Territorium gewann, verlor es weitgehend an Leistungsfähigkeit.

Für das dominierende Europa waren jedoch nicht die Eingeborenen, sondern lediglich die weißen Kolonisten von Interesse. Der Wachstumsrhythmus des weißen Amerika im Süden war im 18. Jahrhundert wahrhaft erstaunlich. Wenn man Brasilien dazurechnet, wuchs die Zahl der Weißen von 800 000 auf vier Millionen, verfünffachte sich also, wuchs prozentual stärker an als die Bevölkerung Rußlands. Dazu kamen noch ungezählte Mischlinge. 1700 gab es noch keine Million Weiße im spanischen und portugiesischen Amerika; 1800 waren es bereits sechs Millionen.

Noch steiler war die Wachstumskurve in Nordamerika, im Amerika der »frontier«, der Grenze. Um 1700 kontrollierten die Europäer 50 000 Quadratkilometer; man zählte etwa 250 000 Menschen. Um 1800 waren es bereits fünfeinhalb Millionen Menschen, darunter etwa fünf Millionen Weiße, die hauptsächlich an der Ostküste konzentriert waren, sich aber allmählich durch den Halbkontinent nach Westen vorschoben. Wie in Rußland betrug die Bevölkerungsdichte 5 E/qkm. Insgesamt vervielfachte sich die Bevölkerung in einem einzigen Jahrhundert um das Zwanzigfache – eine Entwicklung, die nirgendwo sonst auf der Welt zu verzeichnen war. Natürlich spielte dabei die Einwanderung aus Europa eine ganz wesentliche Rolle.

Hinsichtlich der Bevölkerungsdichte in Europa und seinem überseeischen Reich in Amerika erhalten wir also folgendes Gesamtbild: Das europäische Kerngebiet war verhältnismäßig dicht bevölkert (35 bis 40 E/qkm, was nach heutigen Maßstäben allerdings nicht sehr viel ist); es schlossen sich weniger dichtbevölkerte Zonen an, und in den Randgebieten, den »Grenzmarken«, betrug der Wert fast einheitlich nur noch 5 E/qkm. Insgesamt schwankte also die europäische Besiedlungsdichte zwischen 40 und 5 E/qkm. Umgekehrt proportional war die Zunahme der Bevölkerung: im Kerngebiet wuchs sie nur langsam an (die Bevölkerungsexplosion setzte hier erst im 19. Jahrhundert ein), in den Randzonen – Ukraine, asiatisches Rußland, Nord- und Südamerika – hingegen sehr rasch. Im 17. Jahrhundert verlief die Bevölkerungskurve in der Regel auf gleicher Ebene, nicht selten sogar nach unten. Der Aufstieg setzte im 18. Jahrhundert ein, war allerdings in verschiedenen Zonen recht unterschiedlich. Wesentlich jedoch ist die Konstanz an beiden Enden der Skala. Im Kerngebiet wurde die Dichte von 40 E/qkm in dem Zeitraum unseres Buches kaum überschritten; bezeichnender noch ist, daß das Wachstum in den Randgebieten – Rußland und Amerika – mehr eine territoriale Vergrößerung als eine wesentliche Veränderung der Bevölkerungsdichte im Gesamtgebiet bedeutete.

Damit haben wir eine der Konstanten des barocken Europa kennengelernt: die Konstanz der Bevölkerungsdichte, die zwischen 40 und 5 E/qkm lag. Der Mensch stand weiterhin unter der Herrschaft eines Raumes, von dem völlig Besitz zu ergreifen ihm noch nicht gelungen war.

Aber die historischen Konstanten sind im Grunde nur übersehene Variablen, die sich so langsam verändern, daß ein Wandel schwer erkennbar ist. Das 17. Jahrhundert konnte noch nicht daran denken, die Besiedelungslücken zu füllen, jene Lücken, die sich als so störend erwiesen, weil sie den inneren Zusammenhang zerrissen, die Menschen vielfachen Gefahren aussetzten – nachts pflegten sich die Bauern in vielen Teilen Europas zu verbarrikadieren, weil, besonders im Winter, Wölfe durch die Dörfer streiften – und den Verkehr zu endlosen Umwegen zwangen, so daß der Ausbau eines dichteren Verkehrsnetzes völlig unmöglich war. Als aber der Aufschwung des 18. Jahrhunderts einsetzte, vollzog sich eine tiefgreifende Veränderung. Wie das 13. Jahrhundert, war das 18. Jahrhundert in Europa ein Jahrhundert der Landnahme, der Ausweitung der genutzten Bodenfläche.

Diese Tatsache darf uns allerdings nicht dazu verleiten, dem 17. Jahrhundert in dieser Hinsicht jede Bedeutung abzusprechen. Die Trockenlegung und Nutzbarmachung der Sümpfe des Poitou wurde zur Zeit Colberts beendet; eine wesentliche Hilfe waren die holländischen Entwässerungsingenieure, die man unter hohen Kosten ins Land gebracht hatte. Holland rang in zäher Arbeit dem Meer Boden ab. 1682 errichteten die Amsterdamer am Südrand des Ijsselmeers einen Damm, um ein Stadtviertel, das mehr als zweitausend Häuser zählte, gegen Überschwemmungen zu sichern. Wir sollten nicht übersehen, daß die großen Zeiten der holländischen Landgewinnung die zweite Hälfte des 16. Jahrhunderts, die ersten Jahrzehnte des 17. Jahrhunderts und vor allem das 18. Jahrhundert waren; die zweite Hälfte des 17. Jahrhunderts jedoch, die man in politischer, wirtschaftlicher und geistiger Hinsicht mit Recht als das Goldene Zeitalter Hollands bezeichnet, sah keine großen Unternehmungen in dieser Richtung, sondern war lediglich eine Zeit der Konsolidierung, in der nichts Entscheidendes geschah. »Das 17. Jahrhundert erlebte keine Katastrophe, die sich mit der Sturmflut von Allerheiligen 1570 vergleichen ließe« (Paul Zumthor). Die Fluten von 1638 und vom 16. November 1651 waren verhältnismäßig harmlos. Die Gefahr kam nicht vom Meer, sondern vom Land her. Als in der denkwürdigen Nacht vom 5. auf den 6. März 1651 eine von heftigen Stürmen gegen das Land getriebene Flut die Deiche zu zerschlagen drohte, war praktisch das ganze Volk auf den Beinen, um die Gefahr abzuwehren. Mit dem Meer wurde man jetzt verhältnismäßig leicht fertig; durch die »kleine Eiszeit« war das Polareis angewachsen, so daß riesige Wassermassen im Polgebiet gebunden waren und die zu allen Zeiten der Wut des Meeres ausgelieferten nordwesteuropäischen Küstenstriche eine Atempause hatten. Hingegen wurde nun ein anderes Problem vordringlich: die übermäßig starken Regenfälle zusammen mit den anormal niedrigen Temperaturen drohten das Land zu versumpfen. Man mußte neue Möglichkeiten der Entwässerung finden. Große Arbeiten zu diesem Zweck setzten um 1550 ein und erreichten um 1640 ihren Höhepunkt (zu dieser Zeit wurden jährlich etwa 1800 Hektar trockengelegt), ließen aber dann rasch nach, obwohl man als neues Hilfsmittel die von Windmühlen angetriebenen Pumpen zur Verfügung hatte. »Seit 1609 legte man in unterschiedlichen Höhen Ketten von Pumpstationen an, die es ermöglichten, das Wasser stufenweise zu heben.«

Das erste große Landgewinnungsprojekt, das vom Staat durchgeführt wurde, entsprang einem Vorschlag von Dirk van Oss, Großbürger und Mitglied des Direktorenkomitees der Ostindischen Kompanie (der *Heeren* XVII). Trockengelegt wurde der Beemster-See nordwestlich von Amsterdam. Eine Kapitalistengruppe produzierte gleichsam auf Kosten eines Sees Land – aber schließlich sind wir in Holland. Man mußte nicht nur gegen die Elemente, sondern auch gegen die in der Umgebung ansässigen Bauern kämpfen. Das Unternehmen war deshalb von Bedeutung, weil der Beemster-See als Versuchsobjekt diente. Allerdings verstand man es zu Beginn des 17. Jahrhunderts noch nicht recht, das gewonnene Land wirtschaftlich zu erschließen. »Im Jahre 1632«, berichtet Paul Zumthor, »war lediglich ein Viertel von Beemster« (der Polder war schon zwanzig Jahre zuvor von einer staatlichen Delegation feierlich eingeweiht worden) »landwirtschaftlich genutzt: zu einem Fünftel als Weide, zu einem Drittel als Wiese, der Rest als Gärten und Weinland.« Von 1612 bis 1640 wurden die meisten holländischen Seen nach einer Methode trockengelegt, die dem Ingenieur Leeghwater zugeschrieben wird. Es verschwanden die Seen von Wieringerwaard, Purmer, Wormer, Hugowaard, Schermer. Amsterdam ging daran, das im Süden gelegene Sumpfgebiet Diemen trockenzulegen. Insgesamt wurden in diesen achtundzwanzig Jahren zwanzig Sümpfe kultiviert, alles in allem 45 000 Hektar. Das Unternehmen wurde von kapitalistischen Interessengruppen und vom Staat getragen; die holländischen Bauern wollten mit derart umfangreichen Arbeiten nichts zu tun haben. Besiedelt wurde das Neuland durch Bauern aus den Binnenprovinzen oder auch aus Deutschland. Das holländische Beispiel machte Schule. Leeghwater eilte durch ganz Europa, um Entwässerungspläne auszuarbeiten; Bordeaux, Emden, Friesland, der Herzog von Épermon, der Herzog von Holstein, der Stathouder nahmen seine Dienste in Anspruch. Zu dieser Zeit keimte in ihm sein größtes Projekt: überzeugt von der Fruchtbarkeit des Seegrundes, beschloß Leeghwater, die Trockenlegung des größten holländischen Sees in Angriff zu nehmen, des 10 000 Hektar großen Haarlemer Sees zwischen Amsterdam und Leiden. 1641 legte er sein Projekt den holländischen Generalstaaten vor. Aber in diesem Jahr war es bereits zu spät: die Lage hatte sich auf der ganzen Linie wesentlich verschlechtert, die Wirtschaft war im Rückgang begriffen, der Bevölkerungsschwund hatte eingesetzt. Erst im 19. Jahrhundert wagte man sich schließlich an das kühne Unternehmen. Daß Leeghwater mit seinem Projekt scheiterte, macht die Wende deutlich, die um 1640 eintrat. Sogar Holland war nun so erschöpft, daß es ein halbes Jahrhundert lang auf weitere Landgewinnung verzichtete, verzichten mußte.

Dem Meer, den Seen, Teichen und Sümpfen Acker- und Weideland abgewinnen ist ein kostspieliges Unterfangen, das sich nur ein an Menschen und Kapital reiches Land leisten kann, dessen Fläche begrenzt und dessen Technik hochentwickelt ist. Überall sonst begnügte man sich damit, die Wälder und Heiden zurückzudrängen oder auch das Brachland zurückzugewinnen, das durch den Bevölkerungsschwund an die Stelle früherer Äcker getreten war. Im 18. Jahrhundert aber ermöglichte die von England ausgehende Revolution der Landwirtschaft eine Steigerung der Produktion um 50 oder 100 Prozent, da man nunmehr darauf verzichten konnte, alljährlich einen beträchtlichen Teil der Felder brachliegen zu lassen.

ZU DEN ABBILDUNGEN 124–128

124 DIE ENTWICKLUNG DER VERKEHRSMITTEL: DER WAGEN LUDWIGS XIII. Im 17. Jahrhundert veränderten die Transportmittel ihr Aussehen nur wenig. Erst die befestigten »Straßen des Königs« gaben dem Verkehrswesen neuen Auftrieb: man baute leichtere Wagen, die besser gefedert waren. Dieser Staatswagen Ludwigs XIII. besteht aus einem hölzernen Rahmen, der mit Leder bespannt ist; Vorhänge schützen die Insassen vor Staub, Sonne und Regen. Die Federung besteht aus einfachen Ledergurten. Schwere

Aufbauten konnte man sich nicht leisten, da
sich die Straßen in einem heute unvorstell-
barem Zustand befanden. Die Räder sind
eisenbereift, aber die zahlreichen Nägel, mit
denen die Reifen befestigt sind, beweisen,
daß man zu dieser im ausgehenden 16. Jahrhundert aufgekommenen Neuerung noch
wenig Zutrauen hatte. Wie anstrengend
unter diesen Umständen eine Reise war,
kann man sich ausmalen. (Compiègne, Musée National de la Voiture)

125 DIE ENTWICKLUNG DER VERKEHRSMIT-
TEL: DIE KAROSSE LUDWIGS XIV. Achsen und
Deichsel sind bei diesem Wagen stärker, aber
ansonsten hat sich nicht viel geändert. Der
Aufbau ist immer noch mit Lederriemen am
Fahrgestell aufgehängt; auf holprigen Straßen wurden die Insassen tüchtig durch-
geschüttelt. Der Aufbau ist allerdings massiver, und die Fenster sind verglast. Daraus
ist zu schließen, daß die Straßen wenigstens teilweise allmählich verbessert wurden.
(Compiègne, Musée National de la Voiture)

126 BAU EINES ABSCHNITTS DER »STRASSE
DES KÖNIGS« Entscheidende Fortschritte im
Straßenbau wurden in Frankreich zwischen
1750 und 1770 gemacht. Im letzten Viertel
des 18. Jahrhunderts wurde in Westeuropa
ein Straßennetz geschaffen, wie man es seit
der Römerzeit nicht mehr gekannt hat. Der
Stolz Frankreichs war die mit Kopfstein-
pflaster versehene »Straße des Königs«.
Joseph Vernet (1714–1789) hat auf diesem
Bild dargestellt, wie ein Straßenabschnitt
gebaut wird. Im Hintergrund wird ein
Fluß überbrückt; man bedient sich einiger
Hebegeräte. Ansonsten wird alle Arbeit
mit primitivsten Hilfsmitteln durchgeführt:

Hacken, Schaufeln, Schubkarren, Pickel,
zwei Pferdegespanne. Im Vordergrund wird
ein Felsen mittels eines starken Keils abge-
sprengt. Ganz links ist ein Meilenstein aufgestellt. Die Herren zu Pferd gehören wohl
dem neugeschaffenen »Corps des ingénieurs
des ponts et chausées« an, das die Aufgabe
hatte, den Straßenbau zu planen und zu
überwachen. (Joseph Vernet, *Straßenbau*,
Paris, Louvre)

127 EINE WICHTIGE WASSERSTRASSE: DIE
SEINE IN PARIS So sah es auf der Seine in
der zweiten Hälfte des 17. Jahrhunderts
aus. Links sehen wir den Louvre, den eine
Ufermauer vor Hochwasser schützt. Im
Hintergrund der Stadtkern mit dem Pont-
Neuf, der Sainte-Chapelle, Notre-Dame,
dem Jakobsturm; rechts ein Palast aus der
Zeit Ludwigs XIII. Überraschend ist der
rege Verkehr auf dem Fluß. Nicht nur Güter, sondern auch Personen wurden in großer Zahl auf Schiffen befördert, denn damals kam man zu Wasser am schnellsten
und sichersten voran. Deshalb bediente man
sich, wo immer möglich, der Wasserwege.
(Pariser Ansicht zwischen 1670 und 1685:
Die Seine und der Louvre-Palast. Paris,
Musée Carnavalet)

128 DIE PLACE ROYALE UM 1665 Hier sehen
wir, etwa fünfzig Jahre nach seiner Fertig-
stellung, das architektonische Zentrum des
Paris Heinrichs IV. und Ludwigs XIII.: die
Place Royale (heute Place des Vosges). Die
Häuserreihen, die den Platz säumen, sind
vollkommen symmetrisch. Die Mauern bestehen aus hellroten Ziegelsteinen mit Fen-
ster- und Bogeneinfassungen aus weißen
Steinquadern, die Dächer sind schiefer-

124

125

127

128

In Frankreich wurde im 17. Jahrhundert nur verhältnismäßig wenig Neuland gewonnen, doch trat nach 1730 und besonders in dem Jahrzehnt von 1750 bis 1760 eine beträchtliche Steigerung ein. Die beiden bedeutendsten Ausnahmen auf dem Gebiet der Landnahme waren im 17. Jahrhundert Ostdeutschland (Kolonisation unter dem Großen Kurfürsten, 1640–1688) und die nördliche Ukraine, aber dabei wurde mindestens ebensoviel Brachland wieder unter den Pflug genommen, wie Neuland erobert wurde. In ganz Ostdeutschland wurde der Bevölkerungsstand von 1620 erst etwa ein Jahrhundert später wieder erreicht. Die im 17. Jahrhundert in Zentralrußland durchgeführte Landgewinnung erreichte lediglich, daß man um 1800 wieder die gleiche Landfläche bestellte wie vor der Zeit der Wirren, also im ausgehenden 16. Jahrhundert.

Im 18. Jahrhundert trat ein grundlegender Wandel ein. Ab 1720 bis 1730 veränderte sich der europäische Raum unter der konvergierenden Auswirkung einer zwiefachen Neulandgewinnung: einerseits durch die Ausweitung der Grenzen in Ungarn, Sibirien, Rußland und Amerika, anderseits durch die Erschließung der leeren Räume innerhalb des alten Europa, durch die Schließung der Besiedlungslücken – ein Vorgang, der weit weniger augenfällig war als das, was sich an den Grenzen Europas abspielte. Der Grund hierfür ist einfach: die wachsende Bevölkerung brauchte mehr Platz, und zudem führte diese Öffnung der inneren Grenzen zu einer besseren Beherrschung des Raumes durch den Menschen. Mehrere dicke Bücher wären notwendig, um die Bilanz dieses ebenso bedeutsamen wie komplizierten Prozesses zu ziehen.

Wir wollen uns hier auf ein einziges repräsentatives Beispiel beschränken, auf die Erschließung der Sierra Morena, die in den sechziger Jahren des 18. Jahrhunderts in Angriff genommen wurde. In einem Spanien, dessen Bevölkerung zu diesem Zeitpunkt noch nicht einmal den Stand von 1590 wieder erreicht hatte, ging es weniger darum, neue Nutzflächen zu gewinnen, als darum, eine Lücke im Landes-

gedeckt. Vollendet wurde der Platz und sein baulicher Rahmen um 1622, in einer Zeit also, in der die günstige Wirtschaftslage solche großangelegten Unternehmen ermöglichte. Noch 1665 war dieser Platz der Stolz der Hauptstadt. Etwas Vergleichbares wurde erst mit den großen Stadtpalästen des 18. Jahrhunderts geschaffen. Natürlich lebte am Königsplatz nur die Creme der Gesellschaft, die sich bemüht, ihren Reichtum in jeder Weise zur Schau zu stellen (man beachte die prunkvollen Karossen). Der Hof blieb allerdings nur noch wenige Jahre in Paris, um dann nach Versailles zu übersiedeln. (*Die Place Royale um 1665*. Paris, Musée Carnavalet)

inneren zu schließen, durch die die Verbindungen zwischen Kastilien und Andalusien unterbrochen wurden. Kaspar von Thurriegel, ein bayerischer Adliger, machte im Mai 1766 den Vorschlag, in Deutschland (das inzwischen die langwierigen Folgen des Dreißigjährigen Krieges völlig überwunden hatte) und Flandern sechstausend Siedler zu rekrutieren und sie im spanischen Amerika zur Verstärkung verschiedener schwacher Stellen anzusiedeln. Pablo de Olavide, dieser *limeño*, der der Liebling der Philosophen werden sollte, arbeitete darauf hin, daß die Siedler nicht in die fernen Urwälder und Steppen Amerikas verfrachtet, sondern in die weit näheren und unendlich störenderen Wüsten Mittel- und Südspaniens »zwischen Valdepeñas (südlich der Mancha) und Bailen (an der Nordgrenze Andalusiens)« umdirigiert werden sollten. Dieses Gebiet war auf den Landkarten des 18. Jahrhunderts ein riesiger weißer Fleck. »Die Inbesitznahme eines Gebietes, das seit dem 13. Jahrhundert aufgegeben war, bedeutete überdies eine Sicherung der neuen Hauptverkehrsstraße Andalusiens, deren Bau 1761 beschlossen worden und die für das Königreich ungemein wichtig war, weil auf ihr ein Teil des aus Amerika gebrachten Silbers bis nach Madrid transportiert werden konnte.« »Längs des alten Weges, der mit Wagen kaum befahrbar war«, schreibt Marcelin Défourneaux, »gab es nur einige Herbergen *(ventas)*, deren Wirte oft mit den Räubern im Bunde waren, die die Gegend unsicher machten, die Reisenden beraubten und sie auch ermordeten, wie die zahlreichen Kreuze am Wegrand bezeugten.«

Die Erschließung der Sierra Morena wurde um die gleiche Zeit in Angriff genommen wie die »Straße des Königs« in Frankreich. Sie nahm gewissermaßen die ab 1860 in Nordamerika durchgeführten Aktionen zur Kolonisierung des »Wilden Westens« durch gleichzeitige Besiedlung und Anlage einer transkontinentalen Eisenbahnverbindung vorweg. Unternehmungen wie die Besiedlung der Sierra Morena wurden zwischen 1750 und 1770 im ganzen alten Europa (Europa ohne die »Grenzmarken« Ungarn, Rußland, Skandinavien und Amerika) durchgeführt; sie stellen die erste, von den Historikern meist übersehene Etappe einer sehr großen Revolution dar, der Revolution des Landverkehrs oder, wenn man so will, der Revolution der Vereinheitlichung des europäischen Raumes. Daß die verkehrstechnische Erschließung nur das alte Europa erfaßte, wurde in den Napoleonischen Kriegen deutlich: wohl kamen die französischen Armeen, deren schwere Bewaffnung auf die französischen »Königsstraßen« abgestimmt war, zügig nach Berlin, aber als sie 1812 den Njemen überschritten, blieben sie unverzüglich im Morast stecken und mußten in Rußland kläglich scheitern – in einem Land, dessen Entfernungen erst durch die Eisenbahn und teils sogar erst durch das Flugzeug bezwungen werden konnten.

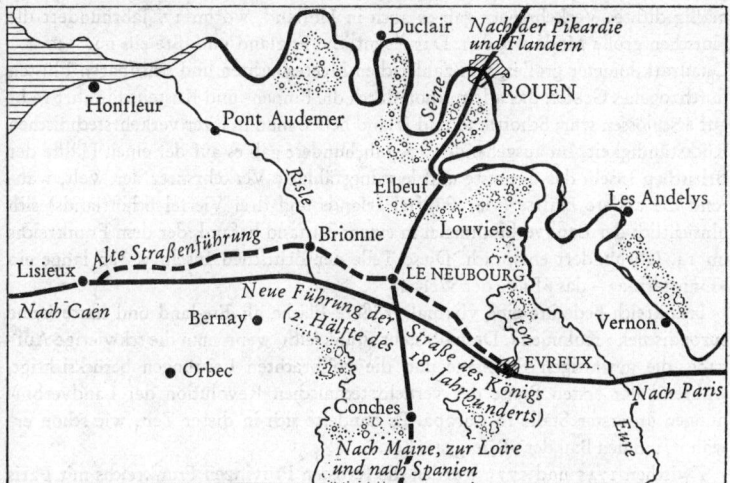

25 DIE STRASSE DES KÖNIGS VERÄNDERT DIE KARTE DER NORMANDIE (nach P. Chaunu in *Annales E.S.C.* Nr. 6, 1962). Allmählich wurde im europäischen Kerngebiet ein für die damalige Zeit leistungsfähiges Verkehrsnetz aufgebaut. In Frankreich waren es vor allem die »Straßen des Königs«, die sinnvoll geplant und gut ausgebaut wurden, um die Provinzen mit der Hauptstadt zu verbinden. Wie später die Eisenbahn, veränderten sie die »menschliche Geographie« der Gebiete, durch die sie führten. Hier ein Beispiel: Neubourg war ein wichtiges Zentrum am Schnittpunkt zweier Hauptstraßen. Die neue Straße führte südlich vorbei, so daß der Ort um 1770 praktisch bedeutungslos geworden war. An seine frühere Bedeutung erinnert noch heute der riesige Platz, auf dem einst ein Teil des nach Paris getriebenen Schlachtviehs umgeschlagen wurde. Die neuen, nach einem einheitlichen Gesamtplan angelegten Straßen erleichterten nicht nur den Verkehr, sondern trugen auch dazu bei, alle Teile des Landes auf Paris als das politische, wirtschaftliche und kulturelle Zentrum hin auszurichten.

Nirgendwo vollzog sich diese Revolution früher, rascher und gründlicher als in England, wo es von vornherein neben einem recht guten Straßennetz* ein gewaltiges Netz von Kanälen für den Transport schwerer Lasten gab. Ein verhältnismäßig dichtes Verkehrsnetz gab es auch in Holland, wo im 17. Jahrhundert die Kutschen große Mode wurden. Das eigentliche England umfaßte ein nur 150 000 Quadratkilometer großes, von zahlreichen Meeresbuchten und schiffbaren Flüssen durchzogenes Gebiet, das allein schon durch die Binnen- und Küstenschiffahrt recht gut erschlossen war; Schottland und Irland beließ man in ihrer verkehrstechnischen Rückständigkeit. Im ausgehenden 17. Jahrhundert gab es auf der einen Hälfte der Britischen Inseln das dichteste und leistungsfähigste Verkehrsnetz der Welt, während die andere Hälfte (vier Fünftel Irlands und drei Viertel Schottlands) sich hinsichtlich der Landverbindungen in einem Zustand befand, der dem Frankreichs im 14. Jahrhundert entsprach. Diese Teile der Britischen Inseln waren lange ein »Finis terrae« – das »Ende der Welt«.

Frankreich bedeckte eine viermal größere Fläche als England und hatte keine europäischen »Kolonien«. Deshalb steht Frankreich, wenn man die schwierige Aufgabe, die gewaltigen Probleme und die vollbrachten Leistungen berücksichtigt, während der ersten Phase der verkehrstechnischen Revolution der Landverbindungen an erster Stelle in Europa. Es handelte sich in dieser Zeit, wie schon erwähnt, um den Bau der »Königsstraße«.

Zwischen 1745 und 1775 wurden die fernsten Provinzen Frankreichs mit Paris durch Straßen verbunden, denen noch heute die sternförmig von der Hauptstadt ausgehende Linienführung des französischen Eisenbahnnetzes in etwa entspricht. Allenthalben brachte die »Straße des Königs« Aufschwung, Wandel, Niedergang. Ein Beispiel hierfür ist die Straße nach der Normandie (Cherbourg) zwischen Evreux und Caen. Von 1762 bis 1770 wurde sie auf dieser Strecke durch den Bau einer neuen Trasse verkürzt. Das bedeutete den Niedergang einiger Marktorte,

129 MARKT IN WIEN UM 1760 Die Stadtansichten Canalettos sind fotografisch genau. Doch wenn sie auch wie spontane »Momentaufnahmen« wirken, sind sie doch sorgfältig durchkomponiert, so daß die wesentlichen Elemente klar hervortreten. Bernardo Michiel Canal (1720–1780), Canaletto genannt (nicht zu verwechseln mit seinem Onkel Antonio Canal, dem »großen« Canaletto), stammte aus Venedig, arbeitete jedoch vorwiegend im Norden, in Österreich und Deutschland. Hier zeigt er uns einen Wiener Marktplatz, die Freyung. Die Marktbuden und -stände erinnern an Spanien. Ehe Canaletto für Maria Theresia einige seiner berühmten »Veduten« malte, war er Hofmaler in Dresden gewesen. Diese Wiener Ansicht entstand 1759 oder 1760. (Bernardo Canaletto, *Die Freyung in Wien*, Wien, Kunsthistorisches Museum)

29

die an der alten Straße lagen, beispielsweise von Neubourg. »Den alten ausgefahrenen und durch den Durchzug von jährlich 100 000 bis 150 000 Stück Vieh unbenutzbar gewordenen Straßen«, schreibt André Plaisse, »zogen viele Händler und Kaufleute die neue Straße vor.« Das gleiche hatte sich dreißig Jahre früher in Hochburgund abgespielt, denn zu dieser Zeit war der Westen Frankreichs bereits ein wenig rückständig und wurde später als die übrigen Teile des Landes von neuen Entwicklungen erfaßt. »Die Straßen von Paris nach Troyes und Auxerres wurden ausgebaut und mit Bäumen bepflanzt; durch sie wurde der Handel aus diesem Gebiet statt wie bisher nach Norden nach Nordwesten umgeleitet« (Pierre de Saint-Jacob).

Die wirtschaftliche Bedeutung der »Königsstraße« darf nicht unterschätzt werden. So wurde besonders der Weintransport, der eine wichtige Rolle spielte, sehr stark (auf ein Zwanzigstel) verbilligt: »Zwischen 1745 und 1760 war im Osten Frankreichs die Revolution des Straßennetzes abgeschlossen. Die Transportkosten fielen ganz erheblich. Beim Wein beispielsweise machten sie nur noch ein Fünftel oder ein Sechstel des Warenpreises aus, während im ausgehenden 17. Jahrhundert die Transportkosten das Dreifache oder auch Vierfache des Erzeugerpreises betragen hatten... In der ganzen Wirtschaftsgeschichte des Jahrhunderts gab es zweifellos keinen entscheidenderen Wandel als diesen.« Die verkehrstechnische Revolution hat also schon lange vor der industriellen Revolution, lange vor der Eisenbahn, mit den Straßen und Kanälen begonnen. Deren Ausbau ließ die Entfernungen schrumpfen, machte die Menschen endlich zu Herren des Raumes. Wir haben uns mit dem grundlegenden verkehrstechnischen Wandel, der erst gegen Ende der in unserem Buch behandelten Zeitspanne eintrat, deshalb so ausführlich befaßt,

130 PARIS ZU BEGINN DES 17. JAHRHUNDERTS
Dieser Ausschnitt aus einem alten Stadtplan zeigt das Zentrum und das linke Seine-Ufer. Der Stich stammt aus dem Jahr 1614; geschaffen wurde er von dem Topographen und Geschütztechniker Vassallieu, genannt Nicolay. Paris war damals noch eine mittelalterliche Stadt, doch waren außerhalb der Mauer Karls V., die man auf unserer Abbildung deutlich erkennt, bereits ausgedehnte neue Stadtviertel entstanden. Damals hatte die französische Hauptstadt kaum mehr als 200 000 Einwohner, gehörte aber zu den größten Städten Europas. Erst im ausgehenden 18. und im 19. Jahrhundert begann das rasche Wachstum der Städte. (*Plan von Paris*, 1614, von Vassallieu. Paris, Nationalbibliothek, Kupferstichkabinett)

weil er eine – vielleicht die wesentlichste – Eigenart der damaligen Wechselbeziehung zwischen Mensch und Lebensraum deutlich macht. Niemals war die
Welt so groß wie in jener Zeit. Mit Mitteln, deren vollkommenste aus dem
13. Jahrhundert stammten, hatte der Europäer des 16. Jahrhunderts ein erdum-
spannendes Handelsnetz aufgebaut. Aber das ist nicht das eigentlich Paradoxe.
Paradox ist vielmehr, daß das barocke Europa von 1550 bis 1750 bei diesem Zustand geblieben ist, verkehrstechnisch keine entscheidenden Fortschritte gemacht
hat. Die Revolution der Transportmittel begann erst nach der Mitte des 18. Jahrhunderts.

Um 1700 wurde der Verkehr mit den Mitteln der Renaissance abgewickelt, die
schon drei oder noch mehr Jahrhunderte alt waren. Zwei Jahrhunderte lang trat
man vollkommen auf der Stelle.

Dies gilt für den Seeverkehr ebenso wie für den Landverkehr. Daß man zu
Lande nur langsam vorankam, war noch nicht einmal ausschlaggebend; viel wichtiger waren die hohen Kosten und die Unsicherheit. Sobald eine Strecke länger als
die dreißig oder vierzig Kilometer war, die ein Mensch jener Zeit in einem erschlos-
senen, nicht sonderlich hindernisreichen Land wie Frankreich zu Fuß bequem zurücklegen konnte, wurde die Unsicherheit so groß, daß jede Voraussicht und Vor-
ausschätzung unmöglich wurde. Welche Folgen das für die Wirtschaft hatte, ist
unschwer einzusehen.

Dafür ein konkretes, bezeichnendes Beispiel. Cadiz war zweifellos eine der zwei
oder drei wichtigsten ausländischen Handelsstationen Frankreichs. Paris und Versailles beobachteten aufmerksam diesen Hafen, in den das Silber aus Amerika und
die Nachrichten aus der Neuen Welt einliefen. Cadiz war nicht nur das Zentrum
des Amerikahandels, sondern auch das Zentrum der hohen Politik. Die Entfernung
zwischen Cadiz und Paris beträgt in Luftlinie 1500 km, zu Pferd jedoch auf dem
Weg, den die königlichen Boten zurücklegen mußten, mehr als 2500 km. Auf die
Kosten kam es nicht oder kaum an. Die Verbindung wurde so gut ausgebaut,
wie es unter den damaligen Umständen möglich war. Außerdem hatten die Konsuln in Cadiz grundsätzlich »postwendend« zu antworten. Sehen wir uns einmal
die Korrespondenz an.

1720 war ein ruhiges Jahr. Das Schreiben, das der Hof am 29. November 1719
absandte, kam etwa am 1. Januar 1720 in Cadiz an, hatte also mindestens 32,
höchstens 36 Tage für die Strecke Paris–Cadiz gebraucht. Die Depesche vom 26.
Dezember 1719 langte am 27. oder 28., vielleicht sogar erst am 29. Januar an: 34
bis 35 Tage. Dafür war das Schreiben vom 8. Januar 1720 bereits nach 28 Tagen
(am 5. Februar) in Cadiz. Dies war zwar keine Rekordzeit, aber sie lag erheb-

lich unter dem Durchschnitt. Eine Depesche vom 26. Februar wurde erst vierzig
Tage später durch ein Schreiben vom 7. April beantwortet. Weitere Beispiele erüb-
rigen sich. Und wie reiste man damals? In einem Brief vom 28. April 1720 schil-
derte der Konsul Partyet, der es sehr eilig hatte, nach Cadiz zurückzukehren, seine
Reise von Madrid nach der Hafenstadt: sie dauerte vom 12. bis zum 26. April,
also vierzehn Tage. Von Madrid bis Versailles brauchten die Kuriere durchschnittlich 15 Tage. Obwohl die Strecke Madrid–Cadiz nur ein Drittel so lang war, benötigte man dafür ebenfalls zwei volle Wochen, da der Weg durch die Sierra Morena
sehr mühselig war. Wir haben die Absende- und Eingangsdaten von Tausenden
von Schreiben geprüft, die zwischen Paris und Cadiz gewechselt wurden. Die
Rekordzeit betrug ungefähr drei Wochen; wenn die Verhältnisse ungünstig waren,
konnte es mehr als zwei Monate dauern, bis ein Brief den Empfänger erreichte.
Man brauchte also für die verhältnismäßig kurze und nicht sonderlich problematische Strecke von 1500 km Luftlinie zwischen der größten Stadt auf dem europäischen Festland und dem größten Hafen des Kontinents zwischen drei Wochen und
zwei Monaten. Natürlich hatte auch die Jahreszeit einen gewissen Einfluß: im
Herbst und Winter war man im Durchschnitt länger unterwegs. Im Sommer kam
man nicht nur ein wenig rascher voran, sondern die Verbindung war – ein wesentlicher Faktor! – auch sicherer. Wir haben die zwischen Paris und Cadiz geführte
Korrespondenz eines ganzen Jahrhunderts geprüft. Von der Mitte des 17. bis zur
Mitte des 18. Jahrhunderts gab es keinerlei Fortschritt in verkehrstechnischer Hinsicht. Erst nach dem Bau der »Straße des Königs« und der Besiedlung der Sierra
Morena konnte der Briefwechsel rascher abgewickelt werden.

Die Ausführungen Fernand Braudels über den Menschen und die Entfernungen
in der Mittelmeerwelt des 16. Jahrhunderts galten Wort für Wort auch noch
hundertfünfzig Jahre später im ganzen barocken Europa. Eine wesentliche Veränderung trat erst in den zwanzig Jahren von 1760 bis 1780 ein. »Der Kampf gegen
die Entfernung ist eine Sache der Wachsamkeit, des Zufalls, des Glücks. Zur See
genügen ein günstiger Wind, eine Reihe schöner Tage, um in ein oder zwei Wochen
eine Strecke zurücklegen zu können, für die andere mindestens ein halbes Jahr
brauchen ... Ebenso ist es zu Land, wo die Entfernungen nicht so groß sind: ein
Krieg, Spannungen, ein Regen, der den Weg in einen Morast verwandelt, ein allzu
reichlicher Schneefall, der die Pässe sperrt – und schon reichen die großzügigst vor-
ausberechneten Verzögerungen nicht mehr aus. Die Ungewißheit darüber, wie
rasch sich ein Weg zurücklegen läßt, kompliziert alles ... Für die Menschen hat der
Raum nicht eine bestimmte Größe, die ein für allemal gegeben ist. Er hat zehn,
ja hundert unterschiedliche Größen, und ein Mensch, der sich auf eine Reise macht,

handelt und handeln will, weiß nie im voraus, welche Verzögerungen ihm aufgezwungen werden ... Die Dauer der Reisen entspricht nicht etwa exakt der Streckenlänge, sondern der Beschaffenheit der Reisewege, der bestehenden Verbindungen. Auf eine Verzögerung von drei oder vier Tagen darf es bei einer Reise nicht ankommen.«

Es gab drei »Geschwindigkeitsstufen«: Zur See konnten besonders schnelle Galeeren täglich 200 Kilometer zurücklegen. Bei günstigem Wind erreichten Segler manchmal eine noch höhere Geschwindigkeit, aber das war reiner Zufall und eine seltene Ausnahme. Auf dem Land konnte ein Bote, wenn er die Pferde bis zum letzten antrieb, in einem Tag 130–135 Kilometer bewältigen – zweite Geschwindigkeitsstufe. Die dritte war den Fußgängern vorbehalten: auf längeren Strecken konnten gute Läufer täglich 25 bis 30, in Ausnahmefällen auch 40 Kilometer zurücklegen; mehr als 10 Tage lang hielt das allerdings kaum einer durch. Kürzere Strecken konnten mit noch größerer Geschwindigkeit durchlaufen werden.

Damit können wir einige Gesetze dieses Ancien régime der Entfernungen formulieren. Die Geschwindigkeit hing von der Jahreszeit und von zahlreichen variablen Faktoren ab; eine Vorausberechnung war ganz und gar unmöglich. Zu Land fast ebenso wie zur See gab es große Schwankungen nach beiden Seiten. Für keine Reise konnte man im voraus einen genauen Zeitplan aufstellen. Dazu kam das Gesetz der zusätzlichen Entfernung: zwischen 50 und 1000 Kilometern war die Funktion Zeit/Entfernung bei gleichen Gegebenheiten (diese waren allerdings niemals völlig gleich) eine lineare Funktion. Bei größeren Strecken wurde aus der Geraden eine nach unten absinkende Parabel. Wenn sich eine Strecke von 1000 Kilometern um 500 Kilometer verlängerte, verdoppelte sich in etwa die Reisezeit: 1 Paris–Cadiz = 2 Paris–Madrid; 1 Paris–Messina = 2 Paris–Rom; 1 Paris–Budapest = 2 Paris–Wien. Wenn man von Paris, London oder Rom aus (den einzigen Städten Europas, wo es sich, wie man im 18. Jahrhundert zu behaupten pflegte, zu leben lohnte) nach den Reisezeiten eine Karte des barocken Europa erstellen würde, wäre dieses Europa nach den Rändern zu eigenartig in die Länge gezogen. Die Transportgeographie des 20. Jahrhunderts überbrückt lange Strecken besser als kurze; generell ist nicht der Raum, sondern der Mensch Hindernis. Paris ist von den Flughäfen Orly und Le Bourget weiter entfernt als Le Bourget und Orly von den Flughäfen jeder anderen europäischen Hauptstadt, sei es London, Berlin oder Moskau. Anders gesagt: die Anfahrt auf überfüllten Straßen dicht bevölkerter Gegenden dauert länger als die eigentliche Luftreise. Früher war es genau umgekehrt: die Entfernung trennte, der Mensch brachte näher. Reisewege waren um so schwieriger zu bewältigen, je dünner besiedelt die Gebiete waren, durch die sie führten.

Bei einer Besiedlungsdichte von etwa 40 E/qkm waren die Straßen ziemlich sicher, die Reisen vergleichsweise unproblematisch. Bei einer Dichte von 15 E/qkm verdoppelte sich die Reisezeit, die Möglichkeit unliebsamer Zwischenfälle verdreifachte oder vervierfachte sich. Im Londoner Becken und im wohlhabenden Holland gab es viele bequeme, luxuriöse Gasthäuser, aber schließlich erreichte Holland ja auch stellenweise Besiedlungsdichten von 80 E/qkm. *Der Kaiser* oder *Die Gans* in 's-Hertogenbosch, *Der Pelikan, der Löwe* in Haarlem ... Neun ausgezeichnete Hotels gab es 1680 in Den Haag, sechs in Rotterdam, etwa hundert Gasthäuser aller Klassen soll es in Amsterdam gegeben haben. Zumthor führt dazu aus: »Offizielle Einrichtungen, *Herrenlogis* genannt, sicherten in den wichtigsten Zentren die Unterbringung der Gäste von Rang. Wenn es keine solche Unterkünfte gab, vertraute man den Gast einem angesehenen Bürger an.«

1689 veröffentlichte sogar ein Amsterdamer Buchhändler einen schon sehr modern anmutenden Reiseführer, in dem Auskünfte über die Transportmöglichkeiten in den sieben Provinzen der Vereinigten Niederlande gegeben wurden: Reiselinien zu Land und zu Wasser, Fahrpläne, Märkte und Jahrmärkte, Herbergen und Kirchen, Umrechnungstabellen für die verschiedenen Geldsorten, hygienische Ratschläge über die Gefahren der Lungenentzündung, die man sich bei einer Reise zu Wasser zuziehen kann, über die Schädlichkeit des Verkehrs mit Prostituierten und die Gefahren übermäßigen Genusses von Bier und Wein .. all das findet sich in diesem erstaunlichen Buch. Einen solchen modernen Luxus konnte es nur in einem Land mit einer Bevölkerungsdichte von 60 E/qkm geben. Darin liegt das ganze Geheimnis Hollands: in seiner dichten Besiedlung. Welcher Gegensatz zu den spanischen Herbergen! Hierüber gibt uns ein unbekannter französischer Reisender Auskunft, dessen *Lettre de voyage d'Espagne* von Marcelin Défourneaux zitiert wird:

»Was die Verpflegung angeht, so habe ich gelernt, nach Landessitte zu reisen, was bedeutet, daß man an verschiedenen Orten kauft, was man zu essen gedenkt, denn es ist unmöglich, unterwegs, wie es etwa in Frankreich oder in Italien der Fall ist, Herbergen zu finden, in denen man gleichzeitig Kost und Bett erhält. Folgendermaßen muß man alltäglich verfahren: Nachdem man in dem Gasthaus angelangt ist, fragt man, ob Betten frei sind, und nachdem man eines erhalten hat, muß man entweder das rohe Fleisch hergeben, das man mitgebracht hat, oder in die Metzgerei gehen, um sich solches zu kaufen, oder dem Herbergsdiener Geld geben, damit er es zusammen mit allem anderen Nötigen erwerbe. Aber da sie einen sehr oft um einen Teil dessen betrügen, das sie kaufen, ist es am besten, Fleisch in seinem Reisesack bei sich zu haben und sich alltäglich dort, wo man sich befindet, neues zu kaufen, ferner alles, was man braucht, wie Brot, Eier usw., für den nächsten Tag.« Diese merkwürdigen Sitten schrieben die französischen Reisenden dem spanischen Besteuerungssystem zu, aber letztlich gingen sie auf die Tatsache zurück, daß dieses Land nur eine Bevölkerungsdichte von 10 E/qkm aufzuweisen hatte. Lassen wir Guzmán de Alfarache berichten, was ihm in einer dieser *ventas* zugestoßen ist: »Wenn man mich vor die Tür meiner Mutter gestellt hätte, weiß ich nicht, ob sie mich wiedererkannt hätte, denn so groß war die Zahl der Flöhe, die sich an mir gütlich taten, daß ich, wie wenn ich die Masern gehabt hätte, des Morgens aufstand, ohne daß auf meinem ganzen Körper, auf dem Gesicht oder den Gliedern auch nur für einen einzigen weiteren Biß noch ein Fleckchen frei gewesen wäre.« Raymond de Lantery, ein reicher Kaufmann aus Nizza, der durch den Amerikahandel in Cadiz sein Glück machte, schildert, wie er zusammen mit einem Freund aus Genua im Mai 1673 in der Stadt Jerez, einige Meter vom *cabildo* entfernt, in *la posada de la Corredera* betrogen wurde: man verlangte von ihnen 73 Reals für zwei Hühner, einen schlechten Salat und zwei schlechte Betten, bezeichnenderweise ohne daß er und sein Freund es für ratsam hielten, sich an die Justizbehörden zu wenden. Die Wirte waren gefährliche Leute, denen man am besten nicht widersprach, wie die Votivbilder längs der alten Straße Madrid–Cadiz durch die Despeñaperros beweisen. In Spanien war das Reisen recht beschwerlich. Aber wie sah es damit in Rußland aus? Anthony Sherley, der in einer diplomatischen Mission des Schahs von Persien unterwegs war, brauchte von Isfahan über das Kaspische Meer nach Moskau ein halbes Jahr. Ende November 1599 kam er in Moskau an. Fast ein weiteres halbes Jahr mußte er in Moskau bleiben, um das Ende des Winters abzuwarten. Dann verließ er Rußland auf dem Weg über den Norden: Jaroslaw, Rybinsk, Cholmogorg und Archangelsk – in den unruhigen Zeiten des Boris Godunow war dies noch der kürzeste Weg. Von Archangelsk nach Emden fuhr er auf einem flämischen Schiff, um dann zu Land die Reise nach Prag fortzusetzen. Am 11. Oktober 1600 stand er vor den Toren des Hradschin. Von Isfahan über Moskau nach Prag – eine Reise von anderthalb Jahren. Dabei hatte Sherley es eilig und besaß unbeschränkt Geld. Die Zeit, die er brauchte, ist typisch für die rascheste Reisemöglichkeit durch die europäische Randzone mit einer Bevölkerungsdichte von 5 E/qkm. Man kann hier beinahe von Entdeckungs- und Abenteuerfahrten sprechen. In der Mitte des 18. Jahrhunderts brauchte man auf dem Landweg ein halbes Jahr, um von Georgia nach New York zu gelangen, und die Reise von Lima nach Buenos Aires dauerte ein volles Jahr.

Im europäischen Kerngebiet mit seinen 35 Millionen Menschen auf einer Million Quadratkilometern waren die Verkehrsverbindungen verhältnismäßig gut und sicher. Die Iberische Halbinsel, Ostdeutschland, Dänemark und Südschweden bildeten eine Übergangszone, in der eine Meile im Durchschnitt drei oder vier Meilen in Holland, England oder der Ile-de-France entsprach, d.h., zur Bewältigung einer bestimmten Wegstrecke brauchte man drei- oder viermal länger. In den Randgebieten schließlich, in Ungarn, Polen, Finnland, Nordschweden und vor allem in Amerika, vergrößerten sich die Entfernungen auf das Zehnfache: um eine gleiche Entfernung zu überwinden, benötigte man zehnmal soviel Zeit, war zehnmal so vielen Gefahren ausgesetzt und mußte zehnmal soviel Mühe aufwenden wie im europäischen Kerngebiet. Reisen in jenen fernen Zonen gingen oft bis an die Grenzen des Menschenmöglichen.

Um das barocke Europa vom Atlantik bis zum aufstrebenden Sibirien jenseits des Urals zu durchqueren, brauchte man mehr als ein Jahr; in einem halben bis dreiviertel Jahr konnte man von Messina bis zum Nordkap gelangen. Wie viele Tage, Monate und Jahre benötigte man, um das »Europa ohne Küsten« zu durchfahren, den ganzen Einfluß- und Handelsbereich Europas auf der Erde? Für die *Carrera de Indias,* jene Zone des Atlantiks, die eine Brücke bildete zwischen der Iberischen Halbinsel und dem Amerika der *Conquista,* haben wir es auf Grund der Berichte über mehrere tausend Seereisen ausgerechnet.

Auf der Südpassatroute beträgt die Entfernung zwischen San Lúcar und Veracruz 4860 Meilen, das sind rund 10 000 effektive Kilometer. Um diese Strecke zurückzulegen, brauchte man im Durchschnitt 91 bis 92 Tage. Die Rekordzeit betrug im 16. Jahrhundert (vom Juli bis Oktober 1570) siebzig Tage, die längste Zeit (vom Februar bis August 1633) 179 Tage. Aber bei nur zwei von vierzig Konvois lag die Fahrtzeit um mindestens 10 Prozent unter dem Durchschnittswert; 27 Konvois benötigten im Durchschnitt 80 bis 81 Tage, 11 Konvois 125 Tage. Wenn ein Schiff, nachdem es 2 oder 3 Monate lang in Sevilla auf günstige Winde gewartet hatte, endlich bei San Lúcar in den Atlantischen Ozean stach, standen die Chancen zwei zu drei, daß es nach einer »kurzen« Reise, die zwischen zwei Monaten zehn Tagen und etwas unter drei Monaten dauern konnte, nach Amerika gelangte; eins zu drei war die Chance, daß die Reise vier bis sechs Monate dauerte. Aber jeder zehnte Reisende, der von Madrid aus nach Amerika aufbrach, kam niemals dort an. Von Madrid nach Mexiko brauchte man unter allen Umständen mindestens ein halbes Jahr. Noch stärker schwankte die Fahrtzeit von San Lúcar oder Cadiz nach dem Isthmus, obwohl die Entfernung nur 4300 Meilen betrug: der Konvoi, der im April und Mai 1615 die Strecke zurücklegte, benötigte 43 Tage, während jener unglückliche Konvoi, der 1633 unterwegs war, vom Februar bis August volle 179 Tage brauchte. Die durchschnittliche Fahrtdauer betrug 92

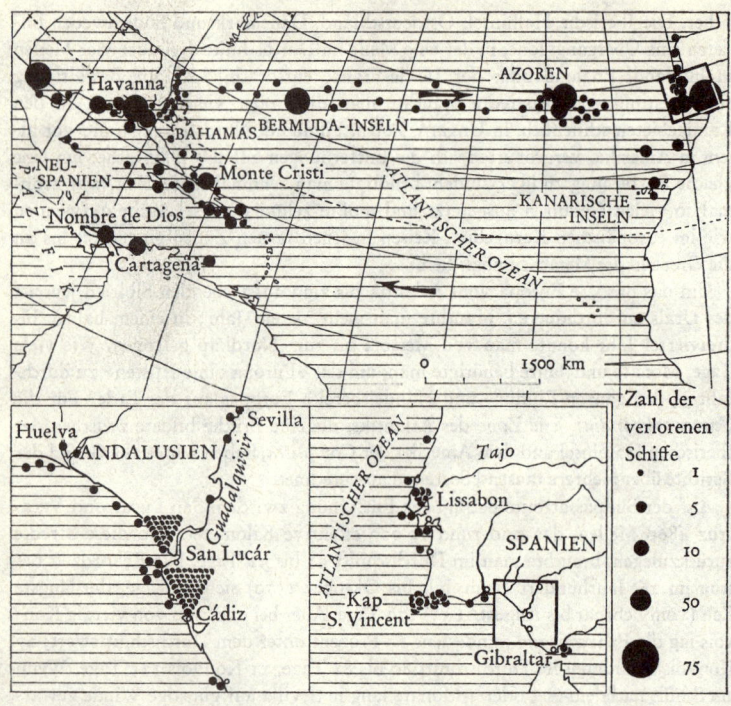

26–27 DIE GEFAHREN DES KRIEGES UND DES MEERES (nach A. Tenenti: *Naufrages, corsaires et assurances maritimes à Venise;* H. und P. Chaunu: *Séville et l'Atlantique*). Diese Karten verdeutlichen, wie unsicher die Seewege auf den beiden Hauptachsen des europäischen Seeverkehrs waren: im östlichen Mittelmeer und im Atlantik. Im Mittelmeer waren es vor allem Seeräuber und kriegerische Handlungen, die die Schiffahrt bedrohten. Im Atlantik jedoch richteten die unkontrollierbaren Elemente den größten Schaden an. Schon auf den ersten Blick sieht man, daß der Rückweg weit gefährlicher war als der Hinweg. Die Karte umfaßt die hundert Jahre von 1550 bis 1650. Je bedeutsamer ein Hafen, desto größer die Zahl der verlorengegangenen Schiffe. Havanna, die Bermudas, die Azoren und vor allem Spanien sind die Schwerpunkte. Besonders im Herbst, wenn die Schiffe aus Amerika zurückkehrten, gab es viele Schiffbrüche.

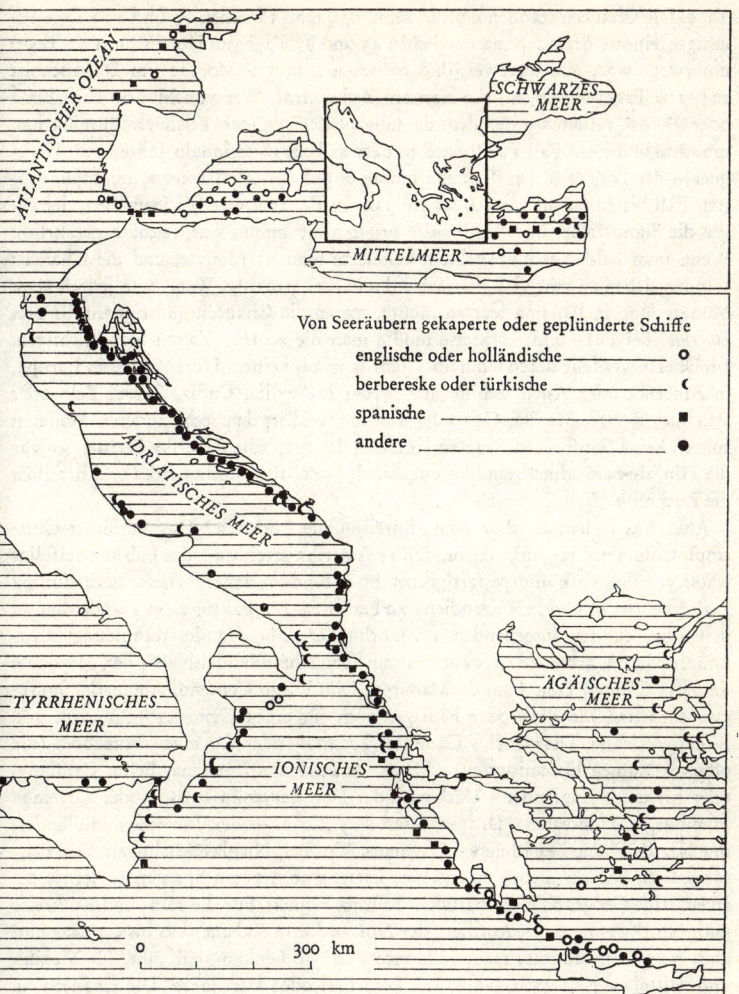

Von Seeräubern gekaperte oder geplünderte Schiffe

englische oder holländische —————— ○
berbereske oder türkische —————— ⊂
spanische —————————— ■
andere ——————————— ●

Tage. Die Chancen standen eins zu zehn, daß man zwischen 85 und 100 Tage benötigte, eins zu drei, daß man zwischen 43 und 85 Tage (im Durchschnitt 62 Tage)
unterwegs war, eins zu zwei, daß zwischen 4 und 6 Monate (im Durchschnitt
115–116 Tage) vergingen, ehe man am Ziel eintraf. Wer von Madrid nach Lima
oder Potosí reisen wollte, den damaligen Zentren der Edelmetallproduktion,
brauchte im besten Fall 15 Monate, mit etwas Pech zweieinhalb Jahre; nach Überqueren der Landenge von Panama mußte er auf Anschluß warten, im ungünstig-
sten Fall bis zu einem Jahr. Aber ein Jahr in Panama war für jemanden, der gegen die Sumpffieber und den *vomito prieto* nicht immun war, reichlich gefährlich.
Wenn man bald Anschluß bekam, benötigte man 15 Monate, und die Chancen
standen sieben zu acht, daß man lebend sein Ziel erreichte. Wenn man jedoch neun
Monate lang in Panama warten mußte, waren die Chancen günstigstenfalls drei
zu vier. Bei Hin- und Rückreise mußte man die »toten« Zeiten berücksichtigen.
Im Überseeverkehr liefen ein halbes Jahr lang aus keinem Hafen, sei es in Europa,
in Amerika oder Asien, Schiffe aus, weder in Sevilla, Cadiz, Puerto Belo oder
Panama, Recife, Manila, Goa oder Kanton, und in den sechs anderen Monaten
fuhren keine Schiffe in die Häfen ein. Was das spanische Amerika betrifft, so war
die Hinfahrt am schnellsten und ungefährlichsten, für Nordamerika und Brasilien
die Rückreise.

Aber was bedeutete schon eine Hinreise ohne Rückreise? Das Verdienst Christoph Columbus' lag nicht darin, daß er Amerika erreichte – das haben zweifellos
schon vor ihm auch andere fertiggebracht –, sondern daß er wieder nach Europa
zurückkehrte, um von »Westindien« zu berichten. Ein Faktor eines Handelshauses
in Cadiz, der im ausgehenden 17. Jahrhundert eine Handelsverbindung anzuknüpfen hatte, arbeitete entweder für ein spanisches Handelshaus – den Marquese
de Villa Campo, Don Juan de Manurga, Don Diego Centeño, Ahumada, Jaure-
gui, Sebastian Morillo – oder häufiger noch für einen Genueser – Pranogia und
Biolato, Ricano, Don Carlos Caneffia, Tassura – oder für einen Franzosen (die
oft ihre Namen hispanisierten) – Maya, de La Haya, Fontena, Belin, Catalan –
oder für einen Engländer – Mathews oder Don Benjamin Prisse – oder für einen
Hamburger Hanseaten – Drayer, Escroder, Eloyer – oder für einen Holländer,
der sich als Flame bezeichnete – Coymans, Van Bel, Nicolas Schelingan. Der Faktor jedoch, der sein Leben einzusetzen hatte, war stets ein Spanier. Er lernte die
eigenartige Geographie des barocken Europa kennen. Für die Hin- und Rückreise
nach Nordbrasilien, den Antillen, der Nordostküste Südamerikas bis Caracas und
nach Virginien brauchte man, falls nichts dazwischenkam, ein Jahr, für Mexiko
und Mittelamerika zwei Jahre, für Peru drei oder vier Jahre. Die Chancen, je

von den Philippinen nach Europa zurückzukehren, waren selbst für einen Gouverneur gleich Null. Wer solche ferne Gegenden aufsuchte, konnte nicht erwarten, jemals die Heimat wiederzusehen.

Am anderen Ende der Welt war China das Ziel vieler europäischer Schiffe. Louis Dermigny hat ausgerechnet, wie lange im 18. Jahrhundert die schweren Kauffahrteischiffe, die *Indiamen*, für die Fahrt brauchten, die sie um das Kap der Guten Hoffnung nach China führte. Seit dem 15. Jahrhundert war der Seeweg nach Indien und China längs der Küsten Afrikas erschlossen.

Fünfundsiebzig französische Konvois brauchten für die Reise – Aufenthalt in Kanton und Zwischenlandungen in indischen Häfen eingerechnet – zwischen 1719 und 1769 im Durchschnitt 624 Tage (20 ½ Monate): zwischen 1719 und 1754 653 Tage, zwischen 1763 und 1769 558 Tage. Von diesen Zahlen darf man nicht voreilig auf eine Verkürzung der Reisedauer infolge irgendwelcher technischer Fortschritte schließen, denn von 1770 bis 1790 betrug die durchschnittliche Fahrtdauer wieder 644 Tage. China war also für die Menschen jener Zeit nicht weiter entfernt als Mexiko, war näher als Peru. Diese Tatsache ist für die Verkehrsverhältnisse des 18. Jahrhunderts bezeichnend.

Nur 45 der 75 Konvois, also 58,66 Prozent, benötigten für die Reise ungefähr die oben angegebenen Mittelwerte. Wie für die Amerikafahrer war es auch für die Indienfahrer noch im ausgehenden 18. Jahrhundert unmöglich, die Reisedauer im voraus einigermaßen zuverlässig zu berechnen: in achtzehn Fällen dauerte die Reise nur zwischen 400 und 550 Tagen, in zehn Fällen hingegen mehr als 700 Tage (zwischen 1719 und 1769 einmal, zwischen 1770 und 1790 zweimal mehr als 1000 Tage). Die *Comte de Toulouse,* die am 6. November 1733 aus einem französischen Hafen auslief, kehrte erst am 12. Juli 1737 aus China zurück. Wer also damals nach dem Fernen Osten auslief, konnte schon nach weniger als 400 Tagen wieder zurück sein, konnte aber auch volle 3 Jahre und 8 Monate brauchen. Der Spielraum war sehr groß, machte jede Vorausberechnung zunichte.

Daß die französischen Schiffe auch noch nach 1770 so lange unterwegs waren, war vielleicht eine Folge mangelhafter Anpassung, wie die ebenfalls von Louis Dermigny berechneten Fahrtzeiten schwedischer Handelsschiffe beweisen. Für 49 Fahrten (Frankreich: 75) zwischen 1751 und 1764 brauchten sie im Durchschnitt 637 Tage, also 21 ½ Monate (französischer Durchschnitt: 624 Tage), zwischen 1770 und 1790 aber nur noch 548 Tage, also 18 Monate (Frankreich: 641 Tage, d. h. 21 Monate). Während zwischen 1731 und 1764 nur 18,37 Prozent der schwedischen Schiffe weniger als 550 Tage benötigten, waren es von 1770 bis 1790 schon 58,82 Prozent.

Daraus können wir den Schluß ziehen, daß die Revolution des Seeverkehrs erst etwa 20 Jahre nach der ersten Phase der Revolution des Landverkehrs einsetzte: nicht vor 1770 auf dem Atlantik, um 1780 auf dem Indischen und Pazifischen Ozean. Eine wichtige Rolle spielte dabei das Chronometer, das eine genaue Ortsbestimmung auf hoher See ermöglichte; eine ganze Reihe weiterer nautischer Hilfsmittel wurde um diese Zeit erfunden und eingeführt.

Im Jahre 1803 erreichte die *Caroline* 104 Tage nach ihrem Auslaufen aus dem Londoner Hafen Ceylon; 1816 traf die Fregatte *Alceste*, aus Spithead kommend, nach 92 Tagen in Java ein, legte also auf der 14 000 Meilen langen Strecke täglich im Durchschnitt 150 Meilen zurück (die Schnellgaleeren des 16. Jahrhunderts konnten bestenfalls 120 Meilen täglich hinter sich bringen, ein solches Tempo aber nur vier, fünf oder höchstens sechs Tage lang durchhalten). Bald sollte der Wettlauf zwischen den neuenglischen Klippern und den modernisierten *Indiamen* des alten England einsetzen. Ein Schiff brauchte für die Rückfahrt von der Insel Mauritius nur 60 Tage; von China nach England kam man in 108 Tagen, ein Konvoi von dreizehn *Indiamen* legte in 109 Tagen die Strecke Kanton–Ärmelkanal zurück. Aber diese Rekorde wurden erst 1817 aufgestellt. Das barocke Europa gehörte noch ganz und gar zum Ancien régime der Verkehrstechnik.

7

DER EUROPÄISCHE RAUM

DIE LANDWIRTSCHAFT

Die *Cargadores* von Sevilla, die *Mercadores de Indias* von Cadiz, die Reeder von Amsterdam, die Londoner Kaufleute, die sich mit den Problemen des Warenaustausches in einer wahrhaft riesigen Welt herumschlugen, hatten es mit gewaltigen Reichtümern zu tun. Nach 1750 wurden 20, später 30 und dann 40 Prozent des englischen Volkseinkommens nicht mehr durch die Landwirtschaft aufgebracht. »Schon vor 1800«, schreibt B. M. Slicher Van Bath, »gab es Gebiete, in denen ein wesentlicher Teil der Bevölkerung nicht mehr in der Landwirtschaft beschäftigt war, sondern in der Industrie, im Handel, in der Schiffahrt und im Fischfang. Holland und Flandern müssen schon früh eine nichtagrarische Struktur gehabt haben. Aber auch eine Provinz wie Overijssel war nach der Volkszählung von 1795 keine Agrarregion mehr: nur 45,6 Prozent der werktätigen Bevölkerung war in der Landwirtschaft beschäftigt.« Allerdings dürfen wir nicht vergessen, daß die Vereinigten Niederlande wie England in dieser Hinsicht eine Ausnahme waren und daß zudem diese Zahlen aus dem Ende des 18. Jahrhunderts stammen, während uns in erster Linie der Zeitraum bis zur Jahrhundertmitte interessiert.

Wieder finden wir bald nach der Jahrhundertmitte in einigen privilegierten Gegenden Westeuropas Anzeichen für einen grundlegenden technischen Wandel. Marc Bloch spricht in diesem Zusammenhang von einer »Revolution der Landwirtschaft«, von der »agrarischen Revolution«: »Der Ausdruck ist angebracht. Er evoziert eine Parallelität zwischen diesen Verwandlungen des Landes und der industriellen Revolution, deren Richtigkeit unbestritten ist; er macht die Intensität des Geschehens deutlich.« Vorbereitet wurde diese Revolution durch anderthalb Jahrhunderte unmerklicher Veränderungen und erfolgreicher Versuche, die an manchen privilegierten Orten angestellt wurden. Wenn zur Ernährung von zehn Menschen die Arbeit von acht kaum ausreicht – und das war unter dem Ancien régime der Fall –, dann kann es keine industrielle Revolution geben: unter solchen Umständen muß jeder Versuch einer industriellen oder kommerziellen Revolution scheitern. Wenn man nur die dadurch geschaffenen Reichtümer im Auge hat, war die agrarische Revolution des 19. Jahrhunderts keineswegs die bedeutsamste der Umwälzungen jener Zeit. Aber als erstes Glied in einer Kette von

Veränderungen hat sie die neue Zeit eingeleitet. Um 1760 begann in England und Holland eine Verlagerung des Schwergewichts vom agrarischen auf andere Sektoren des Erwerbslebens. Dieser Prozeß ist noch heute, zweihundert Jahre später, in den »unterentwickelten« Ländern im Gange, während er in den Industrieländern weitgehend abgeschlossen ist.

Aber dieser tiefgreifende Wandel, der die neue Zeit einleitete, setzte erst um die Mitte des 18. Jahrhunderts ein, liegt also außerhalb des hier behandelten Zeitraums. Die agrarische Kultur des barocken Europa bildet auf einer archaischeren Stufe eine in sich geschlossene Einheit und kann deshalb hier als Ganzes dargestellt werden.

Welche Regeln und Gesetze galten für dieses barocke Europa? Im damaligen Wirtschaftsleben stand die Landwirtschaft* eindeutig im Vordergrund: 80 bis 90 Prozent der arbeitenden Bevölkerung betrieben Ackerbau und Viehzucht und unterhielten durch ihrer Hände Arbeit die anspruchsvolle, aber wenig zahlreiche Schicht der Herrschenden, die nur schmale Spitze der Gesellschaftspyramide. 80 Prozent der Bevölkerung in der Landwirtschaft bedeutet, daß zwanzig Prozent als Handwerker oder Kaufleute tätig waren oder sich nicht unmittelbar produktiv betätigten (hauptsächlich der Adel und die Geistlichkeit). Allerdings waren die Handwerker keineswegs in den Städten konzentriert; besonders das Textilhandwerk breitete sich im 18. Jahrhundert auf dem Land stark aus. Die Städte, vor allem die Großstädte im Mittelmeergebiet, wurden durchaus nicht nur von Handwerkern, Kaufleuten und »Müßiggängern« bevölkert, sondern beherbergten auch ein agrarisches Proletariat, das auf dem Land nicht genügend Arbeit fand. Anderseits waren die dörflichen Weber in der Hauptsache Bauern, die in der »stillen« Zeit zwischen den Feldarbeiten ihrem Handwerk nachgingen und die Unternehmer und Kaufleute in den Städten belieferten. Im 17. wie im 18. Jahrhundert war die Weberei auf dem Land fast immer nur ein Nebenerwerb. Verallgemeinernd kann man sagen, daß die Bevölkerungsverteilung zwischen Stadt und Land in etwa das Verhältnis zwischen den Handwerkern, Kaufleuten und »Müßiggängern« einerseits und den in der Landwirtschaft Tätigen anderseits wiedergibt.

Ein prozentuales Absinken der Landbevölkerung – wie es in Spanien im 17. Jahrhundert zu verzeichnen war –, dem nicht ein Wandel der Techniken vorausging (das war in den Niederlanden und in England in der zweiten Hälfte des 18. Jahrunderts der Fall), war stets ein Anzeichen für katastrophale Schwierigkeiten und Not. Dadurch wurde keineswegs der zum späteren rapiden Wirtschaftswachstum führende Wandel eingeleitet, sondern vielmehr hinausgeschoben.

Die Tatsache, daß ein zu hoher Prozentsatz der Bevölkerung nicht mehr in der Landwirtschaft beschäftigt war, hat, so paradox es klingen mag, in Italien wie in Spanien den Beginn der industriellen Revolution verzögert.

Die landwirtschaftlichen Erträge waren nicht sehr hoch. Angebaut wurden vor allem die verschiedenen Getreidearten. Damit sich der Boden wieder erholen konnte, mußte man ihn immer wieder längere Zeit brachliegen lassen: wenn er zwei Jahre Frucht getragen hatte, mußte er ein, zwei Jahre oder noch länger ruhen. Diese Methode sicherte Ernten, die zwar nach heutigen Maßstäben recht gering, aber im Gegensatz zu den tropischen Kulturen verhältnismäßig gleichmäßig und sicher waren.

ZU DEN ABBILDUNGEN 131–151

131 DER BAUER, FUNDAMENT DES STAATES UND QUELLE DES REICHTUMS Der Reichtum der Agrarstaaten wurde von den Bauern erarbeitet. Die Früchte ihrer Arbeit kamen dem Staat, den adligen Grundherren und in bescheidenerem Umfang der Kirche zugute; der Bauer selber behielt nur wenig. Die Unterschrift dieses satirischen Stiches sagt das unverblümt: »Alle Tage sieht man, bei Hitze und Kälte, den armen Bauern auf dem Feld; er arbeitet das ganze Jahr über, um durch seine Mühe so viel zusammenzubringen, daß er den Steuereinnehmer bezahlen kann.« Satirisch sind auch die Erklärungen auf dem Bild. Solche Darstellungen zeigen, daß sich damals eine wachsende Unruhe breitmachte, die die Grundlagen der Gesellschaftsordnung zu erschüttern drohte. (*Der Dorfbewohner*, Stich von Nicolas Guérard. Paris, Nationalbibliothek, Kupferstichkabinett)

132 HOLLÄNDISCHER WEBER IM 17. JAHRHUNDERT Auch die Weber lebten oft auf dem Land; in den meisten Fällen waren es Bauern, die sich durch die Weberei in den »ruhigen« Zeiten des Jahres einen Nebenverdienst sicherten. Dieses »Verlagssystem« war in ganz Europa üblich: ein städtischer Unternehmer belieferte die Heimarbeiter mit Garnen und nahm ihnen die gewebten Tuche ab. Der Mann auf unserem Bild aber war vermutlich im Hauptberuf Weber. Er hat offenbar seine ungemein anstrengende Arbeit unterbrochen, um sich im Kreis der Seinen ein wenig auszuruhen. Der massive Webstuhl weist noch keine der technischen Neuerungen auf, die (wie beispielsweise der Schnellschütz von John Kay) die Textilindustrie revolutionieren sollten. Die Tagesleistung solcher alten Webstühle war auch bei den geschicktesten Webern verhältnismäßig gering. Dennoch ernährte die Arbeit ihren Mann und seine Angehörigen: die Familie ist gut gekleidet und hat offenbar alles Lebensnotwendige. Der Weber raucht sein Pfeifchen – ein Luxus, den sich bei diesem Seefahrervolk auch der kleine Mann erlauben konnte. Der Maler dieses Bildes, Adriaen van Ostade, wurde am 10. Dezem-

ber 1610 in Haarlem getauft, war ein Schüler von Frans Hals und wurde am 2. Mai
1685 in seiner Heimatstadt begraben.
(Adriaen van Ostade, *Ausruhender Weber*,
Brüssel, Musées Royaux des Beaux-Arts)

133–134 DIE TECHNISCHE REVOLUTION: DER
WEBSTUHL VON JACQUES DE VAUCANSON
Einer der berühmtesten Automatenbauer
des 18. Jahrhunderts war Jacques de Vaucanson. Der hochbegabte Techniker konstruierte vielbestaunte »Androiden«, men-
schenähnliche Automaten. Am bekanntesten
wurde seine künstliche Ente, die watschelte,
mit den Flügeln schlug, schnatterte und
Körner fraß. Fast vergessen ist dagegen
sein Webstuhl, der einen ersten Schritt zur
Mechanisierung des Webens darstellte. Ein
erstes Modell entwickelte er kurz nach
1740; es ermöglichte die Herstellung von
verschieden gemusterter Seide. Der hier abgebildete Webstuhl entstand 1745. Ge-
steuert wurde er durch einen gelochten Zylinder (Abb. 134); je nach dem gewünschten
Muster konnten verschiedene Walzen ein-
gespannt werden. Von dieser »Trommel-
maschine«, wie der Erfinder sie nannte,
wurde ein halbes Jahrhundert später Jacquard zu seinem berühmten Webstuhl angeregt. (Paris, Conservatoire des Arts et
Métiers)

135 TUCHHERSTELLUNG IN UTRECHT UM
1760 Diese Bilderfolge eines holländischen
Kleinmeisters ist etwa zur gleichen Zeit ent-
standen wie die Abbildungen in der großen
Enzyklopädie, doch während diese präzise
Veranschaulichungen von technischen Vor-
gängen sind, kam es dem unbekannten
Maler unserer Serie mehr darauf an, die

Arbeit der an der Tuchherstellung beteiligten Menschen zu zeigen; die technischen
Hilfsmittel sind eher summarisch behandelt.
Wir sehen die sechzehn Etappen der Tuchherstellung vom Waschen der Wolle bis
zum Pressen des fertigen gefalteten Tuches.
Die holländischen Tuche erfreuten sich in
jener Zeit großer Beliebtheit, waren sie
doch von ausgezeichneter Qualität. (*Tuchherstellung*, um 1760, holländische Schule.
Utrecht, Centraal Museum)

136 IN EINER HOLLÄNDISCHEN SCHNEIDER-
WERKSTATT IM JAHRE 1661 Der Schneider-
meister verhandelt mit einer Kundin, die
seine Arbeit kritisch prüft. Ein Gehilfe wendet uns den Rücken zu und ist ebenso wie
ein junges Mädchen emsig am Werk. Alle
drei sitzen sie auf einem großen Schneider-
tisch im traditionellen »Schneidersitz«. Ein
großes Fenster spendet viel Licht. Alles
wichtige Arbeitsgerät von der Schere bis
zum Bügeleisen wird gezeigt. Solche Schnei-
derwerkstätten gab es noch vor einigen
Jahrzehnten in vielen Ländern. Unser Bild
verrät, daß es in Holland auch dem einfachen Volk im 17. Jahrhundert recht gut
ging, besser als in jedem anderen europäischen Land. (Quiringh Gerritsz Brekelenkam, *Beim Schneider*, 1661, Amsterdam,
Rijksmuseum)

137 DIE VERSORGUNG MIT FISCH IM HOLLAND
DES 17. JAHRHUNDERTS In einer Zeit, in der
infolge der sehr begrenzten Viehzucht nur
verhältnismäßig wenig Fleisch zur Verfügung stand, spielte Fisch als Lieferant von
tierischem Eiweiß für die Ernährung eine
sehr große Rolle. Holland war in dieser
Hinsicht besonders begünstigt: nirgendwo

NÉ POUR LA PEINE

Reueille matin de Campagne

But des gens de Campagne
Tailles payée

Collecteur

L'ABEILLE mouche à miel
Chacun a part à ses trauaux

les animaux

par son

LA VACHE
mangel tout bou et mange

LE COCHON
Il est meprisé et necessaire

LA POULE
se journe, et d'un petit pris

attributs

Requiem
qui ne nourrit rien na rien

N. Guerard inu et fecit

Lhomme de Village

Tous les jours au milieu d'un champ.
Par la chaleur par la froidure
L'on voit le pauure paysan.

Trauailler tant que lanneé dure
Pour amasser par son labeur
Dequoy payer le collecteur.

131

132

133

134

195

136

138   139   140

137

141 142 143

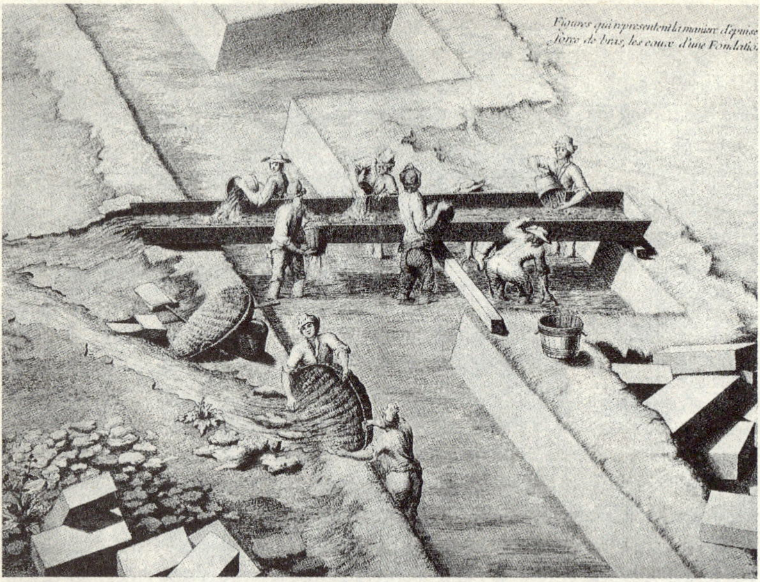
Figures qui representent la maniere d'epuise
force de bras, les eaux d'une Fondatio

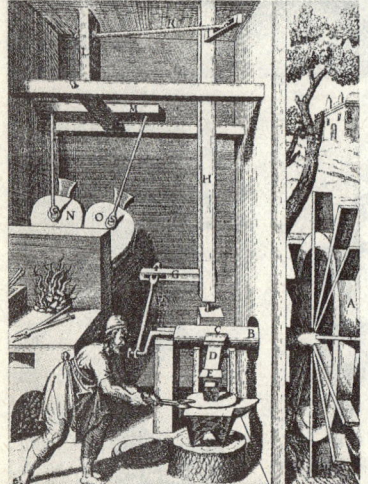

144

146

147

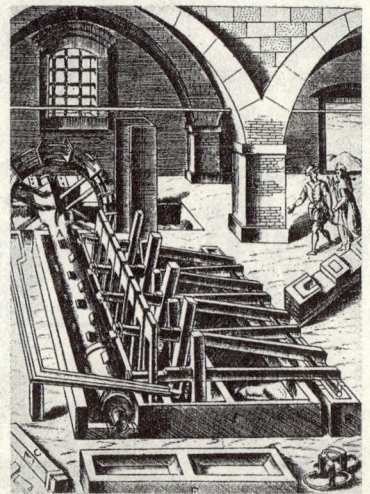

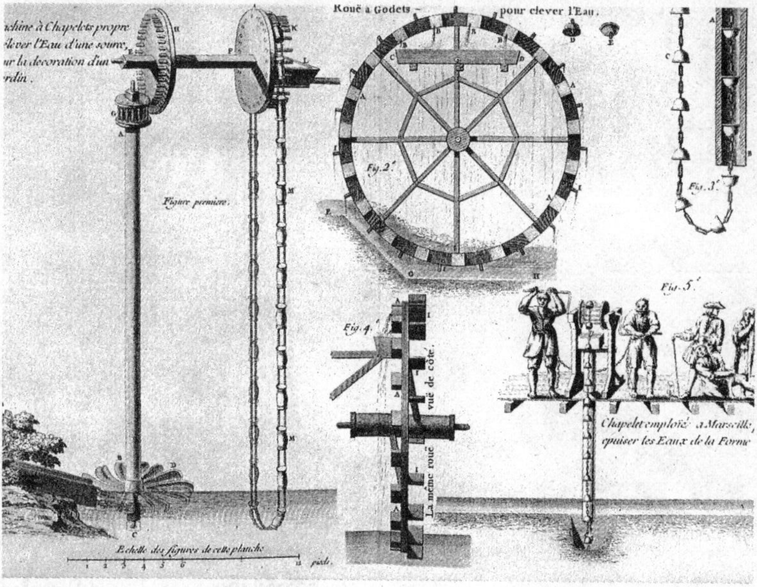

Roüe à Godets — pour elever l'Eau.

...chine à Chapelets propre
...lever l'Eau d'une source,
...ur la decoration d'un
...rdin.

Figure premiere.

Fig. 2.

Fig. 3.

Fig. 4. vue de côté.

La même roüe

Fig. 5.

Chapelet employé a Marseille, epuiser les Eaux de la Forme

Echelle des figures de cette planche

145

148

149

151

waren die Fischanlandungen im Verhältnis zur Bevölkerungszahl so groß. Noch 200 Kilometer landeinwärts wurden die Märkte regelmäßig mit frischem Seefisch beliefert, da zahlreiche Wasserwege den Transport begünstigten. Mit diesem Bild führt uns C. de Witte auf einen Fischmarkt. Die Käuferin ist Adriana van Hesden; an der Hand führt sie ihr Töchterchen. Das Angebot unter der vom Dach des Standes herabhängenden Schiffslaterne ist reichlich; wir befinden uns in einer Hafenstadt, wie die Segel im Hintergrund andeuten. (C. de Witte, *Adriana van Hesden auf dem Amsterdamer Fischmarkt*, London, Nationalgalerie)

138 STRASSENHÄNDLER: DER WASSERTRÄGER (1660–1670) Zahlreiche Händler hielten auf den Straßen ihre Waren feil. Eine wichtige Rolle spielte der Wasserträger, denn die Privathaushalte verfügten nur in den seltensten Fällen über einen eigenen Brunnen (eine Ausnahme bildete Holland), so daß jeder Tropfen Wasser oft über weite Strecken von einem öffentlichen Brunnen geholt werden mußte. Diesen Umstand machten sich die Wasserträger zunutze: sie zogen durch die Straßen und verkauften das Wasser eimerweise oder auch in kleineren Mengen. Viele Bilder aus jener Zeit zeigen uns solche Wasserträger. Die Legende zu diesem Stich stellt dem Dargestellten kein sehr gutes Zeugnis aus: »Der Wasserträger sieht so aus, als ob er sein Wasser in Wein verwandelte und so viele Schoppen davon trinkt, daß sein ganzer Verdienst durch seine Kehle rinnt.« Ende des 18. Jahrhunderts breitete sich der Alkoholismus aus. (Bonnart, *Der Wasserträger*, Paris, Nationalbibliothek, Kupferstichkabinett)

139 STRASSENHÄNDLER: DER BRANNTWEIN-VERKÄUFER (1660–1670) Weit weniger nützlich für die Allgemeinheit waren die Branntweinverkäufer. Während man bis dahin starke Alkoholika hauptsächlich für medizinische Zwecke verwendet hatte, wurde in der zweiten Hälfte des 17. Jahrhunderts der Branntwein zu einem beliebten Genußmittel. Dies machten sich manche Straßenhändler zunutze und zogen mit einem umgehängten Korb voller Flaschen umher, so daß das gefährliche Gift jederzeit erhältlich war. Der Stich ist von folgender Legende begleitet: »Meine Herren, der gute Branntwein erfreut das Herz, und wenn sich das Auge davon blenden läßt, wird meine Börse gut gefüllt.« (H. Bonnart, *Der Branntweinverkäufer*, Paris, Nationalbibliothek, Kupferstichkabinett)

140 STRASSENHÄNDLER: DER LIMONADENVERKÄUFER (1660–1670) Das von diesem Straßenhändler vertriebene Getränk war viel gesünder: er handelte mit eisgekühlter Limonade. Das Eis wurde im Winter in tiefe Felsenkeller gebracht und stand dann in der warmen Jahreszeit zur Kühlung zur Verfügung. An einen solchen Felsenkeller erinnert noch heute der Name der Pariser Rue de la Glacière. In den Schenken trank man vorwiegend Wein; die Kaffeehäuser kamen erst im 18. Jahrhundert in Mode. Der Kommentar zu diesem Stich ist wiederum ironisch gefärbt: »Dieser muntere Bursche mit dem Glas in der Hand ist nicht dumm: er verkauft den anderen seine Limonade, um mit dem Verdienst für sich Wein zu kaufen.« (H. Bonnart, *Der Limonadenverkäufer*, Paris, Nationalbibliothek, Kupferstichkabinett)

141 STRASSENHÄNDLER: DER AUSTERNVER-
KÄUFER (1660–1670) Auch dieser Austernverkäufer bedient sich derselben Verkaufs-
technik wie seine bereits vorgestellten Kollegen: er geht durch die Straßen und ruft
seine Ware aus. Ein Messer im Gürtel und
ein Essigfläschchen in der Hand gehören zu
seiner Ausrüstung. Austern waren damals
für viele Menschen durchaus erschwinglich.
(H. Bonnart, *Der Austernverkäufer*, Paris,
Nationalbibliothek, Kupferstichkabinett)

142 STRASSENHÄNDLER: DER TABULETTKRÄ-
MER (1660–1670) In seinem »Bauchladen«
schleppt dieser ambulante Händler ein verhältnismäßig reiches Warenangebot mit sich
herum, das er laut rufend anpreist. Dazu
Bonnarts Kommentar: »Für die Allgemeinheit bin ich unentbehrlich, ich habe alles,
was sie braucht. Schaut her, was ihr kaufen
wollt, und nehmt zumindest einen Kamm!«
(Bonnart, *Der Tabulettkrämer*, Paris, Nationalbibliothek, Kupferstichkabinett)

143 STRASSENHÄNDLER: DER KESSELFLICKER
(1660–1670) Ambulante Kesselflicker hat es
noch bis in unser Jahrhundert hinein gegeben. Hier sehen wir einen französischen
Vertreter dieses altehrwürdigen Berufs aus
dem 17. Jahrhundert mit seiner Leder-
schürze, einer Reihe von Hämmern, einem
Kohlenbecken und einer Pfeife: »Mit seiner
Brummbärstimme und seiner im Ohr schmer-
zenden Pfeife versteht er es, wie jeder sagt,
wunderbar, das Loch im Kessel zu stopfen.«
(Bonnart, *Der Kesselflicker*, Paris, Nationalbibliothek, Kupferstichkabinett)

144 DIE INGENIEURSKUNST: TROCKENLEGUNG
EINER BAUGRUBE Die Ingenieurskunst machte
im 18. Jahrhundert entscheidende Fortschritte. Hier sah man sich dem Problem
gegenüber, in feuchtem Gelände Fundamente zu legen. Als die Baugrube ausgehoben war, mußte man sie trockenlegen. Man
bediente sich dazu einfachster Hilfsmittel:
mit Körben und Eimern wurde das Wasser
ausgeschöpft. Das ging nur, wenn das Wasser
ablaufen konnte und verhältnismäßig wenig Wasser in die Grube nachsickerte.
(Belidor, *Architecture hydraulique, ou l'Art
de Conduire, d'élever et de ménager les
Eaux pour les différents besoins de la vie*,
Paris 1737, Paris, Nationalbibliothek)

145 VERSCHIEDENE EINRICHTUNGEN ZUM
HEBEN VON WASSER Im 17. und auch zu Beginn des 18. Jahrhunderts war man in dieser Hinsicht in Europa nicht weiter, als man
schon in Alexandrien um die Zeitenwende
gewesen war. Um Wasser zu heben (zur
Entwässerung oder Bewässerung), bediente
man sich der uralten Schöpfräder oder verschiedener Hebeeinrichtungen, die mit Muskelkraft betrieben wurden. Unsere Abbildungen aus dem obengenannten Werk des
Belidor zeigen Paternosterwerke (Fig. 1, 3
und 5) und Schöpfräder (Fig. 2 und 4), die
ausführlich erläutert werden. Einen Fortschritt brachte erst die Dampfmaschine von
Newcomen, die bekanntlich erstmals zur
Entwässerung eines Bergwerks eingesetzt
wurde. (Belidor, *Architecture hydraulique*,
Paris 1737, Paris, Nationalbibliothek)

146 DIE WASSERKRAFT IM DIENST DES MEN-
SCHEN: MECHANISIERTE SCHMIEDE Der erste
Motor war das Wasserrad, das dem Men-
schen einen Teil der Energie fließenden
Wassers nutzbar machte. Auch die Kraft des

Windes stellte man in den Dienst des Menschen, doch waren Windmühlen infolge der wechselnden Windverhältnisse nicht besonders zuverlässig. Eine weit konstantere Energiequelle waren Wasserläufe. Hier treibt ein Wasserrad in einer Schmiede mittels eines einfachen Hebelmechanismus gleichzeitig ein Hammerwerk und die Blasebälge an. Solche mechanisierten Schmieden gab es in Deutschland zu Hunderten, vielleicht sogar zu Tausenden. (Böckler, *Theatrum machinarum*, Nürnberg 1662. Paris, Conservatoire des Arts et Métiers)

147 DIE WASSERKRAFT IM DIENST DES MENSCHEN: PAPIERMÜHLE Diese Abbildung führt uns nach Italien. In der hier gezeigten Papiermühle wird Hadernpapier hergestellt, ein Fabrikationsvorgang, der viel Energieaufwand benötigt. Das Hammerwerk, das die Hadern durchwalkt, wird durch ein Wasserrad angetrieben. Der ganze Mechanismus ist verhältnismäßig einfach, aber sehr sinnvoll und wirksam. Der Stich stammt aus einem italienischen Buch des Jahres 1656. Die ein Jahrhundert später entstandenen Abbildungen in der *Enzyklopädie* beweisen, daß die Papierherstellung in dieser Zeit keine wesentlichen Fortschritte gemacht hat. (Zonca, *Novo theatro di machine e edificii*, Padua 1656, Paris, Conservatoire des Arts et Métiers)

148 EINE DRUCKERPRESSE DES JAHRES 1656 Gutenbergs Erfindung, der Druck mit beweglichen Lettern, war eine der revolutionierendsten Erfindungen aller Zeiten. Doch schon vor ihm wurden Bücher und einzelne Blätter gedruckt, wobei die Druckstöcke aus entsprechend geschnittenen Holzblöcken bestanden. Im ausgehenden 16. Jahrhundert stellte die Erfindung des Kupferstichs einen entscheidenden Fortschritt dar: man konnte nicht nur präzisere Darstellungen anfertigen, sondern auch mehr Abzüge von einem Druckstock machen. Unser Bild zeigt eine Kupferstichpresse aus der Mitte des 17. Jahrhunderts. (Zonca, *Novo theatro di machine e edificii*, Padua 1656. Paris, Conservatoire des Arts et Métiers)

149 DIE DAMPFPUMPE VON NEWCOMEN Daß die Dampfmaschine in England erfunden wurde, ist nicht ganz und gar ein Zufall: Um das Wasser aus den tiefen Gruben der Bergwerke heraufzupumpen, genügten die üblichen Hilfsmittel nicht mehr. Die erste einigermaßen brauchbare Dampfpumpe wurde von Thomas Savery 1698 konstruiert, doch eignete sie sich eher für Bewässerungszwecke. Erfolgreich waren erst die »Feuermaschinen« des Grobschmieds und Eisenhändlers Thomas Newcomen aus Dartmouth, die seit 1712 in englischen Bergwerken zum Wasserheben Verwendung fanden. Newcomen übernahm die Grundideen von Denis und Papin, führte jedoch zahlreiche Verbesserungen durch. So stammt von ihm die Einspritzkondensation und die wasserdichte Lederung des Kolbens. Seine lärmenden, entsetzlich qualmenden »Feuermaschinen« setzten sich rasch durch. Wenngleich sie sehr viel Kohle verbrauchten und die Arbeitsleistung, an heutigen Maßstäben gemessen, gering war, bedeuteten sie doch einen wesentlichen Fortschritt: eine Newcomen-Dampfmaschine ersetzte in den Bergwerken fünfzig Pferde. Erst durch die geniale Weiterentwicklung des Engländers James Watt in der Zeit von 1765 bis 1785

Eine wichtige Rolle spielte der *saltus**, das landwirtschaftlich nicht genutzte Land. Die Äcker waren stets von Wäldern oder vielmehr von dichten Vegetationsteppichen gesäumt. Die alte Landwirtschaft brauchte den *saltus*, lebte in enger Symbiose mit dem Wald. Diese Form der Landwirtschaft hatte es nicht seit jeher gegeben: in Frankreich, Norditalien, in den Niederlanden, im Londoner Becken, in Katalonien, in Kantabrien und im deutschen Rheinland (also in einem Gebiet, das wir an anderer Stelle als die etwa 1 Million Quadratkilometer umfassende europäische Kernzone bezeichnet haben) hatte sie sich im 12. Jahrhundert herausgebildet. Im europäischen Raum kann man von drei Agrarrevolutionen sprechen: der des Neolithikums, der der künstlichen Wiesen, des Kunstdüngers und der landwirtschaftlichen Maschinen und dazwischen der des 12. Jahrhunderts. Die Landwirtschaft des barocken Europa beruhte auf dieser zweiten Revolution, die inzwischen ihre Kraft eingebüßt hatte und dem Ende ihrer Entwicklung nahe war; an manchen Stellen wurden bereits Versuche angestellt, die die dritte Revolution vorbereiteten, jene wichtigste aller Agrarrevolutionen, die noch heute, im 20. Jahrhundert, im Gange ist. Die Landwirtschaft des barocken Europa brachte sich im 16. und mehr noch im 18. Jahrhundert dadurch in Gefahr, daß sie das traditionelle Gleichgewicht zwischen *ager** und *saltus* störte. Falsches Verhalten bedeutete im

wurde die Newcomen-Dampfmaschine allmählich verdrängt. *(Maschine zum Heben von Wasser mittels Feuer,* Stich aus dem *Universal Magazine* von 1747, Paris, Nationalbibliothek)

150 DER HAFEN VON ROTTERDAM Dieses herrliche, auf Kacheln gemalte Marinebild zeigt den Hafen von Rotterdam gegen Ende des 17. Jahrhunderts. Im Vordergrund links ein majestätischer Indienfahrer mit geöffneten Stückpforten und der stolz an Heck und Masttopp geführten Flagge der Vereinigten Niederlande. Ein zweites größeres Schiff liegt links dahinter vor Anker; zahlreiche Segel- und Ruderboote beleben die Szene. In den Niederlanden liebte man es, Räume

mit Kacheln zu schmücken, auf denen Marinen dargestellt waren. Unsere Darstellung trägt die Signatur von C. Boumeester (1652 bis 1733). (Brüssel, Musée du Cinquantenaire)

151 DIE AMSTERDAMER BÖRSE Die Börse von Amsterdam war im 17. Jahrhundert der Mittelpunkt des kommerziellen Kapitalismus. Der Gegensatz zwischen der tatsächlichen Macht dieser Institution und ihrem bescheidenen Rahmen ist für das Holland jener Zeit bezeichnend. Dieses mutige kleine Volk war ebenso realistisch wie geschäftstüchtig; auf unnötigen Prunk verzichtete man. (J. A. Beckerheyde, *Die alte Amsterdamer Börse,* Frankfurt/M., Städelsches Kunstinstitut)

18. Jahrhundert einen Rückgang der Nutzfläche durch rasche Bodenermüdung, wie es bei den präkolumbischen Völkern Amerikas vor Ankunft der Weißen der Fall gewesen war; es war große Vorsicht vonnöten, um die Grundlagen für das rasche Wachstum und die tiefgreifenden Veränderungen in der Agrarwirtschaft des 19. Jahrhunderts zu schaffen.

Wir werden den Gegebenheiten eher gerecht, wenn wir die Landwirtschaft des barocken Europa nicht von der Warte späterer Generationen als »Ancien régime« betrachten, sondern sie in ihrer wahren Eigenart als »nachrevolutionäre« Entwicklung sehen. Wie Georges Duby überzeugend nachgewiesen hat, wurzelte sie in der Agrarrevolution des 12. Jahrhunderts, die in enger Wechselbeziehung mit dem damaligen raschen Bevölkerungsanstieg stand. Die Bevölkerung verdreifachte sich; die Landwirtschaft stabilisierte sich auf einer Ebene, die auch noch im barocken Europa kaum überschritten war. Worin bestand nun die große Umwälzung? Hauptsächlich in einer Veränderung des Werkzeugs, des Arbeitsgeräts. Die landwirtschaftlichen Geräte des barocken Europa stammten im wesentlichen aus dem 12. Jahrhundert, waren aber im Gegensatz zu damals nun allgemein in Gebrauch. Zwischen der Agrarrevolution des 12. Jahrhunderts und der des ausgehenden 18. Jahrhunderts, mit der die Landwirtschaft des barocken Europa ihr Ende fand, besteht eine grundlegende Übereinstimmung, die bis heute noch nicht genügend herausgestellt worden ist: das Wesentliche dieser Revolutionen besteht nicht in neuen Erfindungen, sondern in der allgemeinen Nutzbarmachung, in der generellen Verbreitung von Erfindungen, die meist schon vorher von einzelnen in schweren Zeiten gemacht worden waren. Die ersten wirklich revolutionierenden landwirtschaftlichen Geräte tauchten vereinzelt schon in den Krisenzeiten nach dem Zusammenbruch des Reichs Karls des Großen auf; der künstliche Futterbau bzw. die Wiesenkultur wurde schon lange vor dem ausgehenden 18. Jahrundert auf den großen Gütern unkonventioneller Agronomen praktiziert. »Soweit es sich beurteilen läßt«, schreibt Georges Duby über die Agrarrevolution des 12. Jahrhunderts, »beruhte dieser technische Fortschritt nicht auf neuen Erfindungen und, von Ausnahmen abgesehen, auch nicht auf der Einführung bis dahin unbekannter Verfahren ins Abendland, sondern auf der Verallgemeinerung von Methoden, die vorher nur auf einigen Mustergütern praktiziert worden waren – so auf den Gütern der großen karolingischen Abteien zwischen Loire und Rhein und in sehr kleinen, weit verstreuten Sektoren der ländlichen Welt.« Die Revolution vollzog sich auf der Ebene des Werkzeugs, des Geräts. Es wuchs die Zahl der Mühlen, durch die ein kleiner Bruchteil der Wasserenergie der Flüsse in den Dienst des Menschen gestellt wurde. Die Wassermühle, die die Muskelkraft von Mensch und Tier für andere Zwecke freimachte, trat an die Stelle der Hand- oder Göpelmühlen. Aber nicht nur wurden dadurch unmittelbar Kräfte freigesetzt, sondern ein Kraftzuwachs ergab sich auch daraus, daß diese Mühlen ein feineres Mehl lieferten, so daß man die alten Teigfladen aus geschrotetem Korn durch richtiges Brot ersetzen konnte: die Menschen waren nun besser ernährt und infolgedessen kräftiger. Noch das barocke Europa ernährte sich zu 70 bis 80 Prozent von Brot. Die Hirse wurde immer mehr durch die verbackbaren Getreidesorten verdrängt. Bessere Ernährung bedeutete aber auch einen besseren Schutz gegen die Kälte. »Hier und da, führt Georges Duby weiter aus, »wurden an die Achsen der wassergetriebenen Mühlräder bereits andere Maschinen angeschlossen, so Stampfwerke zum Walken von Stoffen und zum Brechen des Hanfes.« Neben Wassermühlen gab es Windmühlen: »Die ersten Windmühlen sind für die Normandie in den ersten Jahren des 12. Jahrhunderts bezeugt.« Auch die Metallverarbeitung machte Fortschritte, Metall war nun häufiger. »Als das Eisen mehr in Gebrauch kam, vervielfachte sich um 1150 die Zahl der Äxte«, mit denen man dem Wald zu Leibe rücken konnte, vor allem aber auch die Zahl der Pflüge mit eiserner Schar.

Der Eisenpflug mit Schar und Streichbrett veränderte grundsätzlich alle Faktoren der Fruchtbarkeit. Die reichen Böden der Vergangenheit, die leicht zu bearbeiten und leicht urbar zu machen waren, waren im 12. wie im 18. Jahrhundert erschöpft. »Der Eisenpflug, dieses schwere und wenig handliche Arbeitsgerät, das von vier, sechs oder acht Ochsen gezogen wurde – die man jetzt zu beschlagen und in ein besseres Joch zu spannen verstand –, hatte zumindest den gewaltigen Vorzug, daß er die schwersten Böden umbrechen und durch eine gründliche Wendung des Erdreichs ihn wieder fruchtbar machen konnte.«

Diese Revolution führte zur Dreifelderwirtschaft: der erste Ackerschlag wurde mit Wintergetreide, der zweite mit Sommergetreide bestellt – das als Pferdefutter diente, als das Pferd allmählich den Ochsen verdrängte, ein Prozeß, der acht Jahrhunderte dauerte und noch nicht abgeschlossen war, als der Traktor an die Stelle der Zugtiere trat –, während der dritte brachlag. In Nordeuropa, wo die strengen Winter den Anbau von Wintergetreide nicht gestatteten, und im Süden in klimatisch ungünstigen Gegenden – so in der Normandie, wo die im Frühjahr herrschende Trockenheit nicht den Anbau von Sommergetreide zuließ – war die Zweifelderwirtschaft üblich.

Was geschah nun im 18. Jahrhundert? Der sich ausbildende Agrarkapitalismus im Zusammenhang mit dem Physiokratismus bewirkte, daß in England ab 1730, in Frankreich nach 1760 an die Stelle der Brache hier und da die Wiesenkultur trat. Diese war allerdings im Prinzip nichts Neues. Schon Olivier de Serres er-

wähnte sie in seinem *Théâtre d'agriculture et mesnage des champs,* einem landwirtschaftlichen Traktat aus dem Jahre 1600. Er hatte die Methode auf der Domäne Pradel ausprobiert. Noch früher hatten sich Charles Estienne und Jean
Libeault (1589) mit dem künstlichen Futteranbau befaßt. Olivier de Serres empfahl auch schon den Anbau von Hackfrüchten. In England ging man ab dem
17. Jahrhundert nach dem Beispiel Flanderns zum Rübenanbau über. Wie bei der
Agrarrevolution des 12. Jahrhunderts bestand bei der Revolution in der zweiten
Hälfte des 18. Jahrhunderts das eigentlich Revolutionierende darin, daß bereits
bekannte und erprobte Methoden und Praktiken verallgemeinert wurden. Daniel
Faucher schreibt über die stetige Ausbreitung der Wiesenkultur im Rhônetal
zwischen Isère und Ardèche zwischen 1810 und 1840: »Dies bedeutete eine echte
wirtschaftliche Umwälzung. Und doch handelte es sich im Grund nicht um eine
Revolution.«

War die Revolution des 12. Jahrhunderts vollendet, als um 1750 im barocken
Europa die Revolution der Wiesenkultur und des Hackfruchtbaus begann?

Sogar im dichtest bevölkerten Kerngebiet des barocken Europa mit seiner Million Quadratkilometer und einer Bevölkerungsdichte von 40 E/qkm gab es Regionen, deren Landwirtschaft bei der Technik des Jahres 1000 n.Chr. stehengeblie-
ben war: Abschwenden, Brache, fast ausschließlich hölzerne Hakenpflüge waren
die Regel. Zu diesen Regionen gehörten das innere Ardennengebiet, die Hochebenen
des rheinischen Schiefergebirges, Teile der hochburgundischen Hochebenen, ein
Stück der Bretagne. Von einer Million Quadratkilometern befanden sich noch rund
zweihunderttausend auf der Stufe vor der Agrarrevolution des Mittelalters. Und
wie sah es außerhalb des Kerngebietes aus? Ein Teil der europäischen Mittelmeerländer und fast das ganze Ost- und Nordeuropa, also die dünn besiedelten Randzonen mit ihren 5 E/qkm im Durchschnitt, steckten hinsichtlich ihrer Landwirtschaft noch im tiefen Mittelalter. Allerdings muß hinzugefügt werden, daß sich
die so glückhafte Umwälzung des 12. Jahrhunderts fast nur auf das Kerngebiet
Europas ausgewirkt hatte. Östlich der Elbe, in Böhmen und im Donauraum machte
die Landwirtschaft im 19. Jahrhundert einen Riesenschritt aus dem Jahr 1000 direkt in die industrielle Revolution hinein.

Die Landwirtschaft des Jahres 1000 und jene Agrarform, die sich im Gefolge
der Revolution des 12. Jahrhunderts herausbildete, hatten eines gemeinsam: unmittelbar genutzt wurde stets nur ein Teil der Bodenfläche. In der Provence bedeckte der *incult* – Wald, Heide und Sumpf – etwa zwei Drittel des Landes, in
dem viel dichter besiedelten Nordfrankreich war immerhin noch ein Drittel der
Gesamtfläche Wald. Sogar in den klimatisch begünstigten Regionen, in denen Drei-

felderwirtschaft möglich war, war in jedem gegebenen Moment bestenfalls die Hälfte des Bodens bestellt. Generell kann man von der Landwirtschaft jener Zeit sagen, daß sie unter günstigsten Bedingungen höchstens die Hälfte des Bodens nutzte. Im Mittelmeergebiet war es sogar nur ein Viertel bis ein Sechstel: die Hälfte des Bodens wurde überhaupt nicht bestellt (Wald, Ödland), von der Nutzfläche lag infolge der Zweifelderwirtschaft stets ein Drittel bis die Hälfte brach. Östlich der Elbe, vor allem in Polen und Rußland, und nördlich der Ostsee schwankte die bestellte Fläche zwischen 1 und 10 Prozent der Gesamtfläche. Diese Tatsache ist für die eigenartigen Beziehungen zwischen Mensch und Raum sehr aufschlußreich. Im westlichen Europa standen der Nutzfläche mindestens fünfzig Prozent, im Osten und Norden bis zu 99 Prozent »feindliches« Land gegenüber. Der Ausdruck »feindlich« ist allerdings nur sehr beschränkt richtig. Auch die Wälder, Sümpfe und Steppen hatten eine gewisse Bedeutung für die Landwirtschaft; vor allem aber boten sie in Kriegszeiten Schutz: in der Zeit der Wirren flüchtete sich ein Großteil der russischen Bevölkerung wie schon oft zuvor in die Wälder.

Um die Bedeutung des Waldes zu erhellen, wählen wir als Beispiel das dichtestbevölkerte Gebiet Europas, das Frankreich nördlich der Loire. Was hier galt, galt erst recht anderswo, in den waldreicheren Regionen. Unsere Darstellung folgt den Untersuchungen von Michel Devèze, der sich gründlich mit dem französischen Wald im ausgehenden 16. Jahrhundert befaßt hat. Obgleich in jenem Jahrhundert der Wald stark zurückgedrängt wurde, um neues Kulturland zu gewinnen, bedeckte er noch ein Drittel bis ein Viertel nördlich der Loire.

Obwohl König, Geistlichkeit und Adel bemüht waren, die Wälder zu erhalten, um sich einerseits die Jagd und andererseits die Einkünfte aus Nutz- und Bauholz zu sichern, hatte das gemeine Volk seit undenklicher Zeit an den Wäldern Anteil und verstand es, seine Rechte im 15. und 16. Jahrhundert zumindest teilweise zu verteidigen. In dieser Zeit wurde das Gewohnheitsrecht der Waldnutzung niedergeschrieben und gedruckt. Die umfangreiche Sammlung von Saint-Yon, die 1610 veröffentlicht wurde und 1138 Seiten umfaßte, führt nicht weniger als 188 solcher Rechte auf, ohne vollständig zu sein. Durch das Gewohnheitsrecht wurde die Waldnutzung gleichzeitig eingeschränkt und abgesichert. Für den Historiker ist es eine sehr wertvolle Informationsquelle.

Zunächst und vor allem wurde durch das Nutzungsrecht der Dorfgemeinschaft das erforderliche Brenn- und Bauholz gesichert. Erst 1840 spielte in Paris die Steinkohle erstmals eine gleich wichtige Rolle als Heizmaterial* wie das Holz – in anderen Städten und erst recht auf dem Land stand das Holz auch noch viel später an erster Stelle.

Meist durfte als Brennholz nur dürres Holz und Abholz, also minderwertiges
Holz, verwendet werden. In der Normandie war man allerdings großzügiger.
»Die Nutznießer kamen in Versuchung«, schreibt Michel Devèze, »fast alle Bäume
außer den echten Obstbäumen als Abholz anzusehen.« Anderswo galten alle Bäume
außer Eiche, Buche und Kastanie als Abholz, im waldreichen Lothringen nahm
man wie in der Normandie nur die Obstbäume aus.

Das Recht auf Nutzholz wurde häufig zum Ausgangspunkt einer industriellen
Ausbeutung. Die althergebrachten Rechte wirkten sich auf die Wälder oft verheerend aus; so hatten die Bauern das Recht, aus den Wäldern ihre Rebenpfähle zu
holen, Holz für die Errichtung von Zäunen oder auch Schindeln zum Decken der
Häuser. Hingegen war das Recht, Holzkohle zu brennen, fast überall der Allgemeinheit vorenthalten; die Köhlerei war ein kommerzielles Unternehmen. Weitere
Gewohnheitsrechte waren das Anrecht auf Rinde, auf einzelne kleinere Bäume,
auf Fallholz (Windbruch). Privateigentum im eigentlichen Sinn war der Wald
damals noch nicht.

Die wesentlichste Verbindung zwischen *saltus* und *ager* wurde durch die Viehzucht* und die geheiligten Rechte der Weide und Mast geschaffen. Eine der Eigenheiten der europäischen Agrarkultur bestand in der nirgendwo sonst auf der
Erde damals anzutreffenden engen Verknüpfung von Ackerbau und Viehzucht.
Beschränkt wurde die Viehzucht durch den Getreidebedarf für die menschliche Ernährung und den Mangel an natürlichen Weiden. Im ganzen europäischen Kerngebiet mit seinen 1 Million Quadratkilometern war Weideland kostbarer als Ackerland. Man brauchte dringend Mist als wichtigsten natürlichen Dünger; die Fruchtbarkeit der Äcker stand mit der Stärke der Viehherden in Beziehung, die in der
Regel zu klein waren, da der Getreidebedarf eine Ausweitung der Weideflächen
auf Kosten des Ackerlands nicht zuließ. Eine Lösung des Problems boten die Wälder.

Das Weiderecht erlaubte dem Vieh der Bauern die Weide auf Privatgrund zu
bestimmten Jahreszeiten – auf brachliegenden Äckern während des ganzen Jahres,
auf den bestellten Äckern nach Einbringung der Ernte – und natürlich erst recht
auf der Allmende, dem gemeinschaftlichen Feldbesitz aller Dorfbewohner. Ge-
weidet werden durfte ferner auf den natürlichen Wiesen, sogar in den Weingärten,
in der Heide, in Sümpfen, hauptsächlich aber in den Wäldern.

Dorthin wurden vor allem die Schweine getrieben, die im 16. und 17. Jahrhundert noch nicht völlig domestiziert und oft recht gefährlich waren; dieses Haustier
der Armen kehrte in die Wälder zurück, aus dem seine Vorfahren, die Wild-
schweine, stammten. Strengere Vorschriften galten für die Ziegen und Schafe, die

den Sprossen und Schößlingen im Wald so gefährlich wurden, der gesamten Wald-
wirtschaft im Mittelmeergebiet schwersten Schaden zufügten und oft auch die Ernten gefährdeten. Alles hing vom Kräfteverhältnis zwischen Kain und Abel – den
Bauern und den Hirten – ab, und im Mittelmeergebiet war es oft Abel, der den
Kain besiegte. Das berühmteste Beispiel ist die spanische Mesta. Diese mächtige
Organisation nomadisierender Hirten, die sich schon im tiefsten Mittelalter gebildet hatte (die offizielle »Gründungsakte« ist 1273 datiert), stellte eine Interessen-
gruppe dar, deren Druck die Landwirte und Regierungen von Kastilien nicht
standzuhalten vermochten. Obwohl die umherziehenden Schafherden beträchtlich vermindert wurden (etwa 3,5 Millionen Tiere um 1520, zwischen 2 und 3 Millionen nach 1560), wurde die Landwirtschaft der iberischen Hochebenen durch die
gefräßigen Herden immer wieder schwer geschädigt. Die aufgeklärten Minister
Karls III. mußten in der zweiten Hälfte des 18. Jahrhunderts ihre ganze Autorität einsetzen, um die alten Mißstände wenigstens einzuschränken, und erst der
liberalen Regierung von 1836 gelang es, dieses volkswirtschaftlich höchst gefährliche Überbleibsel aus dem Mittelalter endgültig zu zerstören.

In Frankreich und in fast allen anderen europäischen Ländern (Ausnahmen
bildeten die Iberische und die Apenninenhalbinsel) ließ man die Schafherden nicht
in den Wäldern weiden, sondern verbannte sie in die Heiden; erst nach Einbringung der Ernte durften sie auch auf den Feldern weiden. Zur Regel wurde dies
allerdings erst zu Beginn des 17. Jahrhunderts.

Im 17. Jahrhundert konzentrierte sich die Schafzucht auf jene Gebiete, in denen
sich das Klima besonders gut dafür eignete. Im Wald wurde nicht nur Kleinvieh,
sondern auch Großvieh gehalten. Noch im 15. und 16. Jahrhundert war es allgemein üblich, in den Wäldern Pferdegestüte einzurichten, da man glaubte, daß die
Tiere besonders kräftig und ausdauernd würden, wenn sie sich in Freiheit fort-
pflanzen und im Freien aufwachsen könnten. Vor allem in der Bretagne und im
Poitou gab es viele Gestüte in den Wäldern. Erst in der zweiten Hälfte des
17. Jahrhunderts kam man allmählich davon ab, doch hielt sich der Brauch noch
bis ins 18. Jahrhundert hinein.

Die größte Gefahr für die Wälder bildeten jedoch die Rinder, was verständlich
wird, wenn man weiß, daß es beispielsweise im Pariser Becken fünfmal mehr Wald
als Wiesen gab. Erst nach der Einführung des künstlichen Futterbaus (vor allem
Luzerne) nach 1730 in England und nach 1750–1760 in Frankreich wurde es möglich, die Rinder aus den Wäldern zu holen.

Noch viele andere Produkte des Waldes wurden genutzt. So mähte man das im
Hochwald unter den Bäumen wachsende Gras, bis die Wiesenkultur die wenig

einträgliche Praxis überflüssig machte. Man sammelte die Früchte der wilden Quitten, des Mispelbaums, des Kastanienbaums, des Nußbaums; man benutzte junge Pflanzen, um die Apfel- und Birnbäume in den Gärten zu verjüngen.

Apfelbäume wurden in größerer Zahl im Nordwesten Frankreichs und Europas ab dem ausgehenden 16. Jahrhundert gepflanzt; im 18. Jahrhundert erreichte die Apfelbaumkultur in etwa die heutige Ausdehnung. Gleichzeitig wurde ab dem 17. Jahrhundert der Birnbaum immer mehr zurückgedrängt; an die Stelle des Birnmostes trat der haltbarere und gesündere Apfelmost.

Im Wald lebten schließlich auch die Honigbienen. Zwar eroberte in der zweiten Hälfte des 18. Jahrhunderts in England, Frankreich und Holland der Zucker den Tisch des »kleinen Mannes«, jedoch nur in den Städten. Von den Mittelmeerländern abgesehen, in denen seit Jahrtausenden Zuckerrohr angebaut wurde, wurde nördlich der Pyrenäen und der Alpen der von den nahen Inseln (Madeira, Azoren, Kanarische Inseln) und später aus Brasilien (das im 18. Jahrhundert der wichtigste Zuckerlieferant der Welt war) eingeführte Zucker nur für medizinische Zwecke und in den Haushalten der Reichen verwendet. Noch 1789 süßte die Landbevölkerung, die etwa 80 Prozent der Gesamtbevölkerung ausmachte, praktisch ausschließlich mit Honig. Die Jagd, ein Privileg der höheren Stände, war nicht nur für den Landadel der wichtigste Sport und praktisch die einzige Zerstreuung, sondern sie bereicherte auch die recht einseitige Nahrung um wichtige tierische Eiweißstoffe (ihr Anteil machte etwa 20 bis 30 Prozent aus). Ferner befanden sich in den Wäldern die Karpfenteiche, die in der Fastenzeit die Tische der Reichen belieferten.

Größere Wiesen gab es nur wenige, in Frankreich besonders in Carentan, in der Dive und der Normandie. Um 1750 waren Grasflächen im Gebiet von Auge noch selten. Die landwirtschaftlich genutzte Fläche bestand zu 85, 90, ja 95 Prozent aus Ackerland (unter Einrechnung der Brache, die je nach der Gegend und der Fruchtfolge ein Drittel bis die Hälfte ausmachte). Eine Ausnahme bildete das nördliche Beauvaisis mit seinem fruchtbaren Schwemmland (weniger als 3 bis 4 Prozent des barocken Europa verfügte über so günstigen Boden): im Jahre 1780, als der Verzweigungsprozeß der Landwirtschaft bereits eingesetzt hatte, verteilte sich die landwirtschaftlich genutzte Fläche folgendermaßen: 81 Prozent bebautes Ackerland, 4 Prozent bestellbares, aber »wertloses« Land; 5 Prozent Wald; Brache und Allmende 1,6 Prozent; »Verschiedenes« 8,4 Prozent. Eine so intensive Bodennutzung war natürlich ein Grenzfall.

Wie sah es mit den landwirtschaftlichen Erträgen aus? Die Informationen, die wir haben, geben nicht den Ertrag pro Hektar an, sondern das Verhältnis zwischen

Ernte und Aussaat. Da man in manchen Fällen genau weiß, wie groß die bestellten Flächen waren, kann man aus den gegebenen Werten die Erträge pro Hektar berechnen. Dies hat Jean-Claude Toutain für Frankreich getan. Nach seinen Berechnungen betrug der Durchschnittsertrag für Weizen und Roggen im Jahre 1700 sechs Zentner und stieg bis 1750 auf 7,5 Zentner (meiner Meinung nach ist dieser Wert zu hoch).

Wenn man das ganze Europa ins Auge faßt, fällt eine wichtige Tatsache auf: Es besteht von Westen nach Osten, von Frankreich, England und den Niederlanden über West- und Ostdeutschland bis Polen und Rußland, ein Ertragsgefälle. Eine Ausnahme bildete lediglich die so fruchtbare nördliche Ukraine.

Vom 16. bis 18. Jahrhundert haben sich in den begünstigten Zonen Westeuropas die Ernteerträge pro Hektar verdoppelt. Dies haben verschiedene Untersuchungen eindeutig ergeben, vor allem die Arbeiten von André Plaisse über das Gebiet von Neubourg, die einen sehr langen Zeitraum erfassen.

Die mit den allerdings weit augenfälligeren politischen und kulturellen Entwicklungen beschäftigten Historiker haben die langsamen, kontinuierlichen, tiefgreifenden Veränderungen auf dem Agrarsektor oft übersehen, aber sie spielen in der Gesamtgeschichte eine wesentliche Rolle.

Als im 12. und 13. Jahrhundert die Umwandlung der europäischen Agrarwirtschaft einsetzte, machte der Ernteertrag etwa das Dreifache der Aussaat aus. Zunächst verlief die Entwicklung in ganz Europa ziemlich gleichmäßig; vielleicht war England den anderen Ländern ein wenig voraus. Im 16. Jahrhundert hingegen hatte ganz Westeuropa einen deutlichen Vorsprung. In England betrug das Verhältnis Aussaat zu Ernte 1:6, in Frankreich 1:4 bis 1:5, in Spanien etwas mehr als 1:3. An der Spitze jedoch standen die nördlichen und südlichen Niederlande. Für Belgien wird für den Zeitraum 1580–1602 ein Verhältnis 1:10,9, für Hitsum in Friesland (1570–1573) von 1:7 bis 1:17 angegeben. Polen kam auf eine Relation von 1:3 bis 1:4, Rußland lag weit darunter. Im 17. und 18. Jahrhundert vergrößerten sich die Abstände. Diese Werte galten für Weizen und Roggen gleichermaßen. Allerdings ist allen diesen Zahlenangaben gegenüber eine gewisse Vorsicht angebracht. Wirklich zuverlässige Werte erhält man nur durch regionale Untersuchungen, die einen langen Zeitraum umfassen. Eine solche Darstellung hat Pierre de Saint-Jacob in geduldiger zwanzigjähriger Arbeit für Hochburgund geschaffen. Sie zeigt, daß innerhalb eines begrenzten Gebietes, ja, innerhalb einer einzigen Pfarrei erhebliche Unterschiede festzustellen sind.

»Aus der Gesamtheit der amtlichen Berichte ergibt sich, daß in einem Durchschnittsjahr die Äcker das Drei- bis Fünffache der Aussaat einbrachten, das Drei-

fache auf schlechten Böden, das Vierfache auf mittelmäßigen Böden, das Fünffache auf guten Böden ... In Jallanges in der Saône-Ebene wurden pro Tagwerk
vier Maß ausgesät und sechzehn Maß geerntet; da ein Maß 40 Pfund faßt, ergibt
sich nach Abzug der Aussaat ein Nettoertrag von 2,4 Doppelzentner pro Tagwerk,
also von 7,2 Doppelzentner pro Hektar. In Losne und Changey ... waren es 10
Doppelzentner. In Noidon im Auxois 8 Doppelzentner je Hektar. Man darf annehmen, daß der Durchschnittsertrag auf mittelmäßigen Böden nach Abzug der
Saatmenge allgemein 5 bis 6 Doppelzentner je Hektar war. In Morvan erbrachte
der Roggen nur knapp 2 Doppelzentner je Hektar. In Bresse, in der Racineuse,
wurden 6,75 Doppelzentner je Hektar geerntet.« Zwischen 1600 und 1750 stieg
die landwirtschaftliche Produktion, im Westen allerdings auf andere Weise als im
Osten. Im Westen erntete man mehr, weil man den Hektarertrag steigerte, die
Produktivität des nur um wenige Prozent vermehrten Ackerlandes verbesserte.
Im Osten war die Produktionssteigerung fast ausschließlich die Folge einer Verdoppelung, ja Verdreifachung des Ackerlandes, während die Hektarerträge sich
kaum änderten. Diese extensive Landwirtschaft erinnert an das amerikanische
*dry-farming** des 19. Jahrhunderts. Während man im 18. Jahrhundert in England fast moderne Erträge erzielte (um 1760–1770 fast stets zwischen 10 und 15),
blieben die baltische und slawische Welt bei 4 stehen, also bei der französischen Er-
tragslage des Mittelalters. Zwar sind die Angaben von Slicher Van Bath mit Vorsicht zu werten, aber eine Gesamtheit von fast 12 000 Einzelangaben ist auf jeden
Fall repräsentativ. Die Tendenz tritt deutlich zutage.

Angesichts dieser Tatsachen kann man zunächst etwas überrascht sein, wenn man
erfährt, in welchen Richtungen sich der Getreidehandel bewegte. Im 18. Jahrhundert wurde das Getreide aus den Randzonen mit ihren niedrigen Hektarerträgen
in die Kerngebiete mit ihren hohen Hektarerträgen transportiert. Von 1760 bis
1830 war England trotz seiner rasch zunehmenden Bevölkerung – die Heimat von
Malthus war nicht »malthusianisch« – ein Getreideexportland; nur in Krisenjahren
blieben die Lieferungen aus. Die Erklärung für diese auf den ersten Blick erstaunlich scheinende Tatsache liegt einfach darin, daß das dicht besiedelte europäische
Kerngebiet (40 E/qkm) trotz hoher Hektarerträge seinen Getreidebedarf nicht
decken konnte, während die Randzonen trotz niedriger Hektarerträge infolge der
dünnen Besiedlung (5 E/qkm, Nordafrika sogar nur 3 E/qkm) Überschußge-
biete waren. Aus der durch exakte Zahlenangaben wohlbekannten Situation zu
Beginn des 19. Jahrhunderts kann man mit gebührender Vorsicht recht aufschlußreiche Rückschlüsse auf die Lage um die Mitte des 18. Jahrhunderts ziehen.

Um 1830 war Westeuropa, das jährlich 8 500 000 Tonnen Getreide produzierte, auf diesem Sektor fast autark; eingeführt wurden, besonders aus dem Baltikum, »140 000 bis 200 000 Tonnen, manchmal das Zwei- bis Vierfache, aber nur, wenn die Ernte sehr schlecht war«. Im 18. Jahrhundert hatte der Getreideexport aus dem baltischen Raum nach Westeuropa ständig zugenommen; vom Anfang bis zum Ende des 18. Jahrhunderts stiegen die Getreideausfuhren aus dem Danziger Hafen von 50 000 auf 100 000 Tonnen jährlich. Dieses Getreide kam aus den verhältnismäßig wenig fruchtbaren Küstengebieten, nicht aus dem allzu weit entfernten fruchtbaren russischen Schwarzerdegebiet (dem *Tschernosem* in der Ukraine). Dieses belieferte Westeuropa erst gegen Ende des 18. Jahrhunderts, nachdem Katharina II. die Stadt und den Hafen Odessa hatte errichten lassen. Im ausgehenden 18. Jahrhundert erreichte der Getreideexport der baltischen Länder etwa 300 000 bis 400 000 Tonnen jährlich. Im Mittelmeergebiet war das Getreide als wichtigstes landwirtschaftliches Erzeugnis und wichtigstes Nahrungsmittel schon im 16. Jahrhundert das Haupthandelsgut gewesen. Der wachsende Getreidehandel, der auf dem Seeweg mögliche Ausgleich zwischen guten und schlechten Ernten und der ab der Mitte des 18. Jahrhunderts einsetzende Import von amerikanischem Getreide von Philadelphia aus waren Sicherungen gegen Hungersnöte.

Natürlich handelte es sich bei diesem Getreide nicht nur um Weizen. Weizen war seit dem ausgehenden 16. Jahrhundert im Mittelmeerraum die wichtigste Halmfrucht, aber auch Gerste wurde viel angebaut. Aus Gerste bereitete man in erster Linie Grütze, aus Weizen Brot. Wie sich im 12. und 13. Jahrhundert in Frankreich und Westdeutschland das Roggenbrot durchgesetzt hatte, so setzte sich im 17. und 18. Jahrhundert im Mittelmeerraum das Weißbrot durch. Östlich des Rheins wurde vorwiegend Roggen angebaut, ein edles, aber gefährliches Getreide, wenn man nicht aufpaßt. In Frankreich dominierte um 1700 noch für einige Jahrzehnte das Mengkorn (Weizen und Roggen vermischt). Auf dem Markt von Beauvais wurden nach Pierre Goubert zwischen 1639 und 1673 folgende Getreidesorten gehandelt (in Klammern die Indexpreise): Weizen (100), *Muison* (zwei Drittel Weizen, ein Drittel Roggen; 85,6), *Moittoyen* (halb Weizen, halb Roggen; 78,7) [in Hochburgund wurden, wie Pierre de Saint-Jacob berichtet, bei den großen Erhebungen und Zählungen des ausgehenden 17. Jahrhunderts die Bodenqualitäten durch folgende Begriffe gekennzeichnet: Weizenland, Mengkornland, Roggenland], *Petit-blé* (ein Drittel Weizen, zwei Drittel Roggen; 66,3), Roggen (58,3), Gerste (51). Zwischen 1696 und 1733 gab es noch mehr Mischsorten, was offensichtlich kein Zeichen des Wohlstands ist. Die Wirtschaftslage zu Beginn des 18. Jahrhunderts machte den kleinen Leuten in diesem Teil der Picardie schwer zu schaffen. Insgesamt aber verringerte sich allmählich die Zahl der Getreidesorten, immer mehr rückte der Weizen in den Vordergrund. Um 1770–1780 stand der Weizen in Frankreich an erster Stelle, Roggen und Mengkorn gingen stark zurück. Zu Beginn des 19. Jahrhunderts war das Weißbrot aus Weizen für den Franzosen beinahe eine Selbstverständlichkeit.

Für Frankreich errechnete Jean-Claude Toutain folgende Größenordnungen: Um 1700 betrug die jährliche Getreideproduktion rund 87 Millionen Doppelzentner, davon 23,1 Millionen dz Weizen und 23,1 Roggen (zu zwei Dritteln als Mengkorn angebaut) sowie 40,8 dz Gerste und Hafer. 1775 waren es 95,2 Millionen Doppelzentner. Die agrarische Gesamtproduktion im Frankreich des beginnenden 18. Jahrhunderts setzte sich zu 81 bis 87 Prozent aus pflanzlichen und zu 19 bis 13 Prozent aus tierischen Produkten zusammen. Zwischen 1772 und 1780 war die pflanzliche Produktion auf 81 bis 83 Prozent gesunken, während die tierischen Produkte einen Anteil von 19 bis 17 Prozent an der Gesamterzeugung hatten. Über die Ursachen und Folgen dieser Veränderungen könnte man endlos diskutieren.

Immerhin geht aus diesen Zahlen und Größenordnungen eine Tatsache deutlich hervor, die man allzu leicht vergißt: Vom Beginn des 16. bis zum ausgehenden 18. Jahrhundert stieg in ganz Westeuropa (mit Ausnahme der Mittelmeergebiete) der Lebensstandard besonders des einfachen Volkes ganz erheblich, obwohl es um 1750 wesentlich mehr Menschen gab als um 1500 und trotz der wirtschaftlichen Rückschläge des 17. Jahrhunderts. Auch in diesem schwierigen Jahrhundert wurde der Aufstieg keineswegs völlig abgebremst, sondern lediglich verlangsamt.

Und noch etwas zu diesem im Licht der historischen Zeugnisse so tragisch und katastrophenreich erscheinenden 17. Jahrhundert: Die Tatsache, daß uns die Zeugnisse dies verraten, ist bereits das Symptom eines Fortschritts. Jenes Jahrhundert war nicht nur besser verwaltet als frühere Zeiten, sondern die Klagen des einfachen Volkes und die Berichte über seine Leiden, die auf uns gekommen sind, ohne daß es den Mächtigen gelungen wäre, sie zu unterdrücken, verraten eindeutig, daß dieses einfache Volk an Gewicht und Bedeutung gewonnen hatte. Das Recht, sich zu beklagen, ist ein Luxus, die Erinnerung an die Klagen späterer Zeiten überliefert zu haben ist ein Erfolg, der auf der Habenseite des 17. Jahrhunderts steht. Die größten Katastrophen sind jene, die in namenlose Vergessenheit gesunken sind, die ärgsten Schmerzen jene, von denen niemand je erfahren hat.

Mehrere Zeichen weisen auf einen unmerklichen, aber nicht mehr aufzuhaltenden Wandel hin. Dazu gehören die Inventarien, die bei Todesfällen aufgestellt wurden. Obwohl man aus steuerlichen Gründen zur Untertreibung neigte, wurden im 18. Jahrhundert wesentlich mehr Federbetten und Wäsche angeführt als im

16. Jahrhundert. Nun fanden sich in den Verzeichnissen auch Bilder und Bücher; wie Robert Mandrou nachgewiesen hat, waren die »Volksausgaben« der Bibliothèque bleue* in Frankreich sehr verbreitet. Dieser Aufschwung hatte schon lange vor der Revolution der zweiten Hälfte des 18. Jahrhunderts eingesetzt.

Vorbereitet wurde die große Agrarrevolution bereits im zweiten Viertel des 18. Jahrhunderts in den Niederlanden, in Nordfrankreich und vor allem in England. Wichtigste Ergebnisse waren die allgemeine Verbreitung der Wiesenkultur und des künstlichen Futterbaus (Futterrüben) sowie die Systematisierung und Rassenverbesserung in der Viehzucht. Die Kartoffel können wir bei unserer Darstellung außer acht lassen. Die »kleinen Trüffeln« *(tartuffoli,* davon abgeleitet »Kartoffel«, vorher »Erdapfel oder »Grundbeere« genannt) kam um 1560–1570 aus Peru nach Spanien, blieb aber lange eine botanische Kuriosität. Sie wird von dem Provenzalen Olivier de Serres erwähnt; im Pariser Jardin Royal war sie 1616 anzutreffen, in Westfalen 1640, im Berliner Botanischen Garten 1651. England und Irland waren dem Kontinent zwar um zwei Jahrzehnte voraus, aber auch dort wurde der Kartoffelanbau nicht vor 1780 üblich. Der Mais* hingegen hatte schon um 1540–1550 einen Teil Portugals verwandelt. Wie später die Kartoffel, hatte der Mais den Vorzug, daß er unter anderen bioklimatischen Bedingungen gedieh als das Brotgetreide; eine schlechte Brotgetreide-Ernte bedeutete noch keineswegs eine schlechte Maisernte, so daß man vom einen auf das andere Nahrungsmittel ausweichen konnte. Langsam eroberte sich der Mais die Iberische Halbinsel, gelangte nach Aquitanien und um die Mitte des 18. Jahrhunderts in die Po-Ebene. Um die gleiche Zeit setzte in Valencia und Norditalien der Reisbau in großem Stil ein. Der Tabak* verbreitete sich, die aus Mexiko stammende Tomate zog im 18. Jahrhundert in die Gärten des Mittelmeergebiets ein. Zwar wurde das barocke Europa von diesen Veränderungen nur am Rand gestreift, doch trat in den Ernährungsgewohnheiten ein recht erheblicher Wandel ein. Im Laufe des 18. Jahrhunderts verdoppelte sich in Frankreich der Fleischverzehr; in England stieg er sogar noch stärker an. Aufschlußreich ist auch der Getränkesektor. Vom ausgehenden 16. bis zum Ende des 18. Jahrhunderts setzte sich in ganz Westfrankreich der Apfelmost durch. Er verdrängte den säurehaltigen Birnenmost und das oft verseuchte Wasser: zwischen Typhusepidemien und Apfelernten läßt sich in diesen Gebieten ein gewisser Zusammenhang nachweisen. Von Norden her drang der Branntwein in den ländlichen Gebieten vor. Schon im 17. Jahrhundert gab es also gefährliche Ernährungsgewohnheiten. Der massive Branntweinkonsum, der im 17. Jahrhundert in Holland üblich wurde, setzte sich bald auch in den spanischen Niederlanden und im französischen Flandern durch. »Die Flamen«, schrieb 1707 der Intendant des flandrischen Küstengebietes, »können auf den Branntwein nicht verzichten und trinken große Mengen davon.« Und Roger Dion erklärt: »Unter dem Einfluß der Holländer wurde die Destillation von Wein mit Hilfe des Brennkolbens, die im Mittelalter eine Sache der Apotheker war und nur in kleinem Umfang betrieben wurde, zu einer bäuerlichen Beschäftigung, die in der normalen Abfolge der auf die Weinlese folgenden Arbeiten einen festen Platz hatte.« Aber noch wichtiger waren die Veränderungen im Weinkonsum.

Der Wein* war das spekulativste aller Agrarprodukte. Er bildete gleichsam eine Brücke zwischen Stadt und Land, war für das Land eine wichtige Einnahmequelle. Die Rebenkultur war oft eine »kapitalistische« Kultur und stand in noch engerer Verbindung zum Großhandel als das Getreide.

Die wichtigsten Weinproduzenten des barocken Europa waren Italien, die Iberische Halbinsel und Frankreich. Der Weltruhm der ungarischen Weine und die weite Verbreitung der Rheinweine waren erst eine Sache des 18. Jahrhunderts.

In Italien, in Spanien (außer Kantabrien) und in Portugal gehörte der Wein zur täglichen Nahrung. Im Hinblick auf den neuen Absatzmarkt Amerika wurde im 16. Jahrhundert der spanische Weinbau kommerzialisiert; bis 1580 war Wein das wichtigste Ausfuhrgut der Iberischen Halbinsel für Amerika. Die Weinbauern auf den Kanarischen Inseln und in Andalusien führten einen erbitterten Wettbewerb gegeneinander, der im ganzen 17. Jahrhundert andauerte. Durch den andalusischen Weinbau wurde der spanische Grundadel für den Amerikahandel interessiert: der Herzog von Olivarez war einer der größten Weinexporteure. Bei der Auseinandersetzung zwischen den Kanarischen Inseln und Sevilla ging es in erster Linie um den Weinexport; daß um 1680 Cadiz als Zentrum des Amerikahandels an die Stelle Sevillas trat, ging nicht zuletzt auf den Schwund des andalusischen Weinbaus zurück.

Was Portugal angeht, so stammt der große Ruf der Madeiraweine erst aus dem 18. Jahrhundert; wie kein anderer Wein hat er zur Entstehung des Mythos beigetragen, daß Weine verbessert würden, wenn sie eine gewisse Zeit mit Schiffen durch die tropischen Meere führen (früher galt ein Madeirawein erst dann als trinkbar, wenn er zweimal »die Linie passiert«, d. h., den Äquator überquert hatte). Das 18. Jahrhundert berauschte sich an Madeiraweinen, die eine Reise nach Amerika oder nach China hinter sich hatten. Im Lande selbst war die wichtigste Weingegend das Hinterland von Oporto. Der Aufschwung des Weinbaus in der Provinz Alto Douro hängt mit dem Niedergang des Weinbaus von Bordeaux in der zweiten Hälfte des 15. Jahrhunderts zusammen, als die englischen Märkte ge-

sperrt und eine mehr als vierhundert Jahre während Symbiose beendet wurde.
Gefährlich wurde dem Weinbau von Oporto in der ersten Hälfte des 18. Jahrhunderts der Methuen-Vertrag (1704): die Bindungen zwischen England und Portugal wurden durch diesen geschickten Schachzug der Engländer so verstärkt, daß
Portugal für lange Zeit zu einer »inoffiziellen« Kolonie Englands wurde; nachteilig für Oporto war, daß der englische Markt nunmehr auch den anderen, weniger
schweren, weniger berauschenden portugiesischen Weinen offenstand. Jorge de
Macedo hat aufgezeigt, wie stark sich die Bedeutung Oportos als Weinexporthafen
für den englischen Markt ab 1751 verringerte (1704–1712: 67 Prozent; 1737–1754:
76 Prozent; 1754–1756: 57,8 Prozent). Eine der Folgen dieser im Verlauf der
zweiten Hälfte des 18. Jahrhunderts allerdings wieder überwundenen Krise war
die ab 1750 einsetzende radikale Stärkung der kapitalistischen Wirtschaftsstruk-
tur und die Kommerzialisierung des Weinbaus in der ganzen Provinz Alto Douro,
besonders durch die Gründung der mächtigen Alto-Douro-Kompanie (1757).
Oporto war im 18. Jahrhundert das »kapitalistischste« aller europäischen Weinanbaugebiete.

Wenden wir uns nunmehr Frankreich zu, über dessen Weinbau wir durch die
ausgezeichnete Arbeit von Roger Dion gut informiert sind. Frankreich war das
bedeutendste und komplexeste der europäischen Weinanbaugebiete.

Schon zu Beginn des 17. Jahrhunderts sicherten sich die Holländer praktisch das
Monopol des Weintransports; nur England gelang es, zumindest teilweise, dieses
Monopol für seine eigene Versorgung zu brechen. Das Monopol war nur ein Aspekt
einer tiefgreifenden Veränderung: seit dem ausgehenden 16. und dem beginnenden
17. Jahrhundert stand weit mehr Schiffsraum für den Seetransport zur Verfügung
als je zuvor.

Der Wein hat schon immer weite Reisen zurückgelegt. Ehe man Steinkohle und
Erdöl zu verschiffen begann, war der Wein nach dem Getreide das zweitwichtigste
aller Frachtgüter.

Ein zweites Stadium war zu Beginn des 17. Jahrhunderts abgeschlossen, nach-
dem Holland im ganzen europäischen Küstengebiet den Güterverkehr in seine
Hände gebracht hatte. Selbst wenn man – im Gegensatz zu vielen Historikern –
Colberts Äußerung von 1699, daß von 20 000 Schiffen auf der Welt 15 000 bis
16 000 den Holländern gehörten, nicht wörtlich nimmt, steht doch fest, daß die
Vervielfachung der Transportmittel die Weinanbaugebiete des Nordens in eine
Krise stürzte und ihren Niedergang einleitete.

Kein Land wurde von dieser Entwicklung stärker betroffen als das Frankreich
des 17. Jahrhunderts. Seit dem ausgehenden 16. Jahrhundert war der Weinbau in

den nördlichen Zonen Europas im Rückgang begriffen. Im Verlauf des 17. Jahrhunderts verschwand die Rebe aus Brabant, dem Hennegau, dem Nordrand des Pariser Beckens. »Es gab eine Zeit«, schreibt Roger Dion, »wo der Mensch die Schwierigkeiten des Weinbaus und die Unsicherheit seines Resultats auf sich nahm; in einer uns näher liegenden Zeit haben diese Schwierigkeit und diese Ungewißheit ihn zurückgestoßen, weil er eine bessere Verwendung für seine Arbeitskraft sah.« Daß man im 17. Jahrhundert solche Erwägungen anstellte und darauf bedacht war, durch seinen Arbeitseinsatz ein Maximum an Ertrag zu erzielen, ist eines jener zahlreichen Zeichen des Fortschritts, die nur allzu leicht übersehen wurden und werden.

Der Rückgang setzte zuerst in den Küstengebieten ein. Das hatte klimatische Ursachen, aber der Hauptgrund war die Konkurrenz der auf dem Seeweg herbeigebrachten Weine. Allerdings darf man nicht, wie Roger Dion es tut, den spektakulären Schwund der Rebflächen im 17. Jahrhundert einzig und allein wirtschaftlichen Ursachen zuschreiben. Wir wissen inzwischen, daß es damals eine ausgeprägte Kälteperiode gegeben hat, eine »kleine Eiszeit«, so daß mit Sicherheit anzunehmen ist, daß die Klimaverschlechterung eine nicht unerhebliche Rolle gespielt hat.

Ein zweiter wichtiger Faktor war die Veränderung des Geschmacks. Das Vordringen der Weißweine im 17. Jahrhundert war eine offenkundige Folge der Tatsache, daß in dieser Zeit die Holländer den Handel und damit auch einen Großteil der Produktion kontrollierten. Verzuckerter Weißwein entspricht dem nordwesteuropäischen Geschmack; um trockene Weine schätzen zu können, muß ein Gaumen schon lange mit Wein vertraut sein.

Der dritte große Wandel, der mit dem Scheitern der Holländer in Verbindung stand, war die Entwicklung der Weinbrennerei in den Tälern des Adour und der Charente (Armagnac und Cognac). Anfänglich verfolgte man damit hauptsächlich den Zweck, die Kosten für Transport und Aufbewahrung um drei Viertel bis vier Fünftel zu senken – eine antizyklische Wirtschaftsmaßnahme. Sie hatte allerdings dann auch eine Veränderung des Geschmacks zur Folge. Im 17. Jahrhundert machte die westliche Kultur ihre ersten bedeutsamen Schritte in Richtung auf die »künstlichen Paradiese«. In dieser Hinsicht war der Westen gegenüber dem Osten weit im Rückstand. Die ersten das Nervensystem anregenden Mittel kamen mit den Spezereiwaren im 15. Jahrhundert nach Europa, eine ganze Reihe von Aphrodisiaka, die noch im 18. Jahrhundert in zahlreichen Abhandlungen über das Glück und die Liebe wärmstens empfohlen wurden. Das 16. Jahrhundert brachte den Tabak nach Europa, das 17. »demokratisierte« den wirtschaftlichsten Anreger des Nervensystems, den Alkohol. Für die Völker des Nordens und der europäischen Küstengebiete war die holländische Marine, die seit dem 17. Jahrhundert an die Matrosen kostenlos Branntwein als Stärkungsmittel ausgab, eine wahre Schule des Alkoholismus, wie auch die Einführung der Militärdienstpflicht im republikanischen Frankreich des ausgehenden 19. Jahrhunderts die alkoholische »Erziehung« der französischen Jugend gefördert hat.

Aber die Veränderungen des Weinbaus im 17. Jahrhundert hatten noch andere, politische Ursachen. Paris bestätigte in der ersten Hälfte dieses Jahrhunderts seine führende Rolle auf diesem Gebiet dadurch, daß die alten Weinbaugebiete im Tal der Loire (Orléans, Blois, Beaune) ausgeschaltet wurden: bald nach der Belagerung von Paris verschwanden die Weine von Orléans vom königlichen Tisch, und man leitete eine Kampagne ein, indem man diese Weine schlecht machte und dafür die Weine von Ay und aus der Umgebung von Reims über alle Maßen lobte. Natürlich steckte hinter der ganzen Sache eine rege »Lobby«, eine Interessengemeinschaft der Winzer der Champagne, an ihrer Spitze die Familie Brûlart, die einen großen Teil des Rebbaus in der Champagne in ihren Händen und zudem im Staatsrat großen Einfluß hatte. Da der Hof und Paris tonangebend waren, hatte die Kampagne den gewünschten Erfolg: statt Wein produzierte man in Orléans nunmehr Weinessig.

Der Champagner ist eine Erfindung des 17. Jahrhunderts, aber die zahlreichen Vervollkommnungen auf diesem Sektor begannen bereits im 16. Jahrhundert. Das 17. Jahrhundert fand die Bezeichnung für die Erzeugnisse der Hänge, die die Ebene der Champagne beherrschen, zwischen Hermonville nördlich der Vesle bis Vertus südlich der Marne. Für die Propagierung sorgten die Familien Budé, Brûlart und Guy Patin. Das Wirken der Champagnerleute auf der psychologischen Front zeigt *Le Repas ridicule* von Boileau. Dann kam England ins Spiel. Auf dem Weinsektor war stets der Norden für den Sieg ausschlaggebend.

Nun trat nach dem Vorbild reinster mittelalterlicher Tradition das Kloster Hautvilliers auf den Plan und erwarb 1661 einen riesigen Felsenkeller. Dom Pérignon wurde 1668 der Herr über die Weinberge, Keltern und Keller von Hautvilliers – ein Amt, das er bis zu seinem Tod 1715 *summa cum laude* ausübte, wie die fromme Inschrift auf seinem Grab bezeugt. Man pflanzte nur ausgesuchte Reben, studierte sorgfältig die Bodenverhältnisse, führte eine wohldurchdachte Bodendüngung ein, mischte verschiedene Weinsorten und lagerte die Weine in Flaschen aus Glas (was ohne den Aufschwung der Glasfabrikation undenkbar gewesen wäre). Für den Schaumwein, der Ende des 17. Jahrhunderts aufkam, war die Glasflasche eine unabdingbare Notwendigkeit. Das von den Kennern gelobte Getränk war bald stark gefragt. England und die Frauen, die beide im 18. Jahrhundert so stark in den Vordergrund traten, sicherten den Sieg des Schaumweins. Und da die Allgemeinheit entgegen den Ratschlägen der Weisen das neue Getränk verlangte, gingen die Glasmacher ans Werk, um die Behälter für dieses Symbol der zweiten Epoche des barocken Europa zu schaffen, einer Epoche, die um 1680 begann. Aus weiter Ferne holte man den Kork für die Pfropfen. In England stimmte man wahre Lobeshymnen an. In *The man of mode* (1676) feierte George Etherege begeistert »the sparkling Champaign«, während Farquhar 1697 in *Love and a Bottle* schrieb: »How it puns and quibbles in the glass!« Die endgültige Bestätigung lieferte der Anglomane Voltaire 1736 in *Le Mondain*:

> »Chloris, Aglaia gießen mir eigenhändig
> einen Wein aus Ay ein, dessen
> in die Flaschen gepreßter Schaum mit Kraft
> wie ein Blitz den Korken heraustreibt,
> er knallt, man lacht, er trifft die Decke:
> Der spritzige Schaum dieses frischen Weines
> ist das brillante Bild von uns Franzosen.«

Änderungen im Weinkonsum brachte die Einführung exotischer Getränke aus fernen Ländern, die sich rasch großer Beliebtheit erfreuten. Nach der Schokolade im 16. Jahrhundert kam der Kaffee* vom östlichen ins westliche Mittelmeergebiet, im 18. Jahrhundert brachten die *Indiamen* Tee in großen Mengen nach Europa. England entschied sich für den Tee, Holland für den Kaffee. Im 16. Jahrhundert eroberte sich der Wein die Städte, zunächst in Flandern und den Südprovinzen, dann auch im eigentlichen Frankreich. Im 17. Jahrhundert war dieser Prozeß abgeschlossen. Zwar hatte er eine Qualitätsverminderung des Weins zur Folge, aber zumindest wurde dadurch weniger Wasser getrunken, das in den Städten noch viel stärker verseucht war als auf dem Land. Im 18. Jahrhundert stieg auch auf dem Land der Weinkonsum an. Restif de la Bretonne berichtete um 1775 in der Lebensgeschichte seines Vaters von einem jungen Bauern aus Nitry in Niederburgund, der mit zwanzig Jahren – man schrieb damals das Jahr 1712 – »entsprechend der damaligen Gewohnheit« noch nie Wein getrunken hatte. Hingegen bestätigte der seriöse Moheau-Montyon im Jahre 1778: »Was die Ernährungsgewohnheiten des Volkes angeht, so können wir nicht sagen, ob es sehr viele Menschen gibt, zu deren Nahrungsmitteln das Fleisch gehört, aber ganz gewiß gibt es sehr viele mehr, die Wein trinken, ein ausgezeichnetes Getränk für die Armen.« Ausgezeichnet, weil es dazu beitrug, den Typhus einzudämmen. In der Zeit zwischen 1720 und 1750 erreichte das ländliche Frankreich hinsichtlich des Weinkonsums ungefähr den Stand des städtischen Frankreich.

Bald wurde so viel Wein getrunken, daß die Behörden es mit der Angst zu tun bekamen. 1731 wurde verfügt, daß keine neuen Weingärten mehr angelegt werden dürften. Die daraufhin einsetzende Flut von Ausnahmegenehmigungen, die die Archive überschwemmte, ist für den Historiker eine interessante Fundgrube. Auch auf die Politik hatte der Weinbau seine Auswirkungen.

Was die Wirtschaftsordnung angeht, so begünstigte der Weinbau entweder die Ausbildung eines Großkapitalismus wie in Oporto und in der Champagne, oder er führte zu einer »Demokratisierung« des Profits. Die Winzer waren in vielen Teilen Frankreichs gleichsam eine Rasse für sich, anarchistisch, aufsässig, den Behörden dadurch ein Dorn im Auge, daß sie sich gern gegen ihre klerikalen oder bürgerlichen Arbeitgeber erhoben. Diese radikalen Tendenzen setzten sich auch noch im 19. Jahrhundert fort.

Der sagenhafte Anstieg der Profite im französischen Weinbau des 18. Jahrhunderts war einerseits für die Bauern ein Glück, bedeutete aber wahrscheinlich anderseits durch die Zersplitterung, die ein gleichmäßiges, anhaltendes Wachstum unmöglich machte, für die französische Gesamtwirtschaft ein Unglück. Jedenfalls nahm der Wirtschaftsrückgang, der die Französische Revolution wenn nicht auslöste, so doch beschleunigte, mit dem Weinbau seinen Anfang. Und die Behinderung des Weinhandels durch die Generalpächter im Winter 1788–1789 trug dazu bei, das revolutionäre Klima in der französischen Hauptstadt anzuheizen.

8

DIE STADT

DER RAHMEN DES STÄDTISCHEN LEBENS

Wenn von den Städten des barocken Europa die Rede ist, darf man nicht vergessen, daß die Stadt damals eine andere Rolle spielte als heute. Sie war dem Land noch näher, hatte mit dem Dorf noch vieles gemeinsam, war nicht so ausschließlich ein Zentrum von Handel und Handwerk, wie dies in unserer Zeit der Fall ist. In den Weinbaugegenden hatte jede Stadt ihren Weinberg, in dem meist recht gute Sorten heranreiften, während in der Stadt selber an zahlreichen Häusern Reben emporrankten, die einen für den Alltag bestimmten »Rachenputzer« lieferten. Besonders im Mittelmeergebiet gab es also eine »archaische«, bäuerliche Stadt, während weiter nördlich die Stadt allmählich diesen Charakter verlor. Die entscheidendste Phase in der langen Zeit, die dem durch die industrielle Revolution ausgelösten sprunghaften Wirtschaftswachstum vorausging, war die im beginnenden 18. Jahrhundert vor allem in England und in den westlichen Küstengebieten des Kontinents einsetzende Ausbreitung des *domestic system**, wie die Engländer das die ländlichen Gegenden erobernde Verlagssystem* der Hausindustrie bezeichnen. Dadurch wurde die »stille Zeit« zwischen den Feldarbeiten ausgefüllt. Die Hausindustrie ist eine Zwischenstufe zwischen der Colbertschen Manufaktur* und der modernen Fabrik. Dennoch darf die Bedeutung dieser ländlichen »Industrialisierung« nicht übertrieben werden, denn wenn sie sich auch im 18. Jahrhundert für kurze Zeit unabhängig vom städtischen Geschehen entwickelte, blieb doch die Stadt das Zentrum der industriellen Revolution. Die Kultur des barocken Europa lebte in der Stadt, für die Stadt und durch die Stadt. Und fast ausschließlich in der Stadt vollzog sich die einzige Revolution, die wirklich zählt – nicht die Revolution der Ordnung der Dinge, sondern die Revolution des Geisteslebens.

Was kennzeichnet die Stadt des barocken Europa? Wodurch unterscheidet sie sich von den rein ländlichen Ansiedlungen? Zunächst einmal durch ihre Größe. Seit dem Beginn der Barockzeit hat sich nichts so stark verändert wie Größe und Einwohnerzahl der Städte. Die städtische Bevölkerung des barocken Europa schwankte zwischen 6 Millionen Seelen um 1600 und 10 Millionen um 1750. Sie hätte bequem in einer einzigen Großstadt unserer Zeit Platz, beispielsweise in Tokio, New York, London, Paris oder Moskau. Vom 17. Jahrhundert bis um die Mitte des 20. Jahrhunderts hat sich die Verstädterung verhundertfacht, in Europa versechzigfacht. Im ganzen 18. Jahrhundert stagnierte das Wachstum der Städte, abgesehen von England (wo es ein Zeichen der Gesundheit war) und Spanien sowie in geringerem Umfang Italien (dort war dieses Wachstum ein Krankheitszeichen, denn es handelte sich nicht um eine echte Verstädterung, sondern um ein Zusammenpferchen jener Unglücklichen, die vom Land, das ihnen keine Arbeit und kein Brot mehr geben konnte, in die Städte und deren unmittelbare Umgebung flüchteten). Hingegen war das 16. Jahrhundert eine ausgesprochene Wachstumsperiode der Städte: während es um 1500 nur vier Städte mit mehr als 100 000 Einwohnern gab, waren es an der Wende vom 16. zum 17. Jahrhundert bereits zwölf. Um 1700 hatte sich die Zahl dieser Großstädte noch nicht vermehrt, doch waren sie ein wenig größer geworden. Im Jahre 1800 gab es sechzehn Städte mit mehr als 100 000 Einwohnern; London war bereits von 850 000 Menschen bewohnt. Auch in dieser Hinsicht hat also das 17. Jahrhundert lediglich die Errungenschaften des 16. Jahrhunderts konsolidiert, aber das war nicht unwichtig, war doch diese Konsolidierung die Voraussetzung für die Weiterentwicklung. Wie im ausgehenden 16. war auch im ausgehenden 17. Jahrhundert die Verstädterung im Mittelmeergebiet am weitesten fortgeschritten. Von den zwölf Städten, von denen man mit Sicherheit weiß, daß sie gegen Ende des 16. Jahrhunderts mehr als 100 000 Einwohner hatten, lagen acht in den Ländern am Mittelmeer (Italien, Spanien, Portugal): Neapel, Mailand, Venedig, Lissabon, Rom, Palermo, Messina, Sevilla, die vier übrigen in Nordwesteuropa: Paris, London, Amsterdam und für kurze Zeit auch Antwerpen (als die Einwohnerzahl Amsterdams über 100 000 stieg, hatte Antwerpen bereits wieder weniger als 100 000 Einwohner). Alle Großstädte lagen also in dem schon wiederholt erwähnten europäischen Kerngebiet mit einer Bevölkerungsdichte von mehr als 40 E/qkm und in den alten Kulturländern des Mittelmeergebiets. Im Osten gab es keine Großstädte. Auch um 1700 lagen acht der zwölf Städte, die vermutlich mehr als 100 000 Einwohner hatten, in den Mittelmeerländern, hatten aber gegenüber den vier nordwesteuropäischen Großstädten an Bedeutung verloren. Und zum erstenmal gab es jetzt auch im Osten eine Großstadt: Wien.

Aber der größte Teil der städtischen Bevölkerung des barocken Europa lebte nicht in den Großstädten, jenen noch recht bescheidenen Riesen, sondern in den Kleinstädten. Um diese Tatsache deutlich zu machen, müssen wir einen kurzen Abstecher ins 19. Jahrhundert unternehmen, aus dem genauere Zahlen vorliegen. Fünfzig Jahre nach dem von uns gesetzten Ende des barocken Europa, 1801, lebten in Paris weniger als 10 Prozent der französischen Stadtbevölkerung, in sämtlichen Städten mit mehr als 40 000 Einwohnern 1 215 000 Menschen (davon 548 000 allein in Paris, 667 000 in den übrigen Städten), also noch keine 20 Prozent. Im Jahre 1836, als die Verstädterung in Frankreich gewaltige Fortschritte machte, lebten 53,1 Prozent der städtischen Bevölkerung in Städten, die zwischen 3000 und 10 000 Einwohner hatten, und immerhin noch 68,1 Prozent in Städten mit weniger als 20 000 Einwohnern. Zu Beginn des 18. Jahrhunderts beherbergten die europäischen Städte mit mehr als 100 000 Einwohnern weniger als ein Viertel der gesamten städtischen Bevölkerung. Ein Viertel – das ist gleichzeitig viel und wenig.

Im barocken Europa gab es zwei Städtetypen, die man genau auseinanderhalten sollte. Mehr als die Hälfte der Stadtbevölkerung lebte in einem Netz von Kleinstädten. Eine mittelalterliche Stadt diente als Markt, beherbergte in den westeuropäischen Monarchien die Organe einer in Umfang und Wirksamkeit rasch wachsenden Verwaltung, gab dem geistigen Leben einen Rahmen, spielte in der kirchlichen Verwaltung eine nicht ganz so große Rolle und war die Stätte sehr alter Industrien. Ein Beispiel hierfür waren die Textilstädte in Flandern und der Picardie. Was in der Stadt erzeugt wurde, war im 17. Jahrhundert nicht unbedingt am bedeutsamsten und am rentabelsten. Aber in der Stadt lebten die Kaufleute und Unternehmer, die die Arbeit der ländlichen Weber leiteten, das erforderliche Kapital hatten und durch ihren Unternehmergeist die Hausindustrie in Schwung brachten. Der in der Kleinstadt zweimal wöchentlich abgehaltene Markt belebte den Handel, der sich allerdings meist in engen Grenzen hielt. In den traditionellen Kleinstädten lebten im 17. Jahrhundert 60 bis 65 Prozent der städtischen Bevölkerung. Sie sorgte mindestens ebenso wie das Land für Kontinuität, gab dem Leben der Gemeinschaft einen festen Rahmen, eine stabile Struktur. Zahlreiche Monographien berichten uns über diese in ihren alten Formen weitgehend erstarrten Kleinstädte; zu den besten Arbeiten auf diesem Gebiet gehört die Studie, die Pierre Goubert Beauvais gewidmet hat.

Die nordfranzösische Stadt Beauvais hatte im 17. Jahrhundert etwa 10 000 Einwohner und einen Fürstbischof aufzuweisen. Sie lag am Rand jenes befestigten Grenzgürtels, der durch das Vorrücken Frankreichs in Richtung auf die spanischen Niederlande bald seine Bedeutung verlor; immerhin leisteten ihre festen Mauern 1636, im Jahr von Corbie, gute Dienste. Die Stadt befand sich »in einem Meer von Weingärten in der Senke eines Morasts«, hatte eine Stadtmauer von einer Meile Länge, die nie durch Vauban modernisiert wurde, war »umgeben von Wällen und einem doppelten Stadtgraben, in den man die Wasser des Thérain geleitet hatte, die Mühlen antrieben und verschmutzt waren durch das Wollfett der Wollwäschereien, durch die Laugen der Färber und die Haushaltsabwässer«. Die Dächer waren mit Stroh gedeckt, die Giebel aus Ziegelstein, es gab zwanzig schiefergedeckte

Kirchtürme und eine unvollendete Kathedrale mit dem höchsten Kirchenschiff
Europas (48 m). Beauvais war »mitten im 17. Jahrhundert eine mittelalterliche
Stadt... des Nordens mit zahlreichen Kirchen und Handwerksbetrieben, deren
Ruhm, Reichtum, Macht und Schönheit bereits der Vergangenheit angehörte«. Wie
viele ähnliche Städte hat es im barocken Europa gegeben! Und in diesen mittelalterlichen Städten des Barockzeitalters lebten mehr Menschen als in den wenigen
sehr großen Städten, in denen die Bedingungen für die Wirtschaftsrevolution einer
späteren Zeit geschaffen wurden.

Diese typische mittelgroße nordwesteuropäische Stadt war in den Augen von
Pierre Goubert »voll Gestank, Lärm und Geschwätz«, schmutzig und ungesund.
Das in die Häuser investierte Kapital amortisierte sich nur sehr langsam, in einem
Zyklus von etwa drei Jahrhunderten, was um so erstaunlicher ist, als man noch im
18. Jahrhundert hauptsächlich aus Holz und Lehm baute. Einen gewaltigen hygienischen Fortschritt brachten die gebrannten Ziegel für Mauern und Dach, die allerdings erst im 18. Jahrhundert im Zusammenhang mit der steigenden Steinkohle-
gewinnung allgemeinere Verbreitung fanden. In dieser Hinsicht waren im 17. Jahrhundert Holland und im 18. Jahrhundert England führend. Die ansonsten in
nördlichen Breiten üblichen Mauern aus Strohlehm waren ungesünder als die im
Mittelmeergebiet verbreiteten dicken Steinmauern, deren Fugen mit Lehm zuge-
schmiert waren. In den Städten des Nordens waren die Häuser sehr klein und
hatten auf dem Erdgeschoß bestenfalls ein Obergeschoß. Vor der zweiten Hälfte
des 18. Jahrhunderts pflegte man höchstens die Plätze und einige Hauptstraßen zu
pflastern. Eine Straßenbeleuchtung gab es vor 1765 überhaupt nicht. Noch im ausgehenden 17. Jahrhundert war es nach Einbruch der Dunkelheit gefährlich, sich
allein auf die Straße zu wagen; daher war es damals üblich, Gäste am Abend nach
Hause zu begleiten und sich zu diesem Zweck mit Stöcken und Laternen zu be-
waffnen.

In allen Städten, ob groß oder klein, waren die Wasserversorgung und die Ab-
wässerbeseitigung das Hauptproblem. Im Mittelmeergebiet errichtete man lange
Wasserleitungen, die klares Bergwasser zu den Städten brachten; die eigenartige
Lage Madrids erklärt sich nicht zuletzt durch die Tatsache, daß dort gutes Wasser
reichlich zur Verfügung stand. Im niederschlagsreichen Nordwesten hingegen bereitete Wasserversorgung weit weniger Kopfzerbrechen als die Entwässerung; in
Beauvais hatte man wie in Amsterdam Brunnen und Zisternen, die die Trink-
wasserversorgung sicherten. Aber da das Grundwasser in der Regel verseucht war,
waren die Brunnen gefährlich und Typhuserkrankungen an der Tagesordnung.
Der zunehmende Weinkonsum der französischen Stadtbevölkerung, die Einfüh-

rung des Tees in England, dessen Zubereitung ein Abkochen des Wassers bedingt, und der steigende Bierkonsum brachten deshalb einen deutlichen Rückgang der Sterblichkeit und eine Besserung des allgemeinen Gesundheitszustandes. Der Tee und der gebrannte Ziegel waren zwei der bedeutsamsten Fortschritte im England vor der industriellen Revolution. Dennoch war im ganzen 17. und 18. Jahrhundert die Sterblichkeit in den Städten noch so hoch, daß sie durch die Geburten nicht ausgeglichen wurde, also ein Sterblichkeitsüberschuß bestand. Der Bevölkerungsstand der Städte blieb gleich oder vergrößerte sich bestenfalls durch Zuzug aus der ländlichen Umgebung. Gelegentlich kam es vor – das war beispielsweise in Frankreich in der zweiten Hälfte des 18. Jahrhunderts der Fall –, daß die Städte zur Entvölkerung der ländlichen Gegenden beitrugen, um so mehr, als deren Fruchtbarkeit dadurch gesenkt wurde, daß die wohlhabenden Städter immer mehr dazu übergingen, Ammen vom Land in ihre Dienste zu nehmen.

Exkremente, Innereien aus den Metzgereien, alles wanderte auf die Straßen und von dort in die Flüsse. In Beauvais »war die Stadt noch ungesünder als gewöhnlich, weil sie auf sumpfigem Grund erbaut war. Die Bäche, von denen sie durchzogen war und die zum Auswaschen, zum Entfetten der Wolle dienten . . ., erfüllten die Aufgabe eines offenen Kanalisationssystems. Manche umspülten die Fundamente der Häuser, so daß man sie auf Brettern überqueren mußte, die mit Erlaubnis des Bürgermeisters von den Hausbewohnern angebracht worden waren.«

Amsterdam war in dieser Hinsicht in einem wesentlichen Vorteil, weil sich die Gezeiten noch im Stadtgebiet bemerkbar machen. Ohne diese natürliche »Spülung« hätten unmöglich 200 000 Menschen auf einem sumpfigen Boden und ohne das bakterientötende grelle Licht des Mittelmeergebiets in ihren eigenen Exkrementen leben können. Der große Helfer des mittelmeerischen Städtebaus war seit jeher das helle Licht der hochstehenden Sonne, das viele Krankheitskeime abtötet.

Im 16. Jahrhundert verfünffachte sich Madrid in einem Zeitraum von fünfzig Jahren; gegen Ende der Regierungszeit Philipps III. hatte es bereits mehr als 100 000 Einwohner und erreichte bald 150 000 – bei diesem Stand blieb es dann für fast ein Jahrhundert. Der bauliche Rahmen wurde im 17. Jahrhundert beinahe aus dem Nichts geschaffen; dieser Tatsache verdankte Madrid seine von der Plaza Mayor ausstrahlenden breiten Straßen, wie sie keine andere europäische Hauptstadt aufzuweisen hatte. Es war eine moderne Stadt, und doch gab es auch hier keine Kanalisation. Alle zeitgenössischen Quellen sprechen übereinstimmend von der Schmutzigkeit der Straßen und Plätze und dem unerträglichen Gestank. Im Winter watete man durch einen ekelerregenden Schlamm, im Sommer wurde dieser von der Sonne getrocknet und vom Wind als feiner Staub umhergeweht. Diesen

Kreislauf gibt ein altes Madrider Sprichwort zwar sehr derb, aber anschaulich wieder: »Was man im Winter scheißt, trinkt man im Sommer.« Doch die Sonne, die Bergluft und die verhältnismäßig gute Ernährung, für die ein außergewöhnlich hoher Fleischkonsum kennzeichnend war (nach Mendez Silva konsumierte Madrid alljährlich 50 000 Schafe, 12 000 Rinder, 60 000 Pferde, 10 000 Kälber und 13 000 Schweine), machten aus der jungen Hauptstadt eine der gesündesten Städte in ganz Europa.

Es ist nicht erstaunlich, daß das Mittelmeergebiet bis um die Mitte des 18. Jahrhunderts den Vorzug oder das Handicap einer fortgeschrittenen Verstädterung bewahrte. An erster Stelle stand Italien. In Italien gab es die größten Städte, aber auch die meisten Städte.

Seit dem ausgehenden 15. Jahrhundert hatte Neapel* einen deutlichen Vorsprung. Im 16. und auch noch zu Beginn des 17. Jahrhunderts, bis um 1640, war es die erste Stadt des christlichen Abendlandes. 1547 zählte sie 212 000 Einwohner, 1600 bereits 280 000. Nur Konstantinopel war noch größer, aber diese Stadt war türkisch. Doch nach 1650 ging es mit Neapel wieder bergab: 176 000 Einwohner 1688, 215 000 im Jahre 1700 und ebenso viele 1707. Der Stand von 1600 wurde erst um 1730–1740 wieder erreicht. 1742 zählte Neapel 305 000 Einwohner, 1796 426 000. Bis zuletzt blieb es paradoxerweise die erste aller italienischen Städte; diesen Rang verdankte es dem sagenhaft reichen Hinterland, der Campagna, und seiner Bedeutung als Verwaltungszentrum des größten Staates auf italienischem Boden, dem bis zu Beginn des 18. Jahrhunderts spanischen, dann zum Zankapfel der Mächte werdenden Königreich Neapel.

Mailand, Venedig und Rom standen hinsichtlich ihrer Einwohnerzahl ungefähr in der gleichen Größenordnung. Mailand hatte von 1576 bis 1650 etwa 100 000 Einwohner, 1715 stieg deren Zahl auf 123 000, um dann bis um 1750 konstant zu bleiben. Venedig hatte um die Mitte des 16. Jahrhunderts (1552) 158 000 Einwohner, 1563 vielleicht sogar 168 000, doch danach sank ihre Zahl stetig ab auf 148 000 im Jahre 1586 und 120 000 im Jahre 1642; in der zweiten Hälfte des 17. und im ganzen 18. Jahrhundert bewegte sie sich zwischen 130 000 und 140 000. Rom* mit seiner großen Vergangenheit hatte während des größten Teiles des 16. Jahrhunderts nicht mehr als 50 000 Einwohner aufzuweisen; allerdings fielen in dieses Jahrhundert der *sacco di Roma* und schwere Pestepidemien. Im Jubeljahr 1600 wuchs die Zahl der Einwohner auf 109 000, um im folgenden Jahr erneut auf 101 000 zu sinken. Dabei blieb es im ganzen 17. Jahrhundert. Erst in den letzten Jahren des Jahrhunderts trat wieder ein langsamer Aufstieg ein: 135 000 im Jahre

1699, 153 000 1759 und 162 000 1790. Die Anhäufung von wirtschaftlichen, geistigen und künstlerischen Reichtümern in einer nur mittelgroßen Stadt inmitten eines durch die Malaria unwiderruflich ruinierten Latium verdankte Rom offensichtlich nur seiner Rolle als Zentrum des westlichen Christentums und später des Katholizismus.

Abgesehen von Palermo, das vom Handel mit dem sizilianischen Getreide lebte und dessen Stagnation – 105 000 Einwohner 1606, 129 000 im Jahre 1625 und knapp 100 000 im Jahre 1747 – den Niedergang der alten Wirtschaft im Mittelmeerraum spiegelt, existierten in Italien keine anderen Städte mit mehr als 100 000 Einwohnern (was der Größenordnung nach den heutigen Großstädten mit 2 Millionen Einwohnern entsprach).

Und doch gab es im 17. und auch noch um die Mitte des 18. Jahrhunderts nirgendwo sonst in Europa eine ähnliche Häufung von Großstädten. Zu diesen gehörten um 1600 in Italien Neapel (280 000), Venedig (148 000), Palermo (105 000), Rom (101 000) und Mailand (96 000). Damals war die einzige Großstadt auf den Britischen Inseln London (mit 100 000 Einwohnern im Jahre 1593 und etwa 50 000 Menschen in den umliegenden Pfarreien und in Westminster); die Einwohnerzahl Dublins stieg im Verlauf des 17. Jahrhunderts von 10 000 auf 40 000; Edinburgh kam von etwa 10 000 auf 30 000; im eigentlichen England wuchs Bristol von 10 500 Einwohnern im Jahre 1607 auf 30 000 im Jahre 1690. Außer London hatte um 1600 keine englische Stadt mehr als 15 000 Einwohner. Um die gleiche Zeit lag das durch die Belagerung noch stark mitgenommene Paris weit hinter Neapel, aber ein wenig vor London und Venedig: wenn man sämtliche Vororte hinzurechnet, kommt man bestenfalls auf 200 000 Seelen. Marseille und Lyon hatten kaum mehr als 50 000 Einwohner, Toulouse und Bordeaux noch keine 40 000. In Italien jedoch gab es damals außer den vier genannten Großstädten fünf Städte, die erheblich größer waren als die zweitgrößte französische Stadt: Messina (80 000 Einwohner), Florenz (70 000), Bologna (63 000) und Genua (62 000). Sogar um 1750, als Paris eine halbe Million Menschen zählte, Lyon zwischen 130 000 und 140 000 und Marseille, Bordeaux und Rouen zwischen 90 000 und 70 000, als London von 600 000 bis 700 000 Menschen bewohnt wurde (allerdings hatte keine andere englische Stadt mehr als 50 000 Einwohner), stand Italien immer noch an erster Stelle. Neapel hielt mit 305 000 Menschen (im Jahre 1742) noch den dritten Rang, gefolgt von Rom (153 000), Venedig (140 000), Mailand (124 000), Palermo (118 000), Florenz (77 000), Genua (70 000), Bologna (69 000), Turin (57 000) und Verona (43 000). Um die gleiche Zeit, auf dem Höhepunkt des Goldenen Zeitalters der Iberischen Halbinsel (um 1600), gab es dort erst zwei Städte, von denen man annimmt, daß sie 100 000 Einwohner hatten (sicher ist es allerdings nicht): Lissabon und Sevilla. Darauf folgten Toledo (55 000), Valladolid (33 000) und Barcelona (32 000). Durch den Aufstieg von Madrid (150 000 Einwohner um 1650) konnte der Rückgang der anderen Städte nicht wettgemacht werden. Der Vorsprung Italiens auf diesem Gebiet war ein Vorteil auf kultureller Ebene, bedeutete aber letzten Endes in wirtschaftlicher Hinsicht ein Handicap, wie sich im Augenblick der Entscheidung zeigen sollte.

Außerhalb des Mittelmeerraumes erreichten nur die siebzehn alten Provinzen der spanischen und holländischen Niederlande in jener Zeit einen ähnlich hohen Grad der Verstädterung wie Italien. Die Bevölkerungszahl Antwerpens stabilisierte sich nach einem sprunghaften Ansteigen auf 100 000 bei etwa 40 000 bis 60 000. Im Verlauf des 17. Jahrhunderts stieg die Einwohnerzahl Brüssels auf über 50 000 an, Gent lag nur wenig zurück, und Brügge hatte fast 40 000 Bewohner. In den Südprovinzen trat jedoch bald ein Rückgang ein; erst um 1750 erreichten die »belgischen« Städte wieder ungefähr den Stand der »guten Zeit« von 1560. Die zum reformierten Glauben übergetretene städtische Bevölkerung hatte sich inzwischen großenteils nach Norden gewandt. 1557 erreichte Amsterdam die Einwohnerzahl von Utrecht (35 000). Amsterdam hat wie Madrid für den Historiker den Vorzug, daß es erst im 17. Jahrhundert Bedeutung erlangte und sein Wachstum aus diesem Grund gut dokumentiert ist. 1622 lebten dort bereits mehr als 100 000 Menschen, so daß die Stadt nun Antwerpen auch als größte Stadt der Niederlande ablösen konnte, nachdem sie schon zuvor im Überseehandel und im Bankwesen sich die erste Position gesichert hatte. Durch den Zustrom protestantischer Flüchtlinge aus dem Süden machte die Verstädterung im ausgehenden 16. und zu Beginn des 17. Jahrhunderts in den nördlichen Niederlanden rasche Fortschritte. Zwischen 1557 und 1622 verdreifachte sich nicht nur die Einwohnerzahl von Amsterdam, sondern es verdoppelte sich auch die von Zuiderzee, während die Städte im Landesinneren um etwa 50 Prozent wuchsen. Leiden und Haarlem hatten jetzt 45 000 bzw. 40 000 Einwohner, Delft, Enkhuizen und Rotterdam etwas mehr als 20 000, Dordrecht, Den Haag, Gouda und Hoorn zwischen 15 000 und 20 000, Alkmaar nur etwas weniger. Der Aufstieg Zeelands, durch den die Einwohnerzahl von Middelburg auf 25 000 stieg, ist dem holländischen Wachstum am Rand der Zuidersee vergleichbar. Für Holland und Zeeland waren das 17. und das beginnende 18. Jahrhundert eine Zeit der Konsolidierung mit verlangsamtem Wachstum. Die Volkszählung von 1795, die allerdings allgemein zu niedrige Werte ergibt, liefert dementsprechend ein Bild, das man ohne Bedenken auf die Jahrhundertmitte zurückprojizieren kann: Amsterdam 221 000 Einwohner, Rotterdam

53 000, Den Haag 38 000, Utrecht 32 000, Leiden 31 000, Groningen 24 000, Haarlem 21 000, Middelburg 20 000, Dordrecht und Maastricht je 18 000, Leeuwaarden 15 000, Delft 14 000, 's Hertogenbosch 13 000, Zwolle und Gouda je 12 000, Nimwegen 11 000, Zaandam und Arnhem je 10 000. In den Vereinigten Niederlanden wurde zum erstenmal in Europa und in der ganzen Welt die Landwirtschaft durch die spezifischer städtischen Erwerbszweige Handwerk und Handel überflügelt.

Wenn man diese Zahlen vor Augen hat, wird der Gegensatz zu den Zuständen in Mittel- und Osteuropa ganz deutlich. Vor dem Dreißigjährigen Krieg hatten Hamburg, Danzig und Augsburg zwischen 40 000 und 50 000 Einwohner. Damit waren sie größer als das alte Köln *, das wie Lübeck, Wien, Prag und Nürnberg zwischen 30 000 und 40 000 Einwohner hatte, während Magdeburg, Breslau und Straßburg knapp 30 000 Bewohner aufzuweisen hatten. Daß Antwerpen und Amsterdam um die gleiche Zeit von je 100 000 Menschen bewohnt waren, zeigt sehr gut, welch vergleichsweise geringe Bedeutung damals die deutsche Wirtschaft hatte. Die Katastrophe des Dreißigjährigen Krieges wirkte sich auf die Städte noch verheerender aus als auf die ländlichen Gebiete. Man kann beinahe sagen, daß das Netz der Städte im Reich um 1680 praktisch vom Nullpunkt aus neu aufgebaut werden mußte. Das war beispielsweise mit Berlin * der Fall, dessen Einwohnerzahl unter 6000 abgesunken war. 1688 wurden fünf umliegende Gemeinden der Stadt einverleibt. In diesem ältesten Großberlin lebten 1688 insgesamt 58 000 Menschen, davon 20 000 im ursprünglichen Stadtgebiet. Politisch bedingt war der Aufstieg Wiens *. Nachdem durch den Sieg am Kahlenberg und die »Reconquista« Ungarns die Türkengefahr gebannt war, lag die Stadt praktisch im Mittelpunkt des seiner Einigung entgegengehenden Donauraums; bald griff die alte Innenstadt auf die Vororte über. Um 1700 erreichte Wien 100 000 Einwohner. Neu war auch das fühlbare Wachstum der Hafenstädte. So kam Hamburg * um 1700 auf 60 000 Einwohner; die Eingliederung Altonas hatte begonnen. Lübeck hingegen kam über 30 000 Bewohner nicht hinaus, da ihm sein einstiger Nebenhafen Hamburg zu starke Konkurrenz machte. Danzig *, das im 17. Jahrhundert in Verbindung mit den baltischen Holzexperten für kurze Zeit auf etwa 70 000 Einwohner gekommen war, blieb in der Folge mit 50 000 Einwohnern noch vor Königsberg (zwischen 30 000 und 40 000).

Andere Städte im Osten, die im 17. Jahrhundert aufstiegen, waren Breslau und Prag *, die gegen Ende des Jahrhunderts mehr als 40 000 Bewohner aufzuweisen hatten; Leipzig und Dresden blieben unter 20 000. Schwierig ist die Bevölkerungsentwicklung Moskaus * abzuschätzen. Mit ziemlicher Sicherheit lebten dort um

1600 ungefähr 80 000 Menschen, und auch noch 1750 lag Moskau, trotz der gewaltigen Anstrengungen Peters des Großen an der Newa, mit 200 000 Einwohnern noch vor St. Petersburg* (etwa 100 000). Die Entwicklung der Städte in Osteuropa zeigt uns nicht nur den langsamen Aufstieg dieses Gebietes, sondern läßt uns auch ermessen, wie sehr Osteuropa noch um die Mitte des 18. Jahrhunderts hinter dem Westen herhinkte.

Die lange erstarrten Strukturen der europäischen Stadt gerieten gegen Ende des Barockzeitalters in Bewegung. Nun dehnte sich die Stadt aus, zog immer mehr Menschen an. Nach dem raschen Wachstum des 16. Jahrhunderts hatte sich ein Jahrhundert lang fast nichts verändert, doch um 1690/1700 setzte ein neuer Wachstumsschub ein, der bis in die sechziger Jahre des 18. Jahrhunderts eine Vergrößerung um zwei Drittel brachte. Eine solche Veränderung der Größenverhältnisse zog notwendigerweise auch eine Veränderung der Strukturen nach sich. Früh schon im 18. Jahrhundert wurden in der Stadt, um die Stadt und durch die Stadt revolutionäre Wandlungen in Gang gesetzt, die ein neues Zeitalter einleiteten. Deshalb müssen wir uns trotz des begrenzten Raumes, der uns in diesem Kapitel zur Verfügung steht, etwas ausführlicher mit den städtischen Erwerbszweigen befassen, also vor allem mit Handwerk und Handel.

Die wirtschaftlichen Veränderungen bedingten grundlegende soziale Veränderungen, die sich natürlich auf die »Stadtlandschaft« auswirkten. Eine Entwicklung, die sich während eines ganzen Jahrhunderts auf dem reichsten, dichtestbevölkerten, vielfältigsten, wenn auch nicht größten aller Kontinente vollzog, läßt sich selbstverständlich nicht zusammenfassend schematisieren, und schon gar nicht, wenn man

IV DIE BESCHEIDENEN ANNEHMLICHKEITEN DES FRANZÖSISCHEN BÜRGERTUMS: STILLEBEN VON CHARDIN Jean-Baptiste Siméon Chardin (1699–1779) hat vorwiegend Szenen aus dem Alltagsleben dargestellt; in dieser Hinsicht sind seine Bilder aufschlußreiche Zeitdokumente. Auf diesem Stilleben sind verschiedene Objekte eines bürgerlichen Haushalts vereinigt. Wir finden hier nicht die Prachtentfaltung der holländischen Stilleben, aber trotz aller Einfachheit verrät dieses Bild, daß das französische Bürgertum im 18. Jahrhundert sich eines gewissen Wohlstands erfreute. Mit den asketischen *bodegones* der Spanier hat dieses Stilleben kaum etwas gemeinsam. Das Licht ist gedämpfter als in Spanien, aber klarer als in den Niederlanden, die Farbskala begrenzt. Die verschiedenen Formelemente sind übersichtlich und harmonisch angeordnet. (Jean-Baptiste Siméon Chardin, *Stilleben*, Paris, Louvre)

dabei den lebendigsten, also veränderlichsten Sektor ins Auge faßt, die Stadt, in der hinter einer trügerisch starren Fassade tiefgreifende Umschichtungsprozesse im Gang waren. Eines jedoch ist sicher: die Stadt des 17. Jahrhunderts war in gewisser Hinsicht noch durchaus mittelalterlich, es sei denn, daß durch einen jähen Bruch oder eine Neugründung die Entwicklung freie Bahn hatte. Wenn es sich jedoch um ein einfaches Wachstum handelte, schlossen sich die neu eingegliederten Gebiete dem alten Stadtgebiet kontinuierlich an. Kennzeichnend für die Stadt waren enge, gewundene Straßen, die ohne ersichtlichen Plan angelegt waren, niedere, leicht gebaute Häuser und hohe Bevölkerungsdichte. Wenn man diese allerdings mit den Dichten vergleicht, die im ausgehenden 19. Jahrhundert erreicht wurden, als man in die Höhe zu bauen begann, dann mögen sie recht mäßig erscheinen. Doch um einen wirklich gültigen Vergleich anstellen zu können, darf man nicht die bebauten Grundflächen, sondern muß die Wohnflächen miteinander vergleichen: die Wohndichte des 17. Jahrhunderts ist in der Regel mittelalterlich hoch. Hierzu einige Zahlen.

London* wies 1695 (in den 80 Pfarreien *intra muros*, deren Zählergebnisse erhalten sind, während sie von 17 verlorengingen) trotz des katastrophalen Brandes von 1666 eine beträchtliche Wohndichte auf, eine Folge der wachsenden wirtschaftlichen Aktivität der englischen Hauptstadt: mehr als 300 Menschen pro Acre (800 pro Hektar) lebten in den beiden Pfarreien Saint Leonard – Foster Lane (398 E/acre) und Saint Ann – Aldersgate (316), mehr als 200 pro Acre in 41 weiteren Pfarreien, mehr als 120 in allen übrigen Pfarreien, von drei abgesehen. Außerhalb der Stadtmauern sank die Dichte stark ab, war aber dafür gleichmäßiger: in den dreizehn Bezirken schwankte sie zwischen einem Maximum von 219 E/acre (Saint Bottolph – Bishop's Gate) und einem Minimum von 125 E/acre, was immerhin einen Durchschnitt von mehr als 300 Menschen je Hektar ergibt.

Für Paris* liegen vergleichbare Zahlen erst aus der Zeit der Französischen Revolution vor; immerhin haben sie den Vorzug, den Unterschied zwischen der alten Stadtstruktur (bis zum 17. Jahrhundert) und der neuen (im 18. Jahrhundert) sehr deutlich zu machen. Das Zentrum von Paris, jenes mittelalterliche Paris, das dem 1370 von Karl V. durch eine Mauer abgegrenzten Gebiet entsprach, wies trotz seiner alten, niedrigen Häuser allenthalben eine Wohndichte von mehr als 400 Einwohnern pro Hektar auf. »Auch die Viertel, die längs der alten radialen Ausfallsstraßen entstanden waren«, schreibt Roger Mols, »waren vollkommen verstädtert; die Wohndichte überstieg dort 200 E/ha. Hingegen erstreckten sich jenseits der Mauerlinie der Generalpächter die in voller Entwicklung befindlichen neuen Stadtviertel, in denen die Dichte unter 100 E/ha blieb.« Mit Ausnahme des alten Stadtkerns war das Paris des 18. Jahrhunderts im Vergleich mit der unglaublichen Dichte im London des ausgehenden 17. Jahrhunderts nicht sonderlich beengt.

Ganz allgemein hatten in den Städten des 18. Jahrhunderts die Stadtkerne, deren Häuser aus dem 16. und 17., manchmal sogar aus dem ausgehenden 15. Jahrhundert stammten, eine hohe Wohndichte – bis über 500 E/ha. In diesen überfüllten Vierteln, in denen im Durchschnitt auf jedes Zimmer eine Familie kam, lebte das Volk. Nur ein Drittel bis ein Viertel so dicht besiedelt waren die Randgebiete, die jüngeren Datums waren. Dies bedeutete nicht nur eine Erhöhung der Sicherheit, sondern brachte auch eine neue Auffassung von der Beziehung zwischen Mensch und Raum zum Ausdruck.

Das Bordeaux des Jahres 1773 ließ diesen Gegensatz deutlich hervortreten: den neuen Stadtvierteln mit ihren breiten, geradlinigen Straßen und den Hausgärten stand der Stadtkern gegenüber, in dem sich innerhalb der Mauer der gallisch-römischen Altstadt 591 Menschen pro Hektar drängten. Ähnlich sah es 1790 in der Altstadt von Lüttich aus: das Viertel Roture hatte 638 Einwohner pro Hektar, das Marktviertel 627, Sankt Aldegund 560, Sancy 539, Sankt Katharina 521. In der Pfarrei Sankt Katharina zählte man, ebenfalls 1790, 73 Häuser pro Hektar. 1684 waren es sogar 83 gewesen. Diese Vergleiche könnten noch lange fortgeführt werden. Eines zeigen sie klar: mit der Verdoppelung der Einwohnerzahlen im 18. Jahrhundert ging eine Vervierfachung des Stadtgebiets Hand in Hand, da man die Städte allmählich auflockerte. Eine ähnliche Entwicklung läßt sich im 20. Jahrhundert verfolgen, während das 19. Jahrhundert durch die Entwicklung der Hochbautechnik erneut zu einer stärkeren Konzentration geführt hatte.

Im 18. Jahrhundert ging man dazu über, den Städtebau planvoll zu organisieren, die von der Stadt eingenommene Fläche wohlüberlegt zu gliedern. Zwar fehlt es hier an Platz, um diese Entwicklung ausführlicher zu behandeln, aber einige repräsentative Beispiele seien kurz gestreift: Amsterdam, Madrid, London und Lissabon.

Amsterdam*, die Stadt der Kanäle, das Venedig des Nordens, verdreifachte sich in den vierzig Jahren von 1580 bis 1620. Die Stadt gliederte sich fächerförmig um die Börse, ihren symbolischen Mittelpunkt. Sie war außergewöhnlich dicht besiedelt, was dank einer technischen Neuerung möglich war, dank der billigen gebrannten Ziegelsteine, die als dauerhaftes, verhältnismäßig leichtes Baumaterial es erlaubten, auf dem durch die Eichenbalken gegebenen festen Fundament in die Höhe zu bauen. Die Häuser waren schmal, hoch und tief und grenzten an die zahlreichen Kanäle, die nicht nur bequeme Verkehrswege waren, sondern auch den Unrat abtransportierten, weil sie von den Gezeiten regelmäßig »durchspült« wurden. Ein krasser Gegensatz zu dem stinkenden Venedig! Um den Stadtkern schloß sich als Verteidigungsanlage und Verkehrsweg ein breiter halbkreisförmiger Kanal, der »Singel« (Gürtel). »Eine durch tausend gemauerte Bogen, unter denen in entsetzlichem Schmutz die Familien der Ärmsten hausten, verstärkte Ziegelsteinmauer umgibt die Stadt. Sechsundzwanzig Tore öffneten sich zum Kanal hin« (Paul Zumthor). Der Ziegelbau, das Wasser und die hohen Häuser ermöglichten eine wirksame Organisation, aber einen geometrischen Stadtplan kannte man noch nicht.

Madrid* auf den ausgetrockneten Hochebenen war die »festländischste« aller Hauptstädte des Mittelmeergebiets. Wirtschaftlich läßt sich die Lage der Stadt nicht erklären. Handelte es sich um eine Fürstenlaune? Man behauptete, daß Philipp II. sie zur Hauptstadt seines Reiches gemacht habe, um bequemer den Bau des Escorial überwachen zu können: Madrid beim Escorial ist historisch richtiger als der Escorial bei Madrid. Die Vorzüge der Lage waren reine Luft, ausgezeichnetes Wasser und eine schöne Landschaft. Hier war die Annehmlichkeit des Menschen ausschlaggebend. Der kleine Weiler des 16. Jahrhunderts, den Philipp II. zum Sitz der spanischen Könige machte und den Philipp III. erweiterte, veränderte sich 30 Jahre nach Amsterdam, zwischen 1610 und 1640. Die Straßen wurden breiter und fast gerade, die aus Ziegeln errichteten Häuser höher – das ganze Stadtbild wurde aufgelockert. So sehr sich auch die beiden Hauptstädte gegenseitig haßten – in städtebaulicher Hinsicht hatten sie manches gemeinsam.

Mancherorts ermöglichten große Katastrophen einen Neubeginn, wobei man allerdings nicht so frei war wie bei der Anlage einer ganz neuen Stadt. Zwei der größten Städte des barocken Europa haben sich in einem Abstand von 89 Jahren dergestalt »gehäutet«. Die Ursache war in einem Fall ein fast alltägliches Geschehen, ein Großbrand: im September 1666 wurde London* durch Feuer vernichtet; im zweiten Fall löste die Ursache lange Meditationen, ja ein neues philosophisches Abenteuer aus: es war das Erdbeben, das am 1. November 1755 um 9.40 Uhr Lissabon heimsuchte.

Zwei vergleichbare und doch vollkommen verschiedene Ereignisse. Nach einem langen, sehr trockenen und heißen Sommer wurde in der ersten Septemberwoche des Jahres 1666 ein in der großenteils aus Holz erbauten englischen Hauptstadt entstandener Brand durch einen heftigen Ostwind angefacht. In vier Tagen brannten mehr als dreizehntausend Häuser nieder; Kirchen, öffentliche Gebäude, das Parlament – nichts blieb verschont. Die größte Stadt Europas lag in Schutt und Asche. Seit dem Brand Roms unter Nero hatte es nichts Vergleichbares mehr gegeben. Die Verluste – eine Brandversicherung gab es damals noch nicht – wurden auf sieben bis zehn Millionen Pfund geschätzt. Zwar fielen nur verhältnismäßig wenige Menschen den Flammen zum Opfer, doch dafür kam es unter der durch Wut, Feigheit und Angst entfesselten Bevölkerung zu zahlreichen Morden.

In den zehn folgenden Jahren wurde London wieder völlig aufgebaut. Im Vergleich mit dem Widerhall, den das Erdbeben von Lissabon fand, schenkte man dem »Großen Brand« nur wenig Beachtung; die Menschen des 17. Jahrhunderts hatten starke Nerven, und im protestantischen Europa wurden die Zügel ziemlich straff gehalten. Vor allem ließen die außerordentliche Dynamik und der Reichtum Englands die Katastrophe rasch vergessen. Jedermann hatte den für alle sichtbaren Wink Gottes verstanden. Schließlich ereignete sich der Brand im 17. Jahrhundert. Die Skeptiker, die es damals natürlich auch gab, konnten menschliche Mängel dafür verantwortlich machen. Nach ihrer Meinung hatte zwar Gott den Wind geschickt, aber der Mensch hatte das Feuer angezündet. Durch den Brand von 1666, den größten in einer langen Reihe von Feuersbrünsten, wurde offenbar, daß London trotz seiner 350 000 bis 400 000 Einwohner eine Stadt aus Holz und daß eine allzu hohe Wohndichte höchst gefährlich war.

London wurde in einer Rekordzeit wiederaufgebaut, alles in allem besser und solider als zuvor, mit weniger Holz und mehr Stein und Ziegeln, aber übermäßige Eile, Stolz, Achtung gegenüber der Vergangenheit und ein unerschütterliches Vertrauen in die Zukunft bewirkten, daß man sich ziemlich genau an die alten Straßenführungen, an den alten Stadtplan, hielt. Deshalb.erwies sich London bei der Volkszählung des Jahres 1698 als die am dichtesten besiedelte aller europäischen Städte. Der König und die Regierung hatten beim Wiederaufbau praktisch nichts zu sagen; nach dem Grundsatz des freien Unternehmertums (diesen Begriff kannte man damals natürlich noch nicht) baute jeder nach Belieben, so gut und schnell er konnte. Deshalb führte die größte Katastrophe, die im 17. Jahrhundert eine Stadt betroffen hat, nicht zu einem wirklich neuen London. Verglichen mit Amsterdam oder Madrid, wirkte das wiederaufgebaute London wie eine sehr alte Stadt.

Ganz anders erging es mit Lissabon*. Was konnte man hier den Menschen vorwerfen? Daß sie nicht sorgfältig genug gebaut, auf Warnungen in der Vergangenheit nicht genügend geachtet hatten? Lissabon hatte damals schon mehrere Erdbeben erlebt. 1531 waren 1500 Häuser zerstört worden, 1551 hatte es 2000 Tote gegeben, 1597 waren drei Straßen in die Tiefe gesunken. Im 17. Jahrhundert gab es drei starke Erdstöße, zwei in den Jahren 1724 und 1750. Wie konnte man dem Menschen die Schuld an dieser gewaltigen Ohrfeige zuschreiben, die dem törichten Optimismus* versetzt wurde, an dieser Widerlegung des neuen, noch zerbrechlichen Götzen, des Fortschrittsglaubens?

Am 1. November 1755 um 9.40 Uhr, an einem ruhigen, warmen Herbstvormit-
tag, erlebte die portugiesische Hauptstadt einen ersten vertikalen und unmittelbar
darauf einen von Nord nach Süd durchlaufenden horizontalen Erdstoß. Es dauerte
anderthalb Minuten. Zwei weitere Erschütterungen folgten. Alles in allem vergingen von der ersten bis zur letzten Erschütterung neun Minuten. Danach kamen die
Springflut und dumpfes Grollen aus dem Erdinnern, das mehrere Tage andauerte.
Verheerend war die psychologische Auswirkung der dichten Staubwolke, die über
der zerstörten Stadt hing, und der aus der Erde aufsteigende Schwefeldampf – der
Atem der Hölle. Während der fünf bis sechs Tage wütenden Brände kam es zu
einer gigantischen Panik.

Im Jahre 1755 hatte Lissabon weniger Einwohner als London im Jahre 1666. In
einer Schrift, die ein unbekannter Franzose ein Jahr später bei Philanthropus in
Den Haag herausbrachte, ist von 260 000 Einwohnern die Rede, was freilich etwas
hoch gegriffen sein mag. Der Umfang der Verwüstungen und Schäden läßt sich nur
schwer abschätzen; die zeitgenössischen Berichte übertrieben gern, denn die Katastrophe erregte ungeheure Verwirrung in jenem philosophischen Europa, das seine
Hoffnungen vom Himmel auf ein bequemes Diesseits gelenkt hatte und vor dieser
apokalyptischen Urgewalt ins Zittern geriet. 1756 schätzte man die Schäden auf
das Zehnfache der Londoner Schäden. Von 20 000 Häusern waren 3000 völlig und
7000 bis 8000 teilweise zerstört. Insgesamt fielen also 1755 in Lissabon der Katastrophe weniger Häuser zum Opfer als 1666 in London. Hinsichtlich ihrer wirtschaftlichen Auswirkungen lassen sich beide Katastrophen ungefähr miteinander
vergleichen. Daß man von dem Londoner Brand weit weniger Aufhebens machte,
ist nicht nur der englischen Kaltblütigkeit, sondern auch der unterschiedlichen
Geisteshaltung des 17. Jahrhunderts zuzuschreiben.

Aber während man in London konservativ eingestellt und deshalb bemüht war,
möglichst rasch und vollständig wieder an die Vergangenheit anzuknüpfen, ergriff
man in Lissabon die Gelegenheit zu einer völligen Neugestaltung des Stadtbilds.
Zum Ruhme Josephs II. errichtete Pombal eine ganz neue Stadt. Heute noch ist
Lissabon das beste Beispiel für die Städtebaukunst im Zeitalter der Aufklärung.

Im neuen Lissabon verwertete man alle Erfahrungen, die man in der ersten
Hälfte des 18. Jahrhunderts gemacht hatte, und baute nach den Gesetzen der
Zweckmäßigkeit und Sicherheit. Der kühne Baustil wurde später in ganz Europa
übernommen, als man die ersten Schritte ins Industriezeitalter machte. Die Städte-
planung war mehr das Werk eines Ingenieurs als das eines Künstlers; man suchte
und fand neue technische Lösungen für die Probleme, die der unsichere Boden auf-
warf: man legte breite Straßen an, wodurch die Wohndichte erheblich vermindert

wurde, setzte Höchstmaße für die Häuser fest, was den Höhendrang des Jahrhunderts zügelte; jedes Haus mußte durch eine *gaiola,* ein selbsttragendes Balkengerüst, verstärkt sein; Brandmauern, die über die Dächer aufragten, trennten die Häuser voneinander. Ein Teil der alten Kirchen wurde nicht wieder aufgebaut; Mittelpunkt der neuen Stadt war der »Platz des Handels«, den das Standbild Josephs I. beherrschte, ein Meisterwerk von Machado de Castro. Mit seinen großen funktionellen Häusern (ein Erdgeschoß, drei Obergeschosse, anderthalb Mansardengeschosse), mit seinen Palästen mit ihren kühlen Fassaden war das neue Lissabon die Hauptstadt eines alten und doch dynamischen Bürgertums. Gegenüber dem *Queluz* des Hofes, dem Symbol der vom portugiesischen Adel mit Mühe gewahrten Kontinuität, erhob sich von dieser Zeit an das Lissabon des Großhandels – eine der notwendigen Voraussetzungen für den Wandel des europäischen Wachstumsrhythmus. Zwischen der Entwicklung der Städte und dem Wirtschaftsleben bestand ein enger Zusammenhang, eine deutliche Wechselwirkung.

9

DIE WIRTSCHAFT

HANDWERK UND INDUSTRIE

Wie schon erwähnt, darf man nicht glauben, daß im Barockzeitalter Handwerk, Industrie und Stadt sich deckende Begriffe gewesen seien; vielmehr spielte das Handwerk auf dem Land und die Landwirtschaft in der Stadt eine nicht zu unterschätzende Rolle. Der Kaufmannsstand hingegen war fast völlig in den Städten angesiedelt. Was jedoch diese Zweige des Erwerbslebens angeht, so steht der Historiker vor großen Problemen, die beim heutigen Stand unseres Wissens praktisch unlösbar sind, denn in dieser Hinsicht ist das barocke Europa prästatistisch: es fehlt an genauen Unterlagen. Nur für einige wenige Gebiete gibt es ausnahmsweise Statistiken über den Großhandel, deren mühsame Auswertung durch die Wirtschaftshistoriker in den letzten fünfzehn bis zwanzig Jahren im Zusammenhang mit den bekannten Preisentwicklungen die Aufstellung einer Konjunkturgeschichte ermöglicht hat. Statistische Angaben über Industrie und Handwerk fehlen fast völlig; man kennt lediglich einige vereinzelte Größenordnungen, die jedoch zu isoliert sind, als daß sich mit ihrer Hilfe ein Gesamtbild zeichnen ließe. Dennoch wollen wir uns nicht nur mit dem begnügen, was mit absoluter Sicherheit bekannt ist, sondern es wagen, einige Hypothesen aufzustellen, die sich aus den Fakten ableiten lassen. Nur so können wir zu einem tieferen Verständnis der Wirtschaftsprobleme jener Zeit gelangen.

Zunächst seien einige Grundzüge aufgezeigt, die so allgemein sind, daß sie sich praktisch nicht widerlegen lassen. Im Vergleich zu den heutigen Gegebenheiten waren die damalige Industrie und ihre Märkte sehr begrenzt.

Ein Vergleich der Inventarien der Besitztümer Verstorbener, die während zwei Jahrhunderten, von der Mitte des 16. bis zur Mitte des 18. Jahrhunderts, aufgestellt wurden, zeigt eindeutig, daß überall in den begünstigten Gebieten Europas, in England, den Niederlanden, Frankreich, Norditalien und im deutschen Rheinland, das Mobiliar, das Geschirr und der Schmuck zunahmen. Die Häuser wurden ein wenig bequemer, nicht zuletzt dank der Fortschritte im Kaminbau und der Produktion billigen, farblosen Flachglases für Fensterscheiben. Zwischen dem Beginn des 17. Jahrhunderts und der Mitte des 18. Jahrhunderts besteht in dieser Hinsicht kein grundlegender Gegensatz, sondern lediglich ein gradueller Unterschied. Man könnte sogar sagen, daß die erste Hälfte des 18. Jahrhunderts, was die Wohnkultur angeht, nur eine Art von verbessertem, luxuriöserem Mittelalter war. Dies läßt sich aus den ältesten Wirtschaftsstatistiken ablesen. Man hat sich den Spaß gemacht auszurechnen, daß vom Beginn der Eisenzeit bis zur Mitte des 18. Jahrhunderts auf der ganzen Welt nicht mehr Eisen produziert wurde, als eine einzige der vier großen nordamerikanischen Eisenhütten um die Mitte des 20. Jahrhunderts in einem einzigen Jahr zu liefern vermag.

Im Jahre 1815 wurden auf der ganzen Welt 30 Millionen Tonnen Steinkohle gefördert, davon allein 16 Millionen in Großbritannien. Heute beträgt die Weltjahresproduktion 2 Milliarden Tonnen. Sämtliche Bücher, die nach der Erfindung des Buchdrucks in der zweiten Hälfte des 15. Jahrhunderts gedruckt wurden, benötigten noch nicht einmal so viel Papier wie die Weihnachtsnummer einer einzigen großen New Yorker Zeitung. Der Papierverbrauch stieg im 16. Jahrhundert auf das Zwanzigfache, im 17. und 18. Jahrhundert noch einmal je um das Fünf- bis Sechsfache. In der ganzen Welt wurde zwischen 1460 und 1800 weniger Papier bedruckt, als die fünf größten New Yorker Zeitungen heute in einem einzigen Jahr brauchen. Mit solchen Vergleichen könnte man ein ganzes Buch füllen.

Auf dem Industriesektor verlief die Wachstumskurve von 1750 bis heute weit steiler als auf dem Agrarsektor. Dies ist eine augenfällige Tatsache. Dennoch läßt sich in Europa auch eine deutliche Verbesserung der Ernährung feststellen; allerdings war diese Steigerung mehr qualitativ als quantitativ. Die europäische Agrarproduktion wuchs in der Zeit von 1760 bis 1960 ungefähr doppelt so rasch an wie die Bevölkerung. Auf industriellem Gebiet müßte man je nach dem Produktionssektor den Wachstumskoeffizienten der Bevölkerung mit fünfzig, hundert, tausend ... multiplizieren. Diese erstaunliche Entwicklung nach 1770–1780, also nach dem Beginn der industriellen Revolution in England, überdeckt fast völlig das wenn auch viel langsamere, so doch eindeutige Wachstum der Industrie im barocken Europa. Wenn man für die Zeit von 1620 bis 1760 einen industriellen Produktionsindex errechnen könnte – das ist allerdings völlig ausgeschlossen; bestenfalls kann man Rückschlüsse auf die Größenordnungen ziehen –, so würde man wahrscheinlich bei einer Vermehrung der Bevölkerung um das Anderthalbfache zu einer Verdreifachung der Globalproduktion und einer Verdoppelung der Mengenproduktion kommen. Die Agrarproduktion scheint im gleichen Zeitraum nicht stärker gestiegen zu sein als die Bevölkerungszahl.

Diese Entwicklung, die zwar nicht im einzelnen durch genaue Statistiken belegt, aber in der Größenordnung doch unbezweifelbar ist, setzt eine ganze Reihe von nicht unerheblichen technischen Verbesserungen voraus. Damit haben sich die englischen Technikhistoriker von Cambridge und im Gefolge von Maurice Daumas und Bertrand Gille auch mehrere französische Historiker befaßt. Die Geschichte der zahlreichen kleineren technischen Verbesserungen bis zum Beginn des Industriezeitalters ist allerdings zu umfangreich, als daß wir hier näher darauf eingehen könnten. Wir müssen uns damit begnügen, die Entwicklungslinie aufzuzeigen und die Bedeutung der Technik für das Wirtschaftsleben zu skizzieren.

Nach einer erstaunlich fruchtbaren Zeit, die sich von 1400 bis 1550 erstreckte (vielleicht erscheint sie uns nur deshalb so fruchtbar, weil diese Zeit dokumentarisch sehr gut belegt ist) und sich zeitlich ungefähr mit der italienischen Renaissance deckte, erscheinen die anderthalb Jahrhunderte von 1550 bis 1700 wenig ergiebig. In Wirklichkeit waren diese hundertfünfzig Jahre auf technischem Gebiet wie in jeder Hinsicht (außer dem Gebiet des reinen und des wissenschaftlichen Denkens) eine Zeit der Konsolidierung: man zog aus dem, was frühere Zeiten angebahnt hatten, die Folgen, ergriff von den Erfindungen der Vergangenheit Besitz, machte sie zum Gemeingut. Im 17. Jahrhundert wurden die technischen Erfindungen, die geniale Renaissancemenschen oft zur Unterhaltung irgendeines Herrschers in ihren Skizzenbüchern niedergelegt hatten, praktisch verwirklicht: aus Ideen wurden konkrete, wirksame Werkzeuge. Der Schwerpunkt der technischen Erfindungen und Entwicklungen wanderte von Norditalien, das sich die deutschen Fortschritte des 15. Jahrhunderts zunutze gemacht hatte, nach dem Norden, in die Niederlande; gleichzeitig wurde die Technik zu einem bedeutsamen Faktor des Wirtschaftslebens. Dieser Prozeß hinterließ natürlich nur wenige greifbare Spuren, entzieht sich also dem Zugriff der quantitativen Geschichtsforschung. Die Technikgeschichte ist qualitativ. Nun sind allerdings die im 17. Jahrhundert wesentlichen Probleme der Verbreitung, die uns interessieren, im wesentlichen quantitativer Natur, gehören in das Gebiet einer quantitativen Wirtschaftsgeschichte, die sich mangels zuverlässiger Unterlagen für das 17. Jahrhundert nur andeutungsweise aufstellen läßt. Man übergeht gewöhnlich die große technische Neuerung des 17. Jahrhunderts, weil die Wissenschaft und das reine Denken, die Mathematik und die Ontologie dieser Zeit (die zusammen mit dem 6. vorchristlichen Jahrhundert in dieser Hinsicht die fruchtbarste Zeit der Menschheitsgeschichte war) die verhältnismäßig bescheidenen technischen Errungenschaften überschatten und weil das 18. Jahrhundert weit Bedeutsameres hervorgebracht hat.

Greifen wir als Beispiel das Glas heraus. Die wesentlichen technischen Voraussetzungen für die Herstellung im Großen wurden schon zwischen 1450 und 1550 geschaffen. Statt Pottasche verwendete man zunehmend Soda. Dadurch erhielt man ein schmelzbares Glas, das »leicht zu bearbeiten, gleichmäßig und durchsichtig war und flacher und reiner gemacht werden konnte«.

In der zweiten Hälfte des 15. Jahrhunderts tauchte eine neue Glasart auf: das venezianische Glas, ein Kristallglas, Kaliumsilikat mit Kalk, der erst viel später durch Blei ersetzt wurde. Dieser Fortschritt in Venedig war möglich, weil man dort aus dem Orient besonders vorzügliche Rohstoffe bezog, »Soda aus Ägypten und Syrien, der durch die Verbrennung von Salzkraut (kali) erzeugt wurde, und Quarzsand aus dem Tessin«. Auch die Herstellung von Flachglas machte im 16. Jahrhundert Fortschritte: »Man konnte größere Glasplatten (mit 60 bis 70 cm Seitenlänge) produzieren; sie wurden jetzt mit Diamanten geschnitten. Die venezianische Technik der Glasherstellung breitete sich über ganz Europa aus. In Frankreich gründete Abraham Thévart 1688 eine Werkstatt, die wenig später wegen des reinen Siliziumsandes und des reichlichen Holzes in den Wald von Saint-Gobain verlegt wurde. Allgemein wurde die Glasmacherpfeife üblich (sie erlaubte unter anderem die Herstellung von Glasflaschen, eine unabdingbare Voraussetzung für den Siegeszug des Champagners); mit Glasfenstern versah man nun nicht mehr nur die Fenster in den Palästen des Adels und der Reichen, sondern auch die Wohnungen des Volkes. Der Übergang von dem mit der Pfeife geblasenen Zylinder zur Flachglasplatte, die verhältnismäßig einheitliche und billige Scheiben ergab, erfolgte ebenfalls im 17. Jahrhundert« (Bertrand Gille).

Es vollzog sich also die Umwandlung der reinen Technik der Renaissancedenker in die angewandte Technik des 17. Jahrhunderts, die sich immer stärker auf das Wirtschaftsleben auszuwirken begann. Im gleichen Jahrhundert wurde eine andere Verbindung geknüpft: die Verbindung zwischen Technik und Wissenschaft. Allerdings hatte sie nicht den gleichen Sinn wie heute: erst im Verlauf des 19. Jahrhunderts begann sich die Technik in größerem Umfang auf die Wissenschaft zu stützen, wurde der Fortschritt der Technik durch den Fortschritt der Wissenschaft gelenkt. Im 17. Jahrhundert hingegen stellte sich die Technik in den Dienst der Wissenschaft. Ohne die Fortschritte in der Glasherstellung hätte es kein astronomisches Fernrohr, ohne die Linsen und die Präzisionsmechanik kein Mikroskop gegeben. Die Technik ermöglichte die einzigartige Ausweitung des Kosmos in Richtung auf das unendlich Große und das unendlich Kleine. Im Barockzeitalter entdeckte der Mensch seine Stellung zwischen den beiden unendlich fernen Polen des geometrisierten Raumes, zuerst rein gedanklich und ohne jede Möglichkeit zur Verifizierung; doch dann gab ihm die Technik die Mittel in die Hand, die »endlosen schweigenden Räume des Alls« und die Wunderwelt des Mikrokosmos eines Wassertropfens zu erforschen: die Versuche der Glashersteller führten zur Linse, dem Prisma und einer ganzen Reihe von optischen Geräten mit vielfältigen Anwendungsmöglichkeiten. Sie alle waren Erzeugnisse einer rein empirischen Technik, die erst viel später wissenschaftlich fundiert wurde. So entstand mit wachsender Nachfrage ein ganz neuer Industriezweig: die Industrie der optischen Geräte.

Hierzu einige nähere Angaben. Das astronomische Fernrohr entstand in den ersten Jahren des 17. Jahrhunderts. Auf den Gedanken, Linsen zur Beobachtung ferner Objekte zu verwenden, kam man fast gleichzeitig in Holland und in Italien, den beiden Zentren der Glasindustrie.

»Die ersten Instrumente«, schreibt Maurice Daumas, »wurden ab 1608 von einigen geschickten Leuten gebaut, von Brillenmachern, Spiegelmachern oder Glastechnikern, die sich nur nebenbei mit derartigen Experimenten beschäftigten; Gelehrte, Professoren oder Pensionäre, Geistliche, die sich in großer Zahl mit wissenschaftlichen Fragen befaßten, Laien, denen gelegentlich ein Handwerker half, haben ihre Gläser eigenhändig hergerichtet und montiert. Diese Instrumente waren lange Zeit sehr selten, denn es war nicht leicht, sich eine Technik anzueignen, deren Geheimnisse eifersüchtig gehütet wurden; außerdem hatten die Konstrukteure die größten Schwierigkeiten, sich für einen solchen Zweck geeignetes Rohglas zu beschaffen. So wurden zunächst in Italien die besten Fernrohre in größter Zahl hergestellt.« Italien war durch die venezianische Glasindustrie führend, aber ab 1640 bis 1650 übernahm Holland die Führung. Diese Frühgeschichte des Fernrohrs macht die Verbindungen zwischen Technik, Wissenschaft und Wirtschaft sehr deutlich.

Das Mikroskop* tauchte zwischen 1612 und 1618 auf. Die Probleme, die durch dieses neue Instrument der Glasindustrie gestellt wurden, waren weit schwieriger als beim astronomischen Fernrohr: »Die 100- bis 200fache Vergrößerung, die man zweifellos bereits mit den ersten Mikroskopen erzielen konnte, reichte aus, um bei Linsen minderer Qualität nur sehr unscharfe Bilder zu liefern. Die chromatische Aberration war weit störender als beim Himmelsfernrohr, und da man noch keine Blenden kannte, ließ sich die optische Aberration nicht korrigieren ...« Diese Mängel erklärten das Mißtrauen vieler Gelehrter gegenüber dem neuen Instrument; sie verhielten sich wie seinerzeit die Scholastiker, die die damals schon bekannte Lupe mit dem Argument ablehnten, daß »die Natur direkt beobachtet werden muß, weil man sonst von ihr ein verzerrtes und trügerisches Bild erhält« – was bei den mangelhaften Gläsern in jener Zeit ein durchaus berechtigter Einwand war. Erst durch wesentliche Qualitätsverbesserungen und durch die gewaltigen Fortschritte der Himmelsbeobachtung mittels des Fernrohrs wurde der Einwand allmählich gegenstandslos.

Während das astronomische Fernrohr und das Mikroskop rein empirisch entwickelt wurden, verhielt es sich mit dem Spiegelteleskop* anders. Hier wurde zum erstenmal die Technik durch die Wissenschaft geleitet. Das Prinzip des Teleskops wurde kurze Zeit nach der Erfindung des astronomischen Fernrohrs entdeckt und theoretisch von Cavalieri, Mersenne und Zucchi ausgearbeitet. Die endgültige Theorie des Spiegelfernrohrs stammt von James Gregory (1663). Erst nach dieser Vorarbeit ging man daran, die Theorie in die Praxis umzusetzen. Im Prinzip brauchte man zwei Hohlspiegel, von denen der kleinere im Brennpunkt des größeren angebracht war. Zur Betrachtung des Bildes diente ein Okular, eine Zerstreuungslinse, die senkrecht zur Achse des Fernrohrs im Strahlengang des schräg gestellten kleineren Hohlspiegels lag. Reeves gelang es nicht, das Spiegelfernrohr zu verwirklichen. Newton legte das von ihm entwickelte Teleskop im Februar 1672 der Royal Society vor.

Wenn man alle die kleinen technischen Fortschritte aufzählen wollte, die im 17. Jahrhundert erzielt wurden, könnte man ein dickes Buch füllen. Wir wollen uns auf ein letztes Beispiel beschränken, auf den Fahrzeugbau. Die Federung von Wagen kam zu Beginn des 17. Jahrhunderts in Holland auf. In den Niederlanden wurde es auch üblich, auf die hölzernen Wagenräder eiserne Reifen aufzuziehen (zum erstenmal tat man dies, soweit bekannt ist, um die Mitte des 16. Jahrhunderts). Noch zu Beginn des 17. Jahrhunderts pflegte man die Radfelgen durch aufgenagelte Eisenplatten zu verstärken, aber die Nagelköpfe nutzten sich rasch ab, die Felgen wurden durch die vielen Löcher geschwächt. Erst durch das »Aufziehen« von geschmiedeten eisernen Rundreifen wurden diese Mängel beseitigt. Durch hundert kleine Verbesserungen im Wagen- und Straßenbau wurden die Verkehrsbedingungen geschaffen, die erst den wirtschaftlichen Aufschwung im 18. Jahrhundert ermöglichten.

Das 17. Jahrhundert war also eine Zeit der Vervollkommnung und Ausarbeitung; in vieler Hinsicht ist es das Geburtsdatum unseres modernen Zeitalters. Es wurden bedeutsame technische Fortschritte erzielt, obwohl darüber in den Geschichtsbüchern kaum etwas zu lesen ist. Und warum wissen wir so wenig darüber? Weil dem 17. Jahrhundert Mittel fehlten, die im 19. Jahrhundert überreichlich vorhanden waren und sich bereits in der zweiten Hälfte des 18. Jahrhunderts sprunghaft vermehrten; nicht zuletzt aber auch deshalb, weil im 17. Jahrhundert noch immer die alten Wirtschaftsstrukturen bestimmend waren. Noch vermochte der Kapitalismus die handwerklichen Grundstrukturen nicht aufzulösen. Im 17. Jahrhundert beherrschte der Kapitalismus den Großhandel; es dauerte noch mehr als ein Jahrhundert, bis er sich auch der Industrie bemächtigt hatte.

Auf dem industriellen Sektor stand die Textilindustrie* ganz eindeutig an der ersten Stelle. Diese Schlüsselstellung des uralten Produktionszweiges wirkte sich insofern auf die gesamte gewerbliche Entwicklung hemmend aus, als sich nichts Entscheidendes verändern konnte, wenn es keine Veränderungen im Textilgewerbe gab. Und im 17. Jahrhundert gab es keine, trotz zahlreicher kleiner technischer Verbesserungen, die sich aber im Gegensatz zu den zwischen 1740 und 1760 in England gemachten Erfindungen nicht allgemein durchsetzten und keinen wesentlichen Wandel brachten.

Besser als jeder andere Erwerbszweig vermittelt uns das Textilgewerbe einen Einblick in das Wesen und die Struktur der Industrie des 17. Jahrhunderts, die ihre Wurzeln im tiefsten Mittelalter hatte. Kennzeichnend ist vor allem die vollständige Zersplitterung des Wirtschaftsraums. Daher konnten zur gleichen Zeit verschiedenste technische Entwicklungsstufen nebeneinander existieren, ohne daß die technischen Errungenschaften hätten zusammenwirken und einen grundsätzlichen Wandel herbeiführen können. (Erst die Vereinheitlichung des Wirtschaftsraumes im 18. Jahrhundert ermöglichte die industrielle Revolution.)

Das Textilgewerbe, der wichtigste Industriezweig des 17. Jahrhunderts, war völlig zersplittert. Verarbeitet wurde vor allem Wolle, wenn man auch die Baumwolle kannte. Im 16. Jahrhundert lag der Schwerpunkt der Textilindustrie in Italien und in Flandern; die beiden Länder beherrschten eindeutig den Markt für Qualitätstuche. Im 17. Jahrhundert verloren die alten Zentren an Bedeutung; Rouen, die französische Provinz Maine, England schoben sich in den Vordergrund, was zu einer noch stärkeren Aufspaltung führte. Eine dieser alten Textilstädte war das ungesunde Beauvais inmitten der nordfranzösischen Sümpfe, der südlichste Ausläufer der flämischen Textilindustrie. »Im Jahr 1624 waren in der Stadt mindestens 411 Tuchwebstühle und mindestens 309 Sergewebstühle in Betrieb.« Von 1624 bis 1750 ging es mit Beauvais wie mit vielen der alten Textilzentren langsam bergab.

Wichtige Rückschlüsse auf die industrielle Entwicklung lassen sich ziehen, wenn man die Alaunproduktion von Rom als Gradmesser benutzt. Alaun* war ein für das Textilgewerbe unerläßliches Beizmittel, so daß der Alaunverbrauch in unmittelbarer Beziehung zur Textilproduktion steht, wie auch die Quecksilbererzeugung einen Hinweis auf die Menge des gewonnenen Silbers gibt. Eine große Hilfe für den Historiker ist die Tatsache, daß die Alaunproduktion wie die Quecksilberproduktion stark konzentriert war: beide Materialien wurden nur an einigen wenigen Stellen gewonnen, und zwar von großen Unternehmungen, die früh schon Produktionsstatistiken führten. Damit haben wir den Glücksfall, daß auf Grund der wohlbekannten Alaungewinnung für den am schwersten greifbaren, statistisch unmittelbar überhaupt nicht belegten Produktionssektor, das Textilgewerbe, ziemlich zuverlässige Schätzungen angestellt werden können.

Die römische Alaunproduktion, deren Statistiken von Jean Delumeau ausgewertet worden sind, machte in einem Zeitraum von dreihundert Jahren etwa zwei Drittel der Produktion aller Mittelmeerländer und 35 bis 40 Prozent der europäischen Gesamtproduktion aus. Allerdings wird die Sache für den Historiker dadurch kompliziert, daß der Anteil Roms an der Gesamtproduktion im 17. Jahrhundert merklich und im 18. Jahrhundert sehr stark sank, während die Produktion im Norden, besonders in Yorkshire, erheblich stieg; die exakten Relationen für diese beiden Jahrhunderte sind nur schwer zu bestimmen.

Überdies gibt der römische Alaun Aufschluß über die Größenordnung des bedeutendsten europäischen Bergbauunternehmens im 16., 17. Jahrhundert und zu Beginn des 18. Jahrhunderts. Um 1550–1560, in Tolfas Blütezeit, waren dort 800 Arbeiter tätig, im 17. Jahrhundert waren es durchschnittlich zwischen 500 und 600. Während den 285 Jahren (1462–1796), in denen die Alaungewinnung in Tolfa präzis belegt ist, förderten durchschnittlich 500 bis 600 Männer insgesamt 17 Millionen Tonnen Alaunerde, aus denen 3,5 Millionen Tonnen reines Alaunsalz gewonnen wurden. Das bedeutete für drei Jahrhunderte etwa 10 000 Schiffsladungen. Zum Vergleich: Die etwa dreimal so großen Indienfahrer legten zwischen 1504 und 1650 insgesamt 18 000mal den Weg zwischen Europa und den europäischen Überseegebieten zurück. An heutigen Maßstäben gemessen, sind diese Größenordnungen des Barockzeitalters natürlich verschwindend klein.

In welchem Verhältnis Handel und Industrie im barocken Europa zueinander standen, wird offenbar, wenn man den Gewinn kennt, den das Unternehmen von Tolfa im Jahrhundert seiner höchsten Blüte, im 16. Jahrhundert, abgeworfen hat. Nach den Berechnungen von Jean Delumeau lag er in der Größenordnung des Gründungskapitals der holländischen Ostindischen Gesellschaft im Jahre 1602 (6 300 000 Gulden). Das größte europäische Bergbauunternehmen blieb also weit hinter den großen Gesellschaften zurück, die den gewinnbringenden Überseehandel betrieben.

Die von Jean Delumeau gegebenen Zahlen ermöglichen interessante Rückschlüsse auf die Textilproduktion in den verschiedenen Sektoren. Danach folgte auf eine Stagnation im ausgehenden 15. Jahrhundert ein rasches Wachstum im 16. Jahrhundert. Dies entspricht dem, was wir auf Grund anderer Unterlagen wissen, und deckt sich auch mit den qualitativen Schlüssen der Technikhistoriker. Zwischen 1501 und 1513 wurden im Durchschnitt jährlich 26 130 Kantaren Alaun gewonnen. Ihren Höhepunkt erreichte die Produktion in den Jahren 1553 bis 1565: in dieser Zeit wurden jährlich 37 732 Kantaren exportiert. Ein halbes Jahrhundert lang, von 1565 bis 1614, blieb die Erzeugung auf hohem Stand stabil. Nach der großen Wirtschaftskrise, die von 1619 bis 1622 das Mittelmeergebiet heimsuchte, sank sie rasch ab, stieg noch einmal in der Zeit von 1630 bis 1650 leicht an, doch in der ganzen zweiten Hälfte des 17. Jahrhunderts verlor Tolfa zunehmend an Bedeutung.

Wenn wir die fundierten Statistiken von Tolfa mit dem kombinieren, was wir, wenn auch weit weniger vollständig, von der übrigen Alaunerzeugung in Europa wissen, ergibt sich für die Textilindustrie folgendes Bild: Die Textilerzeugung stieg in der ersten Hälfte des 16. Jahrhunderts stark an; in der zweiten Jahrhunderthälfte verlangsamte sich die Zuwachsrate; die Entwicklung verlief in den einzelnen Gebieten recht unterschiedlich. Die Unterschiede sind deshalb von Interesse, weil sie bereits die Verschiebungen des 17. Jahrhunderts ankündigten. In Nordwesteuropa sank die Produktion in Frankreich und den spanischen Niederlanden, sie stieg in England und den Generalstaaten. Ein deutliches Absinken war auch im Mittelmeergebiet zu verzeichnen. Im 17. Jahrhundert blieb die Produktion etwa auf dem gleichen Stand, um ziemlich spät im 18. Jahrhundert erneut zu wachsen. Im 17. Jahrhundert kristallisierten sich die neuen industriellen Schwerpunkte heraus. Das Mittelmeergebiet, Italien und Spanien, verlor rasch an Bedeutung, ebenso die spanischen Niederlande. Frankreich stagnierte. Aufwärts ging es vor allem in den Vereinigten Niederlanden und in England.

Der zweitwichtigste Gewerbezweig war die Metallgewinnung und -verarbeitung, die aber hinsichtlich der Produktionswerte weit hinter dem Textilgewerbe zurückstand. Zwischen Textil- und Metallindustrie lassen sich zwei bedeutsame Unterschiede feststellen: Die Metallindustrie* war stärker konzentriert, und sie war weit fortschrittlicher.

Natürlich war es, im Vergleich zu heute, nur eine relative Konzentration, doch lassen sich die Standorte der Eisenindustrie weit leichter aufzeigen als die der Textilindustrie des 17. Jahrhunderts. Zur Eisengewinnung brauchte man Holz, also Wälder; große Wälder existierten aber nur in verhältnismäßig dünn besiedelten Gegenden. Im Europa des 17. Jahrhunderts gab es zwei metallurgische Schwerpunkte: einen Schwerpunkt des technischen Fortschritts in der Gegend von Lüttich und in Mitteldeutschland; einen Schwerpunkt massiver Produktion im baltischen Raum (Schweden, Baltikum), der im 18. Jahrhundert teilweise durch den Ural abgelöst wurde. Immerhin blieb das Ostseegebiet bis zum ausgehenden 18. Jahrhundert der Hauptproduzent und der größte Exporteur für Eisen, vor allem Qualitätseisen. Auch für Kupfer war Schweden der größte Lieferant.

Zudem war die Metallurgie im 17. Jahrhundert sehr fortschrittlich: zahlreiche technische Neuerungen wurden in den Dienst der Metallgewinnung und -verarbeitung gestellt. Die Förderungsmethoden, die im 16. und 17. Jahrhundert besonders in Deutschland und dem Gebiet um Lüttich erheblich verbessert wurden, verbreiteten sich auch in anderen Gebieten. Nicht nur die deutschen »Bergbüchlein«, sondern auch zahlreiche deutsche Bergbaufachleute gelangten in alle Welt und trugen entscheidend zum Aufschwung des Bergbaus bei.

Um aus den Erzen das Metall zu gewinnen, mußte man es ausschmelzen. Dies tat man schon seit vorgeschichtlicher Zeit. Einen Fortschritt brachten die durch die Alchimisten erheblich verbesserten Gebläse, die es ermöglichten, größere Schmelzöfen zu bauen. Ob das hydraulische Gebläse im ausgehenden 14. oder zu Beginn des 15. Jahrhunderts erfunden wurde, ist noch umstritten. Jedenfalls setzte sich das Verfahren durch und wurde im 16. und 17. Jahrhundert vervollkommnet. Dadurch entstanden allmählich für die Eisenindustrie geschlossenere Wirtschaftsräume, als sie um die gleiche Zeit für die Textilindustrie bestanden. Vom niedrigen Stückofen, der in Frankreich vereinzelt noch im 19. Jahrhundert anzutreffen war, ging man zum klassischen Hochofen, dem Flußofen, über; bald schon wuchsen diese zu Höhen von vier oder fünf Metern empor. Im 17. Jahrhundert fanden, zuerst in der Rheingegend, über sechs Meter hohe Hochöfen immer mehr Verwendung. Die alten Techniken wurden seit dem 16. Jahrhundert ständig zurückgedrängt, die Modernisierung schritt zügig voran, doch zunächst konnte sich der Hochofen nicht überall durchsetzen, denn neben vielen Vorteilen wies er auch etliche Nachteile auf. Zunächst einmal bedingte er verhältnismäßig große Produktionsanlagen, war nur dort sinnvoll, wo es viel Erz und vor allem sehr viel Holz gab. Rings um die Hochöfen verschwanden die Wälder, und noch ehe die Öfen verbraucht waren, wurden sie infolge der hohen Transportkosten für das Brennmaterial unrentabel. In England nahm der Holzmangel im 17. Jahrhundert geradezu katastrophale Ausmaße an. Dazu kam, daß der Hochofen, je größer er war, ein weit kohlenstoffhaltigeres Eisen erzeugte als der alte Stückofen. Das war an sich ein offensichtlicher Vorzug, denn dieses Eisen hatte einen niedrigeren Schmelzpunkt, ließ sich also gießen. Ein neues Produkt kam auf den Markt: das Gußeisen. Dafür aber hatte man damals noch kaum Verwendung. Die Umwandlung in Schmiedeeisen jedoch, das in erster Linie gefragt war, war sehr kompliziert.

Im ganzen 17. und 18. Jahrhundert beschäftigte man sich mit diesem Problem; eine endgültige Lösung wurde erst im 19. Jahrhundert gefunden, mit dem Puddelverfahren und der Bessemerbirne. Und noch einen Nachteil hatte der Hochofen: für Gußeisen, das sich reduzieren ließ (und nur solches Eisen wurde damals gebraucht), konnte ein Teil der bis daher benutzten Erze nicht mehr herangezogen werden. Das betraf besonders die im Nordwesten des europäischen Kontinents so verbreiteten phosphorhaltigen Erze. Daß im Ostseeraum reine Erze in großen Mengen einerseits und riesige Wälder anderseits zur Verfügung standen, erklärt den erstaunlichen Aufschwung der dortigen Eisenindustrie (besonders der schwedischen) im 17. Jahrhundert.

Kurz gesagt: für die europäische Metallurgie war das 17. Jahrhundert im wesentlichen eine Zeit der Vorbereitung; sie zeigte sich verhältnismäßig anpassungsfähig, hatte aber mit großen technischen Schwierigkeiten zu kämpfen und sah sich nicht zuletzt mancherorts einem katastrophalen Brennstoffmangel gegenüber. Zudem lagen die Standorte der Metallindustrie oft fern von den wichtigsten Verbraucherländern. Diese, England, Holland und Frankreich, waren am dichtesten bevölkert und deshalb verhältnismäßig waldarm, mußten also demzufolge die eigene Metallproduktion drosseln. Viel Eisen wurde auf dem Seeweg durch den Sund transportiert, wie uns die alten Zollstatistiken verraten. Auf die Dauer war dieser Zustand unhaltbar.

Der Anstoß für die grundsätzliche Wandlung kam jedoch nicht von der Metallurgie. Obwohl sie der erste Sektor war, der in Bewegung geriet, hatte sie doch zu wenig Gewicht, um die gesamte Industrie in Bewegung bringen zu können.

Die erste technische Neuerung, die den kommenden Wandel ankündigte, war die Metallgewinnung mit Hilfe von Koks. Ihre Anfänge lagen in einem England, das in doppelter Hinsicht eingeschnürt war: durch den Menschenmangel (5,5 Millionen Seelen zu Beginn des 18. Jahrhunderts) und durch den Holzmangel – zwischen 1700 und 1720 ging die englische Metallproduktion in alarmierender Weise zurück. 1720 lieferten sechzig Hochöfen jährlich 17 000 Tonnen Roheisen. Die Hochöfen mußten dort aufgestellt werden, wo es noch Wälder gab; daher war die englische Metallindustrie stark zersplittert und im Rückgang begriffen. Ein Beispiel hierfür ist der Forest of Dean, in dem seit der Römerzeit Metall gewonnen worden war: um 1720–1730 war dieses einstige Waldgebiet so gründlich abgeholzt, daß die Produktion eingestellt werden mußte. Daher sah sich England zu Beginn des 18. Jahrhunderts gezwungen, Halbzeug einzuführen. Die metallverarbeitende Industrie in Birmingham und Sheffield konnte nicht mehr mit billigem Eisen beliefert werden, da man es nunmehr aus Schweden und Rußland herbeischaffen mußte. Dies war ein schwieriges Problem in einem Land, in dem die Arbeitskraft bereits

teurer war als auf dem Kontinent. Daher kam man auf den Gedanken, die Hochöfen mit Steinkohle zu befeuern. Mit Kohle* hatte man in der Gegend von Charleroi schon im 3. nachchristlichen Jahrhundert die Häuser beheizt. In derselben
Gegend, in dem Dorf Marchiennes, kam man zum erstenmal auf den Gedanken,
einen Hochofen statt mit Holz mit Kohle zu speisen. Kohle konnte man aus England genügend beziehen. Um 1700 tauchte an allen Küsten Westeuropas bis hin-
unter zum Mittelmeer englische Kohle als Ballast oder Ladung im Seeverkehr mit
England auf. Natürlich verwendete man in England auch schon seit dem beginnenden 17. Jahrhundert Steinkohle für Heizzwecke. Aber zur Reduktion von Eisen-
erzen ließ sich die Kohle nicht ohne weiteres verwenden. Zuerst mußte sie verkokt,
also entgast und gereinigt werden, denn man merkte bald, daß das mit gewöhnlicher Kohle gewonnene Eisen fast unbrauchbar war, auch wenn sich der Engländer
Dudley schon 1613 ein Patent auf ein Verfahren zum Schmelzen von Erz mit Hilfe
von Steinkohle hatte geben lassen. Ein ganzes Jahrhundert lang ereignete sich
nichts Entscheidendes, bis 1709 der Quäker Abraham Darby (1677–1717) erstmals
Koks im großen produzierte und in einem aufgelassenen Eisenwerk in Coalbrookdale Koks im Hochofen verwandte. Sein Sohn baute das Unternehmen zu einem in
Europa führenden Unternehmen aus. Der Koks wurde übrigens wie Holzkohle in
Meilern erzeugt. Das auf diese Weise gewonnene Eisen war dem mit Holz erzeug-
ten gleichwertig. Es dauerte allerdings ein halbes Jahrhundert, bis sich das Darbysche Verfahren in England durchgesetzt hatte. Erst um 1860 wurde auf der Welt
erstmals mehr Eisen mit Hilfe von Koks als mit Holz gewonnen. Anderthalb Jahrhunderte lang hielt sich das Vorurteil, daß das nach den neuen Verfahren
hergestellte Eisen nicht so gut sein könne wie jenes, das nach einer jahrtausende-
alten Methode gewonnen wurde.

Die Hochöfen, denen nun nicht mehr durch den Mangel an Holz und die man-
gelnde Härte der Holzkohle Grenzen gesetzt waren, wuchsen rasch in die Höhe
und verdienten nun erst so richtig ihren Namen: 12, 17, 18, 20 Meter Höhe waren
keine Seltenheit mehr. Das Darbysche Verfahren eroberte sich zuerst das Gebiet
von Shropshire, in dem Coalbrookdale liegt. Nun konnte Birmingham wieder aus
dem eigenen Land versorgt werden und hing nicht mehr von den schwedischen
Eisenlieferungen ab. Um 1750 begann der wunderbare Aufstieg der Midlands. Auf
einem 250 Quadratkilometer großen Gebiet fand man 65 Kohlenschichten von
287 Meter Dicke, Eisenerz mit einem Eisengehalt von 30, bei Dudley sogar 36 bis
40 Prozent, Ton und Celamin, also alle für die Eisenproduktion erforderlichen
Rohmaterialien. Mit dem Abbau der Kohle begann man in Wednesbury (die Produktion stieg schon zu Beginn des 18. Jahrhunderts von 25 000 auf 70 000 Tonnen

jährlich), später auch im Osten, Süden und Westen (Kingswindford und Hales-owen). Die Eisenerzförderung stieg von 7000 bis 8000 Tonnen zu Beginn des 18. Jahrhunderts auf 60 000 Tonnen gegen Ende des Jahrhunderts. In der zweiten Hälfte des 18. Jahrhunderts kamen South Staffordshire und Westwales als neue Bergbaugebiete hinzu und übertrafen bald die Midlands an Bedeutung. Die beiden ersten Hochöfen in Wales waren von vornherein mächtige Giganten; sie wurden 1759 und 1765 in Dowlais und Cyfathfy aufgestellt.

Damit waren alle Voraussetzungen für einen Aufschwung der Schwerindustrie gegeben, und doch kam er erst im 19. Jahrhundert, denn diese stille Revolution der Jahre 1720 bis 1760 vermochte den durch Holzmangel verursachten Produktions-rückgang nicht auszugleichen. Selbst in England dominierte sogar um 1760 noch die alte Wirtschaft. Bis 1757 sank die Eisenproduktion. Ab diesem Zeitpunkt hin-gegen ging es steil aufwärts: die Produktion stieg bis 1806, also in 49 Jahren, von 10 000 auf 260 000 Tonnen, wurde in weniger als einem halben Jahrhundert auf das Sechsundzwanzigfache gesteigert. Erst im letzten Drittel des 18. Jahrhunderts setzte also die industrielle Revolution ein. Bis zur Jahrhundertmitte fehlte es der englischen Industrie keineswegs an Energie: der Bedarf wurde durch die Wasser-kraft, die Muskelkraft von Mensch und Tier und durch den Wind gedeckt (lei-stungsfähige drehbare Windmühlen kannte man seit dem 15. Jahrhundert). In enger Verbindung mit dem Bergbau, also auch mit der Eisenindustrie, entstand die Dampfmaschine, das Symbol des neuen Zeitalters. Die ersten Versuche von Denis Papin in dieser Richtung, die eher spekulativen als praktischen Charakter hatten, waren 1690 ohne Echo geblieben. Immerhin lag der Gedanke in der Luft, eine neue Antriebskraft zu suchen, die man besonders in den Bergwerken zur Entwässe-rung der Stollen brauchte. Thomas Savery ließ sich 1698 eine Dampfpumpe paten-tieren, aber diese war ebenso gefährlich wie leistungsschwach. Die Dampfpumpe von Newcomen (dieser war wie Darby ein Quäker) wurde zwar 1705 patentiert, konnte sich aber erst nach 1712 allmählich durchsetzen, nachdem der Erfinder sie in wesentlichen Punkten verbessert hatte. Der entscheidende Durchbruch gelang der Dampfmaschine erst nach der Zeit, die Gegenstand unseres Buches ist; bald wurde sie nicht mehr nur in Bergwerken, sondern auch in den aufblühenden Manu-fakturen und den ersten richtigen Fabriken aufgestellt. James Watt, Matthew Boulton und John Wilkinson haben zwischen 1769 und 1796 die Dampfmaschine zu einer brauchbaren, leistungsfähigen und zuverlässigen Antriebsmaschine ge-macht. Dadurch wurde das Tor zum industriellen Zeitalter aufgestoßen.

Die industrielle Revolution brach in der Textilindustrie aus. Wie in der Metall-industrie ging ihr eine Vorbereitungszeit voraus; ausgelöst wurde sie durch einige

Pionierunternehmen. Paradoxerweise gelang es ihr, wie François Crouzet aufgezeigt hat, sich selbst zu finanzieren, nachdem die durch den Überseehandel angesammelten Vermögen das Startkapital geliefert hatten. Die Zersplitterung und Unbeweglichkeit des Marktes machte es möglich, daß lange Zeit in der Textilindustrie verschiedene technische Entwicklungsstufen nebeneinander bestanden: Eine Industrie, die um 1760 mit den technischen Mitteln des 19. Jahrhunderts arbeitete, warf im Vergleich mit dem nach uralten Methoden arbeitenden Textilgewerbe enorme Gewinne ab, da sie ungleich billiger produzierte, aber die traditionellen Preise beibehielt. Die Unbeweglichkeit des zersplitterten Marktes, dieses Erbe einer langen Vergangenheit, und das Weiterbestehen dieses Zustands während eines halben Jahrhunderts ermöglichten fast ohne Hilfe von außen den Beginn einer Verwandlung, die vom Textilsektor bald auch auf andere englische Industriezweige übergriff.

Ausgelöst wurde der große Umwandlungsprozeß in der Textilindustrie durch John Kay, den Sohn eines kleinen Tuchfabrikanten in Colchester, der 1733 im Alter von 29 Jahren den berühmten »Schnellschützen« zur selbsttätigen Schiffchenbewegung beim Webstuhl erfand. Der Steigerung der Webgeschwindigkeit folgte naturgemäß ein erhöhter Garnbedarf, und so begann jenes Wechselspiel, das zu fortschreitender Mechanisierung der gesamten Textilindustrie führen sollte. Den entscheidenden Anstoß gab also jene an sich bescheidene Erfindung des jungen Kay: vier Rädchen, eine mit einem von dem Weber betätigten Hebel verbundene Schnur... Auf den Schnellschützen folgte der Strumpfwirkstuhl, dann die mit Wasserkraft betriebene Tuchschermaschine, die Spinnmaschine von Hargreaves und schließlich die Spinnmaschine mit automatischer Garnzuführung von Arkwright. Ab 1735 stieg der Preis für Baumwolle. Der Maschinenwebstuhl von Cartwright und der mechanische Webstuhl von Jacquard wurden erst nach dem Ende der hier besprochenen Zeit entwickelt, aber inzwischen war die industrielle Revolution auf dem Textilsektor in vollem Gang und durch nichts mehr aufzuhalten.

Zunächst wurde davon nur England erfaßt. Aber wenn auch zumindest anfänglich praktisch alle Anstöße von England ausgingen, scheint sich diese große Revolution des 18. Jahrhunderts schon sehr bald auch auf den Nordwesten Frankreichs und die Niederlande ausgewirkt zu haben, wo man in Abständen von fünf oder zehn Jahren dem englischen Beispiel folgte. Hierfür ein Beispiel: Die »Spinning Jenny« von Hargreaves wurde 1763–1767 fertiggestellt. Holker brachte schon 1771 eine der Maschinen nach Frankreich und ließ in Rouen und Sens einige Maschinen nachbauen. Morgan führte sie 1773 in Douai ein, und bald war sie im ganzen Land bis hin nach Nîmes verbreitet...

Bis 1790 war die industrielle Revolution eine gesamteuropäische Angelegenheit unter englischer Führung. Durch die Französische Revolution, die das Kapital zerschlug, die Eliten in alle Winde verstreute, die Geister vom Wesentlichen ablenkte und so Frankreich und später den ganzen Kontinent zu langer Mittelmäßigkeit verdammte, wurde die industrielle Revolution zu einer fast ausschließlich englischen Sache.

Auf einem Sektor jedoch behauptete der Kontinent und besonders Frankreich im ganzen 18. Jahrhundert den Vorrang vor England: auf dem Gebiet der »Indienneries«, der bedruckten und bemalten Baumwollstoffe. Diese bildeten gleichsam eine Brücke zwischen Vergangenheit und Zukunft, zwischen dem Orient und Europa, waren mehr als alle anderen Textilien kennzeichnend für einen bestimmten Lebensstil.

Baumwolle hatte man schon im 17. Jahrhundert zu Gewebe verarbeitet; berühmt war der Augsburger Barchent. Im 18. Jahrhundert entstand eine ganz neue Industrie, die sich rasch entwickelte: 1760 gab es in Frankreich 21, in Genf 7, in Neuenburg 9 und in Mülhausen 15 Ateliers – in Manchester jedoch nur ein einziges, in denen aus Indien importierte Baumwollgewebe bedruckt und bemalt wurden. Diese Differenz zwischen dem Kontinent und England ist leicht erklärlich. In England waren um die Mitte des 18. Jahrhunderts Spinnen, Weben und Druck bereits logische Etappen für billige Textilien. »Aber auf dem Kontinent sind trotz gewisser Ähnlichkeiten Baumwollwaren noch ein Luxus; der Absatz begann mit der *indienne*, einer kostspieligen, mit Druckstöcken bedruckten oder mit dem Pinsel bemalten Ware, die im 18. Jahrhundert ganz große Mode wurde und in der vornehmen Welt an die Stelle der durchwirkten Seiden, des Linon und des Batist trat« (M. Lévy-Leboyer). Die europäische Baumwollindustrie war von der Konjunktur fast unabhängig. Die aus Asien eingeführten Baumwollgewebe waren so billig, daß lange Transportzeiten nicht ins Gewicht fielen. 1785 wurden nur 25 Prozent der in Frankreich verarbeiteten Baumwollgewebe im Land selber aus importierten Garnen hergestellt. »Der Rest kam aus Indien, 500 000 Stücke im direkten Import, 300 000 durch Ankauf in ausländischen Zwischenlagern.« Viel Werkzeug brauchte man nicht: »Hölzerne Druckstöcke, Tische, einige Kellerräume ... Antriebskraft war überflüssig.« Die Künstler, die die Muster entwarfen, so J.-P. Huet, Linguet, Gergonne, Portalier, Prévôt oder Malaine Senior, brauchten nicht in den Ateliers tätig zu sein; deren Atmosphäre, meint Maurice Lévy-Leboyer, war nicht sonderlich geeignet, zur Schaffung der bukolischen Szenen anzuregen, wie sie für die *art heureux* des 18. Jahrhunderts charakteristisch waren. Um die Entwürfe auf die

Stoffe zu übertragen, waren nur wenige Arbeitskräfte nötig: um 1750 zwischen 1000 und 1500, gegen Ende des Jahrhunderts vielleicht 25 000: Holzschneider und Farbdrucker, Malerinnen und Hilfskräfte.

Achtzig Prozent der Baumwollgewebe kamen also aus dem indischen Raum. Im Grunde waren die *indiennes* ein Anachronismus, dem das 19. Jahrhundert dann rasch ein Ende setzte. Im Baumwollhandel traten sie im 18. Jahrhundert Ost und West im Indischen Ozean ein letztes Mal als gleichberechtigte Partner gegenüber; es war ein Handelsaustausch unter Ebenbürtigen. Gleichzeitig setzte aber auch schon der Prozeß der Entindustrialisierung der Welt zugunsten Europas ein, der sich für die außereuropäischen Völker verhängnisvoll auswirken sollte und zur industriellen und kommerziellen Vormachtstellung Europas führte.

Nach Frédéric Mauro vollzog sich zwischen 1730 und 1750 jene Veränderung der Kräfteverhältnisse im Indischen Ozean, die aus dem Handel zwischen gleichwertigen Partnern, den die Holländer um 1600–1620 von den überrundeten Portugiesen übernommen hatten, einen einseitigen Handel machte, durch den es Europa gelang, die Kapitalien des Ostens allmählich an sich zu ziehen. Etwa ab 1740 wurde die Zahlungsbilanz im Indischen Ozean, die im ganzen 16. und 17. Jahrhundert für Europa negativ gewesen war, erstmals für die asiatischen Länder negativ. Dieser Wandel fällt zusammen mit einer sprunghaften Leistungssteigerung der westlichen Techniken und dem massiven Eindringen der Engländer in den Indischen Ozean.

Anders gesagt: die Siege von Clive (das Geschütz, das er am 23. Juni 1757 bei Plassey einsetzte, machte den in neuester Zeit aufgetretenen technischen Niveauunterschied zwischen Ost und West sichtbar; ausschließlich dem Geschütz war es zu verdanken, daß sich die 78 000 Krieger des Nawab von Bengalen in alle Winde zerstreuten) und von Warren Hastings waren schon seit langem vorbereitet. Ebenso waren das Scheitern von Dupleix (1754) und der Vertrag von Godeheu nicht zufällig. Siege, wie sie von den Engländern in Indien errungen wurden, werden schon lange im voraus entschieden.

Bis zur Mitte des 18. Jahrhunderts mußte das traditionelle Defizit der Europäer im Indienhandel durch Ausgleichszahlungen in Form amerikanischen Silbers abgedeckt werden. Nach 1750 veränderte sich die Lage. Der Privathandel der Agenten vor allem der englischen Ostindischen Kompanie, der Verkauf von Zolllizenzen, von Geleitbriefen und Sondergenehmigungen, wie er im dekadenten Reich des Großmoguls üblich war, der freiwillige oder erzwungene Absatz immer größerer Mengen europäischer Waren, die Dienstleistungen für indische Herrscher,

besonders die Zurverfügungstellung der vielgeschätzten Artillerie, und die Tribut-
erhebungen in immer größeren Gebieten bewirkten, daß im Osten ständig mehr
Kapital zugunsten Europas angehäuft wurde. »Die gesamten Geldbeträge, die die
Engländer aus Bengalen herausgezogen und nach England verbracht haben, belau-
fen sich für den Zeitraum von 1757 bis 1780 auf 38 Millionen Pfund«, was dem
Geldwert nach etwa das Achtfache des ganzen Londoner Immobilienkapitals von
1666 ausmacht.

Eine gleiche Steigerung des Handels, einen gleichen Umschlag der Handelsbilanz
gab es im Falle Chinas. Hauptexportgut war der Tee. Wir haben schon gesehen,
wie er in Europa zur Zurückdrängung des Typhus beigetragen und die Sterblichkeit gesenkt hat. Von 1640 bis 1730, einem Zeitraum, den man, obwohl er nur 90
Jahre währte, als das 17. Jahrhundert der Wirtschaftsgeschichte bezeichnen kann,
vermehrte sich die Zahl der von Europa nach Asien gesandten Handelsschiffe auf
das Siebenfache (diese Zahl ist das zuverlässigste Indiz für den wachsenden Handel). Allerdings muß hinzugefügt werden, daß ihre Zahl in der Zeit von 1640 bis
1650 ungewöhnlich klein war; wenn man die Blütezeit von 1590 bis 1620 zum
Ausgangspunkt nimmt, kommt man zu einer Steigerung auf das Vier- oder Fünffache in hundert Jahren. Im nur 70 Jahre währenden 18. Jahrhundert der Wirtschaftsgeschichte (1720–1790 oder 1730–1800) weisen die repräsentativen Indi-
zien eine Steigerung auf das Zehn-, Fünfzehn- und Zwanzigfache auf.

Durch den Überseehandel wurden von 1690–1700 bis zum ausgehenden
18. Jahrhundert unerhörte Reichtümer angesammelt, die zu Beginn der industriellen Revolution eine wichtige Rolle gespielt haben. Während die Agrarproduktion
von 1620 bis 1760 auf das Anderthalbfache, das Volumen der Industrieproduktion
ungefähr auf das Dreifache stieg, trat in diesem Zeitraum im Handel eine Steigerung auf das Zehn- bis Zwanzigfache ein. Man kann also sagen, daß der Handel,
in erster Linie der Überseehandel, die treibende Kraft dieser Zeit war.

Amerika hatte an dieser Steigerung kaum einen Anteil; auf manchen Sektoren
waren sogar ausgeprägte Rückgänge festzustellen. Allerdings hatte der Amerikahandel schon im ausgehenden 16. Jahrhundert ein Niveau erreicht, das nur schwer
zu übersteigen war. Auf einem Gebiet ging das Wachstum unerhört rasch voran:
Zuckerindustrie und Zuckerhandel erlebten einen einzigartigen Aufschwung. Dem
Zuckerhandel verdankten Bordeaux, Nantes und Le Havre ihre Bedeutung; durch
den Zuckerhandel wurden Amsterdam und London reich; die Gewinne aus dem
Zuckerhandel ermöglichten Pombals Wiederaufbau von Lissabon. Während dieser
Handel zu Beginn des 17. Jahrhunderts noch kaum existierte, nahm sein Volumen
allein im 18. Jahrhundert um das Fünf- bis Siebenfache zu.

Was das Amerika der Edelmetalle angeht, so haben wir auf Grund der revidierten Zahlenangaben Hamiltons geschätzt, daß im Verlauf von drei Jahrhunderten etwa 90 000 Tonnen Silberäquivalent (also Silber und auf den Silberpreis umgerechnetes Gold) aus der Neuen Welt nach Europa gebracht wurden; weitere 10 000 Tonnen gingen durch verschiedene Kanäle aus Amerika direkt in den Fernen Osten. Welche Edelmetallmengen sind darüber hinaus an Ort und Stelle gesammelt oder der inneramerikanischen Wirtschaft zugeführt worden? Wir wissen es nicht. In der schlechten Zeit von 1620 bis 1760 hat Amerika aller Wahrscheinlichkeit nach nicht mehr als 20 000 bis 25 000 Tonnen Edelmetall an Europa geliefert. Sevilla wurde als europäisches Zentrum des Amerikahandels durch Cadiz abgelöst. Theoretisch mußte der gesamte Handel mit dem spanischen Amerika über spanische Häfen abgewickelt werden; in der Praxis hielt man sich oft nicht daran. Dennoch ist anzunehmen, daß der »offizielle« Handel bei weitem überwog. Allerdings hatten sogar in Cadiz die Spanier ihre Führerrolle im Amerikahandel verloren; die drei großen Rivalen – England, Holland und Frankreich – hatten die Iberische Halbinsel in dieser Hinsicht weit überflügelt, wie ihre großen Handelsniederlassungen in Cadiz bezeugten. Ab 1650–1660 war das spanische Amerika in kommerzieller Hinsicht praktisch zu einem Kondominium geworden, das die großen nordwesteuropäischen Seemächte gemeinsam ausbeuteten. 1760 schien England eindeutig an der Spitze zu stehen, aber in den siebziger Jahren drängte sich Frankreich nach vorn. Wie auf dem industriellen Sektor und noch eindeutiger als dort konnte im Handel England dank der Schwächung des europäischen Festlands durch die Französische Revolution sich unangefochten an die Spitze setzen.

10

DIE GESELLSCHAFT

STÄNDE UND KLASSEN

Wieder sieht es so aus, als ob die zeitliche Begrenzung unserer Darstellung auf die Mitte des 18. Jahrhunderts von Nachteil wäre. Ab 1750 gerieten die Gesellschaftsstrukturen allenthalben in Bewegung, aber wie sah es vorher aus? Immerhin haben wir im Zusammenhang mit dem Überseehandel gesehen, an welchen Orten sich jene kapitalistische Akkumulation vollzogen hat, die gegen Ende des 18. Jahrhunderts die aristokratische Welt einer dem Grund und Boden verbundenen Gesellschaft gesprengt hat.

Allerdings war dies keineswegs ein einheitlicher gesamteuropäischer Prozeß. Vier Sektoren lassen sich um die Mitte des 18. Jahrhunderts in Europa unterscheiden. Nirgendwo begann die kapitalistische Akkumulation so früh wie in Holland, nirgendwo erfolgte sie so rasch wie in England. Hier wurde dadurch nichts gesprengt. Das Bürgertum hatte sich der elastischen Struktur einer aristokratischen Gesellschaft angepaßt, die von ihm gleichzeitig verwandelt worden war, so daß ein kontinuierliches Wachstum möglich war. Der *take off* begann, um mit François Crouzet zu sprechen, nicht ruckartig, sondern stufenweise und ohne größere Erschütterungen.

Anders im kontinentalen West- und Mitteleuropa, in Frankreich, Belgien und Westdeutschland. Die Akkumulation war hier zu Anbeginn kaum geringer, aber die starren Gesellschaftsstrukturen und die ungünstigen politischen Bedingungen hatten die katastrophale Explosion des ausgehenden 18. Jahrhunderts zur Folge. Dadurch wurde so viel zerschlagen, wurde der Wachstumsdrang in allen Gesellschaftsschichten so gehemmt, daß ein Sektor Europas, der wie England günstigste Voraussetzungen für einen raschen Aufschwung mitbrachte, für lange Zeit auf einen weit zurückhinkenden zweiten Platz verwiesen wurde.

Das Mittelmeergebiet war um die Mitte des 18. Jahrhunderts schon stark in Rückstand geraten. Die alte Ständegesellschaft wurde dort durch nichts ernsthaft bedroht.

Die Welt des Ostens war, mit den Augen des Westens gesehen, ein Paradoxon: eine Gesellschaft, von einem Grundadel beherrscht, der die Bauernschaft in immer vollkommenere Abhängigkeit brachte, sie beinahe völlig entrechtete. Während sich im Westen die industrielle Revolution vorbereitete, herrschten im Osten soziale Zustände, wie sie Westeuropa höchstens bis zum 9. Jahrhundert gekannt hatte.

Die ganze Sozialgeschichte des barocken Europa – wobei allerdings der Osten ausgeklammert werden muß, der die westlichen Formen zwar nachahmte, aber dabei völlig verfälschte – kann in einem Satz zusammengefaßt werden: eine ständische Gesellschaft verwandelte sich langsam, aber gründlich in eine Klassengesellschaft. In dieser Hinsicht hat die Französische Revolution nicht mehr getan als eine um 1750 schon beinahe abgeschlossene Verwandlung juridisch auf konstitutioneller und politischer Ebene bestätigt. Gleichzeitig aber hat die Französische Revolution dadurch, daß sie das wirtschaftliche Wachstum, den Motor der gesellschaftlichen Veränderungen, jäh unterbrach, jene Reste der alten Ständeordnung am Leben erhalten und sogar noch gestützt, die den vorangegangenen Wandel überdauert hatten. Dies ist im Bereich der kollektiven Repräsentationen ganz offensichtlich. Ein nicht unbeträchtlicher Teil der französischen Gesellschaft war um 1815 der Ständevertretung enger verhaftet, als es 1785 der Fall gewesen war. Die Gesellschaft des Ancien régime, die fast im ganzen Mittelmeergebiet (mit Ausnahme von Katalonien und Piemont) völlig intakt war, sich in der slawischen Welt Osteuropas fortwährend verhärtete, aber um die Mitte des 18. Jahrhunderts im atlantischen Europa des Überseehandels in voller Auflösung war, blieb über 1798 oder auch über 1815 hinaus bestehen, juristisch in Mitteleuropa bis 1848, in Rußland weit über 1861 hinaus (bis um 1890, 1905 und sogar 1917), in den ländlichen Gebieten Westfrankreichs in verschiedener Hinsicht bis um 1880. Die Sozialgeschichte bringt uns wieder einmal die außerordentliche Beharrlichkeit der materiellen Kultur zum Bewußtsein. Damit kommen wir auf den Strukturbegriff zurück, den wir, um die lebendige Wirklichkeit des barocken Europa besser fassen zu können, in den Hintergrund treten ließen. Von vornherein sei gesagt, daß die soziale Wirklichkeit des barocken Europa ihre Wurzeln bereits in einer sehr fernen Vergangenheit hat. Im 18. Jahrhundert läßt sich im Prinzip dieselbe soziale Schichtung wie im 14., ja, in gewisser Hinsicht schon im 5. Jahrhundert feststellen. Mit der Vielfalt, den Eigenheiten und den Kompromissen dieser Schichtung werden wir uns im folgenden ausführlicher befassen.

Roland Mousnier hat einer seiner neuen Arbeiten einige generelle Klassifikationsprinzipien vorangestellt, an die wir uns halten wollen. Die wichtigste sozialhistorische Frage ist offensichtlich die der Prinzipien, Beweggründe und Ideen, die der sozialen Schichtung zugrunde liegen. Alle Gesellschaften, die sich im Laufe der Menschheitsgeschichte herausgebildet haben, lassen sich, zumindest theoretisch, drei Schichtungstypen zuordnen: »der Schichtung in Kasten, der Schichtung in Stände und der Schichtung in Klassen«. In der lebendigen Wirklichkeit ordnen sich die drei Prinzipien, die man aus dem Fluß der Dinge herauskristallisiert hat, zu einem Kräfteparallelogramm an, das eine dominante Resultierende sichtbar werden läßt. Dieses Gleichgewicht der stratifizierenden Kräfte hat offensichtlich die Eigenheit, zu dauern, zu überdauern. Das schließt jedoch eine gewisse Elastizität nicht aus. Das Zeitalter des Barock besaß in dieser Hinsicht trotz der scheinbaren völligen Starrheit der Gesellschaftsstrukturen eine verhältnismäßig große Elastizität.

Voraussetzung für die Schichtung in Kasten *, in die man hineingeboren wird, ist eine Rangordnung der Gruppen »nicht nach dem Besitz ihrer Angehörigen oder nach ihrer Bedeutung als Konsumenten, nicht nach ihrer Rolle in der Güterproduktion, sondern nach dem Grad ihrer religiös verstandenen Reinheit oder Unreinheit«. Im 18. Jahrhundert, als das barocke Europa sich Eingang nach Indien verschaffte, war die indische Gesellschaft in etwa zweihundert Kasten gegliedert, »die ihrerseits in fast zweitausend Unterkasten mit einer festen Rangordnung innerhalb der einzelnen Kasten unterteilt waren«. Jede Kaste spielte eine genau umrissene Rolle im Produktionsprozeß, oder zumindest hatten ihre Angehörigen in beruflicher Hinsicht nur jeweils eine begrenzte Zahl von Möglichkeiten. Die Zugehörigkeit zu einer Kaste wurde vererbt; es durfte nur innerhalb der eigenen Kaste geheiratet werden. Ein sozialer Aufstieg war also nur im Kollektiv möglich. Dieses Gesellschaftssystem, das es ermöglichte, daß die verschiedensten Rassen zusammenleben konnten, war nur im Rahmen bestimmter religiöser Vorstellungen möglich, die von allen Mitgliedern der Gesellschaft geteilt wurden. Im unerbittlichen Rad der Wiedergeburt *(samsára)*, das sich entsprechend einer nicht weniger unerbittlichen Aufrechnung der Verdienste und Fehler *(karman)* drehte, erfolgte der soziale Aufstieg beim Tod im Augenblick der Wiedergeburt. Da es in Europa eine solche Reinkarnationsreligion nicht gab, konnte sich hier auch kein Kastensystem herausbilden, auch wenn beim Adel, der auf die adlige Geburt so großen Wert legte, eine Tendenz in dieser Richtung vorhanden war.

Die Wirtschaft wirkte sich jedoch so stark auf das Gesellschaftsleben aus, daß sogar im Indien des 18. Jahrhunderts sich innerhalb der Kasten und zwischen den Kasten eine Schichtung nach Klassen * abzuzeichnen begann. »Soziale Klassen bilden sich«, schreibt Roland Mousnier, »wenn in einer Marktwirtschaft . . . der Rang des einzelnen in der sozialen Stufenleiter durch die Rolle bestimmt wird, die er im Produktionsprozeß spielt, und durch das Geld, das er verdient.« Eine Klasse kann sich nur herausbilden, wenn innerhalb einer durch eine gleiche Erwerbsquelle, eine gleiche Größenordnung der Einkünfte, eine gleiche Lebensweise definierten Gruppe ein Minimum von gemeinsamem Gruppenbewußtsein besteht. Seit der Einführung der Geldwirtschaft zeigte sich eine Tendenz zur sozialen Schichtung nach Klassen.

Und doch war für die Gesellschaft des barocken Europa im 17. und im beginnenden 18. Jahrhundert die Gliederung in Klassen nur zweitrangig; die alte Ständeordnung* blieb zumindest juristisch und politisch in der Form erhalten, wie sie schon seit Jahrhunderten bestand. Da auch die alten Wirtschaftsstrukturen weitgehend beibehalten wurden und sich die Produktionsmethoden im Prinzip kaum veränderten, ist es verständlich, daß die sozialen Wertordnungen der Jahre 1600 bis 1750 den sozialen Werten des Mittelalters sehr viel näher standen als den durch die industrielle Revolution neu geschaffenen Werten. Auf die Übereinstimmung der Kriterien der sozialen Schichtung im modernen Europa mit jenen, die bis in eine ferne Vergangenheit zurückreichen, hat Roland Mousnier hingewiesen: »Die ständische Gliederung hat sich in Europa vom 14. bis zum 18. Jahrhundert herausgebildet..., wenn auch in mehreren unterschiedlichen Formen und obwohl in diesem geographischen Raum und in diesem Zeitabschnitt an manchen Stellen auch Klassengesellschaften in Erscheinung getreten sind. Man kann dazu auch das seit dem 9. Jahrhundert bestehende Feudalsystem und vielleicht sogar das seit dem ausgehenden 5. Jahrhundert nachzuweisende Vasallenregime hinzurechnen.«

In dieser ständischen Gesellschaft waren die sozialen Gruppen nicht nach ihrer Position oder Bedeutung in der Wirtschaftsordnung eingestuft, »sondern nach der Wertschätzung, der Achtung, der Würde, die ihnen die Gesellschaft oder Teile derselben beimaßen«, ohne daß notwendigerweise irgendein Bezug zur Güterproduktion bestehen mußte. »Innerhalb einer jeden Schicht, eines jeden Standes«, schreibt Roland Mousnier, »bilden Körperschaften oder Gesellschaften Aktionsgruppen, von denen jede einen sozialen Status hatte, der einem allgemeinen Consensus, einer sozialen Wertschätzung und dem traditionellen oder legalen Status entsprach...« Innerhalb eines jeden Standes neigte man zur Endogamie, am oberen Ende der sozialen Stufenleiter stärker als am unteren – genauso wie in den Kasten.

»An erster Stelle« steht nach dem *Traité des Ordres et simples dignités* von Charles Loyseau aus dem Jahre 1610 (den Roland Mousnier zitiert) »der geistliche Stand, der Klerus, denn mit Recht müssen die *Diener Gottes* den ersten Ehrenplatz erhalten. Dann folgt der Adel, sei es *alter Uradel*, der von *alten Rassen* abstammt, sei es Amtsadel, der aus den staatlichen und herrschaftlichen Ämtern stammt, die die gleichen Privilegien verleihen. Schließlich ist da der Dritte Stand, der das ganze übrige Volk umfaßt.«

In jedem dieser drei Hauptstände gab es eine soziale Stufenleiter. In Frankreich standen nach Loyseau zu Beginn des 17. Jahrhunderts im Ersten Stand die Kardinäle an der Spitze, gefolgt von den Primassen oder Patriarchen, den Erzbischöfen und Bischöfen, den drei höheren Orden, den vier niederen Orden und schließlich den niederen Geistlichen. »Der Adelsstand gliedert sich, von oben nach unten, in Fürsten von Geblüt, Fürsten, die mit dem Herrscher entfernter verwandt sind, Hochadel (Unterteilung je nach Lehen in absteigender Reihenfolge: Herzog, Marquis, Graf, Baron, Kastellan), niederer Adel von Rang, der ein Wappen führt.« Zum Zweiten Stand gehörten ferner die Justiz- und Finanzbeamten, die durch ihr Amt in den Adelsstand gelangt waren, also den Amtsadel repräsentierten.

Diese Möglichkeit eines sozialen Aufstiegs aus dem Dritten in den Zweiten Stand durch die Übernahme eines entsprechenden Amtes wurde in Frankreich fortwährend geringer. In der Mitte des 17. Jahrhunderts begann sich das Pariser Parlament*, eine Institution, die bis dahin den Zugang zum Hochadel ermöglicht hatte, von den »Neuadligen« abzusetzen. »Diese Maßnahme«, schreibt François Bluche, »ging auf Guillaume 1. de Lamoignon (1617–1677) zurück. Auf seine Veranlassung hin verbot das Parlament 1659, daß Angehörige der Steuerpächter Eingang fanden.« Immerhin gelang es Ludwig xiv. dadurch, daß er dem Parlament von Zeit zu Zeit unbequeme Kandidaten aufzwang, diese Tür noch offenzuhalten. Im Verlauf des 18. Jahrhunderts wurde sie endgültig geschlossen. So waren ab 1700 beinahe 90 Prozent jener, die ins Parlament aufgenommen wurden, bereits Angehörige des Adelsstandes.

Zum Dritten Stand gehörten die Inhaber von Ämtern, die nicht mit einer Erhebung in den Adelsstand verknüpft waren. Im Prinzip »nahmen die Akademiker den ersten Rang ein, Leute, die Theologie, Jurisprudenz, Medizin und die freien Künste studiert hatten ...«, Advokaten, Anwälte, Finanziers, niedere Justizbeamte (Kanzlisten, Notare, Staatsanwälte, Gerichtsschreiber, Gerichtsdiener), dann folgten die Kaufleute. Über sie schreibt Loyseau: »Wegen ihrer Nützlichkeit, ja Notwendigkeit für die Allgemeinheit und für den Handel ..., wegen ihres üblichen Reichtums ..., der ihnen Glaubwürdigkeit und Achtung verschafft, wie auch wegen der Mittel, die es ihnen gestatten, Künstler und Leute zu ihrem Schutz in Dienst zu nehmen und sich in der Stadt viel Macht zu verschaffen, sind die Kaufleute die letzten, die als Ehrenmänner gelten und denen die Bezeichnung *ehrenwerte Herren* und *Stadtbürger* zukommt. Mit ihnen auf gleicher Stufe stehen die Apotheker, Goldschmiede, Juweliere ... Jeder, der in der Stadt wohnt und an den Ehren, Pflichten und Privilegien der Stadt Anteil hat, hat ein Anrecht auf die Anrede *Bürger**.« Unter den Kaufleuten standen die Handwerker, »die ihren Lebensunterhalt mehr durch körperliche Arbeit als durch den Handel mit Waren oder durch geistige Bildung erwerben; sie sind die niedersten«.

Auch das gemeine Volk war wieder unterteilt. An erster Stelle standen die Bauern*, die als selbständige Eigentümer über ein oder mehrere Gespanne verfügten (in Frankreich machten sie etwa ein Zehntel der Landbevölkerung aus). Diese Stellung der selbständigen Bauern brachte im 18. Jahrhundert einen regelrechten Mythus hervor, der in den verlogen-sentimentalen Traktaten über das angebliche Glück des einfachen Lebens seinen Niederschlag fand. So sprach Jean Blondel in seiner Abhandlung *Des hommes tels qu'ils sont et doivent être*, die 1758 in London und Paris herauskam, die Bauern folgendermaßen an: »Ihr in euren bescheidenen Häusern, in denen euch beinahe das Notwendige fehlt, seid in gewisser Hinsicht hundertmal glücklicher als die Menschen von Welt, deren unersättliche Seele immer etwas zu begehren hat ... Glücklich alle, die wie ihr gleichsam keine andere Empfindung haben als den natürlichen Instinkt.« Sogar der nüchterne Robert Mauzi schrieb über diese »Elite« des Vierten Standes, die Bauern: »Unter allen diesen glücklichen Armen sind und bleiben die Bauern am meisten begünstigt. Der natürliche Rahmen ihres Lebens eignet sich besser für freie Assoziationen und Metamorphosen als eine trübe Werkstatt. Die Bauern sind die einzigen Vertreter des Volkes, mit denen die ehrbaren Städter manchmal in Verbindung treten. Die Leute von Welt und die Bürger ignorieren den Arbeiter in der Vorstadt, und wenn sie sich auf dem Land ergehen, vergessen sie den Müller des Dorfes, besuchen aber die Bauern.«

Darunter stellte Loyseau die »Handwerker ..., die die mechanischen Künste ausüben, die zum Unterschied von den freien Künsten so genannt werden ..., gemein und niedrig«. Es folgen »die einfachen Handlanger ..., die niedrigsten des gemeinen Volkes«. Und ganz unten stehen »die Bettler, Landstreicher und Vagabunden ..., die müßig und ohne Sorgen auf Kosten anderer leben«.

So war also die Gesellschaft zur Zeit von Charles Loyseau gegliedert. Das von ihm aufgezeichnete Schema galt mit nur wenigen Änderungen für fast alle europäischen Länder. Daß es auch im 18. Jahrhundert nicht viel anders aussah, beweisen die in dieser Zeit entstandenen »Traktate über das Glück«.

»Jeder Stand hat sein besonderes Kennzeichen ..., d.h. seine sozialen Symbole«, führt R. Mousnier aus. Es gab besondere Rechte, Titel, Rangbezeichnungen, die ebenfalls einer strengen Rangordnung folgten und für uns Heutige manchmal überraschend sind. Als René Descartes das Collège von La Flèche besuchte, betitelte er seine Mutter in seinen Briefen als »Mademoiselle ma Mère« (»mein Fräulein Mutter«). Jeder Stand hatte seine Privilegien*; oft übersieht man, daß sich nicht nur der Erste und der Zweite Stand (Adel und Geistlichkeit) verbriefter Vorrechte erfreuten. So war der Dritte Stand durch ein generelles Privileg geschützt, nach dem Adlige keinen Gewinn aus kaufmännischer oder handwerklicher Tätigkeit ziehen durften und dem Dritten Stand keine Konkurrenz machen konnten. Schließlich mußte jeder Stand ein »standesgemäßes« Leben führen und die Rangfolge innerhalb des Standes beachten. Damit aber gab es große Schwierigkeiten.

Am höchsten auf der sozialen Stufenleiter standen die Kardinäle, gefolgt von den Primassen, den Patriarchen, den Erzbischöfen. Im ausgehenden 16. Jahrhundert berichtete Pedro Nuñez de Salcedo, welche Einkünfte dem hohen spanischen Klerus in den einzelnen Diözesen zuflossen: Toledo (wo ein Primas, meist sogar ein Kardinal residierte) 250 000 Dukaten, Sevilla 100 000, Santiago 65 000, Granada 24 000, Valencia 25 000, Saragossa 50 000, Tarragona 16 000, Burgos 35 000 Dukaten. Der Bischof von Sigüenza, ein Toledo unterstellter einfacher Suffraganbischof, bezog jährlich 50 000 Dukaten, der Santiago unterstellte Suffraganbischof von Tuy nur 4000 Dukaten. Daß Toledo an erster Stelle stand, war selbstverständlich, aber Sevilla hätte eigentlich hinter Santiago folgen müssen, da letzteres das ältere und traditionsreichere Bistum war: hier gab zweifellos die wirtschaftliche Bedeutung Sevillas den Ausschlag. Erstaunlich ist, daß der Erzbischof von Tarragona nur ein Drittel dessen bezog, was der Suffraganbischof in Sigüenza alljährlich einnahm. Neben der Rangordnung spielte innerhalb des Standes auch das Einkommen, also die Wirtschaft, eine erhebliche Rolle. Wenn die Einkommen allzu ungleich waren, wurde die traditionelle Rangordnung verwischt. *Poderoso Caballero, es Don Dinero,* schrieb Francisco Quevedo. Die Hypergamie, die in Spanien zu Mesalliancen zwischen dem Adel und den judenchristlichen Familien führte, war eine Möglichkeit sozialer Osmose, die in gewissem Umfang die Standesgrenzen sprengte – gleichsam eine Rache der Klasse am Stand.

ZU DEN ABBILDUNGEN 152–166

152 WOHLHABENDES, FRÖHLICHES FLANDERN
Um die Mitte des 17. Jahrhunderts herrschte in den Niederlanden seit einem Jahrhundert mit mehr oder weniger langen Unterbrechungen Krieg, und doch ließen sich die Menschen in den nördlichen wie in den südlichen, spanisch besetzten Niederlanden nicht unterkriegen. Trotz aller Schwierigkeiten

ging der in Jahrhunderten erarbeitete Wohlstand nicht ganz verloren. David Teniers d. J. (1610–1690), Schüler von Rubens und Schwiegersohn des Samtbrueghel, hat 1652 dieses Volksfest gemalt. Nach Einbringung der Ernte versammeln sich die Dorfbewohner, vor allem die Jugend; ein vornehmes Paar beehrt die fröhliche Gesellschaft mit seinem Besuch. Im Jahre 1652 war der Dreißigjährige Krieg seit vier Jahren vorbei; man konnte wieder aufatmen und hoffen. (David Teniers d. J., *Flämische Kirchweih*, 1652. Brüssel, Musées Royaux des Beaux-Arts)

153 ES HERRSCHT WIEDER FRIEDEN–DIE SCHÜTZENGARDE FEIERT Für Holland bedeutet 1648 ein Jahr des Triumphes. Am 18. Juni dieses Jahres versammeln sich die St. Jorisdoelen (Georgsschützen) im Festsaal ihres Amsterdamer Hauses, um den Abschluß des Friedens von Münster zu feiern, der die staatsrechtliche Anerkennung der Unabhängigkeit des Landes bringt. Für diese Schützen war der Krieg allerdings schon viel früher zu Ende; die Vereinigten Niederlande blieben von den unmittelbaren Schrecken des Dreißigjährigen Krieges verschont. Wenn es Krieg zu führen galt, mietete man deutsche Söldner. Die wohlhabenden Niederländer konnten es sich leisten, andere für sich kämpfen zu lassen. Und doch mußten eine Generation später die Söhne dieser so unkriegerisch wirkenden Männer wieder zu den Waffen greifen. Die englisch-holländischen Kriege wurden für das kleine Land zu einer schweren Bewährungsprobe. (Bartholomeus van der Helst, *Gastmahl der Schützen*, 1648. Amsterdam, Rijksmuseum)

154 DAS FESTMAHL DER HEILIGGEISTRITTER Eine ganz andere Atmosphäre herrscht bei diesem Festmahl, das Ludwig XIII. am 14. Mai 1633 für die Ritter des Ordens vom Heiligen Geist gab (diesem 1578 gegründeten Orden konnten höchstens 100 Ritter angehören, die seit mindestens vier Generationen adlig waren). Hier geht es prunkvoller,

aber auch weit steifer zu. Der König speist für sich an der Schmalseite des Saales; die Ritter sitzen genau nach der Rangordnung an zwei langen Tafeln, die bis zum letzten Eckchen mit Speisen beladen sind. Abraham Bosse hat die Szene mit großer Präzision festgehalten; man beachte beispielsweise die Falten in den Tischtüchern, die verraten, daß sie noch kurz zuvor zusammengefaltet in irgendeinem Schrank lagen. (*Disposition du Festin fait par S. M. à Mrs les Chevaliers après leurs créations faicte à Fontainebleau le 14 may 1633*, Stich von Abraham Bosse. Paris, Musée Carnavalet)

155 HÖFISCHES LEBEN: EIN HOFBALL Dieser sehr bekannte Stich von Abraham Bosse führt uns in das höfische Leben ein. Sehr genau sind Kleidung und Dekor des Saales wiedergegeben. Neben der überladenen Kleidung der Herren wirken die Frauentrachten geradezu einfach. Das Fest fand in einem der prächtig ausgeschmückten Säle des Louvre-Palastes statt. (*Hofball*, Stich von Abraham Bosse, um 1635. Paris, Musée Carnavalet)

156 DAS LEBEN DES ADELS. SINNESFREUDEN: DIE ROSE In einer Bilderfolge, die den Sinnesfreuden gewidmet ist, zeigt uns Abraham Bosse verschiedene Aspekte des Lebens der Adligen. Ein Edelmann und zwei vornehme Damen stehen auf der Freitreppe eines Palastes, die in einen wohlgepflegten französischen Park führt. Sie halten Rosen in den Händen, an deren Duft sie sich ergötzen. Die auch nicht allzu überladenen Kostüme weisen auf die Zeit Ludwigs XIII. hin. (*Der Geruchssinn*, Stich von Abraham Bosse, um 1635. Paris, Musée Carnavalet)

152

153

154

156

155

157

158

159

160

161

162

163

164

165

157 DAS LEBEN DES ADELS. SINNESFREUDEN: KAMMERMUSIK Ein zweites Bild aus der gleichen Folge. In einem Palast oder Schloß erfreuen sich zwei edle Herren, zwei Damen und ein Kind der Musik: einer der Herren streicht das Violoncello, eine Dame schlägt die Laute, die übrigen singen. Übertrieben prunkvoll sind die Kleider, von klassischer Schönheit die Wandbehänge mit bewegten Schlachtenszenen und die bleigefaßten Fenster. Das Mobiliar ist nicht sonderlich bequem. (*Das Gehör*, Stich von Abraham Bosse, um 1635. Paris, Musée Carnavalet)

158 AUFFÜHRUNG DER »ALCESTE« VON QUINAULT UND LULLY IM MARMORHOF ZU VERSAILLES Die prächtige Aufführung der Oper fand im Jahre 1674 zur Feier der Eroberung der Freigrafschaft Burgund statt. Alter Theatertradition entsprechend, wurde der ganze Marmorhof in Versailles in eine Bühne verwandelt. Hunderte von Lichtern, die sich bis zum Dach hinaufzogen, erhellten die Szene. Das Orchester war beidseits vor der Bühne verteilt; der König und seine nächsten Angehörigen saßen isoliert von den übrigen Zuschauern. Die Festlichkeiten anläßlich der Einverleibung der Freigrafschaft dauerten mehrere Tage; »Alceste« bildete den Abschluß des ersten Festtages, wie uns die Legende dieses Stiches in französisch und lateinisch verrät: »Alceste, eine Musiktragödie mit Balletteinlagen, aufgeführt in Versailles im Marmorhof des Schlosses, der von unten bis oben durch unzählige Lichter erhellt war.« Daß die extravagante Beleuchtung erwähnt wird, ist erklärlich, verschlang sie doch eine Riesensumme. (Stich von Le Pautre, 1676. Paris, Nationalbibliothek, Kupferstichkabinett)

159 DIE DREI GROSSEN GEISTER DES FRANZÖSISCHEN THEATERS: PIERRE CORNEILLE Es gab in jener Zeit eine ganze Reihe bedeutender französischer Dramatiker. Die Namen von drei dieser Männer sind noch heute allgemein bekannt. Dieser Stich zeigt Pierre Corneille (1606–1684). Er entstand in einer Zeit, in der Corneilles Stern bereits im Sinken war. Dies erklärt die Resignation und Verbitterung, die aus diesem Gesicht spricht. (*Corneille*, Stich von J. Lubin. Paris, Nationalbibliothek)

160 DIE DREI GROSSEN GEISTER DES FRANZÖSISCHEN THEATERS: JEAN RACINE Als dieses Bildnis entstand, war Jean Racine (1639 bis 1699) auf dem Höhepunkt seiner glanzvollen Laufbahn. Er wirkt selbstsicher, ein wenig selbstgefällig, aber der durchdringende Blick der großen Augen verrät, daß er tief ins menschliche Herz hineingeschaut hat. (*Jean Racine*, Stich von Edelinck. Paris, Nationalbibliothek)

161 DIE DREI GROSSEN GEISTER DES FRANZÖSISCHEN THEATERS: JEAN-BAPTISTE POQUELIN, GENANNT MOLIÈRE Diese Darstellung eines unbekannten Künstlers dringt in das tiefste Wesen des großartigen Komödianten ein, läßt die tragische Spannung erahnen, die den Hintergrund seines Lebens und Schaffens bildete. (*Molière*, Stich eines unbekannten Künstlers, Paris, Nationalbibliothek)

162–164 MASKEN DER ITALIENISCHEN KOMÖDIE Diese drei Ledermasken repräsentieren die drei Hauptgestalten der italienischen Komödie: den Harlekin (162), den Pantalone (163), den geizigen, lüsternen Greis, der von Harlekin stets zum Narren gehalten

Allgemein wurde jedoch die Überschreitung der Standesgrenzen scharf mißbilligt. Es erhob sich ein mächtiges Geschrei, als die Familie des Bankiers Samuel
Bernard * durch Heiraten in die Kreise des Pariser Parlamentsadels Eingang fand.
Man schrieb diese unerhörte Tatsache dem Verfall in der Zeit nach der Regentschaft zu:

>O Zeiten! O Sitten! O wirres Jahrhundert,
in dem man erlebt, wie sich die edelsten Familien erniedrigen,
Lamoignon, Mirepoix, Molé
heiraten die Töchter von Bernard
und werden zu Hehlern gestohlenen Geldes.«

Wir dürfen wetten, daß der unbekannte Verseschmied nicht blauen Blutes war.
Aber welche Mittel flossen dadurch den betreffenden Adelsfamilien zu! »Als der
Präsident Lamoignon 1732 die Enkelin von Samuel Bernard heiratete, erhielt diese

wird, und den Capitan (164), den lächer-
lichen Großsprecher, der sich als Capitan
Matamore und später als Matamore lange
auf den europäischen Bühnen halten sollte.
Das 17. Jahrhundert wurde durch die italienische Komödie beherrscht, sogar in
Frankreich und trotz eines Molière. Italienische Komödianten durchzogen ganz Europa; besonders das einfache Volk belustigte
sich an ihren oft recht derben Späßen. Das
italienische Theater war eine typische Ba-
rockerscheinung, doch wurden die Gestalten
der italienischen Komödie auch vom französischen klassischen Theater mehr oder
weniger direkt übernommen. (Privatbesitz)

165 DIE KOMÖDIENGESTALTEN DES 17. JAHR-
HUNDERTS Auf diesem Gemälde sind die
Hauptgestalten der italienischen und der
französischen Komödie auf der Bühne des
Théâtre Royal vereinigt; vorgestellt werden
sie von einigen der großen Komödiendichter.
Wir sehen Molière, Jodelet, Poisson, Turlu-

pin, Capitan Matamore, Harlekin, Guillot
Gorju, Gros Guillaume, Dr. Grazian Ba-
lourd, Gaultier Garguille, Polichinelle, Pantalone, Philippin, Scaramouche, Briguelle
und Trivelin. (Gemälde eines unbekannten
Meisters, Paris, Museum der Comédie-Fran-
çaise)

166 DIE RÖMISCHE OPER Die Oper diente zunächst ausschließlich der Unterhaltung des
Adels; die Aufführungen fanden an den
Fürstenhöfen statt. Auch noch später waren
die Schauspielertruppen oft an einen Hof
gebunden oder spielten in den Palästen der
Vornehmen und Reichen vor geladenem
Publikum. Dieses Gemälde von Giovanni
Paolo Pannini (1691–1765), das um 1729/30
entstand, zeigt eine Privataufführung der
Contesa dei Numi von Leo Vinci, die am
26. November 1729 anläßlich der Geburt
des Dauphins im römischen Palast des Kardinals von Polignac stattfand. (Paris,
Louvre)

junge Person 800 000 Livres, 200 000 Livres zugesichertes Geld, ein Geschenk von 40 000 Écus für den Schwiegersohn, 10 000 Écus für Wäsche und Kleidung und schöne Diamanten. Malesherbes, der Vetter des Präsidenten, heiratete ein Fräulein Grimod de la Reynière: die Mitgift der Braut betrug 600 000 Livres in Silber plus 200 000 Livres kurzfristige Schuldverschreibungen und die von La Reynière frohen Herzens unterschriebene Verpflichtung, mehrere Jahre lang für die Kosten des Haushalts des jungen Paares aufzukommen. Der Präsident Molé heiratet 1735 die Tochter von Samuel Bernard: sie bringt eine Mitgift von 1 200 000 Livres und wird von ihrem Vater weitere 6 842 088 Livres erben« (F. Bluche).

Achtzig Prozent der Einkünfte des barocken Europa, oder sagen wir einfacher: 80 bis 85 Prozent der angesammelten Vermögen stammten aus dem Grundbesitz, befanden sich auf dem Grundbesitz. Nicht die Ländereien selber waren der wichtigste Reichtum, sondern die Bauern, von denen sie bestellt wurden in jener Welt, die noch keine anderen Antriebskräfte kannte als die Muskelkraft von Mensch und Tier.

Kurz sei noch die Auffächerung des Lebensstandards behandelt. Wenn wir die Einkünfte ins Auge fassen, sehen wir auf den ersten Blick, daß die Differenz zwischen dem untersten und dem höchsten Niveau im Durchschnitt zehn- bis fünfzehnmal größer war als heute. Vor allem lag die unterste Stufe weit niedriger. Dennoch hatte diese Ungleichheit nicht die Folgen, die man eigentlich erwarten würde. Der höhere Lebensstandard der Reichen fand weniger in einem entsprechend höheren Güterverbrauch seinen Ausdruck als in einer weit höheren Inanspruchnahme von Dienstleistungen. Bestenfalls war der Tisch der Reichen erheblich besser gedeckt als der der Armen, doch waren auch den Mägen der Oberschicht Grenzen gesetzt.

Der unterschiedliche Lebensstandard fand in erster Linie auf dem Sektor der Dienstleistungen seinen Ausdruck. Man kann sagen, daß ungefähr ein Zehntel der Bevölkerung für 2 bis 3 Prozent der Bevölkerung unproduktive Dienstleistungen zu erbringen hatte. Daß aber der Gipfel der sozialen Pyramide auf diesem Sektor seine Macht ausübte, kann geradezu als Glück bezeichnet werden, denn wenn der Erste und Zweite Stand einer an Gütern armen, an Menschen aber reichen Gesellschaft nicht Dienstleistungen, sondern einen entsprechend hohen Güteranteil abgefordert hätten, wäre das viel gefährlicher gewesen.

Daß die sozial Höherstehenden unter dem Ancien régime über eine gewaltige Dienerschaft verfügten, ist wohlbekannt. Das war nicht nur in den höchsten Kreisen so: als der junge Graf von Olivarez, Sproß einer Familie, die noch nicht zum Hochadel zählte, mit vierzehn Jahren an der Universität von Salamanca studierte, gebot er über neunundvierzig Diener. Noch aufschlußreicher sind die Zustände beim niederen Adel. Gauthier de Crèvecoeur, ein kleiner Adliger aus dem Beauvaisis, beschloß 1593, seine Dienerschaft zu reduzieren; wie Pierre Goubert berichtet, hatte er 57 Menschen zu ernähren, darunter 40 Diener.

Über den Haushalt des französischen Handelsbevollmächtigten Partyet in Cadiz, eines wohlhabenden Beamten, unterrichtet uns ein Schreiben vom 15. Juli 1720. Für sein Haus zahlte er jährlich 650 Piaster Miete. Er bezahlte seinem Kanzleivorsteher, dem Sieur Louis Delastre, einem Franzosen aus Boulogne-sur-Mer, ein Gehalt, weil die Einkünfte aus diesem Amt nicht ausreichten, und gab ihm Kost und Logis. Für sein Essen gab er jährlich im Durchschnitt 250 Piaster aus. Ebenso gab er dem Vizekonsul Barbier ein Gehalt, Kost und Logis. Der nächste auf der Liste war der Arzt, den man für die französische Kolonie und den Haushalt des Konsuls verpflichtet hatte – ein öffentliches Amt, dessen Inhaber fast in einem Dienerverhältnis stand. Doch dann kam erst noch der eigentliche Haushalt: ein Majordomus = 120 Piaster jährlich, 3 Dienerinnen = 1 bis 2 Piaster monatlich, eine Dienerin zu 3 Piaster, nach Landessitte zwei Pagen = anderthalb Pistolen (6 Piaster) monatlich, wobei noch für jeden der Lebensunterhalt zu bezahlen war und eine Gratifikation von 4 Piaster gewährt werden mußte; ein Koch zu 30 Pistolen jährlich (plus Gratifikationen), ein Hilfskoch (anderthalb Pistolen monatlich), ein Kutscher, ein Stallknecht, ein Hausmeister, die je 5, 3 und 3 Piaster monatlich bekamen. Insgesamt standen Partyet, seiner Frau und ihren drei Kindern elf Menschen zu Diensten, drei Dienerinnen und acht Diener. Dabei war der Konsul nur ein »mittlerer Beamter«.

Wir sehen also, die Sache ist gar nicht so kompliziert. Im Grunde dreht sich alles um die Fragen »wieviel« und »wie«. Um wieviel überragt die Spitze der sozialen Pyramide die Masse der Landarbeiter? Wie manifestiert sich der Abstand? Und wie wird innerhalb der bäuerlichen Masse, die alles andere als homogen ist, der keineswegs geringe Rest aufgeteilt, der den Bauern trotz allem übrigbleibt, wie verteilt das Volk die geschaffenen Reichtümer? Natürlich ist dabei stets zu berücksichtigen, daß Reichtum nicht alles war, daß die Ehre auf anderen Grundlagen beruhte und daß es viel Geld brauchte, um sich ein wenig von dieser Ehre zu kaufen, die andere in die Wiege gelegt bekommen hatten, dabei aber riskierten, sie durch Geldmangel wieder zu verlieren – nämlich dann, wenn es ihnen nicht gelang, ihrem Rang entsprechend zu leben, den Rang zu halten. Wenn man den Dingen auf den Grund geht, erkennt man, daß es letztlich nur ein Problem gibt, das der Grundherrschaft, da sie die Grundlage der damaligen Wirtschaft und Gesellschaft war.

Hier liegt der Schlüssel für einen der problematischsten, also für die Sozialgeschichte der als Einheit zu behandelnden dreihundert Jahre des 16. bis 18. Jahrhunderts fruchtbarsten Widersprüche. Die Ausbreitung der Geldwirtschaft war eine die Jahrhunderte durchziehende Konstante. Das bedeutete den Aufstieg des Bürgertums, hauptsächlich der Kaufleute, die sich des für die Allgemeinheit nützlichen und notwendigen Güteraustausches annahmen. Auffallend ist jedoch, daß das Bürgertum weit rascher aufstieg, als das Volumen des Handels, die Masse der verfügbaren Güter, zunahm. Als sein Aufschwung erst einmal eingesetzt hatte, wurde er durch eine innere Dynamik unaufhörlich beschleunigt. Das Geld fasziniert, das Geld sammelt, das Geld setzt in Bewegung. Der Aufstieg des Bürgertums war der Aufstieg einer Gruppe von Menschen, die mit dem Geld ein wunderbares Instrument in Händen hatten. Aber diese Menschen kannten die wirtschaftliche und soziale Wirklichkeit ihrer Zeit zu gut, um nicht, besser als die Adligen und die Bauern, zu wissen, daß die Quelle von Reichtum und Macht nicht in dem Handel lag, durch den sie groß geworden waren, sondern in der Menschenmasse, die auf dem Lande lebte. Mit dem durch den Handel erworbenen Geld zogen die Kaufleute aus, um diese einzige Wirklichkeit zu erobern, die ihnen außerdem Ansehen und Ehre einbrachte. Sie erwarben Grundbesitz, erwarben die Grundherrschaft, kauften den Staat, diese zweite große Wirklichkeit, die deshalb so wirklich war, weil sie Macht über die Menschen besaß und Macht verschaffte.

Damit ist der Widerspruch gelöst. Die kommerzielle und monetäre Veränderung in den beiden ersten Dritteln des 16. Jahrhunderts hatte scheinbar die ständische Ordnung erschüttert. Bürger hatten die hohen Ämter in den Territorialstaaten inne; dort, wo der Grundherr die direkte Bewirtschaftung seiner Ländereien längst aufgegeben und sie verpachtet hatte, beispielsweise in Frankreich, hatte die Revolution der Preise im ersten Anlauf den Grundherrn ruiniert. Kam dies der breiten Basis der Gesellschaftspyramide zugute? Wenn dies der Fall gewesen, wenn der Besitz auf die Masse des Volkes verstreut worden wäre, wäre die europäische Kultur unweigerlich dem Untergang geweiht gewesen, wäre jeder Fortschritt blockiert worden, wäre es zu einem Rückgang, zu einem Untergang gekommen. Die Bedrohung des Grundbesitzes führte zu einer Neuordnung, an der die durch den Handel groß gewordene Schicht starken Anteil hatte. Das ausgehende 16. Jahrhundert brachte nicht nur eine Veränderung des Wirtschaftsklimas, also eine Lähmung jener zwiefachen sozialen Umschichtung, die durch das rasche Wachstum des kommerziellen Sektors und die Revolution der Preise bedingt war; es brachte auch einen neuen Adel, der nicht weniger als der alte an den ständischen Werten und dem Ehrenbegriff festhielt, um so mehr, als er seinen Aufstieg hatte schwer erkämpfen müssen. Die durch die explosive Ausdehnung des europäischen Handels

zum Welthandel im 16. Jahrhundert in den Grundfesten erschütterte Ständegesellschaft wurde dadurch konsolidiert und verstärkt, daß sie die besten Vertreter
einer aufsteigenden Gesellschaftsschicht in den maßgebenden Stand, den Adel,
aufnahm. Durch die Umkehr der Wirtschaftskonjunktur wurde die Neuerung
stabilisiert. Dies ist der Grund, warum die Wirtschaftsrevolution des 16. Jahrhunderts die aristokratischen Gesellschaftsstrukturen nicht vernichtete, sondern
versteifte. Sie begannen erst zu zerbröckeln, als erhebliche Veränderungen auf dem
Produktionssektor eintraten, aber das war erst nach der Mitte des 18. Jahrhunderts
und auch dann nur auf einigen privilegierten Teilgebieten der Fall. Es ergibt sich
also folgende Entwicklung: Aufstieg des Bürgertums im 16. Jahrhundert, Stärkung
der aristokratischen Strukturen einer Ständegesellschaft im 17. Jahrhundert,
Wiedereinsetzen des Umwandlungsprozesses im 18. Jahrhundert. Im Westen
Europas standen sich dabei England und Frankreich insofern als Gegensätze gegenüber, als England seine soziale Beweglichkeit bewahrt hatte, während die Strukturen in Frankreich infolge eines allzu vollständigen Sieges der alten Ordnung
erstarrt waren.

Unter einem engen Blickwinkel gesehen, besteht zwischen dem 16. und dem
17. Jahrhundert ein krasser Gegensatz, wie auch die zweite Hälfte des 18. Jahrhunderts den davorliegenden hundertfünfzig Jahren diametral entgegensteht.
Wenn man jedoch die großen Entwicklungslinien ins Auge faßt, sieht man, daß
das 16., das 17. und das 18. Jahrhundert nur die dialektischen Momente ein und
desselben Wachstumsprozesses sind.

Die Grundherrschaft gab dem Adel Macht über Land und Menschen. Diese
Herrschaft konnte auf zweierlei Weise ausgeübt werden: unmittelbar oder mittelbar, durch eigene Bewirtschaftung oder durch Verleihung bzw. Verpachtung. Wenn
man ganz schematisch vorgeht, kann man Europa in dieser Hinsicht in zwei Teile
gliedern: in ein Europa der direkten und ein Europa der indirekten Bodennutzung
des Adels.

Frankreich gehörte ganz und gar zum Europa der indirekten Nutzung, vielleicht
deshalb, weil dort das Feudalsystem so ausgeprägt war wie nirgendwo sonst und
der Grundherr infolge der Auflösung jeder Zentralgewalt mehr Rechte delegiert
bekam als in anderen Ländern. Aus verschiedenen Gründen ließ der französische
Adel eine Auflockerung des Lehnswesens zu; nachdem im 16. Jahrhundert der
neue, aus dem städtischen Großbürgertum rekrutierte Adel auf den Plan trat,
nahm die direkte Bewirtschaftung wieder zu, betrachteten doch diese Adligen in
ihrer bürgerlichen Denkweise den Grundbesitz als eine Möglichkeit, sich abzusichern. Das selbständige Bauerntum besaß in Frankreich im 17. und 18. Jahrhun-

dert noch höchstens 35 bis 40 Prozent des Bodens, während es im 16. Jahrhundert weit mehr als die Hälfte gewesen war. Von den 65 Prozent, die im Besitz des alten Adels, der Kirche oder des neuen, aus dem Bürgertum kommenden Adels waren, wurden höchstens 10 bis 15 Prozent von den Eigentümern selber bewirtschaftet. Auf 10 bis 15 Prozent der bestellten Bodenfläche waren die französischen Bauern nichts als landwirtschaftliche Arbeiter im Dienst eines Großgrundbesitzers, der nicht dem Bauernstand angehörte; auf 50 Prozent war er Pächter, der auf eigene Rechnung arbeitete, aber durch die hohen Abgaben und Belastungen stark behindert war; auf 30 bis 35 Prozent war er de facto Besitzer, stand aber in einem Abhängigkeitsverhältnis zum Grundherrn und mußte in vielen Fällen auf Grund des drückendsten und neuesten, umstrittensten und anfechtbarsten Rechtes des Grundherrn, des Kehrzehnts, einen variablen Prozentsatz des Ernteertrags abliefern. Auf allen Ländereien lastete der Zehnte (der allerdings in der Praxis niemals 10, sondern in der Regel nur 2 bis 4 Prozent der Ernte ausmachte), der der Kirche zufloß und den ersten Ansatz eines wirksamen »Sozialhilfeprogramms« speiste. Das Allod, das heißt, das ganz und gar freie Grundeigentum, machte kaum mehr als 1 bis 2 Prozent des gesamten Grundbesitzes aus.

Obgleich die Lage des französischen Bauern im großen und ganzen keineswegs beneidenswert war, erfreute er sich doch zumindest juristisch im Vergleich zur Landbevölkerung anderer Länder einer privilegierten Stellung; sein Lebensstandard lag allerdings seit dem ausgehenden 17. Jahrhundert erheblich unter dem der englischen und holländischen Bauern.

Auf der anderen Seite gab es Länder, in denen bäuerliches Eigentum praktisch ganz unbekannt war. Aber anderseits hatten die Bauern dort in der Regel die am wenigsten drückenden Abgaben zu entrichten. In Kastilien war nach Noël Salomon im ausgehenden 16. Jahrhundert höchstens 15 bis 20 Prozent des Bodens bäuerliches Eigentum. In Galicien lag der Prozentsatz ein wenig höher, in Andalusien jedoch erheblich niederer. In Spanien hatten die Bauern seit jeher nur wenig Grundeigentum. Anders in England, wo ab dem 15. Jahrhundert von Voraussetzungen aus, die denen in Frankreich in mancher Hinsicht genau entsprachen, für das bäuerliche Eigentum aber ungünstiger waren, das System der direkten Bewirtschaftung wieder weitgehend eingeführt wurde.

Der Zwang zur Einzäunung des Grundbesitzes, der im 16. Jahrhundert begann, aber erst nach 1750 seinen Höhepunkt erreichte und der den Grundeigentümern hohe Kosten verursachte, wenn sie nicht ihrer Rechte an nicht eingefriedetem Grundbesitz verlustig gehen wollten, beschleunigte die Bildung von Großgrundbesitz. Im 18. Jahrhundert ging das bäuerliche Grundeigentum zurück, aber im

Gegensatz zu Kastilien beutete der englische Großgrundbesitzer seinen Boden intensiv aus. Dadurch konnte die englische Landwirtschaft an die Spitze der Agrarrevolution treten.

So zeichnen sich also in West- und Südeuropa drei Pole ab: in Kastilien herrschte der nur wenig ausgebeutete adlige Großgrundbesitz vor; in Frankreich der durch drückende Abgaben belastete bäuerliche Kleingrundbesitz; in England der intensiv genutzte, mit Hilfe neuer Techniken bestellte adlige Großgrundbesitz.

Im Osten lief die Entwicklung paradoxerweise darauf hinaus, daß sich die großen Grundherren nicht, wie in England, an das bäuerliche Land, sondern an die Bauern selbst hielten. Der Weg, den Böhmen, Polen und Rußland vom 16. bis zum 18. Jahrhundert einschlugen, läßt sich der Entwicklung im Westen vom 7. bis zum 9. Jahrhundert vergleichen. Josef Válka hat darauf hingewiesen, daß zwischen dem Frondienst und dem Lohnempfängerverhältnis eine merkwürdige Verbindung besteht. Der Frondienst setzte sich im Osten allgemein durch. Dieses im Westen fast überall aufgegebene verhaßte alte System erfuhr dadurch eine Veränderung, daß es neben dem traditionellen unentgeltlichen Frondienst (Hand- und Spanndienste) einen Frondienst gegen Entgelt gab. Aber da es sich in jedem Fall um einen Zwang handelte, war der Lohn natürlich nur fiktiv, lag stets unter dem tatsächlichen ökonomischen Wert der geleisteten Arbeit.

Die Einführung des neuen Systems erfolgte in Polen (16. Jahrhundert) früher als in Böhmen-Mähren, wo es erst zu Beginn des 17. Jahrhunderts verbreitet wurde, nachdem durch die Vernichtung des alten Adels beim Weißen Berg ein neuer Adel die Herrschaft übernommen hatte.

Auch in Mittel- und Osteuropa entwickelte sich also die Landwirtschaft in Richtung auf das Großunternehmen, aber dieses mußte mangels ausreichender finanzieller Mittel zum ärgsten aller Bewirtschaftungssysteme Zuflucht nehmen, zur Zwangsarbeit. Diese Entwicklung war in sozialer Hinsicht abscheulich, in wirtschaftlicher Hinsicht beklagenswert. Dadurch wurde jede Initiative erstickt, und die Erträge waren minimal.

In Rußland wurde die Leibeigenschaft erst nach 1750 unter der Regierung Katharinas der Großen vollendet: der Staat fand sich bereit, im Interesse der Grundherren die Flucht von Leibeigenen, die sich der Sklaverei entziehen wollten, wirksamer zu unterbinden. Rußland bildet also den vierten Pol in der Geschichte der Grundherrschaft. In Frankreich wurde die Abhängigkeit der Bauern dadurch verstärkt, daß man ihnen drückendere Geld- und Naturalienlasten auferlegte; in ganz Osteuropa wurde zu diesem Zweck die Versklavung und persönliche Entrechtung der Landbevölkerung vorangetrieben.

Nur regional begrenzte Monographien können die ganze Vielschichtigkeit der Grundherrschaft dieser Zeit fassen. Es gibt eine lange Reihe solcher Untersuchungen. Um aufzuzeigen, wie im 17. Jahrhundert die von den Veränderungen des 16. Jahrhunderts ausgehende und in die Umwälzungen nach der Mitte des 18. Jahrhunderts (die maßgebend zur Ausbildung der Atmosphäre der »großen Angst« beitrugen) mündende Entwicklung verlief, wollen wir etwas ausführlicher die Wirklichkeit des bäuerlichen Lebens in Hochburgund darstellen, wie sie Pierre de Saint-Jacob in seiner ausführlichen Arbeit über diese Landschaft aufgezeichnet hat. Von Nuancen abgesehen, herrschten in ganz Frankreich und in einem beträchtlichen Teil Mitteleuropas fast die gleichen Zustände.

In juristischer Hinsicht war die Frage des Grundbesitzes reichlich verwickelt. Der Begriff »Eigentümer« wurde in verschiedenen Bedeutungen gebraucht, aber zum Begriff »Grundeigentum« gehörte unter dem Ancien régime immer der Begriff der Dauernutzung und der Übertragbarkeit. In diesem und nur in diesem Sinn kann man von bäuerlichem Eigentum sprechen. »Deshalb stellt man dem Eigentümer jenen gegenüber, der nur ein juristisch und zeitlich begrenztes Besitzrecht hat, den Pächter, den Landwirt« (P. de Saint-Jacob). Ein Zinspflichtiger war nach bäuerlicher Auffassung Eigentümer, wie hoch auch die ihm auferlegte Belastung sein mochte, weil ein gegen Grundzins überlassenes Grundstück übertragbar war. Deshalb war der russische Bauer, obwohl Leibeigener und zu Frondienst verpflichtet, dennoch der Überzeugung, Besitzer des Fleckens Erde des »Mir« zu sein, das er bestellte und das sich vom Vater auf den Sohn vererbte.

Das gegen Grundzins überlassene Grundstück, eine übliche Form des Landbesitzes, ergab sich wahrscheinlich aus der in ferner Vergangenheit vorgenommenen Aufteilung des *indominicatum,* des nach der Verteilung des Bodens nach der Landnahme der Stämme übriggebliebenen Landes. Auf diese Gebiete hatte der Grundherr kein juristisches Anrecht, sondern nur ein Ertragsrecht, das ihm aber wenig einbrachte; Zinsgrundbesitz jüngeren Datums war stärker belastet. Es konnte auch vorkommen, daß ein solches Grundstück von mehreren Pächtern gemeinsam bewirtschaftet wurde, die dann auch gemeinsam den Zins aufbringen mußten. Für jede Veränderung der Besitzverhältnisse mußten an den Territorialherrn Gebühren abgeführt werden.

Im 17. Jahrhundert bildete sich ein neues System heraus: der Grundherr gab ein Stück Land gegen »Zins und Pacht« ab. Der Zins war nur gering und brachte dem Pächter die üblichen Rechte ein; die Pacht hingegen war sehr hoch und bildete für den Grundherrn die Haupteinnahme. Es konnte praktisch nichts von der Ernte verkauft werden, ehe nicht die Pacht entrichtet war, so daß der Grundherr in jedem Fall auf seine Kosten kam. Viele Ländereien wurden einfach als steuerpflichtig bezeichnet. Diese Steuer war ursprünglich nicht eine Art der Pacht, sondern sollte die Menschen der Gewalt des Grundherrn unterstellen. Aus ihr entwickelte sich der Kehrzehnt, das drückendste aller grundherrlichen Rechte. Aus ferner Vergangenheit hatten sich hier und da noch Ländereien gehalten, die dem Recht der toten Hand unterworfen waren; der Pächter war beinahe ein Leibeigener und konnte sich aus dieser Leibeigenschaft nur befreien, wenn er das Land aufgab.

Zwei wichtige Neuerungen gab es im 17. und 18. Jahrhundert: das aufsteigende, in den Adel aufgenommene oder kurz vor der Adelung stehende Bürgertum machte sich auf dem Land breit, und es wurde die dem modernen Pachtsystem nahestehende Pacht auf Zeit eingeführt. Der Pächter hatte als Pachtzins eine bestimmte Menge Getreide pro Tagwerk abzuliefern (2 bis 5 Scheffel je nach der Fruchtbarkeit des Bodens). Auf den Britischen Inseln verlief diese Entwicklung parallel zur Ausbreitung des adligen Großgrundbesitzes: wo der Grundherr seine Ländereien nicht direkt bewirtschaftete – das war besonders in Irland der Fall –, wurden die alten, überholten Formen der Grundverleihung durch diese moderne Form der zeitlich begrenzten Pacht verdrängt. Die große Neuerung in Frankreich hingegen war die massive Ausbreitung des drückenden, unpopulären Kehrzehnts, einer raffinierten Verfälschung der einstigen grundherrlichen Steuer. In Burgund dauerte es fünf Jahrhunderte – vom ausgehenden 12. bis zum 18. Jahrhundert –, bis 97 bis 98 Prozent des nicht in direktem bäuerlichem Eigentum befindlichen Landes dem Kehrzehnt unterworfen waren. Der Kehrzehnt war eine schwere Belastung. In Burgund bedeutete es, daß im Durchschnitt jede neunte, manchmal nur jede dreizehnte oder fünfzehnte, aber nicht selten auch jede sechste oder fünfte Garbe dem Grundherrn zukam, »also mindestens ein Drittel des Nettoertrags, denn daneben war noch der übliche Zehnte zu entrichten«, der an die Kirche ging. Im 17. Jahrhundert läßt sich gut verfolgen, wie sich der Kehrzehnt ausbreitete und einnistete. »Im Jahre 1602 wurden unter dem Vorwand einer Schuld von 6900 Livres 790 Tagwerke (263 Hektar) von Fontaine-en-Duesmois, die bis dahin *Freiland* hießen, mit dem Kehrzehnt belegt; dieser Zustand wurde 1695 durch den Intendanten Boucher und später durch Ferrand trotz der Klagen der Bevölkerung aufrechterhalten.«

Im ausgehenden 17. Jahrhundert blieben nur noch wenige Gebiete vom Kehrzehnt verschont, besonders in der Normandie. Der Kehrzehnt war die französische Version der grundherrlichen Reaktion. Hingegen war er im Europa des *indominicatum* – des überkommenen *indominicatum* in Spanien oder des durch kapitalistische Aneignung wiederhergestellten *indominicatum* in England – ebenso unbekannt wie in den Ländern, die praktisch die Sklaverei wieder eingeführt hatten (Böhmen, Polen, Rußland): die im Osten üblichen Frondienste an zwei oder drei Tagen in der Woche, mit denen man dort auf dem westeuropäischen Stand vor dem 12. Jahrhundert angelangt war, waren etwas ganz anderes als der Kehrzehnt.

Man hat in den verschiedensten Ländern zu berechnen versucht, welche Ertragsmengen dadurch der Masse der ländlichen Bevölkerung entzogen wurden. Fast stets lagen die Schätzungen zu hoch. Mit dieser Einschränkung läßt sich eine erstaunliche Gleichförmigkeit in Zeit und Raum feststellen.

Die Prozentzahlen, die Noël Salomon für Neukastilien im Jahr 1575 errechnet hat, sind trotz des völlig anderen Systems der Grundherrschaft jenen sehr ähnlich, die Pierre Goubert für das Beauvaisis des 17. Jahrhunderts festgestellt hat. »Wir können mit ziemlicher Gewißheit behaupten«, schreibt Salomon, »daß es mehr als die Hälfte der Ernte war, die auf Grund verschiedener Rechtsansprüche die nicht-bäuerlichen Schichten bereicherte.« Pierre Goubert kommt auf Grund präzisester Berechnungen zu einem vergleichbaren Resultat: der selbständige Bauer behielt 48 Prozent seiner Ernte, der Pächter weniger als ein Drittel. Allerdings ist gegenüber den Zahlen von Pierre Goubert wie von Noël Salomon eine gewisse Vorsicht angebracht; die ländliche Wirtschaft jener Zeit ist nur schwer durchschaubar. Die Dokumente, über die wir verfügen, erfassen nur einen Teil der Wirklichkeit. Der Eigenverbrauch der Landbevölkerung und die Kosten des Produktionsapparates sind sowohl in den Berechnungen über Kastilien wie in denen über das Frankreich zwischen Somme und Loire nur unzureichend berücksichtigt. Wenn man tatsächlich 50 Prozent der Agrarproduktion hätte abführen können, hätte schon im 17. Jahrhundert eine der Grundvoraussetzungen für den Beginn eines rapiden Aufstiegs bestanden. Noch wahrscheinlicher ist, daß dann die Bauern in Kastilien und Frankreich ebenso verhungert wären wie die amerikanischen Indianer, die daran zugrunde gingen, daß man ihnen die Hälfte dessen wegnahm, was sie dem Boden abgewannen. Wenn die Lasten der europäischen Landbevölkerung tatsächlich so hoch gewesen wären, dann wären sie von dem Gipfel der Gesellschaftspyramide, den sie trugen, erdrückt worden.

Innerhalb der bäuerlichen Masse gab es erhebliche Unterschiede. Ganz unten standen die Handlanger, die Tagelöhner, die mindestens 50 Prozent der Landbevölkerung ausmachten, wenigstens in Frankreich. Auch in Kastilien war etwa die Hälfte der Landbewohner *jornaleros*, während es in Andalusien, auf Sizilien, in den Ebenen des Königreichs Neapel, im ganzen Europa der Latifundien südlich des 40. Breitengrads, weit mehr waren, nämlich bis zu 80 Prozent. Aber je größer ihr Anteil war, um so weniger miserabel war, zumindest psychologisch, ihre Lage.

Der englische Landarbeiter, der im ausgehenden 18. Jahrhundert in Erscheinung trat, konnte seine mißliche Lage als »ländlicher Proletarier« dadurch ausgleichen, daß ihm die beginnende Technisierung eine bessere Ernährung ermöglichte. Aus der Masse der Tagelöhner sonderten sich nach unten die besonders in Zeiten der zyklischen Hungersnöte zahlreichen »Bettler« und »Vagabunden« ab, von denen Charles Loyseau spricht – jene Menschen, deren Wanderungen im Verlauf des Sommers 1789 zur Auslösung des psychologischen Mechanismus der »großen Angst« führten. Die »Oberschicht« der Tagelöhner bildeten die ländlichen Handwerker, Leute, die Strohdächer deckten und Häuser aus Strohlehm errichteten; allmorgendlich zogen sie in die benachbarten Dörfer oder Städte. Als »Leute mit einem Beruf« lehnten sie »die Bezeichnung Tagelöhner ab, eine der niedrigsten«, wie Pierre Goubert und Loyseau übereinstimmend schreiben.

Tagelöhner waren nicht spezialisierte Landbewohner, die sich bei Bauern verdingten. Sie wurden auf dem Bauernhof verköstigt und erhielten ihren Lohn teils in Naturalien und teils in Geld; im Winter und in schwierigen Zeiten lebten sie von »Vorschüssen«, waren also Schuldner der Bauern. Im Gegensatz zu den andalusischen *jornaleros* und den englischen Landarbeitern nach der Bildung des Großgrundbesitzes waren die französischen Tagelöhner nur selten ein wirkliches »Proletariat«. »Oft genug war er Eigentümer eines Hauses, einer bescheidenen einräumigen Strohhütte mit einem Speicher darüber und daneben einem Stall, einer Suhle, einer kleinen Scheuer, einem Garten von ein paar Ar ... Im Inneren einige rohe Möbel, Matratzen, irdenes Geschirr, zwei oder drei Bettlaken, einige Hemden aus Hanf, Überkleidung und eine Decke aus Serge, selten mehr, manchmal weniger ...« (Pierre Goubert). Oft mußte ein Haus von zwei Familien geteilt werden; welche Zustände in dem einzigen Raum herrschten, kann man sich vorstellen. In verschiedenen Gebieten Frankreichs verschlechterte sich im Laufe der Zeit die Stellung der Tagelöhner. Pierre de Saint-Jacob glaubt, daß dies auch in Hochburgund der Fall war; allerdings überspitzt er die Dinge dadurch, daß er die nicht berechenbaren Bezüge unberücksichtigt läßt: »Viele verdienen jährlich, die Verpflegung eingerechnet, nur 100 bis 150 Livres ... 1726 konnte der Tagelöhner von Mirabeau mit den 8 oder 10 Sols, die er täglich verdiente, 10 Pfund Schwarzbrot oder 5 Pfund Weißbrot kaufen. 1788 reichten seine 12 Sols nur mehr für 7 Pfund Schwarzbrot oder 3 Pfund Weißbrot.«

Aber kann man noch jene Leute als Tagelöhner bezeichnen, die »aus Zinsgründen« Tagelöhner waren, aber auf der Gemeindeweide, die der ganzen dörflichen Gemeinschaft gehörte, eigene Ziegen und Schafe, ja sogar Rinder hielten? Oft hatten diese »Tagelöhner-Bauern«, wie Pierre Goubert sie nennt, mehrere Kühe und ein Dutzend Schafe. Und wie steht es mit jenen Tagelöhnern, die sich auch als Weber betätigten, die in den stillen Zeiten zwischen den Feldarbeiten ihre Arbeitskraft an einen Unternehmer-Kaufmann in der benachbarten Stadt vermieteten?

Eine typisch französische Erscheinung ist der »haricotier«, mit dem sich Goubert ausführlich befaßt. Er meint, daß sich diese merkwürdige Bezeichnung vielleicht auf das Gericht »haricot de mouton« zurückführen läßt, das aus Rüben und Hammelfleisch besteht. Der »haricotier« besaß ein kleines Stück Land und pachtete oft noch weitere Grundstücke, die er bestellte; er besaß eine kleine Herde und hatte deshalb ein bescheidenes, aber auskömmliches Leben. »Verpflichtungen ging er nicht ein; ›haricotiers‹ halfen sich gegenseitig nur unter der Voraussetzung, daß der Dienst wieder erstattet werden konnte ...« Offensichtlich besaßen diese Menschen also eine gewisse Würde. In den europäischen Randgebieten gab es diesen Typ des Landbewohners kaum; er läßt sich in Spanien in Kantabrien nachweisen, nicht jedoch in Kastilien oder Andalusien; in Piemont war er anzutreffen, aber nicht in Süditalien; in den Niederlanden, in der Schweiz und in Westdeutschland, nicht aber in Ostdeutschland und erst recht nicht in den noch weiter östlich liegenden Regionen Europas, die von Magyaren und Slawen besiedelt waren. Hingegen gab es solche »Landwirte« sicherlich in Schweden und allgemein in Skandinavien. In Frankreich bewirtschafteten sie 2 bis 8 Hektar Land, im Durchschnitt 4 Hektar. Hinsichtlich der Lebensbedingungen standen ihnen die ländlichen Handwerker nahe, die ein »edles« Handwerk ausübten: Tischler, Schreiner, Schneider, Stellmacher, Küfer ..., die in der Regel einige Tagewerk fruchtbaren Bodens gepachtet hatten, ferner die Winzer und die »Gärtner«, die in der Nähe von Städten ansässig waren. Der Bauer, der in ganz Europa anzutreffen war, war ein »haricotier«, der über mindestens ein Gespann verfügte und mindestens 8 bis 10 Hektar Land bewirtschaftete. Er erfreute sich in der bäuerlichen Gesellschaft eines so hohen Ansehens, daß eine ehemalige Bauernfamilie, auch wenn sie kein Gespann mehr hatte, noch eine oder zwei Generationen lang in den Steuerlisten unter der Bezeichnung »Bauer« geführt wurde.

An der Spitze der bäuerlichen Gesellschaft stand neben dem selbständigen Bauern der Großpächter. Diese Tatsache ist der beste Beweis für das langsame, aber unaufhaltsame Vordringen des Kapitalismus auf dem Land. Die Großpächter waren in dem sich verwandelnden England des 18. Jahrhunderts die Elite der Bauernschaft. Élie Halévy hat die beiden widersprüchlichen Aspekte der englischen Landwirtschaft deutlich herausgestellt; allerdings behandelt er die zweite Hälfte des 18. Jahrhunderts, die uns hier nur am Rand interessiert. In Derbyshire, Shropshire, Wales und sogar in der Nähe Londons in Surrey, in jenen Gebieten, die nach Meinung des Board of Agriculture hinter der Entwicklung des Jahrhunderts weit zurückhinkten, blieb noch gegen Ende des Barockzeitalters das kontinentale Landleben erhalten, obwohl im allgemeinen in England die Agrarrevolution längst begonnen hatte: »In dem Haus mit seinem Steinpflaster (in Irland bestand der Boden aus gestampftem Lehm) ein Tisch ohne Tischtuch, Zinngeschirr, Matratzen ... Auf den Feldern die alten hölzernen Joche, die aus Strohseilen geflochtenen Kummets.« Diese Bauern trugen den *round frock;* »sie widersetzten sich ebenso entschlossen dem landwirtschaftlichen Fortschritt wie dem Sittenzerfall« und zogen es, wie James 1794 in einer Studie über Surrey schrieb, vor, »ihr Brot billig an alte Kunden zu verkaufen, anstatt es vorteilhafter an Leute abzugeben, mit denen sie vorher nichts zu tun hatten«. Dennoch rekrutierten sich aus eben diesen Kreisen, die als einzige die Agrarrevolution des 18. Jahrhunderts überstanden, die treibenden Kräfte des Fortschritts. Wenn man Young glauben darf, der allerdings ein reichlich schmeichelhaftes Bild zeichnete und sich zudem auf eine Situation bezog, die sich um 1760 erst in ihren Anfängen abzeichnete, waren die englischen Pächter Kapitalisten, die alle Möglichkeiten kannten, sich zu bereichern, und jede Gelegenheit ergriffen, um sich zu informieren: in Lincolnshire, in Durham, werde es im Verlauf der zweiten Hälfte des 18. Jahrhunderts immer üblicher, berichtet Young, daß ein wackerer Pächter von Zeit zu Zeit sein Pferd besteige und durch England reite, um sich hinsichtlich der in anderen Gegenden erzielten Fortschritte auf dem laufenden zu halten. Dies führte schließlich dazu, daß sich die Elite der Pächter in ihrem Lebensstil immer mehr der *gentry,* dem niederen Landadel, anglich. »Der englische Pächter ist ein *gentleman* zweiter Qualität«, schreibt Élie Halévy. Welten trennten ihn von dem Pächter des Beauvaisis und auch von den grundherrlichen »receveurs«, den Zinseinnehmern aus dem Bauernstand, die so bequeme Möglichkeit hatten, sich allein durch Schikanen zu bereichern, daß sie nicht daran dachten, zum Fortschritt beizutragen.

Verhältnismäßig wohlhabend gewordene Tagelöhner, Pächter, die gleichzeitig Steuereinnehmer waren, geschickte Werkzeuge der grundherrlichen Reaktion, die bei jeder Gelegenheit ihr Schäfchen ins trockene zu bringen wußten – diese Miniaturaristokratie der »Dorfhähne« stand auf der ersten Sprosse des gesellschaftlichen Aufstiegs, hatte einen ersten Schritt hin zum Bürgertum zurückgelegt. Es ist deshalb nicht erstaunlich, daß der städtische Bürger, der im Begriff war, sich Eingang in den Zweiten Stand zu verschaffen, sich den Aufstieg auf dem Land durch den Erwerb einer Grundherrschaft und gleichzeitig in der Stadt durch ein entsprechendes Amt abzusichern bemüht war.

Etwas vereinfachend könnte man die historische Entwicklung in Westeuropa in zwei große Linien teilen: auf der einen Seite England mit seinen nicht allzu starren Standesgrenzen, einer gewissen sozialen Flexibilität, auf der anderen Frankreich (und große Teile des übrigen kontinentalen Europa) mit seinen starren Strukturen, die allmählich durch das aufsteigende Bürgertum aufgeweicht wurden.

Der soziale Aufstieg wird stets dadurch gehemmt, daß jede aufsteigende Gruppe bemüht ist, sich nach Erreichung des Ziels möglichst hermetisch gegen die Schicht abzuschirmen, aus der sie aufgestiegen ist. Da alles auf dem Land begann und wieder dorthin zurückkehrte, ist das Bemühen der Bauern symptomatisch, sich von den Tagelöhnern und den »haricotiers« abzusetzen. Bestenfalls duldete man noch eine Zeitlang den einstigen Bauern in seinen Reihen; den wohlhabend gewordenen »haricotier«, der in den Besitz eines Gespanns gekommen war, ließ man gehörig warten, ehe man ihm den begehrten Titel zuerkannte. Noch ausgeprägter war die soziale Abgrenzung auf der höheren Ebene der Pachteinnehmer. Nach Pierre Goubert hatte im Beauvaisis des 18. Jahrhunderts diese Gruppe die Tendenz, sich zur ausgesprochenen Kaste zu entwickeln. Die Endogamie der grundherrlichen Pachteinnehmer, die im 18. Jahrhundert laufend zunahm, bezeugt die Hindernisse, die in diesem Jahrhundert einer sozialen Mobilität entgegenstanden.

Als Bürger war in erster Linie der Kaufmann anzusprechen. In einer mittelgroßen Stadt wie Beauvais (10 000 bis 15 000 Einwohner) lebten ihrer 80, 100, 130. Auch für sie gab es eine klare Stufenleiter, vom Krämer zum Händler, vom Unternehmer-Kaufmann zu den höchsten Gipfeln des Bürgertums: den *cargadores* des Amerikahandels, den *Heeren* XVII der Ostindischen Kompanie in Amsterdam, den Großkaufleuten des Überseehandels in London, Bristol, Nantes, Bordeaux, Rouen, Le Havre, Hamburg und vor allem den Bankiers-Kaufleuten, den Tischgenossen der großen Herrscher, den Freunden der Minister, denen sogar Könige schmeichelten. Zu dieser Elite gehörten ein Samuel Bernard nach dem Spanischen Erbfolgekrieg, zu dessen gutem Ausgang für Frankreich er nicht unerheblich beigetragen hatte, ein Isaac Thellusson oder ein Necker, der Genfer Bankier, der zum Generalkontrolleur der Finanzen (Finanzminister) der größten Monarchie des Ancien régime aufstieg, auch wenn er die verfahrene Lage nicht mehr zu retten vermochte.

Eine Geschichte des Aufstiegs des Bürgertums wäre gleichzeitig eine Geschichte des Großhandels, des »zweiten Sektors« der Erwerbstätigkeit, der unmittelbar auf den Agrarsektor folgte und unvergleichlich mehr Bedeutung hatte als Industrie und Handwerk. Wir können darauf nicht näher eingehen. Es sei lediglich festgehalten, daß die soziale Mobilität im 17. Jahrhundert geringer war, als sie während des so vielverheißenden sprunghaften Wachstums im ausgehenden 15. und beginnenden 16. Jahrhundert gewesen war.

Nirgendwo war der Stillstand ausgeprägter als auf der Iberischen Halbinsel. Während zu Beginn des 16. Jahrhunderts eine weitreichende soziale Osmose bestanden hatte, kam es im 17. Jahrhundert zu einer völligen Erstarrung der Gesellschaftsordnung; Hochadel, *hidalgos*, Bürger und mit ihrer Würde als Altchristen zufriedene Bauern wirkten gleichermaßen auf eine Abdichtung der Standesgrenzen hin.

Auch in Frankreich war nun die Zeit vorbei, da die Familien Beaune, Briçonnet, Berthelot und Ruzé in zwei Generationen Staat und Kirche in Beschlag genommen hatten. Vorbei war die Zeit der Flexibilität in England, die Zeit der Fisher, Lattimer, Tyndale, Morus, die ohne Schwierigkeiten vom Kleinhandel zum hohen Staats- oder Kirchenamt übergewechselt waren, ohne auf ihre früheren Geschäfte zu verzichten oder die Verbindung zu dem Milieu, dem sie entstammten, abreißen zu lassen.

Der Aufstieg des englischen Bürgertums wurde im 17. Jahrhundert durch das Sinken der Preise und den Widerstand des Adels, den während der Revolution und dem Commonwealth der ruinierte Landadel ablöste, unversehens gebremst. Das Großbürgertum blieb den Geschäften treu. Allerdings waren auch in dem durch seine insuläre Position geschützten und durch die anachronistische parlamentarische Kontrolle geschwächten englischen Staat Regierungsämter wenig verlockend.

Auf dem Kontinent bahnte Frankreich den Weg für eine notwendige und wirksame Lösung des Dilemmas, die sich allerdings auf lange Sicht als verhängnisvoll und in ihrer Handhabung als gefährlich erwies: die Ämter wurden käuflich. Mit einer Verzögerung von fünfzig Jahren folgten Spanien und ein Großteil des übri-

V DAS THEATER, EIN HÖHEPUNKT BAROCKER PRACHTENTFALTUNG: DAS CUVILLIÉS-THEATER IN MÜNCHEN François Cuvilliés (1698 bis 1768) stammte zwar aus Frankreich und erhielt seine Ausbildung in Paris, hat aber seine bedeutendsten Werke in Bayern geschaffen: die Amalienburg in Nymphenburg und das Residenztheater (Cuvilliés-Theater) in München, die beide zu den charakteristischsten Beispielen des französischen Rokokostils in Deutschland gehören. Besonders sein Theater ist eine der gelungensten Bauschöpfungen im katholischen Deutschland jener Zeit, wenngleich die überreiche Dekoration die Klarheit der Linienführung nicht voll zur Geltung kommen läßt.

gen Europa dem französischen Beispiel. In England hingegen machte es nicht Schule. Nirgendwo nahm der Ämterverkauf derart ungeheuerliche Ausmaße an wie in Frankreich.

Die meisten öffentlichen Aufgaben des Königtums wurden im 16. Jahrhundert zu Ämtern, die Roland Mousnier als »von öffentlichen Funktionen begleitete soziale Würden« definiert. Die höchsten Ämter brachten den Inhabern den Amtsadel ein. Dies galt für den Kanzler, den Siegelbewahrer, die Staatsräte, die »maîtres de requêtes« und die Präsidenten der selbständigen Gerichtshöfe. Die übrigen Mitglieder der selbständigen Gerichtshöfe, an deren Spitze das Pariser Parlament stand, erhielten den nichterblichen Adel, der erblich wurde, wenn drei Generationen im Staatsdienst gestanden hatten. Die Ämter waren sehr teuer; die dadurch erzielten Einnahmen deckten einen erheblichen Teil der wachsenden Staatsausgaben. Der Kaufpreis war gleichsam ein Pfand, eine Garantie für Tüchtigkeit in der Amtsführung. Die Beamten, die zu »Aktionären des Staates« geworden waren, setzten sich mit ebensolchem Eifer für die Stärkung des Staates wie für die Mehrung ihres eigenen Patrimoniums ein. Ein wachsender Prozentsatz des kaufmännischen Bürgertums wandte dem Handel den Rücken und bildete im Laufe der Zeit einen Vierten Stand, den Stand des Amtsadels. Vom Ämterkauf bis zur Erblichkeit der Ämter war ein langer Weg, der in mehreren Etappen durchlaufen wurde. Ab 1522 gewährte der König den Beamten gegen Zahlung des Recht, noch während ihrer Amtsführung den Nachfolger zu bestimmen, den Sohn, den Schwiegersohn, einen Neffen oder einen Käufer. Die Liga versuchte, diese Macht zu zerbrechen, scheiterte aber am hartnäckigen Widerstand der Beamten, die damit die Monarchie und letztlich Frankreich retteten. Dafür mußte der König sich ihnen gegenüber erkenntlich zeigen. Dies geschah in der ersten Phase eines Konjunkturrückgangs, als der Handel weniger attraktiv war und der Staat größere Bedürfnisse hatte. Charles Paulet, der geniale Finanzpächter, schlug eine Lösung vor, die sowohl den Wünschen der Beamten wie den Rechten des Königs entsprach. Die nach ihm benannte »Paulette«*, die Amtsvererbungssteuer, war eine Art Versicherungsprämie, die dem Amtsinhaber die Gewißheit gab, daß er jederzeit zugunsten des von ihm gewünschten Nachfolgers sein Amt aufgeben konnte. Der Erfolg dieser Maßnahme war gewaltig; der Adel der sich mit Händen und Füßen dagegen wehrte, vermochte nichts auszurichten. Trotz der Donnerreden eines Charles Sorel und eines Balzac, der Gegenoffensive der Regentschaft unter Maria de' Medici und der Vorstöße der Stände 1614–1615 waren Ämterkauf und Ämtererblichkeit zu Beginn des 17. Jahrhunderts in Frankreich eine feste Einrichtung. Von Frankreich aus verbreitete sie sich über einen Teil des kontinentalen Europa.

Die Käuflichkeit der Ämter war im 16. Jahrhundert eine Voraussetzung für die soziale Mobilität gewesen. Aber wie sah es mit der »Paulette« aus? Der Zweite Stand hatte sich völlig unnötig darüber so übermäßig aufgeregt. Das Bürgertum kaufte Lehen und Ämter, wurde zum Amtsadel. Nachdem ihm erst einmal der Aufstieg gelungen war, riegelte es die Tür, die ihm den Weg nach oben verschafft hatte, fest ab. An der Spitze der aristokratischen Reaktion im Staat und der grundherrlichen Reaktion auf dem Land stand im 18. Jahrhundert der Amtsadel. Dieses im 16. Jahrhundert in den Adel aufgestiegene Bürgertum sorgte im 17. und 18. Jahrhundert für die Fortdauer der aristokratischen Gesellschaftsstruktur und für eine Verhärtung der Standesgrenzen. Nachdem der neue Adel erst einmal unter dem alten Adel heimisch war, sorgte er mit seinem angeborenen Geschick für Schikanen dafür, daß viele Fallstricke und Schlingen gespannt wurden, die einen Aufstieg weiterer Bürgerlicher unmöglich machten. Wenn es diesem Adel auch nicht gelang, das aufstrebende Bürgertum völlig in den Handelskontoren und Läden zurückzuhalten, erreichte es doch eine so vollkommene Abdichtung aller Ventile, daß die ganze soziale Maschinerie schließlich in die Luft flog. Das war die Quittung, die auf dem Kontinent im ausgehenden 18. Jahrhundert die übermäßige Behinderung der sozialen Mobilität einbrachte.

Bezeichnend für diese Entwicklung war das Pariser Parlament im 18. Jahrhundert. Der erste der selbständigen Gerichtshöfe war längst keine »Rutschbahn nach oben« mehr, bot dem Bürgertum nicht mehr die Möglichkeit, durch Ämterkauf in den Adel zu gelangen. Man wurde schon in jungen Jahren Parlamentsmitglied; die Mitgliedschaft war ein durch Geburt ererbtes Privileg. Von 1659 bis 1703 betrug das Durchschnittsalter bei Amtsantritt bei den Parlamentsräten aus dem Laienstand 25 Jahre und 8 Monate, bei den Räten aus dem Klerus 32 Jahre und 3 Monate, insgesamt 26 Jahre und 3 Monate. Von 1704 bis 1715 sank das Durchschnittsalter sogar auf 22 Jahre und 8 Monate bzw. 30 Jahre und 8 Monate und 22 Jahre und 11 Monate. Im Jahre 1709 waren (nach F. Bluche) von 209 Gerichtsräten nur 10 bürgerlich (4,8 Prozent), 1771 gehörten von 155 Räten 15 dem Bürgerstand an (9,6 Prozent). Nur ganz wenige Mitglieder entstammten dem Uradel, doch war fast jeder zweite Rat, der zwischen 1716 und 1770 ins Parlament eintrat, aus einer Familie, die seit mindestens vier Generationen geadelt war. Bei diesem Adel handelte es sich meist um Amtsadel. Dreiunddreißig Familien (5,65 Prozent) waren mindestens seit 1500 im Adelsstand, konnten also bereits zum alten Adel gezählt werden. Der Aufstieg in den Zweiten Stand dauerte oft sehr lange. So wurde die Familie Grange-Trianon, aus der bereits 1464 ein Aufseher der Kaufmannschaft hervorgegangen war, erst im ausgehenden 16. Jahrhundert geadelt. Auch die Taupinards de Tilière mußten über ein Jahrhundert lang an der Spitze des Pariser Bürgertums stehen, ehe sie 1720 in den Zweiten Stand aufgenommen wurden. Oder nehmen wir die Familie Terray (ein Terray war einer der Triumvirn von 1771, einer der größten Finanzminister des alten Frankreich, seit 1736 Parlamentsrat): Der erste Vorfahr, von dem wir Kenntnis haben, war ein »Dorfhahn« in Boën-sur-Lignon; er starb um 1552. Sein Sohn Antoine, »Gastwirt und Metzger«, stieg zum Kleinbürgertum empor und machte eine gute Heirat. Sein Sohn, der gleichfalls den Namen Antoine erhielt, war Kaufmann und erwarb Grundbesitz. Dessen Sohn Pierre, mit dem wir in die Mitte des 17. Jahrhunderts gekommen sind, stieg durch Heirat ins Großbürgertum auf. Jean Terray, Sohn des Pierre, kaufte sich das erste Amt in der Familie, natürlich ein Amt, das mit dem Finanzwesen zu tun hatte. »Aus der Ehe von Jean Terray mit der Tochter des Aufsehers der Güter des Grafen von Forez gingen François († 1753) hervor, Leibarzt des Königs, und Antoine III., Finanzier, Generaldirektor des Salzhofes, 1720 Kanzler und als solcher geadelt, Vater von zehn Kindern, darunter Joseph Abbé Terray, Parlamentsrat und Generalkontrolleur der Finanzen« (F. Bluche). Sieben Generationen lang hatte der Aufstieg gedauert: 100 Jahre vom Bauern- in den Bürgerstand, weitere 100 Jahre vom Bürger- in den Adelsstand.

Das alte Bürgertum, aus dem sich dieser stolze Parlamentsadel zusammensetzte, riegelte sich zwar einerseits nach unten ab (um einer Million oder mehr willen schreckten sie allerdings vor Mesalliancen mit Familien wie den Bernards nicht zurück), verstand es aber anderseits, sich den Aufstieg nach oben offenzuhalten.

Wer vom Parlament aus weiterkommen wollte, strebte nach einer »maîtrise de requêtes«, einem Amt, das alle Tore öffnete, wie der Marquis von Mirabeau einmal sagte, und der Kanzler d'Aguesseau meinte: »Die Maîtres de requêtes sind wie die Wünsche des menschlichen Herzens; sie sind unersättlich: das ist ein Amt, das man nur antritt, um es wieder zu verlassen, eine Körperschaft, in die man nur eintritt, um auf einen höheren Posten zu gelangen, und wer darin alt wird, hat das Gefühl, als ob er Tag für Tag dahinsieche, in Vergessenheit gerate.« Von 1717 bis 1789 gingen aus dem Pariser Parlament vier Kanzler hervor (d'Aguesseau, Lamoignon de Beaumesnil, Maupeou Vater und Sohn), sechs Siegelbewahrer (Louis Chauvelin, Machault d'Arnouville, Berryer, d'Aligre, Lamoignon de Basville und Barentin), drei Finanzminister, darunter Terray, drei Außenminister, ein Kriegsminister, ein Marineminister ... François Bluche schreibt zusammenfassend: »Aus dem Parlament kamen also dreißig Minister, Staatssekretäre, Generalkontrolleure, Kanzler oder Siegelbewahrer« und dazu noch zahlreiche Leiter des Polizeiwesens, Gesandte, Gerichtsverwalter usw.

Eine Vorstellung von den Summen, die durch den Ämterverkauf dem Staat zuflossen, geben die folgenden Zahlen aus dem 18. Jahrhundert, einer Zeit also, in der die Ämter billiger waren als zuvor. Der Wert des Amtes machte bei den Angehörigen des Parlaments durchschnittlich 23,44 Prozent ihres Gesamtvermögens aus, wie F. Bluche berechnet hat (30,9 Prozent zu Beginn ihrer Laufbahn, 14,31 Prozent am Ende der Laufbahn). Das Amt eines Laienrates kostete zwischen 1748 und 1750 zwischen 35 000 und 40 000 Livres, das eines geistlichen Rates zwischen 34 500 und 36 000 Livres, das eines Substituten zwischen 25 000 und 30 000 Livres, das des Präsidenten kostete in diesen drei Jahren 185 000, 172 000 und 200 000 Livres. Und doch waren die Parlamentsämter infolge der durch die Zuwahlbestimmungen errichteten Schranke gegen *homines novi* trotz des damit verbundenen hohen Ansehens nur ein Viertel bis ein Fünftel so teuer wie die mit einer Ernennung in den Adelsstand gekoppelten Ämter, deren Vergebung ausschließlich in den Händen des liberaler denkenden Königs lag. Zwischen 1748 und 1750 kostete das Amt eines Schatzmeisters für die Brücken und Straßen von Frankreich 595 000 Livres, das Amt des Generalsteuereinnehmers in Caen wurde für 484 000 Livres erworben, das Amt eines königlichen Sekretärs in der Großkanzlei kostete zwischen 105 000 und 185 000 Livres, eine Finanzintendantur, ein Ehrenposten, 200 000 Livres …

Ganz unten auf der Stufenleiter standen das Amt eines Pariser Militärkommissars (12 000 Livres), eines Advokaten im Königlichen Rat (9000 Livres), eines Polizeiinspektors (7500 Livres). Gegen Ende der Regierungszeit Ludwigs XIV. flossen trotz wiederholter drakonischer Kürzungen dem Staat jährlich 86 Millionen Livres aus den Ämtern zu, also ungefähr die Hälfte der theoretischen Staatseinkünfte, in der Praxis jedoch, besonders in schwierigen Jahren, weit mehr als die tatsächlichen Einkünfte aus anderen Quellen, die beispielsweise von 1700 bis 1715 im Jahresdurchschnitt nur 55 Millionen Livres ausmachten. Die Schuld belief sich auf 2 Milliarden Livres. 2 Milliarden und dazu noch etwa 1 Milliarde für Ämter – das waren letztlich die Gelder, die der Handel eingebracht hatte. Mit dem übrigen Handelsgewinn wurden Grundherrschaften gekauft. Der Staat kostete auf dem Kontinent viel Geld, aber da man keinen Ärmelkanal hatte, war er dieses Geld wert, wie die Fronde und der Dreißigjährige Krieg bewiesen hatten.

Colbert hatte seinen Ehrgeiz darein gesetzt, das französische Bürgertum gegen die Verlockungen des Staates zu feien. In seinem Briefwechsel wütete er »kunterbunt gegen die Nichtstuerei, die Almosen, die Wallfahrten, die Feiertage, die Klöster, die Inhaber von Staatsrenten, den Amtsadel«. Hubert Lüthy schließt daraus: »Es wird deutlich, wie sehr der Wirtschaftler in ihm von einer Gesellschaft mit calvinistischen Sitten träumte, von einer umgekehrten Wertordnung, und wie sehr er an einer Gesellschaft verzweifelte, die gleichzeitig katholisch, adlig und archomanisch war.«

Deshalb blieb das protestantische Bürgertum dank seiner Ausgestoßenheit in Frankreich und in den Refugien die einzige Gruppe des französischen Bürgertums, die durch die Umstände gezwungen war, im Handel, im Finanz- und Bankwesen zu bleiben.

Dabei muß man im Auge behalten, daß die Banken* keine sehr große Rolle spielten. Durch die Ausstellung von Wechseln ermöglichten sie den internationalen Geldaustausch, lieferten dem Handel kurzfristige Kredite, brachten vor allem die Staatsanleihen bei Leuten unter, die ihr Geld gegen Rendite anlegen wollten, aber mit Recht noch mißtrauisch waren, spielten also eine Mittlerrolle zwischen diesen Leuten und dem Staat. Es ging auf diesem privilegierten Sektor des Handels nur um den »Geldhandel«. Für die Industrie hatten die Banken im 17. und 18. Jahrhundert praktisch keine Bedeutung. Wie schon erwähnt, finanzierte sich die englische industrielle Revolution des 18. Jahrhunderts fast ausschließlich selber.

Wie Lüthy aufgezeigt hat, waren die französischen Banken im ausgehenden 17. und im 18. Jahrhundert in der Regel in protestantischen Händen; ihnen kam die Solidarität der »Diaspora« zugute. Bedeutet das, daß die der »angeblich reformierten Religion« anhängenden französischen Bürger einer calvinistisch-prädestinierten Berufung folgten, wie Max Weber gemeint hat, wurden sie auf Grund ihrer hugenottischen Einstellung zum Leben und zur Arbeit zu erfolgreichen Bankleuten, die sich in den Dienst des wirtschaftlichen Wachstums stellten?

Das ist nur zum Teil richtig. Die Pariser Bank – zu Beginn des 19. Jahrhunderts bezeichnete man sie als Genfer Bank – stand im Dienst des Königs. Nach dem Experiment von Law, das sie ohne großen Schaden überstand, blieb die protestantische Bank im Dienst des Staates. Viele tüchtige Männer standen ihr vor: Tourton und Guigner zur Zeit des Revokationsedikts, der glänzende Samuel Bernard während des Spanischen Erbfolgekrieges vor und nach dem Experiment von Law, der diskrete Isaac Thellusson, Crozat, die André, Boissier, Bouer, Biga, Labat, Tronchin ... und schließlich der berühmte Necker. Natürlich haben sie sich nicht ausschließlich im Dienst des Staates betätigt. Die hugenottischen Bankiers haben entscheidend zur Erleichterung des internationalen Handels beigetragen, sie waren die tatkräftigsten Mitglieder der französischen Kolonie in Cadiz und spielten deshalb eine enorm wichtige Rolle in der Ausweitung des französischen Amerikahandels in den Jahren 1730 bis 1750 (Garnier, Mollet, Dumas), sie versorgten Europa mit Geld. Bedeutsam waren die Genfer Bankiers für die Anfänge der Schweizer

Uhrenindustrie. Aber man darf nicht den Wald vor lauter Bäumen nicht mehr sehen. Die größten Geschäfte tätigte die hugenottische Bank im Dienst des Staates, besonders bei der Mobilisierung der französischen und europäischen Gelder, des befreundeten wie des verfeindeten Europas.

Zu den typischen Vertretern dieser hugenottischen Bankierskreise gehörte die Familie Thellusson. Sie stammte aus Saint-Symphorien-le-Châtel im Lyonnais und gehörte wie die mit ihr verwandten Familien der Des Gouttes und der Battiers aus Basel zur ersten Welle protestantischer Flüchtlinge, die im 16. Jahrhundert nach Genf kamen. Dort blieben sie als Seidenhändler, -fabrikanten und -zwirner lange ihrer heimatlichen Tradition treu, allzu lange, wie sich zeigen sollte, denn mit dem Niedergang der Seidenindustrie verlor der Genfer Zweig der Familie im ausgehenden 17. Jahrhundert seine Bedeutung. Doch dann machte Isaac den Namen Thellusson in Bank- und Finanzkreisen bekannt. Der im Jahre 1698 geborene Isaac war der einzige Sohn von Théophile jr. und Jeanne Guigner (sie hatten zwölf Kinder, von denen aber acht in jungen Jahren starben); mit siebzehn Jahren, ein Jahr vor dem Tod seines Vaters, verließ er Genf. Er arbeitete schwer als Handelsgehilfe und Geschäftsführer in den Firmen von Verwandten und befreundeten Familien und lernte so die verzweigten Verbindungen innerhalb der Geschäftswelt kennen. Deutsch lernte er in Basel, Holländisch in Rotterdam (er sprach es zeitlebens besser als das Französische), Englisch in Exeter bei Bidwell, dem Geschäftspartner der Vettern Guigner in London. Als Law seine Experimente anstellte, war Thellussons Position in der Finanzwelt gesichert.

Die hugenottischen Bankiers, die aus geflohenen französischen Familien hervorgingen, blieben ihrer Kultur weitgehend treu, waren aber anderseits notwendigerweise sehr weltoffen. Zur Ausbreitung französischen Gedankenguts im Europa der Aufklärung haben sie entscheidend beigetragen.

Hat die Tatsache, daß das protestantische Bürgertum in Frankreich als religiöse und politische Minderheit in die Isolierung gedrängt und gleichsam dazu verurteilt wurde, sich auf das Geschäftsleben zu konzentrieren und enorme Vermögen anzuhäufen, dieses Bürgertum tatsächlich vom Staat und seinen Verlockungen ferngehalten? Paradoxerweise nicht. Der französische König stützte sich auf seine katholischen Beamten und seine protestantischen Bankiers. Man kann dies als eine erstaunliche Arbeitsteilung bezeichnen, die für eine strukturelle Eigenart der Gesellschaft und des Staates des Ancien régime bezeichnend war.

Der Aufbau des Staates bleibt die größte wirtschaftliche Leistung des barocken Europa.

11

DIE KONJUNKTUR

Nichts reagiert empfindlicher auf Konjunkturschwankungen als die Bank und der Staat.

Es mag paradox erscheinen, daß wir an das Ende einer Studie über die starren Strukturen der materiellen Kultur die Konjunktur stellen, die sich doch zu allen Zeiten in ständiger Bewegung befindet, also alles andere als starr ist. Und doch ist dieses Paradoxon nur scheinbar. Ein Hin und Her, ein Auf und Ab ist noch keine Vorwärtsbewegung, bedeutet keine prinzipielle Änderung, denn alle solche Schwankungen oszillieren um eine Achse, die sehr starr sein kann. Eine Veränderung der Strukturen tritt nur ein, wenn die Achse ihre Richtung wesentlich verändert. Wie starr die Wirtschaftsstrukturen des barocken Europa waren, wird durch die Art und Weise deutlich, wie die Konjunkturschwankungen verliefen.

Die Geschichtsforschung hat einwandfrei erwiesen, daß die großen, grundlegenden Rhythmen der Wirtschaft zu allen Zeiten, wie weit man auch in der Geschichte zurückgehen mag, eine gewisse Übereinstimmung aufweisen. (Ganz präzise Beweise lassen sich natürlich für die astatistische und prästatistische Zeit – zur letzten gehört auch das Zeitalter des Barock – nicht erbringen.) Das Pendel schlug allerdings früher weit stärker aus, als wir es aus unserer Zeit gewöhnt sind. Für die Grundnahrungsmittel bewegten sich die Schwankungen der Preise oft in der Größenordnung 1 : 3; die Getreideerzeugung schwankte von Jahr zu Jahr, die Textilproduktion 1 : 2, ja 1 : 4, was überraschen mag, und noch überraschender sind die Schwankungen des Handelsvolumens (1 : 10) und des Warenwertes (1 : 100), wohlgemerkt: von einem Jahr zum anderen! Besonders starken Schwankungen war der wichtigste Handel unterworfen, der Handel zwischen Europa und dem spanischen Amerika, in dem das Edelmetall für die Münzen produziert wurde; dementsprechend schwankte auch das Volumen des Geldumlaufs, schwankte der Geldwert. Die inflationären Erscheinungen in Spanien (besonders bis 1680) und in kaum geringerem Umfang in Frankreich zwischen 1700 und 1726 lassen an die europäische Inflation der Jahre 1920–1929 denken. Dramatischer noch waren die Schwankungen der Bevölkerungszahlen, mit denen wir uns bereits ausführlich befaßt haben. Alle diese Schwankungen waren keineswegs voneinander unabhängig, keineswegs regellos. Innerhalb eines bestimmten Raumes bestanden zwischen ihnen Wechselbeziehungen und Wechselwirkungen, die manchmal überraschen.

Offensichtlich ist die inverse Relation zwischen der Getreideproduktion und den Preisen. Wenn wenig Getreide auf den Markt kommt, müssen selbstverständlich die Preise steigen, und umgekehrt. Auf den ersten Blick weniger einleuchtend ist die positive Korrelation zwischen den Preisen und dem Seehandel. Die Verknüpfung aller dieser Korrelationen bildet die Konjunktur. Konjunktur bedeutet jedoch auch ein bestimmtes Klima. Die Wirtschaftskonjunktur, die sich dem Menschen aufzwingt, ist nicht unabhängig vom Menschen. Wohl können in der von der Natur noch stark abhängigen Wirtschaft des 17. und des beginnenden 18. Jahrhunderts zahlreiche Faktoren eine Rolle spielen, auf die der Mensch keinen Einfluß hat (wir bezeichnen sie als »exogene« Faktoren), aber die Konjunktur wird wesentlich durch die Kombination des Wollens vieler einzelner bestimmt. Die Konjunktur beeinflußt sämtliche Tätigkeiten des Menschen, nicht nur die auf wirtschaftlichem Gebiet, denn nichts, weder die Politik noch das Denken noch das künstlerische Empfinden, ja, nicht einmal der Ausdruck religiösen Gefühls entgeht der Konjunktur. Dies aber bedeutet nichts anderes, als daß der Mensch auf den Menschen, der Mensch auf die trägen Dinge einwirkt. *Yo say yo y mi circunstancia,* pflegte Ortega y Gasset zu sagen. Die Konjunktur begrenzt nicht die menschliche Freiheit. Sie ist ein Aspekt der *circunstancia:* die wellenförmige Struktur der Dinge, der Gedanken und der Wesen.

Innerhalb eines bestimmten Raumes, bis auf nationaler Ebene, waren im Europa des Barockzeitalters die Schwankungen regelmäßig, eng miteinander verknüpft. Im damaligen Frankreich waren drei Wirtschaftsräume zu unterscheiden: das Gebiet zwischen Somme und Loire, Südfrankreich und das östliche Randgebiet; in Spanien ebenfalls drei: Kastilien-Andalusien, Kantabrien und Katalonien-Valencia; in England zwei: das östliche und das westliche England usw. Nur die Vereinigten Niederlande bildeten bereits einen fast einheitlichen Wirtschaftsraum. Eines der wichtigsten neuen Forschungsergebnisse der Wirtschaftshistoriker ist die Erkenntnis, daß man schon viel früher von einer Weltkonjunktur sprechen kann, als man noch vor kurzem angenommen hat. Eine Weltwirtschaft, also eine Weltkonjunktur gab es nicht erst ab dem 19. Jahrhundert, sondern schon im 18., 17. (also im Barockzeitalter) und zweifellos auch schon im 16. Jahrhundert, als das christliche Abendland über die Weltmeere vorstieß und erstmals ein weltweiter Handel getrieben wurde. Vier Konjunkturrhythmen sind zu unterscheiden: die Schwankungen innerhalb von zwei, drei oder vier Jahren; der Zehnjahreszyklus; der etwa dreißig Jahre, also eine Generation umfassende »Kondratjew«-Zyklus* und der Hundertjahreszyklus.

Man kann, ja man muß sich darüber wundern, daß trotz sehr verschiedener

Produktions- und Kommunikationsverhältnisse die Rhythmen des Wirtschaftslebens in einem verhältnismäßig früh beginnenden, langen Zeitraum weitgehende Übereinstimmung aufweisen. Noch überraschender ist es, daß sich die regionalen Konjunkturen schon ab dem 16. Jahrhundert nicht nur zu einer europäischen, sondern zu einer weltweiten Konjunktur summierten, wenngleich sich natürlich eine Weltwirtschaft im heutigen Sinn erst partiell abzeichnete. Diese Tatsache ist von wesentlicher Bedeutung. Die einzelnen Phasen und Schwankungen dieser frühen Weltkonjunktur können wir verständlicherweise nur indirekt fassen, da uns statistisches Material aus dieser prästatistischen Zeit nur in Bruchstücken vorliegt. Unsere Darstellung muß deshalb weitgehend auf indirekten Schlußfolgerungen und auf wohldurchdachten Extrapolationen beruhen, auf statistischen Serien, die aus der Auswertung und Inbezugsetzung des fragmentarischen Zahlenmaterials gewonnen wurden.

Über diesen Vorbemerkungen dürfen wir nicht das Wesentliche aus den Augen verlieren, die eigenartige Dynamik der einstigen Wirtschaft. Vorab wollen wir ein Bild in großen Zügen zeichnen und aufzeigen, welche Bedingungen damals gegeben waren.

Zunächst die Bedingungen. Wie war die Reihenfolge der Wirtschaftstätigkeit, in welcher Beziehung standen die einzelnen Sektoren zueinander? Für uns Europäer des 20. Jahrhunderts ist es selbstverständlich, die Industrie als den wichtigsten Wirtschaftszweig anzusehen, gefolgt vom Handel und der Landwirtschaft. Im barocken Europa lautete die Reihenfolge jedoch Landwirtschaft – Handel – Industrie, wobei die Landwirtschaft weit in Führung lag.

Die größte Bedeutung für das Wirtschaftsleben des Barockzeitalters hatte also die Agrarkonjunktur, mit der sich Ernest Labrousse ausführlich befaßt hat. Die Landwirtschaft erlebte immer wieder und in verhältnismäßig kurzen Zeitabständen schwere Krisen; weit stärker als heute war sie vom Wetter abhängig; Mißernten waren an der Tagesordnung. Entsprechend stiegen die Preise, wovon aber weniger die Landbewohner als die Privilegierten profitierten. Mißernten führten zu Krisen im wichtigsten industriellen Sektor, der Textilindustrie (wobei natürlich immer im Auge zu behalten ist, daß es sich um keine Industrie im modernen Sinn, sondern um ein Gewerbe handelte), die sich rasch auf den ganzen industriellen Sektor ausbreiteten. Auch der Handel wurde dadurch betroffen. Diese vom Agrarsektor ausgehenden Krisen sind seit dem 19. Jahrhundert in Europa völlig verschwunden. Die landwirtschaftliche Konjunktur kannte drei übereinandergelagerte Zyklen: einen sieben bis neun Jahre umfassenden Zyklus, in dem unmittelbar auf

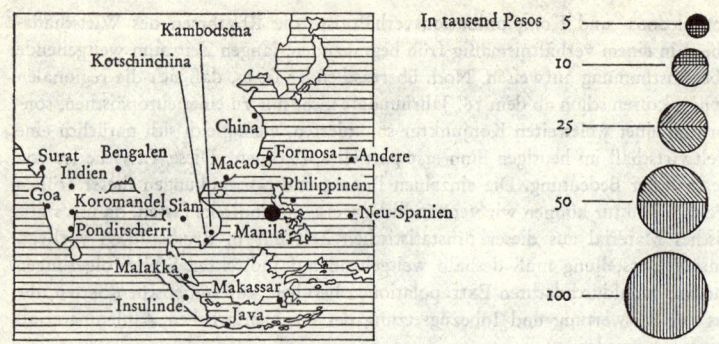

In tausend Pesos 5

10

25

50

100

28 DER FERNE OSTEN UND DER EUROPÄISCHE
HANDEL (nach P. Chaunu: *Les Philippines et
le Pacifique des Ibériques*). Diese neun Karten zeigen den Wert der Waren, die aus verschiedenen asiatischen Ländern nach Manila
kamen, in jenen Hafen, der in der damaligen Zeit der größte Umschlagplatz des
europäischen Handels mit dem Fernen Osten
war. Geliefert wurden die Waren hauptsächlich von China, Formosa, Macao, Neu-
Spanien, den Philippinen, Makassar, Java,
Insulinde, Kambodscha, Siam, Kotschin,

Malakka, Bengalen, Ponditscherri, der
Koromandelküste, Goa und übriges Indien,
Surat. Deutlich lassen sich die Konjunkturschwankungen ablesen, die einen etwa
dreißigjährigen Rhythmus haben. Die Ausweitung des Chinahandels gegen Ende des
18. Jahrhunderts entspricht dem Wachstum
der chinesischen Bevölkerung. Erstaunlich ist
die Zunahme des Handels mit Indien, obwohl dieses Land von Manila ziemlich weit
entfernt lag: Ende des 18. Jahrhunderts
hatte Indien mit China gleichgezogen.

29 DER SPANISCHE AMERIKAHANDEL (nach
H. und P. Chaunu: *Séville et l'Atlantique*).
In der ersten Hälfte des 16. Jahrhunderts
waren San Domingo und Puerto Plata die
wichtigsten Ausfuhrhäfen. Um 1540 kamen
Veracruz und Nombre de Dios hinzu. In der
ersten Hälfte des 17. Jahrhunderts stieg
Veracruz wieder ab, während Puerto Belo,

das 1598 Nombre de Dios abgelöst hat, im
Aufstieg begriffen ist. Allerdings hat sich
inzwischen das Handelsvolumen stark verringert; es kam zu einer Krise, die bis in
die Mitte des 18. Jahrhunderts hinein
dauerte. Der danach allmählich wieder einsetzende Aufstieg vollzog sich in einem völlig veränderten Rahmen.

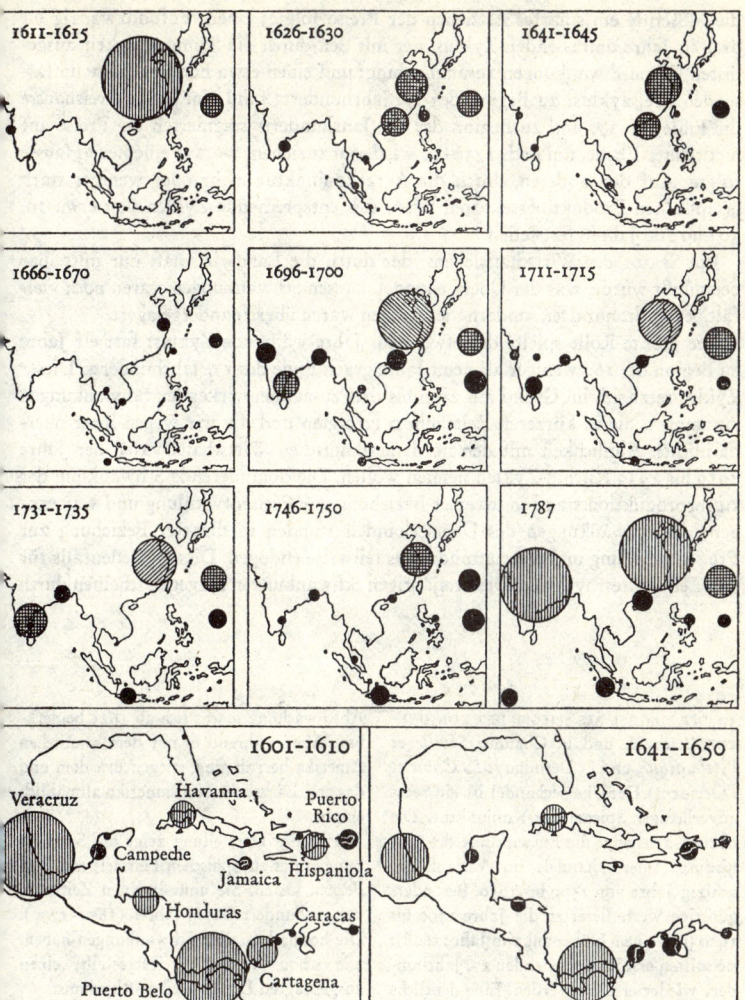

die Mißernte ein scharfes Anziehen der Preise folgte; einen fünfundzwanzig bis dreißig Jahre umfassenden Zyklus, der mit den durch die Sonnentätigkeit ausgelösten Klimaschwankungen zusammenhing; und einen etwa hundert Jahre umfassenden Preiszyklus: zu Beginn des 17. Jahrhunderts fand eine lange Preishausse ihr Ende; im 17. und zu Beginn des 18. Jahrhunderts stagnierten die Preise auf niedrigerer Ebene, um nach 1730–40 wieder anzuziehen, worauf eine neue Hausse folgte. Auf den anderen, durch die Agrarkonjunktur mehr oder weniger stark beeinflußten Produktionssektoren lassen sich entsprechende Zyklen von etwa 10, 30 und 100 Jahren feststellen.

Ein Sektor des Wirtschaftslebens, der durch die Landwirtschaft nur mittelbar beeinflußt wurde, war der Überseehandel. Dessen Schwankungen waren noch vielfältiger: nicht nur drei, sondern vier Zyklen waren übereinandergelagert.

Die größte Rolle spielte der etwa zehn Jahre während Zyklus: fast elf Jahre zu Beginn des 16., weniger als neun Jahre gegen Ende des 17. Jahrhunderts. Dieser Zyklus setzt sich im Grund aus zwei bis drei zusammenwirkenden Schwankungen zusammen, die in kürzeren Zeiträumen erfolgten und die wir wegen ihrer oberflächlichen Ähnlichkeit mit den nordamerikanischen Wirtschaftszyklen der Jahre 1919 bis 1939 Kitchin-Zyklen nennen wollen. Die dominierende Schwankung der Agrarproduktion stand in inverser Beziehung zur Preisentwicklung und war exogen; die Schwankungen des Überseehandels standen in direkter Beziehung zur Preisentwicklung und waren mindestens teilweise endogen. Dies gilt jedenfalls für den Zehnjahresrhythmus. Die dreijährigen Schwankungen hingegen scheinen durch

30 DER HANDEL ALS SPIEGEL DER KONJUNKTUR (nach H. und P. Chaunu: *Séville et l'Atlantique*, und L. Dermigny: *La Chine et l'Occident*). Der Überseehandel ist ein recht zuverlässiger Spiegel der Konjunktur. Die obere Karte zeigt die Entwicklung des spanischen Amerikahandels im Verlauf der achtzig Jahre von 1570 bis 1650. Besonders günstige Werte lieferten die Jahre 1590 bis 1620 (mit einem Höhepunkt im Jahre 1608); sie sollten erst im ausgehenden 17. Jahrhundert wieder erreicht werden. Eine deutliche Abschwächung macht sich ab 1625 bemerkbar. Aber während es mit dem spanischen Amerika bergab ging, stiegen Brasilien und das angelsächsische Nordamerika allmählich empor.

Die zweite Darstellung zeigt die Schwankungen des europäischen Handels mit dem Fernen Osten. Sie umfaßt einen Zeitraum von einhundertvierzig Jahren (1650–1790). Die konjunkturellen Schwankungen haben, wie schon wiederholt festgestellt, einen ausgeprägten Dreißig-Jahre-Rhythmus.

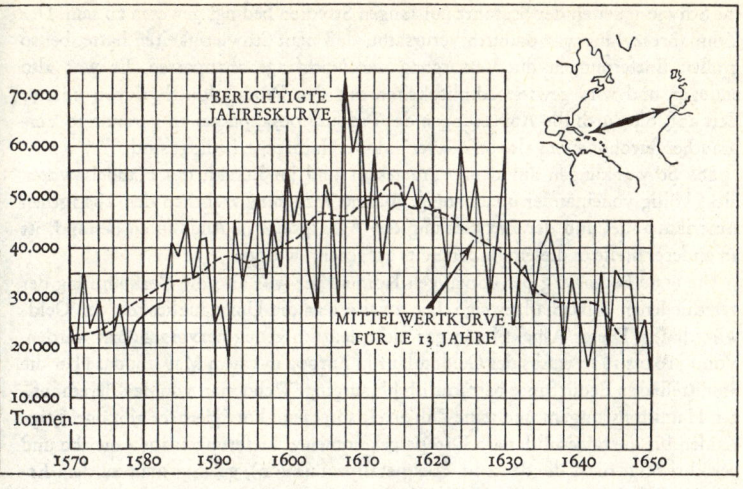

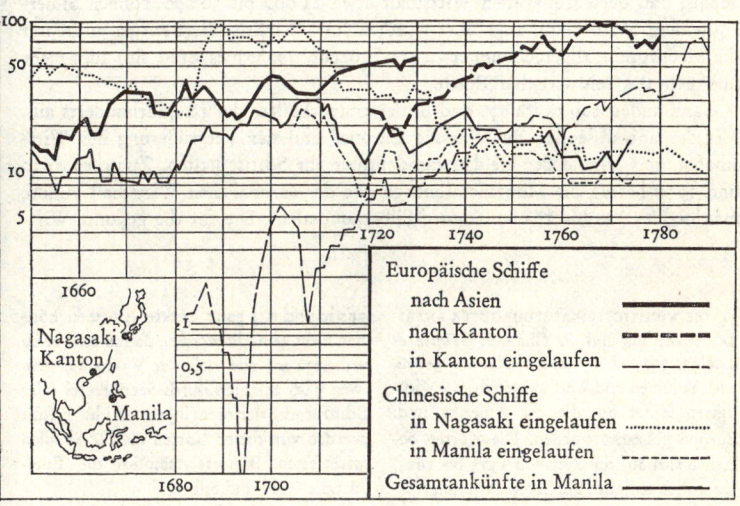

die Schwierigkeiten der Seefahrt auf langen Strecken bedingt gewesen zu sein. Der Zehnjahreszyklus war dadurch verursacht, daß man Schwierigkeiten hatte, bei so großen Entfernungen die Versorgung der Nachfrage anzupassen. Er war also endogen und wies gewisse Ähnlichkeiten mit den Produktionsrhythmen unserer Zeit auf, die durch die Anpassungen des Produktionsapparats an veränderte Verbrauchergewohnheiten, also an die veränderte Nachfrage, bedingt sind.

Die Schwankungen auf dem Agrarsektor und im Bereich des Handels waren nicht völlig voneinander unabhängig. Welche Beziehung zwischen dem spanischen Amerikahandel und der Entwicklung der Agrarpreise in Andalusien bestand, ist an anderer Stelle in diesem Buch bereits aufgezeigt worden.

Die erste Bedingung der damaligen Konjunktur war also die Verknüpfung der verschiedenen Wirtschaftszweige. Die zweite war die Unzulänglichkeit der Geldwirtschaft*. Dieser Aspekt kann gar nicht deutlich genug hervorgehoben werden. Von 1510 bis 1620 wuchs der Geldumlauf in Europa in einem Maß an, das über die unmittelbaren Bedürfnisse beträchtlich hinausging. Wenn man von den Berechnungen Hamiltons ausgeht und seine Zahlen entsprechend korrigiert (er gibt unrichtige Zahlen für die tatsächlich nach Europa gekommenen Lieferungen aus Amerika und berücksichtigt nicht die deutsche Edelmetallproduktion), gelangt man zu dem Ergebnis, daß der europäischen Wirtschaft etwa 25 000 bis 30 000 Tonnen Silberäquivalent Münzmetall zugeführt wurden. Im 16. Jahrhundert stiegen nicht nur die Metallpreise allgemein um etwa 450 Prozent, sondern es setzte sich auch mehr und mehr die Geldwirtschaft durch.

Ganz anders sah es im 17. und in der ersten Hälfte des 18. Jahrhunderts aus. Mit der anwachsenden Bevölkerung Europas und der Vergrößerung des Wirtschaftsraums konnte der Geldzuwachs nicht mehr Schritt halten. Zwischen 1620 und 1750 betrug die Münzmetallmenge, die der europäischen Wirtschaft zufloß, maximal 15 000 bis 20 000 Tonnen Silberäquivalent. Die für die gesamte Wirt-

31 DIE WICHTIGSTEN AUSFUHRGÜTER AMERIKAS (nach H. und P. Chaunu: *Séville et l'Atlantique*). Die beiden Karten geben, nach Volumen und Wert aufgeteilt, die wichtigsten Güter an, die aus Amerika nach Europa gebracht wurden. Die Karten beziehen sich auf die Zeit von 1575 bis 1625. Sie wollen lediglich die Größenordnung veranschaulichen; ganz exakte Angaben können nicht gemacht werden, da nur schwer zu ermessen ist, wie viele der Waren auf dem Weg nach Spanien durch Seeräuberei oder Schiffbruch verlorengingen. Nicht erfaßt werden von diesen Karten die für Spanien wichtigsten Importe, nämlich die Edelmetalle Gold und Silber.

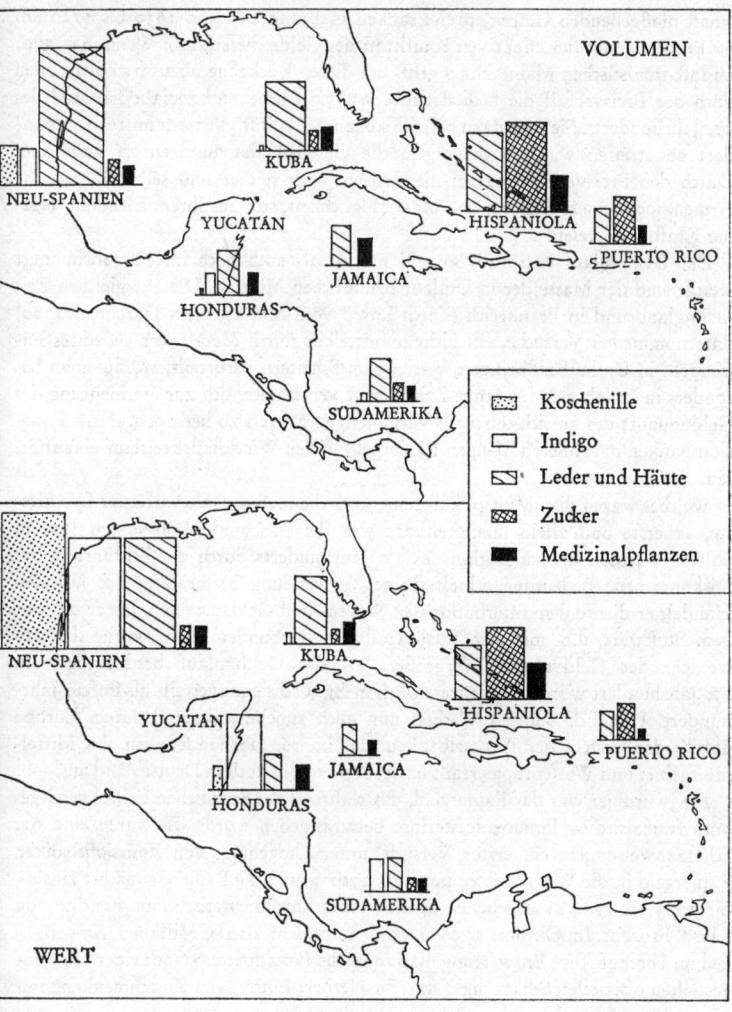

VOLUMEN

NEU-SPANIEN
KUBA
YUCATÁN
HISPANIOLA
PUERTO RICO
JAMAICA
HONDURAS
SÜDAMERIKA

▨ Koschenille
▢ Indigo
▧ Leder und Häute
▨ Zucker
■ Medizinalpflanzen

NEU-SPANIEN
KUBA
YUCATÁN
HISPANIOLA
PUERTO RICO
JAMAICA
HONDURAS
SÜDAMERIKA

WERT

schaft maßgebenden Getreidepreise sanken in Frankreich von 1630 bis 1720 um 60 Prozent (nach der effektiven Kaufkraft des Geldes berechnet). Wenn man auch zu inflationistischen Maßnahmen griff, um diesen Rückgang abzuschwächen, blieb doch der Preisverfall die bedeutsamste wirtschaftliche und soziale Tatsache des 17. Jahrhunderts. Sie trug dazu bei, die soziale Mobilität, die noch im 16. Jahrhundert anzutreffen war, zu beseitigen, die Gesellschaftsstrukturen zu verhärten. Durch den Preisverfall wurden die Reichen noch reicher und selbstsicherer, die Armen noch ärmer, hilfloser und ohne Möglichkeit, sich aus ihrem Elend aus eigener Kraft zu befreien.

Der Geldumlauf entsprach sowohl im 17. als auch noch im 18. Jahrhundert weitgehend der Masse der in Umlauf befindlichen Münzen. Die zur gleichen Zeit in England und in Frankreich (durch Law* vom Mai 1719 bis Dezember 1720) unternommenen Versuche, ein nicht unmittelbar durch Metallwert gedecktes Papiergeld in Umlauf zu bringen, waren zum Scheitern verurteilt, worauf man besonders in Frankreich für lange Zeit darauf verzichtete, sich zur Vermehrung des Geldumlaufs des an sich durchaus vernünftigen Mittels zu bedienen, durch Emissionsbanken in größeren Mengen Papiergeld in den Wirtschaftskreislauf einzuführen.

Welches waren die »Multiplikatoren«, über die man damals verfügte? Der älteste, sicherste und allein unangreifbare war der in Handelskreisen seit langem übliche Wechsel, der zu Beginn des 17. Jahrhunderts durch die Einführung des Diskonts neue Bedeutung erhielt. Seine Verwendung beschränkte sich auf den Handel; er diente dem internationalen Waren- und Geldaustausch. Da er eng mit dem Stoffwert, d.h. mit dem Edelmetallwert, verbunden blieb, wurde dadurch weniger das Geldvolumen vergrößert als der Geldumlauf beschleunigt. Im 17. Jahrhundert wurden nicht wesentlich mehr Wechsel ausgestellt als im 16. Jahrhundert. Lediglich wurden Wechsel nun auch zunehmend im östlichen Europa üblich; das System der Wechselbanken, das im 16. Jahrhundert nur das Mittelmeergebiet und Westeuropa erfaßt hatte, breitete sich auch in Deutschland aus.

Fragwürdiger war das Papiergeld, das während des Spanischen Erbfolgekrieges vom französischen Finanzministerium herausgegeben wurde. Es waren eine Art Schatzanweisungen, ein erster Versuch, unter Umgehung von Emissionsbanken Papiergeld in die Wirtschaft zu pumpen. 1701 waren die Papiere zunächst zinslos, die 1703 bis 1704 ausgegebenen Scheine erbrachten theoretisch eine Rendite von 4 bis 8 Prozent. Im Oktober 1706 waren bereits mehr als 180 Millionen Anweisungen im Umlauf. Ihre Entwertung machte rasche Fortschritte. »Nach einer 1709 angestellten offiziellen Schätzung«, schreibt Herbert Lüthy, »im Zusammenhang mit der Nachprüfung der Rechnungen für Armeelieferungen durch eine Sonderkommission hatten die Geldscheine, die Ende 1705 noch ungefähr zum Ausstellungswert gehandelt wurden, in der Zeit vom Januar bis März 1706 sechs Prozent, im April bis Juni 14 Prozent, im Juli bis September 28 Prozent, im Oktober bis Dezember 1706 53 Prozent und im Mai 1707 63 Prozent ihres Wertes eingebüßt, um dann dank der Einstellung der Ausgabe und der zur Einziehung und Einlösung getroffenen Maßnahmen wieder leicht im Wert zu steigen; aber ... im Dezember 1706 ließ sich Samuel Bernard vom Schatzamt einen Verlust von 78,5 Prozent für die von ihm in Zahlung genommenen Anweisungen zurückerstatten.« Die Anweisungen, ein Notbehelf zur Ankurbelung der Kriegswirtschaft, waren kaum über den engen Kreis der Bankiers, Finanzleute und Kriegslieferanten hinausgelangt.

Das ganze Geldsystem des barocken Europa hing also weitgehend von der für die Münzprägung verfügbaren Edelmetallmenge ab. Diese Tatsache wirkte sich besonders stark in Frankreich zwischen 1680 und 1720 aus. Da Frankreich keine Gold- und Silberminen besaß, war das französische Geld durch einen ständig ungünstigen Wechselkurs bedroht, der seinerseits die Folge einer strukturell defizitären Handelsbilanz war. Dies galt nicht nur für den Beginn des 18. Jahrhunderts, sondern auch schon für das 16. und für fast das ganze 17. Jahrhundert. Als die Handelsbeziehungen zu Amerika durch Kriege – besonders durch den Krieg gegen die Augsburger Allianz und durch den Spanischen Erbfolgekrieg – gestört wurden, kam es in ganz Europa zu einem Zusammenbruch, der in erster Linie Frankreich betraf.

Kennzeichnend für die Entwicklung war die Münzverschlechterung, d.h., der nominelle Geldwert stieg zum Teil erheblich über den tatsächlichen Metallwert. In Zeiten, in denen auf dem Edelmetallmarkt eine natürliche Deflation herrschte, war diese Maßnahme gerechtfertigt; bei vernünftiger Anwendung wurden dadurch die Auswirkungen eines Preisverfalls gemildert. Im 17. Jahrhundert gingen alle Staaten zur Münzverschlechterung über, sogar England und Holland. Diese beiden Staaten verzichteten später allerdings wieder darauf, England seit der Gründung der Bank of England 1693, Holland ab 1682. Der Gulden enthielt 1575 14,28 Gramm Feinsilber, 1604 10,94 g, 1607 10,89 g, 1611 10,70 g, 1620 10,28 g und 1682 9,61 g. Dieser Feinsilbergehalt von 1682 blieb bis 1844 gleich. Holland hatte also als einziges europäisches Land im schwierigen 17. Jahrhundert einen fast stabilen Geldwert. Diese Stabilität spiegelt die Stabilität der holländischen Wirtschaft.

Am anderen Ende der Skala standen Spanien und Frankreich. Aber kann man überhaupt Spanien in dieser Hinsicht als Einheit behandeln? Eine einheitliche

Währung gab es in Spanien nicht. In Katalonien betrieb man eine vorsichtige Finanzpolitik, und auch Valencia war bemüht, den Geldwert zu erhalten. Der valencianische Dinar folgte nur langsam der Abwärtsbewegung des kastilischen Maravedí. Von 1501 bis 1609 hatte der Dinar einen Wert von 0,1389 Gramm Feinsilber. Das katalanische Prinzipat war unbedingt darauf bedacht, die Stabilität des Pfundes zu sichern; Pierre Vilar meint, daß der Wunsch, dem Land die kastilischen Finanzschwierigkeiten zu ersparen, bei dem Bruch des Jahres 1640 eine wesentliche Rolle gespielt hat. Der Krieg und das Eingreifen der Franzosen führten innerhalb von zwölf Jahren zu einem spektakulären Zusammenbruch. Von 1641 bis 1652/1653 stieg der Wert des doppelten Goldtalers von 56 auf 320 Sous. Der tatsächliche Geldwert verminderte sich jedoch ebenso rasch. Der Feingold-

32 MARKTPREISE IN PARIS UND IN BEAUVAIS (nach M. Baulant und J. Meuvret: *Prix des céréales extraits de la mercuriale de Paris,* und P. Goubert: *Beauvais et le Beauvaisis de 1600 à 1730*). Über die Entwicklung der Marktpreise im barocken Europa liegen bereits so viele Studien vor, daß man mehrere Bände mit Schaubildern füllen könnte. Wir haben uns auf eine repräsentative Auswahl beschränkt. Zunächst zeigen wir die Entwicklung in Frankreich, um uns dann den Dänen im Norden und den Spaniern im Süden zuzuwenden; die holländischen Preise sind insofern von Interesse, als es sich hier um in Amsterdam umgeschlagene Einfuhrgüter handelt.

In Paris sind die Preisschwankungen für Weizen weniger stark als für Roggen, das Brotgetreide der armen Bevölkerungsschichten. In günstigen Zeiten ist der Roggen sehr billig, aber in Notzeiten schnellen die Preise empor. Interessant ist, daß von 1662 bis 1690 die Preise auf einem niedrigen Niveau bleiben. Dies waren die Jahre von

Colberts strenger Wirtschaftspolitik, die, wie man deutlich erkennt, sich sehr segensreich auswirkte.

Als zweites französisches Beispiel haben wir Beauvais gewählt, das demselben geographischen Sektor angehört wie Paris, also den Unterschied zwischen Stadt und flachem Land veranschaulicht. Bis 1650 verläuft die Kurve ähnlich wie in Paris; danach jedoch sind die Schwankungen weit ausgeprägter. Die Hauptstadt mit ihrem großen Einzugsgebiet konnte die Preisschwankungen in einzelnen Regionen besser ausgleichen. Die unterste Kurve zeigt das Preisniveau in korrigierten, d. h. umgerechneten Preisen. Daraus wird deutlich, daß die Lebenshaltungskosten, was die Ernährung angeht, ab der Mitte des 17. Jahrhunderts fühlbar sanken, wenngleich es immer wieder zu konjunkturellen Teuerungen kam, doch lagen selbst dann die Spitzenpreise noch unter dem durchschnittlichen Niveau der Jahre 1620 bis 1660. Auch auf anderen Sektoren stieg der allgemeine Lebensstandard.

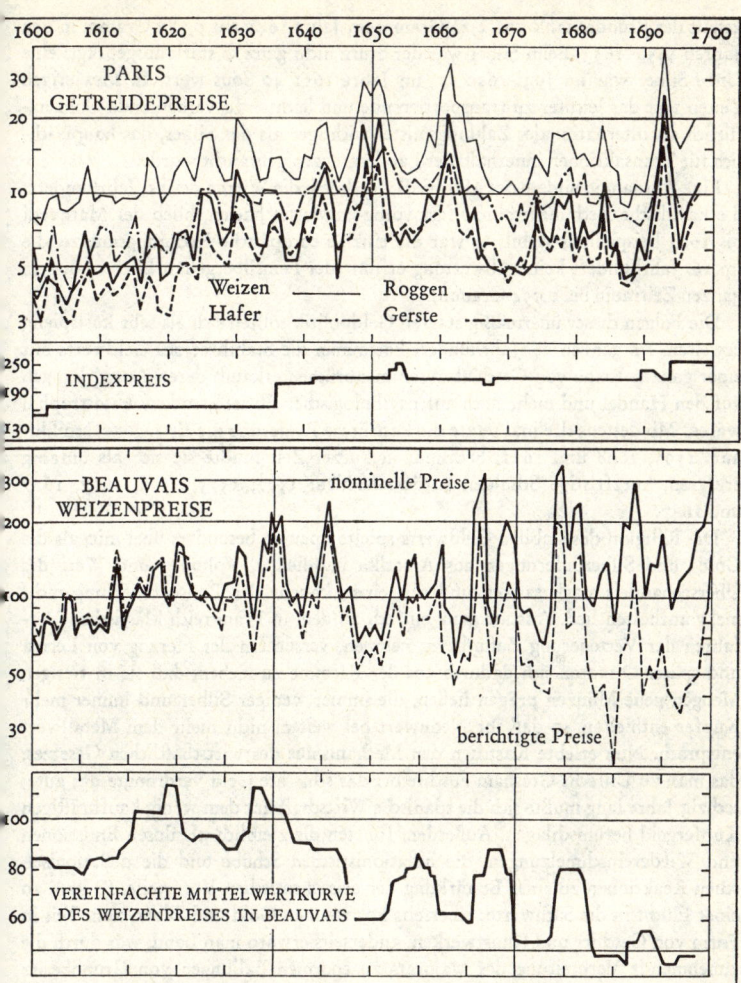

gehalt des Pfundes sank von 2,22 Gramm im Jahre 1641 auf 0,383 Gramm in den Jahren 1652–1653. Beim Silber war der Sturz nicht ganz so stark ausgeprägt: eine Unze Silber war im Juni 1640 17, im Jahre 1651 40 Sous wert. In schwierigen Zeiten war das leichter zu transportierende und leichter zu verbergende Gold natürlich als internationales Zahlungsmittel wichtiger als das Silber, das hauptsächlich für Transaktionen innerhalb der Landesgrenzen gebraucht wurde.

Eine Ausnahme bildete der Maravedí. Nachdem die Wirren des 15. Jahrhunderts die kastilische Rechnungsmünze fast völlig entwertet hatten, blieb der Maravedí bis 1602 beispielhaft stabil; er war die einzige europäische Rechnungsmünze, die im 16. Jahrhundert keine Abwertung erfuhr (der Feinsilbergehalt blieb in diesem ganzen Zeitraum bei 0,094 Gramm).

Die Folgen dieser übermäßig starren Geldpolitik sollten sich als sehr kostspielig erweisen. Im ganzen 16. Jahrhundert hatte man die Stabilität des Geldwerts mit einer ganzen Reihe von Geschäftszusammenbrüchen erkauft, deren Auswirkungen auf den Handel und mehr noch auf psychologischer Ebene geradezu katastrophal waren. Mindestens dreimal setzte die kastilische Regierung die Ertragssteuern hinauf: 1593, 1608 und 1621. Sechsmal in kurzer Zeit mußte sie sich als unfähig erklären, kurzfristige Schulden zurückzuzahlen: 1557, 1575, 1596, 1607, 1627 und 1647.

Die Religion des stabilen Geldwerts spielte Spanien besonders übel mit, als die Gold- und Silberlieferungen aus Amerika nachließen, Volumen und Wert des Überseehandels stark sanken und sich eine Umkehr der Preisentwicklung nicht mehr aufhalten ließ. Anstatt ganz einfach zu dem in Frankreich klassischen Verfahren der Verteuerung Zuflucht zu nehmen, versuchten der Herzog von Lerma und später Olivarez sich dadurch aus der Klemme zu ziehen, daß sie in riesigen Mengen neue Münzen prägen ließen, die immer weniger Silber und immer mehr Kupfer enthielten, so daß ihr Nennwert bei weitem nicht mehr dem Metallwert entsprach. Nun erlebte Kastilien den Mechanismus des wirtschaftlichen Gesetzes, das man zu Unrecht Gresham zuschreibt: das schlechte Geld verdrängte das gute; sechzig Jahre lang mußte sich die spanische Wirtschaft mit dem wenig kaufkräftigen Kupfergeld herumschlagen. Außerdem führten die ziemlich planlosen Emissionen und Wiedereinschmelzungen, die inflationistischen Schübe und die deflationistischen Reaktionen zu einer Bestärkung der aristokratischen Vorurteile. Es kam zu einer Flucht in die Sachwerte: einerseits hortete man Gold und Silber, zum Teil in Form von Geschirr und Kunstwerken, andererseits erwarb man Land, was durch die zunehmende Verbreitung des Majorats zu enormen Ballungen von Grundbesitz führte. Dem anstößigen Reichtum jener, die an den Hebeln der Macht saßen und deshalb stets einige Tage im voraus über die geplanten wirtschaftlichen Maßnahmen der Regierung Bescheid wußten, stand die entsetzliche Armut der großen Masse der Bevölkerung gegenüber, die den Machenschaften von oben hilflos ausgesetzt war. Wie sprunghaft die Wirtschaftspolitik war, zeigt das Schaubild von Hamilton (Schaubild 33 b). Erst 1680 trat eine Wende zum Besseren ein.

Das bedeutete allerdings noch nicht, daß die Inflation 1680 zum Stillstand kam; sie setzte sich noch während des ganzen 18. Jahrhunderts fort, allerdings in einem Ausmaß, das wirtschaftlich vertretbar war. Immerhin ging man ab 1680 von den planlosen Experimenten und sprunghaften Maßnahmen ab, die die Wirtschaft an den Rand des völligen Zusammenbruchs geführt hatten. Um jedoch wiedergutzumachen, was von 1620 bis 1680 gesündigt worden war, und die psychologischen Voraussetzungen für ein neues Wirtschaftswachstum zu schaffen, reichte ein ganzes Jahrhundert nicht aus, wie die folgende Zeit erweisen sollte.

33 PREISENTWICKLUNGEN IN DÄNEMARK UND IN SPANIEN (nach A. Friis und K. Glamann: *A History of Prices and Wages in Denmark;* E. J. Hamilton: *American Treasure and the Price Revolution in Spain,* und E. J. Hamilton: *War and Prices in Spain*). Hier eine Gegenüberstellung des Nordens und des Südens. Genaue Unterlagen über die Preisentwicklung in Dänemark liegen leider erst für einen verhältnismäßig späten Zeitraum vor, so daß sich keine unmittelbare Korrelation zu Spanien herstellen läßt. Angeführt sind die Preise für Weizen (teils aus dem eigenen Land, teils aus Holstein importiert), Roggen, Gerste und Malz, der wichtigen Rohstoff für das Nationalgetränk, das Bier. Ungewöhnlich hohe Preise finden wir in den Jahren 1740, 1757–1759 und ab 1763. Alle europäischen Länder hatten mit wirtschaftlichen Schwierigkeiten zu kämpfen; in Dänemark wirkten sie sich später aus als beispielsweise in Frankreich.

Die Preisentwicklung in Spanien spiegelt die Unstabilität des Geldwertes wider; gezeigt werden die nominellen Preise. Daß die Kurve des Weinpreises weniger stark schwankt als die des Getreidepreises, beruht darauf, daß es sich um Lieferantenpreise für Großabnehmer handelt, die konstanter sind als die freien Marktpreise im Kleinhandel. Während die Preiskurven in Frankreich zwischen 1660 und 1680 in etwa auf einer Ebene bleiben, verraten die spanischen Kurven, daß sich das Land damals in einer schweren Wirtschaftskrise befand. Eine fühlbare Beruhigung ist während der Regierungszeit Philipps V. zu verzeichnen, als sich Spanien in einem Stadium des Wiederaufstiegs von dem bedrohlichen Bevölkerungsschwund des 17. Jahrhunderts allmählich erholte und zu relativer wirtschaftlicher Stabilität zurückfand. Aber erst gegen Ende des 18. Jahrhunderts hatte sich Spanien erholt.

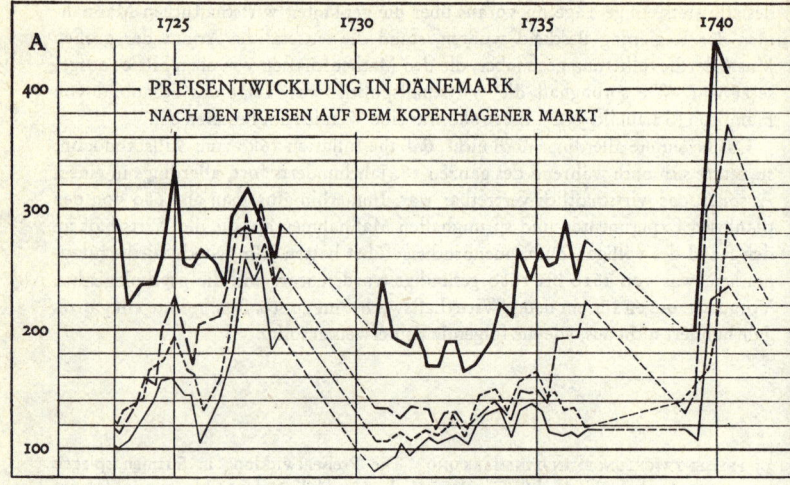

A

PREISENTWICKLUNG IN DÄNEMARK
NACH DEN PREISEN AUF DEM KOPENHAGENER MARKT

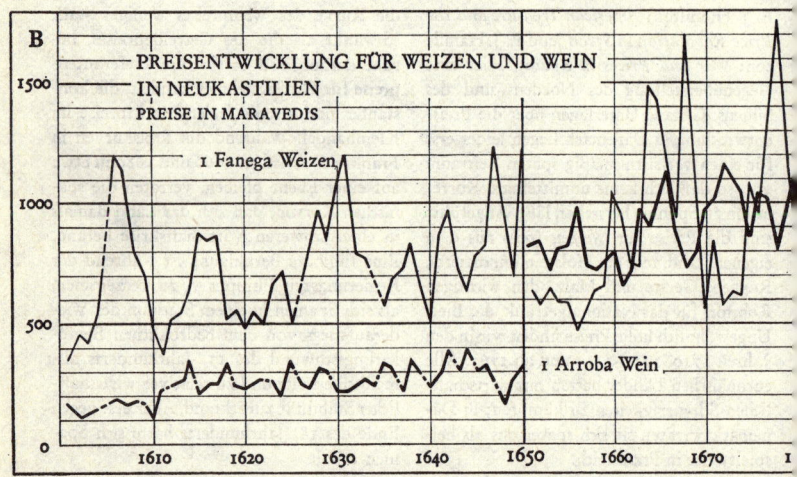

B

PREISENTWICKLUNG FÜR WEIZEN UND WEIN
IN NEUKASTILIEN
PREISE IN MARAVEDIS

1 Fanega Weizen

1 Arroba Wein

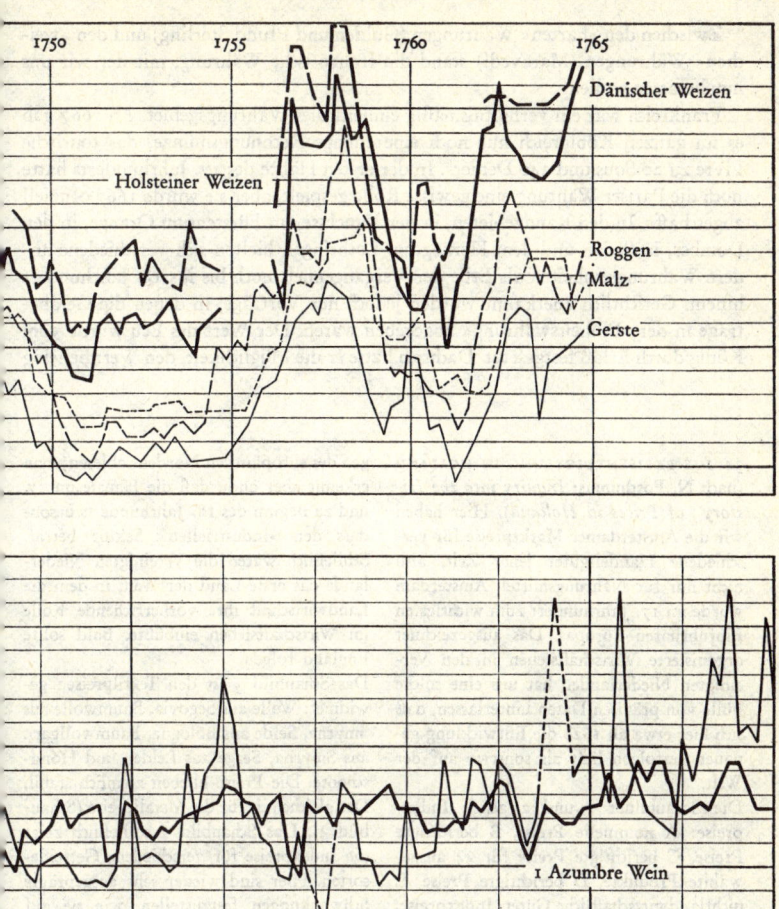

Zwischen den »harten« Währungen (Gulden und Pfund Sterling) und den »weichen« Währungen (Maravedí) stand die französische Währung, mit der wir uns nun befassen wollen.

Frankreich war ein verhältnismäßig einheitliches Währungsgebiet. Ab 1667 gab es im ganzen Königreich nur noch eine einzige Rechnungsmünze, das tourische Livre zu 20 Sous und 240 Deniers. In der ersten Hälfte des 17. Jahrhunderts hatte noch die Pariser Währung eine gewisse Rolle gespielt, aber sie wurde 1667 offiziell abgeschafft. In den Randgebieten, in der Vaucluse, im Fürstentum Orange, in den Dombes, in Sedan und dem Herzogtum Lothringen hielten sich verschiedene andere Währungseinheiten als Erbe der Vergangenheit noch bis ins 18. Jahrhundert hinein. Gerichtlich anerkannt wurden jedoch nur Verträge, in denen die Geldbeträge in der »Einheitswährung« angegeben waren. Der Wert des Écu wurde vom König durch Erlaß festgesetzt. Dadurch hatte er die Möglichkeit, den Wert beliebig

34 DIE PREISENTWICKLUNG IN HOLLAND (nach N. Posthumus: *Inquiry into the History of Prices in Holland*). Hier haben wir die Amsterdamer Marktpreise für verschiedene Handelsgüter jener Zeit, also nicht nur für Nahrungsmittel. Amsterdam wurde im 17. Jahrhundert zum wichtigsten Einfuhrhafen Europas. Das ausgezeichnet organisierte Wirtschaftsleben in den Vereinigten Niederlanden hat uns eine solche Fülle von präzisen Daten hinterlassen, daß sich hier etwa ab 1620 die Entwicklung genauer verfolgen läßt als sonstwo auf der Welt.

Die Schaubilder 1 und 2 geben Indexpreise: A nominelle Preise, B berichtigte Preise, C berichtigte Preise für 44 ausgewählte Produkte, D berichtigte Preise, E nichtlandwirtschaftliche Güter, Indexpreise, F und G Produkt Menge durch Preis für landwirtschaftliche bzw. nichtlandwirtschaftliche Güter. Deutlich lassen sich aus diesen Kurven die Konjunkturschwankungen des europäischen Nordens ablesen; man erkennt aber auch, daß die Hausse im 17. und zu Beginn des 18. Jahrhunderts besonders den »industriellen« Sektor betraf. Schließlich waren die Vereinigten Niederlande das erste Land der Welt, in dem die Landwirtschaft ihre vorherrschende Rolle im Wirtschaftsleben einbüßte. Bald sollte England folgen.

Das Schaubild 3 ist den Textilpreisen gewidmet: Wolle aus Segovia, Baumwolle aus Smyrna, Seide aus Bologna, Baumwollgarn aus Smyrna, Serge aus Leiden und Hondschoote. Die Preise blieben ziemlich stabil. Das gleiche gilt für die Metallpreise (Schaubild 4). Das Schaubild 5 schließlich zeigt die Indexpreise für verschiedene Getreidesorten. Hier sind wieder sehr ausgeprägte Schwankungen festzustellen, wie sie auf allen europäischen Märkten in dieser Zeit auftraten. Amsterdam war der Hauptumschlagplatz für Getreide aus dem Ostseeraum und aus Friesland.

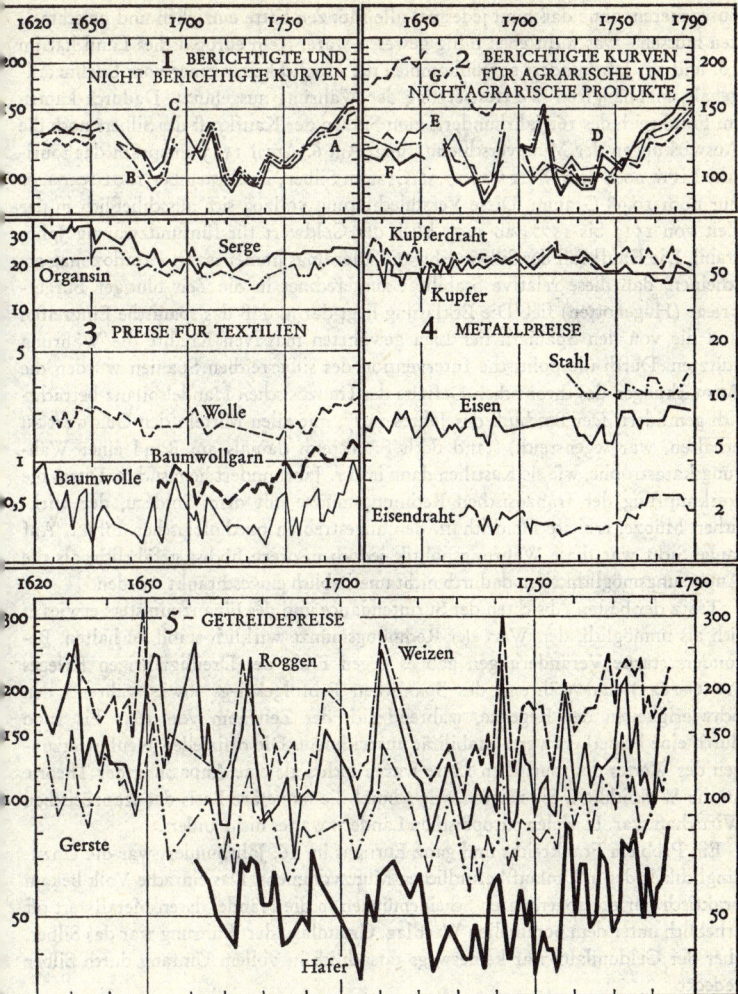

zu variieren, ohne daß man jedesmal alle Münzen hätte einziehen und umschmelzen müssen – was nicht eben billig gewesen wäre. Kein europäisches Land hat im 16. und 17. Jahrhundert so vollkommen die Möglichkeiten einer vom Edelmetallgehalt unabhängigen Wertfestsetzung der Währung ausgenutzt. Dadurch kamen im Frankreich des 16. Jahrhunderts zum Sinken der Kaufkraft des Silbers noch die Auswirkungen der Münzverschlechterung. Am 6. April 1513 entsprach das tourische Livre noch dem Wert von 17,96 Gramm Silber; im September 1602 waren es nur noch 10,98 Gramm. Diese Verschlechterung vollzog sich ausschließlich in der Zeit von 1513 bis 1577; ab 1577 blieb der Geldwert für fünfundzwanzig Jahre stabil. Die Kaufkraft des Silbers schwand allerdings immer mehr. Paradox mag erscheinen, daß diese relative Stabilität ausgerechnet in die Zeit blutiger Bürgerkriege (Hugenotten) fiel. Die Erklärung liegt darin, daß das spanische Eingreifen und die von den Spaniern der Liga gewährten massiven Kredite die Währung stützten. Durch die politische Intervention des silberreichen Spanien wurden die Auswirkungen des chronischen Defizits der französischen Handelsbilanz beträchtlich gemildert. Der Beschluß des Jahres 1577, mit allen Mitteln den Geldwert zu erhalten, war segensreich, stand doch Frankreich damals am Rand einer Währungskatastrophe, wie sie Kastilien dann im 17. Jahrhundert heimsuchte. Durch die Verknüpfung der französischen Rechnungsmünze mit dem Goldécu, der wirklichen Münze, erzielte Heinrich III. den angestrebten psychologischen Effekt. Auf lange Sicht war diese Währungspolitik jedoch insofern höchst gefährlich, als die Anpassungsmöglichkeiten dadurch nicht unerheblich eingeschränkt wurden.

Trotz der besten Absichten der Surintendance und des Finanzministers erwies es sich als unmöglich, den Wert der Rechnungsmünze wirklich stabil zu halten. Besonders starke Veränderungen gab es gegen Ende des Dreißigjährigen Krieges (1636–1641) und während des Spanischen Erbfolgekriegs sowie während den Schwierigkeiten der Régence, während sich der Zeitraum von 1641 bis 1700 durch eine bemerkenswerte Stabilität auszeichnete. Die offiziellen Neufestsetzungen des Wertes des tourischen Livre waren nichts als eine Anpassung der Theorie an die Wirklichkeit. Sie zeigten, wie schmal die monetäre Basis der französischen Wirtschaft war. In vielen europäischen Ländern war es nicht anders.

Ein Problem Frankreichs und ganz Europas im 16. Jahrhundert war die Unzulänglichkeit des in Umlauf befindlichen Münzvolumens. Das einfache Volk bekam praktisch nur die abgenutzten Scheidemünzen in die Hände, deren Metallwert oft erheblich unter dem nominellen Wert lag. Grundlage der Währung war das Silber, aber der Geldumlauf war keineswegs tatsächlich in vollem Umfang durch Silber gedeckt.

Eine weitere Schwierigkeit ergab sich aus dem Wertverhältnis zwischen Gold und Silber. Das tourische Pfund stand zwischen einem Pol billigen Silbers im Süden, nämlich Spanien, und einem Pol teuren Silbers im Norden, den spanischen Niederlanden und Holland. Es wurde erheblich weniger Gold als Silber produziert; eine gewisse Entspannung brachte lediglich die erste Hälfte des 18. Jahrhunderts, als in größeren Mengen Gold aus Brasilien auf den Markt kam. Gold brauchte man jedoch nicht nur für den internationalen Handel, sondern auch für die große Politik. Deshalb waren Richelieu und Colbert bemüht, Gold ins Land zu ziehen, auch wenn sie dadurch die Währung ernsthaft gefährdeten.

Es war viel schlechtes Geld in Umlauf, nicht nur, weil zahlreiche Geldfälscher am Werk waren, sondern auch, weil die seit langem in Umlauf befindlichen Münzen sich abnutzten, weil man über das im eigenen Land kursierende ausländische Geld nur eine unvollkommene Kontrolle hatte und weil viele Münzprägestätten schlechte Arbeit leisteten. Die Münzen wurden zu Beginn des 17. Jahrhunderts noch fast ausschließlich von Hand geschlagen. Auch dem geschicktesten Arbeiter war es kaum möglich, völlig gleiche Münzen herzustellen. Das erleichterte den Münzfälschern die Arbeit. Nach 1640 setzte sich die Münzprägung mit dem Schraubenstoßwerk (Spindelwerk) durch. Um ein Beschneiden der Münzen zu verhindern, ging man wenig später dazu über, auch den Rand mit einer Prägung zu versehen.

Eine voll ausgebildete Geldwirtschaft in allen Landesteilen und unter allen Schichten der Bevölkerung war unter solchen Umständen natürlich nicht möglich. Die alte Tauschwirtschaft blieb noch vielerorts erstaunlich lange erhalten.

Eine wesentliche Änderung trat erst im 18. Jahrhundert ein. Den Anfang machte England mit der Gründung der Bank von England (1693); etwa fünfunddreißig Jahre später trat auch auf dem Kontinent eine entsprechende Besserung der Verhältnisse ein. Das Gold, das in der ersten Hälfte des 18. Jahrhunderts in großen Mengen aus Brasilien kam, und ab 1740 auch die Silberlieferungen aus Mexiko führten zu einer immer vollkommeneren Ausbildung der europäischen Geldwirtschaft. Regionale Unterschiede schwächten sich ab; zur gleichen Zeit verlagerten sich die wirtschaftlichen Schwerpunkte. Im 16. und 17. Jahrhundert war das Mittelmeergebiet tonangebend gewesen; im ausgehenden 17. und im 18. Jahrhundert wurde es durch das atlantische Europa abgelöst. Allgemein wurde aus dem Konjunkturgefälle Mittelmeerländer – West- und Nordwesteuropa ein Gefälle atlantische Küstengebiete – Binnenland.

Ein drittes Charakteristikum der damaligen Wirtschaftslage waren die regionalen Unterschiede.

Daß es solche Unterschiede gab, ist weiter nicht erstaunlich; verblüffend sind vielmehr die Ähnlichkeiten, die sich nachweisen lassen. Die kurzfristigen Konjunkturschwankungen entsprachen weitgehend den regionalen klimatischen Gegebenheiten. Soweit man in der Geschichte zurückgeht, läßt sich sowohl im Mittelmeerraum wie nördlich der Alpen auf dem Getreidesektor ein etwa zehn Jahre umfassender Rhythmus feststellen. Die Schwankungen des Handels hingegen waren, soweit es kürzere Zeiträume betrifft, von der Aktivität jener Länder abhängig, die zu Handelsmächten geworden waren. Im 16. Jahrhundert bestand eine enge Beziehung zwischen dem iberischen Amerikahandel und dem Handel in den kommerzialisierten Ländern besonders an der Atlantikküste: alle Schwankungen wirkten sich von der Iberischen Halbinsel aus mit mehr oder weniger großer zeitlicher Verschiebung auch in diesen Ländern aus. Als nach 1630 der spanische Handel an Bedeutung verlor, wurde das Bild komplizierter: im 17. Jahrhundert war die Wirtschaftskonjunktur nicht mehr so klar ausgeprägt und überschaubar wie im 16. Jahrhundert.

Übereinstimmungen findet man auch, wenn man die Entwicklung auf lange Sicht betrachtet. Die Wirren und der allgemeine Niedergang des 17. Jahrhunderts beeinflußten die Wirtschaft im Süden rascher und nachhaltiger als im Norden. Der Wiederaufstieg war im Westen, an der Atlantikküste, rascher als im Osten, im Binnenland. Besser als lange Ausführungen veranschaulichen unsere Schaubilder diese Entwicklungslinien.

Ein Schema für den Ablauf der europäischen Konjunktur in der Barockzeit hat Frédéric Mauro aufgestellt; wir folgen ihm in großen Zügen. Die lange Rezession des 17. Jahrhunderts läßt sich in sieben Halbzyklen nach Kondratjew einteilen. Besonders kritisch war die Zeit zwischen 1595 und 1620. Der Aufschwung des spanisch-amerikanischen Handels wurde jäh abgebremst. Die Silberproduktion sank rapid ab. In Spanien wütete die Pest, wurden die Morisken vertrieben, kam es unter Lerma zu einer anhaltenden Schwächung des Wirtschaftslebens. Zunächst erfaßte die Krise den Atlantikhandel, Spanien und das spanische Amerika, aber auch England blieb nicht verschont. Selbst in Frankreich sah es nicht gut aus, wenn auch die glückliche Regierungszeit Heinrichs IV. über die wahre Lage hinwegtäuschte. Nur Deutschland behielt seinen Wohlstand. Immerhin wurde die französische und die holländische Wirtschaft lange nicht so schwer betroffen wie die spanische, eine Tatsache, die sich zu Beginn des 17. Jahrhunderts auch politisch bedeutsam auswirken sollte.

1620–1635: Ein leichter Wiederaufstieg. Italien allerdings hatte daran nicht teil. Nach der Wirtschaftskrise der Jahre 1619–1622 kam die Pest. Spanien kämpfte verzweifelt, um den Niedergang aufzuhalten. 1630 büßte Sevilla seine Bedeutung ein, die Silberminen in Amerika lieferten nur noch wenig. Deutschland wurde durch den Dreißigjährigen Krieg verheert. Zwei europäische Gebiete erlebten jedoch eine Wirtschaftsblüte: in England brachten die ersten Vorboten der industriellen Revolution einen Aufschwung, in Holland trug die Politik der großen Handelsgesellschaften ihre Früchte. Der Zuckerlieferant Brasilien gewann rasch an Bedeutung, was an der ganzen Atlantikküste von Lissabon bis Amsterdam spürbar wurde.

1660–1670: In Frankreich und England hatte sich die Wirtschaft wieder einigermaßen gefangen; in Holland herrschte ein mäßiger Wohlstand, aber das Mittelmeergebiet geriet in eine immer schwerere Krise.

1670–1690: Die Abschwächung der amerikanischen Edelmetallproduktion und die Stagnation des in Umlauf befindlichen Geldvolumens führten zu einem Preisverfall und zu einem allgemeinen Wirtschaftschaos.

1690–1720: Trotz der dramatischen Auseinandersetzungen zwischen den atlantischen Seemächten und Frankreich war die Wirtschaft dieser Länder eindeutig im Aufschwung begriffen. In England ging es ebenso bergauf wie in Brasilien, und auch Holland fand nun zu seinem einstigen Reichtum zurück.

In Spanien, Frankreich und Italien überwogen allerdings die negativen Tendenzen. Wieder wurde der Abstand zwischen einem wohlhabenden Nordwesteuropa und einem in einer langen Wirtschaftskrise dahinsiechenden Süd- und Osteuropa größer.

1720–1730: Ein kurzer Zwischenzyklus brachte erneute Schwierigkeiten. Tonangebend waren der Staatsbankrott durch die Lawschen Experimente und die Krise des englischen Überseehandels.

1730–1775: Der große Kreislauf begann von neuem. Wirtschaftszweig für Wirtschaftszweig, Land für Land setzte ein neuer Aufschwung ein. Allenthalben kehrte sich die Preistendenz um, es hob eine neue, lange andauernde Hausse an. Gefördert wurde sie durch die Erschließung neuer Räume in Amerika und neuer Handelsgebiete im Fernen Osten.

Diese Ausführungen haben deutlich gemacht, daß das 17. Jahrhundert in Europa trotz regionaler Unterschiede, die den tatkräftigen, von den großen Kriegen nur am Rande berührten Nordwesten bevorzugten, und trotz einer Aufwärtsbewegung auf vielen Gebieten hinsichtlich der materiellen Kultur, auf wirtschaftlicher und sozialer Ebene, eine schwere Zeit war.

Sie kannte nicht die stürmische Aufwärtsentwicklung des 16. Jahrhunderts, die durch die Ausdehnung des europäischen Einflusses auf den ganzen Planeten ausgelöst worden war, und war noch weit entfernt von den gewaltigen Veränderungen, die die industrielle Revolution im 18. Jahrhundert bringen sollte. Das ganze 17. Jahrhundert war eine Zeit unaufhörlicher Schwierigkeiten, gegen die mit unzureichenden Mitteln angekämpft werden mußte, war eine Zeit der Not, des Mangels, der Angst und des sieghaften Willens.

Eine harte, schwere und eben deshalb fruchtbare Zeit, fruchtbar auch und vor allem für das Geistesleben.

DRITTER TEIL

DAS ABENTEUER DES GEISTES

Zwischen 1620/30 und 1750/60 vollzog sich im scheinbar ganz und gar starren Rahmen einer stabilen materiellen Kultur, einer durch eine strenge Ständeordnung gegliederten und in sich ausgewogenen Gesellschaft die bedeutsamste aller geistigen Revolutionen. Die Geschichte des Denkens ist zunächst die Geschichte der Menschen, die denken. Diese umfaßt im barocken Europa drei Generationen, läßt sich also in drei große Etappen einteilen. Die größte dieser Etappen reichte von 1620/30 bis 1680/90. Sie dauerte nicht nur am längsten, sondern brachte mit den *Principia* und der Infinitesimalrechnung auch die umwälzendsten Neuerungen. Die folgenden beiden Generationen zogen daraus die Folgerungen, entwarfen das Gebäude einer positiven Wissenschaft, die von der Elementarphysik der allzu vereinfachend gesehenen mechanischen Himmelskräfte zur Vielschichtigkeit des Lebens überging. Die gezogenen Folgerungen waren voreilig, da man sich damit begnügte, den geometrischen Raum auf die sozialen und politischen Gegebenheiten zu übertragen, gleichsam die Metaphysik des endlosen leeren geometrischen Raumes und eine Ethik der Mechanik auszuarbeiten. Auf die Generation der Gewissenskonflikte folgte die Generation der Ersatzmythen. *Deus sive Natura*, hatte Spinoza gesagt. In der Tat kann man mit Jean Ehrard sagen, daß die erste Hälfte des 18. Jahrhunderts die Zeit der Naturidee war. Der Generation der Enzyklopädisten blieb es überlassen, die beruhigenden Ersatzmythen weitesten Kreisen nahezubringen. Und doch vermochten diese allzu einfachen Mythen die Leere nicht zu füllen, die durch die Zerstörung des wohlvertrauten Alten entstanden war, durch die Vernichtung des so anheimelnden kleinen aristotelischen Kosmos, der so gut auf das Maß des Mittelmeermenschen abgestimmt und so wohlgeordnet gewesen war; wenn auch dieser alte Kosmos dem biblischen Wort Gottes keineswegs entsprochen hatte, war es den griechischen Kirchenvätern und später dem heiligen Thomas doch gelungen, ihm ein christliches Gewand überzustreifen.

12

DIE GROSSE REVOLUTION
(1620—1630 bis 1680—1690)

Die Geistesgeschichte ist noch weniger einheitlich als die materielle oder Wirtschaftsgeschichte. Nur wenige Epochen der Menschheitsgeschichte haben eine so große Bedeutung gehabt wie jener Zeitabschnitt, der mit der Entdeckung der Keplerschen Gesetze begann und mit der Entdeckung der Infinitesimalrechnung und der Veröffentlichung der *Principia Philosophiae Naturalis* von Isaac Newton endete. Im Vergleich zu dieser Revolution des Geisteslebens, die in den zwanziger Jahren des 17. Jahrhunderts ihren Anfang nahm, mutet die sich im 16. Jahrhundert vollziehende explosive Ausbreitung der südeuropäischen Kaufleute und Eroberer über den ganzen Erdball ziemlich bescheiden an.

Die Revolution brachte eine Mathematisierung der Welt, die Explosion der in sich geschlossenen kleinen Welt des antiken und mittelalterlichen Denkens, eine radikale Vereinheitlichung eines endlosen, geometrischen Universums durch die Beseitigung des alten Gegensatzes zwischen sublunarer und stellarer Welt, das Ende der qualitativen Physik und die Gleichsetzung von Materie mit räumlicher Ausdehnung. Zuerst für den Gelehrten und später auch für den fachlich Interessierten und den Theologen mußte das in zwei Jahrtausenden (mehr als einem Drittel der auf sechstausend Jahre geschätzten Menschheitsgeschichte) herausgebildete antike Weltbild mit seiner hierarchischen Gliederung nach Substanzen, Formen und Qualitäten einer bescheideneren und weniger menschlichen Natur weichen, einem geordneten Ganzen von quantitativen Phänomenen, durch Gesetze vereint, die innerhalb einer rein phänomenologischen Wissenschaft zumindest den Anschein wahrten. Galileo Galilei (1564–1642) wagte in seinem *Saggiatore* einen Ausspruch, der 1623 geradezu unerhört war: »Die Natur ist in der Sprache der Mathematik geschrieben.« René Descartes zeichnete 1637 in seinem *Discours de la méthode* die Geschichte eines Denkens auf, seines eigenen Denkens, des Denkens eines Baumeisters der neuen Welt. Auch auf ihn übte die Mathematik, das kunstvolle Instrument des Ingenieurs, eine große Anziehungskraft aus: »Ich wußte, daß es in der Mathematik sehr subtile Erfindungen gibt, die gut dazu dienen können, sowohl die Neugierigen zu befriedigen als auch die Künste zu erleichtern.« Dann aber bestätigte er Galileis Intuition: »Die Mathematik gefiel mir vor allem wegen der Gewißheit und Augenscheinlichkeit ihrer Beweisführungen; aber ihr wahres Antlitz hatte ich noch nicht bemerkt und glaubte, daß sie nur den mechanischen

Künsten diene. Ich war erstaunt darüber, daß man angesichts der Festigkeit und
Stärke ihrer Fundamente noch nichts Höheres darauf aufgebaut hatte.«

Nicht nur war die Mathematik (d.h. die imaginative Geometrie im Bunde mit
der vereinfachenden Algebra: »Ich entnahm der geometrischen Analyse und der
Algebra all das beste und korrigierte den Mangel der einen durch die andere«) das
privilegierte Werkzeug für die Erforschung der Welt – konsequenterweise konnte
und mußte jedes Objekt echter Erkenntnis zu einem Objekt mathematischer Erkenntnis werden –, sondern bald galt als Wissen nur noch mathematisches Wissen,
»weil diese langen, sehr einfachen und einleuchtenden Schlußfolgerungen, deren sich
die Geometer zu bedienen pflegen…, mich auf den Gedanken gebracht haben, daß
alles, was die Menschen wissen können, auf die gleiche Weise auseinander hervorgeht und daß es, vorausgesetzt, man nehme nichts für wahr hin, was es nicht ist,
und behalte stets die Ordnung bei, die man zur Ableitung des einen aus dem anderen braucht, nichts gibt, das so entfernt ist, daß man nicht schließlich doch dahin
gelange, und nichts, das so verborgen ist, daß man es nicht doch entdecke«. Da man
die Seele nun vom Körper trennte, nahm die Seele jenes ganze Universum der
Qualitäten mit sich, das seit zwei Jahrtausenden die Physik belastete: außerhalb
der Welt des Geistes konnte es nur räumliche Ausdehnung und Bewegung geben.
Jede Wissenschaft, so glaubte man, die Wissenschaft vom Leben eingeschlossen,
mußte sich auf die Geometrie und die Mechanik zurückführen lassen, auf jene
harmonische Verknüpfung von Raum, Zeit und Zahl.

Diese ungeheuerliche, fundamentale Vereinfachung war das Werk eines ganzen
Jahrhunderts. Sie ist auch heute noch nicht ganz überwunden, ohne daß wir uns
dessen völlig bewußt sind. Sie erlaubte die Herrschaft des Geistes über die Dinge.
Sie hätte zu einem gigantischen Fiasko geführt, wenn man nicht von vornherein die
Politik und die Religion ausgeklammert hätte. Descartes schrieb: »Deshalb kann
ich auf keinen Fall jene verworrenen und unruhigen Geister billigen, die, ohne
durch ihre Geburt oder ihr Vermögen dazu berufen zu sein, in der Handhabung
öffentlicher Angelegenheiten nicht müde werden, immer eine neue Reform im Kopf
zu haben… Mein erster Grundsatz war es, die Gesetze und Sitten meines Landes
zu befolgen und stets der Religion die Treue zu halten, in der seit meiner Jugend
unterrichtet zu werden Gott mir die Gnade erwiesen hat, und mich in allen anderen
Fragen nach den gemäßigtsten und jedem Übermaß fernsten Ansichten zu verhalten.«

Der zweite Grundsatz, alles in Zweifel zu ziehen, wurde durch diesen ersten
keineswegs in seiner Tragweite gemindert, sondern erhielt dadurch erst seinen
wahren Wert: man kann nicht alles auf einmal tun. Diese Revolution ohnegleichen

stützte sich auf eine stabile politische, soziale, metaphysische und religiöse Ordnung, eine breite, positive Grundlage, die anzuzweifeln die Revolutionäre sich wohlweislich hüteten. Man hat behauptet, es sei bedeutungslos, daß die Erbauer der neuen Welt – Kepler, Descartes, Leibniz, Newton – gläubige Christen gewesen seien, da die von ihnen geschaffene Welt ohne Gott sei. Diese Ansicht ist ganz und gar falsch. Nicht nur waren diese Männer gläubige Christen, sondern der ontologische Optimismus, der sie befeuerte, hatte alle seine Wurzeln in eben diesem Glauben. Die Revolution der modernen Welt bedingte keineswegs notwendigerweise ein Erschlaffen des Glaubens. Ganz im Gegenteil: sie wurde getragen durch ein Wiedererstarken des Glaubens; nicht zufällig vollzog sie sich in der Zeit der großen Kirchenreformen. Man mußte schon sehr stark an das »nach seinem Bildnis geschaffen« glauben, um ohne zwingenden Grund auf den Gedanken einer Mathematisierung der Welt zu kommen, ohne Grund alles auf diese Mathematisierung zu setzen, durch einen Akt reinen Glaubens an die vollkommene Einfachheit und Durchsichtigkeit der Schöpfung entgegen allem Augenschein, entgegen dem Zeugnis der Sinne diesen genialen Gedanken zu fassen und sich daranzumachen, in der so vielschichtigen und verwirrenden Wirklichkeit nach seiner Bestätigung zu suchen.

Es wäre also gefährlich, durch eine falsche Anwendung des kartesianischen Prinzips der Aufteilung von Schwierigkeiten ein nur als Ganzheit greifbares und verständliches Abenteuer spalten und zersplittern zu wollen – die Geschichte ist von der Geschichte der Wissenschaft nicht zu trennen. Was Kepler so leidenschaftlich in der Bewegung der Planeten gesucht hat, war nichts anderes als den göttlichen Plan des Universums; Descartes sah in der Geometrie und der Algebra eine Spiegelung des göttlichen Gedankens; nicht durch materielle und praktische Bedürfnisse veranlaßt, sondern auf der Suche nach einem »Bauplan« und geleitet von einer tief in der Religion wurzelnden Ethik, haben die Erbauer der neuen Welt ein so vollkommenes Universum entworfen, daß die Generationen, die es später übernahmen, ohne es sich erarbeiten und verdienen zu müssen, zum Glauben kommen konnten, es sei ein Universum ohne Gott.

Alles begann, wie Robert Lenoble sich ausgedrückt hat, mit dem »Wunder der zwanziger Jahre des 17. Jahrhunderts«, einem Wunder, das vom *Saggiatore* (1623) bis zu den *Principia* (1687) dauerte. In der Menschheitsgeschichte hat es drei entscheidende Momente gegeben: das 6. (und in geringerem Umfang auch das 4.) vorchristliche Jahrhundert; das »Wunder der Jahre nach 1620«; und jene Zeitspanne, die mit Plancks Quantentheorie (1900) begann, die beiden Relativi-

tätstheorien Einsteins einschloß und mit Rutherfords erster künstlicher Atom-
umwandlung (1919) und der Wellenmechanik von Louis de Broglie (1923) endete.
Was zwischen diesen Höhepunkten lag, war im Vergleich dazu nur Vulgarisation
und Literatur.

Ein Wunder läßt sich nicht erklären. Im schöpferischen Denken gibt es immer
etwas, das sich nicht auf Gegebenheiten zurückführen läßt. Dennoch muß man sich
die Frage stellen: in welchem historischen Zusammenhang steht das Wunder der
Zeit nach 1620? Welche internen und externen Bedingungen waren vorhanden?

Die Frage nach den äußeren, den exogenen Bedingungen läßt sich am leichtesten,
aber auch am wenigsten überzeugend beantworten. Nehmen wir als Ausgangspunkt den bereits zitierten Satz aus dem *Discours de la méthode*: »... ich kann auf
keinen Fall jene verworrenen und unruhigen Geister billigen ...« Die große Revolution ging von einer Ausklammerung aus, einer Konzentration auf das Wesentliche; sie setzte, was nur auf den ersten Blick als paradox erscheint, die Anerkennung einer Ordnung voraus, einer stabilen Grundlage. Ferner war sie zunächst
– man erinnere sich der Schlußbemerkungen im *Discours* – strikt dagegen, diese
neue Wissenschaft in den Dienst des Bösen zu stellen: verwünscht seien »alle jene,
die den einen nur dadurch nützen können, daß sie anderen schaden ...« Freiheit,
Würde und ... Muße waren die Grundvoraussetzungen. Bezeichnend dafür ist die
folgende Hymne auf die Muße: »Ich werde mich stets jenen mehr verpflichtet
fühlen, dank deren Gunst ich ungehindert meine Muße genießen kann, als jenen,
die mir die ehrenvollsten Beschäftigungen der Welt anbieten.« Dieser Meinung war
nicht nur René Descartes, sondern auch der Jurist und maître de requêtes François Viète und der große Fermat, Parlamentsrat in Toulouse. Zu erwähnen wären
noch aus dem Bereich der religiösen Revolution Pascal, die Arnaulds, Saint-Cyran
und Bérulle; außerhalb von Frankreich Napier, der schottische Adlige und Schöpfer der Logarithmen, Kepler, dessen Vermögen ihm das Studium an der verschla-
fenen Universität von Tübingen ermöglichte, ehe ihm die Gunst des Kaisers den
Posten als Nachfolger Tycho Brahes einbrachte, Leeuwenhoek, ein Delfter Tuchhändler, der hohe Ämter in der Gemeinde und der Zunft innehatte: sie alle
gehörten beinahe demselben Milieu an.

Noch nicht gründlich genug untersucht ist die soziale Herkunft der »Handlanger der Wissenschaft«, der Handwerker, der »kleinen Leute«, die neben den
Giganten der wissenschaftlichen Revolution des 17. Jahrhunderts eine nicht unerhebliche Rolle gespielt haben. Zweifellos würde eine solche Untersuchung die Bedeutung des aufsteigenden Bürgertums herausstellen, das sich im Verlauf des Auf-

stiegsprozesses verwandelt hat. In Frankreich standen das Beamtentum und der Amtsadel im Vordergrund, die beide aus dem durch den Handel reich gewordenen Bürgertum hervorgegangen waren. Die meisten »Baumeister der wissenschaftlichen Revolution« entstammten dem Bürgertum – Napier war eine Ausnahme – und waren zum Teil in den Zweiten Stand aufgestiegen; das Milieu, in dem sie groß geworden waren, hatte ihnen eine Liebe zur Ordnung, zur Präzision der Zahl, vielleicht sogar gewisse mathematische Fähigkeiten mitgegeben; auf Grund ihrer Herkunft entschieden sie sich für Stabilität, Würde und Muße.

Das 17. Jahrhundert war eine schwere, problematische, harte Zeit. Weniger als zuvor und weniger auch als je danach war der aufsteigende Teil des Dritten Standes ohne besondere Notwendigkeit darauf bedacht, den begonnenen Aufstieg auf die gleiche Art und Weise fortzusetzen; viel stärker war man an einer Stabilisierung interessiert, an einer Absicherung des Erreichten. Keine andere Konjunkturphase bot einer Elite von Menschen, die auf die Genauigkeit eingeschworen, durch ihre Herkunft in präzisem Zahlendenken geschult, von Natur aus konservativ und auf die Beibehaltung der bestehenden Ordnung bedacht waren, so viel Muße, wie es die Konjunktur der Jahre 1620 bis 1660 getan hat. Das Sinken der Preise begünstigte jene, die von Renten lebten, begünstigte also die Muße. Alles, was diesen Zustand erhielt und den wirtschaftlichen Aufschwung bremste, half mit, die Grundlagen für den wissenschaftlichen Umschwung zu schaffen. Wenn man nur diesen Aspekt im Auge behielte, könnte man sagen, daß die wissenschaftliche Revolution die Tat eines Bürgertums war, das sich ein aristokratisches Leben leisten konnte.

Wenn man es so überspitzt formuliert, wird offenbar, daß diese Erklärung völlig unzureichend ist: sie berücksichtigt nur die Hülle, nicht aber den Inhalt. Fermat wird durch Toulouse ebensowenig erklärt wie Descartes durch La Flèche. Festgehalten sei hier nur, daß diese Revolutionäre des Geistes sozial konservativ, daß diese Weltenzerstörer ruhige Untertanen waren. Nur von dieser soliden Basis aus konnten sie ihre unerhört kühnen Vorstöße unternehmen. Sie konzentrierten sich auf das Wesentliche.

Noch etwas anderes war im 17. Jahrhundert neu, wie Robert Lenoble aufgezeigt hat: in ganz Europa bildete sich eine kleine Welt der Forschung heraus, außerhalb und im Gegensatz zu den Universitäten, die ein Bollwerk der Scholastik und in Padua mit seinem antichristlichen Averroismus ein Bollwerk des aggressivsten Aristotelismus* waren und sich allem Neuen engstirnig verschlossen. Aber diese kleine Welt der Wissenschaft war zersplittert, von Rivalitäten beherrscht. Roberval behielt einen Teil seiner Forschungsergebnisse streng für sich; bei ihren Barometerexperimenten wüteten Roberval und Pascal gegen den Pater Magni; Descartes war trotz einiger schöner Worte über die Nützlichkeit gemeinsamer Arbeiten der Prototyp des einsamen Gelehrten, der ganz auf sich gestellt den Plan der Schöpfung enträtselt: »Wenn man etwas von einem anderen erfährt«, schreibt er im sechsten Buch des *Discours*, »kann man es nicht so gut erfassen und sich zu eigen machen, wie wenn man es selber erfindet...« Descartes vermied es auch, Einzelheiten seiner Entdeckungen zu veröffentlichen; manchmal veränderte er sogar die Darstellungsweise so, daß niemand, der die Publikation zu lesen bekam, behaupten konnte, er habe das schon früher gewußt. Zu diesem Zweck hat er seine Geometrie durch das Spiel der »Suppositionen« absichtlich unklar gemacht: »Ich habe das getan«, schreibt er, »um zu verhindern, daß gewisse Geister, die sich einbilden, sie wüßten in einem einzigen Tag alles, was ein anderer in zwanzig Jahren ausgedacht hat, sobald man ihnen zwei oder drei Wörter darüber gesagt hat..., dies zum Anlaß nehmen können, irgendeine extravagante Philosophie auf dem aufzubauen, was sie für meine Prinzipien halten, und daß man mir dann die Schuld dafür zuschiebt...« Damit verwarf Descartes im voraus die Kartesianer, die als neue Scholastiker fünfzig Jahre lang den Anhängern der Newtonschen Physik das Leben so schwer machten. Ein weiteres Beispiel ist der Streit um die Urheberschaft der wichtigsten Entdeckung des ausgehenden 17. Jahrhunderts, der Infinitesimalrechnung. Hauptkontrahenten waren Newton, der die Arbeit von Huygens und vor allem von Barrow (1630–1677) fortführte, und Leibniz.

Aber wenn es auch eine zersplitterte Welt war – eine Welt war es trotzdem. Aus den scholastischen *disputationes* entwickelte sich in diesem Jahrhundert ein echter Meinungsaustausch. Im Schlußkapitel des *Discours* wird eine Einladung zu einer solchen Diskussion ausgesprochen: »Ich will nicht den Urteilen anderer vorgreifen, indem ich selber über meine Schriften spreche; vielmehr würde es mich freuen, wenn man sie prüfte, und damit man um so mehr Gelegenheit dazu habe, bitte ich alle, die einen Einwand vorzubringen haben, dies meinem Verleger mitzuteilen, damit ich, durch ihn benachrichtigt, mich bemühen kann, meine eigene Erwiderung hinzuzufügen; wenn die Leser beide nebeneinander sehen, werden sie um so besser die Wahrheit herausfinden können.« Sein Verleger war einer der Gründe für den langen Aufenthalt Descartes' in den Niederlanden, wo sich damals das Verlagsgewerbe konzentriert hatte. Große Buchhändler-Verleger waren Plantin-Moretus in Antwerpen und Blaeu sowie Elzevier in Amsterdam und Leiden. Zu Beginn des 17. Jahrhunderts begann sich das Buchhandels- und Verlagswesen zu organisieren; erst jetzt verfügten die Druckereien über die Mittel und Möglichkeiten, die man ihnen voreilig schon für das ausgehende 15. und das beginnende 16. Jahrhundert zuschreibt. Etwas Neues im ausgehenden 16. Jahrhundert waren die großen Buch-händler-Verleger, die Druckereien beschäftigten. In Paris – nicht allerdings in Holland – waren im 17. Jahrhundert Druckereien mit mehr als vier Pressen und mehr als 10 Arbeitern eine Ausnahme. Endlich brachten auch zahlreiche Bücher ihren Autoren (allerdings bescheidene) Einkünfte. Zu Beginn des 17. Jahrhunderts setzten sich in zunehmendem Maß die Volkssprachen gegenüber dem Latein durch. In der zweiten Hälfte des 15. Jahrhunderts waren 77 Prozent aller Druckschriften in Europa in lateinischer, 7 Prozent in italienischer, 5 bis 6 Prozent in deutscher, 4 bis 5 Prozent in französischer und 1 Prozent in flämischer Sprache abgefaßt gewesen. Im 16. Jahrhundert spielten Druckschriften eine wesentliche Rolle bei der Ausbildung und Fixierung der Nationalsprachen und ihrer Vereinheitlichung in-nerhalb oft recht großer Sprachgebiete. Allerdings wurde das Latein im 16. Jahr-hundert nur sehr langsam zurückgedrängt, und zwar rascher und gründlicher als anderswo im Westen (Frankreich, Spanien, England). In Frankreich wurden erst-mals 1575 mehr Bücher in französischer als in lateinischer Sprache gedruckt, und dieser Trend setzte sich danach verstärkt fort. Dagegen konnte sich in Deutschland, Holland, den skandinavischen Ländern und Mitteleuropa das Latein auch noch im 17. Jahrhundert weitgehend halten. Zwar waren die Baumeister der modernen Wissenschaft und des modernen Denkens, die die Revolution der Zeit nach 1620 bewirkten, Söhne der lateinischen Familie. Aber haben sie auch lateinisch gedacht? Bei Descartes läßt sich diese Frage nur schwer beantworten; Leibniz und Kepler haben es als Deutsche zweifellos getan, doch wie stand es mit Newton? Aber wenn sie auch noch zur lateinischen »Internationale« gehörten, haben die Begründer der modernen Welt doch weitgehend eines der wichtigsten Fakten ihrer Zeit berück-sichtigt, den Aufstieg der Nationalsprachen. Diese Entwicklung hatte ihre Anfänge im Süden (Italien und Kastilien) und Westen (Frankreich und Holland, später auch England) und schritt nach Norden und Osten fort. Diese Baumeister der mo-dernen Welt, die nicht, wie man manchmal allzu oberflächlich gemeint hat, von der Kirche, sondern von den Universitäten verfolgt wurden, von den Verfechtern der aristotelischen Wissenschaft, haben sich der Volkssprachen bedient, um sich unmit-telbar an ein breites Publikum wenden zu können. Dies tat Galilei, als er 1623 seinen *Dialogo* veröffentlichte; diese direkte Hinwendung an die Massen brachte ihm die Verurteilung durch die Inquisition ein. Bezeichnend ist, daß *De Revolu-tionibis Orbium coelestium*, in dem erstmals, wenn allerdings auch ohne schlüssige Beweise, die Behauptung aufgestellt wurde, daß sich nicht die Sonne um die Erde, sondern die Erde um die Sonne dreht, nicht das mindeste Aufsehen erregte. Die 1543 von Johann Petri in Nürnberg gedruckte gelehrte Abhandlung erlebte erst

167 DESCARTES, GEMALT VON FRANS HALS
Dieses herrliche Porträt wird Frans Hals
(1580–1666) zugeschrieben, dem großen
Bildnismaler der Haarlemer Schule, doch ist
über die Umstände, unter denen es entstanden ist, nichts bekannt. Vermutlich begegne-
ten sich die beiden großen Männer, als Descartes, der Adlige aus dem Poitou, der
Erbauer der modernen Geisteswelt, in den
Niederlanden weilte, in jenem Land, das
sich damals rühmen konnte, der Hort der
Freiheit zu sein. Das Beherrschende an diesem Porträt sind die großen, dunklen Augen
zu beiden Seiten der stark ausgeprägten
Nase – Augen, die die geheimnisvolle Ordnung des unendlichen Kosmos zu ergründen
versuchen und erfüllt sind vom Licht des
göttlichen Gedankens. (Descartes, Frans
Hals zugeschrieben, Paris, Louvre)

168 DER KEPLER AUS DEM STRASSBURGER
SANKT-THOMAS-STIFT Als Galilei 1623 in
seinem Saggiatore den bedeutsamsten Satz
des Jahrhunderts niederlegte: »Die Natur
ist in der Sprache der Mathematik geschrieben«, konnte sich seine geniale Intuition fast nur auf die Keplerschen Gesetze
gründen, die in der 1609 veröffentlichten
Astronomia Nova enthalten waren. Kepler
(1571–1630) spielte also im großen Abenteuer des Geistes, das im 17. Jahrhundert
seinen Anfang nahm, eine erstrangige Rolle;
was die praktischen Auswirkungen angeht,
hat nicht Kopernikus, sondern Kepler die
moderne Astronomie begründet. Dieses
Bildnis Keplers schuf Berneccerus, als der
Astronom ab 1612 in Linz tätig war; Kepler selber schenkte es seinem Straßburger
Freund Matthias Berneygen. (Straßburg,
Sankt-Thomas-Stift)

169 DER ZWEIUNDSIEBZIGJÄHRIGE GALILEI
Dieses Bildnis Galileo Galileis (1564–1642)
ist im Jahre 1636 entstanden, dreieinhalb
Jahre nach seiner Verurteilung durch die
Inquisition, deren Bedeutung und Tragweite
man übrigens stark übertrieben hat. Mag
auch der Blick eine gewisse Unsicherheit,
einen leisen Zweifel verraten – gebrochen ist
dieser kampflustige Mann keineswegs. Seinen gewagten Saggiatore verfaßte er mit
neunundfünfzig Jahren, und wenn ihm auch
die Verurteilung durch die Kirche eine gewisse Zurückhaltung auferlegte, konnte er
doch ungestört weiterarbeiten und seine Erkenntnisse publizieren. Man hat Galilei als
einen Michelangelo der Wissenschaft bezeichnet, als ein Genie des 16. Jahrhunderts,
das in das 17. Jahrhundert verschlagen wurde. Auf jeden Fall hat er wesentlich dazu
beigetragen, die Fundamente des neuen
wissenschaftlichen Weltbilds zu legen. Unser
Bildnis stammt von Justus Sustermans,
einem Flamen, der am Florentiner Hof tätig
war und von 1597 bis 1681 lebte. (Florenz,
Uffizien)

170 PASCAL, VON PHILIPPE DE CHAMPAIGNE
GEMALT Dieses Bildnis Pascals (1623–1662)
gehört zu den schönsten Arbeiten Philippe
de Champaignes (1602–1674). Offenbar
bestand zwischen dem Maler und seinem
Modell ein tiefes Einverständnis, eine innere
Beziehung, denn aus diesem Porträt erschließt sich uns das tiefste Wesen Pascals,
so wie er sich dem Maler erschlossen haben
muß. Ein leichtes, rätselhaftes Lächeln umspielt die kraftvoll geschwungenen Lippen;
hell und eindringlich, fast fiebrig ruht der
Blick auf dem Betrachter. Mit diesen Augen
hat Pascal im ewigen Schweigen der unend-

167

168

169

170

171

DIALOGO
DI
GALILEO GALILEI LINCEO
MATEMATICO SOPRAORDINARIO
DELLO STVDIO DI PISA.

E Filosofo, e Matematico primario del
SERENISSIMO
GR.DVCA DI TOSCANA.

Doue ne i congressi di quattro giornate si discorre
sopra i due
MASSIMI SISTEMI DEL MONDO
TOLEMAICO, E COPERNICANO;

*Proponendo indeterminatamente le ragioni Filosofiche, e Naturali
tanto per l'vna, quanto per l'altra parte.*

CON PRI 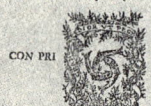 VILEGI.

IN FIORENZA, Per Gio:Batista Landini MDCXXXII.
CON LICENZA DE' SVPERIORI.

DISCOURS
DE LA METHODE
Pour bien conduire sa raison,& chercher
la verité dans les sciences.
PLVS
LA DIOPTRIQVE.
LES METEORES.
ET
LA GEOMETRIE.
Qui sont des essais de cete METHODE.

A LEYDE
De l'Imprimerie de IAN MAIRE.
CIↃIↃC XXXVII.
Auec Priuilege.

173

175

174

176

PHILOSOPHIÆ
NATURALIS
PRINCIPIA
MATHEMATICA.

Autore JS. NEWTON, *Trin. Coll. Cantab. Soc.* Matheseos
Professore *Lucasiano,* & Societatis Regalis Sodali.

IMPRIMATUR.
S. PEPYS, *Reg. Soc.* PRÆSES.
Julii 5. 1686.

LONDINI,
Jussu Societatis Regiæ ac Typis *Josephi Streater.* Prostat apud
plures Bibliopolas. *Anno* MDCLXXXVII.

MENSIS OCTOBRIS A, jM DC LXXXIV.   467

NOVA METHODUS PRO MAXIMIS ET MInimis, itemque tangentibus, quæ nec fractas, nec irrationales quantitates moratur, & singulare pro illis calculi genus, per G. G. L.

Sit axis AX, & curvæ plures, ut VV, WW, YY, ZZ, quarum ordinatæ, ad axem normales, VX, WX, YX, ZX, quæ vocentur respectivè, v, w, y, z; & ipsa AX abscissa ab axe, vocetur x. Tangentes sint VB, WC, YD, ZE; axi occurrentes respective in punctis B, C, D, E. Jam recta aliqua pro arbitrio assumta vocetur dx, & recta quæ sit ad dx, ut v (vel w, vel y, vel z) est ad VB (vel WC, vel YD, vel ZE) vocetur dv (vel dw, vel dy vel dz) sive differentia ipsarum v (vel ipsarum w, aut y, aut z) His positis calculi regulæ erunt tales:

Sit a quantitas data constans, erit da æqualis 0, & d ax erit æqual a dx: si sit a y æquo v (seu ordinata quævis curvæ YY,) æqualis cuivis ordinatæ respondenti curvæ VV) erit dy æqu dv. Jam *Additio & Subtractio:* si sit z — y + w + x æqu. v, erit d z — y + w + x seu dv, æqu. dz — dy + dw + dx. *Multiplicatio,* d x v æqu. x dv + v dx, seu posito y æqu. x v, fiet d y æqu x d v + v d x. In arbitrio enim est vel formulam, ut x v, vel compendio pro ea literam, ut y, adhibere. Notandum & x & d v eodem modo in hoc calculo tractari, ut y & dy, vel aliam literam indeterminatam cum sua differentiali. Notandum etiam non dari semper regressum a differentiali Æquatione, nisi cum quadam cautione, de quo alibi. Porro *Divisio,* d $\frac{v}{y}$ vel (posito z æqu. $\frac{v}{y}$) d z æqu. $\frac{\mp v\,dy \mp y\,dv}{yy}$

Quoad *Signa* hoc probe notandum, cum in calculo pro litera substituitur simpliciter ejus differentialis, servari quidem eadem signa, & pro + z scribi + dz, pro — z scribi — dz, ut ex additione & subtractione paulo ante posita apparet; sed quando ad exegesin valorum venitur, seu cum consideratur ipsius z relatio ad x, tunc apparere, an valor ipsius d z sit quantitas affirmativa, an nihilo minor seu negativa: quod posterius cum sit, tunc tangens ZE ducitur a puncto Z non versus A, sed in partes contrarias sive infra X, id est tunc cum ipsæ ordinatæ

Nnn 3   z decre-

lichen Räume das Zeichen des verborgenen Gottes gesehen, der sich dem Suchenden offenbart. (Paris, Sammlung Moussali)

171 DER LEIBNIZ IN DEN UFFIZIEN Gottfried Wilhelm Leibniz (1646–1716) ist der erstaunlichste und vielleicht der umfassendste Geist aller Zeiten. Mit noch mehr Berechtigung als Newton kann man ihn als den eigentlichen Erfinder der Infinitesimalrechnung bezeichnen. Sein Gedankenreichtum war einzigartig: noch heute, zweihundertfünfzig Jahre nach seinem Tod, haben mehr als dreihundertfünfzig Herausgeber nicht all die Handschriften und Notizen erschöpft, die in der Bibliothek von Hannover vereinigt sind. Dieses Bildnis eines unbekannten Meisters gibt uns keine rechte Vorstellung von dem Menschen Leibniz, und doch ist es das beste Porträt des großen Deutschen. Es ist ein beunruhigendes Bild: eine gewisse müde Ironie spiegelt sich auf dem Gesicht mit den kohlschwarzen Augen. Dieser ewige Sucher hat es verstanden, scheinbar unvereinbare Gegensätze dadurch aufzulösen, daß er sie überschritten hat. (Florenz, Uffizien)

172 ISAAC NEWTON AUF DEM PORTRÄT VON GOTTFREY KELLER Isaac Newton (1643 bis 1727) war ein großer, ein schöner, ein guter Mensch. Er, der Erbauer der von Descartes erfundenen klassischen Welt, brauchte zeitlebens nichts zu entbehren. Dennoch ist dieses Bildnis vermutlich ein wenig geschmeichelt, denn es ist nicht anzunehmen, daß ein Mann, der so viel gearbeitet und gekämpft hat, mit neunundfünfzig Jahren noch ein solches faltenloses Jünglingsgesicht hatte. Aber zu diesem Zeitpunkt hatte Newton noch weitere fünfundzwanzig Jahre vor sich, ein Vierteljahrhundert fruchtbarer Arbeit. Descartes und Newton, die beiden größten Geister der neueren Zeit, haben in dem vielleicht fruchtbarsten Jahrhundert der Menschheitsgeschichte gewirkt; fünfzig Jahre trennen den *Discours* von den *Principia*. Newton war nicht nur Naturwissenschaftler, sondern ein zutiefst gläubiger Christ, ja, ein Theologe – der Theologe der Weltschöpfung. Für ihn wie für Malebranche wurde die Schöpfung durch Gott immer wieder neu erschaffen. Die gewaltige Spannung, in der er lebte, verrät sich in den Gesichtszügen, aber auch in den sensiblen Händen. (Sammlung des Grafen von Portsmouth)

173 DIE DREI BEDEUTENDSTEN BÜCHER DES JAHRHUNDERTS: DER »DIALOGO« GALILEIS, 1632 Den *Dialogo*, dessen Titelblatt hier abgebildet ist, hat Galilei als Achtundsechzigjähriger veröffentlicht. In diesem Buch legte er, noch etwas unsicher, die Fundamente für die neue Physik und die neue Kosmologie. Daß er es in der Sprache des Volkes, in Italienisch, tat, war eine Sensation. Hier arbeitete er die intuitive Erkenntnis aus, die er bereits im *Saggiatore* formulierte: »Die Natur ist in der Sprache der Mathematik geschrieben.« Durch den *Dialogo* kam Galilei in Schwierigkeiten mit der Inquisition, was Descartes 1633 veranlaßte, die Veröffentlichung von *Le Monde* zurückzustellen. (Titelblatt der Erstausgabe, Paris, Nationalbibliothek)

174 DIE DREI BEDEUTENDSTEN BÜCHER DES JAHRHUNDERTS: DER »DISCOURS DE LA MÉTHODE« VON DESCARTES, 1637 Dieses Werk wurde 1637 bei Jan Maire in Leiden ver-

nach dreiundzwanzig Jahren eine zweite Auflage. Die Verdammung des *Dialogo* im Jahre 1623 konnte Descartes nicht daran hindern, nach dreijähriger Bedenkzeit (»Nun sind es drei Jahre her, seit ich meine Abhandlung abgeschlossen habe ... Ich hatte damals erfahren, daß Leute, denen ich mich unterwerfe, eine von einem anderen kurz zuvor veröffentlichte physikalische Arbeit mißbilligt hatten ...«) dem Beispiel Galileis zu folgen. 1637 wandte er sich mit seinem auf französisch abgefaßten *Discours de la méthode* an die neue »Intelligenz«. Newton tat ein Gleiches, als er 1704 sein monumentales Werk mit dem lapidaren Titel *Optics* auf englisch herausbrachte.

So bildete sich eine kleine Republik des Geisteslebens heraus, die es nicht verschmähte, sich der Sprache des Volkes zu bedienen. Der Anstoß war von Italien ausgegangen. In dieser Hinsicht war das Europa des beginnenden 17. Jahrhunderts für kurze Zeit noch einmal mediterran. Schon 1603 wurde in Rom die erste wissenschaftliche Akademie* gegründet, die *Academia dei Lincei*, der auch Galilei (1564 bis 1642) angehörte. Um die Jahrhundertmitte entstand in Florenz, der Stadt des

öffentlich. Der volle Titel lautet: *Abhandlung über die Methode des richtigen Vernunftgebrauchs und der wissenschaftlichen Wahrheitsforschung. Dazu Die Dioptrik, Die Meteoren und Die Geometrie, die Versuche in dieser Methode sind.* Der Name des Verfassers erscheint auf dem Titelblatt nicht. (Titelblatt der Erstausgabe, Paris, Nationalbibliothek)

175 DIE DREI BEDEUTENDSTEN BÜCHER DES JAHRHUNDERTS: DIE »PHILOSOPHIAE NATURALIS PRINCIPIA MATHEMATICA« VON ISAAC NEWTON, 1687 Fünfzig Jahre nach dem *Discours* wurden in London auf Rechnung der Royal Society die *Principia* herausgebracht, in denen die so ungeheuer wichtigen Gravitationsgesetze enthalten sind. Newton hat seine Schrift auf Lateinisch verfaßt; das Latein war in England, in den Niederlanden und in Deutschland zu dieser Zeit noch die

Sprache der Gelehrten. Praktisch alle philosophischen und wissenschaftlichen Arbeiten waren damals in dieser Sprache geschrieben. (Titelblatt der Erstausgabe, Paris, Nationalbibliothek)

176 DER MATHEMATIKER LEIBNIZ (OKTOBER 1684) Eine der berühmtesten und bedeutungsvollsten mathematischen Abhandlungen des großen Gelehrten, natürlich in Latein. Diese Arbeit über die Infinitesimalrechnung erschien im Oktober 1684 in den *Acta Eruditorum*, die seit 1682 in Leipzig herauskamen; Leibniz hat in dieser Gelehrtenzeitschrift zahlreiche Artikel veröffentlicht. Signiert sind sie mit G.G.L., den lateinischen Initialen seines Namens. Zu diesem Zeitpunkt war Leibniz achtunddreißig Jahre alt und stand auf der Höhe seines Ruhmes. (Paris, Privatbesitz. Internationaler Verband der Wissenschaftshistoriker)

Großherzogs Ferdinands II., eine Akademie mit dem bezeichnenden Namen *Academia del Cimento* (Akademie der Erfahrung). Den Vorsitz führten zwischen 1657 und 1667 Viviani, Borelli, Redi und Stensen (Steno). Als Galilei nach 1633 nach Ancetri ins Exil ging, war er auch dort von einem kleinen »Hof« umgeben, dessen bedeutendste Figuren Viviani und Torricelli waren. Obwohl von der Inquisition verurteilt, veröffentlichte er dennoch – und, was noch schwerer wog: in italienischer Sprache – im Jahre 1639 seine *Discorsi*.

Bald nach Italien trat Holland auf den Plan, wo das Geistesleben eine noch prächtigere Blüte erlebte. In Holland wurde Descartes' Interesse für die wissenschaftliche Forschung durch Isaac Beeckmann geweckt, dort verbrachte er die fruchtbarste Zeit seines Lebens, geschützt vor den Nachstellungen der Universitäten und der noch gefährlicheren Inquisition, unterstützt von mächtigen Buchhändler-Verlegern, den Elzeviers, Jan Maire, die das neue Wissen in ganz Europa verbreiteten. Holland war das Vaterland eines Leeuwenhoek* (1632–1723) und eines Constantijn Huygens, des Vorkämpfers der quantitativen Wissenschaft und Vaters von Christiaan Huygens* (1629–1695), des größten Physikers der Zeit zwischen Galilei und dem unvergleichlichen Newton.

Frankreich stand zunächst stark unter italienischem Einfluß. Der Parlamentsrat Peiresc in Aix-en-Provence war gleichsam der europäische »Briefkasten«, die Korrespondenzzentrale. Ihm kam es zu, die »Nobelpreise« seiner Zeit zu verteilen. Peiresc und Mazarin, der in Paris den von den Behörden verdächtigten Naudé schützte, haben die italienische Wissenschaft in Frankreich eingeführt und zu Ansehen gebracht. Aix-en-Provence, Toulouse (Fermat), Clermont-Ferrand und später Rouen (Etienne Pascal), Caen, wo sich zwei Akademien gegenüberstanden ... diese Zersplitterung verlor nach 1660 an Bedeutung, als Paris zum neuen Mittelpunkt wurde. Die Universität von Paris blieb zwar dem Alten verhaftet, aber das Collège Royal öffnete sich dem Neuen und nahm Gassendi* und den großen Roberval auf.

Pater Marin Mersenne* (1588–1648), der Peiresc des Nordens, hat durch seine umfangreiche Korrespondenz und durch seine bohrenden Fragen die Entwicklung ungemein angeregt. Ihm verdankte beispielsweise Descartes sehr viel. Als Apologet sicherte Mersenne gegen den Skeptizismus der »Libertiner«* (der Freidenker, jener Sklaven einer engen, von Irrtümern erfüllten Denkwelt, des Neo-Averroismus) den Sieg des heliozentrischen Weltbilds von Kopernikus, das erst spät, durch Kepler, Galilei und Descartes, zu einer revolutionären Tatsache wurde. Mersenne verbreitete die *Mechanik* und die *Neuen Gedanken* Galileis, machte 1634 die fünf »erholsamen« Schriften über die Wissenschaft einem breiten Kreis bekannt, schrieb

1634: »Die Wissenschaften haben sich gegenseitig ein unauflösliches Bündnis geschworen.« Dieser Mersenne trug in Gemeinschaft mit der Gruppe, die sich um die Brüder Dupuy geschart hatte, zur Gründung der *Academia Parisiensis* bei. Erst durch Colbert erhielt sie 1666 den Rang, den auf literarischem Gebiet der Salon Conrart schon einunddreißig Jahre früher erhalten hatte. Der Pariser Akademie gehörte auch Christiaan Huygens an, der von 1665 bis 1681 mit einer Pension, die ihm Ludwig XIV. gewährte, in Paris lebte. Seit 1665 bildete das *Journal des savants* ein einzigartiges Diskussionspodium, das Wissen auf höchster Ebene verbreitete. Die neue Physik war in Frankreich das Werk tiefreligiöser Menschen, des Apprioristen Descartes (1596–1650), den das Abenteuer einer neuen Gesamtwissenschaft beschäftigte, eines Roberval* (1602–1675), Mersenne und Malebranche* (1638 bis 1715), der die alte aristotelische Wissenschaft endgültig und ohne äußeren Widerstand besiegte.

England hatte Frankreich im ausgehenden 16. Jahrhundert noch nichts voraus, trotz eines William Gilbert* (1540–1603), des Hofarztes, dessen *De Magnete* (1600) endlich das Wissen um den Magnetismus über das hinaus erweiterte, was bereits Pierre de Marécourt im 13. Jahrhundert gewußt hatte, und eines Francis Bacon* (1561–1626), dessen unmathematischer Empirismus keine neuen Impulse zu geben vermochte. Der einstige Kanzler war ein Mann der Vergangenheit; sein bedeutendstes Werk, das 1620 veröffentlichte *Novum Organum,* war in lateinischer Sprache abgefaßt. Bacons England war noch ein mittelalterliches Land. Dennoch waren auch schon neue Ansätze erkennbar. William Harvey* (1578–1658), der 1618 an den Hof Jakobs I. kam, begründete mit seinen Untersuchungen über den Blutkreislauf die moderne Physiologie. Seine grundlegende *Exercitatio anatomica de motu cordis et sanguinis in animalibus* wurde 1628 in lateinischer Sprache herausgegeben.

Bald standen sich zwei Schulen gegenüber. In Cambridge und später in London wurde unter dem Einfluß des Deutschen Theodor Haak ein traditioneller Empirismus auf der Grundlage der Arbeiten von Francis Bacon gepflegt, doch war ihm keine große Zukunft beschieden. In Oxford bildete sich eine andere Richtung heraus, die weit klarer die Notwendigkeit einer Mathematisierung der Welt erkannte. Der Oxforder Gruppe schloß sich Robert Boyle* (1627–1691) an, der wie Napier dem Adel entstammte (der englische Adel interessierte sich für die Wissenschaften ebenso lebhaft wie das französische Großbürgertum; übrigens verschmähten es die jüngeren Söhne dieses Adels nicht, sich dem Handel zuzuwenden), Boyle, der Mann der Luftpumpe, des Vakuums und der Verbrennungsvorgänge. Aus dieser Gruppe heraus entstand sechs Jahre vor der Gründung der französischen

Akademie der Wissenschaften die Royal Society* (1660). 1666 wurden die *Philosophical Transactions* ins Leben gerufen, doch im Gegensatz zum *Journal des Savants* wurde diese Publikation, die der Deutsche Oldenburg angeregt hatte, zunächst nicht zum offiziellen Organ der Royal Society. Dazu kam es erst im Verlauf des 18. Jahrhunderts.

Wenn sich auch England nicht unmittelbar am »Wunder des 17. Jahrhunderts« beteiligt hat, fand doch dieses Jahrhundert durch den Engländer Isaac Newton* (1643–1727) seine Krönung. Newton war seit 1703 Präsident der Royal Society, hat gleichzeitig mit, aber unabhängig von Leibniz die Infinitesimalrechnung erfunden, hat völlig selbständig die Gravitationsgesetze entdeckt, hat die *Principia* (1686–87) und die *Optics* (1704) verfaßt; er war der Aristoteles einer Welt, die mit Galilei ihren Anfang nahm, um erst mit Einstein zu enden.

Wieder fällt auf, daß Ost- und Nordeuropa hinter Italien, Frankreich und England weit zurückstanden. Was an Wissenschaft in dieses Gebiet gelangte, kam aus Italien. Nach dem Tod der Königin Christine löste sich die schwedische Gelehrtengruppe auf. Die größten Wissenschaftler mußten schwere Verfolgungen über sich ergehen lassen. Der Däne Tycho Brahe* wurde aus Hveen verjagt und starb 1601 in Prag. Johann Kepler* (1571–1630) wurde durch die Gegenreformation aus Graz vertrieben, fand beim Kaiser nur einen recht unzuverlässigen Schutz und nahm schließlich den prekären Posten an, den vor ihm Tycho Brahe innegehabt hatte. Pater Magni wirkte in Warschau, Hevelius in Danzig, Niels Stensen* (Steno, 1638–1686), der Schöpfer der Geologie, der größte Däne des 17. Jahrhunderts, hielt es für klüger, aus dem Norden zu fliehen. Zunächst ging er nach Amsterdam, dann nach Leiden und Paris, wo er von 1664 bis 1666 lebte, und schließlich nach Florenz, wo er unter dem Schutz des Großherzogs lebte und an der *Academie del Cimento* wirkte; hier fand er endlich die Ruhe und Muße, um sein großes Werk zu vollenden. 1669 konnte er seinen grundlegenden *Prodomus de solido intra solidum naturaliter contento* veröffentlichen.

Deutschland und der Norden beteiligten sich an dem großen Abenteuer des Geistes erst nach 1660, auch wenn es zuvor bereits einen Kepler gegeben hatte. Diese Wissenschaft bediente sich noch praktisch ausschließlich der lateinischen Sprache. Der gewaltige Gottfried Wilhelm Leibniz* (1646–1716), der neben vielem anderen die Infinitesimalrechnung erfunden hat, trug wesentlich dazu bei, eine für alles Neue offene Atmosphäre zu schaffen. Seit der Gründung der *Acta eruditorum* in Leipzig (1682) war er deren wichtigster Mitarbeiter; 1700 gründete er die Berliner Akademie der Wissenschaften, der im 18. Jahrhundert auch der Franzose Maupertuis angehörte, der intime Feind Voltaires.

Außer den Akademien und den wissenschaftlichen Zeitschriften gab es Kabinette – die eklektizistischen Sammlungen der Brüder Dupuy in Paris, das Kabinett des Paters Mersenne, Sammlungen in Italien, besonders das Kabinett des Paters Kircher in Rom (»Fossilien, Kristalle, Meßinstrumente ... befanden sich hier in der Gesellschaft von ausgestopften Drachen ...«). Aus ihnen wurden im Laufe der Zeit mineralogische Museen, botanische Gärten und Observatorien*. In Paris zählte man zwischen 1610 und 1667 dreiundzwanzig Observatorien, und nur wenig später wurden die ersten großen Sternwarten in Paris und Greenwich gegründet.

Wenn man dieses erstaunlichste Wunder in der Geschichte des Denkens durch die Arbeitsbedingungen erklären wollte, würde man die Ursache durch die Wirkung erklären. Das täte man auch, wollte man es durch die Meßinstrumente und durch jene Geräte erklären, die die Sinne des Menschen schärften und vervielfältigten: Fernrohr, Mikroskop, Spiegelteleskop – Erzeugnisse der Glasmacherkunst und der neuen optischen Wissenschaft. Immerhin ist im zweiten Fall die Beziehung klarer. Bei der kopernikanischen Revolution spielten die neuen Instrumente nicht die mindeste Rolle, aber letztlich war das keine echte Revolution. Hingegen wäre ohne Fernrohr ein Teil des Werkes von Newton völlig undenkbar, und ohne das Mikroskop holländischer Linsenschleifer – deren Zunft wohl nicht zu Unrecht den großen Spinoza unter ihre Mitglieder rechnete – hätte Leeuwenhoek seine grundlegenden Arbeiten nicht durchführen können, wäre es nicht oder nicht so bald zu einer Erneuerung der Biologie gekommen. Wenn den Wissenschaftlern nicht ein ausreichend entwickeltes technisches Rüstzeug zur Verfügung gestanden hätte, wäre das Wunder der Zeit nach 1620 nicht in diesem Umfang möglich gewesen.

Durch diese neuen Hilfsmittel erfuhr vor allem ein Sinn eine einzigartige Erweiterung – ein Sinn, der erst kurz zuvor wieder große Bedeutung erlangt hatte: der Gesichtssinn, den man auch als den »geometrischen Sinn« bezeichnen könnte. Die Menschen des 16. Jahrhunderts waren wie die Menschen des Mittelalters weniger Augenmenschen; Tast-, Geruchssinn und Gehör spielten bei ihnen mindestens die gleiche Rolle wie das Gesicht. Erst die Menschen des 17. Jahrhunderts waren zweifellos ebenso Augenmenschen wie wir Heutigen. Jeder, der es sich irgendwie leisten konnte, schaffte sich ein astronomisches Fernrohr an.

Über welche Hilfsmittel verfügte man zu diesem Zeitpunkt? Die Aufzählung ist kurz. Wie erklärt sich aber dann die gewaltige Arbeit eines Tycho Brahe* (1546 bis 1601)? Dieser dänische Edelmann – »Er gehörte einer Welt an, die sich nicht im mindesten für Wissenschaft interessierte, denn der dänische Adel, der zu den reichsten Gruppen Europas gehörte, war gleichzeitig eine der ungebildetsten Gruppen«, wie Alexandre Koyré geschrieben hat; immerhin hatte er als Angehöriger dieser Gruppe genügend Muße – ist der eigentliche Begründer der beobachtenden Astronomie. Von der Nova des Jahres 1572 und dem Kometen von 1577 ausgehend, hat er die astronomischen Tabellen reformiert. Er stellte Zehntausende von Beobachtungen an, verwendete ungeheure Summen darauf und zog sich die Feindschaft des Königs zu, der es müde wurde, immer wieder die Schulden des Sternguckers bezahlen zu müssen. Womit konnte er arbeiten? Der Jakobsstab, ein einfacher graduierter Stab, den man schon seit der Antike für astronomische Beobachtungen verwandte, wurde, wie aus einer Beschreibung von Michael Coignet aus dem Jahr 1581 hervorgeht, im ausgehenden 16. Jahrhundert verbessert. Ebenso schon in vorchristlicher Zeit bekannt waren die Armillarsphären, Jakobsstäbe mit Kreisteilung. Das Astrolabium, ein Vermächtnis der alexandrinischen Astronomie, war noch zu Beginn des 17. Jahrhunderts eines der wichtigsten Instrumente des Astronomen. Komplizierter war das Torquetum von Regiomontan, das genauere Ergebnisse lieferte. Die Araber führten den graduierten Quadranten ein; schon im 13. Jahrhundert stellten sie in der Sternwarte von Meragah einen Quadranten auf, der einen Halbmesser von fünf arabischen Ellen hatte; es war ein im Meridian fest montierter Mauerquadrant, so daß die Behauptung, Tycho Brahe habe den Mauerquadranten erfunden, nicht zu halten ist. Immerhin hat der Däne alle überlieferten Instrumente verfeinert und die astronomische Beobachtungskunst auf die höchste Stufe erhoben, die vor Einführung des astronomischen Fernrohrs überhaupt erreichbar war. Sein Mauerquadrant hatte einen Radius von fast drei Metern. Das vollkommenste astronomische Instrument jener Zeit war der Theodolit, eine geniale Kombination eines horizontalen Kreises mit einem vertikalen Halbkreis; als Erfinder dieses Geräts wird gewöhnlich Leonard Digges bezeichnet, weil die erste Beschreibung aus dem Jahre 1571 von seinem Sohn Thomas stammt. Außer diesen wenigen Instrumenten, die den Astronomen, Geometern, Feldmessern und Seeleuten wohlbekannt waren, benutzten die Wissenschaftler zu Beginn des 17. Jahrhunderts gemeinsam mit den Ingenieuren den Proportionalzirkel, dessen Erfindung sich Galilei (1606) und Capra (1607) zuschrieben. Der Reduktionszirkel stammt aus Deutschland und wurde im ausgehenden 16. Jahrhundert entwickelt. Weiteres Arbeitsgerät waren graduierte Lineale, Winkelmesser, Zeichengerät, Stechzirkel, Schreibzirkel. Wir haben den Eindruck, daß die Mathematiker zu Beginn des 17. Jahrhunderts auf ihren Arbeitstischen eher zu viel als zu wenig Instrumente hatten, aber schließlich war die Mathematik zu jener Zeit noch mehr Geometrie als Algebra.

Im beginnenden 17. Jahrhundert standen also den Wissenschaftlern viele Meßinstrumente und neue Geräte zur Verfügung, die die Reichweite vor allem des Gesichtssinns vergrößerten. Diese Geräte setzten sich rasch durch. 1611 beobachteten Fabricius, später auch Galilei und Pater Scheiner* mit Hilfe eines Fernrohrs und einer rußgeschwärzten Glasscheibe die Sonnenflecken. Durch eine geniale Gedankenverknüpfung zog Descartes in *Les Météores* (1637) daraus den Schluß, daß die Erde eine erkaltete Sonne sei. Wenn aber die Erde eine erkaltete Sonne ist, mußte die ganze herkömmliche Chronologie aufgegeben werden. Während man bis dahin die Geschichte der Erde und der Menschen in Jahrtausenden berechnet hatte, mußte man die Zahlen nunmehr mit hundert und tausend multiplizieren. Diese Revolution der Chronologie ging auf ein einfaches astronomisches Fernrohr und ein Stückchen geschwärztes Glas zurück. Brillenmacher, Spiegelmacher, handwerklich geschickte Gelehrte, neugierige, über reichliche Muße verfügende Geistliche beschäftigten sich bald allenthalben mit dem Bau astronomischer Fernrohre, deren Prinzip man durch Zufall entdeckt hatte.

An der Spitze standen die Länder mit der am höchsten entwickelten Glasindustrie, also Italien und Holland. Durch das astronomische Fernrohr wurden bedeutende Gelehrte zu Handwerkern und Kaufleuten: sie stellten Fernrohre her und verkauften sie, um mit dem Erlös ihre Forschungsarbeiten finanzieren zu können. »Aus den Werkstätten von Galilei und Scheiner«, schreibt M. Daumas, »kamen die

35 ASTRONOMISCHE GERÄTE (nach M. Daumas: *Les Instruments scientifiques au XVIIᵉ et au XVIIIᵉ siècle*). Der Jakobsstab (1) ist eines der ältesten Instrumente der beobachtenden Astronomie. Sehr früh schon beobachtete man die Sonne und die anderen Himmelskörper, um die Zeit zu bestimmen; später dienten solche Beobachtungen – besonders für die Seefahrer – auch zur Ortsbestimmung. Der Jakobsstab besteht aus einem langen Stock, auf dem verschiebbar ein oder mehrere Querstöcke angebracht sind. Vom 16. bis zum 18. Jahrhundert war er das wichtigste nautische Instrument, ehe

dann der Spiegelsextant an seine Stelle trat. Die Abbildungen 2 bis 4 zeigen verschiedene Quadranten: 2 einen englischen Quadranten aus dem Jahr 1754, 3 einen Graphometer (Winkelmesser) von Philippe Danfrie aus dem Jahr 1597 und 4 einen Quadranten von Digges, dem Erfinder und Konstrukteur astronomischer Beobachtungsinstrumente um die Mitte des 16. Jahrhunderts. Allen diesen Instrumenten gemeinsam sind die in Grade geteilten Kreisbögen (Sechstelkreis, Viertelkreis, Halbkreis) und die im Kreismittelpunkt drehbar angebrachte Alhidade.

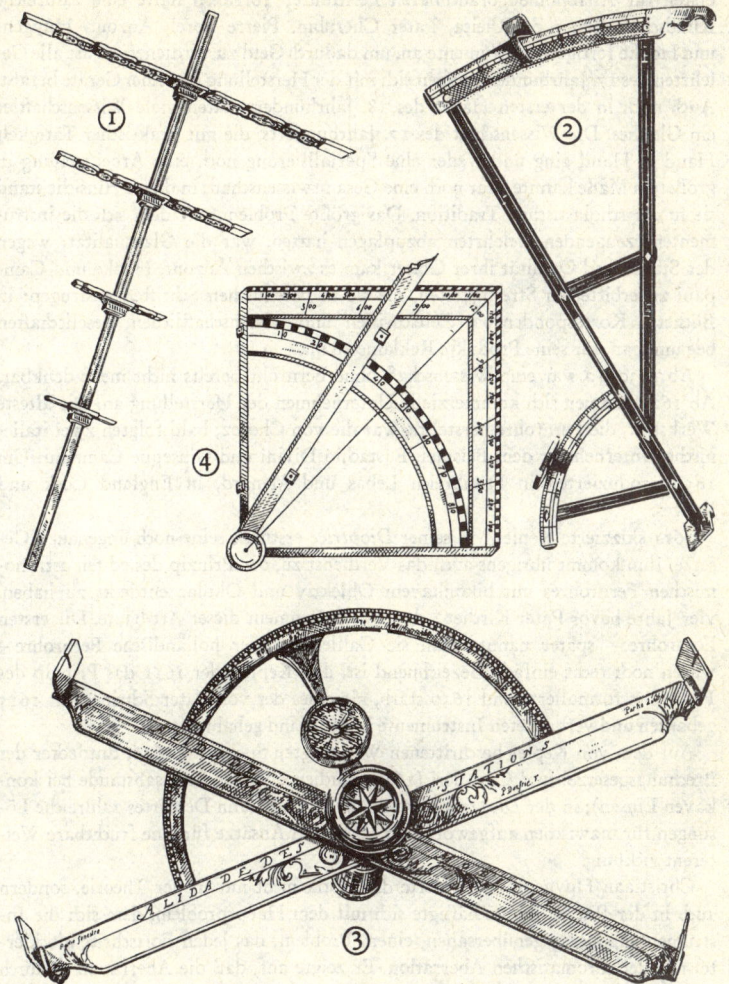

ersten für Astronomen brauchbaren Fernrohre; Torricelli hatte eine zahlreiche Kundschaft. Pater de Rheita, Pater Cherubin, Pierre Borel, Auzout, Huygens und Hooke fertigten Instrumente an, um dadurch Geld zu verdienen.« Fast alle Gelehrten des 17. Jahrhunderts haben sich mit der Herstellung optischer Geräte befaßt. Auch noch in der ersten Hälfte des 18. Jahrhunderts taten viele Wissenschaftler ein Gleiches. Die Wissenschaft des 17. Jahrhunderts, die mit praktischer Tätigkeit Hand in Hand ging und weder eine Spezialisierung noch eine Arbeitsteilung in größerem Maße kannte, war noch eine Gesamtwissenschaft; in dieser Hinsicht stand sie in der scholastischen Tradition. Das größte Problem, mit dem sich die instrumentenerzeugenden Gelehrten abzuplagen hatten, war die Glasqualität; wegen der Stärke und Qualität ihrer Gläser kam es zwischen Auzout, Hooke und Campani zu erbitterten Streitigkeiten, die sie in polemischen Schriften austrugen; in Büchern, Korrespondenzen, Zeitschriften und wissenschaftlichen Gesellschaften begann man, für seine Produkte Reklame zu machen.

Ab 1630–40 war eine Wissenschaft ohne Fernrohr bereits nicht mehr denkbar. Ab 1625 nahmen sich kommerzielle Unternehmen der Herstellung an. Die älteste Werkstatt, die Fernrohre herstellte, war die von Chorez; bald folgten zwei italienische Unternehmer dem Beispiel, Eustachio Divini und Giuseppe Campani. Um 1650 produzierten in Frankreich Lebas und Ménard, in England Cock und Reeves.

1611 skizzierte Kepler* in seiner *Dioptrice* erstmals seine noch ungenauen Gesetze. Ihm kommt übrigens auch das Verdienst zu, das Prinzip des echten astronomischen Fernrohres mit bikonkavem Objektiv und Okular entdeckt zu haben, vier Jahre bevor Pater Kircher* das erste Instrument dieser Art baute. Die ersten Fernrohre – später nannte man sie Galileische oder holländische Fernrohre – waren noch recht einfach. Bezeichnend ist, daß Kepler, der 1611 das Prinzip des Fernrohrs formulierte und 1630 starb, nie eines der von Pater Scheiner seit 1615 gebauten und verbreiteten Instrumente in der Hand gehabt hat.

Auf dem von Kepler beschrittenen Weg folgten Snellius (†1626, Entdecker der Brechungsgesetze) und Cavalieri (1632, Studien über die Fokusabstände bei konkaven Linsen); in der *Dioptrique* von 1637 brachte dann Descartes zahlreiche Lösungen für inzwischen aufgeworfene Fragen und Ansätze für eine fruchtbare Weiterentwicklung.

Christiaan Huygens* veränderte die Optik nicht nur in der Theorie, sondern auch in der Praxis. Er beschäftigte sich mit dem Hauptproblem, dem sich die Instrumentenbauer gegenübersahen, einem Problem, das jeden Fortschritt blockierte: mit der chromatischen Aberration. Er zeigte auf, daß die Aberration dadurch

vermindert werden konnte, daß man den Abstand zwischen Fokus und Linsenober-
fläche, also die Brennweite, vergrößerte. Bis dahin war die Praxis in der Regel der
Theorie weit voraus gewesen. Das sollte sich nun ändern: seit dem ausgehenden
17. und während des ganzen 18. Jahrhunderts hinkte die Praxis meist hinter der
Theorie her. Der Umschwung kam mit der Ausarbeitung der geometrischen Optik
durch Newton, Euler, d'Alembert und Clairaut. Eine neue Etappe begann, als
Christiaan und Constantijn Huygens im August 1683 ihre Linsenschleifmaschine
in Betrieb nahmen. Die ersten Versuche führten noch nicht zu befriedigenden Ergebnissen, aber nach einigen Jahren gelang es, Linsen mit Brennweiten herzustellen,
von denen die Handschleifer noch nicht einmal zu träumen wagten: 34 Fuß, bald
85, 120, 170 und sogar 210 Fuß. Nun konnten erstmals höchst leistungsfähige
große Teleskope gebaut werden.

Vier oder fünf Jahre nach der Erfindung des holländischen Fernrohrs, zwischen
1612 und 1618, »wurden unter den verschiedensten Bezeichnungen die ersten Modelle zusammengesetzter Mikroskope gebaut und ausprobiert«. Lange Streitigkeiten hat die Frage ausgelöst, wer als Erfinder des Mikroskops* zu bezeichnen ist.
Wahrscheinlich haben die Brüder Janssen aus Middelburg in Zeeland die ersten
Mikroskope gebaut. Jean du Pont de Tarde, Kanonikus aus Sarlat, beschreibt in
seinem Bericht über einen 1615 Galilei abgestatteten Besuch neue Instrumente zur
Betrachtung »der Dinge, die uns sehr nahe sind und die wir wegen ihrer Kleinheit
nicht sehen können«. Dabei dürfte es sich wohl um Mikroskope gehandelt haben.
Mikroskope aus der Zeit vor 1624 sind nicht erhalten. Die Instrumente von Me-
tius, Lippershey, Janssen (vielleicht die ersten Mikroskope überhaupt), Drebbel
und Galilei sind uns nur durch schriftliche Zeugnisse bekannt.

Das Mikroskop machte langsamere Fortschritte als das Fernrohr: letzteres wurde
in 15 Jahren, ersteres in einem halben Jahrhundert fertig entwickelt. Descartes
plante Mikroskope mit hyperbolischen Linsen, von denen eines fast zwei Meter
groß werden sollte, aber die Technik des 17. Jahrhunderts war außerstande, solch
kühne Projekte zu realisieren. Der »Rückstand« des Mikroskops hat zwei Ursachen: erstens bestand eine geringere Nachfrage, da die geistige Revolution des
17. Jahrhunderts vor allem durch die Astronomie getragen wurde; zweitens gab
es erhebliche technische Schwierigkeiten. Die Mechanik war zu Beginn des 17. Jahrhunderts noch keine »Feinmechanik«; die Herstellung kleiner Linsen brachte beträchtliche Schwierigkeiten mit sich. Bei hundert- oder zweihundertfacher Vergrößerung ergaben die unzureichenden Linsen der ersten Mikroskope nur recht ver-
schwommene Bilder. Die chromatische Aberration war weit störender als bei den
astronomischen Fernrohren, und da man noch keine Blende kannte, ließ sich auch

die sphärische Aberration nicht vermindern. Es dauerte fünfzig Jahre und bedurfte einer gründlichen Verbesserung der Instrumente, bis das Mißtrauen gegenüber dem Mikroskop, das die Wissenschaftler getreu der scholastischen Tradition empfanden, besiegt werden konnte.

Aber schließlich sicherte der Erfolg, den das astronomische Fernrohr hatte, auch den Sieg des Mikroskops. Den Beginn der Mikrographie setzt Maurice Daumas in die Zeit um 1660/1665; um diese Zeit erschien die *Micrography* von Hooke. Damit war die Mikroskopie nicht mehr nur ein amüsanter Zeitvertreib, ein unwichtiges Kuriosum, sondern wurde zu einem wesentlichen Zweig der Forschung. 1669 veröffentlichte der Holländer Swammerdam (1637–1680) seine berühmte *Historia Insectorum generalis,* und 1671 sandte Marcello Malpighi (1628–1694) der Royal Society seine ersten Beobachtungsergebnisse ein. Was die Nierenphysiologie ihm und Bellini verdankt, ist bekannt. Malpighi, Robert Hooke und Friedrich Ruysch (1638–1731) entwickelten als erste eine mikroskopische Anatomie, sind die Begründer der Histologie. Auf Ruysch geht die Technik der Gefäßinjektionen und das Verfahren zur Frischhaltung von Leichen für anatomische Zwecke zurück. Ab 1793 veröffentlichte der große Antony van Leeuwenhoek regelmäßig bedeutsame Arbeiten in den *Philosophical Transactions*. Mehr noch als die Astronomie war die neue Wissenschaft der Mikroskopie international.

Ab 1660 konnte man ohne Schwierigkeiten in England Mikroskope erwerben, die zwischen 3 und 6 Pfund Sterling kosteten. Eines der besten Mikroskope jener Zeit baute der Italiener Eustachio Divini (1620–1695). Im Jahre 1668 berichtete das *Journal des savants:* »Ein Mikroskop, dessen Okular aus zwei plankonkaven, mit der planen Seite zusammengefügten Linsen bestand.« Es war 42 Zentimeter hoch und vergrößerte auf das 41- bis 43fache. Entscheidend war jedoch, daß durch die Speziallinsen das Objekt nicht mehr verzerrt wurde, daß man ein getreues Bild des winzig Kleinen erhielt. Nur der von Divini erzielte Fortschritt ermöglichte Malpighis mikroskopische Arbeit. Die italienischen Instrumentenbauer bevorzugten noch große Apparate, während die holländischen Techniker, angeführt von den Brüdern Huygens, sich um den Bau kleiner Instrumente bemühten. Mit einem solchen Instrument arbeitete Robert Hooke. Die Mikrometerschraube, die der große Danziger Astronom Hevelius* (Johann Hewel, 1611–1678) für das astronomische Fernrohr entwickelt hatte, wurde von dem englischen Instrumentenmacher John Marshall 1720 für das Mikroskop übernommen. Hevelius hatte die Schraube schon in seiner *Machina coelestis,* die 1673 in Danzig veröffentlicht wurde, beschrieben und durch technische Zeichnungen die Arbeitsweise veranschaulicht. Die Erforschung des unendlich Großen und des unendlich Kleinen ging Hand in Hand.

Bald wurde die Zahl der Linsen vermehrt; Pater Cherubin und Petrus Patronus (Mailand, 1722) entwickelten das Doppelfernrohr, das ein Sehen mit beiden Augen ermöglichte. Die Technik erforschte, zum Teil überstürzt, alle Möglichkeiten und geriet auch nicht selten auf Irrwege. Da man nun besseres Glas herzustellen und es besser zu bearbeiten verstand, konnte man sich technische Vereinfachungen leisten, die zu klareren Resultaten führten. Leeuwenhoek benutzte für fast alle seine Beobachtungen ein einfaches Mikroskop, das sehr exakte Bilder lieferte, dafür aber nur wenig stark vergrößerte (40- bis 60fach). Johan Joosten van Musschenbroek, ein Holländer, versah im ausgehenden 17. Jahrhundert das Mikroskop mit einer Blende, und Hartsoeker entwickelte ab 1689 den im Tubus verstellbaren Okularmechanismus.

Je komplizierter die Apparate wurden, desto mehr Zeit verging zwischen einer Entdeckung und ihrer praktischen Anwendung, zwischen dem Experiment und der allgemeinen Verbreitung des Neuen. Dies war der Fall bei den Reflexionsinstrumenten. Auch hier waren die Geräte für die Erforschung des Makrokosmos mit denen für den Mikrokosmos eng miteinander verbunden, anders gesagt: die Entwicklung des Spiegelteleskops verlief in etwa parallel zur Entwicklung des Reflexionsmikroskops.

Theoretisch war das Spiegelteleskop * schon mehr als hundert Jahre vor seiner praktischen Verwirklichung und Verwendung fertig. Auch dies zeigt, wie stark sich ab 1630–1640 der Abstand zwischen der Theorie und der Technik vergrößerte. Um 1630 wurde das Prinzip des Spiegelteleskops von Cavalieri, Mersenne und Zucchi entwickelt. James Gregory stellte 1663 die Theorie des Instruments auf. Reeves versuchte, das Instrument zu bauen, scheiterte aber an dieser Aufgabe. Newton stellte sein Spiegelteleskop im Februar 1672 der Royal Society vor. Auf praktischer Ebene blieben jedoch alle diese Unternehmungen ohne Auswirkung; die Spiegelteleskop-Astronomie, die Untersuchung der oberen Planeten und die Erforschung der Fixsternwelt begannen erst an der Wende zum 19. Jahrhundert mit Friedrich Wilhelm Herschel (1738–1822), dem genialen Spiegelschleifer und großen Astronomen, der nach zweieinhalb Jahrhunderten wieder zu den systematischen Arbeitsmethoden Tycho Brahes zurückfand. »Einige Spiegelteleskope«, schreibt Daumas, »wurden etwa ab 1720 von Optikern hergestellt, aber erst nachdem Edward Scarlett ein Verfahren gefunden hatte, gute Spiegel herzustellen, nahm die Produktion einen größeren Umfang an.«

Die Spiegel waren ein Problem, mit dem man zunächst nicht fertig wurde. Es handelte sich dabei um ein metallurgisches Problem. Lange war man der Überzeugung, daß Newton und Hooke ihre Erfolge der Zusammensetzung der von ihnen verwendeten Bronze verdankten. Molyneux probierte vergebens vierhundertfünfzig verschiedene Legierungen aus. Angesichts des Standes, auf dem sich die Metallchemie zu Beginn des 17. Jahrhunderts befand, konnte sich ein Fortschritt in dieser Hinsicht nur aus einer genügend großen Anzahl von Experimenten ergeben. Diese aber hingen wiederum von der Nachfrage ab. Eine weitere Schwierigkeit war das Polieren der Spiegel. Nur sehr wenige Arbeiter erwarben sich je die dazu notwendige Geschicklichkeit. Daher vergingen sechzig Jahre von der Erfindung bis zur ersten Verwirklichung. Aber außerdem war die Astronomie des 17. Jahrhunderts zunächst nur an den sonnennahen Planeten interessiert, und für diesen Zweck taten es auch die alten »holländischen« Fernrohre. Man dachte damals planetarisch. Nachdem sich die Geister nur mit Mühe vom Schock erholt hatten, den das Zerplatzen der Kristallsphäre des antiken Kosmos verursacht hatte, klammerte man sich verzweifelt an das Sonnensystem. Alles übrige überließ das philosophische 18. Jahrhundert der metaphysischen Unruhe eines Christen wie Pascal. Man befaßte sich nur mit dem relativ nahen Sonnensystem, weil auch sie, die modernen Denker, vor dem »ewigen Schweigen der unendlichen Räume« erschraken. Mit dem Spiegelteleskop stieß man in metaphysische Räume vor, betrieb eine Astronomie der unendlichen Räume. Diese Einstellung war von Anbeginn an ein schweres psychologisches Hindernis: lieber wollte man bei dem bescheideneren, sichereren, billigeren holländischen Fernrohr bleiben. Erst nach 1770–1780 ging es mit dem Spiegelteleskop voran, als das amerikanische Platin (genauer eine Legierung aus Platin, Zinn und Rotkupfer mit niederer Schmelztemperatur und hoher Polierfähigkeit) neue Möglichkeiten bot und die Fixsternastronomie neuen Auftrieb gewann. Die erste Beschreibung des bereits von Descartes entworfenen und von Newton weiterentwickelten Spiegelmikroskops stammt aus dem Jahr 1759 (Benjamin Martin), eine zweite folgte 1768 (Selva).

Aber Sehen genügte nicht; man mußte auch das mit bloßem Auge nicht Sichtbare messen können, wenn man nicht den scholastischen Unkenrufen recht geben wollte. Ohne das frühe Bündnis der alten Winkelmeßgeräte und der neuen optischen Instrumente (zunächst mit Linsen, später mit Spiegeln) hätte die Vergrößerung der Reichweite des menschlichen Gesichtssinns bestenfalls zu einer metaphysischen Spiegelfechterei geführt.

Wenden wir uns zunächst wieder der Astronomie zu. Zwanzig bis dreißig Jahre lang bestanden zwei Meßverfahren nebeneinander: die alte optische Meßtechnik der Diopterinstrumente, wie sie Tycho Brahe für seine Beobachtungen benutzt hatte, konnte sich noch einige Zeit halten. Kepler kam, wie schon erwähnt, aus

Mißtrauen oder mangels Mitteln niemals über das einfache astronomische Fernrohr hinaus. Auch Hevelius, der Tycho Brahe von Danzig, blieb noch sechsundsechzig Jahre nach dem Tod des großen Dänen den Sextanten und Quadranten treu. Die Linse lehnte er ab, nicht aber die Mikrometerschraube, die eine Untersetzung der Handbewegungen erlaubte, so daß eine bis dahin nicht gekannte Feineinstellung der Instrumente möglich war.

Aber obwohl Hevelius mit primitiven Mitteln arbeitete (was die Royal Academy in höchstes Erstaunen versetzte; 1679 schickte man Halley*, den Entdecker des Kometen, mit neuen Instrumenten nach Danzig, damit er gemeinsam mit Hevelius Beobachtungen anstelle), waren seine Beobachtungsergebnisse ebenso genau wie die anderer, die sich der modernsten Geräte bedienten.

Mit der Einführung des Mikrometers erhielt die Entwicklung einen neuen Anstoß. Das Mikrometer, das ursprünglich aus zwei Spitzen bestand, die durch eine Schraube mit inversem Gewinde bewegt wurden, war 1639 von Gascoigne erfunden und erstmals für Messungen verwendet worden, aber fast dreißig Jahre lang hielt er seine Erfindung geheim. Erst 1667 wurde sie der Öffentlichkeit bekannt. Die Engländer (Hooke, Townley) machten zuerst und am erfolgreichsten von dem neuen Hilfsmittel Gebrauch. Vielleicht ist ihnen Huygens zuvorgekommen, denn die Sache lag damals mehr oder weniger in der Luft.

Picard, der den alten Kosmos konkret dadurch sprengte, daß er erstmals die genaue Entfernung zwischen der Erde und der Sonne berechnete, erfand »für die Triangulation von Paris bis Amiens 1669 einen Quadranten mit einem Radius von 38 Zoll und einem Sektor von 18°; die beiden Alhidaden, die bewegliche und die starre, waren durch zwei Fernrohre ersetzt«. Damit war eine Urform des Theodoliten entwickelt, eine wichtige Voraussetzung für die exakten Landvermessungen und Landkarten von Cassini* (1625–1712). Dieser begann ab 1663 systematisch die französischen Provinzen zu vermessen; »zum erstenmal konnte der Mensch den sehr unbestimmten Eindruck, den er von Entfernungen, dem Verlauf von Flüssen und von der Höhe der Berge hat, durch genaue Messungen ersetzen«. Die für die Astronomie entwickelten präzisen Meßverfahren dienten nun auch dazu, ein exakteres Bild von der Erde zu gewinnen.

Aber damit war das Verlangen nach Genauigkeit, die Leidenschaft für exakte Maße noch nicht befriedigt. Als nächstes ging man daran, die Temperatur zu messen; man erfand das Thermometer*. Dieses wird manchmal dem 16. Jahrhundert zugeschrieben; man nennt die Namen Porta, Galilei, Bacon, Drebbel, Sanctorius, Telioux, Salomon de Caus. Aber das Thermoskop war noch kein echtes Thermometer, sondern eher eine Kuriosität. »Die ersten Flüssigkeitsthermometer, zuerst mit Wasser, dann mit Weingeist, wurden nicht vor 1641 konstruiert; wem sie zu verdanken sind, läßt sich mit Sicherheit nicht feststellen.« Von Florenz aus kamen die Thermometer in der heutigen Form ab 1667 nach ganz Europa. Aber die Beobachtungen, die man um 1680–1690 auf holländischen oder italienischen Thermometern anstellte, hatten noch wenig praktische Bedeutung, da es noch keine einheitlichen Thermometerskalen gab. Diese wurden erst im 18. Jahrhundert festgelegt (Fahrenheit 1714, Réaumur zu Beginn der dreißiger Jahre). Es dauerte also mehr als ein Jahrhundert, bis die Temperaturmessung voll entwickelt und vereinheitlicht war.

Etwas älter ist das ein wenig sperrigere, aber einfachere Barometer*. Die diesbezüglichen Versuche von Torricelli* (1643), Pascal (1647), Berti und Guericke sind jedem Schulkind bekannt. Von Anfang an gab es eine wahre Barometerbegeisterung. Barometer waren billig, denn in Almaden und Idria wurde Quecksilber in großen Mengen gefördert und zu kleinen Preisen auf den Markt gebracht; die Bedürfnisse der venezianischen Spiegelfabrikanten und der amerikanischen Silberminen (zu schweigen vom Bedarf der Medizin zur Bekämpfung der Syphilis) hatten zu einer gewaltigen Produktionssteigerung geführt. Die allgemeine Verbreitung des Barometers fällt in die Zeit zwischen 1660 und 1680.

Nachdem die Wissenschaft des 17. Jahrhunderts den Raum in den Griff bekommen hatte, wandte sie sich der Zeit zu. Die Räderuhr war damals schon wohlbekannt; sie stammt aus dem 14., vielleicht gar aus dem 13. Jahrhundert. Aber bis zum 17. Jahrhundert waren Uhren* in der Hauptsache ein Spielzeug für Fürsten, hatten für einen größeren Kreis keinerlei Bedeutung.

Christiaan Huygens verdanken wir das Pendel (1650–1657) und die Spiralfeder (1675) zur Gangregulierung, die es ermöglichte, die Gleichmäßigkeit des Pendelschlags auf das Uhrwerk zu übertragen. »Diese zwiefache Erfindung teilt die Geschichte der Uhr und der Zeitmessung sehr deutlich in zwei Abschnitte: der erste Abschnitt war eine Zeit der Vorbereitung, der tastenden Versuche, der zweite die Zeit der Entwicklung der Pendeluhr und der daraus abgeleiteten Uhrenformen. Der zweite Abschnitt dauerte zweieinhalb Jahrhunderte und fand erst sein Ende, als die moderne Wissenschaft und die Elektronik die Uhrmacherei ebenso erneuerten wie alle anderen Techniken, die Zeitmessung ebenso wie alle anderen Wissenschaften.«

Die Möglichkeit einer präzisen Zeitmessung revolutionierte zahlreiche andere Gebiete, eröffnete in vieler Hinsicht ein neues Zeitalter. Die Taschenuhr bot die Annehmlichkeit, die Zeit mit sich »herumtragen« zu können; ein unabhängig von Temperatur und geographischer Breite präzis funktionierender Chronometer erlaubte überall eine augenblickliche präzise Ortsbestimmung, was für die Navigation ebenso wichtig war wie für die Kartographie. Schrittmacher auf diesem Gebiet waren im ausgehenden 18. Jahrhundert Harrison in England (1767) und Le Roy und Berthoud auf dem Kontinent (1772). Endlich konnte man daran gehen, die alten Weltkarten zu entzerren, die man früher auf Grund der oft stark abweichenden, ungenauen Angaben von Seefahrern (Cook, Bougainville) angefertigt hatte. Nun gab es auch keine »verlorenen« Inseln mehr, die drei- oder viermal entdeckt wurden. Daß man die Zeit in den Griff bekommen hatte, wirkte sich auch auf den Raum aus.

Dies sind in großen Zügen einige der exogenen Faktoren der großen wissenschaftlichen Revolution des 17. Jahrhunderts. Sie waren eine wichtige Voraussetzung, denn ohne sie hätte das wissenschaftliche »Wunder« des 17. Jahrhunderts nie vollendet werden können, wäre genauso auf halbem Wege steckengeblieben wie die Entwicklung im hellenistischen Griechenland und in Alexandrien im 3. vorchristlichen Jahrhundert und wie der Aufschwung des 14. Jahrhunderts; wie die technische Revolution des 15. Jahrhunderts wäre die wissenschaftliche Revolution mangels ausreichender Hilfsmittel versandet. Dennoch bleibt wahr, daß unsere Aneinanderreihung von Beweisen noch nichts bewiesen hat, denn das Wunder beruht auf endogenen Faktoren.

Das Geheimnis der wissenschaftlichen Revolution ist auf geistiger Ebene zu suchen. In den ersten Jahrzehnten des 17. Jahrhunderts hatte sich, um mit den Atomphysikern zu sprechen, eine »kritische Masse« angesammelt, was dazu führte, daß sich jeder Gedanke mit einem anderen verkettete, daß jeder Fortschritt, anstatt durch Lücken ringsum blockiert zu werden, sich mit anderen Fortschritten verknüpfen konnte, so daß ein kontinuierliches Vorwärtsschreiten möglich war. In der Tat war die wissenschaftliche Revolution des 17. Jahrhunderts ein solches Vorwärtsschreiten, für das nun endlich die Voraussetzungen gegeben waren.

Viel ist über die erstaunlichen Skizzenbücher von Leonardo da Vinci geschrieben worden. Man hat diesen größten Geist der Renaissance als den eigentlichen Vater unendlich vieler moderner Erfindungen bezeichnet. Seine Skizzenhefte sind voller genialer Entwürfe, aber kaum etwas davon konnte zu seinen Lebzeiten verwirklicht werden. Alles in diesen Heften war Potenz, nichts wurde zum Akt. Leonardo war tatsächlich bereits ein moderner, messender Mensch, der den pythagoreischen Primat der Zahl wiederentdeckte. Die Probleme der galileischen Mechanik schienen bereits gestellt zu sein; um sie zu lösen, fehlte lediglich das rechnerische Handwerkszeug – aber damit fehlte alles, damit waren sie unlösbar.

»Niemand trete hier ein, der nicht Geometer ist.« Neunzehn Jahrhunderte nach Platon dachten und handelten der Galilei des *Saggiatore* 1632 (»Die Natur ist in der Sprache der Mathematik geschrieben«) und der Descartes der *Dioptrique,* der *Météores* und des *Discours* genauso – genauso und besser. Die griechische Mathematik, das heißt, die Geometrie, vermochte den Schlüssel zur Natur nicht zu liefern. Sie hatte schon seit zwei Jahrtausenden, seit Alexandria, ihre Möglichkeiten erschöpft. Um die Entwicklung vereinfachend darzustellen: der letzte Alexandriner, vielleicht der berühmteste von allen, der letzte Konstrukteur eines nach den Regeln der euklidischen Geometrie geschlossenen Kosmos war Kopernikus. Das heliozentrische Weltbild, das er in *De Revolutionibus* entwickelte (einem Werk, das erst viel später revolutionäre Bedeutung erlangte), war kein Widerspruch zu Ptolemäus. Vielmehr war es die letzte, geniale Vollendung der alten Himmelsgeometrie. »Der Narr!« brummte Luther in seinen »Tischreden« – ein Narr, der lediglich aus ästhetischen Beweggründen, aus dem Bedürfnis nach einer harmonisch geordneten Himmelsgeometrie heraus die gute alte Erde um die Sonne kreisen ließ; zwar wußte man nun, seit man Schiffe hinter dem Horizont hatte verschwinden sehen, daß diese Erde keine Scheibe, sondern eine Kugel war, aber man spürte auch, daß sie stabil und schwer war, fest verankert im Mittelpunkt der Welt.

Die Vorgeschichte der modernen Astronomie begann nicht mit Kopernikus, auch nicht mit dem vorsichtigen, relativistischen Osiander, sondern erst mit Kepler, der Ellipse, den Bahngesetzen und der Harmonie der Zahlen. Im Gegensatz zum Kreis war die Ellipse eine rechnerische Erscheinung. Der Übergang von der Mathematik der Figuren zur Mathematik der Zahlen, von der Geometrie zur Algebra, bedeutete für die Astronomie einen entscheidenden Fortschritt. »Die Natur ist in der Sprache der Mathematik geschrieben«; das Wort Gottes, das die Welt, nachdem es sie aus dem Nichts (aus dem Nichts, nicht aus dem Chaos) geholt hatte, ordnet und gestaltet, ist Algebra. Also ist Mathematik gleich Algebra. Für 1623 war das eine Selbstverständlichkeit.

Die Baumeister der modernen Welt heißen Galilei, Kepler, Descartes, Leibniz und Newton. Sie sind zweifellos die fünf Großen, Galilei als Begründer der Dynamik, der ersten quantitativen Physik, Kepler als Begründer des ersten echten wissenschaftlichen Gesetzes und der Zahlenastronomie, Descartes wegen seiner mathematischen Beiträge und der radikalen Vereinfachung des Verhältnisses Materie – Raum, Leibniz als Begründer der Infinitesimalrechnung, Newton ebenfalls wegen der Infinitesimalrechnung und wegen der analytischen Vereinheitlichung der gesamten terrestrischen und himmlischen Physik. Zwei weitere Namen sind zu erwähnen: Viète (1540–1603) und Fermat (1601–1665).

Das 16. Jahrhundert brachte auf materieller Ebene bedeutsame Siege, doch in geistiger Hinsicht war es wenig originell, blieb der Vergangenheit verhaftet, war oft sogar ausgesprochen rückständig, schreckte vor den Kühnheiten der letzten Ausläufer der mittelalterlichen Scholastik zurück. Selbständige, neue Schöpfungen sind kaum zu verzeichnen. Das 16. Jahrhundert war eher ein letztes Aufzucken der Spätantike, die vom 4. bis zum 16. Jahrhundert in einem langen Todeskampf lag. Von der scheinbaren Modernität dieses Jahrhunderts und der angeblichen kopernikanischen Revolution darf man sich nicht täuschen lassen. Dennoch sollte man nicht ungerecht sein: das 16. Jahrhundert war nicht nur eine Zeit großer materieller Erfolge, sondern es teilte auch mit dem 17. jene religiöse Inbrunst, ohne die es keine geistige Revolution hätte geben können, denn nur diese Haltung machte die Hypothese einer mathematischen Struktur der Welt erträglich; wenn man nicht an Gott als den Garanten und Schöpfer dieser Ordnung geglaubt hätte, wäre die Hypothese wahnwitzig und sinnlos gewesen. Vor allem aber hat das 16. Jahrhundert teils aus Notwendigkeit (für die Schiffahrt), teils spielerisch das geistige Instrumentarium für die Enträtselung der Welt geschaffen.

Das Wiedererwachen der mathematischen Studien setzt man gewöhnlich ins ausgehende 15. Jahrhundert, aber bereits um die Jahrhundertmitte waren bedeutsame Ansätze vorhanden. So erkannte schon Nikolaus von Kues (1401–1464) intuitiv die Unendlichkeit der Welt, ohne allerdings irgendwelche Beweise zu haben; seine Gleichsetzung des Kreises mit einem Vieleck mit unendlich vielen Seiten kündete bereits die Geometrie der Unteilbaren an, die mit Keplers *Nova Stereometria doliorum* ihren Anfang nahm. Peurbach (1423–1464), Regiomontanus (1436 bis 1470) und Luca Pacioli (um 1445–1514) haben Wichtiges für Geometrie und Algebra geleistet. Im 16. Jahrhundert wußte man mit der Geometrie nicht viel mehr anzufangen, als daß man die Überlieferungen der Antike durch das neue Hilfsmittel des Buchdrucks einem größeren Kreis bekannt machte. Dies taten die Humanisten, die großenteils mit den Gedanken anderer hausieren gingen, ohne sie immer selber zu verstehen. Was im 16. Jahrhundert an tatsächlichem Fortschritt erreicht wurde, faßt Koyré in der glücklichen Formel zusammen: »Von der rhetorischen zur abgekürzten Algebra.« Das Verdienst, die mathematischen Begriffe reformiert zu haben, kommt der deutschen Schule im Gefolge von Johann Werner (1468 bis 1528) zu. Allzu modern war diese wenn auch durch die »Kürzel« zahlreicher Symbole gestraffte, letztlich aber archaische Algebra noch nicht: »Das arithmetische und algebraische Denken der Renaissance bleibt auf der Denkebene der Grammatiker; es ist noch halb konkret; man befolgt die Grundregel, operiert aber mit konkreten Fällen, Wörtern oder Zahlen.«

Etwas ganz Neues brachte Viète* (Vieta): er führte den Begriff des Unbekannten in die algebraischen Formeln ein. Weiterentwickelt wurde dies durch Descartes. Nun löste sich endlich das algebraische Denken von der Grammatik und näherte sich der Abstraktion der reinen Logik. Die Algebra, diese formale Logik der modernen Welt, »wird mehr als Abkürzung, wird zum Symbol, und die *logistica numerosa,* um mit Viète zu sprechen, erhebt sich auf die Ebene der *logistica spaciosa*« (A. Koyré). Für den Druck des *Canon mathematicus* des François Viète, der 1579 erschien, brauchte man wegen der zahlreichen darin enthaltenen Tabellen volle acht Jahre. Das Verdienst des französischen Mathematikers bestand darin, die Grundlagen für die Verknüpfung von Geometrie und Algebra geschaffen zu haben, die Analyse. Um die fundamentale Gleichgestaltigkeit zwischen der numerischen Algebra und der geometrischen Analyse zum Ausdruck zu bringen, die schon in der antiken Geometrie angedeutet war, erfand er die *logistica spaciosa,* eine Kunst des Rechnens mit Symbolen, die sowohl geometrische wie arithmetische Größen darstellten.

Auf der Arbeit von Viète aufbauend, haben Descartes und vor allem Fermat* die analytische Geometrie entwickelt. Weitere wichtige Etappen waren die Zahlentheorie von Fermat, die Logarithmen von Napier* (1550–1617), die Wahrscheinlichkeitsrechnung von Pascal, Fermat und Huygens. Zur Vollendung der klassischen Mathematik vor der neuerlichen mathematischen Revolution des 19. Jahrhunderts (Gauß, Lobatschewsky, Bernhard Riemann) mußte noch die Infinitesimalrechnung erfunden werden. Es entstanden Differential- und Integralrechnung, die bald in der Infinitesimalrechnung zusammengefaßt wurden. Entwickelt wurde sie von den Brüdern Bernouilli, L'Hospital, vor allem aber durch den großen Newton und von Leibniz. Newton war systematischer und fruchtbarer als Leibniz, der geniale Amateur, der sich auch als Historiker, Jurist und Philosoph auszeichnete und die abstrakteste der abstrakten Wissenschaften fast schon auf ein Riemannsches Niveau erhob. Nach ihm gab es zwar noch unendlich viele kleine Weiterentwicklungen, aber im großen und ganzen blieb die klassische Mathematik für anderthalb Jahrhunderte auf der Ebene, auf die sie durch Newton und Leibniz gelangt war.

Nachdem sich eine kritische Masse angesammelt hatte, wurde unversehens ein rapider Wachstumsprozeß ausgelöst: dies war die wissenschaftliche Revolution, eine Umwälzung des Denkens, die Schaffung eines neuen Weltbildes.

Der Sektor, der alle anderen nach sich zog, war die Astronomie. Die ersten mathematisch formulierten wissenschaftlichen Gesetze waren die Keplerschen Gesetze des Jahres 1609: durch den Himmel kam die qualitative Physik zum Einsturz; durch die Verbindung der himmlischen und der sublunaren Region wurde das aristotelische Weltbild zertrümmert. Die erste Mechanik, die geschaffen wurde, war die Himmelsmechanik. Die Mathematisierung der Welt nahm am Himmel ihren Anfang. In die Ferne sah man besser als in die Nähe. Den Sternen gegenüber war man kühner als gegenüber einem Erdklumpen. Die wissenschaftliche Revolution war also zunächst eine Sache der Astronomen und der Philosophen – ein Beweis für den absoluten Vorrang des theoretischen vor dem praktischen Denken, für das Vorangehen der Wissenschaft vor der Technik. Und doch hat, wie wir es gesehen haben, keine andere Wissenschaft die von den fortschreitenden Techniken gebotenen Möglichkeiten so rasch und kühn ergriffen wie die Astronomie. Sie verlangte unaufhörlich nach einem immer präziseren mathematischen Instrumentarium, gab Anlaß für unzählige mathematische Berechnungen und trug durch ihre vermehrten Bedürfnisse stark zur Weiterentwicklung der Technik bei, wovon bald auch andere Wissenschaftszweige profitierten.

Sie löste zudem jene philosophische Revolution aus, von der sie selber nicht verschont blieb. Das größte Ereignis des 17. Jahrhunderts war das Ende des geschlossenen Kosmos des Mittelalters, der nichts anderes war als das Weltbild der heidnischen Antike; diese hatte sich beeilt, die erschreckende unendliche, aber zusammenhanglose Welt zu vergessen, die Demokrit erahnt hatte. Hand in Hand damit ging eine Erstarkung der Religiosität. Der »verborgene Gott« des 17. Jahrhunderts stand keineswegs, wie Lucien Goldmann und die marxistische Geistesgeschichte glauben, am Anfang eines beginnenden Klassenkampfes, spiegelte nicht ein Absinken der Preise für käufliche Ämter. Er war der Schöpfergott einer Welt, die unermeßlich größer, machtvoller, geordneter und unverständlicher war, als man je sich vorzustellen gewagt hatte. Niemals war den Menschen so deutlich wie damals, wie wahr das jedes intelligible Begreifen übersteigende Wort des Psalmisten war: »Die Himmel erzählen die Ehre Gottes, und die Feste verkündigt seiner Hände Werk.« Der verborgene Gott, der geheimnisvoll aus dem schrecklichen Schweigen sprach, dieser Gott, der so groß war, daß man nur durch das Geheimnis der Menschwerdung ihm näherkommen konnte, der Gott der reformierten Elite des protestantischen wie des katholischen Europa, eines Gomarius, eines Bérulle, Saint-Cyran und Pascal – dieser Gott hatte mit dem »lieben Gott« der christlichen Humanisten nichts gemeinsam. Jenseits der zerschmetterten Kristallsphäre des Aristoteles und des heiligen Thomas von Aquino konnte das 17. Jahrhundert, das den unendlichen Raum geschaffen hat, das *Sensorium Dei* Newtons in der Tiefe des Fernrohrs und des Mikroskops, nur die schreckliche *natura naturans* Spinozas oder des Ewigen vom Berge Sinai finden. »Schrecklich ist's, in die Hände des lebendigen Gottes zu fallen« (Hebräer 10, 31), hörte man oft aus Port-Royal.

Um die grundlegende Originalität des 17. Jahrhunderts und die Einzigartigkeit des Bruches der Jahre 1620–1630 ganz deutlich zu machen, müssen wir noch einmal auf die wahre Bedeutung der »angeblichen kopernikanischen Revolution« eingehen. Alexandre Koyré schreibt dazu: »Nur die alten Überlieferungen, die Tradition der Metaphysik des Lichtes..., platonische, neuplatonische und neupythagoreische Reminiszenzen... können die innere Bewegung erklären, mit der Kopernikus von der Sonne spricht.« War Kopernikus also eine Art Sonnenanbeter, der im lichtarmen Nordosteuropa nach Sonne dürstete? Nein, Kopernikus war kein Kopernikaner. Dies waren erst Galilei und in gewissem Umfang Kepler, Pater Mersenne, der tüchtige Verbreiter neuer Ideen, und vor allem jener Mann, der die Unendlichkeit der Welt »erfunden« hat, René Descartes, der Edelmann aus dem Poitou mit den seltsamen Augen. »Das Universum des Kopernikus ist nicht der unendliche Raum der klassischen Physik. Es ist ebenso begrenzt wie das Universum des Aristoteles. Gewiß, es ist größer, viel größer, so groß, daß es sich nicht messen läßt *(immensum)*, und doch ist es endlich, eingeschlossen und begrenzt von der Sphäre der Fixsterne.« Nach seiner Vorstellung kreisten die Planeten auf wirklichen Kugelsphären um die Sonne. »Die Sphären drehen sich auf Grund ihrer Gestalt und führen die Wandelplaneten mit sich, die in sie eingelassen sind wie Edelsteine in eine Fassung. Es war eine glänzende Ordnung, eine brillante Astrogeometrie, die die Astrobiologie des Aristoteles ersetzte... Nichts scheint unserer eigenen modernen Wissenschaft so fern zu stehen wie die Weltsicht eines Nikolaus Kopernikus. Und doch wäre ohne diese unsere Wissenschaft nicht entstanden.«

Die beiden Felsen der aristotelischen Physik der Qualitäten, die Dualität der Welt und die natürliche Bewegung, hat Kopernikus nicht angetastet. Das moderne Denken konnte sich aber erst entwickeln, als diese beiden Grundbegriffe zerstört waren, setzt es doch die fundamentale Einheit von physischer Welt und Trägheit voraus. Und doch hat Kopernikus gleichsam nebenbei, wahrscheinlich ohne es zu erkennen, in die aristotelischen Felsen zwei kleine Keile getrieben, die es Kepler, Galilei und Descartes ermöglichten, sie zu stürzen. Das Problem und die Schwäche des heliozentrischen Systems bestand darin, die Erde in Bewegung zu versetzen und sie durch eine heftige Bewegung ständig außerhalb ihres »natürlichen Ortes« zu halten. Zur Begründung der Heliozentrik sah sich Kopernikus gezwungen, den Begriff der Schwere zu verändern: »Ich zumindest glaube, daß die Schwerkraft nichts anderes ist als ein von der göttlichen Vorsehung des Weltenschöpfers den

Teilen mitgeteiltes natürliches Streben, durch den Zusammenschluß in Form einer Kugel wieder zu ihrer Einheit und Ganzheit zurückzufinden.« Dieser schöne Ausspruch ist zwar letztlich eine Rückwendung in die Vergangenheit, steht der von Empedokles und Platon vertretenen Ansicht, daß Ähnliches eine Tendenz habe, sich zu vereinigen und ein Ganzes zu bilden, näher als den Ansichten eines Newton; aber an der Schwelle der modernen Welt konnte alles, was Aristoteles abträglich war, der Menschheit nützen: »Und man kann annehmen, daß diese Tendenz auch der Sonne, dem Mond und den anderen Wandelsternen zu eigen ist, so daß sie dank ihrer Wirksamkeit auf den Kreisbahnen bleiben, die sie auf verschiedene Weise zu beschreiben scheinen.« Dies war der zweite Keil des Kopernikus, der schließlich zur Vereinigung der Sternenwelt mit der sublunaren Welt führte.

Gewinn aus diesen noch wirren Intuitionen zog erst Kepler. In dieser Hinsicht ging Kepler paradoxerweise Galilei voraus. Die Trägheit und ihre Gesetze wurden von Kepler am Himmel gefunden, ehe Galilei sie auf die Erde herabholte und sie fast endgültig zu formulieren verstand. Wieder einmal kam also der Anstoß von der Astronomie.

ZU DEN ABBILDUNGEN 177–196

177 DER SEXTANT DES HEVELIUS Die wichtigsten Arbeitsgeräte der beobachtenden Astronomie waren Winkelmeßinstrumente, wie sie mit besonderer Virtuosität und Ausdauer von Tycho Brahe (1546–1601) gehandhabt wurden. Johann Hewel (1611 bis 1687), der seinen Namen, der Zeitmode entsprechend, in Hevelius latinisierte, war als Himmelsbeobachter einer der bedeutendsten Nachfolger Brahes. Obwohl das Fernrohr seit mehr als einem halben Jahrhundert bekannt ist, arbeitet der Astronom noch mit bloßem Auge; lediglich rechts oben scheint in die Wand ein Fernrohr für gelegentliche Beobachtungen eingebaut zu sein. Das primitive Observatorium, ein Bretterverschlag auf Rollen, ist alles andere als bequem. Der große Sextant ist in einem Kugelgelenk nach allen Seiten drehbar befestigt; Zugschnüre mit Gewichten halten ihn in der gewünschten Stellung fest. (Johann Hevelius, *Machina Coelestis*, Danzig 1673. Paris, Nationalbibliothek)

178 HIMMELSBEOBACHTUNG MIT HILFE DES FERNROHRS Dieses Bild eines Astronomen, der den Sternenhimmel mit Hilfe eines Fernrohrs beobachtet, ist älter als die vorige Abbildung aus der *Machina Coelestis:* es stammt aus einer frühen Arbeit des Hevelius, der *Selenographia.* Zur Beobachtung des Mondes und der Planeten bediente sich Hevelius durchaus des Fernrohrs, obgleich es noch nicht sonderlich zuverlässig war und deshalb von vielen als die Wirklichkeit verfälschendes Teufelsinstrument verworfen wurde. (Johann Hevelius, *Selenographia*, Danzig 1647. Paris, Nationalbibliothek)

179 BEOBACHTUNG DER SONNENFLECKEN
Früh schon erkannte man, daß die Sonnenflecken von großer Bedeutung sind, nicht zuletzt für das Wetter auf der Erde. »Seit 1611 haben Fabricius, dann Galilei und der Pater Scheiner die Flecken der Sonne beobachtet.« Bald stellten auch zahlreiche Amateure Beobachtungen an, besonders nach 1637, als Descartes die revolutionäre These aufstellte, daß die Erde eine erkaltete Sonne sei. Das bedeutete jedoch, daß die traditionellen Chronologien nicht stimmen konnten: »Ein solches Geschehen (die Abkühlung der Erde aus glutflüssigem Zustand) kann nicht in den zwei oder drei Jahrtausenden erfolgt sein, die nach der traditionellen Chronologie der Erschaffung des Menschen vorausgingen.« Die Beobachtung der Sonne war gefährlich, denn trotz der rußgeschwärzten Gläser, die man zum Schutz vor das Objektiv legte, bestand die Gefahr, daß die Augen geschädigt wurden. Daher empfahl Hevelius die hier illustrierte indirekte Beobachtungsmethode. (Johann Hevelius, *Selenographia*, Danzig 1647, Paris, Nationalbibliothek)

180 DAS SPIEGELTELESKOP VON NEWTON (1688) Dieses Spiegelteleskop, auf Grund langer theoretischer Vorarbeiten gebaut, hatte noch keinen sehr großen Nutzwert; ein übliches Fernrohr lieferte schärfere Bilder. Erst nach wichtigen Verbesserungen (besonders der Spiegel) vermochte dieses Instrument die Astronomie zu revolutionieren. Newton verwendete für seine Metallspiegel eine Legierung aus sechs Teilen Kupfer, zwei Teilen Zinn und einem Teil Arsen. Die Weiterentwicklung des Spiegelteleskops wurde für vierzig Jahre durch technisch unlösbare Probleme unterbrochen. Erst zwischen 1740 und 1760 entstanden, vor allem dank der Arbeiten von James Short, Spiegelteleskope, die bald gigantische Ausmaße annahmen. (Nachbildung des ersten Spiegelteleskops von Newton, 1688. London, Science Museum)

181 DER MERIDIAN Ein wichtiges astronomisches Instrument zur Messung der Rektaszension und der Deklination der Himmelskörper war der Meridiankreis. Früh schon entwickelte man Fernrohre, die die entsprechenden Zusatzeinrichtungen aufwiesen und exakte Beobachtungen ermöglichten. Der hier abgebildete Stich aus dem Jahre 1689 zeigt den großen Astronomen Olaus Römer, den dänischen Gelehrten, der in Paris am 22. November 1675 erstmals die Lichtgeschwindigkeit berechnet hat. (London, Britisches Museum)

182–183 DER DURCHGANG DES KOMETEN DES JAHRES 1664 Diese Darstellung aus dem *Theatrum Cometicum* von Stanislas Lubienitz (1667) ist vor allem interessant wegen ihrer Vielschichtigkeit. Auf dem anthropomorphen, phantastischen Hintergrund der traditionellen Darstellungsweise der Sternbilder erscheint der Komet, ein beunruhigendes Geschehnis, weil es die himmlische Ordnung bedroht und stört. Wenn man auch nach der Mitte des 17. Jahrhunderts viele der mathematischen Gesetzmäßigkeiten des Geschehens am Himmel kannte, belebte man das Firmament doch weiterhin mit den traditionellen Fabelgestalten aus Antike und Mittelalter. (Stanislas Lubienitz, *Theatrum Cometicum*, Amsterdam 1667. Paris, Nationalbibliothek)

177

178

179

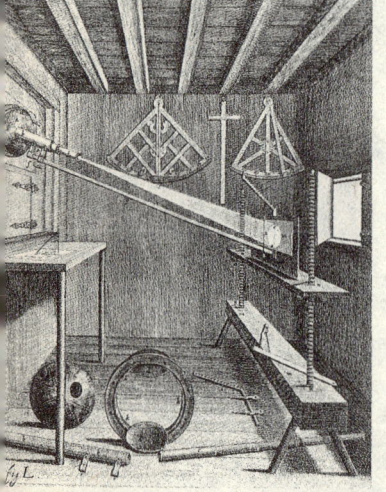

180

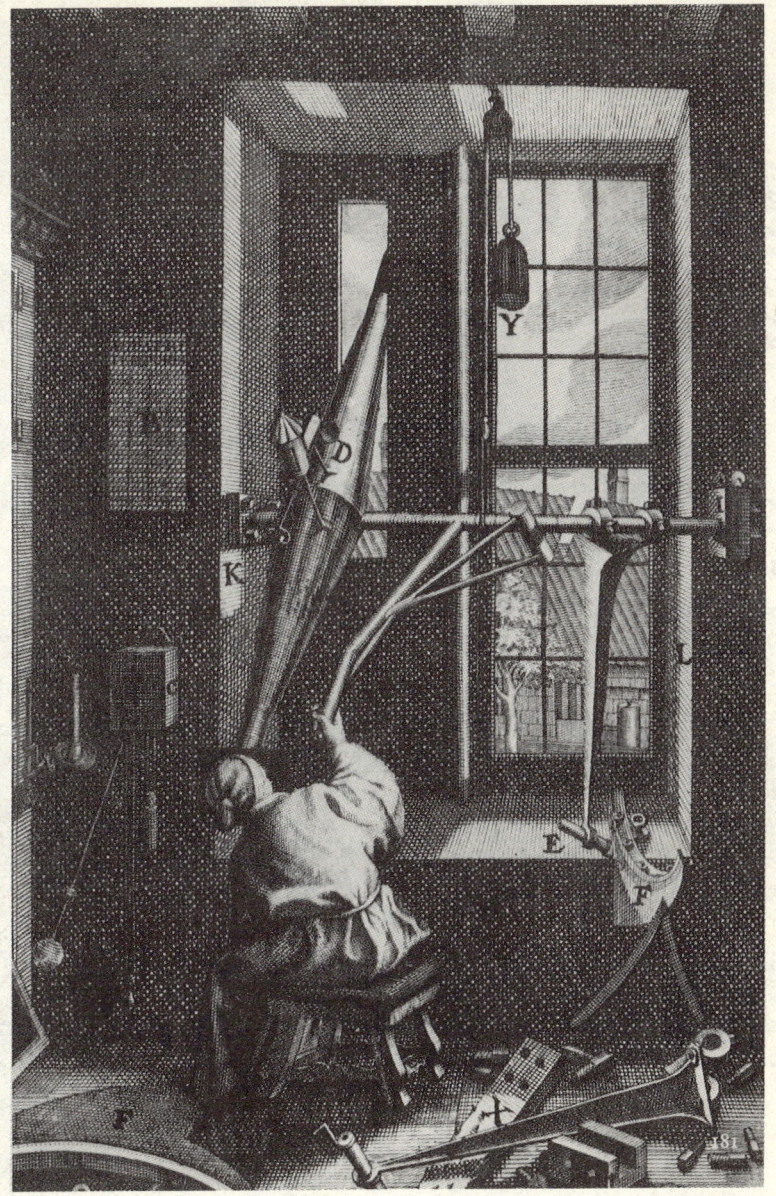

182

184

Taurus
Aries
Pisces
Eclip
Orion
Magnitudines Stellarum
prima
secunde
tertie
quarte
quinte

183

185

BRAHE
NETARVM CVR
TVDINES OB
PONENS.

186

SCENO
SYSTE
COPER
GRAPHIA
MATIS
NICANI

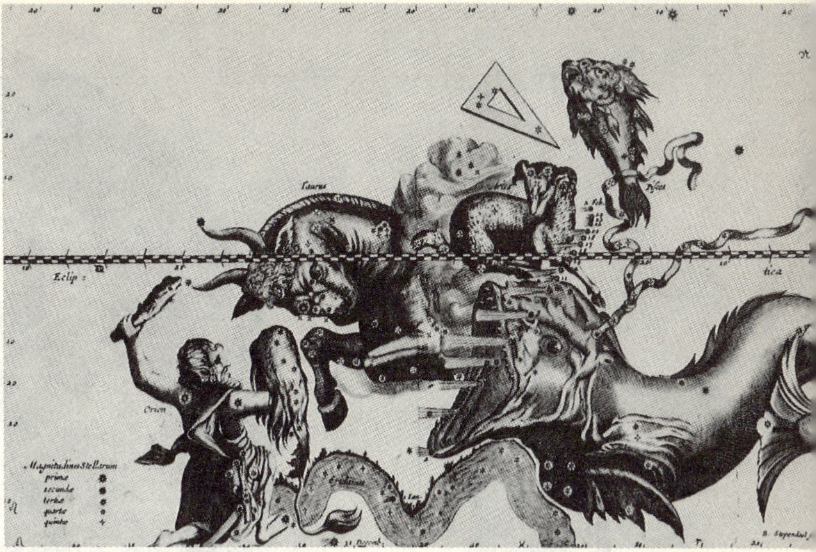

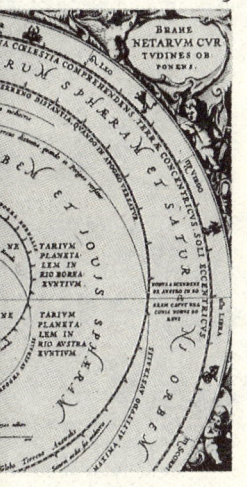

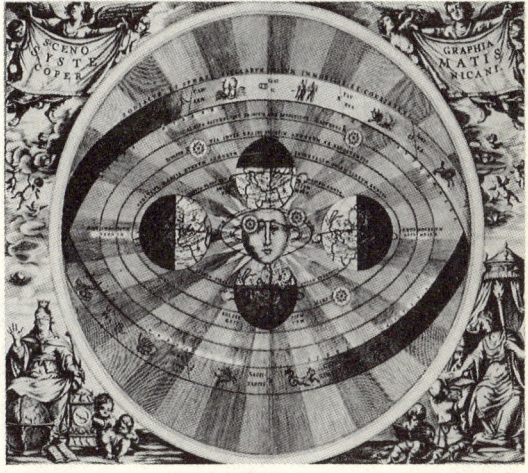

187

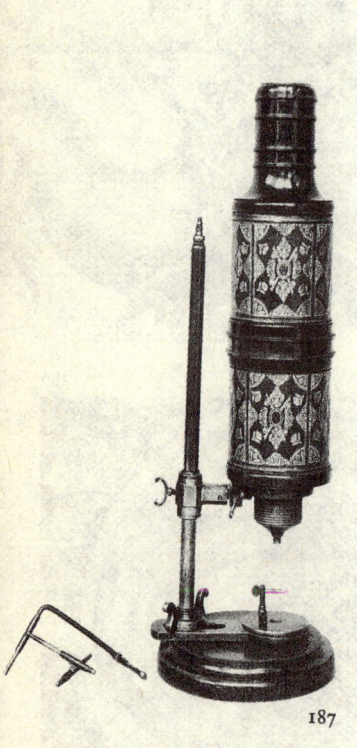

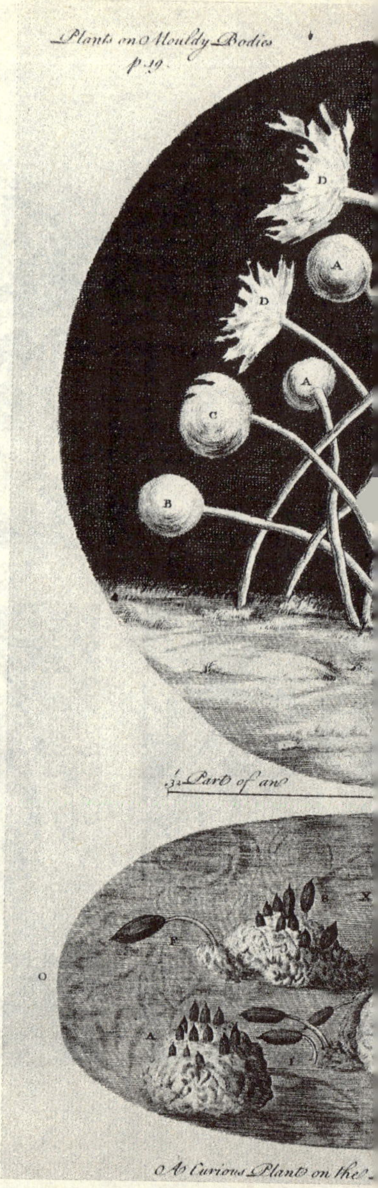

Plants on Mouldy Bodies
p.19.
D
D
A
A
C
B
Part of an
A Curious Plant on the

Plate IX.

Inch Magnified

188

Rose Trees. p. 10

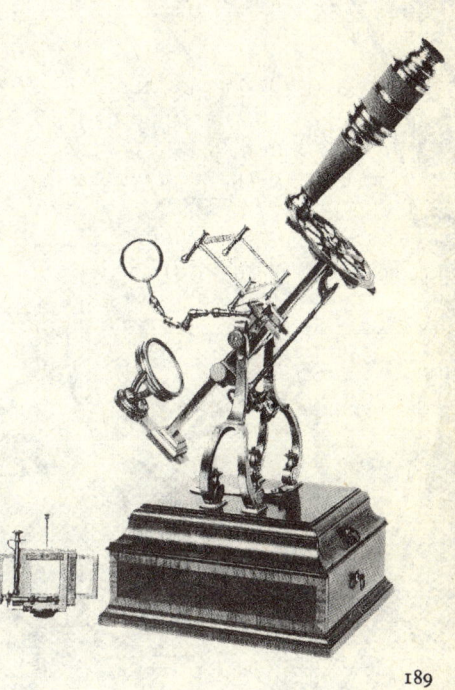

189

191

192

193

194

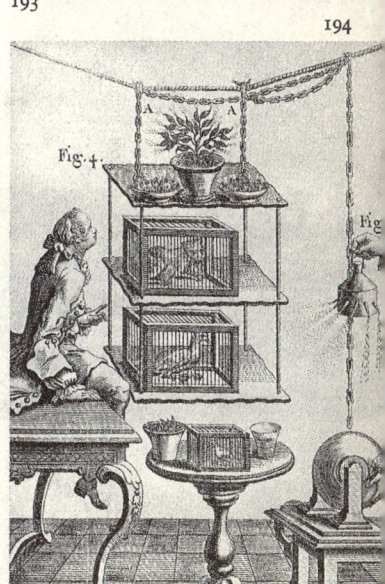

195

196

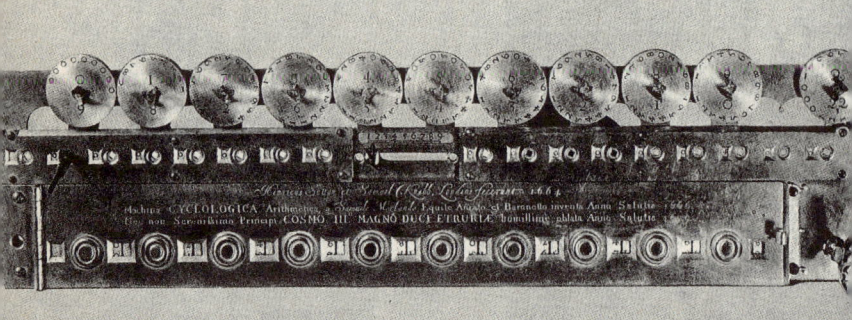

184 DIE DREI WELTSYSTEME: DAS PTOLEMÄISCHE SYSTEM Die Abbildungen 184 bis 186 zeigen die drei Weltsysteme, von denen Pascal spricht. Das ptolemäische Weltsystem hatte im 17. Jahrhundert noch zahlreiche Anhänger, paradoxerweise besonders in den Kreisen der Freidenker. Viele große Geister vertraten in der ersten Hälfte des 17. Jahrhunderts mit Entschiedenheit die Ansicht, daß die Erde im Mittelpunkt des Universums stünde (geozentrisches Weltsystem). Hier ist das ptolemäische System mit den jüngsten Vervollkommnungen dargestellt; rechts unten erkennt man das System Tycho Brahes, das den Versuch machte, Ptolemäus und Kopernikus auszusöhnen: wohl kreisen die Planeten um die Sonne, aber diese wiederum umkreist die Erde, die noch nicht als Planet erkannt wird. (Andrea Cellarius, *Harmonia macrocosmica*, Amsterdam 1661. Paris, Nationalbibliothek)

185 DIE DREI WELTSYSTEME: DAS SYSTEM TYCHO BRAHES Um die kühnen kopernikanischen Thesen mit dem traditionellen ptolemäischen Weltbild in Einklang zu bringen, erfand Tycho Brahe ein sehr originelles System, das die Vorteile beider Systeme vereinigte und die herkömmlichen Denkgewohnheiten nicht störte. Besonderen Erfolg hatte er mit seiner Hypothese in den protestantischen Ländern, in denen man dazu neigte, die Angaben im Alten Testament buchstäblich zu verstehen. Noch bis ins ausgehende 17. Jahrhundert hatte das System von Brahe zahlreiche Anhänger. (Ebenda, Paris, Nationalbibliothek)

186 DIE DREI WELTSYSTEME: DAS KOPERNIKANISCHE SYSTEM Dieses System ist älter als das von Tycho Brahe, aber weit revolutionärer, und so wurde es zunächst nur mit großer Zurückhaltung aufgenommen. Erst auf dem Sterbebett veröffentlicht, blieb die so bedeutsame Schrift des Kopernikus beinahe unbeachtet. Erst Kepler, Galilei und Descartes griffen seine Ideen wieder auf und führten sie schließlich zum Sieg. Das kopernikanische Weltsystem ist schwierig darzustellen; der Zeichner dieses Blattes hat seine Aufgabe nicht sonderlich glücklich gelöst. Die Sonne zeigt das traditionelle Gesicht; die Tierkreiszeichen sind ebenfalls mit den herkömmlichen Symbolen angegeben. Zur Zeit, als dieser Stich entstand, stand man noch voller Schrecken und Entsetzen der Unendlichkeit oder doch Unermeßlichkeit des Universums gegenüber, die sich aus dem kopernikanischen System ergab. Zeit und Raum wichen vor dem forschenden Menschen immer weiter zurück. (Ebenda, Paris, Nationalbibliothek)

187 DIE ERFORSCHUNG DES MIKROKOSMOS Nachdem man begonnen hatte, in die unendlich großen Räume des Universums vorzustoßen, wandte man sich dem unendlich Kleinen zu. Allerdings galt es zunächst, erhebliche technische Probleme zu überwinden. Dieses Mikroskop von Robert Hooke (1635–1703), den man als den Vater der Mikroskopie bezeichnet, lieferte noch nicht einmal hundertfache Vergrößerungen; zudem waren die Bilder durch sphärische und chromatische Aberration verfälscht. Dennoch war es ein wirksames, robustes Arbeitsgerät, mit dem die Grundlagen für die neue Wissenschaft gewonnen werden konnten. Mit seiner Hilfe stellte Hooke zahlreiche Beobachtungen an, die er 1665 in seiner

Micrographia veröffentlichte. Der Band enthält eine Fülle herrlicher Abbildungen: vergrößerte Insekten, Spinnen u. a. Eine ganz neue Welt tat sich auf, mit der man seit jeher gelebt, die man aber noch nie gesehen hatte. (Mikroskop von Hooke, 1675 von Christopher Cook gebautes Modell. London, Science Museum)

188 ABBILDUNGEN AUS DER »MICROGRAPHIA« VON ROBERT HOOKE Eine der berühmten Tafeln aus dem Buch von Hooke, die seinerzeit so großes Aufsehen erregten. Zum erstenmal wurden die winzigen Schimmelpilze gezeigt, die auf verwesenden organischen Substanzen gedeihen; darunter ist Meltau dargestellt, winzige Schmarotzerpilze auf lebenden Pflanzen. (Robert Hooke, *Micrographia,* Neuauflage 1747. Paris, Nationalbibliothek)

189 EIN MIKROSKOP VON ADAMS George Adams (1704–1773) leitete eine der größten Werkstätten des 18. Jahrhunderts, in der optische Geräte hergestellt wurden. Nach seinem Tod übernahm sein Sohn (1750–1795) die Firma. Adams veröffentlichte 1746 die zweite Auflage seiner *Micrographia illustrata,* ein Buch, das eine erstaunliche Verbreitung finden sollte. Das hier gezeigte Mikroskop ist ein kompliziertes Meisterwerk der Präzision. Es wurde von Hooke für den Prinzen von Wales, den späteren Georg III., geschaffen, der ein begeisterter Anhänger der Mikroskopie war. Georg III. ließ sich eine große Anzahl von optischen Instrumenten anfertigen; seine Sammlung war die schönste in ganz Europa. (Zusammengesetztes Mikroskop von George Adams, um 1755. London, Science Museum)

190 DAS ANTLITZ DER ERDE: ERSTAUNLICHE KENNTNIS DES HOHEN NORDENS UM 1630 Diese Darstellung des hohen Nordens stammt aus der ersten Hälfte des 17. Jahrhunderts. Die Küsten Skandinaviens, Islands, Grönlands und des westlichen Nordamerika sind recht gut bekannt; auch der Norden Rußlands ist mit erstaunlicher Genauigkeit wiedergegeben. Schlecht war es dagegen um die Kenntnis Kanadas und Sibiriens bestellt. »Unbekanntes Nordamerika«, »Tartarisches Meer« und »Unbekanntes maritimes Tartarien« sind die großen weißen Flecke in der oberen Hälfte der Karte beschriftet. Die großen Sibiren-Expeditionen Stadowkins (1644) und Deschnews (1648) standen noch bevor. Großbritannien und Finnland sind ein wenig verzeichnet. (Karte des Nordpols und der benachbarten Gebiete. Anonymer Stich, herausgegeben von Henri Hondius. Paris, Nationalbibliothek, Kupferstichkabinett)

191 DER CHRONOMETER VON HARRISON (1735) Für die Navigation benötigte man Chronometer, die unter allen Umständen und auch nach monatelanger Fahrt die Zeit genau angaben. Vieles mußte berücksichtigt werden: Temperaturschwankungen in verschiedenen Breiten der Erde, Schwankungen des Schiffes, unterschiedliche Luftfeuchtigkeit usw. Einen ersten Schritt auf dem Weg zur Lösung des Problems stellt der Chronometer dar, den Harrison 1735 gebaut hat ein für die damalige Zeit recht kompliziertes Gerät. Vervollkommnet wurde der Chronometer zwischen 1767 und 1772 von Le Roy und Berthoud. Solche Instrumente ermöglichten es den Seefahrern, durch genaue Ortsbestimmungen die Kenntnis von

unserem Planeten zu vervollkommnen. (Erstes Modell des Schiffschronometers von Harrison, 1735. Greenwich, National Maritime Museum)

192 EIN KURIOSITÄTENKABINETT – DER ANFANG DER NATURHISTORISCHEN MUSEEN Als die Naturwissenschaft noch in den Kinderschuhen steckte, begann man, alle möglichen merkwürdigen Dinge in sogenannten Kuriositätenkabinetten zu sammeln. Aberglauben und magische Vorstellungen spielten dabei zunächst noch eine große Rolle. Aus diesen uns heute oft recht seltsam anmutenden Sammlungen entwickelten sich später die naturhistorischen Museen. Der Text zu diesem holländischen Stich aus dem Jahre 1719 lautet: »Darstellung des gegenwärtigen Zustandes, der wunderbaren Vielfalt und der unendlichen Zahl der merkwürdigsten Dinge, die gleichzeitig zeigen soll, wie man alle diese Schönheiten ordnen kann, indem man sie ungefähr in der hier gezeigten Weise in einem Raum unterbringt, den man nach dem Plan dafür herrichtet.« Es handelt sich also nicht um die Wiedergabe eines tatsächlichen Kuriositätenkabinetts, sondern um einen »Idealplan«, vergleichbar unseren »imaginären Museen«. (Levin Vincent, *Description abrégée des Planches qui représentent les Cabinets & quelques unes des Curiosités contenües dans le Théâtre des Merveilles de la Nature*, Haarlem 1719. Paris, Nationalbibliothek)

193 DAS CHEMISCHE KABINETT Von den Kuriositäten gelangen wir zur Spezialisierung: so wird in einem Aufsatz im *Universal Magazine* vom Dezember 1747 das »Kabinett«, also das Laboratorium eines Chemikers, vorgestellt. Gleichzeitig enthält dieser Aufsatz eine interessante kurze Geschichte der Chemie: sie soll in Asien entstanden und zur Zeit des Moses nach Ägypten gelangt sein. »Chemistry having travelled from Egypt into Arabia, it was there also made esteemed and practised under the barbarous name of Alchimia.« Im Jahre 1747 war die Chemie noch stark der mittelalterlichen Alchimie verhaftet; zur modernen Wissenschaft wurde sie erst durch die Arbeiten Lavoisiers und anderer. (Paris, Nationalbibliothek)

194 DER ABBÉ NOLLET BEI EINEM VERSUCH Dieser beinahe geniale Amateur hat viel dazu beigetragen, die einigermaßen gebildeten höheren Stände für die Naturwissenschaften zu interessieren. Er stellte zahlreiche Versuche an mit dem Ziel, die neuen Möglichkeiten der Wissenschaften für therapeutische Zwecke einzusetzen. Mit dem hier gezeigten Versuch wollte er ergründen, ob die Elektrizität heilende Wirkungen hat. Er experimentierte mit Tieren und Pflanzen und kam zu dem Schluß, daß Samenkörner unter der Einwirkung von Elektrizität rascher austreiben. »Wenn man Basilienkraut elektrisiert, geht von der Spitze eines jeden Blattes, besonders wenn man die Hand bis auf einen gewissen Abstand nähert, ein sehr fühlbarer Hauch und ein helles Strahlenbündel aus, was ein viel schöneres Schauspiel ergibt, als ich in der Abbildung 4 bei den Buchstaben A zu zeigen vermochte... Da die Elektrizität imstande ist, das Fließen der Säfte in sehr engen Kanälen zu beschleunigen, beginnt ein elektrisiertes Tier zu schwitzen, verliert also Gewicht.« Zu seinem Versuch benutzte er zwei vier Monate

alte Katzen, zwei Tauben und Sperlinge; die Tiere wurden vor und nach dem Elektrisieren gewogen, und jedesmal stellte sich heraus, daß sie leichter wurden. Die Elektrizität wurde von der Glaskugel der Elektrisiermaschine durch eine Kette zu den Käfigen übertragen. (Abbé Nollet, *Recherches sur les causes particulières des phénomènes électriques et sur les effets nuisibles et avantageux que l'on peut en attendre*, Paris 1749. Paris, Nationalbibliothek)

195 MASCHINEN FÜR DIE ERSTEN ANFÄNGE DER PRÄZISIONSMECHANIK Genaugehende Uhren konnte man erst bauen, als man es verstand, die verschiedenen Bestandteile mit der erforderlichen Präzision herzustellen. Besonders das Zuschneiden der Spindeln war ein ernsthaftes Problem. Eine Lösung war diese Spindelschneidmaschine, die Hulot im Jahre 1760 konstruierte. (Paris, Conservatoire des Arts et Métiers)

196 EINE RECHENMASCHINE AUS DEM JAHR 1664 Die Erfindung der Rechenmaschine wird Pascal zugeschrieben. Die hier abgebildete, vollständig aus Metall gefertigte Rechenmaschine entstand etwa zwanzig Jahre später. Man kann diese ingenieusen Geräte als die Urahnen unserer Elektronenrechner bezeichnen. (Florenz, Istituto e museo di storia della scienzia)

Während des ganzen 16. Jahrhunderts vermochte Kopernikus niemanden zu überzeugen, bestimmt nicht den gesunden Menschenverstand, wie Luthers Ausspruch beweist, aber auch nicht die Gelehrten und Wissenschaftler. Sie begnügten sich mit der dialektischen Überschreitung des Tycho Brahe: die Sonne dreht sich um die Erde, die damit wieder auf ihren angestammten Platz gestellt wird, aber die Planeten kreisen um die Sonne, was keine besonderen Probleme aufwirft, da sie als Himmelskörper keine Masse besitzen. Damit behielt man auch die Vorteile des kopernikanischen Systems gegenüber dem ptolemäischen bei, nämlich seine Einfachheit und Eleganz. Und als die beobachtende Astronomie, diese so nützliche Wissenschaft in einer Zeit, in der europäische Schiffe alle Weltmeere befuhren, zwischen 1580 und 1610 jenen Aufschwung nahm, der weit über alles hinausging, was die Antike gekannt hatte, war es das System von Tycho Brahe, das dem Augenschein am ehesten gerecht wurde. Bezeichnend ist die Tatsache, daß Pascal noch dreißig Jahre, nachdem sich Mersenne so leidenschaftlich für das kopernikanische System eingesetzt hatte, von den drei Weltsystemen sprach (Ptolemäus, Kopernikus, Tycho Brahe), zwischen denen trotz »des ewigen Schweigens der unendlichen Räume« keine Entscheidung möglich sei. Über die Abweichung der Marsposition um 8 Bogenminuten (die Fehlergrenze lag bei Beobachtungen zur Zeit des Ptolemäus bei 10 Bogenminuten), die den Anstoß zu seinen revolutionären und revolutionierenden Arbeiten gab, schrieb Kepler: »Für uns, denen die Güte Gottes in Tycho Brahe einen Beobachter von solchem Wert gegeben hat, daß seine Beobachtungen uns den von Ptolemäus gemachten Fehler enthüllen.., ist es angebracht, dankbar diese Gnade Gottes anzuerkennen und daraus den Nutzen zu ziehen.« Dieses Zitat beweist die geringe Reichweite der »kopernikanischen Revolution«. Dadurch, daß er den Einfluß des Kopernikus einschränkte, hat Tycho Brahe das bewahrt und konsolidiert, was vor der wissenschaftlichen Umwälzung der Jahre 1620–1630 nützlich und verwendbar war.

Eine unmittelbare Reaktion auf die kopernikanische Revolution läßt sich, zumindest im katholischen Europa, überhaupt nicht feststellen. Auch das Achselzucken Luthers verrät lediglich das Schockiertsein des gesunden Menschenverstandes. Strenger war Melanchthon, der die Orthodoxie des reformierten Glaubens festgelegt hat. Für ihn war die Anmaßung, die Erde in Bewegung versetzen und die Sonne anhalten zu wollen, einfach absurd. Der Grund seines Mißtrauens? Im Gegensatz zu Luther war Melanchthon stets darauf bedacht, die realistische Scholastik innerhalb des reformierten Europa am Leben zu erhalten. Er war eher ein Thomist als ein Nominalist wie Luther. Melanchthon berief sich bei seiner Ablehnung keineswegs auf das Wort Gottes. Seine Beweggründe waren dieselben wie jene, die Rom zum Handeln veranlaßten, was allerdings erst erheblich später geschah: Kopernikus wurde 1616, Galilei 1632 verdammt. Die Verurteilung erfolgte im Namen des Aristoteles; die beiden Verdammungen zu Beginn des 17. Jahrhunderts gingen letztlich von den Scholastikern aus, beruhten auf dem Schwindel vor den neuentdeckten Dimensionen der göttlichen Schöpfung, auf dem Erschrecken vor den unendlichen Räumen, die sich plötzlich aufgetan hatten. Letzten Endes war es Aristoteles, der in den ersten Jahrzehnten des 17. Jahrhunderts über Kopernikus und Galilei zu Gericht saß und sie unter Berufung auf einen Sieg verurteilte, den im 13. Jahrhundert dank des heiligen Thomas (1225–1274) die griechische Notwendigkeitsphilosophie über die Augustinischen Ansichten errungen hatte.

Der Kosmos, den dann René Descartes endgültig zertrümmerte, war die geschlossene Welt des Aristoteles, nicht die absurde kleine Kugel, die im unendlichen Nichts schwamm, sondern eine Welt, die sich mit dem physischen Raum deckte. Außerhalb des aristotelischen wie außerhalb des Einsteinschen Universums gab es nichts, nicht einmal eine Leere, so daß sogar der Ausdruck »außerhalb« jeden Sinn verlor. War nicht die Welt, wie sie noch im ausgehenden 16. Jahrhundert gesehen wurde, ebenso unveränderlich und unbeweglich wie die Einsteinsche Welt? Man kann es nur als Verirrung bezeichnen, daß der ketzerische Kosmos des Aristoteles von den Theologen der Inquisition als für die göttliche Offenbarung notwendig angesehen wurde.

Wenn das moderne Denken mit dem Ende des aristotelischen Weltbildes begann, dann ist Giordano Bruno* (1548–1600) als Bahnbrecher und Märtyrer dieses neuen Denkens zu nennen. Von der Inquisition 1593 verhaftet, sieben Jahre lang eingekerkert, exkommuniziert und am 17. Februar 1600 auf einem Scheiterhaufen in Rom verbrannt, war Giordano Bruno kein Astronom und kein Physiker, sondern ein Philosoph und Theologe. »Durch geniale Intuition, Galilei vorwegnehmend . . ., Digges und Benedetti weit übersteigend . . ., erkennt Bruno den wesentlichen Unendlichkeitscharakter der modernen Astronomie und stellt der mittelalterlichen Auffassung von einem geordneten und endlichen Kosmos« (wie ihn noch Kopernikus und Kepler sahen) »seine eigene Erkenntnis einer unendlichen, unmeßbaren und mit Zahlen nicht faßbaren Welt gegenüber.« In diesem Universum gab es nach seiner Meinung unendlich viele Welten, die der unseren gleich waren. Seine Ansichten veröffentlichte er 1591 und 1593 in lateinischer Sprache; nicht verzeihen konnte man ihm, daß er 1584 sein *Del infinito universo e mondi* auf Italienisch herausgebracht hatte. Hier kam mit aller Deutlichkeit zum Ausdruck, was schon Nikolaus von Kues geahnt hatte: Wenn die Welt endlich wäre, dann wäre sie nirgendwo, also im Nichts, wäre demnach selber nichts. Im Vergleich mit Gott ist die grenzenlose Welt immer noch nur ein verschwindend kleiner Punkt, ein Nichts. »Dennoch bedingt gerade die Nichtigkeit der Welt und der Körper, aus denen sie besteht, ihre Unendlichkeit... Damit die von Gott geschaffene Welt vollkommen und ihres Schöpfers würdig sei, muß sie notwendigerweise alles enthalten, was Objekt der Schöpfung sein kann, d.h. einzelne und unzählige Wesen, Welten, Sterne, Sonnen und Welten. Also... braucht Gott einen unendlichen Raum, um seine unendlichen Schöpfungen unterbringen zu können.« Aber würde sich diese unendliche Welt nicht, wie es später durch Laplace geschah, an die Stelle Gottes setzen? Darin besteht der Unterschied, der die Unendlichkeit der Welt von der totalen Unendlichkeit Gottes trennt: »Ich bezeichne Gott als total unendlich, weil er ganz und gar in der Welt und in jedem ihrer Teile ist, unendlich und vollkommen; im Gegensatz dazu steht die Unendlichkeit des Universums, das total zwar im Ganzen, nicht aber in den Teilen ist, die wir zu begreifen vermögen, wenn sie überhaupt in bezug auf das Unendliche Teile genannt werden können.« Im Namen des Aristotelismus wurde am 17. Februar 1600 Giordano Bruno verbrannt, dieser große Christ in einem großen religiösen Jahrhundert, weil er die Allmacht des biblischen Gottes gegenüber der aristotelischen Inquisition verkündet hatte.

Descartes weitete ohne Umschweife die Welt ins Unendliche aus. Da für ihn die räumliche Ausdehnung die Grundeigenschaft der Materie war, war für ihn die absolute *reductio scientiae ad geometriam* eine selbstverständliche Notwendigkeit. Das materielle Universum deckte sich mit dem Raum der euklidischen Geometrie. Für ihn war das neue Universum »das Objekt der Geometer, denn ich begriff es als einen kontinuierlichen Körper oder als einen in Länge, Breite und Höhe oder Tiefe grenzenlos ausgedehnten Raum (grenzenlos, weil man sich einen Raum nur durch einen anderen Raum begrenzt vorstellen kann), in verschiedene Teile teilbar, die unterschiedliche Gestalten und Größen haben konnten...« Aber Descartes, der mit der philosophischen Sprache geschickter umzugehen wußte als Bruno (er vermochte die Scholastik zu zertrümmern, weil er alle ihre Schliche kannte), hütete sich wohlweislich, den allzu neuen Unterschied zwischen der »ganzen Unendlichkeit« der Welt und der »totalen Unendlichkeit« Gottes aufzugreifen. Er bediente sich der Terminologie des Nikolaus von Kues: die Welt war »grenzenlos«, und nur Gott selber war »unendlich«.

Die Welt des Descartes war also grenzenlos und – eine nützliche Vereinfachung – von Materie erfüllt. Für die scheinbar leeren Räume wurde eine Art von materiellem Äther erfunden, was einleuchtende Erklärungen für einige Gesetze der Dynamik lieferte. Gegen Newtons Erkenntnisse hatten diese allzu einfachen Vorstellungen allerdings bald einen schweren Stand. Dennoch hatte das Weltbild von Descartes immerhin einen Vorzug: der Bruch wurde teilweise dadurch kaschiert, daß de facto, wenn auch nicht formal, die alte These von der gleichen Ausdehnung von Raum und Materie beibehalten wurde.

Die größte Schwierigkeit der modernen Kosmologie nach Descartes bis hin zu Einstein – der sich 1915 für einen Riemannschen Kosmos entschied – war das Problem des Raumes dort, wo es an sich nichts gab.

Wenn die Kosmologie dieser Zeit logisch geblieben wäre, hätte sie sich an die kohärente Auffassung Newtons gehalten, nach der dieser Raum im Nichts der Raum des *Sensorium Dei* war, anders gesagt, nur in Gott existierte. In einer kohärenten Philosophie war der unendliche Raum entweder, wie bei Malebranche, der unaufhörlich die Welt erschaffende Gott oder, wie bei Newton, der überall und allzeit in seine Schöpfung eingreifende Gott. Das Laplacesche Universum ohne Gott war so, wie es aufgefaßt und dargelegt wurde, philosophisch absurd. Und doch vermochte es sich durchzusetzen, da der Triumph des Absurden unter allen Umständen die vorhersehbarste und natürlichste Entwicklung war.

Koyré schreibt: »Der Gott eines Philosophen und seine Welt entsprechen sich stets. Aber im Gegensatz zu den meisten früheren Gottheiten wird der Gott von Descartes nicht durch die Dinge symbolisiert, die er geschaffen hat.« Bedeutsam ist er in der Welt nur durch die Unveränderlichkeit, als Unterpfand des Sieges der Trägheitsgesetze eines Galilei. Zwischen der Welt und Gott gab es keine exakte Entsprechung, keine *imagines,* keine *Vestigia Dei in mundo.* »Du sollst dir kein Bildnis noch irgendein Gleichnis machen, weder des, das oben im Himmel, noch des, das unten auf Erden, oder des, das im Wasser unter der Erde ist.« Jedes Bildnis Gottes, jedes Gleichnis Gottes, jede Abhandlung über Gott ist also genaugenommen Götzendienst und fällt unter das Erste Gebot. Gott kann nur erkannt werden, insofern er sich offenbart. Da der Abstand zwischen ihm und seinem Geschöpf absolut und unüberbrückbar ist, kann man ihn nur insoweit kennen, als er sich durch die Offenbarung den Menschen enthüllt hat, also durch die Fleischwerdung: ». . . die Gnade und Wahrheit ist durch Jesum Christum geworden. Niemand hat Gott je gesehen, der eingeborene Sohn, der in des Vaters Schoß ist, der hat es uns verkündigt« (Johannes 1, 17–18). Das neue Europa hat nur zwei wirklich große Philosophen gehabt: Descartes und Hegel, die beide ihrer Zeit weit voraus waren. Nur sie vermochten die Gegensätze zu überwinden und auszusöhnen. Deshalb gibt es eine hegelianische Linke und eine hegelianische Rechte, wie es auch eine kartesianische Linke und eine kartesianische Rechte gab: Spinoza und Malebranche oder, genauer gesagt, Spinoza und die neoaugustinischen Theozentriker der Gegenreformation. Es ist kein Zufall, das alles, was man recht ungenau als jansenistisch bezeichnet, also alles, das im katholischen Denken des 17. Jahrhunderts zählte, in philosophischer Hinsicht kartesianisch war. Ein theologisches Denken, das sich ganz und gar auf die Offenbarung ausrichtete, hatte mit der thomistischen Scholastik, deren Humanismus und überalteter Modernismus fast einer Gotteslästerung gleichkam, nichts zu tun. Vielmehr ging es auf die Patristik zurück, auf den heiligen Augustinus. Daß die katholische Gegenreformation augustinisch und kartesianisch war, hat schon Henri Gouhier erkannt. Noch früher wußte es Dom Robert Desgabets, der zu Beginn des 17. Jahrhunderts in der Nähe von Verdun geborene Theologe von Saint-Vanne. Er schrieb: »Die von ihren Mängeln gereinigte Philosophie des Herrn Descartes steht in einer eigenartigen Verbindung zur wahren und alten Theologie, die sich aus der Heiligen Schrift und der mündlichen Überlieferung und besonders aus den Werken des heiligen Augustinus herleitet . . .« Seine Mitbrüder in Saint-Vanne lobte er, weil sie den Kartesianismus übernommen hatten, und fuhr fort: »Es ist nicht erstaunlich zu sehen, daß die Gründe, die euch veranlaßt haben, euch der Theologie des heiligen Augustinus anzuschließen, euch auch bewogen haben, eine Philosophie zu übernehmen, die fast ganz auf Prinzipien gegründet ist und einer geometrischen Methode folgt, die unterrichtet, ohne zu streiten.« So fanden Kosmologie und Theologie wieder zusammen. Nach Descartes war für einen wachen Geist kein anderes Christentum mehr möglich als das fundamentalistische Christentum. *Deus sive Natura.* Vereinfachend gesagt: Spinoza oder Saint-Cyran, Gomarius, Raskol. Descartes fegte sowohl die aristotelische Käseglocke als auch das nach dem Menschen geschaffene Gottesbild der gotteslästerlichen Anthropotheologie aller christlichen Humanismen hinweg, der Humanismen von der realistischen Scholastik des heiligen Thomas bis zur Summa der Wahrheiten des Paters Garasse.

Natürlich ging das nicht ohne einen gewaltigen Wirbel ab. Daß sich plötzlich die Dimensionen der Welt veränderten, ging nicht nur die Philosophen und Gelehrten an; nicht nur geistige, sondern auch affektive Werte wurden betroffen.

Die Erde selber hatte sich nicht gerührt; bereits Eratosthenes hatte ziemlich genau die 12 742 Kilometer des Erddurchmessers berechnet, und durch die Erdumsegelung Magellans war seine Auffassung von der Kugelgestalt der Erde durch Erfahrung bestätigt worden. Im ausgehenden 16. und im beginnenden 17. Jahrhundert war das eine Selbstverständlichkeit; die falschen, die Distanzen erheblich verkürzenden Berechnungen, die Kolumbus zu seiner folgenschweren Fahrt ermutigt hatten, waren längst widerlegt. Man kannte die Erde nun schon wesentlich besser.

Aber wie sah es mit den Entfernungen in den durch das Fernrohr nähergerückten Himmelssphären aus? Marin Mersenne, der für die gebildetsten Kreise in den dreißiger Jahren des 17. Jahrhunderts repräsentativ ist, hielt sich an die allgemein anerkannten Schätzungen, nach denen der Abstand zwischen Erde und Sonne 1142 Erddurchmesser betrug, also ungefähr 6 500 000 Kilometer (die tatsächliche Entfernung beträgt 148 000 000 Kilometer). Die Schätzungen ergaben nur ein Vierundzwanzigstel des wahren Wertes. Von den Fixsternen nahm sogar noch ein Kepler an, daß sie an feststehenden Sphären befestigt seien; man glaubte, daß sie durchschnittlich 14 000 Erddurchmesser, also 79 Millionen Kilometer von der Erde entfernt seien, d. h. weniger als 5 Lichtminuten (der zweitnächste Fixstern, α im Zentaur, ist 4,4 Lichtjahre entfernt; als mäßigen Durchschnittswert für die Fixsterne kann man eine Größenordnung von 2000 bis 3000 Lichtjahren annehmen; die Galaxien sind mehrere hundert Millionen Lichtjahre entfernt). Die Astronomie des ausgehenden 16. und des beginnenden 17. Jahrhunderts glaubte also, daß die Fixsternsphäre, das Ende des Kosmos, hinter dem es absolut nichts mehr gab, nicht einmal mehr einen Raum, sich etwa in der Mitte der tatsächlichen Entfernung zwischen Erde und Sonne befinde.

Wie kam es zu diesem Irrtum? Das astronomische Fernrohr vergrößerte zwar die Planeten, nicht aber die Fixsterne. Zur Entfernungsmessung verfügte man nur über unzureichende Mittel; auf den Gedanken, die Fixsternparallaxe zu messen, kam man erst im 18. Jahrhundert, und brauchbare Resultate gewann man sogar erst im 19. Jahrhundert (Bessel 1838). Es war also eine verhältnismäßig »kleine Don-Camillo-Welt«, wie Robert Lenoble sich ausdrückt. Und er fährt fort: »Immer noch verlegte man allgemein in den Mittelpunkt der Erde die Hölle, wie man es zu Zeiten Virgils und Dantes getan hatte. Jenseits des Sternenzelts, d.h. jenseits etwa der Hälfte des tatsächlichen Abstands zwischen Erde und Sonne, thronte nach damaliger Vorstellung Gott in seiner Herrlichkeit inmitten der Engel und der Seligen.« Lange noch brauchte die Religion materielle Stützen, präzise örtliche Lokalisierungen. »Aber es kommt die Zeit und ist schon jetzt, daß die wahrhaftigen Anbeter werden den Vater anbeten im Geist und in der Wahrheit« (Johannes 4, 23).

Alles geriet in Bewegung, wenn auch zunächst nur langsam. Die Welt des Descartes war zwar, wie er sich ausdrückte, »grenzenlos«, also praktisch unendlich, aber es war immer noch eine philosophische, keine astronomische Welt. Mersenne, der die von uns genannten Entfernungsangaben sammelte und verbreitete, war ein entschiedener Kopernikaner. Nun kamen aber die Kopernikaner – nach Galilei gab es in der Wissenschaft praktisch nur noch Kopernikaner; das Zögern Pascals war rein taktisch bedingt, aber »das ewige Schweigen des unendlichen Raumes« war kartesianisch, also auch kopernikanisch – durch einfaches Nachdenken darauf, daß der Himmel größer sein mußte, als ihn die Kosmologie eines Ptolemäus oder Tycho Brahe annahm: »Die ungeheuer große Bahn der Erde um die Sonne verändert weder den Glanz der Sonne noch Größe und Form der Konstellationen.« Die Fernrohre wurden immer stärker, aber die Fixsterne waren zu weit entfernt, als daß sich dies bei ihnen ausgewirkt hätte. Daher konnten Kopernikus und Galilei vorschlagen, die Fixsternsphäre auszuklammern. Man kam dann auf den Gedanken, daß es sich möglicherweise nicht um eine einheitliche Sphäre handelte, sondern die Fixsterne gestaffelt seien, doch das waren bloße Vermutungen, die durch nichts gestützt wurden. Die konkrete Ausmessung der Welt begann 1672 mit einem genialen Einfall von Jean Picard (1620–1682), der vor Cassini in der französischen Astronomie führend und die treibende Kraft des Pariser Observatoriums seit dessen Gründung im Jahre 1667 war. Auf den Quadranten (1,03 Meter Radius), den er zur Vermessung des Erddurchmessers verwandte, montierte er ein Fernrohr. 1672 fand er einen ziemlich genauen Schätzwert für den Abstand Erde – Sonne. Bei einem Aufenthalt in Uranienburg (Dänemark), wo er einige Beobachtungen Tycho Brahes wiederholen wollte (der Name des Dänen taucht in der Astronomie des 17. Jahrhunderts immer wieder auf), entdeckte er zufällig das Phänomen der Aberration, d.h. den durch das endliche Verhältnis zwischen Erd- und Lichtgeschwindigkeit bedingten Winkel zwischen der geometrischen und der Lichtstrahlenrichtung nach einem Gestirn; über die Bedeutung seiner Entdeckung war er sich allerdings nicht recht im klaren. In Paris zog er einige der bedeutendsten Vertreter der beobachtenden Astronomie zusammen: Picard, Auzout, Römer und Huygens. An ihre Spitze trat bald der große Giovanni Domenico (Jean-Dominique) Cassini*, der 1625 in der Grafschaft Nizza geboren war, als Cavalieris Nachfolger den Lehrstuhl für Mathematik an der Universität Bologna erhalten hatte, von Ludwig XIV. nach Paris geholt wurde und 1673 die französische Staatsbürgerschaft erhielt. Er entdeckte die Umdrehung von Jupiter, Mars und Venus, die Abplattung des Jupiter, die vier Saturnmonde und die nach ihm benannte Teilung des Saturnringes. Er wagte sich an das große Problem der »mediceischen Planeten«, wie Galilei unrichtigerweise die vier ersten Trabanten des Jupiter genannt hatte, stellte genaue Tabellen auf und übertrug die weitere Arbeit dem Dänen Olaus Römer*. Zur allgemeinen Überraschung stellte Römer fest, daß die Verfinsterungen der Jupitermonde in regelmäßig längeren oder kürzeren Zeitabständen eintraten, je nachdem, ob der Planet in Opposition oder Konjunktion stand. Die zeitliche Differenz entsprach der doppelten Zeit, die das Licht braucht, um die Entfernung zwischen der Sonne und der Erde zurückzulegen. »Der Bericht Römers über die Lichtgeschwindigkeit stammt vom 22. November 1675, wie eine Gedenktafel an der Pariser Sternwarte besagt.« Am 22. November 1675 wurde also erstmals die Lichtgeschwindigkeit gemessen (natürlich noch nicht genau; es handelte sich lediglich um eine Größenordnung). Bald stand dem unendlichen Universum mit der Lichtzeit ein Maß zur Verfügung, das ihrer Ungeheuerlichkeit gerecht wurde.

Raummessung und Zeitmessung stehen in enger Beziehung zueinander. Die Gedanken Descartes' in *Les Météores* sind schon kurz erwähnt worden. Mersenne fügte zu den viertausend Jahren, die vor der Menschwerdung Christi vergangen sein sollten, noch weitere dreitausend Jahre hinzu. Aber die Überlegungen Descartes' über die Entdeckungen von Fabricius, Galilei und Scheiner, d.h. die erste Skizzierung einer modernen Theorie über die Entstehung des Sonnensystems, der Ausgangspunkt einer Entwicklung, die mit Laplace (1747–1827) ihren Höhepunkt erreichen sollte, stellten unwiderruflich alles in Frage. Nachdem der Raum begonnen hatte, sich in unendlichen Weiten zu verflüchtigen, begann nun auch die Zeit sich immer stärker auszudehnen. Das 17. Jahrhundert reagierte allerdings nicht sofort. »Die Affäre Galilei datiert aus dem 18., nicht aus dem 17. Jahrhundert«, konnte nicht ohne Grund Robert Lenoble schreiben. Doch die Ausdehnung der Zeit berührte stärker und unmittelbarer als die Ausdehnung des Raumes. In der Denkwelt Pascals, in der sich die ganze kosmische Angst des Barockzeitalters spiegelt, wog das *ewige* Schweigen noch schwerer als der *unendliche* Raum; unter »ewig« verstand man nicht im philosophischen Sinn zeitlos, sondern im umgangssprachlichen Sinn zeitlich unbegrenzt. Was die Menschen des Barock an ihrer Entdeckung so erschütterte, war die Unaufhörlichkeit ihrer unendlichen Welt. Der Abendländer kann sich nicht unabhängig von der Zeit sehen, kann sich nicht aus der Zeit abstrahieren; deshalb begreift er so schlecht das göttliche Wort vom ewigen Leben, das er unweigerlich mit der Verewigung einer meßbaren Zeit gleichsetzt. Bekannt sind die beinahe kindisch zu nennenden Experimente Buffons * im darauffolgenden Jahrhundert. Er fertigte runde, polierte geschmiedete Kugeln an, »die so genau wie möglich den Materialien entsprechen, die die Mineralwelt repräsentieren können«, und studierte ihre Abkühlung, um auf Grund dieser grotesken Gegebenheiten die Zeit zu berechnen, die bis zum völligen Erkalten der Erde vergehen würde. Auf ein solches Niveau konnte die Wissenschaft herabsteigen, als sie nicht mehr in den Händen eines Descartes oder Newton, sondern in den Händen kleiner Geister war. Grundsätzlich Neues ergab sich dadurch nicht. Die Unendlichkeit eines Bruno, die Grenzenlosigkeit eines Descartes waren wie die Unendlichkeit Demokrits philosophische Gedanken; die Entfernungen Römers, Picards und Cassinis waren gemessene Entfernungen; die aristotelische Unaufhörlichkeit, die die Scholastiker mühelos mit der Schöpfung durch einen ewigen Gott in Einklang zu bringen wußten, war ein philosophischer Gedanke. Aber durch die grotesken Kugeln Buffons und durch die Fossilien wurde ein konkretes Zeitmaß eingeführt – einer Zeit, die mit der Spanne des menschlichen Lebens oder auch der menschlichen Geschichte in keinem Verhältnis mehr stand. Auf die Fossilien stieß die Geologie, die Geologie eines Steno (Niels Stensen 1638–1686), der englischen Schule (Robert Hooke, Edward Lhuyd, John Woodward, Martin Lister) und der deutschen Schule (Athanasius Kircher, 1601–1680, und wieder der stets neugierige Leibniz). Robert Hooke (1635–1703), der der größte Engländer dieser Zeit gewesen wäre, wenn es keinen Newton gegeben hätte (und wenn er sich nicht, ohne jede Böswilligkeit, gegen Newton gewendet hätte, von dem er schließlich erdrückt wurde), kommt das Verdienst zu, als einer der ersten kleine animalische Fossilien und besonders Foraminiferen der Gattung Rotalia unter dem Mikroskop studiert zu haben.

Daraus entwickelte sich eine vergleichende Anatomie lebender und fossiler Pflanzen. In England, wo man dazu überging, aus Fossilien (Kohle und Braunkohle) Energie zu gewinnen, verglich man auf Anregung Hookes frische Hölzer mit Braunkohle und Steinkohle. Kühn stellte er eine Verbindung zwischen den versteinerten Ammoniten und den noch lebenden Seeschnecken her. Vereinzelt finden sich auch schon Andeutungen einer Abstammungslehre, die dann im 19. Jahrhundert ausgebildet werden sollte: »Vielleicht hat es verschiedene Varietäten gegeben, die aus ein und derselben Urform hervorgegangen sind..« »Wir wissen, daß Unterschiede des Klimas, des Bodens, der Nahrung oft Veränderungen bei jenen Körpern hervorbringen, die diesen Unterschieden unterworfen sind...« Solche Gedanken wurden zur Zeit eines Karls ii., eines Le Nôtre geäußert! Die Fossilien waren recht lästig. Sehr früh schon berechnete man ihr Alter auf viele hunderttausend Jahre. Wirklich religiöse Menschen ließen sich dadurch nicht anfechten, denn sie wußten ja schließlich aus der Bibel, daß das Wort Gottes Berge und Täler versetzen kann; der Seelenruhe weniger gläubiger Menschen waren hingegen die Fossilien abträglich. Bekannt ist die skeptische Reaktion Voltaires angesichts der ersten Fossilien (die Geschichte mit den Austern); Voltaire, der auf dem Kontinent das propagierte, was er von Newton zu verstehen vermochte (es war nicht sehr viel), dieser Voltaire haßte die Geologen und die Geologie, haßte die Unbestimmtheit der Zeit, die in das Alltagsleben eindringt.

Das Denken des 17. Jahrhunderts war kein geruhsames, beruhigendes Denken. Klassische Ordnung muß durch Leiden bezahlt werden; wohl deshalb ergreift sie uns so stark. Die beiden Höhepunkte der Kunst dieser Zeit sind die *Pensées* und *Phèdre* – das »ewige Schweigen« und »Ariane, meine Schwester«. Die Kunst des 17. Jahrhunderts war eine tragische Kunst. Bezeichnend dafür ist das Wiedererscheinen der Tragödie. Die Spannung zwischen Barock und Klassizismus mündete in eine dialektische Überschreitung.

13

BAROCK ODER KLASSIK
BAROCK UND KLASSIK

Im Gegensatz zum 18. war das 17. Jahrhundert ein tragisches Jahrhundert – tragisch deshalb, weil die Muße jener wenigen, auf denen die Größe dieses Zeitabschnittes beruht, durch die Leiden vieler erkauft werden mußte. Aber das war nichts Außergewöhnliches, war es doch schon immer so gewesen. Und entgegen allem Augenschein bereitete und verwirklichte der allmähliche wirtschaftliche Aufschwung für viele die Möglichkeit, in der sozialen Stufenleiter ein wenig weiter nach oben zu gelangen. Aber dieser Beginn eines geheimnisvollen Wachstums kam zunächst nicht der breiten Masse zugute, sondern schenkte erst einmal der Spitze der Gesellschaftspyramide mehr Muße und verhalf, was vielleicht noch wichtiger war, auch einer neuen Gesellschaftsschicht zu mehr freier Zeit. Nie war Muße fruchtbarer. Die Ansammlung von Muße war eine fast ebenso wichtige Voraussetzung für die wissenschaftliche Revolution, wie die Ansammlung von Produktionsgütern eine Vorausbedingung für die wirtschaftliche Revolution des ausgehenden 18. Jahrhunderts war. Vielleicht kam durch diese Veränderung in der Beziehung zwischen zwei notwendigen und unlösbar miteinander verbundenen Gesellschaftsschichten eine zusätzliche Tragik in den geschichtlichen Ablauf. Zwar wurden die Elenden im 17. Jahrhundert keineswegs noch elender – im Gegenteil; aber es wurde zumindest mancherorts ein gewisses Interesse geweckt, man wurde sich ihrer Lage bewußt. Die französische Malerei wollte – von Le Nain abgesehen – mit den Armen und Notleidenden nichts zu tun haben; anders in Spanien, wo sie in den Mittelpunkt künstlerischen Schaffens gestellt wurden.

Doch die tragische Spannung lag weit tiefer. Die Elite des Bürgertums, die neu zu Muße gelangt, als Beamtenschaft zu mehr Muße verdammt war und in ihrer neuen Stellung auch nicht mehr ihren einstigen wirtschaftlichen Aufstieg fortsetzen konnte, hatte eine ganz und gar ausgefüllte Freizeit; man denke nur an Descartes, an den Bibliothekar und Amateurdiplomaten Leibniz, an den Pater Malebranche mit seinem Oratorium. Ihre Freizeit war mit Gedanken ausgefüllt. Die Tragik des 17. Jahrhunderts lag weniger auf materieller als auf geistiger Ebene.

Im 17. Jahrhundert drehte sich alles um Gott, um seine Gebote, um das Seelenheil. Alles verkündete die grausame Verlassenheit des Menschen. Nicht ungestraft kann man eine Denkordnung von Grund auf verändern. Man darf keineswegs glauben, daß sich nur ein kleiner Kreis mit solchen Fragen beschäftigte. Gewiß, manchen genügte das Drama des Alltagslebens, genügten die Kriege und die wirtschaftlichen Schwierigkeiten. Aber jedes materielle Aufsteigen, jeder Aufstieg zur Muße mußte durch Leiden erkauft werden. Auch im Leiden gibt es Aufstieg und Abstieg. Zum Leiden des materiellen Lebens kam nun der Aufstieg zu den Qualen des Geistes. Wir brauchen uns nur die Bildnisse dieser Schicht des Amtsadels anzusehen, von Descartes über Saint-Cyran bis zur »gens« der Arnaulds, die uns große Meister wie Frans Hals* und Philippe de Champaigne* und ungezählte kleinere Meister hinterlassen haben. Wahrlich, ein tragisches 17. Jahrhundert! Welche Spannung, welche Strenge, welche Anstrengung, welche Traurigkeit! Dafür also hatten sie sich so abgemüht, so geschunden, die Bauern des 15. Jahrhunderts, hatten sie so erbittert gekämpft, die »Dorfhähne« des 16. Jahrhunderts, die Vorfahren dieser Männer, die durch Arbeit und Sparsamkeit der Eltern zum Adel aufgestiegen waren, durch unsagbare Entbehrungen in Sonnenhitze und eisigem Regen, durch ein hartes Leben in schlechten Strohhütten an spärlich gedeckten Tischen. Das waren sie also, die verantwortlichen und verantwortungsbewußten Herren: das gewaltige Universum, das ihre nüchternen, an kaltes Rechnen gewöhnten bürgerlichen Gehirne ersonnen hatten, quälte sie innerlich; sie trauerten dem verlore-

VI DIE MACHT DES FLEISCHES: RUBENS, »DAS JÜNGSTE GERICHT« Dieses gewaltige Gemälde ist einer der Höhepunkte barocker Kunst. Es wurde 1617 für die Jesuitenkirche von Neuenburg geschaffen und hing ursprünglich über dem Hochaltar, doch nahm man an den nackten Frauengestalten Anstoß, so daß es aus der Kirche entfernt werden mußte. In der Tat bleibt das üppige Fleisch der schönen Verdammten auch noch im Höllensturz begehrenswert; es sind lebensvolle Frauenkörper, die vom Tod nicht gezeichnet sind. Die heftige Bewegung und die Fülle von Leibern in allen nur denkbaren Positionen erinnern an Michelangelo, doch ist das Kolorit bei Rubens noch härter, spannungsvoller; Licht und Schatten stehen sich abrupt gegenüber. Wenn man das Gemälde betrachtet, versteht man, warum die Jesuiten es wieder von seiner Stelle über dem Hochaltar abnahmen: die Kunst eines Rubens ist auch bei sakralen Themen sinnenfroh und sinnlich. (München, Alte Pinakothek)

nen Paradies eines wenn bescheidenen, so doch gewohnten und beruhigenden Standes nach. Da standen sie nun endlich ihrem Gott gegenüber und waren ganz allein – vor einem Gott, der zwar groß und gütig, aber auch streng war wie ein Vater, vor dem schrecklichen, fordernden Gott der Kirche, die zwar geteilt war, aber sich mit aller Kraft darum bemühte, sich nach seinem Wort neu zu gestalten. Luther hatte einst das Versprechen vernommen: »Sie sind allzumal Sünder und mangeln des Ruhmes, den sie bei Gott haben sollten, und werden ohne Verdienst gerecht aus seiner Gnade durch die Erlösung, so durch Jesum Christum geschehen ist.« »Also hat Gott die Welt geliebt, daß er seinen eingeborenen Sohn gab, auf daß alle, die an ihn glauben, nicht verloren werden, sondern das ewige Leben haben . . .« Diese Bibelstellen waren der Reformation in ihrer ersten Zeit teuer. Die Frömmigkeit des 17. Jahrhunderts zog andere Texte vor. Wenn man die Bibel las – und man las sie sogar im katholischen Europa, zumindest in bestimmten Kreisen –, wandte man sich anderen Stellen zu.

Die französische Gegenreformation bevorzugte mit Port-Royal eine Stelle aus dem Hebräerbrief (10, 30–31): »Denn wir kennen den, der da sagte: ›Die Rache ist mein; ich will vergelten‹, und abermals: ›Der Herr wird sein Volk richten.‹ Schrecklich ist's, in die Hände des lebendigen Gottes zu fallen.«

Ja, die zweite Reform war unendlich tragischer als die erste, sei es im calvinistischen Europa, im lutherischen Deutschland, im Rußland der Raskolniki, im augustinischen Europa, in einem nachtridentinischen Katholizismus, im spanischen Mystizismus, wo sich diese Gequältheit deutlich in den Werken der großen Maler spiegelt: im *Sühnenden Christus* oder in der ergreifenden *Schmerzensmutter* von José Ribera (1591–1652), in der *Aparición de Jesús a San Andrés de Salmera* im Kloster von Guadelupe von Zurbarán (1598–1664). Sogar Italien blieb von dieser Entwicklung nicht verschont; auch dort wurde Religion zum Drama. Man denke an die *Auferweckung des Lazarus* von Caravaggio oder an die *Geißelung* und die *Pietà Farnese* von Carracci. Es war ein religiöses Jahrhundert, also auch ein Jahrhundert religiöser Kunst. Auch wenn der Ausdruck verschieden war, kreiste doch diese Kunst um ein zentrales Thema.

Damit kommen wir zur Frage des Stils. War die Kunst dieser Zeit barock oder klassizistisch? Oder war sie beides? Welches war der vorherrschende künstlerische Ausdruck dieses Jahrhunderts der tragischen Sicht?

Keine Tätigkeit beschäftigt stärker den ganzen Menschen als der künstlerische Ausdruck; deshalb ist die Kunst der treueste Spiegel einer Gesellschaft. Dies sei vorangestellt, ehe wir ziemlich weit abschweifen müssen. Bewußt oder unbewußt, unabhängig vom persönlichen Stil oder von regionalen Faktoren, brachten alle

Künstler und Denker mehr oder weniger offen die tragische Spannung ihrer Zeit zum Ausdruck. Sie bedienten sich dabei sehr unterschiedlicher Mittel und Formen. Alexandre Koyré hat gesagt, daß der Gott eines Philosophen seine Weltanschauung spiegle (Descartes macht eine Ausnahme; er, der die tiefsten Gedanken des 17. Jahrhunderts äußerte, war der Philosoph der Dualität und der absoluten Transzendenz). Weit mehr noch besteht zwischen einer Kosmologie und der Gesellschaftsschicht, aus der sie hervorgegangen ist, eine tiefe Ähnlichkeit. Nirgendwo kommt die Übereinstimmung zwischen Welt und Gesellschaft deutlicher zum Ausdruck als in China. Unordentlichkeit der Sitten wird durch Unordnung in der Natur bestraft; eine Reihe von katastrophalen Überschwemmungen ist das Zeichen dafür, daß der Kaiser des Auftrags des Himmels verlustig gegangen ist. Der Himmel des 17. Jahrhunderts erfuhr die radikalste Umwandlung, die der menschliche Geist je ersinnen konnte. Vom Kosmos der ptolemäischen Astronomie und der aristotelischen Physik, der bis um 1620–1630 bestand, für die Ungebildeten sogar bis nach 1680, zum grenzenlosen, erfüllten Kosmos eines Descartes und zum dualistischen, unendlichen und leeren Kosmos eines Newton – das war ein Wandel, wie er absoluter nicht mehr denkbar war. Die dramatische Umwälzung vollzog sich in der Zeit zwischen 1620 und 1690, als alles zerbrach, um in ungeheuerlichen Dimensionen für den modern denkenden Menschen neu geboren zu werden. Später gewöhnten sich dann die Menschen an dieses neue Weltbild, stumpften gegenüber seiner Unendlichkeit in Raum und Zeit ab. Die Geschichte des 17. Jahrhunderts ist also die Geschichte einer stetig wachsenden Spannung, die schließlich, da eine solche Anstrengung auf die Dauer nicht auszuhalten war, nach Erreichen des Höhepunktes sich löste und rasch absank. Eine der Spannungsachsen des 17. Jahrhunderts war der Kontrast zwischen der Denkwelt und der Gesellschaftsstruktur. Die Gesellschaft des 17. Jahrhunderts, eine ständische, hierarchisch geordnete Gesellschaft, deren Struktur im Mittelalter wurzelte, entsprach der hierarchischen Ordnung der aristotelischen Physik und des geschlossenen Kosmos. Die wissenschaftliche Revolution setzte, wie Spinoza ausdrücklich erklärte, die Ausklammerung des Sozialen voraus. Dies war auch bis Spinoza und Locke tatsächlich der Fall. Spinoza übertrug durch eine Vereinfachung, die noch bedenklicher war als die Descartes', durch eine Assimilierung, die von Descartes als eine Verstümmelung seines Systems verworfen wurde, die kartesianische Revolution auf die Ebene der individuellen Moral, und bald taten andere auf dem Sektor der sozialen Moral ein Gleiches. Die Geometrisierung des moralischen Forums – das war die europäische Gewissenskrise. So erfolgreich die erste Phase dieser einzigartigen Serie von Kettenrevolutionen war, so fragwürdig und schädlich war die zweite. Descartes wurde durch Malebranche fortgesetzt, durch Spinoza verraten. Paradoxerweise haben die europäische Gewissenskrise und die Ausbildung der Klassengesellschaft im 18. Jahrhundert, die folgerichtig an die Stelle der Ständegesellschaft trat, die Spannung nicht verstärkt, sondern vermindert. Die Gesellschaftsordnung paßte sich der neu entdeckten Weltordnung an: zur geometrischen Natur kam eine geometrische Gesellschaft, zum »in Raum und Zeit unendlichen Universum . . ., in dem sich die ewige Materie nach ewigen und notwendigen Gesetzen ohne Ende und Ziel im ewigen Raum bewegt«, kam eine aus austauschbaren Atomen zusammengesetzte geometrische Gesellschaft, bewegt durch die Gesetze der Wirtschaft, die den Privilegierten, den Reichen und Mächtigen, die Leitung sicherte, damit überall nach dem Gesetz der geringsten Wirkung überall ein Maximum an materiellen Gütern und ein Maximum an Glück für jene geschaffen wurde, die das Naturgesetz in die Lage versetzt hatte, zu führen und zu profitieren, wobei das Glück der übrigen darin bestand, das Glück der Bourgeoisie zu betrachten und sich mit der theoretischen Gleichheit zu begnügen, die der kontinuierliche Fortschritt – man hat ja Zeit, ist doch das Universum ewig – vielleicht eines Tages in eine tatsächliche Gleichheit verwandeln würde. Dies war der Endpunkt der Entwicklung, der mit dem mechanistischen Materialismus eines Helvetius, eines Holbach und eines Teils der Enzyklopädisten erreicht wurde, etwa um 1770 . . .

ZU DEN ABBILDUNGEN 197–202

197 DIE VERZÜCKUNG DER HEILIGEN THERESIA Diese Schöpfung Berninis ist ein Höhepunkt der Barockkunst und wurde von ihm selbst als seine beste Arbeit angesehen. Für unseren Geschmack ist die Darstellung der heiligen Theresia fast unerträglich. Bernini hat hier versucht, das Unausdrückbare in Stein auszudrücken: das Erlebnis mystischer Verzückung. Zahlreiche Menschen haben an diesem Bildwerk Anstoß genommen. Wir wollen nicht ihrem Beispiel folgen, sondern versuchen, es zu verstehen. Zweifellos war Bernini (1598–1680) ein aufrichtiger Künstler. Selbst im mystischen Erleben bleibt die-ser junge Frauenleib, der sich unter dem faltenreichen Gewand abzeichnet, ein Leib aus Fleisch und Blut. Er wird zu einem Ort des Wunders, der flüchtigen, schmerzhaften Begegnung der lebenden Materie mit dem ewigen Geist Gottes. Anstößiger als dieses Bild völliger Hingabe ist die Gestalt des geschlechtslosen, süßlich lächelnden Engels mit dem vergoldeten Bronzepfeil (Bernini, *Die Verzückung der heiligen Theresia,* 1651. Rom, Santa Maria della Vittoria)

198 DER LOUVRE BERNINIS Über den Plan, den Louvre von Bernini gestalten zu lassen,

den Besuch des Italieners in Paris und das schließliche Scheitern des Projekts hat Victor L. Tapié ausführlich berichtet. Um 1664/65 fiel die Entscheidung, ob Paris eine barocke oder eine klassizistische Stadt werden sollte. Das auf dem Höhepunkt seiner kulturellen Entwicklung stehende Frankreich entschied sich für den Klassizismus. Paris hätte ein anderes Gesicht, wenn der Plan von Bernini verwirklicht worden wäre, denn sicherlich wäre sein Bau beispielgebend geworden. Wenn man diesen Entwurf Berninis für die Ostfassade des Louvre betrachtet, bedauert man nicht, daß er nicht zur Ausführung gekommen ist. (Erster Entwurf Berninis für die Ostfassade des Louvre. Paris, Louvre)

199 DIE KOLONNADE DES LOUVRE IM BAU Perrault, dem schließlich die Planung des Louvre-Neubaus zufiel, übernahm von Berninis endgültigem Plan einige Anregungen, so das Flachdach mit seiner Balustrade und die fast auf einer Höhe verlaufende Front, bei der die Palastflügel nicht abgesetzt sind. Aber der Geist seines Bauwerks hatte mit Berninis Plan nichts mehr gemeinsam. Dieser zeitgenössische Stich gibt eine gute Vorstellung von dem Aufwand, den der Bau erforderlich machte. Man erkennt auch, wie bescheiden die technischen Hilfsmittel in jener Zeit noch waren. (Stich von Sébastien Le Clerc, 1677. Paris, Nationalbibliothek, Kupferstichkabinett)

200—201 BAROCKES STILLEBEN, KLASSISCHES STILLEBEN Zwei Stilleben, zwei Kulturen, zwei Empfindungsweisen. Das obere Gemälde wurde 1664 von einem Holländer, das untere 1633 von einem Spanier geschaf-

fen. Der Holländer stellt, kunstvoll, aber unübersichtlich arrangiert, eine Fülle von Früchten und Blumen mit kostbarem Geschirr auf prachtvollem Tischtuch dar; ein schwerer Wandbehang füllt den Hintergrund. Es ist eine sinnenfrohe, ungemein naturalistische Darstellung. (Nicolas van Gelder, *Stilleben*, 1664. Amsterdam, Rijksmuseum.) Darunter eines der wenigen Stilleben von Zurbarán (von seinen 627 bekannten Gemälden gehören nur 22 diesem Genre an). Hier kommt ein ganz anderer Geist zum Ausdruck. Klare Ordnung, nüchterne Übersichtlichkeit, einheitlicher Hintergrund kennzeichnen dieses Bild. Gegenüber dem barocken Überschwang der holländischen Stilleben hat es eine klassische Einfachheit. (Zurbarán, *Stilleben mit Zitronen und Orangen*, 1633. Florenz, Sammlung Cantini-Bonacossi)

202 DAS BEGRÄBNIS DES PHOKION Poussin hat dieses Thema auf mehreren Bildern behandelt; eines davon befindet sich im Louvre, aber besser ist dieses Gemälde aus dem Besitz des Grafen von Plymouth. Die Geschichte des Phokion, des athenischen Feldherrn des 4. Jahrhunderts v.Chr., wird von Plutarch erzählt: Der tugendhafte, hochmütige, strenge und mutige Feldherr entsprach genau dem stoischen Ideal. Unter der falschen Anschuldigung des Landesverrats wurde er von einem Gericht, in dem die demokratische Partei tonangebend war, zum Tod verurteilt. Da es verboten war, hingerichtete Landesverräter in ihrer Vaterstadt zu begraben, trugen zwei Freunde Phokions seine Leiche bis nach Megara, wo sie sie auf einem Scheiterhaufen einäscherten. Wie Fénelon in seiner Beschreibung

197

198

199

200

201

202

Die Gewissenskrise erlaubt es uns, einige der schwierigen Widersprüche des 17. Jahrhunderts aufzulösen. Zu Beginn brachte die Ständegesellschaft, für die noch mehr oder weniger die aristotelische Kosmologie galt, mit einem übergroßen Reichtum an Mitteln die sich überlagernden Dramen des persönlichen und des kollektiven Heils zum Ausdruck. Wo sich die Krise anstaute, als die mathematische Ordnung des modernen Denkens offenbar, eine neue, unendlich tiefere Dimension des großen Werkes Gottes entdeckt wurde, der Mensch sich deutlicher denn je der göttlichen Transzendenz und der grundsätzlichen Überlegenheit des Geistes über die Materie bewußt wurde, wurde das Drama zur Tragödie, erreichte die Spannung ihren Höhepunkt. Repräsentativ für dieses Stadium sind *Die Jünger von Emmaus* und *Phädra*. Der Heftigkeit der Gesten stellte sich die Eindringlichkeit eines Blickes gegenüber. Unter unsäglichen Leiden und Mühen hatte der Geist eine weitere Stufe erklommen. Wie schwer dieser Schritt war, ist bei Pascal, Racine* und Rembrandt* nachzufühlen. Oder auch bei Johann Sebastian Bach. Sie erreichten einen Gipfel, auf dem die gebändigte Spannung nahezu ins Unerträgliche wuchs. Eine solche Spannung konnte nicht lange durchgehalten werden. Deshalb folgten auf die Fassade von Perrault und den Versailler Park, auf Philippe de Champaigne und auf Rembrandt Trianon, Watteau*, Boucher und Fragonard. Die geometrische Natur, das ewige Schweigen der unendlichen Räume erfüllten sich mit Liedern, die in Eiseskälte erstarrte Natur Spinozas* wurde durch beruhigende Mythen wieder vermenschlicht. Die Geraden in Architektur und Kunst, die strengen Fassaden, die in innerer Übereinstimmung mit der großen abstrakten Welt Gottes standen, all das begann sich aufzulösen. Die auf den Überschwang des Barock gefolgte klassische Strenge lockerte sich zum anmutigen Rokoko auf.

Damit haben wir die Beziehung zwischen Klassizismus und Barock, die im 17. Jahrhundert hinter- und nebeneinander bestanden, ein wenig deutlicher gemacht. Ausführlicher mit diesem Problem befaßt hat sich Victor Lucien Tapié. Er hat den Klassizismus dieses Jahrhunderts mit einem kurzen Aufleuchten auf barockem Hintergrund verglichen. P. Kohler spricht in seinen *Lettres de France*

dieses Bildes angibt, ist im Hintergrund die Prozession zu Ehren des Zeus dargestellt, die nach Plutarchs Bericht am Tage der Hinrichtung Phokions in Athen stattfand. Nicolas Poussin (1594–1665) stellte seine Kunst in den Dienst eines Neo-Stoizismus, der auch in den Werken seines Landsmanns Corneille zum Ausdruck kommt. (Sammlung Earl of Plymouth, Ludlow, Großbritannien)

von einem »permanenten Barock, aus dem für einige Zeit das Klassische auf-
tauchte ... Der Klassizismus ist ein Gipfel der Vollkommenheit, eine Insel aus
Marmor, die zum Vorschein kam, als die Wasser zurückgingen, und die von den
steigenden Fluten wieder bedeckt wird, die auf dem hellen Felsen Sand, mit Algen
und Muschelschalen vermischt, zurücklassen.« Aber dieser Höhepunkt der Vollkommenheit war gleichzeitig ein Höhepunkt innerer Spannung. Der Klassizismus *
entstand in dem Augenblick, in dem die Extreme am weitesten voneinander entfernt waren. Der Klassizismus des 17. Jahrhunderts war ein Klassizismus der Revolution, der »Mathematisierung« der zerbrochenen Welt, einer Welt, die vom
Menschen noch nie so großartig und majestätisch empfunden worden war, während
zwischen dem neuen Weltbild und der Gesellschaftsordnung eine breite Lücke
klaffte. Unter sozialem Blickwinkel könnte man den Klassizismus auch mit jener
kurzen Zeit identifizieren, da das Bürgertum eine schöpferische Ruhepause erhielt,
sich einen Augenblick lang vom Bemühen um Aufstieg und Wachstum abwenden
konnte – in Frankreich durch die Verbeamtung einer Elite des Bürgerstandes, in
Holland durch die Abschwächung der Wirtschaftskonjunktur zwischen 1650 und
1670. Diese Hypothese erklärt zumindest die räumliche und zeitliche Staffelung
des Klassizismus im 17. Jahrhundert. Die wichtigsten Schauplätze waren Frankreich, vor allem Holland, aber auch England. Eine »klassische« Musik gab es – mit
der schon öfter beobachteten zeitlichen Verschiebung von West nach Ost – zu Beginn des 18. Jahrhunderts in Deutschland. Wenn man so will, kann man den
Klassizismus als Lohn der Anstrengungen des Geistes bezeichnen, der übermensch-
lichen geistigen Anspannung der Baumeister der modernen Welt. Damit wäre
eigentlich alles gesagt; über Detailfragen geben die Kunstgeschichten Auskunft.
Dennoch sind einige weitere Erläuterungen angebracht.

Klassische Augenblicke hatte es schon im 16. und – vor allem in Italien – in der
zweiten Hälfte des 15. Jahrhunderts gegeben. Daß auch diese Augenblicke mit
einer außergewöhnlichen geistigen Anspannung verbunden waren, beweist allein
schon Leonardo da Vinci. Ein Jahrhundert später hätte Leonardo nicht mehr die
Zeit gehabt, seine *Gioconda* zu malen; er wäre vollauf damit beschäftigt gewesen,
an der Seite eines Galilei am Aufbau der neuen Welt mitzuwirken, er, der in seinen
Skizzenbüchern unaufhörlich gegen die technische Unvollkommenheit seiner Zeit
ankämpfte, ohne daß seine genialen Einfälle bereits verwirklicht werden konnten.
Man hat behauptet, daß das Barock in Rom kurz nach der *sacco di Roma* (1527)
seinen Anfang genommen habe. Jedenfalls steht fest, daß das Barock nach dem
Tridentiner Konzil in Italien geboren wurde. Entsprechend den religiösen Impul-
sen dieses Konzils war es eine dramatische, unmittelbar ansprechende Kunst.

Vorbei war die Zeit des mühelosen Wachstums, vorbei die Zeit des törichten Glaubens an die unbegrenzten Möglichkeiten der menschlichen Natur: die hundert Jahre von der Mitte des 16. Jahrhunderts bis um 1640 waren eine schwere, realistischere, gequältere Zeit. Sie führte den Menschen zum Wesentlichen zurück, zum Nachdenken über seinen eigenen Zustand. Victor L. Tapié meint, das Barock sei die Kunst einer agrarischen Gesellschaft gewesen, die demokratische Kunst einer übermäßig hierarchisierten Gesellschaft, die durch ihren Ausdrucksreichtum und ihre Sinnenhaftigkeit auch das einfache Volk zu einer Liturgie des Schönen hingeführt habe.

Insofern diese Kunst im wesentlichen Sakralkunst war, war es eine demokratische Kunst einer aristokratischen Gesellschaft. Kann man das Barock als die Kunst der Gegenreformation bezeichnen? Historisch zweifellos, aber man darf nicht vergessen, daß auch die reformierten Länder unter seinen Einfluß gerieten. Wenn man vom Dekor absieht (das allerdings im Barock eine erstrangige Rolle spielte), weisen sehr viele protestantische Kirchen aus dem 17. Jahrhundert eine starke Ähnlichkeit mit Vignolas Gesù-Kirche in Rom auf. Hauptsächlich aber war das Barock die Kunst der Gegenreformation und einer Gesellschaft, die immer noch vom Landadel beherrscht wurde. Hauptzweck dieser Kunst war es, dem nur wenig gebildeten niederen Volk eine Liturgie nahezubringen und verständlich zu machen; es war also eine Kunst, die durch reiche Gestik belehren wollte, eine theatralische Kunst für eine Religion der guten Werke, die auf dem Tridentiner Konzil versuchte, in die Erneuerung der Kirche den heidnischen Naturalismus der Renaissance einzubeziehen, um die Menschen wieder unmittelbarer ansprechen zu können.

Die Gleichsetzung von Barock und Jesuitenstil ist heute überholt. Dennoch stimmt es, daß eine Jesuitenkirche, Il Gesù in Rom, zum Vorbild des Kirchenbaus im 17. Jahrhundert wurde. Die Kirche wurde in den siebziger Jahren des 16. Jahrhunderts errichtet, doch die Ausschmückung stammt aus dem 17. Jahrhundert. Sie wurde zum Modell des Kirchenbaus in einem Europa, das, wie wir bereits gesehen haben, bis 1640 unter mediterranem, hauptsächlich italienischem Einfluß blieb, vor allem Mittel- und Osteuropa, in dem dieser Einfluß sogar das 17. Jahrhundert überdauerte. Unter dem Pontifikat Klemens' VIII. erlebte die Kirche 1596 einen Erfolg, dessen Tragweite allerdings nicht überschätzt werden sollte. »In Polen wurden in Brest-Litowsk die katholische und die orthodoxe Kirche vereint« – allerdings wurde dadurch auch der Keim für gefährliche Spannungen in der Zukunft gelegt. »Kiew wurde zum Mittelpunkt der Gegenreformation; man nahm dort den Theologieunterricht wieder auf, druckte Traktate und Katechismen. Der Einfluß von Kiew (das eine russische Stadt war, auch wenn es damals zu Polen gehörte) strahlte ins benachbarte Rußland aus.« Die Impulse aus Italien wirkten sich im 17. Jahrhundert stark in Rußland, in Polen und in Österreich aus, das nach der Schlacht am Kahlenberg (1683) zu einer Donaumonarchie wurde, also im »archaischen« Europa, dem zu dieser Zeit die geistigen Spannungen Westeuropas erspart blieben und das deshalb auch keinen Klassizismus gekannt und hervorgebracht hat. In Italien, in Mittel- und Osteuropa war die Kunst des 17. Jahrhunderts ganz und gar barock, stand unter dem Einfluß von Gesù, Bernini und Borromini. Deren bedeutendster Nachfolger, ein Bernini des Nordens, war ein halbes Jahrhundert später Johann Bernhard Fischer von Erlach* (1656–1723), der Mitteleuropa mit seinen prächtigen Kirchen und Palästen schmückte.

Das Vorbild Il Gesù war in seiner Grundstruktur einfach und praktisch und deshalb als Prototyp hervorragend geeignet, auch wenn das nicht von Anfang an beabsichtigt war: »Eine laternengekrönte Kuppel auf einem nicht hohen achteckigen Tambour . . .«, nicht sonderlich groß, aber »vom Aventin her gesehen von rassiger Stabilität . . ., mit einer Fassade, die an einer Biegung des Corso Vittorio Emmanuele den Weg zu versperren scheint . . ., groß, massiv, zweistöckig, das obere Stockwerk mit mächtigen Voluten und überragt von einem schweren dreieckigen Giebel«. Ein Gegengewicht zur straffen Mäßigung des Äußeren bildet der überreiche Dekor im Inneren: farbenprächtige Gemälde, bewegte Stuckmotive, mit Dekor aus vergoldeter Bronze geschmückte Säulen aus Lapislazuli . . . Die Kirche ist einschiffig, doch öffnen sich die Seitenwände auf kleine zentrale Nebenräume mit prächtigen Altären und figurengeschmückten Architekturformen. Sie hat den Grundriß eines lateinischen Kreuzes im Gegensatz zu den Renaissance-Kirchen, für die man die Form des griechischen Kreuzes bevorzugte. »Dieser Grundriß steigert die Majestät des Hochaltars und erleichtert den Ablauf der liturgischen Handlung.« Das lateinische Kreuz und der hochgestellte Hauptaltar machen diesen Kirchentyp zur Kirche der Transsubstantiation: das zentrale Geschehen des katholischen Gottesdienstes wird ganz bewußt betont; die Sonderstellung des Priesters als Mittler zwischen Gott und den Menschen wird deutlich gemacht, eines Mittlers, der durch die Konsekrationsworte gleichsam Macht über Gott hat, eine Macht, die für das ganze reformierte Europa, für Calvinisten, Lutheraner, Anglikaner und erst recht für alle protestantischen Sekten ein Skandal ist, da sie von der göttlichen Transzendenz eine andere Vorstellung haben.

Und doch gehörte diese Kirche, die dem Opferaltar und dem Priester als Mittler eine privilegierte Stellung zuwies, deren Dekor die Mitwirkung des Menschen an seinem Seelenheil verkündete, an einem Heil, das durch entsprechendes Bemühen verdient werden kann, also mindestens ebensosehr Verdienst wie Gnade ist, dem

ersten Abschnitt des Reformzeitalters an, war durch die protestantische Reformation beeinflußt: »Ein großer Chor, wie ihn die Benediktiner, Kartäuser und Zisterzienser brauchten und wie ihn auch die Bettelorden für ihre Kirchen übernommen hatten, war von nun an nicht mehr sehr sinnvoll. Wichtiger war es, für eine gute Akustik zu sorgen, damit man die Predigt verstehen konnte, und für eine gute Beleuchtung, damit die Gläubigen alle Gesten des die Messe zelebrierenden Priesters sehen und in einem Gebetbuch der heiligen Handlung folgen oder Litaneien absingen konnten. Die gut beleuchtete Kirche entsprach der Lebensweise einer Gesellschaft, die seit einem Jahrhundert dank des Buchdrucks Bücher in die Hand bekam.«

Es war die Kirche des gelesenen, aufgenommenen, gehörten göttlichen Wortes, die vom Gläubigen eine aktive Teilnahme forderte, nicht mehr die Kirche eines in geheimnisvollem Halbdunkel zelebrierten, magisch angehauchten Kultes, in der der ungebildete, passive Gläubige allein durch sein Vorhandensein beim Gottesdienst der göttlichen Ausstrahlung teilhaftig wurde. Ohne ihren überreichen Schmuck konnte diese Kirche zu einem protestantischen Gotteshaus werden. In dieser Hinsicht bestand also in der großen Zeit der Kirchenreform zwischen protestantischer und katholischer Kirchenarchitektur eine grundsätzliche Einheit.

So gab es im ausgehenden 16. und im beginnenden 17. Jahrhundert in dem religiös zerrissenen Europa trotz aller Gegensätze auf dem Gebiet der sakralen Baukunst eine starke Verwandtschaft. Il Gesù wurde zum Prototyp, weil diese Kirche vollkommen den Bedürfnissen einer Sensibilität und einer Zeit entsprach: an den beweglichen Grenzen zwischen Reformation und Gegenreformation, in einer Zeit, in der sich die Bevölkerungen der Städte verdoppelten, mußte man rasch und solid bauen können. Die Zeit der großen Kathedralen, an denen man dreihundert Jahre baute, war endgültig vorbei.

Der Barockstil bildete sich also in Rom in der ersten Hälfte des 17. Jahrhunderts heraus. Diese Stadt hatte sich inzwischen rasch von den Wunden des *sacco* von 1527 erholt; die Einwohnerzahl stieg auf 100 000. Auch den Schock der Reformation, des Zerbrechens der Christenheit, überwand sie bald; um so straffer hielt sie die Zügel einer stärker nach Rom orientierten katholischen Christenheit in der Hand, und lange gab man die Hoffnung nicht auf, das verlorene Terrain zurückgewinnen oder anderswo einen Ausgleich dafür finden zu können. Tatsächlich wurde, was im Norden verlorengegangen war, durch die Missionierung in Amerika und Asien wieder wettgemacht; um 1595 konnte man sich sogar für kurze Zeit der Hoffnung hingeben, ganz Japan missionieren zu können, als die Daimyos im Süden des Inselreiches die Ausbreitung des katholischen Glaubens förderten. Auch in

Europa wirkten wenn nicht Missionare, so doch tüchtige Kreuzfahrer für die Sache Roms, so die Polen in Smolensk und Moskau oder ein Wallenstein im Reich, der das protestantische Deutschland systematisch in eine Wüstenei verwandelte, so daß die Hoffnung bestand, auf den Ruinen wieder ein katholisches Deutschland errichten zu können. Um seinen Gedanken und Hoffnungen Gestalt zu geben, verfügte Rom über zwei große Künstler: Bernini (1598–1680) und Borromini (1599–1667). Von Borromini * stammt Sta. Agnese an der Piazza Navone; er war ein innerlich zerquälter Mensch, der 1667 den Freitod wählte. Robuster, mondäner und oberflächlicher war Bernini *. Während Borromini für Sankt Peter die massigen Statuen schuf, begann Bernini 1624 mit der Ausführung des berühmten Baldachins (er wurde 1633 vollendet), jener bizarren Ungeheuerlichkeit, die auf die durch die Gegenreformation neu belebte Fronleichnamsprozession zurückgeht. V. L. Tapié schreibt dazu: »Er errichtete einen Baldachin..., er übertrug in die gewaltigen Dimensionen eines Bauwerks jenes Gebilde aus Stoff, das man bei den Fronleichnamsprozessionen über dem Allerheiligsten, der Monstranz, auszuspannen pflegte. Er fixierte in Bronze, was bis dahin nur Holz und Stoff gewesen war; er machte stabil, mächtig und gigantisch, was vergänglich und beweglich war; schließlich vereinte er zwei scheinbar unvereinbare Eigenschaften, ohne daß die eine durch die andere beeinträchtigt wurde: Größe und Leichtigkeit.«

Er schmückte Sankt Peter so aus, wie es sich heute unseren Augen darbietet; ihm verdanken wir die Dekoration der Seitenschiffe und der Apsis, in der der Thron steht, auf dem der Tradition nach einst der heilige Petrus gesessen haben soll. Er leistete als Bildhauer wie als Architekt gute Arbeit. Zu seinen bedeutendsten Schöpfungen gehört der Petersplatz, der eindrucksvolle Vorhof der Basilika. Er übertrug das Dekor aus Holz, Stoff und Karton der barocken *festa* in Stein. An dieser Wallfahrtsstätte, zu der die Pilger aus aller Welt strömten, bediente man sich zur Gestaltung des Platzes einer Szenerie, die manches mit dem Theater gemeinsam hatte: vier Säulenreihen säumten drei Gänge, durch die man sich zu Fuß oder im Wagen der Kirche nähern konnte.

Das bildhauerische Meisterwerk Berninis – vielleicht sogar der Höhepunkt der ganzen gegenreformatorischen Kunst – ist die berühmte, schockierende *Verzückung der heiligen Theresia* in Santa Maria della Vittoria. Der Präsident de Brosses sah im 18. Jahrhundert darin ein ausgesprochen erotisches Werk. Es war ein achtenswerter, aber sehr fragwürdiger Versuch, die mystische Erfahrung in Stein auszudrükken. »Wie das Unaussprechliche zum Ausdruck bringen? Das Fleisch bleibt Fleisch«, bemerkt V. L. Tapié dazu. »Der Ausdruck göttlicher Liebe unterscheidet sich von dem sinnlicher Liebe vielleicht nur durch die umgebende Atmosphäre.« Die jünglingshafte Engelsgestalt mit ihrem fast geschlechtslosen und dennoch sinnlichen Gesicht, die den Bronzepfeil hält, das unter dem weiten Gewand vibrierende Fleisch der jungen, halb ohnmächtigen Frau mit ihrer in Hingabe erschlafften Hand – eine Darstellung, in der sich Glaube und Liebe, Ekstase und menschlicher Eros unlösbar verschlingen.

Rembrandt* hingegen arbeitete mit weit sparsameren Mitteln, um ebenso tiefe Gefühle zum Ausdruck zu bringen. »Und es geschah, da er mit ihnen zu Tische saß, nahm er das Brot, dankte, brach's ab und gab's ihnen. Da wurden ihre Augen geöffnet, und sie erkannten ihn« (Lukas 24, 30–31). Um den ewigen Augenblick der Gnade, der Erwählung festzuhalten, bediente sich Rembrandt ebenso sparsamer Mittel wie die biblische Erzählung. Keine lauten Gesten, kein theatralischer Ausdruck – ein wenig Licht, ein Blick ... *Die Jünger von Emmaus* entstanden 1648, die *Heilige Theresia* 1651. Nur drei Jahre Abstand, aber zwei völlig verschiedene religiöse Erfahrungen: das Heil durch den Glauben, das Heil durch gute Werke.

Aber nicht nur das protestantische, sondern auch das katholische Europa kannte diese Glaubenserfahrung, wie Philippe de Champaigne, Mère Angélique Arnauld und La Tour* beweisen. Auch La Tour* genügten das Licht einer Fackel und ein Blick. Es wäre wenig sinnvoll, wollte man Vergleiche zwischen einem Caravaggio und einem Rembrandt anstellen; ebensowenig kann man summarisch den Norden und den Süden gegenüberstellen, gab es doch im Spanien jener Zeit einen Zurbarán, einen Velázquez. Spanien war in seinem Goldenen Zeitalter, also zu Lebzeiten Berninis, zu etwa 90 Prozent barock und zu 10 Prozent klassizistisch. Barock waren zweifellos Francisco Quevedo, Tirso de Molina (1584–1648) und vielleicht auch Calderón de la Barca* (1600–1680), ganz und gar barock war Gongora*. Aber Lope de Vega (1562–1635) läßt sich kaum und Cervantes mit Sicherheit nicht zum Barock rechnen.

ZU DEN ABBILDUNGEN 203–210

203 DER TRIUMPH DES NAMENS JESU Dieses Deckengemälde in der Kirche Il Gesù in Rom wurde von Giovanni Battista Gaulli (1639–1709) in den Jahren 1674 bis 1679 geschaffen. Es entstand also dreißig Jahre nach dem *Begräbnis des Phokion*. Diese Tatsache beweist – falls es eines solchen Beweises noch bedürfte –, daß der Klassizismus keineswegs aus dem Barock hervorgegangen ist oder den Barock abgelöst hat, sondern sich vielmehr neben ihm herausgebildet hat: vor barockem Hintergrund entstand an manchen Orten eine Kunst, die zu klassischen Themen und Stilmitteln zurückkehrte.

Barock und Klassizismus liefen im ganzen 17. Jahrhundert nebeneinander her und überschnitten sich zum Teil. Dieses Deckengemälde mit seiner Fülle bewegter Gestalten ist ganz und gar barock. (Rom, Il Gesù)

204 PURCELL Nur sechsunddreißig Lebensjahre waren Henry Purcell (1659–1695) beschieden, dem Höfling und Organisten von Westminster, dem englischen Komponisten, der die Entwicklung der Oper entscheidend beeinflußt hat. Von ihm stammen außer der Oper »Dido und Äneas« Schauspielmusiken und geistliche Musik. Dieses ausdrucksstarke Bildnis entstand gegen Ende seines kurzen Lebens. (J. Clostermann, *Purcell*. London, National Portrait Gallery)

205 VIVALDI Antonio Vivaldi wurde um 1678 in Venedig geboren und empfing die Priesterweihen, konnte jedoch seinen geistlichen Beruf wegen einer Erkrankung der Atemorgane, die sein Leben zu einem Martyrium machte, nicht ausüben. In den zwanziger Jahren des 18. Jahrhunderts von der höfischen Gesellschaft ganz Europas regelrecht angebetet, war Vivaldi ein ebenso fleißiger wie fruchtbarer Komponist und Violinvirtuose. Später ebbte jedoch die Begeisterung ab, und als er mit dreiundsechzig Jahren 1741 starb, war er fast völlig vergessen; die letzten Lebensjahre hatte er in bitterster Not zugebracht. (Bildnis Vivaldis, G. B. Martini zugeschrieben. Bologna, Liceo Musicale)

206 RAMEAU Dieses ein wenig naive, aber aufrichtige Porträt ist sehr aufschlußreich. Jean-Philippe Rameau (1683–1764) wird hier so gezeigt, wie er tatsächlich war: methodisch, fleißig, geizig und ehrgeizig. Er wirkte zuerst in Dijon und Clermont, ehe er nach Paris geholt wurde; er mußte sich seinen Aufstieg erkämpfen. Daß dabei sein Charakter Schaden nahm, ist erklärlich, entschuldigt aber nichts. Ein schönes Bildnis, in dem sich eine wenig schöne Seele spiegelt – aber das ist nicht die Schuld des Malers. (Bildnis Rameaus, Aved zugeschrieben. Museum Dijon)

207 JOHANN SEBASTIAN BACH Einen ganz anderen Menschen zeigt dieses Bildnis. Als es entstand, war Johann Sebastian Bach (1685–1750) noch ein junger Mann. Dieses größte musikalische Genie aller Zeiten stellte mit größter Selbstverständlichkeit und ohne alle Allüren seine einzigartige Begabung in den Dienst Gottes und der Menschen. Er war bei weitem der bedeutendste Komponist des Barockzeitalters und der protestantischen Kirchenmusik. Sein Einfluß ist noch heute in der modernen Musik lebendig. (Deutsches Bildnis aus dem 18. Jahrhundert, Museum Erfurt)

208 MUSIKINSTRUMENTE DES 18. JAHRHUNDERTS Die Instrumentalmusik erfuhr im 17. und 18. Jahrhundert eine erstaunliche Bereicherung; das Instrumentarium, das gegen Ende des 18. Jahrhunderts zur Verfügung stand, unterscheidet sich nur unwesentlich von der Skala der heutigen Musikinstrumente. Auf diesem Bild sind die wichtigsten Instrumente dargestellt: Streichinstrumente, Blasinstrumente und Schlaginstrumente. Zwar gab es noch nicht das moderne Klavier, und auch die Zahl der Blasinstrumente war noch beschränkter als heute, aber die Streichinstrumente waren von einmaliger

203

204

205

206

207

208

209

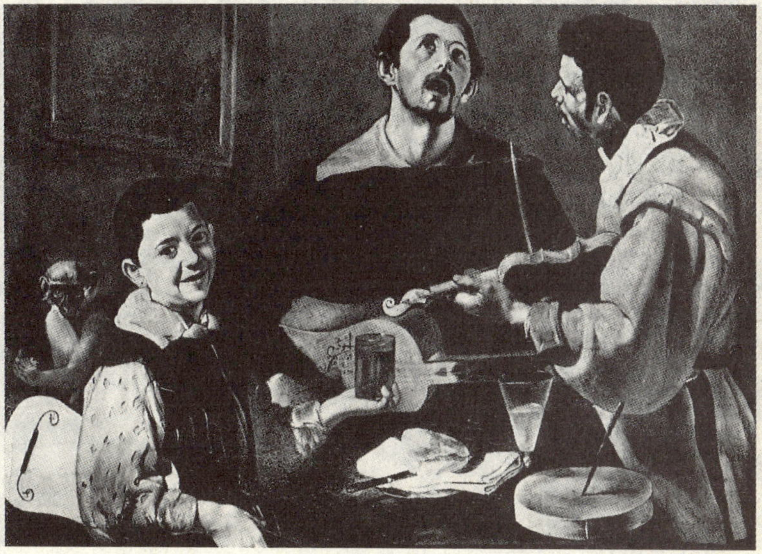

Kann man also von einer verspäteten spanischen Renaissance sprechen und auf das klassische Zwischenspiel der italienischen Renaissance mit Leonardo da Vinci verweisen? Nein, das 17. Jahrhundert war in Spanien ebenso barock wie in Italien. Aber auf der Iberischen Halbinsel wurde religiöses Empfinden weit echter und tiefer ausgedrückt als in Italien. In Italien wurde deklamiert, in Spanien echt gelitten. Sogar ein Murillo* mit seinen süßlichen Marienbildern stieß mit seinen unvergeßlichen Bettlern in tiefere Schichten vor. Velázquez und Cervantes lassen sich weder dem Barock noch dem Klassizismus zuordnen: sie sind sowohl barock als auch klassizistisch und noch ein wenig mehr.

Velázquez* war ein glücklicher Mensch, ein abgeklärtes Genie, der sich mehr mit der Erde als mit dem Himmel beschäftigte. Wie jedoch steht es mit Zurbarán*? Er war als Mensch wie als Künstler ungemein vielschichtig; vielleicht war er der »barockste« und spanischste Maler seiner Zeit, aber auch für ihn ist eine ungewöhnliche Sparsamkeit der Ausdrucksmittel bezeichnend. Charakteristisch für das gesamte spanische Barock ist sein Ernst, seine Eindringlichkeit.

Jenes Land, in dem sich die klassizistischen Strömungen am deutlichsten vom barocken Untergrund abhoben, war Frankreich. Daß sich hier die Gegensätze besonders scharf herausbildeten, hatte verschiedene Ursachen. Sicherlich spielten die

Vollkommenheit. (Peter Jakob Horemans, *Hofmusiker mit Instrumenten*, München, Bayerisches Nationalmuseum)

209 »DIE MUSIKANTEN« VON VELÁZQUEZ Der Mensch, der auf dem Bild von Horemans nur eine untergeordnete Rolle spielt, steht auf diesem Gemälde von Velázquez im Mittelpunkt. Wir sehen zwei Männer und einen Knaben mit Saiteninstrumenten, im Hintergrund einen Affen und im Vordergrund auf dem Tisch ein einfaches, aber gekonntes Stilleben. Trotz des ernsten, konzentrierten Gesichtsausdrucks der beiden singenden Männer geht von dem Bild eine gewisse Heiterkeit aus – Velázquez hat sein

Thema nicht sehr ernst genommen. (Velázquez, *Musikanten*, 1610–1620. (Berlin, Staatliche Museen, Gemäldegalerie)

210 DER MUSIKANT VON BÉRAIN Auch dieser Musikant von Bérain (1637–1711) hat etwas von einer Karikatur. Er ist theatralisch gekleidet und macht einen hermaphroditischen Eindruck; vielleicht handelt es sich um einen der ihrer Stimme wegen kastrierten Musikanten, wie sie damals im Theater üblich waren. Im 17. Jahrhundert galt die Musik noch als eine der »geringeren« Künste und erst im 18. Jahrhundert gelangte sie zu hohem Ansehen. (Ausschnitt aus einer Tapisserie von Bérain. Aix-en-Provence, Museum)

geographische Lage und die Mentalität eine gewisse Rolle. Vor allem aber wurde nirgendwo sonst in Europa das große Abenteuer des Geistes, die Revolution des neuen Zeitalters, mit einer gleichen Intensität erlebt, nirgendwo war die tragische Spannung, die wir als Voraussetzung des klassischen Ausdrucks erkannt haben, so stark.

In den Mittelpunkt seiner Untersuchung über das Barock und den Klassizismus im Frankreich des 17. Jahrhunderts stellt Victor Lucien Tapié den Besuch Berninis in Paris. In der Tat war dies ein entscheidender Augenblick: um 1665–1667 wandte sich das barocke Frankreich dem Klassizismus zu.

Natürlich ist das eine Vereinfachung, aber wenn wir die vielschichtigen Entwicklungen im einzelnen verfolgen wollten, bräuchten wir dafür ein gesondertes Buch. Frankreich war bereits zwischen 1600 und 1660 zu etwa 20 Prozent klassizistisch und zu 80 Prozent barock. Allgemein zog man es vor, sich in der Literatur und der bildenden Kunst durch heftige Worte, Gebärden und Rhythmen auszudrücken; nicht durch die Harmonie klarer, gerader Linien, sondern in bewegten Kurven fanden die Spannungen ihren Ausdruck. Unter Richelieu trat der Klassizismus in den Vordergrund, doch während und nach der Fronde kehrte man zu den barocken Formen zurück, die aus dem politisch bedeutungslos gewordenen, aber künstlerisch immer noch tonangebenden Süden ins Land kamen.

Die französische Monarchie brauchte einen Palast, der ihrer Macht entsprach, einen Palast, der den Bedürfnissen einer immer vielschichtiger werdenden administrativen Monarchie gerecht wurde. Paris, zur Zeit Heinrichs IV. nur ein großes Dorf, war im Begriff, seine Einwohnerzahl zu verdoppeln. Es war zur ersten Stadt Europas aufgerückt, hatte aber kaum bedeutende Bauwerke aufzuweisen. Es gab zwar viele Menschen, jedoch in baulicher Hinsicht nichts, was mit dem Rom Alexanders VII., des großen Widersachers Ludwigs XIV., vergleichbar gewesen wäre. Und da der König seit dem Sieg über die Liga Pariser war, war es ein Gebot der Vorsicht und Annehmlichkeit, endlich den Louvre fertigzustellen.

In den letzten Jahren der Regentschaft unternahm man große Anstrengungen, den Palast auszuschmücken. Von 1655 bis 1658 nahmen sich Michel Anguier und Romanelli dieser Aufgabe an. Als 1660 der königliche Haushalt einzog, erwies es sich, daß der Palast zu klein war; Le Vau* ließ ihn daraufhin nach Osten in Richtung auf Saint-Germain-l'Auxerrois behutsam erweitern. Nachdem Colbert den Staat immer mehr in die Hand bekommen hatte, fehlte es dem König trotz der schlechten wirtschaftlichen Lage nicht an Geld für dieses Vorhaben.

Le Vaus Plan bestand darin, die verschiedenen Teile des Palastes zu einem einheitlichen Ganzen zusammenzufassen. Es war ein bescheidener, vorsichtiger und rasch zu verwirklichender Plan. Zunächst einmal beschloß man, die Ostfassade zur Hauptfassade des Palastes zu machen. Nun mußte sich der König entscheiden: sollte er es wagen, seinen Palast ohne die Hilfe des tonangebenden Italiens zu verwirklichen? Der Stolz riet ihm, ausschließlich Franzosen mit der Arbeit zu betrauen; aber anderseits zweifelte er, ob sie die Aufgabe lösen könnten. Der Zweifel siegte: er entschied, den berühmtesten Baumeister Italiens kommen zu lassen.

In Paris traten neben Le Vau François Mansart, Cottart, Houdin und Marot. Man nahm in Rom mit Bernini Verbindung auf. Der Italiener war sofort Feuer und Flamme. Nun wurde ihm, dem Sechsundsechzigjährigen, endlich eine Aufgabe gestellt, wie sie Bramante erhalten hatte. Erste Entwürfe sandte er am 23. Juni 1664 an Colbert. Sein Plan sah einen großartigen, rein barocken Palast vor, bei dem der Dekor weit wichtiger war als der Zweck. Von Rom war nichts anderes zu erwarten gewesen. Colbert, der präzise Praktiker, spürte zwar, daß der Plan bedenkliche Mängel hatte, ließ sich aber mitreißen, denn schließlich war Rom Rom und Bernini der größte Architekt der Stadt. Im Frühjahr 1665 brach Bernini in Begleitung seines Sohnes Paul und einer Schar von Mitarbeitern nach Paris auf. Ende April reiste er ab, am 2. Juni wurde er einige Meilen vor Paris wie ein König empfangen. Prunkvolle Veranstaltungen und feierliche Reden wechselten miteinander ab; man konnte sich in die Zeit Mazarins zurückversetzt glauben. Das Projekt wurde immer größer; unermüdlich entwarfen Bernini und seine Mitarbeiter Bauzeichnung über Bauzeichnung. Sie hatten allerdings einigen Ärger mit Colbert und anderen Praktikern, die statt schöner Schnörkel lieber praktische Einrichtungen wie Spitzdächer gegen den Regen, Kamine für die Heizung und Aborte sehen wollten, Dinge, die im Süden nebensächlich waren. Dennoch einigte man sich immer wieder, denn Bernini konnte sich mit dem Gedanken trösten, daß man ihn ganz schön bezahlte, und die französischen Praktiker wurden zum Nachgeben gezwungen, da Berninis Büste Ludwigs XIV. den König für ihn gewonnen hatte. Also wurde sein Plan akzeptiert, nach dem der Louvre zum größten Palast in ganz Europa werden sollte. Als der Herbst nahte, reiste der große Mann wieder von dannen, die Brust stolzgeschwellt, die Reisekasse wohlgefüllt, um den Winter im sonnigeren Süden zu verbringen.

Nun mußte man an die Ausführung gehen. Doch jetzt zeigte es sich, was Colbert von Anfang an befürchtet hatte, daß nämlich Berninis so großartiges Projekt allzu viele praktische Notwendigkeiten außer acht ließ, die man im kühlen Norden nicht ungestraft vernachlässigen konnte. Die von Bernini in Paris zurückgelassenen Baumeister zeigten sich der Aufgabe, die Pläne entsprechend zu ändern, nicht gewachsen. Endlich besann sich der König darauf, daß er schließlich eigene Leute hatte, auf die er zurückgreifen konnte: Le Vau, Le Brun, Charles Perrault* und dessen Bruder Claude sowie Mansart in Versailles. Zwischen dem 11. März und dem 15. Juli 1667 »platzte« das Projekt Berninis. Orbay und Claude Perrault wurden beauftragt, neue Pläne auszuarbeiten und den Bau in Angriff zu nehmen. 1668 war es soweit. Was sie schufen, war ein Bauwerk von majestätischer Einfachheit, das bald zum Stolz der Pariser wurde. Allerdings zog es der König wenig später vor, nach Versailles zu übersiedeln, dessen weiße Pracht man unter ungeheuren Kosten auf sumpfigem Untergrund errichtet hatte. Versailles* kann man als dialektische Überschreitung der stilistischen Gegensätze jenes Jahrhunderts bezeichnen: klassizistisch ist es durch die kompromißlose Vorherrschaft der Geraden, die Sparsamkeit der Mittel und die harmonische Ausgewogenheit der Massen; italienisch durch das unter Mißachtung der klimatischen Gegebenheiten flach gehaltene Dach – was später noch teuer zu stehen kam –, barock durch seine Maßlosigkeit. Natürlich ist der Begriff »maßlos« relativ. Das Schloß entsprach durchaus den Dimensionen eines mächtigen Staates, der aus einer kleinen Monarchie erwachsen war und durch einen unabhängigen, gefügigen Landadel verwaltet wurde, entsprach auch den Dimensionen des großen Universums der neuen Physik.

Daß 1667 Berninis Plan verworfen wurde, geschah, wie V. L. Tapié aufgezeigt hat, nicht von vornherein mit Absicht. Es kamen verschiedene Umstände zusammen: die Entscheidung des Königs, nicht in Paris, sondern in Versailles zu residieren, die Lasten des Krieges, die sich ständig verschlechternde Wirtschaftslage, die Unmöglichkeit, alles gleichzeitig durchzuführen, und ein bereits klassisch anmutender Entschluß, nur anzufangen, was in absehbarer Zeit vollendet werden konnte. All das bewirkte, daß der Louvre nicht zu einem barocken Palast wurde. Aber noch etwas anderes spielte eine Rolle: mit dem sich immer stärker durchsetzenden Geist des Jansenismus war der Geist des Barock nicht vereinbar; diese kartesianische, fundamentalistische Haltung widersprach dem barocken Ausdruck. Architektonischer Prunk war den Jansenisten zuwider; wenn schon Paläste, dann in einem Stil klassischer Nüchternheit, der die konzessionslose Spannung ihrer Ethik und ihrer Weltsicht spiegelte. Daß diese sich verstärkende Atmosphäre eine Rolle gespielt hat, ist nicht zu bezweifeln.

Verschiedene Umstände trugen also dazu bei, daß Berninis Barock in Paris keinen Eingang fand – eine Tatsache, die, wie V. L. Tapié ausgeführt hat, weitreichende Folgen haben sollte. Zwar hätte der barocke Louvre, wie ihn Bernini entworfen hatte, das jansenistische und kartesianische Frankreich nicht davon abgehalten, sich einer ihm gemäßen Ausdrucksform zu bedienen. »Aber wenn Paris als Wohnstätte seiner Könige einen unaufhörlich von Fremden besuchten großen Barockpalast mit seinen Loggien und seiner ovalen Kapelle besessen hätte, dann hätte den Menschen stets ein italienisches Beispiel vor Augen gestanden, das möglicherweise die Geschichte der französischen Architektur verändert hätte.«

Inzwischen hatte sich jedoch erstaunlich rasch der Geschmack gewandelt. Berninis Ludwigsbüste hatte noch großen Anklang gefunden, aber anders erging es der Reiterstatue, die Colbert dem italienischen Meister in Auftrag gab. Bernini stellte den König in römischer Tracht auf einem Pferd dar, wie er irgendeine berühmte Belagerung leitet. Um dem Standbild größere Festigkeit zu geben, ließ er unter dem Bauch des Pferdes einen Marmorblock stehen. Als die Statue in Paris ankam, war die Begeisterung für die barocke Skulptur bereits verflogen. Man beauftragte Girardon mit der Umgestaltung des Werkes. Das Ergebnis war recht mäßig. Girardon veränderte nicht nur das Gesicht des Königs, sondern arbeitete den Marmorblock in ein Flammenmeer um, so daß Ludwig sich in eine Feuersbrunst zu stürzen scheint. Aufgestellt wurde das Bildnis im Versailler Park. »Frankreich, das so nahe daran war, von Bernini den schönsten Palast der Hauptstadt zu erhalten, wußte nicht, was mit seiner Skulptur anfangen, und versteckte sie. Zu diesem Zeitpunkt hatte es bereits die Versuchung des Barock überwunden.« Am 22. November 1675 maß Olaus Römer in der Pariser Sternwarte die Lichtgeschwindigkeit.

Natürlich war das kartesianische Frankreich nicht das ganze Frankreich. Zwischen 1673 und 1686 drängte sich ganz Paris in Lullys* Oper*, von *Cadmus et Hermione* bis *Armide* nach den Libretti von Quinault und Thomas Corneille und mit den Bühnendekorationen von Bérain. Daniel Mornet betont, daß »von den 350 dramatischen Werken, die in Paris von 1660 bis 1699 zur Aufführung kamen, mindestens die Hälfte mehr oder weniger von dem abwich, was man als das klassische Theater zu bezeichnen pflegt«. Sogar in Frankreich war der Klassizismus, der für einige Zeit in den Vordergrund trat, nur der Ausdruck einer Elite, eines sehr begrenzten Kreises. Aber eben diese Elite hat überall, wo sie in Erscheinung trat, in Frankreich, Holland und England, die Welt einer neuen Zeit entgegengeführt.

Die breite Masse gab sich mit dem Barock zufrieden. Das überseeische Europa war stets barock; ein Klassizismus fand jenseits der Meere keinen Widerhall. Vielleicht lag das daran, daß das Europa, das nach Amerika, Afrika und Asien drängte, zu 60 Prozent iberisch, zu 30 Prozent italienisch (man denke an die zahlreichen italienischen Missionare) und nur zu 10 Prozent französisch und englisch war. Das Barock setzte sich in Rußland, Böhmen, Österreich und Süddeutschland durch.

Den Louvre, den Bernini nicht gebaut hat, hat Fischer von Erlach geschaffen. Ihm verdanken wir auch die Rotunden, die mächtigen geschwungenen Fassaden, die hoch aufragenden Kuppeln von Graz, das eigenartige, ergreifende Mausoleum des Fürsten von Eggenberg; seine Triumphbogen haben die barocke *festa* bis an die Schwelle des 18. Jahrhunderts fortgeführt.

Herrliche Meisterwerke schuf Fischer von Erlach in Salzburg, ehe Wien gegen Ende des 17. Jahrhunderts in den Rang einer Großstadt aufstieg und sich ein seiner Bedeutung entsprechendes architektonisches Gewand gab. Trotz des seltsamen Inneren ist das Prinz-Eugen-Palais von außen verhältnismäßig streng und nüchtern; aber die gewundenen Karyatiden der Haupttreppe sind typischstes Barock. Die Salzburger Kollegialkirche erinnert stark an italienische Vorbilder, die hier auf originelle Weise umgestaltet sind. Aber waren die deutschen und österreichischen Baumeister vollständig dem Barock verhaftet, waren sie für die Faszination von Versailles völlig unempfänglich? Keineswegs, wie Nymphenburg und Schönbrunn beweisen, die trotz der völlig anders gestalteten Dächer durch die Gliederung und Anordnung der architektonischen Massen stark an Versailles gemahnen. Allerdings blieben das katholische Österreich ebenso wie das Spanien Philipps v. und Deutschland, vor allem Süddeutschland, noch über das 17. Jahrhundert hinaus die stärksten Bastionen eines von Italien herkommenden Ausdrucksstils, des Barock, aus dem sich später das leichtere, anmutigere Rokoko entwickelte.

Aber war die Tatsache, daß das Österreich von 1690 immer wieder auf das Vorbild Il Gesù zurückgriff und durch seinen mystischen Schwung zu immer neuen Schöpfungen angeregt wurde, nicht dadurch bedingt, daß Österreich wie ganz Mitteleuropa so lange im allerersten Stadium der Gegenreformation stehenblieb?

14

DIE RELIGIÖSE REVOLUTION

Paläste und Kirchen wurden gebaut – vor allem Kirchen, denn wie alle wahrhaft großen Jahrhunderte war das 17. ein religiöses, ein theologisches Jahrhundert. Die ursprüngliche, die echte Barockkunst, Il Gesù mehr als die Kolonnaden des Petersplatzes, drücken in Stuck, Lapislazuli, Bronze, Farben und Stein eine neue, weit verbreitete, tief verwurzelte Frömmigkeit aus. Der Aufstieg aus Indifferenz und Ungläubigkeit nahm seinen Anfang um 1570 in Italien, war aber in jenen Regionen am steilsten, in denen das katholische Christentum am lebendigsten war, zunächst in Spanien und dann vor allem in Frankreich, wo sich in manchen Kreisen eine besonders tiefe Religiosität ausbreitete. Natürlich darf nicht das protestantische Europa vergessen werden, aber auch nicht das Rußland der Raskolniki, die jüdischen Gemeinden in Ost und West, die fast überall schweren Heimsuchungen ausgesetzt waren und von gräßlichen Zweifeln geplagt wurden. Die Religionsgeschichte des 17. Jahrhunderts ist nur verständlich, wenn man sich davor hütet, über der durch den politischen Zufall und die religiösen Leidenschaften bewirkten Abkapselung des abendländischen Christentums die russische Kirche zu vergessen, wenn man daran denkt, daß auch die Astronomie Theologie war, daß Descartes, Newton und Spinoza (was erstaunlich klingen mag) »Gottesmänner« waren. Das ganze 17. Jahrhundert war auf der Suche nach Gott. Natürlich gab es viele Mißverständnisse, Zusammenstöße, Grausamkeiten und Leiden, aber auch zahlreiche positive Höhepunkte.

Die religiöse Revolution – ein großartiges, aber auch problematisches Thema. Meist wird es ganz falsch angepackt; besonders über die Kirchenreform des 16. Jahrhunderts ist schon viel Unsinn geschrieben worden. Einer der häufigsten Fehler besteht darin, die Reformation mit dem Tod Luthers (1546) und Calvins (1564) enden zu lassen, zu übersehen, daß hinsichtlich der Kirchenreform das 16. und das 17. Jahrhundert eine Einheit bilden, daß die Reform um 1500 ihren Anfang nahm und erst zwischen 1680 und 1690 mit einer weitgehenden Erstarrung der Fronten zwischen den verschiedenen Lagern endete.

Wenn man die erste Reformationsbewegung von ihren das Geschehen erst voll verdeutlichenden Fortsetzungen trennt, verknüpft man sie historisch mit einer nicht ganz richtig verstandenen Renaissance und begnügt sich mit einem Klischee, das den Vorzug hat, gleichzeitig die Rationalisten, die bei der alten antiprotestantischen Polemik stehengebliebenen Katholiken und die liberalen Protestanten zu befriedigen. Wenn man die Dinge im rechten Licht sehen will, darf man zwei Tatsachen nicht vergessen:

Erstens stand das 16. Jahrhundert in seiner Denkweise der davorliegenden Zeit sehr nahe; das Weltbild des 16. Jahrhunderts war noch weitgehend das mittelalterliche Weltbild. Erst später geriet alles in Bewegung, als der aristotelische Kosmos dem unendlichen Universum weichen mußte, als sich Raum und Zeit ins Unendliche auszuweiten begannen. Zweitens wollte die Reformbewegung des beginnenden 16. Jahrhunderts keineswegs von vornherein einen Bruch mit Rom; die Spaltung war eher zufällig, die reformatorischen Kräfte erstrebten zunächst nichts als eine aktivere, echtere, von fragwürdigen Praktiken befreite Religiösität, wollten nicht eine neue Kirche schaffen, sondern die alte Kirche erneuern. Die reformierten Kirchen wollten nicht Priester und Mönche abschaffen, um eine laizistische Gemeinde zu gründen, sondern sie waren der Auffassung, daß alle Gläubigen ohne Mittler mit Gott in Verbindung treten könnten. Diese »Priesterschaft aller« wurde besonders in Genf verwirklicht, so daß diese Stadt, vom Zölibat abgesehen, einem riesigen Benediktinerkloster glich, in dem Gebet und Arbeit einander abwechselten.

Fraglich ist, ob man die protestantische Welt trotz ihrer Vielfalt als ein Ganzes ansehen darf. Das protestantische Europa teilte sich, von den Sekten und den Unitariern abgesehen, in drei große Lager: in die Lutheraner, in die Reformierten (die Calvinisten von Schottland bis Ungarn) und die Anglikaner. Sie zusammen machten im 17. Jahrhundert 95 Prozent des protestantischen Europa aus und waren trotz vorübergehender Spannungen im Grunde solidarisch. Dies wurde besonders in Krisenzeiten deutlich, von den Kolloquien der sechziger Jahre des 16. Jahrhunderts bis zum Revokationsedikt vom 18. Oktober 1685. Um 1570 war der Protestantismus in Europa bereits fast ebenso stark wie der Katholizismus; das Verhältnis betrug 40 : 60. Zu berücksichtigen ist aber auch der qualitative Aspekt: in Frankreich schlossen sich 50 Prozent des Adels und mehr als 30 Prozent des Bürgertums dem reformierten Glauben an.

Um 1570 war Europa im Begriff, protestantisch zu werden. Wenn Frankreich ins protestantische Lager übergetreten wäre, hätte sich die Entwicklung nicht mehr aufhalten lassen. Eine Gegenströmung setzte mit dem Tridentiner Konzil ein, der katholische Widerstand gegen die Ausbreitung des Protestantismus wurde organisiert. Es war kein Missionsfeldzug, sondern eher ein Kreuzzug, den man gegen die Protestanten führte, betrachtete man doch nach spanischem Vorbild in den Lutheranern Heiden, setzte sie den Mauren gleich. Diese Einstellung reichte vom Herzog von Alba bis zu Wallenstein.

1630–1635 bedeutete für den Protestantismus einen Tiefstand. Ein Drittel des kirchlich organisierten Protestantismus, fast ganz England, erlag der Faszination der Einheit. In Frankreich war seit 1627 die Sache der Protestanten aussichtslos, weil sich sowohl die politischen und militärischen Kräfteverhältnisse als auch die katholische Gegenreformation gegen sie wandten. Völlig aus dem Gleichgewicht kam das Kräfteverhältnis dadurch, daß der größte Teil der deutschen Protestanten dem Dreißigjährigen Krieg zum Opfer fiel; statt der 27 bis 28 Millionen, die man gegen Ende des 16. Jahrhunderts in Europa gezählt hatte, gab es gegen Ende des Krieges nur noch 15 Millionen. Das war noch nicht einmal ein Viertel der europäischen Gesamtbevölkerung. Für die Protestanten war der Westfälische Frieden ein rettendes Wunder, das der Uneinigkeit im Lager der siegreichen Katholiken zuzuschreiben war. In England schließlich drohte die Revolution alles in Frage zu stellen.

Entscheidend für die weitere Entwicklung war, daß sich ab 1640 die Fronten zwischen den konfessionellen Lagern verhärteten; Massenübertritte zu einem anderen Glauben gab es ab dieser Zeit nicht mehr. Die Religionskarte Europas war von nun an gleichsam in Bronze gegossen.

Weit weniger als ein Viertel Europas war protestantisch, aber das Mißverhältnis war in Wirklichkeit nicht so groß, weil sich gerade die entwicklungsfähigsten Länder Europas dem Protestantismus angeschlossen hatten, nämlich England und Holland, wo zwei Drittel der Bevölkerung und neun Zehntel des Bürgertums protestantisch waren. Von 22 bis 23 Prozent stieg der Anteil der Protestanten in Europa bis zum 19. Jahrhundert wieder auf die 40 Prozent, die man um 1570 gezählt hatte. Heute beträgt das Verhältnis zwischen Protestanten und Katholiken ungefähr 1 : 2. Das Zunehmen der Protestanten ab der Mitte des 17. Jahrhunderts erklärt sich nicht zuletzt daraus, daß im protestantischen Europa, das mehr und mehr zum reichen Europa wurde, die Bevölkerung rascher anwuchs als in den katholischen Ländern. In dieser Hinsicht lagen die Verhältnisse um 1750 genau umgekehrt wie 1570. Die protestantischen Länder, die im 16. Jahrhundert zu den ärmsten Europas zählten, waren im 18. Jahrhundert die reichsten.

Während im Norden sich ganze Länder der Reformation anschlossen, taten dies im Süden nur kleinere Gruppen, besonders die Eliten. Viele von ihnen wanderten zwischen 1550 und 1700 in protestantische Länder aus, die dadurch in kultureller und wirtschaftlicher Hinsicht bereichert wurden: Protestanten aus den spanischen Niederlanden gingen nach Zeeland und Holland; Hugenotten aus Frankreich wanderten in die Schweiz, nach Holland, England und Brandenburg aus; italienische Protestanten wandten sich nach Ungarn, Polen und Deutschland; polnische Unitarier (Sozinianer) gingen hauptsächlich in die Vereinigten Niederlande. Natürlich gab es auch eine entgegengesetzte Wanderungsbewegung in katholische Länder, doch läßt sie sich weder quantitativ noch qualitativ mit der protestantischen Emigration vergleichen. Die irischen Katholiken, die im 17. Jahrhundert nach Spanien auswanderten, brachten weder große Kapitalien noch besondere technisch-handwerkliche Kenntnisse mit.

Seit Max Weber ist es üblich, den Aufstieg des Kapitalismus, also mehr oder weniger das wirtschaftliche Wachstum der protestantischen Länder, mit der protestantischen (richtiger: calvinistischen) Ethik in Verbindung zu bringen. Daß die protestantischen Länder wirtschaftlich rasch aufstiegen, ist nicht zu bezweifeln, wohl aber, daß das ausschließlich darauf zurückzuführen ist, daß sie sich der Reformation anschlossen. Oft wurde gesagt, daß die sich stark auf das Alte Testament stützenden Calvinisten des 17. und 18. Jahrhunderts im materiellen Erfolg den Beweis dafür gesehen hätten, daß sie zu den Auserwählten im Sinn der Prädestinationslehre gehörten. Das klingt zwar überzeugend, ist aber derart verabsolutierend nicht zu halten, denn die Jansenisten, die katholischen Prädestinarier, die sich ebenfalls stärker auf das Alte Testament beriefen, verzichteten auf diesen »Beweis« und wandten der praktischen Betätigung den Rücken. Eine größere Rolle spielte die Tatsache, daß man die Arbeit als Askese betrachtete. Die calvinistische Gesellschaft, die sich mit einem großen weltlichen Kloster vergleichen läßt, wurde wie jede organisierte und regulierte Gemeinschaft reich. Aber vielleicht ist des Rätsels Lösung einfacher. Betrachten wir doch nur die Religionskarte von 1570, 1640, 1750. Von allen protestantischen Gruppen waren die sich eng an die calvinistische Theologie haltenden Reformierten am häufigsten Minderheiten innerhalb einer katholischen Mehrheit. Einer Minderheit anzugehören, erforderte meist einen individuellen Entschluß, so daß diese Gruppen eine Art von Elite waren. Und da Minoritäten sich – besonders in unruhigen Zeiten – gewöhnlich Schikanen gefallen lassen müssen, waren sie praktisch zum wirtschaftlichen Erfolg gezwungen, wenn sie sich halten und durchsetzen wollten. In dieser Lage befanden sich im 16. und 17. Jahrhundert sowohl die Calvinisten wie die aus Spanien vertriebenen, in der Diaspora lebenden Sephardim, die jüdischen Spaniolen. In Europa gab es weit mehr protestantische als katholische Minderheiten. Eine Ausnahme machte England, aber dort handelte es sich lediglich um einen »Entwicklungsrückstand«: der Katholizismus hielt sich noch einige Zeit unter der fernab von den großen Verkehrsverbindungen lebenden Landbevölkerung. Die Minoritäten, die tatsächlich von Bedeutung waren, weil sie sich aus einer wirtschaftlich starken Elite zusammensetzten, waren fast ausschließlich protestantisch.

Im 17. Jahrhundert verhärteten sich die Fronten, wurde man unduldsamer, weil man allmählich die Hoffnung aufgab, größere Gruppen der Gegenpartei zum Glaubenswechsel veranlassen zu können. Dadurch kamen die protestantischen Minderheiten im Süden in eine schwierige Lage. In immer größerer Zahl wanderten sie in die protestantischen Länder des Nordens ab. Zweifellos hat diese Wanderbewegung nicht unerheblich zum wirtschaftlichen Aufschwung des Nordens beigetragen, wie auch das Geistesleben der Länder, in denen die Flüchtlinge Aufnahme fanden, durch sie befruchtet wurde.

Nach dieser Abgrenzung des Problems können wir zum Wesentlichen kommen. Nichts ist starrer als eine institutionalisierte Grenze. Solche Grenzen überschreitet man nicht. Die Probleme, die die Christen des 16. Jahrhunderts bewegt hatten, waren zweifellos bedeutungsvoll, aber nicht wesentlicher als die Frage der Gnade*, mit der sich das 17. Jahrhundert immer wieder leidenschaftlich befaßt hat, und das fast lähmende Bewußtwerden der Transzendenz Gottes in diesem Jahrhundert. Die Grenze, die zwischen 1521 und 1534 gezogen wurde (die Exkommunikation Heinrichs VIII., die »Plakataffäre« in Frankreich), wurde im 17. Jahrhundert nicht mehr verändert. Nunmehr stand man auf Gedeih oder Verderb im einen oder anderen Lager. Die Grenze wurde nicht mehr überschritten. Descartes und Colbert waren ihrer Einstellung und ihrem Wesen nach protestantisch, wenn nicht calvinistisch. Aber Descartes war und blieb ein ebenso guter Katholik wie Colbert, der die Mönche produktive Arbeit leisten lassen und die Klöster zwingen wollte, die von ihnen gespeisten Armen nach Genfer Vorbild zum Stricken anzuhalten. Und könnte man sich einen vollkommeneren Katholiken vorstellen als Leibniz, dem man den Kardinalspurpur anbot, der im Bemühen, das neue mechanistische Weltbild mit dem religiösen Glauben auszusöhnen, die Infinitesimalrechnung erfand, der an den Menschen, an die Institution glaubte und doch zeitlebens dem Protestantismus die Treue hielt? Ein Übertritt ins andere Lager, wie ihn zuvor Justus Lipsius oder Wilhelm von Oranien vollzogen hatten, war für Männer wie Descartes und Leibniz undenkbar. Im 17. Jahrhundert wechselte man nicht mehr den Glauben. Es gab von nun an virtuelle Katholiken in protestantischen Ländern, die sich damit begnügten, schlechte Protestanten zu sein, und viele »Protestanten« in katholischen Ländern, die ebenso schlechte Katholiken blieben. Dennoch läßt sich trotz aller Verschiedenheiten und Gegensätze auch für diese Zeit eine Gesamtdarstellung des Christentums geben.

Nach dem Rückgang im 14. und 15. Jahrhundert erreichte die Religiosität im 16. Jahrhundert einen neuen Höhepunkt. Die negativen Aspekte dieser Entwicklung waren die Reformation durch Teilung, die religiöse Unduldsamkeit, die Zersplitterung der Christenheit im 16. Jahrhundert, aber weit wichtiger war die religiöse Erneuerung. Beides wirkte sich im 17. Jahrhundert voll aus. Erst ab 1680 begann die Woge religiöser Begeisterung und religiöser Leidenschaften wieder abzuebben. Die Zeit der wissenschaftlichen Revolution war auch die Zeit einer langen Reform des Christentums. Deshalb war man sich auch sofort der religiösen Folgerungen bewußt, die der Übergang vom geschlossenen Kosmos zum unendlichen Universum der modernen Wissenschaft nach sich ziehen mußte. Die kosmologische Sensibilität des 17. Jahrhunderts war ein Aspekt der religiösen Sensibilität dieser Zeit.

Nehmen wir als Beispiel Frankreich, das damals 35 Prozent Europas ausmachte und einen entsprechenden Einfluß ausübte. In der Religionsgeschichte von 1520 bis 1680, einheitlich als eine Zeit der Kirchenreform, der religiösen Erneuerung gesehen, lassen sich vier große Phasen unterscheiden, denen eine lange Zeit der Vorbereitung vorausging. Von 1480 bis 1520 kehrte sich die bis dahin vorherrschende Tendenz um. Eine religiöse Elite, die zugleich eine geistige Elite darstellte, wurde sich in ganz Europa des religiösen Zerfalls bewußt und nahm Anstoß am Routineglauben der Massen, am Heidentum in den ländlichen Gegenden, an der Gleichgültigkeit eines Teils der Elite, am Niedergang der Kirche und am Sittenzerfall der Geistlichkeit. Die nominalistische Theologie befreite das religiöse Denken vom drückenden thomistischen Rationalismus und ebnete den Weg für eine Dogmatik, die entweder auf dem Geheimnis der institutionalisierten Kirche oder auf der Wiederanknüpfung an eine alte Tradition beruhte, d. h. an die kanonischen Texte der von glossarischem Beiwerk befreiten Bibel. Somit kamen mehrere reformatorische Strömungen zusammen.

Auf diesem vorbereiteten Boden brach gleichsam am Rand der Luther-Konflikt aus. Im Mittelpunkt stand das älteste Problem der christlichen Lehre, der Knoten jeglicher religiösen Erfahrung im 15. Jahrhundert, das Problem des Heils. Diese schmerzlich erlebte Erfahrung beantwortete Luther in Übereinstimmung mit der ältesten Kirchentradition auf radikale Weise damit, daß das Heil nicht durch gute Werke verdient werden könne, sondern allein aus dem Glauben erwachse. Wer mit Luther in der Unverdienbarkeit des Heils den Kern der Offenbarung sah – jede Mitwirkung des Menschen am Heil erschien gleichzeitig gotteslästerlich und absurd, war angesichts der Größe Gottes undenkbar –, verwarf die Apostolizität der Kirche. Der Ekklesiologie der historischen Nachfolge stellten sie die alte Ekklesiologie der Übereinstimmung mit dem Wort Gottes und der Bestätigung durch den Heiligen Geist gegenüber. Auf dieser Grundlage wurde eine neue Kirche geschaf-

fen. Zwischen den beiden christlichen Kirchen, die jede den ausschließlichen Anspruch auf die alte Tradition und die – historische und geistige – Apostolizität erhob, erwuchs unversöhnliche Feindschaft. Nicht nur Deutschland, sondern ganz
Europa wurde durch diese Entwicklung betroffen. Zwei Fronten bildeten sich: für
oder gegen Luther, für oder gegen die Rechtfertigung aus dem Glauben. Eine erste
reformatorische Phase dauerte in Frankreich von 1520 bis 1540. Sie führte noch
keineswegs zu einem Bruch mit der katholischen Kirche, war zwar lutherischen
Geistes, aber es waren doch Strömungen, die von einzelnen ausgingen und nur kleine Kreise erfaßten. Die zweite Phase, die man im kirchengeschichtlichen Sinn mit
mehr Berechtigung als reformatorisch bezeichnen kann, brachte die Einsicht, daß
eine globale Reform der bestehenden »sichtbaren« Kirche nicht möglich war, hatte
also ähnliche Konsequenzen wie im inzwischen vom Protestantismus erfaßten Norden, betraf aber wiederum nur einen verhältnismäßig kleinen Teil der Bevölkerung, zumindest in der ersten Zeit. Man suchte weniger das Heil des einzelnen als
eine Kirche, die der apostolischen Kirche, wie sie in der Apostelgeschichte in
Erscheinung tritt, möglichst nahe stand. Weit mehr als in der ersten Phase wurde
die Spannung zwischen »wahrer« und »falscher« Kirche spürbar. Immer mehr trat
die Ansicht hervor, daß das Heil durch den Glauben der Kern der Offenbarung
sei. Man suchte nach der wahren Kirche, der »armen« Kirche Calvins, eine Kirche,
die natürlich das Heil durch den Glauben lehrte. Die beiden Ordnungen wurden
beibehalten, die Faktoren jedoch ausgetauscht. Nur wenn man dies weiß, kann man
den französischen Protestantismus des 17. Jahrhunderts verstehen, begreift gleichzeitig auch seine Schwäche, als es zum Dialog mit der nach 1630 entsprechend den
Forderungen der augustinischen Theologie reformierten katholischen Kirche kam.
In dieser Zeit waren die reformierten Kirchen in Frankreich und in Südeuropa
mehr oder weniger isolierte Enklaven. Gleichzeitig übernahm die allmächtige
Church of England, der erfolgreichste Sproß des protestantischen Europa, die
Dogmatik der »Institutio christiana«.

Der dritte Abschnitt war die Phase der katholischen Reform, der Versuch einer
Synthese zwischen der durch die erste Reform wiedergefundenen Theozentrik und
dem Reichtum der aus einer langen Vergangenheit überlieferten Formen und Traditionen, die außer in England von der zweiten, doktrinären und institutionalisie-
renden Phase der Reform allenthalben unnötigerweise geopfert worden waren.
Diese Gegenbewegung nahm ihren Anfang in Südeuropa: in Italien während
des langen Tridentiner Konzils, in Spanien, wo sie in der Zeit der heiligen Therese
von Avila und des heiligen Johannes vom Kreuz einen mystischen Charakter annahm, ehe sie durch die antisemitische Raserei des »altchristlichen« gemeinen

Volkes vollständig verfälscht wurde. In dieser ersten mediterranen Phase war die katholische Reform in erster Linie Gegenreformation. Auf die protestantische Radikalisierung folgte eine gegenreformatorische Radikalisierung. Dies war schon in den wichtigsten dogmatischen Festlegungen des Tridentiner Konzils spürbar; offensichtlich wurde es durch das Wiedererstarken der Inquisition in den Mittelmeerländern. Anders in Frankreich, wo die Gegenreformation verhältnismäßig spät Eingang fand, an der Wende vom 16. zum 17. Jahrhundert: hier wurde aus der Gegenreformation eine echte katholische Reform. In der ersten Hälfte des 17. Jahrhunderts, in den fünfzig Jahren der Heiligen, erreichte die katholische Reform auf französischem Boden zwei Höhepunkte: einen mystischen durch den heiligen Franz von Sales*, den *Traité de l'amour de Dieu* und die Karmeliterinnen in Paris; einen dogmatischen durch Bérulle* und die ekklesiologische Bewegung des episkopalischen Fundamentalismus, durch jenen »Petrus Aurelius«, hinter dem sich die große Gestalt von Saint-Cyran verbarg. Diese Zeit, in der die katholische Reform gemeinsame Front machte, dauerte in Frankreich ungefähr von 1600 bis 1640/1650.

Ganz und gar französisch, ohne genaue Entsprechung in irgendeinem anderen Land, war die Phase des praktischen Augustinismus, die von 1650 bis 1680–1690 dauerte. Von dieser Bewegung wurde auch der niedere Klerus erfaßt. Maßgebend waren Choart de Buzenval in Beauvais und die drei Heinriche im Westen: Heinrich von Lavalle, Bischof von Rochester, Heinrich von Barillon, Bischof von Luçon, und Heinrich Arnauld, Bischof von Angers, dessen Katechismus, in dem eine ihrem Wesen nach augustinische Theologie geschickt, aber kompromißlos popularisiert wurde, als selten übertroffene Meisterleistung anzusprechen ist.

Später ebbte allenthalben die religiöse Begeisterung wieder ab. Auf protestantischer Seite fand sich der theologische Liberalismus zu Kompromissen bereit; die Katholiken gingen mit ihrem Anthropozentrismus zum Gegenangriff über; ein neuer verschwommener christlicher Humanismus machte sich breit; von den radikalen Kartesianern über Spinoza ging ein christentumsfeindlicher Rationalismus aus, der sich nicht mehr damit begnügte, den aristotelischen Averroismus nachzuäffen: ein Rationalismus, der ein zwar hoffnungsloses, aber in sich konsistentes und daher verlockendes, scheinbar fest begründetes Weltbild aufstellte, dessen letzte Konsequenzen die Philosophen durch kunstvolle Manöver zu vertuschen suchten. In dem Augenblick, als die Kirchen lediglich ihre eigenen Werte, ihr wahres Wesen hätten zur Geltung zu bringen brauchen, ließen sie es zu, daß sie von innen her ausgehöhlt wurden. An die Stelle der christlichen Offenbarung setzten sie ein groteskes Zerrbild. Angesichts dieser Alternativen fiel den meisten Menschen die Wahl nicht sonderlich schwer; fast das ganze denkende Europa entschied sich für die Philosophen. Erst die Rückkehr zur Offenbarung, die in den protestantischen Ländern um 1750, in den katholischen ein halbes Jahrhundert später einsetzte, brachte erneut eine Wende.

Diese Vorbemerkungen waren zum Verständnis des Ganzen notwendig. Das 16. und 17. Jahrhundert bilden in der Religionsgeschichte einen Gipfel zwischen zwei Tälern. Die Spaltung der Christenheit durch die Reformation bezeugt, wie lebendig die Religiosität damals war. Ihren ersten Höhepunkt erreichte sie zunächst im protestantisch gewordenen Norden; danach kam es auch im katholischen Süden zu einer religiösen Erneuerung. Historisch gesehen, bildet die Bewegung im Norden und Süden eine Einheit. Als das religiöse Interesse abzuebben begann, war es wiederum der Norden, der zuerst betroffen wurde, während die Religiosität des Südens länger anhielt. Die Ereignisse liefen auf diesem Sektor im protestantischen und im katholischen Europa parallel, doch mit einer zeitlichen Verschiebung von einem halben Jahrhundert. Was die russisch-orthodoxe Kirche angeht, so entsprach deren 17. Jahrhundert dem 16. und dem 17. Jahrhundert im Westen. Gegen eine offizielle, von oben her reformierte Kirche erhoben sich die Raskolniki*, die der Tradition verhafteten »Protestanten« und »Jansenisten«. Auf religionsgeschichtlichem Gebiet war die ganze Christenheit solidarisch, auch wenn es zeitliche Verschiebungen oder gar Umkehrungen gab. Um die gleiche Zeit bemühten sich die jüdischen Gemeinden im Westen, durch eine Erneuerung der maimonidischen Scholastik dem Ansturm des deistischen Rationalismus von Juan de Prado bis Spinoza standzuhalten.

Nachdem wir diese grundlegende Solidarität aufgezeigt haben, wollen wir uns nunmehr der Entwicklung im einzelnen zuwenden.

In ihrer ersten Phase war die Reform der Kirche ein Protest. Beginnen wir also mit den Protestanten. Der erste Abschnitt der Reform läßt sich zwischen dem beginnenden 16. und dem beginnenden 17. Jahrhundert überall in drei große Perioden einteilen, die aufeinanderfolgten und deutlich ausgeprägt sind: zwanzig oder fünfundzwanzig Jahre lang waren aufsehenerregende Fortschritte zu verzeichnen, darauf folgte eine kürzere Zeit erheblicher Rückschläge, die von einem halben Jahrhundert langsamerer Fortschritte abgelöst wurde. Zu Beginn des 17. Jahrhunderts stagnierte die Entwicklung, doch dann setzte erneut ein Rückschlag ein, der weit folgenschwerer war als der Rückschlag im 16. Jahrhundert: während das protestantische Europa um 1610 rund 28 Millionen Seelen gezählt hatte, waren es um 1650 nur mehr 15 Millionen. Der Stand von 1570 bis 1600 wurde erst wieder im letzten Jahrzehnt des 17. Jahrhunderts erreicht.

Mehrere Probleme beschäftigten im 17. Jahrhundert die protestantische Welt; je nach dem Land und der Kirchenstruktur waren sie verschieden. In England ging es ein ganzes Jahrhundert lang um das Problem der Kirche; die *Church of England* hatte große Schwierigkeiten, inmitten all der Spannungen eine *via media* einzuhalten. Was die anglikanische Kirche versuchte, war eine dialektische Überschreitung der calvinistischen Theologie einerseits (Primat der alten, in der Heiligen Schrift bewahrten Tradition, Kraft des einmaligen Heilsgeschehens, dialektische Beziehung zwischen der Kirche und dem Wort Gottes) und der apostolischen Nachfolge in der sichtbaren Kirche anderseits. Ständig war sie gezwungen, darauf zu achten, daß nicht der eine oder der andere Aspekt der *glorious comprehensiveness* zu sehr in den Vordergrund gestellt wurde. Bis um 1635 gelang es ihr, das erstrebte Gleichgewicht beizubehalten. Sie war eng der protestantischen Welt verbunden und hielt kompromißlos an der calvinistischen Lehre fest, ohne ihre ekklesiologische Originalität aufzugeben.

Auch die anglikanische Kirche kannte im 17. Jahrhundert einige »Jahrzehnte der Heiligen«, und zwar in der Zeit zwischen 1610 und 1630. Auf diese Kirche stützten sich die französischen Protestanten, nicht auf die englischen Sekten. Die Anglikaner waren meist entschiedenere Calvinisten als jene, die man um diese Zeit als Puritaner zu bezeichnen begann. Geführt wurde die anglikanische Kirche von einem frommen, gebildeten Episkopat, das einerseits für die neuen Entdeckungen der Wissenschaft empfänglich, anderseits auf das strikte Festhalten am Wort Gottes eingeschworen war.

Diese Eigenschaften in Verbindung mit der Achtung für alle aus der Vergangenheit überlieferten Traditionen hatten zur Folge, daß die *recusancy,* die katholische Opposition, rasch verschwand. Die törichte Pulververschwörung trug viel dazu bei, daß die papistischen oder römisch-katholischen Dissidenten schnell absorbiert wurden; den Anspruch auf Katholizität vertrat die anglikanische Kirche für sich mit aller Entschiedenheit.

Solange die anglikanische Kirche an den protestantischen Positionen des 16. Jahrhunderts festhielt, war die Versuchung nonkonformistischer Experimente nicht sonderlich groß. Der eigentliche Puritanismus entwickelte sich weniger außerhalb als in der Kirche. Zu Beginn des 17. Jahrhunderts war ein Teil der Puritaner keineswegs ultracalvinistisch, wie so oft behauptet wurde, sondern vielmehr handelte es sich um liberale Geister, die an der strikten Prädestinationslehre der offiziellen Kirche Anstoß nahmen. Ganz klar lag der Fall der schottischen Presbyterianer: verglichen mit den Artikeln von Lambeth (dem anglikanischen Glaubensbekenntnis, das nach dem Londoner Stadtpalast des Erzbischofs von Canterbury benannt ist) waren sie rückständig. Daher entschieden sich die französischen Protestanten nicht für den Liberalismus der Presbyterianer, sondern für die Lehre von der absoluten Unverdienbarkeit des Heils, wie sie von der Episkopalkirche vertreten wurde.

Außerhalb der anglikanischen Kirche, aber auch außerhalb der liberalistisch unterminierten und deshalb wenig wirkungsvollen schottischen Presbyterianer sammelte sich der aktive Nonkonformismus in zwei Strömungen: den ekklesiologisch radikalen Kongregationalisten und vor allem den Independenten. Die Nonkonformisten verbreiteten sich über Holland und in Nordamerika von Connecticut bis Rhode Island und Massachusetts, während das schon früher kolonisierte Virginia von Puritanern besiedelt war, die streng calvinistisch waren, jedoch der anglikanischen Kirche verbunden blieben. Der alte Puritanismus wurde vielleicht am deutlichsten durch die Baptisten verkörpert: von einer der Prädestinationslehre feindlichen Minderheit unter Smyth und Helwys vor der Synode von Dordrecht (diese war, wie wir noch sehen werden, das wichtigste religionsgeschichtliche Ereignis des ganzen 17. Jahrhunderts), dem *General Baptism,* und von einer mit der Prädestinationslehre von Gomarus solidarischen Mehrheit, die von Henry Jacob geführt wurden, dem *Particular Baptism.*

Solange die anglikanische Kirche der calvinistischen Linie folgte, hatten die Sekten nur wenig Chancen. Das änderte sich jedoch, als sie unter Karl 1. mit Laud (1573–1645) eine andere Richtung einschlug. Wie zur Zeit von Maria Tudor arbeitete man in Rom nun auf eine Wiedervereinigung hin. Als der neue Primas von Canterbury 1633 inthronisiert wurde, bot ihm der Papst den Kardinalspurpur an, doch blieben alle Vorstöße ohne Ergebnis. Man hatte in Rom nicht erkannt, wie tief die englische Frömmigkeit bereits im Boden der Reformation verwurzelt war. Doch dann kam die englische Revolution. Sie war eine zwiefache Reaktion: eine religiöse und eine religiös gefärbte politische Reaktion. In zehn Jahren war das stolze Gebäude der Staatskirche zusammengebrochen. Von 1640 bis 1645 wurde die Episkopalstruktur der anglikanischen Kirche zerschlagen; von 1645 bis 1647 hatten zunächst die Presbyterianer einen vorübergehenden Erfolg, wurden aber dann (1647–1649) von den Independenten und den Sektierern abgelöst, die sich allerdings ebenfalls nicht lange halten konnten. Daß es im Jahr 1640 zu einer so unvermuteten Explosion kommen konnte, hing mit der Entwicklung auf dem europäischen Kontinent zusammen. 1640 war der europäische Protestantismus auf einem Tiefpunkt angelangt. Auf dem Kontinent war fast alles in Trümmern. Die Hugenotten waren zur Bedeutungslosigkeit verurteilt, die deutschen Lutheraner durch den Dreißigjährigen Krieg zusammengeschmolzen, durch Kampfhandlungen, Hunger und Pest fast ausgerottet. Nur im tapferen Holland und im fernen Skandinavien hatten die Protestanten diese schrecklichen Jahre gut überstanden. Angesichts dieser Zustände war die Religionspolitik von Laud eine offene Herausforderung. Der Aufstand des Jahres 1640 war eine aus tiefster Seele kommende Ablehnung. Allerdings kehrte er sich bald gegen das, was zu schützen er entstanden war: die Zerschlagung der sichtbaren Kirche in jeder Form führte zu einem anarchischen Wuchern von Sekten und widersprüchlichen religiösen Richtungen. Das reichte vom christlichen Materialismus eines Milton* bis zum *self baptism* über die politisch-religiösen Sekten der *Levellers* von Nicolas Fermat und dem unmöglichen, grobschlächtigen John Lilburne (um 1614–1657), die *Diggers* und die *Community with Freedom* von Girard Winstanley (1609 bis um 1660). Nur eine einzige dieser teils grotesken, teils in ihrer Radikalität und Einseitigkeit verabscheuungswürdigen Gründungen überlebte: die »Gesellschaft der Freunde« (Quäker) von George Fox (1604–1690). Diese sanften Sektierer, die der Religion des reinen Geistes anhingen *(The light within)* und sowohl wegen ihres sozialen Nonkonformismus (sie weigerten sich, den Hut zu ziehen, da diese Ehre nur Gott zukäme) als auch wegen ihrer fast aggressiven Politik der Gewaltlosigkeit verfolgt wurden, sollten in der zweiten Generation, zur Zeit William Penns, in den nordamerikanischen Kolonien Fuß fassen und zahlreiche Anhänger finden. Anderthalb Jahrhunderte nach Deutschland erlebte England die anabaptistischen Wirren, doch war diese Übergangszeit bald überwunden. Zwar haben sich die Angelsachsen aus dem 17. Jahrhundert ihre Vorliebe für die radikale religiöse Erfahrung bewahrt, aber die Mehrheit fand wieder zur *via media* und zur *glorious comprehensiveness* der anglikanischen Kirche zurück, die es verstand, gefährliche Spannungen auszugleichen und ihren Angehörigen so viel Freiheit zu lassen, wie zur Vermeidung extremistischer Strömungen notwendig war.

Es ist bewundernswert, mit welcher Mäßigung die anglikanische Kirche nach 1660, als sie in ihrer alten Form wiederhergestellt wurde, sich erneut als Staatskirche etablierte. Man beschloß, das unerfreuliche Zwischenspiel zu vergessen und wieder auf den Kurs zu gehen, den man zu Beginn des 17. Jahrhunderts eingeschlagen hatte. Für die Aussöhnung zwischen den Episkopalisten und den Presbyterianern sorgte besonders Richard Baxter (1615-1691). Natürlich ließ es sich nicht vermeiden, daß man in gewisser Hinsicht streng war, aber die »Bartholomäusnacht« der Puritaner von 1662 und das Fünf-Meilen-Gesetz von 1664 (wonach den aus ihren Ämtern ausgeschiedenen Pastoren verboten war, sich fünf Meilen im Umkreis ihres einstigen Kirchensprengels niederzulassen) waren milde Maßnahmen im Vergleich mit den um die gleiche Zeit auf dem Kontinent im Namen der Religion begangenen Greueln. Die anglikanische Kirche erlebte eine neue

Blüte, aber an die Stelle der gelehrten Theologen der ersten Jahrzehnte des 17. Jahrhunderts war eine Generation von tüchtigen Verwaltungsfachleuten und frommer Bibelgelehrter getreten. Zwar war unter den Geistlichen das Interesse für Gelehrsamkeit und Wissenschaft weiterhin lebendig, aber aus gelehrten Christen waren eher gelehrige Christen geworden. Dennoch gab es zu Beginn des 18. Jahrhunderts noch einmal eine Erneuerung, einen neuen Höhepunkt: Als mit Malebranche (1638–1715) auf dem Kontinent der letzte der großen christlichen Philosophen des katholischen Europa starb, fand sein Wirken im Schoß der *Church of England* eine Fortsetzung; George Berkeley* (1685–1753), anglikanischer Bischof von Cloyne (Irland), zeigte ein letztes Mal die Möglichkeiten eines christlichen Kartesianismus auf. Der über Malebranche weit hinausgehende radikale Idealismus Berkeleys knüpfte an die älteste Strömung der englischen Kirche an, an den augustinischen Platonismus, der, zweifellos infolge der insulären Abgeschiedenheit des Landes, den ab dem 13. Jahrhundert sich ausbreitenden Aristotelismus überdauert hatte. Von Berkeley führte die Entwicklung im 18. Jahrhundert weiter zu der großen religiösen Erneuerung, die mit dem Namen von John Wesley* (1703–1791) verknüpft ist.

Doch all dies lag in der zweiten Hälfte des 17. Jahrhunderts noch in ferner Zukunft. Ab 1678 spielte wieder die Politik in das religiöse Geschehen hinein: durch die beiden letzten Stuarts versuchte das katholische Europa noch einmal, die Entwicklung in England zu beeinflussen. Für die englischen Katholiken bedeutete dies eine kräftige Rückenstärkung. So sah sich die anglikanische Kirche ab 1689 gezwungen, mit dem *Dissent* (so bezeichnete man alle protestantischen Sekten, die sich von der Staatskirche getrennt hatten) gemeinsame Sache zu machen; dies geschah allerdings nur mit halbem Herzen, da die grundlegenden Meinungsverschiedenheiten zu schwer wogen. Deshalb gewinnt man den Eindruck, daß sich der lebendige englische Protestantismus nach 1660 – im Gegensatz zur ersten Hälfte des 17. Jahrhunderts – in die Randzonen der Kirche von England flüchtete. Besonders die Baptisten erfreuten sich eines großen Zulaufs, bewirkt durch Prediger vom Rang eines Benjamin Keach (1640–1704) und besonders eines John Bunyan (1628–1688), eines Proleten, der zum verfolgten Verfechter der allgemeinen Volksbildung wurde und in zwölfjähriger Haft *The pilgrim's progress from this world to that which is to come* schrieb, ein Buch, das unzählige Auflagen erlebte. Durch William Penn wurde die »Gesellschaft der Freunde« so organisiert, daß sie die Zeiten zu überdauern vermochte. In den nordamerikanischen Kolonien begann der englische Nonkonformismus im 17. Jahrhundert tiefe Wurzeln zu schlagen.

Trotz aller Gegensätze und Spannungen bestand zwischen dem englischen Protestantismus und dem protestantischen wie dem katholischen Kontinent in den religiösen Zentralproblemen eine fundamentale Übereinstimmung.

Die Religion des 17. Jahrhunderts war eine im tiefsten individuelle Religion. Wie das protestantische 16. Jahrhundert waren sich das protestantische und das katholische 17. Jahrhundert schmerzhaft der Allmacht und Transzendenz Gottes bewußt. Die Rückkehr zur Bibel, die durch Mikroskop und Fernrohr deutlich werdende Unermeßlichkeit der Schöpfung, die majestätische Größe der Gesetze, von denen die Materie beherrscht wird – all das machte dem Menschen deutlich, wie unendlich groß der Abstand war, der ihn von der Urquelle aller Ordnung und Macht trennte. Den sechs traditionellen Bitten des Vaterunsers pflegten die Protestanten die Doxologie anzuhängen: »Denn Dein ist das Reich und die Kraft und die Herrlichkeit in Ewigkeit«.

»Das Reich und die Kraft und die Herrlichkeit« Gottes: das war ein Problem, mit dem sich alle Christen im 17. Jahrhundert beschäftigten. Alle jene, die sich der Größe Gottes, der für die Erlangung des ewigen Lebens notwendigen Heiligkeit und der Lage des sündigen Menschen bewußt geworden waren, betrachteten es als völlig undenkbar, daß der Mensch irgendwie von sich aus zu seinem Heil beitragen könne. Jede Kirchenreform, jeder Theozentrismus befaßte sich mit der Frage des Heils durch Gottes Gnade, wenn sie auch unterschiedlich formuliert wurde. Das in einer gemeinsamen Erfahrung wurzelnde Denken war dasselbe. Die Lutheraner sprachen vom Heil durch den Glauben, die Calvinisten betonten im 17. Jahrhundert die Vorausbestimmung des Heils, die augustinischen Katholiken befaßten sich mit der Allwirksamkeit der göttlichen Gnade. Nur Gott konnte die Kluft überbrücken. Er mußte dem Menschen entgegenkommen, konnte in seiner grenzenlosen Liebe den sündigen, schwachen Menschen durch Christus an seinem Leben im ewigen Reich teilhaben lassen, im Reich Gottes, das ist und kom-

VII EINE PIETÀ MIT DEM HEILIGEN SEBASTIAN IM MITTELPUNKT: GEORGES DE LA TOUR, »DIE HEILIGE IRENE BEWEINT DEN HEILIGEN SEBASTIAN« Im Vergleich mit dem auf Tafel II gezeigten Saskia-Porträt Rembrandts ist diese Darstellung von Georges de La Tour von klassischer Karheit und Einfachheit in Komposition, Linienführung und Kolorit. Die Kraftlinie des Bildes ist die Diagonale von links unten nach rechts oben. Eine einzige Lichtquelle schafft klare Zonen von Hell und Dunkel. Die Farben sind flächig verteilt. Eine große Ruhe liegt über der Szene. Das Martyrium des heiligen Sebastian war im Barockzeitalter ein beliebtes Thema, doch kein Künstler dieser Zeit hat es in dieser verhaltenen Form als Pietà behandelt. (Berlin, Staatliche Museen)

men wird. Für alle Theozentriker, Lutheraner, Calvinisten, Anglikaner, augustinischen Katholiken, war dies die zentrale, die eigentliche Frage, das einzige, das zählte.

Aber diese Christen, die die Herrlichkeit Gottes noch mehr beschäftigte als ihr persönliches Schicksal, waren auch Kirchenmänner. Dies galt für die Protestanten, von einer winzigen Minderheit abgesehen, ebenso wie für die Katholiken: sie alle waren bemüht, Grenzen zu ziehen, die die Zugehörigkeit zur Kirche deutlich machten. Deshalb hat das 17. Jahrhundert auch so viele Prüfungen der Rechtgläubigkeit erfunden.

Nüchtern betrachtet, grenzen diese aus Argwohn und Zorn geborenen, von erbitterten Geistern ersonnenen Prüfungen oft ans Lächerliche und Unwürdige. Bei einer Beurteilung muß man sich allerdings vor Anachronismen hüten. Im 17. Jahrhundert war sich jede Kirche ihrer eigenen Originalität stärker bewußt als des gemeinsamen Urgrunds des Christentums. Jede Kirche hatte ihre Prüfungen für Rechtgläubigkeit. Am berühmtesten waren der Test der Prädestinarier von Dordrecht für die calvinistische und der Test der fünf Glaubenssätze für die katholische Welt; nicht weniger wichtig, wenngleich ein wenig anders, waren der ubiquistische Test für die lutherische und der Test der Bücher, des Weihwassers und des Kreuzzeichens für die russisch-orthodoxe Welt. Das Ureigentliche des Protestantismus war die Betonung der vollkommenen Freiheit Gottes und der Unverdienbarkeit des Heils, das allein aus Gottes Gnade erwachsen kann. Dabei gab es wiederum zwei unterschiedliche Auffassungen. Luther sah im Vordergrund Christus, das fleischgewordene Wort in der Gestalt Jesu. Ihn in der persönlichen Glaubenserfahrung zu erkennen war das sichtbare Zeichen für den Übergang vom Tod zum ewigen Leben, des zeitlosen Teilhaftigwerdens am ewigen Leben mit und in Christus für alle Ewigkeit. Luthers Ubiquität bedeutete, daß Gott in Christus überall fleischgewordene Gegenwart ist, daß seit der Fleischwerdung Gott von der Fleischwerdung nicht mehr zu trennen ist. »Maria«, sagte Luther, »hat Gott gestillt, hat ihn gewiegt, hat ihm Brei und Suppe gekocht.« Ein calvinistischer Durchschnittstheologe konnte sich mit diesen Auffassungen nicht einverstanden erklären. Hingegen bestand zwischen den Lutheranern und den russischen Orthodoxen seit dem 16. Jahrhundert eine fundamentale Übereinstimmung. Mit Mäßigung gehandhabt, konnte der Ubiquitätstest in Deutschland nicht viel Schaden anrichten. Viele sahen darin zweifellos eine zusätzliche Absicherung gegen die Verlockungen des Calvinismus, von denen sich die Lutheraner bereits durch den Abendmahlsstreit deutlich abgrenzten. Die Tests der Lutheraner und der Orthodoxen waren noch am gemäßigtsten, lösten keine großen Verfolgungen aus, vielleicht deshalb, weil es dabei nicht unmittelbar um das Schicksal des Menschen ging, sondern um das Wesen Gottes. Anders bei den Calvinisten und den Katholiken: bei ihnen kam Gott nur indirekt, durch den Menschen, ins Spiel. Und weil diese Tests das Schicksal des Menschen betrafen, vermochten sie die Leidenschaften besonders stark aufzuputschen.

Das wichtigste religionsgeschichtliche Ereignis des Jahrhunderts war die Dordrechter Synode. Es ging dabei um das Zentralproblem der Reformation, um die Rechtfertigung aus dem Glauben, um die Unverdienbarkeit des durch Gottes Gnade geschenkten Heils. Nach Auffassung der Calvinisten waren die Menschen durch Gott und in Christus dem Heil bestimmt: alles vollzog sich auf der Ebene des Ewigen. Durch eine nicht völlig durchdachte Projektion der Ewigkeit in die Zeitlichkeit ergab sich die Folgerung, daß das Heil des Menschen schon vorausbestimmt sei. Von einer solchen Vorausbestimmung (Prädestination) sprach bereits Paulus wiederholt in seinen Briefen: erwählt zum Heil, erwählt zur Herrlichkeit ... Von einer negativen Erwählung ist in der Bibel nicht die Rede. Aber für die platte Logik der euklidischen Geometrie konnte es keine Prädestination zum Heil ohne eine Prädestination zur ewigen Verdammnis, zum ewigen Tod geben. Liberalere Geister wollten in Übereinstimmung mit einer Tradition der mittelalterlichen Scholastik die Prädestination so verstanden wissen, daß angesichts der Allwissenheit Gottes zwar das Schicksal des Menschen vorausbestimmt sei, daß aber dabei seine Taten und Absichten berücksichtigt würden. Dem widersprachen die orthodoxen Calvinisten: nach ihrer Ansicht konnte der Mensch nichts zu seinem Heil beitragen, und wenn man schon annahm, daß der Mensch für das Heil vorausbestimmt sei, müsse man auch annehmen, daß manche Menschen trotz allen Bemühens für die ewige Verdammnis ausgewählt seien. Aber hieß das nicht die unendliche Güte Gottes leugnen, die Vollkommenheit des vollkommensten Wesens verkleinern? Calvin hatte die Problematik dieser Frage bereits erkannt, ihr aber in seinen Schriften und Predigten weniger Platz eingeräumt, als man später behauptet hat. Seine Anhänger legten sich weniger Zurückhaltung auf, und so kam es im ausgehenden 16. Jahrhundert zu erbitterten theologischen Auseinandersetzungen. Doch kein Theologe, sei er Protestant oder Katholik, erkannte oder sprach aus, wie anthropomorph und paralogisch diese an sich völlig unnötige Reziprozität war; erst Karl Barth hat das theologische Denken von diesem 17 Jahrhunderte alten Problem befreit (es tauchte erstmals im 4. Jahrhundert zur Zeit des Pelagius und des heiligen Augustinus auf). Aber die Männer von Dordrecht waren Zeitgenossen eines Descartes, während Karl Barth ein Zeitgenosse Einsteins war. Inzwischen hatte sich viel verändert.

Die Gegensätze prallten mit voller Wucht in den Niederlanden aufeinander. »In der *Confessio belgica,* dem Glaubensbekenntnis der reformierten Kirche der Niederlande von 1561, wurde ebensowenig wie im Heidelberger Katechismus (der auf Veranlassung des Kurfürsten Friedrich III. von der Pfalz von Zacharias Ursinus und Kaspar Olevianus verfaßt und 1563 von einer rheinischen Synode als Lehrbuch der Glaubenssätze der reformierten Kirche anerkannt worden war) genau bestimmt, ob die göttliche Erwählung – sei es lediglich zum Heil oder auch zur Verdammnis – ganz und gar willkürlich war oder ob sie auch von der Kenntnis abhing, die Gott im voraus von dem Glauben oder Unglauben des einzelnen hatte.« Es war klug und entsprach echter christlicher Demut, es dabei bewenden zu lassen. Aber nachdem diese zentrale Frage gestellt war, von der so viel abhing, ließ es sich nicht mehr vermeiden, daß man weiterging, ja, zu weit ging.

Die paralogischen Konsequenzen (die allerdings für Anhänger und Gegner der absoluten Prädestination durchaus logisch waren), nämlich die Vorausbestimmung der ewigen Verdammnis, schockierten besonders jene niederländischen Calvinisten, die, eine Minderheit, vom Humanismus Zwinglis herkamen. Während sich die Dorfpfarrer in langen Predigten über die Folgen der Prädestination ausließen, lehnte an der Universität Leiden der junge Theologe Arminius* von 1603 bis zu seinem frühen Tod 1609 die absolute Prädestination entschieden ab. Sein Kollege Gomarus* (1565–1641) widersprach ihm und stellte die These auf, daß Gott in seinen Ratschluß der Erwählung schon den Sündenfall Adams mit einbezogen hätte (Supralapsarismus). In den theologischen Streit spielten bald auch politische Motive hinein. 1610 unterzeichneten 46 arminianische Pastoren eine Remonstranz, die an die Generalstaaten Hollands und Frieslands gerichtet war; darin wurde zwar die These von der zwiefachen Prädestination beibehalten, aber erklärt, daß Gott wohl von Ewigkeit über Seligkeit und Verdammnis der Menschen entschieden habe, doch mit der Bedingung, daß alle, die an Christus glauben, selig, die Ungläubigen hingegen verdammt sein sollten; ferner sei Christus zwar für alle Menschen gestorben, aber nur wer an ihn glaube, könne eine Vergebung seiner Sünden erlangen. Von den Gomaristen unterschieden sich die Arminianer im Grunde nur durch ihre Weigerung, die Gnade als »zwingend« anzusehen. Aber war nicht gerade dies eine Grundtatsache jeder religiösen Erfahrung?

Die Remonstranten begingen den Fehler, sich zu sehr in die Politik einzumischen. Dadurch kam es zu einer religiös-politischen Parteienbildung: die Remonstranten verbündeten sich mit den Republikanern, die Gegenremonstranten (Gomaristen) mit den Oraniern, eine ungewöhnliche Verbindung, neigte doch das Haus Oranien-Coligny traditionsgemäß zum Liberalismus der Arminianer. Zehn Jahre lang nahm das ganze calvinistische Europa für Arminius oder Gomarus Partei. In Frankreich, in der Schweiz, in England ... nirgendwo blieb man gleichgültig. Eine große Mehrheit entschied sich, allerdings aus sehr unterschiedlichen Beweggründen, für Gomarus. Nun konnte man einer Entscheidung nicht mehr ausweichen. Die Dordrechter Synode, die vom 13. November 1618 bis zum 9. Mai 1619 145 Sitzungen abhielt, war gleichsam ein ökumenisches Konzil des protestantischen Europa, zu dem sich aus allen Ländern Beobachter einfanden, gleichsam eine Art von Tridentiner Konzil mit umgekehrten Vorzeichen. Im Hintergrund ging es auch um politische Fragen. Die arminianische Minorität mußte schwer dafür bezahlen, daß sie zehn Jahre zuvor sich unbedachterweise politische Rückendeckung verschafft hatte: die Arminianer wurden überhaupt nicht als stimmberechtigte Mitglieder zugelassen, sondern durften lediglich ihre Thesen erläutern und verteidigen. Sie waren deshalb völlig machtlos, als sich die gomaristische Mehrheit gegen ihre fünf Artikel entschied und alle arminianischen Prediger für abgesetzt erklärte. Es blieb ihnen nichts anderes übrig, als die Entschlüsse der Synode zu akzeptieren, sich zu unterwerfen oder auszuwandern.

Es ging letztlich nicht um Formeln, sondern um den Kern der Offenbarung: um die Notwendigkeit der Menschwerdung Christi. Wenn es dem Menschen möglich war, irgendwie zu seinem ewigen Heil mitzuwirken, war Christus nicht mehr der Heiland und Erretter, sondern ein Weisheitslehrer. Lediglich für Moralpredigten aber, und sei es auch die Bergpredigt, brauchte nicht der Sohn Gottes vom Himmel herabzusteigen.

Die Arminianer, die größtenteils eine Unterwerfung ablehnten, wurden über ganz Europa verstreut, und da ihnen das protestantische Europa verschlossen war, wandten sie sich in die katholischen Länder, wo sie mit offenen Armen aufgenommen wurden. Auch die Überreste der polnischen Unitarier fanden dort Aufnahme. Wenn sie im Rahmen der Kirche geblieben wären, dann wären die Arminianer sicherlich gute Christen geblieben. In der Diaspora auf sich gestellt, zogen sie aus ihrem Rationalismus die letzten Konsequenzen. Dem Beispiel Servets folgend und dem im weitesten Sinne »christlichen« Humanismus der beiden Sozzini eng verbunden, verwarfen sie die Dreifaltigkeitslehre und schlossen sich in ganz Europa zu kleinen unitarischen Gruppen zusammen. Zu Beginn des 18. Jahrhunderts stand praktisch die gesamte arminianische Minorität im Lager der Unitarier.

Das katholische Europa bewies in neun von zehn Fällen wenig Weitsicht. Richelieu zögerte nicht, das calvinistische Frankreich von innen her auszuhöhlen, indem er die Anhänger des Arminius subventionierte und ihnen die Übersiedlung nach Frankreich gestattete. Einer der bedeutendsten arminianischen Einwanderer war

36 DIE KONFESSIONELLE GLIEDERUNG EURO-
PAS UM 1620 Durch die Vertreibung der
Morisken hat sich die Grenze zwischen der
Christenheit und dem Islam verhärtet; trotz
der Zurückdrängung der Türken auf dem
Balkan sollte sie sich nicht mehr wesentlich
verschieben. Dafür gibt es innerhalb der
Christenheit neue Grenzen, die um diese
Zeit noch teilweise in Fluß sind. Die wichtigste Rolle spielt der Gegensatz zwischen
Katholiken und Protestanten, der sich im
Blutbad des Dreißigjährigen Krieges ent-
lädt, doch darf nicht vergessen werden, daß
sich dabei auch politische Gegensätze auswirkten. Zu Beginn des 17. Jahrhunderts
ist der Katholizismus durch die Gegenreformation wieder erstarkt, während es kein
geschlossenes protestantisches Lager gibt.
Durch den Dreißigjährigen Krieg erlitt vor
allem das protestantische Europa schwere
Einbußen; von 1600 bis 1660 sank der Anteil der Protestanten von 40 auf 25 Prozent.
Im weiteren Verlauf veränderte sich infolge
des rascheren Wachstums der protestantischen Länder das Verhältnis wieder mehr
zu ihren Gunsten. Die Minoritäten sind auf
der Karte durch Buchstaben gekennzeichnet.
Besonders folgenschwer wirkte sich die Vertreibung der Sozinianer aus, die in ganz
Europa den Keim eines neuen Rationalismus verbreiteten. Die Gemeinden der jüdischen Aschkenasim waren im Osten fest
verankert; die spanischen Marranen hingegen wurden aus ihrer Heimat vertrieben.

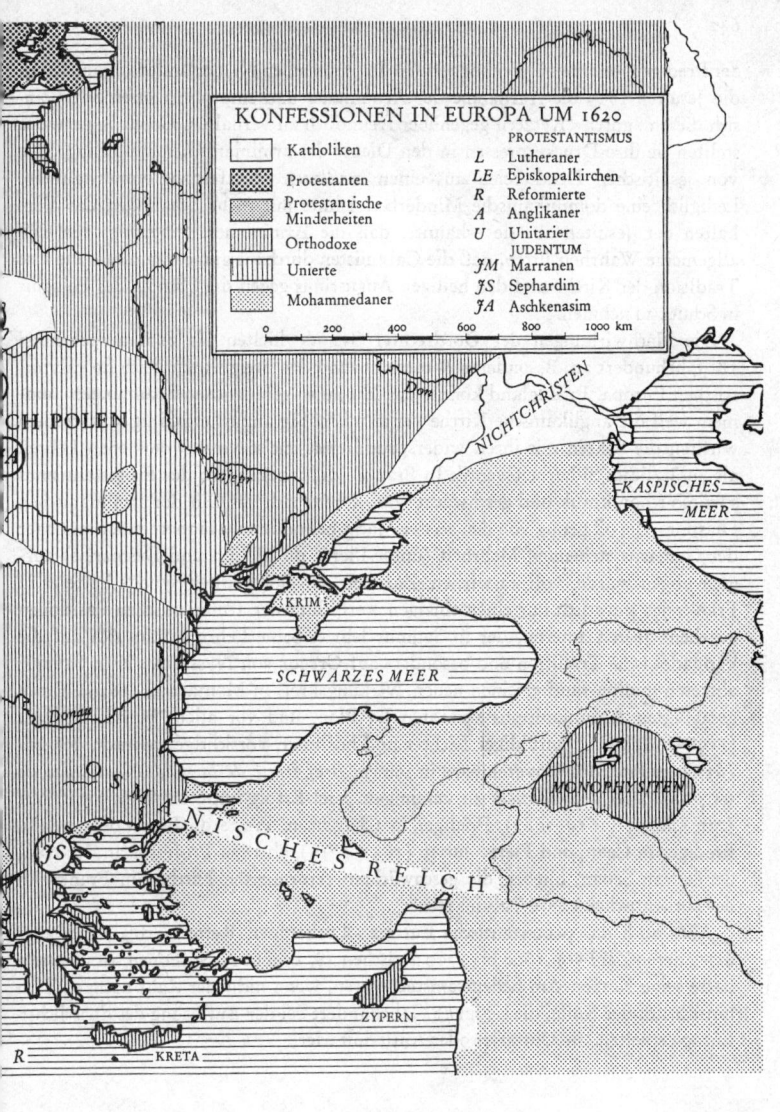

KONFESSIONEN IN EUROPA UM 1620

		PROTESTANTISMUS
Katholiken	*L*	Lutheraner
Protestanten	*LE*	Episkopalkirchen
Protestantische Minderheiten	*R*	Reformierte
	A	Anglikaner
Orthodoxe	*U*	Unitarier
Unierte		JUDENTUM
	JM	Marranen
Mohammedaner	*JS*	Sephardim
	JA	Aschkenasim

0   200   400   600   800   1000 km

CH POLEN

Don

Dnjepr

NICHTCHRISTEN

KASPISCHES MEER

KRIM

SCHWARZES MEER

Donau

MONOPHYSITEN

O S M A N I S C H E S   R E I C H

JS

ZYPERN

R   KRETA

der Prediger Johannes Uytenbogaert. In den spanischen Niederlanden organisierten die Jesuiten 1619 die Aufnahme der Arminianer und empfahlen ihren Schäflein, sich diesen »guten« Ketzern gegenüber freundlich zu verhalten. Großzügigerweise stellten sie ihre Druckerpressen in den Dienst der arminianischen Flüchtlinge, die von jesuitischen Druckereien aus einen maßlosen Hetzfeldzug veranstalteten. Lediglich eine dominikanische Minderheit lehnte mit mehr Scharfsicht das Verhalten der Jesuiten ab: sie erkannte, daß die Arminianer keineswegs für eine allgemeine Wahrheit litten, daß die Calvinisten durchaus gut daran taten, die alte Tradition der Kirche und den heiligen Augustinus gegen die Häresie des Pelagius in Schutz zu nehmen.

Die Nachwirkungen der Dordrechter Synode hielten bis zum ausgehenden 18. Jahrhundert an. Besonderen Widerhall fand das Ereignis natürlich im calvinistischen Europa. In England konnte es nicht zu so gefährlichen Spannungen kommen, weil die anglikanische Kirche verhältnismäßig anpassungsfähig war: zudem wirkten die Sekten mit ihren widersprüchlichen, meist verschwommenen Lehren als zusätzliches Sicherheitsventil. In Frankreich hingegen, wo der Protestantismus sowieso schon krank und geschwächt war, konnte sich das Gift der arminianischen Diaspora, die oft genug von den an der Macht befindlichen Männern einer im Lager des Gomarus stehenden Mehrheit (unter Pierre du Moulin und Desmarets) aufgezwungen wurde, voll auswirken. Zur Zeit der Dordrechter Synode hatte es in Frankreich praktisch nur einen einzigen Verfechter der arminianischen Positionen gegeben: Jean Cameron, der in Saumur lehrte. Seine Lehre stützte sich auf die kappadokische Tradition und besonders auf Gregor von Nyssa. Als er in Saumur abtreten mußte, fand er einen neuen Wirkungskreis in Montauban (1629). Einen gemäßigten Arminianismus vertraten La Place und vor allem Moïse Amyraut (1596–1665), ein feinfühliger Dichter und höflicher, vorsichtiger Mensch, der sich 1637 bemühte, das Unvereinbare in seinem *Bref traité de la prédestination et de ses principales dépendances* zu vereinigen. Viel Erfolg hatte er damit nicht. Mit Jean Claude (1619–1687), Prediger in Charenton, Pierre du Bosc (1623–1698), Prediger in Caen, und Pierre Jurieu (1637–1713), ab 1674 Professor an der Akademie von Sedan, blieben die geschwächten reformierten Kirchen in Frankreich der authentischen Lehre Calvins treu.

Aber auch das protestantische Europa – Lutheraner, Reformierte, Anglikaner usw., deren Zahl von 1600 bis 1700 zwischen 28, 15 und 25 Millionen schwankte – hatte seine Ketzer. Am bedeutsamsten waren, wenn nicht der Zahl nach, so doch hinsichtlich der Rolle, die sie im 18. Jahrhundert bei der Auflösung des christlichen Europa spielten, die Unitarier oder Antitrinitarier.

**37 DIE KONFESSIONELLE GLIEDERUNG EURO-
PAS UM 1760** Um 1760 liegen die Grenzen
innerhalb der Christenheit weitgehend fest.
Im Jahrhundert der religiösen Gleichgültigkeit ist man bestenfalls bereit, beim traditionellen Glauben zu bleiben; Übertritte zu
anderen Konfessionen sind Einzelerschei-
nungen geworden. Nun mußten sich die
Christen aller Konfessionen mit einem neuen
Gegner auseinandersetzen, mit dem Rationalismus. Dessen Zentren sind Paris, Amsterdam, London und Genf; seine Aus-
strahlungen reichen bis nach Italien. Das
protestantische Europa ist zu einem kom-
pakteren, wenngleich regional begrenzteren
Block geworden. Das katholische Europa
sieht sich neuen Spannungen gegenüber: der
Jansenismus führt in Utrecht zum Schisma,
das orthodoxe Europa erlebt die Tragödie
des Raskol, der Spaltung, durch die Kirchenreform des Patriarchen Nikon und die blutige Verfolgung der Altgläubigen. Generell
jedoch kann man sagen, daß die religiösen
Leidenschaften immer mehr verebben.

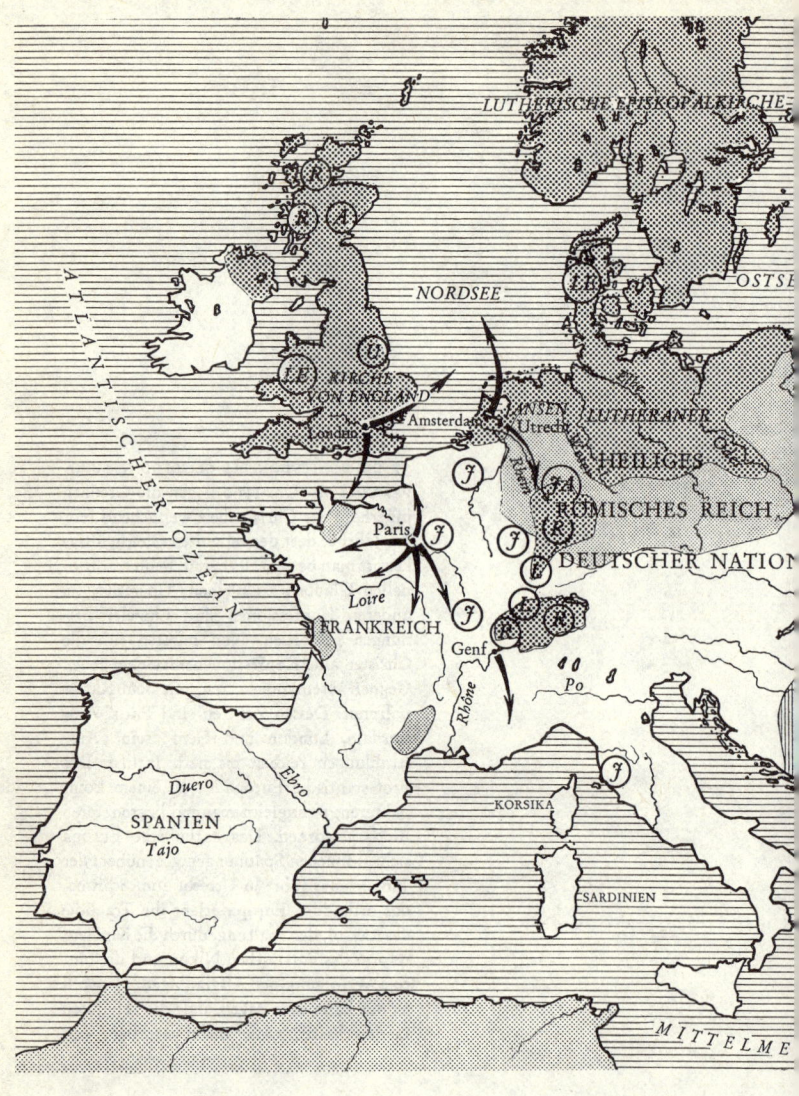

KONFESSIONEN IN EUROPA UM 1760

		PROTESTANTISMUS	
☐	Katholiken	*L*	Lutheraner
▨	Protestanten	*LE*	Episkopalkirchen
▨	Protestantische	*R*	Reformierte
	Minderheiten	*A*	Anglikaner
▦	Orthodoxe	*U*	Unitarier
▥	Unierte	JUDENTUM	
		JS	Sephardim
▨	Mohammedaner	*JA*	Aschkenasim

J Jansenisten

●→ Zentrum des Rationalismus

0   200   400   600   800   1000 km

NICHTCHRISTEN

KAISERREICH RUSSLAND

Dnjepr

Don

KASPISCHES MEER

KRIM

SCHWARZES MEER

Donau

OSMANISCHES REICH

JS

MONOPHYSITEN

ZYPERN

KRETA

Diese Bewegung, die im 17. und 18. Jahrhundert niemals mehr als vier bis fünf Prozent der Bevölkerung erfaßte, entsprang drei oder vier Quellen.

Die erste Quelle war der philosophische Humanismus, der im vor-gegenreformatorischen heidnischen Italien wurzelte. Er bildete sich aus dem alten, durch Pomponazzi verjüngten paduanischen Averroismus heraus. Mit der Reformation hat dieser Antitrinitarismus offensichtlich nichts zu tun. Drei Namen ragen aus den Vertretern dieser Richtung hervor: Camillo Renato, Lelio Francesco Maria Sozzini (1525–1562), der die Grundlagen des Sozinianismus schuf, und Fausto Paolo Sozzini (1539–1608), der den Sozinianismus organisierte und verbreitete. Zunächst handelte es sich dabei um eine reine Gelehrtenarbeit, mit der der ältere Sozzini in Italien und in der Schweiz, wo er sich hauptsächlich aufhielt, keinen Anklang fand. Erst durch die starken jüdischen Gemeinden der Aschkenasim in Polen-Litauen, die größten jüdischen Gemeinden in ganz Europa, kam der Sozinianismus in Osteuropa zum Erfolg. Schon ehe Fausto Sozzini 1579 nach Krakau gekommen war, hatte es dort Unitarier gegeben; er verstand es, die sich bekämpfenden Richtungen zu einen. Im ausgehenden 16. Jahrhundert hatte der Sozinianismus in Polen, Litauen, Weißrußland und der Ukraine bereits zahlreiche Anhänger. Der Rakower Katechismus stammt aus dem Jahr 1605. Als jedoch die Gegenreformation in Polen Eingang fand, wurden die Reihen der Unitarier rasch gelichtet.

Die Masse des Volkes kehrte zum alten Glauben zurück, während die intellektuelle Elite sich in alle Winde verstreute und sich besonders den freidenkerischen Kreisen im westlichen Europa anschloß. Im August 1598 kamen Christophorus Ostorodt und Andreas Voidovius nach Amsterdam, 1616 Samuel Przypkowski und Jonas Schlichtig nach Leiden; Martin Rucer und viele andere kamen zusammen mit den arminianischen Flüchtlingen nach Frankreich und trugen dazu bei, den Charakter des Arminianismus zu verändern. Zu nennen sind hier noch Gabriel Lubieniecki, Niemirycki, Johann Crell und Andreas Wiszowatzy, ein Enkel Sozzinis. Diese Männer waren die Ahnherren der *Religio rationalis* des 18. Jahrhunderts. Aus dem protestantischen Europa ging ein Rationalismus hervor, der weniger radikal, weniger christentumsfeindlich war als der Rationalismus aus dem katholischen Polen. Wie der italienische Antitrinitarismus in Polen das Paradoxon des Antitrinitarismus der Rakower Kirche gezeugt hatte, so trug die Diaspora der polnischen Antitrinitarier im ganzen 17. Jahrhundert zur Ausbreitung dieser Bewegung im übrigen Europa bei. Besonders der auf die Illuminaten zurückgehende Antitrinitarismus erhielt durch sie eine feste Form.

Als Illuminaten bezeichneten sich verschiedene schwärmerische Sekten, die sich einer höheren Erkenntnis Gottes und eines engen Verkehrs mit der Geisterwelt rühmten. Sie standen in Beziehung zu den Wiedertäufern (Anabaptisten). Die antitrinitarischen Strömungen gingen besonders vom gemilderten Wiedertäufertum der niederländischen Mennoniten aus und griffen auch auf England über. Für die Illuminaten gab es nur noch die »innere Stimme«. Die extremste Position nahmen die von George Fox (1624–1690) gegründeten Quäker ein, die im 18. und 19. Jahrhundert in Amerika zur Entfaltung kommen sollten: für sie gab es keinen anderen Christus als den »inneren Christus«. Der Antitrinitarismus der Illuminaten war noch am ehesten geeignet, eine Massenbewegung zu werden.

Der liberale Antitrinitarismus leitete sich vom Synergismus her, von der Ansicht, daß der Mensch zu seinem ewigen Heil mitwirken könne und müsse. In dem Augenblick, da der Mensch an seinem Heil mitwirkt, verflüchtigt sich das Wirken Gottes, denn zwischen Gott und Mensch kann es keine Teilung geben. Wenn das Heil nicht gegeben ist, bedarf es auch keiner Menschwerdung Christi. Deshalb mußte der Arminianismus ebenso sicher zum Antitrinitarismus führen, wie der Molinismus zwangsläufig im Rationalismus enden mußte. Zwar vermochten die starken, in sich geschlossenen arminianischen Gemeinden in den Niederlanden und in England der antitrinitarischen Versuchung lange zu widerstehen, aber die arminianische Diaspora verfiel ihr ziemlich rasch, besonders in Frankreich, wo sie durch die Sozinianer unterwandert war. Als Johann Uytenbogaert nach Paris kam, wuchs der Einfluß der polnischen Antitrinitarier stark an.

Die arminianischen Gemeinden übten auf die intellektuelle Elite eine große Anziehungskraft aus, nicht jedoch auf die Massen, solange diese noch fest in der Tradition ihres Glaubens verwurzelt waren. Immerhin konnte die alttestamentarische Frömmigkeit der calvinistischen Orthodoxie, eine entschieden theozentrische Theologie ohne christologisches Gegengewicht, einer Sonderform des Antitrinitarismus, den Unitariern, den Weg ebnen. Diese entfalteten sich besonders in Nordamerika, ihr Kerngebiet war das puritanische Neuengland. Dort kam es zu einer Überlagerung des latenten Rationalismus des 18. Jahrhunderts und des Ultracalvinismus der ausgewanderten englischen Dissidenten, nachdem diese keine Stütze mehr durch eine starke kirchliche Organisation hatten. Das Unitariertum, das zu den philosophischen Konstruktionen des humanistischen und liberalen Antitrinitarismus führte, bereitete den Rationalismus der Massen des 18., 19. und 20. Jahrhunderts vor, gehört also genaugenommen nicht mehr in die Geschichte der Kirchenreform, sondern in die Geschichte des prämarxistischen Rationalismus.

Dennoch kann man nicht behaupten, daß der angelsächsische Antitrinitarismus keinerlei christlichen Inhalt mehr gehabt habe. Der große Newton, ein überzeugter Unitarier, widmete sein ganzes Leben der Verteidigung eines Weltbildes, das zwar nicht unmittelbar mit dem christlichen Weltbild zusammenhängt, aber doch durch viele gemeinsame Quellen biblischen Ursprungs war. Damit berühren wir eine Eigenheit des angelsächsischen Protestantismus, einen Aspekt der *glorious comprehensiveness:* die Fähigkeit, Widersprüche zu überschreiten und sie dadurch aufzulösen.

Die geistige Entwicklung der jüdischen Gemeinden weist mehr als eine Gemeinsamkeit mit der Entwicklung des protestantischen Europa auf. Seit der Tragödie von 1492 waren die jüdischen Gemeinden überall verhältnismäßig schwache Minoritäten, abgesehen von Polen, dem Großherzogtum Litauen und den von Rußland kurz zuvor zurückgewonnenen Gebieten Klein- und Weißrußland. Dort machten sie immerhin zehn bis zwanzig Prozent der Gesamtbevölkerung aus, befanden sich also in derselben Lage wie die französischen Protestanten zu Beginn des 17. Jahrhunderts, ohne sich allerdings des Schutzes durch ein Edikt von Nantes erfreuen zu können. Zahlreich waren die Juden auch in Spanien und vor allem in Portugal, aber ihre Stellung war trotz des zwangsweisen Übertritts zum Katholizismus äußerst prekär. Die Marranen bildeten einen beträchtlichen Prozentsatz der Sephardim. Durch die Verfolgungsmaßnahmen waren die Juden der Iberischen Halbinsel zu einem großen Teil in Italien, Avignon, den atlantischen Hafenstädten und in den Niederlanden verstreut; zum Teil wanderten sie auch nach Nordafrika und in die unter osmanischer Herrschaft stehenden Gebiete im östlichen Mittelmeerbecken aus. Die Sephardim wurden schon sehr früh, seit dem 17. Jahrhundert und besonders im 18. Jahrhundert, von der rationalistischen Auflösung erfaßt. Die Marranen im Westen hatten ein ähnliches Schicksal wie ein Großteil der hugenottischen Diaspora. Stark vereinfachend kann man sagen, daß das jüdische Großbürgertum in Westeuropa an der Aufklärung einen starken Anteil hatte. Ihnen standen drei Wege offen: religiöse Gleichgültigkeit, liberales Judentum oder religiöse Erneuerung durch die Strömungen, die von den Aschkenasim im Osten ausgingen und sich nach Westen hin ausbreiteten.

Dem aufgeklärten Judentum im Westen stand das mystische Judentum im Osten gegenüber. Eine große Gestalt im Osten war Israel aus Miedziboz, genannt Israel Baal Schem (der Wundertäter), nach 1700 geboren, 1760 gestorben: Er knüpfte an das Chassidäertum aus der Zeit der Seleukiden an. Die Chassidim* standen in einer alten mystischen Tradition, die in Deutschland im 13. Jahrhundert ihren Anfang genommen hatte und in Polen im 18. Jahrhundert wiederentdeckt wurde. In der ersten Zeit überschnitt sich die Strömung mit dem Sabbatianismus des Sabbatai Z'wi (1626–1676), der als jüdischer Messias auftrat, jedoch gegen Ende seines Lebens zum Mohammedanismus überging, aber letztlich hatte die sabbatianische

Häresie, ein Marranen-Mystizismus, mit der kabbalistischen Neo-Orthodoxie der Chassidim nichts gemeinsam. Daß sich der orthodoxe Judaismus im schwierigen 19. Jahrhundert trotz der wachsenden Intoleranz der russisch-orthodoxen Kirche zu halten vermochte, verdankte er der Verjüngung und Neubelebung durch die Mystiker und Jünger des Rabbi Beer, des »Magid aus Mizricz« († 1770): Lewi Isaak aus Berditschew und Nachman aus Bratzlaw. Nicht nur gegen die Andersgläubigen, sondern auch gegen die Synagogen mußten sie sich verteidigen, die, dem Buchstaben getreuer als dem Geist, die vielversprechenden Ansätze des Chassidismus nicht erkannten – die Möglichkeit, durch eine dialektische Überschreitung der erstarrten Orthodoxie eine neue Orthodoxie zu schaffen, die den Erfordernissen der Zeit angepaßt war.

Dem bedrohten Judentum des 18. Jahrhunderts bot Baal Schem, dieser Wesley der Aschkenasim, die Möglichkeit einer Erneuerung.

Im katholischen Europa waren die Grenzen – notgedrungen – schärfer gezogen. Es war dem protestantischen Europa sowohl zahlenmäßig (60 Prozent 1600, 78 Prozent 1650 und 65 Prozent 1700) als auch durch seine festere institutionelle und ekklesiologische Struktur überlegen, wenngleich sich dieser zweite Vorteil in der Krise des 18. Jahrhunderts für eine Zeitlang als Hindernis erweisen sollte. Der Katholizismus des 17. und des frühen 18. Jahrhunderts zog das Verwerfen dem Festhalten vor. Nicht die vom katholischen Europa eingenommenen theologischen Positionen machten ihm Schwierigkeiten – diese waren fest begründet und in sich zusammenhängend –, sondern die Verhaftung an philosophische Positionen, an den zum Untergang verurteilten Aristotelismus. Beinahe verhängnisvoll war die von den Jesuiten zu Beginn des 17. Jahrhunderts getroffene Entscheidung für die Scholastik, ihre Weigerung, sich den Augustinianern und ihrem christlichen Kartesianismus anzuschließen.

Ab der Mitte des 16. Jahrhunderts kam es im Süden Europas zu einer religiösen Erneuerung. Der Höhepunkt der katholischen Kirchenreform in Italien lag um 1580, die spanische Mystik kam in den letzten drei Jahrzehnten des 16. Jahrhunderts zu ihrer höchsten Blüte. Während die Reformbewegung in Italien noch ein volles Jahrhundert anhalten sollte, kam sie in Spanien im ausgehenden 16. Jahrhundert zum Stillstand und entartete im 17. Jahrhundert in einen monströsen Antisemitismus, der durch die Blutreinheitsgesetze die Juden ganz und gar vom öffentlichen Leben ausschloß. Gegen dieses Krebsgeschwür, das die Gesellschaft, das Denken und die Kirche vergiftete, waren die Menschen guten Willens machtlos. Sogar der Heilige Stuhl konnte nichts gegen eine Entwicklung unternehmen, die er bereits im 16. Jahrhundert anläßlich der Siliceo-Affäre und zu wiederholten Malen auch später hatte abbremsen wollen. Aus Furcht vor einer neuen Kirchenspaltung mußte Rom nachgeben. Die spanische und mehr noch die portugiesische Inquisition sorgten durch ihre Verfolgungsmaßnahmen dafür, daß die Zahl der Marranen ständig wuchs. Vor allem aber verhinderte sie ab 1600 die Ausbildung eines selbständigen, originären religiösen Denkens. Die alte jüdisch-christliche Elite der iberischen Kirche wurde ausgeschaltet und langsam vernichtet. Die Orden ließen sich nach und nach durch die Vorurteile der »Altchristen« anstecken; lediglich die Gesellschaft Jesu kann für sich das Verdienst in Anspruch nehmen, in dieser völlig vergifteten Atmosphäre dem Druck der verhetzten Massen widerstanden zu haben. Doch sie war nicht stark genug, um mehr dagegen zu tun, als die Zustände schweigend zu mißbilligen. Der Haß, den die Jesuiten durch diese Haltung auf sich häuften, entlud sich im 18. Jahrhundert: 1755 unter Pombal in Portugal, 1767 in Spanien nach dem Motín de Esquilache (dem Aufstand, der 1766 Madrid und fast alle größeren spanischen Städte erschütterte). Die würdigsten Vertreter der spanischen und portugiesischen Kirche flüchteten sich in die Stille der Klöster oder als Missionare nach Übersee. Die alten Orden, Augustiner, Dominikaner, Franziskaner, stagnierten; lediglich die Jesuiten hatten eine Zunahme zu verzeichnen. Von 1600 bis 1750 kamen die meisten Missionare von der Iberischen Halbinsel. Sie bauten ein zukunftsträchtiges katholisches iberisches Amerika auf. Im Fernen Osten wuchs allerdings auch die Zahl der italienischen und französischen Missionare. Einer der bedeutendsten französischen Missionare war Pater Alexandre de Rhodes (1597 in Avignon geboren), der Erfinder des *quoc-ngu*, der vietnamesischen Buchstabenschrift. In der zweiten Hälfte des Jahrhunderts wirkte Pater Guy Tachard in Südostasien. Er wurde durch seine *Relation de Siam* berühmt (dort hielt er sich von 1686 bis 1689 auf). Diese Tatsache zeigt, daß im 17. Jahrhundert auch die französischen Katholiken von missionarischem Eifer erfüllt wurden. Dies war das vielleicht positivste Ergebnis der katholischen Kirchenreform.

Die katholische Reform erfaßte im 17. Jahrhundert vor allem Frankreich und das mittlere Spanien, reichte von der Schweiz über das deutsche Rheinland bis in die Niederlande. Diese Gebiete wurden als letzte von der Gegenreformation erfaßt, aber eben hier erlebte das Europa des 17. Jahrhunderts seine tiefste und fruchtbarste religiöse Erfahrung.

Daß das katholische Frankreich gegenüber Italien und Spanien im Rückstand war, wurde gegen Ende des 16. Jahrhunderts nach dem französischen Religionskrieg offenbar. Aber das läßt sich unschwer erklären: Wer in Frankreich ein tätiges, vertieftes Christenleben erstrebte, hatte sich der protestantischen Reform angeschlossen. 1590 war fast die gesamte intellektuelle Elite Frankreichs protestantisch. Die besten Vertreter der Geistlichkeit waren ebenfalls zur Reformation übergegangen. Überhaupt sah es in dieser Hinsicht im 16. Jahrhundert wenig erfreulich aus. Für einen Teil der Pfarreien in Westfrankreich standen keine Priester zur Verfügung; das durch das Konkordat von 1516 gebildete Episkopat setzte sich großenteils aus Adligen zusammen, die sich für Politik, nicht aber für religiöse Dinge interessierten, vom Kardinal von Guise bis zu Léonor d'Étampes, vom Kardinal de La Valette bis zu Henri du Sourdis. Und war du Perron, ein konvertierter Protestant, als Kardinal viel mehr als ein hochgebildeter Gelehrter und ein empfindsamer Literat? Das gewöhnliche Volk, das nur unzureichende geistliche Anleitung erhielt, kehrte zu abergläubischen Praktiken zurück.

In der Zeit von 1570 bis 1630, in der die Kirche fast völlig ausfiel, wütete in ganz Europa ein unvorstellbarer Teufels- und Hexenwahn. Neu war dies natürlich nicht. Diesmal rollte die Woge aus dem protestantischen Norden heran, aus Schottland und Dänemark, und kam danach über das Rheinland nach Frankreich. Am bezeichnendsten war der Skandal im Lambourd 1609–1610, in einem an das Baskenland angrenzenden Gebiet. Da die Christenheit mit ihren theologischen Disputen vollauf beschäftigt war, blieb das einfache Volk weitgehend sich selbst überlassen und kehrte teilweise zum Heidentum mit seinen simplen magischen Vorstellungen und Praktiken zurück. Diese Entwicklung schritt von Norden nach Süden fort. Sie wurde überall grausam unterdrückt. Zwischen 1570 und 1630 loderten in Europa 30000 bis 50000 Scheiterhaufen. Verglichen mit den Opfern des Hexenwahns ist die Zahl der in beiden Lagern verbrannten Ketzer verschwindend klein.

Selbst wenn die Bischöfe den Wahn als solchen erkannten, waren sie unfähig, dem Toben des mittelmäßigen niederen Klerus Einhalt zu gebieten. Welch schweren Stand die hohe Geistlichkeit hatte, zeigt ein Blick auf die Karte der französischen Bistümer: Im Zentrum und im Osten waren sie so groß, daß eine straffe Verwaltung völlig unmöglich war, im Süden dagegen winzig klein. Die Diözese Dol gar bestand aus etwa zehn Enklaven, die über die Bretagne und die Normandie verstreut waren.

Außerhalb Italiens und Spaniens vollzog sich die katholische Reform in drei Etappen. In einer ersten, mystischen Phase wurde die Ordensgeistlichkeit neu aufgebaut; in einer zweiten Phase wurde der Episkopat erneuert, und gleichzeitig wurde die Weltgeistlichkeit verstärkt und qualitativ verbessert; in einer dritten Phase wurde eine intensive »innere Mission« betrieben, die sich besonders dem einfachen Volk widmete und in Westfrankreich bis ins ausgehende 18. Jahrhundert hinein fortgesetzt wurde.

Die Klosterreform wurde zu Beginn des 17. Jahrhunderts in Angriff genommen. Sie erfolgte auf zwei Wegen: durch die Einsetzung der Reformorden in Italien und Spanien und durch die Erneuerung der traditionellen asketischen Orden. Am bemerkenswertesten aber ist die Tatsache, daß die im Mittelalter nur schwach vertretenen weiblichen Orden nun einen erstaunlichen Aufschwung erlebten – ein weiterer Beweis für den mystischen Charakter dieser ersten Periode. Im ausgehenden 17. Jahrhundert gab es etwa 60 Prozent soviel Nonnen wie Mönche. Diese Entwicklung hatte zu Beginn des 17. Jahrhunderts eingesetzt. Die 1596 in Frankreich eingeführten Ursulinerinnen zählten im Jahre 1610 dreihundert Ordenshäuser, die sich hauptsächlich der Mädchenerziehung widmeten (diese Aufwertung des Weiblichen wird in den Geschichtsbüchern meist zuwenig gewürdigt). Angesichts der in Frankreich herrschenden »Nachkriegsatmosphäre« überrascht vor allem die Einführung der Karmeliterinnen nach Paris, die 1604 erfolgte. Madame Acarie und Bérulle brauchten zwei Jahre, bis sie dies erreicht hatten. 1610 gab es acht, 1630 vierzig Karmeliterinnenklöster. Dieser Orden fand in den höheren Gesellschaftsschichten Frankreichs viel Anklang. Das 1601 ins Französische übersetzte Leben der heiligen Theresia, die »Bibel der Frömmler«, wie Pierre de l'Estoile geringschätzig sagte, wurde zum Ausgangspunkt einer mystischen Bewegung, wie sie bis dahin nur in den Mittelmeerländern, nicht aber in Frankreich bekannt gewesen war. Ihre bedeutendsten Vertreterinnen waren Barbe Acarie, Jeanne de Chantal und Marguerite d'Arbouze.

Die Gehirne dieser Bewegung waren der heilige Franz von Sales* und Pierre de Bérulle. Obwohl sie der protestantischen Reform so entschieden entgegentrat, verdankte sie doch ihr und besonders dem Calvinismus mehr, als auf den ersten Blick offenbar ist. Die *Introduction à la vie dévote* (1608) erstrebte ebenso wie Calvin, wenn auch mit anderen Mitteln, eine Vertiefung des religiösen Lebens der Massen; im *Traité de l'amour de Dieu* von 1616 wird als Ziel des religiösen Lebens nicht mehr das individuelle Heil hingestellt, sondern die Verherrlichung Gottes, und wenn die Vorsehung es bestimmt hat, muß auch die Verdammnis vom Menschen freudig akzeptiert werden.

Die katholische Reform französischen Geistes wurde erstmals von Pierre de Bérulle (1575–1629) formuliert. Nach italienischem Vorbild stiftete er 1601 die Kongregation der Priester des Oratoriums Jesu, die 1613 von Papst Paul V. unter dem Namen Priester vom Oratorium Jesu sanktioniert wurde. Diese Gebetsgemeinschaft von Weltpriestern verfügte 1616 bereits über fünfzig Häuser. Es war eine ungemein fruchtbare Gründung. Alles, was in der französischen Geisteswelt des 17. Jahrhunderts zählte, gehörte dem Oratorium an. Am bekanntesten ist

Malebranche* (1638–1715). Andere bedeutende Oratorianer waren Louis Thomassin (1619–1695) und Pater Bernard Lamy (1640–1715), der Korrespondent
und Helfer des großen Malebranche, der 1658 der Kongregation beitrat. Dem
gleichen Geist verbunden waren der heilige Vinzenz von Paul*, der große »Apostel
der Nächstenliebe«, Charles de Condren, der Nachfolger Bérulles an der Spitze
der Kongregation, M. Olier von Saint-Sulpice und vielleicht auch der heilige Jean
Eudes (1607–1680), auf den die systematische Missionierung der französischen
Landbevölkerung zurückgeht.

Die Verwirrung der Geister zu Beginn des 17. Jahrhunderts spiegelt sich in der
Gestalt des Jesuitenpaters Garasse, dem »großen Mann« der beiden ersten Jahrzehnte. Er war ein ungemein eifriger Apologet, der sich in der Zeit eines Descartes
auf die Pfade eines platten materialistischen Atomismus begab, wenngleich er
wahrscheinlich von einer echten Frömmigkeit erfüllt war. Er war der mittelmäßige
Gegner eines noch rückständigeren Agnostizismus, des Agnostizismus der Libertiner, die sich mehr gegen Kopernikus als gegen Gott wandten. Als Reaktion auf
den Aberglauben des Volkes kam Garasse zu einer blutlosen, auf den Rationalismus eines primitiven gesunden Menschenverstandes begründeten Religion. Für ihn
war der Schöpfer weit weg; die Beziehungen zwischen dem Gläubigen und Gott
entsprachen den Beziehungen zwischen Kaufleuten. Für die von Gott zu gewäh-
rende Aufnahmeerlaubnis in den Himmel war ein Minimum an Diensten seitens
des Menschen nötig, die durch präzise Berechnung festgelegt wurden.

ZU DEN ABBILDUNGEN 211–219

211 DIE ZWEITE KIRCHE DER CHRISTENHEIT:
SAINT PAUL'S IN LONDON Die Peterskirche
in Rom ist 211,50 m lang. An zweiter Stelle
folgt die St.-Pauls-Kathedrale in London
mit 158,11 m vor Santa Maria del Fiore in
Florenz (149,28 m), dem Mailänder Dom
(139,44 m), San Paolo fuori le mura in Rom
(127,36 m) und der Sophienkirche in Istan-
bul (109,57 m). Beim Brand Londons 1666
eingeäschert, wurde die Kirche in einer Rekordzeit von 1675 bis 1710 wieder aufgebaut. Sie ist das Meisterwerk des großen
englischen Architekten Sir Christopher Wren

(1632–1723). In vielem (der doppelten Kolonnade, der Kuppel, der Uhr) erinnert
seine Schöpfung an die Peterskirche, aber
durch ihren klassizistischen Einschlag auch
an den Invalidendom, den Mansart von
1675 bis 1706 erbaute.

212 SAN CARLO ALLE QUATTRO FONTANE MIT
DER FASSADE VON BORROMINI (1667) Die
kirchliche Architektur des 17. Jahrhunderts
war im wesentlichen barock; die schönsten
Sakralbauten dieser Zeit wurden allesamt
in diesem Stil erbaut. Borromini (1599–1667)

war der Baumeister der kleinen Kirchen, entwarf hauptsächlich Klosterkirchen und Kapellen. Diese sehr unruhige Fassade wurde einer älteren Kirche vorgestellt; sie ist das Werk eines tragischen, bereits dem Wahnsinn verfallenen Menschen, der an der Schwelle des Todes stand. In dem Jahr, in dem die Fassade errichtet wurde, gab sich Borromini mit eigener Hand den Tod.

213 DIE HEILIGGEISTKIRCHE IN MÜNCHEN Die schönsten barocken Kirchen sind in Süddeutschland und Österreich entstanden. Zu Beginn des 18. Jahrhunderts, als sich in vielen Gegenden Europas Gleichgültigkeit und Glaubensfeindlichkeit breit machten, war Süddeutschland eine Hochburg des Katholizismus, in der das religiöse Leben noch rege war. In der Münchener Heiliggeistkirche (1724) sind Gerade und Kurven in ein harmonisches Gleichgewicht gebracht. Der Dekor ist reich, aber nicht erdrückend, stark bewegt, aber dabei vollkommen ausgewogen.

214 DIE KAPELLE DER WÜRZBURGER RESIDENZ Hier wurde des Guten fast zuviel getan. Nirgendwo findet der Blick eine Stelle, an der er verweilen kann; jeder Winkel, jede Fläche ist mit bewegtem Dekor gefüllt, so daß das staunende Auge ständig von einem Ort zum anderen geführt wird. In der Tat war diese 1732 von Balthasar Neumann begonne Kapelle des Fürstbischofs kein Ort der Sammlung, sondern eher ein Prunksaal, in dem sich der geistliche Herr, der sich an das Beispiel Ludwigs XIV. hielt, seinem Hof präsentieren konnte – eine Art von barockem Theater, kaum aber eine Stätte des Gebets und des Gottesdienstes.

215 MÈRE ANGÉLIQUE ARNAULD, GEMALT VON PHILIPPE DE CHAMPAIGNE Dieses Bildnis ist wohl das bekannteste aller Porträts, die Philippe de Champaigne gemalt hat – und das mit Recht. Bekanntlich hat der Maler selbst der Gemeinschaft von Port-Royal angehört, hatte starke innere Bindungen an den dortigen Augustinismus. Das Bildnis der großen Dame von Port-Royal entstand 1654 und gibt ihre hervorstechenden Züge ausgezeichnet wieder: den großen, leicht ironisch gekräuselten Mund, den tiefen, klugen Blick der leuchtenden Augen, die aufrechte Haltung – Demut und Stolz einer tiefreligiösen Frau. (Paris, Louvre)

216 TOTENMASKE VON MÈRE ANGÉLIQUE ARNAULD (1661) Vielleicht noch klarer als auf dem Porträt kommen auf dieser Totenmaske die Wesenszüge zum Ausdruck. Mère Angélique ist in die ewige Ruhe eingegangen. Demütiger Verzicht, tiefe Gläubigkeit und eine große innere Ruhe haben dieses Antlitz geprägt und offenbaren sich noch im Tod. (Port-Royal-des-Champs, Museum)

217 SAINT-CYRAN, MIT DEN AUGEN PHILIPPE DE CHAMPAIGNES GESEHEN (1643) In diesem Jahr stand Saint-Cyran kurz vor dem Tod; zu lange war er in feuchten Verliesen eingekerkert. Die rechte Hand auf einem Band des heiligen Augustinus und der Bibel, das Gesicht ausgemergelt, den Körper von der heimtückischen Tuberkulose zerstört, erwartet Saint-Cyran den Ruf des Ewigen. (Philippe de Champaigne, *Saint-Cyran*, 1643. Grenoble, Museum)

218 DER GROSSE ARNAULD VON J.-B. DE CHAMPAIGNE Der große Arnauld gehörte der

212

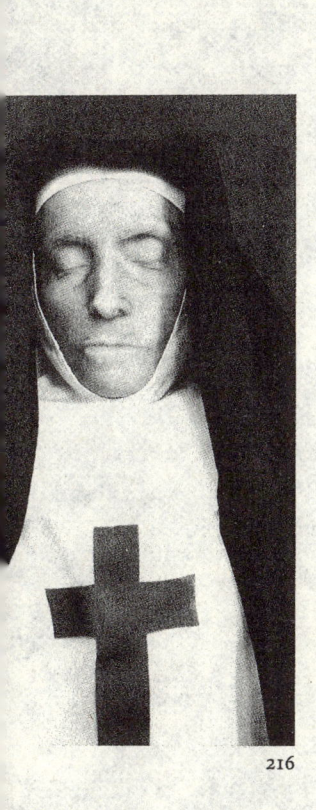

217

218

216

Als Prediger erfreute sich Garasse eines ungeheuren Zulaufs. Lange Zeit begnügte er sich damit, ätzende Pamphlete gegen die Calvinisten und Gallikaner zu verfassen, so das *Elixir Calvinisticon* (1615), das sich gegen den kurz zuvor gestorbenen Isaac Casaubon richtete, ein *Rabelais réformé* (1619) als Antwort auf *La Vocation des Pasteurs* von Pierre du Moulin, das *Horoscopus Anticotonis* von 1613, *Le Banquet des Sages* von 1617, *Les Recherches des recherches des autres œuvres de Me Etienne Pasquier* von 1622. Durch diese leichten Erfolge ermutigt, veröffentlichte der große Mann 1623 *La Doctrine curieuse des beaux esprits de ce temps*, eine Arbeit, mit der er dem Atheismus den Todesstreich versetzen wollte. Tatsächlich hatte er damit insofern einen Erfolg auf kurze Sicht, als der Dichter Théophile verdammt wurde. Aber dann erschien sein Hauptwerk, die *Somme théologique des vérités capitales de la religion chrétienne* (Oktober/November 1625). Welchen Zweck er damit verfolgte, geht aus der Überschrift hervor: er wollte sich an die Stelle des heiligen Thomas von Aquino setzen, der einwandfrei überholt war. Nicht nur stellte Garasse in diesem Buch Thesen auf, die mehr als einem Unglücklichen den Tod auf dem Scheiterhaufen einbrachten, sondern er zögerte auch nicht, heimtückisch das von Bérulle und seinen Anhängern in Angriff genommene Reformwerk herabzusetzen.

Ein Freund Bérulles war es denn auch, der dem Treiben dieses gefährlichen Schreibers mutig ein Ende machte: Jean Duvergier de Hauranne, Abt von Saint-Cyran *, der größte augustinische Theologe im katholischen Lager, den das 17. Jahrhundert hervorgebracht hat. Seine umfangreiche Erwiderung trug den Titel *Somme des fautes et faussetés principales en la »Somme théologique« du Père Garasse* (1626). Zunächst versuchte man durch juristische Kniffe eine Veröffentlichung zu verhindern, aber vergebens. Sachlich widerlegt und der Lächerlichkeit

zweiten Generation von Port-Royal an, und auch sein Maler war nur ein Epigone. Auf das Jahrhundert der Heiligen folgte das Jahrhundert der Theologen. (Privatbesitz)

219 DIE KREUZABNAHME VON REMBRANDT
Dieses herrliche Gemälde Rembrandts (1606 bis 1669) mit seinen kraftvollen Kontrasten von Hell und Dunkel macht deutlich, wie stark die protestantische Frömmigkeit des calvinistischen Holland in der mittelalteralterlichen Tradition verwurzelt war. Zwischen dieser *Kreuzabnahme* und einer flämisch-niederrheinischen Pietà des 14. oder 15. Jahrhunderts gibt es keinen radikalen Bruch; die gleichen Gestalten und Elemente sind vorhanden, auch die Schmerzensmutter. Das Gemälde ist von einer inneren Spannung und Dramatik erfüllt, die man bei Rubens vergeblich sucht. (Privatbesitz)

preisgegeben, verstummte Garasse. Etwas spät erkannte auch die Gesellschaft Jesu den Fehler, den sie begangen hatte, als sie Garasse freie Hand ließ, und machte der verhängnisvollen Tätigkeit des unglücklichen Polemikers ein Ende.

Jean Duvergier de Hauranne war nach Bérulles Tod zweifellos der größte französische Theologe. Unter dem Decknamen Petrus Aurelius veröffentlichte er 1632 die »Charta« der französischen katholischen Reform, in der er aus der Tridentiner Transsubstantiationslehre die praktischen ekklesiologischen Konsequenzen zog. Wenn Gott in seiner unbegreiflichen Liebe dem Priester Macht über sich gegeben hat, indem er ihn befähigt, durch die Konsekrationsworte Brot und Wein in seinen Leib und sein Blut zu verwandeln, dann ist kein Mensch größer als der Priester, von den Bischöfen abgesehen, die die Macht haben, diese Fähigkeit in der Priesterweihe zu übertragen. Demnach mußte die Kirche über jeder weltlichen Macht stehen. Innerhalb der Kirche kam den Priestern eine privilegierte Stellung zu, und ganz an der Spitze stand das Bischofskollegium als Nachfolger der Apostel und letztlich Christi. Die erste Folgerung, die sich daraus ergab, war, daß die Orden in ihre Schranken verwiesen wurden, waren doch die Ordensgeistlichen nur eine Art Hilfstruppe, eine willkommene Verstärkung – solange sie sich der Leitung der Bischöfe fügten. Diese Entwicklung beschwor innerhalb der katholischen Reform die Gefahr einer ersten Spaltung herauf, die später Wirklichkeit werden sollte. Im Süden, in Italien und in Spanien, überließ die ziemlich mittelmäßige Weltgeistlichkeit die Führung der Kirche einer zahlenmäßig starken und direkt Rom unterstellten Ordensgeistlichkeit. Gleichzeitig wurde durch »Petrus Aurelius« der Gallikanismus verstärkt, so daß die sich beim Tridentiner Konzil abzeichnende zentralistische Tendenz der katholischen Kirche für ein ganzes Jahrhundert deutlich gebremst wurde.

Nach dem Tod Saint-Cyrans (1643) zerbrach die bis dahin bestehende Einheitsfront der katholischen Reform. Wesentlich dazu beigetragen hat ein umfangreiches, 1640 erschienenes Buch, der *Augustinus,* ein postumes Werk des Bischofs von Ypern, Jansen[*]. Anderthalb Jahrhunderte lang tobten in der Elite der katholischen Kirche erbitterte Auseinandersetzungen für und wider den *Augustinus.* Von nun an stand ein gemäßigter Flügel einem radikalen Flügel gegenüber, der in Frankreich, in den spanischen Niederlanden, überall dort, wo sich der Katholizismus gegen eine der protestantischen Kirchen zur Wehr setzen mußte, besonders stark war. Hingegen gehörten Italien und noch mehr Spanien der gemäßigten Richtung an.

Drei große Namen stehen am Beginn dessen, was man vereinfachend als Jansenismus bezeichnet: Saint-Cyran (1581–1638), Jansen (1585–1638) und Antoine

Arnauld (1612–1696). Am bedeutsamsten von ihnen war Jansen, weil er gleich ins Zentrum des Problems vorstieß, am fruchtbarsten Antoine Arnauld, der durch seine berühmten Schriften *La Fréquente Communion* (1643) und *La Morale des jésuites* eine erstaunliche Breitenwirkung erzielte. Eigentlicher Ausgangspunkt des Jansenismus ist aber nicht der *Augustinus*, sondern die *Concordia* des brillanten spanischen Jesuiten Molina*, die 1588 in Lissabon veröffentlicht wurde. Molina verkörperte die Kraft des Renaissance-Humanismus in der Kirche der Gegenreformation, aber auch einen extremen Antiprotestantismus. Während sich die traditionelle Theologie darauf beschränkt hatte, die Antinomie Allmacht Gottes gegen freien Willen des Menschen aufzustellen und bald das eine, bald das andere zu betonen, versuchte Molina, den Widerspruch aufzulösen. Er schaffte die Gnade praktisch dadurch ab, daß sie vom Verhalten des Menschen abhängig gemacht wurde: Gott handelt nicht mehr, sondern zeichnet auf wie ein Magnettonband. Diese Auffassung barg zwei Gefahren: einmal den Widerspruch zwischen der alten Tradition der Bibel und der modernen Tradition der Kirche, zum zweiten die von dieser Warte aus unnötig erscheinende Menschwerdung Gottes. Etwas übertreibend kann man sagen, daß Molina für den Katholizismus dasselbe war wie Sozzini für die Reformation: die eigene Negation. Aber ein Unterschied ist offensichtlich: Sozzini wurde von allen reformierten Kirchen abgelehnt, während Molina innerhalb der katholischen Kirche als ein mögliches Extrem geduldet wurde. Warum hat Rom dieser modernistisch-humanistischen Strömung gegenüber so lange Nachsicht gezeigt? Nun, Molina stand keineswegs allein; offenbar dachten in der Gesellschaft Jesu viele so wie er: Montemayor in Salamanca (1581), Valencia in Ingolstadt (1584), Lessius und Hamelius in Löwen (1586; sie wurden ein Jahr später der Universität verwiesen) haben entsprechende und kaum geschickter formulierte Thesen aufgestellt. Außerdem stand hinter Molina ein beträchtlicher Teil der spanischen Kirche, die damals mit erbittertem Haß sowohl die protestantische Reformation wie die Judenchristen verfolgte. Allem, was an die Bibel, also an die jüdischen Ursprünge des Christentums erinnerte, begegnete man mit Mißtrauen; jede Christologie war des Judaismus und Protestantismus verdächtig – der heidnische Humanismus war weit beruhigender. Molina gehörte einem Orden an, dem das Verdienst zukam, mit seltenem Mut sich dem latenten Antisemitismus des niederen Volkes auf der Iberischen Halbinsel widersetzt zu haben, und doch entging auch er nicht der Problematik der *pureza*. Zweifellos war in dieser Hinsicht die Gesellschaft Jesu ziemlich verwundbar. Deshalb war die *Concordia* auch – vermutlich unbewußt – dazu gedacht, das stets wache Mißtrauen der Altchristen zu beschwichtigen.

Was jedoch durchaus verständlich ist, sobald man die damalige eigenartige Atmosphäre auf der Iberischen Halbinsel in Betracht zieht, mußte anderswo schokkieren. War nicht im 4. Jahrhundert Pelagius, der unglückliche Gegner des heiligen Augustinus, wegen solcher Ansichten ausdrücklich verdammt worden? Wenn die katholische Kirche die Thesen des Molina billigte, konnte sie an der Front gegenüber dem Protestantismus nur Niederlagen einhandeln. Dies wußte man besonders gut in Löwen, dem Bollwerk des Katholizismus gegenüber den protestantischen Niederlanden. Dort regte sich auch zuerst der Widerstand gegen Molinas Thesen, und den Löwener Theologen gelang es, Klemens VIII. zu überzeugen. 1605 war alles für eine formelle Verurteilung der *Concordia* bereit, doch 1607 weigerte sich Paul V., die Bulle zu veröffentlichen. Er wollte sich nicht mit der Gesellschaft Jesu anlegen, die für die Kirche so nützliche Arbeit leistete, und vor allem wollte er die Spanier nicht verletzen und Rom entfremden. Also duldete man den ultramodernen Molinismus als extremes, nur schwer zu rechtfertigendes Zugeständnis an den spanischen Katholizismus, als eine Möglichkeit, die von Zwingli ausgehenden humanistischen Strömungen einzudämmen und vielleicht zu absorbieren. Natürlich stieß dieser Entschluß Roms auf heftigen Widerspruch, besonders in Löwen.

Vor Dordrecht konnte man die Sache noch hinnehmen, aber danach (1619) war es nicht mehr möglich. Nachdem die Reformierte Kirche von Holland in der Frage der Gnade so eindeutig Stellung genommen hatte, durfte die Ketzerei des Molina nicht mehr unwidersprochen bleiben. Diese Meinung vertrat besonders Jansen. Um in dieser Hinsicht nicht hinter dem so nahen Gegner im Norden zurückzubleiben, bereitete er sorgfältig eine Rückkehr zu der alten Lehrtradition der Kirche vor: in einem ausführlichen Schriftstück, das sich hauptsächlich auf Augustinus stützte, wollte er den Papst zu einer formellen Verdammung der *Concordia* veranlassen.

VIII EINES DER SCHÖNSTEN GOTTESHÄUSER DES BAROCKZEITALTERS: DIE KIRCHE DER BENEDIKTINERABTEI EINSIEDELN Die Kirche der Benediktinerabtei Einsiedeln (Schweiz) gehört neben den Kirchen von Melk (Österreich) und Weingarten (Schwaben) zu den herrlichsten Sakralbauten, die im 18. Jahrhundert in diesem katholischen Kerngebiet entstanden sind. Sie wurde zwischen 1719 und 1723 von Kaspar Moosbrugger erbaut; der reiche Dekor stammt von Carlone und den Brüdern Asam. Der Grundriß der Kirche entspricht dem großen Vorbild Il Gesù (Rom). Die Seitenschiffe sind in aneinandergereihte Kapellen umgestalt. Im Mittelpunkt befindet sich die herrliche Kanzel; prächtige Gemälde füllen die von reich verzierten Gurtbogen eingefaßten Gewölbe.

Jansen starb als Dreiundfünfzigjähriger im Jahre 1638; seine Schrift wurde nach seinem Tod mit kirchlicher Druckerlaubnis unter dem Titel *Augustinus, sive doctrina Sti. Augustini de humanae naturae sanitate etc.* in Löwen veröffentlicht (1640). Der lateinisch geschriebene Großband hatte einen beträchtlichen Erfolg. In drei Jahren erlebte er drei Auflagen: Löwen 1640, Paris 1641 und Rouen 1643.

Nun kam es innerhalb der katholischen Kirche zu einer ähnlichen Spaltung wie innerhalb der niederländischen Protestanten zur Zeit der Dordrechter Synode: um den *Augustinus* sammelten sich die katholischen »Gomaristen«, um die Jesuiten die katholischen »Arminianer«. Aber während das protestantische Europa im 17. Jahrhundert zu 90 Prozent gomaristisch war (wäre es arminianisch gewesen, so wäre dies einer Selbstvernichtung gleichgekommen), war das katholische Europa zu etwa 20 Prozent gomaristisch und zu 80 Prozent arminianisch. Daß die liberalen Tendenzen, die mit Gewalt durchgesetzt wurden, auf die Dauer auflösend wirken mußten, steht außer Frage. Sie bewirkten nach 1680 eine Rückkehr zum christlichen Anthropozentrismus und Humanismus. Dem positiven Agnostizismus, der von Spinoza ausging, hatten sie fast nichts entgegenzusetzen. In katholischer Sicht war jedoch die liberale Lösung für den Augenblick die weniger gefährliche.

Zunächst allerdings machte der Jansenismus besonders in Frankreich rasche Fortschritte; 60 bis 70 Prozent des gehobenen Bürgertums schlossen sich ihm an. Er hatte seine Hochburgen, vor allem das Zisterzienserinnenkloster Port-Royal, in dessen Nähe sich nach und nach 69 bedeutsame Männer ansiedelten, unter ihnen Pascal. Auch der Episkopat und die Elite der Klöster (in erster Linie die Benediktiner und Prämonstratenser) neigten zum Augustinismus. Eine führende Rolle spielte die Familie Arnauld*. Ihre Hauptgegner waren die Jesuiten. Die Arnaulds stammten aus der Auvergne. Sie hatten sich früh der Reformation angeschlossen, waren aber im ausgehenden 16. Jahrhundert wieder zum Katholizismus zurückgekehrt. Auf einen reichlich schlecht vorbereiteten und nicht sonderlich gut fundierten Angriff Antoine Arnaulds antwortete die Gesellschaft Jesu dadurch, daß sie aus Jansens Buch fünf Sätze herauszog und den Papst aufforderte, sie als ketzerisch zu verdammen, was auch im Mai 1653 geschah. Antoines Einwand, Jansen habe die Sätze in dieser Form überhaupt nicht geschrieben, wurde dadurch beiseite geschoben, daß der Papst erklärte, sie seien zumindest in der Form gemeint gewesen, wie man sie verdammt habe. Nun waren wieder die Jansenisten am Zug: In seinen *Provinciales* ritt Pascal mit Witz und Schärfe eine Attacke gegen die Kasuistik der Jesuiten. Danach ging man zu offenen Unterdrückungsmaßnahmen über; auch Ludwig XIV. stellte sich auf die Seite der Kirche und gegen die Jansenisten. Erst 1668 gelang es Arnauld, den König zu einer Art von »Waffenstillstand« zu bewegen, der elf Jahre dauern sollte. 1688 wäre es jedoch über erneuten Auseinandersetzungen um den Jansenismus beinahe zu einer regelrechten Spaltung des französischen Katholizismus gekommen. Um die Wende des 18. Jahrhunderts spitzten sich die Dinge wieder zu: Klemens XI. verurteilte in der Bulle *Vineam Domini* den Jansenismus aufs schärfste, und als sich die Nonnen von Port-Royal offen gegen die Bulle erklärten, wurde ihr Kloster 1709 aufgehoben und 1710 völlig zerstört.

Der Jansenismus war jedoch nur ein Aspekt der großen religiösen Angst des 17. Jahrhunderts. Eine in mancher Hinsicht ähnliche Entwicklung vollzog sich im Osten Europas mit den Raskolniki.

Die Religionsgeschichte des christlichen Europa endet nicht an der Grenze Polens. Nicht vergessen werden darf die russisch-orthodoxe Kirche, zwölf Millionen Seelen. Gerade die Religionsgeschichte bringt die fundamentale Zugehörigkeit des Ostens zu Europa zum Ausdruck. Bei unserer Darstellung der Entwicklung in Rußland können wir uns an die grundlegende Arbeit von Pierre Pascal über die Anfänge des Raskol halten.

Ehe wir auf die tiefen Gemeinsamkeiten eingehen, seien zunächst die Besonderheiten hervorgehoben. Hinsichtlich der Zahl ihrer Gläubigen nahm die letztgeborene unter den orientalischen Kirchen den ersten Platz ein. Alle orthodoxen Kirchen zusammen hatten ungefähr ebenso viele Anhänger wie die reformierten Kirchen; von diesen 18 bis 20 Millionen Seelen gehörten im 17. Jahrhundert rund zwei Drittel der russisch-orthodoxen Kirche an. Das restliche Drittel stand ebenso wie die Ketzergemeinschaft der Monophysiten unter türkischer Oberhoheit. Durch die langsame Auflösung der uralten Patriarchate Jerusalem, Alexandria und Antiochia wurde der Norden lange Zeit hindurch kaum berührt. Er stützte sich ausschließlich auf Byzanz, dessen Weisungen er ebenso übernahm wie seine Streitigkeiten, entwickelte jedoch im Laufe der Zeit eine weitgehend eigenständige Liturgie und Frömmigkeit. Als sich jedoch im 15. Jahrhundert der russische Staat herauszubilden begann, verlor die russische Kirche den byzantinischen Schutz. Die Trennung zwischen russischer und griechischer Orthodoxie hängt weniger mit dem Fall Konstantinopels (1453) als mit dem unseligen Konzil von Florenz (1439) zusammen. Der Kompromiß, den Konstantinopel angesichts der politischen Bedrohung in aller Hast mit dem Westen aushandelte, führte zu einem Bruch, der auch nach dem wenig später erfolgenden Widerruf des Kompromisses nicht mehr geheilt werden konnte. Die russische Kirche war entsetzt über die Leichtfertigkeit, mit der Konstantinopel, wenn auch nur teilweise, in der für sie entscheidenden Frage hinsichtlich der Herkunft des Heiligen Geistes nachgegeben hatte. Dialektische Überschreitungen waren dem russischen Denken des 15. Jahrhunderts fremd; für die Russen war es skandalös, die römisch-katholische Formel, daß der Heilige Geist »vom Vater und vom Sohn« ausgehe, als gleichberechtigt mit der alten nicäischen Formel »vom Vater durch den Sohn« anzuerkennen. Dieser Punkt ist von wesentlicher Bedeutung; ohne ihn kann man den Konflikt zwischen Nikon und Awakum im 17. Jahrhundert, bei dem es um das Kreuzzeichen mit zwei oder drei Fingern ging, nicht verstehen. Für Konstantinopel bedeutete der Kompromiß von Florenz einen unwiderruflichen Prestigeverlust. Moskau, von nun an das Neue Jerusalem (nach dem Fall des alten Jerusalem und dem »Abfall« von Rom und Konstantinopel), betrachtete sich als den einzigen Garanten des wahren Glaubens. Diese Vorstellung war beim einfachen Volk tief verwurzelt, spielte beim Raskol eine entscheidende Rolle. Sie verstärkte sich noch nach den entsetzlichen Leiden der Zeit der Wirren, die man ganz einfach dem politischen Feind, den Polen, ankreidete.

Zu Beginn des 17. Jahrhunderts schien allerdings das Überlegenheitsgefühl der russischen Orthodoxie kaum gerechtfertigt zu sein. Die Weltgeistlichen waren in ihrer Mehrzahl ungebildet, ja primitiv, die Ordensgeistlichen durch Reichtum und Ausschweifungen korrumpiert, und der Episkopat entsprach qualitativ der Ordensgeistlichkeit, aus der er sich rekrutierte. Die russische Frömmigkeit manifestierte sich in den Ikonen und der Liturgie; diese entwickelte sich rasch, bis sie fast ins Ungeheuerliche anwuchs. Die Gottesdienste dauerten vier bis fünf Stunden lang, die asketischen Praktiken waren unvorstellbar streng. Das Alltagsleben des ungebildeten Volkes wurde vom Sakralen überschwemmt, aber die zu hohen Anforderungen der Kirche führten schließlich dazu, daß der religiöse Inhalt immer mehr verlorenging. Im 17. Jahrhundert bestanden die gottesdienstlichen Handlungen, denen das Volk verständnislos beiwohnte, aus einem komplizierten Ritual, das in einer Atmosphäre des Aberglaubens abrollte.

Gegen diese Entwicklung wandte sich eine Elite, deren erste Gedanken und Maßnahmen an eine entsprechende Reaktion im westeuropäischen 15. Jahrhundert erinnern. In der Tat war Rußland damals keineswegs so sehr von der übrigen Welt abgeschnitten, wie man anzunehmen geneigt ist. Vor allem aus dem unter muselmanischer Herrschaft stehenden Griechenland zogen immer wieder Mönche und Weltgeistliche nach Rußland, um dort Unterstützung oder auch gute Pfründen zu erhalten, so Arsenius der Grieche, der böse Engel des ehrgeizigen Patriarchen Nikon. Im 17. Jahrhundert wurden nicht nur die Beziehungen zu Griechenland, sondern auch zum westlichen Abendland enger; der von Peter dem Großen ausgelösten Entwicklung ging eine lange Zeit der Vorbereitung voraus. Zunächst bedeutete der Westen für die Russen allerdings das verhaßte Polen, das die Herrschaft über

Kleinrußland ausübte, der verhaßte »Erbfeind«, der dem römischen Katholizismus anhing. Erst recht konnte man den Polen nicht verzeihen, daß sie durch blutige Unterdrückung 1595 den russischen Orthodoxen in Kleinrußland und der Ukraine die unierte Kirche aufgezwungen hatten. Der Patriarch Philaret (1616–1633), ein wohlmeinender Bojar und Theologe, haßte die römisch-katholische »Ketzerei« leidenschaftlich. Nachdem er acht Jahre lang in polnischen Kerkern gelitten hatte, war er nach seiner Rückkehr nach Moskowien argwöhnisch darauf bedacht, jeden katholischen Einfluß aus seinem Land fernzuhalten, und sorgte dafür, daß die durch die Zeit der Wirren geweckten Haßgefühle gegenüber Polen im Volk nicht erloschen.

Indessen aber vollzog sich in den von Polen besetzten russischen Gebieten innerhalb der unierten Kirche und der unabhängig gebliebenen orthodoxen Gemeinden eine wichtige Entwicklung: Wenn auch die frommen Moskowiter hinsichtlich der Glaubenstreue ihrer unter polnischer Herrschaft stehenden Landsleute mißtrauisch waren, mußte doch der literarische und wissenschaftliche Aufschwung ihrer Glaubensbrüder im Westen und Süden auf sie einen starken Eindruck machen. Um gegen die Union ankämpfen zu können, hatten sie als erste eine orthodoxe Theologie geschaffen, Schulen eröffnet, Druckereien gegründet, mehr oder weniger originale Arbeiten veröffentlicht. Zweifellos spürte man darin den katholischen Einfluß, aber in einer Zeit, in der nur allzu deutlich war, was der großrussischen Kirche fehlte, mußte man sich dieser Überlegenheit beugen. Man nahm also die gelehrten Männer aus dem Westen und ihre Bücher gerne auf. Eine wahre Flut von Büchern brachte aus Kiew den frischen Wind einer mit neuem Leben erfüllten Orthodoxie nach Moskau.

Aber Rußland begegnete nicht nur dem katholischen Westen, sondern in den Schweden auch der lutherischen und in den englischen Kaufleuten in Archangelsk der calvinistischen Welt. Rakow wurde zum Bollwerk der rationalistischen Sozinianer.

»Philaret unterdrückte Ketzerei, wo immer er sie erblickte, doch während er katholische Einflüsse systematisch von Rußland fernhielt, unternahm er gegen die protestantischen Einflüsse zu keiner Zeit etwas Entscheidendes.« Aber das kann kaum überraschen, denn um sich Polen vom Leib halten zu können, mußte er sich mit Schweden irgendwie verständigen, und zudem bestand eine gewisse Affinität zwischen den Orthodoxen und dem nordischen Luthertum. Der im westlichen Polen durch den thomistischen Rationalismus vorbereitete Sozinianismus und die Gemeinden der Aschkenasim konnten dem orthodoxen Rußland kaum gefährlich werden.

In den ersten Jahrzehnten des 17. Jahrhunderts, anderthalb Jahrhunderte später als im Westen, wurden in Moskowien die ersten Druckereien eingerichtet. Dadurch tauchten Probleme auf, wie sie der Westen am Vorabend der Reformation durchgemacht hatte. Man erkannte, wie sehr sich die Liturgie in den davorliegenden beiden Jahrhunderten von den Quellen entfernt hatte, und ging daran, sie kritisch zu prüfen und zu reformieren.

An der Spitze dieses Unternehmens stand ein außergewöhnlich kluger und frommer Mann, der Archimandrit des Troizko-Sergiewschen Klosters, das etwa 70 Kilometer nördlich von Moskau liegt: Dionys von Sobrino. In Rshew an der oberen Wolga als Sohn wohlhabender Bauern geboren, war er nach dem Tod seiner Frau und seiner beiden Söhne in das Kloster eingetreten; vorher hatte er sechs Jahre lang als Geistlicher in einem kleinen Dorf bei Rshew gewirkt. Er war »der erste jener Geistlichen vom Land, die im 17. Jahrhundert eine so große Rolle spielen sollten«.

Sein Ziel war es, gegen die Trunksucht, die Ausschweifungen und die Gewalttätigkeit zu kämpfen und der russischen Kirche jene Bücher zu geben, die das »aufgeklärtere« Jahrhundert erforderte. In der Klosterbibliothek entdeckte er die Aufzeichnungen des Griechen Maximus wieder, eines Mönches aus dem Kloster Athos, der ins Land gerufen worden war, um die heiligen Schriften einer kritischen Überprüfung zu unterziehen; man hatte ihn dann allerdings als Ketzer vor Gericht gestellt, eingekerkert, gefoltert und verurteilt. Am 21. Januar 1556 war er im Dreifaltigkeitskloster gestorben. Dionys beschloß, das Werk des Griechen fortzuführen – ein vielleicht notwendiges, sicherlich aber gefährliches Vorhaben. Das Wiederanknüpfen an die alte Tradition bedeutete, daß er gegen eine Mauer von Haß und Vorurteilen ankämpfen mußte.

Durch sorgfältige Vergleiche mit zum Teil jahrhundertealten Vorlagen konnten er und seine Mitarbeiter, ausgesuchte Theologen und Grammatiker, in den geltenden Kirchenbüchern und den üblichen Riten zahlreiche Abweichungen feststellen. Dionys erreichte, daß 1618 eine allgemeine Kirchenversammlung einberufen wurde, aber die Reformer erlitten eine vernichtende Niederlage: Man betrachtete es allgemein als gefährlich und ungerechtfertigt, aus logischen und historischen Gründen Texte zu verändern, die durch Tradition und durch den Buchdruck eine gewisse Weihe erhalten hatten und beim Volk allgemein eingeführt waren. Zur Verteidigung der gebräuchlichen Riten wurden von den konservativen Orthodoxen die fadenscheinigsten Argumente herangezogen – und sie setzten sich durch. Dionys wurde verurteilt und »durch Hunger, Durst und Rauch gefoltert, Schlägen und Beschimpfungen ausgesetzt«. Nicht besser erging es seinen Mitarbeitern. Erst durch das persönliche Eingreifen des Patriarchen von Jerusalem fanden ihre Leiden ein Jahr später ein Ende. Der Reformversuch von oben war an der Macht der Tradition gescheitert.

Und doch ließen sich die Reformbestrebungen auf die Dauer nicht unterdrücken. Es bildete sich eine gemeinsame Front der Reformer heraus, der einfache Landgeistliche ebenso angehörten wie Stephanus, der Beichtvater des Zaren, und Nikon, der Metropolit von Nowgorod. Als Nikon 1652 zum Patriarchen von Rußland gewählt wurde, schien die Reformbewegung gesiegt zu haben. In Wirklichkeit aber begann damit eine Tragödie, die die russisch-orthodoxe Kirche für zweieinhalb Jahrhunderte spalten sollte. Der ehrgeizige, wankelmütige Nikon stand ganz unter dem Einfluß der Griechen. Was Dionys und die ersten Reformer mit Mäßigung und Vorsicht versucht hatten, wollte Nikon durch Gewalt erzwingen. Dabei gingen er und seine Berater mit unverzeihlicher Oberflächlichkeit und Rücksichtslosigkeit vor, verwarfen die russische Tradition rundheraus und führten dafür fragwürdige Texte der griechisch-orthodoxen Diaspora ein, die großenteils in Venedig gedruckt worden waren.

Zwischen 1654 und 1656 veränderte die russische Kirche ihr Aussehen. Das einfache Volk erkannte sie nicht wieder; die Gebildeten waren entsetzt über die Leichtfertigkeit, mit der grundlegende Entscheidungen getroffen worden waren. Die große Zahl teils unnötiger, teils voreiliger Reformen führte ab 1653 zu Spannungen, 1656 zum Bruch und 1666 zu einer endgültigen Spaltung, zum Raskol. Die »Altgläubigen«, die sich im Namen der Kirche, der Tradition und der Kontinuität auflehnten und später, als man sie der Kirche beraubt hatte, nicht mehr fähig waren, eine Kirche aufzubauen, wurden zu radikalen Vertretern des individuellen Protests. Von nun an standen sich eine Staatsreligion, die teilweise entseelt worden war, und der anarchistische Protest der »Narren in Christus« gegenüber. Die Anhänger des alten Glaubens widersetzten sich unter Blut und Tränen allen Neuerungen, widersetzten sich Peter dem Großen ebenso wie Katharina der Großen.

Im 17. Jahrhundert machte die russische Orthodoxie eine Entwicklung durch, die zweieinhalb Jahrhunderten der westlichen Religionsgeschichte entspricht. Als diese Entwicklung abgeschlossen war, herrschten in Rußland ähnliche religiöse Gegensätze wie im Westen, aber noch weniger als die westlichen Kirchen, Katholiken oder Protestanten, sollte die russisch-orthodoxe Kirche im 18. Jahrhundert imstande sein, die Botschaft des Christentums der sich in explosiver Entwicklung befindlichen Welt anzupassen.

15

GEWISSENSKRISE

VORSPIEL ZUR AUFKLÄRUNG

1687 wurde mit den *Principia Philosophiae Naturalis* die Charta der modernen Welt aufgestellt. Alles hatte auf kosmologischer Ebene begonnen, alles endete auf kosmologischer Ebene. Im grenzenlosen Raum der euklidischen Geometrie, in einem Raum, der nicht mehr mit der Materie identisch war, in dem der fromme Newton das *Sensorium Dei* sah, wurden alle physikalischen Erscheinungen durch eine einzige Formel erfaßt. Zwei Jahrhunderte lang genügte die allgemeine Gravitation, um alles zu erklären. Die hartnäckigsten Mechanisten allerdings, die Neoscholastiker vom Schlag eines Fontenelle, die Anbeter des Ikonoklasten Descartes stießen sich an den Wirbeln, an der Dynamik, an der Physik einer erfüllten Welt. Dieser Raum störte sie. Für einen Rationalismus, der die fruchtbare kartesianische Ausklammerung von Politik und Religion zu vergessen begann, war dieser theologische Raum höchst unbequem. Da sie aber geringere Philosophen waren als Newton, fanden sie sich schließlich damit ab. Für die Christen sollte der leere Raum das *Sensorium* bleiben, das Gott beherrscht und transzendiert; die anderen übertrugen langsam, fast unmerklich und unbewußt die ontologischen Attribute des Christengottes auf den Raum des neuen Universums. Im Jahr 1687 fand das große Abenteuer des Geistes sein Ende. Auf der höchsten Ebene war 1687 alles vollendet. Übrig blieb noch, das Erreichte auszuweiten und zu verbreiten.

ZU DEN ABBILDUNGEN 220–226

220 CHRISTUS ZWISCHEN DEN BEIDEN SCHÄCHERN, VON RUBENS GEMALT Auf diesem Bild ist alles Bewegung, Heftigkeit und Geste. Nicht der Protestant Rembrandt, sondern der Katholik Rubens (1577–1640) brach mit der mittelalterlichen Tradition seiner Heimat und schloß sich an Michelangelo an. Sein Christus ist eine ebenso athletische Gestalt wie die beiden Schächer; die Gesten wirken beinahe theatralisch, die Gesichtsausdrücke der Frauen haben etwas Süßliches an sich, während die männlichen Gestalten sehr gut charakterisiert sind. (Rubens, *Christus zwischen den beiden Schächern*, genannt *Der Lanzenstich*, Antwerpen, Koninklijk Museum van Schone Kunsten)

221 ZWEI GOTTESHÄUSER IN HOLLAND: DIE KIRCHE VON ASSENDELFT (1649) Die aus dem Mittelalter stammende Kirche wurde fast allen Schmuckes beraubt und wie die meisten Gotteshäuser in den Vereinigten Niederlanden von den Reformierten übernommen. Nicht mehr der Altar ist der Mittelpunkt der Kirche, sondern die Kanzel, von der herab das Wort Gottes gepredigt wird. Auch die Bänke sind so umgestellt, daß alle Gottesdienstbesucher freien Blick auf die Kanzel haben. Die Wandgemälde sind übertüncht, die Statuen entfernt; nur noch einige wenige kleinformatige Bilder zieren die Wände. Allerdings waren die holländischen Kirchen auch im 15. Jahrhundert, vor der Reformation, nicht so reich ausgeschmückt wie anderswo. (Saenredam, *Die Kirche von Assendelft*, 1649. Amsterdam, Rijksmuseum)

222 ZWEI GOTTESHÄUSER IN HOLLAND: DIE PORTUGIESISCHE SYNAGOGE IN AMSTERDAM Paradoxerweise ist dieses jüdische Gotteshaus reicher geschmückt als die reformierte Kirche von Assendelft. Die Hüte auf den Köpfen der Männer zeigen, daß es sich um eine Synagoge handelt. Die Amsterdamer Gemeinde der von der Iberischen Halbinsel vertriebenen Juden war die reichste und zahlenmäßig stärkste in diesem Land. Die Synagoge wurde zwischen 1671 und 1675 von Elias Bouman im Stil des holländischen Klassizismus errichtet. Zu den bedeutendsten Männern, die dieser Gemeinde angehörten, zählen Uriel da Costa und Spinoza. (E. de Witte, *Portugiesische Synagoge in Amsterdam*, Amsterdam, Rijksmusum)

223 SPINOZA Dieses wenig bekannte Bildnis zeigt uns einen noch jugendlichen Spinoza (1632–1677). Das Auffallendste an dem harmonisch geschnittenen Gesicht sind die großen, lichterfüllten Augen, die sich in den Betrachter hineinzubohren scheinen. Die portugiesische Herkunft des Philosophen ist hier sehr deutlich. (Unbekannter Meister, *Spinoza*, Amsterdam, Rijksmuseum)

224 JOHN LOCKE Man hat John Locke (1632 bis 1704) in verschiedener Hinsicht als den »geistigen Vater des 18. Jahrhunderts« bezeichnet. Das gilt jedoch nur mit Einschränkungen. Dieser Theoretiker der Glorreichen Revolution war ein tiefer, origineller Denker, war jedoch gleichzeitig tief im englischen Empirismus verwurzelt, der keineswegs antichristlich oder religionsfeindlich war. Das Bildnis stammt von Kneller. (London, National Portrait Gallery)

225–226 DIE KOMPLIZIERTEN RITEN DER FREIMAURER Die moderne Freimaurerei ist in England unter der Herrschaft der Königin Anna und des Königs Georg I. entstanden. Um 1730 faßte sie auch auf dem Kontinent Fuß, machte jedoch dabei eine gewisse Verwandlung durch. In protestantischen Ländern war sie parareligiös, in katholischen Ländern hingegen christentumsfeindlich. Sie trug wesentlich dazu bei, den Geist der Enzyklopädisten zu verbreiten. Das komplizierte Ritual wurde von den mittelalterlichen Brüderschaften der Steinmetzen und deren Bauhütten übernommen (225): hier wird ein Lehrling aufgenommen; auf dem Boden die Symbole des salomonischen Tempels. Abb. 226 zeigt den Ritus, durch den ein Gesell in den Rang eines Meisters erhoben wird. (Paris, Musée des Arts décoratifs)

221

222

223

224

225

226

Dies war die große Aufgabe der beiden Generationen von den *Principia* bis zur Mitte des 18. Jahrhunderts. Die Ausweitung machte allerdings raschere Fortschritte als die Verbreitung: Von 1715 bis 1750 blieben die neuen Erkenntnisse auf eine winzig kleine Gesellschaftsschicht begrenzt, deren Kühnheit die erstaunliche Zurückhaltung und Ängstlichkeit der großen Masse verdeutlicht. Die wirkliche Verbreitung erfolgte nicht mehr im Zeitalter des Barock, sondern im Zeitalter der Revolutionen, war die ideologische Begleiterscheinung des grundlegenden wirtschaftlichen Wandels. Das Europa des »zweiten Barock«, das unmerklich auf die große Gewissenskrise zusteuerte, auf das Vorspiel der Aufklärung, müßte eigentlich in einem gesonderten Buch dargestellt werden. Wir müssen auf eine ausführliche Würdigung verzichten, uns auf die Baumeister der neuen Welt beschränken und die kleineren Geister, die ihr Werk fortführten, mit wenigen Worten abhandeln. Immerhin sind über diesen Abschnitt europäischer Kulturgeschichte schon zahlreiche gute Bücher erschienen, so in Frankreich die Studien von Mauzi, Ehrard, Roger, Proust und Foucault. Deshalb seien hier von der Entwicklung in der ersten Hälfte des 18. Jahrhunderts nur kurz die wichtigsten Züge skizziert.

Das gewaltige Unterfangen der Baumeister der modernen Welt setzte, wie wiederholt gesagt wurde, eine Ausklammerung bestimmter Gebiete voraus; diese Ausklammerung war eine Voraussetzung für den Erfolg. Der Erfolg übertraf alles, was man erhofft oder sich auch nur vorzustellen gewagt hatte. »Die Fixsterne sind lauter Sonnen, von denen jede eine Welt erhellt«, schrieb Fontenelle, der recht mittelmäßige Verbreiter der neuen Ideen, in seinen *Entretiens sur la pluralité des mondes,* von denen 1719 schon die fünfte Auflage in Amsterdam gedruckt wurde. Ein solcher Erfolg brachte zwangsläufig die Zerstörung der Bedingungen mit sich, die ihn ermöglicht hatten. Der Kontrast zwischen dem mathematischen Universum der neuen Wissenschaft und dem qualitativen, hierarchischen Aufbau der sozialen und religiösen Welt – eine Spannung, die wir als Voraussetzung für die Entfaltung der klassizistischen Ästhetik erkannt haben – mußte schließlich unerträglich erscheinen. Dies führte dazu, daß man ab 1690/1700 die ständische Gesellschaft zumindest theoretisch in Frage zu stellen begann. Der *Tractatus theologico-politicus* stammt aus dem Jahr 1670, der fundamentale *Essay* John Lockes* von 1690. Zu Beginn des 18. Jahrhunderts begann *An Essay concerning human understanding,* der philosophische Niederschlag der Glorreichen Revolution, in ganz Europa zu wirken.

Aber noch folgenschwerer war die Ausarbeitung eines nichtchristlichen oder besser christentumsfeindlichen Rationalismus, die zwischen 1685 und 1715 erfolgte.

In dieser Zeit nahm das »so leidenschaftlich christentumsfeindliche 18. Jahrhundert«, wie Jean Ehrard sich ausdrückt, seinen Anfang. In diesen dreißig Jahren brach der ganze Haß, das aus radikaler Verständnislosigkeit geborene Mißtrauen, die ganze enttäuschte Liebe durch. Was damals entstand, wurde dann im 18. Jahrhundert verbreitet, dabei jedoch zum Teil abgeschwächt.

Die europäische Gewissenskrise war zunächst eine Krise des christlichen Denkens. Sie manifestierte sich in einem Rückgang der religiösen Flut, der tiefen Religiosität, die von 1520 bis 1680 überall festzustellen war. Einen ähnlichen Rückgang hatte Europa im 14. und 15. Jahrhundert erlebt. Natürlich hatte es auch im 16. und 17. Jahrhundert Agnostiker und Rationalisten gegeben, aber angesichts der religiösen Erneuerung waren sie praktisch nicht ins Gewicht gefallen.

Das sollte sich 1680 ändern. Was jetzt entstand, war ein neuer, kraftvoller Rationalismus, der gegenüber den geschwächten Kirchen ein leichteres Spiel hatte. In Rußland hatten die religiösen Auseinandersetzungen zu blutigen Exzessen geführt. Dordrecht ließ zwar keine Scheiterhaufen auflodern, zwang jedoch alle, die sich den Beschlüssen nicht beugen wollten, ins Exil. Scheiterhaufen und Folterungen behielt sich das christliche Europa zwischen 1570 und 1630 für seinen Hexenwahn vor. Nachdem man dem Wahn dreißigtausend oder vielleicht auch fünfzigtausend Opfer gebracht hatte, kehrte man zur alten Ordnung zurück. Die Scheiterhaufen erloschen, um gegen 1670/1680 nur noch sporadisch in Nordeuropa oder Nordamerika (Salem) aufzuflammen. Es ist nicht anzunehmen, daß man im ausgehenden 17. Jahrhundert viel an die noch junge Vergangenheit dachte und daran Anstoß nahm, sah man doch in der Hexenverbrennung eine notwendige Maßnahme zum Schutz der Gesellschaft vor asozialen Elementen. Diesen hätten die Philosophen des 18. Jahrhunderts vielleicht den Scheiterhaufen erspart, aber gewiß nicht den Tod. Ihre Ausrottung war eine Tatsache, die niemand bedauerte.

Nicht so rasch vergessen wurden hingegen Dordrecht, die Judenverfolgungen auf der Iberischen Halbinsel, das Revokationsedikt, denn diesmal mußte nicht nur das niedere Volk leiden, sondern auch die Elite. Eine letzte große Auseinandersetzung gab es um die Wende des 17. zum 18. Jahrhundert wegen des Jansenismus. All das führte dazu, daß die christlichen Kirchen innerlich zerrissen ins 18. Jahrhundert gingen. Die reformierten Kirchen erstarrten in formalistischer Strenge; Gleichgültigkeit machte sich breit, nicht nur unter den Gläubigen, sondern auch in den Reihen der Geistlichkeit. »Rottet die infame (Kirche) aus!« rief Voltaire. Das besorgten weniger die rationalistischen, deistischen oder atheistischen Philosophen als vielmehr die Christen selbst.

Die Philosophie verdankte ihren Erfolg nicht so sehr den eigenen Qualitäten als der Schwäche der Kirchen, durch die eine Art von Vakuum geschaffen wurde, in das die Philosophen vorstoßen konnten. Und doch, welche Hoffnungen hatte man noch 1670/1680 vielerorts hegen können, nachdem die Katholiken endlich die Religion der Gnade entdeckten und ihr lebten, die Protestanten tiefer in das Geheimnis der Kirche eingedrungen waren, ein Leibniz mit einem Bossuet korrespondierte und es den Anschein hatte, als ob zwischen den theozentrischen Katholiken und den kirchenbewußten Protestanten eine Wiedervereinigung möglich sei! Zumindest stand ein vertieftes gegenseitiges Verständnis in Aussicht. Nach 1685 war all dies für Jahrhunderte zerschlagen.

Dem Christentum gegenüber stand der neue Rationalismus. Er manifestierte sich in zwei Formen, war versöhnlicher und gemäßigter im protestantischen Norden als im katholischen Süden.

Man könnte es kurz so formulieren: Der Aristotelismus war tot, die Scholastik völlig überholt, aber was in ihr erstorben war, war nicht die von ihr nur allzuoft abgeschwächte und ausgelaugte Offenbarung, sondern die antike Weltvorstellung eines geschlossenen Kosmos, die syllogistische Erforschung der Welt durch bloße Worte. Die mathematische Ordnung setzte sich durch. Aber die Menschen, die der Scholastik den Garaus machten, glaubten das Christentum zu zerstören. Noch war ein Teil der christlichen Welt der erfolgreichen Scholastik des 13. Jahrhunderts verhaftet; man war zu träge, zu ängstlich, um mit den Gegebenheiten der neuen, noch ungesicherten Synthesen einen neuen Anfang zu wagen. Deshalb gab es zwei Weisen des Philosophierens, zwei Reaktionsmöglichkeiten auf die Aufklärung. Der protestantische Norden, der der mittelalterlichen Scholastik nicht mehr so nahe stand wie der katholische Süden – aber näher, als man allgemein annimmt –, vermochte den Ansturm der neuen Gedanken besser zu ertragen.

Es ist üblich (und bequem), zwischen einem kritischen und einem fundamentalistischen Rationalismus zu unterscheiden: der erste griff mehr das Beiwerk als die Grundlagen der christlichen Welt an, während der zweite darauf aus war, an die Stelle der christlichen Perspektiven neue Perspektiven zu setzen. Als einer der Begründer des kritischen Rationalismus ist Pierre Bayle zu bezeichnen; weitergeführt wurde die Entwicklung von Richard Simon und vor allem von Voltaire. Einer der großen, ja der größte Wegbereiter jedoch war Spinoza.

Baruch de Spinoza hat in Worte gefaßt, was das ganze 18. Jahrhundert bewegt hat; alles, was dieses Jahrhundert wagte, hatte er noch entschiedener gewagt. Ja, man scheute später sogar davor zurück, seine konsequent zu Ende gedachten Gedanken in ihrer ganzen Tragweite zu übernehmen. Wie Pascal, an den sein Profil und seine Augen erinnern, starb er früh: mit 44 Jahren.

Er wurde 1632 in Amsterdam als Sohn eines reichen jüdischen Kaufmanns portugiesischer Herkunft geboren. Von 1639 bis 1650 besuchte er die jüdisch-spanische Schule in Amsterdam. Zu seinen Lehrern gehörten der liberale Manesse Ben-Israel und der hartnäckige Traditionalist Saul Morteira. Im April 1640 erlebte er die öffentliche Auspeitschung Uriel da Costas und seinen Selbstmord. Nach dem Willen seines Vaters sollte er Rabbiner werden, fühlte sich aber zu den Sozinianern hingezogen; außerdem besuchte er die Lateinschule des ehemaligen Jesuiten Van den Enden. So wirkten die verschiedensten Einflüsse auf ihn ein. 1656 wurde er aus der Synagoge ausgeschlossen. Er ging bei einem Linsenschleifer in die Lehre und erlebte eine Liebesenttäuschung. 1660 übersiedelte er nach Rijnsburg, einem Vorort von Leiden. Allmählich wurde sein Name bekannt, und er trat in Verbindung mit Heinrich Oldenbourg, dem Sekretär der Royal Society in London. Leidenschaftlich unterstützte er die Politik der Brüder de Witt, zu deren Propagierung er 1670 den *Tractatus theologico-philosophicus* veröffentlichte, und war als Leiter einer Gruppe von militanten Rationalisten tätig. Von der Tuberkulose zerfressen, starb er am 21. Februar 1677 in Leiden. Am 25. Februar 1677 fand die Einsegnung durch den Pastor Cordes statt, einen Nachbarn und Freund Spinozas. Sechs Wagen begleiteten den Sarg zum Friedhof.

Geschrieben hat Spinoza zeitlebens nur wenig und – von einigen in Holländisch verfaßten Briefen abgesehen – stets in lateinischer Sprache. Er selber veröffentlichte nur zwei Bücher, die *Prinzipien der Philosophie des Descartes* mit den *Metaphysischen Gedanken (R. des Cartes Principiorum philosophiae p. I et II more geometrico demonstrata)* und vor allem den *Tractatus,* der nicht nur bereits das ganze 18. Jahrhundert enthält, sondern es sogar überschreitet. Vor dem Tod hatte er fast alle seine Manuskripte vernichtet und seinen Testamentsvollstrecker Louis Meyer angewiesen, anonym die *Ethik,* den *Tractatus politicus,* einen Teil seiner Korrespondenz (vor allem mit Oldenbourg) und ein *Kompendium der hebräischen Grammatik* zu veröffentlichen.

Die christliche Welt begriff rasch die Bedeutung seines Werkes und reagierte entsprechend heftig. In einer 1706 erschienenen Spinoza-Biographie (bei der sein Vorname von Baruch in Benedikt umgewandelt wurde) verbreitete sich der lutherische Pastor Jean Colerus über die schon damals reichliche spinozafeindliche Literatur, die mindestens dreißigmal so umfangreich war wie das Werk des seltsamen Philosophen.

Spinoza war ein Kartesianer, der Aristoteles zu neuem Leben erweckte, allerdings nicht den Aristoteles des heiligen Thomas, sondern den richtigen Aristoteles. Jedoch war dieser Kartesianer kein Mathematiker, wenngleich er die Methoden der Mathematik auf die Philosophie anwandte. Die zerstörerische Kraft, die von seinen Schriften ausging, lag auf einer anderen Ebene. Sie wurzelt in seinem Verfahren, die jüdisch-christlichen Anschauungen nicht zu verwerfen, sondern ganz in sie einzudringen und ihren Sinn zu verändern. Das Wort »Gott« kommt bei diesem Vater des Atheismus bis zu zwanzigmal auf der Seite vor. *Deus sive Natura*, Gott, das heißt die Natur. Gott ist das tiefe, aber verstandesmäßig faßbare Wesen der Dinge, das Heil ist die Wahrheit, das ewige Leben ist das Annehmen der Ordnung. Mit ihm verschwand die Seele als Idee des Körpers, aber der Gedanke blieb. Es war die Vorstellung einer kollektiven Seele, wie sie schon bei Aristoteles zu finden ist. In Spinoza vereinigt sich die ganze Religion Indiens mit der ganzen Offenbarung des in der jüdisch-christlichen Terminologie gefaßten immanenten Gottes – die teuflischste aller Fallen. Allerdings endete damit die für das Geistesleben so fruchtbare tragische Spannung des 17. Jahrhunderts – mit Spinoza ist in der Geistesgeschichte das 18. Jahrhundert angebrochen. Die ontologischen Eigenschaften Gottes wurden ganz und gar auf die Natur übertragen, eine Entwicklung, die in der Kosmologie eines Laplace in einem leeren, sinnlosen Universum enden sollte.

Sein mechanistischer Monismus vermochte das 18. Jahrhundert zu verführen. Und doch verleugnete er das Wesentliche: die dramatische Spannung des Seins, die tiefe Zerrissenheit des Menschen, das Leiden des im Staub erlöschenden Funkens – all die Tragik, ohne die es keinHolland, kein Abenteuer des Geistes und vor allem keinen Spinoza gegeben hätte.

Man kann unter einem bestimmten Blickwinkel das 18. Jahrhundert als einen Dialog mit Spinoza sehen. Allerdings hütete man sich, der Versuchung Spinozas allzusehr nachzugeben. Statt dessen schuf man sich seine Ersatzmythen, in denen die Natur eine große Rolle spielte. Wieder kam der uralte Animismus zu neuer Blüte: eine animistische Natur bildete gleichsam die Brücke zwischen den Hexen von Salem, die man vor nicht allzu langer Zeit verbrannt hatte, und den fragwürdigen Experimenten von Cagliostro und Mesmer.

In diesem Zusammenhang wird man unwillkürlich an die Geschichte der Freimaurerei erinnert, die in ihrer modernen Form zu Beginn des 18. Jahrhunderts in England entstand, in jenen unitarischen Kreisen, die entsetzt waren über den Zusammenbruch einer Kirche, die ihrer Substanz zu berauben sie so eifrig mitgewirkt hatten. Denken wir auch an den Hugenotten Desaguliers und die von ihm geschaffene und verbreitete Ersatzreligion. Und schließlich brauchten auch die Sozinianer das Geheimnis.

Die animistische Natur war eine Natur nachzüglerischer Kleinmeister, die zur mechanistischen Natur der Generation Fontenelles führte. Mit Buffon und Maupertuis tauchte der Evolutionsgedanke auf. Mit dem Atheisten Maupertuis wurde eine neue animistische Natur geboren, eine *natura naturans*, die allerdings weniger ausschließlich geometrisch war als zu Spinozas Zeiten.

Das 18. Jahrhundert brauchte die Natur, um die Welt durchdenken zu können, vor allem aber war der Naturmythos als Gedankenhilfe erforderlich, um die gesellschaftliche und menschliche Ordnung außerhalb der christlichen Denkordnungen erfassen zu können. Natur und Moral – es lebe die natürliche Moral! Natur und Religion – es lebe die Naturreligion! Die Natur ermöglichte es, in aller Stille das christliche Gebäude zu zerstören und nur so viel von ihm übrig zu lassen, daß der Anschein gewahrt blieb. Bezeichnend ist, daß die christlichen Denker des 18. Jahrhunderts, in Frankreich etwa ein Ambroise de Lombez, eine Madame Aubert, ein Avrillon, mit den gleichen Mythen operierten.

Und doch kündete sich um die Mitte des 18. Jahrhunderts im protestantischen Norden ein neuer, wenn auch bescheidener Frühling der Religion an. Daß diese Erneuerung sich außerhalb der offiziellen Kirchen vollzog, ist im ganzen gesehen wenig bedeutsam. In Deutschland vermischten sich Romantik und Aufklärung. Ihren Höhepunkt erreichte die Kunst der Musik in Deutschland in der ersten Hälfte des 18. Jahrhunderts – und diese Musik war fast ganz und gar Kirchenmusik, eine religiöse, lutherische Musik.

Heinrich Schütz *, der Kantor des sächsischen Kurfürsten in Dresden, teilte seine Zeit zwischen der Lektüre der Bibel und der Vertonung des Wortes Gottes, vor allem in seiner Matthäus- und der Johannespassion.

Im *Messias* von Friedrich Händel * (1685–1759) kommt der ganze Geist des deutschen Pietismus zum Ausdruck. Alles dreht sich um das Kreuz, alles um das einmalige Heilsgeschehen. »Ich möchte am Karfreitag sterben in der Hoffnung, am Tage seiner Auferstehung mit meinem Gott, meinem guten Herrn und Erlöser vereint zu werden.« Dieses Gebet seines Lebens wurde erfüllt: Händel starb am Karsamstag des Jahres 1759, einen Tag vor Ostern.

Johann Sebastian Bach * (1685–1750) war ein Pietist innerhalb der lutherischen Kirche. Der Pietismus nahm seinen Anfang im Elsaß mit Philipp Jakob Spener (geboren am 25. Juli 1635 in Rappoltsweiler); ihm folgten Gottfried Arnold (1666–1714), der Sachse August Hermann Francke aus Halle (1663–1738) und

Johann Albert Bengel aus Württemberg (1687–1751). Der große Vertreter des skandinavischen Pietismus war Emanuel Swedenborg (1688–1772), der »Buddha des Nordens«, auch wenn er am Rand des wahren Christentums stand.

Vor allem aber war John Wesley für die religiöse Erneuerung bedeutsam. Am 17. Juni 1703 im Pfarrhaus von Epsworth geboren, durchlebte er fast das ganze 18. Jahrhundert (er starb 1791). Seine Bekehrung fand am 24. Mai 1738 um 20 Uhr 45 statt – eine pascalische Präzision, die zu einem der Kennzeichen der methodistischen Bekehrungen werden sollte... Man kann ohne Übertreibung sagen, daß er mit seinen Predigten ab 1739 die religiöse Erneuerung in England eingeleitet hat. Daß er sich mit der anglikanischen Kirche gestritten hat, besagt wenig. Ihm verdankt das gesamte religiöse Leben in England, innerhalb und außerhalb der Methodistengemeinschaften, die Wiederentdeckung der Botschaft vom Heil durch göttliche Gnade, die von allem theologisch-philosophischen Beiwerk befreit war, aber auch jenen missionarischen Schwung, der den protestantischen Kirchen bis dahin so sehr gefehlt hatte. Wilberforce folgte dem vorgezeichneten Weg und sagte dem Sklavenhandel und der Sklaverei den Kampf an – einen wohlüberlegt geführten und schließlich auch siegreichen Kampf.

In diesem letzten Kapitel konnten nur die großen Entwicklungslinien in der ersten Hälfte des 18. Jahrhunderts aufgezeigt werden; das bedingte eine Verkürzung und Vereinfachung, die dem vielfältigen Geschehen natürlich nicht gerecht werden kann, aber eine ausführliche Würdigung ist im Rahmen dieses Bandes einfach nicht möglich.

In Wirklichkeit war um 1750 noch nichts abgeschlossen, war alles noch im Fluß. Nach dreieinhalb Jahrhunderten haben wir bei weitem noch nicht das ganze Wunder der Zeit nach 1620 erfaßt, haben es immer noch nicht voll ausgeschöpft. Das Wunder dieser Jahre ist das steile Ansteigen der Macht des Menschen über die Dinge. Am Ende der Entwicklung steht die industrielle Revolution.

Immer reicher und im Grund doch noch ebenso arm war die Menschheit weiterhin auf der Suche nach ihren höchsten Werten.

7

ANHANG

	POLITISCHE EREIGNISSE	WIRTSCHAFT UND GESELLSCHAFT	RELIGIÖSES LEBEN
1596		1593–1596 Bauernaufstand in Frankreich (Croquants)	Union von Brest-Litowsk
1597		Ukas gegen flüchtige Leibeigene in Rußland	1597–1657: Menasse ben Isra
1598	13. April: Edikt von Nantes 2. Mai: Friede von Vervins 13. September: † Philipp II. von Spanien Boris Godunow Zar (bis 1605)	Erster Aufstand der Bulgaren gegen die Türken 1598–1603: Verheerende Pestepidemie in Kastilien und Andalusien, 500 000 Tote	Klemens VIII. verbietet in Österreich die Kommunion in beiderlei Gestalt
1599			
1600		Olivier de Serres (1539–1619): *Théâtre d'Agriculture* Simon Stevin (1548–1620) unterrichtet auf Flämisch Mathematik an der Ingenieurschule in Leiden	
1601	17. Januar: Vertrag von Lyon zwischen Frankreich und Savoyen 27. September: * Ludwig XIII. († 1643)	*Poor laws* (Armengesetze) in England Wirtschaftsumschwung in Spanien	Einführung des Karmeliterin ordens in Frankreich (Madame Acarie)
1602	29. Januar: Erneuerung des Bündnisvertrags zwischen Frankreich und den Schweizer Kantonen		
1603	24. Januar: † Elisabeth I., Jakob I. neuer König		1. September: Jesuiten in Pa Arminius lehrt an der Unive Leiden
1604	28. August: Friede zwischen Spanien und England Sigismund III., König von Polen und Schweden, verliert die schwedische Krone wegen Katholisierungsversuchen	Einführung der Paulette, dadurch Erblichkeit der Ämter in Frankreich	1604–1611: Richard Bancrof Erzbischof von Canterbury

ESLEBEN · WISSENSCHAFTEN	KUNST · LITERATUR	EUROPA UND DIE WELT	
-1650: René Descartes		1596–1597: Van Houtman in Indonesien	1596
-1687: Constantijn Huygens			
		Christenverfolgung in Japan	1597
	1598–1680: Bernini	Iyeyasu, Herrscher von Japan	1598
	1598–1666: François Mansart		
	1598–1662: Zurbarán		
	Mateo Alemán: *Guzman de Alfarache*	Die Holländer in Japan	1599
	1599–1641: Van Dyck		
	1599–1660: Velázquez		
ebruar: Verbrennung	1600–1682: Claude Gelée,	Englische Ostindische Kompanie	1600
ɔrdano Brunos	genannt Le Lorrain		
am Gilbert: *De Magnete*	1600–1681: Calderón		
ɛr kommt nach Prag zu	Vittoria (Madrid): *Magnificat*		
cho Brahe			
ɔktober: † Tycho Brahe	Caravaggio: *Madonna mit der Schlange*	Die Holländer in Annam	1601
-1665: Fermat			
	Campanella: *Città del sole*	Niederländische Ostindische Kompanie	1602
	1602–1674: Philippe de Champaigne		
	1602–1676: Abraham Bosse		
lliam Gilbert (1540–1603)	Carracci: *Flucht nach Ägypten*	Champlain in Kanada	1603
nçois Viète (1540–1603)			
ei formuliert in einem Brief	1604–1629: *Comedias* von Lope		1604
Paolo erstmals die Fallgesetze	de Vega		
ɛr beginnt Studien über	1604–1616: Anlage der Place		
htbrechung und veröffentlicht	Royale in Paris		
ɟ *Vitellionem Paralipomena*,			
n Ausgangspunkt der			
ɔdernen Optik			
ius: *De jure proedae*			

	POLITISCHE EREIGNISSE	WIRTSCHAFT UND GESELLSCHAFT	RELIGIÖSES LEBEN
1605	Falscher Demetrius in Rußland ermordet 5. November: Pulververschwörung in England		13. Oktober: † Théodore de (1519–1605) Inthronisation Pauls v.
1606	Aufstand Bolotnikows in Rußland		
1607	Sigismund von Polen unterwirft den protestantischen Adel seines Landes		Ausnahmegesetze gegen die Katholiken in England
1608	Protestanten sprengen den Reichstag zu Regensburg 19. Mai: Gründung der protestantischen Union		Franz von Sales: *Introductio à la vie dévote* 1608–1657: J.-J. Olier
1609	Warschau Hauptstadt Polens Majestätsbrief Rudolfs ii. für die böhmischen Protestanten Gründung der katholischen Liga gegen die Union Zwölfjähriger Waffenstillstand zwischen Spanien und den Vereinigten Niederlanden	1609–1614: Vertreibung der Morisken aus Spanien	† Arminius Reform des Klosters Port-Ro
1610	Die Polen besetzen Warschau 14. Mai: Ermordung Heinrichs iv. von Frankreich. Nachfolger Ludwig xiii. (bis 1643)	Beginn des 17. Jhs.: Geldwirtschaft setzt sich endgültig gegen Naturalwirtschaft durch	Die *Remonstranz* arminianis Pastoren aus Holland und Zeeland
1611	26. Januar: Sully entlassen Gustav Adolf König von Schweden (bis 1632)		Richer: *Libellus* *Gegenremonstranz* der Goma
1612	† Rudolf ii., Kaiser seit 1572 Matthias röm.-dt. Kaiser (bis 1619)		23. Mai: Zwanzigste Synode reformierten französischen Kirchen
1613	Michael Romanow wird Zar (bis 1645) Die Polen werden aus Moskau vertrieben		Bérulle gründet die Kongrega der Priester vom Oratoriu

...ESLEBEN · WISSENSCHAFTEN	KUNST · LITERATUR	EUROPA UND DIE WELT	
...er formuliert die Bahngesetze	*Don Quichotte* (erster Teil), *Macbeth, König Lear*	1605–1607: Die Dänen in Grönland	1605
	1606–1669: Rembrandt 1606–1684: Corneille	Virginia-Kompanie Christenverfolgung in Japan	1606
	Monteverdi: *Orfeo*	Jesuiten in Paraguay 1607–1609: Holländische Flotte in Japan	1607
...–1679: Borelli ...–1647: Torricelli	Manierismus und Tenebrosi in der italienischen Malerei 1608–1613: Amsterdamer Börse 1608–1674: Milton 1608–1697: Vieira	Quebeck gegründet	1608
...er: *Astronomia Nova* ...glas von Lippershey ...demia dei Lincei ...emie der Wissenschaften in ...renz	Rubens in Antwerpen. Erste *Anbetung der Könige* (im Prado)	Amsterdamer Bank Gründung von Santa Fé in Neumexiko	1609
...–1612: Fabricius, Galilei, ...einer: Beobachtung der ...nnenflecke ...–1619: Galilei studiert die ...diceischen Planeten	Monteverdi: *Sanctissimae Virginis Missa*	1610–1620: Höhepunkt der Ausbeutung der Salinen von Araya (Amerika) durch die Holländer	1610
...sc verbreitet in Frankreich ... Erkenntnisse Galileis	Rubens: *Kreuzabnahme*		1611
...n Marius entdeckt Andro-...danebel			1612
...ner bestimmt Sonnenrotation ...f Grund der Sonnenflecken	Cervantes: *Exemplarische Novellen*		1613

	POLITISCHE EREIGNISSE	WIRTSCHAFT UND GESELLSCHAFT	RELIGIÖSES LEBEN
1614	Schwedisch-russischer Krieg (bis 1617) Zusammentritt der französischen Generalstände (bis Mai 1615) Michael Fedorowitsch Romanow besiegt die Kosaken bei Rostokino	*Article du Tiers*	
1615		1615–1625: Einführung des Tabakrauchens in Westeuropa	Jesuitenorden umfaßt mehr a 13 000 Mitglieder in 32 Pr vinzen
1616	Erster Eintritt Richelieus in den Staatsrat		Erste kritische Prüfung der russischen Kirchenbücher Franz von Sales: *Traité de l'amour de Dieu*
1617	24. April: † Concini Ende des schwedisch-russischen Krieges		† Francisco Suarez, spanische Thomist
1618	23. Mai: Fenstersturz zu Prag, Beginn des Dreißigjährigen Krieges Preußen, bisher polnisches Lehen, kommt durch Erbschaft an Brandenburg	Aufstand in Böhmen Die niederländische Regentenpartei wird aus ihrer Machtstellung verdrängt	13. November 1618 – 9. Mai 1 Dordrechter Synode Reform in Saint-Maur
1619	† Kaiser Matthias Ferdinand II. wird römisch-deutscher Kaiser (bis 1637) Kurfürst Friedrich von der Pfalz wird König von Böhmen	1619–1622: Wirtschaftskrise in Italien Gründung der Hamburger Bank	Jakob Böhme: *Von den drei zipien des göttlichen Wese* (Mystik) Lucilio Vanini, italienischer turphilosoph, als Ketzer verbrannt
1620	1620–1688: Friedrich Wilhelm, Kurfürst von Brandenburg 8. November: Tilly schlägt Friedrich v. von Böhmen in der Schlacht am Weißen Berg		Jakob Böhme: *Vom dreifach Leben des Menschen*

TESLEBEN · WISSENSCHAFTEN	KUNST · LITERATUR	EUROPA UND DIE WELT	
rithmentafel von John pier	El Greco: *Mariä Himmelfahrt* *Editio Medicea* des erneuerten Gregorianischen Chorals in Rom	Nordholländische Kompanie	1614
rsten Mikroskope	1615–1616: Rubens, *Jüngstes Gericht*	Englische Gesandtschaft in Indien	1615
rnikanische Schriften auf n Index	Frans Hals: *Festmahl der St.-Georgs-Schützen*	Vorstöße der Mandschu nach China	1616
pier (John Napier of Merston, 1550–1617), Erfinder · Logarithmen	1617–1619: Plaza Mayor in Madrid (von Mora) Van Dyck: *Kreuzigung* 1617–1682: Murillo 1617–1681: Gerard Terborch		1617
artes lernt in Breda Isaac eckman kennen lai: Drittes Keplersches setz	Elisabethbau des Heidelberger Schlosses vollendet	Batavia auf Java von der Niederländisch-Ostindischen Kompanie gegründet	1618
Scheiner untersucht die tik des Auges	1619–1655: Cyrano de Bergerac 1619–1690: Le Brun 1619–1668: Philipp Wouwerman	Jens Menk sucht in der Hudson-Bai nach der Ostwestpassage Unterstützung der Handelsgesellschaften durch die Amsterdamer Bank	1619
cis Bacon: *Novum Organum* –1682: Jean Picard, Astronom	Crescenzi: Pantheon im Escorial Salomon de Brosse: Medici-Brunnen	Die puritanischen Pilgerväter landen in Nordamerika Rückgang des Manila-Handels	1620

	POLITISCHE EREIGNISSE	WIRTSCHAFT UND GESELLSCHAFT	RELIGIÖSES LEBEN
1621	Wiederaufleben der Kämpfe zwischen Spanien und den Vereinigten Niederlanden † Philipp III. von Spanien Philipp IV. spanischer König Olivarez kommt an die Macht Beginn des schwedisch-polnischen Krieges (bis 1629)	Gründung der Nürnberger Bank Niedergang der amerikanischen Silberlieferungen für Spanien führt zu starkem Konjunkturumschwung 1620–1630: Absinken der Bevölkerung des Reiches von 21 auf 10 Millionen	† Robert Bellarmin, italienischer Theologe und Förderer der Gegenreformation Gregor XV. Papst (bis 1623)
1622			
1623	Tilly dringt nach Westfalen vor Reichstag zu Regensburg. Maximilian von Bayern erhält die Kurpfalz	1623–1625: Quecksilberproduktion in Huancavelica sinkt rasch ab Ein Versuch, die spanischen Bestimmungen gegen die Juden zu mildern, scheitert	Urban VIII. Papst (bis 1644) Jakob Böhme: *Von der Gnadenwahl*
1624	29. April: Richelieu wird leitender Minister Ludwigs XIV. Henriette von Frankreich heiratet Karl I.	1624–1640: Endemische Pest in Frankreich nördlich der Loire Bauernaufstand im Périgord (Croquants)	† Jakob Böhme Mersenne: *L'impiété des déistes* Vinzenz von Paul gründet den Missionsorden der Lazaristen
1625	† Jakob I., König von England, Nachfolger Karl I. (bis 1649) Christian IV. von Dänemark greift auf protestantischer Seite in den Dreißigjährigen Krieg ein	Tabaksteuer und Tabakmonopol in England	P. Garasse: *Somme théologique* Protestantenverfolgung in Oberösterreich
1626	Dänische Truppen werden besiegt, Wallenstein und Tilly dringen nach Norddeutschland vor	Duellverbot in Frankreich	Saint-Cyran (1581–1643): *La Somme des fautes du Père Garasse*
1627	September: Belagerung von La Rochelle	Böhmischer Adel wandert aus	Bérulle wird Kardinal 1627–1704: Jacques Bossuet
1628	La Rochelle kapituliert Wallenstein wird Herzog von Mecklenburg	Spanien verliert die Kontrolle über die Seewege nach Amerika	Franz von Sales: *Entretiens spirituels* Restitutionsedikt Kaiser Ferdinands II.

STESLEBEN · WISSENSCHAFTEN	KUNST · LITERATUR	EUROPA UND DIE WELT	
sendi beginnt mit seinen Nordlichtbeobachtungen tbrechungsgesetz von Snellius	1621–1695: Jean de Lafontaine † Michael Praetorius, deutscher Musiker und Komponist Jesuitenkirche in Antwerpen vollendet (Aguillon) Baubeginn des Wallenstein-Palais in Prag (Spazzio)	Gründung der Niederländisch-Westindischen Kompanie Die Mandschu in Mukden	1621
	1622–1673: Jean-Baptiste Poquelin, gen. Molière	Fall von Ormuz	1622
3–1662: Blaise Pascal indung der Rostocker Akaemie ilei: Saggiatore (»Die Natur st in der Sprache der Mathenatik geschrieben«)	Velázquez: Bildnis *Olivarez* Rembrandt kommt zu Swanenburg nach Leiden		1623
sendi nimmt seine Lehrtätigeit auf gs macht seine dekadischen ogarithmen bekannt	1624–1648: Salon der Marquise von Rambouillet Poussin in Rom 1624–1633: Bronzebaldachin über dem Hauptaltar in St. Peter (Bernini)	Gründung von Neu-Amsterdam 1624–1625: Scheitern des holländischen Angriffs auf Bahia	1624
5–1712: G. D. Cassini Grotius: *De jure belli et pacis*	† Jan Brueghel d. Ä. Heinrich Schütz: *Cantiones sacrae*	Engländer und Franzosen lassen sich auf den Kleinen Antillen nieder	1625
rancis Bacon torio erfindet das Fiebertheromometer und den Feuchtigkeits-nesser	Peterskirche in Rom geweiht (Baubeginn 1506) 1626–1640: Jesuitenkirche in Innsbruck		1626
7–1691: Robert Boyle pler veröffentlicht seine *Rudolfinischen Tafeln*	1627–1704: Bossuet Sonette von Gongora Le Lorrain in Rom	Die Mandschu überwinden die Große Mauer	1627
lliam Harvey (1578–1658): *De motu cordis et sanguinis* (Blutkreislauf) 8–1694: Marcello Malpighi	Vollendung des Salzburger Doms (Baubeginn 1614) 1628–1682: J. van Ruisdael	Piet Heyns Überfall auf Mantanzas	1628

	POLITISCHE EREIGNISSE	WIRTSCHAFT UND GESELLSCHAFT	RELIGIÖSES LEBEN
1629	Karl I. von England regiert ohne Parlament Ende des schwedisch-polnischen Krieges Die Dänen scheiden aus dem Dreißigjährigen Krieg aus		28. Juni: Gnadenfrieden von A
1630	Regensburger Reichstag Wallenstein vom Kaiser entlassen Gustav Adolf von Schweden landet in Pommern (Schwedischer Krieg bis 1635)	Verheerende Pest in Italien, insgesamt rund 2 Millionen Todesopfer	† Bérulle (1575–1630)
1631	Tilly erobert Magdeburg, wird bei Breitenfeld von den Schweden geschlagen. Gustav Adolf rückt bis Mainz vor	Einführung der Allongeperücke	Friedrich Spee von Langenfels bekämpft den Hexenwahn
1632	† Tilly bei Rain am Lech Wallenstein wieder kaiserlicher Feldherr † Gustav Adolf von Schweden bei Lützen † Sigismund III., König von Polen	Erste Hochöfen in Rußland im Gebiet von Tula Aufstand und Hinrichtung von Montmorency, dem Gouverneur der Languedoc	1632–1635: Saint-Cyran (Pseudonym: Petrus Aurelius): *Augustinus* Begünstigung der englischen Katholiken unter Karl I., Auswanderung vieler Purita
1633	Axel Oxenstjerna führt den schwedischen Krieg fort; Oberbefehlshaber der schwedischen Truppen wird Graf von Horn	Die Macht der spanischen Mesta wird eingeschränkt	† Philaret, Patriarch von Mosk 1633–1645: William Laud Erzbischof von Canterbury
1634	Entlassung und Ermordung Wallensteins Karl I. von England regiert ohne Parlament, erhebt »Schiffsgeld« ohne parlamentarische Billigung	Unruhen in den spanischen Niederlanden	Baptisten in London

TESLEBEN · WISSENSCHAFTEN	KUNST · LITERATUR	EUROPA UND DIE WELT	
-1695: Christiaan Huygens	Palazzo Barberini von Maderno und Bernini Velázquez: *Die Trinker* Zurbarán: *Der heilige Bonaventura*	Holländischer Handelsvertrag mit Archangelsk	1629
pler (1571–1630) ner veröffentlicht Ergebnisse ner Sonnenflecken-Beobach-gen	1630–1706: Michael Willmann, deutscher Barockmaler Velázquez: *Apollo in der Schmiede des Vulkan*	Gründung von Boston Eroberung von Pernambuko 1630–1654: Brasilien in holländischen Händen	1630
phraste Renaudot gründet *Gazette de France*	Calderon: *Das Leben ein Traum* Jagdschlößchen Ludwigs XIII. in Versailles 1631–1700: John Dryden		1631
ei: Dialogo (über die Vorteile s kopernikanischen gegenüber n ptolemäischen Weltsystem) ellan: Erste Mondkarten -1723: A. van Leeuwenhoek -1677: Spinoza -1704: John Locke uni: Verurteilung Galileis rch die Inquisition	Lope de Vega: *Dorotea* Fleming: *Klagegedichte* 1632–1687: Giovanni Battista Lully 1632–1675: Jan Vermeer van Delft 1632–1723: Christopher Wren 1632–1705: Luca Giordano 1632–1693: Nicolaas Maes	Gründung der religiös toleranten Kolonie Maryland in Nordamerika durch Lord Baltimore	1632
artes vollendet *Du Monde*, rschiebt die Veröffentlichung gen des Galilei-Prozesses	† Jacopo Peri (1561–1633) John Donne: *Poems* Callot: *Das Elend des Krieges* Van Dyck: *Karl I.* Rembrandt: *Saskia, Kreuzabnahme*		1633
n Mersenne veröffentlicht ılileis *Mechanik* auf fran-sisch	1634–1666: Adam Krieger 1634–1693: Marie-Madeleine de Lafayette Poussin: *Helios und Phaeton* Pietro de Cortona: *Verherrlichung des Pontifikats Urbans VIII.* (1633–1637)		1634

	POLITISCHE EREIGNISSE	WIRTSCHAFT UND GESELLSCHAFT	RELIGIÖSES LEBEN
1635	Richelieu erklärt Spanien den Krieg; Frankreich tritt damit in den Dreißigjährigen Krieg ein (Schwedisch-französischer Krieg bis 1648) Restitutionsedikt vom Kaiser aufgehoben	Auf kirchliche Intervention hin Tabakverkauf in Frankreich verboten	† Friedrich Spee von Langenfels (1591–1635)
1636	Schlacht bei Corbie (Frankreich-Spanien) Schlacht bei Wittstock (Schweden gegen Kaiserliche)	1636–1637: Fast allgemeiner Bauernaufstand in Südfrankreich	
1637	† Ferdinand II., römisch-deutscher Kaiser seit 1619 Nachfolger wird Ferdinand III. (bis 1657)	Pest in Malaga	Erste Einsiedler in der Umgebung von Port-Royal
1638	1638–1715: Ludwig XIV. Schweden dringen bis Prag vor Herzog Bernhard von Sachsen-Weimar führt französische Truppen im Elsaß	Aufstand in Schottland Kampf der Saporoger Kosaken gegen die Polen Abschaffung der Folter in England	† C. Jansen (1585–1638)
1639	Nach dem Tod Bernhards setzen sich die Franzosen im Elsaß fest	Bauernaufstand in der Normandie (Barfüßer)	
1640	Friedrich Wilhelm Kurfürst von Brandenburg (bis 1688) Beginn des Bürgerkrieges in England (Einberufung des Parlaments) Portugiesischer Volksaufstand gegen Spanien; Johann von Bragança wird König von Portugal (bis 1656)	Erste Kaffeehäuser in Venedig Langsame Einführung der Kartoffel in Deutschland Ausgabe neuer Münzen in Frankreich	† Uriel Acosta (Selbstmord, 1591–1640) Jansen: *Augustinus*

STESLEBEN · WISSENSCHAFTEN	KUNST · LITERATUR	EUROPA UND DIE WELT	
—1703: Robert Hooke Cavalieri: *Geometria*	† Callot (1592–1635) † Lope de Vega (1562–1635) † Alessandro Tassoni (1565–1635) Gründung der Académie française	Die Franzosen in Guadeloupe	1635
—1638: Fermat arbeitet seine Zahlentheorie aus	Corneille: *Cid* Palais Royal in Paris vollendet 1636–1695: d'Hondecoeter	Zusammenbruch der Ming- dynastie Zeit der Wirren in China	1636
Daniel Sennert (1572–1637) Descartes: *Discours de la Méthode, Dioptriques* lei: Pendelgesetze —1680: Jan Swammerdam Analytische Geometrie von Descartes und Fermat	† Benjamin Jonson (1573–1637) 1637–1707: Buxtehude Erstes der Öffentlichkeit zugäng- liches Opernhaus in Venedig Ribera: *Pietà* Frans Hals: *Hille Bobbe* Poussin: *Das Reich der Flora*	1637–1644: Blütezeit des hol- ländischen Brasiliens Ausrottung des Christentums in Japan und Verbot ausländi- scher Bücher	1637
—1715: Malebranche	† Adriaen Brouwer (1606–1638) 1638–1709: Hobbema		1638
Campanella (1568–1639) Argues veröffentlicht seine synthetische projektive Geometrie	† Martin Opitz (1597–1639) 1639–1699: Jean Racine Heinrich Schütz: *Kleine geist- liche Konzerte* Rembrandt: *Bildnis seiner Mutter*	Japan schließt sich völlig von der Außenwelt ab	1639
senne mißt die Fortpflan- zungsgeschwindigkeit des Schalls in der Luft	† Rubens (1577–1640) † Paul Fleming (1609–1640) † John Ford (1586–1640) Umbau des Palazzo Falconieri (Borromini) Rembrandt: *Selbstbildnis* Corneille: *Horace* und *Cinna*		1640

	POLITISCHE EREIGNISSE	WIRTSCHAFT UND GESELLSCHAFT	RELIGIÖSES LEBEN
1641	Cromwells Eisenseiten kämpfen gegen das Heer König Karls I. Prozeß und Hinrichtung Staffords	Aufstand in Irland Unruhen in Andalusien Aufschwung der schwedischen Eisenindustrie	† Gomarus (1565–1641) In Irland Blutbad unter den Protestanten
1642	† Richelieu (1585–1641) Schlacht bei Breitenfeld: Die Schweden schlagen das kaiserliche Heer	Unruhen in London Theateraufführungen in England auf Betreiben der Puritaner verboten (bis 1660)	Olier gründet Saint-Sulpice
1643	† Ludwig XIII., König von Frankreich (1601–1643) Ludwig XIV. Nachfolger, zunächst unter der Vormundschaft seiner Mutter, Anna von Österreich Mazarin wird Minister	1643–1645: Aufstände in ganz Südfrankreich Einführung der Getränkesteuer in England	A. Arnauld: *De la fréquente communion* Johann Boland: *Acta sanctor.* Abraham Cowley: *Der Purit. und der Papst*
1644	Cromwell schlägt die Truppen Karls I. Rußland dehnt seine Herrschaft in Sibirien bis zur Amurmündung aus	Steuererhöhungen in Frankreich	† J. Uytenbogaert (1557–1644) Mitbegründer des Arminianismus Innozenz X. Papst (bis 1655)
1645	Alexei Zar von Rußland (bis 1676) 14. Juni: Schlacht bei Naseby, Sieg der Parlamentspartei Venezianisch-türkischer Krieg (bis 1669)	Aufstände in den südfranzösischen Städten	
1646	Franzosen und Schweden verheeren Bayern		

TESLEBEN · WISSENSCHAFTEN	KUNST · LITERATUR	EUROPA UND DIE WELT	
artes: *Méditations méta-ysiques*	† Domenichino (1581–1641) † A. van Dyck (1599–1641) Rembrandt: *Mennonitenprediger mit seiner Frau* Corneille: *Polyeucte*	Die Holländer nehmen den Portugiesen Malakka ab	1641
nuar: † Galilei (1564–1642) es: *De Cive*	† Guido Reni (1575–1642) Monteverdi: *Krönung der Poppea* Rembrandt: *Die Nachtwache* Erste Bauten Mansarts 1642–1647: Le Brun in Rom	Gründung von Montreal durch französische Siedler Abel Tasman entdeckt Tasmanien bei Australien Pronis in Madagaskar	1642
–1727: Isaac Newton icelli erfindet das Queck-berbarometer und stellt stmals ein Vakuum her Conring (1606–1681) begrün-t mit *De origine juris ger-anici* die deutsche Rechtsge-aichte	† Girolamo Frascobaldi (1583 bis 1643) † Monteverdi (1567–1643) Rembrandt: *Saskia* Teniers d. J.: *Bauernkirmes* Molière gründet das *Illustre Théâtre* in Paris (ab 1680 Comédie-Française)	Tasman entdeckt Neuseeland und die Fidschi-Inseln Britische Kolonien in Nord-amerika werden zum Domi-nium Neuengland zusammenge-schlossen	1643
B. van Helmont (1577–1644) artes: *Principia Philosophiae* icelli: Flüssigkeitengesetze	† Bernardo Strozzi (1581–1644) 1644–1709: Abraham a Santa Clara 1644–1737: Antonio Stradivari Milton: *Areopagita*	Ende der Ming-Dynastie in China Kosaken erreichen Sachalin	1644
ago Grotius (1583–1645) enius: *Allerweckung ädagogik)* . Schyrl: Terrestrisches ernrohr al: Rechenmaschine	1645–1708: Jules Hardouin-Mansart Schütz: *Die sieben Worte Christi am Kreuz* Rembrandt: *Rabbiner* Velázquez: *Philipp IV.*	Niedergang des venezianischen Kolonialreiches	1645
–1716: Leibniz –1720: John Flamsteed rna Magica von A. Kircher 601–1680)	Bernini: *Die Verzückung der heiligen Theresia* Claude Lorrain: *Seehafen* 1646–1682: Murillo in Sevilla		1646

	POLITISCHE EREIGNISSE	WIRTSCHAFT UND GESELLSCHAFT	RELIGIÖSES LEBEN
1647	In England Krieg zwischen der Armee und dem Parlament	1647–1652: Zweite große Pestepidemie in Spanien (Ostspanien, Andalusien), 500 000 Tote Aufstand im Königreich Neapel	P. Gassendi: *De vita moribus doctrina Epicuri*
1648	Westfälischer Friede beendet den Dreißigjährigen Krieg. Die Selbständigkeit der Schweiz und der Vereinigten Niederlande wird formell anerkannt	Aufstand in der Ukraine gegen die Polen (Bodyan Chmelnizkij) 1648–1652: Aufstand des französischen Hochadels gegen den königlichen Absolutismus (Fronde)	Sabattai Zevi (1626–1676) gründet schwärmerische jüd Sekte Papst Innozenz x. verdammt Westfälischen Frieden
1649	9. Februar: Hinrichtung König Karls i. von England Aufstand in Irland von Cromwell unterdrückt	Gesetzliche Verschärfung der Leibeigenschaft in Rußland Ausbreitung der Trunksucht in Deutschland	Die Quäker
1650	† Wilhelm ii. von Oranien Abzug der schwedischen und französischen Truppen aus Deutschland Herrschaft der Generalstaaten bis 1672	Erste Mietwagen in Paris (Fiaker)	
1651	† Maximilian von Bayern (1573–1651)	Cromwells Navigationsakte fördert den Handel auf englischen Schiffen	
1652	Englisch-holländischer Seekrieg (bis 1654) Niederschlagung der Fronde, Rückkehr Ludwigs xiv. nach Paris Einführung des *Liberum veto* lähmt die Arbeit des polnischen Reichstags	Währungsreform in Frankreich Erstes Kaffeehaus in London Landkonzentration durch Einzug der im Dreißigjährigen Krieg verwüsteten Bauernhöfe	Nikon (1605–1681) wird Patriarch von Moskau
1653	Cromwell wird Lordprotektor mit diktatorischer Macht (bis 1658)	Einführung einer Stadtpost mit Briefkästen in Paris	Streit um das Kreuzeszeichen führt in Rußland zu starke religiösen Spannungen

STESLEBEN · WISSENSCHAFTEN	KUNST · LITERATUR	EUROPA UND DIE WELT	
Cavalieri (1598–1647) orricelli (1608–1647) 7–1714: Denis Papin 7–1706: Pierre Bayle	Velázquez: *Die Lanzen* B. Gracián: *Handorakel* Potter: *Der junge Stier* Gründung der Kunstakademie in Dresden	† Usselincx, holländischer Groß- kaufmann und treibende Kraft der Niederländisch-Westindi- schen Gesellschaft	1647
ersenne (1588–1648) uber vervollkommnet das Destillierverfahren	H. Schütz: *Geistliche Chor- musiken* Rembrandt: *Die Jünger in Emmaus* Gründung der Pariser Kunst- akademie durch Mazarin	Deschnew stößt bis an die Beringstraße vor Sibirien wird bis zum Eismeer erforscht	1648
o von Guericke: Kolben- uftpumpe	† David Teniers d. Ä. (1582–1649) 1649–1651: Velázquez in Rom		1649
escartes (1596–1650) hristoph Scheiner (1579–1650) ton: *Verteidigung des eng- schen Volkes* nhardo Varenius: *Geographia niversalis*	1650–1713: Carlo Maratti A. Kircher: *Musurgica universalis* Gryphius: *Horribilikribrifax* Velázquez: *Innozenz X.*	Chabarow stößt bis zur Mandschurei vor Die Mandschu besetzen Südchina 1650–1680: Eroberung Javas	1650
obes: *Leviathan* indung der Universität)uisburg	1651–1715: Fénelon 1651–1732: B. Permoser 1651–1657: Scarron, *Le Roman comique*	Die Mandschu in Kanton	1651
indung der Kaiserlich Leopol- inisch-Carolinischen Deut- chen Akademie der Natur- orscher in Schweinfurt 3artholin beschreibt erstmals ie Lymphgefäße	† G. de La Tour (1593–1652) † Jusepe de Ribera (1591–1652) Hammerschmidt: *Geistliche Konzerte* Opernhaus in Wien	Die Holländer gründen das erste Fort am Kap der Guten Hoffnung	1652
	Harsdörfer: *Poetischer Trichter* (Lehre der Dichtkunst) 1653–1713: A. Corelli 1653–1706: J. Pachelbel		1653

	POLITISCHE EREIGNISSE	WIRTSCHAFT UND GESELLSCHAFT	RELIGIÖSES LEBEN
1654	Rußland gewinnt die Ukraine von Polen Königin Christine von Schweden dankt ab	1654–1657: Die Kosaken zwischen Rußland und Polen	
1655	Jan de Witt wird Ratspensionär Krieg zwischen Schweden/Brandenburg und Polen (bis 1660)	In Berlin erscheint eine erste regelmäßige Zeitung	† Gassendi (1592–1655) Alexander VII. Papst (bis 1667
1656		Bank von Schweden gegründet	Pascal: *Lettres provinciales* Clauberg: *Ontosophia*
1657	† Ferdinand III., römisch-deutscher Kaiser Brandenburg stellt sich auf die Seite Polens		Bulle Alexanders VII. gegen de Jansenismus
1658	† Oliver Cromwell Leopold I. wird Kaiser (bis 1705)		Spinoza aus der jüdischen Gemeinde ausgeschlossen Patriarch Nikon (Moskau) mu abdanken
1659	Richard Cromwell dankt ab Frankreich gewinnt im Pyrenäenfrieden verschiedene spanische Gebiete		1659–1660: Letzte Synode der reformierten Kirche in Fran reich (Loudun)
1660	Restauration in England: Karl II. besteigt den Thron Friede zu Oliva zwischen Schweden, Brandenburg und Polen Polnische Lehnshoheit über Preußen beendet	Branntweinsteuer in England Tageszeitung: *Leipziger Zeitung* Verschärfung der Navigationsakte	*Lettres provinciales* verdammt und verbrannt

GEISTESLEBEN · WISSENSCHAFTEN	KUNST · LITERATUR	EUROPA UND DIE WELT	
1654–1705: J. Bernoulli Anfänge der Wahrscheinlichkeitsrechnung (Fermat und Pascal)	† Jean Lemercier (1585–1654) † S. Scheidt (1587–1654) Madeleine de Scudéry: *Clélie* Comenius: *Orbis sensualium pictus*	Flucht der portugiesischen Juden aus Brasilien nach Neu-Amsterdam, Ende der holländischen Herrschaft über Brasilien	1654
	† Cyrano de Bergerac (1619–1655) † Friedrich von Logau (1604–1655) 1655–1722: Christoph Dientzenhofer	Die Engländer in Jamaica Beginn des englischen Westindien-Handels	1655
1656–1742: E. Halley Pendeluhr von Huygens Pascal wendet sich der religiösen Philosophie zu	† Jan van Goyen (1596–1656) 1656–1723: Johann B. Fischer von Erlach Rembrandt bankrott	Die Holländer erobern Colombo auf Ceylon	1656
Gründung der Accademia del Cimento Huygens: *De ratiociniis in ludo aleae* (Wahrscheinlichkeitsrechnung)	† Frans Snyders (1579–1657) H. Schütz: *Zwölf geistliche Gesänge* 1657–1757: Fontenelle Münchner Theater 1657–1663: Berninis Petersplatz	Alexander VII. unterstützt die Jesuiten im Ritenstreit (Chinamission)	1657
Fermats Zahlentheorie Swammerdam entdeckt beim Frosch die roten Blutkörperchen	1658–1695: Henry Purcell Dryden: *Heroische Stanzen* Rembrandt: *Hendrikje Stoffels*		1658
Hobbes: *Über den Menschen* Huygens entdeckt ersten Saturnmond und beschreibt den Saturnring	1659–1731: Daniel Defoe 1659–1725: A. Scarlatti Molière: *Les précieuses ridicules* Rembrandt: *Moses zerschmettert die Gesetzestafeln*	Aureng Zeb wird Großmogul	1659
28. November: Royal Society 1660–1732: Georg Ernst Stahl H. Conring: *Examen rerum publicarum* (Sozialstatistik) Guericke: Barometer für Wettervorhersagen	† Paul Scarron (1610–1660) † Velázquez (1599–1660) 1660–1726: Jakob Prandtauer 1660–1741: J. J. Fux Rembrandt: *Jakob ringt mit dem Engel* Vermeer van Delft: *Briefleserin*	Holländische Buren besiedeln Südafrika	1660

	POLITISCHE EREIGNISSE	WIRTSCHAFT UND GESELLSCHAFT	RELIGIÖSES LEBEN
1661	† Kardinal Mazarin (1602–1661) Persönliche Regierung Ludwigs XIV. (9. März) Fouquet in Ungnade, Colbert im Staatsrat	1661–1662: Wirtschaftskrise und Hungersnot in Nordfrankreich Kaffeehäuser in Paris	
1662	Dünkirchen kommt an Frankreich	Aufstände in Moskau Administrativer Zentralismus in Frankreich setzt einheitliches Landesrecht durch	Verfolgungsmaßnahmen gegen englischen Puritaner Uniformitätsakte zur Sicherung der Alleinherrschaft der anglikanischen Bischofskirche
1663	Reichstag als ständiger Kongreß in Regensburg (bis 1806) 1663–1736: Prinz Eugen von Savoyen	Colbert führt indirekte Steuern ein Erste Söldnerversicherung in den Niederlanden	1663–1727: August Hermann Francke (Pietist) Schriften Descartes' auf dem Index
1664	Österreich schlägt die Türken zurück, Friedensschluß	Colbert ordnet die französische Wirtschaft nach den Grundsätzen des Merkantilismus (diese hauptsächlich von Thomas Mun propagiert)	
1665	1665–1667: Zweiter englischholländischer Krieg Absolutistisches Königsgesetz in Dänemark Soldatenverkäufe der deutschen Mittel- und Kleinstaaten	1665–1666: »Große Pest« in London Gründung der London Gazette	† Amyraut, reformierter Theologe
1666		2.–6. September: Brand Londons In Frankreich Steuererleichterung für kinderreiche Familien	Comenius: Allerleuchtung

EISTESLEBEN · WISSENSCHAFTEN	KUNST · LITERATUR	EUROPA UND DIE WELT	
Boyle: *The sceptical Chymist* (Lehrbuch der Chemie) Marcello Malpighi (1628–1694) begründet die mikroskopische Anatomie	1661–1663: Berninis Scala regia im Vatikan Rembrandt: *Staalmeesters* Ruysdael: *Landschaft mit Wassermühle* Le Vau: Baubeginn in Versailles	Die englische Ostindische Kompanie in Bombay	1661
Blaise Pascal (1623–1662) Boyle-Mariottsches Gesetz Rainier de Graaf (1641–1673) entdeckt Funktion des Eierstocks	1662–1736: M. D. Pöppelmann Bergerac: *Reise zur Sonne* Molière: *Schule der Frauen* Gründung der Nürnberger Kunsthochschule durch Sandrart	Beginn der Aufwärtsentwicklung in China unter Scheng-tsu (Kaiser 1662–1722)	1662
Elektrisiermaschine von Guericke Stenonis erkennt Bau des Herzens	Gryphius: *Peter Squentz* Cesti: Oper *La Dori* Baubeginn in Nymphenburg bei München (bis 1728)	Gründung der Kolonie Carolina in Nordamerika	1663
Kircher: *Mundus subterraneus* Newton: Binomischer Lehrsatz Descartes: *Traité de l'homme* (postum)	† Andreas Gryphius (1616–1664) † Zurbarán (1598–1664) 1664–1714: Andreas Schlüter 1664–1726: John Vanbrugh Molière: *Tartuffe* H. Schütz: *Weihnachtsoratorium* Lully: *Miserere*	Neu-Amsterdam kommt als New York an England Gründung der französischen Ostindischen Kompanie	1664
Fermat (1601–1665) Erste Nummern der *Philosophical Transactions* und des *Journal des Savants* Grimaldi entdeckt die Lichtbeugung Hooke stellt Wellentheorie des Lichtes auf	† Nicolas Poussin (1593–1665) † Samuel Coster (1579–1665) Bernini in Paris. Sein barocker Louvre-Plan abgelehnt 1665–1712: Christian Reuter Molière: *Don Juan* Racine: *Alexander der Große*	Franzosen dringen in Santo Domingo ein	1665
Gründung der Pariser Akademie der Wissenschaften Leibniz: *De arte combinatoria* Lower: Blutübertragung bei Tieren	† Frans Hals (1580–1666) † François Mansart (1598–1666) † Adam Krieger (1634–1666) 1666–1670: Perraults Louvre-Kolonnade		1666

	POLITISCHE EREIGNISSE	WIRTSCHAFT UND GESELLSCHAFT	RELIGIÖSES LEBEN
1667	Beginn des Devolutionskriegs (bis 1668) Dreierbündnis England–Niederlande–Schweden Rußland erobert von Polen die Provinz Smolensk	1667–1671: Aufstand unter Stenka Rasin in Südrußland Aprilverordnung in Frankreich (Kirchenbücher) Zweiter französischer Schutztarif gegen Holland Verbrauchssteuern in Brandenburg	Klemens IX. Papst (bis 1669) Raskol (Spaltung) der russisch-orthodoxen Kirche vollendet
1668	2. Mai: Friede von Aachen beendet den Devolutionskrieg Portugals Selbständigkeit von Spanien anerkannt	Ärztekommission stellt endgültiges Erlöschen der Pest in Köln fest	»Kirchenfriede« in Frankreich: vorübergehende Aussöhnung zwischen den Jansenisten und der Hierarchie
1669	Die Türken vertreiben die Venezianer aus Kreta; Ende des venezianischen Kolonialbesitzes	Auflösung des Zunftwesens im Reich Auflösung der letzten Überreste der Hanse	Verschärfte Maßnahmen gegen die Hugenotten
1670	Französisch-englischer Geheimvertrag bezüglich der Niederlande 1670–1733: Friedrich August I., Kurfürst von Sachsen	Strafrechtsreform in Frankreich Gründung des österreichischen Tabakmonopols	† Amos Comenius (1592–1670) Klemens X. Papst (bis 1676) Spener begründet Collegia pieta Spinoza: Tractatus theologico-philosophicus
1671	Hugues de Lionne durch Arnauld de Pomponne als Leiter der französischen Außenpolitik ersetzt	Aufstand in Ungarn blutig unterdrückt Aufstand Rasins in Rußland niedergeschlagen, Rasin wird gevierteilt	Die Kirche läßt in Italien Schau spielerinnen zu Pasquier Quesnel: Réflexions morales Nicole: Essais de morale
1672	Holländischer Krieg: Frankreich, Schweden und England gegen die Niederlande, Österreich, Spanien und Brandenburg 1672–1725: Peter der Große Sturz der Brüder de Witt; die Oranierpartei übernimmt die Macht		Die Oströmische Kirche übernim die Transsubstantiationslehre

EISTESLEBEN · WISSENSCHAFTEN	KUNST · LITERATUR	EUROPA UND DIE WELT	
ründung der Pariser Sternwarte 67–1748: Johann Bernoulli eno formuliert die Theorie des Ovismus	† Borromini (1599–1667) † Alonso Cano (1601–1667) 1667–1745: Jonathan Swift Milton: *Paradise Lost* Racine: *Andromache* Komödienhaus in Dresden eröffnet Murillo: *Immaculata*	Kathedrale in Mexiko vollendet	1667
Johann R. Glauber (1604–1668) Redi (1626–1697): Mikro- graphie der Insekten 68–1738: Boerhave	† Philip Wouwerman (1619–1668) 1668–1733: F. Couperin 1668–1744: J. B. Vico Lafontaine: *Fabeln* Molière: *L'Avare*	Die Franzosen in Surat	1668
ewton wird Professor in Cambridge eno begründet die moderne Geologie	† Rembrandt (1606–1669) Grimmelshausen: *Der abenteuer- liche Simplizissimus* Gründung der Pariser Opern- akademie	Colbert gründet die Compagnie du Nord	1669
an Picard: genauere Grad- messung zur Bestimmung der Erdgröße	Molière: *Der Bürger als Edelmann* Corneille: *Imitation de Jésus- Christ* Racine: *Berenice* Veröffentlichung der *Pensées* von Pascal	Englische Hudsonbay-Handels- kompanie gegründet 1670–1690: Indianerbevölkerung in Mexiko auf dem Tiefstand Colbert gründet die Compagnie du Levant	1670
cques Rohault: *Traité de physique* rrault (1613–1688): *Anatomie animale*	Milton: *Das wiedergewonnene Paradies* 1671–1675: Portugiesische Syna- goge in Amsterdam Schütz: *Psalmen* und *Magnifikat*	Auflösung der Niederländisch- Westindischen Kompanie Dänemark besetzt St. Thomas in Westindien	1671
fendorf: *Über das Natur- und Völkerrecht* ericke: *Experimenta nova* ibniz entdeckt elektrische Funken ewton zerlegt Sonnenlicht mit Prisma und stellt Korpuskular- theorie auf	† Heinrich Schütz (1585–1672) Grimmelshausen: *Das wunderliche Vogelnest* Molière: *Les femmes savantes* Steen: *Bauernhochzeit* 1672–1700: St.-Pauls-Kathedrale in London nach den Plänen von Christopher Wren	Leibniz versucht vergebens, Ludwig XIV. für einen Ägypten- feldzug zu gewinnen	1672

	POLITISCHE EREIGNISSE	WIRTSCHAFT UND GESELLSCHAFT	RELIGIÖSES LEBEN
1673	Umkehrung der Bündnisse, jetzt gegen Frankreich	Testakte in England gegen die Katholiken Starke Zentralisierung in Frankreich durch Colbert	
1674	Französisches Vordringen im Elsaß Wilhelm III. von Oranien Erbstatthalter der Niederlande	Aufstand in Messina gegen die Spanier	
1675	Kurfürst Friedrich Wilhelm besiegt die Schweden bei Fehrbellin	Paris wird zum kulturellen Mittelpunkt Europas Zuckerraffinerien in Europa, wachsender Zuckerverbrauch	Bunyan: *Des Pilgers Wanderscl* Spener: *Pia desideria* Orthodoxe helvetische Konsens formel
1676	† Alexei, Zar von Rußland Nachfolger Feodor III. (bis 1682)	1676–1685: Dritte große Pestepidemie in Spanien mit 250 000 Todesopfern	† Sabbatai Zevi, jüdischer Sekt gründer in Rußland Innozenz XI. Papst (bis 1689) »Bekehrungskasse« in Frankrei
1677	Beginn der Friedenskonferenzen in Nimwegen	Französische Zeitschrift *Mercure galant*	† Joh. Scheffler (1624–1677), Mystiker
1678	Englisch-holländisches Bündnis gegen Frankreich		Beginn des Konflikts zwischen Ludwig XIV. und Innozenz X. Verschärfung der antikatholisch Maßnahmen in England (Titus Oates) Bossuet konvertiert
1679	Endgültige Friedensschlüsse in Nimwegen (5. Februar), Saint-Germain (29. Juni, 25. September), Fontainebleau (2. September) und Lund 26. September)	Habeascorpusakte in England schützt persönliche Freiheit der Bürger	Die französischen Protestanten verlieren den juristischen Sch der Kammern

STESLEBEN · WISSENSCHAFTEN	KUNST · LITERATUR	EUROPA UND DIE WELT	

niz: Rechenmaschine
gens: Energieerhaltungssatz
ndung der Universität
nsbruck
	Molière: *Der eingebildete Kranke*
	† Molière (1622–1673)
	† Salvatore Rosa (1615–1673)
	Lübecker Abendmusiken mit
	  Buxtehude
		Franzosen stoßen im Mississippi-
		  gebiet vor
		  (Joliet und Marquette)
			1673

ebranche: *Recherche de la* *rité* gens: Spiralfederunruh für hren	† John Milton (1608–1674) Boileau: *Art poétique* Lafontaine: *Erzählungen und* *Novellen in Versen*	Franzosen in Ponditscherri	1674

niz und Newton entwickeln
e Infinitesimalrechnung
er mißt die Lichtgeschwindig-
eit
	† Jan Vermeer van Delft
	  (1632–1675)
	1675–1755: Saint-Simon
	Münchener Theatinerkirche
	  fertiggestellt
		Gegenangriff der Indianer gegen
		  nordamerikanische Kolonisten
			1675

tonsche Interferenz- eobachtungen etieruhr von Barlow	† Paul Gerhardt (1607–1676) † Grimmelshausen (1625–1676) † Fr. Cavalli (1602–1676) Murillo: *Madonna purissima*	Aufstand in der Kolonie Virginia	1676
pinoza (1632–1677), postume eröffentlichung der *Éthik* uwenhoek untersucht mikro- kopisch tierische Samenfäden	† Aert van der Neer (1603–1677) † Angelus Silesius (1624–1677) Racine: *Phèdre*		1677

lentheorie des Lichtes
on Huygens
Simon: *Histoire critique*
u *Vieux Testament*
ebranche: *Zur Erforschung*
er *Wahrheit*
	† J. Jordaens (1593–1678)
	Madeleine de Lafayette:
	  Die Prinzessin von Cleve
	Lafontaine: *Fabeln* (VII–IX)
	Gründung des Hamburger
	  Operntheaters
		Chrysanthemenzucht von Japan
		  in Holland eingeführt
			1678

riotte: *De la végétation*
es *plantes*
uwenhoek entdeckt die Quer-
reifung der willkürlichen
fuskeln
Hobbes (1588–1679)
	† Christian Hofmann von
	  Hofmannswaldau (1617–1679)
	† Joost van den Vondel
	  (1587–1679)
	† Jan Steen (1626–1679)
			1679

	POLITISCHE EREIGNISSE	WIRTSCHAFT UND GESELLSCHAFT	RELIGIÖSES LEBEN
1680	Beginn der französischen Réunions-Politik	Bauernaufstand in Böhmen Sonntagsruhegesetz in England	Malebranche: *Traité de la nat et de la grace* Beginn der Dragonaden
1681	Frankreich annektiert linksrheinische Gebiete mit Straßburg Bündnisvertrag Frankreich – Brandenburg	Französische »Seeordnung« für Handels- und Konsulatswesen	Zwangsweise Umerziehung ve Hugenottenkindern in Fran reich
1682	† Feodor III., Zar von Rußland; Nachfolger Iwan v. und Peter I.	Einführung der Schecks in England	Vier Artikel der gallikanische Kirche in Frankreich (19. M vom Papst verdammt
1683	6. September: † Colbert Beginn des Türkenkriegs; 12. September: Schlacht am Kahlenberg	Kaffeehäuser in Norddeutschland und Wien	Türkenpredigten von Abraha a Santa Clara Leibniz bemüht sich um Wiede vereinigung der christlichen Kirchen
1684	Höhepunkt der französischen Aggressionspolitik Heilige Liga: Österreich, Polen, Venedig, unterstützt von Papst Innozenz XI.		Antifranzösische Politik des Heiligen Stuhls
1685	† Karl II. von England. Nachfolger sein Bruder Jakob II. (bis 1688) Englischer Bürgerkrieg um die Thronfolge, Schlacht bei Sedgemoor	Wirtschaftskrise in Frankreich wegen Massenflucht der Hugenotten	18. Oktober: Edikt von Fonta bleau (Revokationsedikt) Verstärkte Flucht französische Hugenotten

...STESLEBEN · WISSENSCHAFTEN	KUNST · LITERATUR	EUROPA UND DIE WELT	
...n Swammerdam (1637–1680) ...rgens: Gesetze des ...astischen Stoßes	† Samuel Butler (1612–1680) † Larochefoucauld (1613–1680) Gründung der Comédie-française 1680–1743: Antonio Vivaldi		1680
...illon: *De re diplomatica* ...uet: *Universalgeschichte* ...inscher Kochtopf	† Calderon de la Barca (1600–1681) † Gerard Terborch (1617–1681) 1681–1767: G. P. Telemann Beauchamps läßt erstmals Tänzerinnen auftreten	Besiedlung Louisianas durch Franzosen Frontenac in Kanada	1681
...ndung der *Acta eruditorum* ... Leipzig ...eyscher Komet ...wtons universales ...ravitationsgesetz	† Claude Lorrain (1600–1682) † Murillo (1617–1682) † J. van Ruisdael (1628–1682) Puget (1622–1694): *Milon von Kroton*	Gründung der Quäkerkolonie Pennsylvanien	1682
...uwenhoek entdeckt Bakterien ...n Speichel ...3–1757: Réaumur	† Guarini (1624–1683) † D. C. von Lohenstein (1635–1683) 1683–1764: J.-P. Rameau 1683–1757: Antoine Pesne Purcell englischer Hofkomponist	China besetzt Formosa Erste deutsche Auswanderer nach Nordamerika Brandenburgische Kolonien in Afrika	1683
...niz: *Nova Methodus...* *...editationes...* ...4–1753: Berkeley	† Pierre Corneille (1606–1684) 1684–1721: Antoine Watteau Puget: *Die Befreiung der Andromeda* 1684–1686: Die Kolonnaden in Versailles		1684
...ammenfassung der mathemati- ...hen Kombinations- und ...Vahrscheinlichkeitslehre durch ... Bernoulli	† Adriaen van Ostade (1610–1685) 1685–1750: Johann S. Bach 1685–1759: G. F. Händel 1685–1757: Domenico Scarlatti 1685–1766: Dominikus Zimmermann	China öffnet Häfen für den Überseehandel Hugenotten in Südafrika	1685

	POLITISCHE EREIGNISSE	WIRTSCHAFT UND GESELLSCHAFT	RELIGIÖSES LEBEN
1686	Eroberung von Ofen (Budapest), weiterer Rückzug der Türken Augsburger Allianz gegen Frankreich: Kaiser, Schweden, Spanien und Brandenburg	Bulgarischer Aufstand gegen die Türken Verschiedene Reaktionen gegen den Merkantilismus	1686–1689: Jurieu, *Lettres pastorales* Gründung von Saint-Cyr A. H. Francke: Wissenschaftli‹ Bibelstudien
1687	Personalunion zwischen Ungarn und Österreich (bis 1918) 12. August: Sieg über die Türken bei Mohacs Die Venezianer erobern Korinth	1687–1692: Erste steinerne Brücke über die Moskwa	Indulgenzerklärung Jakobs II. Asylrechtaffäre in Rom Deportation hartnäckiger Hugenotten
1688	Glorreiche Revolution in England: Jakob II. gestürzt, Wilhelm III. von Oranien von der Parlamentspartei ins Land gerufen Pfälzischer Erbfolgekrieg † Friedrich Wilhelm von Brandenburg, Nachfolger Friedrich III.	1688–1689: Unruhen in Bulgarien und Mazedonien 29. November: Gründung der französischen Miliz	1688–1772: E. Swedenborg Bossuet: *Geschichte der Verän‹ rungen der protestantischen Kirchen* Höhepunkt der Spannungen zwischen Ludwig XIV. und Innozenz XI.
1689	22. Februar: *Bill of Rights* sichert Rechte des Parlaments 20. Juni: Wilhelm von Oranien wird König von England Franzosen unter Mélac verwüsten die Pfalz Peter I. Alleinherrscher in Rußland (bis 1725)	Aufstand in Irland In England kapitalistische Tendenzen In Deutschland merkantilistischer Kameralismus	Toleranzakte stärkt in Englar die protestantische Front ge‹ den Katholizismus Alexander VIII. Papst (bis 169
1690	Jakob II. verliert auch Irland	Zahlreiche Serben wandern nach Ungarn aus	Einführung des Herz-Jesu-Ku‹ in Frankreich durch die No‹ M. M. Alcoque

STESLEBEN · WISSENSCHAFTEN	KUNST · LITERATUR	EUROPA UND DIE WELT	
von Guericke (1602–1686) niz: Aufsatz in den *Acta uditorum* über Erhaltung der raft tenelle: *Entretiens sur la uralité des mondes* e meteorologische Karte von alley	J. Hardouin-Mansart: Notre-Dame in Versailles 1686–1739: Cosmas Damian Asam	Handelsniederlassung in Chandernagor	1686
ton: *Philosophiae naturalis incipia mathematica* egründet die theoretische hysik) irnhaus: *Medicina mentis corporis* e Universitätsvorlesung in eutscher Sprache (Thomasius, eipzig)	† G. B. Lully (1632–1687) 1687–1753: Balthasar Neumann	1687–1690: Französisch-englischer Krieg um Handelsniederlassungen in Indien	1687
e wissenschaftliche Zeitschrift deutscher Sprache (Thomasius) Bruyère: *Die Charaktere* ault: *Parallèle des anciens des modernes*	† J. Sandrart (1606–1688) † John Bunyan (1628–1688) 1688–1744: Alexander Pope 1688–1763: Marivaux Buxtehude: *Der verlorene Sohn* Erster englischer Sklavenroman von Aphra Behn (1640–1689)	Englische Papiergeldpolitik in den nordamerikanischen Kolonien führt zur Inflation	1688
ndung der Sternwarte in reenwich nat: *Les Lois civiles* –1755: Charles de Montesuieu	† Philipp von Zesen (1619–1689) 1689–1751: K. I. Dientzenhofer Purcell: *Dido und Äneas* Racine: *Esther* Zerstörung des Heidelberger Schlosses durch die Franzosen	England nimmt den Handel mit China (Kanton) auf Zweite Regierung Frontenac in Kanada	1689
rgens: *Über das Licht* ke: *Versuch über den menschchen Verstand* npfmaschine von Papin	† David Teniers d. J. (1610–1690) Couperin: Messen Mignard erster Hofmaler Theater in Hannover eröffnet	Die englische Ostindische Kompanie gründet Kalkutta Franzosen aus Siam vertrieben	1690

	POLITISCHE EREIGNISSE	WIRTSCHAFT UND GESELLSCHAFT	RELIGIÖSES LEBEN
1691	Erneuter Vorstoß der Türken	Neubelebung des spanischen Ost-asienhandels, Konjunktur-umschwung (1690–1700)	Innozenz XII. Papst (bis 1700)
1692	29. Mai – 3. Juni: Seeschlacht vor La Hougue, Engländer und Niederländer schlagen die Franzosen Hannover erhält neunte Kurwürde	Gründung zahlreicher Aktien-gesellschaften, vornehmlich in England (Londoner Börse)	Europäische Gewissenskrise 1685–1715; eine Elite stellt die kulturellen und christlic Überlieferungen in Frage
1693	England schlägt europäische Föderation vor (Penn)	1693–1694: Katastrophale Wirt-schaftskrise in Frankreich	P. Bayle fordert Trennung vo Kirche und Staat
1694	Friedrich August I. wird Kurfürst von Sachsen	Bank von England gegründet Starke Erhöhung der Salzsteuer in England	1694–1768: H. S. Reimarus, Begründer der historischen Bibelkritik
1695		Steuerreformpläne von Vauban in Frankreich verworfen 18. Januar: Einführung der Kopfsteuer in Frankreich	† Louis Thomassin (1619–169) Oratorianer Fénelon wird Erzbischof von Cambrai
1696	† Johann III. Sobieski von Polen † Iwan V., bis 1689 Zar von Rußland	Mai: Finanzkrise in England	Toland: *Christianity not mysterious* (freidenkerischer Deismus)
1697	Besuch Peters I. von Rußland in Westeuropa 29. September – 30. Oktober: Friede von Rijswyck August der Starke König von Polen	Umfassende Untersuchung der wirtschaftlichen Lage in Frankreich	Malebranche: *Traité de l'amou de Dieu* Leipziger Gesangbuch

...TESLEBEN · WISSENSCHAFTEN	KUNST · LITERATUR	EUROPA UND DIE WELT	
...ert Boyle (1627–1691) ...che Grammatik und Wort- ...mlung von K. Stieler ...32–1707)	† Aelbert Cuyp (1620–1691) 1691–1766: J. M. Fischer Racine: *Athalie* Theater in Braunschweig eröffnet		1691
...hlehre für Taubstumme ...n J. K. Amman ...schiff von Papin	† Nathanael Lee (1653–1692) 1692–1750: E. Q. Asam 1692–1770: Giuseppe Tartini Pietro Zuccali: Stuckdekor in der Münchner Theatinerkirche	Jesuitenmissionare in China	1692
...: *Einige Gedanken über die* *...ziehung* ...wissenschaftliche Sterbetafel ...n Halley	† Willem Kalf (1622–1693) † Gräfin de Lafayette (1634–1693) † Nicolas Maes (1632–1693) Purcell: *Die Feenkönigin* Scarlatti: *Teodora*	Englische Ostindische Kompanie in Aktiengesellschaft umgewandelt	1693
...–1778: Voltaire *Dictionnaire* der französi- ...en Akademie	Schloß Schönbrunn bei Wien durch Fischer von Erlach begonnen (1750 vollendet)	Aufschwung der brasilianischen Goldförderung	1694
...–1697: Bayle: *Historisches* *d kritisches Wörterbuch* ...ristiaan Huygens (1629–1695) ...: *Die Vernunftgemäßheit* *s Christentums* (Deismus) ...pion: Zylinderhemmung für ...ren	† Henry Purcell (1658–1695) † Lafontaine (1621–1695) † Pierre Mignard (1612–1695) † d'Hondecoeter (1636–1695) 1695–1723: Johann Christian Günther		1695
...oulli: Variationsrechnung	1696–1770: Tiepolo Ch. Reuter: *Schelmuffsky* Kunstakademie in Berlin gegründet		1696
...l (1660–1734) formuliert die ...logiston-Theorie	1697–1768: Canaletto 1697–1764: Hogarth 1697–1760: F. C. Neuber Fénelon: *Exposition des maximes* *des saints*	Einführung der Warenbörse in Japan	1697

	POLITISCHE EREIGNISSE	WIRTSCHAFT UND GESELLSCHAFT	RELIGIÖSES LEBEN
1698	Diplomatische Aktivität in der Frage der spanischen Erbfolge	Erstes Projekt einer Sparkasse von Defoe	Francke gründet pietistisches Waisenhaus in Halle
1699	Friede von Karlowitz: Österreich wird europäische Großmacht, Rußland erhält Asow	13. September: Gründung der französischen Handelskammer Peter d. Gr. schreibt westeuropäische Kleidung vor	† Arnold Geulincx (1625–16… 31. März: Verurteilung des Quietismus
1700	Beginn des Nordischen Kriegs: Rußland, Polen-Sachsen und Dänemark gegen Schweden (bis 1721) † Karl II. von Spanien, laut Testament wird Philipp von Anjou, ein Enkel Ludwigs XIV., Thronerbe	Erste gepflasterte Straße in Moskau Besteuerung unverheirateter Frauen in Berlin	Aufhebung des Moskauer Patriarchats. Kalenderrefo… durch Peter I. Einführung des gregorianisch… Kalenders auch in den protestantischen Staaten Klemens XI. Papst (bis 1721)
1701	Spanischer Erbfolgekrieg (bis 1713): England, Niederlande und Österreich gegen Frankreich, Bayern und Köln Friedrich III., Kurfürst von Brandenburg, wird als Friedrich I. König von Preußen	Dampfpumpe von Savary	Gründung der *Society for promoting christian knowledge*
1702	† Wilhelm III. von Oranien, seit 1689 König von England Englische Königin Anna (bis 1714), letzte Stuart	Erste englische Tageszeitung: *The Daily Courant* Ölbeleuchtung in deutschen Städten	1702–1704: Aufstand der Kamisarden, letzter französischer Religionskrieg
1703	Aufstand der Janitscharen Peter I. verlegt die Residenz nach dem neugegründeten St. Petersburg	Methuen-Vertrag bringt Portugal in wirtschaftliche Abhängigkeit von England Gründung der Wiener Stadtbank Erste russische Zeitung	1703–1791: John Wesley
1704	Prinz Eugen und Marlborough schlagen die Franzosen und Bayern Gibraltar von Engländern besetzt	*Berlinische Nachrichten* gegründet	† Bossuet (1627–1704) Klemens XI. entscheidet im R… streit zuungunsten der Jesu…

TESLEBEN · WISSENSCHAFTEN	KUNST · LITERATUR	EUROPA UND DIE WELT	
gens: *Cosmo theoros* »stum)	1698–1793: J. J. Bodmer 1698–1782: A. J. Gabriel Schlüter übernimmt Bau des Berliner Schlosses	Christenverfolgung in Kotschinchina Regelmäßiger Karawanendienst zwischen Rußland und China	1698
branche: neue Farbenlehre regelmäßige meteorologische ssungen (in Paris)	† Jean Racine (1639–1699) Fénelon: *Télémaque* 1699–1779: Siméon Chardin 1699–1753: Knobelsdorff	1699–1705: Machtzuwachs der Mahratten in Indien	1699
iz gründet die Preußische ademie der Wissenschaften Berlin -1782: Daniel Bernoulli -1766: J. C. Gottsched	† John Dryden (1631–1700) 1700–1771: Bartolomeo Rastrelli Domenico Tressini wirkt als Baumeister in Rußland Corelli: Triosonaten Italienische Oper findet Eingang in Spanien Kuhnau: Programmusik	1700–1800: Verdreifachung der chinesischen Bevölkerung 1700–1715: Aufschwung des Handels mit den Philippinen	1700
ey: Magnetfeldkarte der de -1776: J. J. Breitinger	Rigaud: *Ludwig* XIV. Eosander: Erweiterungsbau des Charlottenburger Schlosses	Gründung der Yale-Universität	1701
llon (1632–1707) begründet t den *Acta sanctorum die* ssenschaftliche Urkunden- schung	Watteau übersiedelt nach Paris Prandtauer beginnt mit dem Bau des Benediktinerstifts Melk (bis 1738)	Spanische Flotte bei Vigo vernichtet, spanischer Amerikahandel bis 1713 fast völlig unterbunden	1702
bert Hooke (1635–1703) ton wird Präsident der yal Society	† Charles Perrault (1628–1703) 1703–1770: Boucher Permoser: Grabmäler im Dom zu Freiberg Schlüter: *Großer Kurfürst*		1703
n Locke (1632–1704) ton: *Opticks* niz: *Neue Abhandlungen über n menschlichen Verstand* aire tritt in ein Jesuiten- lleg ein	1704–1788: Quentin de La Tour Antoine Galland (1646–1713) übersetzt *1001 Nacht* aus dem Arabischen ins Französische Defoe gründet im Kerker *The Review*		1704

	POLITISCHE EREIGNISSE	WIRTSCHAFT UND GESELLSCHAFT	RELIGIÖSES LEBEN
1705	† Leopold I., röm.-deutscher Kaiser seit 1658 Joseph I. Kaiser (bis 1711)	Aufstand oberbayerischer Bauern gegen Österreich blutig niedergeschlagen	† Spener (1635–1705) Francke: Beginn der evangel Heidenmission Bulle *Vineam Domini* gegen den Jansenismus
1706	Zahlreiche Niederlagen der Franzosen August der Starke verliert die polnische Krone	Kleiderordnung in Preußen Lebensversicherungsanstalt in London	
1707	England und Schottland zum Vereinigten Königreich Großbritannien zusammen-geschlossen	Vauban: *La disme royal* 12. April: Papiergeld in Frankreich zu Zwangskurs	
1708	Prinz Eugen und Marlborough schlagen die Franzosen in den spanischen Niederlanden	Donkosakenaufstand unter Bulawin	13. Juli: Pasquier Quesnel verurteilt
1709	Schlacht bei Poltawa: Rußland besiegt die Schweden, Karl XII. flieht in die Türkei	Katastrophale Wirtschaftslage in Frankreich Strafverschickungen nach Sibirien werden in Rußland üblich	† Abraham a Santa Clara (1644–1709)
1710	Sturz Marlboroughs Rußland erobert die baltischen Staaten August der Starke wieder König von Polen 10. Dezember: Villaviciosa Philipp V. hat ganz Spanien in seiner Hand	Neue Steuer in Frankreich	Zerstörung des Klosters Port-Royal-des-Champs Scheitern der Bestrebungen v Leibniz um Wiedervereini der christlichen Kirchen
1711	† Joseph I., röm.-dt. Kaiser seit 1703 Nachfolger Karl VI. (bis 1740) Umkehr der englischen Außen-politik, Marlborough fällt in Ungnade	Zusammenbruch der ungarischen Unabhängigkeitsbewegung	*Occasional Conformity Act* gegen die englischen Dissidenten

...ESLEBEN · WISSENSCHAFTEN	KUNST · LITERATUR	EUROPA UND DIE WELT	
...ob Bernoulli (1654–1705) ...asius: *Grundlagen des turrechts* ...a S. Merian: *Metamorphose Insekten in Suriname*	† Luca Giordano (1632–1705) † Ninon de Lenclos (1620–1705) Händel: *Almira* in Hamburg uraufgeführt; Besuch in Italien J. S. Bach in Lübeck		1705
	† Johann Pachelbel (1633–1706) † Michael Willmann (1630–1706) 1706–1775: J. J. Kändler	1706–1790: Benjamin Franklin	1706
...–1783: Leonhard Euler ...–1778: Carl Linné	† D. Buxtehude (1637–1707) 1707–1793: Carlo Goldoni 1707–1788: Buffon Gründung der Londoner *Society of Antiquaries*	† Aureng Zeb	1707
...–1777: Albrecht von Haller ...deutsche Realanstalt in ...lle gegründet	† Hardouin-Mansart (1645–1708) † G. Torelli (1649–1708) Regnard: *Le Légataire universel*		1708
...–1751: Lamettrie ...porzellan von Böttger und ...hirnhaus ...ley: *Eine neue Theorie Sehens*	† Hobbema (1638–1709) Pope: *Schäferdichtungen* 1709–1772: J. M. Feichtmayr		1709
...iz: *Theodizee* ...ley: *Abhandlung über die ...nzipien der menschlichen ...kenntnis* ...–1796: Thomas Reid	Schloßkirche in Versailles vollendet August der Starke gründet Meißner Porzellanmanufaktur 1710–1784: Wilhelm Friedemann Bach 1710–1736: G. B. Pergolesi Händel: *Deutsche Arien*		1710
...–1776: Hume ...–1765: Lomonossow ...comens Dampfmaschine ...esbury: *Kennzeichen der ...enschen, Sitten, Meinungen, ...iten*	1711–1714: Steele und Addison, *The Spectator* Pope: *Abhandlung über die Kritik* Hammerklavier von Christofori Eosander: Schloß Monbijou C. Dientzenhofer: Fassade von St. Nikolaus in Prag	Gründung der staatlich privile- gierten englischen Südsee- gesellschaft	1711

	POLITISCHE EREIGNISSE	WIRTSCHAFT UND GESELLSCHAFT	RELIGIÖSES LEBEN
1712	Friedensverhandlungen in Utrecht Petersburg wird offiziell Hauptstadt Rußlands 1712–1786: Friedrich II. von Preußen	Russische Wirtschaft und Verwaltung nach westeuropäischem Vorbild reformiert	Letzte Hexenverbrennungen England
1713	11. April: Friede von Utrecht Pragmatische Sanktion Karls VI. † Friedrich I., seit 1701 König von Preußen Nachfolger Friedrich Wilhelm I. (bis 1740)	Einführung des Zopfes im preußischen Heer	† Pierre Jurieu (1637–1713) 8. September: Bulle Unigeni 1713–1715: Mission in Südf reich (Antoine Court)
1714	6. März: Friede von Rastatt † Anna, Königin von England seit 1702 Nachfolger Georg I. aus dem Haus Hannover (bis 1727) Personalunion zwischen Großbritannien und Hannover Neuer Türkenkrieg (bis 1718)	Das englische Parlament lehnt den englisch-französischen Handelsvertrag ab	† Gottfried Arnold (1666–1 Ende der Hexenprozesse in Preußen
1715	Preußen beteiligt sich am Nordischen Krieg gegen Schweden † Ludwig XIV., franz. König seit 1643 Nachfolger Ludwig XV., sein Urenkel, König bis 1774	Hohe Staatsverschuldung führt in Frankreich zu Unruhen	† Bernard Lamy (1640–1715
1716	Prinz Eugen besiegt die Türken bei Peterwardein	Beginn der Finanzexperimente von Law in Frankreich	Allgemeiner Widerstand geg Bulle Unigenitus
1717	Umkehrung der Bündnisse; Frankreich verbündet sich mit den Seemächten in einer Tripelallianz 1717–1780: Maria Theresia	Verlegung der Casa de la Contractatión von Sevilla nach Cadiz	Erste Großloge der Freimaur in London

STESLEBEN · WISSENSCHAFTEN	KUNST · LITERATUR	EUROPA UND DIE WELT	
D. Cassini (1625–1712)	† Christian Reuter (1665–1712)		1712
enis Papin (1647–1712)	1712–1793: Francesco Guardi		
–1778: J. J. Rousseau	Pope: *Der Lockenraub*		
ff: *Von den Kräften des enschlichen Verstandes*	Corelli: Zwölf *Concerti grossi*		
	Händel übersiedelt nach London		
nthony Shaftesbury (1671 bis 13)	† Arcangelo Corelli (1653–1713)	Missionare aus Tongking vertrieben	1713
–1765: Clairot	1713–1784: Denis Diderot		
–1781: Needham	1713–1768: Lawrence Sterne		
ernoulli: *Ars conjectandi* (Wahrscheinlichkeitsrechnung)	Händel: *Utrechter Tedeum*		
	Hildebrandt: Palais Kinsky in Wien		
ndung der Spanischen kademie der Wissenschaften	Schlüter geht nach St. Petersburg		
niz: *Monadologie*	† Schlüter (1664–1714)		1714
renheit: Quecksilber- ermometer	1714–1788: P. E. Bach		
: Blindenschreibmaschine	1714–1787: Gluck		
	1714–1785: Pigalle		
	1714–1781: Soufflot		
	Händel: *Wassermusik*		
	Vivaldi: 24 Violinkonzerte		
	Vanbrugh: Howard Castle		
alebranche (1638–1715)	1715–1769: Gellert	Erste britische Faktorei in Kanton	1715
–1780: Condillac	Lesage: *Gil Blas*		
–1771: Helvetius	Asam: *Himmelfahrt* in Rohr		
niz: *Braunschweiger Annalen es abendlichen Reiches*	Tessini: Newskij-Kloster in St. Petersburg		
eibniz (1646–1716)	Fischer von Erlach: Karlskirche in Wien (vollendet 1739)		1716
	Effner: Nymphenburg (bis 1727)		
e Pockenimpfversuche in ngland	1717–1757: Stamitz	Französische Compagnie d'Occident	1717
	J. S. Bach: *Orgelbüchlein*		
7–1783: d'Alembert	Watteau: *Einschiffung nach Kythera; Das Konzert*	Brandenburg verkauft Kolonien in Guinea an Holland	
führung der Schulpflicht in reußen			

	POLITISCHE EREIGNISSE	WIRTSCHAFT UND GESELLSCHAFT	RELIGIÖSES LEBEN
1718	† Karl XII. von Schweden, König seit 1697 Österreich gewinnt von den Türken Nordbosnien, Serbien und die Walachei Venedig verliert Kreta und den Peloponnes	In Frankreich Bedrohung der Geldwertstabilität Laws Privatbank wird vom Staat übernommen	Aufruhr in Utrecht gegen Ver teilung des Jansenismus
1719	Französisch-spanischer Krieg endet mit spanischer Niederlage	Erste allgemeine Volkszählung in Rußland Wachsendes Spekulationsfieber in ganz Westeuropa Mißernte führt zu Wirtschafts- krise	Verbot der Jesuiten in Rußla
1720	26. Januar: Quadrupel- allianz	Große Pest in Marseille Höhepunkt der Goldlieferungen nach Lissabon Zusammenbruch der Lawschen Bank Wirtschaftskrise in Frankreich und England	
1721	Ende des Nordischen Krieges Französisch-spanische Annäherung	Preußen verbietet Auswanderung Walpoles Zollpolitik fördert englischen Handel und freies Unternehmertum	Innozenz XIII. Papst (bis 1724 In Rußland Gründung des Heiligen Synod, Staatskird mit Zar als Oberhaupt
1722	† Marlborough (1650–1722) Russisch-persischer Krieg	Russische Rangtabelle mit 14 Rangstufen (Dienstadel) Gründung der Ostende-Kompanie Newcomens Dampfmaschine wird in englischen Kohlengruben zunehmend eingesetzt	Herrnhuter Brüdergemeine (Pietisten) durch Graf von Zinzendorf gegründet
1723	† Philipp von Orleans, Regent seit 1715 Oberste preußische Verwaltungs- instanz: Generaldirektorium	Straffung und Stärkung des preußischen Beamtentums	Anderson: *Alte Pflichten*, Konstitutionsbuch der Freimaurerei

...STESLEBEN · WISSENSCHAFTEN	KUNST · LITERATUR	EUROPA UND DIE WELT	
...ley erkennt die Eigenbe- ...egung der Fixsterne	Hôtel des Herzogs d'Évreux (jetzt Élyséepalast) von Mollet Watteau: *Gilles* Voltaire: *Ödipus* Juvara: Palazzo Madama in Turin (1718–1721)	Gründung von Neu-Orleans	1718
...nahme regelmäßiger Wetter- ...eobachtungen in Berlin	† Addison (1672–1719) 1719–1803: Gleim Defoe: *Robinson Crusoe* Händel wird Leiter der Londoner Oper Watteau: *Liebesfest*		1719
...o–1793: Charles Bonnet ...lff: *Vernünftige Gedanken von* *...er Menschen Tun und Lassen* *...ur Beförderung ihrer* *...lückseligkeit*	Händel: Oratorium *Esther* 1720–1780: B. Canaletto 1720–1778: Piranesi Dresdner Kupferstichkabinett gegründet Watteau: *Gesellschaft im Park*	Tibet chinesisches Protektorat Die Engländer fassen in Honduras Fuß Zusammenbruch der englischen Südseespekulationen	1720
...lmer und Breitinger gründen ...noralisch-ästhetische Wochen- ...chrift	J. S. Bach: *Brandenburgische* *Konzerte* Telemann übersiedelt nach Hamburg Montesquieu: *Persische Briefe*	Dänemark besiedelt Grönland	1721
...enhüttenkunde durch Réaumur ...und Swedenborg wissenschaft- ...ch begründet ...okular-Mikroskop (nach den ...ngaben des Paters Cherubini)	† C. Dientzenhofer (1655–1722) 1722–1789: J. H. Tischbein d. Ä. Bach: *Wohltemperiertes Klavier* Rameau: *Harmonielehre* Franz von Beer: Kloster Weingarten vollendet	Das englische Parlament verbietet Handel zwischen Kanada und den englischen Kolonien in Nordamerika	1722
...ntony van Leeuwenhoek ...1632–1723) ...3–1790: Adam Smith ...3–1789: Holbach ...3–1790: J. B. Basedow	† J. C. Günther (1695–1723) † Fischer von Erlach (1656–1723) † C. Wren (1632–1723) J. S. Bach wird Thomaskantor in Leipzig; *Johannespassion* Pöppelmann: Dresdner Zwinger	Mongolei unter chinesischer Herrschaft	1723

	POLITISCHE EREIGNISSE	WIRTSCHAFT UND GESELLSCHAFT	RELIGIÖSES LEBEN
1724	Philipp v. von Spanien dankt ab (10. Januar), übernimmt aber am 31. August wieder die Regierung	Gründung der Pariser Börse 18. Juli: Verordnung gegen das Bettlerwesen in Frankreich	14. Mai: Neue Maßnahmen gegen die französischen Prostestanten Benedikt XIII. Papst (bis 1730)
1725	† Peter I., Zar von Rußland (seit 1689), Nachfolgerin seine Witwe Katharina I.; faktisch regiert ihr Günstling Menschikow	Errichtung von Manufakturen in Rußland	
1726	Fleury wird erster Minister des französischen Königs	Finanzreform des Herzogs von Bourbon in Frankreich	
1727	† Georg I., König von England seit 1698; Nachfolger Georg II., König bis 1760 † Katharina I. von Rußland, Nachfolger Peter II., Zar bis 1730		† Francke (1663–1727) Amerikanische Quäker kämpfen gegen die Sklaverei
1728		Entwicklung des Walzblechverfahrens in England Brand von Kopenhagen	Freimaurerloge in Madrid gegründet
1729	Französisch-spanische Aussöhnung, Vertrag von Sevilla (9. November) 1729–1796: Katharina II. von Rußland	1729–1786: Moses Mendelssohn (Vorkämpfer der Judenemanzipation)	
1730	Walpole leitet die englische Außenpolitik	Beginn der »landwirtschaftlichen Revolution«, zunächst in England	Klemens XII. Papst (bis 1740) Freimaurerloge in Philadelphia

...STESLEBEN · WISSENSCHAFTEN	KUNST · LITERATUR	EUROPA UND DIE WELT	
...4–1804: Kant ...teau: Beginn der ver- ...eichenden Völkerkunde	1724–1803: Klopstock 1724–1796: Maulpertsch J. L. von Hildebrandt: Belvedere bei Wien vollendet		1724
...o: *Grundzüge einer neuen Wissenschaft* ... (Völkerpsychologie) ...tsched gründet moralische Wochenschrift ...er I. gründet Petersburger Akademie	† Scarlatti (1659–1725) 1725–1775: Ignaz Günther 1725–1805: Greuze Churriguerismus in Spanien François Cuvilliés übersiedelt nach München	Unruhen in Paraguay	1725
...6–1729: Voltaire in England ...führung von Elementarschulen für die Kinder Adliger in Rußland	† J. Prandtauer (1660–1726) † John Vanbrugh (1664–1726) 1726–1801: Chodowiecki Swift: *Gullivers Reisen* Vivaldi: *Die Jahreszeiten*		1726
...saac Newton (1643–1727) ...er an die Petersburger Akademie berufen ...erican Philosophical Society ...n Philadelphia gegründet	1727–1788: Gainsborough L. von Hildebrandt: Schloß Mirabell (Salzburg) Neubersche Theatertruppe Pope, Swift und Arbuthnot: *Miscellanies*	Verstärkung der diplomatischen und Handelsbeziehungen zwischen Rußland und China	1727
.... Thomasius (1655–1728) ...8–1777: J. H. Lambert ...mbers: Englische Enzyklopädie	John Gay: *Bettleroper* 1728: Baubeginn der Bayreuther Oper (Bibiena) Gottsched: *Ausführliche Redekunst*	Bering durchfährt Meeresstraße zwischen Amerika und Asien	1728
...9–1798: J. R. Forster ...nsteed: Erster Sternatlas	† Eosander (1670–1729) 1729–1781: Lessing J. S. Bach: *Matthäuspassion* Cuvilliés: Falkenlust bei Brühl Haller: *Die Alpen*	Diamantenlager in Brasilien entdeckt	1729
...0–1788: Johann G. Hamann ...aumur: Weingeistthermometer mit Gradeinteilung	Marivaux: *Le Jeu de l'amour et du hazard*		1730

	POLITISCHE EREIGNISSE	WIRTSCHAFT UND GESELLSCHAFT	RELIGIÖSES LEBEN
1731		Zünfte in Deutschland unter Staats-aufsicht gestellt, um Arbeits-kämpfe im Handwerk zu unterbinden Auswanderungsverbot für englische Fabrikarbeiter	Freimaurerei in Neapel verbo Erzbischof von Salzburg läßt 26 000 Protestanten vertreil
1732	1732–1798: Stanislaus II., letzter polnischer König	Ansiedlung von Salzburger Protestanten in Ostpreußen	Liguori: Gründung des Redemptoristenordens Aufnahme von Juden in die Londoner Freimaurergroßlo
1733	† Friedrich August I. Polnischer Erbfolgekrieg (bis 1738)	Wehrdienstpflicht (Kantonsystem) in Preußen	
1734	Friedrich August II. von Sachsen wird als August III. König von Polen (bis 1763)		
1735	Im polnischen Erbfolgekrieg Wiener Vorfriede	Eisenerzausschmelzung mit Koks verbreitet sich langsam in England	
1736	† Prinz Eugen von Savoyen (1663–1736)	Kautschuk wird in Europa bekannt	
1737			Zinzendorf Bischof der Herrnhuter Brüdergemeine

…STESLEBEN · WISSENSCHAFTEN	KUNST · LITERATUR	EUROPA UND DIE WELT	
…raut: Mathematische Kurven …n Raum	† Defoe (1659–1731)	Kanalverbindung zwischen Ostsee und Kaspischem Meer begonnen	1731
…–1816: Cavendish	Voltaire: *Geschichte Karls* XII.		
…lley: Spiegelsextant	Lancret: *Die Tänzerin Camargo*		
…euchzer: *Physica sacra*			
…rhaave: *Elementa Chemiae*	† B. Permoser (1651–1732)	1732–1799: George Washington, 1789–1797 erster Präsident der USA	1732
	1732–1809: Josef Haydn		
	1732–1799: Beaumarchais		
	1732–1806: Fragonard		
	Voltaire: *Zaïre*		
	Walther: *Musikalisches Lexikon*		
…Fay entdeckt positive und …egative Elektrizität	† Couperin (1668–1733)		1733
…–1804: Priestley	1733–1813: Wieland		
…denborg: *Philosophische und …ineralogische Werke*	1733–1811: Nicolai		
	Asam: St.-Joh.-Nepomuk-Kirche in München (1746 vollendet)		
…. E. Stahl (1660–1734)	1734–1803: Romney	Vorrechte der französischen West-indischen Kompanie aufgehoben	1734
…4–1815: Franz Mesmer	J. S. Bach: *Weihnachtsoratorium*		
…val: *Berühmte und interessante …riminalfälle*	1734–1739: Amalienburg		
…né: *Systema naturae …and* I	Rameau: *Les Indes galantes*		1735
…lley: Theorie der Passatwinde	Stiftskirche in Einsiedeln fertiggestellt (Mosbrugger und Gebr. Asam)		
…atsman: Tiegelgußstahl			
…6–1813: Lagrange	† Pergolesi (1710–1736)	Größte Ausdehnung des Mandschu-Reichs	1736
…er: *Mechanica*	† Pöppelmann (1662–1736)		
…5–1744: Peru-Expedition von …ouguer und La Condamine	Benediktinerstift Melk vollendet		
	Hogarth: Sittengemälde		
…elin erforscht die sibirische …flanzenwelt bis 1743 (*Flora …birica* erscheint 1749)	† Stradivari (1644–1737)	Vermessungen in Lappland und Peru durch französische Wissenschaftler	1737
	Rameau: *Castor und Pollux*		
	Gluck in Mailand		
	Knobelsdorff: Schloß Rheinsberg		

	POLITISCHE EREIGNISSE	WIRTSCHAFT UND GESELLSCHAFT	RELIGIÖSES LEBEN
1738	Ende des polnischen Thronfolge-kriegs; August III. von Sachsen als König anerkannt	Arbeiterunruhen in Südengland Schnellschütz von John Kay Aufbau der Schwarzwälder Kuckucksuhrenindustrie	24. Mai: Bekehrung Wesleys Papst verdammt die Freimau▪
1739	Englisch-spanischer Krieg Belagerung Belgrads; Ende des österreichisch-türkischen Kriegs mit Sieg der Türken	Unruhen in Yorkshire Neuordnung des Berliner Börsen-wesens	Die Methodisten beginnen ihr Bekehrungswerk
1740	† Karl VI., röm.-dt. Kaiser seit 1711 Auseinandersetzungen um Thronfolge † Friedrich Wilhelm I., König von Preußen seit 1715; Nachfolger Friedrich II. (bis 1786)	Abschaffung der Folter in Preußen Verheerende Pockenseuche in Berlin	† Jean Cavalier (1681–1740), Anführer der Kamisarden Benedikt XIV. Papst (bis 1738) Swedenborg: *Die Verehrung ʋ Liebe Gottes* (Theosophie) Ende der Hexenprozesse in Österreich
1741	Österreichischer Erbfolgekrieg (bis 1748) Sturz Iwans VI., Elisabeth Zarin bis 1762	1741–1742: Letzte große zyklische Wirtschaftskrise in Frankreich, hohe Sterblichkeit	
1742	Preußen erobert Ober- und Niederschlesien sowie Glatz. Österreich erobert Böhmen zu-rück und besetzt Bayern		† Jean-Théophile Desaguliers (1683–1742)
1743	† Fleury Englische Truppen drängen die Franzosen über den Rhein zurück	Judenpogrome in Rußland	

EISTESLEBEN · WISSENSCHAFTEN	KUNST · LITERATUR	EUROPA UND DIE WELT	
38–1822: Herschel Bernoulli: Gasgesetz (Ansatz einer quantitativen Atomtheorie)	† G. Bähr (1666–1738) Händel: *Xerxes* und *Saul* Chiaveri: Hofkirche in Dresden Hagedorn: *Fabeln und Erzählungen*		1738
wedische Wissenschaftliche Akademie gegründet	† C. D. Asam (1686–1739) 1739–1791: Schubart J. S. Bach: *Deutsche Orgelmesse* La Granja (Spanien) Boucher: *Das Frühstück*	Gründung des Vizekönigreichs Neugranada	1739
40–1786: Goldenes Zeitalter der Berliner Akademie mit Maupertuis, Euler, Lagrange, Lambert u. a. reit zwischen Vulkanisten und Neptunisten	1740–1815: Matthias Claudius 1740–1795: C. Bellman Richardson: *Pamela* Tiepolo: *Der Triumph der Amphitrite* Boucher: *Galatea*	1740–1744: Erfolge des Admirals Anson im Pazifik	1740
ler in Berlin ller: Erste Beschreibung der bald ausgerotteten Seekuh	1741–1743: Berliner Oper von Knobelsdorff 1741–1828: Houdon Kändler: *Schwanenservice*	Vitus Bering entdeckt Aleuten und Küste Alaskas	1741
Halley (1656–1742) issenschaftliche Akademie in Kopenhagen gegründet lsius (1701–1744) führt heute gebräuchliche Thermometerskala ein	1742–1799: G. C. Lichtenberg Voltaire: *Mahomet* Fielding: *Joseph Andrews* Young: *Nachtgedanken* Händel: *Messias* Boucher: *Diana im Bade*	Aufstand in Peru Endgültige Entscheidung im Ritenstreit durch die Bulle *Ex quo singulari*	1742
43–1794: Lavoisier 43–1794: Condorcet Alembert: Prinzip des Kräftegleichgewichts bei Bewegungsvorgängen	† Vivaldi (1680–1743) Voltaire: *Mérope* Gellert: *Lieder* Händel: *Samson, Joseph, Dettinger-Tedeum* Neumann: Vierzehnheiligen (bis 1771)	1743–1809: Jefferson, Verfasser der amerikanischen Unabhängigkeitserklärung	1743

	POLITISCHE EREIGNISSE	WIRTSCHAFT UND GESELLSCHAFT	RELIGIÖSES LEBEN
1744	Zweiter Schlesischer Krieg Friedrichs II. gegen Österreich Ostfriesland fällt an Preußen	Blüte der schwedischen Eisen-industrie (»Eisenkontor«) Baumwollmanufaktur in Berlin	
1745	Preußen erhält im Frieden von Dresden Schlesien Franz I. von Lothringen, Gemahl Maria Theresias, röm.-dt. Kaiser (bis 1765)	Umfassende Wirtschaftsenquête in Frankreich (Orry) Marquise de Pompadour wird Maitresse Ludwigs XV.	Papst Benedikt XIV. lockert durch Enzyklika Zinsverbot der katholischen Kirche Wahhabiten, islamische Reform-bewegung, gegründet
1746	21. Februar: Franzosen erobern Brüssel Bündnis zwischen Österreich und Rußland	Spekulationen mit Seerückver-sicherungen in England unter-bunden	Astrologie wird zunehmend als Aberglaube abgelehnt
1747	28. Oktober: Die Franzosen erobern Bergen-op-Zoom	Zürich: Gründung der ersten landwirtschaftlichen Gesellschaft	
1748	28. Oktober: Friede von Aachen beendet den Österreichischen Erbfolgekrieg zugunsten Maria Theresias	Erste Seidenmanufaktur in Berlin Preußisches Gesetz unterbindet »Bauernlegen«	
1749	1749–1791: Mirabeau 1749–1806: Charles J. Fox		Swedenborg: *Himmlische Arcana* (Theosophie)

STESLEBEN · WISSENSCHAFTEN	KUNST · LITERATUR	EUROPA UND DIE WELT	
4–1803: J. G. Herder er: Astronomische Störungs- eorie sini: Beginn der Vermessungen	† Alexander Pope (1688–1744) Gleim: Versuch ... Händel: Herakles Knobelsdorff: Umbau des Stadt- schlosses Potsdam Zarskoje Selo bei St. Petersburg		1744
dener Flasche« durch E. von leist und P. van Musschenbroek ·funden aettrie: Naturgeschichte der eele	† J. Swift (1667–1745) † J. L. von Hildebrandt (1668–1745) † N. Lancret (1690–1745) Gottsched: Deutsche Schaubühne Hogarth: Marriage à la mode Baubeginn Königl. Schloß Antwerpen	Die Engländer erobern die Kap-Breton-Insel	1745
apertuis: Mechanisches Prinzip er kleinsten Wirkung 6–1827: Pestalozzi adillac: Essai sur l'origine des onnaissances humaines	1746–1828: Goya 1746–1750: Canaletto in London Gellert: Fabeln und Erzählungen Händel: Judas Makkabäus Zimmermann: »Die Wies« (bis 1754)	Gründung der Universität in Princeton	1746
nklin beginnt Untersuchungen ber Elektrizität rggraf entdeckt Zuckergehalt er Rübe	† Le Sage (1668–1747) 1747–1794: G. A. Bürger Boucher: Raub der Europa Tiepolo: Maria und weibliche Heilige	Aufstieg Afghanistans	1747
ne: Essay on human nderstanding ntesquieu: L'Esprit des lois nettrie: Der Mensch eine Maschine nd Der Mensch eine Pflanze llet entdeckt die Osmose	Goldoni: Der Lügner Klopstock: Messias Lessing: Der junge Gelehrte Händel: Salomo Eröffnung des Bayreuther Opernhauses		1748
fon: Naturgeschichte der Tiere nettrie in Potsdam derot: Lettre sur les aveugles henwall: Abriß der neuesten taatswissenschaft	1749–1832: J. W. von Goethe Fielding: Tom Jones J. S. Bach: Kunst der Fuge Händel: Feuerwerksmusik Batoni: Büßende Magdalena	Aufstand in Venezuela	1749

	POLITISCHE EREIGNISSE	WIRTSCHAFT UND GESELLSCHAFT	RELIGIÖSES LEBEN
1750	1750–1777: Pombal erster Minister in Portugal	Absinken der brasilianischen Goldproduktion Steigen der mexikanischen Silberproduktion	Chassidismus durch Baal Schem begründet Ende der Hexenprozesse in Deutschland
1751		Gründung der *Vossischen Zeitung* in Berlin Öffentliche Kaffeegärten in Deutschland	† Bengel (1687–1751), Pietist Abschaffung der Autodafés in Portugal
1752			Beichtzettelaffäre in Frankreich
1753	Kaunitz Staatskanzler von Österreich (bis 1792)	Beginn der inneren Reformen in Österreich	A. de Liguori: *Théologie mora*
1754	1754–1793: Ludwig XVI.	Erstes Eisenwalzwerk in England	
1755	Englisch-französischer Kolonialkrieg (bis 1763)	Lissabon durch Erdbeben zerstört Beginn einer Bevölkerungs-explosion in Europa	
1756	Siebenjähriger Krieg (bis 1763) Pitt d. Ä. englischer Premierminister	Casanova: *Geschichte meiner Flucht*	Beilegung der Beichtzettelaffär in Frankreich
1757	Frankreich: Die Reformminister d'Argenson und Marchault fallen in Ungnade	Die englische Wirtschaft schafft die Voraussetzungen für die industrielle Revolution	Hume: *Naturgeschichte der Religion*
1758	1758–1803: Nelson	*Mode- und Galanterie-Zeitung* in Erlangen	Klemens XIII. Papst (bis 1769)

TESLEBEN · WISSENSCHAFTEN	KUNST · LITERATUR	EUROPA UND DIE WELT	
Rousseau: *Discours sur les tres et les arts* aire in Sanssouci (bis 1752)	† J. S. Bach (1685–1750) † E. Q. Asam (1692–1750) Cuvilliés: Münchner Residenz-theater (bis 1753)	Aufstand in Tibet gegen chinesische Herrschaft	1750
-1772: Die französische zyklopädie in 35 Bänden e: *Untersuchung über die inzipien der Moral* č: *Philosophica botanica*	† K. I. Dientzenhofer (1689–1751) Tiepolo: Deckengemälde in der Würzburger Residenz Händel: *Jephta*		1751
mur: *La digestion des eaux* klins Blitzableiter	Vanvitelli: Prunkschloß in Caserta Gründung der königlichen Akade-mie San Fernando in Madrid		1752
rkeley (1685–1753)	† Knobelsdorff (1699–1753) † B. Neumann (1687–1753)		1753
Rousseau: *Abhandlung über e Ungleichheit* uel Johnson: *Englisches örterbuch*	Rastrelli: Winterpalast in St. Petersburg Chippendale schafft den nach ihm benannten Stil		1754
ntesquieu (1689–1755) : *Allgemeine Naturgeschichte d Theorie des Himmels* r: *Institutiones calculi ferentialis*	Lessing: *Miss Sara Simpson* Rastrelli: Schloß Peterhof bei St. Petersburg Winckelmann: *Gedanken ...*	1755–1783: Santa-Trinidad-Kirche in México	1755
aire: *Essai sur les mœurs*	1756–1791: W. A. Mozart S. Geßner: *Idyllen*	Starke britische Expansion in Übersee	1756
on Haller: *Physiologische emente*	† Scarlatti (1685–1757) Diderot: *Der natürliche Sohn*	Clive begründet englische Herr-schaft in Indien	1757
etius: *De l'esprit*	Bodmer und Breitinger: Ausgabe der Manessischen Handschrift		1758

Verweise auf andere Seiten, Abbildungen oder Stichwörter sind wie folgt abgekürzt:
→ 120 = siehe auf Seite 120; → 60* = siehe Abbildung 60 und die zugehörige Bildlegende;
→ II* = siehe Tafel II und die zugehörige Bildlegende; → Musik = siehe auch unter dem
Stichwort Musik.

Aachen, Friede von Der erste Friede von Aachen beendete am 2. Mai 1668 den → Devolutionskrieg Ludwigs XIV. gegen Spanien. Spanien erhielt die → Freigrafschaft Burgund zurück, Frankreich bekam einige flandrische Städte (so Charleroi, Douai, Tournai, Lille). Der zweite Friede von Aachen, mit dem der Österreichische Erbfolgekrieg sein Ende fand, wurde zwischen Österreich, England, den Niederlanden und Sardinien einerseits und Frankreich und Spanien anderseits am 18. Oktober 1748 geschlossen. Darin wurde die → Pragmatische Sanktion anerkannt, wofür Österreich die italienischen Herzogtümer Parma, Piacenza und Guastalla an den spanischen Infanten Philipp abtrat.

Absolutismus Die absolute Monarchie ist eine Staatsform, bei der der Monarch die unbeschränkte Herrschaftsgewalt verkörpert. Die Theorie des Absolutismus bildete sich im 16. Jahrhundert in England und Frankreich und im 17. Jahrhundert fast im ganzen übrigen Europa aus. Der König ist zwar die letzte, höchste Quelle von Macht und Gesetz, ist jedoch seinerseits gehalten, die traditionellen Gesetze seines Reiches zu respektieren. Auf das Privat- und Gewohnheitsrecht wirkte der absolute Herrscher weit weniger ein als der moderne Staat. Im Gegensatz zum Despoten ist der absolute Herrscher den von ihm und seinen Vorgängern formulierten Gesetzen unterworfen. Der gewaltige Regierungs- und Verwaltungsapparat der absoluten Monarchie brachte es mit sich, daß eine Willkürherrschaft praktisch ausgeschlossen war. Nicht zu viel Macht, sondern zu wenig Macht wurde dem französischen Königtum im 18. Jahrhundert zum Verderben und führte zur Revolution. (→ 52)

Ager Mit diesem lateinischen Wort (= Acker) bezeichnet man das landwirtschaftlich genutzte, d. h. bestellte Land im Gegensatz zum saltus, dem Waldland. (→ 406)

Akademien Gelehrtengesellschaften, die für das geistige Leben des 17. Jahrhunderts von großer Bedeutung waren. Die ersten Akademien der neueren Zeit entstanden während der Renaissance in Italien. Wichtige Akademien dieser Zeit waren: Accademia Nazionale, Rom (1603); Päpstliche Akademie der Naturwissenschaften, Rom (1603); Académie Française, Paris (1635); Royal Society, London (1663); Societät der Wissenschaften, Berlin (1700). (→ 540 f.)

Alais, Gnadenfriede von Wurde am 27. Juni 1629 zwischen den Hugenotten und Ludwig XIII. geschlossen. Dadurch verloren die Hugenotten zwar ihre politische Sonderstellung, aber dafür wurde ihnen ihr religiöses Ausnahmerecht gemäß dem Edikt von → Nantes bestätigt. (→ 125)

Alaun Chemisch ein Doppelsalz (Kaliumaluminiumsulfat), das in der Färberei und Gerberei eine wesentliche Rolle spielte. Es wurde im 16. und 17. Jahrhundert in großen Mengen in Italien gewonnen. Die uns überkommenen Angaben über Förderung und Verschiffung lassen Rückschlüsse über die Entwicklung der Textilindustrie zu. (→ 449 f.)

Alberoni, Giulio → 217.

Albinus, B. S. → 87* ff.

Alexander VII. (1599–1667) Fabio Chigi, Kardinal, 1655 bis 1667 Papst, bestätigte 1661 die von seinem Vorgänger Innozenz X. ausgesprochene Verdammung der jansenistischen Lehrsätze. Betätigte sich als Dichter und Förderer von Kunst und Wissenschaft.

Alexander VIII. (1610–1691) Pietro Vito Ottoboni, Bischof von Torcello und Brescia, 1689 bis 1691 Papst. Entschiedener Gegner des → Gallikanismus.

Alexej Michailowitsch (1629–1676) Zweiter Zar aus dem Hause Romanow (ab 1645), Vater Peters des Großen. Baute ein starkes Heer auf, führte Kriege mit Polen und Schweden, unterdrückte den Aufstand der Donkosaken (1670). In seinem Gesetzbuch von 1649 wurde die Leibeigenschaft verankert. Unter ihm wurde Sibirien von Kosaken besiedelt, die bis zum Pazifischen Ozean vorstießen. Unruhen im Inneren gab es durch den → Raskol.

Amerika → 92 ff., 216, 361 ff., 504, 508 f.

Amsterdam Noch zu Beginn des 13. Jahrhunderts ein kleines Fischerdorf im Besitz der Herren von Amstel, wurde Amsterdam im 14. Jahrhundert Stadt und kam mit Amstelland an die Grafen von Holland. Im 16. Jahrhundert war es die wichtigste Handels- und Hafenstadt in den nördlichen Niederlanden. Im Interesse der Wirtschaft blieb es im Kampf der Nordprovinzen gegen die Spanier zunächst auf spanischer Seite und schloß sich erst am 8. Februar 1579 den übrigen holländischen Städten an. Die eigentliche Blütezeit Amsterdams begann mit der Eroberung Flanderns und Brabants durch Parma (1579–1585), wodurch der vorher mächtigste Hafen der Niederlande, Antwerpen, vernichtet und zahlreiche protestantische Kaufleute und Handwerker gezwungen wurden, nach Norden auszuwandern. Großenteils übersiedelten sie nach Amsterdam. Nach Gründung der Ostindischen Kompanie und Schließung des Waffenstillstands (1602 bzw. 1609) wuchs die Stadt so rasch, daß sie 1621, als die Westindische Kompanie ins Leben gerufen wurde, bereits mehr als 100 000 Einwohner zählte. Um 1700 war Amsterdam die viertgrößte, um 1800 die fünftgrößte Stadt Europas. Es spielte eine ungemein wichtige Rolle als Umschlaghafen und erreichte seine größte Bedeutung, als die Holländer die Weltmeere beherrschten und einen großen Teil des Welthandels an sich gerissen hatten. Im europäischen Wirtschaftsleben war die Amsterdamer Bank im 17. Jahrhundert die größte Depositenbank. Ungemein wichtig war auch die Amsterdamer Börse, an der Handelswaren aus dem Ostseeraum, aus Amerika und dem Fernen Osten notiert wurden. Kurz gesagt,

Amsterdam war nach dem Niedergang Spaniens das Zentrum des Welthandels und der beginnenden Weltwirtschaft. Aber auch im Geistesleben spielte die Stadt eine große Rolle. Bedeutsame Impulse kamen von den aus Spanien und Portugal vertriebenen Sephardim (Uriel da Costa, Spinoza) und den aus Polen ausgewanderten Sozinianern. Damit wurde Amsterdam zum Zentrum des agnostizistischen Rationalismus. Im 17. Jahrhundert entstanden viele prächtige Bauwerke. Die Börse wurde 1608 bis 1613 von Keyser nach dem Vorbild der Casa Lonja in Sevilla errichtet; das Rathaus baute Jakob van Campen von 1635 bis 1646, der herrliche Dekor dafür wurde 1651–1663 von Artus Quelin geschaffen. 1671–1675 entstand die Portugiesische Synagoge (→ 222*). Unter den zahlreichen Künstlern, die in Amsterdam lebten, sind besonders Seghers und → Rembrandt zu nennen. (→ 2*, 438 f.)

Ämterkauf → 53, 494 ff.

Anglikanische Kirche Die englische protestantische Staatskirche, die im Bekenntnis der reformierten Kirche folgt, dem Gottesdienst und der Verfassung nach jedoch zwischen Protestantismus und Katholizismus steht. Wurde dadurch gegründet, daß sich Heinrich VIII. wegen seiner geplanten Ehescheidung 1534 von Rom lossagte und sich zum Oberherrn der englischen Kirche erklärte, der Erzbischof Cranmer von Canterbury eine neue Verfassung gab. Unter Elisabeth I. wurde das Staatskirchentum durch Neuordnung des Gottesdienstes (*Common Prayer Book*) und des Glaubensbekenntnisses (39 Artikel) gefestigt. Drei verschiedene Richtungen bildeten sich heraus: die *Hochkirche* (High Church), die an der katholischen Ausgestaltung des Gottesdienstes festhielt; die *Niederkirche* (Low Church), die den Hauptakzent auf ein werktätiges Christentum legte; und die *Breitkirche* (Broad Church), deren Glaubensleben auf der Grundlage kritischer Bibelforschung freier war. Später verbreitete sich die Anglikanische Kirche, im Gegensatz zur schottischen Presbyterianischen Kirche auch Episkopalkirche (Bischöfliche Kirche) genannt, auch außerhalb Englands. (→ 140 f., 628 ff.)

Antitrinitarier → 646 ff.

Aristoteles Die ganze mittelalterliche Scholastik, deren Häupter Albertus Magnus und Thomas von Aquino waren, stand unter dem Einfluß der aristotelischen Philosophie, die in weltlichen Dingen als absolute Autorität galt. Dagegen kämpften im 17. Jahrhundert die Kartesianer und im 18. Jahrhundert die Aufklärung an.

Arminius, Jakob (1560–1609) Eigentlich Harmensen. In Oudewater in Südholland geboren, studierte er in Utrecht, Marburg und Leiden und besuchte Italien. 1588 wurde er Prediger in Amsterdam. Wenig später wandte er sich von der absoluten Prädestinationslehre ab und vertrat liberalere Ansichten. Bis an sein Lebensende setzte er sich mit Gomarus, dem radikalen Verfechter der absoluten Prädestination, in erbitterten Streitgesprächen auseinander. (→ 165 f., 637 f.)

Arnauld, Antoine (1560–1619), ein berühmter französischer Advokat, entstammte einer alten Familie aus der Auvergne. Seine zweiundzwanzig Kinder bildeten den Kern der Jansenisten in Frankreich, besonders die Töchter, die in das von ihm geförderte Kloster Port-Royal-des-Champs eintraten. Sein Sohn Antoine (1612 bis 1694) war der Wortführer der Jansenisten im Streit mit den Jesuiten, dem Klerus und der Regierung, mußte aber später, von den Jesuiten verfolgt, in die Niederlande fliehen; er ist in Brüssel gestorben. (→ 215*, 216*, 218*, 665 f., 669)

Asam → VIII*.

Augsburger Allianz Ein 1686 gegen Frankreich geschlossenes Bündnis des Kaisers, der Reichsstände, Schwedens und Spaniens. (→ 209)

Aussatz (Lepra) Chronische bazilläre Infektionskrankheit der Haut, Nerven und Knochen mit Knötchen- und Fleckenbildung auf der Haut und Verstümmelungen der Glieder. Diese Geißel des Mittelalters war schon im 16. Jahrhundert in Europa in starkem Rückgang begriffen und verschwand zu Beginn des 17. Jahrhunderts praktisch ganz. (→ 275 f.)

Awakum (1620–1682) Erzpriester der russischorthodoxen Kirche, spielte als Vorkämpfer der Altgläubigen im → Raskol eine große Rolle, wird von diesen als Bekenner und Märtyrer verehrt (er starb nach gräßlichen Folterungen). (→ 674)

Baal Schem → 648.

Bach, Johann Sebastian (1685–1750) Der bedeutendste Komponist des Barockzeitalters und der protestantischen Kirchenmusik. Er entstammt einer alten thüringer Musikerfamilie. In Eisenach als Sohn des dortigen Stadtmusikus Johann Ambrosius Bach geboren, mit zehn Jahren Vollwaise, wurde er von seinem ältesten Bruder Johann Christoph erzogen. Nach dessen Tod kam der Vierzehnjährige nach Lüneburg, wurde dort Diskantist im Gymnasium und erhielt eine gediegene Schulbildung. 1703 wurde er Violinist bei der Hofkapelle in Weimar, 1704 Organist in Arnstadt, 1707 Organist in Mühlhausen, und von 1708 bis 1717 war er Hoforganist in Weimar. 1723 übernahm er die Stellung des Kantors an der Thomasschule in Leipzig, die er bis zu seinem Tod bekleidete. In Leipzig entstanden seine einzigartigen Kompositionen; er führte ein völlig zurückgezogenes Leben, das nur seiner Arbeit und seiner Familie geweiht war. Zweimal war er verheiratet und hatte zwanzig Kinder, von denen zehn ihn überlebten. Im Alter erblindete er, ohne deshalb seine Arbeit aufzugeben. Er war nicht nur einer der genialsten Komponisten, sondern einer der größten Orgelvirtuosen aller Zeiten. Zu seinen bedeutendsten Schöpfungen gehören neben Orgelsonaten, Präludien, Fugen, Phantasien und Tokkaten für Orgel, 15 Symphonien für Klavier und zahlreichen Konzerten seine Passionsmusiken (Johannespassion, 1724; Matthäuspassion, 1729; drei weitere verlorengegangene Passionen), seine Messen und sein Weihnachtsoratorium. Zu Lebzeiten und auch noch lange nach seinem Tod wurde er kaum gewürdigt; erst im 19. Jahrhundert entdeckte man ihn neu. Sein Einfluß jedoch läßt sich kaum abschätzen; selbst die modernste Musik greift immer wieder auf die Fülle seiner Anregungen zurück, und seine zahllosen Kompositionen sind auch in unserer Zeit noch ständig zu hören.

Bacon, Francis (1561–1626) Einer der bahnbrechenden Geister auf dem Gebiet wissenschaftlicher Forschung. War zuerst Rechtsanwalt und außerordentlicher Rat der Königin und wurde durch die Gunst des Herzogs von Buckingham 1619 zum Lordkanzler erhoben. Ein Jahr später veröffentlichte er sein *Novum* *organum scientiarum,* mit dem er den Empirismus begründete. Zu Unrecht der Bestechlichkeit angeklagt, verzichtete er auf jede politische Betätigung und widmete sich bis zu seinem Tod nur noch der Wissenschaft. (→ 542)

Ballett Zunächst eine durch Tanz ausgeführte, von Rede und Gesang begleitete theatralische Handlung; erstmals nachzuweisen gegen Ende des 15. Jahrhunderts an den italienischen Höfen. Die Weiterentwicklung erfolgte in Frankreich, wo das Ballett durch Baltasarini eingeführt wurde. Bis 1610 wurden am französischen Hof mehr als 80 Ballette meist allegorischen Inhalts aufgeführt. → Lully versuchte gegen Ende des 17. Jahrhunderts, das Ballett mit der von ihm begründeten französischen → Oper zu verschmelzen; lange Zeit waren in allen Opern Balletteinlagen üblich, die je nach dem Inhalt als Comédie-Ballet, Pastoral-Ballet, Ballet allégorique und Ballet héroique bezeichnet wurden. Künstlerische Selbständigkeit erlangte das Ballett erst im späten 18. Jahrhundert durch Noverre (1727–1810).

Banken Das Bankwesen bildete sich zuerst im Mittelalter in Italien aus (daher sind noch heute viele der Ausdrücke italienisch, z. B. Giro, Skonto usw.). Der Handel mit Italien brachte es mit sich, daß in Süddeutschland bald Großbanken entstanden (die Fugger in Augsburg). Im 16. Jahrhundert wurden von Italienern auch im Ausland Banken gegründet, so in den Niederlanden. Im 17. Jahrhundert begannen die Banken des protestantischen Nordens, den italienischen Banken Konkurrenz zu machen; in der zweiten Hälfte dieses Jahrhunderts beherrschten die Banken in Genf, den Niederlanden und England rund achtzig Prozent des Wirtschaftslebens. Verfrühte und schlecht organisierte Versuche, Papiergeld herauszubringen (→ Law), waren zum Scheitern verurteilt. Im 18. Jahrhundert stiegen die deutschen Banken empor. Eine große Rolle spielte dabei Frankfurt, wo sich die aus dem Osten zugewanderte jüdische Kaufmannsfamilie Zum Rothenschild niedergelassen hatte. Im 19. Jahrhundert bauten die Rothschilds ein europäisches Bankennetz auf. (→ 499 f.)

Banknoten → 510 f.

Baptisten → 629, 631.

Barock (vom portugiesischen *barocco*) heißt ursprünglich soviel wie »unregelmäßig« oder »wunderlich«. Man versteht unter dem Barock jene Epoche der Kultur- und Kunstgeschichte, die die Renaissance im 16. Jahrhundert ablöste und in Europa bis zur Mitte des 18. Jahrhunderts herrschte. Das Barock endet im leichteren Rokoko. Wie bereits der Renaissance, liegen dem Barockstil antike Formen zugrunde, die jedoch teils übersteigert, teils durch Häufung überladen wurden. Statt Ruhe wird Bewegtheit zum künstlerischen Prinzip.

Kennzeichnend für diese Epoche sind die Erneuerung des religiösen Lebens (Gegenreformation), die Ausbildung der Staatsidee (Absolutismus) und die Revolutionierung der Wissenschaft (exakte Naturforschung, später pantheistische Philosophie). In der Kunst wird ein »malerischer« Stil bevorzugt. Die wichtigsten Architekten und bildenden Künstler dieser Zeit waren: in Deutschland Fischer von Erlach, Neumann, Dientzenhofer, Bähr, Günther, Schlüter, Elsheimer; in Italien Bernini, Borromini, Vignola, Caravaggio, Guercino, Guido Reni, Tiepolo; in Frankreich Hardouin-Mansard, Claude Lorrain, Poussin; in den Niederlanden Rubens, van Dyck, Jordaens, Teniers, Rembrandt, Hals, Brouwer, Vermeer van Delft, Ruisdael; in Spanien Herrera, Churriguerra, El Greco, Murillo, Ribera, Velázquez, Zurbarán. Die großen Gestalten der Musik jener Zeit sind: Johann Sebastian Bach, Heinrich Schütz, Friedrich Händel, Telemann, Monteverdi, Lully, Purcell, Rameau, Cuperin, Scarlatti, Pergolese. In der Literatur sind hier zu nennen: Deutschland: M. Opitz, Logau, Gryphius, Lohenstein, Grimmelshausen, Reuter, Günther; Spanien: Cervantes, Lope de Vega, Guillen de Castro, Calderon, Tirso da Molina, Juan Ruiz de Alarcon, Moreto; England: Pope, Shakespeare, Ben Jonson, Swift, Butler, Donne; Frankreich: Cyrano de Bergerac, Scarron, Boileau, Corneille, Racine, Molière, Lafontaine. Vgl. auch die Stichwörter zu den wichtigsten Namen.

Barometer Instrument zum Messen des Luftdrucks, 1642 von Torricelli erfunden und noch im gleichen Jahrhundert bedeutend vervollkommnet. (→ 554)

Barrierevertrag oder Barrieretraktat Am 29. Oktober 1709 im Haag von der Republik der Vereinigten Niederlanden mit England geschlossener Vertrag zum Schutz der Grenzen gegen Frankreich; dadurch erhielten die Niederländer das Recht, im Kriegsfall die Festungen in den spanischen Niederlanden zu besetzen. Am 15. November 1715 wurde zwischen den Niederlanden und Österreich ein neuer Vertrag ausgehandelt, nach dem die Republik in bestimmten Festungen (Barriereplätzen) Besatzungen unterhalten durfte. Im Österreichischen Erbfolgekrieg wurden diese Plätze von den Franzosen erobert und großenteils geschleift. Der Vertrag wurde 1781 von Joseph II. einseitig aufgehoben. Die Generalstaaten verzichteten 1785 förmlich auf die Barriereplätze und ihr Besatzungsrecht. (→ 215 f.)

Bart, Jean (1650–1702) Berühmter französischer Seeheld, als Sohn eines Fischers in Dünkirchen geboren, diente unter de Ruyter in der holländischen Marine und nahm 1672 französische Dienste. Er führte ein Korsarenschiff und wurde 1691 an die Spitze eines Geschwaders gestellt, mit dem er vor Dünkirchen zahlreiche englische Schiffe vernichtete. 1697 wurde er in Anerkennung seiner Verdienste von Ludwig XIV. in Audienz empfangen und zum Geschwaderkommandeur ernannt. (→ 65*)

Bauern Sie stellten den größten Prozentsatz der Bevölkerung in den Staaten des Barockzeitalters, deren Wirtschaft durchweg auf der Landwirtschaft beruhte. Erst nach 1750 büßte sie – zunächst nur in den Vereinigten Niederlanden – diese führende Stellung ein. In Rußland war noch zu Beginn des 18. Jahrhunderts die Bevölkerung zu 95 Prozent in der Landwirtschaft tätig. Als Bauern im engeren Sinn bezeichnete man selbständige Landwirte mit Gespann, die oberste Schicht der Landbevölkerung.

Bayle, Pierre (1647–1706) Einer der einflußreichsten philosophisch-theologischen und kritischen Schriftsteller Frankreichs, trat für staatliche Duldung der Atheisten ein, obwohl er selber am Christentum festhielt. Sein Hauptwerk ist der *Dictionnaire historique et critique*, der ab 1697 in Rotterdam erschien.

Beamtentum → 44 f., 195 f., 494 ff.

Benedikt XIII. (1649–1730) Francesco Orsini wurde 1672 Kardinal, 1675 Bischof und 1686 Erzbischof; 1724 wurde er zum Papst gewählt. Vergebens versuchte er den Klerus zu neuer Sittenstrenge zurückzuführen.

Benedikt XIV. (1675–1758) Prosper Lambertini gehört zu den bedeutendsten Päpsten (Pontifikat 1740–1758), war ein hochgebildeter Förderer von Kunst und Wissenschaft, schadete jedoch der katholischen Missionsarbeit in China durch den → Ritenstreit, den er durch die Bulle *Ex quo singulari* entschied.

Benediktiner Im Zeitalter des Barock wandte sich der Orden besonders in Frankreich und Deutschland wieder den wissenschaftlichen Studien zu. Eine bedeutsame Rolle spielte die Kongregation des heiligen Maurus. Zu den Maurinern zählten Männer wie Mabillon, Montfaucon, Martène und d'Aschery, denen bedeutsame historische Schriften und Urkundensammlungen zu verdanken sind.

Berberei So nannte man den nordwestlichen Teil Afrikas zwischen dem Mittelmeer und der Sahara nach den in diesem Gebiet vorwiegend ansässigen Berbern. Im Mittelalter hatte man Algerien, Tunis und Tripolis als Barbareskenstaaten bezeichnet. In die Berberei übersiedelten viele der aus Spanien vertriebenen Morisken und Marranen.

Berkeley, George (1684–1753) Irischer Philosoph und Kleriker. Versuchte 1728, auf den Bermuda-Inseln eine Lehranstalt zur Bekehrung der »Wilden« einzurichten, mußte jedoch das Vorhaben nach dem Verlust eines Großteils seines Vermögens aufgeben. 1734 zum Bischof von Cloyne ernannt, war er stets darauf bedacht, das Elend seiner irischen Landsleute zu mildern. An Lockes Realismus anknüpfend, entwickelte Berkeley eine idealistische Philosophie, die man auch als Immaterialismus bezeichnet. (→ 631)

Berlin Aus dem Zusammenschluß wendischer und germanischer Ansiedlungen hervorgegangen, die 1307 zu einer Stadt vereinigt wurden, war Berlin noch in der Mitte des 16. Jahrhunderts ein recht bescheidener Ort mit kaum mehr als 12 000 Einwohnern. Im Dreißigjährigen Krieg wurde Berlin weitgehend zerstört; um 1640 zählte man nur mehr 800 Häuser mit 6000 Bewohnern. Den Wiederaufbau unternahm Friedrich Wilhelm, der Große Kurfürst, der die Straßen pflastern und beleuchten und zahlreiche Bauten aufführen ließ. Zuwanderer aus Frankreich (Hugenotten), Pfälzer und Schweizer brachten im ausgehenden 17. Jahrhundert einen starken Zuwachs; Berlin wurde zu einem bedeutenden Wirtschaftszentrum, das 1688 bereits mehr als 20000 Einwohner aufzuweisen hatte. 1700 erhielt es eine wissenschaftliche Akademie, und im 18. Jahrhundert wurde die Stadt, in der Maupertuis, Euler, Lagrange, Lambert, Voltaire und viele andere wirkten, zu einem Zentrum des europäischen Geisteslebens. Neue Stadtviertel wuchsen in rascher Folge empor: die Spandauer Vorstadt, Dorotheenstadt, Neu-Kölln usw. Friedrich III. (als König Friedrich I.) ließ die Friedrichstadt ausbauen und bedeutende Bauten errichten: das Zeughaus, das Akademiegebäude, die Kurfürstenbrücke, die Sternwarte, die Kirchen auf dem Gendarmenmarkt, die Garnisonsschule usw. Für die weitere Vergrößerung und Verschönerung der Stadt sorgte dann vor allem Friedrich II.; als er starb, hatte Berlin mehr als 100000 Einwohner, und 1800 rückte es mit 130000 Einwohnern auf den zehnten Platz unter den europäischen Städten vor.

Bernard, Samuel (1651–1739) Der kometenhafte Aufstieg dieses französischen Finanzmannes war für seine Zeitgenossen beinahe ein Wunder. Die protestantischen Bankleute in Paris wurden durch das Revokationsedikt schwer betroffen. Als Samuel Bernard im Jahre 1685 wie viele seiner Freunde lieber die Religion wechselte als den Beruf, war er noch ein kleiner »Kommissionshändler«. Zehn Jahre später, als der Krieg gegen die Große Allianz zu Ende ging, war er »der größte Bankier Europas, der reichste Bankier, der die umfangreichsten Geldgeschäfte tätigte«, wie Dangeau und Saint-Simon meinten. Er verstand es, im Auftrag Ludwigs XIV. für die französische Kriegsmaschine in ganz Europa Gelder zu mobilisieren – in eben jenem Europa, gegen das Frankreich kämpfte. 1682 hatte Samuel Bernard eine Putzmacherin geheiratet, aber die Kinder des Paares heirateten in die Familien de la Messelière, de Saint-Chamans und de Boulainvilliers ein. Samuel selbst heiratete als Neun-

undsechzigjähriger in zweiter Ehe eine Tochter des Marquis de Méry. Später kam es zu Verbindungen mit Angehörigen der höchsten Pariser Amtsadels: Samuels Töchter waren mit ihrer sagenhaften Mitgift ausgezeichnete Partien. (→ 34*)

Bernini, Gian Lorenzo (1598–1680) Als Maler, Bildhauer und Architekt hat er das römische Barock in entscheidender Weise geprägt. In Neapel geboren, übersiedelte er mit seinem Vater nach Rom, wurde dort 1629 von Urban VIII. zum Oberaufseher des Baues der Peterskirche und zum Leiter aller öffentlichen Verschönerungsarbeiten in Rom ernannt und behielt seine Positionen auch unter den Päpsten Innozenz X. und Alexander VII. Rasch machte er sich als Architekt einen so guten Namen, daß Ludwig XIV. ihn einlud, nach Paris zu kommen und dort den Neubau des Louvre durchzuführen. Die Reise wurde zu einem wahren Triumphzug; dennoch entschied man sich in Paris nach seiner Abreise gegen seine Planung. In Rom allerdings erfreute er sich bis an sein Lebensende der größten Achtung und schuf eine Fülle von Kunstwerken. Zu seinen bekanntesten Bauwerken gehören die Kolonnaden auf dem St.-Peters-Platz, die Fassade des Palastes Barberini, der Palast Bracciano, die Scala Regia im päpstlichen Palast, Galerie und Fassade an der Meerseite von Castel Gandolfo. Die wichtigsten Bildhauerwerke sind die 162 Statuen auf der Kolonnade vor Sankt Peter (nach Berninis Zeichnungen gefertigt), verschiedene Arbeiten in der Peterskirche, die Grabmäler Urbans VIII. und Alexanders VII., die heilige Theresia in der Kirche Santa Maria della Vittoria, wohl der Höhepunkt barocker Bildhauerei. Wenig bedeutsam hingegen waren seine schriftstellerischen Versuche und die von ihm gedichteten Komödien. (→ 197*, 198*, 606)

Bérulle, Pierre de (1575–1629) Französischer Theologe, ab 1627 Kardinal, begründete in *Grandeurs du nom de Jésus* das, was H. Brémond als »Theozentrismus« bezeichnet. Er stand der Marillac-Partei nahe und trat für ein Bündnis mit Spanien ein, was ihm die Ungnade Richelieus eintrug (1627). (→ 124, 626, 652)

Berwick → 70 f.

Bevölkerungsentwicklung → 228 ff., 321 ff.

Bibliothèque bleue In einen einfachen blauen Umschlag gebundene französische Unterhaltungsschriften, die unseren Volksausgaben oder Taschenbüchern entsprechen. Die meisten Bände wurden in Troyes von Oudot und Garnier hergestellt. Wenn sie auch literarisch von minderer Qualität waren, trugen sie doch zur Bildung des niederen Volkes bei; viele Themen wurden von der Literatur anderer Länder übernommen.

Bill of Rights Ein Staatsgrundgesetz der englischen Monarchie (»Gesetz der Rechte«), das die parlamentarische Verfassung begründete. Das Gesetz wurde nach dem Sturz Jakobs II. von einer Parlamentskommission ausgearbeitet; als Wilhelm von Oranien die englische Königskrone annahm, mußte er das Gesetz feierlich anerkennen (13. Februar 1689). Die wichtigsten Bestimmungen lauteten: Die Befugnis der Krone, von Gesetzen zu dispensieren, wurde abgeschafft; ohne Bewilligung des Parlaments durften keine Steuern und Abgaben erhoben und kein stehendes Heer errichtet werden; die Gerichte waren unabhängig, die Minister allein dem Parlament für ihre Amtshandlungen verantwortlich; für die kirchlichen Verhältnisse sollten Uniformitätsakte und Testakte maßgebend sein. (→ 183)

Böhmen → 112 ff.

Bojaren Ursprünglich soviel wie Krieger, dann freier Grundbesitzer und Adliger. In Rußland wurden die Mitglieder der vornehmsten Adelsgeschlechter als Bojaren bezeichnet. Neben den regierenden Fürsten behaupteten sie eine gewisse Unabhängigkeit und hatten sämtliche höchsten Zivil- und Militärämter in ihrem Besitz. Verschiedene Großfürsten versuchten, die Macht der Bojaren zu brechen, aber dies gelang erst Peter dem Großen, der die Bojarenwürde aufhob und an ihre Stelle Rang und Titel ohne Vorrechte und Macht setzte. Auch in den Donaufürstentümern wurden die hohen Adligen Bojaren genannt. (→ 55)

Borromini, Francesco (1599–1667) Bei Mailand geboren, wurde er Madernos Schüler in Rom und später unter Bernini Baumeister der Peterskirche. Zeitlebens litt er darunter, stets hinter Bernini der zweite sein zu müssen; in einem Anfall von geistiger Umnachtung gab er sich mit eigener Hand den Tod. Er hat nur wenige größere Bauwerke geschaffen, so den Palazzo Falconieri in Rom, die Villa Falconieri bei Frascati, die Fassade der Kirche San Carlo alle quattro Fontane und das Oratorium von San Filippo Neri. Als Theoretiker stand er über Bernini; über bautechnische Probleme und ihre Lösungen wußte er viel besser Bescheid als sein glücklicherer Rivale. Dennoch konnte er diesen nur für kurze Zeit übertrumpfen, als Bernini unter Innozenz X. vorübergehend in Ungnade fiel. Aus seinen phantasievollen Formen hat sich der Jesuitenstil entwickelt. (→ 212*, 606)

Börse Als Börsen bezeichnete man die Gebäude, in denen sich Kaufleute zu versammeln pflegten, um ihre Geschäfte zu tätigen, Unterhandlungen zu führen und Verträge abzuschließen. Die ersten Börsen im heutigen Sinn entstanden im 16. Jahrhundert in den Niederlanden und in Frankreich (Antwerpen 1531, Lyon und Toulouse 1549, Rouen 1566). Die Londoner Börse wurde 1566, die Hamburger 1558 und die Amsterdamer 1608 gegründet. Die ersten Börsen waren nur Warenbörsen; als durch die Ausweitung des Handels nach Übersee häufige Preisschwankungen eintraten, boten die Börsen die beste Informationsquelle für die Geschäftswelt und wurden bald zu einer regelmäßigen, sehr wichtigen Einrichtung. Später wurden auch Staatspapiere und die Aktien großer Gesellschaften an den Börsen gehandelt. Gegen Ende des 17. Jahrhunderts wurde London zum wichtigsten Börsenplatz der Welt – eine Stellung, die es bis ins 20. Jahrhundert hinein behaupten konnte, um dann von New York abgelöst zu werden. (→ 151*)

Bossuet, Jacques-Bénigne (1627–1704) Großer französischer Kanzelredner, Historiker und dogmatisch-politischer Schriftsteller. In Dijon geboren, wurde er von den Jesuiten in Paris erzogen und 1648 zum Priester geweiht. 1669 zum Bischof erhoben, legte er diese Würde nieder, als er wenig später zum Lehrer des Dauphins ernannt wurde. 1672 wurde er Mitglied der Akademie, 1681 Bischof von Meaux und 1697 Staatsrat. Von ihm stammten die vier Artikel der gallikanischen Kirchenfreiheiten (1682; → Gallikanismus). Er verteidigte den römischen Katholizismus gegen Jansenisten,

Protestanten, Juden und Quietisten; auch wirkte er zur Aufhebung des Edikts von Nantes mit. Sein *Discours sur l'histoire universelle jusqu'à l'empire de Charlemagne* (1681) ist der erste Versuch einer philosophischen Geschichtsdarstellung vom katholisch-religiösen Gesichtspunkt aus. Seine glanzvollsten Leistungen als geistlicher Redner sind seine Grabreden, die unter dem Titel *Sermons et oraisons funèbres* gesammelt wurden. Bedeutsam sind ferner seine Tendenzschriften, mit denen er die Protestanten für den Katholizismus zu gewinnen suchte.

Bourbonen Altes französisches Adelsgeschlecht, nach dem Schloß Bourbon in der alten Grafschaft Bourbonnais benannt. Die älteste Linie ist seit dem Beginn des 10. Jahrhunderts nachzuweisen. Auf den französischen Königsthron kam das Haus Bourbon durch Heinrich IV. (1589–1610). Ludwigs XIV. Enkel Philipp erlangte durch den Frieden von Utrecht den spanischen Thron, und im weiteren Verlauf des 18. Jahrhunderts kamen Bourbonen auch auf die Throne von Neapel und Parma, so daß dieses Haus gegen Ende des Jahrhunderts die bedeutsamste Dynastie in ganz Europa war.

Bourdalou, Louis (1632–1704) Berühmter französischer Kanzelredner, trat mit 16 Jahren in den Jesuitenorden ein, predigte vor dem König, vor allem aber in der Languedoc vor den Protestanten, um sie für den katholischen Glauben zurückzugewinnen. Widmete sich in späteren Jahren der Fürsorge für die Armen, Alten und Kranken.

Boyle, Robert (1627–1691) Englischer Naturforscher, in Genf erzogen, Mitbegründer der Londoner Royal Society, deren Präsident er war. Aufsehenerregende Versuche über die Elastizität der Luft, entdeckte den Zusammenhang zwischen Druck und Volumen der Gase (Boyle-Mariottesches Gesetz), verbesserte die Luftpumpe von Otto von Guericke, studierte Verbrennung und Atmung. Verfaßte außer wissenschaftlichen auch religiöse Schriften, förderte die Mission und die Bibelverbreitung und machte religiöse Stiftungen. (→ 542)

Brahe, Tycho (1546–1601) Dänischer Edelmann und Astronom. Studierte in Kopenhagen und Leipzig Rechtswissenschaft, machte daneben astronomische Beobachtungen und erkannte dabei die Unzuverlässigkeit der gebräuchlichen astronomischen Tafeln. Nach dem Tod seines Onkels in den Besitz eines ansehnlichen Vermögens gekommen, widmete er sich ganz der Astronomie. 1572 entdeckte er einen neuen Stern in der Kassiopeia und berichtete darüber in seiner Abhandlung *De nova stella.* 1576 stellte ihm Friedrich II. von Dänemark die kleine Insel Hveen im Sund, ein Jahresgehalt und die Mittel für die Errichtung einer Sternwarte zur Verfügung. Diese wurde 1580 vollendet und mit kostbaren, großenteils von Brahe selber entworfenen Instrumenten ausgestattet. 1597 mußte Brahe Dänemark verlassen, weil Friedrichs Nachfolger für den Unterhalt der Sternwarte nicht mehr aufkommen wollte (der Astronom führte allerdings auch einen sehr aufwendigen Lebenswandel). 1599 wurde Brahe von Rudolf II. als kaiserlicher Astronom nach Prag berufen, wo er mit Kepler zusammenarbeitete, aber schon zwei Jahre später starb. Tycho Brahe kannte zwar die Arbeit des Kopernikus, konnte sich aber doch mit dessen heliozentrischem Weltbild nicht recht befreunden und schuf 1585 ein eigenes Weltsystem, in dem er Kopernikus mit Ptolemäus verband: Wohl kreisen darin die Planeten um die Sonne, aber diese kreist wiederum um die Erde, so daß diese weiterhin den Mittelpunkt der Welt bildete. Das große Verdienst Brahes beruht auf seinen hervorragenden Beobachtungsergebnissen und den von ihm entwickelten oder verfeinerten Methoden der beobachtenden Astronomie. (→ 543, 185*)

Brandenburg Seit 1411 im Besitz des Hauses Hohenzollern. 1569 erhielt der brandenburgische Kurfürst von Polen die Mitbelehnung für Preußen, aber erst der Große Kurfürst vereinigte die einzelnen Landesteile zu einem organischen Ganzen, aus dem dann der preußische Staat hervorging, dessen Kerngebiet Brandenburg stets blieb. (→ 44, 206)

Bruno, Giordano (1548–1600) Italienischer Philosoph. Trat in das Dominikanerkloster zu Neapel ein, mußte nach fünfzehn Jahren wegen seiner freimütigen Ansichten verlassen, floh nach Genf und von dort wegen der Unduldsamkeit der Calvinisten weiter nach Lyon und Toulouse. 1581 ging er nach Paris, wo er Vorlesungen hielt und verschiedene philosophische Schriften herausgab; ferner erschien in dieser Zeit seine zynische Komödie *Candelajo*. Von den Aristotelikern der Sorbonne verfolgt, übersiedelte er nach London, wo er als Verteidiger des kopernikanischen Weltsystems auftrat. Ab 1585 wanderte er rastlos durch Europa (Paris, Wittenberg, Prag, Helmstedt, Frankfurt/Main, Padua). Als er sich 1592 nach Venedig wagte, wurde er von der Inquisition aufgegriffen und nach Rom ausgeliefert. Wegen Ketzerei zum Tode verurteilt, wurde er am 17. Februar 1700 auf dem Campo dei Fiori lebendig verbrannt. (→ 580 f.)

Buffon, Georges-Louis Leclerc (1707–1788) Französischer Naturforscher. Wurde 1739 zum Intendanten des königlichen botanischen Gartens (Jardin royal des plantes) ernannt, baute diesen systematisch aus und begann gleichzeitig ein umfangreiches naturwissenschaftliches Werk, in dem er den Versuch machte, ein System der Natur zu entwerfen. Seine *Histoire naturelle générale et particulière* erschien von 1749 bis 1788 in sechsunddreißig Bänden, an denen bedeutende Spezialisten seiner Zeit mitwirkten. Wenn ihm auch die streng wissenschaftliche Methode Linnés fehlte, war seine Arbeit doch insofern für die weitere Entwicklung sehr wichtig, als darin eine klare Trennung zwischen Theologie und Naturwissenschaft vollzogen wurde. Sein Werk wurde von Lacépède, Latreille und Brisseau-Mirbel fortgesetzt.

Bürgertum Als Bürger (*burgenses*) bezeichnete man im Mittelalter einerseits die Dienstmannen der Burgen, andererseits die Verteidiger und später die Bewohner der befestigten Ortschaften, aus denen sich die Städte entwickelten. In der Ständegesellschaft bildeten die Bürger die oberste Schicht des Dritten Standes, die, zuerst in Frankreich, durch die Praxis des Ämterverkaufs die Möglichkeit hatte, in den Zweiten Stand aufzusteigen (Amtsadel). In der wissenschaftlichen Revolution hat das Bürgertum eine sehr bedeutsame Rolle gespielt.

Cadiz Hauptstadt der gleichnamigen Provinz, Festung und Hafen, die älteste Stadt der Iberischen Halbinsel. Sie wurde um 1100 v.Chr. von den Phönikern gegründet, kam im Ersten Punischen Krieg an die Karthager und im Zweiten Punischen Krieg an die Römer. Schon damals war Cadiz eine sehr wichtige Handelsstadt. 711 wurde sie von den Arabern erobert, 1262 von den Spaniern zurückerobert. Im 15. Jahrhundert war sie der wichtigste Umschlagplatz für den Handel zwischen Italien und den Niederlanden, »das große Warenlager für Südspanien und Westafrika, der Knotenpunkt des iberischen und muselmanischen Handels«. Im 16. Jahrhundert verlor Cadiz rasch an Bedeutung und zählte kaum noch 4000 Einwohner. Paradoxerweise geschah dies in einer Zeit, in welcher der Atlantik anstelle des Mittelmeers zum wichtigsten Verkehrsweg der europäischen Handels wurde. Bedingt war der Abstieg durch die Tatsache, daß es in der Stadt keine bedeutenden Banken gab, aber auch dadurch, daß sie im Zug der kriegerischen Auseinandersetzungen zwischen Spanien und den Seemächten des Nordens immer wieder von See her angegriffen wurde. Erst um die Mitte des 17. Jahrhunderts setzte ein neuer Aufschwung ein, verursacht durch die Veränderungen im spanischen Amerikahandel und die große Pest der Jahre 1649–1650, die 60 Prozent der Einwohner des rivalisierenden Sevilla dahinraffte. Als ab 1680 die Flotten der *Carrera* Cadiz anliefen und 1717 die *Casa de la Contratación* von Sevilla nach Cadiz verlegt wurde (sie verwaltete den ganzen Verkehr und Handel mit Amerika), wurde Cadiz wieder zum wichtigsten Hafen und Handelsplatz der Halbinsel. Im Verlauf des 18. Jahrhunderts kam es auf 80000 Einwohner, mit den dazugehörigen Häfen, vor allem Puerto de Santa Maria, erreichte es sogar mehr als 100000 Einwohner. Die ganze Stadt wurde neu aufgebaut; im 18. Jahrhundert stammten die ältesten Bauten aus dem ausgehenden 17. Jahrhundert. Die bedeutsamsten Bauwerke wurden fast gleichzeitig fertiggestellt. Mit dem Bau der im Jesuitenstil errichteten Kathedrale begann man 1720. San Felipe de Neri, um die gleiche Zeit erstellt, ist rein barock. Ein Fünftel der Bevölkerung bestand aus ausländischen Kolonien; besonders die Genueser waren stark vertreten, und so finden sich auch architektonisch viele Anklänge an die italienische Baukunst jener Zeit. Im 18. Jahrhundert wurden rund 30 Prozent der amerikanischen Ausfuhr in Cadiz umgeschlagen; in der Stadt selbst verblieb jedoch nur wenig von diesen Reichtümern. Im 19. Jahrhundert verlor sie erneut ihre Bedeutung; die Einwohnerzahl sank erheblich unter 100 000. Erst in jüngster Zeit wurde diese Zahl wieder erreicht. (→ 283, 378 f.)

Calderón de la Barca, Pedro (1600–1681) Der größte dramatische Dichter Spaniens, Sproß einer alten Adelsfamilie. Nach vielversprechenden poetischen Versuchen ging er für zehn Jahre zur Armee, wurde von Philipp IV. 1635 als Leiter des königlichen Theaters berufen, trat 1651 in den geistlichen Stand und wurde 1663 Kaplan an der königlichen Hofkapelle in Madrid. Er schuf mehr als 200 Werke. Diese zerfallen in *Autos sacramentales* (Opferkomödien, ein Genre, das mit ihm verschwand), Wunderkomödien, tragische Schauspiele, Konversationsstücke, mythologische Festspiele, Ritterspiele, historische Schauspiele und romantische Schauspiele. Die bekanntesten seiner vielfältigen Schöpfungen sind: *Das Leben ein Traum* (1635), *Die Tochter der Luft* (1629), *Die Andacht zum Kreuz, Der wundertätige Magus, Der standhafte Prinz, Des Namens Glück und Unglück*. Viele seiner Stücke wurden noch zu seinen Lebzeiten stark entstellt, zudem schob man ihm fremde Stücke unter. Nachweisbar echt sind 108 Schauspiele (*comedias*) und 73 *Autos sacramentales*; von seinen über 100 *Seinetes* (Zwischenspielen) sind nur wenige erhalten. (→ 607)

Callot, Jacques → 57*, 58*, 68*, 69*.

Calvinisten Seit der lutherischen Konkordienformel des Jahres 1577 bezeichnet man die Anhänger Calvins als Reformierte. Sie bildeten wirtschaftlich und sozial das dynamischste Element im protestantischen Europa, doch machte sich unter ihnen auch am frühesten die rationale Auflösung deutlich, die durch ekklesiologischen Radikalismus, die liberale Apostasie des Arminius und die Sozinianer in Gang gesetzt wurde. Holland war die stärkste Bastion der calvinistischen Orthodoxie; über den Calvinismus in England → Wesley.

Campanella, Thomas (1568–1639) Eigentlich Giovan Domenico, italienischer Dominikanermönch und Philosoph, beteiligte sich an einer Verschwörung gegen die spanische Herrschaft in Süditalien mit dem Ziel, das Land den Türken in die Hände zu spielen, wurde des Hochverrats und der Zauberei angeklagt und 1599 zu ewigem Kerker verurteilt. Völlig isoliert und wiederholt schwer gefoltert, verfaßte er im Kerker 42 bedeutsame Schriften. Auf Veranlassung von Papst Urban VIII. wurde er nach 26 Jahren nach Rom gebracht und nach dreijähriger Internierung entlassen. 1634 ging er nach Paris, wo er Aufnahme und Schutz bei Ludwig XIII. und Richelieu fand. Zu seinen Schriften gehören philosophische, politische, naturwissenschaftliche, medizinische und astrologische Abhandlungen. Am bekanntesten ist seine *Civitas Soli* (1623). Campanellas Philosophie ist antischolastisch, empirisch und mystisch: Grundlage aller Erkenntnis sind Wahrnehmung (*sentire est scire*) und Glaube.

Canaletto (1720–1780) Eigentlich Bernardo Bellotto, Schüler und Neffe von *Antonio de Canal* (1697–1768), der ebenfalls als Canaletto bezeichnet wird. Wirkte in Venedig, Rom, Mailand, London und München, vor allem aber in Dresden und Warschau. Schuf hervorragende Stadt- und Landschaftsprospekte, die er zum Teil selber radierte. (→ 129*)

Cassini Bedeutende Mathematiker- und Astronomenfamilie. *Giovanni Domenico* (1625–1712) wurde 1650 Professor der Astronomie in Bologna und entdeckte die Rotation von Jupiter, Mars und Venus. 1669 als Direktor der neuen Sternwarte nach Paris berufen, entdeckte er die Saturntrabanten und die Teilung des Saturnrings, ferner fand er die nach ihm benannten Gesetze der Mondbewegung. 1683 begann er, unterstützt von Maraldi und Lahire, die Meridianmessung von der Nordgrenze Frankreichs bis zu den Pyrenäen. – *Jacques* (1677 bis 1756), sein Sohn, übernahm die Leitung der Pariser Sternwarte und führte die von seinem Vater begonnene Gradmessung fort. – *César François Cassini de Thury* (1714–1784), Sohn von Jacques, übernahm nach dem Tod seines Vaters die Sternwarte. 1733 veranlaßte er die große trigonometrische Vermessung Frankreichs, deren Resultate in 182 Blättern erschienen; vollendet wurde diese Arbeit erst von seinem Sohn *Jean-Dominique* (1748–1845), der schließlich in Anerkennung seiner Verdienste in den Grafenstand erhoben wurde. (→ 553, 585 f.)

Casserius, Julius → 91*.

Champaigne, Philippe de (1602–1674) Der größte französische Porträtist und Maler religiöser Themen des 17. Jahrhunderts. Wurde unter Maria von Medici erster Hofmaler, dann Mitglied, Professor und zuletzt Direktor der Akademie. Durch Le Bruns wachsenden Erfolg verbittert, zog er sich schließlich nach Port-Royal zurück, wo einige seiner besten Bilder entstanden. In den Gesichtern, die er gemalt hat, kommt die ganze innere Spannung dieses »Jahrhunderts der Heiligen« zum Ausdruck. Zu den bedeutenden Zeitgenossen, die von ihm porträtiert wurden, gehört Richelieu. (→ 19*, 20*, 21*, 170*, 215*, 217*, 218*)

Chardin, Jean-Baptiste Siméon (1698–1779) In Paris als Sohn eines Kunsthandwerkers und Holzschnitzers geboren, kam er früh unter den Einfluß der holländischen Genremalerei und malte zunächst nach ihrem Vorbild hauptsächlich Blumenstücke und Stilleben, seit 1633 auch Genrebilder, die uns wertvolle Einblicke in das Alltagsleben des französischen Bürgertums seiner Zeit gewähren. Früh schon wurde er in die Akademie aufgenommen. 1757 wies ihm der König eine Wohnung im Louvre an. Nun fanden jedoch seine Bilder nur noch wenig Anklang, und seine letzten Lebensjahre verbrachte er in Krankheit und Armut. Zu seinen bekanntesten Werken gehören *Der Kartenspieler* im Louvre, das *Tischgebet* und die *Briefsieglerin* in Berlin. (→ IV*)

Chassidim Eigentlich »Fromme«. Ursprünglich ein Geheimbund altgläubiger Juden zur Zeit der Seleukiden. Als Chassidim bezeichneten sich auch die Mitglieder einer mystisch kabbalistischen Sekte des Israel Baal Schem, der in Polen als Prophet und Wundertäter auftrat und als Heiliger verehrt wurde. Obwohl von den Rabbinern unerbittlich verfolgt, zählten die Chassidim beim Tod des Sektengründers (1760) bereits 40000 Köpfe; unter Dob Beer verbreiteten sie sich auch über Ungarn, Galizien und die Donauländer. Später

zerfiel die Sekte in zahlreiche kleine Gemeinschaften. (→ 648 f.)

China Um die Mitte des 17. Jahrhunderts wurde China durch Mandschu-Tataren erobert, die das Reich straff organisierten. Von 1680 bis 1790 wuchs die Bevölkerung rasch an. Um 1800 stellte China 27 bis 28 Prozent der Erdbevölkerung – mehr als zu jedem anderen Zeitpunkt der Menschheitsgeschichte. (→ 91, 230, 252)

Christenheit Im Mittelalter nicht nur ein religiöser, sondern auch ein geographischer Begriff, der sich ungefähr mit dem späteren »Europa« deckte. Ab dem 18. Jahrhundert verstand man darunter nur mehr die Gesamtheit aller Anhänger des Christentums. (→ 13, 87)

Christian IV. (1577–1648) König von Dänemark und Norwegen, Herzog von Schleswig-Holstein. Förderte Handel und Schiffbau, führte zweimal Krieg gegen Schweden, beteiligte sich am Dreißigjährigen Krieg, wurde von Tilly bei Lutter am Barenberg (1626) besiegt, konnte aber im Frieden von Lübeck (1629) seine Grenzen behaupten. Segensreich war sein innenpolitisches Wirken: er verbesserte die Gesetzgebung, organisierte die Finanzverwaltung neu und erleichterte das Los der Bauern, aber wenn sein Versuch, die Leibeigenschaft aufzuheben, am Widerstand des Adels scheiterte. (→ 125)

Christine (1626–1689) Königin von Schweden, Tochter von Gustav Adolf; regierte nach dem Tod ihres Vaters zunächst unter Oxenstiernas Vormundschaft und ab 1644 selbständig. 1650 wurde sie in Stockholm gekrönt. Sie hatte eine ausgezeichnete Ausbildung genossen, versammelte bekannte Wissenschaftler und Gelehrte um ihren Thron (Descartes, Grotius, Salmasius), förderte die Universität von Upsala und legte wertvolle Sammlungen von Gemälden, Antiken und Münzen an. Durch ihren verschwenderischen Lebenswandel kam es zu inneren Unruhen, so daß sie 1654 beschloß, auf den Thron zu verzichten. Im gleichen Jahr trat sie zum katholischen Glauben über, und 1655 ging sie nach Rom. In den folgenden Jahren zog sie rastlos durch Europa, verbrachte aber ihre letzten Lebensjahre wieder in Rom, wo sie in der Peterskirche beigesetzt wurde.

Churrigueresk Bezeichnung für eine stark übertreibende Richtung des spanischen Barockstils, so benannt nach den drei Brüdern Churriguera: José Benito (1665–1723), Architekt und Bildhauer, Joaquin (1674–1724), Architekt, und Alberto (1676–1740), Architekt. Sie erfreuten sich zu Lebzeiten eines sehr hohen Ansehens; als José 1723 starb, wurde er von der *Gaceta de Madrid* als »spanischer Michelangelo« gefeiert. Zu ihren bekanntesten Werken gehören die Fassade von Kirche und Palast Nuevo Baztan (1709–1713) von José und die Plaza Mayor in Salamanca, die 1729 bis 1755 nach den Plänen von Alberto gestaltet wurde. Für den heutigen Geschmack sind ihre Schöpfungen allzu überladen.

Colbert, Jean-Baptiste (1619–1683) In Reims als Sohn eines Kaufmanns geboren, wurde er durch reiche Verwandte im Staatsdienst untergebracht und kam durch für die finanziellen Interessen seines Gönners zu sorgen, daß dieser ihn an Ludwig XIV. empfahl. Der König ernannte ihn zum Finanzkontrolleur, was Colbert dazu ausnützte, den Oberintendanten der Finanzen, Fouquet, durch falsche Beschuldigungen zu stürzen und 1665 dessen Amt zu übernehmen. 1669 erhielt er den Rang eines Staatsministers; später wurde er auch Marineminister und schuf in diesem Amt eine wohlorganisierte Kriegsflotte. Durch eine ausgeklügelte Finanzpolitik sicherte er dem französischen Staat Einnahmen in einer Höhe, die damals kein anderer Staat erreichte. Allerdings führte das zu einer übermäßigen Belastung der unteren Bevölkerungsschichten, die zu zahlreichen Aufständen führte. Als Merkantilist verbot er die Einfuhr fremder Industrieerzeugnisse und die Ausfuhr von Rohstoffen; die Getreidepreise stabilisierte er durch dirigistische Maßnahmen auf einem niedrigen Niveau. Die Großindustrie wurde von ihm nachdrücklich gefördert (Gründung von Manufakturen). Ferner verbesserte er das Verkehrswesen, baute den Überseehandel aus und zentralisierte die Verwaltung. In seinen letzten Lebensjahren wandte er sich gegen die Verschwendungssucht des Hofes und fiel deswegen

in Ungnade. Er hatte allerdings für sein Alter gut vorgesorgt: als er starb, hinterließ er ein Millionenvermögen. (→ 21*, 198 ff.)

Condé, Ludwig II. von Bourbon, Prinz von (1621–1686) Der »große Condé« aus einem alten Geschlecht, das im Hennegau ansässig war. Als Herzog von Enghien erhielt er 1642 den Oberbefehl über die französischen Truppen in den Niederlanden und schlug 1643 die Spanier bei Rocroi, 1646 eroberte er Dünkirchen. In der → Fronde spielte er eine zentrale Rolle. Nach wechselvollen Jahren erhielt er wieder ein selbständiges Kommando und eroberte die Freigrafschaft Burgund, doch hatte er in seinen letzten Lebensjahren keinen Einfluß mehr.

Corneille, Pierre (1606–1684) In Rouen als Sohn eines Beamten geboren, besuchte er eine Jesuitenschule, studierte Rechtswissenschaft und wurde von Richelieu gefördert, nachdem seine *Mélite*, besonders aber *La Veuve*, gut aufgenommen worden waren. Sein erstes wirklich bedeutendes Werk war der *Cid*, den er 1636 nach einem spanischen Original des Gillen de Castro bearbeitete. Mit diesem Werk begann das goldene Zeitalter der französischen Literatur. In den folgenden Jahren entstanden Charakterkomödien und Tragödien, doch 1650 wandte sich das Publikum von ihm ab, so daß er sich vom Theater zurückzog. Erst die Begegnung mit Molière und das Drängen seines Gönners Fouquet veranlaßten ihn, wieder für die Bühne zu schreiben – mit wechselndem Erfolg. Literarische Streitigkeiten und materielle Not verbitterten ihm die letzten Lebensjahre. (→ 159*)

Couperin, François (1668–1733) Sproß einer französischen Musikerfamilie des 16. und 17. Jahrhunderts, deren Name besonders mit den Anfängen des Klavierspiels verbunden ist. 1696 wurde er Organist an der Kirche Saint-Gervais und 1701 Organist des Königs. Er führte ein gut bürgerliches, aber glanzloses Leben. Eigentlich war er um ein halbes Jahrhundert zu spät gekommen; so schrieb er *Stücke für Viola* in einer Zeit, in der dieses Instrument allgemein durch die Violine verdrängt wurde. Dennoch war er für die französische Musik vielleicht noch wichtiger als

Rameau; seine Sammlungen von Klavierstükken sowie seine Klavierschule, eine vollständige Darlegung der klaviertechnischen Errungenschaften der damaligen Zeit, fanden großen Beifall, dem sich auch ein Johann Sebastian Bach anschloß.

Cromwell, Oliver (1599–1658) In bescheidenen Verhältnissen geboren, wurde er als Neunundzwanzigjähriger ins Parlament gewählt, wo er sich stark für seinen puritanischen Glauben einsetzte. Als der Krieg zwischen dem König und dem Parlament ausbrach, bewährte er sich als Kommandeur von Reitertruppen. Auf eigene Kosten stellte er Musterkompanien zusammen, die sich ausschließlich aus Puritanern zusammensetzten – die sogenannten »Eisenseiten«. Mit diesen Truppen schlug er 1644 bei Marston Moor das Heer der → Kavaliere und errang 1645 den Sieg bei Naseby. Nach der Flucht und Wiederergreifung des Königs schob sich Cromwell immer mehr an die Spitze des Staates. Auf sein Betreiben hin wurde König Karl I. wegen Hochverrats abgeurteilt und 1649 hingerichtet. 1653 wurde er Lordprotektor der vereinigten Republik England, Schottland und Irland. Als solcher führte er eine diktatorische Regierung und erzielte vor allem außenpolitisch beträchtliche Erfolge. Obwohl er Handel und Gewerbe förderte und in den letzten Jahren religiöse Toleranz empfahl, gelang es ihm nicht, die inneren Verhältnisse wirklich zu stabilisieren. Als die Stuarts wieder auf den Thron kamen, wurde seine Leiche ausgegraben und gehenkt, doch später erkannte man seine staatsmännische Bedeutung an. (→ 9*, 160 ff.)

Cuvilliés, François → 110*.

Dänemark Das älteste der skandinavischen Königreiche, kontrollierte im Barockzeitalter den Ostseehandel, versuchte in den Dreißigjährigen Krieg einzugreifen, verlor aber allmählich viel von seiner Bedeutung. (→ 89, 125)

Danzig Im 17. Jahrhundert hatte die Stadt bereits eine wechselvolle Geschichte hinter sich. Seit dem Ende des 10. Jahrhunderts ein blühendes Handelszentrum, trat Danzig 1358 dem Bund der Hanse bei und wurde 1454 zum Freistaat. Kaiser Maximilian II. gewährte der Stadt zahlreiche Handelsprivilegien.

Defoe, Daniel (1660–1731) Als Sohn eines Fleischers in London geboren, sollte er zuerst Geistlicher werden, trat jedoch in den Kaufmannsstand und bereiste Frankreich und Spanien. Um 1692 machte er bankrott; um die gleiche Zeit verfaßte er zahlreiche wirtschaftspolitische und religiöse Pamphlete. Seine beißende Satire auf die Verfolgungsmaßnahmen der Hochkirche gegen die Dissenters brachte ihm eine Verurteilung zu Pranger und Gefängnis ein. Da er dadurch sein Geschäft aufgeben mußte, aber gleichzeitig eine zahlreiche Familie zu ernähren hatte, trat er in den Dienst der Regierung, publizierte politische Schriften und war als Unterhändler bei der Union Englands mit Schottland tätig. Er gründete *The Review*, eine der ersten »moralischen Wochenschriften«. Unsterblich machte ihn sein 1719 herausgebrachtes Buch *The life and strange surprising adventures of Robinson Crusoe of York*. In den Folgejahren entstanden seine bedeutendsten literarischen Arbeiten: *Captain Singleton* (1720), *Moll Flanders* (1722) und *Lady Roxana* (1724). Die Bibliographie seiner Arbeiten umfaßt mehr als 250 Titel. Seine letzten Lebensjahre sind in Dunkel gehüllt; er starb 1731, vielleicht in geistiger Umnachtung.

De Ruyter, Michiel Adriaanszoon (1607–1676) Reorganisierte zusammen mit Jan de Witt die holländische Kriegsflotte. 1665 übernahm er das Oberkommando der Flotte gegen die Engländer, die er in drei Schlachten vor der englischen Küste schlug. 1672/73 führte er die holländische Flotte gegen die verbündeten Engländer und Franzosen und fügte ihnen in drei Seeschlachten vernichtende Niederlagen zu. Im April 1676 griff er mit einem kleinen Flottenverband die von Dusquesne geführte französische Kriegsflotte an, verlor durch eine Kanonenkugel ein Bein und starb noch am selben Tag. (→ 63*)

Descartes, René (1596–1650) Als Sohn eines Parlamentsrats geboren, kam er mit acht Jahren in das Jesuitenkolleg in La Flèche, wo er eine ausgezeichnete Ausbildung erhielt. Als Einundzwanzigjähriger nahm er Kriegsdienste, kämpfte unter Moritz von Oranien und Tilly in Holland und Deutschland und focht 1620 in der Schlacht am Weißen Berg gegen die

Böhmen, später auch in Ungarn gegen die Türken. Daneben beschäftigte er sich bereits mit wissenschaftlichen Arbeiten, deren erste, *De musica*, er während der Belagerung von Breda verfaßte. Danach bereiste er Deutschland, Italien und sein Vaterland und zog sich 1629 nach Holland zurück, um sich ganz der Wissenschaft zu widmen. In den zwanzig Jahren, die er dort verbrachte, entstanden seine großen Schriften: *Discours de la méthode* (1637), *Meditationes de prima philosophia* (1641), *Principia philosophiae* (1644), *Traité des passions de l'âme* (1649). Kardinal Richelieu lud ihn nach Frankreich, Christine von Schweden nach Stockholm ein. Er folgte dem Ruf der schwedischen Königin, erlag aber schon 1650 dem ungewohnten nordischen Klima, nachdem er zuvor einen Plan für eine wissenschaftliche Akademie in der schwedischen Hauptstadt ausgearbeitet hatte. Kühner noch als Kepler hat Descartes den geschlossenen Kosmos des Aristoteles endgültig gesprengt. Er hat als erster ausgesprochen, daß das Universum stofflicher Natur ist, unendlich und geometrisch, den Gesetzen der Mechanik unterworfen. Durch die Mathematisierung der Welt hat er die Grundlage für das moderne Weltbild geschaffen. (→ 530 ff., 167*, 174*, 581 f.)

Deutschland Als einheitlicher politischer Begriff existierte Deutschland damals nicht; wohl gab es »die Deutschen«, aber sie lebten im Heiligen Römischen Reich Deutscher Nation oder – was der Wirklichkeit jener Zeit besser entspricht – in den 350 Territorialstaaten auf dem Gebiet des Reiches, die nach dem Dreißigjährigen Krieg praktisch selbständig waren. Dieser Krieg war für Deutschland das einschneidendste Ereignis jener Zeit. Er bereitete dem Wohlstand des 16. Jahrhunderts ein jähes Ende und ließ die Bevölkerung des Reiches von 20 auf 7 Millionen Seelen absinken. Erst im 18. Jahrhundert waren die Wunden dieser größten Katastrophe wieder vernarbt und setzte ein neuer Aufschwung ein. (→ 106, 112 ff., 334 f.)

Devolutionskrieg Durch diesen Krieg versuchte Ludwig XIV. sich 1667 die spanischen Niederlande anzueignen. Er stützte sich dabei auf das Devolutionsrecht, das in Brabant und einigen Nachbarprovinzen galt; danach ging das Erbe eines Mannes im Falle seiner Wiederverheiratung auf die Kinder aus erster Ehe über. Dementsprechend erhob Ludwig XIV. nach dem Tod seines Schwiegervaters, Philipps IV. von Spanien, im Namen seiner Gemahlin, Maria Theresia, Tochter aus Philipps erster Ehe, Anspruch auf die spanischen Niederlande, die er 1667 besetzte. 1668 rückte er auch in die Freigrafschaft Burgund ein, mußte sich aber, als 1668 die Niederlande, England und Schweden die Tripelallianz gegen ihn schlossen, im Frieden von → Aachen mit einigen belgischen Städten begnügen. (→ 179, 190)

Dientzenhofer Oberbayerische Architektenfamilie des Barock. Von Christoph († 1722) stammt das Langhaus der Nikolauskirche in Prag, von Johann († 1726) der Neubau des Doms zu Fulda. Christophs Sohn Kilian Ignaz (um 1690–1751) vollendete die Prager Nikolauskirche und baute das Kloster Wahlstatt in Schlesien.

Domestic system Gegensatz zum *factory system*, zwei Begriffe, die sich in England herausbildeten. Das erste ging dem zweiten voran, konnte sich aber auch noch in der ersten Zeit der Industrialisierung halten. Beim *domestic system* verteilte der Unternehmer an Heimarbeiter das Rohmaterialien und nahm ihnen gegen feste Bezahlung die Fertigwaren zum Vertrieb ab. Dieses System hatte für beide Seiten seine Vorteile: der Unternehmer gewann billige Arbeitskräfte, für diese war ihr Gewerbe nur ein Nebenerwerb, waren sie doch in der Regel hauptsächlich in der Landwirtschaft tätig und betrieben die Heimarbeit in den stillen Zeiten zwischen den Feldarbeiten. Die wichtigste Industrie, die im Barockzeitalter nach diesem System betrieben wurde, war die → Textilindustrie. (→ 425)

Dordrecht, Synode von Diese vom 13. November 1618 bis 9. Mai 1619 abgehaltene Synode wurde auf Betreiben des Statthalters Moritz von Oranien einberufen und hatte den Zweck, die Lehren der Arminianer (Remonstranten) zu verwerfen und die calvinistische Orthodoxie, besonders die Prädestinationslehre, durch die Dordrechter Beschlüsse bindend zu bestätigen. Die Remonstranten wurden aus der Gemeinschaft der *Hervoormde Kerk* ausgeschlossen.

Die Beschlüsse der Synode wurden von den Niederlanden, von den meisten Schweizer Kantonen, der Rheinpfalz, den französischen protestantischen Kirchen und den englischen Puritanern angenommen. (→ 114, 167, 636 f.)

Dragonaden Durch die Einquartierung von Dragonern in protestantischen Orten und Häusern wurde unter Ludwig XIV. seit 1681 versucht, die Protestanten in Frankreich wieder dem Katholizismus zuzuführen. Die Dragoner hatten die Aufgabe, durch Schikanen aller Art, die nicht selten zu brutalen Ausschreitungen ausarteten, den »Bekehrungswillen« zu fördern. Erfinder dieses Systems war der Intendant von Poitou, Marillac. (→ 201)

Dreißigjähriger Krieg (1618–1648) Ursachen: religiöse Gegensätze zwischen Katholiken und Protestanten, politische Gegensätze zwischen den europäischen Staaten und zwischen den Landesfürsten und dem Reich. Den Anstoß zu offenen Feindseligkeiten gab der Prager Fenstersturz, Manifestation des Widerstands der böhmischen Protestanten gegen die Intoleranz und den Absolutismus Ferdinands von Österreich. Die Böhmen wählen Friedrich V. von der Pfalz zum König. Im Böhmisch-Pfälzischen Krieg werden die Protestanten 1620 am Weißen Berg bei Prag vernichtend geschlagen. Es folgt der Niedersächsisch-Dänische Krieg (1623 bis 1630): der auf seiten der Protestanten eingreifende Dänenkönig Christian IV. wird von Tilly 1626 bei Lutter am Barenberge besiegt. Norddeutschland wird durch Tilly und Wallenstein erobert. Das Restitutionsedikt von 1629 verschärft die Gegensätze. Der Schwedische Krieg (1630–1635) beginnt mit der Zerstörung Magdeburgs durch Tilly. Nun greift Gustav Adolf von Schweden ein, besiegt Tilly 1631 bei Breitenfeld, fällt aber 1632 in der unentschiedenen Schlacht bei Lützen. Wallensteins Doppelspiel führt 1634 zu seiner Ermordung in Eger. Sachsen, Brandenburg und Habsburg schließen 1635 den Prager Sonderfrieden. Im Schwedisch-Französischen Krieg (1635–1648) geht es nur noch um politische Fragen. Frankreich rückt gegen das Reich vor, um sich das Elsaß zu sichern. Das Reich wird größtenteils verwüstet. Allgemeine Erschöpfung führt 1648 zum → Westfälischen Frieden. (→ 110 ff.)

Dry farming Eigentlich »Trockenkultur«, Erschließung von Ackerland in niederschlagsarmen Gegenden ohne Bewässerung, im 19. Jahrhundert in den Vereinigten Staaten üblich.

Duell Das barocke Zeitalter ist eine große Zeit des Duells, das an die Stelle der Privatfehden des Mittelalters getreten ist. Der in der Regel mit tödlichen Waffen ausgetragene Zweikampf führte meist zum Tod eines der beiden Gegner. Durch das Eingreifen von Staat und Kirche wird das Duell allmählich weniger blutig; im Verlauf des 18. Jahrhunderts entwickelt es sich zu einer Art Sport mit einem sehr komplizierten Rituell. In dieser Form sollte es sich bis ins 20. Jahrhundert hinein halten.

Duguay-Trouin, René (1673–1736) Neben Jean Bart der berühmteste französische Korsar in der zweiten Hälfte der Regierungszeit Ludwig XIV., nachdem 1692 die französische Kriegsflotte vernichtend geschlagen worden war.

Duquesne, Abraham, Marquis von (1610–1688) Stieg in schwedischen Diensten zum Vizeadmiral auf, stellte in Frankreich aus eigenen Mitteln ein Geschwader gegen die Spanier und Engländer auf, kämpfte 1672/73 im Ärmelkanal gegen die holländische Flotte unter Tromp und de Ruyter und besiegte die Flotte in der Schlacht bei Messina (1676), bei der de Ruyter fiel. In Anerkennung seiner Verdienste wurde er in den Marinerat berufen und von Ludwig XIV. zum Marquis ernannt. Nach dem Revokationsedikt wurde er von der Verbannung der Protestanten ausgenommen, obwohl er sich öffentlich zu seinem Glauben bekannte.

Edikt Allgemein jede obrigkeitliche Bekanntmachung und Verordnung. Die königlichen Edikte der Barockzeit wurden oft mit grünem Wachs gesiegelt, um ihre »Ewigkeitsdauer« zu symbolisieren. Die Widerrufung eines Edikts war deshalb stets eine außerordentlich heikle Sache. → Nantes, → Revokationsedikt.

Elisabeth Farnese von Parma → 217.

Elsaß Altes Reichsgebiet, in der Stauferzeit ein Kernstück der kaiserlichen Hausmacht, zerfiel dann in zahlreiche geistliche und weltliche Gebiete. 1354 schlossen die elsässischen Reichsstädte (außer Straßburg und Mülhausen) den »Zehnstädtebund«. Die Reformation setzte sich

vor allem in den Städten durch. Durch den
→ Westfälischen Frieden fielen die habsburgischen Besitzungen im Elsaß an Frankreich. Die
Réunionskammern vollendeten die Inbesitznahme des Elsaß durch Ludwig XIV. (→ 127,
188 f., 191)

England Das bedeutendste der Königreiche
auf den Britischen Inseln; deshalb bezeichnet
man als England oft das ganze Inselreich.
»Wiege der Demokratie«, Ausgangsland der
agrarischen und der industriellen Revolution.
(→ 138 ff., 181 ff., 221 ff., 335 f.)

Epidemie Dieses griechische Wort bedeutet
Volkskrankheit, Seuche. Man bezeichnet so
jede Krankheit, die in einem gewissen Zeitraum
in einem regional begrenzten Gebiet besonders
viele Erkrankungsfälle der gleichen Art her-
vorruft, im Gegensatz zur Endemie, eine auf
umgrenztem Gebiet ständig vorkommende
Krankheit. Die großen Epidemien, Aussatz und
Pest, waren verderbliche Geißeln des Mittelalters. Während der Aussatz an der Schwelle
zum Barockzeitalter erlosch, wütete die Pest
noch häufig, doch zu Beginn des 18. Jahrhunderts war auch der Kampf gegen diese Plage
praktisch gewonnen. Ein enger Zusammenhang
besteht zwischen Epidemien und Wirtschaftskrisen, auch zwischen Epidemien und Ernährung. Durch die erschreckenden hygienischen
Zustände wurden die Epidemien stark gefördert. (→ 273 ff.)

Ernährung Die Ernährung war im Zeitalter
des Barock im allgemeinen auch in den niederen
Volksschichten ausreichend, aber eintönig und
einseitig; das Hauptnahrungsmittel war das
Getreide. In wenig begünstigten Gebieten
herrschte endemischer Hunger; in den günstiger gestellten Gebieten (vor allem Westeuropa)
waren 70 bis 80 Prozent der Bevölkerung nicht
der Gefahr des Hungertodes ausgesetzt, doch
gab es auch dort immer wieder epidemische
Hungersnöte.

Ernst von Mansfeld → 125.

Europa Tritt im Laufe des 17. und 18. Jahrhunderts als geographischer Begriff an die Stelle
der mittelalterlichen »Christenheit«. (→ 13)

Factory system Im Gegensatz zum *domestic
system* werden hierbei die Arbeitskräfte vom

Unternehmer in Fabrikationsräumen (→ Manufaktur) zusammengefaßt, in denen in zunehmendem Maß Maschinen aufgestellt werden. Das *factory system* war in England in der
zweiten Hälfte des 18. Jahrhunderts vorherrschend.

Fahrenheit, Gabriel Daniel (1686–1736) Deutscher Physiker, in Danzig geboren, wirkte vor
allem in England und Holland. Verbesserte das
Thermometer, indem er den Weingeist durch
Quecksilber ersetzte, führte die nach ihm benannte Skala ein, die noch heute in den angelsächsischen Ländern gebräuchlich ist.

Fénelon (1651–1715) Eigentlich François de
Salignac de La Mothe-Fénelon, französischer
Kanzelredner und Schriftsteller, von Ludwig XIV. mit der Erziehung seiner Enkel betraut, 1695 zum Erzbischof von Cambrai berufen. Gegner von Bossuet im Streit um den
Quietismus, wurde deswegen 1699 verurteilt.
Verfaßte den Erziehungsroman *Les aventures
de Télémaque*, *L'éducation des filles*, *Dialogue
des morts* und *Traité de l'existence de Dieu*.

Ferdinand II. (1578–1637) Von den Jesuiten
erzogen, war er ein starrsinniger Vertreter der
Gegenreformation, die er in Innerösterreich
mit aller Härte durchführte. Durch den Tod
seines Vetters Matthias erhielt er 1619 die
Herrschaft in ganz Österreich, in Böhmen und
Ungarn sowie die Kaiserwürde. Durch seine
Unnachgiebigkeit trug er entscheidend zum
Ausbruch des Dreißigjährigen Krieges bei. Nach
dem Sieg über die Böhmen am Weißen Berg
zerschlug er den böhmischen Protestantismus.
Im weiteren Verlauf des Krieges ließ er 1634
seinen besten Heerführer, → Wallenstein, ermorden, weil ihm dieser zu mächtig und zu
gefährlich wurde. Die Erfolge seiner Heere verstand er nicht zu nützen; unter ihm brach das
Reich völlig auseinander. (→ 114)

Fermat, Pierre de (1601–1665) Advokat, später Magistrat in Toulouse, einer der genialsten
Mathematiker seiner Zeit. Von ihm stammen
wichtige Beiträge zur Infinitesimalrechnung,
zur Zahlentheorie und zur Wahrscheinlichkeitsrechnung. (→ 558)

Festungsbau → 74 ff.

Finnland Die ab der Zeitenwende eindringen-
den Finnen vermochten keinen eigenen Staat

zu bilden; ab dem 14. Jahrhundert kam Finnland zunehmend unter schwedische Herrschaft und wurde schließlich Bestandteil des schwedischen Reiches. Dichter besiedelt war nur ein schmaler Küstenstreifen im Südwesten des Landes.

Fischer von Erlach, Johann Bernhard (1656 bis 1723) Einer der größten Architekten des Barockzeitalters. In Graz als Sohn eines Bildhauers geboren, kam er mit 15 Jahren nach Rom, wo er eine fünfzehnjährige Lehrzeit durchmachte; zu seinen Lehrern gehörte der große Bernini. 1687 erhielt er in Österreich seine ersten großen Aufträge: die Grabmäler für Ferdinand II. in Graz, seiner Heimatstadt, und für Rupprecht von Ehrenhausen. Um 1690 übersiedelte er nach Wien. Zu seinen bedeutendsten Schöpfungen gehören die Universitätskirche, die Hofbibliothek, das Palais Batthyány in der Renngasse, das Palais Trautson, das Palais Schwarzenberg, der Palast des Grafen Gallas in Prag, vor allem aber das Schloß Schönbrunn. Sein großer Rivale war Johann Lukas von → Hildebrandt. (→ 618)

Flemming, Paul (1609–1640) Deutscher Dichter des Barock, Schüler von → Opitz, entwickelte aber einen durchaus eigenen, weit leichteren Stil, den er vielleicht auf seinen langjährigen Orientreisen erworben hatte.

Fleury, André Hercule de (1653–1743) Kaplan Ludwigs XIV., Bischof von Fleurus, Erzieher Ludwigs XV. und ab 1726 bis zu seinem Tod Erster Minister. Verfechter einer entschieden pazifistischen Außenpolitik, trat für eine Aussöhnung mit Spanien ein. Den Jansenisten stand er feindlich gegenüber. Unter ihm verlor das in innereuropäische Kriege verwickelte Frankreich weitgehend seine Bedeutung in Übersee. (→ 218)

Folter (Tortur, Marter, peinliche Frage) Sie spielte im 17. Jahrhundert noch eine sehr große Rolle, besonders in Zauberer- und Hexenprozessen, aber auch im kriminellen Strafrecht. Zwar hatte Kaiser Karl V. in seiner peinlichen Gerichtsordnung des Jahres 1532 festgelegt, daß niemand ohne ausreichende Verdachtsgründe gefoltert werden dürfe, aber in der Praxis hielt man sich nur wenig daran. Wenn ein während der Folter gemachtes Geständnis

widerrufen wurde, konnte die Folter beliebig oft wiederholt werden. Es gab mehrere Grade der Folter. Oft versuchte man, durch Vorzeigen und Anlegen der Folterwerkzeuge schon vor der eigentlichen Folterung ein Geständnis zu erreichen *(Territion)*. Wie in Deutschland, verbreitete sich die Folter in allen europäischen Ländern, am wenigsten in Skandinavien. Abgeschafft wurde sie erst nach der Mitte des 18. Jahrhunderts, zuerst in Preußen und Baden, dann auch in Österreich, Frankreich und den übrigen Ländern. In einem Zeitalter der Gewalt war die Folter eine gewalttätige Gegenmaßnahme der Behörden. (→ 68*, 69*)

Fontainebleau, Edikt von → Revokationsedikt.

Fontenelle, Bernard le Bovier de (1657–1757) Neffe Corneilles, studierte zuerst Rechtswissenschaft, wandte sich dann der Literatur zu, wurde 1691 Mitglied der Académie française und 1697 Sekretär der Académie des sciences. Außerdem war er Mitglied der Akademien in London und Berlin. Mit seinen *Entretiens sur la pluralité des mondes* (1686) trat er für den Kartesianismus ein; im 18. Jahrhundert war er ein erbitterter Gegner des Newtonschen Systems. Obwohl zu seiner Zeit hoch geehrt, war er kein sonderlich origineller Denker. Er verfaßte eine große Anzahl poetischer, historischer, oratorischer, philosophischer und wissenschaftlicher Werke, die heute größtenteils vergessen sind, genauso wie seine Opern, Tragödien, Lustspiele und Schäfergedichte. Er zählt zu den dem Christentum feindlichen Rationalisten. (→ 681)

Fouquet, Nicolas (1615–1680) Sproß einer alten Parlamentarierfamilie, schloß sich früh Mazarin an und wurde von diesem zum Armee-Intendanten, zum Generalprokurator und 1653 zum Oberintendanten der Finanzen ernannt. Gleichzeitig wurde er Staatsminister. In seiner Position bereicherte er Mazarin und sich selbst aufs schamloseste, förderte aber auch eine Reihe von Schriftstellern und Künstlern. Nach Mazarins Tod hoffte er, dessen Nachfolger zu werden, aber Colbert hatte bereits sorgfältig den Sturz des verhaßten Rivalen vorbereitet. 1661 ließ Ludwig XIV. Fouquet verhaften und im Dezember 1664 nach langen Untersuchungen durch eine Sonderkommission in Pignerol einkerkern. (→ 198)

Frankreich War nach dem Niedergang des Heiligen Römischen Reiches Deutscher Nation durch den Dreißigjährigen Krieg die beherrschende Macht Europas: Frankreich hatte die höchste Bevölkerungszahl und war auch auf geistigem und künstlerischem Gebiet in vieler Hinsicht führend. Die französische Sprache wurde in ganz Europa zur Sprache der Gebildeten und der Vornehmen. (→ 44 ff., 184 ff., 333)

Franz von Sales (1567–1622) Studierte in Paris Rechtswissenschaft, trat aber dann gegen den Wunsch seiner Eltern in den geistlichen Stand, wurde 1599 Koadjutor in Annecy und 1602 Bischof von Genf. Mit Unterstützung der Frau von Chantal gründete er 1618 den Orden der Salesianerinnen (Orden der Heimsuchung). 1665 wurde er von Alexander VII. heiliggesprochen. Er war einer der größten Mystiker seiner Zeit. Zu seinen Schriften gehören *Introduction à la vie dévote* (1609) und vor allem der *Traité de l'amour de Dieu* (1616), der zusammen mit Bérulles *Discours des grandeurs de Jésus* den Theozentrismus begründet hat. (→ 626, 652)

Freigrafschaft Burgund (Franche-Comté) Nach der Abtrennung von Kleinburgund (Westschweiz) als Freigrafschaft (Hochburgund) an Friedrich Barbarossa (1156), 1200 durch Heirat an Otto von Meran, 1248 an die Grafen von Châlons, 1316 an die französische Krone, 1361 an Margarete von Flandern. Nach dem Tod Karls des Kühnen bemächtigte sich Ludwig XI. der Freigrafschaft, aber Karl VIII. gab sie als deutsches Reichslehen wieder an Kaiser Maximilian I. zurück (1493). Sie blieb nun in habsburgischem Besitz, kam 1555 an die spanische Linie, wurde jedoch 1674 von Ludwig XIV. erobert und 1678 im Frieden von Nimwegen endgültig an Frankreich abgetreten.

Freimaurer Der Freimaurerbund reicht in das 13. Jahrhundert zurück. Er entwickelte sich aus der Brüderschaft der Steinmetzen und deren Bauhütten. Im 14. Jahrhundert kamen deutsche Bauhütten nach England, wo die Bauleute unter strenger polizeilicher Überwachung standen. Ab dem Ende des 16. und zu Beginn des 17. Jahrhunderts schlossen sich auch gelehrte Laien (»angenommene Maurer«) den Logen der *freemasons* an. Dadurch wurde die alte Brüder-schaft grundlegend umgestaltet. Anfang des 18. Jahrhunderts kam man überein, die »Werkmaurerei« in »Geistesmaurerei« umzuwandeln; vier alte Werkmaurerlogen vereinigten sich 1716/17 in London zu einer Großloge. Kultus und Verfassung wurden 1723 durch den Prediger J. Anderson, den Naturforscher T. Desaguliers und den Altertumsforscher G. Payne umgeformt. In der neuen Gestalt fand die Freimaurerei rasch internationale Verbreitung. Viele bedeutende Männer gehörten den Logen an, Vertreter des Geisteslebens und der Kunst ebenso wie Politiker und regierende Fürsten. (→ 225*, 226*, 685)

Friedrich I., König von Preußen (1657–1713), als Kurfürst von Brandenburg Friedrich III. Kurfürst seit 1688, König seit 1701. Die Zusicherung der Königswürde erhielt er am 16. November 1700 von Kaiser Leopold dafür, daß er sich der Allianz gegen Frankreich anschloß. Er zog viele Künstler (Schlüter u. a.) und Gelehrte an seinen Hof, gründete 1694 die Universität Halle und 1700 auf Anregung von Leibniz die Sozietät (Akademie) der Wissenschaften in Berlin. (→ 206)

Friedrich II. der Große, König von Preußen (1712–1786) Harte Jugend. Bestieg nach dem Tod seines Vaters Friedrich Wilhelms I. 1740 den Thron, eroberte in den beiden Schlesischen Kriegen 1740–1745 fast ganz Schlesien, geriet in immer schärferen Gegensatz zu Österreich, führte 1756–73 den Siebenjährigen Krieg und machte Preußen zur Großmacht. Bei der ersten polnischen Teilung gewann er Westpreußen, das Ermland und den Netzedistrikt. Er betrieb eine eifrige Siedlungspolitik, ließ Straßen und Kanäle anlegen und schützte die Bauern gegen die Gutsherren. Zeitlebens schätzte er die französische Kultur, berief Voltaire und andere große Männer an seinen Hof und verfaßte eine Reihe von bedeutsamen Schriften. Er sah sich selbst als den »ersten Diener des Staates«, war also ein Vertreter des aufgeklärten Absolutismus. Im Geist der Aufklärung schaffte er die Folter ab und verkündete die allgemeine Glaubens- und Gewissensfreiheit. (→ 16*)

Friedrich V. (1596–1632) Kurfürst der Pfalz (1610–1620), Haupt der Protestantischen Union, wurde 1619 von den böhmischen Ständen zum König gewählt, verlor aber die böhmische Krone durch die Niederlage in der Schlacht am Weißen Berg (1620, daher »Winterkönig«) und ging im gleichen Jahr der Kurpfalz verlustig. Die Auseinandersetzungen um die Kurpfalz fachten den Dreißigjährigen Krieg an. (→ 114)

Friedrich Heinrich von Oranien → 98*.

Friedrich Wilhelm, der Große Kurfürst (1620 bis 1688) Kurfürst von Brandenburg seit 1640. Brach die Gegnerschaft der Landstände, machte durch die Schaffung eines stehenden Heeres Preußen zu einer starken Militärmacht, schuf eine eigene Kriegsflotte und gründete an der westafrikanischen Küste koloniale Stützpunkte. Tatkräftig setzte er sich für den Wiederaufbau seines durch den Dreißigjährigen Krieg verwüsteten Landes ein. Dieses vermehrte er u. a. um Hinterpommern und die Grafschaft Magdeburg; die Teilnahme am schwedisch-polnischen Krieg von 1655–60 brachte ihm die Beseitigung der polnischen Lehnshoheit über Ostpreußen ein. Die in die Mark eingedrungenen Schweden schlug er 1675 bei Fehrbellin. Der wirtschaftliche Aufschwung Brandenburgs wurde durch die von ihm aufgenommenen Hugenotten und tiefgreifende Reformen erheblich beschleunigt. (→ 68, 206)

Friedrich Wilhelm I., König von Preußen (1688 bis 1740) Als Sohn König Friedrichs I. kam er 1713 auf den Thron. Unverzüglich ordnete er die gesamte Verwaltung neu und baute das Heer zu einer schlagkräftigen Streitmacht aus (daher sein Beiname »Soldatenkönig«). Er schuf den Typ des absolut zuverlässigen, pflichttreuen »preußischen Beamten«. Für das Land war seine Regierung sehr segensreich. (→ 15*, 206)

Fronde Der große französische Bürgerkrieg in der Mitte des 17. Jahrhunderts (1648–1652). Die Ursache war der Widerstand des französischen Hochadels gegen die absolutistischen Bestrebungen der Regierung unter Kardinal Mazarin. Die Zentralgewalt war in Frankreich jedoch bereits so stark, daß es ihr gelang, den für die Existenz des Staates sehr gefährlichen Aufstand niederzuschlagen. Begleitet war die Fronde von einer Reihe von Katastrophen, die zu einem Bevölkerungsrückgang von etwa 10 Prozent führten.

Galilei, Galileo (1564–1642) Der größte Naturforscher Italiens, einer der Schöpfer der modernen Wissenschaft und des modernen Weltbildes. Unterrichtete Mathematik und Physik an den Universitäten Pisa (1589–1592) und Padua (1592–1610). Ab 1610 war er in Florenz Hofmathematiker des Fürsten Cosimo II. von Medici. Er erforschte die Gesetze des freien Falls, baute eine Vorrichtung zur Wärmemessung (Thermoskop) und benutzte ab 1609 das Fernrohr für Himmelsbeobachtungen. 1610 veröffentlichte er im *Sidereus Nuntius* (Sternenbote) seine ersten Entdeckungen. Im *Saggiatore* (1623) sprach er erstmals die Erkenntnis aus, daß die Natur »in der Sprache der Mathematik geschrieben« sei. Auf italienisch erschien sein *Dialogo*, in dem aufgezeigt wurde, daß sich die Erde um die Sonne dreht. Wegen dem Eintreten für das kopernikanische Weltsystem von der Inquisition der Ketzerei beschuldigt, zog er sich aus der Öffentlichkeit zurück, arbeitete aber bis zu seinem Tod im Kreis von Schülern in seinem Landhaus bei Florenz. In den letzten Lebensjahren entdeckte er die Pendelgesetze und legte die Fundamente für die moderne Dynamik. Die Grundlagen der Mechanik zeichnete er in seiner 1638 erschienenen Schrift *Dialoghi delle nuove scienze* auf. Sein eigentlicher Gegner war nicht die Kirche, sondern der Aristotelismus der Universitäten. (→ 169*, 173*)

Gallikanismus Der Ausdruck wurde auf den Konzilien von Basel und Konstanz geprägt. Gemeint ist damit das Bestreben der französischen katholischen Kirche, nationale Interessen in den Vordergrund zu stellen; stärker ausgeprägt war es seit der Pragmatischen Sanktion von Bourges (1438), bestärkt wurde es durch Ludwig XIV. Die Vier Artikel von 1682 (Bossuet) kann man als die Charta des Gallikanismus betrachten. Die gallikanische Kirche lehnte jedes Eingreifen des Papstes in weltliche Angelegenheiten ab und schränkte auch den geistlichen Einfluß Roms ein.

Gassendi, Pierre (1592–1655) Französischer Philosoph und Naturforscher, Professor am Collège Royal in Paris. Ein Sensualist und Atomist, gehörte Gassendi zu den gelehrten Libertinern. Er stand sowohl im Gegensatz zu

Aristoteles als auch zu Descartes und knüpfte an die Lehre Epikurs an. Auch noch nach seinem Tod kämpften seine Anhänger, die Gassendisten, im Namen des Empirismus gegen die Kartesianer, die Vertreter des reinen Denkens. (→ 541)

Gegenreformation Um eine weitere Ausbreitung der Reformation zu verhindern und die verlorengegangenen Gebiete zurückzugewinnen, startete die römisch-katholische Kirche ab der Mitte des 16. Jahrhunderts ihre Gegenreformation, eine »Erneuerung an Haupt und Gliedern«, die an ältere innerkirchliche Reformbestrebungen anknüpfen konnte. Die organisatorische und geistige Erneuerung begann mit dem Konzil zu Trient (1545–1563). Die bedeutendsten Reformpäpste waren Paul IV., Pius V., Gregor XIII. und Sixtus V. Eine wichtige Rolle spielten neue Orden, besonders die Jesuiten. Die Erneuerung führte zu einer vertieften Mystik (besonders in Spanien) und zu einer hochentwickelten Theologie (Bellarmin, Suarez). Politische Führer der Gegenreformation waren im Reich Maximilian I. von Bayern und Ferdinand von Steiermark (später Kaiser Ferdinand II.); sie versuchten, durch Gewalt das für den Katholizismus verlorene Terrain zurückzugewinnen. Um die Mitte des 17. Jahrhunderts fand die Gegenreformation in Deutschland ihr Ende. Sie entfaltete in der ganzen katholischen Welt einen regen Kirchenbau, dessen Stil das Barock wurde. Zum Vorbild wurde die Jesuitenkirche II Gesù in Rom. (→ 185, 650 ff.)

Gegenremonstranten svw. Gomaristen.

Geldwirtschaft Sie entwickelte sich bei zunehmender Arbeitsteilung aus dem Tauschverkehr. Früh schon wurden Gold und Silber als einander meist gleichwertige Währungsmetalle bevorzugt. Die Merkantilisten erkannten die Bedeutung des Geldes für das Wirtschaftsleben; der Geldumlauf stieg in Europa im 16. Jahrhundert rasch an. In jedem Fall ist zu unterscheiden zwischen dem Währungsgeld (Kurantgeld), den vollwertig ausgeprägten Kurantmünzen, die dem tatsächlichen Wert entsprechen, und dem Scheidegeld (Scheidemünzen), das minderwertig ausgeprägt ist. Bei Verträgen wurden alle Summen in Währungsgeld angegeben. Im 17. Jahrhundert führte der Mangel an Edelmetallen zu

einer zunehmenden Münzverschlechterung, zu einer Senkung des Geldwertes, verbunden mit einer Abnahme des Währungsgeldes und einer Zunahme minderwertigen Scheidegeldes (Kupfergeld, u. a. in Spanien). Das 18. Jahrhundert brachte in den meisten Ländern eine allmähliche Stabilisierung. Zu Beginn des 18. Jahrhunderts unternommene Versuche, Papiergeld auszugeben, scheiterten in Frankreich (→ Law). Gegen Ende des Jahrhunderts ging man jedoch in zunehmendem Maß dazu über, Papiergeld in Form von Banknoten oder Staatsnoten auszugeben. (→ 508 ff.)

Generalitätslande So bezeichnete man jene Teile von Brabant, Flandern, Limburg und Gelderland, die von der Republik der Vereinigten Niederlande den Spaniern abgenommen worden waren und ohne Souveränitätsrechte unmittelbar den Generalstaaten unterstanden. Sie wurden erst zu Beginn des 19. Jahrhunderts endgültig mit dem Königreich der Niederlande vereinigt.

Generalstaaten Die Versammlung der Vertreter der Provinzialstände, die im Haag tagte. Sie hatte u. a. das Recht, alle fünf Jahre den Ratspensionär zu ernennen, einen »rechtsgelehrten Syndikus«, der die Funktion eines Bundeskanzlers und Außenministers hatte. Die Generalstaaten vertraten die Republik der Vereinigten Niederlande gegenüber dem Ausland. Im 17. Jahrhundert war »Generalstaaten« der offizielle Name der Republik. (→ 30*)

Generalstände Die französischen Reichsstände (États généraux) des 14. bis 18. Jahrhunderts. Sie setzten sich zusammen aus den Vertretern der drei Stände: Geistlichkeit, Adel und Bürgertum. Im Zeitalter des Barock waren die Generalstände praktisch ohne politische Bedeutung; im 17. und 18. Jahrhundert traten sie vor 1789 nur ein einziges Mal zusammen, im Jahre 1614. (→ 28*)

Genf Die Stadt unterstellte sich 1526 mittelbar der Schweizer Eidgenossenschaft. 1535 führte sie die Reformation ein; durch Calvin wurde sie 1541–1564 zum »protestantischen Rom«, zur Hochburg des Calvinismus. In Genf fanden viele Protestanten, besonders Hugenotten, Zuflucht; sie machten die Stadt zu einem Zentrum der Wirtschaft. Die Genfer

Banken spielten bald eine sehr große Rolle. Viele große Bankiersfamilien, die in Frankreich wirkten, stammten aus dieser Stadt.

Gentry → 53 f., 139.

Genua Im Mittelalter eine der führenden Handelsmächte des Mittelmeers. Genua war nicht nur eine Stadt, sondern ein Staat, im barocken Zeitalter allerdings ein sinkender Stern. Nach den (vielleicht allzu großzügigen) Schätzungen von Jacques Heers zählte Genua im 15. Jahrhundert 100 000 Einwohner, eine Zahl, die erst wieder um die Mitte des 19. Jahrhunderts erreicht wurde. Verschiedene Volkszählungen ergaben folgende Einwohnerzahlen: 1531: 60 000; 1597: 62 000; 1657: 55 000 (nach der großen Pest und dem Niedergang Spaniens); 1681: 65 000; 1799: 91 000. Auf dem gesamten Staatsgebiet, zu dem neben dem dichtbesiedelten Ligurien Korsika gehörte, zählte man um 1600 630 000 Seelen. Die Bevölkerungsentwicklung läßt deutlich den Niedergang in der ersten Hälfte des 17. Jahrhunderts verfolgen: Ligurien hatte um 1535 390 000, um 1600 500 000, um 1607 440 000 und um 1660 nur noch 350 000 Einwohner. Zu den Auswirkungen der die ganze Apenninenhalbinsel erfassenden sozialen, wirtschaftlichen und demographischen Schwankungen kamen in Genua besondere politische Umstände: Genua spielte im Wirtschaftsleben des spanischen Reiches eine wichtige Rolle. Es war gleichsam das Verbindungsglied zwischen Spanien und den spanischen Niederlanden; seit 1550 wurde ein Großteil des spanischen Silbers durch die Bank von Genua in die habsburgischen Länder nördlich der Alpen geschleust. Der Zusammenbruch des spanischen Reiches wirkte sich auf Genua verheerend aus. Auf kulturellem und künstlerischem Gebiet hat Genua nur wenige große Namen aufzuweisen. Immerhin wurden bedeutsame Bauten aufgeführt, so der Palazzo Cataldi-Carreyra und der Palazzo Durazzo. Im 18. Jahrhundert wurde ein starker französischer Einfluß spürbar.

Georg I., König von England (1660–1727) Als Georg Ludwig seit 1698 Kurfürst von Hannover, folgte der Königin Anna 1714 auf den englischen Thron. Er sprach kaum englisch und interessierte sich nicht für Politik; die Regierung überließ er vollständig den Whigs unter → Walpole und hielt sich größtenteils in Deutschland auf. Sein Sohn Georg II.(1683–1760, seit 1727 Kurfürst von Hannover und König von England) folgte dem Beispiel des Vaters. (→ 221 ff.)

Getreide → 416 f.

Gewürze Darunter verstand man im barocken Europa alles, was wir auch heute unter diesem Begriff zusammenfassen, abgesehen vom Pfeffer; dazugerechnet wurden außerdem verschiedene aromatische, medizinische und paramedizinische Substanzen, besonders Aphrodisiaka, die nicht nur im 15. und 16., sondern auch noch im 17. und 18. Jahrhundert sehr verbreitet waren. Seit dem ausgehenden 16. Jahrhundert blieb der Gewürzverbrauch ungefähr konstant, so daß der Gewürzhandel nicht mehr die treibende Kraft des gesamten Überseehandels war.

Gilbert, William (1549–1603) Englischer Arzt und Naturforscher, Leibarzt der Königin Elisabeth und des Königs Jakob I. Um 1600 stellte er die Lehre vom Magnetismus auf und arbeitete eine Theorie der elektrischen Erscheinungen aus. Von ihm stammt die Bezeichnung »Elektrizität«. (→ 542)

Glorious Revolution Die Glorreiche Revolution war die zweite Revolution im England des 17. Jahrhunderts. Durch sie wurde 1688 Jakob II. ohne Schwertstreich abgesetzt; an seine Stelle trat Wilhelm von Oranien, den die Engländer ins Land riefen und 1689 krönten. Am 13. Februar 1689 mußte Wilhelm die → Bill of Rights anerkennen, wodurch die Grundlage des Parlamentarismus in England geschaffen wurde. (→ 183)

Gnadenfrieden → Alais.

Gomar, François (1563–1641) Latinisiert Gomarus, geboren in Brügge, gestorben in Groningen. Kollege und Gegner des → Arminius in Leiden, unerbittlicher Vertreter der calvinistischen Orthodoxie, konnte auf der → Dordrechter Synode durchsetzen, daß die Prädestinationslehre als allgemein verbindlich anerkannt und Arminius verdammt wurde. (→ 165 f., 637 f.)

Gondomar → 116, 142.

Góngora y Argote, Luis de (1561–1627) In Córdoba geboren, studierte er in Salamanca.

Er ist der Begründer einer der beiden großen literarischen Strömungen im Spanien des Barockzeitalters: des »gebildeten Stils« (Gongorismus) im Gegensatz zum »Konzeptionismus« von Quevedo. Mit seinen brillanten *romances* und *letrillas* erneuerte er diese alten Gattungen der spanischen Literatur. Er übte in ganz Europa einen großen Einfluß aus. (→ 607)

Gustav II. Adolf (1594–1632) König von Schweden. Als er 1611 den Thron bestieg, befand sich das Land innen- und außenpolitisch in einer schwierigen Lage. Der junge König konnte den Widerstand des Adels brechen, durch ein wohlorganisiertes Beamtentum die Staatsmacht stärken und den Krieg mit Dänemark beenden. Er baute ein schlagkräftiges Heer auf, schuf eine feuerstarke Artillerie und entwickelte eine neue Taktik; weniger geschickt war seine Strategie. Der Krieg mit Rußland endete 1617 mit dem Frieden von Stolbowa, durch den Schweden Karelien und Ingermanland erhielt. Den Polen nahm Gustav Adolf 1621–1630 Livland, Estland und Kurland ab. Am 4. Juli 1630 landete er mit 13 000 Mann auf Usedom, um auf seiten der Protestanten in den Dreißigjährigen Krieg einzugreifen. Siegreich drang er bis nach Süddeutschland vor. Am 16. November 1632 kam es zur Entscheidungsschlacht zwischen den Heeren Gustav Adolfs und Wallensteins bei Lützen. Der Kampf endete unentschieden, doch der Schwedenkönig fand den Tod. Seine gräßlich verstümmelte Leiche wurde nach Schweden zurückgebracht und dort beigesetzt. Die von ihm aufgebaute Großmachtstellung Schwedens konnte von seinen Nachfolgern noch einige Zeit behauptet werden. (→ 41*, 126)

Habeascorpusakte Als Reaktion gegen die Willkürherrschaft Karls II. von England formulierte das Parlament 1679 dieses Staatsgrundgesetz zum Schutz der persönlichen Freiheit. Danach durfte kein Engländer ohne gerichtliche Untersuchung in Haft gehalten werden. Nur im Falle eines Notstands konnte das Gesetz durch Parlamentsbeschluß vorübergehend außer Kraft gesetzt werden. Die konstitutionellen Monarchien auf dem Kontinent kannten

eine solche Einschränkung der königlichen Macht nicht.

Habsburger Herrschergeschlecht, wahrscheinlich nach dem Stammhaus, der Habsburg im Kanton Aargau, benannt. Seit Rudolf I. gingen aus diesem Geschlecht zahlreiche deutsche Könige hervor. Den Höhepunkt seiner Macht erreichte das Haus Habsburg im 16. Jahrhundert. Durch die Verträge von Worms (1521) und Brüssel (1522) wurde das Haus in eine österreichische und eine spanische Linie gespalten. Die Linie der spanischen Habsburger erlosch mit dem Tod 1700, die österreichische Linie erlosch im Mannesstamm 1740; letzte Habsburgerin war Maria Theresia (†1780). Mit Joseph II. kam das Haus Habsburg-Lothringen auf den österreichischen Thron.

Halley, Edmund (1656–1742) Englischer Mathematiker und Astronom, stellte 1676 auf St. Helena einen Katalog des südlichen Sternhimmels auf und kam 1679 im Auftrag der Royal Society nach Danzig, um den Streit zwischen → Hooke und → Hevelius zu schlichten. Auf der Fahrt von Calais nach Paris beobachtete er 1680 den nach ihm benannten Kometen. Er bereiste Afrika und Amerika, um die magnetische Deklination zu bestimmen. 1703 wurde er Professor an der Universität Oxford, 1713 Sekretär der Royal Society und 1720 königlicher Astronom und Leiter der Sternwarte in Greenwich. Er wies die Eigenbewegung der Fixsterne nach, erklärte das Nordlicht als magnetisches Phänomen, erfand den Spiegeloktanten, verbesserte die Taucherglocke und benutzte erstmals das Barometer für Höhenbestimmungen. (→ 553)

Hals, Frans (1580–1666) Einer der größten Bildnismaler des 17. Jahrhunderts, der bekannteste Vertreter der Haarlemer Schule. Nach 1604 wurde er in Haarlem Schüler von Karel van Manders, einem italienisch beeinflußten Manieristen, löste sich aber bald von dessen Einfluß. Sein erstes größeres Gemälde ist das *Festmahl der Offiziere der Georgsschützen* (1616), eine bereits sehr eigenständige Arbeit. Gleichzeitig entstanden seine ersten humorvollen Genrestücke. Bald machte er sich einen Namen als Porträtist. Viele Schüler kamen in seine Werkstatt und trugen zur Verbreitung seines Einflusses bei. Obwohl Hals zahlreiche Bilder malte und zu guten Preisen verkaufte, war er infolge seines leichtsinnigen Lebenswandels zeitlebens in Geldschwierigkeiten; in den letzten Jahren war er auf die Unterstützung des Haarlemer Magistrats angewiesen. Sein Bruder *Dirk* (1600–1656) war sein Schüler und übernahm seine Manier; er hat über 100 Gesellschaftsstücke gemalt. Wenig Bedeutung hat sein Sohn *Frans* (um 1620–1669), der hauptsächlich Arbeiten des berühmten Vaters kopierte. (→ *76**, *167**)

Hamburg Entwickelte sich im 9. Jahrhundert aus dem Kastell Hammaburg, wurde 834 Erzbistum und erhielt 1189 zahlreiche kaiserliche Privilegien. 1241 schloß Hamburg mit Lübeck einen Bund zur Sicherung ihres Binnenverkehrs; Hamburger und Lübecker Kaufleute gewannen im Ausland wichtige Handelsprivilegien. Daraus entwickelte sich die Hansa. 1521 fand die Reformation in Hamburg Eingang. Religiöse Unduldsamkeit führte zur Vertreibung dissentierender Protestanten, die auf holsteinischem Boden Altona gründeten. In der zweiten Hälfte des 16. und der ersten Hälfte des 17. Jahrh. ließen sich zahlreiche Niederländer, Juden von der Iberischen Halbinsel und englische Kaufleute in Hamburg nieder und beschleunigten den wirtschaftlichen Aufstieg der Stadt; 1619 wurde die erste Bank gegründet. In und nach dem Dreißigjährigen Krieg sank der Handel rasch ab, um sich erst zu Beginn des 18. Jahrhunderts wieder zu erholen.

Handel → *415 ff., 458 f., 504 ff.*

Händel, Georg Friedrich (1685–1759) Neben Bach der größte Musiker des Barock. Als Sohn eines Wundarztes in Halle an der Saale geboren, mußte er trotz seiner früh erkennbaren musikalischen Begabung Rechtswissenschaft studieren, bis er 1702 auf Veranlassung des Herzogs von Sachsen-Weißenfels bei dem Halleschen Organisten Zachau als Orgel- und Kompositionsschüler eine gründliche musikalische Ausbildung erhielt. 1703 kam er als Violinist in das Hamburger Orchester und schrieb dort seine erste Oper (*Almire*), die 1705 uraufgeführt wurde. Im gleichen Jahr entstand als zweite Oper *Nero*. 1707 ging Händel nach Italien, um dort sein Studium der Opernkomposition fort-

zusetzen. Ebenfalls 1707 kam in Florenz seine Oper *Rodrigo* zur Aufführung; in Venedig erlebte 1708 seine in drei Wochen geschriebene Oper *Agrippina* 27 Aufführungen, während in Deutschland zwei schon früher komponierte Opern (*Florinde* und *Daphne*) aufgeführt wurden. In Rom, wo er Scarlatti kennenlernte, entstanden die beiden Oratorien *La Resurrezione* und *Il trionfo del tempo*. 1710 wurde er Hofkapellmeister in Hannover. Im gleichen Jahr besuchte er London, wo seine in 14 Tagen komponierte Oper *Rinaldo* zu einem großen Erfolg wurde. 1712 übersiedelte er endgültig nach London. 1720 berief man ihn als Leiter der neugegründeten Oper (»Königliche Akademie der Musik«); diesen Posten hatte er bis 1728 inne. In dieser Zeit komponierte er 14 Opern. 1729 eröffnete er eine eigene »Neue Opernakademie«, die allerdings nach vier Jahren wieder geschlossen werden mußte. Auch ein dritter Versuch schlug fehl, so daß Händel sich schließlich 1740 endgültig vom Theater abwandte. Inzwischen war er bereits mit mehreren Oratorien hervorgetreten, denen er nunmehr seine ganze Schaffenskraft widmete, auch wenn sie zunächst nicht den gleichen großen Anklang fanden wie seine Opern. Zeitlebens blieb er in erster Linie ein Vokalkomponist, hat jedoch auch die Instrumentalmusik wesentlich bereichert und neben Sonaten zahlreiche Konzerte für Streich- und Blasinstrumente sowie Orgelkonzerte komponiert. In den letzten Lebensjahren völlig erblindet, starb er am 14. April 1759 in London und wurde in der Westminsterabtei beigesetzt. (→ *686*)

Handwerk → *443 ff.*

Harvey, William (1578–1657) Studierte in Cambridge und Padua Medizin, wurde 1615 in London Professor der Anatomie und 1630 Leibarzt des Königs Karl I. Auf älteren Arbeiten fußend, entdeckte er durch Tierversuche den Blutkreislauf, den er ab 1619 in seinen Vorlesungen lehrte und in seinen Schriften *De motu cordis et sanguinis* (1628) und *De circulatione sanguinis* (1649) erläuterte. Ferner begründete er durch seine Schrift *De generatione animalium* (1651) die Evolutions- und Eitheorie (»omne animal ex ovo«). (→ *84**, *542*)

Heer Die gesamte Landkriegsmacht eines

Staates. Es zerfiel in die Waffengattungen Infanterie (Fußvolk), Kavallerie (Reiterei) und Artillerie (Geschütz). Bis nach dem Dreißigjährigen Krieg rekrutierten sich die europäischen Heere aus Söldnern. Die Entwicklung zu stehenden Heeren vollzog sich zuerst in der Türkei (→ Janitscharen) und in Frankreich. Bis zum Ende des 17. Jahrhunderts trugen im Fußvolk die Pikeniere die Hauptlast des Kampfes; erst danach traten die mit Handfeuerwaffen ausgerüsteten Musketiere in den Vordergrund. Um die gleiche Zeit ersetzte man die schwere Reiterei in zunehmendem Maße durch leichte Kavallerie, die zur Aufklärung und für Überraschungsangriffe eingesetzt wurde. Zu Beginn des 18. Jahrhunderts übernahm auf dem Gebiet des Militärwesens Brandenburg-Preußen die Führung in Europa; seinen starken Streitkräften verdankte dieses Land seinen Aufstieg zur Großmacht. (→ 68 ff.)

Heiliges Römisches Reich Deutscher Nation Bezeichnung des 962 von Otto dem Großen gegründeten ersten Deutschen Reiches, das bis 1806 bestand. Im Zeitalter des Barock war das Reich zu politischer Bedeutungslosigkeit abgesunken; nach dem Dreißigjährigen Krieg waren die rund 350 Territorialstaaten auf deutschem Boden praktisch selbständig.

Heizung Bis zum ausgehenden Barockzeitalter war Holz das wichtigste Heizmaterial; Holzkohle wurde in vornehmeren Haushalten in besonderen Kohlenpfannen verbrannt. Steinkohle war seit dem Mittelalter vereinzelt als Heizmaterial in Gebrauch, wurde jedoch erst im 18. Jahrhundert (zuerst in England) in größeren Mengen gefördert und verheizt. Die Heiztechnik war, wie schon im ganzen Mittelalter, höchst mangelhaft, so daß in jedem Winter zahllose Menschen an Erkältungskrankheiten starben und man auch in den Häusern stets warme Kleidung tragen mußte. Einen gewissen Fortschritt brachte die Weiterentwicklung der deutschen Ofenheiztechnik des 17. Jahrhunderts, die auch von anderen Ländern übernommen wurde. (→ 77*)

Hervoormde Kerk → 164 f., 178.

Hevelius, Johannes (1611–1687) Eigentlich Hewel, auch Höwelke. In Danzig geboren, studierte er in Leiden Rechtswissenschaft, über-nahm dann die väterliche Brauerei und widmete sich der Astronomie. 1641 baute er eine eigene Sternwarte, vervollkommnete zahlreiche astronomische Instrumente, lehnte jedoch das Fernrohr ab. Mit bloßem Auge stellte er so erstaunliche Beobachtungen an, daß 1679 Halley von der Londoner Royal Society nach Danzig gesandt wurde, um die Resultate nachzuprüfen. Später fertigte Hevelius Fernrohre mit einer Brennweite bis zu 140 Fuß an, die er jedoch ausschließlich zu topographischen Untersuchungen der Sonne, der Planeten und des Mondes benutzte; für sein jahrzehntelang maßgebendes Werk *Selenographia* (1647) stach er alle Abbildungen selbst in Kupfer. (→ 550, 553, 177*, 178*, 179*)

Hexen Der im Mittelalter weitverbreitete Hexenglaube lebte auch noch im Zeitalter des Barock fort. In den protestantischen Ländern wurden nicht weniger Hexen verbrannt als in den katholischen. Obwohl sich im 16. und 17. Jahrhundert immer mehr Stimmen gegen den Hexenwahn erhoben, verurteilte noch um 1700 ein einziger Hexenrichter in Lothringen 800 Hexen zum Scheiterhaufen, und König Jakob I. von England verfaßte eigenhändig Traktate gegen Hexen und Teufelsbündnisse. Auch im 18. Jahrhundert kam es immer wieder zu Hexenverbrennungen, wenngleich die systematischen Hexenjagden aufgehört hatten. (→ 651)

Heyn, Piet (1578–1629) Holländischer Seeheld. Trat 1623 in die Dienste der holländischen Ostindischen Kompanie und führte als Vizeadmiral und später als Admiral einen erfolgreichen Seekrieg gegen die Spanier. Sein größter Erfolg war die Erbeutung der spanischen Silberflotte in der Bucht von Mantanzas (1628). Er fiel in einem Seegefecht vor Dünkirchen.

Hildebrandt, Johann Lukas von (1668–1745) Neben → Fischer von Erlach der bedeutendste Baumeister des österreichischen Barock. Zu seinen bekanntesten Schöpfungen gehören das Untere und Obere Belvedere in Wien (1714 bis 1724), die Hof- und Staatskanzlei (1719 bis 1720) und der Neubau des Schlosses Mirabell in Salzburg (1721–1727). (→ 106*)

Hirse Getreideart, im Mittelalter die Grundnahrung des einfachen Volkes (vornehmlich als

Grütze). Im Zeitalter des Barock wird sie mehr und mehr von den verbackbaren Getreidesorten (Roggen und Weizen) verdrängt.

Hobbes, Thomas (1588–1679) Englischer Philosoph, der sich auf die Lehren von Bacon und Galilei stützte. Er studierte Mathematik und Philosophie, übersiedelte 1641 nach Paris und kehrte erst 1655 in die Heimat zurück. Seine Philosophie ist sensualistisch (einzige Erkenntnisquelle sind die Sinnesorgane) und materialistisch (einziger Gegenstand des Erkennens ist die Körperwelt); seine Staatsphilosophie ist machiavellistisch. Mit der Behauptung, daß auch die Religion dem Staatswillen unterworfen sein müsse, zog er sich die Feindschaft der Geistlichen aller Konfessionen zu.

Hochkirche → Anglikanische Kirche

Hogarth, William (1697–1764) Englischer Zeichner, Maler und Kupferstecher, als Satiriker der unerbittliche Sittenrichter seiner Zeit (*The harlot's progress, The rake's progress, Southwark fair, The marriage à la mode, Four prints of an election*). Er schuf aber auch sensible Genrebilder (*Die Krevettenverkäuferin*), ausgezeichnete Einzel- (*James Quin*) und Familienbildnisse (*The Chalmondely family*) sowie Illustrationen für zahlreiche Bücher. In seinen Gemälden ist ein gewisser Einfluß der Manier Greuzes unverkennbar, doch steht er als sensibler Moralist und Sozialkritiker über dem Franzosen. (→ 31*, 32*, 99*, 100*)

Holland Dichtestbevölkerte und reichste Provinz der nördlichen Niederlande, riß sich 1581 zusammen mit den sechs anderen Nordprovinzen von der spanischen Herrschaft los und bildete mit ihnen die Republik der Vereinigten Niederlande, auch Generalstaaten oder allgemein Holland genannt, übte durch seinen obersten Beamten, den Ratspensionär, einen entscheidenden Einfluß auf die Politik der Republik aus. (→ 162 ff.)

Hooke, Robert → 587.

Hugenotten Das Wort leitet sich vermutlich vom deutschen »Eidgenossen« ab und war ursprünglich ein Spottname, später die offizielle Bezeichnung der französischen Calvinisten. Zu ihnen zählten hauptsächlich die südfranzösischen Adligen. Die blutigen Hugenottenkriege endeten 1598 mit dem Edikt von → Nantes,

das jedoch 1685 widerrufen wurde. Schwere Unterdrückungsmaßnahmen (→ Dragonaden) führten zur Flucht von etwa 400000 Hugenotten, die besonders in Holland und Deutschland Aufnahme fanden und dort viel zum wirtschaftlichen Aufschwung beitrugen. Der letzte Hugenottenkrieg war der grausame Cevennenkrieg von 1702–1710, die Erhebung der → Kamisarden. Staatliche Duldung erlangten die Hugenotten erst 1787. (→ 105 f., 200 ff.)

Hume, David (1711–1776) Schottischer Geschichtsschreiber und Philosoph, lebte als Diplomat in Frankreich und Schottland. Seine Erkenntnislehre war eine dialektische Überschreitung des Sensualismus von Locke und des Idealismus von Berkeley. Er gilt als bedeutendster Geist der englischen Aufklärung. Seine wichtigsten Schriften sind: *Traktat über die menschliche Natur* (1739/40), *Untersuchung über die Prinzipien der Moral* (1751), *Dialoge über natürliche Religion* (1779) und seine sechsbändige *Geschichte Englands von der Invasion Julius Cäsars bis zur Revolution von 1688* (1754–1763).

Huygens, Christiaan (1629–1695) Holländischer Mathematiker, Physiker und Astronom, Sohn des Dichters und Gelehrten *Constantijn Huygens* (1596–1687). Er studierte in Leiden und Breda und wurde durch Colbert nach Paris berufen, wo er 1665–1681 tätig war und zu den Freunden Descartes' zählte. Seine geniale Begabung offenbarte sich auf den verschiedensten Gebieten. 1656 schuf er die wissenschaftliche Grundlage der Wahrscheinlichkeitsrechnung, nachdem er schon zuvor das Fernrohr verbessert und 1655 den größten Saturnsatelliten entdeckt hatte; er entwickelte eine Linsenschleifmaschine, erforschte die Gesetze der Zentrifugalkraft und konstruierte die erste Pendeluhr. Ferner formulierte er als erster die Undulationstheorie des Lichtes und entdeckte die Abplattung des Mars sowie den Orionnebel. Er zählt zu den bedeutendsten Wissenschaftlern des 17. Jahrhunderts. (→ 541, 548)

Iberische Halbinsel → Spanien, → Portugal, → 102.

Illuminaten → 646 f.

Impfung Immunisierung durch künstliche

Übertragung eines Krankheitsstoffes. Im Orient war es schon seit Jahrhunderten üblich, durch Einimpfen von Menschenblattern (Variolisation) sich gegen diese Krankheit zu schützen. In Europa fand die erste Impfung dieser Art 1717 in England statt, aber die Ergebnisse waren nicht sonderlich ermutigend, bis der englische Landarzt Edward Jenner gegen Ende des Jahrhunderts die Kuhpockenimpfung einführte, die sich als voller Erfolg erwies. 1799 wurde in London die erste öffentliche Impfanstalt eingerichtet, ab 1800 wurde die Impfung auch in anderen Ländern eingeführt. (→ 274)

Independenten → 161, 629.

Indien Im 17. Jahrhundert noch unterschiedslose Bezeichnung für das spanische Amerika (auch Westindien genannt) und für Südostasien einschließlich dem eigentlichen Indien, Hinterindien und Indonesien. (→ 91)

Industrie → 443 ff.

Infanterie Seit dem 17. Jahrhundert übliche Bezeichnung für das Fußvolk. → Heer

Innozenz X. (1574–1655) Giovanni Battista Pamfili, unter Gregor XV. Nuntius, später Kardinal, ab 1644 Papst. Protestierte gegen den → Westfälischen Frieden, bekämpfte die Jansenisten (Bulle *Cum occasione*, 1653).

Innozenz XI. (1611–1689) Benedetto Odescalchi. Diente im Dreißigjährigen Krieg als Soldat, studierte danach Theologie, wurde Geheimer Sekretär Innozenz' X., 1647 Kardinal und 1676 Papst. Führte Auseinandersetzungen mit Ludwig XIV. von Frankreich, als dieser den → Gallikanismus förderte. Unterstützte die politische Koalition gegen Frankreich und billigte daher den Sturz der katholischen Stuarts in England. Seine strengen sittlichen Ansichten versuchte er auch dem Klerus zur Vorschrift zu machen.

Intendanten Oberaufseher, die die Interessen der Krone wahrzunehmen hatten. In Frankreich sind sie aus den → *maîtres de requêtes* hervorgegangen. Ausgebaut wurde das System durch Richelieu und nach der Fronde durch Mazarin. Alle französischen Provinzen wurden durch königliche Intendanten verwaltet, zuletzt auch die Bretagne (seit 1689). Allmählich erstarrte die Institution durch zu starke »Bürokratisierung« und verlor viel von ihrer früheren Wirksamkeit. In vielen europäischen (besonders Spanien) und außereuropäischen (Kuba u. a.) Ländern wurde das französische Intendantursystem nachgeahmt. Nach der Französischen Revolution traten an die Stelle der Intendanten die Präfekten der Departements. (→ 47, 196 f.)

Irland → 161.

Italien Dieses am dichtesten bevölkerte Land Europas, das die größte Zahl von Städten aufwies, hatte bis zum Zeitalter des Barock schon viel von seiner einstigen Bedeutung eingebüßt; politisch war es ein Spielball der Großmächte, wirtschaftlich stieg es nach den Katastrophen in der ersten Hälfte des 17. Jahrhunderts rasch ab. Immerhin kamen noch starke kulturelle Impulse von der Apenninenhalbinsel; Mitteleuropa stand auch im 18. Jahrhundert auf dem Gebiet der Kunst und Architektur unter italienischem Einfluß. (→ 100 ff., 332 f., 430 ff.)

Jabach, Everard → 35*.

Jakob I., König von England (1566–1625) Sohn von Maria Stuart, seit 1567 als Jakob IV. König von Schottland, ab 1603 auch König von England; geriet in Konflikt mit dem Parlament und vermochte die religiösen Spannungen nicht zu beseitigen. (→ 139 ff.)

Jakob II., König von England (1633–1701) Floh während der Regierung Cromwells nach Frankreich, wurde nach der Restauration der Stuarts von seinem Bruder, dem König Karl II., zum Oberbefehlshaber der britischen Seemacht erklärt, trat 1671 zum Katholizismus über, wurde 1682 von seinem Bruder in den Staatsrat aufgenommen und bestieg nach dessen Tod 1685 den Thron. Seine absolutistischen Maßnahmen und seine verfassungswidrige Förderung der Katholiken führten 1688 zur → Glorious Revolution und zu seiner Vertreibung. Er starb im französischen Exil. (→ 183)

Janitscharen Wörtlich »Neue Truppe«, der Kern des türkischen Fußvolks, eine Art stehendes Heer, das ab dem 14. Jahrhundert aus Kriegsgefangenen, später aus gewaltsam ausgehobenen Christenkindern rekrutiert wurde; diese wurden im Geist des Islam zu zuverlässigen Soldaten erzogen, genossen zahlreiche Vorrechte und bezogen einen hohen Sold. Zahlreiche Türken und Christen bewarben sich um Aufnahme in diese Elitetruppe, deren Zahl Sultan Soliman zu Ende des 15. Jahrhunderts auf 40 000 begrenzte, doch wuchs sie später auf über 100 000. Nur ein Teil der Truppe war besoldet; die übrigen begnügten sich mit den Vorrechten und der Kriegsbeute. Die Janitscharen mußten für Bekleidung und Bewaffnung selbst aufkommen und durften bis zum Frieden von Karlowitz nicht heiraten. Erst im 19. Jahrhundert wurde die gefürchtete Truppe aufgelöst. (→ 86)

Jansen, Cornelis (1585–1638) Katholischer Theologe aus der Provinz Utrecht. Studierte ab 1602 Theologie, wurde 1630 in Löwen Professor der Theologie; ein Studienfreund, der einen großen Einfluß auf ihn ausübte, war der Abt von → Saint-Cyran. Jansen lehrte einen strikten Augustinismus, besonders bezüglich der Lehre vom freien Willen und der göttlichen Gnade. 1636 wurde er Bischof von Ypern, starb aber schon zwei Jahre später, kurz nach der Vollendung seines berühmten Werkes *Augustinus, sive doctrina Sancti Augustini de humanae naturae sanitate, aegritudine, medicina etc.*, an dem er 22 Jahre lang gearbeitet hatte. Zeitlebens blieb er dem Papst und dem spanischen König loyal und war ein entschiedener Gegner der Politik Richelieus (gegen den er das Pamphlet *Mars gallicus* verfaßte). Seine von Augustinus übernommene Lehre von der gänzlichen Verderbnis der menschlichen Natur bestimmte die als *Jansenismus* bekannte theologische Denkweise. Papst Urban VIII. verdammte auf Betreiben der Jesuiten Jansens Buch in der Bulle *In eminenti* (1642), fand jedoch erheblichen Widerspruch, nicht nur in den katholischen Niederlanden, sondern auch vor allem in Frankreich, wo das Kloster Port-Royal-des-Champs unter der Äbtissin Angélique Arnauld zum Hauptsitz des Jansenismus wurde, der von bedeutenden Gelehrten und Theologen wissenschaftlich ausgearbeitet wurde. In den bald folgenden erbitterten Streit zwischen den Jansenisten einerseits und dem Papst und den Jesuiten andererseits griffen auf seiten der Jansenisten Männer wie Pascal und Pierre → Nicole ein; Ludwig XIV. stellte sich ab 1660 gegen die Jansenisten. Die Auseinandersetzungen endeten damit, daß 1709 das Kloster Port-Royal auf päpstliche Verordnung hin aufgehoben und 1710 völlig dem Erdboden gleichgemacht wurde. (→ 664 ff.)

Japan 1542 nahmen die Portugiesen erste Handelsbeziehungen mit Japan auf; 1549 begann mit Francisco Xavier die Missionierung des Landes, die besonders im Süden von den Fürsten aus politischen Gründen gefördert wurde; zu Beginn des 17. Jahrhunderts soll es in Japan 600 000 Christen gegeben haben. Der allmächtige Minister Hidejoschi, der die Macht der Daimyo zu schmälern suchte, verbot 1587 die Ausübung des Christentums und befahl allen fremden Priestern, das Land zu verlassen. Die Nichtbeachtung dieses Edikts durch spanische Franziskaner löste eine erste Christenverfolgung aus; Anfang des 17. Jahrhunderts begann sich das Land gänzlich nach außen abzuschließen. Alle fremden Missionare und Händler wurden verbannt (lediglich den Holländern wurde der Unterhalt einer kleinen Faktorei auf einer Insel bei Nagasaki erlaubt), kein Japaner durfte mehr das Inselreich verlassen, die Christen wurden fast vollständig ausgerottet. Es folgte eine lange Zeit der demographischen, sozialen, wirtschaftlichen und kulturellen Stagnation. (→ 91, 252)

Jesuiten Die Gesellschaft Jesu, der bedeutsamste Orden des Barockzeitalters und das wichtigste Werkzeug der Gegenreformation, wurde von Ignaz von Loyola gegründet und 1540 von Papst Paul III. bestätigt. Eine große Rolle spielten die von den Jesuiten eingerichteten und geleiteten Kollegien. Die Jesuiten bekämpften nicht nur die Protestantismus, sondern auch katholische Strömungen wie den Jansenismus und den Quietismus. Von verschiedenen Seiten angefeindet, wurde ihr Orden in vielen Ländern verboten (Frankreich 1764, Spanien 1767, Parma 1768), bis er schließlich durch Papst Klemens XIV. 1773 durch die Bulle *Dominus ac redemptor* völlig aufgehoben wurde. Erst im 19. Jahrhundert wurde er wiederhergestellt. (→ 642, 664 f.)

Johann IV. (1604–1656) König von Portugal Begründer der Dynastie Bragança, wurde 1640, als sich Portugal von Spanien löste, zum König ausgerufen. Unter seiner Regierung wurde das

an die Holländer verlorene Brasilien zurückerobert. (→ 135)

Joseph I. (1678–1711) Ältester Sohn des Kaisers Leopold I., 1687 zum König von Ungarn
gekrönt, 1690 zum römischen König gewählt,
kam er 1705 nach Leopolds Tod auf den Kai-
serthron. Er hatte mit großen innen- und
außenpolitischen Schwierigkeiten zu kämpfen.
Durch seinen frühen Tod gelangten die Franzosen, die militärisch bereits geschlagen waren,
im Spanischen Erbfolgekrieg zu einem sehr
glimpflichen Frieden. (→ 205)

Journée des Dupes Der große diplomatische
und politische Wendepunkt unter der Regierung Ludwigs XIII. am 10. November 1630.
Nach der vorläufigen Lösung der Hugenotten-
frage durch den Gnadenfrieden von Alais
konnte Richelieu an diesem Tag die Devotenpartei vernichten und bekam so für seine anti-
habsburgische Außenpolitik freie Hand. (→
125)

Juden Im Zeitalter des Barock gab es schätzungsweise vier bis fünf Millionen Juden. Im
ganzen Mittelalter hatten sie immer wieder
schwere Verfolgungen erdulden müssen; durch
die Maßnahmen von 1492 und 1497 waren die
zahlreichen Juden auf der Pyrenäenhalbinsel
(Sephardim) nach Nordafrika, den Niederlanden und anderen Ländern vertrieben worden. Unter den in den Niederlanden ansässigen
Juden machte sich zunehmend ein deistischer
Rationalismus breit (Juan de Prado, da Costa,
Spinoza). Die Aschkenasim waren vor allem
in Polen und Litauen ansässig; unter ihnen
verbreiteten sich mystische Strömungen (Chassidismus). Schon im Mittelalter hatten sie starken Zuzug von aus Deutschland vertriebenen
Juden erhalten. Auch sie wurden wiederholt
verfolgt. Erst gegen Ende des 18. und im 19.
Jahrhundert machte die Emanzipation der Juden Fortschritte. (→ 648 f.)

Kaffee Von den exotischen Getränken kam
zuerst die Trinkschokolade nach Europa. Das
Kaffeetrinken verbreitete sich in der ersten
Hälfte des 17. Jahrhunderts in Südilatien;
durch einen türkischen Gesandten wurde das
Getränk am Hof Ludwigs XIV. eingeführt, 1671
wurde das erste Kaffeehaus in Marseille eröff-

net, 1672 folgte Paris diesem Beispiel, 1683
Wien, 1686 Nürnberg und Regensburg, 1687
Hamburg und 1712 Stuttgart. In der ersten
Zeit blieb der Kaffee den höheren Ständen
vorbehalten; erst um die Mitte des 18. Jahrhunderts konnten sich auch wohlhabende Bürgerliche das kostspielige Getränk leisten. Um
die gleiche Zeit drang ein anderes exotisches
Getränk in Europa vor, diesmal von Ost nach
West: der Tee. Das Teetrinken wurde zuerst
in Rußland allgemein üblich (Samowar), dann
auch besonders in England. Beide Getränke
trugen dazu bei, den Typhus zurückzudrängen,
da zu ihrer Zubereitung kochendes Wasser notwendig war, wodurch viele Krankheitserreger
im meist verseuchten Trinkwasser abgetötet
wurden.

Kamisarden Name der Hugenotten in den
Cevennen (Südfrankreich), so benannt nach
ihren Hemdblusen. Nach der Widerrufung des
Edikts von Nantes erhoben sich 1685 die Kamisarden; der Aufstand wurde durch Militär
blutig unterdrückt, aber es folgte ein erbitterter Kleinkrieg, durch den das Land größtenteils
verwüstet wurde. Er fand erst 1707 nach
der Schlacht bei Almansa ein Ende, in der die
Überreste der Kamisarden aufgerieben wurden.

Kanada »Neufrankreich« wurde ab 1608 durch
die Franzosen kolonisiert, erhielt 1674 eine
eigene Regierung, ging aber 1763 durch den
Pariser Frieden in die Hände der Engländer
über. Inzwischen hatte das Land einen bedeutsamen wirtschaftlichen Aufschwung genommen
und behielt auch unter englischer Herrschaft
viel von seinem französischen Charakter. (→
220)

Karl I. von England (1600–1649) Sohn Jakobs I., bestieg nach dessen Ableben 1625 den
Thron, geriet bald in Widerspruch zum Parlament, das er auflöste, 1640 aber wegen des
Streites mit Schottland wieder einberufen
mußte. 1646 mußte er vor Cromwells Armee
nach Schottland fliehen, wurde jedoch von den
Schotten 1647 ausgeliefert und 1649 enthauptet. (→ 7*, 143 ff., 161)

Karl II. von England (1630–1685) Ältester
Sohn Karls I., in Frankreich erzogen, nahm
nach der Hinrichtung seines Vaters den Königstitel an, wurde aber erst nach erheblichen Zu-

geständnissen an das Parlament in Schottland 1651 dort zum König gekrönt. Der Versuch, sich Englands zu bemächtigen, scheiterte; erst nach Cromwells Tod wurde 1660 das Königtum wiederhergestellt. Innen- und außenpolitisch regierte Karl II. ohne Glück. Er starb kinderlos. (→ 181 f.)

Karl IV. von Lothringen (1604–1675) Herzog von Lothringen, 1631 aus Nancy vertrieben, trat in kaiserliche, nach dem Westfälischen Frieden in spanische Dienste. Durch den Pyrenäenfrieden erhielt er sein Land zurück. (→ 204)

Karl VI. Joseph Franz 1685–1740) Sohn Kaiser Leopolds I. Seine Bewerbung um die spanische Krone führte zum Spanischen Erbfolgekrieg; nach dem Tod seines Bruders Joseph I. wurde er 1711 zum Kaiser gekrönt, worauf 1713 Spanien durch den Frieden von Utrecht dem Bourbonen Philipp V. überlassen wurde. Da Karl nur Töchter hatte (ein Sohn starb als Kind), war er bemüht, durch die → Pragmatische Sanktion diesen den Vorrang vor den zur Erbfolge berechtigten Töchtern Josephs I. zu sichern. Diesem Ziel unterstellte er seine ganze Innen- und Außenpolitik. Mit ihm erlosch der habsburgische Mannesstamm. (→ 218)

Karl XII. von Schweden (1682–1718) Dieses ein wenig verrückte Genie, für das sich Voltaire begeistern sollte, kam schon 1697 auf den Thron und verfolgte in einer endlosen Reihe von Kriegen, die das Land völlig auslaugten, den alten Traum vom baltischen Großreich. (→ 17*)

Karl II. von Spanien (1661–1700) Der letzte spanische Habsburger, zeitlebens krank und schwächlich; seine beiden Ehen blieben kinderlos. In seinen letzten Lebensjahren gab es endlose Intrigen wegen der Thronfolge; schließlich bestimmte er Philipp V., den Enkel Ludwigs XIV., zu seinem Nachfolger. Das Testament wurde von fast allen europäischen Mächten im Interesse des europäischen Kräftegleichgewichts nicht anerkannt; das führte zum → Spanischen Erbfolgekrieg.

Karlowitz, Friede von Am 26. Januar 1699 zwischen Österreich, Rußland, Polen und Venedig einerseits und dem Osmanischen Reich anderseits geschlossen; Österreich erhielt dadurch Siebenbürgen und die Batschka. Die Türken verloren durch diesen Frieden fast alles, was sie in zweihundert Jahren erobert hatten. (→ 204)

Kaste Eine Gesellschaftsschicht, die sich durch Sitte und Gesetz streng von jeder anderen abschließt. Eine Vermischung, ein Aufsteigen von einer niedrigen in eine höhere Kaste, ja sogar jede Berührung ist verboten. Man wird in eine bestimmte Kaste hineingeboren und hat keine Möglichkeit, sie je zu verlassen. Ein Aufstieg ist nur als Gruppe möglich. Kasten gab es schon im Altertum. Besonders starr war das Kastensystem in Indien, wo es noch heute nicht völlig überwunden ist.

Katholische Liga Schutzbündnis zwischen Herzog Maximilian von Bayern und den süddeutschen Bischöfen, dem sich die drei geistlichen Kurfürsten und die meisten katholischen Reichsstände anschlossen, Gegenstück zur protestantischen → Union, 1609 geschlossen. Die Liga spielte in der ersten Hälfte des Dreißigjährigen Krieges eine große Rolle.

Kavaliere Cavaliers nannten sich während des englischen Bürgerkriegs 1642–1649 die Anhänger des Königs; ihre Widersacher, die puritanischen Anhänger des Parlaments, wurden Rundköpfe (Round Heads) genannt.

Kepler, Johannes (1571–1630) Im württembergischen Weil der Stadt geboren, studierte er in Tübingen Theologie und wurde dort durch seinen Lehrer Mästlin mit der Kopernikanischen Lehre bekannt. 1594 ging er als Landschaftsmathematikus von Steiermark und Lehrer für Mathematik und Moral nach Graz. Durch seine Untersuchung über die Harmonie des Planetensystems (*Prodromus dissertationum cosmographicarum...*, 1596) wurde er mit Tycho Brahe bekannt, und als er nach der Aufhebung der Religionsfreiheit in der Steiermark das Land verlassen mußte, folgte er Brahes Einladung nach Prag. Nach dessen Tod wurde er Mathematikus und Hofastronom Kaiser Rudolfs II. 1609 veröffentlichte er sein Hauptwerk über die Planetenbewegungen, die *Astronomia nova;* zwei Jahre später legte er eine Theorie der Linsen und die Prinzipien des astronomischen Fernrohrs in seiner *Dioptrice* vor. In Geldnot geraten, trat er in den Dienst der oberösterreichischen Landstände und übersiedelte nach Linz. Dort vollendete er seine Planetentafeln und entdeckte das dritte Gesetz der Planetenbewegung, das er 1619 in den *Harmonices mundi libri V* veröffentlichte. 1622 von Kaiser Ferdinand II. als kaiserlicher Mathematikus bestätigt, widmete er dem Gönner seine neuen Planetentafeln, die *Tabulae Rudolphinae*, die 1627 in Ulm gedruckt wurden, wohin sich Kepler wegen der Protestantenverfolgung in Oberösterreich zurückgezogen hatte. Er litt bitterste Not, da ihm der Kaiser inzwischen an rückständigem Gehalt über 12 000 Gulden schuldete. Um seine Ansprüche durchzusetzen, reiste er 1630 zum Reichstag in Regensburg, erlag aber bald nach seiner Ankunft den Anstrengungen der Reise. Mit mehr Berechtigung als Kopernikus kann man Kepler als den eigentlichen Begründer des wissenschaftlichen heliozentrischen Weltbilds bezeichnen. (→ 168*, 543, 548)

Kind Rund 40 Prozent der 90 bis 100 Millionen Menschen, die durchschnittlich im barocken Europa leben, sind weniger als fünfzehn Jahre alt, also Kinder. Die Hälfte der 400 Millionen Menschen, die zwischen 1620 und 1760 in Europa geboren wurden, überlebte nicht das zwanzigste Lebensjahr. Trotz des großen Kinderreichtums wird im 17. und auch noch im 18. Jahrhundert das Kind vernachlässigt, ist für die Erwachsenen gleichsam ein unbekanntes Wesen, auf das man nur wenig Rücksicht nimmt. Das hat psychologische Gründe: Um seelisch das Massensterben der Unschuldigen, die hohe Kindersterblichkeit, überhaupt verkraften zu können, mußte man sich abhärten, die Kindheit leugnen. Das war auch im Mittelalter so: In der darstellenden Kunst kann man deutlich verfolgen, wie im ausgehenden Mittelalter allmählich das Kindergesicht nicht mehr lediglich ein verkleinertes Erwachsenengesicht ist, sondern echt kindliche Züge erhält: man beginnt das Kind zu entdecken. Im 16. Jahrhundert taucht in der Kunst das Thema der Putte, des nackten Kindes, auf. Im Zeitalter des Barocks werden die Kinderdarstellungen zunehmend individueller (Rembrandt, van Dyck, Le Brun, Largillière, Mignard). Aber auch noch im Barock ist die Kinderkleidung nicht kindgemäß; etwa ab dem siebten Lebensjahr tragen die Kinder Kleider, die nichts als verkleinerte

Erwachsenenkleider sind. Von diesem Alter an erwartet man von den Kindern, daß sie sich nach den Normen der Erwachsenen richten. Kinderarbeit war noch bis ins 19. Jahrhundert hinein eine Selbstverständlichkeit. Nur allmählich wandelt sich ab dem 18. Jahrhundert die Einstellung dem Kind gegenüber, wird man auf das Kind aufmerksam, erkennt ihm auch Rechte zu.

Kircher, Athanasius (1601–1680) Deutscher Gelehrter, trat 1618 in den Jesuitenorden ein, lehrte Mathematik, Philosophie und orientalische Sprachen in Würzburg, floh vor den Unruhen des Dreißigjährigen Krieges nach Avignon und wurde später Professor für Mathematik und Hebräisch in Rom. Er gründete eine berühmte Kuriositätensammlung, erfand einen Brennspiegel und stellte zahlreiche Versuche mit der Laterna magica an. Seine vielen Schriften über naturwissenschaftliche, historische und linguistische Themen spiegeln seine vielfältigen Interessen und seine umfassende Gelehrsamkeit wider. (→ 548)

Klasse Im Klassensystem ist die Gesellschaft nicht mehr in → Kasten oder → Stände gegliedert, sondern die soziale Position des einzelnen hängt weitgehend von seiner Stellung im Wirtschaftsprozeß ab. Klassen in diesem Sinn bildeten sich erst im 18. Jahrhundert heraus. (→ 461 ff.)

Klassizismus Im 17. Jahrhundert ein kurzer Augenblick vollkommener Ausgewogenheit durch die Überschreitung einer tragischen Spannung auf dem durchgehenden Untergrund des Barock, vor allem in Frankreich. Nicht zu verwechseln mit dem gesamteuropäischen Klassizismus des ausgehenden 18. und beginnenden 19. Jahrhunderts. (589 ff.)

Klemens XI. (1649–1721) Gian Francesco Albani, Papst seit 1700. Erhob Einspruch gegen die Erhebung Preußens zum Königreich, verdammte durch die Bulle *Unigenitus* 1713 den Jansenismus.

Klemens XII. (1652–1741) Lorenzo Corsini wurde 1706 Kardinal und 1730 Papst. Vergeblich versuchte er, die protestantischen Fürsten Deutschlands wieder für Rom zu gewinnen. Er verschönerte Rom durch zahlreiche Neubauten.

Klemens XIII. (1693–1769) Carlo Rezzonico

wurde 1737 Kardinal, 1743 Bischof von Padua und 1758 Papst. Mit seiner Bulle *Apostolicum pascendi munus* (1765) stellte er sich bedingungslos auf die Seite der Jesuiten und wurde deshalb von vielen Regierungen angegriffen; als er 1768 den Herzog von Parma exkommunizierte, besetzte Frankreich Avignon und das Venaissin, Sizilien Benevent und Pontecorvo.

Klemens XIV. (1705–1774) Lorenzo Ganganelli wurde früh Konsultor der Inquisition und 1759 Kardinal. Er wandte sich gegen die Jesuiten und wurde im stürmischen Enklave 1769 zum Papst gewählt. 1773 hob er durch die Bulle *Dominus ac redempter noster* den schon in vielen Ländern verbotenen Jesuitenorden endgültig auf.

Klöster Zahlreiche Ordensgründungen zu Beginn des 17. Jahrhunderts im Zug der Gegenreformation; in diesem ganzen Jahrhundert erhielten die Klöster starken Zuzug. Im östlichen Europa dauerte die Bewegung noch bis zur Mitte des 18. Jahrhunderts fort, was große österreichische Klöster aus dieser Zeit (Melk u. a.) beweisen. Ab 1750 wurde der Umschwung durch eine zunehmende Überalterung der Kleriker sichtbar.

Kohle Außer Holz verwandte man im 16. und 17. Jahrhundert zu Heizzwecken Holzkohle; für die Metallverhüttung eignete sie sich allerdings nicht, da sie zu weich war. Holzmangel führte besonders in England zu einem starken Rückgang der Eisenerzeugung. Ein Umschwung trat erst ein, als Darby Steinkohle verkokte und Koks für Hochöfen verwandte. Gegen Ende des 18. Jahrhunderts nahm die Kohlenförderung rasch zu, da man Kohle für die in immer größerer Zahl aufgestellten Dampfmaschinen brauchte; auch als Heizmaterial für die Häuser setzte sie sich langsam durch, nachdem bessere Öfen entwickelt worden waren. Lange Zeit stand England, was Steinkohlenförderung und -verbrauch angeht, mit weitem Abstand an der Spitze. (→ 454)

Köln Entwickelte sich aus einer Ansiedlung aus vorrömischer Zeit, die um 50 n. Chr. zu einer römischen Veteranenkolonie kam. Seit dem 4. Jahrhundert Bistum, 785 Erzbistum. Wurde bald zu einem bedeutenden Handelszentrum. Seit 1231 auf dem Reichstag vertreten. Trat

1367 der Hansa bei und wurde ein maßgebendes Glied des hansischen Städtebundes. Die Bewohner waren intolerante Katholiken, die 1425 die Juden für immer aus ihrer Stadt verbannten und die Reformationsversuche des Erzbischofs Hermann von Wied ablehnten. Auf dem Höhepunkt ihrer Macht stand die Stadt zu Beginn des 14. Jahrhunderts (120000 Einwohner), im 15. Jahrhundert kam es zu einer Stagnation, im 16. zu einem raschen Rückgang. Um 1780 zählte Köln nur mehr 8000 Häuser und 40000 Einwohner, von denen 2500 der Geistlichkeit angehörten.

Kondratjew-Zyklus Benannt nach dem russischen Wirtschaftswissenschaftler Nikolai Dmitriewitsch Kondratjew (* 1892). Konjunkturelle Schwankungen, die in einem Rhythmus von fünfundzwanzig bis dreißig Jahren auftreten.

Kongregationalisten → 629.

Kosaken Wehrbauern in den Pioniergebieten des Ostens, so die kleinrussischen oder ukrainischen Kosaken, die seit dem 14. Jahrhundert die Südostgrenze des Polenreiches zu schützen hatten (Ukraine = »Grenzland«). Sie betrachteten sich jedoch nicht als Untertanen, sondern hielten abwechselnd zu Polen und zu Moskowien. Erstmals 1304 urkundlich erwähnt werden die Saporoger Kosaken, die im 16. und 17. Jahrhundert den Türken und Polen schwer zu schaffen machten und sich 1654 Rußland unterwarfen. Die Wolga-Kosaken stießen durch Sibirien bis zum Stillen Ozean vor und erschlossen im 16. Jahrhundert dieses Gebiet für Rußland. Ihre Nachfahren wurden als Sibirische Kosaken bezeichnet. Am mächtigsten waren im 16. und 17. Jahrhundert die räuberischen Don-Kosaken, deren Freiheiten erst nach dem Aufstand Pugatschews (1775) eingeschränkt werden konnten. Im 18. und 19. Jahrhundert stellten die Kosaken zahlreiche Hilfskorps für die russische Armee. (→ 33)

Kriegführung → 37*, 40*, 69 ff.

La Bruyère, Jean de (1645–1696) Studierte Rechtswissenschaft, kaufte sich 1673 das Amt eines Schatzmeisters im Steuerbezirk Caen, das ihm ein unabhängiges Leben in Paris ermöglichte. Als scharfsichtiger Sittenschilderer zeichnete er in seinen *Caractères de Théophraste,* *traduits du grec, avec les caractères ou les mœurs de ce siècle* (1688, mehrere Neuauflagen) ein interessantes Bild seiner Zeit.

La Fontaine, Jean de (1621–1695) Größter Fabeldichter Frankreichs. Wollte Theologie studieren, entschied sich aber bald für einen sehr freien Lebenswandel, dem sein Vater dadurch ein Ende zu setzen versuchte, daß er ihn verheiratete und ihm das Amt eines *maître des eaux et forêts* übertrug. La Fontaine aber ließ Frau und Amt im Stich, ließ sich in Paris nieder und fand in Fouquet, den Prinzen von Condé und Conti sowie in Mazarins Nichte, der Frau von Sablière, nachsichtige Gönner. 1684 wurde er in die Akademie aufgenommen. 1692 bewirkte eine schwere Krankheit eine völlige Umkehr: er söhnte sich mit der Kirche aus und beschäftigte sich bis zu seinem Tod nur noch mit der Übersetzung der Bibel. Seine Hauptwerke sind die brillanten, wenngleich oft schlüpfrigen *Contes et nouvelles* (5 Bände, 1665–1685) und vor allem die meisterlichen *Fables* (12 Bände, 1668–1695). Wenig bedeutend sind seine Theaterstücke.

Landwirtschaft Während des ganzen barocken Zeitalters der weitaus wichtigste Wirtschaftssektor, auf dem zwischen 80 und 95 Prozent der Bevölkerung tätig waren. Nur in den fortschrittlicheren Ländern (Vereinigte Niederlande, später England) ging ihr Anteil nach 1750 auf unter 50 Prozent zurück. (→ 389 ff.)

La Rochefoucauld, François VI. Herzog von (1612–1680) Gegner Richelieus und Mazarins, söhnte sich schließlich durch Vermittlung seiner Geliebten, der Herzogin von Longueville, mit Mazarin aus. Die bedeutendsten literarischen Arbeiten dieses Skeptikers sind seine als Zeitbild interessanten *Mémoires* (1662) und vor allem seine *Réflections, ou Sentences et maximes morales*, kurz *Maximes* genannt (1665).

La Tour, Georges de (1593–1652) Der hauptsächlich für Karl IV. von Lothringen und Ludwig XIII. tätige Lothringer verstand es, die Stilelemente eines Caravaggio mit dem Erbe der Niederländer zu vereinen. Er verzichtete auf jeden barocken Überschwang und schuf ungemein eindrucksvolle, strenge, klare Gemälde, oft Nachtstücke. (→ 607, VII*)

Law, John (1671–1729) Sohn eines schottischen Goldschmieds, bildete sich als Mathematiker und Finanzexperte aus. Betätigte sich zunächst als Glücksspieler in Frankreich, Holland, Deutschland und Italien und gewann ein Millionenvermögen. Gleichzeitig arbeitete er an einer Theorie des Kreditwesens *(Money and Trade,* 1705). Völlig richtig erkannte er, daß das im Umlauf befindliche Metallgeld für die wirtschaftlichen Bedürfnisse nicht ausreichte, und schlug die Ausgabe von Papiergeld vor. 1716 erhielt er in Versailles vom Regenten die Erlaubnis zur Einrichtung einer Privatbank auf Aktien; 1718 wurde diese Bank in eine Staatsbank umgewandelt und massenhaft Papiergeld ausgegeben (insgesamt 3071 Millionen). Metallgeld wurde verboten, Gold- und Silbergeschirr sollten der königlichen Bank gegen Banknoten übergeben werden. Wenig später gründete Law eine *Compagnie d'Occident* zur Ausbeutung und Kolonisierung des Mississippi-Gebiets; nach der Fusion mit anderen Handelsgesellschaften wurde sie in *Compagnie des Indes* umbenannt. Mit den Aktien wurde eine unerhörte Spekulation betrieben, die zunächst erstaunliche Erfolge zeitigte: Der Kurs der Mississippi-Aktien stieg von 500 Livres Nominalwert auf 20000 Livres. Die Indische Kompanie übernahm die Staatsschulden und die Eintreibung der Steuern. Law wurde, nachdem er 1720 zum Katholizismus übergetreten war, zum Finanzminister ernannt. Doch im gleichen Jahr wuchs das Mißtrauen der Öffentlichkeit; immer mehr Banknoten wurden zur Einlösung eingereicht, so daß die Bank im Mai 1720 ihren Bankrott erklären mußte. Die Banknoten sanken auf ein Zehntel ihres Wertes, die Aktien der Indischen Gesellschaft auf 20 Livres. Am 10. Oktober 1721 wurden die Banknoten außer Kurs gesetzt, viele Geschäftsleute waren ruiniert, eine Teuerung ergriff das ganze Land. Law floh im Dezember 1720 und starb als armer Mann in Venedig. Seine Ideen waren im Prinzip richtig, wurden aber durch seine zügellose Gewinnsucht verfälscht.

Le Brun, Charles (1619–1690) Sohn eines Bildhauers, wandte sich früh der Malerei zu, führte schon als Fünfzehnjähriger für Kardinal Richelieu Arbeiten aus. Arbeitete 1642–1646 bei Poussin in Rom. Nach Paris zurückgekehrt, war er Mitbegründer der Akademie, deren Direktor er 1683 wurde. 1660 wurde er Leiter von Colberts Gobelinmanufaktur, 1662 ernannte ihn der König zum ersten Hofmaler. 1668 leitete er die Arbeiten für das Schloß von Saint-Germain, malte das Schloß von Sceaux aus, entwarf das Dekor des Treppenhauses von Versailles und malte ab 1679 die Große Galerie im Versailler Schloß aus. Mit seinen theoretischen Schriften übte er einen großen Einfluß auf die französische Malerei seiner Zeit aus. (→ 22*)

Leeuwenhoek, Antony van (1632–1723) Tuchhändler in Amsterdam, ging 1654 nach Delft, um sich in Zurückgezogenheit der Mikroskopie zu widmen. Erst 1673 wurden seine Arbeiten einem größeren Kreis dadurch bekannt, daß sein Freund de Graaf einige Beobachtungen der Londoner Royal Society übermittelte. Von dieser Zeit an war Leeuwenhoek ein regelmäßiger Mitarbeiter der *Philosophical Transactions*. Er entdeckte die Blutkörperchen und erkannte ihre Natur sowie die Querstreifung der willkürlichen Muskeln. Epochemachend war seine Entdeckung der Spermatozoen (1677), die zu dem langen Streit zwischen Animaculisten und Ovisten führte. Am bekanntesten jedoch wurde sein Name durch die Entdeckung der Infusionstierchen, obwohl er sich mit diesen niemals wissenschaftlich befaßt hat. (→ 541)

Leibeigenschaft Schon die alten Völker unterschieden zwischen Freien und Unfreien; unfrei war oder wurde man durch Kriegsgefangenschaft, Abstammung von unfreien Eltern, Verheiratung mit einem Unfreien, gerichtliche Überweisung zahlungsunfähiger Schuldner an den Gläubiger oder durch freiwillige Unterwerfung. Im Mittelalter hießen die Unfreien eigene Leute, Hörige, Dienstleute oder Leibeigene. Meist waren die Leibeigenen »Hintersassen« ihres Gutsherrn, saßen also auf Höfen, die ihnen in einer Art Erbpacht gegeben waren, und mußten zahlreiche Abgaben entrichten: Grundzinsen, Herdgeld, Zehnter, Naturalabgaben (Ostereier, Pfingstlämmer, Martinsgänse usw.), Zinskorn. Dazu kamen persönliche Dienstleistungen (Fron- und Herrendienste). Ein Leibeigener konnte nur mit Genehmigung seines Gutsherrn heiraten; unfreie Frauen mußten die Heiratserlaubnis durch eine Abgabe

(Busengeld, Nadelgeld, Schürzenzins usw.) erkaufen. Beim Ableben eines Leibeigenen fiel dem Gutsherrn zunächst der ganze Nachlaß, später noch ein Teil (Besthaupt, Mortuarium) zu. Versuche zur Aufhebung der Leibeigenschaft begannen erst im 18. Jahrhundert, aber erst 1823 wurde im letzten der deutschen Länder die gesetzliche Aufhebung verfügt. Während sich im Westen das Los der Leibeigenen im Zeitalter des Barock besserte, wurde in Rußland die Leibeigenschaft fortlaufend verschärft; aufgehoben wurde sie dort erst 1863.

Leibniz, Gottfried Wilhelm (1646–1716) In Leipzig als Sohn eines Professors der Moralphilosophie geboren, besuchte er ab dem 15. Lebensjahr die Universität und studierte Rechtswissenschaft und Philosophie. Schon 1663 verteidigte er in seiner Schrift *De principio individui* die Grundsätze des Nominalismus und trat wenig später mit mathematischen und juristischen Abhandlungen hervor. Nach seiner Promotion ging er nach Kurmainz und arbeitete dort mehrere politische Schriften aus. 1672 wurde er nach Paris gesandt, um mit Ludwig XIV. einen Kreuzzug nach Ägypten auszuhandeln. Während seines dreijährigen Aufenthalts in der französischen Hauptstadt besuchte er London und Holland und lernte Huygens, Boyle und Spinoza kennen. 1676 übersiedelte er als Bibliothekar und Historiograph nach Hannover. Für seine historischen Schriften unternahm er Reisen nach Wien und Rom. Bis 1694 korrespondierte er mit Pélisson und Bossuet über die Möglichkeit einer Vereinigung der katholischen und protestantischen Kirche. Auf sein Anraten hin wurde 1700 die Akademie der Wissenschaften in Berlin gegründet; Leibniz wurde ihr Präsident. Auch die Akademie in Sankt Petersburg geht auf seine Anregung zurück. In den letzten Lebensjahren verlor er die Gunst seines Landesfürsten, wurde jedoch von Kaiser Karl IV. zum Freiherrn und Reichshofrat ernannt. Er war einer der vielseitigsten Gelehrten und schärfsten Denker aller Zeiten und hat gleichzeitig mit, aber unabhängig von Newton die Infinitesimalrechnung entwickelt. Sein philosophisches und wissenschaftliches Wirken war auf die harmonische Vereinigung von Verschiedenem gerichtet. Am deutlichsten ist das in seiner Monadenlehre, der Lehre von der aus in »prästabilisierter Harmonie« stehenden letzten Einheiten aufgebauten Welt. (→ 171*, 176*, 543, 623)

Le Nain, Louis → 120*.

Leopold I. Ignaz Joseph Balthasar Felician (1640 bis 1705) Zweiter Sohn Kaiser Ferdinands III., wurde 1655 König von Ungarn, 1658 König von Böhmen und im gleichen Jahr nach dem Tod seines älteren Bruders Kaiser. Unter ihm wurden die Türken geschlagen und mußten den Frieden von → Karlowitz schließen; mit Ludwig XIV. führte er mehrere Kriege, die ihm allerdings nichts einbrachten. (→ 40, 204)

Lepra → Aussatz

Lerma, Graf von → 85, 87.

Letrados In Spanien aus dem Bürgerstand hervorgegangene Juristen, die als Verwaltungsfachleute dem Staat wertvolle Dienste leisteten. Im 17. Jahrhundert wurden sie durch den erstarkenden Adel wieder aus ihren Ämtern verdrängt, wodurch der spanischen Zentralgewalt schwerer Schaden zugefügt und der Aufbau eines leistungsfähigen Staates um mehr als ein Jahrhundert verzögert wurde.

Le Vau, Louis (1612–1670) Einer der bedeutendsten Architekten seiner Zeit, schuf Vaux-le-Vicomte und zahlreiche Bauwerke der Hauptstadt. Bekannt ist u. a. seine originelle Fassade für das Collège des Quatre-Nations. Gemeinsam mit → Perrault fertigte er nach Ablehnung des Projekts von → Bernini den Plan für die Umgestaltung des Louvre. Auch das erste Stadium des Versailler Schlosses wurde von ihm entworfen; trotz der zahlreichen Hinzufügungen und Veränderungen, die → Mansart später vornahm, ist auch heute noch Le Vaus Konzeption deutlich erkennbar. Sein jüngerer Bruder *François* (1613–1676) war ebenfalls Architekt und stand zwischen 1640 und 1645 auf dem Höhepunkt seiner Laufbahn. Er gestaltete die mittelalterliche Festung Saint-Fargeau in ein entzückendes Schloß um. (→ 5*, 102*, 614)

Libertiner So bezeichnete man im Zeitalter der Reformation die Freidenker, beispielsweise die Anhänger Coppins in Lille, dessen Schüler Quintin, Bertrand und Pocquet im 16. Jahrhundert einen spiritualistischen Pantheismus

predigten. In Genf nannte man Libertiner die Stadtbewohner, die sich Calvins theokratischem System und der Tyrannei der Geistlichkeit in öffentlichen und privaten Dingen widersetzten. Im 17. Jahrhundert waren die Libertiner Feinde der kartesianischen Revolution im Geistesleben; sie hingen dem antichristlichen Aristotelismus averroistischer Tradition an. Die libertinistische Strömung wurde durch Spinoza fortgesetzt, der auf kartesianischen Grundlagen einen neuen christentumsfeindlichen Rationalismus aufbaute. (→ 541)

Liberum veto Wörtlich: »das freie: ich verbiete«. So hieß das Recht der polnischen Reichstagsmitglieder, durch ihren Einspruch jeden Beschluß des Reichstags zu verhindern. Das Recht wurde 1652 von Sicinski durchgesetzt und lähmte in der Folgezeit die Arbeit des Reichstags fast völlig: bis 1764 wurden von 55 Reichstagen 48 »zerrissen«; nur 7 gelangten zu einem ordnungsgemäßen Schluß. Der Prozentsatz der »zerrissenen« Reichstage wuchs ständig: 50% von 1700 bis 1720; 60% von 1720 bis 1740; 100% von 1740 bis 1760. Die polnischen Reformer wollten das Liberum veto durch die Konstitutionen von 1764 und 1791 abschaffen, scheiterten jedoch am Einspruch der Russen, Preußen und Österreicher. (→ 33)

Liga → Katholische Liga.

Lionne, Hugues de (1611–1671) Aus altem Adelsgeschlecht der Dauphiné, wurde durch Mazarin 1643 Sekretär der Königinmutter, 1655 Gesandter in Rom und 1661 Außenminister. Seine Fähigkeiten stellte er durch die ausgezeichnete diplomatische Vorbereitung des → Devolutionskriegs unter Beweis. Sein persönlicher Lebenswandel war wenig erfreulich. Ein interessantes Zeitdokument sind seine Memoiren. (→ 198)

Lissabon In vorchristlicher Zeit Hauptstadt der Lusitanier, 716 von den Mauren erobert, von König Alfons I. 1147 mit Hilfe französischer, englischer und deutscher Kreuzfahrer christianisiert und zur Hauptstadt des Landes erhoben. Im 14. Jahrhundert war Lissabon bereits ein bedeutender Handelsplatz. 1580 kam es mit Portugal unter spanische Herrschaft; 1640 wurden die Spanier verjagt, das Haus Bragança gelangte auf den Thron und verlegte die

Regierung wieder nach Lissabon. Im 16. Jahrhundert wurden 50 bis 60 Prozent der nach Europa importierten Gewürze in Lissabon umgeschlagen. Von 1694 bis 1720 nahm die Stadt durch die aus Brasilien eintreffenden Goldflotten einen neuen Aufschwung, aber schon in der ersten Hälfte des 18. Jahrhunderts ließ die Wirtschaftsblüte nach. Das alte Stadtbild spiegelte die Geschicke Lissabons. Es gab reiche Stadtviertel, so das Viertel der Großkaufleute, der reichen Bürger (viele hatten mehr oder weniger jüdisches Blut in den Adern), die am Überseehandel viel verdienten. Diese Viertel waren das Bairro Alto, das ab der Mitte des 16. Jahrhunderts verhältnismäßig modern ausgebaut wurde. Es gab aber auch die unregelmäßig angelegten, übervölkerten Viertel des einfachen Volkes, in denen auch – eine Folge des Sklavenhandels – eine farbige Minorität lebte. Als die Stadt am 2. November 1755 durch ein Erdbeben weitgehend zerstört wurde, hatte sie rund 200000 Einwohner, war aber bereits ein sinkender Stern. Durch Pombal wurde sie völlig neu aufgebaut; die Straßen wurden gerade und breiter, die Häuser höher, aber gleichzeitig stabiler; strenge baupolizeiliche Vorschriften sollten eine Wiederholung der Katastrophe von 1755 verhindern. Das neue Lissabon wurde zu einem Vorbild des europäischen Städtebaus. (→ 440 f.)

Locke, John (1632–1704) Englischer Philosoph. Studierte in Oxford Medizin, Literatur und Philosophie, fiel bei Jakob II. in Ungnade und übersiedelte für mehrere Jahre nach Holland, um nach der von ihm wärmstens begrüßten → Glorreichen Revolution in die Heimat zurückzukehren. Mit seinem 1690 erschienenen *Essay concerning human understanding* begründete er den psychologischen Empirismus; seine in dieser Abhandlung enthaltene Erkenntnistheorie macht ihn zum Vorläufer Kants. Seine staatsrechtlichen und rechtsphilosophischen Lehren übten einen nachhaltigen Einfluß aus; auf ihn geht der Gedanke von einer Teilung der Staatsgewalten zurück, den Montesquieu weiterverfolgte. Er war ein Wortführer des politischen Liberalismus und der religiösen Toleranz. Mit *Some thoughts concerning education* (1693) gehört er zu den Begründern der modernen Pädagogik. (→ 221, 224*, 681)

London Schon vor der Römerzeit eine bedeutsame Ansiedlung, römische Kolonie, unter den Angelsachsen Bistum und Hauptstadt der Könige von Essex. 1216 trat erstmals das Oberhaus in London zusammen. 1377 hatte die Stadt 37000 Einwohner. In der Folgezeit wuchs sie rasch. Über die Bevölkerungsentwicklung sind wir ab dem 16. Jahrhundert ausgezeichnet unterrichtet, stammen doch aus London die ältesten in regelmäßigen Zeitabständen veröffentlichten Bevölkerungslisten, die Londoner *bills*. Sie gehen auf die Pest zurück, die den großen Hafen immer wieder heimsuchte; die erste Zählung fand 1532 statt. Als 1592 eine verheerende Pest wütete, stellte man in ausführlichen Listen die Sterbefälle und Taufen für die drei Pfarreigruppen *City intra muros*, *City extra muros* und »übrige Pfarrien« zusammen. Seit 1603 wurden die Statistiken in kurzen Zeiträumen aktualisiert und vervollkommnet. Sie lassen gut verfolgen, wie sich das Stadtgebiet im Laufe der Zeit ausdehnte. Ursprünglich erfaßten die *Old bills* nur eine bebaute Fläche von 750 ha: die 170 ha der Innenstadt *(City)* und die 580 ha der Vororte. In vier Etappen (1606, 1626, 1636 und 1726) erweiterte sich das Stadtgebiet auf das Zwölffache: 9160 ha mit 148 Pfarreien, davon 97 *intra muros*, 17 *extra muros*, 24 in den Vororten und 10 in Westminster. Nicht erfaßt wurden durch diese Listen allerdings die Nonkonformisten. Das Wachstum Londons ist erstaunlich: keine andere Stadt des barocken Europa hat eine solche Zunahme erfahren. Um 1600 stand die Stadt mit etwas unter 200000 Einwohnern hinter Neapel und Paris, 1700 mit 400000 Einwohnern bereits vor Paris, obwohl 1666 der große Brand fast die ganze Stadt verheert hatte. Paris war von London um 1675 eingeholt worden. 1800 hatte die englische Hauptstadt mit 850000 Bewohnern bereits 300000 Menschen mehr aufzuweisen als Paris. Im letzten Jahrzehnt des 17. Jahrhunderts hatte London Amsterdam als größten europäischen Umschlaghafen abgelöst. Damit war es zur kommerziellen Hauptstadt der Welt geworden. Allerdings kam das im Stadtbild nicht so recht zum Ausdruck; man legte sein Geld nicht für schöne Paläste, sondern im Handel an; zudem legten auch Staat und Adel weniger Wert auf prunkvolle Bauten als in anderen europäischen Großstädten. Nach dem Brand von 1666 wurde die Stadt sehr rasch, wenig planvoll und nach rein funktionellen Gesichtspunkten wiederaufgebaut. Eine Ausnahme bildet lediglich die St.-Pauls-Kathedrale von Sir Christopher → Wren, die französische und italienische Einflüsse aufweist. Sie bedeutete einen Bruch mit der in England sich zäh haltenden Gotik (Oxford, 17. Jahrhundert, und der Hauptsaal des Londoner Lambeth Palace, der 1660 bis 1683 in spätgotischem Stil renoviert wurde). Wrens geniale mathematische Begabung wird in der Kuppel sichtbar, die die Kathedrale krönt. Die Türme und die Fassaden des Querschiffs erinnern an Bernini (die beiden Architekten sind sich allerdings nie begegnet). Von Wren stammen übrigens auch Hampton Court in Middlesex, die Erinnerungssäule an den Großen Brand im neuerbauten London und das Krankenhaus in Greenwich mit seinen endlosen Kolonnaden. (→ 439 f.)

Lothringen Zerfiel im 10. Jahrhundert in Ober- und Niederlothringen. Niederlothringen wurde 1429 durch Philipp den Guten mit Burgund vereinigt. Oberlothringen stand im Mittelalter meist auf seiten Frankreichs. Der Herzog Renatus II. wurde 1475 von Karl dem Kühnen vertrieben, der aus dieses Land Burgund einverleiben wollte, aber 1477 nach der Schlacht bei Nancy die eroberten Gebiete wieder herausgeben mußte. 1552 besetzten die Franzosen Toul, Metz und Verdun; 1559 gab der französische König das Land wieder an Herzog Karl II. zurück. Im Dreißigjährigen Krieg schloß sich Lothringen an Deutschland an, worauf Ludwig XIII. 1632 das Land besetzte. Durch den Pyrenäenfrieden mußte es wieder an den rechtmäßigen Herzog zurückgegeben werden, aber schon 1670 ließ Ludwig XIV. wieder seine Truppen einrücken. Nach dem Polnischen Erbfolgekrieg wurde Lothringen 1766 endgültig dem französischen Reich einverleibt. (→ 127, 186 f.)

Louvois → 23*.

Ludwig XIII. (1601–1643) Sohn Heinrichs IV.

und der Maria de' Medici, bestieg nach der Ermordung seines Vaters (1610) unter der Vormundschaft seiner Mutter den Thron. Inmitten von Intrigen und Wirren hatte er nur wenig Einfluß auf die Staatslenkung; zeitlebens blieb er ein schwacher, schwankender Herrscher. In der ersten Zeit wurde die Politik vornehmlich durch einen Günstling seiner Mutter, den Italiener Concini, beeinflußt, 1617 wurde Concini beseitigt, die Königinmutter verbannt; die Regierung übernahm nun Ludwigs Günstling Luynes. 1624 berief der junge König den Kardinal Richelieu in den Rat; dieser wurde rasch erster Minister und nahm die Staatsgeschäfte völlig in die Hand. In die Regierungszeit Ludwigs XIII. fallen die Auseinandersetzungen mit den Hugenotten, der Kampf gegen den aufsässigen Adel, der erst unter Ludwig XIV. ein Ende finden sollte, und das Bemühen, die spanische Vorherrschaft in Europa zu brechen. Ludwig XIII. war vielgereist und gebildet, aber schwächlich und unentschlossen. Er starb wenige Monate nach seinem allmächtigen Minister Richelieu, dem praktisch alle innen- und außenpolitischen Entscheidungen dieser Zeit zu verdanken waren. (→ 24*)

Ludwig XIV. (1638–1715) Ältester Sohn Ludwigs XIII. und der Anna von Österreich. Folgte 1643 unter der Vormundschaft seiner Mutter dem Vater auf den Thron. Inzwischen war an die Stelle Richelieus der Kardinal → Mazarin getreten, dem es gelang, die Fronde niederzuwerfen. Die Entwicklung des jungen Königs wurde durch die Erfahrung des Adelsaufstandes wesentlich beeinflußt. Bis Mazarins Tod (am 9. März 1661) blieb er weitgehend im Hintergrund, doch dann nahm er die Zügel der Regierung fest in die Hand und entwickelte eine überraschende Energie und Selbständigkeit. Mißtrauisch gegenüber dem Hochadel und den Ständevertretungen, umgab er sich ausschließlich mit Ministern, die ihm blind ergeben waren. Die erste Zeit der persönlichen Regierung wird als »mondäne Periode« bezeichnet, weil Ludwig seine Zeit zwischen den Staatsgeschäften, rauschenden Festen und seinen Mätressen teilte. 1682 übersiedelte er aus Paris nach Versailles; nun nahm sein Leben unter dem Einfluß einer immer bigotter werdenden

Umgebung einen geregelten Gang. Seine Diplomatie wurde starrer; das Streben nach Ruhm trat in unerfreulicher Weise in den Vordergrund. Die Störung des europäischen Kräftegleichgewichts verleitete ihn zu außenpolitischen Abenteuern: Krieg folgte auf Krieg, durch die Niederlage bei La Hougue ging die kurze Zeit der französischen Vorherrschaft auf den Weltmeeren zu Ende. 1693 wütete eine entsetzliche Hungersnot im ausgebluteten Land; 1701 mußte Frankreich gegen eine europäische Koalition antreten und kam im Spanischen Erbfolgekrieg nur mit knapper Not davon. Erst in seinen letzten Lebensjahren erwies sich Ludwig wieder als hervorragender Staatsmann. Als er am 1. September 1715 starb, hinterließ er den Thron seinem Urenkel, einem fünfjährigen Knaben. (→ 25*, 190, 213)

Ludwig XV. (1710–1774) Sohn des Dauphins Ludwig, Herzog von Bourgogne, und der Prinzessin Maria Adelheid von Savoyen. Folgte seinem Urgroßvater Ludwig XIV. 1715 unter der Regentschaft des Herzogs Philipp von Orleans auf den Thron. Erzogen wurde er durch den Marschall Villeroi und den Kardinal Fleury, der 1726 oberster Staatsminister wurde. Der unter dem Einfluß seiner Favoritinnen (Herzogin von Châteaurouge, Marquise de Pompadour, Herzogin du Barry) stehende König kümmerte sich kaum um die Regierungsgeschäfte. Erst nach Fleurys Tod (1743) übernahm Ludwig die Leitung des Staates. Nach dem Österreichischen Erbfolgekrieg (1740 bis 1748) wuchsen die innenpolitischen Schwierigkeiten (Auseinandersetzungen mit dem Parlament und mit der katholischen Kirche, Attentat im Jahre 1757); durch die Beteiligung am Siebenjährigen Krieg auf seiten Österreichs verlor Frankreich im Frieden von Paris (1763) seine Besitzungen in Nordamerika, seine Position in Ostindien und seine Bedeutung als Seemacht. (→ 27*, 217)

Lully, Giovanni Battista (1633–1687) Komponist, in Florenz geboren, kam in jungen Jahren nach Frankreich, wo Ludwig XIV. auf ihn aufmerksam wurde und ihm die Leitung des neugebildeten Streichorchesters *Petits violons* übertrug, das bald zum berühmtesten Orchester ganz Europas wurde. Lully betätigte sich auch

als Komponist und Schauspieler und erreichte 1762 die Errichtung eines Operntheaters. Von dieser Zeit an widmete er sich ausschließlich der Oper; die von ihm komponierten Opern (*Thésée* 1675, *Phaëton* 1683, *Roland* 1685, *Armide* 1686 u. a.) wurden mit ungeheurem Erfolg aufgeführt. Dieser erklärt sich einerseits durch Lullys feines Gespür für den Geschmack des Publikums und andererseits durch die Meisterschaft, mit der er alle Hilfsmittel der Oper (Kostüme, Dekorationen, Tanz usw.) einzusetzen wußte. Nach seinem Tod konnten sich viele seiner Werke ein volles Jahrhundert lang auf den europäischen Opernbühnen halten; durch ihn erlangte die französische Musik Weltgeltung. (→ 617)

Lutheraner Ursprünglich ein von Eck geprägter Spottname für die Anhänger Luthers und die lutherische Kirche, wurde die Bezeichnung später üblich, um den Gegensatz zu den Reformierten in der Schweiz zu verdeutlichen. Gemeint ist die Kirchengemeinschaft, die sich nach Luthers Reformation durch die Augsburgische Konfession 1530 begründet und in Deutschland, Dänemark, Schweden und Norwegen verbreitet hat. Sie repräsentierte im Zeitalter des Barock etwas mehr als die Hälfte des protestantischen Europa.

Mabillon, Jean (1632–1707) Trat 1653 in den Benediktinerorden und arbeitete seit 1664 in der Abtei Saint-Germain-des-Prés. Dort besorgte er im Auftrag der Kongregation des heiligen Maurus eine Herausgabe der Werke des heiligen Bernhard, die 1667 erschien. Mit seinem Werk *De re diplomatica* (1681) begründete er die wissenschaftliche Urkundenlehre. Auf einer Italienreise sammelte er mehr als 3000 Bücher für die königliche Bibliothek. Eine erste kritische Geschichte des Benediktinerordens ist in den *Acta Sanctorum ordinis S. Benedicti in saeculorum classes distributa* (ab 1668) und den *Annales ordinis S. Benedicti* (ab 1703) enthalten. Damit gehört er mit Du Cange, Baluze, Luc d'Achery und Montfoucon zu den Vätern der kritischen Geschichtsschreibung.

Madrid Bis ins 15. Jahrhundert hinein ein unbedeutender Ort, obwohl manche Fürsten dort vorübergehend hofhielten. Nach dem Tod Ferdinands des Katholischen wurde die Reichsregierung nach Madrid verlegt, Philipp II. erklärte es 1560 endgültig zur Hauptstadt des Reiches. Um 1530 hatte Madrid ganze 4000 Einwohner; 1594 waren es bereits 37 500, und in der ersten Hälfte des 16. Jahrhunderts überstieg ihre Zahl die 100 000. Madrid verdankte seinen Aufschwung nicht wirtschaftlichen Gegebenheiten, sondern ausschließlich seiner politischen Bedeutung und der günstigen Lage, die den Städtebau erleichterte. Um 1700 war die Stadt an die achte Stelle unter den europäischen Großstädten aufgerückt, 1800 stand sie an der sechsten Stelle. Obwohl schon 1560 offiziell zur Hauptstadt des Reiches erklärt, kann man Madrid erst 1606 diesen Rang zuerkennen, nachdem sich Philipp III. endgültig dort niedergelassen hatte. Wie Marcelin Défourneaux feststellt, war es »eine künstliche Hauptstadt insofern, als ihr Wachstum nicht organisch mit dem des Staates verknüpft war, an dessen Spitze sie stand... Hof und Hauptstadt standen sich nicht, wie etwa Paris und Versailles unter Ludwig XIV., gegenüber, sondern sie verschmolzen in eins, lebten ineinander und füreinander.« Das Schicksal der Stadt hing eng mit dem des königlichen Schlosses, des Alcazar, zusammen. Der Alcazar, eine Festung aus dem 14. Jahrhundert, behielt trotz der unter Philipp IV. vorgenommenen baulichen Veränderungen sein düsteres Aussehen. Heute ist von dem alten Bau fast nichts mehr vorhanden, denn er wurde durch die Feuersbrunst des Jahres 1734 völlig eingeäschert. Allerdings breitete sich der an seiner Stelle errichtete klassizistische Palacio Real trotz seiner einmaligen Lage ebenfalls kein sonderlich schöner Anblick. Finanzielle Schwierigkeiten und der frühe Tod des Baumeisters Juvara (1736) sind dafür verantwortlich. Architektonisch weit bedeutsamer ist der Buen Retiro, der zur Zeit des Herzogs von Olivarez entstand. Velázquez und Zurbarán schmückten den Palast mit prächtigen Fresken aus. Während der Regierungszeit Philipps V. wurde der große Park des Retiro nach dem Vorbild von Versailles umgestaltet. Die Stadt selber bestand noch um die Mitte des 17. Jahrhunderts zu drei Vierteln aus unscheinbaren einstöckigen Häu-

sern, deren Fenster in der Regel statt durch Glasscheiben mit Ölpapier verschlossen waren. »Die Übersiedlung des Hofes brachte dennoch einige Verschönerungen mit sich. Am bemerkenswertesten war die unter Philipp III. erfolgte Anlage der Plaza Mayor, eines rechteckigen Platzes, den fünfstöckige Häuser säumen, die in sehr geglückter Weise aus Stein und Ziegel errichtet wurden; im Erdgeschoß befanden sich unter tiefen Arkaden Läden...« Madrid war allerdings damals auch eine Art Hauptstadt der Bettler: »Die Straßen der Stadt bieten ein einzigartiges Schauspiel. Sie sind voller Bettler und Vagabunden, die ihre Zeit mit Kartenspielen verbringen und darauf warten, bis sie an den Klosterpforten ihre Suppe erhalten oder aufs Land ziehen, um dort Häuser zu plündern.« Im Januar 1658 schrieb Barrionuevo: »Seit Weihnachten bis zum heutigen Tag sind, wie man sagt, mehr als hundertfünfzig Menschen ermordet worden, Männer und Frauen, und kein einziger Mord hat seine Sühne gefunden.« (→ 429 f., 439)

Magnaten So bezeichnete man in Ungarn die vornehmsten adligen Geschlechter und die hohen Würdenträger, in Polen die hohen geistlichen und weltlichen Würdenträger sowie den hohen Adel.

Mais Die wichtigste Kulturpflanze der altamerikanischen Hochkulturen. Die Maiskulturen waren in gewissem Sinn Kulturen der Muße, da zur Sicherung des Lebensunterhalts ein weit geringerer Arbeitsaufwand notwendig war als bei den in Europa üblichen Getreidearten. Schon im 16. Jahrhundert breitete sich der Mais auch in Europa aus; er verminderte das Risiko katastrophaler Hungersnöte, da eine Mißernte bei Weizen, Roggen usw. noch keineswegs eine Mißernte bei dem von anderen Klimafaktoren abhängigen Mais bedeutete.

Maîtres de requêtes Ursprünglich die Berichterstatter im Staatsrat, die Bittschriften, Gesuche usw. vorzulegen hatten. Mit zunehmender Zentralisierung der Verwaltung wurde der Posten immer wichtiger; vor allem diente er als Sprungbrett für eine höhere Karriere. (→ 47, 195, 197)

Majestätsbrief Allgemein bezeichnet man so staatsrechtliche Urkunden deutscher Kaiser, die den Untertanen bestimmte Rechte verbrieften. Speziell versteht man darunter den von Kaiser Rudolf II. am 12. Juli 1609 ausgestellten Majestätsbrief, durch den den böhmischen Protestanten gleiche Rechte wie den Katholiken eingeräumt wurden. Durch die Mißachtung dieser Zusage (Kaiser Matthias ließ 1618 eine von protestantischen Untertanen katholischer Grundherren errichtete Kirche niederreißen) wurde der Dreißigjährige Krieg ausgelöst. Aufgehoben wurde der Majestätsbrief Rudolfs II. nach der Schlacht am Weißen Berg durch Kaiser Ferdinand II. (→ 112)

Malaria Eine in sumpfigen Gegenden oft endemisch auftretende Krankheit, die nach dem Erlöschen von Aussatz und Pest durch die Ausbreitung der Reiskultur in Italien und Spanien zahlreiche Opfer forderte, aber auch in den sumpfigen Gegenden des Nordens wütete.

Malebranche, Nicolas (1638–1715) Der größte französische Metaphysiker des 17. Jahrhunderts. Er studierte Philosophie und Theologie und trat 1660 in die Kongregation des Oratoriums ein. Mit seiner *vision en Dieu*, seiner Lehre, daß wir alle Dinge in Gott als dem Urgrund alles Seins und Denkens schauen, gab er der christlichen Lehre eine kartesianische Form, die folgerichtig zum radikalen Idealismus → Berkeleys führte. Seine Gedanken fanden nur in der Kongregation des Oratoriums und bei den Benediktinern von Saint-Maure einigen Anklang. (→ 542, 653)

Mansart, François (1598–1666) Bedeutender französischer Architekt, erbaute unter anderem das Schloß Maisons-sur-Seine bei St.-Germain und zahlreiche Stadtpaläste in Paris. Von ihm haben die Mansardendächer ihren Namen. Eine noch wichtigere Rolle spielte sein Neffe *Jules Hardouin-Mansart* (1645–1706), der als Generaldirektor der königlichen Bauten die meisten der von Ludwig XIV. angeordneten Bauarbeiten leitete und in Anerkennung seiner Verdienste in den Adelsstand erhoben wurde. Seine bedeutendsten Schöpfungen sind das Schloß von Cluny, das er 1676–1680 im Auftrag des Königs für Madame de Montespan errichtete, Versailles, Groß-Trianon, Notre-Dame in Versailles, der Invalidendom in Paris, die Fassade des Rathauses zu Lyon. Für alle seine Fassaden ist

ein strenger klassizistischer Stil kennzeichnend. (→ 104*)

Manufaktur Vorläufer der durch die industrielle Revolution eingeführten Fabrik. Man bezeichnete so einen größeren Gewerbebetrieb, in dem vornehmlich Materialien aus dem Tier- und Pflanzenreich verarbeitet wurden, in der Hauptsache tierische und pflanzliche Fasern zu Geweben, später auch mineralische Rohstoffe zu Gebrauchsgegenständen aller Art (Tuch-, Seiden-, Spiegel-, Porzellanmanufaktur). Die Manufakturen spielten im barocken Europa noch keine sehr große Rolle.

Maria Theresia (1717–1780) Römisch-deutsche Kaiserin, Königin von Ungarn und Böhmen und Erzherzogin von Österreich. Älteste Tochter Kaiser Karls VI., folgte gemäß der → Pragmatischen Sanktion ihrem Vater auf den Thron, worauf Karl Albert von Bayern als ältester Sohn der Tochter Kaiser Ferdinands I. Ansprüche auf die österreichischen Erblande erhob. Dies führte zum Österreichischen Erbfolgekrieg, der durch den Frieden von → Aachen beendet wurde. Außenpolitisch war ihr großer Gegenspieler Friedrich der Große. Innenpolitisch wirkte sich ihre Herrschaft sehr segensreich aus. Sie begründete den österreichischen Einheitsstaat, den sie grundlegend reformierte, förderte die Wirtschaft, sanierte die Finanzen, führte die Volksschule ein, schaffte die Tortur ab, erleichterte die Leibeigenschaft und arbeitete auf religiöse Toleranz hin. (→ 18*, 206)

Marillac → 125, 185.

Marlborough, John Churchill, Herzog von (1650–1722) Englischer Feldherr und Staatsmann. Diente bis 1677 in der französischen Armee, wo Turenne sein großer Lehrer war, wurde 1678 Oberst und 1685 Peer und Generalmajor. 1688 zum Generalleutnant befördert, ging er nach der Landung Wilhelms von Oranien sofort zu diesem über, worauf er Graf, Mitglied des Geheimen Rates und königlicher Kammerherr wurde. 1690 unterwarf er das aufständische Irland. Im Krieg gegen Frankreich knüpfte er Verbindungen mit dem im Exil lebenden Jakob II. an, worauf er seiner Ämter enthoben und eingekerkert wurde. Nach der Thronbesteigung der Königin Anna (1702), die von Marlboroughs Gattin völlig beherrscht wurde, war er der mächtigste Mann im Reich. Im Spanischen Erbfolgekrieg fügte er den Franzosen und den mit diesen verbündeten Bayern vernichtende Niederlagen zu, worauf die Königin ihm das Schloß Blenheim bauen ließ. 1711 fiel er in Ungnade und zog sich auf sein Landgut zurück. (→ 73, 214, 105*)

Maximilian von Bayern → 117.

Mazarin, Jules (1602–1661) Wurde als Giulio Mazarini in Pescina in den Abruzzen geboren, studierte Theologie, Philosophie und kanonisches Recht und trat dann in den Militärdienst. Vertauschte 1632 den Waffenrock mit dem geistlichen Kleid, ohne die Weihen zu empfangen, und wurde durch Richelieus Vermittlung päpstlicher Gesandter in Paris. 1640 wurde er in französische Dienste übernommen und von Richelieu mit diplomatischen Missionen betraut; 1641 erhielt er den Kardinalshut und wurde von Richelieu auf dem Sterbebett dem König als Nachfolger empfohlen. 1643 wurde er zum ersten Minister ernannt. Bis zu seinem Tod im Jahre 1661 war er der eigentliche Herrscher Frankreichs. (→ 20*, 200)

Medizin Entgegen einer weitverbreiteten Ansicht machte die Medizin im 17. und 18. Jahrhundert bemerkenswerte Fortschritte; die Ärzte waren keineswegs in der Mehrzahl »Kurpfuscher und Salbader«, sondern großenteils ausgezeichnete Diagnostiker, auch wenn ihnen nur beschränkte Hilfsmittel zur Verfügung standen. Besonders das öffentliche Gesundheitswesen wurde in beachtlicher Weise ausgebaut. (→ 83* ff., 275 f.)

Merkantilismus Zusammenfassende Bezeichnung für die volkswirtschaftlichen Anschauungen und Lehren, die im 16. Jahrhundert aufkamen und bis zu den Physiokraten und Adam Smith Geltung hatten. Der Grundgedanke des Merkantilsystems lautet, daß der Reichtum eines Landes vornehmlich in seinem baren Geld beruht. Dementsprechend war Colbert darauf bedacht, unter allen Umständen und mit allen Mitteln die Menge des dem französischen Staat zur Verfügung stehenden Geldes zu vermehren, indem er eine positive Außenhandelsbilanz erzielte (Export teurer Luxusgüter, Exportverbot für billige Grundstoffe usw.). Auch der Aufbau von Flotten und die Gründung von Kolonien

waren von den Merkantilisten empfohlene Maßnahmen.

Mersenne, Marin (1588–1648) Französischer Franziskaner, Apologet und populärwissenschaftlicher Schriftsteller, trug viel dazu bei, das kopernikanische Weltsystem gegen den Widerstand der Aristoteliker zu verbreiten. (→ 541)

Metallgewinnung und -verarbeitung Hinter der Landwirtschaft, dem Bauwesen und Textilgewerbe der viertwichtigste Produktionssektor des barocken Europa. Die bedeutsamste technische Neuerung auf diesem Gebiet war das von Darby entwickelte Ausschmelzverfahren mit Hilfe von Koks (1709), das sich allerdings erst gegen Ende des 18. Jahrhunderts allgemein verbreitete. Im 18. Jahrhundert gab es drei große Zentren der Eisengewinnung: das russische Uralgebiet, das billiges Eisen in großen Mengen produzierte; Schweden, das erstklassiges Eisen lieferte; und England, in dem revolutionäre neue Verfahren entwickelt wurden, die für die Zukunft maßgebend sein sollten. (→ 451 ff.)

Mikroskopie Das erste Mikroskop wurde in den letzten Jahren des 16. Jahrhunderts vermutlich in Holland hergestellt, vielleicht von den Middelburger Brillenschleifern Hans und Zacharias Janssen; nach 1610 wurden Mikroskope in großer Zahl gebaut. Die ersten Instrumente waren noch sehr unvollkommen, da man die sphärische und chromatische Aberration zunächst noch nicht auszuschalten verstand. Erst gegen Ende des 17. Jahrhunderts entstanden wirklich leistungsfähige Mikroskope; sie wurden im 18. und 19. Jahrhundert entscheidend verbessert. Das Mikroskop wurde zu einem ungemein wichtigen Hilfsmittel der Wissenschaft. (→ 187*, 188*, 189*, 447, 549 f.)

Miliz Ursprünglich soviel wie Streitkräfte allgemein, später die Land- und Bürgertruppen, die nur im Kriegsfall zusammengestellt und nach Kriegsende wieder aufgelöst wurden. Solche Milizen gab es schon im 16. Jahrhundert. In Frankreich wurde die Miliz 1688 im Krieg gegen die Augsburger Allianz geschaffen. Die Milizangehörigen wurden zuerst ausgehoben, später warb man Freiwillige. Im allgemeinen erhielten die Miliztruppen keine volle Ausbildung beim Heer, sondern wurden im Frieden zu Übungen eingezogen. In Frankreich stellten sie in Kriegszeiten etwa ein Viertel der kämpfenden Truppe. (→ 81)

Milton, John (1608–1674) Der größte englische Dichter des 17. Jahrhunderts. Wuchs in streng puritanischem Elternhaus auf, genoß eine erstklassige Erziehung. Früh schon entstanden seine ersten Gedichte und allegorischen Maskenspiele. 1638/39 bereiste er Frankreich und Italien. Dort entstand der Plan zu seinen beiden größten Dichtungen, den großen Epen *The Paradise lost* (1658–1665) und *Paradise regained* (1671). Sein Engagement für die Republik unter Cromwell schadete ihm nach der Wiedereinführung der Monarchie sehr; er verlor fast sein ganzes Vermögen, wurde seiner Ämter entkleidet und zog sich, völlig erblindet und gichtkrank, aus der Öffentlichkeit zurück. In religiöser Hinsicht vertrat dieser strenge Puritaner Anschauungen, die von seinen orthodoxen Glaubensgenossen größtenteils entschieden abgelehnt wurden. Er starb verarmt und verbittert. (→ 630)

Mobiliar Ein wichtiges Indiz für den Lebensstandard des einfachen Volkes. Wie die Nachlaßinventarien aus der Zeit von 1620 bis 1700 zeigen, nahm das Mobiliar in dieser Periode fortlaufend an Menge und Wert zu; gleichzeitig wurde es vielfältiger. Während das Bürgertum zu Beginn dieses Zeitabschnitts einen beachtlichen Lebensstandard erreicht hatte, ging es mit den Bauern und Tagelöhnern zunächst nur langsam aufwärts, doch besserte sich auch ihre Lage schließlich zusehends. Eine führende Position nahm Holland ein: der Reichtum des Landes kam allen Bewohnern zugute. Aus kunsthistorischer Sicht gesehen, ist das Mobiliar ein getreuer Spiegel des Zeitgeists, der in ihm früher zum Ausdruck kommt als in der Architektur und den bildenden Künsten. (→ 252* ff.)

Mode → 96* ff., 232 ff.

Molière (1622–1673) Eigentlich Jean-Baptiste Poquelin, Sohn eines Teppichwebers und königlichen Kammerdieners, besuchte das Collège de Clermont, wo er bei Gassendi studierte, und wurde Advokat in Orléans. Aber seine Theaterleidenschaft veranlaßte ihn 1643, mit Béjart und anderen Freunden das *Illustre Théâtre* zu gründen, das in Paris jedoch keinen Erfolg hatte und deshalb ab 1647 zwölf Jahre

lang die Provinz bereiste. In dieser Zeit wurde Molière Direktor der Schauspielertruppe und verfaßte seine ersten Lustspiele. Nach Paris zurückgekehrt, gewann er die Gunst des Königs und dessen Bruders. Großes Aufsehen erregte seine Satire *Les Précieuses ridicules*, die gegen das gekünstelte Wesen des Salon Rambouillet gerichtet war (1659). 1662 heiratete er, doch hat ihm seine oberflächliche, gewissenlose Frau sein ganzes späteres Leben verbittert. In der Folgezeit entstanden zahlreiche Gelegenheitsstücke, Komödien und Unterhaltungsstücke für den Hof (*Tartuffe* 1664, *Misanthrope* 1666, *Les Femmes savantes* 1672, *Le Malade imaginaire* 1673, *L'Avare*, *Le Bourgois gentilhomme*, *Le Medecin malgré lui* u. a.), in denen er meist selber auftrat. Er zog sich durch seine offene Gesellschaftskritik zahlreiche Feinde zu und wurde sogar von der Kirche exkommuniziert. Sorgen und unermüdliche Arbeit untergruben seine Gesundheit. Mitten in der vierten Aufführung des *Malade imaginaire* überfiel ihn ein Blutsturz, dem er wenige Stunden später erlag. Auch nach dem Tod verfolgte ihn noch der Haß seiner Feinde; die Kirche verweigerte ihm ein christliches Begräbnis. Erst 1817 wurden seine angeblichen Gebeine auf dem Friedhof Père-Lachaise bestattet. (→ 161*)

Molina, Luis (1535–1606) Spanischer Theologe, Jesuit. In seiner Schrift *Liberi arbitrii cum gratiae donis etc. concordia* (1588) stellte er eine sehr liberale Theorie von der Möglichkeit einer Mitwirkung des Menschen zu seinem Heil auf, die einen heftigen Streit zwischen den orthodoxen Dominikanern und vielen Jesuiten (Molinisten) verursachte. Jansens *Augustinus* war teilweise als Widerlegung der Ansichten Molinas gedacht. (→ 665 ff.)

Monk, George (1608–1670) Englischer Feldherr, Sohn eines Landedelmanns. Kämpfte ab 1646 auf seiten des Parlaments gegen die Royalisten, wurde 1653 im Seekrieg gegen Holland Flottengeneral und schlug die Holländer unter → Tromp. Nach Cromwells Tod verständigte er sich mit Karl II., wurde Mitglied des Geheimen Rates, Großstallmeister, Kammerherr und schließlich Herzog von Albermarle sowie Lordstatthalter von Irland. 1667 ernannte ihn der König zum Lordschatzmeister, doch zog sich der schon erkrankte Monk bald aus dem öffentlichen Leben zurück. (→ 181)

Monteverdi, Claudio (1567–1643) Italienischer Komponist. Als Sohn eines Arztes geboren, erhielt er durch den Kapellmeister der Kathedrale von Mantua, Marc Antonio Ingegneri, eine ausgezeichnete musikalische Ausbildung. Schon mit fünfzehn Jahren veröffentlichte er seine erste Arbeit, die *Sacrae Cantiumculae tribus vocibus* (1582); von da an erschien fast in jedem Jahr ein neues Werk. Seine bedeutendsten Schöpfungen sind die *Madrigali*; eine erste Sammlung erschien 1587, eine zweite 1590; 1592, 1603 und 1605 folgten drei weitere Bände fünfstimmiger Madrigale. Um 1595 kam er unter den Einfluß von Torquato Tasso. 1607 ließ er die um 1600 komponierten *Scherzi musicali* drucken. Im gleichen Jahr wandte er sich der Oper zu und schuf mit dem *Orfeo* das erste große Melodrama. Ein Jahr später folgte die *Arianna*; die Textbücher stammten in beiden Fällen von Rinuccini. In der Folgezeit war Monteverdi der führende italienische Kirchenmusiker; er zählt zu den größten Meistern der musikalischen Gegenreformation in Italien. Seine bekanntesten Schöpfungen auf diesem Gebiet sind: *Missa in illo tempore, Sonata sopra Sancta Maria, Selva morale e spirituale, Missa a quattro voci e Salmi* und die Oper, die in der *Incoronazione di Poppea* gipfelt. Von 1613 bis zu seinem Tod war er Kapellmeister an der Markuskirche in Venedig.

Montmorency Altes Adelsgeschlecht in Frankreich und den Niederlanden, dessen Angehörige seit 1327 den Titel »erste Barone von Frankreich« führten. Nachweisbar seit dem 10. Jahrhundert. Die wichtigsten Vertreter der Familie waren: *Anne, Herzog von Montmorency* (1493 bis 1567), Feldherr, Pair, Marschall und Connétable von Frankreich, Sieger in zahlreichen Schlachten; *Henri* I. (1544–1614), Connétable von Frankreich, zuerst Gegner der Hugenotten, dann Anhänger Heinrichs IV.; *Henri* II. (1955 bis 1632), Sohn des vorigen, mit 17 Jahren Admiral, kämpfte 1625 gegen La Rochelle, besiegte 1630 den General Doria in Piemont und erhielt dafür den Marschallstab, doch schloß er sich dann dem Herzog Gaston von Orleans an und leitete in Südfrankreich den Aufstand

gegen die königliche Zentralgewalt. Von Richelieu zum Majestätsverbrecher erklärt, wurde Henri geschlagen und gefangengenommen, vom Parlament zu Toulouse zum Tod verurteilt und hingerichtet. Mit ihm erlosch die Hauptlinie der Montmorency.

Moore Bedeckten im 16. Jahrhundert noch große Teile besonders Nord- und Osteuropas, wurden jedoch im 16. und 17. Jahrhundert in beträchtlichem Umfang dräniert und kultiviert. Dabei spielten holländische Fachleute eine große Rolle.

Moosbrugger, Kaspar → VIII*.

Morisken So wurden die spanischen Mauren genannt. Zu Beginn des 17. Jahrhunderts gab es ihrer über 300000; sie spielten im Wirtschaftsleben besonders der östlichen und südlichen Küstengebiete Spaniens eine große Rolle. Durch ihre Vertreibung in der Zeit von 1609 bis 1614 (größtenteils flohen sie nach Nordafrika) wurde der Aufstieg der Küstenregionen jäh unterbrochen und die gesamte spanische Wirtschaft schwer geschädigt. (→ 103)

Moritz von Nassau (1567–1625) Prinz von Oranien, Graf von Nassau, ab 1585 Statthalter von Zeeland und Holland, ab 1590 auch von Utrecht, Overijssel und Gelderland sowie Generalkapitän und Admiral der Vereinigten Niederlande. Verstärkte das niederländische Heer und führte es mit Geschick und Erfolg gegen die Spanier, die er aus den sieben Provinzen vertrieb. Da er mit den militärischen Aufgaben voll ausgelastet war, überließ er die politische Führung → Oldenbarneveldt, der gegen seinen Willen 1609 den zwölfjährigen Waffenstillstand mit den Spaniern aushandelte. Religiöse und politische Spannungen führten 1618 zum Sturz und 1619 zur Hinrichtung Oldenbarneveldts. Auch danach beschränkte sich Moritz auf den militärischen Oberbefehl. Nachfolger wurde sein Bruder Friedrich Heinrich. (→ 163, 166)

Moskau In den Chroniken erstmals 1147 erwähnt, damals Besitz des mächtigen Bojaren Kutschka, den Juri Dolgorukij hinrichten ließ, um sich seiner Güter zu bemächtigen. Später erbaute Juri auf einem Hügel an der Moskwa eine Stadt, die er nach dem Fluß benannte. Michael der Tapfere nahm 1248 den Titel eines

Fürsten von Moskau an. 1328 verlegte der Großfürst Johann Danilowitsch seine Residenz von Wladimir nach Moskau, das damit die Hauptstadt des in Moskau umbenannten Großfürstentums wurde. Um die Mitte des 14. Jahrhunderts bestand Moskau aus dem von Palisaden umgebenen Kreml, dem Possad als Stadtkern, dem Sagorodje (die Vorstädte) und dem auf dem anderen Ufer der Moskwa gelegenen Saretschje. Dmitri Joannowitsch ließ 1367 den Kreml mit einer Steinmauer einfassen. In der zweiten Hälfte des 14. Jahrhunderts, im ausgehenden 15. und im 16. Jahrhundert wurde die Stadt durch Brände und Eroberer wiederholt stark zerstört, zählte aber um 1650 schon mehr als 100000 Einwohner. Die Bauten des Kreml stammen in ihrer heutigen Form aus der Epoche vor der Zeit der Wirren (1598–1613), durch die Moskau paradoxerweise weniger schwer betroffen wurde als das übrige Land. Der Uspenskij Sabor (Mariä-Himmelfahrt-Kathedrale) war 1326 unter Johann Kalita aus Holz erbaut worden und wurde 1475–1479 von Fioraventi (aus Bologna) in byzantinisch-tatarischem Stil in Stein neu erstellt. Archangelskij Sabor (die Kathedrale des Erzengels Michael) wurde 1333 errichtet und 1505 von dem Mailänder Novi umgebaut. Auf dem höchsten Punkt des Kreml erhebt sich der Blagowjeschtschenski Sabor (Kathedrale der Verkündigung Mariä), der 1489 erbaut und nach einem Brand 1554 renoviert wurde. Aus der Zeit von Boris Godunow stammt der 82 m hohe Glockenturm; der Belvederepalast (Tremni Dworez) und der Facettenpalast (Granowitaja Palata) wurden im 16. und 17. Jahrhundert erbaut. Die erste steinerne Brücke über die Moskwa, 1643 von dem Straßburger Christler begonnen, wurde erst 1692 vollendet. Die Straßenpflasterung wurde 1700 eingeführt. Die Stadtviertel lagern sich halbkreisförmig um den Kreml; jedes war durch eine Mauer von den anderen getrennt. Unmittelbar an den Kreml schloß sich der Kitai Gorod, es folgten der Bjeloigorod, der 1586–1593 seine Mauer erhielt, und der Semljenni Gorod. Im ersten wohnten die Bojaren und ausländischen Gesandten, im zweiten der niedere Adel, Bürger und Kaufleute, im dritten das einfache Volk. Unter den zahlreichen in Moskau lebenden Ausländern, die eigene Stadtviertel bewohnten, spielten die Deutschen eine große Rolle (über 10000 im ausgehenden 17. Jahrhundert); auf sie stützte sich Peter der Große, um seine Pläne zur Verwestlichung des Landes voranzutreiben. Für das ausgehende 17. Jahrhundert wird die Einwohnerzahl Moskaus auf über 200000 geschätzt. Durch die neue Hauptstadt Sankt Petersburg wurde Moskaus Wachstum im 18. Jahrhundert gebremst. 1811 hatte Moskau 270000, Sankt Petersburg jedoch 335000 Einwohner. Erst im 20. Jahrhundert trat Moskau wieder an die erste Stelle.

Münster, Friede von → Westfälischer Friede.

Murillo, Bartolomé Estéban (1617–1682) Studierte in Sevilla und Madrid, wo er durch die Arbeiten von Ribera, Tizian, Rubens, van Dyck und Velázquez beeinflußt wurde. Ab 1645 war er als Maler in Sevilla tätig und schuf zahlreiche Werke, vornehmlich für Kirchen und Klöster. Daneben entstanden kraftvoll realistische Darstellungen aus dem Sevillaner Volksleben, vor allem seine »Gassenjungen«, sowie Landschaften, Bildnisse und einige Stilleben. Insgesamt hat er etwa 400 Arbeiten hinterlassen. Als er die Kapuzinerkirche in Cadiz ausmalte, stürzte er vom Gerüst und starb an den Folgen der hierdurch erlittenen Verletzungen. (→ 613)

Nantes, Edikt von Dieses am 13. April 1598 von König Heinrich IV. erlassene Edikt beendete den vierzig Jahre lang fast ununterbrochen wütenden Bürgerkrieg zwischen den französischen Katholiken und den Hugenotten. Dadurch erhielt die reformierte Kirche in Frankreich eine verhältnismäßig günstige Position; die Hugenottenpartei bekam eine Reihe von Garantien. Nach dem Aufstand von 1627 wurden durch den Gnadenfrieden von → Alais (1629) die politischen Vorrechte abgeschafft, doch blieb das Recht der freien Religionsausübung erhalten. Widerrufen wurde das Edikt von Nantes durch Ludwig XIV. am 22. Oktober 1685 (→ Revokationsedikt).

Napier, John (1550–1617) Auch Neper oder Nepair, Lord von Merchiston, Mathematiker, Erfinder der Logarithmen. Schottischer Adliger, der die erste Logarithmentafel veröffentlichte (1614) und durch seine mathematischen Arbeiten Trigonometrie und Astronomie förderte.

Navigationsakte Englisches Schiffahrts- und Seehandelsgesetz, das vom republikanischen Parlament am 9. Oktober 1651 zum Schutz der englischen Schiffahrt erlassen wurde. Nach diesem Gesetz durften Waren aus Übersee nur auf englischen, Waren aus Europa nur auf englischen Schiffen oder Schiffen des Ursprungslandes nach England, Schottland, Irland und den englischen Kolonien eingeführt werden. Später wurde das Gesetz dahingehend erweitert, daß jede Einfuhr aus den Niederlanden und aus Deutschland generell verboten wurde. Das Gesetz führte zu zahlreichen internationalen Spannungen. Erst im 19. Jahrhundert wurde es wesentlich gemildert und 1854 schließlich endgültig aufgehoben. (→ 161)

Neapel Jahrhundertelang die größte Stadt des christlichen Abendlandes. Nach Beloch hatte sie 1606 280 000 Einwohner, also fast zweimal soviel wie Venedig (145 000–150 000) und fast dreimal soviel wie Rom (101 000). Durch Pest, Kriege und vor allem die große Wirtschaftskrise fiel die Zahl bis 1688 auf 175 000, betrug 1700 wieder 215 000 (inzwischen hatten London und Paris Neapel überflügelt) und stieg bis 1750 auf 305 000, bis 1800 auf 425 000 an. Damit war Neapel zu Beginn des 19. Jahrhunderts die drittgrößte Stadt Europas und die größte Italiens (Rom kam damals auf knapp 160 000 Einwohner). Neapel war als die »orientalischste« aller europäischen Städte ein Sonderfall. Existieren konnte diese Stadt nur dank des ungemein fruchtbaren, dichtbevölkerten Hinterlands (Kampanien hatte schon im 16. Jahrhundert eine Besiedlungsdichte von 80 E/qkm). Neapel hatte seine Besonderheiten; unter anderem nahm es hinsichtlich der → Prostitution eine Spitzenstellung ein. Wie der Graf von Caylus 1714 berichtete, gab es 8000 Prostituierte, »jene nicht gerechnet, von denen man nicht spricht«. Inzwischen war aber dieses Gewerbe durch die Gegenreformation im Vergleich zum 16. Jahrhundert stark abgewertet worden; vielleicht trugen auch die Gefahren der sich rasch ausbreitenden Syphilis dazu bei.

So konnte Ortolani schreiben: »Die Kurtisane, die fast auf den niedrigsten Rang abgesunken ist, spielte im gesellschaftlichen Leben des 18. Jahrhunderts keine Rolle mehr.« Im Grunde war Neapel auch im Zeitalter des Barock noch eine Stadt des 16. Jahrhunderts. In architektonischer, künstlerischer und kultureller Hinsicht fehlte es ihr an Eigenständigkeit; sie war lediglich ein »Anhängsel« des viel kleineren Rom. Den königlichen Palast baute der Römer Domenico Fontana (1543–1607). Zahlreiche Kirchen wurden im 17. Jahrhundert nach dem Vorbild der Paulinischen Kapelle ausgeschmückt. Der aus Rom geflohene Caravaggio fand 1607 in Neapel Aufnahme; im ganzen 17. Jahrhundert folgte die neapolitanische Malerei seinen Spuren. Der bedeutendste Künstler in Neapel in der ersten Hälfte des 17. Jahrhunderts war Ribera (1588–1652), ein Spanier, der in Valencia aufgewachsen und 1616 nach Neapel übergesiedelt war. Dem Vorbild Carraccis folgte Domenico Zampieri (1582–1641). Künstlerisch weit ärmer war die zweite Hälfte des 17. Jahrhunderts. Die politischen Wechselfälle des 18. Jahrhunderts lähmten auch die bildenden Künste. Im Musikleben hingegen spielte Neapel ab dem 17. Jahrhundert eine führende Rolle. Nachdem (inzwischen in Venedig das erste öffentliche Opernhaus (San Cassiano) eröffnet worden war, folgte Neapel 1651 diesem Beispiel. Aus Neapel stammten die meisten Kastraten, Rom stand in dieser Hinsicht an zweiter Stelle in Europa. »Hier werden die Sänger für die päpstlichen Kapellen kastriert«, konnte man im 18. Jahrhundert auf dem Schild eines römischen Baders lesen. Diese unerfreuliche Praxis entwickelte sich aus der Vorliebe jener Zeit für Sopranstimmen und aus dem römischen Verbot, Frauen in der Öffentlichkeit und in Kirchenchören singen zu lassen. Auch auf den Opernbühnen spielten die Kastraten bald die Hauptrolle. »Im 18. Jahrhundert«, schreibt Bronislaw Horowicz, »im Jahrhundert des *bel canto* und der neapolitanischen Oper, gab es eine regelrechte Invasion von Kastraten, die von Neapel gleichsam in Massenproduktion geliefert wurden.« Die Unglücklichen stammten aus den untersten Schichten des Volkes. Der Knabenhandel erinnert an türkische Zustände. Das berühmte Teatro San Carlo wurde 1737 eröffnet. Reiche Leute konnten sich für 580 bis 770 Dukaten eine Loge kaufen; außerdem mußten sie jährlich eine bestimmte Summe für den Unterhalt aufbringen. Nur die Parterreplätze standen der Allgemeinheit offen.

Neumann, Johann Balthasar → 107*, 214*.

Newton, Isaac (1643–1727) Studierte in Cambridge, wo er 1669 den Lehrstuhl für Mathematik übernahm. Schon vorher (1666) hatte er das Gravitationsgesetz entdeckt. Um 1670 erregte er durch sein Spiegelteleskop die Aufmerksamkeit der Royal Society, deren Mitglied er 1672 wurde. 1687 veröffentlichte er die *Philosophiae Naturalis Principia Mathematica*, sein großes Werk über den Aufbau des Kosmos. In den *Opticks* (1704) legte er seine Theorie über die Zusammensetzung des weißen Lichts vor. Inzwischen war er Mitglied des Parlaments, 1695 Münzwardein und 1699 Münzmeister geworden. 1703 übersiedelte er nach London, wo er Präsident der Royal Society wurde. Diese Stellung bekleidete er bis zu seinem Tod. Er war nicht nur ein großer Mathematiker und Physiker (Infinitesimalrechnung, Spiegelteleskop, Gravitationsgesetz, Lichttheorie u. a.), sondern auch ein Philosoph und unitarischer Theologe. Er wurde in der Westminsterabtei beigesetzt. (→ 172*, 175*, 180*, 543)

Nicole, Pierre (1625–1695) Sohn eines Parlamentsadvokats aus Chartres, ein hochgebildeter Gelehrter, der sich nach Port Royal zurückzog. Er war einer der Lehrer → Racines.

Nikon (1605–1681) Russischer Geistlicher, wurde 1647 Metropolit von Nowgorod und 1652 Patriarch von Rußland. Er ließ die slawischen Kirchenbücher nach den griechischen Originalen berichtigen und führte eine Reihe anderer Reformen durch, die zum Abfall der Altgläubigen (Raskolniki) von der russischorthodoxen Kirche führten. Seiner Unbeugsamkeit wegen fiel er auch beim Zaren in Ungnade und wurde 1666 durch Konzilsbeschluß seiner Würde enthoben. (→ 674)

Nimwegen, Friede von Auf dem Friedenskongreß der Jahre 1678 und 1679 ausgehandelte Friedensschlüsse: zwischen Frankreich und den Niederlanden (12. August 1678), Frankreich und Spanien (13. Dezember 1678) und Frankreich und Österreich (5. Februar 1679). Danach erhielten die Niederlande alle von Frankreich eroberten Besitzungen zurück; Frankreich seinerseits erhielt die → Freigrafschaft Burgund, mehrere Plätze in den spanischen Niederlanden sowie Freiburg im Breisgau.

Norwegen → 89.

Nymphenburg → 4*.

Nystad, Friede von Der am 10. September 1721 zwischen Schweden und Rußland geschlossene Friede beendete den Nordischen Krieg (1700 bis 1721). Schweden mußte Livland, Estland, Ingermanland und Karelien abtreten und verlor damit seine Großmachtstellung im europäischen Norden.

Observatorien Zusammen mit dem astronomischen Fernrohr verbreiteten sich in ganz Europa die Sternwarten. Im ausgehenden 17. Jahrhundert befanden sich die bedeutendsten Sternwarten des Kontinents in Paris und in Greenwich bei London. (→ 544)

Oldenbarneveldt, Johan van (1547–1619) Studierte an deutschen, französischen und italienischen Hochschulen, beteiligte sich am Freiheitskampf seiner niederländischen Heimat, wurde 1577 Pensionär (Stadtrechtsanwalt) von Rotterdam und bewirkte, daß nach der Ermordung seines Freundes → Wilhelm von Oranien → Moritz von Nassau zum Statthalter gewählt wurde; er selber wurde 1586 Ratspensionär von Holland, d. h. leitender Minister. Mit großer Umsicht förderte er den Wohlstand des Landes. An der Spitze der Regentenpartei handelte er 1609 gegen den Willen des Statthalters den Waffenstillstand mit Spanien aus. Es kam zu Spannungen mit den Generalstaaten und dem Statthalter; 1618 wurde Oldenbarneveldt verhaftet und am 13. Mai 1619 enthauptet. Eine Verschwörung seiner Söhne, die den Tod des Vaters rächen wollten, scheiterte. (→ 166 f.)

Olivarez, Don Gaspar Guzmán, Herzog von Olivarez, Graf von San Lucar de Barrameda (1587–1645) In Rom als Sohn des dortigen spanischen Gesandten geboren, kam er unter Philipp III. an den spanischen Hof und verstand es, den Infanten, den späteren Philipp IV., für sich zu gewinnen. Nach dessen Thronbesteigung 1621 zog Olivarez alle wichtigen Staatsämter an sich und wurde zum allmächtigen ersten Minister *(valido)*. Die unglückliche innen- und außenpolitische Entwicklung brachte das Volk gegen ihn auf, so daß ihn der König 1643 entlassen und später sogar nach Toro verbannen mußte. (→ 6*, 107 ff.)

Oper Vom italienischen *opera di musica* = Musikwerk, eine Verbindung von Dichtkunst, Schauspielkunst und Tonkunst zu einem Gesamtwerk für die Bühne. Die Oper stammt aus Italien; sie ist aus den Huldigungsstücken bei fürstlichen Vermählungen hervorgegangen und hat viel vom Prunk der Renaissancefeste bewahrt. Als das Geburtsdatum der Oper gilt der 6. Oktober 1600: an diesem Tag wurde anläßlich der Vermählung Heinrichs IV. mit Maria von Medici Jacopo Peris *Euridice* aufgeführt. Nach Horowicz ist die Oper »in einem aristokratischen Milieu geboren, also im Luxus, in Italien, also in einem lebensfrohen, für Prunk und Großartigkeit empfänglichen Volk«. Opernaufführungen kosteten viel Geld, waren demnach zunächst den Fürsten und Höflingen vorbehalten. Erst nach einem halben Jahrhundert wurde das Parterre für ein zahlendes Publikum geöffnet. Das erste öffentliche Opernhaus war das San Cassiano in Venedig (1637). Neapel, die größte Stadt Italiens, folgte 14 Jahre später diesem Beispiel. Von Italien aus eroberte sich die Oper ganz Europa, blieb jedoch stets mit ihrem Ursprungsland eng verbunden, was vielleicht zum Teil ihren einzigartigen Erfolg erklärt. Die ständische Ordnung blieb auch im Opernhaus gewahrt: die Logen wurden von den Vornehmen gekauft, das Parterre wurde an das »gewöhnliche Volk« vermietet. In San Carlo »hatten livrierte Diener keinen Zutritt. Das Publikum im Parterre hatte nicht das Recht, als Zeichen der Zustimmung zu klatschen oder Kerzen anzuzünden. Eine Dreingabe konnte nur der König fordern.« Es war eine Art von profanem Kult, an dem die Stände in unterschiedlicher Weise teilnahmen: »Das Publikum im Parterre begeisterte sich für das Wunderbare und Phantastische, lachte über die Späße, während die Adligen die Sängerinnen anbeteten

und ihnen zu Ehren Sonette drucken ließen, die sie von den Logen ins Parterre warfen.« In die an die Logen anstoßenden kleinen Salons konnte man sich Erfrischungen bringen lassen, man konnte dort speisen oder amouröse Abenteuer erleben. Über den Lärm, der die Aufführungen oft empfindlich störte, erregte sich noch ein Mozart. Besonders zügellos ging es in Rom zu. In technischer Hinsicht machte die Oper große Fortschritte. Die gemalten Kulissen des 17. Jahrhunderts wurden immer mehr durch perspektivische Bühnenbauten ersetzt; verschiedene Verfahren erlaubten einen raschen Szenenwechsel. Problematisch war und blieb die Beleuchtung wegen der starken Rauchentwicklung der herkömmlichen Lichtquellen. Das Orchester blieb im 17. Jahrhundert hinter den Kulissen, während die Hauptakteure dicht an der Rampe standen, um von den dahinter aufgestellten Lichtern möglichst gut beleuchtet zu werden. Im Laufe der Zeit trat die Handlung immer mehr hinter die Musik zurück; ein Jahrhundert lang herrschte der *bel canto*, und damit begann auch die Herrschaft der virtuosen Kastraten auf den Opernbühnen. In kurzer Zeit eroberte sich die italienische Oper ganz Europa: der aus Italien stammende Mazarin führte sie in Frankreich ein. 1647 führten italienische Sänger in Paris den *Orfeo* von Luigi Rossi auf; bald nahm man für solche Aufführungen französische Sänger (die billiger waren). Eine stärkere Betonung des dichterischen Gehalts der Oper erstrebte → Lully, für den Quinault, T. Corneille und Molière Libretti schrieben. Nach Deutschland kam die italienische Oper um die Mitte des 17. Jahrhunderts, während die Engländer durch Purcell eine eigene Nationaloper erhielten, später aber ebenfalls den italienischen Einflüssen erlagen. Vom italienischen Vorbild gelöste echte Nationalopern bildeten sich in verschiedenen Ländern Europas erst im ausgehenden 18. und 19. Jahrhundert heraus. (→ 158*, 166*, 617)

Opitz, Martin (1597–1639) Deutscher Dichter und Kunsttheoretiker. Sein bewegtes Leben führte ihn über Heidelberg, Holland, Jütland, Weißenburg (Siebenbürgen), Schlesien, Wien, Paris nach Danzig, wo er der Pest erlag. Seine Lehrgedichte, mehr aber noch seine im *Buch* *von der deutschen Poeterey* (1624) aufgestellten Regeln übten einen nachhaltigen Einfluß auf die ganze deutsche Dichtkunst des 17. Jahrhunderts aus; durch ihn wurde der französische Alexandriner in Deutschland eingeführt. Seine Bearbeitung von Rinuccinis *Dafne*, vertont von Heinrich Schütz, war die erste deutsche Oper (1627). Er war ein großer Lehrmeister, aber ein kleiner Mensch, liebedienerisch und ruhmsüchtig.

Optimismus Der christliche Pessimismus des 17. Jahrhunderts hinsichtlich der Heilsmöglichkeiten des »natürlichen Menschen« schloß keineswegs den ontologischen Optimismus aus, der aus der Erfahrung der Gnade und der Gewißheit des unverdient geschenkten Heils erwuchs. Später entwickelte die Aufklärung einen weit oberflächlicheren Optimismus, der auf dem Fortschrittsglauben beruhte; er vermochte jedoch die Leere, die durch die Verwerfung des Christentums entstanden war, nicht völlig zu kaschieren.

Oranien-Nassau Die vierte Linie des Hauses Oranien, eines berühmten Fürstengeschlechts, das seinen Namen vom Fürstentum Orange in Südfrankreich führte. Die Familie stellte alle Statthalter der Vereinigten Niederlande und in Wilhelm III. von Oranien einen englischen König. Die ältere Linie bestand aus Wilhelm dem Schweiger († 1584), Moritz († 1625), Friedrich Heinrich († 1647), Wilhelm II. († 1650) und Wilhelm III., König von England († 1702). Die jüngere Linie stellte ab Wilhelm Ludwig († 1620) die Statthalter von Friesland und Groningen.

Oratorianer Von Filippo Neri 1558 gestiftete Kongregation von Weltpriestern, die ihren Namen nach einem Bethaus (Oratorium) führte, in dem Neri geistliche Übungen und Andachten abhielt. Nach dem Vorbild der italienischen Kongregation stiftete → Bérulle 1609 in Frankreich die Kongregation der Priester des Oratoriums Jesu, die 1613 von Papst Paul V. unter dem Namen »Priester vom Oratorium Jesu« sanktioniert wurde. Nach dem Tod des Stifters breitete sich die nicht auf die Klostergelübde verpflichtete Gemeinschaft rasch aus; zu ihren Mitgliedern gehörten bedeutende Gelehrte wie Malebranche, Thomassin und Massillon. (→ 652)

Österreich Spielte im 17. Jahrhundert keine große Rolle, wurde jedoch im 18. Jahrhundert durch die Inbesitznahme des Donauraums und eines Teils von Italien nach Frankreich die zweitgrößte Macht des europäischen Festlands. Gefestigt und modernisiert wurde die Donaumonarchie vor allem während der Regierungszeit von → Maria Theresia.

Ostade, Adriaen van → 79*, 119*.

Österreichischer Erbfolgekrieg Als die Tochter Karls VI., → Maria Theresia, gemäß der → Pragmatischen Sanktion, den Thron bestieg, erhob der Kurfürst von Bayern, ein Nachkomme Ferdinands I., ebenfalls Ansprüche. Spanien und Frankreich wollten die günstige Gelegenheit benutzen, um die Machtstellung Österreichs zu brechen, während Preußen unabhängig davon den Ersten Schlesischen Krieg ausgelöst hatte. Damit begann ein allgemeiner Krieg gegen Österreich, der sehr wechselhaft verlief und mit dem Frieden von → Aachen (18. Oktober 1748) endete. Die Pragmatische Sanktion wurde von allen europäischen Mächten anerkannt, Österreich behielt seinen Besitzstand bis auf das an Preußen abgetretene Schlesien sowie einige Gebiete in Italien, die dem spanischen Prinzen Philipp als bourbonische Sekundogenitur übertragen wurden. (→ 218 f.)

Ostindische Kompanie So nannten sich verschiedene europäische Handelsgesellschaften, die nach 1580, als das bis dahin im Fernen Osten maßgebende Portugal unter spanische Herrschaft kam, den Handel an sich zu reißen versuchten. 1594 wurde die holländische Ostindische Kompanie gegründet, die von den *Heeren* XVII geleitet wurde und ab 1602 aktiv wurde. 1600 folgte eine englische, 1616 eine dänische und 1664 eine französische Ostindische Kompanie. Die Niederländer richteten ihr Hauptaugenmerk auf die südostasiatische Inselwelt. Die dänischen Niederlassungen auf dem Festland (Trankebar, Frederiksnagar u. a.) gewannen wenig Bedeutung und gingen 1845 an England. Am wichtigsten wurde die englische Handelsgesellschaft, die in ihren Niederlassungen als politische Regierung anerkannt wurde; durch vorteilhafte Handelsverträge wurde vor allem Indien für die englischen Kaufleute erschlossen. Die französische Ostindische Kompanie blühte rasch auf, bis es in Indien zum Zusammenstoß mit den Engländern kam. Die Franzosen wurden geschlagen und verloren fast alle ihre ostasiatischen Handelsplätze; 1770 wurde die Kompanie aufgelöst.

Papiergeld → 37*, 224.

Paris Obwohl der Hof 1682 nach Versailles übersiedelte, blieb das Schicksal der Stadt eng mit den Geschicken der Monarchie verknüpft. Nach den Belagerungen durch Heinrich IV., als die große Hungersnot der Jahre 1590–1591 fast ein Viertel der Bevölkerung hinweggerafft hatte, zählte Paris immer noch fast 200 000 Einwohner und stand damit hinter Neapel an der zweiten Stelle der europäischen Großstädte. Im Verlauf des 18. Jahrhunderts rückte es dann an die erste Stelle auf; unter Ludwig XIV. zählte es zwischen 300 000 und 400 000 Menschen. Paris war nicht nur die politische, sondern in wachsendem Maß auch die wirtschaftliche und kulturelle Hauptstadt Frankreichs; seine Bedeutung wuchs gleichzeitig mit der Zentralisierung der administrativen Monarchie. Es war der Mittelpunkt der Gesellschaft; hier erlebten Kunst und Literatur im 17. Jahrhundert ihr Goldenes Zeitalter.

Parlament England: der Reichstag, der im 12. Jahrhundert gelegentlich einberufen wurde und 1215 durch die Magna Charta fest umrissene Rechte und Befugnisse erhielt. 1265 wurden neben zwei Rittern aus jeder Grafschaft erstmals auch zwei Bürger aus bestimmten Städten berufen, unter Eduard III. erfolgte formell die Trennung in Ober- und Unterhaus (*House of Lords* und *House of Commons*). Die Versuche der Stuarts, die Rechte des Parlaments zu beschneiden, hatten die Hinrichtung Karls I. und die Vertreibung Jakobs II. zur Folge; Wilhelm III. von Oranien sicherte 1689 die Rechte des Parlaments endgültig durch die → Bill of Rights. Im 18. Jahrhundert bildeten sich viele der noch heute geltenden Praktiken des englischen Parlaments heraus. In Frankreich bezeichnete man hingegen als Parlamente die obersten Reichsgerichte. Das älteste war das Parlament von Paris, das nicht nur Oberster Gerichtshof des Landes, sondern auch oberster Rat des Königs in Staatsangelegenheiten war; daraus sonderte sich allmählich eine richter-

liche Abteilung als selbständiger Gerichtshof ab, die man nunmehr als Parlament bezeichnete. Stimmrecht im Parlament hatten die Prinzen von Geblüt und die Pairs. 1469 wurden die Präsidenten und Räte für unabsetzbar erklärt. Franz I. führte die Käuflichkeit der Ämter ein; seit 1604 wurden sie vererbbar (→ Paulette). Weitere Parlamente wurden 1302 in Toulouse, 1461 in Grenoble, 1462 in Bordeaux, 1477 in Dijon und später in allen wichtigen Städten eingerichtet. Das Pariser Parlament erhielt schließlich auch wieder politische Befugnisse: königliche Gesetze und Verordnungen waren nur rechtsgültig, wenn sie in das Register des Parlaments eingetragen waren. Daraus ergaben sich heftige Auseinandersetzungen mit Richelieu und Mazarin. 1771 wurde das Parlament durch Ludwig XV. ganz aufgelöst, aber Ludwig XVI. mußte die alte Korporation wieder einsetzen. Für immer aufgehoben wurde das Parlament 1790 in der Französischen Revolution.

Pascal, Blaise (1623–1662) Genialer Mathematiker und Philosoph, der schon mit 12 Jahren eine mathematische Abhandlung verfaßte und mit 16 Jahren ein Werk über Kegelschnitte schrieb, das die Bewunderung Descartes' weckte. Mathematik und Physik verdanken ihm zahlreiche Entdeckungen: eine Rechenmaschine, die Anwendung des Barometers für Höhenmessungen und zu meteorologischen Zwecken, die Wahrscheinlichkeitsrechnung usw. 1654 zog er sich vom mondänen Leben zurück und ließ sich in der Nähe von Port-Royal nieder, wo er mit Arnauld, Nicole und anderen Jansenisten Verbindung aufnahm und mit seinen berühmten Briefen gegen die Jesuiten aktiv in den Glaubensstreit eingriff. Sein philosophisches Hauptwerk, die *Pensées*, eine umfassende christliche Apologie, war noch nicht vollendet, als ihn 1662 der Tod ereilte. (→ 170*)

Passarowitz, Friede von In dem am 21. Juli 1718 zwischen Österreich und dem Osmanischen Reich geschlossenen Friedensvertrag mußten die Türken das Banat, das östliche Bosnien, Serbien samt Belgrad und die Kleine Walachei an Österreich abtreten; damit war die Türkenherrschaft im Donauraum endgültig gebrochen. (→ 204)

Paulette Durch diese jährliche Abgabe an den König wurde den Staatsbeamten die Erblichkeit ihrer Ämter gesichert. Benannt wurde diese Form der Steuer nach dem ersten Pächter, Charles Paulet, Sekretär Heinrichs IV., der im Dezember 1604 seinen Posten erwarb. Bis dahin hatten die Beamten zu Lebzeiten ihren Sohn als Nachfolger bestimmen und aus dem Amt ausscheiden können, doch mußte das mindestens 40 Tage vor ihrem Tod geschehen. Durch die Paulette, eine jährliche Abgabe von einem Sechzigstel des Einkommens, wurde die Vorschrift der 40 Tage aufgehoben, so daß das Amt auf jeden Fall im Besitz der Familie blieb oder, wenn der Inhaber zugunsten eines Außenstehenden zurücktrat, die Familie von diesem den »Wert« des Amtes in bar ausbezahlt erhielt. Erst durch die Französische Revolution wurde die Paulette wieder abgeschafft.

Perrault, Charles (1628–1703) Französischer Dichter, Advokat, Generalsteuereinnehmer und ab 1664 Oberaufseher der königlichen Bauten, seit 1671 Mitglied der Akademie. Seine Gedichte sind recht mittelmäßig; dagegen erwarb er sich einen guten Namen durch die *Contes de ma mère l'Oye* (1697), in denen, in einfacher, flüssiger Prosa geschrieben, zahlreiche Märchen enthalten sind (Blaubart, Dornröschen, Rotkäppchen, gestiefelter Kater, Aschenbrödel, Däumling u. a.). Sein künstlerischer Geschmack war einseitig und wenig sicher. *Claude Perrault* (1613–1688), sein Bruder, war Arzt und Baumeister; von ihm stammt der Entwurf für die östliche Hauptfassade des Louvre. Er lehnte das Barock ab und entschied sich für eine klassizistische Lösung. (→ 199*, 616)

Pest Im Mittelalter und auch noch im Zeitalter des Barock »die Seuche« schlechthin, eine durch den Pestbazillus hervorgerufene ansteckende Krankheit, die durch Rattenflöhe oder auch durch Einatmen der Bazillen auf Menschen übertragen wird. Bei Infektion durch die Haut kommt es zur Beulenpest, die nach wenigen Tagen zum Tod führen kann; bei Einatmen der Bazillen entwickelt sich Lungenpest, die praktisch stets tödlich verläuft. Noch bis in die Mitte des 17. Jahrhunderts hinein wurden weite Landstriche Europas durch die Pest entvölkert; erst gegen Ende dieses Jahrhunderts konnte man ihrer durch strenge Maßnahmen allmählich Herr werden, doch flackerte sie auch noch im 18. Jahrhundert auf. (→ 93*, 277 ff.)

Peter I. der Große (1672–1725) Sohn des Zaren Alexej, bestieg 1682 unter der Regentschaft seiner Schwester Sophie den Thron; 1689 ließ er seine Schwester in ein Kloster einsperren und übernahm die Zügel der Regierung. Nachdem er 1697 eine Verschwörung blutig unterdrückt hatte, bereiste er Holland, England, Deutschland und Österreich, um Vorbilder für eine Modernisierung seines Reiches kennenzulernen und Fachleute anzuwerben. Nach der Rückkehr 1698 hielt er über die aufsässigen Strelitzen ein grausames Strafgericht ab. Ohne ausreichende Vorbereitung führte er zahlreiche Neuerungen ein (Kalenderreform, westliche Kleidung, Verbot des Barttragens usw.). Siege über die Schweden öffneten den Weg zur Ostsee; 1703 wurde Sankt Petersburg als neue Hauptstadt gegründet. Innenpolitisch kam es zu bedeutsamen Reformen: die Macht der → Bojaren wurde gebrochen, die gesamte Verwaltung neu geordnet, neue Steuersysteme eingeführt, die Wirtschaft durch die Einführung westlicher Methoden gefördert, die Zahl der Klöster beschränkt, das Bildungswesen gehoben. Peter war eine gewalttätige Kraftnatur, oft zügel- und maßlos, aber auch ein unermüdlicher Arbeiter für das Wohl seines Reiches. Er hat Rußland zu einer Großmacht umgestaltet, die von nun an auf der europäischen Bühne eine immer wichtigere Rolle spielte. (→ 14*, 204, 206 f.)

Philaret (um 1553–1633) Feodor Nikititsch Romanow, 1619–1633 Patriarch von Rußland, Vater des Zaren Michail, leitete das gesamte Staatswesen und baute nach der Zeit der Wirren wieder die russische Kirche auf. (→ 672)

Philipp IV. (1605–1665) König von Spanien, kam 1621 auf den Thron, stand völlig unter dem Einfluß seines leitenden Ministers → Olivarez, der das Land in endlose Kriege verwickelte, um den drohenden Niedergang aufzuhalten; auch nach Olivarez' Tod überließ Philipp die Staatsgeschäfte weitgehend seinen Ministern. (→ 7*, 107)

Philipp V. (1683–1746) Enkel Ludwigs XIV. von Frankreich, Herzog von Anjou, bestieg als

Erbe Karls II. den spanischen Thron, was den → Spanischen Erbfolgekrieg auslöste. Er stand unter dem Einfluß der Fürstin Orsini, danach des leitenden Ministers Alberoni, der durch seine zweite Frau, Elisabeth Farnese von Parma, an die Macht gekommen war. Später wurde seine Politik maßgeblich durch den Abenteurer Ripperda bestimmt. Seine außenpolitischen Manöver hatten nur wenig Erfolg. (→ 213, 217)

Philipp von Orleans (1674–1723) Neffe Ludwigs XIV., beherrschte Frankreich als Regent von 1715 bis 1723. Unter ihm wurde durch die Machenschaften von → Law das französische Finanzsystem schwer zerrüttet und die gesamte Wirtschaft erheblich geschädigt. (→ 215)

Pilgerväter »Pilgrim Fathers« werden die ersten puritanischen Ansiedler in Neuengland genannt. Als Independenten (Kongregationalisten) in England verfolgt, segelten 41 Männer mit Frauen, Kindern und Dienerschaft auf der *Mayflower* am 6. September 1620 aus Plymouth ab und gründeten im Dezember an der nordamerikanischen Atlantikküste die Kolonie Plymouth (im heutigen Massachusetts).

Pitt d. Ä., William (1708–1778) Enkel eines Großkaufmanns, erhielt 1735 einen Sitz im englischen Unterhaus und wandte sich scharf gegen Premierminister → Walpole. Im Siebenjährigen Krieg war er Staatssekretär und leitete als solcher geschickt die englische Außenpolitik; vor allem war er darauf bedacht, Nordamerika den Engländern zu sichern und die Franzosen zu verdrängen, was ihm auch gelang. 1766 wurde er Minister und erhielt den Titel eines Grafen von Chatham. Er hat wesentlich dazu beigetragen, die Fundamente für das spätere englische Weltreich zu legen. Sein Sohn *William Pitt d. J.* (1759–1806) wurde schon mit 24 Jahren Premierminister und hat als innenpolitischer Reformer und entschiedener Gegner Frankreichs fünfundzwanzig Jahre lang die englische Politik bestimmt. (→ 11*, 223)

Polen Die erste Hälfte des 17. Jahrhunderts war Polens Goldenes Zeitalter, doch bahnte sich schon damals eine Entwicklung an, die den Aufbau einer starken Zentralgewalt verhinderte, so daß der polnische Staat bald bedeutungslos wurde. Zu den politischen kamen wirtschaftliche Schwierigkeiten und blutige Religionskämpfe. Im ausgehenden 18. Jahrhundert verschwand Polen völlig von der politischen Landkarte Europas. (→ 33, 35, 88 f.)

Polizeigewalt Der Begriff »Polizei« hatte früher eine andere, umfassendere Bedeutung als heute; man verstand darunter zunächst die gesamte staatliche Verwaltung zum Unterschied von der kirchlichen Verwaltung, ab dem 17. Jahrhundert die innere Staatsverwaltung (unter Ausschluß von Justiz, Heerwesen und Außenpolitik). Im 18. Jahrhundert bildete sich der Polizeistaat heraus, der Staat des Absolutismus, der im Interesse der Allgemeinheit mit Zwangsmaßnahmen in die Privatsphäre des einzelnen eingriff. Ab dem 18. Jahrhundert verstand man unter Polizei die zur Aufrechterhaltung der Ordnung und Sicherheit mit Zwangsbefugnissen ausgestattete Staatsgewalt.

Port-Royal-des-Champs Zisterzienserinnenkloster südwestlich von Versailles, 1204 durch Mathilde de Garland gegründet, wurde im 17. Jahrhundert unter der Äbtissin Angélique Arnauld zum Zentrum des Jansenismus. Zahlreiche bedeutende Männer ließen sich in der Nähe des Klosters nieder, darunter Blaise Pascal, Pierre Nicole, Boileau und Racine. Nach päpstlicher Verdammung des Jansenismus wurde das Kloster zu Beginn des 18. Jahrhunderts aufgehoben und einschließlich des Friedhofs völlig zerstört. Das 1626 gegründete Tochterkloster Port-Royal-de-Paris bestand bis zur Französischen Revolution.

Portugal Nach dem Aussterben des Königshauses kam Portugal 1580 unter spanische Herrschaft (Personalunion), erfreute sich jedoch weitgehender Selbständigkeit und partizipierte am spanischen Reichtum. Hohe Steuern und politische Spannungen führten am 1. Dezember 1640 zum Aufstand; Herzog Johann IV. von Bragança wurde zum König ausgerufen, das Land wieder selbständig. Die portugiesischen Handelsplätze im Fernen Osten waren inzwischen weitgehend verlorengegangen; dagegen konnte Portugal den von den Holländern eroberten Brasilien 1654 zurückgewinnen. Durch den Methuenvertrag von 1703 geriet Portugal in starke wirtschaftliche Abhängigkeit von England. (→ 110, 134 f.)

Postwesen Im Mittelalter gab es bereits Kurierdienste zur raschen, sicheren Übermittlung von Nachrichten der Herrscher, dann auch Botenanstalten der Kaufleute, der geistlichen Orden und der Reichsstädte; ferner hatten in Deutschland die Stände, die größeren Behörden (Reichskammergericht u. a.) sowie alle wichtigeren Körperschaften (Universitäten, Zünfte usw.) eigene Botendienste. Es gab amtliche und private (privilegierte) Botenanstalten. Die eigentliche Post hingegen war eine rein politische (kaiserliche) Einrichtung, die Nachrichten durch fortgesetzten Wechsel von Pferd und Reitern beförderte. 1501 ernannte Philipp I. von Spanien Franz von Taxis zum Hauptpostmeister in den Niederlanden, 1520 wurde Johann von Taxis Generalpostmeister der niederländisch-deutschen Post. 1597 wurde die Post kaiserliches Regal; jeder konnte die Postdienste in Anspruch nehmen. Daneben bauten die einzelnen Länder eigene Postbetriebe auf. Im 17. und 18. Jahrhundert nahm das Postwesen in allen europäischen Ländern einen bemerkenswerten Aufschwung.

Poussin, Nicolas (1594–1665) In der Normandie geboren, lernte er ab 1612 bei Philippe de Champaigne in Paris und übersiedelte 1624 nach Rom, wo er bis an sein Lebensende blieb; lediglich 1640 folgte er einem Ruf Ludwigs XIII. nach Paris, kehrte aber schon 1642 wieder in den Süden zurück. Zwar näherte er sich dem italienischen Barock an, blieb jedoch der klassizistischen Klarheit seiner Heimat treu. Bald war er einer der berühmtesten Maler seiner Zeit und übte besonders auf dem Gebiet der Landschaftsmalerei einen großen Einfluß aus, der auch noch im 18. Jahrhundert nachwirkte. Er selber wurde in seiner ersten Zeit durch antike Vorbilder, Raffael, Tizian, Carracci und Domenichino beeinflußt, von denen er die warme Farbgebung übernahm, doch läßt sich deutlich verfolgen, wie sein Kolorit allmählich kühler wurde und das Zeichnerische stärker in den Vordergrund trat. Diese Malweise wurde für die nachfolgende französische Malerei beispielhaft (→ 202*)

Prag Die Stadt entwickelte sich im 11. Jahrhundert zu Füßen der auf dem Hradschin errichteten herzoglichen Burg der Przemysliden,

die später durch die königliche Burg ersetzt wurde. Kaiser → Rudolf II. wählte sich Prag zur Residenzstadt. Der Prager Fenstersturz (23. Mai 1618), Ausdruck der Unzufriedenheit der böhmischen Protestanten, eröffnete den → Dreißigjährigen Krieg, der der Stadt schwer schadete. Erst gegen Ende des 17. Jahrhunderts überstieg die Einwohnerzahl 40000, und es dauerte bis zur Mitte des 19. Jahrhunderts, ehe Prag 100000 Einwohner hatte. Das Stadtbild ist weitgehend durch das Zeitalter des Barock geprägt (Kreuzherrenkirche von Mathey und Lurago, Salvatorkirche im oberitalienischen Stil, Clam-Gallassches Palais nach Entwürfen von → Fischer von Erlach, Nikolauskirche von Ignaz → Dientzenhofer, jüdisches Rathaus, Palais Sylva-Tarouca, Villa America und Kirche des heiligen Nepomuk am Felsen von K. J. Dientzenhofer, Schloß in Alt-Lieben, Thomaskirche, von K. J. Dientzenhofer umgebaut, Waldsteinscher Palast, von italienischem Baumeister für → Wallenstein errichtet, Paläste der Grafen Morzin und Thun-Hohenstein, Erweiterungen des Hradschin, Prämonstratenserkloster Strahow u. a.). Allerdings unterscheidet sich der Prager Barock deutlich vom italienischen und Wiener Barockstil. (→ 111*)

Pragmatische Sanktion Das von Kaiser Karl VI. am 19. April 1713 verkündete Hausgesetz der Habsburger. Schon 1703 war die Unteilbarkeit des habsburgischen Länderbesitzes festgelegt und die Erbfolge nach dem Erstgeburtsrecht im männlichen und weiblichen Stamm geregelt worden, doch wollte Karl durch das neue Gesetz sicherstellen, daß seine Töchter und nicht die seines älteren Bruders und Vorgängers Joseph I. den Vorrang hatten. Um die Anerkennung der Pragmatischen Sanktion zu erreichen, machte Karl VI. eine Reihe von außenpolitischen Konzessionen. Er opferte die Handelskompanie in Ostende, um 1731 England zur Zustimmung zu bewegen; den Franzosen brachte er zum gleichen Zweck im Wiener Frieden von 1738 schwere Opfer. Als jedoch → Maria Theresia nach dem Tod ihres Vaters die Nachfolge antrat, wurde ihr Anspruch zunächst durch den Kurfürsten von Bayern, später auch von anderen europäischen Mächten angefochten, was zum → Österreichischen Erbfolgekrieg führte. Erst im Aachener Frieden von 1748 wurde die Pragmatische Sanktion von den europäischen Staaten endgültig anerkannt. (→ 219)

Prandtauer, Jakob (1660–1726) Österreichischer Architekt aus Stanz in Tirol, steht nur wenig unter Hildebrandt und Fischer von Erlach, erbaute unter anderem die Wallfahrtskirchen von Maria Taferl und Sonntagberg, vor allem jedoch das Klostergebäude des Stifts Melk an der Donau, ein eindrucksvolles Zeugnis für die durch die Gegenreformation herbeigeführte Erneuerung des religiösen Lebens in Österreich. Das im 12. Jahrhundert von Benediktinern gegründete Kloster wurde zu Beginn des 18. Jahrhunderts völlig umgestaltet. Besonders geglückt ist die das Donautal überragende Kirche, die nach Prandtauers Plänen von 1702 bis 1734 gebaut wurde; die Fresken stammen von J. M. Rottmayr und dem Italiener Fanti, der Hochaltar von Beduzzi.

Preußen Unter dem Herzogtum Preußen verstand man ursprünglich nur das heutige Ostpreußen; als dieses am 18. Januar 1701 zum Königtum erhoben wurde, ging der Name Preußen auf den gesamten Staat des bisherigen Kurfürsten von Brandenburg über. Staatsrechtlich vom Reich unabhängig wurde das Königtum Preußen erst 1806; bis zu diesem Jahr stand der preußische König in einem Lehnsverhältnis zum Kaiser. Historisch bedeutsam wurde das Kurfürstentum ab der Regierungszeit des Großen Kurfürsten Friedrich Wilhelm (1640–1688). Schon nach dem Dreißigjährigen Krieg war der Landbesitz der Kurfürsten von Brandenburg hinter dem der österreichischen Habsburger flächenmäßig der zweitgrößte in Europa (110000 qkm mit 1,5 Millionen Einwohnern). In einem Jahrhundert (bis zu Friedrich dem Großen) vergrößerte sich das Land auf fast 200000 qkm mit 5,5 Millionen Bewohnern und rückte damit zu den europäischen Großmächten auf. (→ 206)

Preziösentum Die Marquise von Rambouillet, eine Tochter des Marquis Pisani, versammelte in ihrem Pariser Palast einen literarischen Zirkel, der in der ersten Hälfte des 17. Jahrhunderts in Frankreich tonangebend war und viel dazu beitrug, die gesellschaftlichen Formen, aber auch die französische Sprache zu verfeinern. Allmählich entartete das Bestreben des Zirkels in übertriebene Geziertheit; die Bezeichnung »précieuses«, die sich die Damen des Zirkels als Ehrentitel zugelegt hatten, wurde zum Spottnamen. Molière hat dem Zirkel den Todesstreich dadurch versetzt, daß er sich in seinen *Précieuses ridicules* (1659) und den *Femmes savantes* (1672) in brillanter Form über das Treiben im Hôtel de Rambouillet lustig machte.

Prinz Eugen (1663–1736) Franz Eugen, Prinz von Savoyen, jüngster Sohn des savoyischen Prinzen Eugen Moritz von Savoyen-Carignan und einer Nichte Mazarins. Er sollte Geistlicher werden und hatte bereits als Knabe zwei kirchliche Pfründen, entschied sich aber für den Kriegsdienst. Ludwig XIV. und Louvois machten sich über seine Pläne lustig, so daß er sich in österreichische Dienste begab, wo er sich rasch auszeichnete und bereits mit dreißig Jahren zum Feldmarschall ernannt wurde. In der Folge erwies er sich als einer der genialsten Heerführer des ganzen Barockzeitalters. Er kämpfte zuerst mit großem Erfolg gegen die Türken (wovon noch heute das bekannte Lied »Prinz Eugen, der edle Ritter« zeugt) und später gegen die Franzosen, denen er empfindliche Schlappen zufügte. Auch als Staatsmann und Diplomat zeichnete er sich aus und war ein großzügiger Förderer der Künste.

Privilegien Vor- oder Sonderrechte, die einzelnen Personen oder einem einzelnen Stand durch Gesetz oder Anordnung der Obrigkeit gewährt werden. Adel und Geistlichkeit erfreuten sich im barocken Europa der meisten und wichtigsten Privilegien, doch war auch der Dritte Stand in mancher Hinsicht durch Privilegien geschützt.

Prostitution Das älteste Gewerbe der Welt blühte auch im Zeitalter des Barock. Der soziale Abstieg der Prostituierten wurde im 16. Jahrhundert durch die Ausbreitung der Syphilis beschleunigt. Die öffentlichen Dirnen waren in erster Linie für das gemeine Volk bestimmt; die höheren Stände konnten sich zur Befriedigung ihrer Gelüste auf Grund ihrer Privilegien an Mädchen aus dem Volk halten, vor allem an Leibeigene. Als mit der Erneuerung des religiösen Lebens sich strengere sittliche Ansichten durchsetzten, waren diese unglücklichen Opfer der Herrenwillkür oft zur Prostitution verdammt, die damit ständig neuen Zuzug erhielt. Im 18. Jahrhundert gewannen die Prostituierten wieder einen Teil ihres früheren Ansehens zurück; die Prostitution fand auch in höheren Kreisen Eingang. Eine wichtige Rolle spielten dabei die Schauspielerinnen und Tänzerinnen, für die die Prostitution ein fast selbstverständlicher Nebenerwerb war. Dadurch wurde auch wieder ein gewisses Raffinement eingeführt. Die Verbreitung empfängnisverhütender Mittel und Praktiken bei Adel und Bürgertum stand mit diesen raffinierten Ausschweifungen in Verbindung, pervertierten aber dann auch bald das eheliche Leben.

Pugatschew → 50, 52.

Pulververschwörung Durch Jakobs I. Maßnahmen gegen die Katholiken aufgebracht, beschlossen Robert Catesby und Thomas Percy 1604, das Parlament mitsamt dem König durch eine Pulvermine in die Luft zu sprengen. Ihnen schlossen sich andere Katholiken an, darunter einige Jesuiten. Im November 1605 sollte der Plan verwirklicht werden, doch wurde er im letzten Augenblick entdeckt, und die Verschwörer fielen teils bei der Verhaftung, teils wurden sie 1606 hingerichtet. Für die englischen Katholizismus war die Verschwörung verhängnisvoll: die katholikenfeindlichen Maßnahmen wurden fortlaufend verschärft. (→ 141)

Purcell, Henry (1658–1695) Sohn eines Musikers, erhielt eine gründliche Ausbildung und übernahm schon mit 18 Jahren eine Organistenstelle. Ein Jahr später kam seine erste Oper heraus (*Dido und Äneas*), zu der im Laufe der Jahre 38 weitere dramatische Musikwerke kamen. Die Stoffe entnahm Purcell teils Shakespeare und Dryden, teils waren es eigene Erfindungen. 1682 wurde er Organist der königlichen Kapelle, ein Posten, den er bis zu seinem Tod behielt. Nun entstanden auch zahlreiche geistliche Musikwerke, die sich hoher Wertschätzung erfreuten. Purcell hat eine eigenständige englische Oper geschaffen, während um die gleiche Zeit in fast allen anderen europäischen Ländern das italienische Vorbild

kopiert wurde. Er starb jedoch zu früh, um die Eigenständigkeit der englischen Musik zu sichern; nach seinem Tod erlagen auch seine landsleute dem italienischen Einfluß. (→ 204*)

Puritaner Ein Teil der englischen Protestanten wollte unter calvinistischem Einfluß die ursprüngliche Reinheit (lateinisch *puritas*, daher die Bezeichnung) der Kirche wiederherstellen und geriet dadurch in Gegensatz zur → Anglikanischen Kirche. Sie verlangten vollkommene Unabhängigkeit der Kirche vom Staat, strenge Kirchenzucht und Einführung der reformierten (calvinistischen) Kirchenverfassung. Sie verbanden sich mit dem schottischen Presbyterianismus und erfochten einen Sieg über das englische Königtum, dessen Früchte allerdings nur der konsequentesten Richtung der Puritaner, den sogenannten Independenten, zufielen. Später bildeten sich verschiedene Sekten, von denen die → Quäker größere Bedeutung erlangten. (→ 141, 182, 628 ff.)

Pyrenäenfriede Der zwischen Frankreich und Spanien am 7. November 1659 auf der Fasaneninsel im Bidassoa (Pyrenäen) abgeschlossene Friedensvertrag beendete den seit 1635 geführten Krieg zwischen den beiden Ländern. Spanien mußte die Grafschaften Roussillon und Cerdagne nördlich der Pyrenäen sowie in den Niederlanden das Artois und Teile von Flandern und Luxemburg abtreten; außerdem erhielt Frankreich Steney in Lothringen und Pignerol an der französisch-italienischen Grenze. Ferner wurde die Vermählung Ludwigs XIV. mit der ältesten Tochter Philipps IV., Maria Theresia, festgesetzt, eine Verbindung, die 1667 den → Devolutionskrieg und 1701 den → Spanischen Erbfolgekrieg nach sich zog. (→ 187, 189)

Quäker Wörtlich »Zitterer« (*to quake* = zittern), »Gesellschaft der Freunde«, englische Sekte, die von George Fox (1624–1690) gegründet wurde. Sie verwarfen die Bibel als historische Quelle der Erleuchtung zugunsten der persönlichen Erleuchtung (*the light within*). Liturgie und Sakrament lehnten sie ab, ebenso den Eid, den Kriegsdienst und alle Vergnügungen, die möglicherweise die Sinnlichkeit reizen können (Theater, Tanz, aber auch Jagd usw.). Die Quäkergemeinden gaben sich eine ganz und gar demokratische Verfassung. Sie wurden vom Staat und von der englischen Staatskirche erbittert verfolgt; ein Teil von ihnen wanderte nach Nordamerika aus, um dort die Kolonie Pennsylvanien zu gründen (*the holy experiment*). Durch die Toleranzakte von 1689 erhielten sie das Recht der freien Religionsausübung. (→ 630 f.)

Quietismus Ein mystischer Katholizismus, der in Spanien durch die heilige Therese und in Frankreich durch Franz von Sales vorbereitet und von dem spanischen Geistlichen Molinas systematisch ausgebildet wurde. In Frankreich fand in der Folgezeit der Quietismus besonders durch Frau von Guyon Verbreitung, die von Fénelon unterstützt wurde; dagegen wandte sich jedoch Bossuet, worauf Fénelon zur Unterwerfung unter die orthodoxe Autorität gezwungen wurde. Schon wenig später kam der Quietismus wieder in Vergessenheit.

Racine, Jean (1639–1699) Der größte Tragiker Frankreichs. Früh verwaist, wurde er im jansenistischen Port-Royal erzogen; zu seinen Lehrern gehörten Lemaistre de Sacy und Lancelot, später auch Nicole und Hamon. Er lernte Molière und Boileau kennen, die ihn zu seinen ersten dramatischen Arbeiten ermutigten. 1673 wurde er Mitglied der Akademie. Allgemein bekannt wurde er durch seine großen Tragödien (*Andromaque, Iphigénie, Phèdre* usw.), doch 1677 entsagte er unter dem Einfluß seiner frömmelnden Freunde dem Theater, um später nur noch auf Drängen der Frau von Maintenon zwei religiöse Stücke zu schreiben (*Esther* und *Athalie*), die den Fräulein von Saint-Cyr gewidmet waren. Inzwischen war er gemeinsam mit Boileau zum Historiographen des Königs ernannt worden, fiel jedoch bei diesem in Ungnade, weil er eine Schrift über die Not des schamlos ausgebeuteten Volkes veröffentlichte. (→ 160*, 601)

Rambouillet → Preziösentum.

Rameau, Jean-Philippe (1683–1764) Komponist und Musiktheoretiker. Er wurde von den Jesuiten erzogen, war jedoch ein schlechter Schüler, was sich zeitlebens an seinem Bil-dungsmangel bemerkbar machte und auch sein theoretisches Schaffen nicht unerheblich beeinträchtigte. Seine musikalische Ausbildung erhielt er in Paris; danach wirkte er als Organist in Lille und Clermont und ließ sich 1721 in Paris nieder, wo er ein Jahr später seinen *Traité d'harmonie* veröffentlichte und dadurch seinen Namen als Theoretiker bekannt machte, nachdem sein *Premier livre de pièces de clavecin* (1706) nur wenig Beachtung gefunden hatte. Sein eigentliches Gebiet, auf dem er den höchsten Ruhm ernten sollte, die dramatische Komposition, betrat er verhältnismäßig spät: als seine erste Oper (*Hippolyte et Aricie*) uraufgeführt wurde, war er schon 49 Jahre alt. Dieses Werk war insofern bedeutsam, als dadurch der bis dahin allmächtige Einfluß Lullys gebrochen und eine neue Entwicklung auf dem Gebiet der französischen Großen Oper eingeleitet wurde. Zweiundzwanzig weitere Opern folgten. In Anerkennung seiner Verdienste wurde er vom König in den Adelsstand erhoben und zum Kabinettskomponisten ernannt; er lehnte jedoch die Auszeichnungen ab und ließ den Adelsbrief wieder zurückgehen, da er, zeitlebens ein kleinlicher Geizhals, die damit verbundenen Ausgaben scheute. Menschlich war er ein wenig erfreulicher Zeitgenosse: seiner Frau und Tochter machte er, so gut er konnte, das Leben zur Hölle. Seine letzten Jahre wurden durch den Aufstieg der italienischen Opera buffa verbittert, die seine Werke immer mehr in den Hintergrund schob. (→ 206*)

Rasin → 50, 52.

Raskol Russisch = Kirchenspaltung. Als Raskolniki (»Abtrünnige«) wurden in der russischorthodoxen Kirche alle Sektierer und Dissidenten bezeichnet, doch sind diese nicht mit den Häretikern in der römisch-katholischen Kirche gleichzusetzen. Die Spaltung der russisch-orthodoxen Kirche nahm ihren Anfang damit, daß 1654 auf Veranlassung des Patriarchen → Nikon die Gesang- und Gebetbücher revidiert und andere Reformen eingeführt wurden. Die Gegner der Reform trennten sich 1666 als Altgläubige (Starowjerzi) von der Kirche. Die Popowzi behielten die Priester bei, die Bespopowzi verwarfen Priestertum und Ehe. In der Folge spalteten sie sich in zahlreiche weitere Sekten, so daß Rußland auf religiösem Gebiet lange nicht mehr zur Ruhe kam; der Fanatismus mancher Sekten führte immer wieder zu blutigen Zusammenstößen. Die Spaltungen dauerten bis ins 20. Jahrhundert hinein an. (→ 627, 674)

Rationalismus Die scholastische Tradition erlaubte durchaus einen auf Aristoteles gründenden philosophischen Rationalismus. Im ausgehenden 17. und beginnenden 18. Jahrhundert bedeutete Rationalismus fast notwendigerweise die Ablehnung jeder Offenbarung. In diesem Sinn kann man → Spinoza als den eigentlichen Begründer des rationalistischen Denkens des 18. Jahrhunderts bezeichnen. Allerdings unterschied sich der zum Deismus führende Rationalismus der englischen *Freidenker* stark vom platten Naturalismus der französischen *Freigeister*; in Deutschland führte der theologische Rationalismus über Lessing, Herder und Kant zur so wichtigen Bibelkritik und zu Schleiermachers Synthese. (→ 646 ff., 681 ff.)

Ratspensionär Holländisch *raadpensionaris*, der Staatssekretär von Holland und Friesland, der praktisch die Regierungsgeschäfte der Vereinigten Niederlande, vor allem die auswärtigen Angelegenheiten, leitete. Er gehörte als besoldeter Beamter nicht zu den Regenten, war jedoch der einflußreichste Mann in der Republik. Bedeutende Ratspensionäre waren → Oldenbarneveldt, Jan de → Witt und Heinsius.

Réaumur, René Antoine Ferchault de (1683 bis 1757) Französischer Physiker und Zoologe. Er verfaßte eine Reihe von interessanten zoologischen Schriften. (*De la formation ... des coquilles des animaux* 1709; *Mémoires pour servir à l'histoire naturelle des insectes* 1734–1742; *Sur la digestion des oiseaux* 1752), verbesserte die Verfahren zur Stahlherstellung, erfand das nach ihm benannte Réaumur-Porzellan und versah das Weingeistthermometer mit einer brauchbaren Skala, wobei er die Temperatur schmelzenden Eises als Nullpunkt wählte.

Regent Staatsoberhaupt, im engeren Sinne Reichsverweser, der anstelle des nicht regierungsfähigen (z. B. minderjährigen) Herrschers

die Staatsgeschäfte leitet. Insbesondere versteht man darunter den Herzog → Philipp von Orleans.

Regentenpartei In Holland und der Republik der Vereinigten Niederlande der städtische Adel, der für die Beibehaltung der Partikularrechte aller sieben Provinzen eintrat; eine monarchische Spitze, die eine straffere Zentralisierung bedeutet hätte, lehnten sie ab. Geführt wurde die Regentenpartei nach 1600 von → Oldenbarneveldt. Als sie sich auf die Seite der Arminianer stellte, wurde sie von der statthalterlichen Partei zerschlagen; die führenden Häupter wurden verhaftet und teils hingerichtet, teils auf Lebenszeit eingekerkert. (→ 165)

Reichstag Allgemein Bezeichnung für die Volksvertretung eines Reiches, vor allem des Heiligen Römischen Reiches Deutscher Nation (schon seit der Zeit des Fränkischen Reiches), auch in den skandinavischen Ländern und in Polen; entsprechende Volksvertretungen gab es im barocken Europa praktisch in allen Ländern (→ Generalstände, → Parlament). Der polnische Reichstag (*Sejm*, seit 1572) wurde ausschließlich vom Adel beschickt; der Dritte Stand hatte keine eigenen Vertreter. Durch das → Liberum veto wurde seine Arbeit immer mehr gelähmt.

Rembrandt Harmensz van Rijn (1606–1669) Der größte holländische Maler. Als Sohn eines Müllers geboren, kam er nach Amsterdam, wo er bei Swanenburgh und Lastman lernte und seine Lehrer schon bald übertraf, wie seine ersten datierten Gemälde von 1627 und seine frühen Radierungen von 1628 eindeutig beweisen. Danach unterhielt er für einige Zeit in Leiden eine eigene Werkstatt, kehrte aber Ende 1631 nach Amsterdam zurück, bekam zahlreiche Aufträge und konnte 1634 die schöne Saskia van Uylenburgh heiraten. Die nächsten acht Jahre waren eine Zeit ungetrübten Glückes; der junge Maler erfreute sich eines hohen Ansehens, schuf zahlreiche hochbezahlte Gemälde, die ihm ein gutes Einkommen sicherten, und konnte seiner Sammelleidenschaft frönen und sich eine umfangreiche Sammlung von Kunstwerken aller Art zulegen. Der Tod Saskias (1642) traf ihn schwer. Dazu kam, daß sich der Publikumsgeschmack gewandelt hatte und er seinerseits allmählich zu einem ganz neuen Stil fand, der wenig An-

klang fand. Seine Schulden wuchsen; 1657 wurde seine Sammlung, ein Jahr später sein Haus
verkauft. In bescheidenen Verhältnissen lebte
Rembrandt von nun an völlig zurückgezogen
mit seiner Haushälterin und Geliebten Hendrickje Stoffels und seinem Sohn Titus zusammen. In diesen Jahren entstanden seine großartigsten, tiefsten Bilder. Hendrickje schenkte
ihm eine Tochter, Cornelia, die der Maler
ebenso zärtlich liebte wie seinen Sohn Titus. In
den letzten Jahren seines Lebens mußte Rembrandt den bitteren Kelch bis zur Neige aus-
kosten: 1663 starb Hendrickje, 1668 Titus, der
Künstler selber war völlig verarmt und praktisch vergessen. Mit dreiundsechzig Jahren er-
löste auch ihn der Tod von einem Leben, das
ihm alles gegeben, aber auch wieder alles genommen hatte. Seine 400 Gemälde und 250 Radierungen haben später viele Maler entscheidend beeinflußt. (→ 11*, 115*, 219*, 601, 607)
Remonstranten → Arminianer → 165 f., 637 f.
Republik Der aus dem Lateinischen *(res pu-
blica)* stammende Ausdruck bedeutet eigentlich
nichts anderes als »Gemeinwesen«, also Staat.
Es gab aristokratische (Venedig, Genua) oder
demokratische Republiken (Schweiz, Vereinigte
Niederlande). Im ausgehenden 17. und im
18. Jahrhundert verstand man unter einem Republikaner einen Rebellen, einen Feind der
Ordnung, des Polizeistaats.
Restitutionsedikt Eine im Dreißigjährigen
Krieg am 6. März 1629 von Kaiser Ferdinand II.
erlassene Bestimmung, wonach nach Besiegung
der protestantischen Fürsten gemäß dem Augsburger Religionsfrieden die Protestanten alle
seit 1552 säkularisierten oder eingezogenen
Bistümer, Klöster, Kirchengüter und Stifter an
die Katholiken zurückzugeben hatten. Den
katholischen Reichsständen wurde gestattet, in
ihren Territorien den Protestantismus zu unterdrücken. Durch dieses Edikt wurde die Möglichkeit eines Friedensschlusses in Deutschland
verspielt, weil die Protestanten dadurch praktisch gezwungen wurden, den Kampf fortzusetzen, wenn sie nicht völlig ausgeschaltet werden
wollten. 1635 verzichtete der Kaiser für eine
bestimmte Zeit, im Westfälischen Frieden von
1648 endgültig auf die Durchführung des Restitutionsedikts. (→ 126)

Réunionskammern Von Ludwig XIV. 1679 und
1680 in Metz, Breisach, Tournai und Besançon
eingesetzte Kammern zur Untersuchung der
französischen Rechtsansprüche auf Gebietsteile
des Deutschen Reiches und der spanischen
Niederlande. Wie nicht anders zu erwarten, befanden die Kammern die Ansprüche in praktisch allen Fällen für berechtigt, worauf die betreffenden Gebiete annektiert *(reuniert,* also
»wiedervereinigt«, hieß es im französischen
Sprachgebrauch) wurden. Ein Teil der im Norden einverleibten Gebiete mußte später wieder
herausgegeben werden, aber die Gebiete an der
Ostgrenze einschließlich Straßburg blieben in
französischem Besitz. (→ 187, 191)
Revokationsedikt Durch dieses Edikt hob
Ludwig XIV. am 22. Oktober 1685 das von
Heinrich IV. 1598 erlassene Edikt von Nantes
förmlich auf. Den Hugenotten wurde jede Ausübung ihrer Religion verboten; zugleich wurde
ihnen untersagt, das Land zu verlassen. Zu-
widerhandlungen wurden durch Einziehung
aller Güter, Verbannung auf die Galeeren und
auch durch die Todesstrafe geahndet. Dennoch
verließen Hunderttausende von Hugenotten
ihre Heimat und fanden in anderen europäischen Ländern gastfreundliche Aufnahme.
(→ 200 ff.)
Richelieu, Armand Jean Duplessis, Herzog von
(1585–1642) Sproß einer alten Adelsfamilie
des Poitou, trat in den geistlichen Stand und
erhielt mit 22 Jahren das in der Familie erb-
liche Bistum Luçon. 1614 kam er als Deputier-
ter der Geistlichkeit des Poitou zur Versammlung der Generalstaaten nach Paris, wurde 1615
Aumônier der Königinmutter und 1616 Mitglied des Staatsrats (Staatssekretär für Kriegswesen und Auswärtiges). 1617 wurde er nach
Avignon verbannt, aber schon zwei Jahre
später wieder an den Hof berufen, 1622 zum
Kardinal ernannt und kam 1624 ins Ministerium, wo er bald die ganze Macht an sich zog.
Seine Politik zielte darauf ab, durch eine
Schwächung der Habsburger in Spanien und
Österreich Frankreich zur ersten europäischen
Macht zu machen. Innenpolitisch erstrebte er
die Stärkung der monarchischen Zentral-
gewalt durch Schwächung des Großadels und
Zerschlagung der Hugenotten. Zum Pair, Her-

zog und Gouverneur der Bretagne erhoben, übernahm er im mantuanischen Erbfolgestreit den Oberbefehl des französischen Heeres. Danach zerschlug er den Aufstand von Montmorency und ließ diesen 1632 hinrichten. 1635 griff er durch die Kriegserklärung an Spanien in den Dreißigjährigen Krieg ein. Er förderte die französische Kolonisation in Amerika und Afrika, doch wurden auf diesem Gebiet während seiner Amtszeit keine wesentlichen Fortschritte erzielt. Die von Cinq-Mars angezettelte Verschwörung konnte er zerschlagen, die Verschwörer wurden hingerichtet. Auf dem Sterbebett empfahl er dem König → Mazarin als Nachfolger. Er war der bedeutendste Staatsmann seiner Zeit. (→ 19*, 123 f., 128, 184 ff.)

Riebeeck, Jan van → 179

Rigaud → 25*, 27*, 35*.

Ritenstreit Um die Missionierung Chinas zu erleichtern, versuchten die jesuitischen Missionare unter dem Pater Ricci, durch die »Christianisierung« bestimmter chinesischer Gebräuche und Glaubensanschauungen (z. B. Totenkult) eine Annäherung zwischen christlichem und chinesischem Kult zu erreichen. Diese Versuche wurden von den Gegnern der Jesuiten scharf verurteilt; sie setzten durch, daß sich mehrere Päpste gegen diese Praxis wandten. Endgültig zuungunsten der Jesuiten entschieden wurde der Ritenstreit durch die Bulle *Ex quo singularis* (1742), wodurch jede Aussicht auf einen größeren Missionserfolg in China zunichte gemacht wurde. (→ 91)

Roberval, Gilles Personne de (1602–1675) Französischer Mathematiker und Physiker, Mitbegründer der Pariser Akademie der Wissenschaften, befreundet mit Mersenne, Fermat, Pascal und Gassendi. Er leistete Bedeutsames, behielt jedoch mißtrauisch und eifersüchtig seine Arbeitsergebnisse für sich, wodurch er in zahlreiche Prioritätsstreitigkeiten verwickelt wurde.

Rokoko Vom französischen *rocaille* = Muschel, einer typischen Verzierung dieses Kunststils, der sich aus dem Barock entwickelte und etwa zwischen 1730 und 1780 besonders in Frankreich und Deutschland vorherrschte; eine klare Trennung vom Barock ist nicht möglich. Die oft schwere Üppigkeit des Barock wurde im Rokoko aufgelockert, leichter, zierlicher. Charakteristisch ist die stark verschnörkelte, spielerisch wuchernde Ornamentik aus Pflanzen- und Muschelwerk. Besonders zur Ausprägung kam das Rokoko in der Innenraumgestaltung: die Räume wurden durch helle, zarte Farben, Spiegel, Vergoldungen, Stukkaturen usw. aufgehellt. In der Kirchenbaukunst blieb das Rokoko dem Spätbarock eng verbunden. Die schönste Rokokokirche Europas ist wohl die Wieskirche. Rokokobaumeister sind Meissonier und Cuvilliés, Maler vor allem Tiepolo, Maulbertsch, Troger, Dichter Gleim, Jacobi, E. von Kleist, Geßner, Wieland.

Rom Im Verhältnis zu seiner Bedeutung war Rom im Zeitalter des Barock eine kleine Stadt: kaum mehr als 100 000 Einwohner 1601, knapp unter 100 000 um 1650 (nach Pest und Wirtschaftskrise), 135 000 im Jahre 1699, 153 000 im Jahre 1759, 162 000 gegen 1790. Unter den Städten des christlichen Abendlandes stand Rom 1600 an siebter, 1700 an fünfter Stelle, um bis 1800 auf den neunten Platz zurückzufallen. Unter den italienischen Städten gewann Rom allerdings stetig an Bedeutung: um 1550 nahm es hinter Neapel, Venedig, Palermo, Mailand, Verona, Genua, Bologna und Florenz lediglich den neunten Platz ein, rückte bis 1600 auf den vierten Platz vor und kam 1650 hinter Neapel und Venedig bereits an dritter Stelle. Im ausgehenden 17. Jahrhundert wurde Venedig überflügelt, doch hinter Neapel blieb Rom noch lange merklich zurück. Das gilt allerdings nur hinsichtlich der Einwohnerzahl: als Mittelpunkt der halben Christenheit zog Rom auch nach der Reformation unermeßliche materielle und künstlerisch-kulturelle Reichtümer in seine Mauern. Stark verändert wurde das Gesicht der Stadt in der zweiten Hälfte des 16. Jahrhunderts, besonders zwischen 1557 und 1585. Die Kirchenbauten dieser Zeit wurden zum Vorbild für ganz Europa: die Kirche des Escorials ist Bramantes Entwurf für Sankt Peter angenähert, der Salzburger Dom und die St.-Pauls-Kathedrale in London sind der Basilika auf dem Vatikan nachgebildet, Il Gesú wurde zum Prototyp für zahlreiche Kirchenbauten in ganz Europa und in Übersee vom

Fernen Osten bis zum spanischen Amerika. Die römischen Paläste des 16. Jahrhunderts wurden in Genua, Palermo und Augsburg nachgeahmt. Auch in Bildhauerei, Malerei und Musik war Rom das große Vorbild. Im ausgehenden 16. Jahrhundert war es die schönste Stadt in ganz Europa. Symbol der neuen Größe war Sankt Peter mit einer Grundfläche von 15 160 qm, einer Länge von 211,50 m (St.-Pauls-Kathedrale 158,11 m; Santa Maria del Fiore in Florenz 149,28 m), einer Höhe unter den Gewölben von 44 m und unter der Kuppel von 142 m (der Turm des Mailänder Doms hätte darunter bequem Platz). Nach 120jähriger Bauzeit wurde die neue Peterskirche zu Beginn des 17. Jahrhunderts fertiggestellt (1506–1626). Daneben entstanden zahlreiche prächtig ausgeschmückte Paläste. Annibale Carracci, Guido Reni und Domenichino gestalteten ab 1595 das Innere des Palazzo Farnese. In den dreißiger Jahren des 17. Jahrhunderts begann mit Bernini und Borromini die große Zeit des römischen Barock. Doch im ausgehenden 17. Jahrhundert setzte eine Entwicklung ein, die schließlich dazu führte, daß der kulturelle Schwerpunkt Europas aus dem Mittelmeergebiet nach Norden wanderte.

Römer, Olaus (1644–1710) Dänischer Astronom. Er kam 1671 nach Paris, wo er Lehrer des Dauphin und Mitglied der Akademie der Wissenschaften wurde. Am 22. November 1675 gelang es ihm, nach Unregelmäßigkeiten bei den Verfinsterungen des ersten Jupitermonds erstmals die Lichtgeschwindigkeit angenähert zu berechnen. 1681 kehrte er als Direktor der Kopenhagener Sternwarte in die Heimat zurück, wo er Bürgermeister der Hauptstadt und Staatsrat wurde. Leider wurden seine umfangreichen Aufzeichnungen beim Brand von Kopenhagen 1728 fast vollständig vernichtet. (→ 585)

Royal Society Die Londoner Akademie der Wissenschaften (*The Royal Society of London for Improving Natural Knowledge*), 1660 gegründet, 1662 vom König anerkannt, 1663 mit einer neuen Charta ausgestattet. Der bekannteste Präsident der Akademie war → Newton.

Rubens, Peter Paul (1577–1640) Der große Meister des Barock wurde in Siegen als Sohn eines adligen Antwerpener Schöffen geboren (sein Vater hatte ein Verhältnis mit der Gemahlin des Prinzen Wilhelm von Oranien gehabt und war deshalb verbannt worden). Er wuchs in Antwerpen auf, erhielt eine gediegene Ausbildung und wurde 1598 in die Antwerpener Malergilde aufgenommen. 1600 reiste er nach Italien, wo er in Venedig u. a. Tizian und Veronese kennenlernte, wurde Hofmaler des Herzogs von Mantua, weilte längere Zeit in Rom, besuchte 1604 in offizieller Mission Madrid und bereiste anschließend bis 1608 ganz Italien. In die Heimat zurückgekehrt, heiratete er ein reiches Mädchen und richtete sich ein prächtiges Haus ein; inzwischen war er berühmt geworden und erhielt zahlreiche gutbezahlte Aufträge. 1622 berief ihn Maria von Medici nach Paris, wo er Entwürfe für die Ausmalung des Luxembourgpalastes fertigte, die Arbeiten selbst jedoch durch seine Schüler ausführen ließ. 1623 übertrug ihm die Erzherzogin Isabella eine diplomatische Mission; 1628 weilte er als Unterhändler der Erzherzogin in Spanien und reiste von dort 1629 nach England, um mit dem englischen König wegen einer Beendigung des englisch-spanischen Krieges zu verhandeln (der Friede wurde ein Jahr später geschlossen). In London wurde er zum Ritter geschlagen und war auch dort als Maler tätig. 1630 heiratete er in zweiter Ehe (seine erste Frau war vier Jahre früher gestorben) die schöne, junge Helene Fourment, die ihm oft als Modell diente. Nun häuften sich die Aufträge so, daß Rubens nur noch Skizzen für die Bilder fertigte, die Gemälde von Schülern ausführen ließ und sie zum Schluß mehr oder weniger stark überarbeitete. In seinen letzten Lebensjahren litt er entsetzlich unter der Gicht. Er war hoch angesehen und erhielt zahlreiche Ehrungen. Als nach seinem Tod der Nachlaß verkauft wurde, erbrachte er mehr als eine Million Gulden – ein für die damalige Zeit fürstliches Vermögen. (→ VI*, 220*)

Rudolf II. von Habsburg (1552–1612) Sohn Maximilians II., wurde er 1572 König von Ungarn, 1575 König von Böhmen und römischer König und 1576 Kaiser. Er residierte vornehmlich in Prag, wohin er Wissenschaftler wie → Brahe und → Kepler sowie viele Künstler berief. Zeitlebens schwach und kränklich, von krankhaftem Mißtrauen beseelt, kümmerte er sich nur wenig um die Regierungsgeschäfte, die nach und nach von seinen Brüdern und Vettern übernommen wurden. 1609 erpreßten die böhmischen Stände den → Majestätsbrief.

Rumpfparlament So wurde das englische Unterhaus genannt, nachdem Cromwell am 6. Dezember 1648 die presbyterianischen Mitglieder ausgeschlossen hatte. (→ 161)

Rundköpfe Als *Round heads* bezeichneten die Royalisten (Kavaliere) spöttisch im englischen Bürgerkrieg 1642–1649 die Anhänger des Parlaments; die Bezeichnung leitet sich vom kurzen Haarschnitt der Parlamentsanhänger her. (→ 145)

Russisch-orthodoxe Kirche Zweig der orthodoxen Kirche, die aus der byzantinischen Reichskirche hervorgegangen war. Sie ist nach Lehre und Liturgie eng der griechisch-orthodoxen Kirche verwandt, aber durch die historische Entwicklung eigenständig ausgeprägt. Um 990 wurde das von Konstantinopel abhängige Patriarchat Kiew gegründet, um 1300 wurde Wladimir, 1325 Moskau Sitz des Kiewer Metropoliten. 1589 wurde ein von Konstantinopel völlig unabhängiges Patriarchat in Moskau gegründet. Die Kirchenreform des Patriarchen → Nikon führte zur Spaltung (→ Raskolniki). Entscheidende organisatorische Reformen führte Peter der Große durch. Im Verlauf der Jahrhunderte bildeten sich zahlreiche Sekten, die das kirchliche Leben zum Teil stark radikalisierten. (→ 88, 206, 670 ff.)

Rußland Spielte seit Peter dem Großen auf der europäischen Bühne eine immer wichtigere Rolle; gleichzeitig wurde das Reich nach Osten (Sibirien) und Süden (Ukraine) ausgeweitet. Ab der Mitte des 18. Jahrhunderts wurde Rußland zu einer der tonangebenden europäischen Mächte. (→ 48 ff., 54 f., 203 f., 206 ff., 358 ff.)

Ryswijk, Friede von Zwischen Frankreich einerseits und England, den Niederlanden, Spanien und dem Reich anderseits 1697 geschlossener Friede, der den Pfälzischen Krieg beendete. Frankreich behielt von den eroberten Gebieten den Elsaß samt Straßburg, mußte jedoch Lothringen an seinen Herzog zurückgeben. Die *Ryswijker Klausel* bestimmte, daß der Besitzstand der katholischen Religion in den während des Krieges von Frankreich besetzten Gebieten erhalten bleiben sollte. (→ 191, 210)

Sabbatianer → 648 f.

Saint-Cyran, Jean Duvergier de Hauranne, Abbé von (1581–1643) Französischer Theologe, Abt des Klosters Saint-Cyran, Freund von → Jansen, begründete mit diesem und Antoine Arnauld den Neo-Augustinismus, den man nicht ganz treffend als Jansenismus bezeichnet. Unter dem Pseudonym Petrus Aurelius veröffentlichte er den *Traité fondamental du Sacerdoce et de l'Episcopat*. Als Angehöriger der Marillac-Partei und entschiedener Gegner der Außenpolitik Richelieus fiel er in Ungnade und wurde von 1638 bis 1643 in Vincennes eingekerkert. Die schwere Krankheit, die er sich im Kerker zuzog, verursachte wenige Monate nach seiner Entlassung seinen Tod. (→ 217*, 626, 663 f.)

Saint-Simon, Louis de Rouvroy, Herzog von (1675–1755) Der größte französische Memoirenschriftsteller. Aus altem Adel, folgte er seinem Vater 1693 in die Herzogs- und Pairswürde sowie als Gouverneur von Blaye und wurde bald zum Brigadegeneral ernannt. 1715 erlangte er als Günstling des Herzogs von Orleans die Berufung in den Regentschaftsrat. Er war ein entschiedener Gegner des Parlaments und das Haupt der höfischen Partei. Nach dem Tod des Regenten wurde er gezwungen, sich aus dem öffentlichen Leben zurückzuziehen. Den Rest seines Lebens verbrachte er auf seinen Gütern, wo er seine 20 Bände umfassenden geistreichen, aber stark einseitigen Memoiren niederschrieb. Für den Geschichtsforscher sind sie trotz der mangelnden Objektivität ein Dokument von großem Wert. (→ 223)

Salons Spielten im 17. Jahrhundert bei der Verbreitung von Moden und Ideen eine sehr große Rolle. Aus dem Salon der Marquise von Rambouillet ging das → Preziösentum hervor. Im 18. Jahrhundert gab es bedeutsame ästhetische und literarische Salons (de Tencin, de Lambert, du Deffand, Geoffrin usw.).

Saltus Der lateinische Ausdruck bezeichnet

gebirgiges, bewaldetes Land, das landwirtschaftlich nicht genutzt wird, sondern bestenfalls als
Weide und Mast dient, im Gegensatz zum *ager*,
dem Ackerland, das unter den Pflug genommen
wird. Zu Beginn des Barockzeitalters machte
der *saltus*, besonders im Osten, noch einen sehr
großen Teil der Gesamtfläche aus. (→ 406)
Sankt Petersburg Eine »künstliche« Hauptstadt, an der fast alles unrussisch war, beim
Namen angefangen. Der Hafen an der Newa
stellte insofern eine Herausforderung dar, als
er auf einem Gebiet angelegt wurde, das staatsrechtlich damals noch zu Schweden gehörte. Mit
dem Bau der neuen Residenz wurde im
Mai 1703 begonnen; Peter der Große leitete
selber die Arbeiten. Fast 40 000 Arbeiter schuf-
teten, litten und starben in den Sümpfen, aus
denen sich die Stadt erheben sollte. Zahlreiche
Handwerker und Schiffbauer aus dem westlichen Ausland (besonders aus Deutschland und
Holland) wurden in den neuen Hauptstadt angesiedelt, die schon nach 50 Jahren 80 000 Einwohner zählte. Im ausgehenden 18. Jahrhundert
wurde Moskau überflügelt. Symbolisch für
Sankt Petersburg ist der Winterpalast insofern,
als hier deutlich wird, wie man bemüht war,
durch Nachahmung den Anschluß an den Westen zu gewinnen. (→ 206)
Scheiner, Christoph (1573–1650) Mathematiker und Astronom. Trat 1595 in den Jesuitenorden ein, war als Lehrer in Ingolstadt, Freiburg und Innsbruck tätig und wurde 1623
Rektor des Jesuitenkollegs in Reiße. 1624–1633
weilte er in Rom, danach bis 1639 in Wien. In
Ingolstadt beobachtete er 1611 erstmals Son-
nenflecke, bestimmte danach die Rotationszeit
der Sonne, entwickelte ein Spezialfernrohr für
Sonnenbeobachtungen (Helioskop) und erfand
unter anderem den Pantographen. (→ 546)
Schiffahrt → 383 ff.
Schiiten Mohammedanische Sekte, die sich
schon im 7./8. Jahrhundert herausbildete und
besonders in Persien zahlreiche Anhänger fand.
Neuplatonische und buddhistische Strömungen
übten auf die Glaubenslehre der Sekte einen
großen Einfluß aus. Es bildeten sich verschiedene radikale Gruppen, die sich zum Teil gegenseitig, vor allem aber die Sunniten bekämpften.
In Persien wurde der Schiismus mit der Thron-

besteigung der Safiden (1502) Staatsreligion.
(→ 86)
Schottland → 144 f.
Schütz, Heinrich (1585–1672) Als Schütz das
Licht der Welt erblickte, waren die maßgebenden Musiker Orlando di Lasso und Palestrina.
Durch seine Eltern war er den Zentren der
protestantischen Kirchenmusik eng verbunden:
sein Vater stammte aus Sachsen, seine Mutter
aus Thüringen. Als er 13 Jahre alt war, wurde
der Landgraf von Hessen-Kassel auf ihn aufmerksam; er nahm ihn ins Collegium Mauri-
tianum auf, wo er eine gründliche Ausbildung
erhielt. 1607 ging Schütz nach Marburg, um
Rechtswissenschaften zu studieren, aber der
Landgraf bewog ihn, sich der Musik zu widmen,
und schickte ihn 1609 nach Venedig, wo er von
G. Gabrieli unterrichtet wurde. 1612 erhielt er
eine Anstellung in der Kasseler Kapelle des
Landgrafen, 1617 wurde er von Kurfürst Johann Georg als Kapellmeister nach Dresden berufen, ein Amt, das er bis zu seinem Tod bekleidete. Dazwischen weilte er 1628–1629
erneut in Italien, wirkte 1633–1645 als Hofkapellmeister in Kopenhagen und bekleidete
außerdem 1655–1665 die Stellung eines Hof-
kapellmeisters in Wolfenbüttel. Über seine
Tätigkeit in Sachsen schreibt Anna Amélie
Abert: »Er hatte ein ebenso rühmliches wie
verantwortungsvolles Amt übernommen. Ein
Kapellmeister mußte im 17. Jahrhundert nicht
nur die musikalischen Aufführungen seiner Kapelle betreuen, sondern auch Schüler heranzie-
hen, neue Künstler verpflichten, Noten und
Instrumente kaufen, über das leibliche und das
seelische Wohlergehen der Chorknaben und das
Wohlverhalten der älteren Mitglieder seiner
Kapelle wachen...« Er war glücklich verheiratet, verlor aber bald Frau und Töchter. Vor
diesem Schicksalsschlag schrieb er die Musik zu
der ersten deutschsprachigen Oper, der von
→ Opitz bearbeiteten *Daphne* (1627). Danach
widmete er sich fast ausschließlich der Kirchenmusik. Wichtigste Werke sind die *Symphoniae
sacrae*, die *Psalmen Davids*, die *Geistliche Chor-
musik*, *Die sieben Worte Jesu am Kreuze* sowie
die vier *Passionen*. Seine Bedeutung für die Mu-
sikgeschichte besteht darin, daß er es verstand,
aus der Verschmelzung der spätniederländischen

Polyphonie mit der italienischen konzertanten Monodie einen neuen, durchaus eigenständigen Stil zu schaffen. Leider sind viele seiner Kompositionen verlorengegangen. (→ 686)

Schweden Erreichte im Zeitalter des Barock seine größte Ausdehnung und Bedeutung, aber das Bemühen um den Aufbau eines Großreichs im Ostseeraum machte die Ausbildung eines modernen Staats vorläufig unmöglich und endete im Zusammenbruch des 18. Jahrhunderts. Erst als es seine Großmachtstellung eingebüßt hatte, fand es wieder Anschluß an die staatspolitische Entwicklung des Westens. (→ 36 f., 89 f., 342 f.)

Sebastianismus Schwärmerische Volksbewegung in Portugal, die sich an die Gestalt des Königs Dom Sebastian (1554–1578) knüpfte. Dieser, ein religiöser Fanatiker, wollte die Kreuzzugsidee neu beleben und Afrika und Indien erobern. Seine erste Expedition gegen die Mauren (1574) schlug fehl; eine zweite (1578) endete mit einer vernichtenden Niederlage, wobei der König den Tod fand. Das Volk, das Sebastian zu begeistern verstanden hatte, wollte an seinen Tod nicht glauben und erwartete seine Wiederkehr. Diese Tatsache machten sich einige Pseudosebastiane zunutze, die das Land in schwere Unruhen stürzten.

Séguier Alte Pariser Magistratsfamilie, deren Angehörige zum großen Teil aus dem Dritten Stand in den Amtsadel aufstiegen. *Pierre* (1504 bis 1580) war Advokat am Pariser Parlament, danach Generaladvokat und brachte es bis zum Parlamentspräsidenten. Sein Sohn *Antoine* (1555–1624) war Staatsrat, Generaladvokat und Präsident des Pariser Parlaments sowie Gesandter in Venedig; in Anerkennung seiner Verdienste wurde er Seigneur de Villiers. Sein Neffe *Pierre* (1588–1672) war Intendant, Parlamentspräsident, Siegelbewahrer und schließlich Kanzler. Er wurde vom König zum Grafen von Gieu und Herzog von Villemor ernannt. (→ 22*, 185, 198)

Seuchen → Epidemien, → Aussatz, → Pest, → Typhus.

Sevilla Als europäisches Zentrum des Amerikahandels erreichte Sevilla im 16. und zu Beginn des 17. Jahrhunderts 120 000 bis 130 000 Einwohner. Mit dem Niedergang des Handels

setzte auch der Abstieg der Stadt ein; beschleunigt wurde er durch die verheerende Pest des Jahres 1649, die etwa 40 Prozent der Bevölkerung dahinraffte. Mit 80 000 Einwohnern blieb Sevilla noch die zweitgrößte Stadt Spaniens, aber nachdem die *Casa de la Contractatión* nach Cadiz verlegt war, sank es bald zur Provinzhauptstadt herab. In kultureller Hinsicht blieb es jedoch noch für einige Zeit neben Madrid ein wichtiges Zentrum. Hier arbeiteten Maler wie Velázquez, Murillo und Zurbarán. Doch die wirklich große Zeit der Stadt war endgültig vorbei. (→ 104, 282)

Sibirien Hauptsächlich von Nomadenvölkern bewohnt, war Sibirien im Mittelalter Niemandsland. Im 16. Jahrhundert begann die mächtige russische Kaufmannsfamilie Stroganow mit Hilfe von Kosaken das riesige Gebiet zu erschließen. 1563 bot der Kosakenführer Jermak seine sibirischen Eroberungen Iwan dem Schrecklichen an, wodurch sie russisches Staatsgebiet wurden. Um 1600 stießen russische Kosaken nach Ostsibirien vor und gründeten die Städte Turinsk (1600), Tomsk (1609), Kusnetsk und Jenisseisk (1617/18). 1620 war der Wilui, 1628 die Lena erreicht, 1632 wurde Jakutsk gegründet, und 1633 gelangten die Kosaken nach Kamtschatka. Danach stießen die Russen nach Süden vor, gründeten 1652 Irkutsk und 1656 Nertschinsk. 1708 wurde ein russisches Gouvernement mit der Hauptstadt Tobolsk errichtet, 1719 die Provinz Irkutsk. Die wirkliche Erschließung der gewaltigen Räume erfolgte jedoch erst im Verlauf des 19. Jahrhunderts. (→ 51)

Skandinavien → 342 ff.

Sobieski, Johann III. S. (1624–1696) König von Polen seit 1674, besiegte die Türken am 12. September 1683 in der Schlacht am Kahlenberg.

Söldner Berufskrieger, die sich gegen Sold jedem verdingten, der bereit war, sie zu bezahlen. Schon im Mittelalter anzutreffen (Schweizer Reisläufer u. a.). Noch im Dreißigjährigen Krieg kämpften auf allen Seiten vorwiegend Söldnerheere, doch wurden sie in der zweiten Hälfte des 17. Jahrhunderts in zunehmendem Maß durch stehende Heere ersetzt.

Sozinianer Antitrinitarische Sonderbewegung, die sich von der reformierten Kirche Polens abspaltete. Die Bewegung geht auf die Italiener Lelio und Fausto Sozzini zurück. *Lelio Sozzini* (1525–1562) lernte in Deutschland, Holland, England und der Schweiz zahlreiche Reformatoren kennen und entwickelte eine systematische antitrinitarische Lehre, die er an seinen Neffen *Fausto* (1539–1604) weitergab. Dieser kam 1579 nach Rakau in Polen, um die dort bereits bestehenden antitrinitarischen Splittergruppen zu einigen und ihnen eine feste Organisation zu geben. Sein *Rakauer Katechismus* wurde zur Richtschnur für die Gemeinschaft, die sich den Namen Sozinianer gab. In der ersten Hälfte des 17. Jahrhunderts fand sie starken Zulauf, bis sie 1658 in ganz Polen verboten wurde. Daraufhin wanderten kleinere Gruppen nach Siebenbürgen, Ostpreußen, Schlesien, vor allem aber nach England und den Niederlanden aus, wo sie die Arminianer und einen Teil der Puritaner durch ihre radikale Glaubenslehre beeinflußten. (→ 88, 646 ff.)

Spanien → 33 ff., 85 ff., 102 ff., 339 ff.

Spanischer Erbfolgekrieg Da König Karl II. von Spanien kinderlos war, konzentrierte sich die Aufmerksamkeit der europäischen Großmächte schon in der zweiten Hälfte des 17. Jahrhunderts auf die spanische Thronfolge. Nach seinem vergeblichen Versuch, die spanischen Niederlande als angebliches Erbe seiner Gemahlin an sich zu reißen (1667), erreichte Ludwig XIV., daß Karl auf dem Sterbebett Ludwigs Enkel Philipp von Anjou zum Thronerben erklärte. Dem widersetzten sich Österreich, England, die Niederlande, Savoyen und das Reich, während der französische Anspruch von Bayern und Köln unterstützt wurde. Der Krieg dauerte von 1701 bis 1714. Als nach dem Tod Josephs I. von Österreich die Gefahr bestand, daß der österreichische Thronprätendent Spanien und Österreich wieder zu einem Großreich vereinen würde, brach die antifranzösische Koalition allmählich auseinander, obwohl die Franzosen zu diesem Zeitpunkt praktisch geschlagen waren. So kamen diese im Frieden von Utrecht, dem später auch Kaiser und Reich beitraten, sehr glimpflich davon. (→ 212 ff.)

Spiegelteleskop Hier, anders als beim gewöhnlichen Fernrohr, ging nicht die Praxis der Theorie voraus; vielmehr war das Prinzip des Spiegelteleskops schon lange bekannt, ehe es gelang, das Instrument praktisch zu verwirklichen. Ein erstes, noch unvollkommenes Spiegelteleskop baute Newton. Erst nach entscheidenden Verbesserungen vermochte es, besonders durch Herschel (1738–1822), die beobachtende Astronomie zu revolutionieren. (→ 448, 551, 180*)

Spinoza, Baruch de (1632–1677) Niederländischer Philosoph aus portugiesisch-jüdischer Familie. Er sollte Rabbiner werden, wurde jedoch wegen seiner freien religiösen Ansichten aus der Gemeinde ausgeschlossen. Danach lebte er als Privatlehrer und Linsenschleifer in ärmlichsten Verhältnissen im Haag. Sein konsequent rationalistisches System eines pantheistischen Monismus *(Deus sive natura)* gründet auf der Methode von Descartes, auf der jüdischen Mystik und auf neuplatonischen sowie spätscholastischen Ideen. Staatsphilosophisch war er ein Utilitarist. Er begründete die rationalistische Bibelkritik und trat für religiöse Toleranz ein. Seine Gedanken fanden weite Verbreitung und übten auch auf den deutschen Idealismus einen sehr großen Einfluß aus. (→ 223*, 683 ff.)

Stadtkultur → 425 ff.

Stand Geschlossene Gesellschaftsgruppe im Mittelalter und in der frühen Neuzeit. Die Standeszugehörigkeit war weitgehend durch die Herkunft festgelegt. Jeder Stand hatte seine bestimmten Privilegien, doch erfreuten sich Adel und Geistlichkeit bei weitem der meisten und folgenschwersten Vorrechte. In der Zeit des Feudalismus galten nur diese beiden Gesellschaftsgruppen als Stände; erst später kam das Bürgertum als Dritter Stand dazu. Staaten, in denen bestimmte Stände Träger der Macht waren, bezeichnet man als *Ständestaaten*. Durch die Möglichkeit, in der ständischen Hierarchie aufzurücken (Amtsadel usw.), wurden soziale Spannungen gemildert, während ein Abriegeln der Standesgrenzen gewaltsame Umwälzungen begünstigte (z. B. die Französische Revolution).

Stanhope, James → 222.

Statthalter Ursprünglich der Vertreter des Staatsoberhaupts oder der Regierung in einem Landesteil. In den Niederlanden nach der Vereinigung mit Burgund Stellvertreter des Monarchen in den Provinzen, denen in ihrer Gesamtheit im 15. und 16. Jahrhundert ein Generalstatthalter vorstand. Nach der Losreißung von Spanien erhielten die Prinzen von Oranien, denen ein Teil der königlichen Rechte (so der militärische Oberbefehl) übertragen wurde, den Titel *Stadhouder,* der in der Familie erblich wurde.

Steen, Jan → 78*.

Steinkohle Sie fand im Verlauf des 18. Jahrhunderts in zunehmendem Umfang Verwendung, weniger für den Hausbrand als für den Betrieb der von Newcomen und Watt vervollkommneten Dampfmaschinen, durch welche die industrielle Revolution in Gang kam. Wichtig wurde Steinkohle auch für die Erzverhüttung, nachdem Darby zu Beginn des 18. Jahrhunderts ein brauchbares Verfahren zum Entkoken im großen und zum Erzausschmelzen in koksbeschickten Hochöfen erfunden hatte; allerdings dauerte es fast ein volles Jahrhundert, bis sich dieses Verfahren allgemein durchgesetzt hatte. Ein Großverbraucher war zunächst die neuentwickelte Textilindustrie: allein die Textilfabriken in Lancashire konsumierten im Jahr 1855 volle 500000 Tonnen Steinkohle. (→ 454)

Stensen, Niels (1638–1686) Dänischer Arzt, Theologe und Naturforscher, latinisiert *Nicolaus Steno.* Er schuf die Grundlagen der geologischen Wissenschaft, entdeckte den historischen Aufbau des geologischen Profils und beschrieb erstmals die Sedimentation. Außerdem betätigte er sich als Arzt und entdeckte den Ausgang der Ohrspeicheldrüse. 1667 trat er zum Katholizismus über, wurde Geistlicher und 1677 Apostolischer Vikar und Bischof. (→ 543)

Stuart Schottische Dynastie, gelangte mit Robert II. 1370 auf den schottischen und mit Jakob I. 1603 auf den englischen Thron, regierte in direkter Linie bis 1688 (mit Unterbrechung von 1649 bis 1660) und in indirekter Linie von 1689 bis 1714.

Sully, Maximilien de Béthune, Herzog von (1560–1641) Französischer Staatsmann. Er beteiligte sich an den Feldzügen Heinrichs IV. und wurde später dessen leitender Minister. Er führte wichtige innenpolitische Reformen durch (Finanz- und Steuerwesen, Förderung der Landwirtschaft und der Seidenindustrie), hatte jedoch auf die Außenpolitik kaum einen Einfluß. Nach der Ermordung des Königs wurde er als Hugenotte aus seiner Stellung verdrängt.

Swift, Jonathan (1667–1745) Englischer Schriftsteller und politischer Satiriker. Er wurde 1688 Sekretär des Politikers Sir William Temple, trat 1694 in den geistlichen Stand und ging, als er kein Staatsamt erhalten konnte, als Kaplan des Grafen Berkeley nach Nordirland. Dort gab er eine Reihe von scharfen Pamphleten heraus, die ihn berühmt machten. Dadurch wurde er mit den führenden Vertretern der Whigs bekannt. Wie groß sein Einfluß wurde, läßt sich daran ermessen, daß seine Schriften entscheidend zum Sturz Marlboroughs (1711) beitrugen. Als ihm aber seine Freunde unter den Whigs nicht das von ihm gewünschte Bistum verschaffen konnten, ging er ins Lager der Tories über, doch auch diese konnten ihm nur ein Dekanat in Dublin vermitteln. Nun griff er in bissigen Schmähschriften die englische Regierung an. 1726 veröffentlichte er sein bekanntestes Werk, das als einziges die Zeiten überdauert hat: *Travels Into Several Remote Nations of the World, by Lemuel Gulliver* (heute jedem Kind in verkürzter Form als *Gullivers Reisen* bekannt). Das Buch wurde schon nach wenigen Jahren in fast alle Kultursprachen übersetzt. Um 1740 begann sich Swifts Geist zu verdüstern; die letzten vier Lebensjahre verbrachte er in völliger geistiger Umnachtung.

Synergismus So bezeichnet man die dogmatische Ansicht, daß der Mensch zu seinem Heil mitwirken könne und müsse. Sie wurde schon in den ersten Jahrhunderten des Christentums von Pelagianern und Semipelagianern vertreten, von Augustinus hingegen verworfen. Der Streit lebte im 16. Jahrhundert im Zusammenhang mit der Reformation erneut auf; diesmal standen sich Luther und Melanchthon bzw. Pfeffinger und Strigel gegenüber, in den Niederlanden ging es zwischen Gomarus und Arminius um die gleiche Frage. (→ 165, 647)

Tabak Das neue Genußmittel fand im 17. und 18. Jahrhundert, zuerst in den Niederlanden und vor allem in den Hafenstädten, rasche Verbreitung. Im 17. Jahrhundert wurde der

Tabak vornehmlich in der Pfeife geraucht, während im 18. Jahrhundert das Tabakschnupfen aufkam.

Telemann, Georg Philipp (1681–1767) Deutscher Komponist. Er studierte in Leipzig Rechtswissenschaft, entdeckte aber gleichzeitig sein Interesse und seine Begabung für die Musik. 1704 wurde er Organist an der Leipziger Neuen Kirche, danach Kapellmeister in Sorau, Eisenach und Frankfurt am Main und 1721 städtischer Musikdirektor in Hamburg. Er war als Komponist ungemein fruchtbar (so schrieb er u. a. 44 Passionsmusiken und 40 Opern), übte aber keinen sehr großen Einfluß aus.

Tercio Die taktische Grundeinheit des spanischen Fußvolks, die in dichter Schlachtordnung zu operieren pflegte. Erstmals entscheidend geschlagen wurde der *tercio* von der französischen Armee 1643 bei Rocroi.

Testakte Im Jahre 1673 vom englischen Parlament dem König Karl II. aufgezwungenes Gesetz. Danach mußte jeder Inhaber eines öffentlichen Amtes einen Schwur (Testeid) leisten, daß er nicht an die katholische Transsubstantiationslehre glaube. Durch das Gesetz wurden die Katholiken von allen Staatsämtern und vom Parlament ausgeschlossen. Erst 1829 wurde das Gesetz aufgehoben. (→ 182)

Textil Hinter der Landwirtschaft und neben dem Bauhandwerk war das Textilgewerbe der wichtigste Produktionssektor. Im 17. Jahrhundert weitgehend im Verlagssystem als Nebenerwerb betrieben, hob das Textilgewerbe den Lebensstandard der Landbevölkerung. Im 18. Jahrhundert erfolgte eine zunehmende Konzentration in Manufakturen, später Fabriken, und gleichzeitig eine Mechanisierung der Arbeitsgänge (Schnellschütz von John Kay, Wirk- und Webstuhl von Arkwright und John Wyatt, Spinnmaschine von Hargreaves usw.). Damit nahm die industrielle Revolution ihren Anfang, die zunächst in England und bald griff sie auch auf andere Produktionssektoren über. (→ 132*–136*, 449 ff.)

Theater Hängt im Zeitalter des Barock stark mit der → Oper zusammen. Vorbilder für die gesamten europäischen Theaterbau waren die italienischen Operntheater. Zunächst waren die Theater den Hofhaltungen angegliedert, aber allmählich wurden sie auch einem zahlenden Publikum teilweise zugänglich gemacht, doch trennte man scharf nach Ständen. Die Moral der Theaterleute war meist ziemlich lax; für die Schauspielerinnen und Tänzerinnen war eine raffinierte Form der → Prostitution beinahe eine Selbstverständlichkeit. Auch in der Folgezeit gingen starke Impulse für das Theater von Italien aus.

Thermometer Wärmemesser, im Zeitalter des Barock erfunden (eine Vorform war das Thermoskop von Galilei), von Fahrenheit und Réaumur vervollkommnet. Die Einteilung der Skala in 100 Grade zwischen dem Eispunkt und dem Siedepunkt des Wassers stammt von dem Schweden Anders Celsius. (→ 553 f.)

Tiepolo, Giovanni Battista (1696–1770) Der größte italienische Maler des 18. Jahrhunderts war ein Venezianer. Er lernte bei Veronese, schuf bald zahlreiche Fresken für Kirchen und Paläste in Venedig und auf dem benachbarten Festland und wurde 1750 nach Würzburg berufen, wo er das erzbischöfliche Palais ausmalte. Von 1755 bis 1758 war er Direktor der venezianischen Kunstakademie. 1761 ging er an den Madrider Hof, wo er neun Jahre später starb. Seine farbenprächtigen, wirkungsvollen Fresken und Ölgemälde behandeln in erster Linie religiöse Themen, doch hat er auch bemerkenswerte Porträts und zahlreiche Radierungen geschaffen.

Tilly, Johann Tserklaes, Graf von (1559–1632) Wallonischer Edelmann, trat in spanische, lothringische und 1598 in kaiserliche Kriegsdienste, kämpfte gegen die Türken, wurde 1601 Oberst eines Wallonenregiments, brachte es bis zum Artilleriegeneral und reorganisierte ab 1610 das bayerische Kriegswesen. Beim Ausbruch des Dreißigjährigen Krieges wurde er zum Feldmarschall der katholischen Liga ernannt, gewann 1620 die Schlacht am Weißen Berg und wurde 1623 für seinen Sieg über den Herzog von Braunschweig in den Grafenstand erhoben. 1626 schlug er den Dänenkönig Christian IV. bei Lutter am Barenberge und wurde nach Wallensteins Absetzung 1630 Generalissimus der ligistischen und kaiserlichen Truppen. 1631 eroberte und zerstörte er Magdeburg. Am 17. September 1631 wurde er von Gustav Adolf bei Breitenfeld geschlagen. Als er 1632 mit einer neuen Armee über den Lech setzte, traf ihn eine Kanonenkugel. 14 Tage später erlag er seinen Verletzungen. Er war ein fanatischer Katholik, ein disziplinierter Soldat und ein hervorragender Feldherr. (→ 126)

Toleranzedikt Mit diesem am 17. November 1787 von Ludwig XVI. erlassenen Edikt fanden endlich die Unterdrückungsmaßnahmen gegen die Hugenotten ihren Abschluß. In den Vollgenuß aller bürgerlichen und staatsbürgerlichen Rechte gelangten die Hugenotten erst 1791 durch ein Gesetz der konstituierenden Nationalversammlung. (→ 202)

Tories Ursprünglich katholische Räuberbande, die ab 1652 nach der Unterwerfung Irlands durch Cromwell den Widerstand gegen die Regierung fortsetzte, ab 1680 Bezeichnung für die Anhänger des Herzogs von York, des späteren Jakob II. Allgemein wurde als Tories später jene Partei bezeichnet, die auf seiten des Hofes stand und eine passive Unterwerfung unter die Krone befürwortete. Ihre Gegner waren die → Whigs. Im 18. Jahrhundert bildeten die Tories die konservative Partei. Während unter den beiden ersten hannoveranischen Georgs die Whigs tonangebend waren, kamen unter Georg III. die Tories an die Macht, was einschneidende Veränderungen nach sich ziehen sollte.

Torricelli, Evangelista (1608–1647) Italienischer Mathematiker und Physiker. Ab 1641 arbeitete er mit Galilei zusammen, zu dessen Schülerkreis er gehörte. 1642 wurde er Professor für Mathematik und Physik in Florenz, erfand 1643 das Barometer, stellte hydrodynamische Untersuchungen an, fertigte Mikroskope und große Linsen für astronomische Fernrohre. (→ 554)

Tourville, Anne Hilarion de Cotentin, Graf von (1642–1701) Der größte französische Admiral unter Ludwig XIV. Kämpfte gegen die Barbaresken, Holländer und Spanier, wurde 1680 Generalleutnant der Seetruppen, danach Oberbefehlshaber der französischen Kanalflotte und besiegte 1690 bei Beachy Head eine britisch-holländische Flotte, wurde aber seinerseits 1692 vor la Hougue geschlagen. 1693 wurde er zum Marschall von Frankreich ernannt. (→ 64*)

Turenne, Henri de Latour d'Auvergne, Vicomte de (1611–1675) Protestantischer Edelmann, der später zum Katholizismus übertrat, einer der größten Feldherren des Jahrhunderts, Generalmarschall, der zahlreiche siegreiche Schlachten schlug. Kurze Zeit schloß er sich der Fronde an, ging aber bald wieder ins Lager des Königs über. Wenig ruhmvoll war seine aus strategischen Gründen befohlene Verwüstung der Pfalz. Er fiel wenig später in einer Schlacht gegen die Kaiserlichen unter Montecuccoli. (→ 44*)

Türkei Das Stillhalten des durch innere Schwierigkeiten geschwächten Osmanischen Reiches während des Dreißigjährigen Krieges spielte eine bedeutsame Rolle. Nach 1693 wurden die Türken im Donauraum immer weiter zurückgedrängt; dadurch wurde der Aufstieg Österreichs zur europäischen Großmacht möglich. (→ 85 ff., 204 f.)

Typhus Schwere Infektionskrankheit, verursacht durch Typhusbakterien, kam einst in Gegenden mit verseuchtem Grundwasser oft endemisch vor, konnte aber auch nach Mißernten infolge des geschwächten Zustands großer Bevölkerungsteile epidemisch auftreten (Hungertyphus). Solche Epidemien waren vom 16. bis zum 18. Jahrhundert keine Seltenheit. (→ 274)

Uhren Räderuhren mit Waag und Hemmung kamen schon im Mittelalter auf. Christian Huygens erfand das Uhrpendel und die Unruh. Dadurch wurde eine größere Genauigkeit erzielt; zum Stundenzeiger trat nunmehr immer häufiger der Minutenzeiger. Die ersten Taschenuhren entstanden im 16. Jahrhundert, die Ankerhemmung wurde von Graham im ausgehenden 17. Jahrhundert, die Zylinderhemmung 1695 von Tompion erfunden. Die Chronometer für die Navigation wurden zwischen 1761 und 1772 von Harrison, Le Roy und Berthoud vervollkommnet. Ein Zentrum der Uhrenindustrie war seit dem ausgehenden 16. Jahrhundert die Schweiz; die Schwarzwälder Uhrenindustrie wurde in der zweiten Hälfte des 17. Jahrhunderts aufgebaut. (→ 554)

Ungarn War im 16. Jahrhundert vorwiegend in den Händen der Türken; lediglich der Norden und Westen regierten die Habsburger. Nach 1683 wurde das Land in Etappen von den kaiserlichen Truppen zurückerobert. Im Frieden von Karlowitz (1699) mußten die Türken ganz Ungarn mit Ausnahme des Banats und Siebenbürgens herausgeben. In der Folge kam es zu oft gefährlichen Spannungen zwischen Ungarn und Österreich, bedingt durch die Schwierigkeiten, die die Modernisierung und Wiedereingliederung dieses Landes mit sich brachten. (→ 205)

Unigenitus Dei filius Anfangsworte der von Papst Klemens X. im September 1713 erlassenen Bulle, in der 101 Sätze aus Quesnels *Réflexions morales* und damit die Prinzipien des Jansenismus verdammt wurden. Die Bulle war auf Betreiben Ludwigs XIV. abgefaßt worden und erregte in vielen Ländern lebhaften Widerspruch.

Union, protestantische Eine Vereinigung protestantischer Fürsten und Städte, die sich 1608 zum Schutz ihrer gemeinsamen Religionsinteressen zusammenschlossen. Als Gegenstück dazu entstand die katholische → Liga.

Union von Brest 1594 vollzogener Zusammenschluß der katholischen und der orthodoxen Kirchen Polens, wurde vom niederen Klerus und dem Volk auf orthodoxer Seite entschieden abgelehnt.

Unitarier Bezeichnung für die verschiedenen protestantischen Richtungen, die die Dreifaltigkeitslehre verwarfen. Sie spielten seit dem 16. Jahrhundert besonders in Ungarn und Polen (→ Sozinianer) eine Rolle und beeinflußten von dort aus auch andere Länder Europas.

Urban VIII. (1568–1644) Maffeo Barberini, 1604 Erzbischof, danach Gesandter in Paris, seit 1623 Papst. Schloß sich stark an Frankreich an und unterstützte Richelieu in dessen Kampf gegen die Habsburger in Spanien und Österreich, errichtete das Propagandakollegium, verdammte das Galileische System und verurteilte 1642 durch die Bulle *In eminenti* den Jansenismus.

Usselincx, Willem (1567–1647) Politisch sehr einflußreicher holländischer Großkaufmann, einer der Gründer der → Westindischen Kompanie. (→ 114, 168)

Utrecht, Friede von Am 11. April 1713 geschlossen, beendete den → Spanischen Erbfolgekrieg. Kaiser und Reich traten dem Frieden 1714 durch Sonderverträge in Rastatt und Baden-Baden bei.

Uytenbogaert, Johannes → 167, 642.

Vauban, Sébastien Le Prestre, Marquis de (1633 bis 1707) Bedeutendster französischer Kriegsbaumeister, legte ab 1667 den Festungsgürtel im nördlichen Frankreich an (Dünkirchen, Tournai, Douai, Courtrai usw.). 1669 wurde er Generalinspekteur sämtlicher französischer Festungen. Nach dem Frieden von Nimwegen befestigte er auch die französische Ostgrenze (Belfort, Straßburg, Hagenau, Schlettstadt, Neubreisach u. a.). 1703 wurde er zum Marschall ernannt, zog sich aber durch eine kritische Schrift die Ungnade des Königs zu und wurde in den Ruhestand versetzt. Er trat für soziale Reformen ein (*Projet d'un disme royale*, 1707) und kritisierte als einer der wenigen französischen Katholiken das Revokationsedikt von 1685. (→ 52*, 53*, 54*, 55*, 74 f.)

Velázquez, Diego Rodriguez de Silva (1599 bis 1660) Lernte bei Herrera und Pacheco, entwickelte bald seinen eigenen Stil und wurde zum größten Naturalisten unter den spanischen Malern (Gruppen aus dem Volksleben, naturalistisch aufgefaßte religiöse Bilder). 1622 kam er nach Madrid, wo er die Gunst des Herzogs von Olivarez gewann, der 1623 seine Berufung zum Hofmaler erreichte. Im Auftrag des Königs entstanden zahlreiche Bilder, vor allem Einzel- und Gruppenporträts. 1629–1631 weilte er in Italien, wo er in Venedig Tintoretto, in Rom Raffael und Michelangelo kennenlernte. Ein zweites Mal besuchte er Italien 1648–1651, um für die in Madrid geplante Kunstakademie Kunstwerke aufzukaufen. In dieser Zeit entstand das Porträt Innozenz' X., eines der großartigsten Papstbilder aller Zeiten. Überarbeitung schwächte seinen Körper derart, daß er, kaum 60 Jahre alt, einem Fieberanfall erlag. (→ 1*, 613)

Venedig Die Geschichte Venedigs im Zeitalter des Barock ist die Geschichte eines langsamen, aber unaufhaltsamen Niedergangs. Bis um 1580/90 vermochte die Stadt ihre Position im Welthandel mit Mühe zu halten, aber dann ging es rasch bergab. Nur wenige Jahrzehnte später wurde auch der industrielle Sektor von der Krise erfaßt, vor allem die Glasindustrie und der Schiffbau. Verheerend wirkte sich die Pest von 1630 aus: von ganz Italien wurde Venedig am schwersten betroffen. Die Einwohnerzahlen spiegeln die Entwicklung: 1500 war Venedig die drittgrößte Stadt des christlichen Abendlandes, um 1600 stand es auf der fünften, um 1700 auf der sechsten und um 1800 nur mehr auf der elften Position. In Italien selber nahm Venedig 1500 hinter Neapel den zweiten, nach der Pest um 1650 hinter Neapel und Palermo, 1700 hinter Neapel und Rom den dritten, im ausgehenden 18. Jahrhundert hinter Neapel, Rom und Palermo den vierten Rang ein. Die absoluten Bevölkerungszahlen lauten nach K. J. Beloch: 143 000 für 1624, 98 000 für 1633, 120 000 für 1642, 132 000 für 1696, 140 000 für 1766, 134 000 für 1802, 100 000 für 1823 und 129 000 für 1881. Vom 16. bis zum 18. Jahrhundert wurden in Venedig nur wenige große Neubauten aufgeführt, doch wurde vieles restauriert, vergrößert, verschönert. Der bedeutendste venezianische Maler dieser Zeit war Tiepolo. 1637 wurde das erste Operntheater eröffnet, das auch einem zahlenden Publikum zugänglich war (San Cassiano). Bis um 1700 war die Zahl der Operntheater bereits auf elf angewachsen. (→ 100 f.)

Vereinigte Niederlande → 162 ff., 432.

Verkehr → 124*, 125*, 126*, 127*, 377 ff.

Verlagssystem Dieses auch als Hausindustrie bezeichnete Wirtschaftssystem war im Zeitalter des Barock weit verbreitet, besonders auf dem Textilsektor. Ein Unternehmer (Kaufmann) stellte den Heimarbeitern die erforderlichen Rohmaterialien zur Verfügung und nahm ihnen ihre Erzeugnisse zum Weiterverkauf ab.

Vermeer van Delft Eigentlich Jan van der Meer aus Delft (1632–1675) Er gehörte wie Hobbema und Potter der auf Rembrandt folgenden niederländischen Malergeneration an. Er schuf religiöse und mythologische Darstellungen sowie zahlreiche Genrebilder und Landschaften; besonders die beiden letztgenannten Gruppen begründeten seinen Ruhm. Seine Bilder aus dem Alltagsleben sind wertvolle kulturhistorische Zeugnisse. (→ III*)

Versailles Am Anfang von Versailles stehen der Verzicht Ludwigs XIV. auf eine Umgestaltung des Pariser Louvre in eine des mächtigsten Herrschers Europas würdige Residenz (Ablehnung der barocken Pläne Berninis), sein Mißtrauen gegen das der Fronde zuneigende Paris und die Überlegung, daß der Monarch nicht dem Druck der Hauptstadt ausgesetzt sein dürfe. Zudem spielten wirtschaftliche Erwägungen eine Rolle: die großen Bauten, die dem König vorschwebten, ließen sich im freien Gelände von Versailles billiger verwirklichen als in der dichtbesiedelten Hauptstadt. Versailles steht also zwischen dem Escorial, Sanssouci und Sankt Petersburg. Man wählte die Entfernung von der Hauptstadt so, daß der gewünschte Abstand erzielt, die Verbindung jedoch nicht völlig unterbrochen wurde. Diese Lösung wurde mit mehr oder weniger Glück in ganz Europa nachgeahmt: Schönbrunn, Nymphenburg, Sanssouci, La Granja, Queluz. Aber Nymphenburg und Schönbrunn lagen der Hauptstadt (München bzw. Wien) zu nahe, um wirklich autonom zu sein, Sanssouci lag zu fern. Ein Extrem war Sankt Petersburg, das einen gänzlichen Bruch mit Moskau bedeutete. Die Stadt Versailles wuchs bei dem Schloß aus dem Nichts empor. Gegen Ende der Regierungszeit Ludwigs XIV. hatte sie nur ein paar tausend Einwohner (1726 knapp 8600, 1745 sogar nur 4700), doch bis 1789 waren es schon 44 200 Menschen, womit Versailles den zehnten Rang unter den französischen Städten einnahm. Das Schloß wurde auf einer Domäne errichtet, die Katharina von Medici ihrem Günstling Gondi geschenkt hatte. Ludwig XIII. ließ ein Jagdschlößchen bauen, das Ludwig XIV. später von Mansart ausschmücken und in den Marmorhof einbauen ließ. Noch 1627 konnte Bassompierre vom »erbärmlichen Schloß Versailles« schreiben. 1631 wurde Philibert Le Roy beauftragt, das Jagdhaus in ein Schloß umzubauen. Ein Jahr später kaufte der König die Domäne und Seigneurie Versailles dem Pariser Erzbischof Jean-François de Gondi ab. 1661 wurde mit dem Bau des neuen Schlosses begonnen. Pläne wurden von Jacques Gabriel, Claude

Perrault, Antoine Le Pautre, Vigarini und Louis Le Vau ausgearbeitet; Ludwig XIV. entschied sich für den Plan Le Vaus. Ab 1670 hatte Jules Hardouin-Mansart die Planung und Leitung der Bauarbeiten. Von ihm stammen unter anderem die herrliche Spiegelsaal und die Orangerie, eine technische Meisterleistung. Am 6. Mai 1682 waren die Bauarbeiten abgeschlossen, doch dauerte die Ausschmückung der Räume bis ins 18. Jahrhundert hinein. Zu Versailles gehören auch die beiden Lustschlösser Trianon im Park. Das Große Trianon wurde bis 1688 von den bedeutendsten Bildhauern der Zeit für Madame de Montespan geschaffen, das Kleine Trianon 1759-1764 von Gabriel erbaut. Die prächtigen Parkanlagen gestaltete André Le Nôtre. In ganz Europa wurde Versailles nachgeahmt, wenn auch nie erreicht oder gar übertroffen. (→ 101*, 616)

Vico, Giovanni Battista (1668-1743) Italienischer Philosoph, Schöpfer der modernen Geschichtsphilosophie und der Völkerpsychologie. Sein Hauptwerk sind die *Prinzipi di una scienza nuova d'intorno alla commune natura delle nazioni* (1725).

Viehzucht Spielte im Vergleich zum Ackerbau im Zeitalter des Barock nur eine untergeordnete Rolle, da man das bebaubare Land für den Getreideanbau benötigte. Als Weide und Mast dienten vornehmlich der Wald und die Brachen. Entsprechend war der Fleisch- und Milchkonsum verhältnismäßig gering. Erst durch die Agrarrevolution (Übergang zum Futteranbau, künstliche Weiden usw.) änderte sich dies im Verlauf des 18. und im 19. Jahrhundert.

Viète, François (1540-1601) Latinisiert *Vieta*. Französischer Advokat und Mathematiker, befaßte sich besonders mit den trigonometrischen Funktionen, gehört zu den Schöpfern der modernen Algebra. (→ 558)

Villiers-Buckingham, George → 140.

Vinzenz von Paul (1576-1660) Französischer Geistlicher, Heiliger. Empfing 1600 die Priesterweihen, wurde 1605 von Seeräubern gefangengenommen und nach Tunis als Sklave verkauft, wurde später Lehrer von Philippe de Gondi und 1622 *Aumônier royal des galères de France*, also praktisch geistlicher Betreuer der Galeerensklaven. Er stiftete die Orden der

Barmherzigen Schwestern und der Lazaristen. Auf ihn geht die Praxis zurück, Findelkinder in Heime aufzunehmen und sie dort aufzuziehen. (→ 653)

Vivaldi, Antonio (um 1678-1741) Venezianischer Komponist aus einer Musikerfamilie (sein Vater war Geiger in der Kapelle von San Marco). 1703 empfing er die Priesterweihen, konnte aber eines chronischen Asthmaleidens wegen sein Amt nicht antreten. Im gleichen Jahr wurde er Lehrer am Seminario Musicale, einem der vier venezianischen Musikkonservatorien. Als virtuoser Musiker und ungemein fruchtbarer Komponist bereiste er ganz Europa, war jedoch gegen Ende seines Lebens bereits wieder »aus der Mode« und fast völlig vergessen. Die Zahl seiner Kompositionen ist erstaunlich: neben vielen Opern und religiösen Musiken schrieb er mehr als 470 Konzerte. Wie de Brosses berichtet, komponierte er rascher, als ein Kopist schreiben konnte. Dies verführte ihn allerdings nicht selten zu Oberflächlichkeit und Nachlässigkeit. (→ 205*)

Vos, Cornelius de → 75*, 77*.

Wald → 410 f.

Wallenstein, Albrecht Wenzel Eusebius von (1583-1634) In Böhmen geboren, entstammt dem Geschlecht Waldstein, trat mit 15 Jahren zum Katholizismus über, studierte u. a. in Italien und nahm kaiserlichen Kriegsdienst. Im Krieg gegen die Türken brachte er es bis zum Hauptmann. 1614 erhielt er durch Erbschaft ansehnliche Güter, was es ihm ermöglichte, 1617 mit einer auf eigene Kosten angeworbenen kleinen Privatarmee Ferdinand im Krieg gegen Venedig zu unterstützen, wofür er zum Obersten ernannt und in den Grafenstand erhoben wurde. Weitere Besitztümer brachte ihm seine Mithilfe bei der Niederwerfung des böhmischen Aufstands 1619/20 ein. 1623 wurde er in den Fürstenstand erhoben. 1625 stellte er eine Armee von 20000 Mann auf, die er an den Kaiser vermietete; im gleichen Jahr wurde er Feldmarschall und Generalissimus. 1629 wurde ihm die Herzogswürde übertragen, doch 1630 wurde er auf Betreiben der Liga entlassen. Nach Gustav Adolfs Siegen über

Tilly mußte ihn der Kaiser wieder in Dienst nehmen. Nach der Schlacht bei Lützen, in der der Schwedenkönig fiel (1632), knüpfte er Verhandlungen mit den feindlichen Befelshabern an, um sich aus den Trümmern des Reiches ein eigenes Imperium zu schaffen. Daraufhin ließ ihn Ferdinand in Eger ermorden (1634). Seine Güter wurden an die von ihm abgefallenen Generale verteilt. (→ 125 ff., 42*)

Walpole, Robert (1676–1745) Englischer Politiker, seit 1701 im Unterhaus Führer der → Whigs, 1708 Kriegssekretär, 1709 Schatzmeister der Marine, 1714 Geheimrat und Kriegszahlmeister, 1715 Lord und Kanzler der Schatzkammer. Er hatte großen Einfluß auf die englische Außenpolitik und förderte Industrie, Handel und die Besiedlung Nordamerikas. Durch die Verquickung seiner Politik mit den Interessen der unbeliebten hannoveranischen Könige sank sein Ansehen, so daß er 1742 seine Ämter niederlegen mußte; gleichzeitig wurde er vom König zum Peer und Grafen von Oxford ernannt. Er war der erste eigentliche Premierminister im modernen Sinn des Wortes. (→ 10*, 222 f.)

Watteau, Antoine (1684–1721) Der charakteristischste Vertreter der französischen Malerei des 18. Jahrhunderts. Aus bescheidenen Verhältnissen stammend, lernte er bei Gérin. 1702 kam er nach Paris, wo er zuerst ein dürftiges Leben als Bilderhändler fristete; danach arbeitete er in den Werkstätten von Gillot und Claude Audran, dem Aufseher des Luxembourgpalastes, durch den er die Arbeiten von Rubens kennenlernte; diese beeinflußten ihn stark. 1708 wurde er Schüler, 1717 Mitglied der Akademie. Bereits schwer erkrankt (Schwindsucht), reiste er 1719 nach England, kehrte aber im Sommer 1721 aus London zurück, um in der Heimat zu sterben. Obwohl seine eigentliche Schaffenszeit kaum zehn Jahre dauerte, hat er eine Fülle von Bildern geschaffen und mit seinen Schäferstücken, galanten Festen und Schauspielerdarstellungen ein neues Genre in der Malerei ausgebildet. (→ 601)

Wein Im Zeitalter des Barock stieg der Weinkonsum in Stadt und Land, was nicht unwesentlich dazu beitrug, die durch Grundwasserverseuchung hervorgerufenen Epidemien zurückzudrängen. Zur Einsparung von Transport- und Lagerkosten erfand man den Branntwein; die Fortschritte in der Glasindustrie (Flaschen) ermöglichten die Entwicklung des Schaumweins (in der Champagne). (→ 419 ff.)

Wesley, John (1703–1791) Stifter der Methodisten. Studierte in Oxford Theologie, wurde 1725 Diakon, gründete 1728 zusammen mit seinem Bruder *Charles* (1708–1788) und 15 Oxforder Studenten einen religiösen Verein, dessen Mitglieder spöttisch als Methodisten bezeichnet wurden. Daraus entwickelte sich später eine selbständige Kirchengemeinschaft, deren Zügel Wesley bis zu seinem Tod straff in der Hand behielt. Er verfaßte eine Fülle von theologischen Schriften, die insgesamt mehr als 400 Bände füllen. (→ 631, 687)

Westfälischer Friede Am 24. Oktober 1618 in Münster und Osnabrück geschlossen, beendete den Dreißigjährigen Krieg und schuf ein neues europäisches Kräftegleichgewicht. Folgende territoriale Veränderungen wurden festgelegt: Schweden erhielt Vorpommern, Rügen, Wismar, Bremen und Verden, die deutsche Reichslehen blieben. An Brandenburg kamen der Rest von Pommern, Magdeburg, Halberstadt, Minden und Kammin. Bayern behielt die Oberpfalz und die Kurwürde, die es 1620 von → Friedrich V. übernommen hatte. Frankreich erhielt die Oberherrschaft über die Bistümer und Städte Metz, Toul und Verdun, Breisach, Ober- und Unterelsaß, den Sundgau und die Landvogtei der zehn vereinigten Reichsstädte im Elsaß. Die Unabhängigkeit der Schweiz und der Vereinigten Niederlande wurde feierlich anerkannt. In religiöser Hinsicht endete der Krieg mit einer vollkommenen Gleichstellung der Konfessionen. Das Restitutionsedikt von 1629 wurde aufgehoben. Die Territorialhoheit der Reichsstände wurde ausdrücklich anerkannt; damit brach das alte Reich endgültig auseinander.

Westindische Kompanie Holländische Handelsgesellschaft, 1621 zur Förderung des Amerikahandels der Vereinigten Niederlande gegründet und vom Rat der Heeren XIX geleitet. Der Versuch, in Brasilien auf Kosten der Portugiesen ein Kolonialreich aufzubauen, scheiterte; mit dem Niedergang des Amerikahandels

verlor die Gesellschaft rasch an Bedeutung.
(→ 168)

Whigs Ursprünglich Bezeichnung für schottische Aufständische (Edinburgher Aufstand von 1648), ab 1680 Name für die Partei, die den Herzog von York, den späteren Jakob II., von der Thronfolge ausschließen wollte. Die Whigs vertraten die Rechte des Parlaments gegenüber dem Monarchen, wandten sich gegen die Prärogativen der Krone und begünstigten eine »protestantische« Außenpolitik, die sich gegen Frankreich und andere katholische Mächte richtete. Unter den Königen aus dem Haus Hannover waren sie in England an der Macht.

Wien Die Hauptstadt Österreichs erreichte erst in den letzten Jahren des 17. Jahrhunderts 100000 Einwohner und rückte damit zu den europäischen Großstädten auf. Im 18. Jahrhundert wurde sie zum lebenskräftigen, sich rasch entfaltenden politischen und kulturellen Mittelpunkt der sich nach Süden und Osten ausweitenden Donaumonarchie. Große Baumeister, die der Stadt ihr barockes Antlitz gaben, waren Hildebrandt und Fischer von Erlach. Im Zeitalter der Aufklärung war Wien ein Zentrum der Gegenreformation. (→ 129*)

Wilhelm I. (1533–1584) Graf von Nassau, Prinz von Oranien, »der Schweiger« genannt. Er kam als Page an den Hof Karls V. und erbte 1544 das Fürstentum Orange (Oranien) in der Provence. Karls Nachfolger Philipp ernannte ihn zum Mitglied des Staatsrats in Brüssel und zum Statthalter von Utrecht, Zeeland und Holland. Als er sich gegen die grausamen Unterdrückungsmaßnahmen des Herzogs Alba wandte, wurde er abberufen, seine Güter wurden eingezogen. Daraufhin bekannte sich Wilhelm offen zum protestantischen Glauben und organisierte in den Niederlanden den Widerstand gegen Spanien. Nach wechselvollen Kämpfen erreichte er 1576 die Einigung der Nordprovinzen zum gemeinsamen Kampf. Ihm wurde die Leitung aller Staatsangelegenheiten des Bundes übertragen. 1584 wurde er von einem Katholiken ermordet. (→ 164)

Wilhelm II. (1626–1650) Prinz von Oranien, Sohn des Prinzen Friedrich Heinrich, heiratete 1641 die Tochter Karls I. von England, wurde 1647 Statthalter der Niederlande. Es gelang

ihm nicht, die inneren Gegensätze in der Republik zu beseitigen; zeitlebens wurde er von der Regentenpartei angefeindet. (→ 170 f.)

Wilhelm III. (1650–1702) Wurde 1672 Erbstatthalter der Vereinigten Niederlande und widersetzte sich energisch der französischen Eroberungspolitik. 1677 heiratete er die Tochter des englischen Königs Jakob II. 1688 wurde er von Vertretern des englischen Parlaments ins Land gerufen (→ Glorius Revolution) und 1689 zum König gekrönt, nachdem er in der → Bill of Rights die Rechte des Parlaments anerkannt hatte. Auch als englischer König setzte er, wenngleich mit wenig Glück, den Kampf gegen die Franzosen fort. 1701 trat er auf seiten von Kaiser und Reich in den → Spanischen Erbfolgekrieg ein. Mit ihm erlosch die ältere Linie der Oranier. (→ 12*, 180, 183)

Witt, Jan de (1625–1672) Ratspensionär von Holland und führender Vertreter der Regentenpartei. Von 1653 bis 1672 leitete er die Geschicke der Vereinigten Niederlande mit außerordentlicher Umsicht und Tüchtigkeit, so daß die junge Republik unter ihm den Höhepunkt ihrer Macht und ihres Einflusses erreichte. Nachdem jedoch Wilhelm III. zum Statthalter ernannt worden war, legte er aus Protest sein Amt nieder. Unter zweifelhaften Anschuldigungen eingekerkert, wurde er ohne ein regelrechtes Gerichtsverfahren zusammen mit seinem Bruder *Cornelis* (1632–1672) vom Pöbel ermordet. (→ 13*, 178 ff.)

Wren, Christopher → 211*.

Zurbarán, Francisco de (1598–1662) Einer der großen spanischen Maler des 17. Jahrhunderts. 1617 wurde er als Meister in die Malerzunft aufgenommen. 1626 übersiedelte er nach Sevilla; 1634–1636 weilte er in Madrid, wohin er 1658 endgültig übersiedelte. Früh schon entwickelte er einen selbständigen Stil, einen Naturalismus, dessen auffallendstes Merkmal die starken Helldunkelwirkungen sind. Seine zahlreichen Andachtsbilder und Szenen aus dem Leben vieler Heiliger veranschaulichen ausdrucksstark das asketische Ideal spanischer Frömmigkeit. Daneben stellte er auch Themen aus der antiken Mythologie dar und malte auch gut durchkomponierte Stilleben. (→ 201*, 613)

BILDANHANG ZUM LEXIKON

Münzen – Entwicklung der Mode – Uhren – Fayencen und Porzellan – Mobiliar – Geschirr und Besteck

MÜNZEN Durch das Geld wurde der alte Tauschhandel abgelöst. Im barocken Zeitalter waren Münzen aus Metall praktisch das einzige Zahlungsmittel; Versuche, Papiergeld in größeren Mengen herauszugeben, hatten zunächst keinen Erfolg. Hier einige Münzen aus dieser Zeit und eine Münzprägemaschine, die im 17. Jahrhundert eingeführt wurde.

227 EINE NEUE MÜNZE: DER LOUIS D'OR Im 17. Jahrhundert, einem Jahrhundert des knappen Geldes, erhielten die Münzen ihre endgültige Form. Sie wurden nun nicht mehr mit dem Hammer geprägt, sondern auf Schraubenstoßwerken; so war es möglich, in Aussehen und Gewicht fast völlig gleiche Münzen herzustellen. Eine auf diese Weise geschlagene Münze ist der hier gezeigte Louis d'Or, der kurz vor der Mitte des 17. Jahrhunderts in Umlauf kam. Es war eine Goldmünze. Durch Verordnung vom 31. März 1640 wurde der Goldgehalt der französischen Münzen herabgesetzt, um zu verhindern, daß allzuviel Gold außerhalb der Landesgrenzen gebracht wurde; das Edelmetall mußte, da in Frankreich kaum Gold gefunden wurde, aus Spanien und anderen Ländern importiert werden. (Paris, Nationalbibliothek, Medaillenkabinett)

228 REVERS EINES DOPPELTEN LOUIS D'OR Diese Münze wurde vierundfünfzig Jahre später geprägt, mitten im Krieg gegen die Augsburger Allianz. Mit dem Jahr 1694 begannen wirtschaftliche Schwierigkeiten, die bis 1726 dauern sollten. Hinsichtlich der Münzprägung gab es zwischen 1640 und 1694 keinen Fortschritt; das Prägebild ist klar und sauber. (Paris, Nationalbibliothek, Medaillenkabinett)

229 EIN »CUARTO« PHILIPPS V. Auch im 17. Jahrhundert belieferte Spanien – wie schon im 16. Jahrhundert – ganz Europa mit den Edelmetallen, aus denen die Münzen geschlagen wurden; Gold und Silber stammten aus dem spanischen Amerika. Trotz dieser monopolartigen Stellung hatte Spanien selber unter erheblichen Schwierigkeiten zu leiden. Die Münzverschlechterung machte rasche Fortschritte, und ab 1739 ging man in zunehmendem Maß dazu über, Scheidemünzen aus Kupfer in Umlauf zu bringen. Eine solche Scheidemünze ist dieser »Cuarto« aus dem Jahr 1742. Die Aufschrift war auch noch im 18. Jahrhundert in lateinischer Sprache gehalten. (Paris, Nationalbibliothek, Medaillenkabinett)

230 AUS DEM REICH EINE SILBERMÜNZE In Mitteleuropa wurde seit dem 15. Jahrhundert in größeren Mengen Silber gefördert;

deshalb waren hier Silbermünzen stark verbreitet. Unser Bild zeigt einen Dukaten aus dem Jahre 1753 mit dem Wappen von Franz von Lothringen, dem Gemahl von Maria Theresia. Das Silbergeld, besonders der Taler (nach St. Joachimsthal in Böhmen) war ein entscheidender Faktor im mitteleuropäischen Wirtschaftsleben. (Sammlung Thomas)

231 SCHRAUBENSTOSSWERK FÜR DIE PRÄGUNG VON MÜNZEN Goldmünzen in Frankreich, Kupfermünzen in Spanien, Silbermünzen im Reich – sie alle wurden auf die gleiche Weise geprägt. In der ersten Hälfte des 17. Jahrhunderts kam das Schraubenstoßwerk auf, das ein gleichmäßiges Prägebild lieferte. Durch das Rändeln (Erzeugung eines Grats am Münzenrand und Prägung einer Schrift oder einer Verzierung auf den Rand) wurde den Münzfälschern, den »Kippern und Wippern«, ihr Handwerk erschwert. Diese Illustration aus dem *Universal Magazine* von 1750 zeigt vorn ein Schraubenstoßwerk und dahinter ein Rändelwerk. (Paris, Nationalbibliothek)

ENTWICKLUNG DER MODE Die Volkstrachten blieben praktisch unverändert. Entwickelt hat sich lediglich die höfische Mode und – durch sie beeinflußt – die städtische Mode der höheren Stände, also lediglich die Kleidung einer Minderheit. Einen so raschen Modewechsel wie heute kannte man damals nicht.

232 MIT ABRAHAM BOSSE IM KÖNIGLICHEN PALAST Im ganzen 18. Jahrhundert liebte man schwere, kostbare Stoffe und luftige Spitzen. Ausladende Spitzenkrägen waren die Regel. Ein bedeutsamer Fortschritt, den unsere Bilder nicht zeigen können, war der Gebrauch von Leibwäsche, die sich gegen Ende des Jahrhunderts allgemein durchsetzte. (Paris, Musée Carnavalet)

233 MODE ZUR ZEIT LUDWIGS XIV. Was die Stoffe angeht, veränderte sich von der ersten zur zweiten Hälfte des 17. Jahrhunderts nur wenig. Stark verändert hat sich hingegen der Schnitt: es zeigt sich eine Neigung zur Übertreibung – eine typisch barocke Erscheinung. Die Kleidung des einfachen Volkes wurde dadurch allerdings nicht berührt. (Paris, Nationalbibliothek, Kupferstichkabinett)

234 MODE ZUR ZEIT LUDWIGS XV. Nun waren vor allem leichte Stoffe beliebt, Seide, Satin, leichter Samt. Die Herrenmode hat sich gründlicher verwandelt als die Damenmode: enge Kniehosen, reich geschmückte lange Röcke über kostbar bestickten Westen, dazu die zum Zopf geflochtene Perücke. Die Damen erhalten gewagtere Ausschnitte, behalten jedoch die weiten, faltenreichen Röcke bei, die nun über Drahtreife gespannt werden. (Paris, Musée des Arts décoratifs)

235 DIE GATTIN DES LONDONER OBERBÜRGERMEISTERS Wenn man die Darstellung sieht, nimmt man zunächst an, daß es sich um die Mode der elisabethanischen Zeit handelt, und doch ist dieser Stich von Hollar im Jahre 1649 entstanden, im Todesjahr Karls I., als in England ein strenger puritanischer Geist herrschte. Die englische Mode

227  228

229  230

231

232

233

235

236

238   234   239   240

241-242-243

244-245

war sehr konservativ, zumindest was Fest-
gewänder angeht: Hut, Halskrause und
Schnürleibchen stammen noch aus dem 16.
Jahrhundert. (Paris, Musée des Arts décoratifs)

236 DIE KLEIDUNG DER ENGLISCHEN LAND-
BEVÖLKERUNG Auf diesem Stich, den W.
Hollar 1643 anfertigte, wird, wie die Inschrift besagt, »mulier anglicana habitans
in Pago« gezeigt, also eine englische Bäuerin. Die formenverhüllende Kleidung ist
einfach im Schnitt und klar in den Linien,
aber doch bequem und wärmend. Deutlich
wird aus diesem Bild außerdem, daß sich
das einfache Volk in England schon im
17. Jahrhundert eines Lebensstandards erfreute, der in anderen europäischen Ländern
erst bedeutend später erreicht werden sollte.
Lediglich Holland konnte sich in dieser Hinsicht mit England messen. (Paris, Musée des
Arts décoratifs)

237 FRANZÖSISCHER BAUER IN DER SONN-
TAGSTRACHT Allerdings sieht auch dieser
französische Bauer auf einer Darstellung,
die im September 1676 entstand, nicht so
aus, als ob er besonders große Not litte.
Wie die Inschrift besagt, stammt er aus der
Gegend von Paris. Immerhin ist es wahrscheinlich, daß es sich hier um einen »arri-
vierten« Bauern mit eigenem Grund und
Boden, Hof und Gespann handelt, also
um einen Vertreter der »Oberschicht« des
Bauernstandes, die im Aufstieg begriffen
war. Zudem dürfte der Einfluß des nahen
Paris sich auch auf die Mode der ländlichen
Umgebung ausgewirkt haben. (Paris, Nationalbibliothek, Kupferstichkabinett)

238 DAS »EUROPÄISCHE« SPANIEN IM 18. JAHR-
HUNDERT: MÄNNERTRACHT Die spanische
Mode folgte im 18. Jahrhundert dem Beispiel der französischen und der englischen
Mode. Dieser »Dorfbewohner aus der Umgebung von Salamanca« dürfte allerdings
reichlich idealisiert sein, denn in dieser Zeit
der Wirtschaftskrisen ging es den Bauern in
Spanien nicht sehr gut. Unser Bild zeigt
einen dem Dreispitz nachgebildeten Hut,
eng anliegende Tracht mit breitem Gürtel
und den weiten Umhang, wie er in Kastilien und León seit alters üblich war. (Paris,
Nationalbibliothek, Kupferstichkabinett)

239 SPANISCHE FRAUENTRACHT Wie die Inschrift dieses Bildes besagt, handelt es sich hier
um eine Frau aus dem Volk in der Sonn-
tagstracht. Ob man sich im 18. Jahrhundert
eines solchen Wohlstands erfreute, wie die
Darstellung andeutet, ist zu bezweifeln;
allerdings stimmt es, daß man in Spanien
mehr Wert auf schöne Kleidung legte als in
anderen europäischen Ländern. (Paris, Nationalbibliothek, Kupferstichkabinett)

240 DEUTSCHE WÄSCHERIN IM 17. JAHRHUN-
DERT Hier handelt es sich im Gegensatz zu
den vorhergehenden Bildern nicht um eine
Festtagskleidung, sondern um eine gewöhnliche Arbeitstracht, die natürlich aus gro-
berem Stoff gefertigt und einfacher im
Schnitt war. Aus praktischen Erwägungen
ist der Rock kürzer, wenngleich sehr falten-
reich. Zweckmäßig und nicht sonderlich
elegant ist auch die Haartracht: das Haar
ist so aufgesteckt, daß es bei der Arbeit nicht
stört. (Paris, Nationalbibliothek, Kupferstichkabinett)

UHREN Die ersten Uhren mit Räderwerk tauchten im 13. Jahrhundert auf; der Nürnberger Uhrmacher Peter Henlein (1480–1542) soll auf den Gedanken gekommen sein, »Sackuhren« herzustellen, die es jedermann erlaubten, die Zeit mit sich herumzutragen. Während früher die Sonne und die Kirchenglocken die Zeit verkündeten und diese nur summarisch unterteilt worden war, begann jetzt eine neue Entwicklung. Praktisch sehr bedeutsam waren zunächst allerdings nur die Schiffschronometer, die ein exaktes Navigieren ermöglichten.

241–243 SILBERNE TASCHENUHR, UM 1640 BIS 1650, SIGNIERT: EDUARDUS EAST Mit den komplizierten mechanischen Problemen, die die Taschenuhr stellte, brauchen wir uns nicht zu befassen. Interessant ist, daß es noch keinen Minutenzeiger gab; der Stundenzeiger reichte aus. Die technischen Fortschritte des 17. und 18. Jahrhunderts ermöglichten eine immer genauere Zeitmessung. Zifferblatt und Uhrgehäuse waren aus kostbaren Materialien gefertigt und kunstvoll verziert. Diese Uhr gehörte König Karl I. von England und später seiner Schwester, Elisabeth von Böhmen. (London, Victoria and Albert Museum)

244–245 TASCHENWECKER, UM 1660. SIGNIERT: EDUARDUS EAST Auf der Rückseite des Uhrgehäuses ist ein Kalender mit den Kirchenfesten und den Namen der Heiligen angebracht. Die »Taschenuhren« waren damals noch recht groß (11,5 cm Durchmesser), aber schließlich hatte man ja auch recht große Taschen. Erst im 18. Jahrhundert fand der Minutenzeiger allgemeine Verbreitung. (London, Victoria and Albert Museum)

FAYENCEN UND PORZELLAN Die uralte Kunst der Keramik kam im barocken Europa zu hoher Blüte. An die Stelle des einfachen Tongeschirrs traten Fayencen und später in wachsendem Umfang das Porzellan. Diese Entwicklung widerspiegelt eine nicht unwesentliche Steigerung des Lebensstandards, wenn auch die unteren Volksschichten daran nur wenig teilhatten.

246 FAYENCE AUS ROUEN MIT SCHÖNEM DEKOR Dieses vorzügliche, mit Pflanzenmotiven und einem Schwan in der Mitte bemalte Stück aus Rouen ist zwischen 1647 und 1670 entstanden. Durch neue Verfahren war es möglich, solche Fayencen in großer Stückzahl herzustellen. (Paris, Musée des Arts décoratifs)

247 DELFT – EIN ZENTRUM DER FAYENCEHERSTELLUNG Im 17. und 18. Jahrhundert gab es in Delft zahlreiche Fabriken, in denen Geschirr hergestellt wurde, das in ganz Europa begehrt war; Vorbilder für Form und Dekor waren das chinesische und das japanische Porzellan. Dieses Gefäß wurde 1667 in der Fabrik von Reygens angefertigt. Andere bedeutende Fayencefabrikanten in Delft waren F. van Frytom, A. Pynacker und J. van Brower. (Paris, Musée des Arts décoratifs)

248 ELEGANTES PORZELLAN AUS VINCENNES Das Porzellan, das man durch den Ostasienhandel kennengelernt hatte, wurde nun auch in Europa hergestellt und erfreute sich steigender Beliebtheit. In Frankreich war vor allem das weiche Frittenporzellan sehr verbreitet, das sich im Rohzustand infolge seiner Plastizität gut formen ließ. Besonders der »Mittelstand«, das aufstrebende Bürgertum, schaffte sich Porzellangeschirr an, während der Adel noch bei seinem silbernen

Tafelgeschirr blieb. Diese barocke Saucière stammt aus dem Jahr 1756. (Paris, Musée des Arts décoratifs)

249 WEICHPORZELLAN AUS SÈVRES Nur fünf Jahre später entstand – ebenfalls in Frankreich – diese Tasse mit Untertasse von klassisch reiner Linienführung; ein einfaches Pflanzenmotiv schmückt die durchscheinende Ware. Aus solchen Tassen trank man die neuen exotischen Getränke, die in ganz Europa immer mehr Liebhaber fanden: Schokolade, Kaffee und Tee. (Paris, Musée des Arts décoratifs)

250 PORZELLAN AUS SACHSEN Das erste europäische Porzellan wurde in Deutschland (Sachsen) hergestellt. Hier ein sächsischer Bierkrug mit ziseliertem Silberdeckel; er trägt auf der Vorderseite das Emblem seines adligen Benutzers und ist mit verspielten Blumenmotiven geschmückt. (Paris, Musée des Arts décoratifs)

251 FAYENCE AUS MOUSTIERS Dieser blau bemalte Steingutkrug ist um 1725 entstanden; die Fayence wurde durch das Porzellan keineswegs verdrängt. Das Dekor erinnert entfernt an den prächtigen Schmuck, der die Wände der Amalienburg in Nymphenburg ziert. Die Herstellungstechniken wurden im 18. Jahrhundert laufend vervollkommnet. (Paris, Musée des Arts décoratifs)

MOBILIAR Diese kostbaren Stücke verraten nichts über die wichtigste Entwicklung, die sich auf dem Gebiet des Mobiliars im 17. und vor allem im 18. Jahrhundert vollzog: in dieser Zeit fand es auch in die Räume der untersten Volksschichten Eingang. Die Dorfhandwerker ahmten das Vorbild der höheren Stände nach und schufen robuste, oft prächtig geschmückte Möbelstücke, die heute im Antiquitätenhandel hohe Preise erzielen. In diesen Bestandteilen des Alltagslebens kommt der Geist der Zeit ganz klar zum Ausdruck.

252 LOUIS-XIV-SCHUBLADENSCHRANK Dieser kunstvolle Schrank mit seinen schweren Bronze-Atlanten, der in den ersten Regierungsjahren Ludwigs XIV. hergestellt wurde, steht am Übergang von dem im 16. Jahrhundert weit verbreiteten Intarsienmobiliar zu den Boulle-Arbeiten (nach André Charles Boulle, 1642–1732), die in den siebziger und achtziger Jahren des 17. Jahrhunderts große Mode wurden. (London, Sammlung Wallace)

253 LOUIS-XIII-STUHL In diesem Stuhl manifestiert sich der Geist der Zeit, der Geist eines Landes. Die einzige Konzession an das Barock sind die gewundenen Stützen. Ansonsten erinnert das Sitzmöbel noch stark an die gotischen Stühle mit ihren geraden rechteckigen Sitzen und Lehnen. Beide sind hier allerdings kürzer, beinahe schon funktionell, aber mit schönen Tapisserien geschmückt. Sonderlich bequem waren diese Stühle nicht. (Privatbesitz)

254 LOUIS-XV-FAUTEUIL Eine schöne Beauvais-Tapisserie verschönert diesen Sessel mit seinen gepolsterten Armlehnen. Hier gibt es keine einzige Gerade mehr; sämtliche Linien sind barock geschwungen. Diese Möbel sind einladender und verspielt. (Privatbesitz)

255 LOUIS-XIV-STUHL Zwischen diesen beiden Beispielen steht der Louis-XIV-Stuhl. Die Rückenlehne ist noch steil und gerade wie zur Zeit Ludwigs XIII., aber Sitz und Beine sind mehr dem Louis-XV-Fauteuil verwandt. Noch hielt man an den alten Traditionen fest, aber unaufhaltsam brach sich ein neuer Geist Bahn. (Sammlung Mme Jean Bloch)

256 LOUIS-XV-KOMMODE Dies ist ein ganz und gar »weibliches« Möbelstück, weiblich in seiner Zweckbestimmung, weiblich in seiner Linienführung. Auf einen mit Intarsien geschmückten Korpus ist ein verschwenderisch reicher Dekor aufgesetzt. Nirgendwo manifestierte sich der Geist des Barock kompromißloser als im Mobiliar. (Paris, Nationalbibliothek)

257 LOUIS-XIV-SCHRANK Strenge, klare Linien, die die Struktur des Möbels deutlich werden lassen, charakterisieren diesen Schrank aus der Zeit Ludwigs XIV., der vielleicht von André Charles Boulle geschaffen wurde. Ganz und gar barock hingegen ist der aufgesetzte Dekor, der die Nüchternheit mildert, ohne sie ganz zu verdecken. Mythologische Szenen schmücken die Mittelfelder der Türen. (London, Sammlung Wallace)

246

247

248

249

250

251

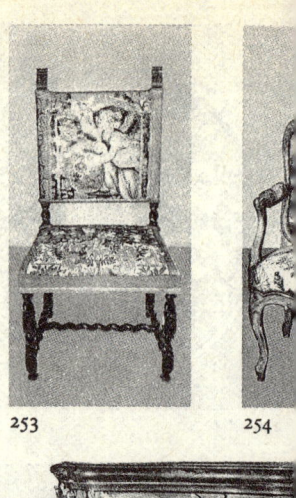

253

254

252

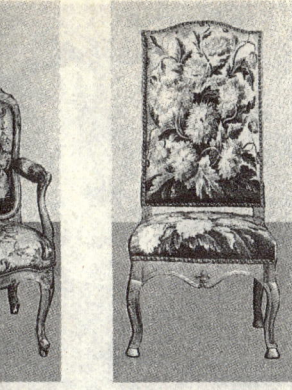

255

256

257

259

258

260

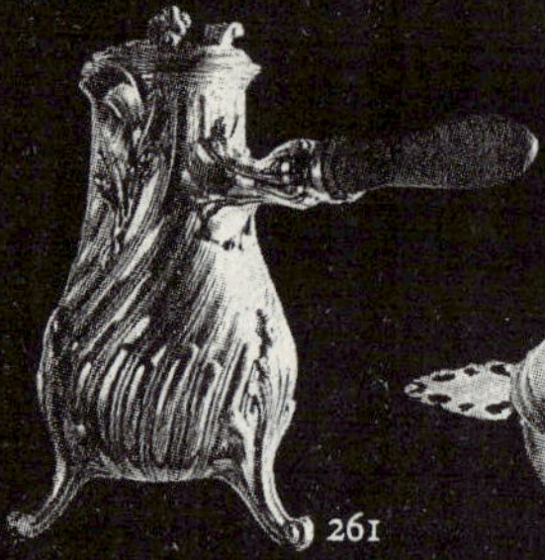

261

262

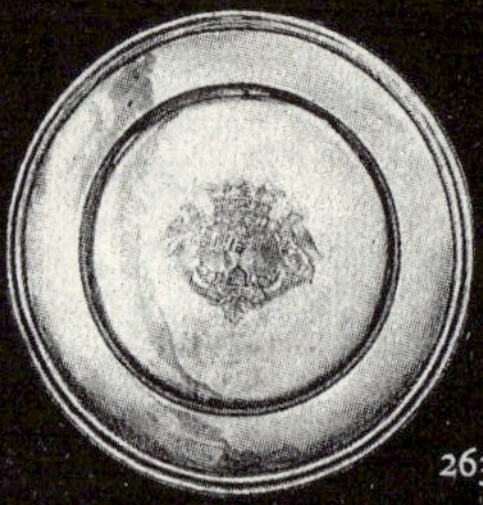

263

264

GESCHIRR UND BESTECK Die Reichen und Mächtigen blieben der Tradition insofern verhaftet, als ihr Tafelgeschirr wie eh und je aus kostbarem Metall gefertigt war. Wenn sich auch das Bürgertum immer mehr dem Porzellan zuwandte, auf den Tafeln der Fürsten standen weiterhin Gold und Silber.

258 OLLA-TOPF Traditionelles Silbergeschirr, dessen Deckel ein Eberkopf krönt. (Paris, Musée Nissim de Camondo)

259 HOLLÄNDISCHER SAMOWAR Der hier gezeigte Samowar aus dem 18. Jahrhundert ist ein Zeuge aus jener Zeit, in der sich der Tee in fast ganz Europa durchsetzte. Dieses aufgebrühte Getränk, zu dessen Zubereitung man zwangsläufig das Wasser abkochen mußte, trug nicht unerheblich zum Rückgang der Sterblichkeit bei, war doch verseuchtes Wasser damals ein ständiger Gefahrenherd. Der Samowar wurde in Rußland erfunden, wo sich das Teetrinken ab dem 16. Jahrhundert durchsetzte; von Osten nach Westen fortschreitend, eroberte der Tee ganz Europa. (Rotterdam, Museum Boymans-Van Beuningen)

260 BECHER Dieser schöne Trinkbecher aus dem 17. Jahrhundert erinnert uns daran, daß das venezianische Glas damals noch ein teurer Luxus war. Die Trinkgefäße bestanden deshalb aus Metall, aus Zinn oder Silber. Das Trinkglas fand erst im 19. Jahrhundert Verbreitung. (Privatbesitz)

261 KAFFEEKANNE VON F. T. GERMAIN Ein anderes exotisches Getränk, das im 18. Jahrhundert in Europa immer mehr Liebhaber fand, war der Kaffee. Für ihn wurde diese herrliche Silberkanne geschaffen. Damit man sich nicht die Hände verbrannte, versah man sie mit einem Handgriff zum Ausgießen. Die Form des Gefäßes ist typisch barock. (Sammlung Mme A. Lopez-Willshaw)

262 DECKELTOPF AUS DEM 17. JAHRHUNDERT Ein einfacher, harmonischer Dekor schmückt dieses schöne Stück. Es trägt die Initialen des Besitzers. Man legte viel Kapital in kostbarem Geschirr an; als Familienbesitz und Teil des Vermögens wurde es mit den Initialen oder dem Wappen versehen. (Sammlung Kugel)

263 SILBERTELLER Dieser Silberteller trägt als einzigen Schmuck das Wappen eines großen französischen Adelshauses. Er stammt aus dem 17. Jahrhundert, könnte aber mit seiner zeitlosen Form um Jahrhunderte älter sein, steht er doch in einer langen Tradition. (Sammlung Mme Rollin)

264 DIE ENTWICKLUNG DER GABEL Hier sehen wir nebeneinander eine Gabel aus dem Beginn des 17. Jahrhunderts, Gabel und Löffel aus der Zeit um 1650, aus dem Jahr 1684 und aus der Zeit Ludwigs XV. Die Gabel hat zunächst zwei, dann drei und schließlich (die noch heute üblichen) vier Zinken. Die zweizinkige Gabel diente lediglich dazu, sich von den Platten und Schüsseln Speisen zu holen; gegessen wurden

diese dann wie seit jeher mit den Händen. Ein interessantes Zwischenstadium ist die dreizinkige Gabel mit dem aufsteckbaren Löffel. Gegen Ende des Barockzeitalters hatte das Besteck seine bis heute gültige Ausbildung erfahren, und auch die Tischsitten hatten sich stark gewandelt. Nun war es – zumindest in den besseren Kreisen – üblich, sich die Speisen mit dem Besteck zum Mund zu führen; die Geschicklichkeit, mit der man mit dem Besteck umzugehen verstand, wurde in dieser Zeit zu einem Kriterium des gesellschaftlichen Ranges. (Privatbesitz)

BIBLIOGRAPHIE

Über den in diesem Band behandelten Zeitabschnitt ist eine solche Fülle von Literatur erschienen, daß es unmöglich ist, auch nur die vom Verfasser zu Rate gezogenen Bücher und Aufsätze vollständig anzuführen. Eine Auswahl aus dieser Literatur bringt der erste Teil des Literaturverzeichnisses.

Der zweite Teil enthält ausschließlich in deutscher Sprache erschienene Titel, um dem Leser der deutschen Ausgabe aufzuzeigen, welche Literatur ihm für ein vertiefendes Studium von Einzelfragen oder eine Auseinandersetzung mit dem Thema von anderer Warte aus zur Verfügung steht. Auch hier kann es sich naturgemäß nur um eine Auswahl handeln.

I

Abel, Wilhelm, *Die Wüstungen des ausgehenden Mittelalters*, Stuttgart 1955

Amador de los Rios, José, *Historia social, política y religiosa de los Judíos de España y Portugal*, Madrid 1960

Anderssen, Ingvar, *Schwedische Geschichte*, München 1950

Antoine, Michel, u. a., *L'Origine des magistrats du Parlement de Paris au XVIIIe*, Paris 1956

– *Les Honneurs de la Cour*, 2 Bde., 1957

– »Les Magistrats du Parlement de Paris au XVIIIe siècle (1715–1771)« in *Annales Littéraires de l'université de Besançon*, Nr. 35, Paris 1960

Ariès, Philippe, *Les Traditions sociales dans les pays de France*, 1943

– *Histoire des populations françaises et de leurs attitudes devant la vie depuis le XVIIIe siècle*, Paris 1948

– *Le Temps de l'Histoire*, 1954

– *L'enfant et la vie familiale sous l'Ancien Régime*, Paris 1960

Auger-Laribe, Michel, *La Révolution agricole*, Paris 1955

Baehrel, René, *Une croissance: la basse Provence (fin XVIe – 1789)*, Paris 1961

Baulant, Micheline, und Meuvret, Jean, *Prix des céréales extraits de la Mercuriale de Paris (1520–1698)*, 2 Bde., Paris 1960, 1962

Beloch, Karl Julius, *Bevölkerungsgeschichte Italiens*, 3 Bde., Berlin 1937–1956

Beresford, Maurice W., *The Lost Villages of England*, London 1954

Beveridge, William H., *Prices and Wages in England from the XIIth to the XIXth century*, London 1946

Bieler, André, *La Pensée économique de Calvin*, Genf 1959

Bloch, Marc, *Caractères originaux de l'histoire rurale française*, Paris 1952

– *Mélanges historiques*, 2 Bde., Paris 1963

Bourgeois, Émile, *Manuel historique de politique étrangère*, Bd. I: *Les Origines (1610 à 1789)*, Paris 1896

Bouvet, M., und Bourdin, M. C., »A travers la Normandie...« in *Cahiers des annales de Normandie* Nr. 5

Braudel, Fernand, *La Méditerranée à l'époque de Philippe II*, Paris 1949

Brémond, Henri, *Histoire littéraire du sentiment religieux*, 12 Bde., Paris 1916–1936

Brunet, Pierre, *Structures agraires et économie rurale des plateaux tertiaires entre la Seine et l'Oise*, Caen 1963

Brunetière, F., *La Formation de l'idée de Progrès*, Paris 1893

Cabourdin, Guy, und Lesourd, J. A., *La Lorraine*, Nancy 1962

Carrera Pujal, Jaime, *Historia de la Economía Española*, 5 Bde., Barcelona 1943 ff.

– *Historia política y económica de Cataluña*, 4 Bde., Barcelona 1946

Castiglioni, A., *Histoire de la médecine*, Paris 1931

Chastel, André, *L'Art italien*, Paris 1956

Chaunu, H. und P., *Séville et l'Atlantique (1504–1650)*, 11 Bde., Paris 1955–1960

Chaunu, Pierre, *Les Philippines et le Pacifique des Ibériques*, Paris 1960

– »Le Neubourg, quatre siècles d'histoire normande« in *Annales E.S.C.*, Caen 1962

– »Les Espagnes périphériques dans le monde moderne« in *Revue d'histoire économique et sociale*, Nr. 2, 1963

– *L'Amérique et les Amériques de la Préhistoire à nos jours*, Paris 1964

Clark, Sir George, *War and Society in the XVIIth Century*, Cambridge 1958

Corvisier, André, *L'Armée française de la fin du XVIIe siècle au ministère de Choiseul*, 2 Bde., Paris 1964

Crouzat, François, »Angleterre et France au XVIIIe. Essai d'analyse comparée« in *Annales E.S.C.*, Nr. 2, 1966

Daumas, Maurice, *Les Instruments scientifiques aux XVIIe et XVIIIe siècles*, Paris 1964

Défourneaux, Marcelin, *Pablo de Olavide (1725 à 1803)*, Paris o.J.

– *La Vie quotidienne dans l'Espagne du Siècle d'Or*, Paris 1965

Delumeau, Jean, *Naissance et affirmation de la Réforme*, Paris 1965

– *Vie économique et sociale à Rome dans la deuxième moitié du XVIe siècle*, 2 Bde., Paris 1957, 1959

Dermigny, Louis, *La Chine et l'Occident au XVIIIe siècle*, Paris 1964

Devèze, Michel, *La Vie de la forêt française au XVIe siècle*, 2 Bde., Paris 1961

Domínguez Ortiz, Antonio, *Orto y Ocaso de Sevilla*, Sevilla 1946

– *La Sociedad española en el siglo XVIII*, Madrid 1955

– *Política y hacienda de Felipe IV*, Madrid 1960

Duby, Georges, *L'Économie rurale et la vie des campagnes dans l'Occident médiéval*, 2 Bde., Paris 1962

Ehrard, Jean, *L'Idée de Nature en France dans la première moitié du XVIIIe siècle*, Paris 1963

Ellinger Banz, Nina, und Korst, Knud, *Tabeller over Skibs far tog vare transport gennem Oresund 1497–1783*, 7 Bde., Kopenhagen und Leipzig 1906/1953

Fanfani, Amintore, *Storia economica*, Bd. I, Turin 1965

Friis, Astrid, und Glamann, Kristof, *A History of Prices and Wages in Denmark, 1660–1800*, Kopenhagen und London 1964

Ganiage, J., *Trois villages d'Ile-de-France au XVIIIe siècle. Etude démographique*, 1963

Geyl, Pieter, *The Revolt of the Netherlands (1555–1609)*, 2. Aufl., London 1958

– *The Netherlands in the XVIIth Century 1648–1715*, London 1964

Gille, B., *Les Sources statistiques de l'histoire de France*, Paris 1964

Glamann, Kristof, *Dutch Asiatic Trade*, Den Haag 1958

Goubert, Pierre, *Familles marchandes sous l'Ancien Régime. Les Danse et les Motte de Beauvais*. Paris 1959

– *Beauvais et le Beauvaisis de 1600 à 1730. Contribution à l'histoire sociale de la France au XVIIe siècle*. Paris 1960

Gouhier, Pierre, »Port-en-Bessin 1597–1792. Etude d'histoire démographique« in *Cahier des annales de Normandie*, Nr. 1

Hamilton, Earl J., *American Treasure and the Price revolution in Spain (1501–1650)*, Cambridge (Mass.) 1934

– *War and Prices in Spain*, Cambridge 1947

Hashagen, J., »Das Zeitalter der Gegenreformation und der Religionskriege« in *Handbuch der deutschen Geschichte* 1956

Hauser, Henri, *Prépondérance espagnole*, Bd. 9 der Sammlung *Peuples et Civilisations*, 2. Aufl., Paris 1940

Hazard, Paul, *La Crise de conscience européenne*, Paris 1935

– *La Pensée européenne de Montesquieu à Lessing*, 3 Bde., Paris 1946

Henripin, J., *La Population canadienne au début du XVIIIe siècle*, 1954

Jobert, A., *Histoire de la Pologne*, Paris 1953

Koyré, Alexandre, *From the closed world to the infinite universe*, Baltimore 1957

Labrousse, C. E., *Esquisse de mouvements des prix et revenus en France au XVIIIe siècle*, 2 Bde., Paris 1933

– *La Crise de l'économie française à la fin de l'Ancien Régime*, Paris 1944

Landry, Adolphe, *Traité de Démographie*, Paris 1945

Lapeyre, H., *Géographie de l'Espagne morisque*, Paris 1959

Le Bras, Gabriel, *Études de sociologie religieuse*, 2 Bde., Paris 1955, 1956

Lefebvre, Georges, *Les Paysans du Nord pendant la Révolution française*, Lille 1924

– *Les Études orléanaises. Contribution à l'étude des structures sociales à la fin de l'Ancien Régime*, 2 Bde., Paris 1962, 1963

Le Roy Ladurie, E., *Les Paysans de Languedoc*, 2 Bde., Paris 1966

Livet, Georges, *L'Intendance d'Alsace*, Paris 1956

Lüthy, Hubert, *La Banque protestante en France de la révocation de l'édit de Nantes à la Revolution*, 2 Bde., Paris 1959, 1961

Macedo, Jorge de, *A situaçao económica no tempo de Pombal. Algun aspectos*, Oporto 1951

Mandel, Arnold, *La Vie du hassidisme*, Paris 1963

Mandrou, Robert, *De la culture populaire aux XVIIᵉ et XVIIIᵉ siècles*, Paris 1965

Mauro, Frédéric, *Le Portugal et l'Atlantique*, Paris 1960

Mauzi, Robert, *L'idée du bonheur dans la littérature et la pensée française du XVIIIᵉ siècle*, Paris 1960

Meuvret, Jean, *Histoire des pays baltiques*, Paris 1934

Milioukov, Seignobos und Eisenmann, *Histoire de la Russie*, Bd. I und II, Paris 1932

Mols S.J., Roger, *Introduction à la démographie historique des villes d'Europe du XIVᵉ au XVIIIᵉ siècle*, 3 Bde., Löwen 1954–1956

Mousnier, Roland, *Progrès scientifique et technique au XVIIIᵉ siècle*, Paris 1958

– *La Vénalité des offices sous Henri IV et Louis XIII*, Rouen 1945

– *Lettres et Mémoires adressés au Chancelier Séguier*, 2 Bde., Paris o. J.

Mousnier, Roland, und Labrousse, Ernest, *Le XVIIIᵉ siècle*, 3. Aufl., Paris 1959

Muraise, E., *Introduction à l'histoire militaire*, Paris 1964

Nadal, Georges, und Giralt, Émile, *La Population catalane de 1553 à 1717*, 1960

Okasaki, Ayanori, *Histoire du Japon. Économie et population*, Paris 1958

Orcibal, Jean, *Les Origines du jansénisme*, Paris 1954

– *Louis XIV et les protestants*, Paris 1951

Pascal, Pierre, *Avvakum et les débuts du Raskol*, Paris 1938

– *Histoire de la Russie*, Paris o. J.

Pastor, L. von, *Geschichte der Päpste seit dem Ausgang des Mittelalters*, 16 Bde., Freiburg i. Br. 1886–1933

Pintard, René, *Le libertinage érudit dans la première moitié du XVIIᵉ siècle*, Paris 1943

Porchnew, B., *Les Soulèvements populaires en France de 1623 à 1648*, Paris 1963

Portal, Roger, *L'Oural au XVIIIᵉ*, Paris 1950

– *Pierre le Grand*, Paris 1961

– *Les Slaves, peuples et nations*, Paris 1965

Posthumus, N., *Inquiry into the history of prices in Holland, 1609–1914*, Leiden 1964

Préclin, Edmond, und Tapié, Victor Lucien, *Le XVIIᵉ siècle (1680–1715)*, Paris o. J.

– *Le XVIIIᵉ siècle (1715–1788)*, Paris o. J.

Reglá, Juan, u.a., *Historia Social Económica de España y América*, Barcelona 1957

Reinhard, Marcel, *L'Histoire de la population mondiale – 1700 à 1948*, Paris 1949

Reinhard, Marcel, und Armengaud, André, *Histoire générale de la population mondiale*, Paris 1961

Rostow, W. W., *Les Étappes de la croissance économique*, Paris 1963

Rutkowski, J., *Histoire économique de la Pologne*, Paris 1937

Saint-Beuve, *Port-Royal*, 7 Bde., Paris 1912/13

Saint-Jacob, Pierre de, *Les Paysans de la Bourgogne du Nord au dernier siècle de l'Ancien Régime*, Paris 1960

Salomon, Noël, *La campagne de Nouvelle-Castille à la fin du XVIᵉ, d'après les »Relaciones topograficas«*, Paris 1964

Sauvy, Alfred, *Théorie générale de la population*, 2 Bde., Paris 1952, 1954

Scholem, G. G., *Les Grands Courants de la mystique juive*, Paris 1960

Seignobos, P., Seignobos, Ch., und Eisenmann, L., *Histoire de Russie*, Paris 1932

Tapié, Victor Lucien, *Une Église tchèque au XVe siècle: l'unité des frères moraves*, Paris 1934
- *La France de Louis XIII et de Richelieu*, Paris 1952
- *Baroque et classicisme*, Paris 1957
- *Le baroque*, Paris 1961
Taton, René, *L'Histoire générale des sciences*, Paris 1958
Tenenti, A., *Naufrages, corsaires et assurances maritimes à Venise*, Paris 1959
Valsecchi, Franco, *L'Italia nel Settecento (1714 à 1788)*, Mailand 1961
Verlinden, Ch., u. a., *Dokumenten voor de geschiedenis van Prijzen en Loonen in Vlanderen en Brabant (XVe–XVIIIe eeuw)*, Gent 1959
Vilar, Pierre, *La Catalogne dans l'Espagne moderne. Recherches sur les fondements économiques des structures nationales*, 3 Bde., Paris 1962
Vinas y May, Carmelo, *Estudios de Historia Social de España*, 4 Bde., 1949–1961
Visconti, Alessandro, *L'Italia nell'epoca della Contrareforma dal 1516 al 1713*, Mailand 1961
Weulersse, G., *Le Mouvement physiocratique en France*, 2 Bde., Paris 1910

II

Abel, Wilhelm, *Agrarkrisen und Agrarkonjunktur in Mitteleuropa vom 12. bis zum 19. Jahrhundert*, Berlin 1935
- *Die Wüstungen des ausgehenden Mittelalters*, Stuttgart 1955
Amann, A. M., *Abriß der ostslawischen Kirchengeschichte*, Wien 1950
Anderssen, Ingvar, *Schwedische Geschichte*, München 1950
Baur-Heinhold, Margarete, *Theater des Barock*, 1966
Beloch, Karl Julius, *Bevölkerungsgeschichte Italiens*, 3 Bde., Berlin 1937–1956
Below, G. v., *Das ältere deutsche Städtewesen und Bürgertum*, 3. Aufl. Berlin 1925
Biermann, G., *Deutsches Barock und Rokoko*, 2 Bde., Leipzig 1914
Blei, F., *Die Sitten des Rokoko*, München 1923
Brandi, Karl, *Gegenreformation und Religionskriege*, 2. Aufl. Leipzig 1941
Brinckmann, A. E., *Baukunst des 17. und 18. Jahrhunderts in den romanischen Ländern*, Berlin 1915
- *Barockskulptur. Entwicklungsgeschichte der Skulptur in den romanischen und germanischen Ländern seit Michelangelo bis zum Beginn des 18. Jahrhunderts*, 2. Aufl. Potsdam 1932
Busch, H., und Lohse, B., *Baukunst des Barock in Deutschland*, Frankfurt/M. 1961

Cassirer, Ernst, *Die Philosophie der Aufklärung*, Tübingen 1932
- *Descartes. Lehre, Persönlichkeit, Wirkung*, Stockholm 1939
Cysarz, H., *Deutsche Barockdichtung*, 1924
Decker, H., *Barockplastik in den Alpenländern*, Wien 1943
Dehio, G., *Geschichte der deutschen Kunst*, Band 3, 1931
Diepgen, P., *Geschichte der Medizin. Die historische Entwicklung der Heilkunde und des ärztlichen Lebens*, Berlin o. J.
Ehrlich, E. L., *Geschichte der Juden in Deutschland*, Düsseldorf 1957
Elsass, J., *Umriß einer Geschichte der Preise und Löhne in Deutschland*, 3 Bde., 1936–1945
Ermatinger, E., *Barock und Rokoko in der deutschen Dichtung*, 2. Aufl. Leipzig 1928
Evers, Hans Gerhard, *Rubens und sein Werk*, Brüssel 1943
Falckenberg, R., *Geschichte der neueren Philosophie. Von Nikolaus von Kues bis zur Gegenwart*, 2 Bde., Leipzig 1927
Flemming, W., *Deutsche Kultur im Zeitalter des Barock*, Potsdam 1940
Franz, G., *Der Dreißigjährige Krieg und das deutsche Volk. Untersuchungen zur Bevölkerungs- und Agrargeschichte*, Stuttgart 1961
Frauenholz, E. von, *Das Heerwesen in der Zeit des Dreißigjährigen Krieges*, München 1938/39

Friedensburg, F., *Münzkunde und Geldgeschichte der Einzelstaaten des Mittelalters und der neueren Zeit*, München 1926

Friederici, G., *Der Charakter der Entdeckung und Eroberung Amerikas durch die Europäer*, 3 Bde., Stuttgart 1925–1936

Göhring, M., *Weg und Sieg der modernen Staatsidee in Frankreich*, 1946

Gregor, J., *Das Wiener Barock*, Wien 1922
– *Kulturgeschichte der Oper*, 2. Aufl. Köln 1950

Grimschitz, Bruno, *Wiener Barockpaläste*, Wien 1955
– *Hildebrandt*, Wien 1958

Grimschitz, B., Feuchtmüller, R., und Mrazek, W., *Barock in Österreich*, Wien 1960

Gulkowitsch, L., *Das kulturhistorische Bild des Chassidismus*, Dorpat 1938

Haebler, K., *Die wirtschaftliche Blüte Spaniens im 16. Jahrhundert und ihr Verfall*, Berlin 1888

Haendcke, B., *Deutsche Kultur im Dreißigjährigen Krieg*, Leipzig 1906

Hager, W., *Die Bauten des deutschen Barock*, 1942

Hankamer, P., *Deutsche Gegenreformation und deutscher Barock. Die deutsche Literatur im Zeitraum des 17. Jahrhunderts*, Stuttgart 1935/47

Hausenstein, Wilhelm, *Rokoko. Frankreich und Deutschland. Illustration des 18. Jahrhunderts*, 4. Aufl. München 1924

Heymann, J. G., *Kurzgefaßte Geschichte der vornehmsten Gesellschaften der Gelehrten*, Leipzig 1743

Höffner, J., *Christentum und Menschenwürde. Das Anliegen der spanischen Kolonialethik im goldenen Zeitalter*, 1947

Huizinga, J., *Holländische Kultur im 17. Jahrhundert*, Stuttgart 1961

Immich, M., *Geschichte des europäischen Staatensystems von 1660 bis 1789*, München 1905

Jedin, H., *Geschichte des Konzils von Trient*, 2 Bde., 1951, 1957

Kellenbenz, Hermann, *Sephardim an der unteren Elbe ... vom Ende des 16. bis zum Beginn des 18. Jahrhunderts*, Wiesbaden 1958

Keller, W., und Fehr, B., *Die englische Literatur von der Renaissance bis zur Aufklärung*, Potsdam 1931

Kirsten, E., Buchholz, E. W., und Köllmann, W., *Raum und Bevölkerung in der Weltgeschichte*, 2. Aufl. 1956

Kollath, W., *Die Epidemie in der Geschichte der Menschheit*, Wiesbaden 1949

Kulischer, Josef, *Allgemeine Wirtschaftsgeschichte des Mittelalters und der Neuzeit*, 2 Bde., München 1928, 1929

Kutscher, A., *Das Salzburger Barock*, Wien 1924

Marcks, E., *Die Gegenreformation in Westeuropa*, Berlin 1930

Millon, H. A., *Architektur des Barock und Rokoko*, Ravensburg 1962

Müller, Günther, *Deutsche Dichtung von der Renaissance bis zum Ausgang des Barock*, Potsdam 1929

Nohl, J., *Der schwarze Tod. Eine Chronik der Pest 1348–1720*, Potsdam 1924

Pastor, L. von, *Geschichte der Päpste seit dem Ausgang des Mittelalters*, 16 Bde., Freiburg i. Br. 1886–1933

Pinder, W., *Deutscher Barock*, 1912
– *Deutsche Barockplastik*, Königstein 1933
– *Die großen Baumeister des 18. Jahrhunderts*, Köln 1961

Platzhoff, Walter, *Geschichte des europäischen Staatensystems 1559–1660*, München 1928

Propyläen-Weltgeschichte Bd. VII: *Von der Reformation zur Revolution*, Propyläen-Verlag 1964

Radbruch, G., *Der deutsche Bauernstand zwischen Mittelalter und Neuzeit*, Göttingen 1961

Ranke, Leopold von, *Die römischen Päpste in den letzten vier Jahrhunderten*, 3. Aufl. Köln 1956
– *Französische Geschichte, vornehmlich im 16. und 17. Jahrhundert*, 2 Bde., Stuttgart 1954

Repgen, K., *Die römische Kurie und der Westfälische Friede*, Rom 1962

Ritter, M., *Deutsche Geschichte im Zeitalter der Gegenreformation und des Dreißigjährigen Krieges 1555–1648*, 3 Bde., Stuttgart 1889–1908

Roth, G. D., *Kurze Wirtschaftsgeschichte Mitteleuropas. Von den Zünften zur industriellen Revolution*, München 1961

Schaefer, Ernst, *Beiträge zur Geschichte des spanischen Protestantismus*, Gütersloh 1902

Schering, A., *Johann Sebastian Bach und das Musikleben Leipzigs im 18. Jahrhundert (1723–1800)*, Leipzig 1941

Schmalenbach, H., *Leibniz*, München 1921

Schmitz, H., *Deutsche Möbel des Barock und Rokoko*, 1923

Schöffler, H., *Die Anfänge des Puritanismus*, Leipzig 1932

– *Deutsches Geistesleben zwischen Reformation und Aufklärung*, 2. Aufl., 1956

Schönberger, A., und Soehner, H., *Die Welt des Rokoko*, 2. Aufl. 1963

Schopen, E., *Geschichte des Judentums im Abendland*, Stuttgart 1961

Schubert, O., *Geschichte des Barock in Spanien*, Eßlingen 1908

Schultz, A., *Das häusliche Leben der europäischen Kulturvölker vom Mittelalter bis zur zweiten Hälfte des 18. Jahrhunderts*, Leipzig 1903

Schulz, H., *Wallenstein und die Zeit des Dreißigjährigen Krieges*, Berlin 1912

Schweitzer, Albert, *Johann Sebastian Bach*, 1960

Sedlmayer, Hans, *Johann Bernhard Fischer von Erlach*, München o. J.

Skahreit, S., »Das Herrscherbild des 17. Jahrhunderts« in *Historische Zeitschrift* 184, 1957

Stockar, J., *Kultur und Kleidung der Barockzeit*, Zürich 1963

Tintelnot, H., *Die barocke Freskomalerei in Deutschland*, München 1951

Voss, H., *Die Malerei des Barock in Europa*, Berlin 1925

Vossler, K., *Einführung in die spanische Literatur des goldenen Zeitalters*, Hamburg 1939

Wackernagel, R., *Geschichte des Elsaß*, Basel 1919

Weber, Max, *Gesammelte Aufsätze zur Religionssoziologie*, 3 Bde., Tübingen 1920

Weisbach, W., *Französische Malerei des 17. Jahrhunderts im Rahmen von Kultur und Gesellschaft*, Berlin 1932

Wölfflin, H., *Renaissance und Barock*, 5. Aufl. 1961

Über jede der in diesem Band behandelten und genannten historischen Persönlichkeiten, von Ludwig XIV. bis zu Spinoza und Leibniz, gibt es zahlreiche Monographien und Biographien, die einzeln aufzuzählen im Rahmen dieses Literaturverzeichnisses nicht möglich ist.

Wer einen noch unmittelbareren Kontakt zu den Menschen und Geschehnissen des Barockzeitalters sucht, wende sich den Schriften jener Zeit zu: Arbeiten von Philosophen und Naturwissenschaftlern, Streitschriften und Pamphlete, vor allem aber die in dieser Zeit aufkommende Memoirenliteratur, die zwar oft sehr einseitig ist, aber interessante Einblicke gewährt. Ein getreuer Spiegel der Zeit sind schließlich die zahlreichen Werke der Dichtkunst, von den großen französischen Klassikern über Grimmelshausens »Simplizissimus« bis zur Lyrik eines Johann Christian Günther.

VERZEICHNIS DER ABBILDUNGEN

DIE TAFELN

DIE EINFARBIGEN ABBILDUNGEN

LÄNDER UND MENSCHEN

VERZEICHNIS DER KARTEN UND PLÄNE

Fischer Wissenschaft
Eine Auswahl

Michail M. Bachtin
**Formen der Zeit
im Roman**
Untersuchungen zur
historischen Poetik
Band 7418

Ernst Cassirer
Der Mythus des Staates
Band 7351

Ernst Robert Curtius
**Kritische Essays zur
europäischen Literatur**
Band 7350

Robert Darnton
**Literaten
im Untergrund**
Lesen, Schreiben
und Publizieren im
vorrevolutionären
Frankreich
Band 7412

Mary Douglas
**Ritual, Tabu und
Körpersymbolik**
Sozialanthropologische
Studien in Industrie-
gesellschaft und
Stammeskultur
Band 7365

Heidrun Hesse
**Vernunft und
Selbstbehauptung**
Band 7343

Max Horkheimer
**Zur Kritik der
instrumentellen
Vernunft**
Band 7355

Martin Jay
Dialektische Phantasie
Band 6546

Fischer Taschenbuch Verlag

fi 406 / 8 a

Fischer Wissenschaft
Eine Auswahl

Alfred Lorenzer
Das Konzil
der Buchhalter
Die Zerstörung der
Sinnlichkeit
Eine Religionsgeschichte
Band 7340

Bronislaw Malinowski
Magie, Wissenschaft
und Religion /
Und andere Schriften
Band 7335

Das Denken des
Marquis de Sade
Mit Beiträgen von
Roland Barthes, Hubert
Damisch, Pierre Klossowski,
Philippe Sollers,
Michel Tort
Band 7413

Sergio Moravia
Beobachtende Vernunft
Philosophie und
Antropologie in
der Aufklärung
Band 7410

Herfried Münkler
Machiavelli
Die Begründung des
politischen Denkens
der Neuzeit aus der
Krise der Republik
Florenz
Band 7342

Jean Piaget
Biologie und Erkenntnis
Über die Beziehungen
zwischen organischen
Regulationen und
kognitiven Prozessen
Band 7333

Marthe Robert
Das Alte im Neuen
Von Don Quichotte
zu Franz Kafka
Band 7346

Viktor Šklovskij
Theorie der Prosa
Band 7339

Jean Starobinski
Montaigne
Denken und Existenz
Band 7411

Fischer Taschenbuch Verlag

Fischer Wissenschaft

Eine Auswahl

Philippe Ariès /
André Béjin /
Michel Foucault u.a.
**Die Masken des Begehrens
und die Metamorphosen
der Sinnlichkeit**
Band 7357

Gaston Bachelard
Poetik des Raumes
Band 7396

Maurice Blanchot
Der Gesang der Sirenen
Band 7402

Umberto Eco
Apokalyptiker und Integrierte
Band 7367

Moses I. Finley
**Quellen und Modelle
in der Alten Geschichte**
Band 7373

Michel Foucault
Die Geburt der Klinik
Band 7400

Schriften zur Literatur
Band 7405

Von der Subversion des Wissens
Band 7398

François Furet / Denis Richet
Die Französische Revolution
Band 7371

Maurice Halbwachs
**Das kollektive
Gedächtnis**
Band 7359

Kultur-Analysen
Beiträge von Hans-Dieter
König, Alfred Lorenzer,
Heinz Lüdde, Søren Nagbøl,
Ulrike Prokop, Gunzelin
Schmid Noerr, Annelind
Eggert
Band 7334

Fischer Taschenbuch Verlag

Fischer Wissenschaft

Eine Auswahl

Fischer Taschenbuch Verlag

fi 513 / 3 b

Wissenschaft bei S. Fischer

Philippe Ariès / André Béjin /
Michel Foucault u. a.
**Die Masken des Begehrens
und die Metamorphosen
der Sinnlichkeit**
272 Seiten. Broschur

Fernand Braudel (Hg.)
**Europa:
Bausteine seiner
Geschichte**
*Beiträge von
Maurice Aymard, Fernand
Braudel, Jacques Dupâquier
und Pierre Gourou
173 Seiten. Geb.*

Fernand Braudel /
Georges Duby /
Maurice Aymard
Die Welt des Mittelmeeres
189 Seiten. Geb.

Corbin / Farge / Perrot u.a.
Geschlecht und Geschichte
*Ist eine weibliche
Geschichtsschreibung
möglich?
252 Seiten. Broschur*

Umberto Eco
**Apokalyptiker
und Integrierte**
312 Seiten. Broschur

Jacques Heers
**Vom Mummenschanz
zum Machttheater**
*Europäische Fest-
kultur im Mittelalter
350 Seiten. Leinen*

Lynn Hunt
**Symbole der Macht
Macht der Symbole**
*Die Französische Revolution
und der Entwurf einer
politischen Kultur
351 Seiten. Geb.*

Russell Jacoby
**Die Verdrängung der
Psychoanalyse oder
Der Triumph des
Konformismus**
230 Seiten. Broschur

S. Fischer

Wissenschaft bei S. Fischer

Herfried Münkler
Im Namen des Staates
428 Seiten Geb.

Alfred Lorenzer
**Intimität
und soziales Leid**
224 Seiten. Geb.

Mario Praz
Der Garten der Sinne
*Ansichten des Manierismus
und des Barock
270 Seiten. Geb.*

Ulrich K. Preuß
**Politische Verantwortung
und Bürgerloyalität**
295 Seiten. Broschur

Dieter Richter
Das fremde Kind
249 Seiten. 33 Abb. Leinen

Marthe Robert
Einsam wie Franz Kafka
234 Seiten. Geb.

Richard Sennett
**Verfall und Ende des
öffentlichen Lebens**
408 Seiten. Geb.

Autorität
238 Seiten. Broschur

Jean Starobinski
**Porträt des Künstlers
als Gaukler**
*Drei Essays. Mit zahl-
reichen Abbildungen
168 Seiten. Leinen*

Roberto Mangabeira Unger
Leidenschaft
*Ein Essay über Persönlichkeit
302 Seiten. Leinen*

S. Fischer

fi 405 / 1b

Philosophie

Jean Le Rond D'Alembert
Einleitung zur 'Enzyklopädie'
Herausgegeben und mit einem
Essay von Günther Mensching
Band 6580

Jean Le Rond D'Alembert
Denis Diderot u.a.
Enzyklopädie
Eine Auswahl
Herausgegeben von
Günther Berger
Band 6584

Francis Bacon
Weisheit der Alten
Herausgegeben und
mit einem Essay von
Philipp Rippel
Band 6588

Ernst Cassirer,
Jean Starobinski,
Robert Darnton
Drei Vorschläge,
Rousseau zu lesen
Band 6569

René Descartes
Ausgewählte Schriften
Herausgegeben von
Ivo Frenzel
Band 6549

Denis Diderot
Über die Natur
Herausgegeben und
mit einem Essay von
Jochen Köhler
Band 6583

Hans-Georg Gadamer (Hg.)
Philosophisches Lesebuch
3 Bände: 6576/6577/6578

Jens Heise
Traumdiskurse
Die Träume der Philosophie
und die Psychologie des
Traums
Band 6585

Max Horkheimer
Gesellschaft im Übergang
Aufsätze, Reden und Vorträge
1942–1970. Herausgegeben
von Werner Brede
Band 6545

Sozialphilosophische Studien
Aufsätze, Reden und Vorträge
1930–1972. Herausgegeben
von Werner Brede
Band 6540

Zur Kritik der
instrumentellen Vernunft
Band 7355

Fischer Taschenbuch Verlag

Philosophie

Fischer Taschenbuch Verlag